长江三峡工程文物保护项目 报告 戊种第十二号

TGCR

三峡湖北库区文物复建区综合价值评估研究

华中师范大学国家文化产业研究中心 著

科学出版社

内 容 简 介

本书采用实地调研的实证方法，通过比较系统、全面的抽样调查、重点访谈和参考大量的文献资料，充分运用多学科研究方法，对三峡湖北库区文物古建筑复建区进行了深入调查研究。经过历时三年的艰苦、认真、细致的研究，在全体研究人员的共同努力之下，形成了《三峡湖北库区文物复建区综合价值评估研究》一书，包括总论卷，土地、房屋等有形资产评估卷，旅游价值评估卷，文化价值评估卷等四个组成部分，内容资料翔实、论证科学严密，旨在为进一步建立一套适用于国内文物保护工作的文物古建筑综合价值评估体系提供理论依据和实践经验。

图书在版编目（CIP）数据

三峡湖北库区文物复建区综合价值评估研究/华中师范大学国家文化产业研究中心著.—北京：科学出版社，2015.6

（长江三峡工程文物保护项目报告）

ISBN 978-7-03-044976-4

Ⅰ.①三… Ⅱ.①华… Ⅲ.①古建筑–价值–评估–研究–湖北省 Ⅳ.①K928.71

中国版本图书馆CIP数据核字（2015）第130229号

责任编辑：王光明 肖丽娟/责任校对：钟 洋
责任印制：肖 兴/封面设计：陈 敬

科学出版社 出版
北京东黄城根北街16号
邮政编码：100717
http://www.sciencep.com

中国科学院印刷厂 印刷

科学出版社发行 各地新华书店经销

*

2015年6月第 一 版　　开本：A4（880×1230）
2015年6月第一次印刷　　印张：37 3/4
字数：1 080 000
定价：298.00元
（如有印装质量问题，我社负责调换）

Reports on the Cultural Relics Conservation
in the Three Gorges Dam Project
E (monographs) Vol.12

The Comprehensive Value Evaluation Research on Cultural Relic Reconstruction Area in the Reservoir Area (Hubei Section) of the Three Gorges Project

National Research Center of Cultural Industries
in Central China Normal University

Science Press

长江三峡工程文物保护项目报告

湖北库区编委会

主　任	郭生练
副主任	雷文洁
编　委	沈海宁　黎朝斌　王风竹　汤强松
	彭承波　郑应发　张庆乡
总　编	黎朝斌
副总编	王风竹

长江三峡工程文物保护项目报告

戊种（研究报告）第十二号

《三峡湖北库区文物复建区综合价值评估研究》

项目承担单位

华中师范大学国家文化产业研究中心

课题总负责：黄永林

各卷撰稿人员

总论卷：黄永林

成　员：李　雁　刘丽丽　徐金龙　李　琳

土地、房屋等有形资产评估卷：周　勇

成　员：许倍慎　朱爱琴　徐　理

旅游价值评估卷：龚胜生

成员：周　军　何小芊　张　涛

文化价值评估卷：李　林

成员：盘　华　何　静　佘明星　肖静可

统稿、校对：张　乾　毕　曼　张武桥　吴玉萍　夏　雪　王月月　肖　雄

序

长江三峡工程是世界上最大的水利建设工程,从1919年孙中山先生在《建国方略之二——实业计划》中第一次提出"分级坎堰,改善航道,壅流发电"的设想,到2009年三峡工程全部竣工,工程的各项目标基本实现,中国人百年三峡梦最终成为现实。三峡大坝的建成在防洪、发电和航运等方面所发挥的功能,给三峡地区乃至整个中国都带来了不可估量的综合效益。

长江三峡地区是我国远古文化的发祥地之一,是世界上罕见的文化长廊。这里有十分丰富、凸显地方特色、绵延数千年的珍贵文物,是该地区先民们遗留下来的文化遗产,是我国古代文化的重要组成部分。这些文物不仅具有宝贵的历史价值,还具有重要的实用价值。然而,三峡工程的实施,使三峡库区大量珍贵的、具有民族特色的文物古迹被淹没。文物,是凝固的历史,也是一个民族辉煌历史的最有力证明。珍视文物,就是珍视历史;保护文物,就是保护自己的血脉。保护好这些祖先遗留下来的丰富文化遗产,是历史赋予我们这一代人的责任,是惠及子孙、功在千秋、利于人类和民族发展的事业。

三峡工程文物保护工作是指在三峡工程建设中,对受施工和蓄水淹没影响的文物古迹进行系统抢救和保护的文化保护工程,是新中国成立以来一项巨大的文物保护系统工程,是人类历史上首次大规模的以保护人类历史文化遗产为目的的文物保护系统工程,也是第一次对一个相对独立的地理单元的文物古迹进行科学、系统和彻底抢救的文物工程,更是我国一次重要的弘扬民族精神和保护历史文化遗产的伟大实践。三峡工程文物保护与三峡工程一样,举世瞩目。三峡地区真正意义上的文物保护工作,是随着三峡工程的兴起而逐步开展起来的。

我国三峡文物的保护工作大致可以分为四个阶段:第一阶段是1958年至1982年,这是长江三峡地区文物保护的起步阶段,主要是在三峡地区进行一些考古调查和小规模试掘;第二阶段是1984年至1991年,这是长江三峡工程文物保护的初始和准备阶段,工作重点是围绕三峡工程选址和施工开展考古调查与发掘;第三阶段是1992年至2009年,即从长江三峡工程正式开工至三峡工程结束,这是三峡工程文物保护的全面展开阶段,主要是三峡文物大抢救;第四个阶段是2010年至今,主要是对发掘工作的整体总结及对出土文物的深入研究,以及对复建区、重建区、消落区的文物进行进一步的保护及成果转化工作。历时半个世纪的三峡文物保护工作的特点,可用保护范围的广泛性、保护任务的繁重性、保护时间的紧迫性、保护环境的复杂性来概括。在这场文物大抢救过程中,在中国政府高度重视下,经国家文物局和工程部门及相关单位密切配合、精心策划及严谨组织部署,全国广大文物工作者本着对国家、对民族、对历史负责的精神,完成了三峡考古与文化遗产的保护工作,不仅系统地保护了一大批具有峡江地方特色的文物,而且传承了辉煌灿烂的三峡古代文化,廓清了三峡地区古代文化发展脉络,提高了三峡水利枢纽工程的总体形象,开创了现代文明与古代文明、历史文化与科技文化深度融合、和谐共生的光辉榜样,这对于三峡工程建设,乃至对世界文化遗产保护事业和中国文化的发展均作出了特殊贡献。

文物建筑被称为"实物的历史、世界的年鉴",是历史的见证,具有重要的历史、文化、科学、艺术等价值。在湖北,三峡工程库区文物保护工作者在古建筑保护方面,克服种种困难,敢于创新,敢于负责,根据三峡工程文物保护规划及湖北段地面文物的特点,本着"集中复建、规模发展"的思路，成功地开展了三峡工程库区文物古建筑的抢救与保护工作，取得了一批抢救保护三峡文物的重要成果。目前，这些文物古建筑的迁址复建工作虽然已全部完成，但这些复建古建筑的现状如何？复建效果怎样？如何来评估迁建后文物的多维价值？如何进一步开发和利用这些历史文物和古建筑？如何使这些宝贵的文化遗产更好地为地方文化和社会经济发展服务？在文物迁建复建保护中取得了哪些经验，存在哪些问题？这些已成为中央和地方政府、文化及文物工作者，乃至普通民众都很关心的问题，是库区建设和发展中不可回避的重要现实问题，也是综合评估三峡工程是否为文明工程的一个重要指标。

受湖北省文物局委托，华中师范大学国家文化产业研究中心承担了"三峡库区文物古建筑复建区综合价值评估研究"课题。自承担课题以来，课题组以认真、专业、务实的态度积极开展各项工作。以实证调查为基础，即采用实地调研的方法，通过系统、全面的抽样调查和重点访谈，参考大量的文献资料，按照"研究背景→基础研究→应用分析→政策建议"四个步骤的技术路线，对三峡库区文物古建筑复建区开展了深入调查研究。通过评估三峡湖北库区古建筑的土地、建筑等实物价值、古建筑的旅游价值和文化价值，完成各项评估报告，分析了三峡历史文物和古建筑迁建的历史文化意义、社会经济价值；总结了三峡湖北库区文物古建筑迁建复建所取得的经验，从而提出了进一步保护和开发利用迁建复建文物的策略。

根据本课题取得的研究成果，形成了《三峡湖北库区文物复建区综合价值评估研究》的总论卷，土地、房屋等有形资产评估卷，旅游价值评估卷，文化价值评估卷等4份研究报告及1本图鉴。这些成果为进一步建立一套适用于国内文物保护实际工作的文物古建筑综合价值评估体系提供了一定的理论依据和实践经验，但真正要建立起科学、合理、操作性强的文物古建筑综合价值评估体系，还需要做大量细致深入的研究，研究者还任重道远。我们期待这一成果早日问世！

黄永林

2014.2.19

目 录

序 ·· (i)

第一篇 总 论 卷

第一章 导论 ·· (3)
    一、研究背景 ·· (3)
    二、研究目的和意义 ··· (3)
    三、研究范围及内容 ··· (4)
    四、研究思路和技术路线 ··· (4)
    五、研究过程及成果 ··· (5)
    六、研究存在的不足 ··· (6)

第二章 文物古建筑保护概况 ·· (7)
    一、文物 ·· (7)
    二、古建筑 ·· (7)
    三、国外文物建筑保护理论和实践 ··· (8)
    四、国内文物建筑保护理论和实践 ··· (11)
    五、我国文物建筑保护模式分析 ··· (15)

第三章 三峡工程文物保护概况 ·· (17)
    一、三峡水利枢纽工程 ·· (17)
    二、三峡库区文物保护工程 ·· (22)

第四章 三峡湖北库区文物建筑保护工作的经验模式 ······················· (31)
    一、先规划后实施的计划管理模式 ··· (31)
    二、全面普查与重点保护相结合的稳步推进模式 ··· (34)
    三、统一领导与分工负责相结合的领导体制模式 ··· (37)
    四、原址保护与移地复建相结合的多元保护模式 ··· (39)
    五、现实保护与未来开发相结合的集中复建模式 ··· (43)
    六、多方筹资与强化管理相结合的财务管理模式 ··· (45)

第五章　三峡湖北库区地面文物文化生态研究——湖北省兴山县、
　　　　秭归县和巴东县农村民间文化状况调查报告 ……………………………（48）
　　一、调查的基本情况 …………………………………………………………………（48）
　　二、调查结果与分析 …………………………………………………………………（56）
　　三、进一步加强农村文化建设的建议 ………………………………………………（110）

第二篇　土地、房屋等有形资产评估卷

第一章　古建筑及土地资源价值研究 ……………………………………………（119）
　　一、价值理论和分析 …………………………………………………………………（119）
　　二、古建筑价值 ………………………………………………………………………（124）
　　三、土地资源价值及评估方法 ………………………………………………………（130）
　　四、文物复建区土地、房产价值 ……………………………………………………（138）

第二章　巴东民族文化园土地、房产价值 ………………………………………（148）
　　一、巴东县概况 ………………………………………………………………………（148）
　　二、民族文化园概况 …………………………………………………………………（149）
　　三、土地、房产价值评估 ……………………………………………………………（150）

第三章　秭归凤凰山土地、房产价值 ……………………………………………（165）
　　一、秭归县概况 ………………………………………………………………………（165）
　　二、凤凰山复建区概况 ………………………………………………………………（166）
　　三、土地、房产价值评估 ……………………………………………………………（166）

第四章　兴山古夫民居土地、房产价值 …………………………………………（189）
　　一、兴山县概况 ………………………………………………………………………（189）
　　二、古夫民居概况 ……………………………………………………………………（191）
　　三、土地、房产价值评估 ……………………………………………………………（191）

第五章　夷陵望家祠堂土地、房产价值 …………………………………………（207）
　　一、夷陵区概况 ………………………………………………………………………（207）
　　二、望家祠堂概况 ……………………………………………………………………（207）
　　三、夷陵望家祠堂土地、房产价值评估 ……………………………………………（208）

第三篇 旅游价值评估卷

第一章 旅游价值评估体系的构建 (213)
- 一、本研究所构建的旅游价值评估体系 (214)
- 二、构建旅游价值评估体系的目的 (217)
- 三、构建旅游价值评估体系的依据 (219)
- 四、构建旅游价值评估体系的基本原则 (247)
- 五、旅游价值评估技术方法 (248)

第二章 巴东民族文化公园旅游价值评估 (265)
- 一、巴东民族文化公园概况 (265)
- 二、旅游价值评估 (273)
- 三、问题与建议 (278)

第三章 秭归凤凰山复建区旅游价值评估 (282)
- 一、文物复建区概况 (282)
- 二、文物复建区旅游价值评估 (293)
- 三、问题与建议 (317)

第四章 兴山县古夫民居旅游价值评估 (320)
- 一、古夫民居概况 (320)
- 二、旅游价值评估 (325)
- 三、问题与建议 (329)

第五章 夷陵区望家祠堂旅游价值评估 (332)
- 一、望家祠堂概况 (332)
- 二、旅游价值评估 (335)
- 三、问题与建议 (339)

第六章 结论与展望 (341)
- 一、各复建区旅游价值评估结果 (341)
- 二、主要参数取值对评估结果的影响 (342)
- 三、评估结果综合分析及研究展望 (343)

第四篇　文化价值评估卷

第一章　构建三峡湖北库区文物古建筑文化价值评估体系……（347）
　　一、三峡湖北库区文物古建筑文化价值评估的标准及原则……（347）
　　二、三峡湖北库区文物古建筑文化价值评估体系的构建……（348）
　　三、本次评估指标释义及补充细则……（357）

第二章　巴东县复建文物古建筑文化价值评估……（360）
　　一、评估对象概况……（360）
　　二、复建文物古建筑文化价值评估结果分析……（362）
　　三、复建文物古建筑文化价值评估综合情况……（401）

第三章　秭归县文物复建古建筑文化价值评估……（403）
　　一、评估对象概况……（403）
　　二、复建文物古建筑文化价值评估结果分析……（405）
　　三、复建文物古建筑文化价值评估综合情况……（476）

第四章　兴山县复建文物古建筑文化价值评估……（478）
　　一、评估对象概况……（478）
　　二、复建文物古建筑文化价值评估结果分析……（480）
　　三、复建文物古建筑文化价值评估综合情况……（490）

第五章　宜昌市夷陵区复建文物古建筑文化价值评估……（491）
　　一、望家祠堂概况……（491）
　　二、望家祠堂文化价值评估……（492）

第六章　复建文物古建筑文化价值评估的思考……（495）
　　一、复建：尊重历史，保护文物古建筑的原真性……（495）
　　二、评估：彰显复建文物古建筑的文化价值……（496）
　　三、保护：尽最大的可能保留古建筑及其文化记忆……（497）
　　四、开发：让古建筑文化价值不断焕发生命力和影响力……（499）

参考文献……（503）

附 录

附录一 鄂西兴山县、秭归县、巴东县农村民间文化状况调查分析
总表……………………………………………………………（513）

附录二 兴山县民间文化状况调查分析表…………………………（532）

附录三 秭归县民间文化状况调查分析表…………………………（550）

附录四 巴东县民间文化状况调查分析表…………………………（570）

第一篇 总 论 卷

第一章 导　　论

一、研究背景

举世瞩目的长江三峡工程，是迄今为止世界上最大的水利枢纽工程。围绕三峡工程建设进行的文物保护工作，是新中国成立以来最大的一项以"保护人类历史文化遗产"为目的的文物保护工程。长江三峡地区拥有壮美秀丽的自然风光，是长江流域东西部文化的交汇地带，是中国历史上南北文化长期碰撞与融合的重点区域，并孕育了古老的文明，是中华民族文化的发祥地之一，被喻为"东方人类文明的摇篮"。这里留下了大量珍贵的历史文化遗迹，仅经国务院三峡工程建设委员会批准列入《三峡工程淹没及复建区文物保护规划》的文物保护项目就多达1087项。

文物建筑被称为"实物的历史、世界的年鉴"，是历史的见证，具有重要的历史、文化、科学、艺术等价值。然而，三峡工程的实施，使三峡库区大量珍贵的、具有民族特色的文物建筑处于淹没区。因此，根据三峡工程文物保护规划及湖北段地面文物的特点，对三峡库区湖北段地面文物，我们本着"集中复建、规模发展"的思路，对地面文物较多的秭归县、巴东县进行了总体规划，在秭归凤凰山和巴东狮子包分别划出150亩和45亩土地，集中搬迁复建地面文物建筑。

目前，这些文物古建筑的复建工作已全部完成。那么，这些复建古建筑的现状如何？复建效果怎样？如何评估迁建后文物的多维价值？如何进一步开发和利用这些历史文物和古建筑？如何才能使这些宝贵的文化遗产更好地为地方文化和社会经济发展服务？在文物迁建保护中取得了哪些经验和教训？这些已成为中央和地方政府，文化及文物工作者，乃至普通民众都很关心的问题，是库区发展建设中不可回避的重要现实问题，也是综合评估三峡工程是否为文明工程的一个重要指标。

在上述背景下，湖北省文物局以创新的精神、前瞻的眼光和务实的态度，提出了"三峡库区文物古建筑复建区综合价值评估研究"的课题，并委托华中师范大学国家文化产业研究中心组织人员进行研究，本书就是这一课题研究的结项成果。

二、研究目的和意义

1）通过调查和研究三峡库区文物古建筑复建区的相关情况，从而了解迁建文物古建筑当前的状况，科学评估其综合价值；总结三峡文物古建筑迁建的历史文化意义、社会经济价值；总结湖北省文物局等相关部门在库区文物古建筑迁建中所取得的经验，分析得失，从而提出进一步开发利用迁建文物的策略，促进三峡库区的文物保护工作。

2）对三峡库区文物古建筑复建区的综合价值进行评估，对三峡文物古建筑的保护、管理及合理开发利用进行研究，无论是在理论还是实践方面，都对我国文化遗产保护事业有着非常重要的意义。

3）从理论建构角度来说，为评估迁建文物古建筑的综合价值，建构了相关的理论体系和科学的评估指标体系，有利于我国的文物遗产保护事业。同时，对三峡迁建文物古建筑进行的系统分析和理论总结，有利于进一步探索大型水利工程建设下我国文物保护的新方法、新模式。

4）对复建区文物的综合价值，包括实物价值、现实价值和潜在价值进行评估，对如何挖掘其价值提出意见和建议，使这些古文物建筑能在现实社会中发挥更大的作用。对于三峡库区文化遗产的保护和利用库区文化资源优势发展区域文化产业，促进地方经济建设和文化发展方面具有十分重要的现实意义和价值。

三、研究范围及内容

1. 研究范围

根据国家文物局《三峡工程淹没区地面文物保护规划》中规定的属于"搬迁保护"的文物建筑，湖北省内主要涉及巴东县、秭归县、兴山县及宜昌市夷陵区。

巴东县：秋风亭、地藏殿、王爷庙、水磨坊、济川桥、寅宾桥、顾家老屋、李光明老屋、万明兴老屋、王宗科老屋、毛文甫老屋11处古建筑，以及寇准祠、寇准县衙2处仿古新建建筑。共计13处。

秭归县：屈原故里牌坊、江渎庙、水府庙、紫光阁、杜氏宗祠、王氏宗祠、新滩古井、屈子桥、江渎桥、惠济桥、千善桥、迎和门、景圣门、郑万琅老屋、郑韶年老屋、郑万瞻老屋、郑书祥书屋、郑启恩老屋、彭树元老屋、三老爷书屋、刘振林老屋、邓永清老屋、游县长老屋23处古建筑，以及屈原祠1处仿古新建建筑。共计24处。

兴山县：望山门、陈伯炎老屋、吴翰章老屋。共计3处。

夷陵区：望家祠堂1处。

2. 研究内容

1）构建文物古建筑综合价值评估体系
- 复建区土地、房屋等有形资产价值评估体系；
- 旅游价值评估体系；
- 文化价值评估体系。

2）对三峡复建区文物古建筑综合价值进行评估
- 评估古建筑的土地、建筑等实物价值，完成评估报告；
- 评估古建筑的旅游价值，完成评估报告；
- 评估古建筑的文化价值，完成评估报告。

3）在评估的基础上，提出关于复建区文物保护和开发利用的具体建议。

4）总结和提炼库区文物古建筑复建区保护的相关经验。

四、研究思路和技术路线

本课题研究以实证调查为基础，即通过系统、全面的抽样调查和重点访谈等方法，结合文献资料，掌握本研究所需的第一手资料；同时采用路径分析、因子分析、社会网络分析等方法，提炼出三峡库区历史文物和古建筑迁建的核心因素，评估其文化价值、经济价值等，并进一步提炼为库区文物保护的路径及模式。

1. 研究方法

1）实地调研方法。
2）资料收集技术。
3）文献调查技术。

具体方法如下：

① 路径分析方法；
② 主成分分析法；
③ 模糊综合评判分析方法；
④ 社会网络分析方法；
⑤ 社会实验法。

2. 技术路线

采取"研究背景→基础研究→应用分析→政策建议"四步骤的技术路线，如图1-1-1所示。

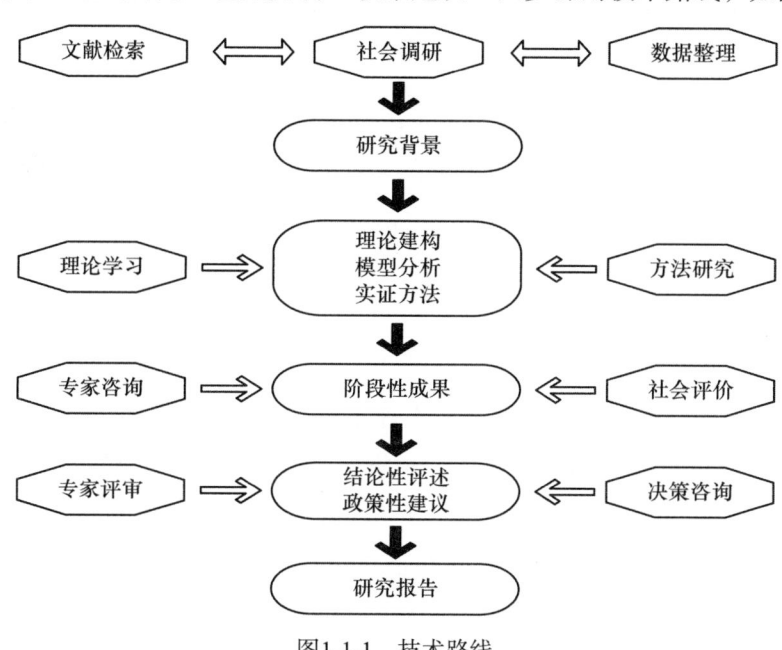

图1-1-1 技术路线

五、研究过程及成果

表1-1-1 研究时间进程

时间	任务
2009年7月	课题前期调研
2009年8月~2009年10月	课题前期基础工作阶段
2009年11月16日	课题正式立项
2009年11月下旬	到三峡库区实地调研
2009年12月15日	汇报会：向委托单位湖北省文物局汇报课题工作进展
2009年12月~2010年8月	对各子课题进行研究，形成初步成果
2010年8月31日	汇报会：向委托单位湖北省文物局汇报中期成果

续表

时间	任务
2010年9月	到三峡库区补充调研
2010年10月~2010年12月	充实成果，完成修订，准备结项
2011年1月	课题结项

1. 具体研究过程

1）资料准备。课题组为项目工作进行了充足的资料准备，多次到湖北省图书馆、湖北省文物局和有关县市搜集资料累计达100余种，包括各类纸质、电子、音像资料等。

2）实地调研，访谈及问卷调查。课题组三次组织人员到巴东、秭归和兴山进行大规模的实地调研、勘测、拍摄、问卷、访谈等工作；同时各子课题组还根据需要多次组织小型调研；发放和收回各种问卷2000多份，个别访谈100余人，召开大型座谈会5次。

3）理论研讨。课题组定期召开专题会议论证、研究工作进展情况，交流各子课题组的研究成果；同时多次召开校内外专家征求意见会，并就重要问题请教湖北省文化厅、湖北省文物局的有关领导和专家为课题确立了正确的研究理论、路径和方法。

4）建立机制。为保证课题研究顺利进行，建立了子课题人负责制、课题主要成员定期联系制度及研究成员QQ群，以便成员及时沟通情况，发布最新信息，解决研究中的问题。

5）深入研究，有序推进。各子课题按照课题组的统一部署，根据各自子课题的任务及特点进行专项研究，先后完成各价值评估体系的建立、各专项研究报告的撰写、图鉴的编撰等工作，并对各阶段研究成果进行讨论修改，使研究逐步深入，推动了课题各项任务的有序开展，见表1-1-1。

2. 课题最终主要研究成果

初步构建了一个指标体系：三峡迁建文物古建筑综合价值评价指标体系。研制了一套评估报告《三峡库区文物古建筑复建区综合价值评估报告》（分土地房屋、旅游、文化三部分，共4地41处古建筑的评价报告）。编撰了一本图鉴《三峡库区迁建文物古建筑图鉴》。总结了一个经验模式：三峡库区迁建文物古建筑保护经验模式。撰写了一篇调研报告《三峡湖北库区文化生态调查报告》。

六、研究存在的不足

课题组全体成员自接受湖北省文物局委托进行"三峡库区文物古建筑复建区综合价值评估研究"课题研究任务以来，以认真、专业、务实的态度开展各项工作，目前研究任务已顺利完成，取得了系列研究成果，达到了研究预期目标。但仍存在以下三个方面不足。

第一，文物古建筑综合价值评估指标体系的框架虽已初步建立，但具体标准还较为粗糙，还需要认真研究和进一步检验指标项目、权重设立等。

第二，对三峡库区迁建文物古建筑的保护、管理及开发利用方面的研究还有待加强。

第三，目前完成的图鉴，质量不高，还需要进一步搜集过去的老照片和补拍部分新照片。

虽然课题的研究工作已经告一段落，但我们将继续与湖北省文物局开展进一步的合作研究：一方面将继续完善目前的"文物古建筑综合价值评估体系"，使其定型，并进行较大范围的测试及检验；另一方面将推广本书的研究成果，扩大社会影响力，最终建立一套适用于国内文物保护实际工作的，科学、合理、操作性强的文物综合价值评估体系。

第二章 文物古建筑保护概况

一、文　　物

在古代，"文物"一词最早见于《左传》。《左传·桓公二年》记："夫德，俭而有度，登降有数，文物以纪之，声明以发之；以临百官，百官于是乎戒惧而不敢易纪律。"其后《后汉书·南匈奴传》有"制衣裳，备文物"的记载。在这些文字中，"文物"是指刻有典章制度的器物，因为这种器物的特殊功能，所以制作时材料考究、工艺精美，即便历时久远也不坏，同时象征着统治者的权力，因而逐渐被后人收藏，逐步衍生出"有价值的收藏古物"之含义，可见，古代"文物"一词的内涵类似于今天所说的古董。

文物是人类社会历史发展过程中遗留下来的、由人类创造的与人类活动有关的一切有价值的物质遗存，表现为人类历史上遗留下来的、反映各时期物质文明和精神文明程度和内容的实物，是历史的证据。文物反映一定时期的社会、经济、科学、文化的发展程度和发展过程，反映当时的社会意识形态和宗教信仰。人们即使享受了最先进的现代文明，还是有追怀先人精神之光的心理需求。文物是历代文化的重要载体，也是一种无价的资源，记录了先辈们的物质文化活动，随时给后人以激励和启迪。文物资源不仅能极大地提高其所在地的知名度，也能为当地带来可观的经济效益。

二、古　建　筑

（一）概念

文物建筑是指具有一定文物价值的建筑，一般来说，主要由古代建筑和近代建筑两大部分组成。中国古代建筑具有独特的艺术风格和卓越的技术成就，在世界建筑史上具有极其重要的地位。中国古代建筑先后经历了原始社会、奴隶社会和封建社会三个历史阶段，其中封建社会是形成中国古代建筑的主要阶段。通常我们所说的古建筑，一般意义上是指建造于鸦片战争以前的建筑。鸦片战争后，中国进入半殖民地半封建社会，中国建筑从此转入了近代时期。在中国建筑发展史上，中国近代建筑的发展是一个承上启下、中西交汇、新旧接替的过渡时期。一般将这段时期分为三个阶段：19世纪中叶到19世纪末、19世纪末到20世纪30年代末、20世纪30年代末到40年代末。大部分的近代建筑还遗留至今，成为今天城市建筑的重要构成部分，并较大地影响了当代中国的城市生活和建筑艺术。2002年修订的《中华人民共和国文物保护法》，把文物划分为以下几大类别：①具有历史、艺术、科学价值的古文化遗址、古墓葬、古建筑、石窟寺和石刻；②与重大历史事件、革命运动和著名人物有关的，具有重要纪念意义、教育意义和史料价值的建筑物、遗址、纪念物；③历史上各时代珍贵的艺术品、工艺美术品；④重要的革命文献资料及具有历史、艺术、科学价值的手稿、古旧图书资料等；⑤反映历史上各时代、各民族社会制度、社会生产、社会生活的代表性实物。其中，第①、②条包含了对文物建筑的描述，其中历史价值、艺术价值、科学价值及历史意义构成文物建筑的评价标准。

由此可知，不是所有的建筑都是文物建筑，而是通过有关机构的鉴别和选择，符合一定的历史价值、艺术价值、科学价值等评估标准之后，才称之为文物建筑。文物认定的标准和办法由国务院文物行政部门制定，并报国务院批准。古文化遗址、古墓葬、古建筑、石窟寺、石刻、壁画、近现代重要史迹和代表性建筑等不可移动文物，根据它们的历史、艺术、科学价值，可以分别确定为全国重点文物保护单位，省级文物保护单位，市、县级文物保护单位[①]。

（二）构成和特点

古建筑一般是指按照我国传统营造思想、方法和形式等建造的建筑；而文物古建筑则是因为价值较高，被列为保护对象的古建筑，在分类上属于不可移动文物的一种。按照《中华人民共和国文物保护法》的规定，我国的文物保护对象包括可移动文物和不可移动文物两个部分，不可移动文物保护因为对象情况复杂、规模较大、投入较多，所以是文物保护研究工作的重点，其中古建筑是保护的重点对象之一。我国的古建筑类型包括城垣城楼、宫殿府邸、宅第民居、坛庙祠堂、衙署官邸、学堂书院、驿站会馆、店铺作坊、牌坊影壁、亭台楼阙、寺观塔幢、苑囿园林、桥涵码头、堤坝渠堰和池塘井泉等多种类型。部分近现代重要史迹和代表性建筑也属于文物建筑，包括重要历史事件与机构旧址、重要人物活动纪念地、名人故居、传统民居、宗教建筑、文化教育建筑、医疗卫生建筑、军事建筑及设施，以及有典型风格的建筑或构筑物等[②]。

古建筑是我国古代建筑技术、艺术的结晶，也是我国古代乃至近代政治、经济、社会活动的载体，是全方位反映我国古代社会政治、经济、文化特征的历史遗产，具有价值高、代表性强、分布广、时间横跨大、类型多样的特点。我国古建筑源远流长，除了少量石建筑外，大部分以木、土、砖瓦为主要建造材料，且与以木结构为主的营造方式一脉相承。这些材料具有易损毁的特点，因此如何科学地保护这些易损的古建筑是我国文物保护工作的重点和难点。

三、国外文物建筑保护理论和实践

在有意识地保护古建筑之前，人们对历史建筑价值的认识经历了漫长的过程。在早期维修古老的建筑，主要是为了保护其使用价值或保护其特定的宗教象征意义。这种观念一直维持到14世纪以后，到文艺复兴晚期，对古代艺术包括建筑艺术的欣赏已成为一种社会时尚，这时的人们开始关注古老建筑的艺术价值。但是真正出现接近今天意义上的保护是19世纪之后，工业革命以后，社会生产力的革命性变化导致新型的建筑类型取代了旧有的建造方式。在这种背景下，欧洲的文物建筑保护出现了实践活动及由此而产生的保护观念和理论，逐步形成法国派、英国派、意大利派等不同的保护理念。它们之间既互相否定又互相借鉴、融合，最后逐渐形成以意大利派为代表的、以强调文物建筑历史价值为特征的文物建筑保护理念。在此基础上，先后诞生了《雅典宪章》《威尼斯宪章》《世界遗产保护公约》《马丘比丘宪章》《华盛顿宪章》等一系列约束和促进国际保护运动的纲领性文件。其中《威尼斯宪章》是保护理论的划时代和集大成者，是40多年来指导保护工作的最权威的原则纲要；《世界遗产保护公约》则是以联合国为平台把对遗产的保护上升为世界人类的共同目标，极大地促进了保护工作的全面发展及保护意识的全面提高；《奈良文件》立足于不同于欧

---

① 丁辉：《文物建筑历史信息的构成及保护》，太原理工大学硕士学位论文，2007年，第2~5页。
② 曹永康：《我国文物古建筑保护的理论分析与实践控制研究》，浙江大学博士学位论文，2008年，第1~2页。

洲的文化背景对《威尼斯宪章》单一文化背景导致的普适性不足的问题进行了修正和补充，提出要在尊重文化多样性的前提下进行遗产保护的价值判断[①]。

（一）欧洲文物建筑保护的三大流派

1. 法国的"风格复原"运动

法国于1830年建立了保护历史古迹的机构，任命了法国第一个历史文物建筑总监，1837年又设置了专门的历史文物委员会。其中的代表人物是巴黎美术学院建筑理论家维奥莱·勒·杜克，他针对当时的"哥特复兴"，制定了忠实于原状的修复方针。维奥莱·勒·杜克特别强调风格的统一，认为应把建筑整体及细部恢复到原来的风格，无论是在外表上还是在结构上都应如此。他的这套理论和做法随后成为19世纪至20世纪初期欧洲文物建筑保护运动中的主流思想，称为"风格复原"。他们的主要观点包括修复文物建筑要追求艺术完美，风格统一；不仅要有外部风格的修复，也要有内部结构的修复；修复要建立在科学研究的基础上，要根据具体情况办事，而非采取绝对化的原则；要适应当代的功能要求，使文物建筑有生命力。

显然，杜克的这种"风格修复"的文物修复思想表现出极强的艺术至上的倾向，是为艺术而艺术，建筑师可以为了建筑风格的完美统一而在文物建筑上增添任何他认为需要的部分。杜克的文物修复思想片面地强调了风格统一的重要性，却忽略了对文物建筑所携带的历史、科学、社会等信息的保护，以致大量的文物建筑承载的各种历史、科学、社会价值得不到保护。

2. 英国的"历史保真"思潮

19世纪中叶，法国流行的这种"风格复原"思想与做法在英国遭到作家、艺术评论家拉斯金（Ruskin John，1819~1900年）领导的"反修复"运动的强烈反对。拉斯金在其名著《建筑七灯》里针锋相对地写道："人类的修复只是一种最恶劣的破坏方式；一种无法将遗存聚拢的破坏；一种随之而来的对被破坏物的虚假描述所产生的破坏。"在拉斯金的启发下，诗人、作家兼艺术家莫里斯（Murris William，1834~1896年）于1877年创建了英国第一个全国性的古迹保护团体"文物建筑保护协会"。莫里斯强调，由于工业革命和随之产生的社会变革已打断了历史延续性，故最有效的保护方法应是保持它在物质上的真实性。《文物保护协会成立宣言》可以看做英国派的纲派，其主要论点归纳起来包括：修复古建筑是根本不可能的，所谓修复，就是把古建筑的历史面貌破坏掉，使古建筑成为一个毫无生命的假古董；要用"保护"代替"修复"，保护古建筑身上的全部历史信息，用经常的维护来防止它们的败坏；为了加固或遮盖而用的措施，都要易于识别，绝不篡改古建筑的本体和装饰。

英国学派提出的文物观念，较法国的"风格修复"前进了一步。他们更注重文物建筑的历史价值，把文物建筑视为历史的读本，认为历史赋予文物建筑的所有印记都有意义。但是，他们过于消极地看待一切为了建筑物保持寿命和改变功能的变动。拉斯金和莫里斯都是文学家和鉴赏家，他们对建筑的热爱过多地沾染了当时浪漫主义的思绪，没有综合理解文物建筑的历史和科学价值，不能以正确的科学态度采取恰当的措施把文物建筑传之久远。英国派有它的贡献，但过于片面，影响不大[②]。

---

① 潘国刚：《文物社会价值的实现与文物保护规划》，昆明理工大学硕士学位论文，2008年，第28~40页。
② 张英琦：《建筑遗产保护中几个重要概念考辨》，天津大学硕士学位论文，2010年，第12~14页。

3. 意大利的"文献保护"理论

19世纪后半叶至20世纪初，意大利学派在对上述两个学派兼容并蓄、分析批评的基础上崛起，并且凭着自身丰富的建筑文化资源向欧洲大陆扩散着新的影响。卡米洛·波依托是该时期意大利学派的重要代表人物。他强调文物建筑具有多方面的价值，指出它是"一部历史文献，它的每个部分都反映着历史"。他认为文物建筑作为人类社会生活的见证，历代添加的部分都反映出人类生活的变迁，是构成文物建筑多方面价值的基础，是文物建筑不可分割的组成部分。因此，他主张那些为了加固文物建筑而附加的东西是必要的，但为了维护文物建筑的历史真实性和整体艺术性，它们又必须是不引人注目和易于辨认的。在他看来，越是不露痕迹的复原就越是虚伪。且经过保护、维修的文物建筑，应该能够完全地向人们表述它所内含的历史信息，具有可知解的文献意义。20世纪以后，意大利派的思想更加成熟。乔瓦诺尼提出了"形象解析"的概念，"采用最可能的附加物来重新组合那些现存的支离破碎的构件，这些附加物的材料特性应当是中性的。它们对保护对象的整体所造成的依赖程度应该为最小"。并强调对待历史建筑真实性的根本目的是要尊重历史建筑的"原真的艺术生命"，而非仅仅是它的形式。另外，他还认识到建筑本身和建筑环境之间存在着一种历史文脉，因此对历史建筑的保护不仅限于单体，还应将其置于更广阔的城市、社会和文化的背景中去思考和分析。1933年，《雅典宪章》中有关文物建筑修缮和保护的许多内容正是基于他的理论基础而形成的。

（二）文物保护科学的诞生

在文物建筑保护学界，从19世纪上半叶开始探讨文物建筑保护的理论，经过100多年，到20世纪才日趋成熟。1933年，国际现代建筑师学会拟订的《雅典宪章》明确提出文物建筑的历史和科学价值之一在于向后世传递人类智慧，是过去历史的珍贵见证，应当受到保护和尊重，标志着文物保护科学以宪章的形式日益受到重视。然而20世纪上半叶，欧洲在短短的40年中经历了两次世界大战的劫难，因此四五十年代的欧洲文物建筑保护工作一度陷入停顿中。20世纪50年代，随着经济的迅速发展，早期工业技术革命给人类社会带来的环境污染、环境破坏，使人们开始思考如何保护城市环境的历史深度。20世纪60年代，欧洲对人类历史的重新关注成为这个时期人们思想的基调，正是在这段时期，现代文物建筑保护科学进入崭新的发展阶段。

1.《雅典宪章》

1933年，国际现代建筑师学会在希腊雅典召开第一次历史古迹建筑师及技师国际会议，共同研究建筑遗产的保护问题并拟定通过了《雅典宪章》。《雅典宪章》主要涉及以下内容：关注遗产保护中的"保存现状"与"恢复原状"单个文物建筑及古遗址的保护策略、保护技术方法及其在视觉及美学上所处环境，以及大气环境及生活环境等社会性问题。《雅典宪章》表明了"摒弃风格上的修复而强调文物建筑艺术的真实性"的保护概念发展阶段已结束，并为文物建筑比较积极的修复确定了方针。它是第一个政府间级别的政策性文件，标志着以保存文化遗产为目的的起点，以及正式化确立国际性指南的开端。

2.《威尼斯宪章》

1964年5月，国际文物工作理事会在意大利的威尼斯讨论并通过《保护和修复文物建筑和历史地段的国际宪章》，即著名的《威尼斯宪章》。宪章内容包括了文物建筑的定义，保护的目的，文物建筑保护和修复的原则等方面。相对于《雅典宪章》，它进一步扩大了历史文物建筑的概念，强调保护环境，并对使用历史文物建筑时允许变动的范围，地段环境控制的总要求，修复、增添和补缺的原则，使用现代结构和保护的方式做出了比较具体的规定。它是关于保护文物建筑的第一个国际宪章，是国际历史文化遗产保护发展中的一个重要里程碑。

3.《世界遗产保护公约》

1972年11月，联合国教科文组织大会通过了《保护世界遗产公约》，确定将具有突出普遍价值的自然景观和古迹遗址列入《世界遗产名录》。世界遗产的确立及此后的不断发展，反映了人类对遗产价值的总体认识。最初，世界遗产委员会把真实性作为世界遗产价值的重要评判标准，但随着与遗产有关的新意识、新观念的不断发展，传承性、多样性和多义性等遗产观念逐渐得到认识和重视。根据《世界遗产保护公约》的最新操作指南，在建筑学、工程技术、不朽的艺术建筑上或能代表一种或多种文化的传统人居环境模式，并在设计、材料、工艺或环境上满足真实性的人类杰出作品才符合世界遗产的评判标准。

4.《马丘比丘宪章》

随着第二次世界大战的结束，世界范围内的经济复苏和全面启动，出现了许多新的情况，要求对《雅典宪章》进行一次修订。1977年12月，在秘鲁的马丘比丘，国际现代建筑师学会通过了《马丘比丘宪章》。该宪章更明确地指出了"文物和历史遗产的保存和保护"。对保护的范畴和方法上都有一定的阐述，指出"一切有价值说明社会和民族特性的文物必须保护起来"，进一步确定"保护、恢复和重新使用现有历史遗址和古建筑必须同城市建设结合起来"。

5.《华盛顿宪章》

《华盛顿宪章》是继《威尼斯宪章》之后重要的一份关于保护文物建筑和历史城市的文件，其主要贡献在于强调历史城镇和其他历史街区的受保护地位。此时，欧洲文物建筑保护运动从前期主要着眼于建筑本身的物质、美学、历史方面的研究，发展到后期的多角度、全方位一体保护。欧洲文物建筑保护不仅注重保护遗产本身，同时也注重保护周边环境；不仅注重保护物质环境，还注重保护非物质文化。保护的规模、范围在不断扩大，并由过去的单一保护发展到保护与开发相结合。

四、国内文物建筑保护理论和实践

我国的文物保护规划在经历长期探索的过程中，逐渐形成比较科学、合理、符合我国国情的文物保护规划理论体系，由于起步较晚，我国的文物保护规划事业还有很长的路要走。

（一）我国古代建筑"保护"观念

从相关记载来看，我国古代存在着保护建筑的行为，主要是民间的一种自发行为。如民间百姓对古代的一些风景名胜建筑和宗教建筑及古桥等的维护，但是这种保护是出于延续建筑的使用寿命，一旦建筑结构老化破坏到比较严重的程度时，这种维护将变成重新修建。重建的建筑往往只要被冠以原来的名字，就被认为是原来建筑的替身，虽然新建筑从形式到时代风格上与它的前身相差甚远，但是古人似乎并不重视这些因素。更有甚者，在古代改朝换代之际，前朝的宫殿、衙署等常常被付之一炬，以示兴替。所以，古代那些作为代表最高建筑技术的帝都、宫殿在朝代的更替中被严重破坏，以致现今保留的价值较高的早期古建筑屈指可数。虽然中国人有着尚古、崇古的文化特点，但是古人并不具有今天的保护建筑的观念，即以实物的存在为前提的保护，而是对本体之外的意义和符号的保护。在古代政治文化体制背景和匮乏的文物保护科学技术下，建筑本身被替代显得无足轻重，古人重视的不是建筑本身的历史，而是建筑被赋予的历史文化意义的传承[①]。

（二）我国近代文物建筑保护发展

我国出现自觉的文物建筑保护行为一般认为是在民国时期。由于西方保护观念和理论的传入，当时中国出现了一些保护活动，并成立了保护研究机构，如民国二年在北京成立了古物陈列所，民国十一年北京大学成立了考古研究所，而民国十八年在北京成立了中国营造学社，将对古建筑的调查和保护工作推向了实质。以梁思成先生为代表的学者在其后的20世纪30年代进行了大量的实地调查，先后考察了山西、河北、河南、山东等15个省区200个县，对2200多处文物做了记录，发现了包括山西五台山佛光寺大殿、蓟县独乐寺观音阁等在内的一批价值极高的古建筑。同时营造学社还为部分古建筑的保护修缮制定过计划，如北平的13座城楼、箭楼，北京故宫景山的万春亭，曲阜孔庙，杭州六和塔，南昌滕王阁，等等。

从保护理论上来看，这一时期的保护观念与欧洲的保护理论有一定的关联，如梁思成在《曲阜孔庙之建筑及其修葺计划》中提出，保护与修复历史建筑的目的是保存或恢复建筑的原状，使建筑的寿命和价值得到最大限度的延长。这与欧洲意大利学派的观点比较接近，但是对于保留后期叠加上去的历史信息则持不同的态度，梁思成认为恢复到最富有价值的原初状态最好。

梁思成对于建筑遗产保护工作持有非常严谨科学的态度，他大量测绘、研究古迹，认为建筑遗产的保护应该是一种科学行为，应该通过严谨的论证制定保护计划。同时，他非常重视参考文献及考察研究古迹遗存，这可以为他制定保护方案提供充分的依据。在现存实物大部分存留较完整时，梁思成通常采取"保存现状"的做法，而在为了寻找一种建筑始建时其结构与表现上的合理逻辑关系时，他会选择"恢复原状"。在梁先生看来，"恢复原状"是指"维持或恢复建筑初时的形制"。但在实施的同时，若缺少记载初始形态的资料，他也不会一味追求复原原始建制，而是会恢复一种有充分依据或理论推断的时期。不可否认，梁先生提出的关于古建筑的"保存或恢复原状"理论在当时甚至其后一段时间内，对于国内的保护界起着重要的指导作用。在对建筑实施"保存现状"的过程中，建筑得以延年益寿，较为完整地展示在后人面前；然而其专注于"修复原状"理论的讨论，却忽视了对建筑遗产完整历史信息的留存。在过于强调设计与逻辑高度统一之时，偏重于对一定时期风格的统一，也使修复理论向"法式复原"方向偏移。

从政府的管理方面看，在民国十九年颁布了《古物保存法》，这是民国颁布的第一个文物法规，共14条。之后的1931年7月3日，国民政府行政院公布了《古物保存法施行细则》共19条，并于1932年设立了中央古物保管委员会，制定了《中央古物保管委员会组织条例》，该委员会的成立标志着我国学术资料尤其是文物资料的保护逐渐向制度化的方向迈进。但由于政局动荡，在这个时期

---

① 潘国刚：《文物社会价值的实现与文物保护规划》，昆明理工大学硕士学位论文，2008年，第52~66页。

没有形成一个长期稳定的管理体制，而且各地方政府也没有设置相应的文物管理专门机构，因此各地的大量文物基本上处于无人管理的状态，该法规在此期间形同虚设，基本没有得到执行。抗战后期，为了使部队在进攻日占区时不破坏有重要价值的古建筑，国民政府教育部设置了"战区文物保存委员会"，并在以梁思成先生为代表的营造学社多年调查整理的资料基础上，于1945年5月编制了中英文版的《战区文物保存委员会文物目录》。与此同时，中国共产党领导的解放区也对文物保护工作采取了积极的措施。北平和平解放之后，梁思成先生又根据毛泽东、周恩来的指示编写了《全国重要建筑文物简目》，对以后各地区的文物普查和文物保护起到积极的作用。

（三）新中国成立后文物建筑保护事业的发展

1. 基础建设时期

新中国成立后，国家各项事业开始步入正轨，政府就把文物保护任务列为文化事业的重要组成部分之一。首先，针对战争中造成的大量文物被随意破坏的现象，中央人民政府颁布了阻止继续破坏文物、杜绝流失的法令和法规，如《古文化遗址及古墓葬之调查发掘暂行办法》和《中央人民政府政务院关于保护古文物建筑的指示》，结束了长期以来文物保护的无政府状态。同时，颁布了关于文物保护的综合性行政法规《文物保护管理暂行条例》和《文物保护单位保护管理暂行办法》等，建立了针对重点文物保护单位的保护制度，包括登记有价值的历史建筑、划定文物建筑的保护范围、提出修缮时"不改变原状"的保护原则和抢修加固中"最少干预"的概念。

在这个时期，全国的文物建筑保护工作有序开展，在制度建设、理论发展及实践推动上都取得了很大的进步。限于经济条件的原因，当时对文物古建筑的保护倾向于"保存现状"为主，"恢复原状"则更多倾向于小范围的修补，而非大动干戈地恢复其原始状态。但是在文物建筑保护工作中也出现建设和保护中取舍时不得不让步的现象，如1953年到1965年，为了给城市建设和交通让步，逐步拆毁了北京城墙和城楼。

2. 破坏时期

"无产阶级文化大革命"运动中提出"文化领域的专政"的口号，其本质是以反对封建主义、资本主义、修正主义的名义，排斥古代文化和外来文化。且当时的红卫兵采取"破四旧，立四新"的路线，宣布要"砸烂一切旧思想、旧文化、旧风俗、旧习惯"，对包括历史建筑在内的文化遗产进行了破坏。

"文化大革命"中全面的有组织的对文物的破坏使古建筑遭遇了巨大的损失。1980年《关于加强古建筑和文物古迹保护管理工作的请示报告的通知》这样描述"文化大革命"之后文物建筑的状况："近十几年来……使我国的古建筑和文物古迹经历了一场浩劫。有许多古迹被分割侵占，古建筑遭到严重的破坏……至今在有些地区古建筑和文物古迹遭受破坏的情况仍在继续发展。当前的主要问题是：有些重要古建筑继续被一些机关、部队、工厂、企业所占用……有些著名古建筑和文物古迹附近随便兴建新建筑物，丝毫不考虑环境气氛……此外，也有的地区和单位不履行报批手续，不遵守《文物保护管理暂行条例》中所规定的保持现状或恢复原状的原则，对古建筑改旧创新，既损坏了古建筑，又浪费了国家的经费。"因此而产生轻视历史、厌弃传统文化的社会风气，在之后很长的时间里都难以去除其消极的影响，成为文物保护工作的最大阻力。

3. 恢复时期

1980年5月，国务院批准了《关于加强古建筑和文物古迹保护管理工作的请示报告的通知》，提出了"既对基本建设有利，又对文物保护有利"的两利保护方针，自此文物保护工作逐渐恢复并发展完善。

首先，国务院公布了大量的全国重点文物保护单位和历史文化名城，并创设了历史文化名城保护制度，使保护由以往保护单个文物建筑向保护整体城市扩展。同时，国务院公布了第一批国家级重点风景名胜地区名单，建立了风景名胜地区保护范畴，使得人文景观的保护和自然风光的保护相互融合起来。此外，国务院的文件中规定了要保护文物古迹比较集中或能较完整地体现出某历史时期传统风貌的街区、建筑群、小镇、村落等历史地段，依据其价值建立地方各级的"历史文化保护区"。"历史文化保护区"的提出，意味着文物建筑的保护扩展到整个城市或城市中的某个地区，使得城市的历史风貌得以保存并延续。

1982年颁布的《中华人民共和国文物保护法》，使我国文物建筑的保护有了法律保障，也意味着我国文物保护工作日益得到重视。1985年，全国人民代表大会批准了《保护世界文化和自然遗产公约》，并于1987年将长城、故宫、周口店"北京人"遗址、泰山、敦煌莫高窟，以及秦始皇陵及兵马俑坑申报列入《世界遗产名录》，这标志着我国的文物保护工作开始主动与世界接轨，在保护的理论建设、保护模式与方法上都接受世界标准的检验，对促进我国的文物保护事业有着非常积极的意义。

4. 体制完善时期

20世纪90年代以后，社会各界开始着力于建构、完善包含法制、管理、理论与实践指导多个层面的历史建筑保护体系。

从法制建设上来看，由于1982年的《中华人民共和国文物保护法》存在条文简单及某些原则与国际通行标准存在冲突的问题，所以重新修订之，于2002年颁布实施，并于2003年公布了《文物保护法实施细则》。

从管理建设工作来看，各省逐步取消了原来的事业代管行政的模式，管理混杂的局面逐步好转。大部分省份建立了省市级的文物局，对文物的管理变得职能化、单一化。另外，与文物建筑保护相关的规划局和文化局，也都设立相关的专门处室，共同参与到这项工作中来，大大提高了文物保护管理的范围和效率。

从文物保护的理论发展来看，一方面大量引进和消化国际上的保护理论，甚至让国际组织直接协助建立一些保护标准，如2000年发布的《中国文物保护准则》就是中国国家文物局牵头，与美国盖蒂保护研究所和澳大利亚遗产委员会三方一起合作的成果。另一方面，我们也意识到中国文物保护要结合本民族建筑遗产的特征及国家自身的发展方式来建构自己的文物保护理论。

从文物建筑保护的实践来看，全社会对文物保护的投入逐年加大，文物的生存安全保障有了很大的提高。其中既有对敦煌莫高窟、北京故宫等重要国宝的抢救和维护，也有各地方上对量大面广的低级别文物的保护投入，并且这些投入不限于国家财政的拨款，企业和社会赞助等多种方式的参与也极大地拓展了文物保护工作的资金来源。与此同时，保护实践操作水平显著提高，文物保护者已经把重点花在了对文物保护准则的实践上，这需要很多的耐心和更科学的手段，而不是以往的有可能会带来破坏的粗放式维修。

总体来说，目前我国文物建筑保护的水平还处于初级阶段，很多工作还是刚刚起步，尤其是理论研究薄弱，导致具体实践操作的整体水平不高，漏洞、错误较多，这需要我们在国际理论的引导下，结合我国文物的特点，立足于我国文物保护的现状，加强学术研究，开创保护工作的新局面。

五、我国文物建筑保护模式分析

随着我国对文物建筑保护工作的日益重视和保护科学水平的提高，当前的保护模式主要有就地保护、易地保护、整体保护、平移保护、资料保护、构件保护等。

（一）就地保护模式

就地保护是指在建筑的原址上对建筑进行保护。除具有重大文物价值且必须搬离原址之外的文物，大部分文物建筑保护均采用这种保护方法。

就地保护模式具有明显的优势。首先，在法律保护方面，宪章和法律的有关规定一方面限制了文物建筑的利用，另一方面也为文物建筑的保护提供了制度上的保障。其次，就地保护模式对文物建筑的原真性破坏较少，并与建筑周边的环境相融合。再次，与其他保护模式相比较，就地保护模式较易获得相关部门的资金支持。就地保护也具有一定的劣势。随着社会的发展，居民对于居住环境的要求在不断改进和调整，因此，损坏或改变建筑原貌的情况时有发生。此外，文物建筑零星地散布于各个地区，没有规模，市场价值不明显，受重视程度相对不足，维护资金极其有限，甚至根本不能到位。

（二）易地保护模式

易地保护通常指将具有突出价值的乡土建筑遗产从原基址迁移至另一地段，以拆解重装的方式，严格按原样建造。这类保护模式主要适用于就地保护基本上不可行、原址已不适宜保存的乡土建筑。一般有两种情况，一种是由于建筑散落于偏僻之处，其周边环境已经遭受破坏；另一种情况是由于大型工程项目的兴建，建筑原有地域被侵占，不得不迁往异地。易地保护模式一般是将古建筑一栋一栋地拆解后搬往异地，再按原样装配完成。

易地保护的措施对于抢救濒临消亡的古建筑起到了不可替代的作用。濒危的古建筑绝大多数散落于贫困的农村地区，属于非迁建且无从保护的范畴。因此，采用易地迁建的办法保护即将消失的古建筑，是一种行之有效的方法。将多处古建筑迁移至同一个地点，形成古建筑群，既有利于文物的保护研究，也有利于文物旅游资源开发，将建筑资源和旅游资源相结合，充分发挥市场的资源配置优势。

易地保护模式需要拆除原建筑的建筑部件并为之编号，然后换个地方，按原始比例、尽可能地使用原材料、按照原工艺对原建筑进行复制。在易地保护的过程之中可以发现和传承大量的传统工艺，可以为重要文物建筑的维修积累实际操作经验。

（三）整体保护模式

整体保护是指将古聚落作为一个完整的系统加以保护。整体保护主要运用于保存较好的建筑群。

整体保护模式的优势主要体现在系统性和动态性方面。建筑群是一个由各类建筑有机构成的大系统，是一个系统性的有机整体。整体保护模式可以完整地保护建筑群的系统性，同时可以促进当地旅游业的发展，使保护与开发相结合成为可能。但是整体保护主要适合那些保存得相对完整的古建筑，古建筑群在中国毕竟是少数，且快速的城市化发展进程使整体保护的效果不尽如人意。

（四）平移保护模式

平移保护是在保持房屋整体性和可用性不变即在不破坏房屋整体结构和造型的条件下，将其整体水平移动一段距离。由于平移保护只需小范围移动就可以保留重要的传统建筑，所以平移保护具有显著的经济效益和社会效益。与落架迁移相比，平移建筑整体的方式可以得到最大限度的保护，在迁移过程中减少构件的损伤，保持建筑物的原真性。但是平移保护是一项复杂的技术，且移动范围有限。因此，一般只在修建道路等需要迁移原有建筑的时候才适于采用整体平移措施保护建筑。

（五）资料保护模式

资料保护是要保护文物建筑的一切可以收集到的文字史料和口传史料，既包括建筑本身的形制、材料、工艺等有形的部分，也包括其周边的社会、经济背景和相关的民间故事。例如三峡水库淹没区中的大部分古民居和遗址等均采取这种保护模式。目前，国内的大部分资料保护工作还不完善，甚至一些被列为文物保护单位者其资料档案也不齐全。

（六）构件保护模式

由于自然和人为的原因，很多古民居已经不复存在了，仅仅留下部分构件，例如柱础、雕、门框等。这些残缺的建筑遗迹虽然在文物价值方面比不上整体建筑，但是它们也是历史的真实写照，也是对某种历史信息的传达。因此，其中一些工艺精湛和具有研究价值者也值得保护。构件的保护更多的是融入就地保护和易地保护之中，构件往往充当展品的角色。

这几种文物建筑保护方式都有其自身的优点和缺点，各自适用的范围和对象也不尽相同。就地保护主要适用于在原地尚可采取措施进行挽救的文物建筑，整体保护主要适用于保存较为完好的建筑群，易地保护主要适用于在原址已经无法保护的建筑，平移保护主要适用于只需小范围移动就可以保留的重要建筑，资料保护主要适用于即将消亡的建筑，构件保护则适用于建筑构件遗存的保护。其中，就地保护模式和整体保护模式在实际的文物建筑保护中应用得最为广泛，也已经获得大家的广泛认同。易地保护和平移保护在实际应用中的例子较少，一般是应用于文物价值较高的文物。在学术界，易地保护和平移保护还存在较大的争议，争议的焦点主要集中在保护对象的原真性保护问题方面[①]。

---

① 张靖：《乡土建筑遗产保护模式研究之一——易地保护模式》，华中科技大学硕士学位论文，2006年，第8~16页。

第三章　三峡工程文物保护概况

一、三峡水利枢纽工程

长江三峡水利枢纽工程，简称三峡工程，是在中国长江中上游段建设的大型水利工程项目。分布在中国重庆市到湖北省宜昌市的长江干流上，大坝位于三峡西陵峡内的宜昌市夷陵区三斗坪，并与其下游不远的葛洲坝水电站形成梯级调度电站，是世界上规模最大的水电站，也是中国有史以来建设的最大型工程项目，三峡工程全景如图1-3-1所示。

图1-3-1　三峡工程全景

（一）三峡工程的提出

在长江三峡建造大坝的设想，最早可追溯至中国民主革命的先驱孙中山先生。他在1919年的《建国方略之二——实业计划》一文中提出"自宜昌而上，入峡行……急流与滩石沿流皆是，改良此上流一段，当以水闸堰其水，使舟得溯流以行，而又可资其水力"。并指出可以"分级坎堰，改善航道，壅流发电"。1924年，他在《民主主义》一文中又讲到"扬子江上游夔峡的水力，更是很大。有人考察由宜昌到万县一带的水力，可以发生三千余万匹马力的电力，比现在各所发生的电力都要大得多"。按此设想，1932年，国民政府建设委员会组织水力专家进行了两个月的勘测，编写出《扬子江上游水力发电勘测报告》，拟定了葛洲坝、黄陵庙两处低坝方案。这是中国专为开发三峡水力资源进行的第一次勘测和设计工作。1944年，国民政府与美国垦务局签约，准备利用美国资金建设水电站，并邀请该局总工程师、世界知名水利专家萨凡奇来华考察。萨凡奇在三度实地考察三峡地区后，写出了《扬子江三峡计划初步报告》，即"萨凡奇计划"。萨凡奇建议大坝坝址可选择在南津关上游2000米处，水库正常蓄水位200米，水坝高程225米，水电站装机容量1056万千瓦，单机容量11万千瓦，万吨轮船可直达重庆。然而，终因当时的社会政治、经济及科学技术条件等原因而被搁置、夭折。

中华人民共和国成立后,由于长江上游频发洪水,屡屡威胁武汉等长江中下游人民生命财产安全,因此重提三峡工程。1953年初,毛泽东视察三峡时说:"三峡水利枢纽是需要修建而且可能修建的""但最后下决心确定修建及何时开始修建,要待各个重要方面的准备工作基本完成之后,才能做出决定"。1956年6月,毛泽东在湖北省委书记王仁重的陪同下畅游长江后,写下了《水调歌头·游泳》,提出了"更立西江石壁,截断巫山云雨,高峡出平湖,神女应无恙,当惊世界殊"的词句,表达了建设三峡工程的设想,并指定由国务院总理周恩来督办。在周恩来的主持下,开始了三峡工程的勘探、设计、论证工作,并邀请了苏联的水利专家参与。1955年到1960年,中苏专家联手在三峡进行了大规模的设计工作,并提出了最高蓄水位200米、220米、235米高程的方案,比当初萨凡奇"轰动全球"的200米蓄水方案还高了35米。当时水利领域内支持工程上马的林一山等人和反对方黄万里、李锐等人争论得非常激烈。在这种情况下,并考虑国力、技术和国内国际形势等其他因素,毛泽东最终决定暂缓实施三峡工程,"积极准备,充分可靠",先修建葛洲坝水电站,作为三峡水电站的实验工程。1970年12月30日,葛洲坝工程开工,1989年建成,历时19年。

1983年,三峡工程再次被提上议事日程,水利电力部提交了工程可行性研究报告,并着手进行前期准备。1984年,国务院批准了这份可行性研究报告,但是在1985年的中国人民政治协商会议上,以周培源、李锐等为首的许多政协委员表示强烈反对。1986年,中央和国务院责成水利部重新提出三峡工程可行性报告,任命钱正英为组长,并聘请张光斗、陆佑楣等全国有关方面专家412人,分成14个专题小组,历时3年,重新提出了论证报告,主要结论是:三峡工程是难得的具有巨大综合效益的水利枢纽,经济效益是好的,建三峡工程的方案比不建三峡工程的方案好,早建比晚建有利。1989年,三峡工程的方案已基本敲定,坝高185米,蓄水位为175米。7月,刚上任的中共中央总书记江泽民考察了三斗坪坝址。1991年8月,国务院三峡工程审查委员会通过了三峡工程可行性研究报告。1992年4月3日15时20分,七届全国人大五次会议以1767票赞成、177票反对、664票弃权、25人未按表决器通过了国务院提交的《关于兴建三峡工程的议案》。"梦想70余载,调查50多年,论证40个春秋,争论30个冬夏"的三峡工程议案,终于以赞成票占全部票数的67.1%的优势通过。这一天之后,三峡工程终于从人们的梦境中走了出来,从筹划阶段转入正式实施阶段。

(二)三峡工程从动工到建成

1993年1月,国务院设立了三峡工程建设委员会,为工程的最高决策机构,由国务院总理兼任委员会主任。此后,工程项目法人中国长江三峡工程开发总公司成立,实行国家计划单列,由国务院三峡工程建设委员会直接管理。1994年12月14日,三峡工程开工仪式在湖北省宜昌市的西陵峡施工现场正式举行,时任国务院总理李鹏宣布三峡工程正式开工。按照全国人大批准的"一级开发,一次建成,分期蓄水,连续移民"的建设方案,根据国家有关编制工程概算的规定和1993年5月末价格计算,三峡工程静态投资为900.9亿元(不包括施工期利息和物价上涨),其中枢纽工程为500.9亿元,移民投资为400亿元,动态投资为2039亿元。

一期工程从1993年初开始,利用江中的中堡岛,围护住其右侧后河,筑起土石围堰,深挖基坑,并修建导流明渠。在此期间,大江继续过流,同时在左侧岸边修建临时船闸。1997年导流明渠正式通航,同年实现大江截流,标志着一期工程达到预定目标。

二期工程从大江截流后的1998年开始,在大江河段浇筑土石围堰,开工建设泄洪坝段、左岸大坝、左岸电厂和永久船闸。在这一阶段,水流通过导流明渠下泄,船舶可从导流明渠或者临时船闸通过。到2002年5月1日，左岸大坝上下游的围堰先后被打破，三峡大坝开始正式挡水。2002年11月6日实现导流明渠截流，标志着三峡全线截流，江水只能通过泄洪坝段下泄。从2003年6月1日起，三峡大坝开始下闸蓄水，到6月10日蓄水至135米，永久船闸开始通航。7月10日，第一台机组并网发电，到当年11月，首批4台机组全部并网发电，标志着三峡二期工程结束。

三期工程在二期工程的导流明渠截流后就开始了，从2004年到2009年，首先是抢修加高一期时在右岸修建的土石围堰，并在其保护下修建右岸大坝、右岸电站和地下电站、电源电站，同时继续安装左岸电站，实现了全部发电机组发电，总装机1820万千瓦，年发电847亿千瓦时；把临时船闸改建为泄沙通道，通航设施全部投运；水库电镀、防洪的功能全部满足设计要求。

整个工程全部完工，三峡工程的各项目标已经实现或正在实现。2010年7月19日，三峡水库迎来峰值接近每秒70000立方米的洪水，超过1998年洪水的峰值，是三峡工程建成以来所迎接的第一次最大规模的洪水。2010年10月26日，三峡水利枢纽工程首次成功蓄水至175米水位，这意味着三峡工程开始全面发挥防洪、发电、通航、补水等综合效益。

（三）三峡工程的效益

三峡工程建筑由大坝、水电站厂房和通航建筑物三大部分组成。三峡工程的效益主要体现在防洪、发电和航运三个方面。

1. 防洪效益

三峡工程是解决长江中下游严重的洪水威胁的一项不可替代的关键性工程。由于长江上游洪水来量大与中下游河道特别是荆江河道过洪能力小的矛盾十分突出，两岸地面高程又普遍低于洪水位，形成"悬河"。一旦发生特大洪水，堤防漫溃，将直接威胁江汉平原和洞庭湖区大量农田和一批重要大中城市、工矿企业及交通要道的安全。自古以来，长江中下游民众饱受洪灾之苦。从公元前185年至1911年的2096年的历史里，长江共发生有记载的大小水灾214次，平均每10年一次。仅20世纪，大的洪灾就达5次之多，损失极其惨重（见表1-3-1）。

表1-3-1　20世纪长江洪灾及受灾情况

年份	长江洪灾
1931	受灾面积达13万平方千米，淹没农田5089万亩，被淹房屋180万间，受灾民众2855万人，被淹死亡者达14.5万人，估计损失银元13.45亿元
1935	长江中下游洪水灾区8.9万平方千米，湖北、湖南、江西、安徽、江苏、浙江六省份均受灾，淹没农田2263万亩，受灾人口1000万人，被淹死亡者14.2万人，估计损失3.55亿银元
1949	长江中下游地区受灾农田2721万亩，受灾人口810万人，被淹死亡者5699人
1954	长江中下游共淹农田4775万亩，受灾人口1888.4万人，被淹房屋427.66万间，被淹死亡者33169人，受灾县市123个，京广铁路不能通车达100天
1998	1998年全流域性洪水，国家动员大量人力、物力，进行了近3个月的抗洪抢险，全国各地调用130多亿元的抢救物资，高峰期有670万群众和数十万军队参加抗洪抢险，但仍有重大的损失，湘鄂赣皖四省共溃堤1975座，淹没耕地23.9万公顷，受灾人口231.6万人，被淹死亡者人口1526人

三峡大坝为混凝土重力坝，大坝坝顶总长3035米，坝高185米，设计正常蓄水水位为175米，水库全长600余千米，水面平均宽1.1千米，总面积为1084平方千米，总库容为393亿立方米，其中防

洪库容为221.5亿立方米，将形成巨大的水库，滞蓄洪水，使下游荆江大堤的防洪能力由防御十年一遇的洪水提高到抵御百年一遇的大洪水三峡工程防洪如图1-3-2。三峡工程的兴建是确保长江中下游约12.5万平方千米平原地区人民未来的安全生存、发展经济的重要举措（如图1-3-3）。

图1-3-2 三峡工程防洪

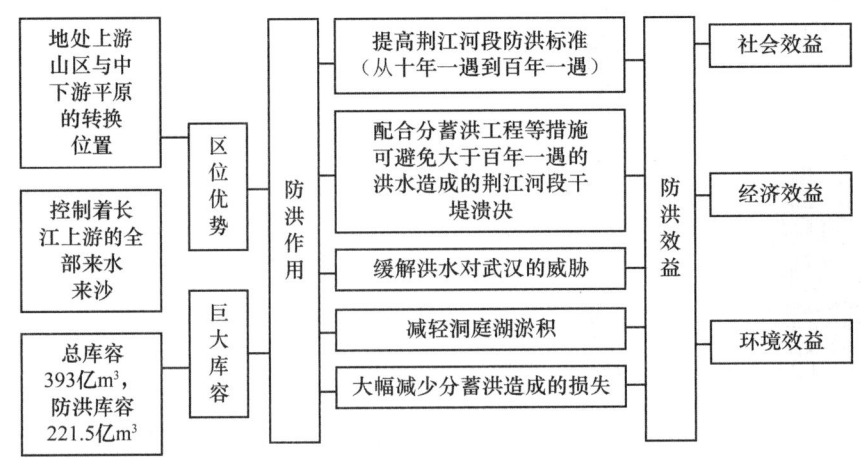

图1-3-3 三峡水利工程枢纽的防洪效益

2. 发电效益

三峡工程是世界上规模最大的水电站，三峡水电站的机组布置在大坝的后侧，共安装32台70万千瓦水轮发电机组，其中左岸14台，右岸12台，地下6台，另外还有2台5万千瓦的电源机组，总装机容量为2250万千瓦，远远超过此前位居世界第一的巴西伊泰普水电站。三峡水电站引出15条50万伏超高压线路，分别向北、东、南三个方向接入华中、华东电网，纵横延伸的三峡输变电系统贯穿九省二市，供电区域覆盖182万平方千米，占全国国土面积的20%，既保证了三峡电力外送，又促进了全国电网互联格局的形成，实现了国家电网在更大范围内进行电力资源的优化配置，有力地解决了华中、华东地区的缺电问题，极大地提高了电网的经济性和可靠性。同时，与火电相比，少燃烧5000万吨原煤，可以有效地减少对周围环境的污染，具有巨大的环境效益：每年可少排放1000

万吨二氧化碳、100万吨二氧化硫、1万吨一氧化碳、37万吨氮氧化合物，以及大量的废水、废渣；可减轻因有害气体的排放而引起的酸雨的危害。这对减轻中国和周边国家、地区的酸雨、烟尘等环境污染起着重要的作用，有显著的社会效益。

3. 航运效益

长江是水运交通的"黄金通道"，长江水系通航总里程达7万余千米，占全国内河通航里程的70%，年运量占内河运量的80%，历来是沟通国内东、中、西部三大地区的运输动脉。但长江航道，特别是宜昌至重庆660千米的川江航道，属高山峡谷地段，落差120米，水流湍急、滩险丛立、航深航宽不足，运输成本高，严重制约了航运事业的发展。三峡工程位于长江上游与中游的交界处，地理位置得天独厚，对上可以渠化三斗坪至重庆河段，对下可以增加葛洲坝水利枢纽以下长江中游航道枯水季节流量，能够较为充分地改善重庆至武汉之间的通航条件，满足长江上中游航运事业远景发展的需要。三峡工程航运效益如图1-3-4所示。

三峡工程通航建筑物包括永久船闸和垂直升船机各一座。永久船闸为双线五级连续船闸，位于左岸临江最高峰坛子岭的左侧，单级闸室有效尺寸为280米×34米-5米（长×宽-坎上水深），可通过万吨级船队，年单向通过能力达5000万吨。升船机为单线一级垂直提升式，承船厢有效尺寸为120米×18米×3.5米，一次可通过一艘3000吨级客货轮或1500吨级船队。工程施工期间，另设单线一级临时船闸，闸室有效尺寸为240米×24米×4米。

三峡工程建成后，可改善三峡库区峡谷航道570~650千米，使库区航道通过能力由1200万吨左右提高到5000万吨以上，万吨级船队可由上海、武汉直达重庆，航运成本降低35%~37%；增加

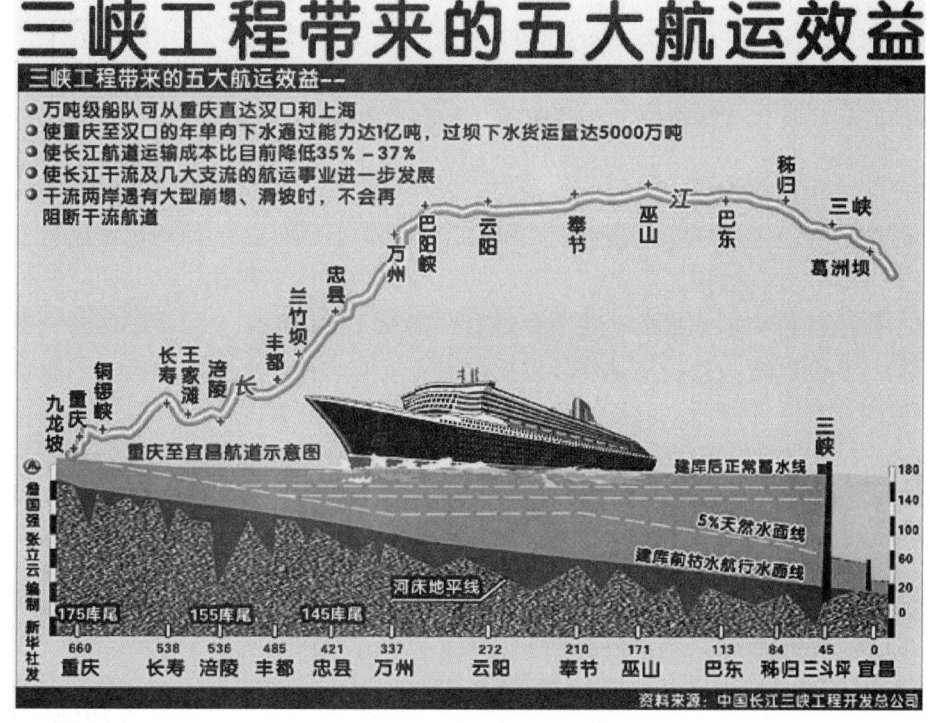

图1-3-4　三峡工程航运效益

三峡坝下枯水期流量，由三峡建库前的3000~4000m³/s 提高到5860m³/s，增加荆江航道枯水期水深约0.5米。三峡水库蓄水前，川江单向年运输量只有1000万吨，蓄水后提高到5000万吨；库区船舶今天单位马力拖带量提高了1倍多，船舶单位平均能耗降低了20%以上，有效地降低了船舶运输成本。3000吨级的轮船或者万吨级的船队，已经可以通过三峡航道，从上海直达重庆。

二、三峡库区文物保护工程

（一）三峡文物保护工作的历史回顾

伴随着长江三峡工程的稳步实施，三峡文物保护工程日益被提上日程，其重要性和紧迫性也逐步提升。作为我国巴蜀文化和荆楚文化的发祥地，长江三峡这条文化长廊的文物保护工作悠远而漫长，然而，真正意义上的三峡文物保护工作是伴随着三峡水利工程的修建而稳步展开的。纵观我国三峡地区的文物保护工作，大致可以分为以下四个阶段。

1. 三峡文物保护工作的发起及零星发掘阶段（1958~1982年）

这是长江三峡文物保护工作的最初阶段，由于没有对三峡工程提出具体规划乃至坝址选择的准确地点，文物的发掘和保护仅仅停留在表面阶段。在这个时间段内，由于受当时经济状况乃至科技条件的制约，三峡文物保护仅仅出现过零星的、较小规模的发掘，以及国家文物部门对三峡地区的一些分散的尝试性挖掘。这些文物发掘部门除了三峡地区所在的湖北和四川两省的文物部门外，还有长江流域规划办公室为保护三峡文物而成立的考古队和来自中国科学院考古研究所的长江队。发掘地点主要包含忠县㽏井沟、巫山大昌古城、巫山大昌西坝、火爆溪、巫山大溪遗址、㽏井沟遗址，以及围绕葛洲坝坝区进行的考古调查与发掘。

2. 三峡文物保护的起步及大规模发掘的准备阶段（1984~1991年）

这是三峡地区文物保护的起步阶段，也是为了大规模发掘三峡文物而进行的准备阶段。由于党和国家在这个时期已经决定在三峡地区进行水电站工程建设，因此，在何地选址进行三峡工程的建设成为当时科学考察和文物勘探的重点。此阶段的文物保护工作主要在三峡的西陵峡进行。这个阶段的文物发掘工作已经摒弃了原来的地域壁垒观念，国家文物局组织全国范围内的大专院校师生与考古人员进行了一系列的抢救性发掘工作。发掘地点主要有宜昌中堡岛、白庙、朱家台等遗址，秭归朝天嘴、路家河、官庄坪遗址，以及万县的刘家坝、中坝遗址等。

3. 三峡文物保护的大规模抢救式发掘阶段（1992~2009年）

这是三峡文物保护工作的攻坚阶段，这个阶段的文物保护工作任务之重、发掘时间之短都是其他工程所不能比的。此阶段以长江三峡水利工程的正式施工为起点，至三峡工程的全面结束为终点，前后约8年的时间里，是三峡文物保护工程的全面展开的阶段。由于时间紧、任务重、参与人数众多、发掘者的知识和能力参差不齐，为此，国家文物局采取全面调查在先、发掘文物在后的基本方略，鼓励三峡、重庆市的文物工作者发扬艰苦奋斗的精神，同时采取开办培训班、全面挖掘和重点挖掘相结合的方式，和来自全国各地的文物工作者一道，保质保量地完成了任务。如图1-3-5所示华中师范大学拍摄的大型纪录片《三峡文物大抢救》，生动真实地描绘了三峡工程湖北库区的文物保护及发掘工作的原貌。

图1-3-5　由华中师范大学拍摄的大型纪录片《三峡文物大抢救》

4. "后三峡时代"的文物保护工作阶段（2010年至今）

自三峡工程结束及三峡水利枢纽的持续投入使用，三峡的文物保护工作也告一段落。有人认为三峡工程文物保护工作已经结束，然而随着复建区博物馆及旅游景区建设问题的持续出现，三峡文物保护工程的后期维护及保护工作才刚刚拉开帷幕。三峡文物保护工作并不因三峡工程的结束而宣告终结。相反，从另一角度来讲，三峡工程的结束宣告了"后三峡时代"文物保护工作的开始。这一阶段的文物保护工作与前三个阶段的保护阶段截然不同的是，"后三峡时代"的文物保护主要是对发掘工作的整体总结，对出土文物的深入研究，以及对复建区、重建区、消落区[①]的文物进行进一步的保护及成果转化工作。

三峡工程所抢救出的文物很多都放在各县，把这些文物丰富一下就是现代化的"三峡博物馆群"。那么，已建成的重庆中国三峡博物馆和正在筹建的三峡移民纪念馆、长江三峡工程纪念馆无疑就是这个博物馆群的第一个梯队。各种复建区的文物古迹开始以崭新的面貌重见天日，例如屈原祠、张飞庙就在新的驻地重新焕发出了勃勃生机。另外，一些大专院校和学者对三峡文物保护进行了科学研究工作，如吴宏堂、王凤竹所著《守望大三峡：三峡工程文物保护与管理》综合性地介绍了三峡工程文物的保护与管理工作。根据考古挖掘的实物数据，华中师范大学与武汉数字工程技术有限公司联合制作了"虚拟巴东"智力软件，以数字化形式复原了巴东古城的原貌。如图1-3-6所示。

---

① 消落区是指水库季节性的水位涨落使库区被淹没土地周期性地出露于水面的区域。三峡工程四期蓄水后，冬季蓄水发电水位为175米，夏季防洪水位降至145米，其间30米水位落差暴露出的区域就是消落区。据统计，三峡库区消落区面积达400多平方千米，分布在湖北、重庆库区各区县。

图1-3-6　由华中师范大学国家文化产业研究中心开发的智力软件"虚拟巴东"

（二）三峡库区文物的特点

三峡文物保护工作不同于历史上其他地区的文物保护工作，由于三峡工程的稳步实施和持续建设，三峡文物保护工作面临着极大的挑战和时间上的紧迫性。因此，三峡文物保护工作因为其特殊的历史背景和特殊的地理位置而面临着前所未有的特殊性和复杂性。

1. 保护地域广袤、文物种类繁多

三峡文物保护工程的特殊性，首先体现在其保护地域的广袤和文物种类的繁多上。由于三峡工程波及面广，涵盖地域多样，涉及的各个行政区域单位较多，因此三峡工程中需要保护的地域十分广泛，这是其他文物保护工作经历不能比拟的。从保护的地域上看，三峡工程中长江的干流有600多千米长，按照大坝预设的175米的蓄水位，淹没区域的总面积达到577.3公顷。在库区面积内部要搬迁出祖祖辈辈生活之地的当地居民达100余万，包含湖北省和重庆市的11个市辖区、15个县（市）。

从三峡文物保护工作保护的文物内容和类别上看，其包含了多元化的文化遗址和多区域的文物古迹。在这里，巴文化、蜀文化密切相接；荆楚文化星光璀璨，中原文化乃至吴越文化都在此交汇，形成一个多元化的文化区域，自然先民们在这片神奇的土地上也创造出了多姿多彩的文化，留下种类繁多的文物古迹。第一，旧石器时代遗址和古生物化石地点有60多处，许多遗址中含有大量的具有我国南方旧石器特征的砍砸器、刮削器，是解决我国旧石器文化南北分界问题的重要地点。第二，新石器时代遗址有80多处，是解决长江流域江汉平原至四川盆地的东西两大文化系统分界问题的关键地区。第三，古代巴人包括夏商周时期的遗址和墓地100多处，是解开古代巴人历史之谜的主要地段。第四，楚、秦、汉至六朝的遗址和墓地500余处，是说明楚、秦及中原文化如何进入三峡地区，并与当地巴文化逐渐融合问题的重要地段。第五，古代枯水题刻6处和宋代以来洪水题刻数十几处，组成了举世罕见的古代石刻水文记录长廊，特别是涪陵白鹤梁题刻。第六，东汉石刻数处和唐宋明清的摩崖造像、碑碣、摩崖诗文题刻数十处，其中既有著称于世的珍贵艺术品，又有可说明当地重要历史情况的历史文物。第七，这里还包括庙祠、民居、桥梁等明清建筑近300处，具有鲜明的三峡自然风貌和传统文化相结合的特点。第八，数处古代栈道、纤道，是世界上规模最大的古代航运遗址。部分三峡出土文物，如图1-3-7所示。

图1-3-7 部分三峡出土文物

2. 抢救时间紧迫、保护任务繁重

1993年，三峡工程开始破土动工，到2009年三峡蓄水达到预设的175米，前后经历了大约17个春秋。然而，对于所有参与三峡文物保护工程的专家来说，17年并不是一个十分准确的数字。因为，真正大规模地实施保护工作，是在国务院三峡工程建设委员会批准《三峡工程淹没区及复建区文物保护项目和保护方案》后。而这个方案的批准在2000年6月，按照这个时间来算，留给三峡文物保护工作者的时间只有短短的不足十年。国外媒体大肆发表不利于我国稳定的言论，认为"最多有10%~20%的古代文化遗存在完全消失之前能够得到抢救"。国内一些有经验的文物工作者也认为这项工作的难度太大。因此，抢救时间的紧迫性成为萦绕在文物保护工作者巨大的压力，这也是三峡文物保护工程的重要特征。

再者，三峡文物保护工程的保护任务也可以用"保护之难，难于上青天"来形容。据不完全统计，三峡工程建成后，淹没区的文物数不胜数，湖北省负责的任务也十分艰巨。国务院三建委曾经批准列入一批文物保护规划项目，其中湖北省就有335项：湖北地下文物保护项目有217处，规划发掘面积约为45万平方米，勘探面积约为193.6万平方米；地面文物保护项目118项，其中搬迁项目42项；原地保护项目5项，留取资料项目71项。湖北省文物保护工作者任劳任怨，与来自全国各地专家学者及其他文物保护工作者一道，按期完成了这项繁重的保护任务，不能不说是一个奇迹。湖北省承担了如此繁重的文物保护任务，这在世界文物保护史上也是空前的。

3. 保护环境复杂、移民任务艰巨

由于三峡文物保护工作的艰巨性和紧迫性，单纯依靠本地文物工作者的传统工作方式已经不能满足文物发展的需要。为此，从三峡工程、三峡文物保护工程及党和国家的最高利益出发，湖北及重庆的文物工作者以博大的胸怀，打破传统观念，引入竞争机制，广泛邀请国内知名考古专家及著名文物工作者共同投入到三峡文物的大抢救工作中，为按时并保质保量地完成三峡文物的保护工作打下了良好的基础。然而，面对来自全国各地的文物工作队伍和数量庞大的文物工作人员，如何指

挥好、协调好各种文物保护力量是件棘手的事情。同时，由于要深入基层进行发掘和勘探，如何处理文物保护与工程建设部门的关系和协调当地政府与群众的关系是一项极为复杂的工作。其中最令文物保护工作者头疼的，是对列为保护对象民居的发掘工作。一旦三峡文物保护工作者发掘的民居涉及群众的个人利益，往往衍生出许多麻烦。即使当地政府负责管理移民的部门对搬迁居民的房屋及其他经济作物已经进行过经济补偿，但在水位尚未淹没或移民迁出之前，文物部门仍然需要对其青苗、经济作物及房屋残质给予新的补偿，这严重影响了文物发掘工作的有效进度。

（三）三峡库区文物保护的基本原则

三峡库区的文物保护任务，不仅在中国文物保护史上是第一次，在世界文物保护史上也是空前的。三峡文物抢救的特殊性与复杂性决定了三峡文物抢救必须遵循有利于文物保护的基本原则，要处理好工程建设与文物保护的关系、重点保护与一般保护的关系、当前利益和长远利益的关系，以及保护和利用的关系。

首先，处理好工程建设与文物保护的关系。工程建设者与文物保护工作者必须站在国家和民族利益的高度，众志成城，万众一心，既不能因为文物抢救保护进度跟不上而拖工程建设的后腿，也不能为赶进度而影响文物抢救保护的质量。必须始终坚持科学发展观，统筹兼顾，求同存异，相互理解，相互支持，相互配合，从而实现既有利于工程建设，又有利于文物保护的双赢局面。

其次，处理好重点保护与一般保护的关系。三峡库区文物抢救工作的任务重、时间紧、难度大，若对所有的文物都采取一种模式进行保护，势必造成都想保却又都保不好的尴尬局面。所以，必须坚持突出重点的保护原则，正确处理好重点与一般的关系。其中应该优先重点挖掘重点遗址，重点遗址规划发掘面积不够的可通过调项增加发掘面积，以确保发掘资料的完整性。重要建筑应坚持重点保护，尤其是白鹤梁、石宝寨、张飞庙、屈原祠四大项目更是三峡文物抢救保护工作中的重中之重，只能做好，不能马虎。白鹤梁如图1-3-8所示。

图1-3-8　白鹤梁

再次，处理好当前利益与长远利益的关系。对于祖先创造的历史文化遗产，后世子孙与我们一样享有继承、利用和传承的权利。因此，必须坚持可持续发展的原则，尽最大可能保护好、利用好、传承好库区的珍贵文化遗产和优秀的传统文化，既要满足当代人的需要，又不损害子孙后代的利益,绝不做"吃祖宗饭,断子孙路"的短期功利主义的事。

最后,处理好保护与利用的关系。合理利用库区文物资源为库区人民群众服务。白鹤梁、石宝寨、张飞庙、屈原祠及其他集中复建的文物景区,应该充分发挥其功能,为发展旅游、促进库区经济发展服务。对库区出土的珍贵文物,也要积极组织专家研究整理后在各博物馆展出,为广大人民群众服务。要采取一切措施,不断扩大库区人民群众对文物保护工作的知情权、参与权、监督权和受益权,进一步推动广大人民群众共享文化成果和促进库区文化大发展大繁荣。

(四)三峡库区地面文物保护概况

三峡水利工程建成后,三峡地区众多的历史遗存,包括古民居、祠庙、衙署、桥梁、城门、塔、亭、阙、栈道、摩崖造像、碑石题刻等,都将淹没于水下。为了保存这些遗迹所携带的历史文化信息,国务院三峡工程建设委员会批复了《三峡工程淹没区及复建区文物保护规划(保护项目和保护方案)》。这些地面文物,根据建筑结构,可以分为土木结构、石木结构和砖石结构建筑;根据建筑结构功能,可以分为寺庙(祭祀)建筑、居民建筑、桥梁建筑及牌坊、城门、亭、塔等。三峡地区有寺庙建筑50处、楼亭类建筑22处、民居类建筑150处、各类桥梁64处,其各种主要建筑类型各有特色。这些是三峡地区不同时代的地域习俗、技术手段、生活模式与取向在建筑上的反映,构成别具特色的三峡建筑文化,从侧面反映了三峡地区人民的生活水平、生活状况和审美情趣,在一定程度上可以说是三峡地区物质文明和精神文明的产物。

1. 寺庙建筑

三峡库区,从重庆沿江而下的重要寺庙建筑有天佛寺、石宝寨、张飞庙、屈原祠、黄陵庙等。这些建筑的结构技术、建筑工艺及装饰艺术都代表着地方建筑的最高水平,并从侧面客观地反映出当地民俗文化和宗教信仰的形成与发展,是三峡建筑文物的重要组成部分。三峡地区寺庙类宗教建筑不同于其他地区,一般都是民居形式的四合院建筑,具有明显的地方民俗文化特征,依山就势、亲切质朴,且更加大众化,不讲究官式寺庙建筑工整的布局和肃穆的气氛。这一方面是由于三峡地区地理环境条件的制约和经济欠发达,人民的财力有限,没有实力建造规模宏大、装饰华丽的寺庙;另一方面是由于三峡地区的寺庙大多是人民在日常生产生活,特别是在长江航行途中遇到灾难和困难时为祈求神灵保护,因而在一些建筑中供奉龙王进而逐渐演变成的。张飞庙如图1-3-9所示。

图1-3-9 张飞庙

2. 民居建筑

民居建筑是三峡建筑文化的重要组成部分，是三峡地区居民在与自然和谐相处的过程中流传下来的，最能直观地反映和直接地体现三峡地区历代居民的居住文化。三峡库区从自然地理上大体可分为瞿塘峡以西的川江地区和以东的峡江地区，一般而言，三峡地区多指从湖北宜昌南津关到重庆奉节的白帝城段，即峡江地区。由于三峡地区山高坡陡，平地狭窄，受气候、自然地理条件的影响和约束，其民居建筑一般采取因地制宜、灵活多样的建筑布局和朝向。当地民居往往依山就势，单体建筑千变万化、气韵灵动。整个村落层层叠叠，形式多样，错落有致。许多建筑采用吊脚楼或者天井屋的形式。建筑墙体形式多样，有夯土墙、垒土墙、板皮墙和片砖空斗墙等。许多建筑上还有意蕴悠长的灰塑、彩绘，具有浓郁的峡江地方特色。民居建筑以其传统的建筑艺术形态，反映出本地特有的文化特色、深厚的文化内涵和居民的空间意识、生活方式乃至行为性格。三峡民居内部的梁架结构往往采用穿斗式木构架，建筑轻巧灵秀，由于多雨，一般建筑挑檐较大。在平坦的地方，一些大户人家也采用南方天井式建筑院落布局，便于通风、采光、祛潮。如秭归新滩的一些大户民宅就以天井式为多，一般外观采用对外封闭、对内开敞的形式，特别是错落变化的风火山墙和多姿多彩的入口门头装饰，衬托于峡江山水之间，成为别具特色的人文景观。在众多地面文物保护项目中，古民居占总量的30%以上，其类型大致可以分为土家族吊脚楼式的开敞式板屋民居、商贾士绅的封闭式天井院民居，分别以巴东楠木园民居和石柱西沱镇云梯街民居、秭归新滩民居和郭家坝民居、大昌古城民居、忠县洋渡镇民居和巴东官渡口民居最为典型。

3. 祭祀建筑

自古以来三峡地区就是沟通长江中上游的黄金水道，但峡多滩险，行船十分困难。这里不仅保留有挂满铁索的古栈道、刻满纤绳槽的古纤道，述说着"难于上青天"的三峡水道，更有一大批祭祀水神的祭祀性建筑，如秭归新滩的江渎庙、香溪口水府庙、巴东红庙岭地藏殿、楠木园地藏殿等。这些建筑反映了古代人民对大自然充满了深深的敬畏之情。一般而言，寺庙建筑的构筑技术、工艺和装饰水平代表了地方传统建筑的最高成就，秭归江渎庙、水府庙及许多的宗庙祠堂客观地反映了当地的民俗文化及宗教信仰的特殊性。

三峡库区地面文物搬迁复建保护工程的实施，为三峡地区新增了许多文物保护区。目前已经建成的文物复建区有秭归凤凰山、兴山古夫、巴东狮子包、巫山大昌、奉节宝塔坪、云阳磨盘寨、忠县白公祠、丰都双桂山等。这些文物复建区已经成为当地传承历史文化的表现和旅游业的亮点。

（五）三峡文物保护工作的成绩与意义

三峡水利枢纽工程是迄今人类历史上最大的水利工程，而三峡文物保护工作同样惊心动魄，称之为"三峡文物保护工程"毫不夸张。尽管三峡文物保护为世人关注并被大多数人所担忧，然而，在党和政府的高度重视下，经国家文物局、工程部门及相关单位密切配合、精心策划及严密组织部署，全国广大文物考古工作者本着对国家、对民族、对历史负责的精神，完成了三峡考古与保护文化遗产的工作。在笔者看来，三峡文物保护工程对三峡总体工程至少有以下积极影响。

1. 保护和传承了辉煌灿烂的三峡文化

三峡地区历史悠久，人文荟萃，文物古迹众多，是我国远古文化的发祥地之一，是世界上罕见的文化长廊之一。然而，三峡水库建成后，将淹没三峡地区最适宜人类生息的土地，先民们在这片土地上所创造的历史文明，遗留的文化遗迹、遗物也将永远沉于水下。三峡文物保护工作的有序开展，不仅使文物免遭毁灭的命运，而且有利于使用现代化的科技手段复建乃至移植三峡文化的诸多元素。三峡文物保护工程是具有远见卓识的明智之举，是建设优秀传统文化的传承体系的伟大实践，必将为三峡古代文化的保护和传承发挥重要作用，为三峡地区的文化建设增光添彩。

2. 廓清和梳理了三峡文化的发展脉络

在三峡工程开工之前，湖北、四川两省的文物工作者已经在三峡地区进行了前期的文物发掘和坝址勘探工作。由于这些准备工作缺乏系统的组织，仅仅是零星的和非正式的。从某种意义上来讲，三峡地区仍是一个尚未完全开垦的处女地。随着三峡文物保护工作的开展，久负盛名的三峡文化伴随着大量文物的出土和遗迹、遗址的出现，得以重见天日。三峡文化尤其是三峡古代文化的面貌、特征、性质与发展等一些基本问题得以澄清，萦绕在人们心头的许多空白和谜团也终于烟消云散。可以毫不掩饰地说，三峡文物保护工程已经基本使三峡地区古代文化发展的历史画卷清晰而较为完整地呈现在我们面前。随着对出土文物研究的深入和加强，科学工作者必将较为完整地揭开神秘的三峡文化。

3. 提升并美化了三峡工程的总体形象

三峡工程是人类历史上最宏伟的工程之一，也是我国社会主义经济建设的重要举措之一，功在当代，利在千秋。它的建设给长江流域防洪、发电、航运、渔业、旅游带来巨大的经济效益和社会效益。工程建设责任重大，利用三峡水资源与保护三峡地区历史文化遗产的矛盾不可避免。如何解决这一矛盾，既能保证三峡工程建设不会背上"破坏三峡地区历史文化遗产"的沉重包袱，又能避免三峡地区历史文化遗产因工程建设而遭到破坏，是工程建设者和文博考古工作者义不容辞的责任和光荣神圣的使命。由于工程建设者与文物保护工作者在实际工作中相互理解、相互支持、相互配合，正确地处理好了工程建设与文物保护的矛盾，使二者相辅相成，相得益彰，所以，当全世界最大的水利工程取得举世瞩目的成功与收获时，全世界最大的文物抢救保护工程也画上了圆满的句号，三峡工程的文明形象也受到社会的广泛好评。

4. 开创并树立了古今融合的光辉榜样

三峡地区雄奇险峻，滩恶水急，交通不便，但千百年来，这里作为中国最重要的文化长廊之一，来自东西南北的文化不断在这里争夺、碰撞，最终融入这一地区的文化中。这种南北文化、古今文明的深刻交融与和谐共生的情景，是海纳百川、兼容并蓄的中国文化的一个缩影，是三峡文物保护与三峡工程相得益彰的最佳见证。以三峡山水风光为代表的生态文化、以文物资源为代表的历史文化及以三峡大坝为代表的现代科技文化形成新时期三峡文化的核心内容，从而为拥有众多文物资源的三峡历史文化增添了现代科技发展的色彩，为三峡文化走向新的历史阶段开启了新的篇章。因此，三峡工程与三峡文物保护开创性地树立了现代文明与古代文明、历史文化与科技文化深刻融合、和谐共生的光辉榜样。

5. 保护并提供了文化建设的资源基础

在扎实推进社会主义文化强国建设的今天，如何利用有限的文化资源，利用文化科技、文化创意等手段推动我国的文化建设，是摆在我国各族各地区人们面前的大事。三峡文物保护工程的实施和圆满完成，不仅保留和挽救了一大批价值不菲的文物古迹，更在现代文物工作者智慧和勤劳的努力下，创造出了新的旅游胜地和不朽文化。无论是三峡古代文化还是三峡现代文化，无论是三峡的山水文化、人文文化抑或现代科技文化，都是三峡文化的组成部分，都是现代三峡地区进行文化建设和推动文化产业发展的重要文化资源，对推动当地的经济结构转型、产业优化升级有重要作用。

第四章 三峡湖北库区文物建筑保护工作的经验模式

文物，是凝固的历史，也是一个民族辉煌历史的最有力证明。珍视文物，就是珍视历史；保护文物，就是保护自己的血脉。三峡地区上承巴蜀天府之国，下连湖广鱼米之乡，是华夏民族开发较早的地区之一，自古以来就是北方文化、南方文化、东部文化、西部文化的交汇点和交流大通道，在文化的沟通与连接中，创造了独具特色的三峡文化。三峡地区富有地方特色，绵延数千年的文物极其丰富，是该地区先民们遗留下来的文化遗产，是我国古代文化的重要组成部分。这些文物古迹不仅具有宝贵的历史价值，还具有重要的实用价值。保护好祖先遗留下来的这些丰富的文化遗产，是历史赋予我们这一代人的责任，是惠及子孙、功在千秋、利于人类和民族发展的事业。

三峡工程是迄今世界上最大的水利建设工程，三峡大坝建成后，受淹没影响的地区包括22个县、市、区，存在着大量的珍贵的历史文化古迹，亟待抢救。三峡工程文物保护工作是新中国成立以来一项巨大的文物保护系统工程，是人类历史上首次大规模地以保护人类历史文化遗产为目的的文物保护系统工程，也是第一次对一个相对独立的地理单元的文物古迹进行科学、系统和彻底抢救的文物保护工程。在三峡湖北库区，文物古迹上下数万年，历史悠久、内容丰富、特色鲜明，是在特殊的地理环境和自然风光中形成的一长串历史遗痕。根据有关专家的调研和国务院三峡建设委员会批准，三峡工程湖北淹没区及复建区的文物点共计335处，含地下文物217处，规划总发掘面积43.796万平方米，勘探面积190.6万平方米；地面文物点118处，其中仿古新建项目1处，搬迁保护项目41处，留取资料项目71处，原地保护项目5处。在国务院三峡工程建设委员会、国家文物局的高度重视和相关单位的密切配合下，在全国各地文物保护机构和数以千计的文物工作者的支持和共同努力下，迄今经过十多年的辛勤工作，克服种种困难，敢于创新，敢于负责，成功地开展了三峡工程湖北库区文物的抢救与保护工作，取得一批重要成果，不仅系统地保护了一大批具有峡江地方特色的传统建筑，对三峡工程建设，乃至对世界文化遗产的保护事业和中国文化的发展做出了特殊贡献，而且建立了一套行之有效的文物保护与管理体系，为迁移复建文物的保护工作提供了可借鉴的经验模式。

一、先规划后实施的计划管理模式

三峡文物保护工作是我国最大规模地对人类文化遗产进行有组织的、系统化的抢救保护工程。这项文物保护工程的成功经验之一是采用了"先规划，后实施"的计划管理模式，即在深入调研的基础上先对保护区域的文物进行全面系统的规划，从发展的角度提前周密地设定保护工作的内容，再按规划的内容实施保护。

在20世纪90年代之前，我国的文物保护工作一直遵循"抢救第一，保护为主"的方针，对于文物，特别是对地下文物，除了抢救性地保护裸露、损坏或人为破坏的文物和保护性地挖掘基本建设中不能避开的文物外，一般不主动对文物采取措施。如果因某种特殊原因（如基建）涉及文物的挖掘和搬迁保护，也多以立项的形式予以保护，且规模比较小。三峡工程是世界上规模最大的水利工程，按照三峡工程的建设目标，除建设三峡大坝外，还要建成三峡水库，坝区上游的区域将形成1084平方千米的三峡水库，绵延662.9千米的20个县区沿江区域均是淹没区，移民、环保、地质、道路、交通及文物保护等都是水库建设的基本内容。要完成庞大的建设任务，保护如此大范围的文物，必须慎之又慎，没有周密的先期规划，很容易出现无序的局面。"既对基本建设有利，又对文物保护有利"的双利方针，是我国为配合基本建设而进行文物保护工作的一贯方针。因此，必须采取先期探明文物"家底"、系统地进行规划、再按规划内容实施的保护模式，即"先规划，后实施"的计划管理模式，从而增强三峡文物保护的计划性。

党中央、国务院在三峡工程的规划和论证阶段就十分重视库区文物的调查、评价和保护工作，为了克服三峡工程文物保护工作的盲目性和随意性，提高三峡文物保护的科学性、规范性，使文物保护工作规范有序地进行，在三峡工程立项和规划时就将文物保护工作列入环评。1992年4月3日，第七届全国人民代表大会第五次会议正式通过《关于兴建长江三峡工程的决议》以后，各方面更加关心三峡库区的文物保护工作。6月，国家文物局参加国务院三峡工程论证领导小组的移民规划大纲审查会，正式向大会提交了文物保护规划工作纲要，得到会议的同意，决定三峡工程所涉及的文物保护工作由国家文物局负责组织落实。8月，国家文物局迅速成立了"国家文物局三峡文物保护领导小组"，下设办公室专门负责三峡工程文物保护工作的组织与协调，同时，国家文物局垫支经费部署湖北、四川两省文物部门进行水库淹没区和施工区的文物调查和制定保护规划工作。

三峡工程大坝施工区域主要分布在湖北省宜昌县境内，地跨湖北省秭归县和宜昌县（现夷陵区），上起秭归县茅坪，下到宜昌县乐天溪，根据工程部门提供的征地红线，坝区范围为18平方千米。这是三峡工程启动最早、文物保护工作开展最早的区域。早在七届全国人大五次会议之前，国务院成立的三峡工程审查办公室下发《关于教科文卫体系统组团考察三峡工程的通知》（〔1992〕3号），决定由国务院领导率考察团第六组到湖北考察并听取湖北省文化厅关于文物保护情况的汇报。湖北省文化厅根据文物普查和地县掌握的三峡工程所涉及区域的文物情况，及时向湖北省人民政府上报了《湖北省文化厅关于三峡水利枢纽工程施工区、淹没区文物保护工作有关情况的报告》（鄂文文物字〔1992〕041号），第一次正式提出了三峡工程坝区（施工区）和淹没区（库区）文物保护的问题。1992年底，在广泛调研的基础上，由湖北省文物考古研究所编制完成《长江三峡工程坝区范围文物保护方案及经费预算报告书》，该报告分坝区范围文物情况和价值的初步评估、坝区范围内文物保护方案、文物保护经费预算，以及配合坝区施工进行文物保护的具体要求和建议四个部分。1993年初，受长江水利委员会规划局的委托，湖北省着手制定《关于三峡库区湖北省宜昌县、秭归县、巴东县、兴山县水库受淹文物古迹处理规划方案》的编制工作，1993年4月率先完成《三峡库区移民试点湖北省秭归县受淹文物古迹处理规划报告》，1993年6月陆续完成其他三个县的规划报告，并正式上交长江水利委员会库区规划设计处。

国家文物局三峡工程文物保护领导小组于1993年6月完成《三峡工程淹没区文物保护规划大纲》的编制工作，确定三峡工程淹没范围涉及四川、重庆和湖北的22个市县，淹没陆地面积约632平方千米，在海拔177米以下范围共计文物点828处，其中地下文物445处，地面文物383处。在三峡淹没区的各类文物中，已经公布的文物保护单位有155处，其中全国重点文物保护单位1处，省级文物保护单位10处，市县级文物保护单位144处。提出对地下文物采取考古勘探、考古发掘（选择点总面积10%左右的遗址，30%左右的墓葬进行重点发掘），对地面文物采取就地保护、搬迁保护、整理出版保管与展示（拟建15~20个博物馆）、取齐资料等方式加以保护。预估文物保护经费为19.8亿元（地下文物保护经费10.1亿，地面文物保护经费7.7亿，保护展示经费2亿）。1993年8月6号，国家文物局以（93）文物文字第689号向国务院三建委报送了规划大纲。

为使规划更科学更权威，1994年3月，国家文物局将三峡文物保护规划这一重要的编制任务交给了中国历史博物馆和中国文物保护研究所负责。这两个单位很快成立了"三峡工程库区文物保护规划组"，组织全国30余家文物考古、古建、人类学等研究机构和大专院校的500余名科研人员，在三峡库区开展了全面的调查、复查和试掘工作，从而进一步摸清了三峡库区文物资源的家底。1996年6月，《长江三峡工程淹没及复建区文物古迹保护规划》（以下简称《规划报告》）完成，《规划报告》的基本框架包括总报告、分省报告和分县报告三部分。其中总报告有6本（包括附录5册），即《长江三峡工程淹没区及复建区文物古迹保护规划报告》及附录1《四川省涪陵市白鹤梁题刻保护规划报告》、附录2《四川省云阳县张桓侯庙保护规划报告》、附录3《四川省忠县石宝寨保护规划报告》、附录4《民族民俗文物保护规划报告》、附录5《博物馆建设规划报告》。分省报告有2册，即《湖北省文物古迹保护规划报告》《四川省文物古迹保护规划报告》。分县、区（市）报告每县、区（市）各有1册，包括：湖北省的宜昌、秭归、巴东、兴山4县，重庆市的巫山、巫溪、奉节、云阳，万县市龙宝区、五桥区、天城区、开县、忠县、石柱、丰都、涪陵区、武隆、长寿、巴县、江北、重庆市区、江津市，共22册。与此同时，为地面文物保护可以科学合理地取费，编制了《三峡工程库区地面文物保护规划经费概算细则》与《（长江三峡工程淹没区及复建区文物古迹保护规划）有关内容的修订与补充》，各县、区（市）还分别编制了《三峡工程库区文物保护规划基础资料》共22册。总计三峡文物古迹保护规划成果有54册，200余万字。此外，对200张比例尺为1：10000的三峡地形图进行了文物点位置的详细标注。

《规划报告》是我国诞生的第一个文物保护规划。尊重科学、力求实际是制定规划的总原则，妥善保护好文物，将文物损失降到最低限度是规划的发展目标，一些创新思想和改革思路蕴涵于规划之中。其一，探明了三峡文物"家底"。探明了1282处文物和文物点，其中，地下文物829处，地面文物453处。经评审核查，确定了包括地下文物723处、地面文物364处的文物和文物点为最终保护对象，比规划之前所发现的文物多了近十倍。文物"家底"的探明，填补了三峡淹没和复建区文物总量长期难以确定的空白，确定了三峡文物保护的基本对象。其二，对淹没和复建区文物进行了科学的价值评估和保护措施分类。对一些具有填补学科空白和重大历史佐证的文物予以重点剖析。根据各文物和文物点的价值、保护单位级别、社会影响和保存状况等，依据地下、地面文物的特点，制定了不同等级的保护措施。其三，制定了与工程进度相符的文物保护进度指标。按蓄水进度规划文物的保护时间和范围。对各淹没线内文物所在高程、发掘面积等具体实物数据指标，制定了详细的保护方案和硬性的时间表。其四，对文物保护经费进行了概算和分期投资的计划分割。最初，在没有摸清文物状况时，文物保护经费被暂定在3亿元以内。但经过调研和科学核算，文物保护经费大大超过了3亿元的框架，增加的部分主要来自新发现的文物。在对具体项目的投资规划中，制定了以项目定经费、以蓄水进度为投资进度的概算细目，避免了工作进度与经费拨付进度的脱钩。其五，对国家重点保护项目制定了专题保护规划。对白鹤梁枯水水文题刻、张桓侯庙、石宝寨这3处国家级重点文物单位分别进行了专题性的重点规划，分别制定了兴建水下博物馆、整体搬迁、原地保护的方案意向。其六，编制了民族民俗文物保护规划。当时，人们对于民族民俗文物的认识还没有形成文物的概念，更没有形成保护意识。三峡民族民俗文物保护规划是我国第一部对民族民俗文物制定的专题保护规划，有着预期的前瞻性。如今，民族民俗文物已被提升为非物质文化遗产而得到重点保护。其七，制定了博物馆建设的发展规划。规划部门从促进三峡文化事业发展的角度，对文物再利用的问题进行了预期规划，别定出以重庆三峡博物馆为核心、以发展三峡库区博物馆建设为覆盖的博物馆建设规划。这项规划对三峡文化事业的发展具有巨大的促进和启示作用。

在1997年开始的实施阶段中，按照三峡工程的整体管理体系，三峡文物保护工作实行"中央统一领导，分省负责，县为基础"的管理体制，出台了相关管理办法和规章制度，安排了分水位、分阶段、"倒计时"的计划，从政策和制度上规范管理三峡库区文物保护的进度、质量、资金使用、验收、技术、档案资料等。1998年，规划组根据专家论证会的意见对《三峡文物保护规划》作了相应的修订与补充，剔除了民族民俗文物保护和博物馆建设两个项目的经费数额，改为建议另行立项，另行筹措资金。此外，还调整了部分文物的保护方案和保护等级。

"先规划，后实施"管理模式的运用，不仅顺应了三峡工程建设的管理体制，也为三峡文物保护工程建立了一个科学有序的保护平台，这个平台既有发展的预期性，又有解决问题的时效性，把繁缛复杂的保护工程变成井然有序的程序工程。在三峡工程运行后，该模式被各大型文物保护工程借鉴和应用，如南水北调工程中的文物保护、大遗址文物保护、大运河文物保护、世界文化遗产申报工作中的文物保护和各大城市的文物保护等，已经成为我国大型文物保护工程的基本管理模式。

二、全面普查与重点保护相结合的稳步推进模式

三峡工程湖北库区的古建筑形式丰富多彩、独具特色，文化内涵博大精深、异彩纷呈。从建筑结构上可以分为：土木结构、石木结构和砖石结构建筑。从建筑功能上又可分为：寺庙（祭祀）建筑、民居建筑、桥梁建筑及牌坊、城门、亭、塔等。这些都反映了三峡地区不同时代的地域习俗、技术手段、生活模式与价值取向，从一个侧面反映了三峡地区人民的生活水平、生活状况和审美情趣。为了充分保留峡江两岸文物建筑的传统风貌，展示三峡地区古建筑的区域特色，最大限度地保护峡江文化元素，湖北文物部门在国家文物局和三峡建委的领导下，在广泛普查三峡湖北库区建筑文物，摸清"家底"的基础上，按照重点保护的原则提出了科学保护的规划，并按规划稳步推进，圆满完成规划古建筑文物的保护任务。在这一工作过程中，形成全面普查与重点保护相结合的古建筑文物保护工作稳步推进模式。

（一）全面普查、"摸清家底"是基础

1992年4月，全国人大通过了兴建三峡工程的决议后，三峡工程将首先在坝区湖北秭归开始动工，时间十分紧迫。为此，国家文物局责成湖北省文化厅全权负责三峡工程坝区的文物保护调查和文物保护规划及经费的编制工作。湖北省文化厅迅速成立工作小组专门负责这项工作，并于1992年4月组织湖北省文物考古研究所、宜昌地区博物馆、宜昌县文物管理所等单位组成"三峡坝区文物考古调查组"，调查了工程施工征地18平方千米范围内的文物古迹。且在此基础上，由湖北省文物考古研究所编制完成《长江三峡工程坝区范围文物保护方案及经费预算报告书》，提出经调查核实：坝区施工征地范围共发现文物古迹32处，其中地下古文化遗址26处，古墓葬2处，分布面积达17.725万平方米；地面古建筑4处。1992年12月22日，长江水利委员会、湖北省文化厅、湖北省三峡移民办、宜昌市政府、中国长江三峡工程开发总公司等单位，共同对湖北省上报的《长江三峡工程坝区范围文物保护方案及经费预算报告书》进行现场评审。专家根据最新调整确定的坝区征地红线图逐一实地调查核实原《报告书》所列的文物点，将原计划进行考古发掘的28处中的茅坪遗址等8处文物点，划归所处相应县市的库区范围加以保护处理；对4处地面文物建筑，采取原地保护杨家湾老屋等3处，把望家祠堂划归红线以外、纳入库区范围加以保护处理。

自1993年起，为了彻底了解掌握三峡库区文物的状况，按照国务院三峡工程建设委员会的要

求，国家文物局要求三峡库区两省下辖的22个县（市）区文物部门组织文物考古工作者对东起湖北宜昌、西至重庆江津的三峡工程淹没区及复建区进行实地文物普查，并首先对三峡库区重点区的坝区进行了近万平方米的发掘。特别是在三峡工程坝址——中堡岛，考古工作者发掘近2000平方米，拯救出一批包括6000多年前大溪文化在内的宝贵历史文物，共清理墓葬、灰坑、窖藏、房基200余座，出土较为完整的陶、石、玉质器皿千余件，抢救出中堡岛历史上最后一批宝贵的考古资料。

1994年，在国家文物局的部署下，全国30余个文物考古、建筑、地学和人类学等科研机构及高等院校的300余名科研人员，进行了历时两年多的大规模调查、试掘。为全面查清三峡库区各遗存的文化堆积范围、性质及重要遗迹的分布情况，提高发掘工作的针对性与准确性，各发掘项目在发掘前必须进行不同规模和不同方式的考古勘探工作，勘探面积为300余万平方米，试掘2万多平方米，发现60多处旧石器时代遗址和古生物化石地点，80多处新石器时代遗址，100多处古代巴人的遗址和墓地，470处汉至六朝的遗址和墓地，6处古代枯水题刻和数十处宋代以来的洪水题刻组成的举世罕见的古代石刻水文记录长廊，2处东汉石阙题刻和数十处唐以后的摩崖造像、碑碣、摩崖诗文题刻，发现近300处明清建筑物，包括庙祠、民居、桥梁等。通过文物普查，进一步掌握了三峡地区地下文物的种类、文化内涵、文化性质及数量，为其后的重点保护项目的确定提供了详细的资料；通过对地下文物的勘探和试掘，对地上文物的搬迁保护试点等，为后来的重点保护积累了经验。

（二）重点发掘和保护是关键

三峡地区的平坝河谷是人类自旧石器时代至今十余万年以来生产、生活的场所，遗址、墓葬可谓遍地皆是，此外各地还有不少旧民居、祠、庙等建筑。全面系统的文物调查、勘探、测绘、试掘工作，为科学地编制规划提供了丰富而又详细的第一手资料。按照"保护为主，抢救第一""重点保护，重点发掘，既对基本建设有利，又对文物保护有利""最大限度地抢救，将损失减少到最小"的原则，根据库区文物本身的价值和保存状况，拟定其重要性的次序，分别采取不同的保护措施。

在广泛普查、勘探和试掘的基础上，1996年6月通过的《长江三峡工程淹没及复建区文物古迹保护规划报告》，根据各文物和文物点的价值、保护单位级别、社会影响和保存状况等，依据地下、地面文物的特点，制定了不同等级的保护措施。三峡库区文物保护项目共有1087处（重庆752处，湖北335处，其中重庆库区占总量的60%，湖北库区占总量的31%。含白鹤梁、石宝寨、张桓侯庙、屈原祠四个重点项目），其中地面项目346处，地下项目723处。地下723处项目的考古发掘面积为171万平方米，其中重庆127万平方米，湖北44万平方米。三期移民阶段涉及文物保护任务212处（地面58处，地下154处），其中湖北省61处（地面13处，地下48处），重庆市151处（地面58处，地下93处）。考古发掘面积49万多平方米（湖北23.77万平方米，重庆市25.34万平方米）。这些文物和文物点囊括了三峡地区的各个历史阶段，涵盖了三峡地区历史上社会、经济、文化等各个层面，反映了当地特有的文化传统和民风民俗，是研究库区历史和长江文明的重要实物。对这些文物进行留取资料和实施有效保护，为库区社会经济的可持续发展留下了宝贵的历史文化资源。

在地下文物保护方面，除采取考古勘探、考古发掘、登记建档方式加以保护外，还将地下考古发掘项目按A、B、C、D分成四个类别予以区分：A级为价值最高、保存状况最好、保护力度最强、发掘面积最多的级别；B级为局部发掘；C级为少量发掘；D级为采样式发掘。对那些不易进行发掘保护的文物点，也制定了登记建档的保护措施。采取对应安排发掘队伍和先重点、后一般的原则进行抢救保护，不仅有利于加快发掘进度，而且还能确保发掘质量。湖北三峡库区确定保护的地

图1-4-1　三峡文物抢救现场

下文物共217项，其中A级发掘13项，B级发掘49项，C级发掘71项，D级发掘44项，登记建档40项[①]。

在地面文物保护方面，根据文物价值、类别、质地、形式、位置和保存状况等，以原地保护、搬迁保护、留取资料的不同保护方式，分别对每一处文物和文物点制定了保护方案。其中，原地保护包括升高复制和异地复制，主要针对石刻、古栈道、古纤道等不宜移动的文物如图1-4-1所示。搬迁保护主要针对古建筑、古桥梁等相对能够移动的文物。对现存状况不太理想的则以留取资料的方式进行保护。湖北最终确定并完成的地面文物建筑有：巴东县的秋风亭、地藏殿、王爷庙、李光明老屋、顾家老屋；秭归县的秭归新滩与新滩传统民居群、屈原祠、江渎庙、水府庙、郑韶年老屋、郑万琅老屋、屈原故里牌坊、归州旧城址、向先鹏老屋、薄蓝田君纪念碑、屈原庙、郑世节名屋、熊云华老屋等；兴山县有吴翰章老屋、陈伯炎老屋、吴宜堂老屋；宜昌县有杨家湾老屋、望家柯堂等，其中屈原祠为重点保护项目。

屈原祠原址在秭归归州城东2.5千米的"屈原沱"处，唐代始建，元丰三年（1080年）更名为"清烈公祠"。数代王侯、知州多次重修之。新中国成立后，曾对其维修过两次：1963年3月至10月，主要维修其大门牌楼及梁架；1965年3月至12月，主要维修其大殿屋顶和装饰。1976年7月，因葛洲坝水利工程兴建，迁建至归州镇向家坪，更名为"屈原祠"，由山门、配房、碑廊、屈原青铜像、屈原纪念馆及屈原墓等组成，建筑面积为1777平方米。1981年被湖北省人民政府公布为省级文物保护单位。它也是三峡库区湖北境内最大的地面文物保护项目。三峡工程蓄水至175米后，江水将会淹没到屈原祠山门内的第三级台阶。考虑到屈原及其爱国主义思想的深远影响，为保护屈原祠，经国务院三峡工程建设委员会批准，该建筑群被列为三峡文物保护四大计划单列项目，搬迁至秭归新县城凤凰山采取仿古新建方式建设。屈原祠仿古新建工程占地面积为19402平方米，总建筑面积为5806平方米，总投资8000万元。为兼顾与三峡大坝的整体视觉效果，新建的屈原祠将建于凤凰山的山梁上，面向东南，与三峡大坝正面相对，有山门、两厢配房、碑廊、前殿、乐舞楼、正殿、享堂、屈原墓等建筑组成。正殿为仿古木构建筑，面阔五开间，两层重檐歇山屋顶。其构造做法采用峡江地区的习惯做法，特别是门窗隔断的形式、脊饰、装修均以地方习

[①] 国务院三峡工程建设委员会办公室、国家文物局：《长江三峡工程淹没及迁建区文物古迹保护规划报告》，中国三峡出版社，2010年。

惯做法为依据。入口山门为三层两重檐歇山屋顶，正立面贴六柱牌楼门式，两侧辅以圆形的凤火山墙，采用红柱白墙灰顶为主颜色，墙面还有泥灰塑出的精美图案等。2009年4月屈原祠仿古新建工程通过了主体工程验收。2010年6月秭归凤凰山屈原文化旅游区整体对外开放，成为三峡库区规模最大、最具特色的人文景观。

三、统一领导与分工负责相结合的领导体制模式

保护祖先创造的文明，是全民族、全社会的历史责任。在历史的长河中，由于自然的、人为的原因，三峡库区许多文物古迹逐渐被破坏，无声无息地湮灭了。三峡工程水库建设既给当地文物古迹带来不利的影响，也给人们带来集中抢救、发掘、研究的难得机会，促进了三峡文物大保护局面的形成。三峡工程这种跨省区、跨领域的工程部门与文物部门的协作，工程与文物兼顾的大行动，在我国历史上是第一次。如何做好三峡库区文物保护工作，不仅是文物部门、三峡工程建设单位的责任，也是库区各级政府和库区广大人民共同的责任，在如此庞大和复杂的三峡文物保护工程中，探索出了"三建委统一领导，库区各级政府负责，文物部门主管，相关专家参与"的领导体制和组织运作模式。

《文物保护法》第八条第二款规定："国务院文物行政部门主管全国文物保护工作。地方各级人民政府负责本行政区域内的文物保护工作。"第十五条、第十七条、第二十二条等，还进一步明确了文物所有地地方政府是日常管理主体——充分责任主体和财政支持主体。不同级别的文物保护单位由不同级别的政府划分到各个政府部门负责或直接对政府负责。三峡文物保护也不能违背这种分级属地化的管理模式。不同的是，在文物抢救保护实施过程中，责任主体主要是两省（市）文物行政主管部门，库区各县（区）文物部门的职责是积极协调、配合库区文物保护工作的实施。根据钱正英在《三峡工程移民规划工作大纲审查会议上对文物保护工作的意见》及《长江三峡工程初步设计阶段水库淹没处理及移民安置规划大纲》中关于"文物古迹由长委会委托国家文物主管部门业务负责，组织有关部门和单位作出评价、提出保护、迁建和发掘方案"的意见，三峡文物保护实行的是三峡工程建设委员会统一领导、统一规划，湖北、四川两省分别实施，国家文物局按照国家的要求实行检查、监督、指导的基本领导体制。从纵向看，主要是中央政府、省、市政府和地方各级政府及各级文物单位的管理；从横向看，主要由文化、文物、移民、建设、国土、宗教、旅游、环保、林业、档案等职能部门负责。具体地说，三峡工程文物保护工作的管理体制是湖北省人民政府和重庆市人民政府在国务院三峡工程建设委员会的统一领导下，分别负责本省、市三峡工程库区的文物保护工作。三峡工程建设委员会办公室负责文物保护计划与资金的审批、监督与管理，国家文物局负责文物保护的业务管理与监督，并协调全国有关专业人员参与三峡文物大抢救。湖北省文化厅、文物局与重庆市文化局、文物局按照任务与经费双包干的原则分别成立三峡办，负责两省市三峡库区的文物保护工作的实施。湖北省移民局与重庆市移民局分别负责两省市文物计划与资金的申报、下拨与监管。库区各区、县（市）人民政府与文化、文物部门负责协调配合两省市文化文物部门实施库区文物保护工作。唯一不同的是，重庆市文化、文物局专门成立重庆市峡江工程公司专门负责重点地面的文物保护工程。

根据《文物法》，库区各级人民政府负责本行政辖区内的文物保护，协调各部门在文物保护工作中的关系。库区党委、政府在担负艰巨的移民任务的情况下，坚决采取有效措施打击库区文物犯罪活动，有效地遏制了文物犯罪活动的进一步蔓延，确保了库区文物的安全；对复建区重要的遗址、古建筑，由当地政府划出保护范围，予以避开；对一些重要遗址的发掘，通过地方政府采用提

图1-4-2　2005年三峡库区文物修复保管人员培训班

前征地、提前搬迁、提前安置、提前补偿的办法,保证了文物保护工作进展顺利和效率的提高。省市移民局配合文物部门,对淹没区地面文物的普查、搬迁保护,视其不同类别和所处的特定地理环境,纳入淹没区移民搬迁的整体规划中,负责库区文物保护项目计划的衔接、调整,项目的销号管理,以及移民资金使用的申报、下拨与监督管理。建设、规划、国土等有关部门负责为库区文物保护工作的实施提供必要的条件,支持库区文物保护工作。库区各县市文化文物部门负责协调、配合库区文物保护工作的实施,为三峡文物保护工作营造了良好的工作环境。如秭归建设部门从对外地到秭归进行文物复建的施工企业一路绿灯,简化办证手续,只需办理施工备案,而免办施工许可证;秭归规划国土部门在县委、县政府领导的大力支持下,全部收回凤凰山已经规划给港商的223亩土地,规划给文物部门使用,从而使凤凰山文物复建区的建设用地达到378亩,极大地满足了文物复建区的用地需求。

由于三峡文物保护工作时间长、工作量大、专业性和技术性强,仅仅靠湖北、四川两省的力量是不够的,必须统一组织全国文物考古力量,协调行动;同时,尽可能组织多学科的合作,争取各方面的援助。三峡文物古迹的历史性、现实性和多学科性使其受到各方面的重视,但不同部门、不同学科对文物的关注角度和发挥的作用不同。因此,对受淹文物古迹的保护处理,要协调各有关部门、有关学科的关系,征求各方面的意见,开展多学科的研究,方能作出恰当评价,按照"重点保护、重点发掘"的原则,提出各方都能接受的保护、迁建处理方案。如对三峡相关文物的迁建和保护不仅需要古建专家、建筑专家研究方案,还需工程水利专家、地质专家、基础处理专家研究山体和基础的稳定性;还需要河道泥沙开采、航运、城市规划方面的专家协同工作。在三峡文物保护工作中,我国充分发挥和调动全社会的力量,共同参与三峡文物保护工作,形成全国会战三峡文物保护工程的良好格局。从库区文物保护开始启动,湖北省文物保护部门就诚邀全国各省市兄弟单位共同参与三峡文物保护这一跨世纪的工程,至今已有来自全国20个省、市、自治区的70余家高校、科研院所和施工企业在三峡库区从事三峡文物保护工作,涉及文物考古、建筑、地质、测绘、水文、水工、航运交通等各学科的专家、学者上千人次(如图1-4-2所示)。可以说,三峡文物保护工程是我国第一流专家人才、第一流规划设计方案、第一流技术手段、第一流劳动成果的结晶。来自全国近百家单位的上千名专业人员和上万名工作人员奋战在三峡文物保护工地上,克服了重重困难,按照规划的要求完成任务。在这场与时间赛跑的文物抢救保护工程中,社会各界通力合作,通过艰苦卓绝的努力,用6年时间完成了通常几十年才能完成的重任,创造了人类文物保护史的奇迹。

针对三峡文物保护工作特有的时限要求,结合库区当地实际,在国务院三峡工程建设委员会、国家文物局及湖北省委、省政府的正确领导下,湖北省文物局与移民、建设等部门及库区各级党委、政府一道知难而上,建立了一套适合库区文物保护的组织管理体制,形成一套行之有效的文物保护管理规范,有效地保障了三峡文物保护任务的顺利完成。

四、原址保护与移地复建相结合的多元保护模式

文物是历史的真迹,保护文物必须保持文物的原状。根据《中华人民共和国文物保护法》第十四条"核定为文物保护单位的革命遗址、纪念建筑物、古墓葬、石窟寺、石刻等,在进行修缮、保养、迁移的时候,必须遵守不改变文物原状的原则",以及《文物保护工程管理办法》第三条"文物保护工程必须遵守不改变文物原状的原则,全面地保存、延续文物的真实历史信息和价值,按照国际、国内公认的准则,保护文物本体及与之相关的历史、人文和自然环境"的规定,在三峡工程启动之初,三峡工程建设者和文物管理者就提出了关于三峡文物保护的基本指导思想和工作原则:鉴于文物的不可再生性,要采取有力措施把三峡工程淹没文物的损失降低到最低程度,尽最大可能进行抢救;鉴于文物保护工作的规律和特点,三峡工程的文物保护工作必须"超前"进行,在保证质量的同时,提高速度,工程建设部门必须积极给予有力配合,保证经费,提供信息,并保证一定的时间;以总体规划、全面抢救为前提,以重点保护、重点发掘为原则;文物迁移必须遵守不改变文物原状的原则;注意保护文物所固有的环境风貌和历史文化传统;考古发掘必须做好全面科学的记录,积极采取措施保护出土文物和重要遗迹,力争解决重要学术问题;在文物保护工作中注意发挥文物的作用,促进工程建设和库区经济发展。根据三峡工程建设委员会审批的《三峡工程淹没及复建区文物保护规划》,整个库区受三峡工程影响而需进行规划保护的地面文物有364处,其中湖北库区118处,属于原地保护的有5项,搬迁保护的有41项,留取资料的有72项。为了充分保护峡江两岸文物建筑的传统风貌,展示三峡地区古民居的区域特色,最大限度地保护峡江建筑文化元素,无论是在三峡地面文物的原地保护上,还是在搬迁复建方面,始终坚持了确保"不改变文物原状"的重要原则,严格按文物修缮的原规模、原材料、原工艺的"三原"原则循序渐进,确保了文物的原真性[①]。

(一)确保原地保护项目不改变原状

原地保护主要是按1964年通过的《威尼斯宪章》中"一座文物建筑不可以从它所见证的历史和它所从产生的环境中分离出来"的原则,三峡库区地面文物保护工作中,对凡受影响的和部分淹没但对文物主体影响不大的文物建筑采用原地保护。一类是那些记载历史上水文变化的石刻,这种石刻一旦位置变动,其记录价值就会有所丧失,同时这类文物又不易因蓄水而毁坏,因此在对其进行详细记录之后,采取围堤、筑坝,或加固、防护等保护措施使其在原地、原环境之中得以继续保存下去。如三峡湖北库区巴东县的"楚蜀鸿沟"石刻、"种福桥"碑刻等就属于这类原地保护范围。另一类属于部分淹没但对文物主体影响不大的文物古建筑,这些古建筑一旦离开了其所处的历史地理位置和环境,其文物价值便会大大降低。因此,对这类古建筑,凡是具备保护条件的,应

---

① 吴宏堂、王风竹:《守望大三峡——三峡工程文物保护与管理》,文物出版社,2010年。

尽可能多地采取措施争取原地保护。如湖北省宜昌的黄陵庙、三游洞、杨家老屋等就属于此类，采取的是原地保护大修。原地保护大修要求做到保持原有的形体、结构不变，在直观效果上，做到"整旧如旧"；尽可能地保持其原有的神态、风韵，保持其古貌野趣和历史意境，做到"古色古香"。

黄陵庙就是原地保护做得很成功的项目之一。黄陵庙是三峡地区的一处重要的历史文化遗产，是三峡地区保存较好的明代建筑，于1956年被湖北省人民政府公布为湖北省第一批重点文物保护单位。黄陵庙坐落在三峡西陵峡中段长江南岸黄牛岩下的宜昌县三斗坪镇，位于三峡工程坝区，矗立于波澜壮阔的长江江边，古称黄牛庙、黄牛祠，是长江三峡地区保存较好的唯一一座以纪念大禹开江治水的禹王殿为主体建筑的古代建筑群。黄陵庙的主要建筑有山门、禹王殿、屈原殿、祖师殿（亦谓佛爷殿），分别建筑在逐级升高的四个台地上。黄陵庙现存山门为清光绪十二年（1886年）冬季重新修建的，为穿架式砖木结构建筑，山门外尚有石阶三十三步又十八级，寓意三十三重天和十八层地狱。山门门额上端为光绪十七年（1891年）罗缙绅所题"黄陵庙"三个大字。禹王殿是纪念大禹开江治水内容的建筑，是黄陵庙现存建筑群的主体建筑，修建在比山门地基高19米的台地上，为重檐歇山顶，穿斗式木结构建筑，八架橼屋。原为灰筒、板瓦屋面。面阔、进深均为五开间，通高17.74米。占地面积为4000平方米。1983年，在拟定对黄陵庙禹王殿进行大修的同时，古建筑专家们科学地勘测和论证了该殿，指出"一座单体建筑主要以台明、木构架、屋顶三部分组成……大殿三大组成部分是完整的明代原物"。武侯祠为黄陵庙的附属建筑，原本倚靠在禹王殿左侧台明处，正与禹王殿前檐基本成一条线，四间，穿架式砖木结构，单檐硬山顶，小青瓦屋面。1983年，专家们拟定禹王殿维修方案时，鉴于武侯祠紧连大殿，既破坏了大殿凝重壮观的形象，又妨碍大殿搭架施工，故将武侯祠原物迁建到大殿后东北角，另成轴线。该建筑占地160平方米，祠内表现三国历史故事的塑像和壁画惟妙惟肖，悬挂飘拂的帷幄中羽扇纶巾的诸葛亮坐像再现了诸葛亮足智多谋的形象。三峡工程启动后，文物管理部门在确保"不改变原样"的原则下，又对黄陵庙进行了原地大修，维修整治后的黄陵庙已经焕然一新，成为金碧辉煌、橙香醉人的文化场所。黄陵庙，如图1-4-3所示。

图1-4-3　黄陵庙

(二)确保搬迁保护项目不改变原状

搬迁保护项目主要是指为了国家的重大利益,三峡库区一些地面文物不得不从原址搬出来进行易地建设的保护措施。地面文物的搬迁保护大致分为三个部分。一是整体搬迁。凡是整体结构比较完整的古代建筑如寺庙、塔楼、桥梁、民居等,应搬迁复建到相应的地理环境,如屈原祠、秋风亭等。二是部分搬迁。对一些整体结构不完整但部分构件特别精美的建筑,采用局部搬迁保护,如秭归县胡家大屋、兴山县吴宜堂老屋等。三是凿石搬迁。对三峡两岸大量的石刻、题记、石窟造像等,可考虑将其切割下来进行陈列展览或易地保护,使其发挥应有的作用。三峡工程湖北库区属于搬迁保护的项目有:宜昌的望家祠堂;秭归县的江渎庙、水府庙、郑启光老屋、王氏宗祠、邓永清老屋、游县长老屋、紫光阁、屈原故里牌坊、郑书祥老屋、刘正林老屋、三老爷老屋、郑韶年老屋、郑万琅老屋、郑万瞻老屋、杜氏宗祠、彭树元老屋、惠济桥、江渎桥、屈子桥、千善桥、新滩古井、迎和门、景圣门;兴山县的陈伯炎老屋、吴翰章老屋和望山门;巴东县的地藏殿、王爷庙、毛文甫老屋、顾家老屋、龙船河水磨坊、秋风亭、万明兴老屋、王宗科老屋、李光明老屋、济川桥、寅宾桥、"造船碑志"碑刻、济川桥碑刻和"镇江阁碑记"碑刻等。上述古建筑中尤其以民居类建筑和宗教建筑最具特色,成为此次保护的重点。

民居类建筑是三峡建筑文化的重要组成部分。民居建筑以其传统的建筑艺术形态,反映出特有的文化特色和深厚的文化内涵、居民的空间意识、生活方式乃至行为性格。在三峡工程文物保护工作中,湖北文物工作者对大量民居建筑进行了记录,特别是对具有典型代表意义的民居布局形式和代表性民居群、单体民居都做了系统的记录和保护,并选择有代表性的建筑单体进行搬迁复建。如巴东县楠木园民居,位于巴东县巫峡段长江南岸的坡地上,整个村落面江背山,沿坡拾级而上,两旁的民居建筑依山就势、高低错落,各具特色。这里民居建筑较为集中,多为木结构穿斗式吊脚楼,用木板围护,屋顶满铺小灰布瓦,较有代表性的是楠木园万明兴老屋。该建筑平面呈"L"形,带阁楼悬山顶,主体建筑三开间,明间为堂屋,两次间为店铺,建筑东、北面设吊脚挑廊。该老屋依山就势,平面布局根据场地情况随意建造,不拘一格,在建筑架构上富于变化,以满足使用上的需要,是三峡地区典型土家吊脚楼的代表。而李光明老屋,面江背山,悬山顶盖小青瓦。建筑局部为三层,底层饲养牲畜,中层名堂设神龛,次间居住,顶层为阁楼,用以储藏物品。该民居建筑装修讲究,明间什锦窗窗心透雕一供桌,上刻有花瓶及菊花,造型优美。楠木园民居依山就势,充分利用山地地形和穿斗结构的灵活性,布局紧凑合理,与自然环境和谐融合,独具山地建筑的特点,特别是山地穿斗式吊脚楼的建筑形式为不可多得的研究土家族建筑艺术和民俗的实物资料。对这类建筑文物中具有代表性且保存完好者,采取了原样搬迁、异地复建的保护方法:在拆卸、搬迁过程中对文物的整个构建进行了一一编号,然后按照号一个个地单独运,并选择相似的环境,用原物按原样进行复建,确保迁建复建不走样。

望家祠堂始建于清代,是三峡地区规模最大、等级较高的氏族宗祠,原址在太平溪镇伍厢庙村,2000年因三峡工程而迁至湖北省宜昌市夷陵区太平溪镇新集烟竹园。它于1992年被列为三峡库区文物保护对象,1999年被国务院列为三峡库区搬迁复建的试点项目,也是当时三峡建筑文物复建中第一个竣工的项目。该项目严格按照文物保护的要求进行,最大限度地保持了原有的结构、材料等,运用传统建筑工艺完全按原样进行复建。复建后建筑占地面积为308平方米,建筑面积为598平方米。其结构呈长方形平面布局,面宽14米,进深22米。一进院落,前为厅,后为堂,中间夹一天井,两侧有厢房。井上为回楼,前厅为穿斗式木构架,后堂为抬梁式木构架,梁与梁之间用驼峰或大斗支垫,边筑高约8米,檐口高5米,二层楼设有回楼。小青瓦屋面,硬山屋顶,人字式山墙,脊式均用条砖、白灰砌垒,正立面为牌楼装饰贴面。它的复建对研究长江两岸的建筑技术、建筑文化、民俗文化等具有较高价值,望家祠堂于2002年被列为湖北省重点文物保护单位。

为使三峡库区地面文物的维修复建不走样,尽最大可能保存文物对象的原真性,在三峡库区古建筑的迁建复建项目中,湖北省文物管理部门从复建地址的选择到传统建筑材料的利用与传统工艺的使用等方面,尽最大可能保证原汁原味。严格按文物修缮的"三原"(原规模、原材料、原工艺)原则循序渐进。在维修、复原文物古建筑时,要求做到"四保存":一是保存建筑形制的原貌,包括建筑物的平面布局、造型、艺术风格等;二是保存原有的建筑物结构,如木构建筑的柱架,斗拱内外装修的构造形式,砖石建筑的叠砌方法、拼合规律等;三是保存原有的建筑材料,如木、竹、砖石、琉璃、瓦件及其他金属材料;四是保存原有建筑的工艺技术,如雕塑、彩画、油漆、盖瓦、做脊等具有工艺特色的传统技术手法。在施工管理上,严格按复原设计图施工,绝不随意变更设计,即使要修改设计,也必须坚持由业主组织施工单位、监理单位与设计单位的专业人员一起现场讨论研究决定,然后由设计单位下达设计变更通知书。此外,在建筑物环境的营造方面,也尽可能保持文物建筑的原貌。

(三)确保仿古新建文物保持原有风格

为纪念世界文化名人、伟大的爱国诗人屈原而建的纪念性建筑屈原祠,因其文物等级高、价值大,又称计划单列保护项目。考虑到屈原及其爱国主义思想的深远影响,该建筑群被列为三峡四大特殊保护项目(计划单列项目),采取仿古新建方式建设。

湖北省文物部门经过反复比选方案,将屈原祠新址选在秭归县紧挨三峡大坝的凤凰山,并于2006年开工建设。屈原祠仿古新建工程分为两组,一组以山门、前殿、正殿为中轴,左右两边布置配房、碑廊、陈列室、厢房等建筑群体;另一组以屈原墓为主轴,布置有神道、享堂,气势宏大。其中,前殿、正殿、享堂、南北厢房均是全木结构建筑,构造方法采用峡江地区的习惯做法,特别是门窗隔断的形式、脊饰、装修均以地方习惯做法为依据。入口山门为三层两重檐歇山屋顶,正立面贴六柱牌楼门式,严格按原建筑式样复建,做到了保持原有的形体、结构。20世纪80年代,由于修建葛洲坝工程,屈原祠已搬迁过一次,但用的是钢筋水泥;这次在凤凰山新址重建,用的是木结构,严格按照古代原样进行布局。在屈原祠的建设过程中,为了确保建设工程的高质量,监理单位须把好关。一是严把建筑材料关,屈原祠的大木及斗拱基本是从俄罗斯进口的红松;柱础、石栏杆、石台阶、石地面等石材绝大部分为产自江西的花岗岩;城砖产自北京;金砖产自江苏。可以说,屈原祠的建筑材料质量是国内最好的。二是严把各项检测关,工程建设所使用的各种材料,大到钢木构件,小到泥瓦灰沙,都必须严格按建设规范的要求进行检查,凡检测不合格或不达标者坚决不用。三是严把建筑工艺关,除了建材货真价实,建设工艺也可谓原汁原味。如室内木结构的油漆使用的是一布四灰,廊步外的油漆是一麻五灰。工程整体凸显老屈原祠的建筑特色,在建筑形制、结构类型、材料特性上均做到了精心处理,尤其是前殿与大殿等五栋建筑采用纯木结构,完全使用传统材料,运用传统工艺进行施工,保留、传承了古代建筑施工技术,提高了文物保护工程质量,提升了工程水平。仿古新建的屈原祠比归州屈原祠扩大了近3倍,包括屈原祠主体建筑、山门、屈原广场、南北古城门、屈原墓、行吟阁、离骚楼、橘颂亭、荷花池、九歌廊、碑廊、碑林、屈原纪念馆、博物馆等,融园中游览、学术考察与展示屈原文化、民俗文化、历史文化、现代文化于一体。仿古新建的屈原祠很好地保持了其原有的神态、风韵,保持了其古貌野趣和历史意境,保持了对屈原祠和对秭归地方文化的记忆，成为三峡湖北库区规模最大的地面文物复建工程。屈原祠复建效果鸟瞰图，如图1-4-4所示。

图1-4-4　屈原祠复建效果鸟瞰图

（四）确保留取资料保护项目全面完整

留取资料保护项目是指对那些保存现状残破或改动较大以致无法辨识原貌的地面文物，采取收集史料整理建档的方式予以保护，即对之详细测绘、拍照、记录或拓片，制作模型，或将有价值的构件拆落收集保存，为后人全面研究相关文物的历史提供依据。

三峡库区的某些古民居建筑在当地虽有一定意义，但从全国范围考虑，并不具备特殊价值，且大多数已严重残破，不具备复原重建的条件。因此，除保护复建那些存留条件好、有代表性、价值高的古民居外，对这些虽有一定价值但不具备复建条件的民居建筑应进行相关资料的留存保护，以便在后期三峡迁建城镇、居民点建设中能科学地吸取当地民居依山就势的建筑布局、艺术风格与民俗情调，在继承的基础上有所发展，形成自己的新特点。另外，三峡地区的宗教祠庙建筑，在构筑技术、工艺及装饰艺术方面，代表了当地建筑的最高水准，其平面布局和建筑形式有明显的地方文化的特征。对凡没条件搬迁复建或搬迁意义不大的建筑，应分别通过照相、绘图、记录、拓片、复原模型、文字资料或保留部分有价值的构件等手段，取齐资料，为以后的研究保存原始依据。

在三峡文物保护工程中，湖北文物管理部门除了要求各项目承担单位必须严格按《文物保护法》和相关法律、条例尽可能多地提取和保护各种文物资料和信息外，还在三峡文物保护工作中运用先进的技术手段，千方百计地为后人保存了一大批珍贵的原始资料。湖北省文物局累计建立档案15294件，照片、底片、反转片5万多张，各类勘探、设计图纸6000多张，盘762张，录像带、软盘200多张；出版各类发掘报告22本，计1472.4万字。这些原始信息，为后人深入研究三峡历史与文化提供了丰富翔实的基础资料。

五、现实保护与未来开发相结合的集中复建模式

长江三峡物华天宝、人杰地灵。在风光秀丽的自然景色之中，点缀着星罗棋布的各类人文景

观，构成三峡地区驰名世界的旅游观光胜景。充分保护和利用三峡文物资源，通过地面文物的搬迁复原重现三峡历史风采，结合地下出土文物的展示宣传提高三峡文物知名度，辅以三峡新的自然景观开发三峡旅游业，以文物促旅游，以旅游带动三峡地区的工业、农副业和第三产业的启动，进而带动整个三峡地区经济的起飞，将是一条切实可行且见效迅速的路子。

在这次三峡工程库区文物保护过程中，湖北省文物部门与当地政府尽可能地把保护三峡文物与未来利用和开发文物结合起来，如把现实的文物保护规划与未来的旅游发展规划结合起来，把文物保护与文化教育结合起来，使文物能充分发挥其效益。在三峡文物保护的总体规划中，创造了"集中保护，规模发展"的思路。经过国务院三峡工程建设委员会批准，湖北省文物局搬迁了秭归新滩及秭归县境内的郑万琅、游县长老屋等23处，巴东楠木园李光明、万明兴及巴东县境内14处不同类别的文物建筑，并在秭归凤凰山和巴东县新县城狮子包进行集中复建。委托北京建筑工程学院进行复建区总体规划设计，统筹安排，合理布局。通过招投标，湖北大冶殷祖古建园林工程有限责任公司、黄石市园林建筑工程公司中标，分别承担秭归县和巴东县搬迁保护文物的复建工作，从2000年开始到2006年，陆续完成38处文物建筑的复建工作，此后又陆续开展文物复建区的环境整治和配套的水电、道路、绿化、亮化等工作。到2008年年底，秭归县凤凰山、巴东县狮子包文物复建区全面完成并对外开放，基本上还原了这些古代民居的环境，烘托出"山上层层桃李花，云间烟火是人家"这种三峡民居典型的诗画意境，使得这里既是当地居民休闲游览的好去处，也是三峡库区新的旅游景点。这种模式既有利于管理文物，也有利于开发和提高文化遗产保护成果的社会贡献率，为进一步的文物保护和开发奠定了良好的基础。系统保护三峡工程淹没区地面文物，特别是采取"集中复建、规模发展"的思路，重点系统建设秭归凤凰山和巴东狮子包文物复建区，为今后其他大型基本建设的文物保护工作提供了一个成功的案例（如图1-4-5）。

图1-4-5　湖北巴东土家族民居建筑

在三峡工程湖北库区古建筑迁建保护项目中，将文物保护与文物开发和利用结合得最好的是秭归凤凰山古建筑文物复建项目。三峡工程蓄水前，国家有关部门与秭归县人民政府协商，决定在三峡大坝上游1千米处的秭归县新县城茅坪的凤凰山建立地面文物搬迁复建保护点，将我国唯一幸存的祭祀水神的庙宇——江渎庙，以及秭归新滩、郑万琅老屋、郑韶年老屋等古民居、归州古城门、古牌坊和归巴古驿道上的石桥等23处三峡库区淹没线以下的古建筑与享誉海内外的屈原祠一同搬迁到凤凰山进行集中复建，成为全国最大的文物集中复建保护点。这些古民居建筑群，无论是建筑形式、建筑风格，还是室内装修工艺，都体现了鲜明的地方建筑特色。这些文物基本上浓缩了湖北秭归三峡库区的古建筑精华，代表了三峡地区典型的古建筑风格，具有很高的文物价值（如图1-4-5所示）。由于凤凰山复建文物的数量、规模、集中程度及代表性居于三峡库区之首，被人们称为中国地面文物的复建博物馆。也因为建筑物与周围环境、自然景物浑然一体，古雅的建筑与优美的风格配合得好。加之再现了新滩民居等三峡地区古民居和峡江两岸地面历史建筑的传统岁月，传承了峡江建筑文化，保留了峡江城镇和居住发展的历史印记，延续了峡江地区城市发展的历史脉络，因而这些体现三峡地域特色的建筑在三峡蓄水后形成一批文化底蕴丰厚的新的文物景观。在对三峡库区文物实行抢救性保护之前，人们对三峡文物的了解仅限于旅游风景区的地面文物，对于博大精深、源远流长的三峡文化底蕴了解甚少，如今，通过保护三峡库区的文物，通过保护中取得的成果，人们对三峡文物有了更深的了解，对三峡文物所蕴含的文化信息更加感兴趣。凤凰山占地面积为500亩，与三峡大坝隔江相望，是看三峡大坝和高峡平湖的最佳场所。现在壮丽的新三峡随着高峡平湖的横空出世，造就出许许多多新的瑰丽无比的旖旎风光和自然人文景观，充满着无限的魅力。现在登上凤凰山，三峡大坝尽收眼底，高峡平湖近在眼前，人们除了可以看到雄伟的大坝，欣赏高峡平湖秀色，还可领略各式各样的清代古民居建筑群、屈原祠、屈原文化艺术中心等凤凰山古建筑的文化风采。这里将更加吸引广大的中外游客，也将成为三峡库区文化和旅游经济发展的新的增长点。2006年5月，凤凰山古建筑复建群被列为国家文物保护单位，这些文物保护单位级别的提升，也增加了三峡文化事业和产业发展的优势，秭归县规划在不远的将来把凤凰山建设成为国家5A级景区。

六、多方筹资与强化管理相结合的财务管理模式

多方筹资是三峡文物保护工程得以顺利实施的经费保障。三峡地区的古代文明遗存，从旧石器时代到明清，跨年代长、数量多、分布广，三峡工程库区所有的基本建设项目都会不同程度地涉及，三峡工程淹没区和复建区的文物古迹保护仅仅涉及其中一小部分地域。为了全面地保护好三峡地区的文物，根据有关文件，确立了"谁建设，谁承担"的基本原则，对三峡文物古迹保护经费采取多方筹资的办法。三峡工程承担了三峡水库淹没区和移民搬迁安置所涉及的文物古迹保护任务，在最初确定的三峡工程水库移民补偿总投资中，文物古迹保护被列入"专业项目改建、复建补偿投资"项目的第10项，投资额估列为3亿元，这是在没有彻底探明淹没区和复建区文物状况的情况下作出的计划，引发了文物部门与工程部门长达4年的争论。随着1999年6月《三峡工程淹没区及复建区文物保护规划》通过审批，争论才告结束。三峡库区文物保护工作累计获得资金计划近9亿元。2003年，国务院三峡工程建设委员会正式批复了《三峡工程淹没区及移民复建区文物保护总经费及切块包干测算报告》国峡委发办字〔2003〕6号，其中三峡工程湖北省库区地面文物保护，国家承担经费共计3044.01万元，地面文物保护经费具体数据详见表1-4-1。

表1-4-1 三峡工程湖北库区地面文物保护项目及经费统计表

保护措施	数量	建筑面积（m²）	占地面积（m²）	合计经费（万元）
搬迁保护	41	10729.47	9533.86	2835.41
原地保护	5	541.34	4921	55.42
留取资料	71	26157.98	18170.32	153.18
合计	117	37428.79	32625.18	3044.01

三峡工程库区移民安置迁建的经费是补偿性的、有限的，就城市建设而言，其规划建设区范围一般是移民工程复建区的1.5~2.5倍。因此，除国家三峡工程项目承担的经费外，地方的基建项目及其他建设项目也相应地承担其涉及的文物古迹的保护义务。如屈原祠仿古新建工程按照国务院三峡工程建设委员会办公室《关于湖北省秭归县屈原祠仿古新建工程投资概算的批复》（国三峡办发规字〔2005〕129号）文件，屈原祠仿古新建工程的投资概算为4926.03万元（2005年价格），其中3044.43万元从三峡库区文物保护经费中解决，其余1881.6万元由地方自筹经费解决。又如宜昌夷陵望家祠堂迁建工程，在国家投入100多万元进行迁建的基础上，地方政府先后投资100万元，用于周边环境、绿化、院墙、排水系统、办公等[①]。

完善的财务管理制度和规范化的项目管理机制是做好三峡库区文物古迹保护工作的重要保证。三峡库区文物保护工作是件大事，要做好这项工作，应该从我国的行政管理体制、三峡工程管理体制和社会主义市场经济体制的实际出发，建立一个制度化、规范化的管理体制。在三峡文物保护工作的经费管理上，从经费管理机构到经费管理办法，三峡文物相关管理部门制定了一系列管理制度和采取不定期的财务检查以加强资金管理，如制定了《地面文物保护规划经费概算细则》，按文物建筑、古石刻、古桥梁等分类，以搬迁保护、原地保护（含异地复制）、留取资料为主要措施的概算文本，严格推行计划跟着规划走、资金安排跟着计划走、资金拨付跟着进度走的资金管理模式。另外，为加强管理文物保护工程，他们大胆创新，首次把工程建设的管理机制引入到文物保护管理的工作中，先后制定并下发了《三峡工程淹没区与移民复建区湖北省文物保护管理办法》，制定了《三峡工程淹没区与移民复建区湖北省地面测绘、搬迁、设计协议书》；在地面文物保护过程中实行了项目可行性评审、项目立项审批、开工报批制度；建立建设方案征评、工程招标制、项目监理制、设计评审图纸会审制、项目验收制、技术交底和设计变更确认制，实行成果鉴定验收和财务审计（包括延伸审计）制度等有效的管理办法。这些措施不仅保证了三峡湖北库区文物保护与抢救工作的进度和质量，也保证了三峡文物保护资金使用的有效性、合理性与安全性。从各级审计部门对两省市三峡文物保护资金的审计看，除个别单位存在部分项目支出不合理外，尚未发现大的违法违纪的现象。特别是规划经费概算细则的制定及具体经费的初步测算、概算、预算制度的建立，填补了我国地面文物保护经费缺少核算依据的空白，为进一步规范全国地面文物保护经费的计算标准，出台适合我国地面文物保护经费的概算依据文本奠定了基础。

既然是抢救性发掘，就必然有遗憾。面对时间紧、任务重的现实，三峡文物保护和抢救工作根据"重点发掘，重点保护""既要有利于文物保护，又要有利于重点建设"的原则，国务院三峡工程建设委员会于2000年6月审批通过《三峡工程淹没区及复建区文物保护规划》，最终确定列入保护规划的文物保护点1087处，其中重庆库区占总量的60%，湖北库区占总量的31%。也就是说，在整个库区2500万平方米的地下文物储藏量中，规划发掘面积为190万平方米，占总量的8%，其余92%的非重点文物是不得不放弃的。整个三峡库区有成百上千的遗址，我们没有时间也没有精力进行全面的发掘，对于大部分的文化遗址只能将主体部分清理出来，而有些边缘遗址，便不再发掘。老建筑也是一样，如巴东本来有65处文物建筑，最终只对11座建筑进行整体搬迁，其他的54座在留下影像、拓片等资料之后，被放弃了。那些没有纳入国家规划的文物点因来不及发掘和保护，将永沉水底，永远消失了，这是永远不可弥补的遗憾。

尽管如此，三峡工程湖北库区文物保护所取得的成绩也是巨大的，积累的经验是弥足珍贵的，翔实的文物普查，填补了三峡淹没区和复建区文物总量和文物状况不确定的空白；可行的保护意

---

① 吴宏堂、王风竹：《守望大三峡——三峡工程文物保护与管理》，文物出版社，2010年，第144~151页。

向，基本达到了"最大限度地抢救，力争把损失减少到最小"的效果；合理的经费概算和投资计划，确保了使有限的资金发挥出最大的效益；众多科研机构的参与，开创了我国考古学、建筑学、民族学及水下考古、航空考古、地质勘探、地理测绘、生命科学等多学科相结合的文物保护规划的先河；以及保护过程中所创造的"先规划后施工的计划管理模式、全面普查与重点保护相结合的稳步推进模式、统一领导与分工负责相结合的领导体制模式、原址保护与移地复建相结合的多元保护模式、现实保护与未来开发相结合的集中复建模式及多方筹资与强化管理结合的财务管理模式"，为我国文物保护工作积累了经验。

第五章 三峡湖北库区地面文物文化生态研究
——湖北省兴山县、秭归县和巴东县农村民间文化状况调查报告

中国是农业大国，农村的发展不可忽视，而农村的文化建设更是其发展的灵魂。2005年，国办颁发《关于进一步加强农村文化建设的意见》，党的十六届五中全会强调"建设社会主义新农村"，党的十七大报告提出统筹城乡发展，推进社会主义新农村建设，并强调解决好三农问题事关全面建设小康社会大局，始终将其作为全党工作的重中之重。国家高度重视农村的发展，建设社会主义新农村是我们努力的目标。为了深入了解新农村文化建设情况，2009年5月中旬和2009年10~11月，我们调查了鄂西兴山县、秭归县和巴东县的农村文化状况，以民间文化为核心，重点调查农村民间文化在当代社会境遇下的状况。

本次调查采取问卷调查与重点访谈相结合的方式，共发放问卷670份，收回有效问卷633份，有效回收率为94.48%。其中，在兴山县共发放问卷220份，收回有效问卷209份，有效回收率为95%。问卷中的被调查者有的来自兴山县城，有的来自兴山县各乡镇：古夫镇、水月寺镇、南阳镇、黄粮镇、峡口镇等。在秭归县共发放问卷270份，收回有效问卷259份，有效回收率为95.93%。问卷中的被调查者有的来自秭归县城，有的来自秭归县各乡镇：沙镇溪镇、水田坝乡、屈原镇、郭家坝镇、茅坪镇、两河口镇、磨坪乡、杨林桥镇、归州镇等。在巴东县共发放问卷180份，收回有效问卷165份，有效回收率为91.67%。问卷中的被调查者有的来自巴东县城，有的来自巴东县各乡镇：信陵镇、沿渡河镇、茶店子镇、溪丘湾乡、野三关镇等。

一、调查的基本情况

（一）调查方法与内容的基本情况

本次调查以问卷调查为主，配合重点访谈等方法收集资料信息。问卷调查可以直接获取一些事实性的信息，但一些主观性强、反映被调查者心理的信息则需要辅以重点访谈的方式而获得。随着现代社会生活的复杂化和计算机技术、统计软件的广泛应用，问卷成为社会调研过程中不可缺少的方法之一，且计算机和现代统计技术的运用更为分析社会调查提供了更为科学、便捷的手段。收集的问卷资料可以为我们提供较为可信的量化信息，而重点访谈可以为我们提供个性化或具有某种意义的信息，深入分析这些实际问卷的数据和深度访谈的资料，可为我们发现问题、解决问题提供客观、理性和科学的依据。

本次农村文化状况调查的问卷主要围绕农村民间文化主题展开，问卷结构采用模块化设计，共分为四大部分：第一部分为被调查对象的基本情况；第二部分为传统习俗与现代生活，包括被调查者的日常工作和学习时间、日常文娱活动、传统习俗在当今生活中的变化情况；第三部分为民众参与民间传统文化与现代文化状况，包括被调查者近年所参与的文化活动、喜爱度与参与度、对古今

中外文艺作品的了解度、对当地传统文化的了解度、对本民族传统文化的态度、获得各种文化信息的主要途径的调查等；第四部分为综合评价，包括被调查者对当地文化设施的知情度、拥有现代电器的状况、对当地社会生活的评价等。这些事实性的信息在问卷调查中得到很好的体现，涉及范围广、地域面宽、群体层次多、多视角多层次的问卷以定量的形式说明问题，每一份问卷都反映了被调查者的文化生活状态，代表着被调查者对文化生活的意愿，每一份问卷所累积的都是我们获取的丰厚资料，正是这数百份的第一手资料和近万个统计数据为我们的调研论证奠定了坚实基础。

如果说内容的设计是问卷的骨架，那么具体问题及答案则是问卷的血脉，问卷的设计直接关乎调查信息的质量与调查结果的成败。本次问卷在问题的设计上采用开放式问题、封闭式问题及二者相结合的形式。

具体来讲，首先，开放式问题的设计，为了详尽地了解被调查者的主观想法，不限制被调查者的回答内容，问卷在第三部分中对于"喜欢的节日理由"一项则设置了这种形式。其次，封闭式问题的设计，包括多种形式。对于易答易写易统计、且所得结果的定比测量层次高的问题采用填空式，例如被调查者的年龄、上网或看电视的时间等；对于答案简单明确的问题采用二项选择式，例如被调查者的性别等；在第一部分被调查者的基本情况设置中，大多采用了多项单选式，例如文化程度、宗教信仰、身份或职业等，这些答案的设置易于穷尽且特别适合频数的统计；在综合评价内容和传统文化了解度的问题中，采用矩阵式方式设置问题，即将同一类型的若干个问题集中在一起，供选择的答案为层级分布。有些问题存在多种情形，为了更能反映被调查者的实际状况，问卷对民众参与文娱活动项和文艺作品的了解项均采用多项任选式；但是某些情况下多项任选式不能让我们充分了解被调查者对个别选项更加看重的程度，因此采用多项排序式，例如在第二部分和第三部分的内容中关于文娱活动的参与度上，问卷设计了三行六列的表格，将"最喜欢"和"从事最多"分别列出五项，供被调查者从16项中选择并按此标准排序。在某种程度上，这是多项单选式和多项多选式的结合，通过选择并排序则能使调查者很好地掌握被调查者对每个选项的重视程度。

（二）调查地点的基本情况

1. 兴山县

兴山县是本次调查地区之一，位于湖北省西部、长江西陵峡北侧、大巴山余脉与巫山余脉交汇处。兴山县人民政府网（http://www.xingshan.gov.cn/）的统计数据表明，县辖2乡6镇、92个村、5个居委会、5个社区，县城面积为2327平方千米，总人口为181151人。因三峡工程建设，兴山是湖北省4个库区县区、3个整体搬迁县城的县区之一，移民人口占全县总人口的19%。按照三峡水库175米蓄水位方案，全县淹没区面积为9.3平方千米，涉及3个乡镇、23个村、49个组。其中县境内的文物古建筑如望山门、陈伯炎老屋和吴翰章老屋等则是这次迁建的对象。

2. 秭归县

秭归县是本次调查地区之一，位于湖北省西部、三峡工程坝上库首，地处川鄂咽喉长江西陵峡两岸。东与宜昌所属县的三斗坪、太平溪、邓村交界，南同长阳接壤，西邻巴东县的信陵等地，北接兴山县的峡口等地。因三峡大坝工程的修建而成为迁建的县城。秭归县人民政府门户网（http://www.hbzg.gov.cn/）公布的数据表明，目前秭归县辖12个乡镇、209个村，39.5万人，总面积为2427平方千米。三峡工程库区涉及县内9个乡镇、71个村、8个居委会，淹没综合指标占全库区的10%、湖北省的53%、宜昌市的70%以上。历经十多年的艰苦奋斗，圆满完成四期移民搬迁清库任务，共迁建1座县城，8个集镇，全县动态移民达10万多人。县境内的凤凰山则成为从淹没区抢救出来的文物复建区，例如屈原祠、屈原故里牌坊、江渎庙、王氏宗祠、郑万琅老屋等24处文物均搬迁至此。

3. 巴东县

巴东县是本次调查地区之一，位于川鄂交界的巫峡与西陵峡之间，属于湖北省恩施土家族苗族自治州。巴东县人民政府门户网（http://www.badong.org.cn/）统计表明，县境内国土总面积为3219平方千米，辖12个乡镇，总人口为48.6万人。中国三峡建设年鉴网记载，三峡水库175米水位淹没巴东县达6个乡镇、73个村，淹没人口为32090人。其中对所涉及的文物采取了迁建性保护措施，使得这些珍贵的历史遗存得以保存下来。处于三峡库区中的巴东县，其文物和古建筑多数被相继迁建到了巴东县博物馆、巴东县民族文化公园内，例如秋风亭、地藏殿、王爷庙、寇准祠、寇准县衙、李光明老屋、水磨坊等13处文物均迁建于此。

这三个县库区迁建文物承载着厚重的历史，蕴含着丰富的地方传统文化，是极为宝贵的文化遗产。这些宝贵的遗产是历史遗留下来的轨迹，是被历代民众所赋予的、醇厚的民间文化这一肥沃土壤孕育的结晶。因此在评估兴山县、秭归县和巴东县复建区物态的文物文化资源价值的同时，调查分析其活态的民间文化状况的也是一项必要环节，这样可以深入了解文化资源在民众心中的地位，从而做到活水养活鱼，真正以民间为主力、以政府为动力合理保护开发文化资源。

（三）调查对象的基本情况

1. 年龄和性别

关于本报告年龄群体的划分，这里需要做出以下说明：世界卫生组织于2000年提出了新的年龄划分法——44岁以下为青年人，45~59岁为中年人，60~74岁为年轻老年人，75~89岁为老年人，90岁以上为长寿老年人。本次问卷未按照这一新标准划分，而是从实际情况出发并基于三方面的考虑来划分年龄段：第一，中小学生大部分处于未成年阶段，特将其划分为一个年龄段；第二，农村老龄化比例越来越高，由于农村老年人的经济收入与医疗保健远远落后于城镇，尤其是以体力劳动为主要生存手段的老年人的负担繁重，更加快了农村人老龄化的步伐。因此，与国际上新的划分标准相比，本次问卷老年段的划分线为51岁以上，将农村老年人的年龄段提前10岁；第三，在本次问卷的发放中，为了使各年龄层次比例分配得当，把问卷分析的年龄划分为三个阶段，"18岁以下"人群称为中小学生阶段，"18~50岁"人群称为中青年阶段，"51岁以上"人群称为老年人阶段。

本次调查的有效问卷共633份，中小学生（18岁以下）问卷为93份，占总数的14.69%；中青年（18~50岁）问卷为505份，占总数的79.78%；老年（51岁以上）问卷为35份，占总数的5.53%。从总体情况来看，此次调查的有效问卷中，中青年所占比例较大，中小学生和老年人所占比例较小。其中男性298人，占47.08%，女性335人，占52.92%，性别比例基本平衡。

（1）兴山县

兴山县本次调查的有效问卷共209份，中小学生（18岁以下）问卷为78份，占总数的37.32%；中青年（18~50岁）问卷为124份，占总数的59.33%；老年（51岁以上）问卷为7份，占总数的3.35%。其中男性占45.93%，女性占54.07%，女性比例超出男性8个百分点。

（2）秭归县

秭归县本次调查的有效问卷共259份，中小学生（18岁以下）问卷为15份，占总数的5.79%；中青年（18~50岁）问卷为229份，占总数的88.42%；老年（51岁以上）问卷为15份，占总数的5.79%。其中男性占47.88%，女性占52.12%，性别比例基本平衡。

（3）巴东县

巴东县本次调查的有效问卷共165份，中青年（18~50岁）问卷为152份，占总数的92.12%；老年（51岁以上）问卷为13份，占总数的7.88%。其中男性占47.27%，女性占52.73%，性别比例基本平衡。

上述基本情况如图1-5-1《兴山县、秭归县、巴东县被调查者年龄和性别状况百分比分析图》所示。

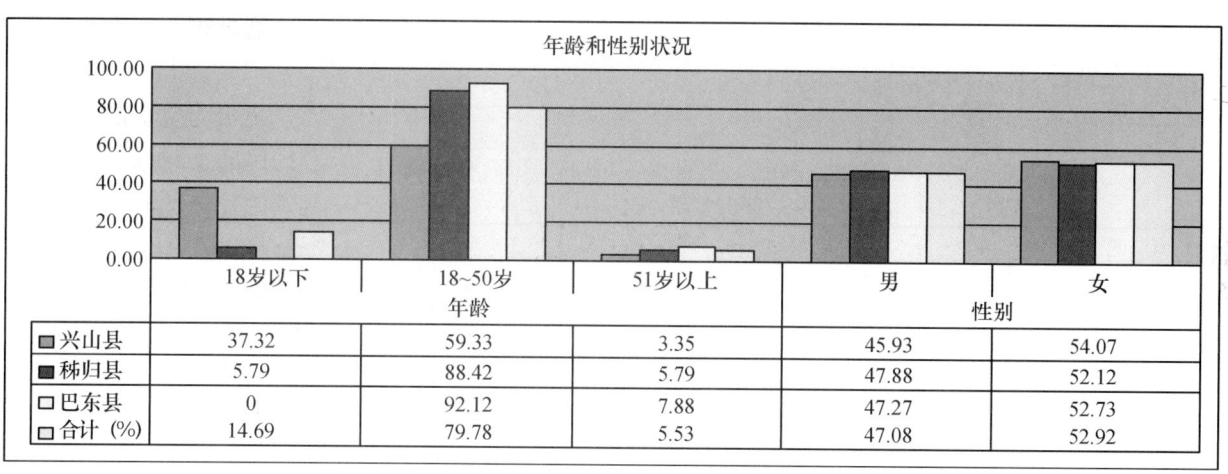

图1-5-1　兴山县、秭归县、巴东县被调查者年龄和性别状况百分比分析图

2. 学历和职业

本次调查的有效问卷共有633份，其中大专以上267人，占42.18%；高中277人，占43.76%；初中70人，占11.06%；小学及以下19人，占3%。其中，干部200人，占31.60%；农民及农民工166人，占26.22%；经商者36人，占5.69%；教师23人，占3.63%；学生103人，占16.27%；其他105人，占16.59%。具体情况如图1-5-2《兴山县、秭归县、巴东县被调查者学历和职业状况百分比分析图》所示。

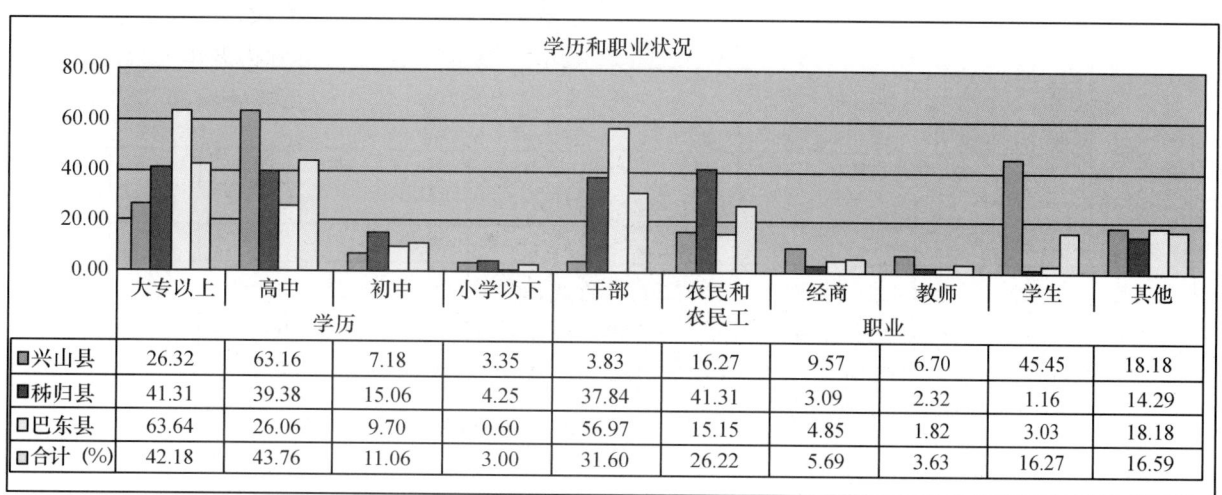

图1-5-2　兴山县、秭归县、巴东县被调查者学历和职业状况百分比分析图

（1）兴山县

兴山县本次被调查者多为学生，有95人，占45.45%。除了"其他"职业外，农民和农民工比例也略多一些，有34人，占16.27%，其中，中青年这一阶段，农民和农民工比例较高，占24.19%。被调查者的受教育程度也因身份职业或年龄阶段的不同各有特点：中小学生阶段，比例较高的为高中学历，占85.90%；中青年阶段，大专以上的占41.13%，高中学历的占49.19%；老年阶段，大专以上的占28.57%，高中以上学历的占57.14%。如图1-5-3《兴山县被调查者性别、学历和职业状况百分比分析图》所示。

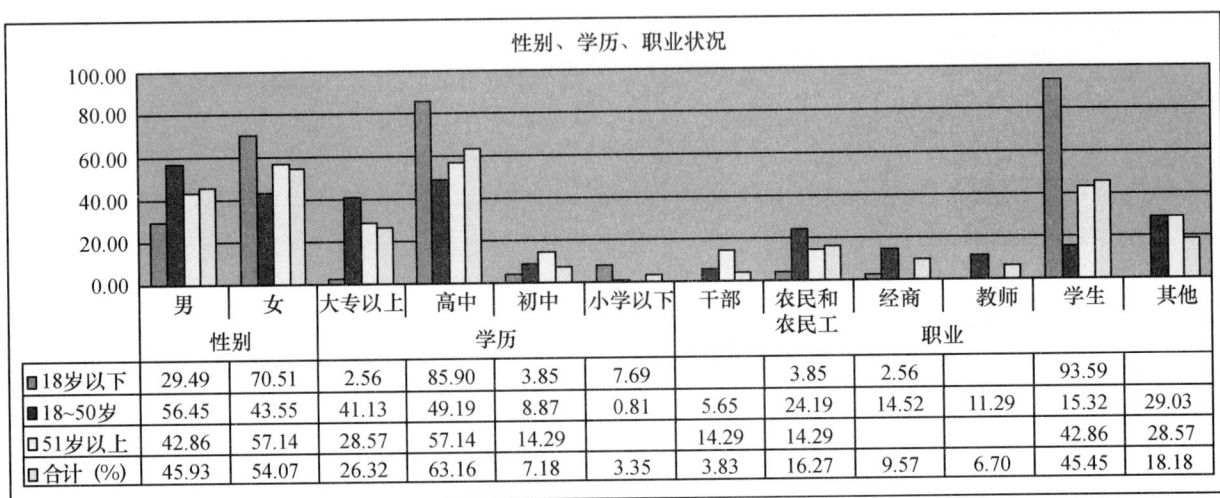

图1-5-3　兴山县被调查者性别、学历和职业状况百分比分析图

（2）秭归县

秭归县本次被调查者多为农民和农民工，有107人，占41.31%，其次是干部，有98人，占37.84%。在中青年这一阶段，农民和农民工比例较高，占42.79%，干部占38.43%。在老年这一阶段，比例较高的是干部，达到66.67%。被调查者的受教育程度也因年龄阶段的不同而各有特点：中小学生阶段，比例较高的为高中学历，占86.67%；中青年阶段，大专以上的占43.23%，高中学历的占37.12%；老年阶段，大专以上学历的占46.67%，小学以下学历者占20.00%。如图1-5-4《秭归县被调查者性别、学历和职业状况百分比分析图》所示。

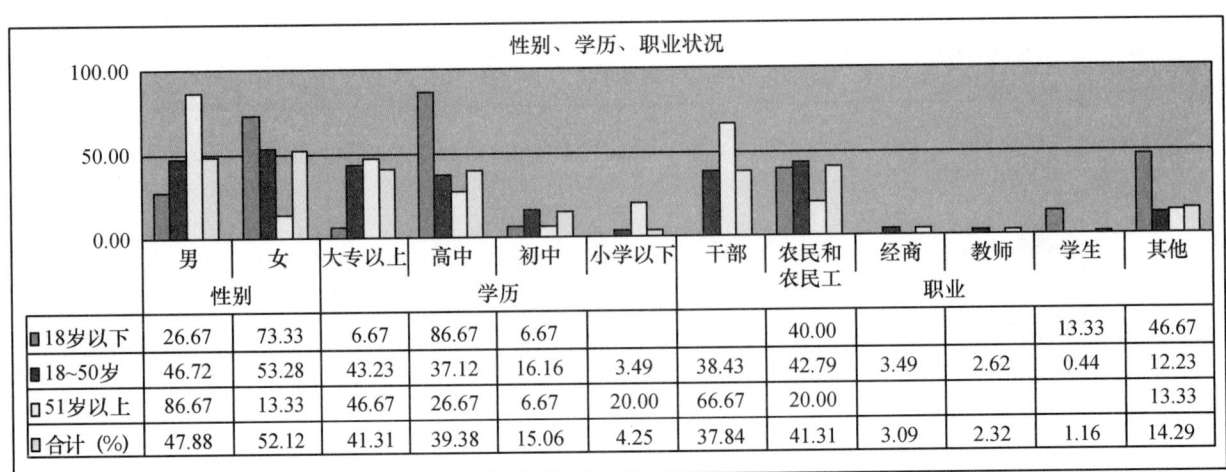

图1-5-4　秭归县被调查者性别、学历和职业状况百分比分析图

（3）巴东县

巴东县本次被调查者多为干部，有94人，占56.97%，其次是农民和农民工、学生等。在中青年这一阶段，干部占54.61%，农民和农民工占15.13%，学生占3.29%。在老年这一阶段，干部占84.62%，农民和农民工占15.38%。这样不难看出，被调查者的受教育程度普遍较高，学历在大专以上的中青年占64.47%，老年占53.85%。在小学以下者仅占0.66%。具体见下图1-5-5《巴东县被调查者性别、学历和职业状况百分比分析图》所示。

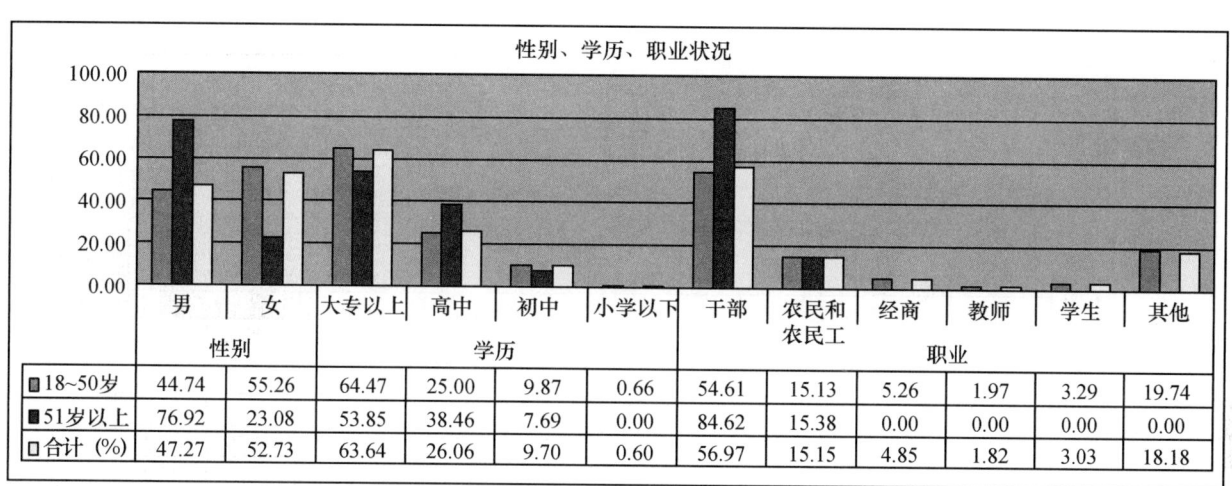

图1-5-5　巴东县被调查者性别、学历和职业状况百分比分析图

3. 民族和宗教信仰

本次调查的有效问卷共633份，在所有被调查者的民族中，汉族524人，占82.78%，其中兴山县197人，秭归县251人，巴东县76人；土家族78人，占12.32%，其中兴山县5人，秭归县5人，巴东县68人；其他民族31人，占4.90%，兴山县7人，秭归县3人，巴东县21人。在宗教信仰方面，信佛教者28人，占4.42%；信道教者8人，占1.26%；信基督教者7人，占1.11%；信伊斯兰教者5人，占0.79%；其他和无宗教信仰者585人，占92.42%。如图1-5-6《兴山县、秭归县、巴东县被调查者宗教信仰、民族状况百分比分析图》所示。

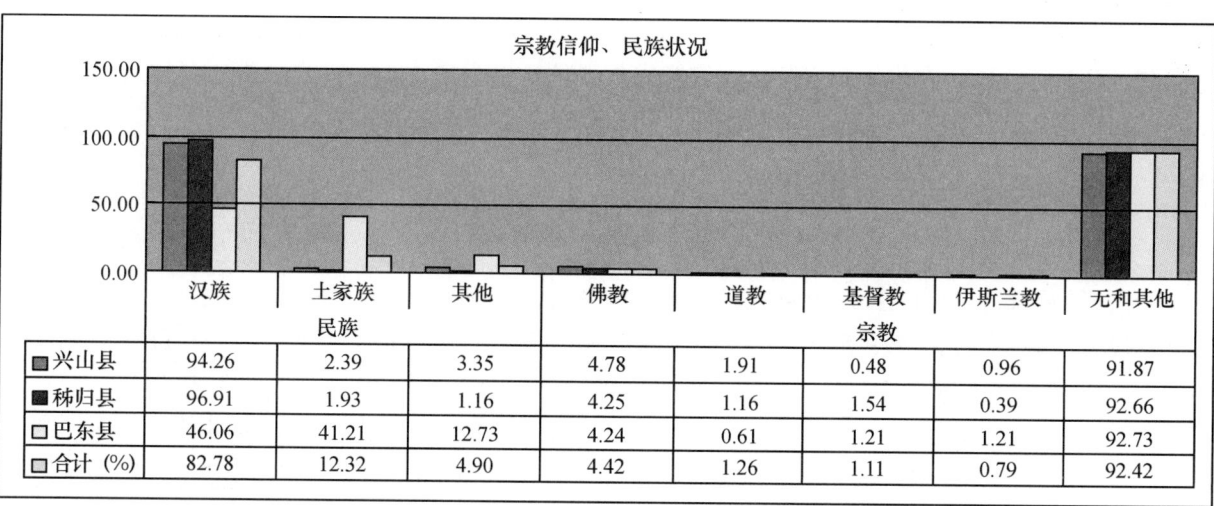

图1-5-6　兴山县、秭归县、巴东县被调查者宗教信仰、民族状况百分比分析图

（1）兴山县

兴山县被调查者中，汉族占总调查人数的94.26%，土家族仅占2.39%，汉族所占比例最高。在宗教信仰方面，表明自己没有宗教信仰的人数较多，比例高达91.87%；其次是佛教信仰者，占总人数的4.78%；道教信仰者占1.91%；基督教信仰者占0.48%；伊斯兰教信仰者仅占0.96%。如图1-5-7《兴山县被调查者宗教信仰、民族状况百分比分析图》所示。

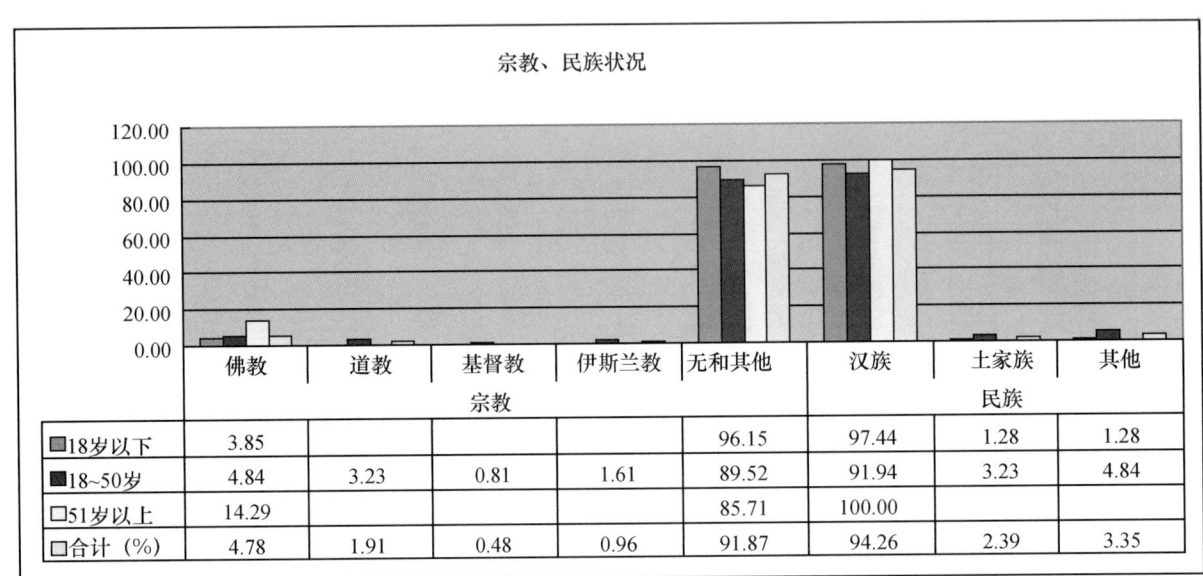

图1-5-7 兴山县被调查者宗教信仰、民族状况百分比分析图

从图1-5-7中我们可以看到，信仰的多元化主要集中在中青年阶段，而中小学生和老年人大部分没有对信仰项进行选择，只有一小部分集中在佛教信仰。从总体来说，没有选择宗教信仰的人占大多数，然而仔细观察我们也可以发现，老年人相对于其他群体的信仰所占比例还是较高的，兴山县老年人在佛教信仰方面所占比例达到近15个百分点，高出中青年群体3倍。

（2）秭归县

秭归县被调查者中，汉族占总调查人数的96.91%，土家族仅占1.93%，汉族所占比例最高。在宗教信仰方面，表明自己没有宗教信仰的人数较多，比例高达92.66%；其次是佛教信仰者，占总人数的4.25%；基督教信仰者占1.54%；道教信仰者占1.16%；伊斯兰教信仰者仅占0.39%。从不同年龄来看，又略有差别。在中小学生阶段，信仰佛教者的比例为13.33%，高出中青年群体近10个百分点，但在被调查的老年人则未选择宗教信仰。如图1-5-8《秭归县被调查者宗教信仰、民族状况百分比分析图》所示。

（3）巴东县

巴东县被调查者中，汉族占总调查人数的46.06%，由于该县是土家族苗族自治县，所以土家族人口所占比例较高，为41.21%，少数民族（尤其是土家族）所占比例较高，近半数。因此，在农村文化建设方面应关注到少数民族的特点，凸显其民族文化。在宗教信仰方面，表明自己没有宗教信仰的人数较多，比例高达92.73%；其次是佛教信仰者，占总人数的4.24%；伊斯兰教和基督教信仰者各占1.21%；道教信仰者仅占0.61%。从总体来说，没有选择宗教信仰的人占大多数，然而仔细观察我们也可以发现，老年人相对于其他群体的信仰所占比例还是较高的，巴东县老年人在佛教信仰方面所占比例达到近10个百分点，高出中青年群体两倍。如图1-5-9《巴东县被调查者宗教信仰、民族状况百分比分析图》所示。

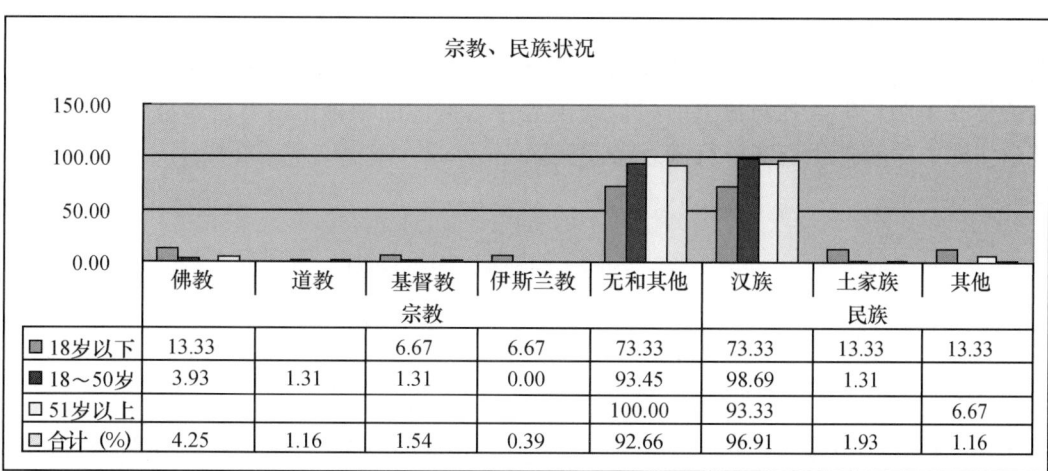

图1-5-8 秭归县被调查者宗教信仰、民族状况百分比分析图

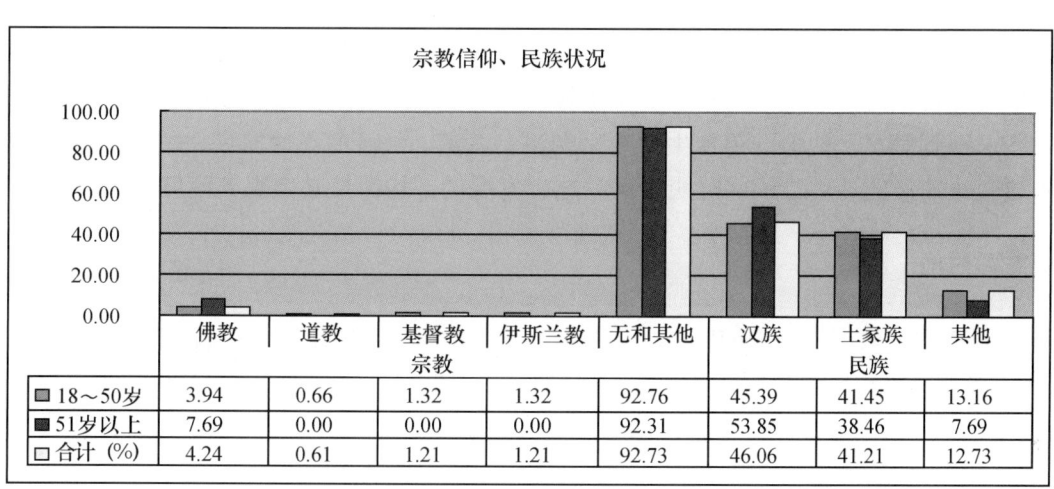

图1-5-9 巴东县被调查者宗教信仰、民族状况百分比分析图

从调查的总体情况来看，人到老年信仰宗教者所占比例呈上升趋势，一部分老年人为了精神生活找到依靠而选择宗教信仰，这一现象应引起我们的关注，是老年人群体精神生活质量的提升还是下降？这是人生轨迹发展的必然趋势还是社会关注较少而忽略老年人精神生活的原因？根据全国老龄工作委员会2006年2月23日发布的《中国人口老龄化发展趋势预测研究报告》，截至2004年底，我国60岁以上人口为1.43亿，其中农村的老龄化水平高于城镇1.24个百分点，这种城乡倒置的状况将一直持续到2040年[①]。由此可见，中国老龄化问题日益严重，农村的老龄化问题更为明显，且当今农村中青年外出打工，独有"空巢"老人留守家园。因此，人口年龄结构的转变意味着社会、政府关注度也应有所调整，从而促成政府主导、社会参与、全民关怀的积极态势来发展老龄事业，确保老年人的生活质量。调查表明，老年人选择信教有可能只是压抑现实生活中的不满意，并不能从根本上解决问题。政府、社会应加强对老年群体的相关服务，大力完善社会保障和医疗保险制度，为老年人创设更加舒适美好的生活环境，以进一步

---

① 全国老龄工作委员会：《中国是世界老年人口最多的国家》[EB/OL]，2006年02月23日，www.xinhua.net.

提高老年人的生活质量[①]。这一结论从某种程度上说明，老年人信仰宗教者所占比例逐渐升高并不意味着他们生活质量的提高，而是恰恰相反，找寻信仰有可能是因为摆脱苦难的欲望。通过中青年和老年人群体在宗教信仰上的对比差，可以看出老年人群体的精神生活有待于社会、政府的关注，同时为政府实施方案等提供切实可行的思考空间。

二、调查结果与分析

（一）现代生活节奏与传统习俗变迁

随着报纸、广播、电影、电视、网络等大众传播媒介的发展，大众传媒以其独特的姿态迅速嵌入民众生活之中，进而在某种程度上改变着民众的生活方式，对民众的价值观念、文化生活、教育发展，甚至是思维模式等产生重大影响。从以下调查数据中我们可以发现，大众传媒的迅猛发展打乱了我国农村民众生活原有的步伐，改变了他们日常生活的轨迹。现代传媒娱乐活动代替了以往的传统娱乐活动，现代性遮蔽了传统性，个体性行为取代了群体性行为，共性淹没了个性，一些传统的带有浓郁地方特色的传统文化活动已处于边缘境地。在当今经济高速发展的社会，农村民众的精神生活是否已得到满足，他们的精神生活是否充实？其实，经济的飞速发展、大众传媒的快速介入与我国农村文化建设的滞后已形成鲜明对比，这种发展的不均衡性必须得到高度重视。

1. 工作或学习时间

在本次调查的有效问卷633份中，每天工作与学习8小时以上者有381人，占60.19%，7~8小时者有177人，占27.96%；5~6小时者有35人，占5.53%；3~4小时者有24人，占3.79%；3小时以内者有16人，占2.53%。具体情况如图1-5-10《兴山县、秭归县、巴东县工作或学习时间百分比分析图》所示。

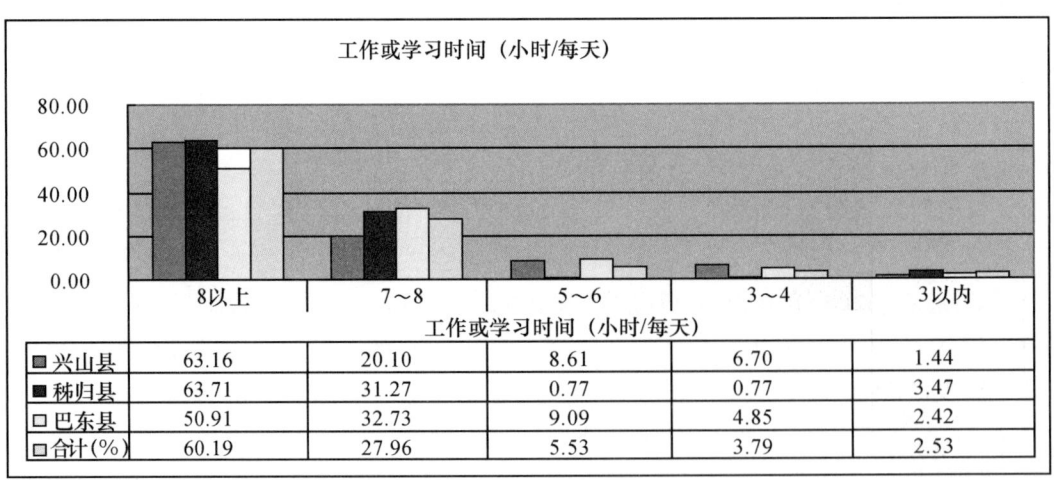

图1-5-10　兴山县、秭归县、巴东县工作或学习时间百分比分析图

---

① 王婧媛、姚本先、方双虎：《芜湖市93名老年人生活满意度现状调查》，《卫生软科学》2009年第4期。

（1）兴山县

从兴山县问卷的统计结果来看，民众每天工作或学习的时间大部分集中在8小时以上者，占总人数的63.16%。中小学生以上学为主，他们的学习时间分配规律，在8小时以上者所占比例最高，为76.92%；有近半数的老年人工作或学习的时间维持在每天7~8小时，所占比例为42.86%；有小部分中青年工作或学习的时间在3小时以内，所占比例为2.42%。如图1-5-11《兴山县工作或学习时间百分比分析图》所示。

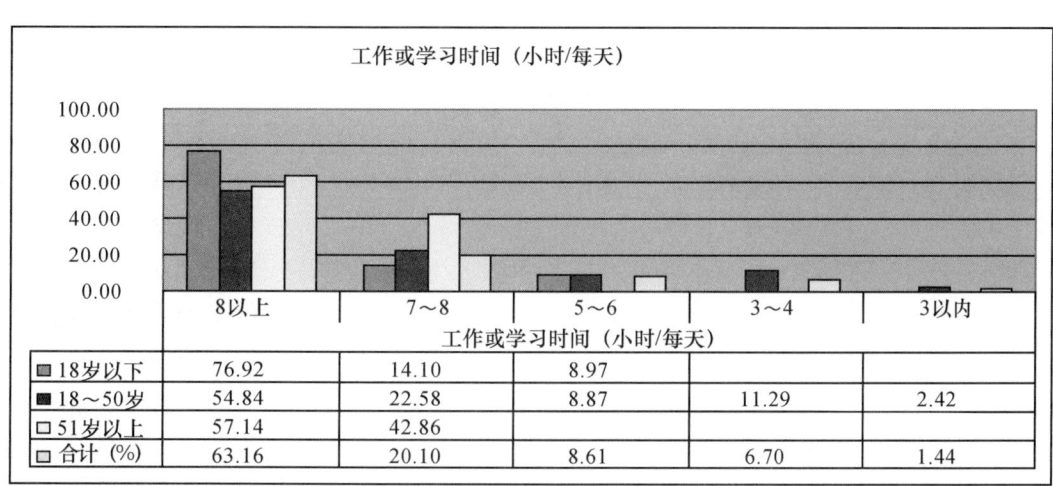

图1-5-11 兴山县工作或学习时间百分比分析图

（2）秭归县

从秭归县问卷的统计结果来看，中小学生和中青年工作时间在8小时以上者所占比例较高，分别占总人数的86.67%和64.63%。而老年人的工作时间则大多维持在每天7~8小时，占总人数的60%，3小时以内者，仅占总人数的13.33%。如图1-5-12《秭归县工作或学习时间百分比分析图》所示。

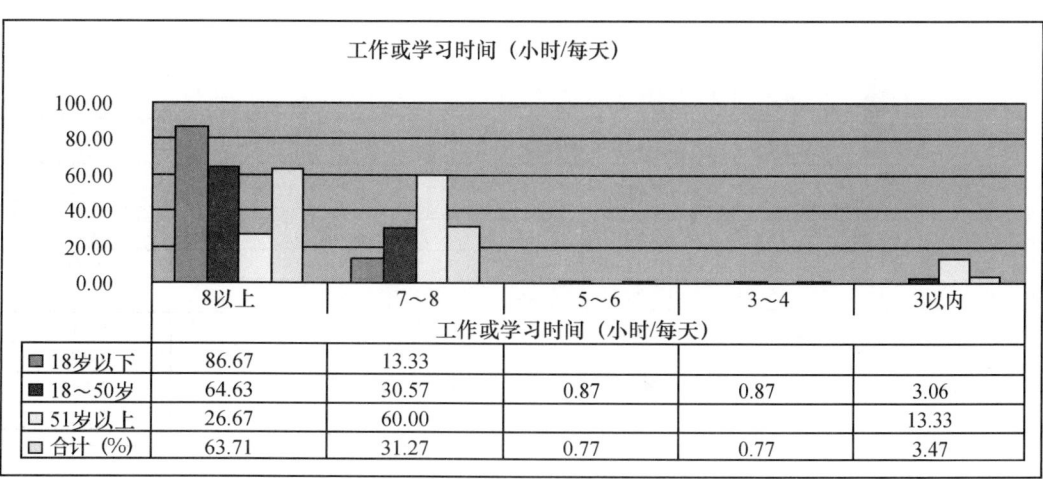

图1-5-12 秭归县工作或学习时间百分比分析图

（3）巴东县

从巴东县问卷的统计结果来看，与前面两个县的情形基本一致，无论是中青年还是老年人，工作时间在8小时以上的占总人数的50.91%，超过半数，其次是工作7~8小时的，人数占32.73%，3小时以内的，人数占2.42%。具体情况如图1-5-13《巴东县工作或学习时间百分比分析图》所示。

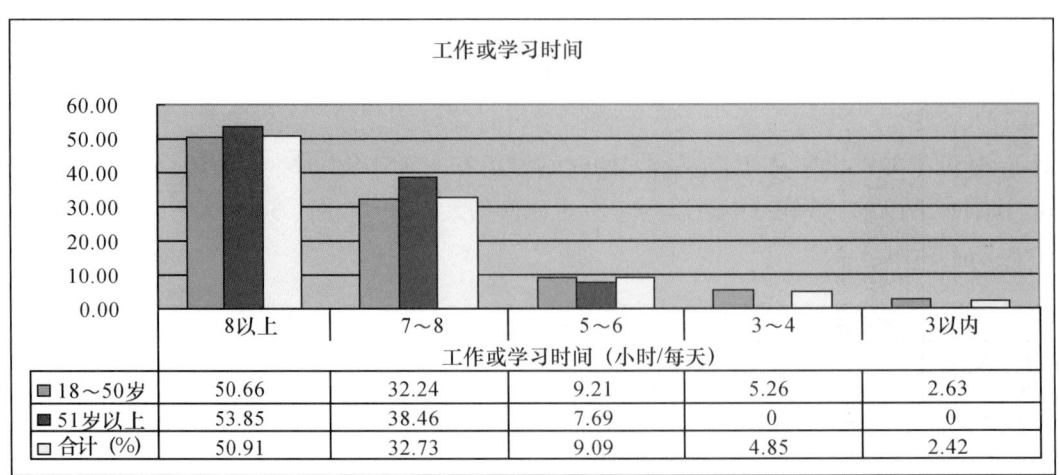

图1-5-13　巴东县工作或学习时间百分比分析图

2. 日常空闲时间的活动安排

本项目主要调查民众在日常空闲中从事的看电视、看书、家务劳动、上网、走亲戚、打牌和麻将、听广播等活动中从事最多的三项选择。做本项目选择的共有1888人次，其中看电视者有502人次，占26.59%，排第一位；上网者有373人次，占19.76%，排第二位；家务劳动者有336人次，占17.80%，排第三位；看书者有322人次，占17.06%，排第四位；其他依次为走亲戚（6.25%）、打牌和麻将（6.14%）、听广播（3.07%）。具体情况如图1-5-14《兴山县、秭归县、巴东县日常空闲生活中最主要从事的三项活动百分比分析图》所示。

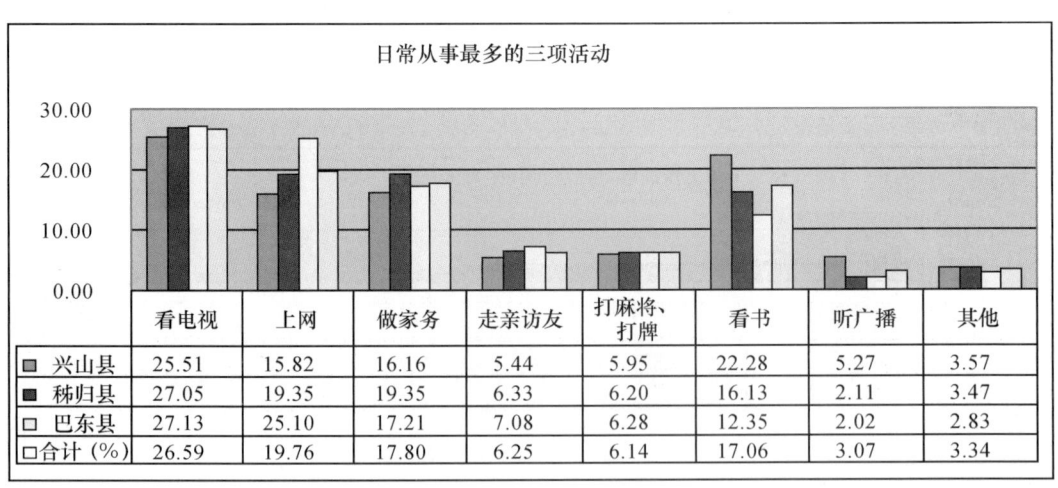

图1-5-14　兴山县、秭归县、巴东县日常空闲生活中最主要从事的三项活动百分比分析图

（1）兴山县

兴山县从事看电视、看书、家务劳动者，比例分别为25.51%、22.28%、16.16%。在明确的选项中，排名靠后的则是听广播，仅占活动总数的5.27%。中青年阶段除了看电视、看书外，上网排名第三，比例为16.62%。具体情况如图1-5-15《兴山县日常空闲生活中最主要从事的三项活动百分比分析图》所示。

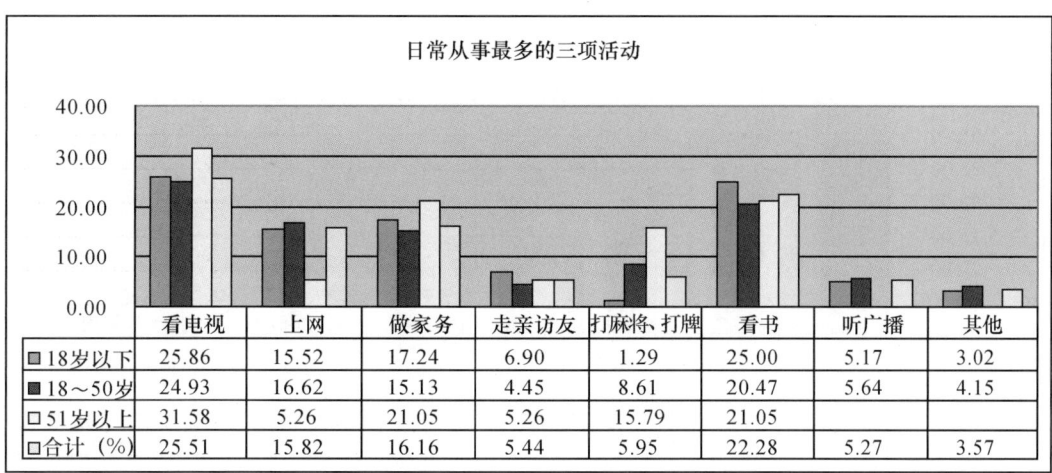

图1-5-15 兴山县日常空闲生活中最主要从事的三项活动百分比分析图

（2）秭归县

在秭归县民众日常空闲时间的活动安排调查中：除了工作时间，民众在日常空闲生活中，最主要从事的三项活动为看电视、上网、家务劳动，看电视者占活动总数的27.05%，上网和家务劳动一样，各占19.35%，而排名靠后的则是听广播，仅占活动总数的2.11%。但是不同年龄阶段的人在空闲活动上也略有差异，中小学生从事最多的三项活动分别为看电视、上网和看书，而与学生相比，中青年阶段的看书则让位给了做家务劳动，到了老年阶段上网人数减少，最主要的三项活动为看电视、做家务和看书。具体情况如图1-5-16《秭归县日常空闲生活中最主要从事的三项活动百分比分析图》所示。

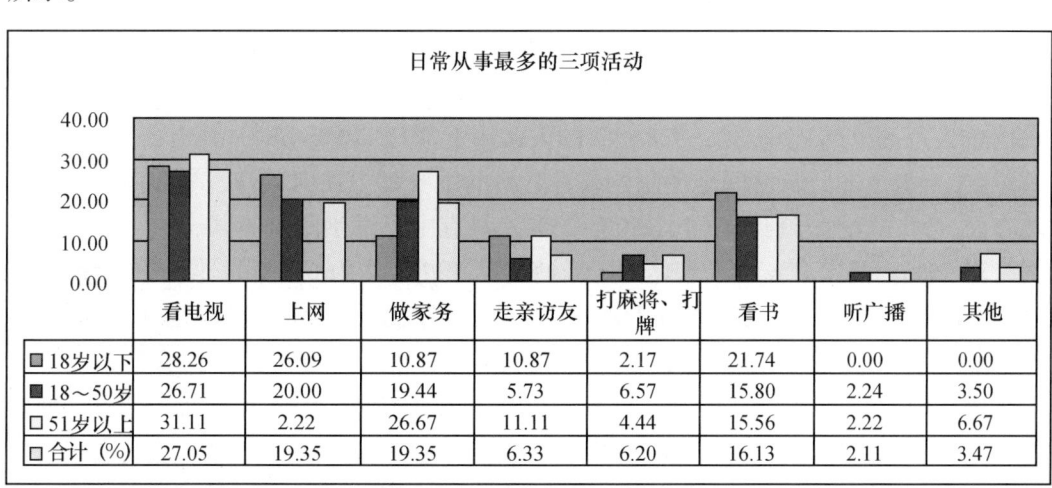

图1-5-16 秭归县日常空闲生活中最主要从事的三项活动百分比分析图

（3）巴东县

在巴东日常空闲生活的活动安排调查中，除了工作时间外，民众在日常空闲生活中，最主要从事的三项活动为看电视、上网、家务劳动，这三项活动分别占活动总数的27.13%、25.10%、17.21%，而排名最后的则是听广播，仅占活动总数的2.02%。具体情况见图1-5-17《巴东县日常空闲生活中最主要从事的三项活动百分比分析图》所示。

由此可见，大众传媒中的电视、网络等在民众生活中已经占据重要位置。兴山县的统计数据表明，大部分中小学生和中青年看电视的时间每天平均为2~3个小时；而在老年人中看电视的时间每

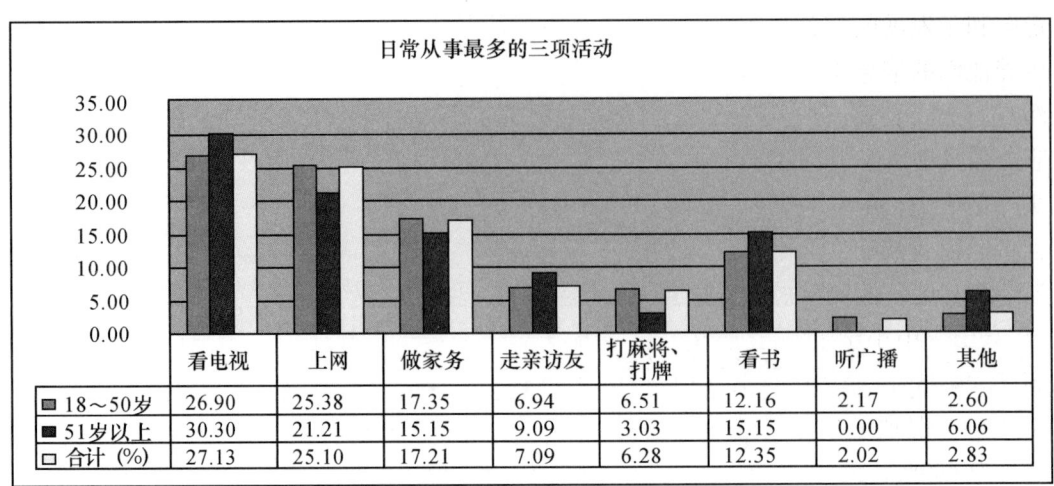

图1-5-17　巴东县日常空闲生活中最主要从事的三项活动百分比分析图

天平均为3~4个小时。秭归县的统计数据表明，中小学生看电视的时间每天平均为1个小时，在中青年这一阶段，看电视时间每天平均为2~3小时；而在老年人中，时间每天平均为4个小时，比例升至40%。巴东县统计数据表明，在中青年这一阶段，看电视的时间所占比例较高的为每天2~3小时，分别占人数的27.63%和24.34%；而在老年人中，比例则升至53.85%和30.77%。

民众认为电视是了解社会信息的途径，兴山县为42.59%，秭归县为49.12%，巴东县为42.40%；民众认为电视是休闲娱乐的方式和生活中不可缺少的部分，兴山县为26.30%，秭归县为26.82%和21.80%，巴东县为30.74%和21.91%。从负面影响来看，认为电视影响正常工作和学习的民众占总人数比例较小，兴山县为1.85%，秭归县为0.75%，巴东县为1.77%。

随着信息技术的不断更新，全球化的强力席卷，网络现也飞入寻常百姓家。从统计数据来看，中小学生和老年人上网的时间较少，多数为每周1~2个小时；中青年上网时间分为两个高点，在兴山有24.19%的人每周上网3个小时，有8.87%的人每周上网12~20个小时，还有每周上网高达61~70小时的人，占0.81%。如此长时间地使用网络，其目的主要集中在因工作、学习需要查找资料和娱乐休闲两方面，所占比例分别为37.70%和35.25%，只有中小学生稍有不同，除了学习的需要查找资料比例为35.79%；其次交友聊天和休闲娱乐的比例相同，均为30.53%。但在秭归有17.90%的人每周上网2个小时，有13.54%的人每周上网12~20个小时，还有每周上网高达61~70小时的人，占0.44%。如此长时间地使用网络，其目的主要集中在因工作、学习需要查找资料和娱乐休闲两方面，所占比例分别为43.92%和35.08%，只有中小学生稍有不同，即交友聊天和学习需要的比例相同，均为35.29%。在巴东高居第一位的比例数为每周上网12~20小时，占总人数的16.97%，甚至还有每周上网高达61~70小时的人，占0.61%。如此长时间地使用网络，其目的主要集中在因工作、学习需要查找资料和娱乐休闲两方面，所占比例分别为48.79%和38.71%。

由此观之，极具形象化、休闲化的大众传媒电视、网络几乎是民众空闲生活的首选项。看电视这一普遍且便于操作的娱乐生活在老年人群中占的比例最大，兴山县为31.58%，秭归县为31.11%，巴东县为30.30%；但上网这一操作性相对复杂的新兴媒介在老年人群中比例直降，反而是中小学生、中青年人群集中选择之项，成为这类群体日常从事最多的三项活动之一。查找资料和娱乐休闲是他们上网的主要目的，但是对于中小学生，交友聊天也是目的之一，兴山为30.53%，秭归为35.29%，仅次于查找资料。这一目的很符合中小学生的成长特点，活泼好动、兴趣广泛，但是由于其自制力不够，极易成瘾。因此，在教育方面，学校、家长、社会等应该给予他们足够的关注，引导他们走向利于发展的道路，正确利用网络为自己服务，提高中小学生获取信息、分析利用信息的能力，培养他们的信息素质，从而避免因沉溺于网络带来的不良影响。例如，因上网而离家出走，因会见网友而上当受骗，因沉迷网络游戏而无法自拔，等等。现代大众传媒可谓是一把双刃剑，政府部门应加强管理，学校应积极引导，家庭应重视教育。

在实际生活中，电视、网络似乎成为民众空闲生活的主要工具，弊端愈加凸显，形式单一化，休闲内容庸俗化、被动化，交流单向化，空闲生活中民众间的互动性极少。从本次调查结果也可以看出，走亲访友这一面对面的交流项目占活动总数的百分比，兴山为5.44%，秭归为6.33%，巴东为7.08%。在兴山，中小学生的互动性略高，所占比例为6.90%，而到了中青年这种互动性较为缺乏，所占比例仅为4.45%。在秭归，老年人的互动性最高，所占比例为11.11%，其次是中小学生，所占比例为10.87%，但到了中青年这种互动性较为缺乏，所占比例仅为5.73%。在巴东，老年人互动性比例略高，为9.09%，到中青年，这种互动性缺乏，所占比例为6.94%。大众传媒飞速发展，民众空闲生活的质量却降低了，活动的统一性、单一性取代了往日活动的丰富性、多样性，民众间交流的单向性取代了互动性，完全沉浸于人与机的单向对话中。所以说，时代的发展、社会的发展并不预示着文化的发展，它们之间并不成正比，这样一种模式的转变值得我们反思。

广播在民众生活中似乎已有渐渐退出之趋势，听广播的人所占比例很小，兴山为5.27%，秭归为2.11%，巴东仅为2.02%。改革开放前，传统的大众传媒广播是稀缺资源，随着社会的发展，改革进程的加速，网络时代的到来，人际交流呈现双向化、多向化交互式交流，渐渐代替了传统广播的单向化发展模式。但是广播并未随之退去，现代数字技术的发展同样为广播提供了广阔的空间，发挥它的能量，"尽管广播永远不会拥有网络的传播方式与手段，但是广播完全可以模拟网络，在新理念中制造一些新的精彩……在接受与传播过程中，接受者的接受与反馈具有很强的主体性意义，同时也是与传播者的精神交流和对话，这也是网络传播的根本魅力"[①]。传统大众传媒广播利用数字技术这个平台依然有潜力赢得听众。广播因其覆盖面广、通讯稳定度好、价格低廉、小巧便于携带等特点，在实际生活中发挥着不可取代的重要作用。广播在我国偏远山区依然是重要的信息来源，另外这一媒介在非常态的生活中也起着不可忽视的作用，例如在我国近年来的特大地震中（2008年四川汶川8级地震、2010年青海玉树7.1级地震），一无所有的灾区民众只有凭借小小的收音机，通过广播这一重要渠道在第一时间接收大量外界信息，包括他们更为关注的自身生存环境变化情况的信息。

3. 现代生活中的文娱活动

在本次调查问卷中我们设置了16项文娱活动以供民众选择，其中有7项是传统习俗活动，包括跳巴山舞、跳摆手舞、扭花鼓和打十字鼓、舞狮子和龙灯、划龙舟、杂技花灯、赶庙会等。另外，还有看电视、看电影、看书看报、听广播和上网等现代文化活动。从整体情况而言，看电视、上网和看书看报成为民众的首选，在本次调查的有效问卷633份中，看电视有530人选择，占83.73%；上网有493人选择，占77.88%；看书看报有426人选择，占67.30%。但民间传统文化跳摆手舞、扭花鼓、舞狮子、划龙舟、杂技、赶庙会等选择者的比例不及10%。有些传统文化活动在不同的群体、不同的地域中比例差异较大，但从总体上看，民众的参与度远远不够，这一现象值得重视。有关具体情况见图1-5-18《兴山县、秭归县、巴东县近三年（2006~2009年）参加过的文娱活动百分比分析图》所示。

---

① 王德珮：《传播方式的嬗变对广播媒体的影响》，《视听界》2010年第2期。

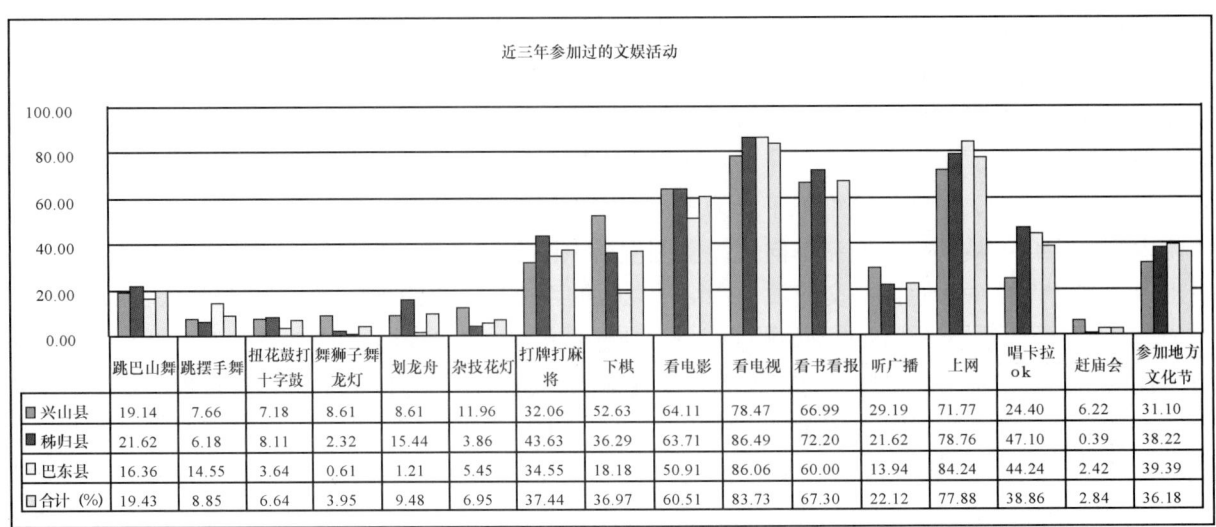

图1-5-18　兴山县、秭归县、巴东县近三年（2006~2009年）参加过的文娱活动百分比分析图

（1）兴山县

兴山县，在中小学生阶段，看电视、看书看报、上网、看电影位居前四，所占比例分别为83.33%、76.92%、71.79%、66.67%。在中青年阶段，看电视和上网比重最大，同为74.19%；位居第二的是看电影，所占比例为62.90%；位居第三的是看书看报，所占比例为60.48%。在老年人阶段，看电视和看书看报成为首选，看电视的比例甚至达到100%，紧接着是看电影、下棋和打牌打麻将，所占比例均为57.14%，而且老年人参加的文娱活动种类并不多。具体见图1-5-19《兴山县近三年（2006~2009年）参加过的文娱活动百分比分析图》所示。

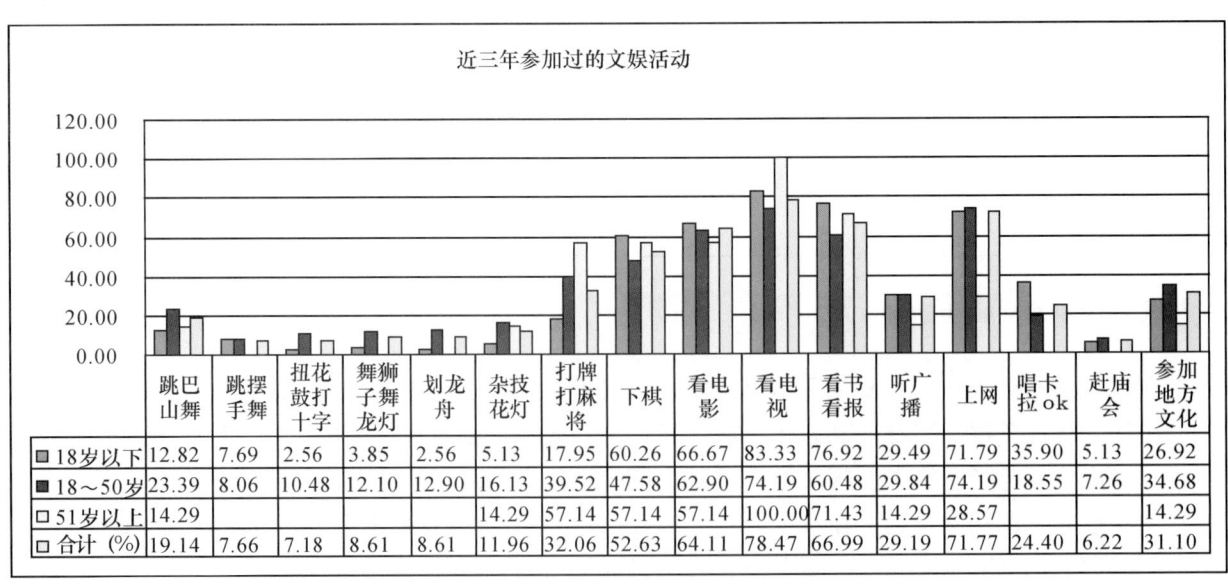

图1-5-19　兴山县近三年（2006~2009年）参加过的文娱活动百分比分析图

（2）秭归县

秭归县，在中小学生阶段看电影位居第一，所占比例达到100%；其次是上网，所占比例为93.33%。在中青年阶段，看电视、上网、看书看报比例较高，所占比例分别为86.03%、78.60%、71.62%；其次是看电影、唱卡拉OK和打牌打麻将，所占比例分别为62.01%、49.78%、45.41%。在

老年人阶段，位居前三位的是看电视、看书看报和上网，分别占93.33%、80.00%、66.67%，而且老年人参加的文娱活动种类并不多。具体见图1-5-20《秭归县近三年（2006~2009年）参加过的文娱活动百分比分析图》所示。

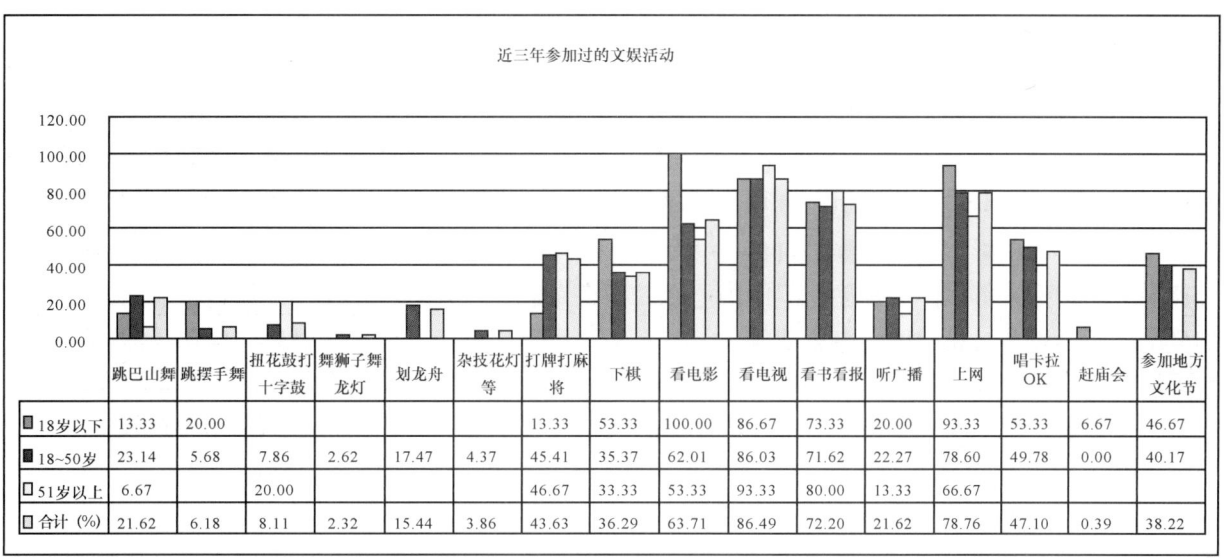

图1-5-20　秭归县近三年（2006~2009年）参加过的文娱活动百分比分析图

（3）巴东县

巴东县，在中青年阶段，看电视和上网成为民众的首选，并列第一；其次是看书看报、看电影，所占比例分别为85.53%、60.53%、51.97%；再次是唱卡拉OK、参加地方文化节、打牌打麻将，所占比例分别为45.39%、40.13%、34.87%；位居后三位的则是舞狮子龙灯、划龙舟、赶庙会，分别占0.66%、1.32%、1.97%。在老年人阶段，位居前三位的是看电视、上网、看书看报，分别占92.31%、69.23%、53.85%；与中青年相比，老年人看电影则位居第四；其次是打牌打麻将、唱卡拉OK、参加地方文化节；居于后列的舞狮子舞龙灯、划龙舟等在所调查的人中并没有参与过；只是赶庙会的比例高于中青年，占7.69%。具体见图1-5-21《巴东县近三年（2006~2009年）参加过的文娱活动百分比分析图》所示。

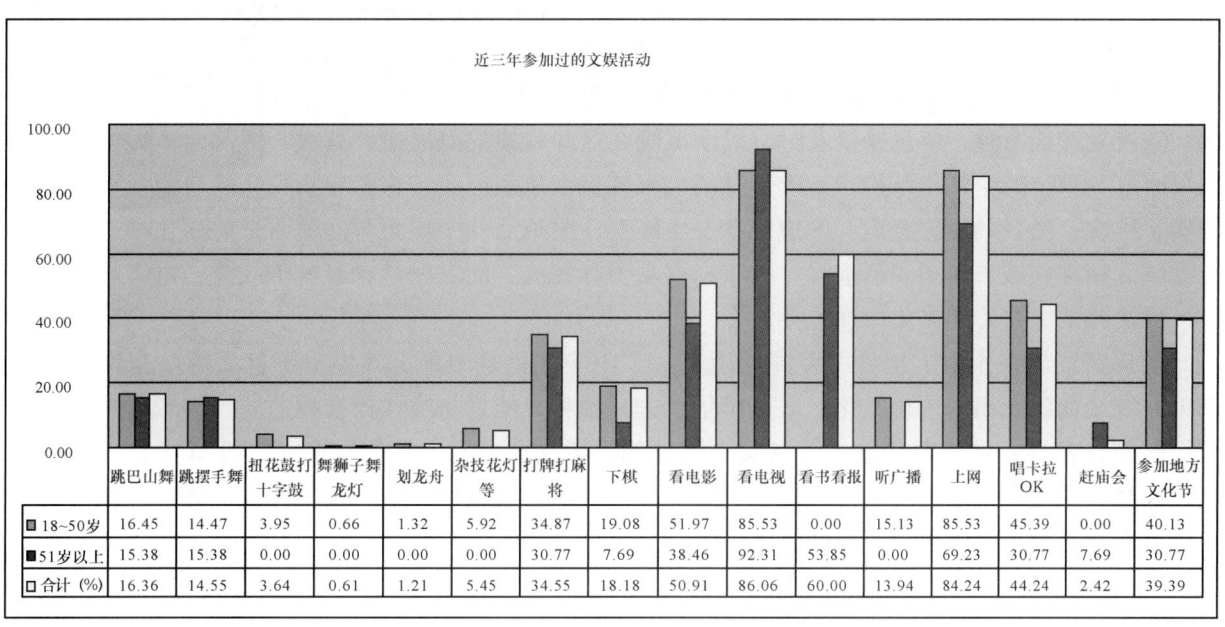

图1-5-21　巴东县近三年（2006~2009年）参加过的文娱活动百分比分析图

从统计数据可以看出，电影成为众多中小学生及中青年朋友参加的文娱活动，所占比例都超过了60个百分点。电影美学家巴拉兹就曾论述人类文化演变过程是从"看的文化"到"读的文化"，再到"看的文化"。第二个"看"已然上升为人类螺旋式发展的又一高点。电影经历了从无声—有声—高科技运用的发展过程，电脑特技电影给人以强烈的视听觉冲击，为观众呈现出令人叹为观止的逼真非现实空间画面。例如现在的动感球幕电影、水幕电影、环幕电影和立体电影，尤其是2009年轰动全球的美国科幻电影《阿凡达》（Avatar），该片有3D、平面胶片和IMAX胶片三种制式供观众选择，形式上的3D幻听效果再加内容上的丰厚内涵，影片不仅获得多项奥斯卡金像奖提名，而且据统计这部影片已在全球电影票房历史排名第一，在我国的票房也是最高，成为连续10周的票房冠军。另外，该影片还同步推出TPS——第三人称射击动作游戏。国产电影也发展迅猛，近年的《英雄》《神话》等国产大片创造了中国电影的票房奇迹，并有多部影片在国际电影节上获奖（例如戛纳国际电影节、柏林国际电影节等），甚至动画影片的市场也极具吸引力，例如《喜羊羊与灰太狼》《熊出没》等，吸引了众多中小学生的眼球。以上种种迹象表明电影又迎来了生机盎然的春天，不单单成为民众现代文化生活中一道亮丽的风景线，还预示着电影创意产业的发展动向。

电视、网络是中青年及老年人群体常选的文娱活动，略微的差别是看电视成为几乎所有老年人的选择项，这种操作的简便性、信息的及时性等特点使得老年人更倾向于看电视，再加之数字电视的普及，观看节目可选的范围更大了，专业频道更多了，促使电视成为广大民众最主要的文娱活动之一。然而其负面影响也是有的，据零点公司的调查，60岁以上的老人每天看电视约为4小时16分。近些年来，老年人高发的心血管疾病、"三高"（高血压、高血脂、高血糖）等疾病，在很大程度上也与他们长时间地看电视而缺少运动有关。稍具互动的现代性文娱活动如打牌打麻将、下棋等，老年人参加比例处于中间水平，兴山为57.14%，秭归和巴东维持在30%~40%。传统的习俗活动如跳巴山舞、杂技花灯表演、划龙舟（秭归中青年参与较多）等已成为少数人的活动范围，扭花鼓、打十字鼓、舞狮子、舞龙灯等传统文娱活动在调查的人数中参加人数更是少之又少。如果说这些传统的习俗活动对体力的要求高一些，那么，即使在中青年人群中参加这类传统习俗的比例也较小。

总观之，位居后列的是赶庙会、扭花鼓、舞狮子龙灯、划龙舟等民俗表演，它们大都属于传统习俗活动，比例维持在10%左右。较为突出的是在老年阶段，传统习俗的参与度很低。我们明显感到现代生活文娱活动的步伐大大快于传统习俗活动的步伐，群体性活动远远落后于个体性活动。这种现象值得我们深思，既富文化内涵又具健身性的传统习俗活动仅赢得了较少的参与者，反之现代性的文娱活动为民众所青睐，其原因是多方面的。首先，现代传媒的涌入带给民众前所未有的新鲜感，它视觉冲击力强，信息播报及时，民众沉浸在这片欢娱的海洋中；其次，体制改革促使农村出现以家庭为单位的个体化结构，一改往日的大家族、大家庭模式，这也导致民众的交流互动性大大减弱；再次，民众的思想意识、思想观念发生转变，改革后的中国面对汹涌而来的西化冲击，从物质领域到精神领域，无不羡慕追寻，城市追寻着国际潮流，而农村追寻着城市潮流，可惜的是最本土、最民族的优秀传统文化却被抛弃。

胡锦涛同志在十七大报告中曾强调指出："中华文化是中华民族生生不息、团结奋进的不竭动力。要全面认识祖国传统文化，取其精华，去其糟粕，使之与当代社会相适应、与现代文化相协调，保持民族性，体现时代性。"其实，正如胡锦涛同志所言，我们自己已经拥有优秀的传统文化，而且它还是我们前进的动力。现在关键问题是我们如何将优秀的传统文化发扬光大，如何利用宝贵资源将其融入现代社会，与时俱进。

4. 地方文化节的运作

以本次调查为例，具体来讲，这就涉及对传统习俗活动的保护与开发。地方文化节的运作则是一个很有代表性的案例。从数据统计结果看，兴山参加地方文化节的比例居中，达到31.10%；中青年群体参加的比例最高，为34.68%；其次是中小学生，所占比例为26.92%；最后是老年人，所占比例为14.29%。秭归参加地方文化节的比例为38.22%，中小学生群体参加的比例最高，为46.67%，其次是中青年，所占比例为40.17%。巴东参加地方文化节的比例为39.39%，其中中青年占40.13%，老年人占30.77%。地方文化节大都由政府主导、民众参与，在这个运作的过程中，民间文化成为一种符号化象征，具有可利用的宝贵资源，蕴含着深厚的文化价值、历史价值及独特的艺术价值。合理的开发、利用、保护之，不仅可以使之成为现代文化产业的资本，而且能展现我们民族的灿烂文化、增进民族团结、传承人类文明。各地政府部门一方面宣传地方文化，扩大影响；另一方面带动当地经济增长，可谓文化搭台、经济唱戏；且这种文娱活动也为民众的生活输入新鲜血液，带给他们快乐，同时为民众找到了表达自我的空间。但是，并非是所有的传统习俗活动都适合市场运作。保护与开发具有多层次性、多形态性，不同的地域具有不同的传统习俗活动，不同的传统习俗活动具有不同的保护开发模式，不同的群体对传统习俗活动的要求又不尽相同。因此，政府部门应以多视角、多层级、多方位的思想高度和策划战略去建设农村公共文化服务体系。诸如培养公众的文化素养和思想理念；创造适合不同年龄群体的公共文化体系；构建农村社区文化交流环境，营造适合传统习俗活动存在的土壤，使其成为现代文化生态环境的一部分。

5. 广场文化的发展

改革开放三十年来，我国经济腾飞，城市建设飞速发展，民众生活水平也在不断提高，精神文化的需求也日益增长，民众追求着高层次的审美情趣文化活动。其中，广场文化就是鲜明的体现。广场上的活动有专业组织也有业余组织，有舞台演出也有民众自发即兴表演，有音乐、舞蹈、戏剧、武术、体操等形式各异的活动表演内容。无论年龄大小，无论文化高低，也无论行业所属，广大民众在空闲时候汇聚于广场，寻求自己喜欢的娱乐方式，从而释放快节奏生活中的压力。例如在适合外出活动的每个夜晚，尤其是在周末、节假日，民众汇聚广场共同演唱当年的革命歌曲或经典老歌，每个人都是情绪高涨，沉醉其中，乐而忘返。广场文化不仅能满足民众的精神文化需求，陶冶情操、净化心灵，而且为社会文化的发展注入了新的活力。广场为民众提供了自娱自乐、休闲生活的舞台，文化给广场提升了人气和品位，广场文化成为集群众性、参与性、趣味性、艺术性等为一体的文化发展模式。

秭归县是一个案例。本次调查中的跳巴山舞、跳摆手舞则成为民众娱乐活动之一。民众在文化广场跳跳舞，既能驱散一天的疲劳，又能愉悦身心。从调查结果中可看到，传统文娱活动中的跳巴山舞和跳摆手舞的发展动向，不同年龄群体在参加活动的比例上略有不同。老年人群体中所占比例仅为6.67%，在中青年阶段所占比例为23.14%和5.68%，到了中小学生阶段，所占比例为13.33%和20%。可以发现，随着时代的发展，这一活动越来越为年轻民众所接受。其中，中小学生更倾向于跳摆手舞，而中青年民众更倾向于跳巴山舞。在现代社会，传统的文化娱乐活动又被民众赋予新的生命力。由不同地区申请的土家族摆手舞纷纷入选前两批国家级非物质文化遗产名录，这一热潮的兴起，更加有利于这两种民间舞蹈的发展传承。巴山舞升华于土家跳丧舞，摆手舞也是土家最具代表性的民族民间祭祀舞蹈，它们是土家人的民族历史、民族风俗的反映，也是土家人的精神食粮、民族象征，而今在邻近区域已成为有影响的全体民众的舞蹈。原始的跳丧舞只能出现在丧葬活动中，功能单一，然而今日的巴山舞由长阳"土家舞王"覃发池等民间舞蹈工作者收集整理、改革创新而发展为群众性的广场舞蹈，是弘扬民族优秀文化传统的有益尝试，成为民族文化与现代文化交融的产物，健身娱乐功能增强，更容易被民众接纳传承。现今的政府、社会还在积极努力开发民族舞蹈，寻求传统文化资源与现代文化资源的契合点，使二者融合发展，实现文化产业的发展目标。

6. 民众参与最多和最喜爱的文娱活动

此次调查统计表中，还有一项是评估民众"最喜欢和参与最多的文娱活动"，其中欢爱度是民众对文娱活动内心渴望的指数，但参与度是在实际生活中从事活动的指数，其制约因素包括民众自身因时间、条件等而表现出的参与度，当地政府部门提供的娱乐设施条件，以及当地传统文化活动氛围等。喜爱度和参与度是民众需求与实际供给之间协调的反映，也是相关部门把握民情、策划方案、制定政策等的参考标准。

在最喜欢和参与最多的五项文娱活动统计表中，从不同年龄阶段来看欢喜度和参与度，兴山县、秭归县和巴东县有所差异。

（1）兴山县

1）中小学生阶段，看电影、看电视、上网、看书看报是他们最喜欢和从事最多的活动，在前三项最喜欢的比例高点分别为19.23%、21.79%、23.08%、20.51%，从事最多的比例高点分别为8.97%、20.51%、7.69%、10.26%；在最后的两项里，喜欢的活动下棋和唱卡拉OK比例升至14.1%和10.26%，从事最多的活动即参加地方文化节比例升至5.13%。

2）中青年阶段，最喜欢和从事最多的活动为上网、看电视、看书看报、下棋，在前三项最喜欢的高点所占比例分别为25%、23.39%、14.52%、10.48%，从事最多的所占比例高点分别为7.26%、25%、12.90%、5.65%；在最后的两项里，喜欢的活动即唱卡拉OK和参加地方文化节所占比例升至20.97%、10.48%，从事最多的活动中听广播、唱卡拉OK和参加地方文化节的所占比例升至6.45%、5.65%、4.84%。

3）老年人阶段，文娱活动无论是最喜欢还是从事最多，选择的内容相对集中，欢喜度与参与度分布较均匀，喜爱度略高的是看电视、看电影、打牌打麻将、看书看报，所占比例维持在20%~40%，参与度略高的是看电影、看电视、打麻将、下棋，所占比例维持在20%以下。

（2）秭归县

1）中小学生阶段，看电影、上网、看书看报是他们最喜欢和从事最多的活动，在第一项最喜欢的所占比例分别为33.33%、26.67%、20.00%，随后的四项，上网、看电视、下棋等喜欢的活动所占比例在20%~40%；而除了上述提到的从事最多的活动以外，参加地方文化节、唱卡拉OK在后几项中所占比例也有所增加。

2）中青年阶段，最喜欢和从事最多的活动主要以上网、看电视和看书看报为主，而看电影、唱卡拉OK、参加地方文化节在最喜欢的活动中所占比例维持在中间水平；打牌打麻将、下棋、唱卡拉OK在从事最多的活动中维持中间水平。

3）老年人阶段，文娱活动无论是最喜欢还是从事最多，选择的内容相对集中，欢喜度与参与度分布较均匀，欢喜度略高的是看书看报、看电影、看电视、上网，所占比例维持在10%~20%；参与度略高的是看电视、上网、看书看报，所占比例维持在20%。

（3）巴东县

1）中青年阶段，除了上网和看电视外，一方面，跳巴山舞也是民众最爱者之一，这个具有少数民族特色的传统舞蹈传承至今活力依存,在第一项最喜欢和参与最多的文娱活动中同时位居第三,所占比例达到13.16%和6.58%;另一方面,唱卡拉OK和参加地方文化节在后三项活动中的所占比例有所上升,在第四项最喜欢的文娱活动中唱卡拉OK者所占比例为13.82%,在第五项最喜欢的文娱活动中参加地方文化节所占比例为13.16%,其从事最多的活动与喜爱程度成正比,也就是说实际供给与民众需求基本一致,达到民众需求标准,从民众喜欢的文娱活动内容和参与最多的活动内容来看,政府部门可能更需要在引导民众精神生活方向、培养民众文化素养等方面努力,从而真正有效地提高民众整体的审美趣味,满足民众全面发展的需要。

2)如果说中青年民众喜欢群体性、动作性较强的文娱活动,那么老年人则更加喜欢舒缓安静同时便于获取信息的文娱活动,在第一项最喜欢的文娱活动中看电视和看电影位居前列,所占比例分别为30.77%和23.08%,上网在第二项最喜欢的文娱活动中所占比例达到38.46%。

总观之,中小学生和中青年选择的传统习俗活动,欢喜度与参与度平衡,但是比例很低,基本上不及10%。老年人在最喜欢和从事最多的文娱活动中,选择的内容相对集中,但大部分传统习俗活动已淡出他们的视野,欢喜度与参与度很低。看书看报是老年人最喜欢的文娱活动之一,但是可能由于眼睛视力下降而不便于长时间看书等原因,老年人喜欢但从事该项目的比例并不大,因此,从事最多的文娱活动便分散到其他类之中,例如打牌打麻将、看电影、下棋等。从统计表中,我们看到在老年人参加的文娱活动中,欢喜度和参与度不成正比,诸如看书看报等休闲类活动欢喜度较高,但是参与度较低,这和老年人的身体素质等有着密切关系,参与度较高的多属于对技能要求低的文娱活动,如打牌打麻将、看电影等。综上所述,特点可以归纳为欢喜度和参与度不一致,参与度高的活动分布集中,适合老年人的文娱活动较少。这些特点表明,政府、社会对老年人的关注度还远远不够,老年人的物质生活在当今社会尚且满足,但是他们的精神生活却相对贫乏。随着时间的推移,我国的年龄结构很快进入到老年型人口类型,且农村老年人又占较大的比重,加之生活条件的改善,老年人的寿命延长,他们的精神生活问题是我们必须给予高度重视的。目前,政府、社会对老年人的各项服务意识较欠缺,导致对老年人的社会需求关注不够,进而势必会影响到政府的决策、社会服务机构的安排、社区休闲设施的建设、休闲活动的组织形式等。针对现代社会老年人的生活状况,政府、社会应为老年人营造一个有意义、丰富多彩的晚年生活,发挥他们的潜能,延长他们参与社会的时间,拓展他们活动的空间,将动态与静态的休闲生活文娱活动充分结合,倾听老年人的休闲生活需求,共同建设老年人的心灵家园。

7. 现代生活中的传统习俗

从上述分析来看,传统习俗活动大部分已逐渐淡出民众视野,那么在当今社会民众所喜爱并从事的传统习俗活动是否已有改变?从统计表中可以看出,三个县在婚礼哭嫁习俗上的改变最大,不举行的比例最高,在此次有效问卷633份中,410份选择"不举行",占64.77%。丧礼跳丧不举行的比例也较大,但是三个县又略有差异,秭归县有142人选择不举行,占54.83%;巴东县仅有33人选择,占20%,与秭归县相差30多个百分点;而巴东县选择改变的份数为93,占56.36%。端午划龙舟在秭归"与以往一样"所占比例最高,达67.18%;巴东最低,仅占20%。由此可见,三个县在列举的三项传统仪式中还是有较为明显的变化。如图1-5-22《兴山县、秭归县、巴东县婚礼、丧礼、端午节中所举行的传统仪式变化状况百分比分析图》所示。

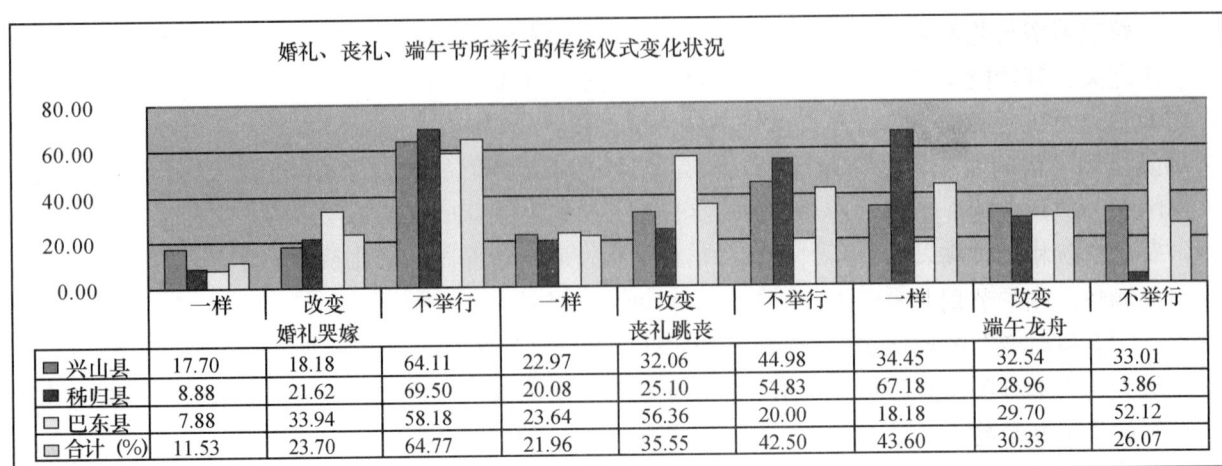

图1-5-22　兴山县、秭归县、巴东县婚礼、丧礼、端午节中所举行的传统仪式变化状况百分比图

（1）兴山县

变化无处不在。民众日常行为生活中的重大活动例如婚礼、丧礼等这些中国传统习俗通过行为的方式呈现，被视为生命的过渡仪式。图1-6-1反映的是中国传统仪式在当今社会的变化状况。婚礼中举行的哭嫁仪式、丧礼跳丧等传统仪式，民众普遍认为它们已不再举行，比例分别为64.11%和44.98%，认为有所改变的分别占18.18%和32.06%，仅有少部分人觉得仪式并未改变，和以前一样。如图1-5-23《兴山县婚礼、丧礼、端午节中所举行的传统仪式变化状况百分比图》所示。

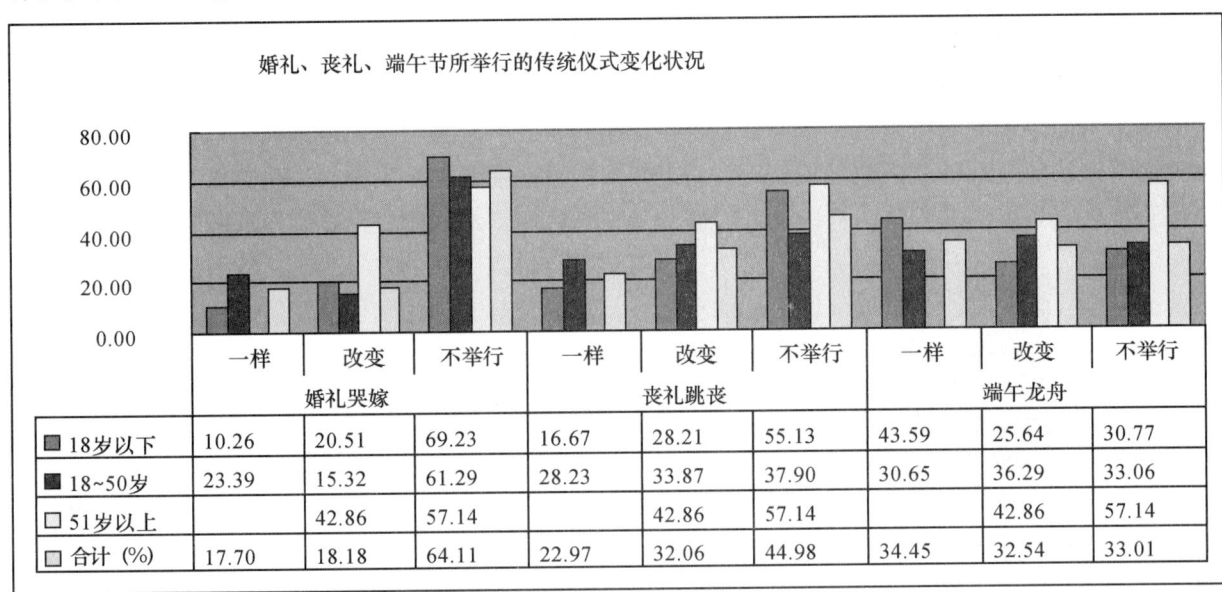

图1-5-23　兴山县婚礼、丧礼、端午节中所举行的传统仪式变化状况百分比图

哭嫁习俗通常被人们认为是母系氏族社会向父系氏族社会过渡时期抢婚习俗的遗留，但是传承至今早已失去了抢婚的原始意义，哭嫁习俗多是现代婚礼中的一种"惯性"仪式，其中可能更多包含的是女子对父母养育之恩的感激之情，而其现代性的转变更是巨大，"哭嫁已经获得了艺术的升华，成为一种技艺，一种表情达意的抒情媒介。它已摆脱了原先的肇因和内在意义，而'专业化'为特定场合的艺术形式。哭嫁的方式——言语动作及哭腔日趋程式化，具有了观赏及审美价值。由

此,哭嫁兼习俗与艺术两种属性,由意蕴丰富的泄情之哭,变而为注重美感的以宣泄喜乐气氛为主的艺术之哭,其功能又有新的转换,由抒情为主变为娱乐为主"[①]。这样,我们也就不难理解哭嫁习俗改变之大的原因。值得我们注意的是老年人的看法,老年人走过半个世纪的路程,亲历着事件的发生和习俗的变迁,老年这一阶段认为上述所列的三种传统仪式"不举行"的所占比例均为57.14%,"有所改变"的所占比例均为42.86%,和"以前一样"的比例均为零,其中婚礼哭嫁"不举行"的比例相对较高。由此观之,这样一种微妙变化的背后所隐藏的社会关系、家庭关系在当代社会的调整。端午节划龙舟,较突出的变化是,民众认为"和以前一样"的比例随着年龄的增大而减小,"有所改变"的比例随着年龄的增大而增大。总观之,兴山的这三项传统习俗里的传统仪式变化较大,大部分民众认为已不再举行,唯一的端午节划龙舟仪式,不同年龄阶段群体认为"有所改变"的认识又是趋于一致的。

（2）秭归县

婚礼中举行的哭嫁仪式、丧礼跳丧等传统仪式,民众普遍认为它们已不再举行,所占比例分别为69.50%和54.83%,认为有所改变的分别占21.62%和25.10%,仅有少部分人觉得仪式并未改变,和以前一样。老年这一阶段认为不再举行哭嫁仪式的占73.33%,和以前一样的仅占26.67%。与哭嫁、丧礼等仪式不同的端午节划龙舟,民众认为"和以前一样"的所占比例高达67.18%,而有所改变的所占比例占28.96%,不举行的所占比例仅占3.86%。可以看出,在民众心目中,秭归端午节划龙舟的传统习俗在当今社会依然保持原汁原味。2009年经鄂湘苏三省联合打包申请,我国的端午节被联合国教科文组织列入《人类非物质文化遗产代表作名录》,湖北省秭归县的"屈原故里端午习俗"正是其中独有特色的一部分。当地传承已久的传统习俗划龙舟已经给民众留下了深刻的印象,这也是秭归民众引以为豪的地方。再加之以秭归的凤凰山屈原祠、屈原故里牌坊等物质遗产为依托,更为非物质文化遗产社会习俗划龙舟的传承奠定了坚实基础。如图1-5-24《秭归县婚礼、丧礼、端午节中所举行的传统仪式变化状况百分比图》所示。

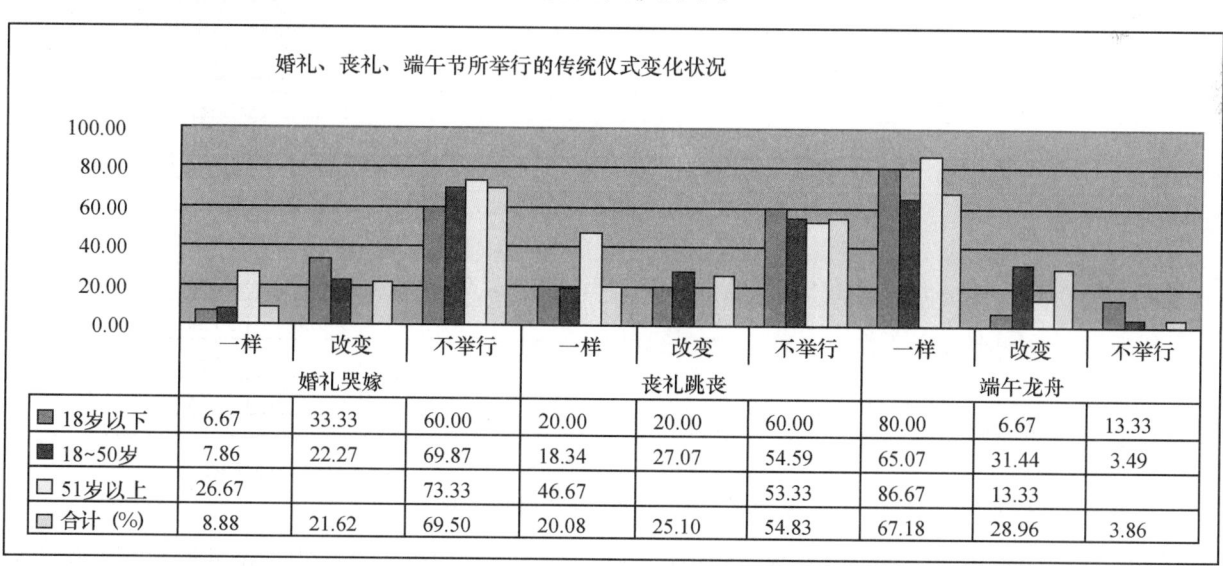

图1-5-24 秭归县婚礼、丧礼、端午节中所举行的传统仪式变化状况百分比图

---

① 王晓宇:《哭嫁——一种仪式习俗的中国文化透视与思考》,《中南民族大学学报》2006年第1期。

（3）巴东县

现代社会中传统习俗活动大部分已逐渐淡出民众视野，虽然跳巴山舞、赶庙会等活动仍活跃在民间，但是总体而言，传统习俗已悄然发生变化，这种传承与变迁也是在不断地适应生活、服务生活。婚礼中举行的哭嫁仪式、端午节举行的划龙舟等传统仪式，民众普遍认为它们已不再举行，所占比例分别为58.18%和52.12%，认为有所改变的分别占33.94%和29.70%。老年人认为不再举行哭嫁仪式的占61.54%，有所改变的占38.46%，比例差高为30个百分点，无人认可仪式"和以前一样"，说明大部分老年人不认同传承至今的哭嫁习俗。哭嫁习俗变化的背后也预示着社会关系、家庭关系在当代社会的微妙调整。与哭嫁、划龙舟等仪式不同的丧礼，民众认为不再举行跳丧仪式的人数明显减少，但超过半数的人认为这一传统仪式有所改变，所占比例为56.36%，其中的两个极端"和以前一样""不再举行"比例基本持平，分别为23.64%、20.00%。丧礼是对人生终结的祭奠，是对生者的告慰，是民众宗教信仰的体现，丧葬过程中的某些环节暗藏为后代造福的期望，这种传统仪式随着时代的发展而有所变化，但是丧礼的变迁远远大于它的终结。如图1-5-25《巴东县婚礼、丧礼、端午节中所举行的传统仪式变化状况百分比图》所示。

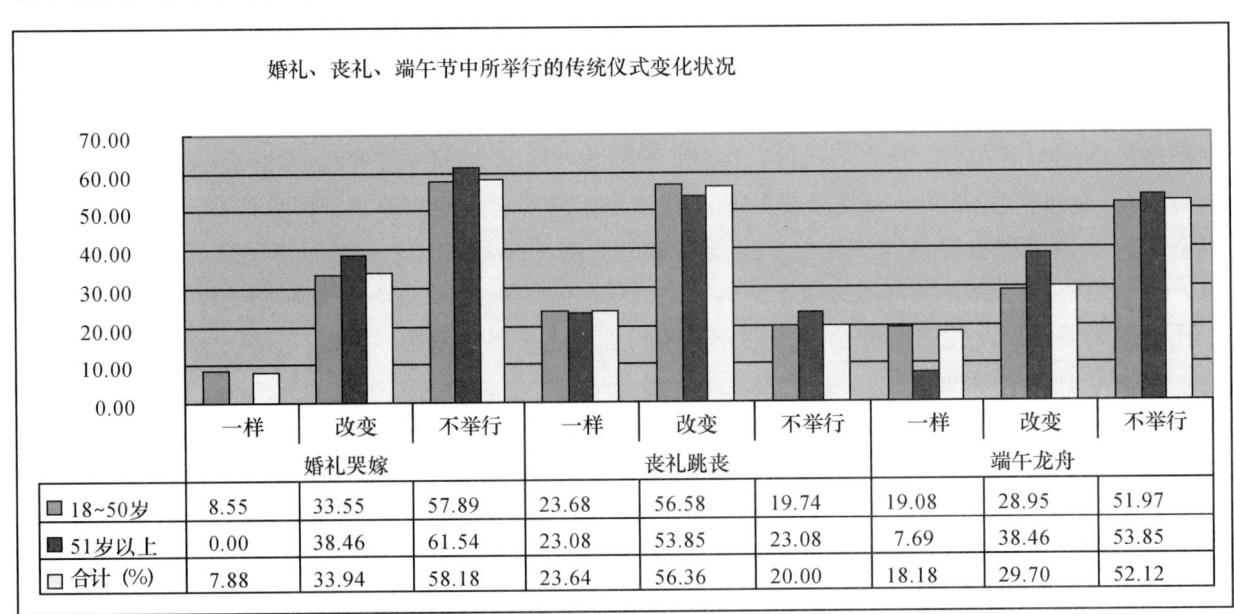

图1-5-25　巴东县婚礼、丧礼、端午节中所举行的传统仪式变化状况百分比图

（二）民间传统文化与文艺作品流传

1. 传统文化活动的参与度

在此次有效问卷633份中，听人讲笑话、看人演戏和听人讲故事位居前三，其中选择听人讲笑话423份，占66.82%；看人演戏397份，占62.72%；听人讲故事357份，占56.40%。总观之，他者行为比例高于自我行为，排在最后的多为自己唱戏、自己参加划龙舟、自己讲相声等。特将他者行为和自我行为的活动分别排在一起，我们可以明显看到这种下滑的轨迹。具体情况见图1-5-26《兴山县、秭归县、巴东县近三年（2006~2009年）民众参加过的文化活动百分比图》所示。

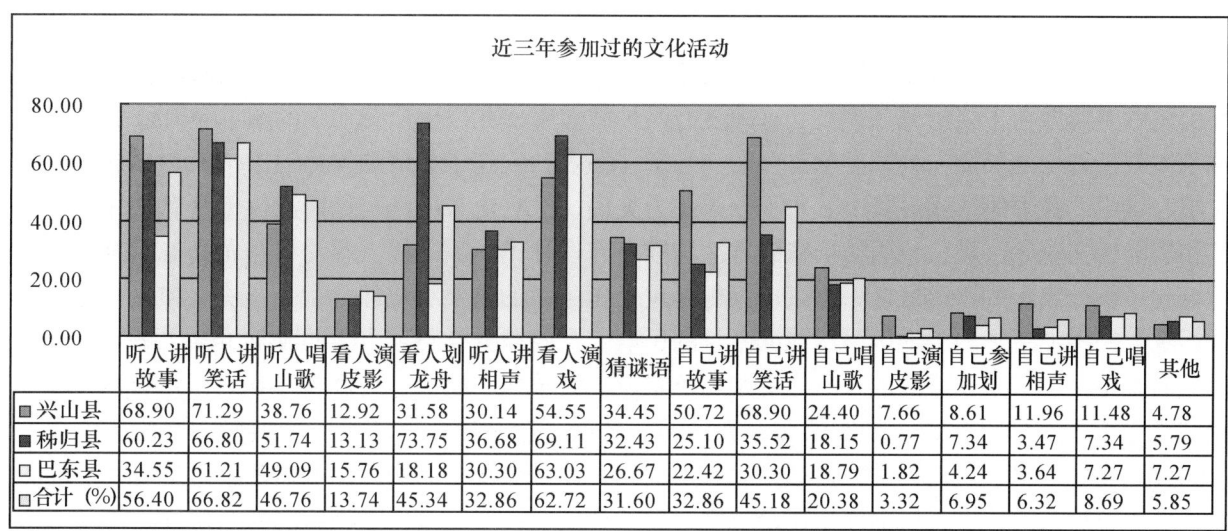

图1-5-26 兴山县、秭归县、巴东县近三年（2006~2009年）民众参加过的文化活动百分比图

（1）兴山县

在所有的文化活动中，民众更愿意参加的活动为听人讲笑话、自己讲笑话、听人讲故事、看人演戏、自己讲故事，它们位居前列，分别占总人数的71.29%、68.90%、68.90%、54.55%、50.72%。不同年龄段参加的文化活动又略有差别。中小学生阶段，听人讲笑话、自己讲笑话、看人演戏、猜谜语位居前四位，所占比例分别为87.18%、66.67%、65.38%、64.10%；到了中青年阶段，听人讲故事、自己讲笑话位居前两位，其次是听人讲笑话、看人演戏，所占比例分别为76.61%、70.16%、62.10%、47.58%；老年人阶段，自己讲故事和自己讲笑话位居第一，所占比例同为71.43%，其次是听人讲故事、听人讲笑话、听人唱山歌、看人演戏，所占比例同为57.14%。具体情况见图1-5-27《兴山县近三年（2006~2009年）民众参加过的文化活动百分比分析图》所示。

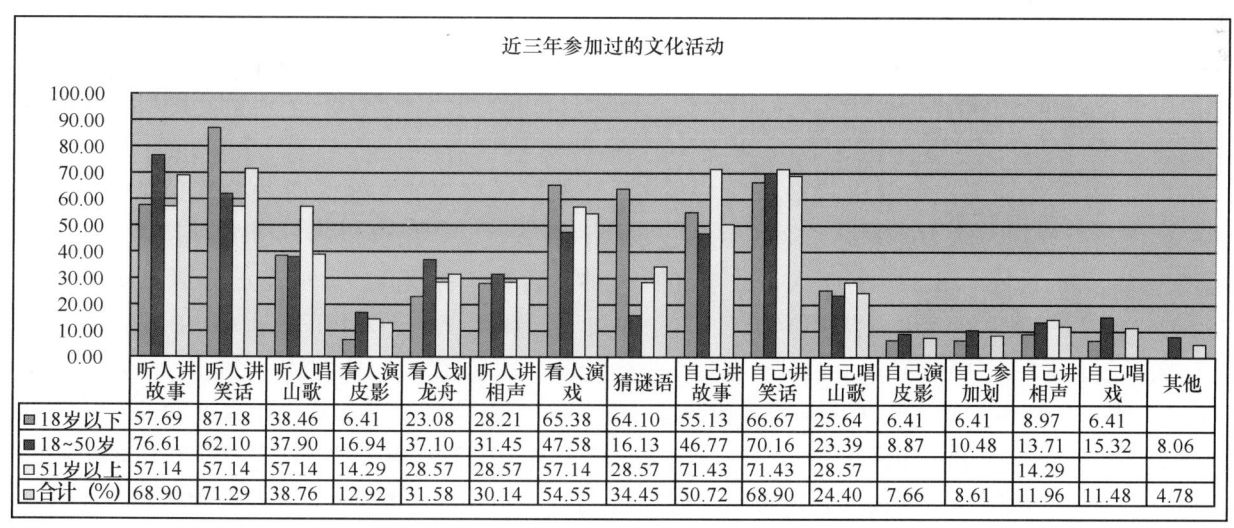

图1-5-27 兴山县近三年（2006~2009年）民众参加过的文化活动百分比分析图

上述数据表明，传统文化活动在老年人群体中的比例普遍较高，但在中小学生和中青年阶段有下降趋势，说明新生代群体的审美眼光与欣赏品味已发生改变，优秀传统文化的传承面临挑战。2006年，兴山民歌入选第一批国家级非物质文化遗产名录，2008年，兴山薅草锣鼓入选第二批国家

级非物质文化遗产名录，不仅说明它们在兴山传承久远，是民族的优秀文化传统，更说明它们蕴含着中华民族特有的精神价值、思维方式、想象力和文化意识，体现着中华民族的生命力和创造力。兴山民歌主要存在于兴山薅草锣鼓和兴山丧鼓两种载体中，尤以生产劳动中的薅草锣鼓最为典型。薅草锣鼓这种传统民歌，歌词类型有月歌、号子、扬歌、五句子、情歌等，唱法一般是边打边唱、对唱、接唱、独唱等形式。其中五句子歌谣尤为突出，"它流布广泛，长期流行于楚文化区域和与其相邻的巴文化等区域，我国约半数的省区均散布有这种民间歌谣体。湖北省、尤其是鄂西山区，系五句子歌谣流布的密集区之一；兴山县则是这个密集区的重要组成部分"[①]。《昭君故里五句子歌谣选》一书汇聚了兴山地区多达1200余首的民歌，这些被分类整理出版的五句子歌谣是作者蔡长明历时长达20年采录积累的成果。作者跑遍黄粮坪、百羊寨、峡口、高桥乡等乡镇，并接触20多位民间老艺人（有的已作古）如唐朝文、袁民国、余瑛、金开梅、梁望生、余洪明、严大礼等。可见，五句子歌谣在兴山地区的流传还是比较广泛的，而且会演唱的民间艺人众多。但是随着时代的发展，生产方式的改进，民歌淡出民众视野，薅草锣鼓也几乎绝迹。这种状况令人担忧，年轻人群体对它的兴趣已有所减弱，调查中我们看到只有在老年人群体中兴趣还是比较浓厚的。针对上述情况，政府、社会应营造适宜的文化生态环境，鉴于老年人对其兴趣浓厚，再加之申请非遗的成功，通过举办活动、开发文化产业等方式探寻兴山民歌的良性发展模式，这样既能满足民众的精神文化需求，又能对优秀的民间文化起到很好的保护作用。

从数据分析图中我们还可以看到几个高柱线，即讲故事和讲笑话的柱线图。它们成为大部分民众日常生活中参加的文化活动。"民间故事作为民众心理结构的一种物化形态，向我们真实地展示了特定历史阶段民众的生活风貌及心路历程。民间故事不仅随时记录和反映社会民众的思想愿望、历史评价、生活态度和审美倾向，而且成为广大民众生活的一个有机组成部分。"[②] 可以说，民间故事是我们探寻民众的生活文化，甚至是一个民族、一个地区的民族精神、传统文化的多棱宝镜。更为可贵的是，兴山地区各个年龄段的民众主动参与性极强，尤其是老年人更擅长主动讲述，中小学生和中青年人讲故事和听故事的比例也较高，说明兴山地区的民众具有良好的讲述传统，口头传承性较强。无论从讲述者与听众这样的传播主体、传播客体的角度，还是从不同年龄段关注的民间文学种类的角度，他们都展示出民间文学的原生态、再生态到新生态在当代社会的发展演变趋势。

由最喜欢和参与最多的五项文娱活动分析表得知，在众多的文化活动中，不同年龄段的民众有不同的选择。

1）中小学生阶段，听人讲故事和听人讲笑话是他们最喜欢的文娱活动，欢喜度在前两项达到的比例高点分别为52.56%和46.15%，在后三项里，看人演戏、猜谜语和自己讲笑话的比例上升至17.95%、20.51%、15.38%；听人讲故事和听人讲笑话参与度较高，比例高点分别为38.46%、25.64%，在后三项里猜谜语、自己讲笑话、自己讲故事、看人演戏比例上升，达到的比例高点分别为15.38%、12.82%、10.26%、10.26%。在中小学生阶段，欢喜度与参与度基本一致。

2）中青年阶段，听人讲笑话和听人讲故事也是他们最喜欢的文娱活动，欢喜度在前两项达到的比例高点分别为28.23%和21.77%，在后三项里，看人演戏、猜谜语、自己讲笑话、自己唱山歌的比例有所上升，达到的比例高点分别为16.94%、14.52%、10.48%、8.06%；听人讲故事和听人讲笑话参与度较高，比例分别为17.74%和16.94%，后三项里自己唱戏、听人讲相声、看人划龙舟的比例上升，高点比例分别为5.65%、4.84%、4.03%。在中青年阶段，欢喜度与参与度略有差别，尤其在后三项中欢喜度与参与度种类多样化，数值平均化。

---

① 蔡长明：《昭君故里五句子歌谣选》，大众文艺出版社，2006年。
② 刘守华、陈建宪：《民间文学教程》，华中师范大学出版社，2009年。

3)老年人阶段,听人讲笑话和听人讲故事依然是他们最喜欢的文娱活动,在前两项中比例高点同为28.57%,第三项里看人演戏的所占比例也升至28.57%;自己讲故事、自己讲笑话、看人演戏参与度较高,比例高点同为28.57%,听人唱山歌、看人划龙舟、自己讲相声、猜谜语所占比例均为14.29%。老年人阶段,欢喜度与参与度基本不一致,作为传播主体的份额较大,而且喜欢与从事的文娱活动较集中,比例较均衡。

总体而言,"自己讲笑话"在不同年龄段的比例均较高,在中小学生中所占比例为66.67%,而在中青年和老年人中所占比例都超出70%。供解释的原因可能有三:一是笑话短小精悍,这种特点更易于民众在日常生活中口头讲述;二是笑话在调侃中解决问题,它是嘲讽与训诫的组合,是矛盾现象的集中表现,是在竞争激烈社会里释放压力的一剂良药,同时也是民众智慧的显现;三是大众传媒手机的影响,短信或彩信中的笑话广为传播。

在调查问卷中我们发现,"自己演皮影"一项里表演者相对较少,基本为青年人,身份或职业是学生、教师。"自己参加划龙舟"一项里,被调查者有十多位,基本为中青年,身份或职业有学生、教师、经商、医生、干部等。另外需要说明的一点是,此表最后一栏为"其他"选项,从表中可以看出它的趋势逐渐上升,因为对最喜欢和参与最多的前两项民众已做出选择,后面的选项或因其他爱好而悬,或因不喜欢而未选。

(2)秭归县

在所有的文化活动中,民众更愿意参加的活动为看人演戏、听人讲笑话、听人讲故事、听人唱山歌,它们位居前列,分别占总人数的69.11%、66.80%、60.23%、51.74%。各个年龄段参加文化活动的百分比排名基本一致,除了中青年阶段观看划龙舟活动最为突出,观看者主要集中在中青年,占人数的83.41%,从而也使得在总人数的排名成为第一,只是"自己参加划龙舟"的比例仅占7.42%。具体情况见图1-5-28《秭归县近三年(2006~2009年)民众参加过的文化活动百分比分析图》所示。

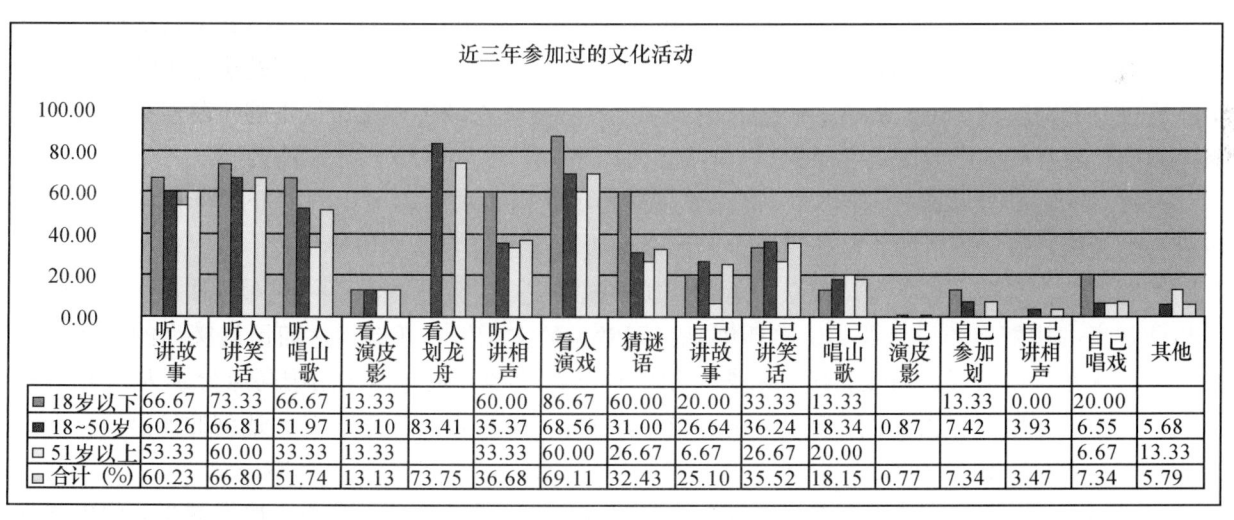

图1-5-28 秭归县近三年(2006~2009年)民众参加过的文化活动百分比分析图

秭归是爱国诗人屈原的故乡,龙舟竞渡与秭归有着十分密切的关系。秭归的龙舟运动历史久远,即使到了现当代仍未中断过,"1963年,正值三年自然灾害时期,秭归县仍组织了6只龙舟代表队参加龙舟竞渡活动。从1980~1992年的13年间,在屈原沱共举行10届龙舟竞渡,观众达45万人次"[①]。进入21世纪,秭归依旧举办过多次龙舟竞渡比赛,并且加入了文化旅游节的元素。由此可

---

① 刘德凤、周江莲、刘冰慧:《龙舟文化与秭归城市文化建设初探》,《企业导报》2010年第1期。

见，龙舟文化已成为秭归的特色文化，政府发展的重要对象，民众积极参与的民俗活动，市场运作中的主力，城市建设的文化资源。当2009年10月秭归端午节被列入世界非物质文化遗产名录，它更成为耀眼的明星，中华民族的骄傲。社会在发展，时代在变化，城市在建设，但是唯一不变的是民众的情感，龙舟竞渡习俗在民众心目中的地位，不仅仅是一个地区的象征，更是一个民族精神财富的象征。

活动的不断丰富，民众的热情也自然高涨，在本次调查中，数据表明，虽然自己划龙舟的比例较小，占总人数的7.34%，但是中青年群体看人划龙舟的比例高达83.41%，而老年人与中小学生所占比例极小，原因可能是老人体力不支或与学生上学的时间冲突、学习进度紧等。当然随着国家政策的制定与改革，这种状况也会得到改善，感兴趣的学生们可能会有时间深入接触传统文化、接受本土文化的熏陶。为了复兴传统节日、弘扬传统文化，国务院决定2008年1月1日起施行《全国年节及纪念日放假办法》，把清明节、端午节和中秋节等传统民俗节日纳入了国家公共假日，得到民众的普遍欢迎。其中，复兴的传统节日里，仪式活动是节日元素的重要内容，体现的精神是传统节日的核心。例如端午节中的龙舟竞渡、凭吊屈原仪式等是传统节日的重要内容、它利于培养民众凝聚力，培养民众的爱国主义情感；另一方面，节日精神是核心，是灵魂，其所具有的远古祭祀仪式功能、民俗功能，以及后来的文化功能等，是我们民族认同、文化认同的标志。"精神是文化的核心，节日精神是凝聚群体、组织仪式活动的心理保障。如果节日失去精神核心，节日也就成为没有意义的空洞符号，它离消亡的时间也就不会太远了。"[①] 除了划龙舟活动之外，看人演戏、讲故事也深受民众喜爱。建东花鼓戏、杨林堂鼓戏等是秭归地区出名的戏种，这些可能就是民众在看人演戏文化活动中的一部分内容，"听书听扣子，看戏看袖子"，从这个言简意赅的谚语中我们就可感受到民众对众多娱乐活动的经验总结。看戏、唱山歌、讲故事等文化活动自古有之并延续至今，再加之当今社会文化活动的推动（例如近年青歌赛的举办），它们已成为民众生活文化中不可缺少的一部分。听人讲故事在各个年龄阶段的比例都较高，维持在50%~60%，可见，民众的兴趣还是很浓厚的。"民间故事作为民众心理结构的一种物化形态，向我们真实地展示了特定历史阶段民众的生活风貌及心路历程。民间故事不仅随时记录和反映社会民众的思想愿望、历史评价、生活态度和审美倾向，而且成为广大民众生活的一个有机组成部分。"[②]。

但另一个趋势是，无论是老年、中青年还是中小学生，从图表中我们能看到从他者行为到自我行为的演变轨迹是下滑的，也就是说中国民众的表现力或者主动参与度是较小的，他们更愿意欣赏别人的表演，自己充当听众、观众的角色。如果说演皮影、划龙舟需要一些专业技术，因而表演者与欣赏者的比例有差异，那么讲笑话则是民间常见的文化娱乐活动，然而他们所占的比例相差更大。在中小学生阶段，听人讲笑话和自己讲笑话所占比例分别为73.33%和33.33%，相差40个百分点；在中青年阶段所占比例分别为66.81%和36.24%，相差30个百分点；在老年阶段比例分别为60.00%和26.67%，相差30多个百分点。

由最喜欢和参与最多的五项文娱活动分析表得知，在众多的文化活动中，民众最喜欢的也是其参与最多的活动，即听人讲故事、听人讲笑话、看人演戏、看别人端午划龙舟。当然局部还是有些许变化，端午节划龙舟的观看者和参与者主要集中在中青年阶段，中小学生和老年人的关注度所占比例很小，所占百分比不及10%；在后三项最喜欢的文娱活动中，听人唱山歌、猜谜语也是民众所爱，达到高点的比例分别为9.27%和10.04%；后三项中参与度在中小学生和老年人阶段变化较大的为听人讲相声，达到高点的比例都为20%。从变化趋势来看，自己唱戏、自己演皮影等文娱活动在

---

① 萧放：《传统节日的复兴与重建之路》，《河南社会科学》2010年第2期。
② 刘守华、陈建宪：《民间文学教程》，华中师范大学出版社，2009年。

喜爱度和参与度上比例变化不大，所占百分比较小。在调查问卷中我们发现"自己演皮影"一项里极少的表演者是两位青年男子，其中一位的职业是教师。"自己参加划龙舟"一项里，被调查者有近20位，基本为青年，职业有经商、教师、演员、打工、干部等。同样需要说明的一点是，此表最后一栏为"其他"选项，从表中可以看出它的趋势逐渐上升，因为对最喜欢和参与最多的前两项民众已做出选择，后面的选项或因其他爱好而悬，或因不喜欢而未选。

（3）巴东县

在所有的文化活动中，民众更愿意参加的活动为看人演戏、听人讲笑话、听人唱山歌、听人讲故事，它们位居前四位，分别占总人数的63.03%、61.21%、49.09%、34.55%。在不同年龄阶段民众的参与度也是不同的，老年阶段更偏重看人演戏，占61.54%，但中青年阶段更偏重听人讲笑话，占63.26%。无论是老年还是中青年，从图表中我们能看到从他者行为到自我行为的演变轨迹依旧是下滑的。在中青年阶段，听人讲笑话和自己讲笑话所占比例分别为63.16%和30.26%；在老年阶段，听人唱山歌和自己唱山歌所占比例分别为53.85%和15.38%。从参与度的视角来看，这种结果一方面让我们更加了解民众的性格及参与活动的倾向性，另一方面为组织者、承办者等提供了更加有利于方案实施的策划空间。如图1-5-29《巴东县近三年（2006~2009年）民众参加过的文化活动百分比分析图》所示。

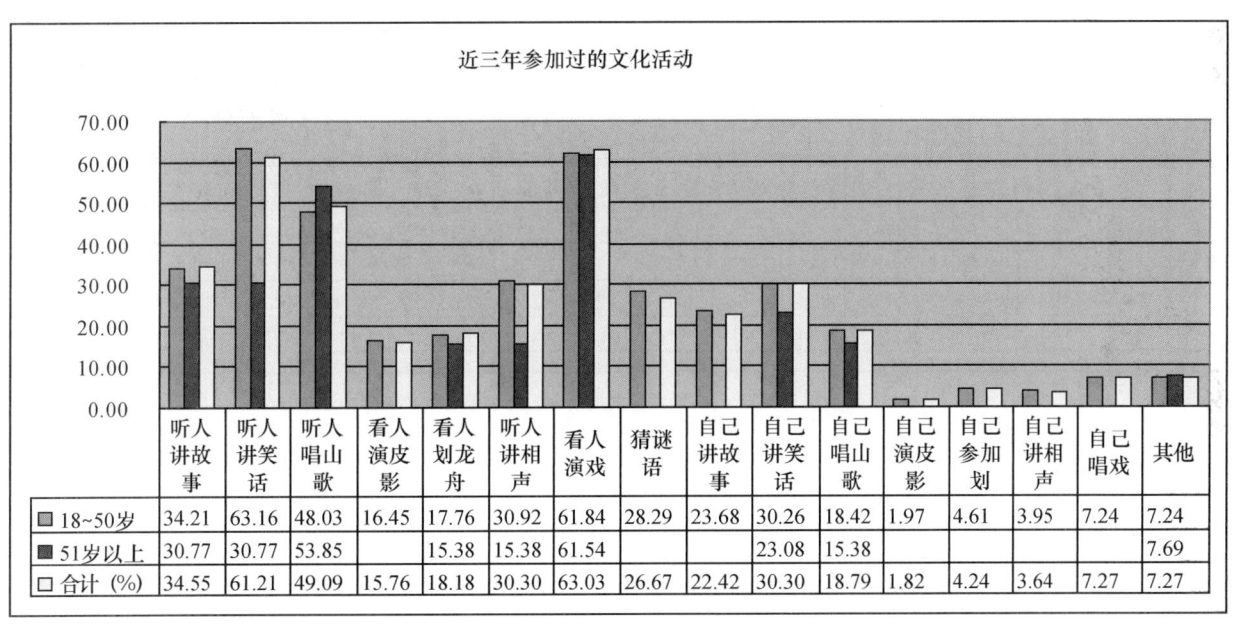

图1-5-29 巴东县近三年（2006~2009年）民众参加过的文化活动百分比分析图

由最喜欢和参与最多的五项文娱活动分析表得知，在众多的文化活动中，民众最喜欢和参与最多的活动基本一致，即听人讲故事、听人讲笑话、看人演戏。当然局部还是有些许变化，在后三项最喜欢的文娱活动中，听人讲相声、猜谜语也是民众所爱，达到高点的比例都为7.88%。同样，后三项中参与度较高的为听人讲相声、听人唱山歌，分别占6.06%和5.45%，其中主动参与表演的"自己讲笑话"一项也比较突出，所占比例达到5.45%。从变化趋势来看，自己参加划龙舟、自己唱戏、自己演皮影等文娱活动在喜欢与参与度上比例变化不大，所占百分比较小。在调查问卷中我们发现"自己演皮影"一项里表演者极少，身为干部的中年男子居多，占总人数的1.82%；"自己参加划龙舟"一项里表演者只有7位，中青年人居多，身份（或职业）是干部和经商，占总人数的4.24%。老年阶段在上述提及的活动中比例基本持平，所占比例大体为7.69%。同上述两个县情况一样,此表最后一栏为"其他"选项,从表中可以看出它的趋势逐渐上升,因为对最喜欢和参与最多的前两项民众已做出选择,后面的选项或因其他爱好而悬,或因不喜欢而未选。

2. 文艺作品的知情度

古今中外的经典作品共列出20项供民众选择。在此次调查的有效问卷633份中,《梁祝》《白蛇传》和《红楼梦》位居前三,552人选择梁祝,占87.20%;546人选择白蛇传,占86.26%;540人选择红楼梦,占85.31%。位居后列的有呆女婿故事、蛇郎故事巧媳妇故事等。具体情况如图1-5-30《兴山县、秭归县、巴东县文艺作品了解情况百分比分析图》所示。

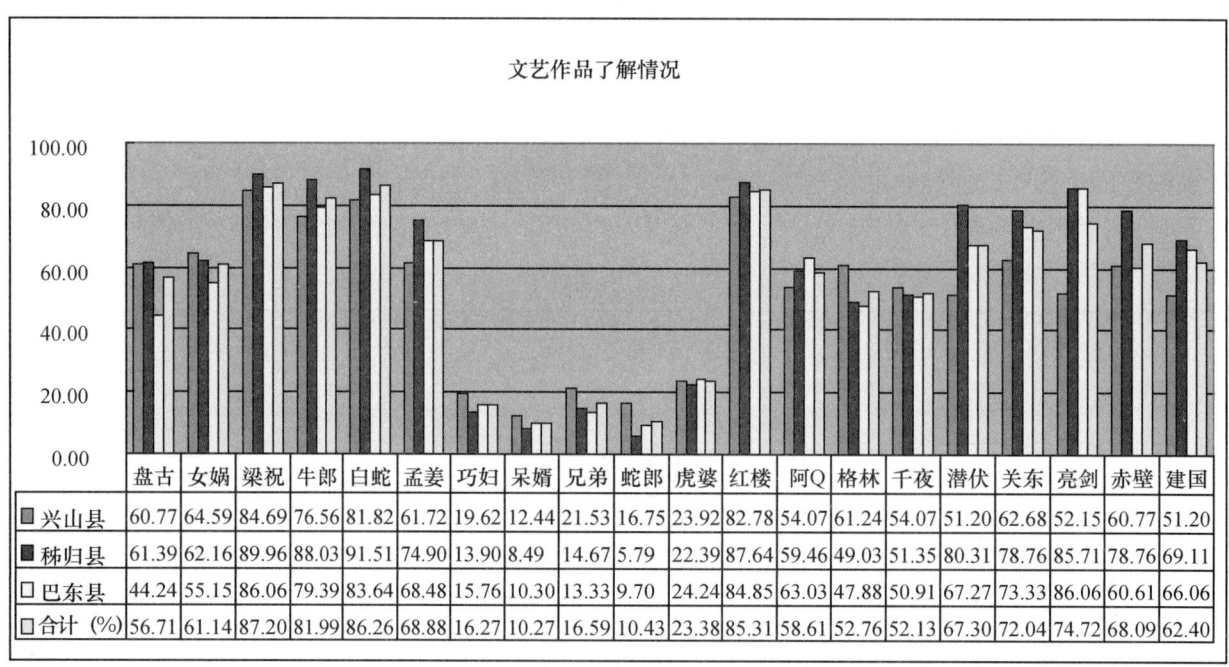

图1-5-30　兴山县、秭归县、巴东县文艺作品了解情况百分比分析图

（1）兴山县

总体观之,如图1-5-31所示。

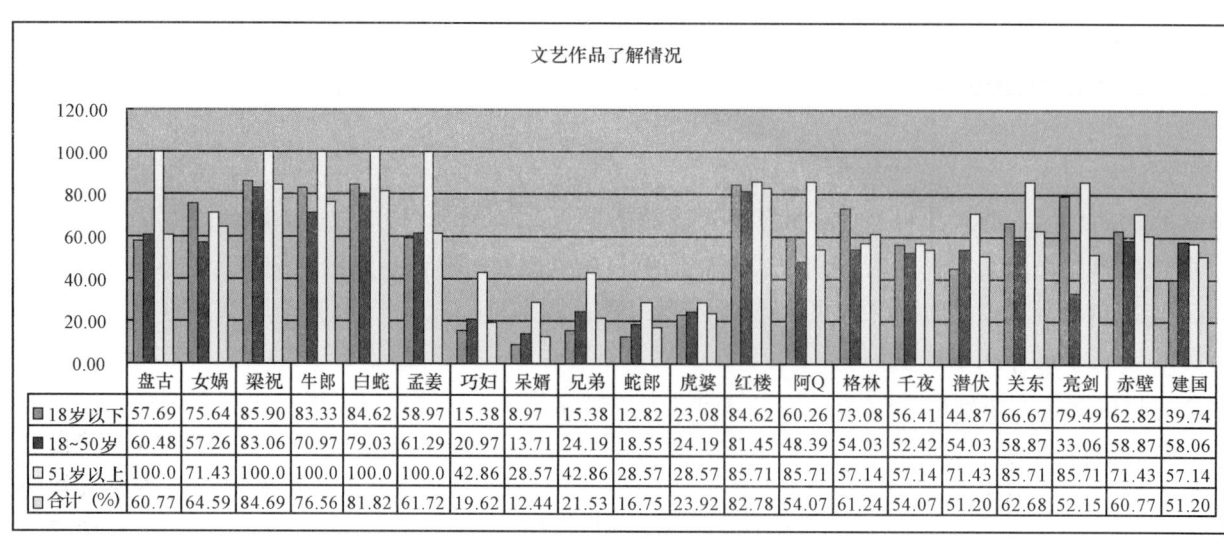

图1-5-31　兴山县文艺作品了解情况百分比分析图

1）文艺作品中四大民间传说广为人知，排名靠前，只有《孟姜女》传说所占比例略低，《梁山伯与祝英台》（梁祝）占总人数的84.69%，《白蛇传》占总人数的81.82%，《牛郎织女》占总人数的76.56%，《孟姜女》则为61.72%，《红楼梦》排名第二，占总人数的82.78%，作家文学作品的影响力度也是极大的。《红楼梦》之谜，百年来人们对它的研究从未停止过，例如早已有之的红学研究。《盘古开天辟地》《女娲造人》等神话排名紧随民间传说之后，但是《巧媳妇》《呆女婿》《两兄弟分家》《蛇郎》《老虎外婆》等民间故事所占比例位居后列，尤其是《呆女婿》所占比例仅为12.44%。

2）近现代文艺作品熟知度紧随古代文艺作品之后。民众对军事、政治等题材的现代作品较感兴趣，《闯关东》《赤壁》《亮剑》《潜伏》和《建国大业》，所占比例分别为62.68%、60.77%、52.15%，最后两个所占比例同为51.20%。内容的厚实、主旋律的弘扬，再加之转换为影视作品，明星效应、媒介的炒作等原因使得这些作品广为民众熟知。

3）外国文学作品熟知度居中。从图中可看出，经典的《格林童话》《一千零一夜》等作品为近半数的民众熟知，它们的排名居中，所占比例分别为61.24%和54.07%。

4）在老年人阶段，对文艺作品的熟知度表现较突出。老年人对四大民间传说和盘古开天辟地神话的熟知度为100%，其次是经典文学作品《红楼梦》《阿Q》，对现代作品《闯关东》《亮剑》等的熟知度均为85.71%。老年人阶段对所列的各类作品熟知度所占比例差并不大，且分布较均匀。

（2）秭归县

总体观之，如图1-5-32所示。

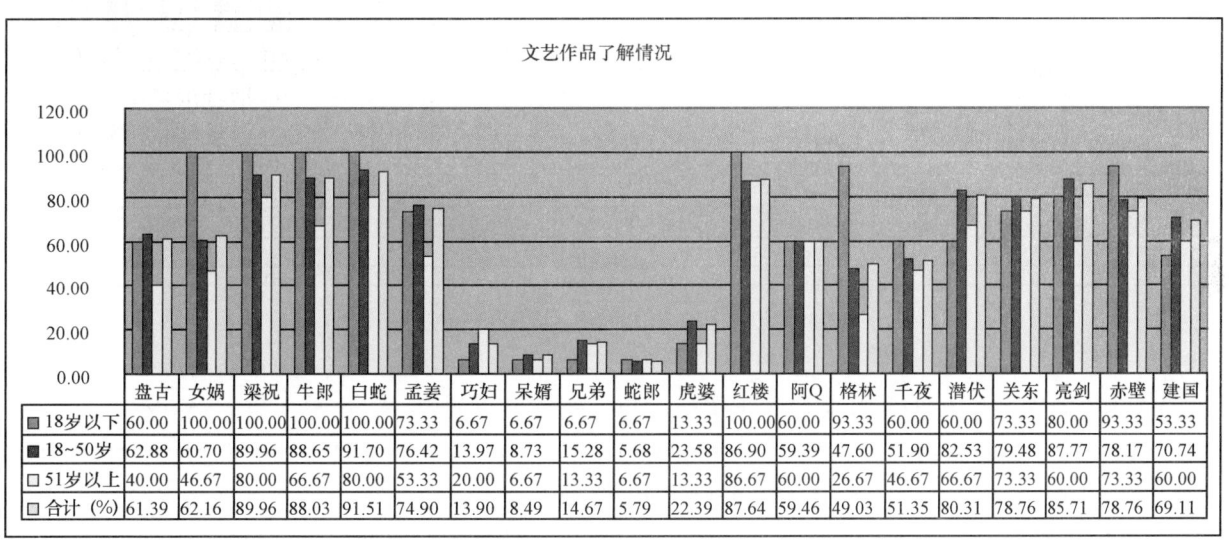

图1-5-32 秭归县文艺作品了解情况百分比分析图

1）文艺作品中四大民间传说广为人知，排名靠前，只有《孟姜女》所占比例略低，《白蛇传》占总人数的91.51%，《梁山伯与祝英台》（梁祝）占总人数的89.96%，《牛郎织女》占总人数的88.03%，《孟姜女》则为74.90%。但是《盘古开天辟地》《女娲造人》等神话维持在中间水平，《巧媳妇》《呆女婿》《两兄弟分家》《蛇郎》《老虎外婆》等民间故事比例位居后列，尤其是《蛇郎》故事所占比例仅为5.79%。

2）近现代文艺作品熟知度紧随古代文艺作品之后。《红楼梦》《亮剑》《潜伏》所占的比例分别为87.64%、85.71%和80.31%。作家文学作品的影响力度也是极大的，《红楼梦》之谜，百年来人们对它的研究从未停止过，例如早已有之的红学研究。民众对军事、政治等题材的现代作品也较感兴趣，除了《亮剑》《潜伏》就是《赤壁》《闯关东》和《建国大业》，所占比例分别为78.76%、78.76%、69.11%。内容的厚实、主旋律的弘扬，再加之转换为影视作品，明星效应、媒介的炒作等原因使得这些作品广为民众熟知。

3）外国文学作品熟知度居中。从图中可看出，经典的《一千零一夜》《格林童话》等作品为近半数的民众熟知，它们的排名居中，所占比例分别为51.35%和49.03%。在中小学生和老年人阶段，对文艺作品的熟知度差异较大。中小学生阶段，无论是四大民间传说、女娲神话和四大名著之一的《红楼梦》，还是外国作品《格林童话》、现代的《赤壁》都为中小学生所熟知，所占比例基本达到100%。老年人阶段，对《红楼梦》的熟知度排第一，所占比例达到86.67%，其次是四大民间传说和现代作品的《赤壁》《闯关东》和《潜伏》。

（3）巴东县

如图1-5-33所示。

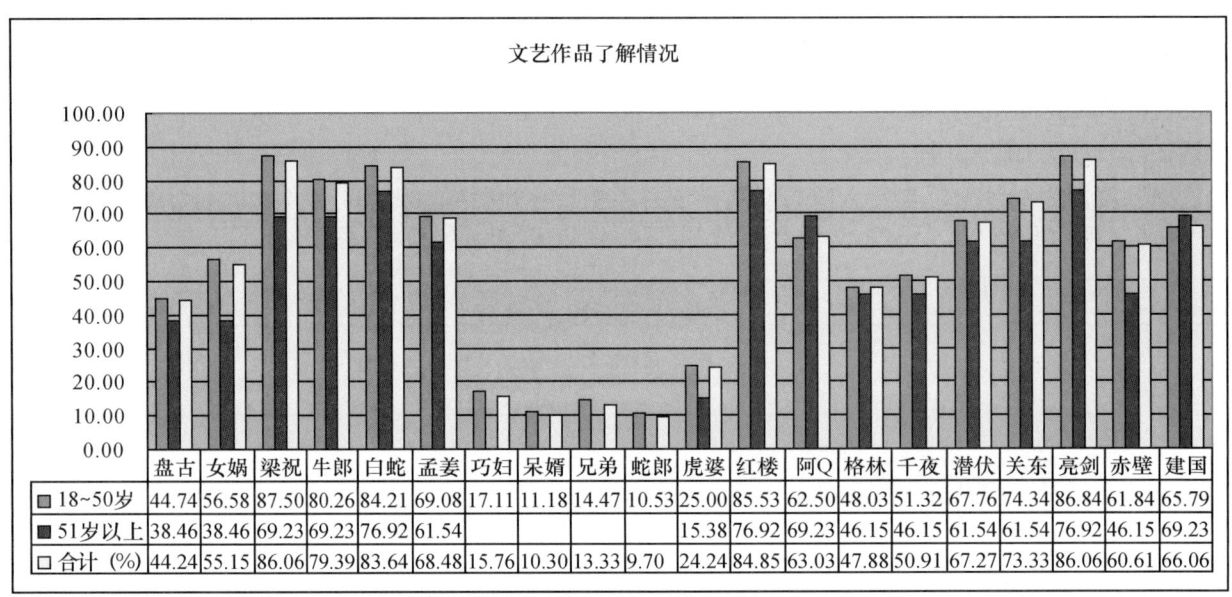

图1-5-33　巴东县文艺作品了解情况百分比分析图

1）文艺作品《梁山伯与祝英台》（梁祝）与《亮剑》并列第一，占总人数的86.06%，《红楼梦》《白蛇传》紧随其后，所占比例分别为84.85%、83.64%。我们发现古代的四大传说排名均靠前列，《盘古开天辟地》《女娲造人》等神话居中，而《巧媳妇》《呆女婿》《两兄弟分家》《蛇郎》《老虎外婆》等民间故事位居后列，尤其是《蛇郎》故事比例不及10%。

2）近现代文艺作品熟知度紧随古代文艺作品之后。《红楼梦》居第二位，《阿Q正传》居第五位，所占比例达到63.03%。民众对军事、政治等题材作品较感兴趣，《亮剑》位居第一，其次是《闯关东》《潜伏》《建国大业》和《赤壁》，所占比例分别为73.33%、67.27%、66.06%和60.61%。内容的厚实、主旋律的弘扬，再加之转换为影视作品，明星效应、媒介的炒作等原因使得这些作品广为民众熟知。影院市场的火爆、观众热情的高涨就是很好的证明。2009年中影的国产献礼大片《建国大业》，以4.2亿元票房缔造了华语电影内地市场的票房高点；影片赤壁甚至进入海外主流电影消费渠道。

3）外国文学作品熟知度居中。从图中可看出，经典的《一千零一夜》《格林童话》等作品为近半数的民众熟知，它们的排名居中，所占比例分别为50.91%和47.88%。

4）在不同年龄阶段对文艺作品的熟知度差异不大。也就是说，民众对经典文艺作品的熟知度不因年龄差距而有所不同，差距的影响因素多是因现代生活节奏、现代思想观念引起的。

从百分比分析图中可以看出，四大传说为民众所熟知，家喻户晓，传说内容都与爱情相关，并且结局带有悲剧意味。这些传说的广泛传播有多方面的原因，如历代的传承、正统教化的熏陶、通俗文学的影响、大众传媒的介入等，尤其是与当地风物结合后，基本染上了鲜明的民族与地域色彩，这一现象不容忽视。美国民族志学家费特曼曾说："传说对于有文字和没文字的社会同样重要。它呈现出一个社会的精神特质或存在方式。文化群体常常用传说在一代代之间传达重要的文化价值和教训。传说通常利用熟悉的环境和当地背景相关的人物，但是故事本身是虚构的。在这层薄薄的表层后面有另一层含义。那层揭示故事的潜在价值。"[①] 也就是说，无论是传说的历史价值、文化价值还是精神价值，在当今社会它依然是我们宝贵的精神财富，也是可以为我们所利用的文化资源。

3. 传统文化的熟知度

在这一选项中我们设置了8个题目，内容包括当地的传统文化和民间传说，以评估民众对其的熟知程度。在此次调查有效问卷633份中，从程度"很了解"来看，端午节、屈原传说和昭君传说所占比例最高，分别为74.57%、62.56%和59.24%。从各县的了解程度看，在巴东县"很了解"比例较高且超出兴山和秭归县的传统文化为撒叶儿嗬、哭嫁、吊脚楼、寇准传说。撒叶儿嗬占68.48%，超出兴山县和秭归县近50个百分点；寇准传说占51.52%，吊脚楼占50.91%，哭嫁习俗占47.27%。在秭归县"很了解"比例较高且超出兴山县和巴东县的传统文化为屈原传说和昭君传说。屈原传说占75.68%，超出兴山县和巴东县近20个百分点；昭君传说占66.41%。在兴山县"很了解"所占比例较高的为昭君传说，为64.11%。由此可见，在巴东县被调查的民众中对传统文化的熟知度不仅高且了解范围宽，相比之下在兴山县被调查的民众中对传统文化的熟知度略低。但是纵观三个县，我们依然可以看到每个县几乎都对本县特有的传统文化很了解，甚至某些县对其他县的特定地域传统文化的熟知度也较高。具体情况如图1-5-34和图1-5-35《兴山县、秭归县、巴东县传统文化了解情况百分比分析图（一）》《兴山县、秭归县、巴东县传统文化了解情况百分比分析图（二）》所示。

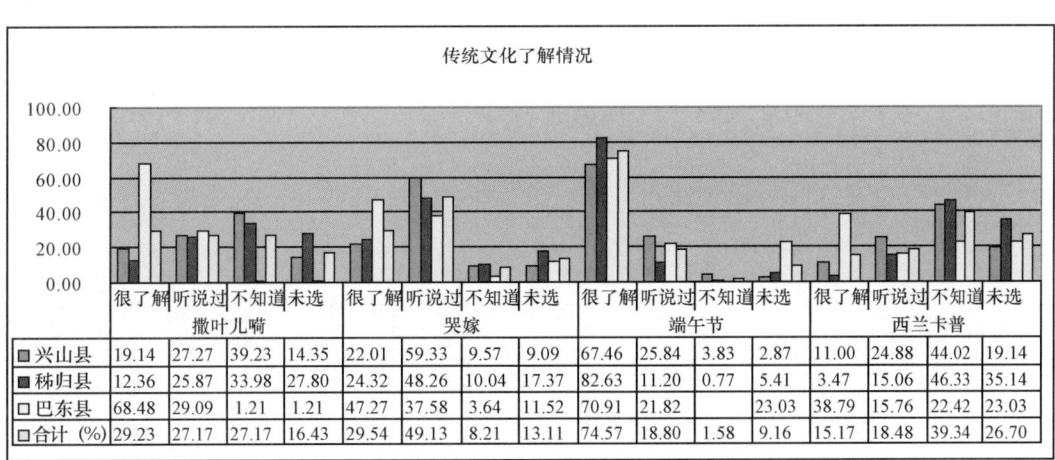

图1-5-34　兴山县、秭归县、巴东县传统文化了解情况百分比分析图（一）

---

① 〔美〕大卫·费特曼著、龚建华译：《民族志·步步深入》，重庆大学出版社，2007年，第47页。

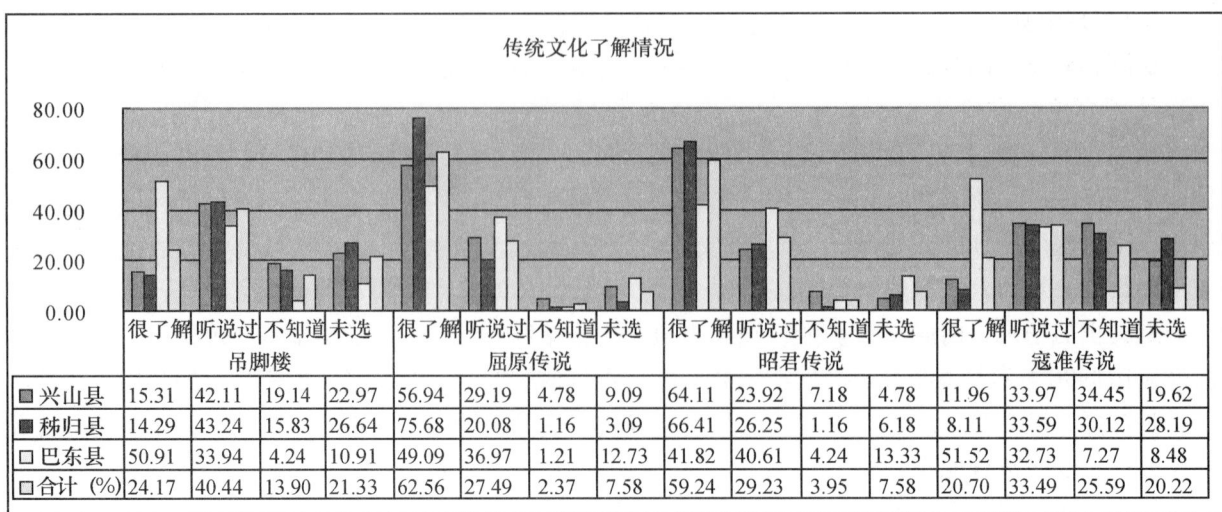

图1-5-35 兴山县、秭归县、巴东县传统文化了解情况百分比分析图（二）

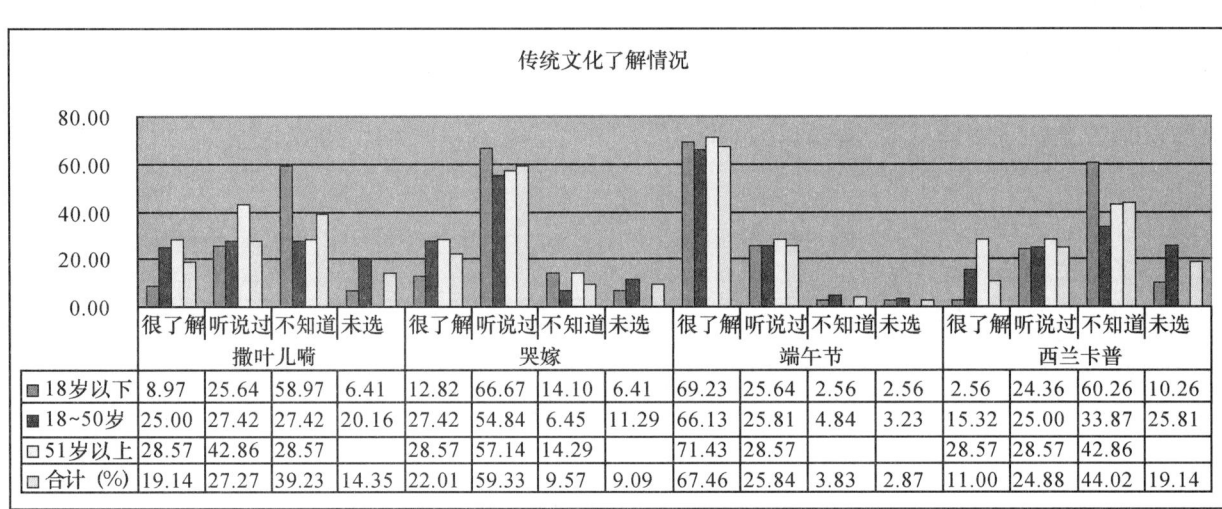

图1-5-36 兴山县传统文化了解情况百分比分析图（一）

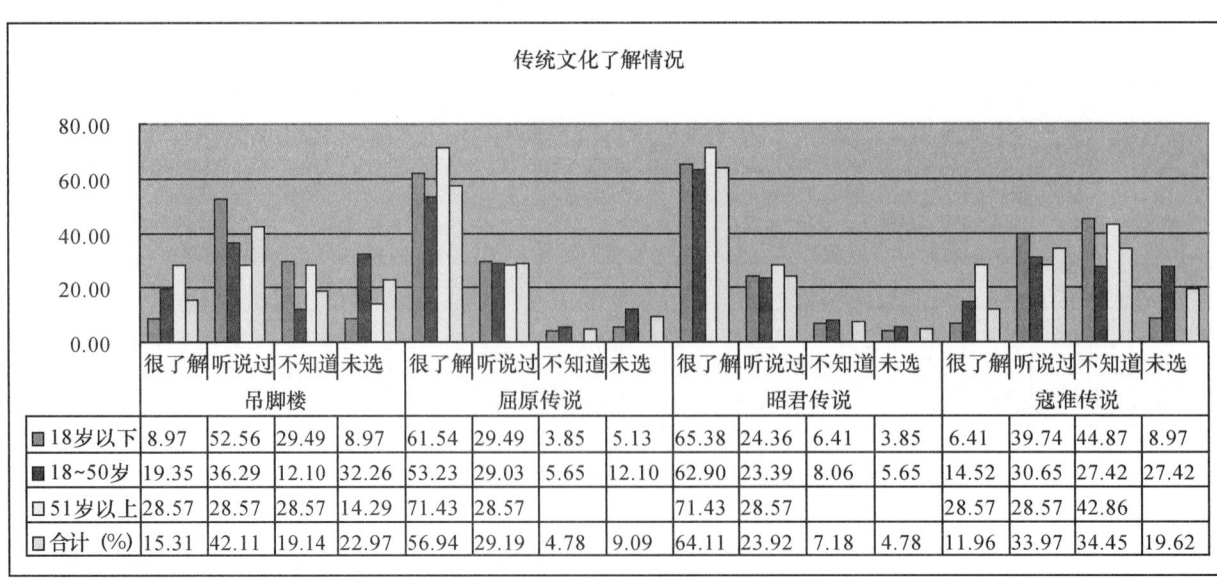

图1-5-37 兴山县传统文化了解情况百分比分析图（二）

（1）兴山县

如图1-5-36，图1-5-37所示，三处柱线升得很高。这三处无论是在各年龄段的比例还是总比例都处于高位，它们为端午节、屈原传说和昭君传说，"很了解"的所占比例分别为67.46%、56.94%、64.11%。端午节在全国的影响均很大，再加之邻省秭归的影响，这一传统文化传承时间长，传播范围广。昭君传说的熟知度也较高。兴山孕育了古代四大美女之一的王昭君，在当地民众眼中，昭君这个平凡的姑娘却做出了不平凡的事迹。她自愿请嫁匈奴，为民族团结和边疆的安宁做出重要贡献。然而，书写历史恰恰又与口述历史有迥异，随着时代的发展，昭君的平凡在民众看来又不是真正的平凡，由此昭君逐渐由女人演变成女神，无时无刻不在护佑着牵挂她的平凡民众。尤其是兴山约90千米长的香溪河，因"昭君浣纱、溪水尽香"而得名，还有昭君宅、娘娘泉、抚琴台、紫竹苑、楠木井、琵琶桥等多处遗迹遗址，更加坚定了民众口述历史的信念。正如学者万建中指出的："这些富有地方特色的文化景观成为当地最为显耀的文化标志和符号。如果说诸如民间传说这类非物质文化遗产主要是依赖记忆得以保存的话，那么，相应的物质形态则使这种记忆得以强化……民间传说这类非物质文化的作用在于对物质形态人文因素的强化和提升。"[①]可以说，风物也即柳田国男提出的传说核对传说还是有着较大的影响，"物质"和"非物质"相互依存，物质资源与精神资源都是我们的财富，其承载的是民族精神，因此我们要合理开发保护，利用地方资源，发展文化产业，从而促进其良性循环。

在传统文化了解情况中，哭嫁和吊脚楼的熟知度较高的是"听说过"，占总人数的59.33%和42.11%。兴山民众对昭君传说、屈原传说的熟知度大于寇准传说，对寇准传说、撒叶儿嗬和西兰卡普熟知度"不知道"较高，所占比例分别为34.45%、39.23%和44.02%。显然，相邻地区但非本地的传统文化，民众依然是了解很少，尤其在中小学生群体中，对少数民族的传统文化的熟知度很低，例如西兰卡普"不知道"所占比例高达60.26%；撒叶儿嗬"不知道"所占的比例高达58.97%。因此，鉴于这种情况，对中小学生的教育尤其是本土优秀的传统文化教育应强化，使他们认识到中华文化的丰厚博大，吸收优秀的传统文化智慧，尊重多样性文化，从而立足本族本土，并放眼世界。

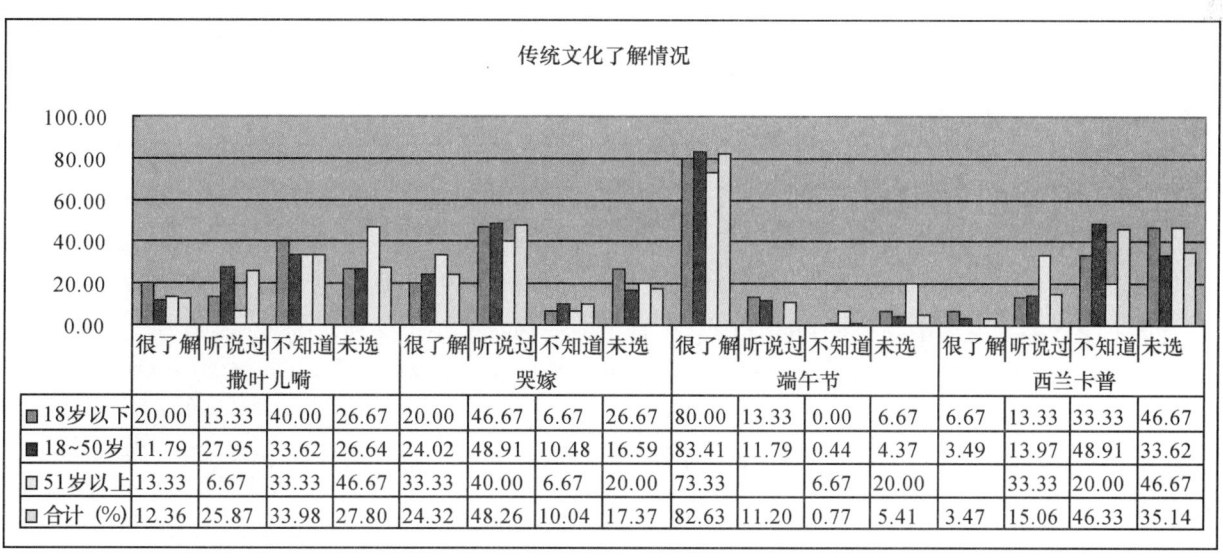

图1-5-38 秭归县传统文化了解情况百分比分析图（一）

---

① 万建中：《非物质文化遗产与"物质"的关系——以民间传说为例》，《北京师范大学学报》2006年第6期。

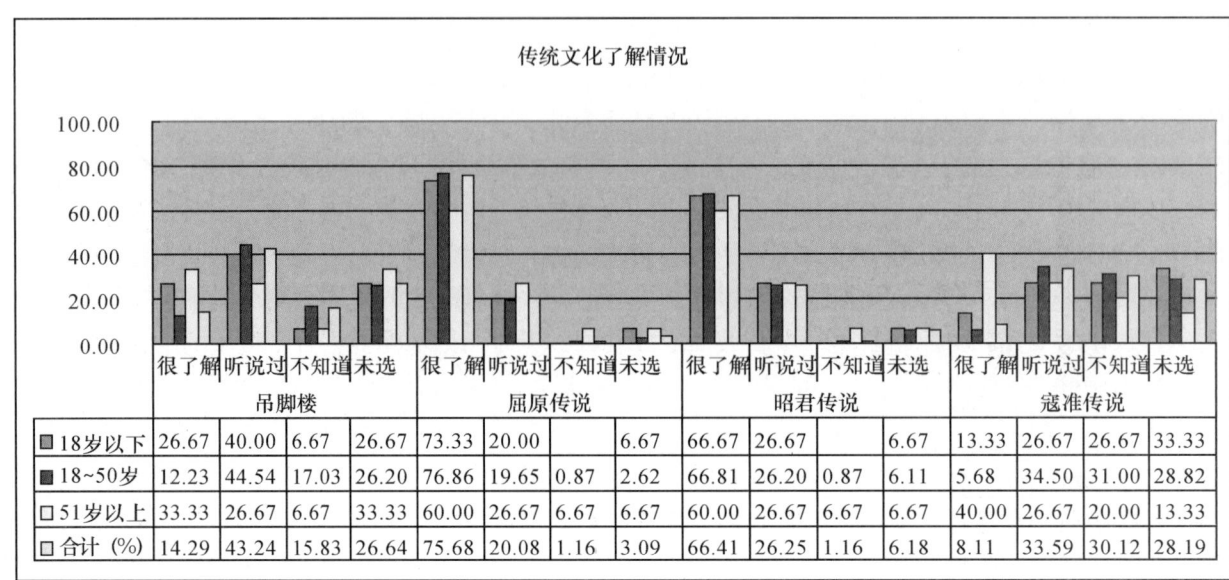

图1-5-39　秭归县传统文化了解情况百分比分析图（二）

（2）秭归县

如图1-5-38，图1-5-39所示，两处柱线升得很高。这两处无论是在各年龄段的比例还是总比例都处于高位，它们为端午节和屈原传说，"很了解"所占的比例分别为82.63%和75.68%，其次才是昭君传说，所占比例为66.41%。屈原故里秭归，处处都留有爱国文人"屈原"的身影，非物质的划龙舟已成为秭归民众行为表述的一部分，非物质的屈原传说成为秭归民众口头表述的一部分，而物态的屈原祠、屈原故里牌坊等更坚定了民众的日常行为表述。学者万建中认为："'物质'成为非物质文化遗产流传过程中的结构内核，任何非物质文化遗产的呈现或展示大多依赖物化形态的'道具'。秭归、屈原故宅、女嬃庙和捣衣石等地名和建筑物都是带有'物质'性质的文化景观。这些富有地方特色的文化景观成为当地最为显耀的文化标志和符号。"[1]可以说，"物质"和"非物质"相互依存，屈原祠、屈原故里牌坊也好，屈原传说、端午节划龙舟也罢，物质资源与精神资源都是我们的财富，其承载的是民族精神，因此我们要合理开发保护、利用地方资源，发展文化产业，从而促进其良性循环。

在了解的传统文化情况中，除了端午节和屈原传说外，秭归民众对昭君传说的熟知度大于寇准传说熟知度，"很了解"所占比例分别为66.41%和8.11%，相差50多个百分点。对哭嫁和吊脚楼的熟知度"听说过"所占比例较高，分别为48.26%和43.24%。对西兰卡普和撒叶儿嗬的熟知度"不知道"所占比例较高，分别为46.33%和33.98%。西兰卡普和撒叶儿嗬都是土家族人的文化标志。撒叶儿嗬是土家族丧葬习俗中众人皆知的曲牌名，是土家族源远流长古老独特的丧葬祭祀歌舞仪式，因此又称"打丧鼓""跳丧鼓"，在湖北西南清江流域如巴东、长阳、鹤峰、五峰、恩施等土家族聚居区广为流传。土家语"西兰卡普"是一种土家织锦。它是土家族人智慧与技艺的结晶，是土家族人思想观念的反映，也是土家族人审美情趣的表达。由此看来，极具民族特色的文化，在土家族民众中广为人熟知，但在秭归以汉族人居多的民众心中还是有些陌生。

---

[1] 万建中：《非物质文化遗产与"物质"的关系——以民间传说为例》，《北京师范大学学报》2006年第6期。

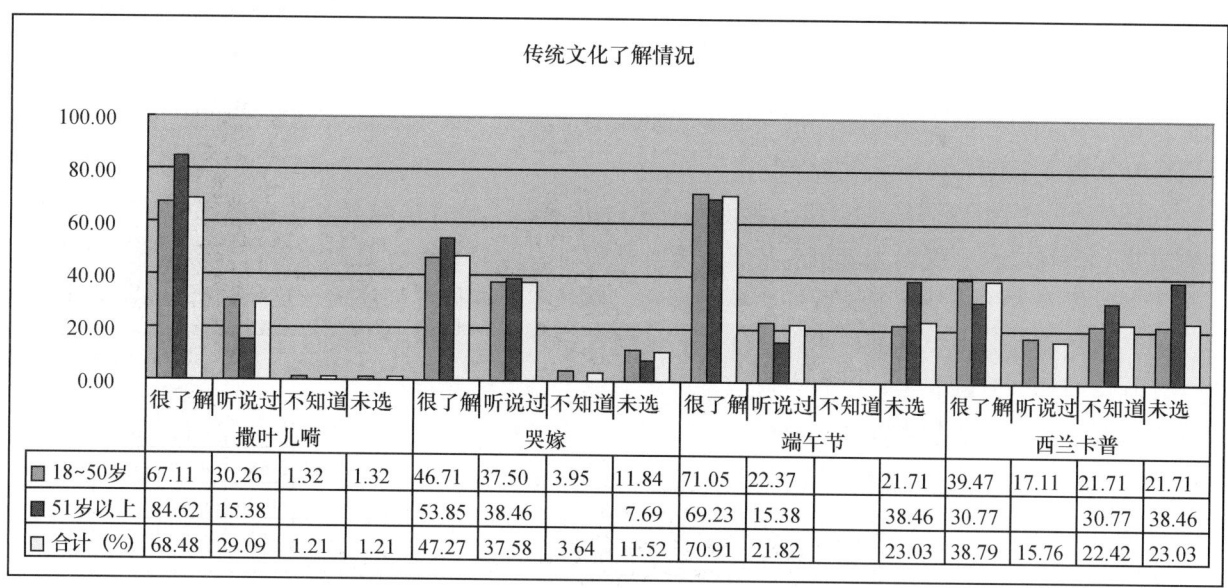

图1-5-40 巴东县传统文化了解情况百分比分析图（一）

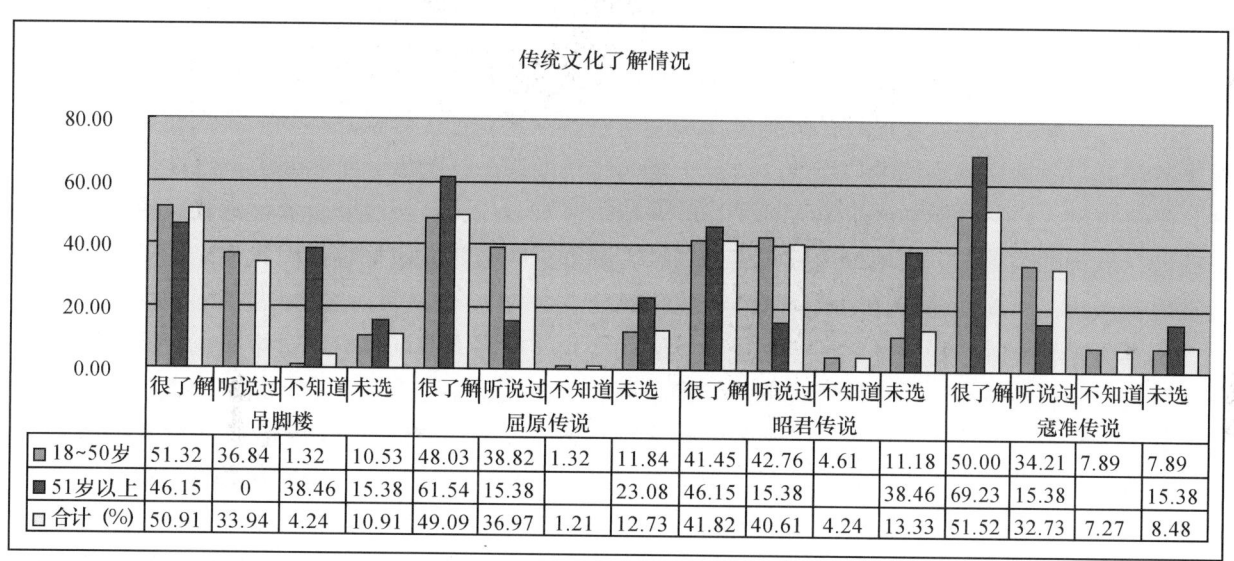

图1-5-41 巴东县传统文化了解情况百分比分析图（二）

（3）巴东县

如图1-5-40，图1-5-41所示，民众对传统文化了解程度中的"很了解"都超出"听说过""不知道"等其他选项，位居前列的是端午节、撒叶儿嗬、寇准传说，在总人数中所占的比例分别为70.91%、68.48%、51.52%，而哭嫁、昭君传说和西兰卡普则位居后三位，在总人数中所占的比例分别为47.27%、41.82%、38.79%。传统佳节之一的端午节在全国的影响很大，巴东民众对这一节日的了解度也最高，其次了解度较高的是撒叶儿嗬。巴东是少数民族聚居区，土家族人数在本次调查中所占比例高达41.21%，接近半数，而撒叶儿嗬正是土家族丧葬习俗中众人皆知的曲牌名，是土家族源远流长古老独特的丧葬祭祀歌舞仪式，因此又称"打丧鼓""跳丧鼓"，在湖北西南清江流域如巴东、长阳、鹤峰、五峰、恩施等土家族聚居区广为流传。追根溯源，这一丧葬祭祀仪式源于图腾崇拜和祖先崇拜，《后汉书》记载："廪君死，魂魄化为白虎，巴氏以虎饮人血，遂以人祀焉。"向王天子廪君是土家族的祖先,廪君魂魄化白虎,在山地民心中,白虎已然成为土家族先民的图腾,同时也孕育着对祖先的敬仰。它对强化血缘意识、协调规范族群内部成员的关系和行为起到重要作用,从而维护了宗族的地位,促进了宗族的发展。"源"厚重,"流"绵长。撒叶儿嗬传承至今有其重要功能,即民众所需。

在图表中我们可以清楚地看到,老年人对撒叶儿嗬的了解程度最高,所占比例高达84.62%,比例之高、影响之深不仅因为老年人亲历着撒叶儿嗬,更因为它是对逝去人的一种终极关怀,是每一个人尤其是老人希望享受的最后一次生命宴席。撒叶儿嗬这种跳丧仪式是对死亡恐惧的抚慰和摆脱,即马林诺夫斯基曾提到的仪式和信仰具有情感抚慰功能。有学者记录过这样的场景:"有一个老人在临终时特意叮嘱儿子:'我只有一个要求,要看着你给我打场丧鼓。'儿子只好一个人在老人床前跳起丧来,老人就在儿子的丧鼓声中安详地闭上了眼睛。"① 这个案例让我们更加深入地了解即将"老去"的老人内心之渴望。无论是老年人还是中青年人,每个年龄阶段民众的了解度都非常高,撒叶儿嗬传承至今不是偶然,而是具有一脉相传的必然性。如果说图腾崇拜和祖先崇拜是撒叶儿嗬的核心机制,精神需求是撒叶儿嗬的动力机制,那么娱乐性就是撒叶儿嗬的创新机制。

随着时代的发展、文化的变迁,撒叶儿嗬也随之在改变中传承,原来以图腾崇拜和祖先崇拜为核心的民间宗教信仰特征逐渐向娱乐性、社会性、审美性方向转变。"撒尔嗬仪式作为人生的仪礼,起初只具备祭祀性质,具有敬神娱神的作用。随着历史的演进,撒尔嗬仪式在娱神的过程中也娱人。撒尔嗬仪式中,跳丧的人在一种既歌又舞的氛围中感到轻松愉快,举行仪式的人们由死想到生,由死亡者想到家族以及民族,想到男女情爱与婚姻,想到社区传统的传承,人们在其中得到精神上的解脱与平衡,感到愉悦与痛快。"② 土家人传统的观念认为女子跳丧不吉利,"男人越跳越旺,女跳家破人亡",但如今土家人为了撒叶儿嗬的品牌效应,也吸收女性参加活动。群体区分意识淡薄,歌词种类繁多,不单单局限于哀悼逝者,另外近年随着国家非物质文化遗产的开展,撒叶儿嗬成功入选,更加促进了其传承呈现出开放性特征。

巴东土家族撒叶儿嗬传承久远,为民众熟知,历史文化名人寇准也有超过半数的民众熟知,与屈原传说、昭君传说相比,寇准传说的熟知度最高。曾做过巴东县令的寇准,留给后人的是他清正廉洁的为官之道与刚直不阿的为人之道等宝贵的精神财富,再加之巴东县历史文化古建筑群寇准县衙、秋风亭、寇公祠等人文景观的依托,形成独具地方特色的文化圈,民众对之的熟知度高于他类也是自然。

相比较之下,民间工艺西兰卡普与传统民居吊脚楼的熟知度较低。土家语"西兰卡普"是一种土家织锦。它是土家族人智慧与技艺的结晶,是土家族人思想观念的反映,也是土家族人审美情趣的表达。具有"空中住房"之称的吊脚楼属于干栏式建筑,因地理环境和历史原因从而各具少数民族风格。这些民间工艺、传统民居等对技能性要求较高,应是对其熟知度降低的一个重要原因。独具民族风格,在当今的社会形势下,就是一个优势,土家人的民间工艺西兰卡普正是具有发展潜力的项目,通过积极开发产品、政府宣传、市场运作等手段,不仅将民族特色的西兰卡普发扬光大,而且也促进了经济的发展。

民众对文化熟知度的不同,原因有多方面,民众获得文化信息途径是其中一个方面。如图1-5-42《兴山县、秭归县、巴东县民众获得文化信息途径百分比分析图》所示。

---

① 向轼:《长阳土家族"跳丧"稳定传承之诱因探析》,《重庆文理学院学报》2006年第6期。
② 谭志满:《从祭祀到生活——对土家族撒尔嗬仪式变迁的宗教人类学考察》,《西南民族大学学报》2009年第10期。

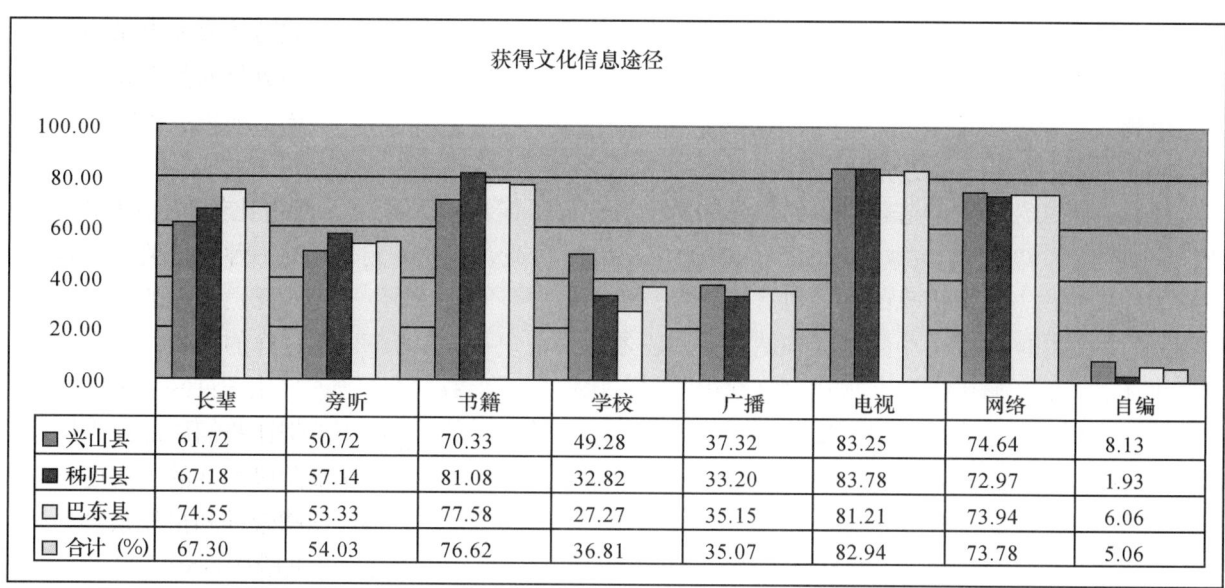

图1-5-42 兴山县、秭归县、巴东县民众获得文化信息途径百分比分析图

纵观三个县的统计数据，电视排名第一，在此次调查的有效问卷633份中，525人选择电视，占82.94%；其次是书籍，有485人选择，占76.62%；第三是网络，有467人选择，占73.78%。而学校、广播、自编等获得途径位居后列。学校是教书育人的机构，但是出乎意料的是民众不认为它是获得信息的主要途径，这是值得我们反思之处。三个县在每一项的选择上差异并不大。

（1）兴山县

民众获得文化信息的途径百分比较高的是电视、网络、书籍报刊、长辈讲述，在总人数中所占比例分别为83.25%、74.64%、70.33%、61.72%，但从广播、学校、自编等途径获知信息较少。如图1-5-43《兴山县民众获得文化信息途径百分比分析图》所示。

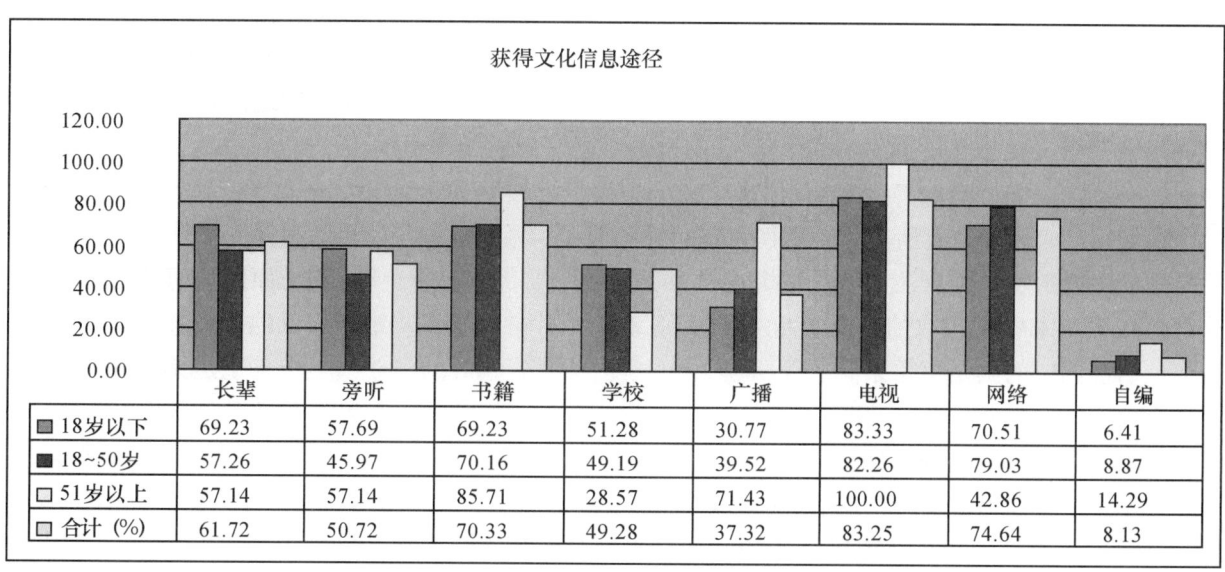

图1-5-43 兴山县民众获得文化信息途径百分比分析图

在不同的年龄阶段，获取信息的途径也有所差异，从图示中可明显看到，主要获取途径除了电视、书籍报刊、网络相同外，中小学生和中青年还多从长辈讲述处获得，但老年人阶段则多从广

播、长辈讲述、旁听（聊天）处获得，网络获得的信息比例不及半数。在民众眼中，获取信息最重要的途径又有所不同，纵观"最重要的四个信息来源"统计表，位居前四位的则是书籍报刊、网络、电视、长辈讲述。

（2）秭归县

民众获得文化信息的途径百分比较高的是电视、书籍报刊、网络、长辈讲述，在总人数中所占比例分别为83.78%、81.08%、72.97%、67.18%，但从广播、学校、自编等途径获知信息较少。在不同的年龄阶段，获取信息的途径也有所差异，从图示中可明显看到，主要获取途径除了电视、书籍报刊、网络相同外，中小学生还多从长辈讲述处获得，中青年阶段变化很小，但老年人阶段则从长辈讲述、旁听（聊天）处获得，网络获得的信息比例不及半数。在民众眼中，获取信息的最重要的途径又有所不同，纵观"最重要的四个信息来源"统计表，位居前四位的则是书籍报刊、网络、电视、长辈讲述。如图1-5-44《秭归县民众获得文化信息途径百分比分析图》。

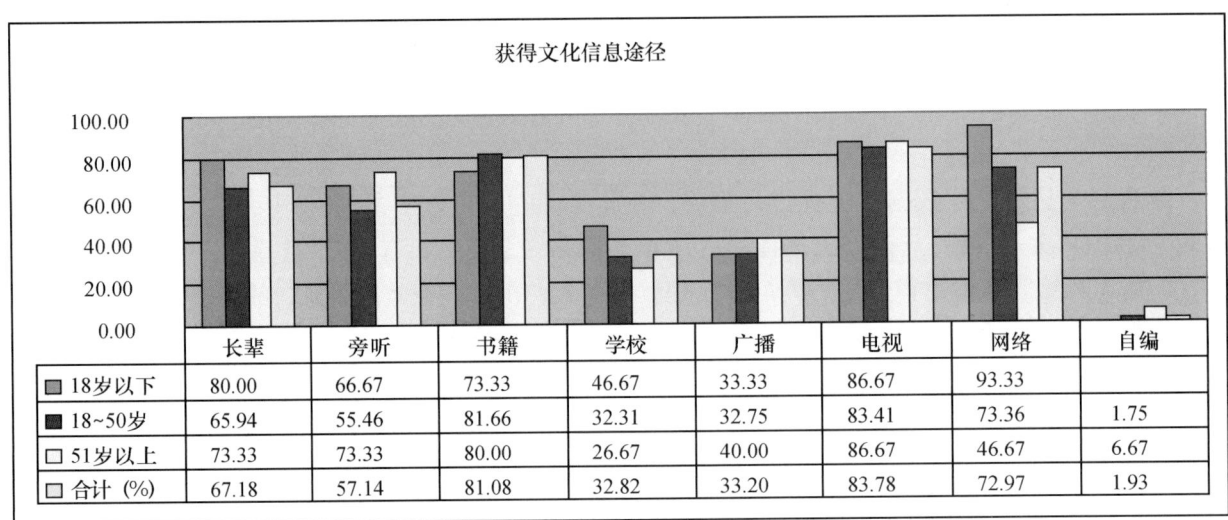

图1-5-44　秭归县民众获得文化信息途径百分比分析图

（3）巴东县

民众获得文化信息的途径百分比较高的是电视、书籍报刊、长辈讲述，在总人数中所占比例分别为81.21%、77.58%、74.55%，但从广播、学校、自编等途径获知信息较少。在不同的年龄阶段，获取信息的途径也有所差异，从图示中可明显看到，主要获取途径除了电视、书籍报刊、网络相同外，中青年阶段民众还常从长辈讲述、旁听（聊天）获得，而老年人阶段则从广播、长辈讲述获得。在民众眼中，获取信息的最重要的途径又有所不同，纵观"最重要的四个信息来源"统计表，位居前四位的则是书籍报刊、旁听聊天、电视、网络。如图1-5-45《巴东县民众获得文化信息途径百分比分析图》。

从上述三个县的图表中我们可以发现一个共同点，即现代大众传媒为民众提供了及时的服务，同时长辈讲述至今仍是民众获取信息的有效途径。

其实，无论是民众对文艺作品的知情度，还是对传统文化的熟知度，民众态度这个主观因素都是影响评估的重要因素之一。在此次调查的有效问卷633份中，有252人选择"很感兴趣"，占39.81%；有354人选择"没有主动了解，但是也知道不少"，占55.92%，相差10多个百分点。而没有兴趣的被调查者有27人，仅占4.27%。相关的具体情况见图1-5-46《兴山县、秭归县、巴东县传统文化态度百分比分析图》所示。

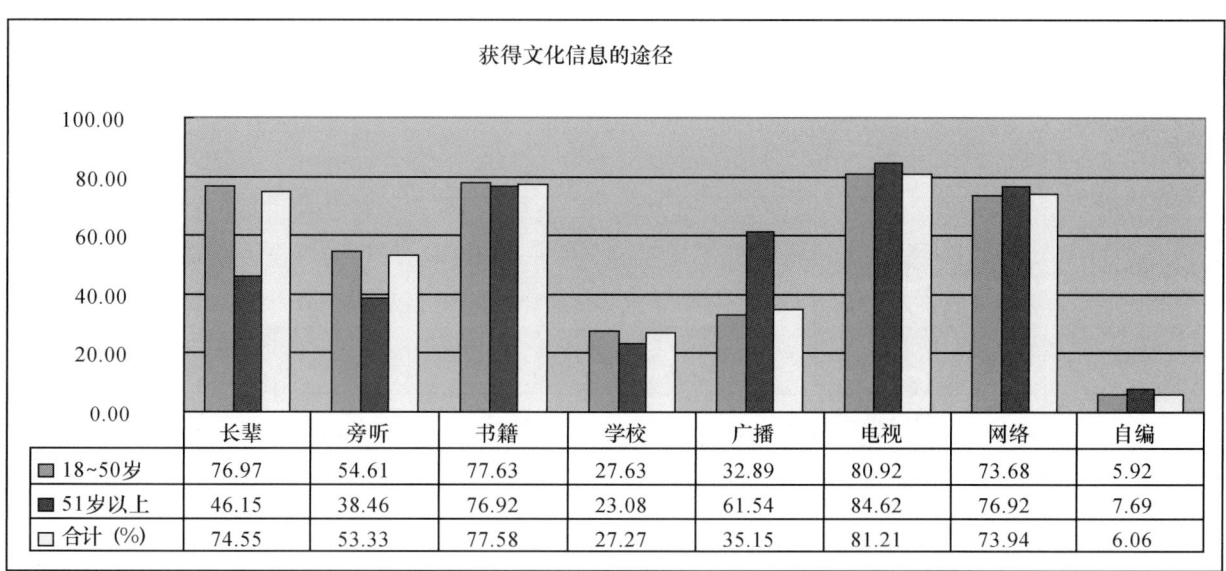

图1-5-45　巴东县民众获得文化信息途径百分比分析图

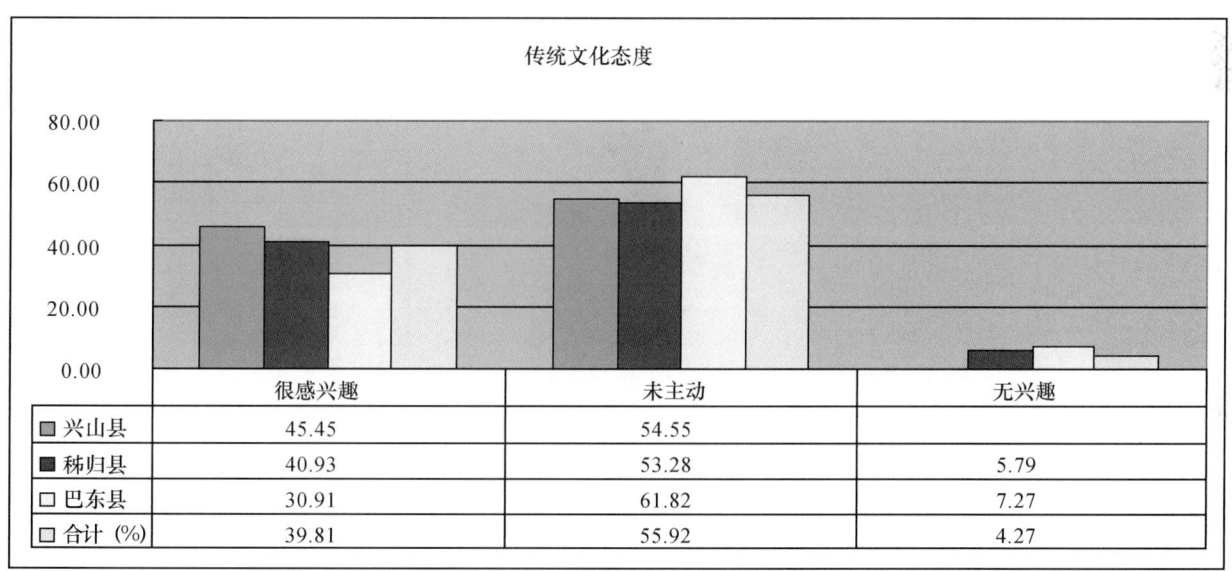

图1-5-46　兴山县、秭归县、巴东县传统文化态度百分比分析图

（1）兴山县

民众的态度在选项"没有主动去了解，但是也知道不少"中比例最大，占总人数的54.55%，民众"很感兴趣，常常主动去了解"的占总人数的45.45%，而"没有什么兴趣，懒得去了解"所占比例为零。只有老年人阶段，"很感兴趣"的比例超过"没有主动了解"40多个百分点。具体情况见图1-5-47《兴山县传统文化态度百分比分析图》所示。

（2）秭归县

民众的态度在选项"没有主动去了解，但是也知道不少"中比例最大，占总人数的53.28%，民众"很感兴趣，常常主动去了解"的占总人数的40.93%，而"没有什么兴趣，懒得去了解"比例最小，仅占总人数的5.79%。只有老年人阶段，"很感兴趣"的比例超过"没有主动了解"近20个百分点。具体情况见图1-5-48《秭归县传统文化态度百分比分析图》所示。

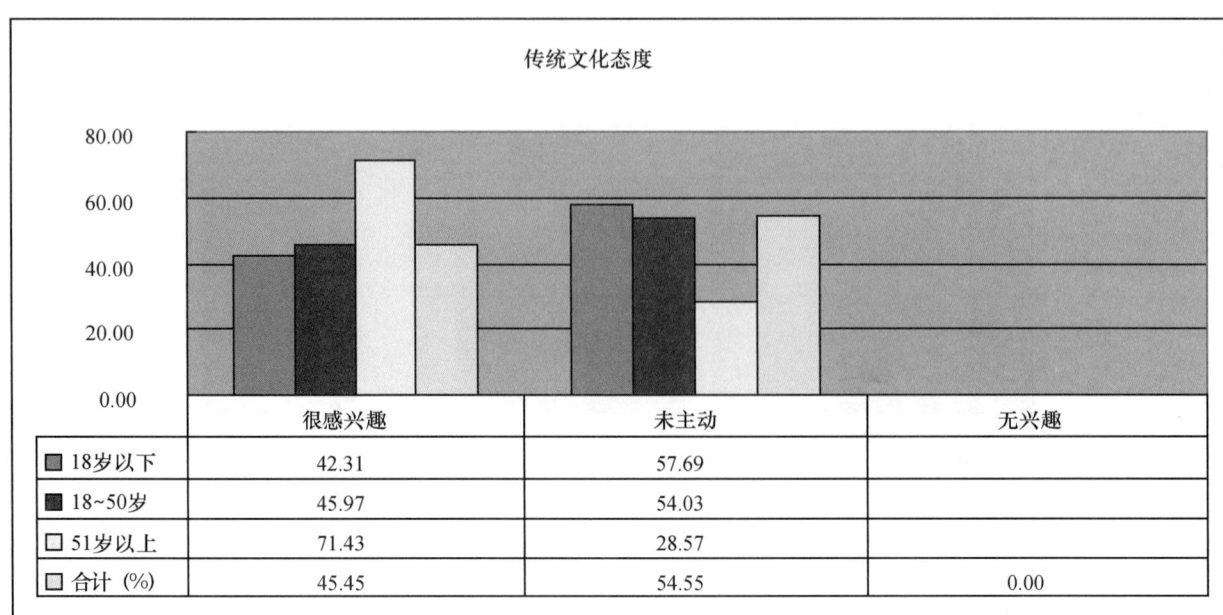

图1-5-47　兴山县传统文化态度百分比分析图

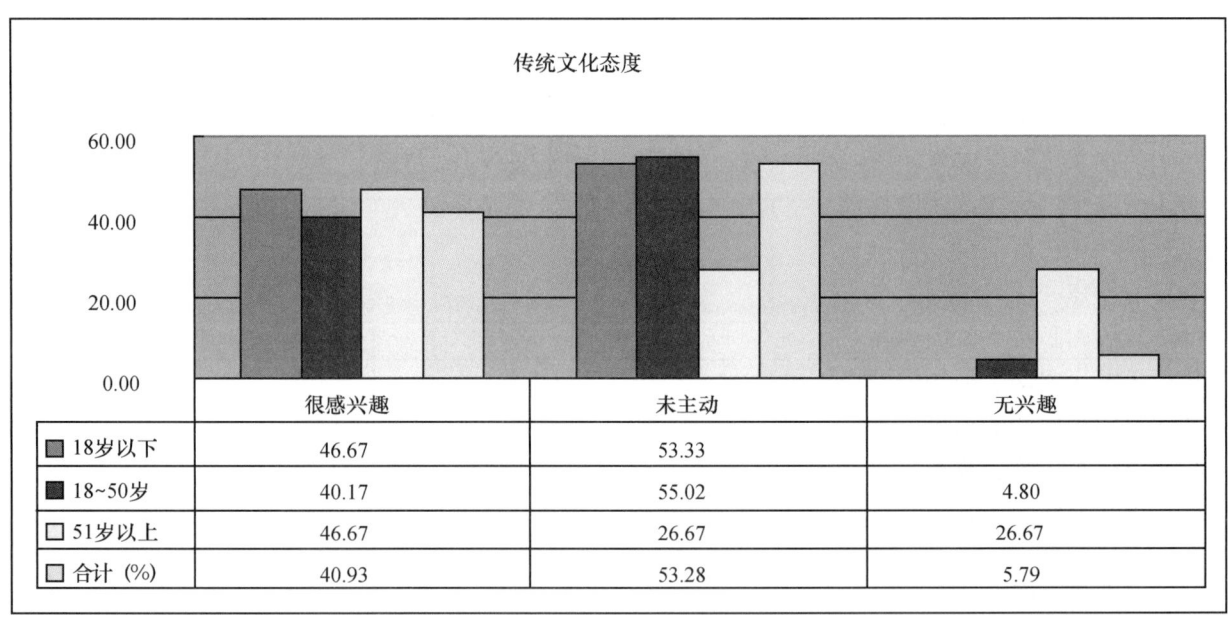

图1-5-48　秭归县传统文化态度百分比分析图

(3) 巴东县

民众的态度在选项"没有主动去了解，但是也知道不少"中比例最大，占总人数的61.82%，民众"很感兴趣，常常主动去了解"所占比例居中，占总人数的30.91%，而"没有什么兴趣，懒得去了解"比例最小，仅占总人数的7.27%。在老年人阶段，"很感兴趣"的所占比例超过中青年近20个百分点，而在中青年阶段，"没有主动了解"的所占比例高达63.16%，比例已超过半数。如图1-5-49《巴东县传统文化态度百分比分析图》所示。

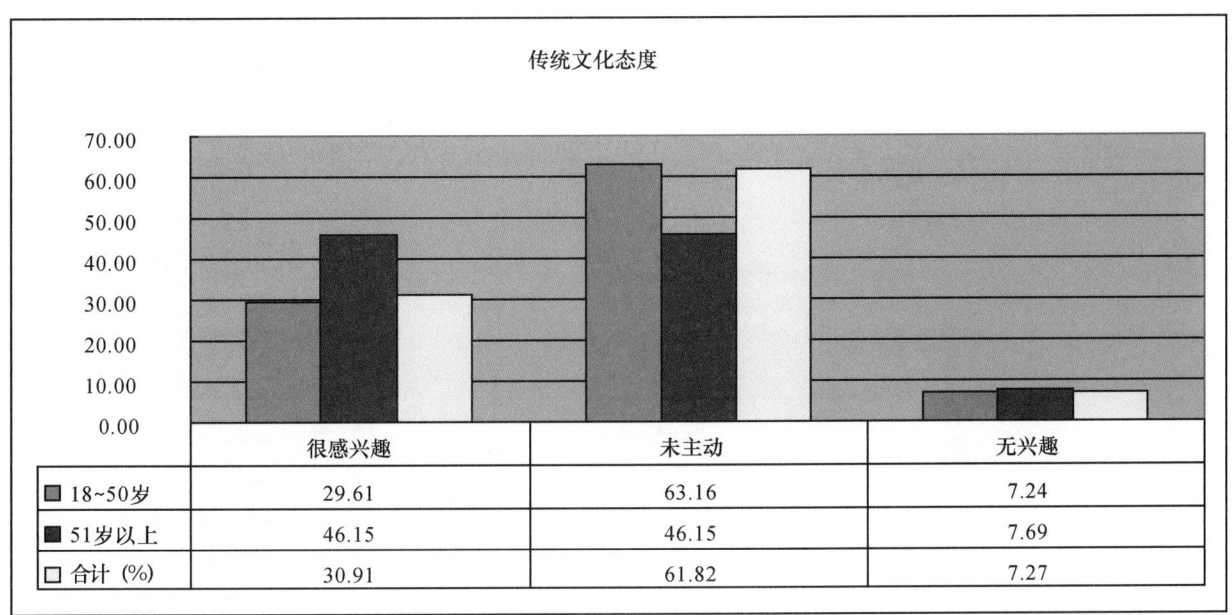

图1-5-49　巴东县传统文化态度百分比分析图

从不同年龄阶段的比例数变化情况可以看出，老年人对待传统文化的态度一般是积极主动的，但是在中小学生和中青年民众心中传统文化已逐渐失去魅力，他们向往得更多的可能是现代都市文化。优秀的传统文化在现代化车轮的挤压下，生存空间日益萎缩，民间艺人迫于生活压力而转行，民间艺术文化暗淡无光，难以吸引青年群体的目光。现代高科技电影取代了昔日在昏暗灯光下双手操作的皮影，现代数字电视提供的多元化娱乐节目排挤了往日单调性的戏台演出，高科技与都市文化的渗透正在逐渐改变着民众的审美品位，这必然牵连的是他们对传统文化主观态度的改变。以上所述是外在环境的影响，在主观态度方面，还有中国民众的内在影响因素，即中国民众的内向性格使得他们的态度不倾向于主动了解，只是在日常生活中被动接受。但是老年人这个群体对传统文化感情较深，主动了解的欲望也较强，再加之老龄社会的到来，现代的老年人身体素质良好，更有心情注重精神生活的追求。因此，政府、社会对此应有客观全面的分析，鉴于多重影响因素，改善农村文化生态环境、改革文化机构设置、引导民众的文化消费观念、加强文化宣传力度等均是政府、社会进一步努力的方向。

4. 节日的喜爱度

在"最喜欢的节日"选项中设置了四个类别，这是从节日的时代来划分，有传统节日，即在一般意义上的岁时民俗节日。它是随着节令变换而产生的民俗文化事项，涉及宗教、生产、社交、娱乐等多个方面，体现出民众的社会需求和精神需求，如春节、端午节、女儿节等；有现代新节日，大多是新兴的具有特定政治、文化内涵的纪念性节日，如国庆节、劳动节等；有传入中国的外国节日，如圣诞节、情人节、感恩节等。节日随着时代而变化，但是民众在节日中所表达的良好愿望却不曾改变。

从统计数据来看，兴山县、秭归县和巴东县的被调查者均青睐汉族传统节日和国家纪念日，而前者又高出后者30多个百分点。在此次调查的有效问卷633份中，汉族传统节日有463人选择，占73.14%；国家纪念日有255人选择，占40.28%；而少数民族节日只有53人选择，仅占8.37%，但是巴东县在选择最喜欢节日中比例变化较为明显，与其少数民族人口较多有一定关系。巴东县少数民族人口占总数的41.21%，近半数。具体情况见图1-5-50《兴山县、秭归县、巴东县最喜欢的节日百分比分析图》所示。

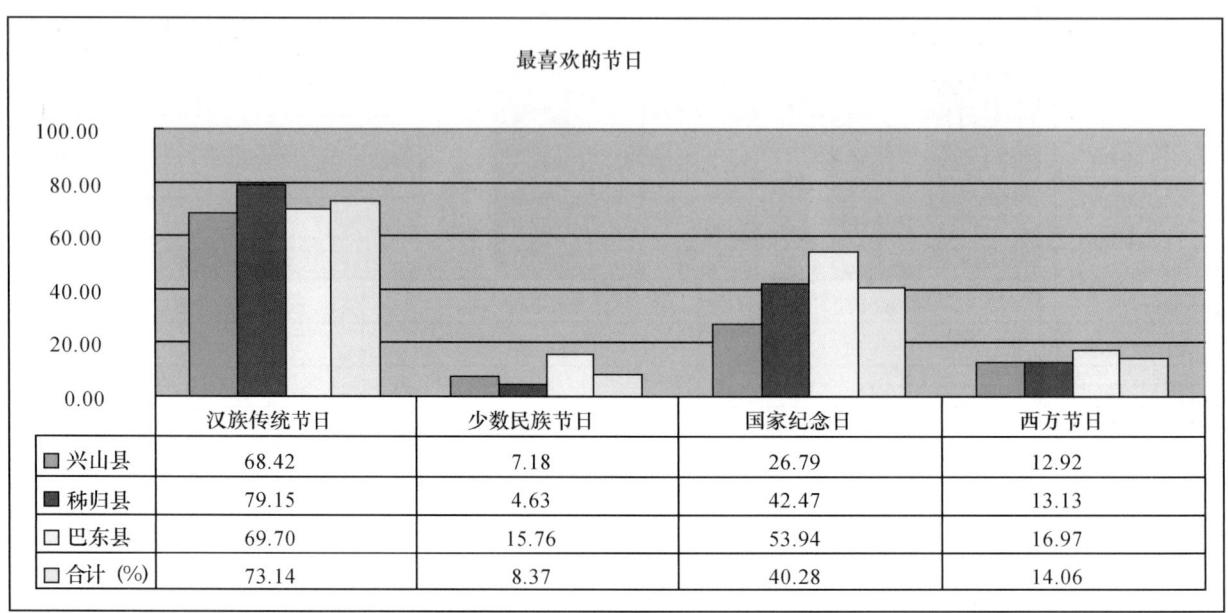

图1-5-50　兴山县、秭归县、巴东县最喜欢的节日百分比分析图

（1）兴山县

汉族传统节日为民众最爱，比例占总人数的68.42%，其次是国家纪念日，比例占总人数的26.79%，最后是西方节日与少数民族节日，所占比例分别为12.92%和7.18%。值得我们关注的是在中小学生阶段，除了汉族传统节日喜爱度最高，国家纪念日与西方节日的喜爱度分别为32.05%和21.79%；在中青年阶段，汉族传统节日与国家纪念日喜爱度所占比例差为40多个百分点，而国家纪念日与西方节日喜爱度所占比例差为10多个百分点，少数民族节日喜爱度最低，所占比例仅为8.06%；在老年人阶段，汉族传统节日与国家纪念日喜爱度比例差高达70多个百分点，对少数民族传统节日和西方节日的态度基本是处于漠视状态。当然，对于少数民族节日的漠视与被调查人群的民族身份有密切关系，本次调查的兴山县民众中汉族占94.26%，但少数民族所占比例不及10%，尤其是被调查的老年人群体，100%是汉族身份，导致他们对少数民族节日感情不深，了解程度也不够。如图1-5-51《兴山县最喜欢的节日百分比分析图》所示。

（2）秭归县

汉族传统节日为民众最爱，在总人数中所占比例为79.15%；其次是国家纪念日，占总人数的42.47%；最后是西方节日与少数民族节日，所占比例分别为13.13%和4.63%。值得我们关注的是在中小学生阶段，除了汉族传统节日喜爱度最高，国家纪念日与西方节日的喜爱度同为33.33%；在中青年阶段，汉族传统节日、国家纪念日与西方节日喜爱度所占比例差均为30个百分点，少数民族节日喜爱度最低，所占比例仅为3.93%；而在老年人阶段，汉族传统节日与国家纪念日比例相近，所占比例高达70%~80%，但是对西方节日的态度基本是处于漠视状态。如图1-5-52《秭归县最喜欢的节日百分比分析图》所示。

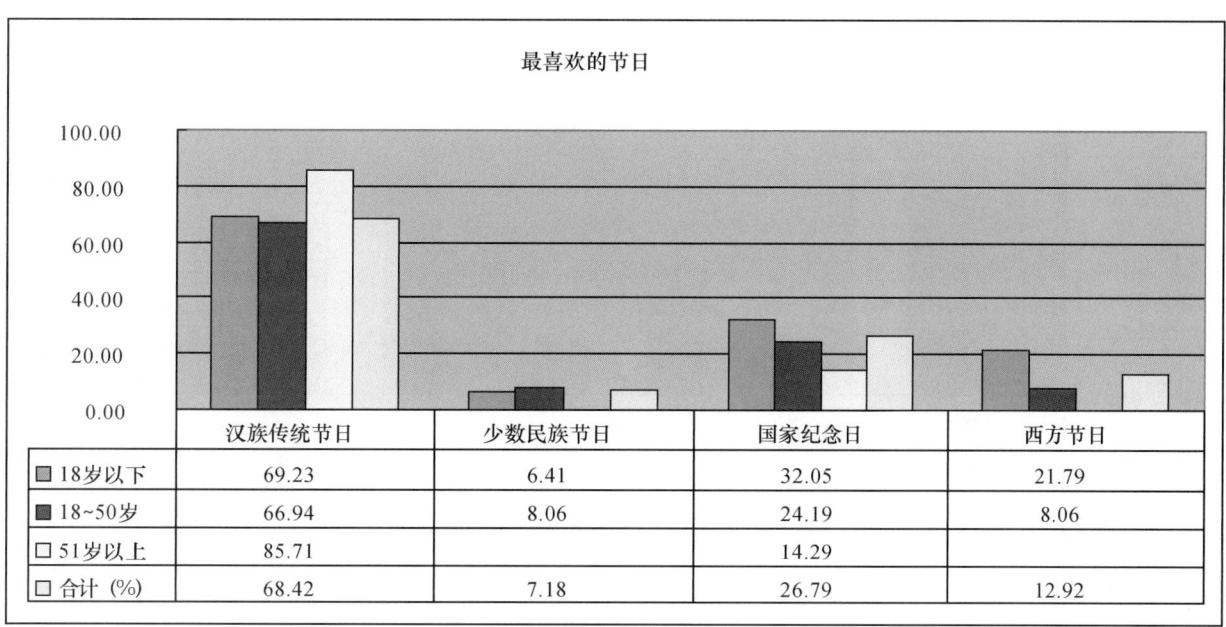

图1-5-51　兴山县最喜欢的节日百分比分析图

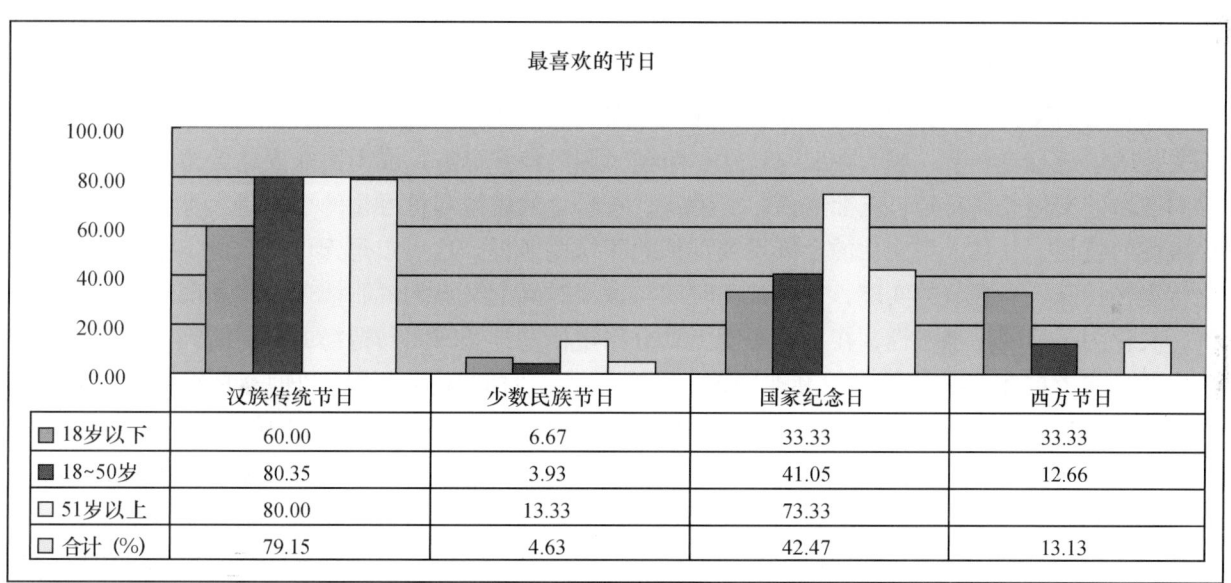

图1-5-52　秭归县最喜欢的节日百分比分析图

（3）巴东县

汉族传统节日为民众最爱，在总人数中占69.70%；其次是国家纪念日，参见者占总人数的53.94%；最后是少数民族节日与西方节日，所占比例基本持平，分别为15.76%和16.97%。值得我们关注的是，在中青年阶段，对西方节日的喜爱程度略高于少数民族节日，所占比例分别为18.42%和13.82%；而在老年人阶段，汉族传统节日与国家纪念日比例相同，所占比例都高达61.54%，但是对西方节日的态度基本是处于漠视状态。如图1-5-53《巴东县最喜欢的节日百分比分析图》所示。

由图观之，汉族传统节日（包括春节、元宵节、端午节、中秋节等）是民众最喜欢的节日，所占比例最高。传承至今的汉族传统节日凝聚了广大民众的心，而这份浓浓的深情反过来又强化了民众对汉族传统节日的依恋。以春节为例，春节是中国古老的节日，是反映大自然节律的节日，是

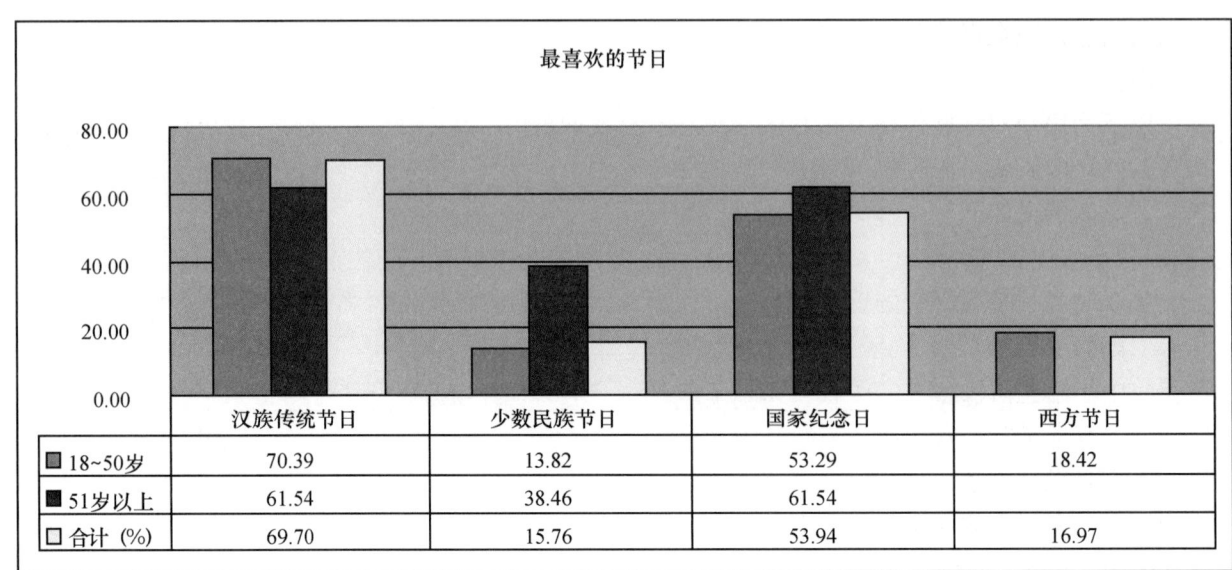

图1-5-53　巴东县最喜欢的节日百分比分析图

中国多民族共同度过的节日，更是民族认同感的标志和维系宗族情感的纽带。与春节相关联的仪式或者说民俗活动成为节日的组成要素，这些民俗活动成为文化因子，彰显着宗族的力量，承载着民族文化的传统，饱含着民众的企盼。例如春联、年画的张贴，由古代的驱鬼辟邪习俗发展为表达喜庆吉祥意愿的民间艺术；除夕夜的守岁，旺火、爆竹的点燃，年糕、饺子的食用，祭神祭祖的庄严等文化因子充盈着春节，成为在旧与新这一跨越时刻的特殊标志，成为民众表达希望的渠道，成为辞旧迎新的文化象征符号，正如卡西尔所说："符号化的思维和符号化的行为是人类生活中最富于代表性的特征，并且人类文化的全部发展都依赖于这些条件，这一点是无可争辩的。"[①] 这些符号化行为在特殊日子春节的实施，正是神圣时间与世俗时间交叉点的鲜明体现，在新旧时间更替的时刻，文化因子呈现出神圣性，在某种程度上划分出定格的神圣时间与持续的世俗时间，从而更加体现出其所具有的不可替代性。伊利亚德曾这样表述："时间既不是均质的也不是绵延不断的。一方面，在时间的长河中存在着神圣时间的间隔，存在着节日的时间（它们中的绝大部分都是定期的）；另一方面，也有着世俗的时间，普通的时间持续。"[②] 除夕夜人们开始守岁，等待新旧年交接时刻的到来。这一新旧时刻更替的守岁，在传说中是民众为了防范"年兽"而保持警惕，在现实生活中是民众对于美好未来的期待。普通的行为在特殊时刻被赋予深刻涵义，民众沉浸其中感同身受的是区别于平日的世俗时间，时间依然不停息地流走，但是新旧时间交接的那一刻却被神圣化，成为定格的神圣时间，普通的行为上升为具有符号性的行为，拥有了特殊的意义。

除夕守岁是这样，同理，放爆竹、吃饺子等也是一样，在特殊时刻，点点滴滴的文化因子体现出民俗活动的实质内容，成为传统节日中富有符号性的文化表征。民众生活于现实世界里，也生活在意义世界里，这些民俗活动置民众于欢娱状态与严肃状态中，为民众留出足够的转换空间。神圣时间与世俗时间的依存，现实世界与意义世界的比较，欢娱状态与严肃状态的转换，这种二元对立更加显现出符号化行为的意义，增加了传统节日的意蕴，强化了民俗活动在民众心中的地位。传统节日的魅力由民俗活动体现，民俗活动的魅力由民众情感的融入体现，可以说传统节日凝聚了广大

---

① 〔德〕恩斯特·卡西尔著，甘阳译：《人论》，上海译文出版社，2004年，第38页。
② 〔罗马尼亚〕米恰尔·伊利亚德著，王建光译：《神圣与世俗》，华夏出版社，2002年。

民众的情感，民众喜欢程度之高不仅因为传承之久远，更是因为传承形式下的情感显现，意义丰富之显现。

以下为民众对汉族传统节日与国家纪念日喜爱的理由，从中我们不仅可以看出传承久远的传统节日对民众的影响，而且也可以看出节日在现代社会体现出的意义。而且每一个县都有自己独特的理由，具体情况如下。

（1）兴山县

民众对各类节日喜爱的理由多达17种，汉族传统节日和国家纪念日中最显著的三个理由是热闹开心、团聚、传统节日，所占比例分别为14.83%、14.35%和11.96%。不同的年龄阶段，理由各有千秋。中小学生阶段，另一些较为突出的理由有"民族精神""有意义""喜庆"；中青年阶段，理由为"有意义""有假期"所占比例较高，分别占6.45%和4.84%，其中"有假期"与他们平日紧张的工作有很大关系，节日成为很好的休假时候。老年人阶段，理由为"喜欢""汉族人"的所占比例较高，老年人的观念不曾改变，情感也不曾改变，"喜欢"这个看似简单的理由实则深厚，或许是因为其传统，或许因为其热闹；从"汉族人"这个理由可见老年人始终如一的民族情感。

对于少数民族传统节日，大部分民众并没有发言，只是中小学生中有小部分人认为节日可以"了解各民族节日（增长知识），便于出行"。西方节日里，老年人依然处于漠视状态；中小学生更多认为该节日"浪漫"，另外的理由就是"和相爱的人在一起"和"时髦"；中青年阶段，理由"快乐开心"比例较高，达到4.03%，其次才是"浪漫""收礼物"。可见，西方节日在某种程度上满足了中小学生和中青年的社交需求，即美国著名心理学家马斯洛的需求层次理论中所谓的第三层"情感和归属的需要"。具体情况如图1-5-54，图1-5-55《兴山县汉族传统节日、国家纪念日之节日理由百分比分析图（一）》和《兴山县少数民族传统节日、西方节日之节日理由百分比分析图（二）》所示。

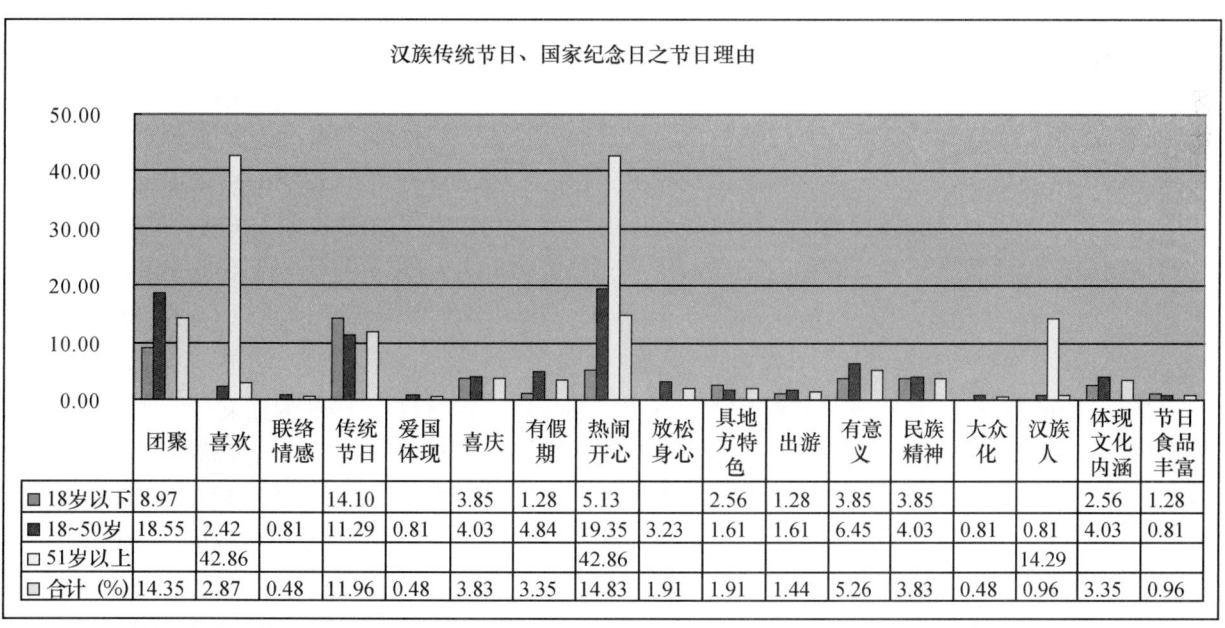

图1-5-54　兴山县汉族传统节日、国家纪念日之节日理由百分比分析图（一）

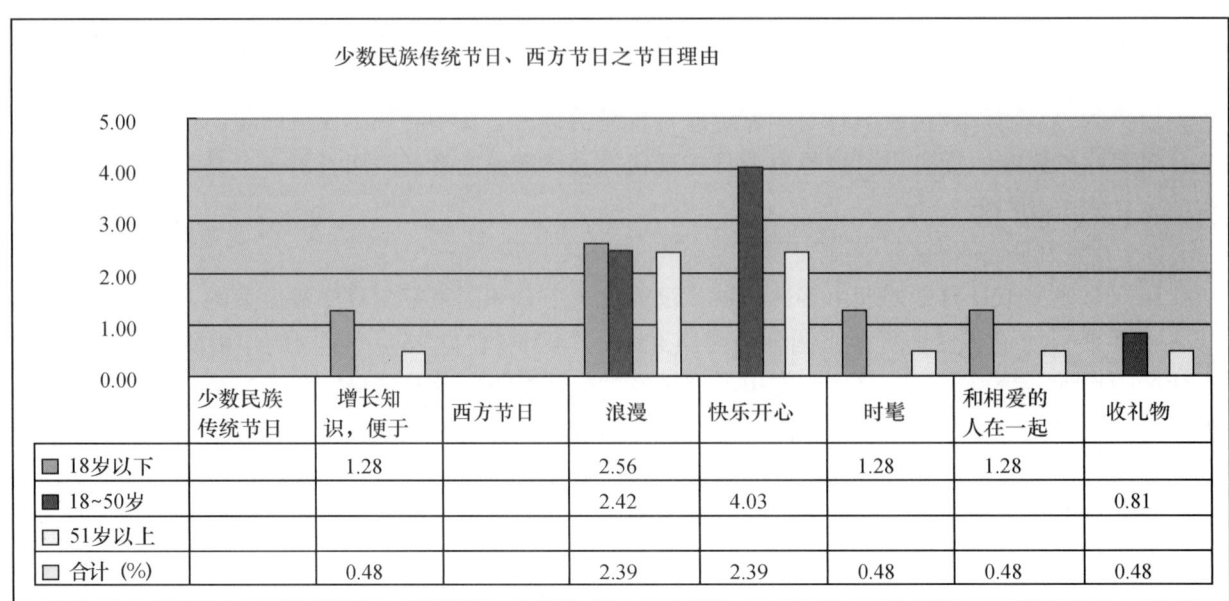

图1-5-55 兴山县少数民族传统节日、西方节日之节日理由百分比分析图（二）

（2）秭归县

民众对各类节日喜爱的理由多达19种，汉族传统节日和国家纪念日中最显著的三个理由是团聚、热闹开心、有意义，所占比例分别为24.32%、10.81%和8.49%。不同的年龄阶段，理由各有千秋。中小学生阶段，突出的理由除了团聚、热闹开心外，还有一个是"祖国生日"，可见学生的爱国之情，以及他们受到的爱国教育；另一个是"增加收入"，在我国传统佳节春节，长辈常常给晚辈尤其是未成年的孩子压岁钱，以保他们平平安安，如今已被中小学生当做是零花钱之部分来源，将其戏说为收入来源。中青年阶段，理由"有假期"所占比例较高，达到7.34%，这与他们平日紧张的工作有很大关系，节日成为很好的休假时候。老年人阶段，理由"传统节日""出游"所占比例较高，老年人的观念不曾改变，情感也不曾改变，就是因为它是传统的，这个看似简单的理由实则深厚；享清福是当代老人的生活状态，没有了工作的紧张，没有了养家的沉重负担，出游既能增长见识、游览风光，又能强身健体、愉悦身心，自然成为众多老年人的选择。在此，老年人在和谐社会中的良好生活状态，对政府部门来说也是一个很好的机会，既是最优资源又是最佳切入点。例如成立老年人社团为社会做贡献，同政府一起"分担风雨、分享阳光"，他们兴趣高涨、投入专心、时间宽裕等都是不可多得的资源。

对于少数民族传统节日，中小学生主要认为节日具有"民族特色"，而中青年认为它"体现传统文化"，老年人认为它"有意义"。西方节日里，中小学生更多认为它是"与外交流"的窗口，还有"符合自己性格（年龄）"，可见，众多学生视西方节日为同一年龄群体的节日，适合这一群体的游乐标准。从中青年的理由可以看出，他们对西方节日只是心理上的接受，理由百分比平衡，并没有突出的喜爱；老年人则是漠然。

秭归县民众对有关节日认识的具体情况见图1-5-56，图1-5-57《秭归县汉族传统节日、国家纪念日之节日理由百分比分析图（一）》和《秭归县少数民族传统节日、西方节日之节日理由百分比分析图（二）》所示。

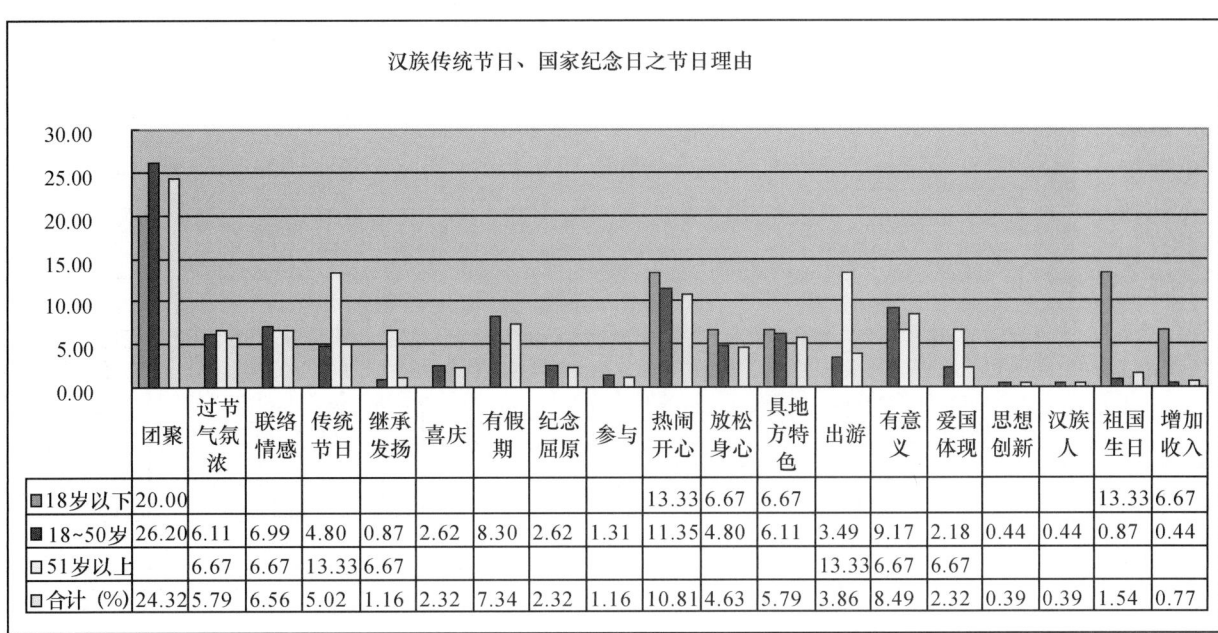

图1-5-56 秭归县汉族传统节日、国家纪念日之节日理由百分比分析图（一）

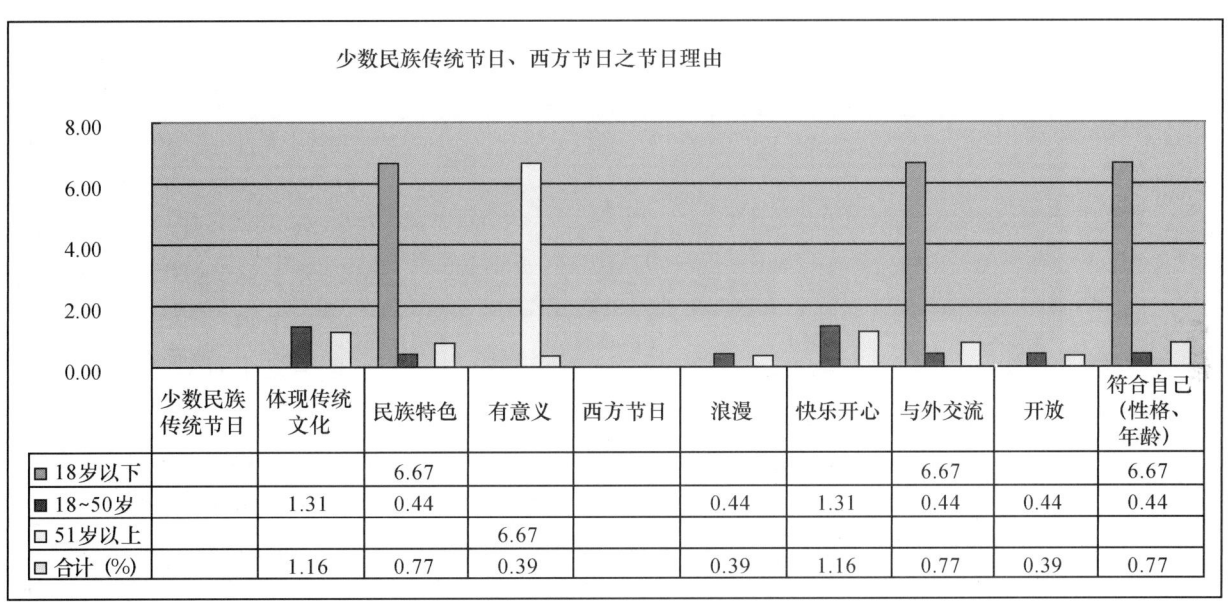

图1-5-57 秭归县少数民族传统节日、西方节日之节日理由百分比分析图（二）

（3）巴东县

民众对各类节日喜爱的理由多达16种，汉族传统节日和国家纪念日中最显著的三个理由是团聚、传统节日、放松身心，所占比例分别为23.64%、10.91%和7.88%。对于少数民族传统节日，民众喜爱的理由更多是因它具有民族特色、可以了解本族文化，其次是节日带给大家的快乐感，所占比例分别为1.82%、1.82%和1.21%。在中青年阶段，少数民族节日还带给他们新奇感，所占比例为0.66%。西方节日在老年人阶段无人关注，只有在中青年阶段，诸如浪漫、有趣、可以和朋友相聚等成为他们喜欢的理由，占中青年人数的比例为3.95%、1.97%、0.66%。巴东县民众对有关节日认识的具体情况见图1-5-58，图1-5-59《巴东县汉族传统节日、国家纪念日之节日理由百分比分析图》和《巴东县少数民族传统节日、西方节日之节日理由百分比分析图》所示。

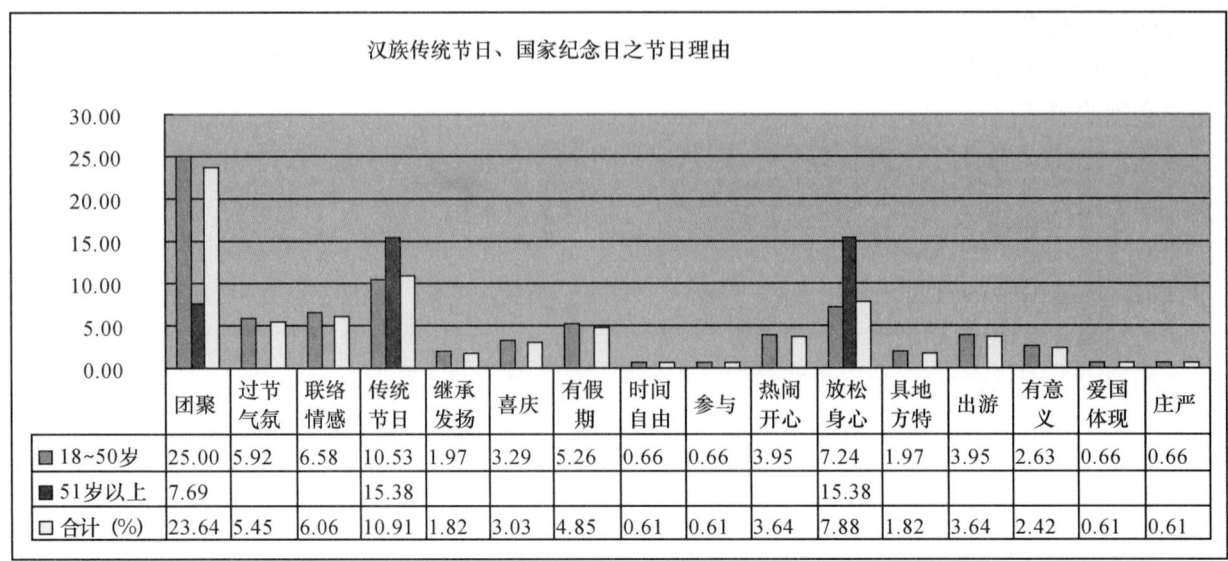

图1-5-58 巴东县汉族传统节日、国家纪念日之节日理由百分比分析图

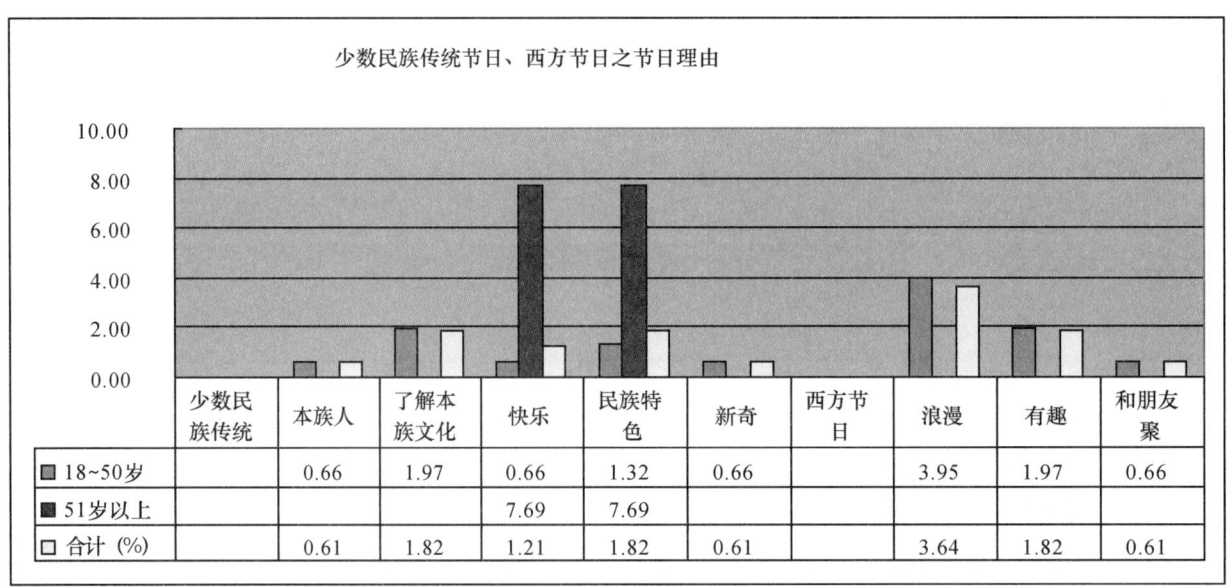

图1-5-59 巴东县少数民族传统节日、西方节日之节日理由百分比分析图

纵观之，最喜爱的节日理由之中的热闹开心和团聚是民众最大的心愿，尤其是在当今竞争激烈的社会，每个人都忙于工作而无暇回家，特别是远在他乡的农民工，无论多累多苦回家的路有多难，他们都盼望着在传统佳节来临之际能够回家和亲人团聚，甚至再给逝者烧炷香以寄托哀思。重亲情重伦理的观念至今贯彻始终，并且具有旺盛的生命力。团聚是永恒的话题，在众多的调查问卷中我们看到一个打工者选择喜欢的汉族传统节日春节，并写出了既令人感动又令人羡慕的理由："一家人一起很高兴。"这样一句朴实的话语，这样简简单单的八个字，却道出了浓浓的深情，也成为广大民众的典型缩影。

自改革开放之后，在西方文化的冲击下，传统节日似乎有所淡化，相反，西方节日却有升温迹象。西方节日作为一种异域文化，引起民众的广泛兴趣，特别是它迥异的狂欢劲头与浪漫气息受到青年人的欢迎。极具西方文化的象征物充盈着年轻人的心，例如营造节日氛围的圣诞老人，带给大家惊喜的圣诞礼物，填充节日氛围的圣诞帽，表达浪漫情感的玫瑰花，代表深情爱意的巧克力，等等。但是，传承久远的传统节日与飘然而至的西方节日二者到底哪一个在民众心中更具分量，此次问卷调查则明确了民众的回答。上述关于节日文化的问卷反映的正是民众对传统节日与外来西方节日喜爱理由之真实想法，从中可以看出无论是中小学生、中青年还是老年人，选择传统节日的比例都远远高于西方节日，而且传统节日的喜爱理由众多，西方节日的喜爱理由多出于对外来文化表层的认识，仅仅是享受节日带来的新奇感与欢快感。老年人表现出较强的倾向性，对西方节日的态度是漠然的。随着社会的发展，民族意识的提高，国家于2008年1月1日起实行新的节假日放假规定，这一政策的实施有利于弘扬和传承中华民族优秀的传统文化，更好地展示中华民族的民族精神，加强民族凝聚力，同时有力地带动了节日文化产业的发展。

（三）硬件设施状况与社会生活评价

1. 文化设施状况

文化设施一方面为民众建立了信息通途，另一方面为民众的文化生活搭建了平台。传播者、接受者、媒介组成坚固的三角，汇聚层叠的信息，跨越时空的障碍，增强群体的互动。在此次调查的有效问卷633份中，位居前列的是网吧、电视台、活动室，选择网吧的被调查者有533人，占84.20%；选择电视台的有493人，占77.88%；选择活动室的有456人，占72.04%。但选择寺庙和教堂的比例相对较低，分别占12.95%和9.32%。这三个县文化设施具体情况见总图1-5-60《兴山县、秭归县、巴东县文化设施状况百分比分析图》所示。

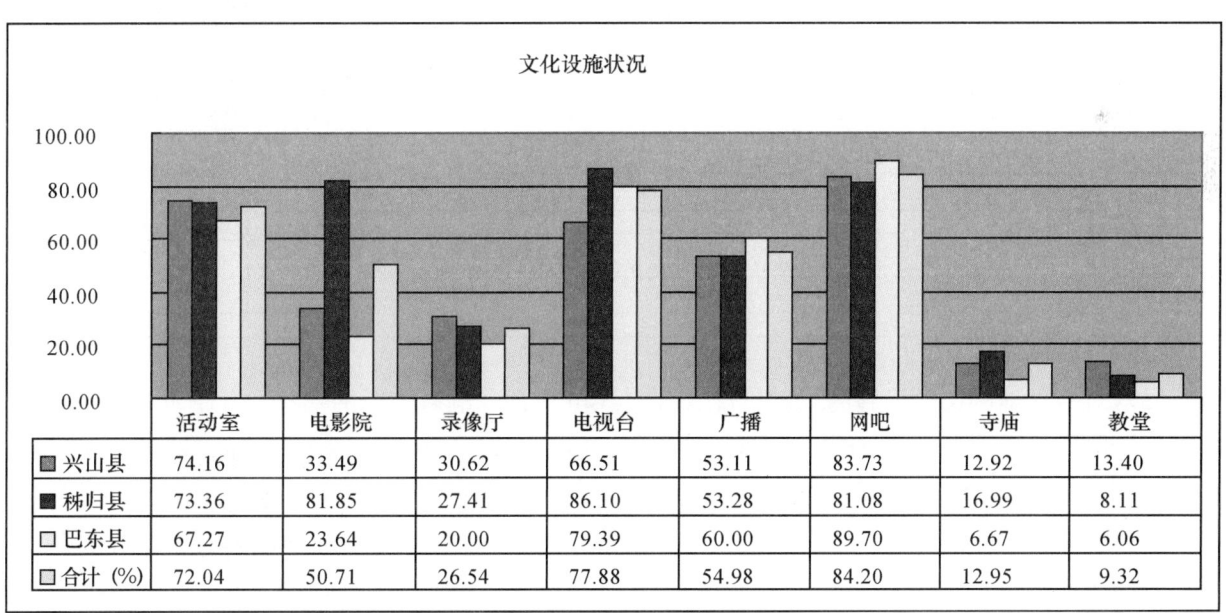

图1-5-60　兴山县、秭归县、巴东县文化设施状况百分比分析图

（1）兴山县

民众对所在地的文化设施的了解情况，网吧、文化活动室（或图书馆）、有线电视台位居前三，分别占总人数的83.73%、74.16%、66.51%。居于后两位的教堂、寺庙，所占比例分别为13.40%和12.92%。选项中的文化设施大部分是民众所熟知的，就总体而言，现代设备设施网吧比例

最高，电视台、广播次之，寺庙和教堂熟知度略低。

从不同的年龄群体来看，情况略有差别。中小学生群体对网吧的熟知度最高，所占比例为88.46%，其次是活动室、电视台和电影院，他们对文化设施的熟知度正好与前面所表现出的对文化活动的欢喜度一致。在中青年群体中对网吧的熟知度也相对达到高点，所占比例为81.45%。老年人群体中，对网吧、电视台、电影院的熟知度一样，所占比例均为71.43%，其次是活动室、广播等，但是对寺庙、教堂的熟知度基本都高于中小学生和中青年群体，所占比例分别达到14.29%和28.57%。从前面的基本状况中得知，老年人对佛教的信仰所占比例为14.29%，高出其他群体近10个百分点。由此可知，老年人信仰的宗教所占比例高出其他群体，自然对相应场所的了解也多一些。具体情况见图1-5-61《兴山县文化设施状况百分比分析图》所示。

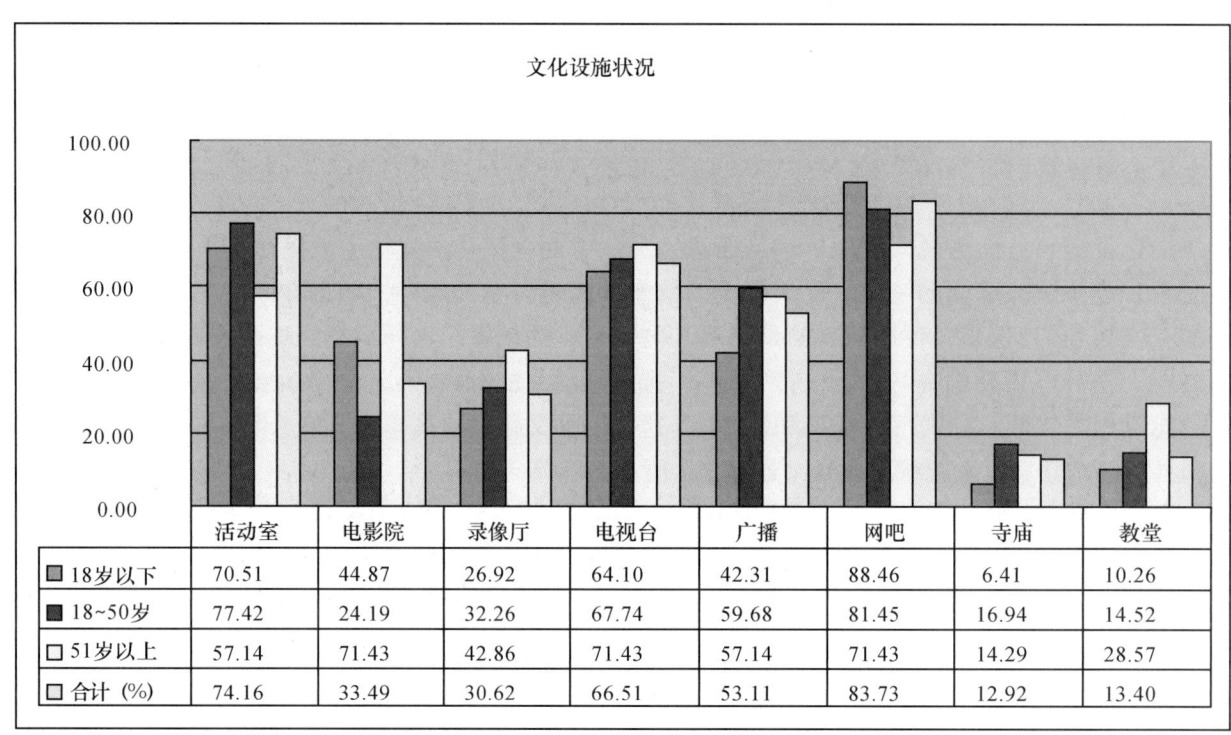

图1-5-61　兴山县文化设施状况百分比分析图

（2）秭归县

民众对所在地的文化设施的了解情况，如有线电视台、电影院、网吧、文化活动室（或图书馆）位居前四，分别占总人数的86.10%、81.85%、81.08%、73.36%。居于后两位的寺庙、教堂，所占比例分别为16.99%和8.11%。在教堂选项里，老年人没有选择，可能的原因是他们未曾关注过，或者极少有基督信仰，处于漠视状态。选项中的文化设施大部分是民众所熟知的，从总体而言，现代设备设施中网吧所占比例最高，电视台、广播次之，寺庙和教堂熟知度所占比例略低。

从不同的年龄群体来看，情况略有差别。中小学生群体对网吧、电影院的熟知度高达93.33%，其次是电视台、活动室，寺庙、教堂的熟知度最低，最低点所占比例仅为13.33%；中青年人对电视台的熟知度最高，所占比例为86.46%，其次是电影院、网吧、活动室等，对教堂的熟知度所占比例仅为7.86%；而老年人当中对电视台的熟知度最高，所占比例为80%，其次是网吧、电影院、活动室，寺庙、教堂的熟知度最低，所占比例仅为13.33%，对教堂的熟知度所占比例为零。具体情况见图1-5-62《秭归县文化设施状况百分比分析图》所示。

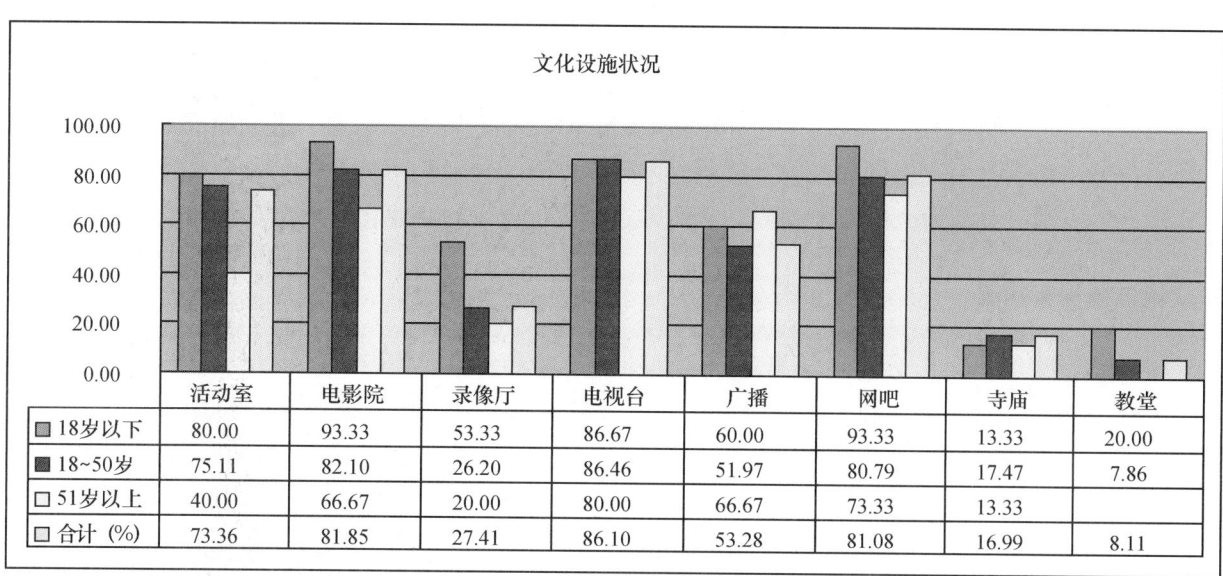

图1-5-62　秭归县文化设施状况百分比分析图

（3）巴东县

民众对其所在地的文化设施了解情况，如网吧、有线电视台、文化活动室（或图书馆）、有线广播位居前四，分别占总人数的89.70%、79.39%、67.27%、60.00%。居于后两位的寺庙、教堂，所占比例分别为6.67%和6.06%。选项中的文化设施大部分是民众所熟知的，从总体而言，现代设备设施中网吧所占比例最高，电视台、广播次之，寺庙和教堂熟知度所占比例略低。

从不同的年龄群体来看，情况略有差别。中青年群体对网吧的熟知度所占比例高达90.79%，其次是电视台、活动室，寺庙、教堂的熟知度所占比例最低，仅为5.26%；而老年人对电视台的熟知度最高，所占比例为84.62%，其次是网吧、活动室，寺庙的熟知度高于电影院、录像厅近5个百分点。这种态势的分布与问卷调查里老年人宗教信仰所占比例相吻合，巴东老年人对佛教的信仰高出中青年4个百分点，所占比例为7.69%，由此可见，较热衷宗教信仰的老年人自然对宗教场所了解得多一些。如图1-5-63《巴东县文化设施状况百分比分析图》所示。

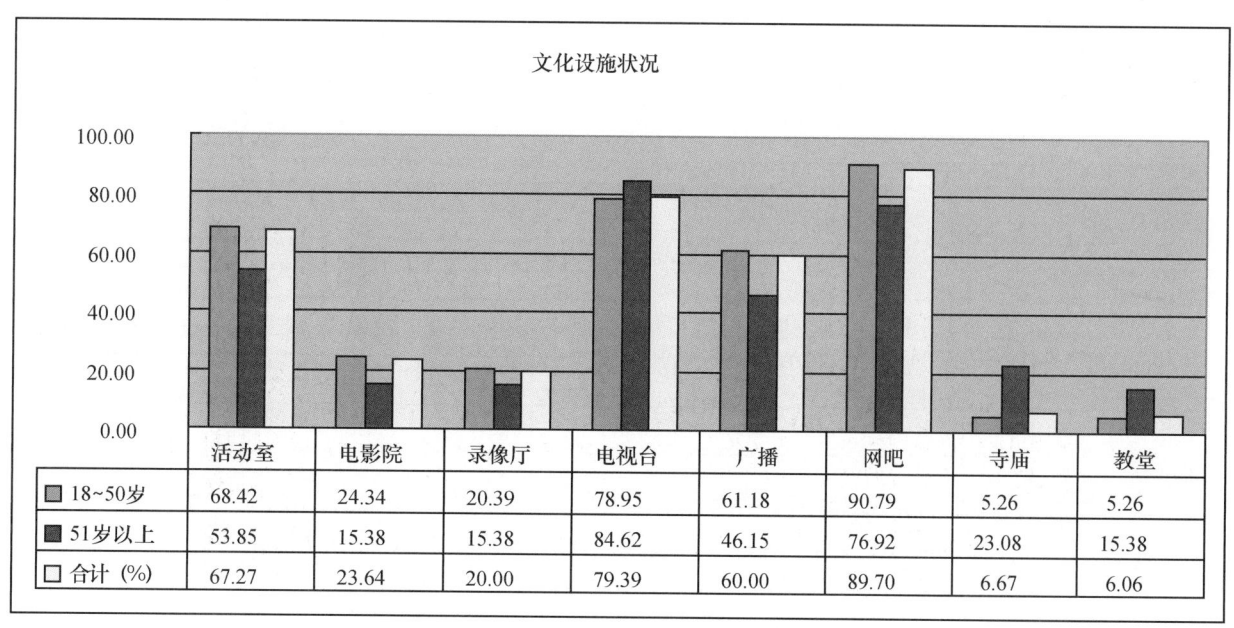

图1-5-63　巴东县文化设施状况百分比分析图

民众对文化设施的熟知度既能说明民众文化消费的步伐，又能让我们了解硬件设施的建设状况。农村文化建设应符合民众文化消费的步伐，政府对农村的投入不能仅仅停留在输入式的文化资助，而应该进行改革创造式的扶持。应在了解农村民众文化消费的基础上，鼓励农民集资建设文化阵地，打造个体创办模式，例如农民个体兴办网吧、KTV、电影院等文化场所，既能适应当地民众文化消费的需求，又能为个体带来利润，从而为农村文化建设的产业化发展奠定基础。

2. 现代电器拥有状况

统计数据表明，兴山县、秭归县和巴东县的被调查者大多数拥有一部（台）电器，例如电视机、VCD、电脑、手机和照相机，所占比例分别为57.50%、63.35%、53.40%、30.81%和49.29%。其中拥有两台和两台以上手机的人所占比例也较高，分别为24.01%和32.23%。拥有收音机和摄像机者所占比例基本一致，看似相同，实则有本质差距。没有收音机者所占比例为42.34%，而没有摄像机者所占比例为44.08%，前者是因为随着科技现代化设备的升级换代而逐渐被民众淘汰，后者正好相反，在广大农村，因设备先进而未普及民众。如图1-5-64，图1-5-65《兴山县、秭归县、巴东县现代电器状况百分比分析图（一）》和《兴山县、秭归县、巴东县现代电器状况百分比分析图（二）》所示。

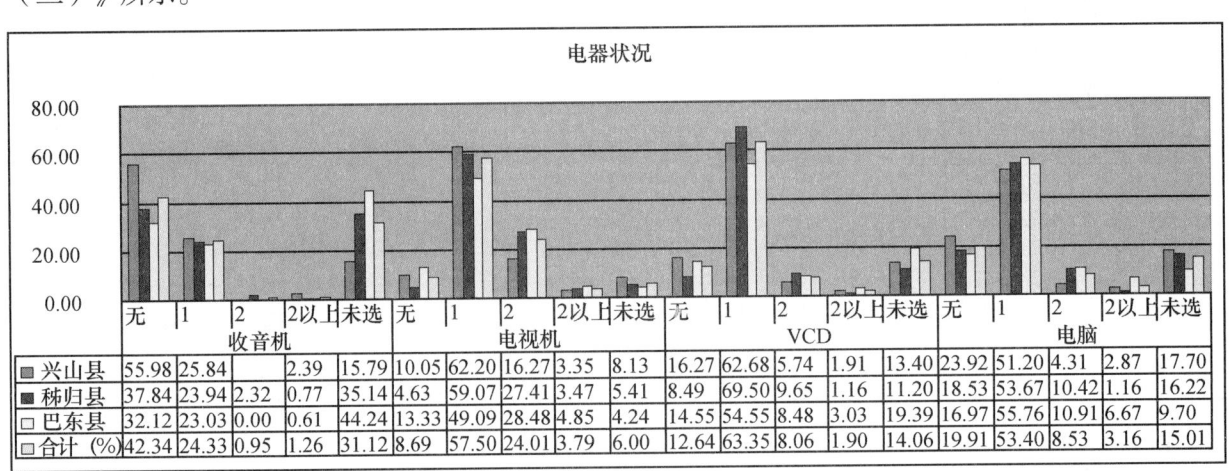

图1-5-64　兴山县、秭归县、巴东县现代电器状况百分比分析图（一）

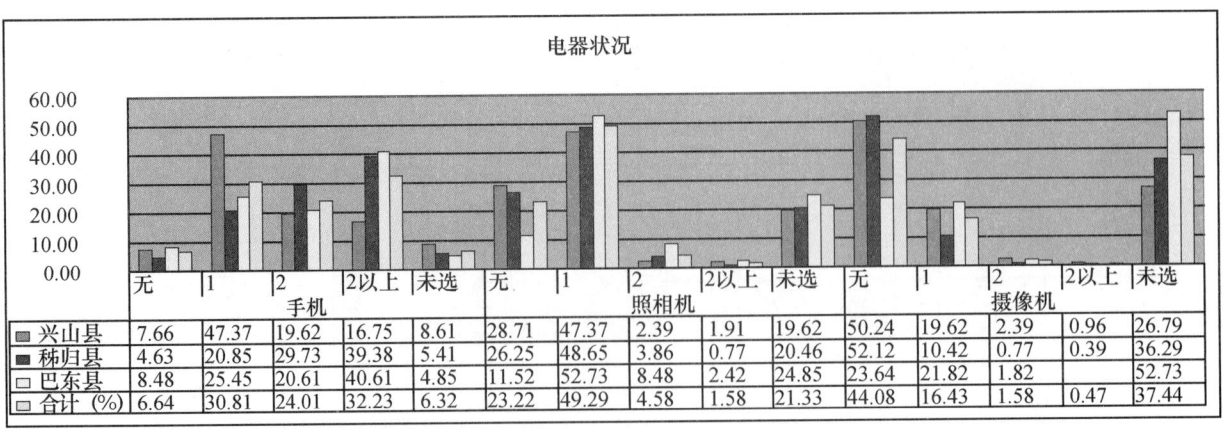

图1-5-65　兴山县、秭归县、巴东县现代电器状况百分比分析图（二）

（1）兴山县

无论是工作学习还是休闲娱乐，家用电器既是获取信息的途径，也是工作和娱乐的基本工具。对电器拥有度的评估是一个重要方面。民众对于广播的喜爱程度不高，收听率低，没有收音机的人数所占比例明显大于拥有的人数，占总人数的55.98%，而拥有一部收音机的人数老年人居多，所占比例达到28.57%。多数民众拥有一台（部）VCD、电视机、电脑、照相机、手机，其所占比例也基本持平，在总人数中所占比例分别为62.68%、62.20%、51.20%、47.37%、47.37%。差距较大的是民众拥有的摄像机和照相机，没有摄像机的民众所占比例相对较高，占总人数的50.24%；而在老年人阶段，拥有一台（部）照相机和摄像机者所占比例明显高于中小学生和中青年，分别为85.71%和42.86%，可见老年人在空闲生活中用到现代设备的频率还是较高的。如图1-5-66，图1-5-67《兴山县现代电器状况百分比分析图（一）》和《兴山县现代电器状况百分比分析图（二）》所示。

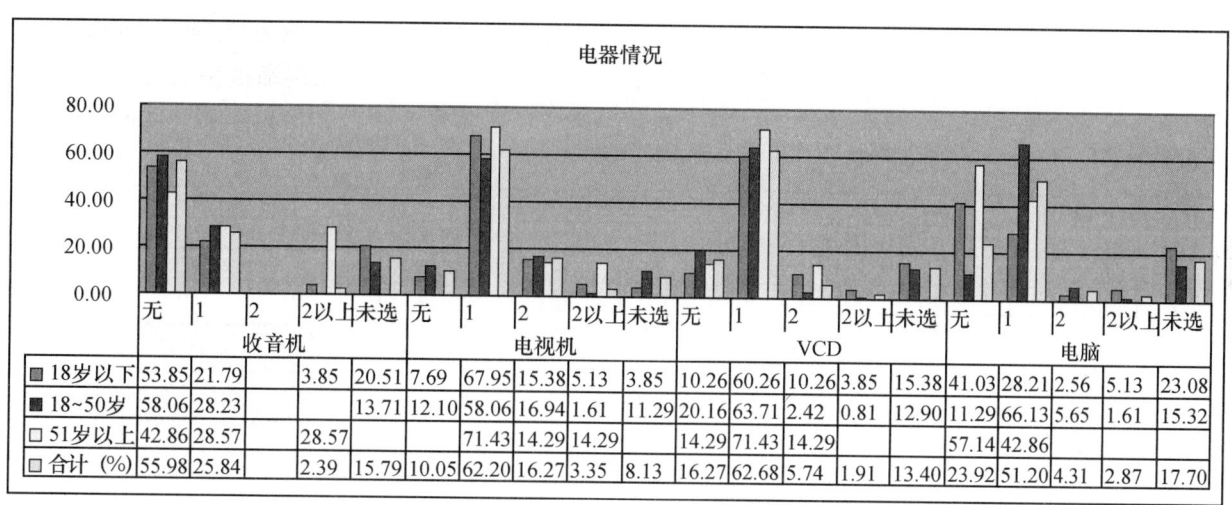

图1-5-66　兴山县现代电器状况百分比分析图（一）

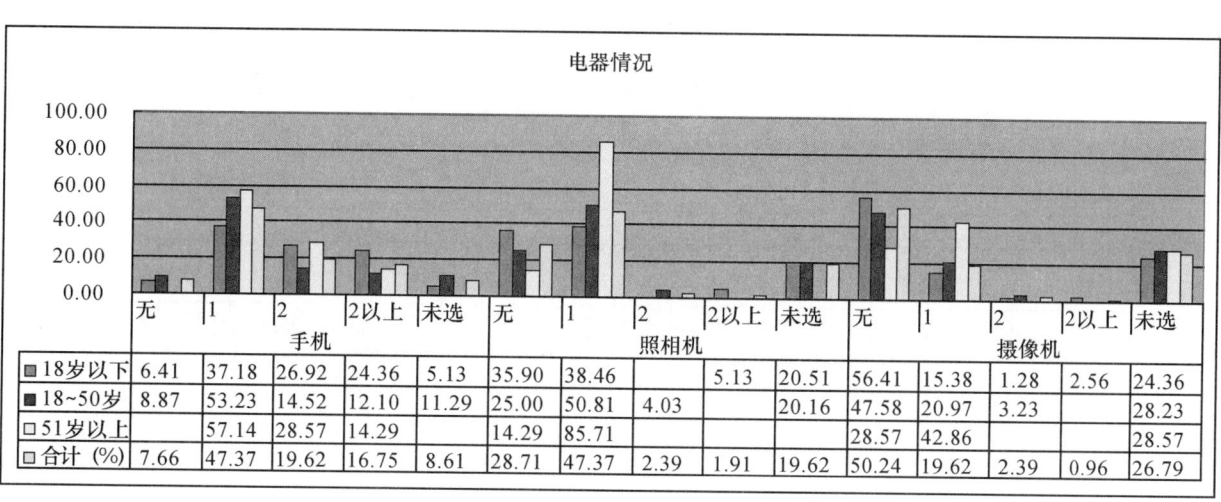

图1-5-67　兴山县现代电器状况百分比分析图（二）

（2）秭归县

民众对于广播的喜爱程度不高，收听率不高，没有收音机的人数明显多于拥有的人数，其在总人数中占37.84%，而拥有一部收音机的人中老年人居多，所占比例达到53.33%。多数民众拥有一台（部）VCD、电视机、电脑、照相机，其比例也基本持平，所占总人数的比例依次为69.50%、59.07%、53.67%、48.65%。差距较大的是民众拥有的手机和摄像机，拥有2台以上手机的人数相对较多，占总人数的39.38%，同样，没有摄像机的民众所占比例也相对较高，占总人数的52.12%。

当然，不同年龄阶段，也略有差距。对于电视机的拥有度，老年人拥有2台者所占比例高达60%，拥有一台收音机者所占比例高达53.33%，而对电脑的拥有度仅次于中青年人9个百分点，拥有2部手机者所占比例为40%。中青年阶段者和中小学生拥有2部以上手机者所占比例分别为41.05%和33.33%。如图1-5-68，图1-5-69《秭归县现代电器状况百分比分析图（一）》和《秭归县现代电器状况百分比分析图（二）》所示。

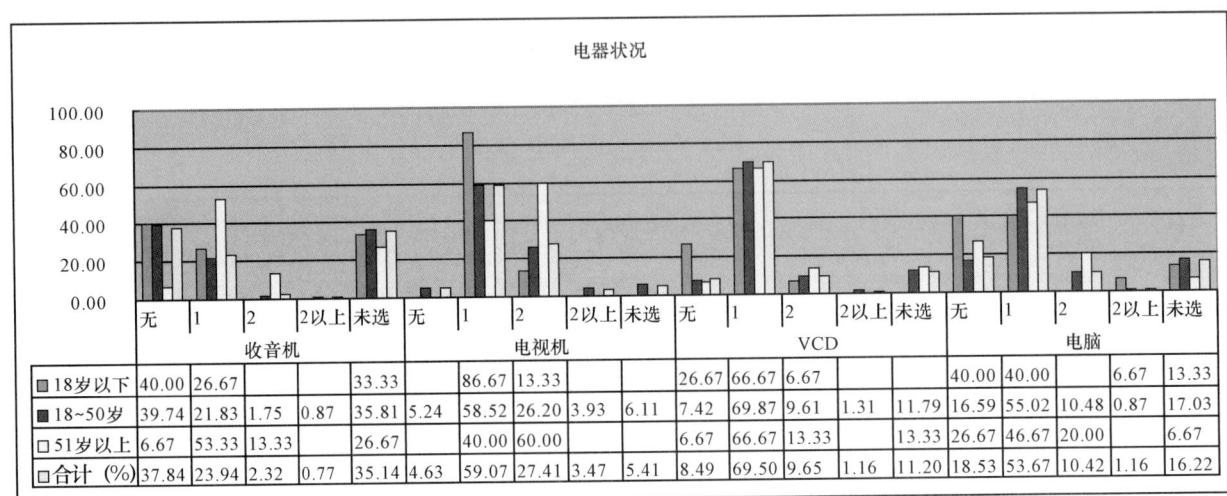

图1-5-68　秭归县现代电器状况百分比分析图（一）

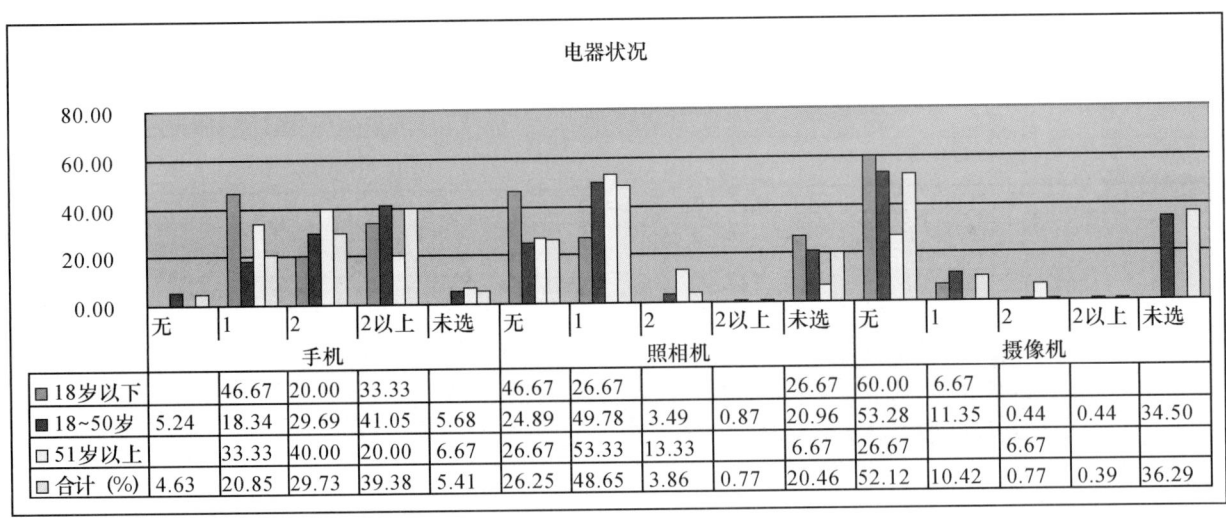

图1-5-69　秭归县现代电器状况百分比分析图（二）

（3）巴东县

民众对于广播的喜爱程度不高，收听率低，没有收音机的人数明显多于拥有的人数，其在总人数中占32.12%，但拥有一部收音机的人数仅占总人数的23.03%。常见常用的电器例如电脑、VCD、照相机、电视机，每个家庭大多数只拥有一台（部），所占比例基本持平，在总人数中所占比例分别为55.76%、54.55%、52.73%、49.09%。

若从不同年龄群体来看，在拥有的数量上也略有差别。年轻人多数拥有一台（部）电器，其中电脑和VCD拥有数量最多，所占比例达到55.92%，而老年人拥有一台电脑者所占比例最高，达到53.85%，在数量上，老年人拥有一台与两台电视机者所占比例持平，均为38.46%。差距较大的是民众拥有的手机和摄像机，拥有两部以上手机的人数相对较高的是年轻人，所占比例为42.11%，而老年人只拥有两部手机者所占比例为30.77%，高出拥有一部或两部以上手机者所占比例近7个百分点。同样，没有摄像机的民众所占比例也相对较高，占总人数的23.64%，年轻人拥有一部摄像机者所占比例略高，为23.03%，而老年人所占比例仅为7.69%，在"未选"项中，所占比例高达52.73%，这个如此高的比例数，在实际调查中，我们能感受到其中极有可能的原因一方面是有的民众对摄像机了解不多，觉得似乎离自己的生活很遥远，并未关注过；另一方面是民众对没有摄像机，没有明确回答。在两部以上摄像机的拥有度上，选择比例为零。可知这一现代性设备在农村的普及度很低，只是在民众生活中年轻人需求比略高些。具体情况见图1-5-70，图1-5-71《巴东县现代电器状况百分比分析图（一）》和《巴东县现代电器状况百分比分析图（二）》。

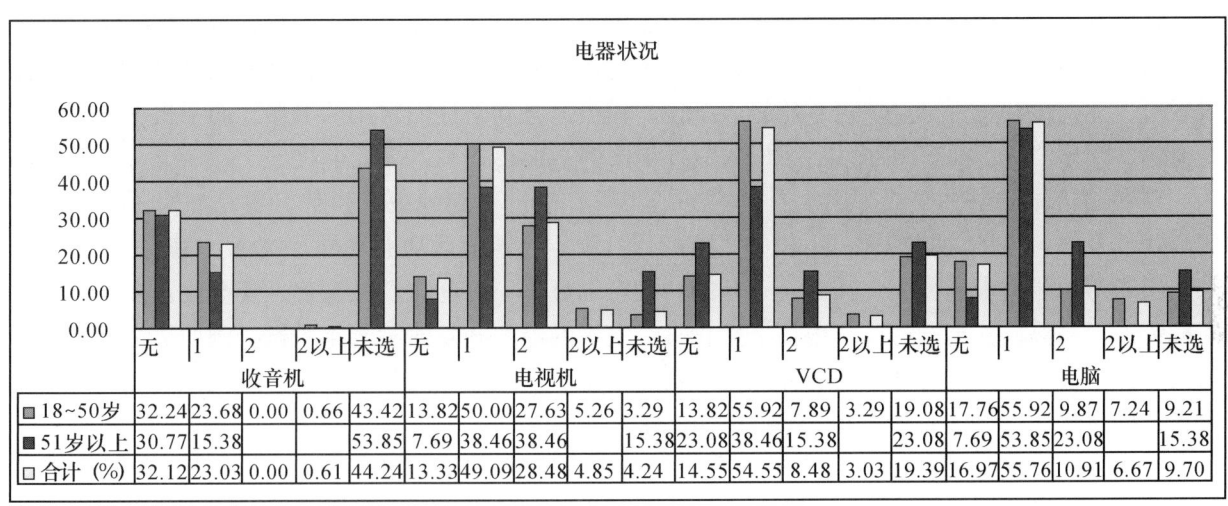

图1-5-70　巴东县现代电器状况百分比分析图（一）

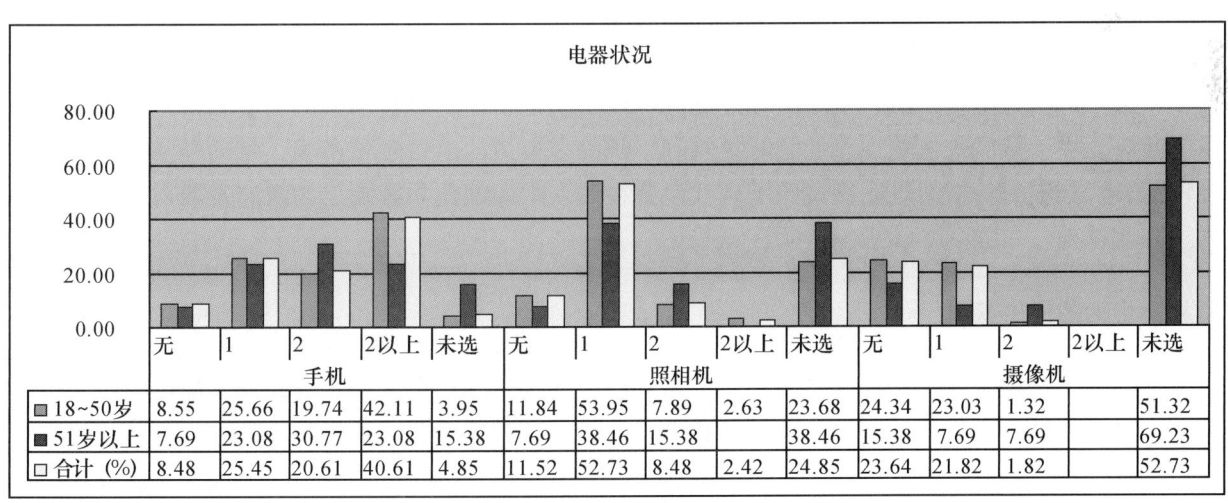

图1-5-71　巴东县现代电器状况百分比分析图（二）

上述的分析图是对现代家用电器在农村普及度的调查，一方面，娱乐功用性强、日常生活常用的电器较普及，具有某种特殊性需求的电器普及率不高，如摄像机的拥有度，仅在外出游玩、工作记录等方面有需求，民众对它的拥有度不高。另一方面，不同年龄群体因需求的不同，拥有的电器数量也有差异。现代化设备不仅仅为年轻人所用，也逐渐被老年人接纳并使用，他们的生活随之丰富起来。

例如在兴山县，电视机对于老年人来说需求较大，电视机成为老年人日常空闲生活的主要伴侣，对其的拥有比例较高；而拥有一部照相机的比例却高出拥有电视机的比例近10个百分点。对于年轻人来说，电脑、电视、VCD等也是他们常用的电器，而手机更是离不开的通信、娱乐工具，拥有一部手机的中青年所占比例达到53.23%，老年人拥有的还略高些，所占比例为57.14%，甚至在中小学生群体中，拥有一部手机的比例也达到37.18%。

在秭归县，电视机、电脑对于老年人来说需求较大，电视机成为老年人日常空闲生活的主要伴侣，对其的拥有度较高，老年人拥有2台者所占比例高达60%；而对电脑的拥有度仅次于中青年人。对于年轻人来说，相机、电脑是他们常用的电器，而手机更是离不开的通信、娱乐工具，拥有两部以上手机的中青年和中小学生所占比例较高。

在巴东县，电视机、电脑对于老年人来说需求较大，电视机成为老年人日常空闲生活的主要伴侣，对其的拥有度较高，拥有两台和一台者所占比例平衡；但拥有一台电脑的比例却高出拥有电视机者所占比例近20个百分点。对于年轻人来说，相机、电脑是他们常用的电器，而手机更是离不开的通信、娱乐工具，拥有两部以上手机的中青年比例达到42.11%，接近半数。

现代通信化设备手机成为民众日常必备的工具，它们不断地更新换代，更是加快了民众使用的步伐，及时满足民众的需求。手机的更新换代升级，除了电话功能之外，PDA、GPS、MP3、摄像、录音等功能越来越强大，其综合一体的功效愈加显著，智能化、微型化、安全化、多功能化倾向成为发展趋势，甚至一些厂家根据老龄化社会发展的趋势开发研制老年手机，例如赛洛特，设计出大字体、大屏幕、大铃音、助听器、读短信等便于老年人操作的新型手机。也就是说无论是老年人还是中青年，对手机的依赖程度都会愈加深化。

如果说民众的需求拓展了文化消费市场，那么政府的"家电下乡"政策则有力地推动并促进了文化消费市场的发展。2007年底我国在山东、河南、四川、青岛三省一市进行了家电下乡试点，对彩电、冰箱、手机三大类产品给予产品销售价格13%的财政资金直补。到2009年，政策已向全国推广，实施补贴的同时，家电种类也有所丰富。这可积极扩大内需，统筹国内外市场，拉动经济发展，提高民众生活质量，完善农村社会保障体系，培养民众消费理念等，不失为一种多赢政策。在这种状况下，作为民众，可以紧跟时代发展的步伐，满足了他们日益增长的物质和精神文化需求；作为政府，在引导民众消费理念的同时更有利于开辟多渠道的消费领域市场，带动经济发展，形成良性循环。如上的分析图已明显说明了现代设备在民众中的地位与影响，为政府发展与政策实施提供了坚实基础。

3. 社会生活的评价状况

此项是一个综合评价指标，是评测民众对社会生活的总体印象，也是对政府关注民生、实施改革、采取措施的一个有效评测点。从统计数据来看，旅游开发中所占比例较高的评价为"较好"，有244人选择，占38.55%；民族关系中所占比例较高的评价为"很好"，有260人选择，占41.07%；经济收入中所占比例较高的评价为"一般"，有247人选择，占39.02%；生态环境中所占比例较高的评价为"较好"，有258人选择，占40.76%；交通状况中所占比例较高的评价为"较好"，有251人选择，占39.65%；文化活动中所占比例较高的评价为"一般"，有218人选择，占34.44%；文化设施中所占比例较高的评价为"一般"，有232人选择，占36.65%。总体观之，三个县被调查者对民族关系的评价为"很好"，对旅游开发、生态环境、交通状况评价为"较好"，对经济收入、文化活动和文化设施的评价为"一般"。如图1-5-72，图1-5-73《兴山县、秭归县、巴东县社会生活评价百分比分析图（一）》和《兴山县、秭归县、巴东县社会生活评价百分比分析图（二）》。

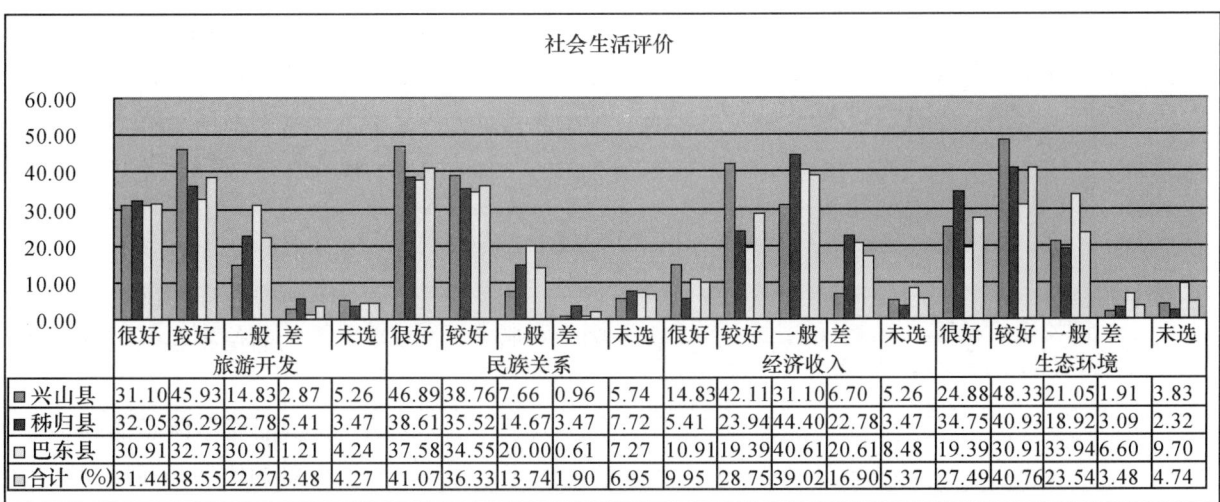

图1-5-72　兴山县、秭归县、巴东县社会生活评价百分比分析图（一）

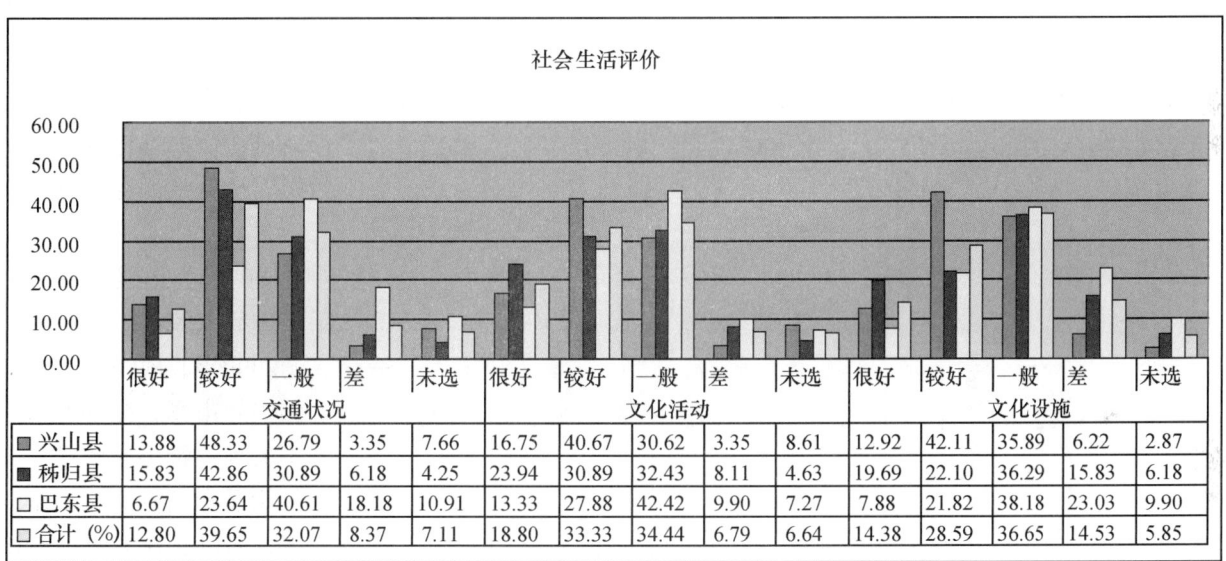

图1-5-73　兴山县、秭归县、巴东县社会生活评价百分比分析图（二）

（1）兴山县

民众最为满意的是民族关系，评价为"很好"者所占比例为46.89%。除了民族关系，其余六项中民众满意度普遍为"较好"。在生态环境、交通状况方面所占比例同为48.33%，其中略有差异的是中小学生多数认为生态环境"很好"，老年人多数认为交通状况"一般"；其次旅游开发方面所占比例为45.93%；再次是文化设施和经济收入方面，满意度所占比例同为42.11%，其中老年人多数认为经济收入"很好"，所占比例达到57.14%；最后是文化活动，所占比例为40.67%。就总体而言，兴山县民众对社会生活的评价较高，满意度普遍为"较好"；在不同年龄阶段的评价差异不是很大。如图1-5-74，图1-5-75《兴山县社会生活评价百分比分析图（一）》和《兴山县社会生活评价百分比分析图（二）》。

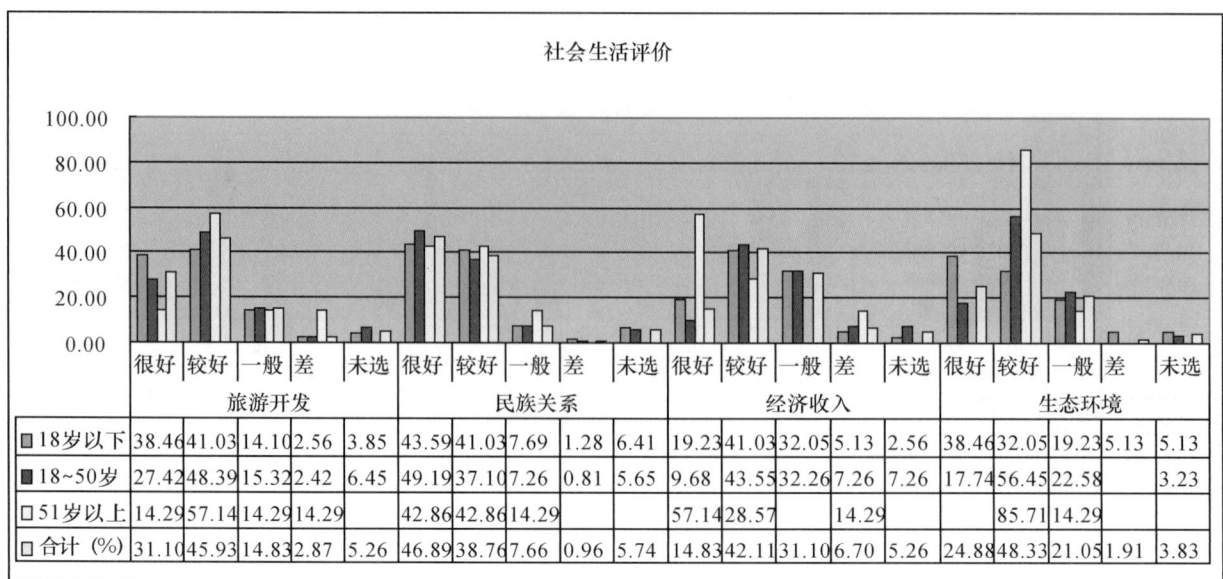

图1-5-74 兴山县社会生活评价百分比分析图(一)

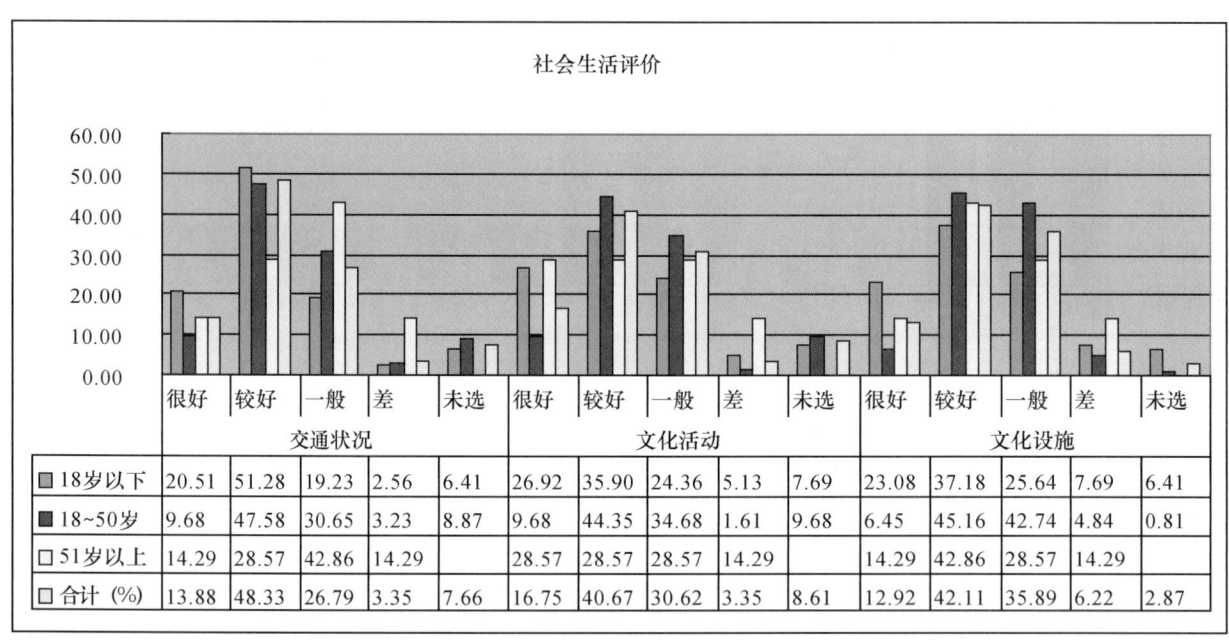

图1-5-75 兴山县社会生活评价百分比分析图(二)

(2)秭归县

民众最为满意的是民族关系,评价为"很好"的所占比例为38.61%,在旅游开发、生态环境、交通状况方面普遍认为"较好",所占比例分别为32.05%、40.93%、42.86%,其中在旅游开发选项中,我们发现随着年龄的增大,即从中小学生、中青年到老年,满意度依次递减,在各阶段相对高点所占比例分别为53.33%、36.68%、53.33%。在经济收入、文化设施、文化活动方面,满意度普遍为"一般",所占比例分别为44.40%、36.29%、32.43%。在"差"评中所占比例较高的是经济收入和文化设施,虽然上述提到的文化设施齐全,但是从结果来看民众对其满意度并不高,所占比例分别为22.78%、15.83%。如图1-5-76,图1-5-77《秭归县社会生活评价百分比分析图(一)》和《秭归县社会生活评价百分比分析图(二)》。

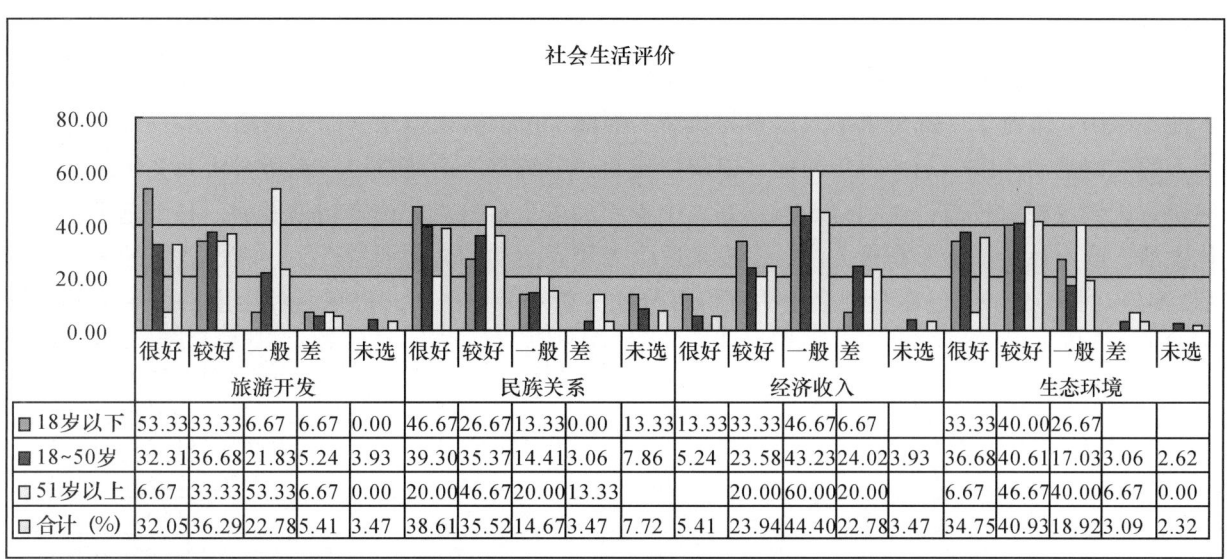

图1-5-76　秭归县社会生活评价百分比分析图（一）

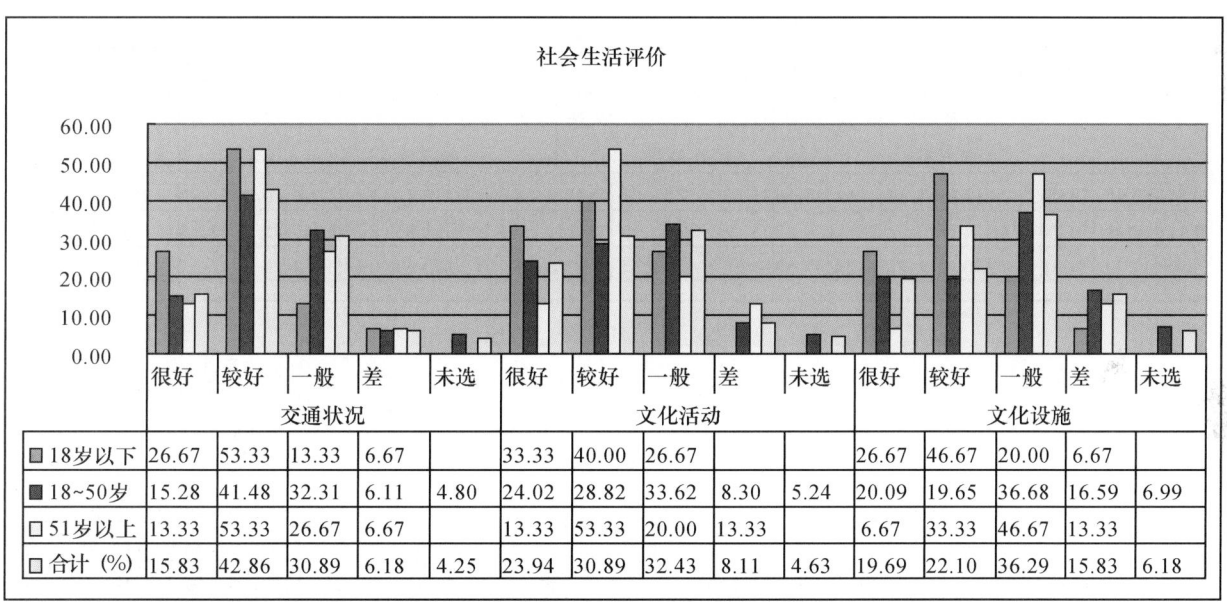

图1-5-77　秭归县社会生活评价百分比分析图（二）

（3）巴东县

民众最为满意的是民族关系，评价为"很好"的所占比例为37.58%，在旅游开发方面"很好""较好"的评价也相对较高，且所占比例基本持平，占总人数的30.91%和32.73%。然而在文化设施和交通状况方面，"很好"评价所占比例不及10%。民众对经济收入、生态环境、文化活动、文化设施的满意度为"一般"，所占比例维持在30%~40%。在"差"评中所占比例较高的是文化设施和经济收入，从结果来看民众对其满意度并不高，占总人数的23.03%，经济收入的"差"评占总人数的20.61%。

以上是民众在社会生活评价中的总体看法，从不同年龄阶段来看，又略有差异。年轻人对社会生活评价的满意度基本一致，但是老年人的满意度却有较大波动，例如在文化设施方面，认为一般的所占比例高达69.23%，超出中青年人近40个百分点。其实，从前面的文化设施状况百分比分析图可以看出，老年人熟知的文化设施仅仅在电视、活动室、网吧方面较多，对于这些文化设施的参与度与欢喜度则有所差异。电视是老年人依赖的主要休闲工具，因网络的时尚性、现代性、较高的技术性等原因，限制了一部分老年人的参与热情，因此，他们喜欢但从事的文娱活动不一致，适合老年人的文娱活动不多，与中青年相比，单调性成为一个特点。由此看出，老年人认为文化活动一般的所占比例也相对较高，达到61.54%，高出中青年20多个百分点。调查结果显示，对于老年人的文化生活，政府社会应给予积极关注，多投入适合老年人活动的文化消费产品，满足他们的需求。如图1-5-78，图1-5-79《巴东县社会生活评价百分比分析图（一）》《巴东县社会生活评价百分比分析图（二）》。

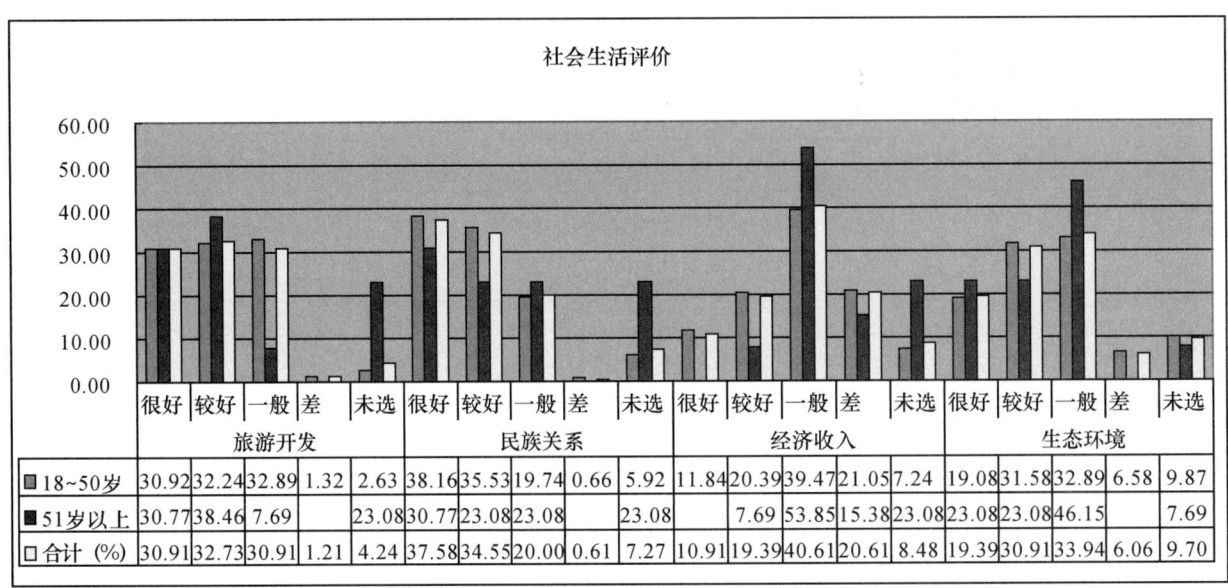

图1-5-78　巴东县社会生活评价百分比分析图（一）

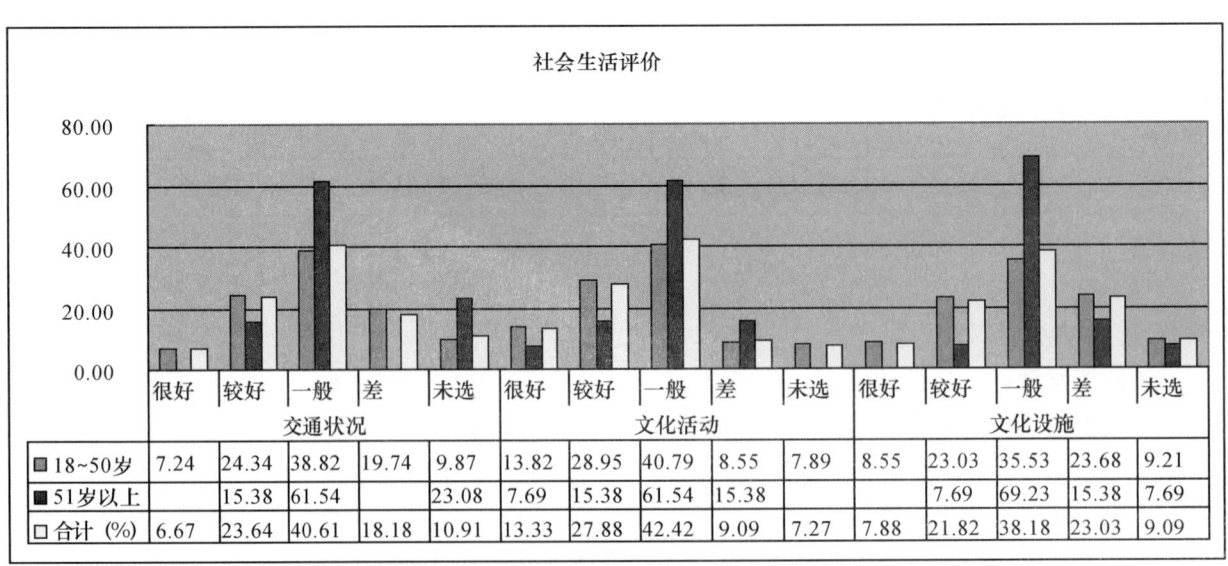

图1-5-79　巴东县社会生活评价百分比分析图（二）

现阶段的新农村建设，以农村经济社会的全面进步为目标，推动农村生产发展、改善农村生活环境，从而促进了新农村建设在经济社会和生活环境方面的全面协调发展。2010年3月份召开的两会政府工作报告中也提出了农村发展战略，"坚持把'三农'问题作为全部工作的重中之重，进一步强化强农惠农政策,协调推进工业化、城镇化和农业农村现代化,巩固和发展农业农村好形势"。这个报告涵盖了农村的经济建设、政治建设、文化建设和社会建设。

具体地讲,首先在经济上,完善农村经济体制,适应发展社会主义市场经济的要求,提高农业竞争力、优化产业结构、健全农村社会保障体系、提高农民收入最现实的落脚点是农民的经济收入。

在兴山县,本次调查显示出民众评价本地经济收入满意度,"较好"所占比例最高,为42.11%,其中,在"很好"评价方面,老年人评价最高,所占比例为14.83%,而中青年最低,仅为9.68%;"差"所占比例仅为6.70%,总体而言民众的满意度为较好。可见,老年人在经济收入的满意认可度较高,这样老年人的物质消费得到保障。

在秭归县,民众评价本地经济收入满意度,"一般"所占比例最高,为44.40%,其中,老年人认为"一般"的所占比例高达60%,中青年"差评"所占比例为24.02%,总体而言民众的满意度为一般,两个极端的比例中,"差评"比"很好"的比例高出10多个百分点,可见老年人在经济收入方面的满意认可度较低,值得我们关注。

在巴东县,民众评价本地经济收入满意度,"很好"所占比例为10.91%,"一般"所占比例为40.61%,"差"的比例为20.61%,总体而言民众的满意度为一般,两个极端的比例中,"差评"比"很好"所占比例高出10个百分点,中青年与老年人的评价比又有所差异,"很好"所占比例差为11个百分点(老年人比例为零),"较好"所占比例差为13个百分点,可见老年人在经济收入方面的满意认可度较低,值得我们关注。

其次在政治上,应加强农村的社会主义民主政治建设,健全基层民主,维护民族团结。调查问卷表明,在兴山县,民族关系的满意度"很好"所占比例为46.89%,评价较高。在秭归县,民族关系的满意度"很好"所占比例为38.61%,评价较高。在巴东县,民族关系的满意度"很好"所占比例最高,为37.58%,差评比例最低,仅为0.61%。这种状况有望继续巩固发展。

再次在文化上,应加强农村社会主义精神文明建设,提高民众的文化素质修养,完善教育体制改革。兴山县、秭归县和巴东县调查数据表明,民众的文化活动有待加强,文化设施建设亟需改进,提高文化建设的效率和服务水平,完善农村公共文化服务体系,真正满足现代民众的精神需求,尤其是关注老年人的需求,营造更加适合老年人群体进行文化活动的环境。例如一些学者提到的"实现传统地方戏曲活态保护目标与农村文化建设目标的合二为一;进一步强调送书下乡工程的针对性、有效性和基层性,引导社会公益组织和个人投入;充分利用农村文化资源存量,使农村公共文化的有限资源实现效益最大化"[①]等。

最后在社会建设上,集中表现在生态环境、交通状况等方面,生产的发展不能以牺牲生态环境为代价,要努力实现农村的可持续发展,改善生态环境、交通环境,促进经济、政治、文化和社会建设的协调发展。

在兴山县,通过调查结果我们能看到,民众对生态环境的评价为较好,其中老年人评价较好所占的比例高出中青年群体近30个百分点。但是民众对交通状况的满意度较低,中青年阶段和老年人阶段评价"很好"的所占比例分别为9.68%和14.29%,而在老年人的差评中所占比例同为14.29%。可知,交通状况还有待改善,它是一个地区发展的基础。因此改善交通环境是政府应重点考虑的对象,在满足民众生活需求的同时还可以带动经济的发展,例如兴山县境内群峰竞秀,双溪夹流(凉台河与香溪河),在开发旅游的同时就应注意交通的改善,构建"大交通"战略。交通是旅游的通

---

① 财政部教科文司、华中师范大学全国农村文化联合调研课题组:《中国农村文化建设的现状分析与战略思考》,《华中师范大学学报》2007年第4期。

道和媒介，方便的交通才有可能将客源地和目的地连接起来；如果没有便利交通的环境，那么旅游资源则只能成为一种潜在的资源而不具有现实意义。

在秭归县，民众对生态环境的评价为较好，其中老年人评价较好所占的比例高出中青年群体近6个百分点。民众对交通状况的满意度为较好，中青年阶段和老年人阶段评价"很好"所占的比例分别为15.28%和13.33%，而在差评中二者所占比例几乎同为6%。可知，老年人对交通状况的评价略低，这方面还有待改善，它是一个地区发展的基础。因此改善交通环境是政府应重点考虑的对象，在满足民众生活需求的同时还可以带动经济的发展。据了解，秭归县在2010年第十六届人大四次会议期间，表明要全力推进秭归交通跨越式发展，加快综合运输体系的系统规划，不断完善城市、城乡、农村运输网络和区域运输网络建设。鉴于秭归旅游景点密集的特点，旅游业的开发也不失为一种促进经济发展的很好的方案。九畹溪、泗溪、屈原祠，还有以险著称的西陵峡等景点，若能改善景区景点之间的交通，形成"内连外接、快旅漫游"的旅游交通格局，不仅方便了本地人，也方便了游客，从而带动经济增长。

在巴东县，老年人对交通状况的满意度低，"很好"所占比例为零，"较好"所占比例为15.38%，但"一般"所占比例高达61.54%，交通状况是一个地区发展的基础，因此改善交通环境是政府应重点考虑的对象，在满足民众生活需求的同时还可以带动经济的发展。

需要说明的是，在调查问卷统计过程中，我们发现受教育程度越高的民众，对社会生活评价越低；受教育程度越低的民众，反而对社会生活评价越高。问卷调查受篇幅所限，仅能选取最具代表性的问题供民众选择，因此我们通过民众对点点滴滴具有符号性的问题的选择，看到民众在物质生活和精神生活方面的真正所需，进而推动政府对新农村建设的进一步改革与发展。

三、进一步加强农村文化建设的建议

基于上述调查分析，我们发现目前农村文化生活状况不容乐观，存在着以下主要问题：基础设施建设薄弱；文化活动内容和形式较为单一；公共文化服务体系不健全；民族民间文化资源保护、开发和利用得不够；区域文化特色和品牌没有形成；发展文化事业和文化产业的保障机制与体制尚未形成等。要解决这些矛盾和问题，需要我们进一步解放思想，立足于我国农村文化的实际情况，以改革的精神和务实的态度，扎扎实实地推进农村文化改革，从而促进农村文化事业与文化产业的大发展大繁荣，推动我国全面建设小康社会的进程。

（一）加强文化基础设施建设　完善公共文化服务体系

建设具有社会主义特色的现代化农村，不仅需要经济的支撑，也离不开文化的发展。文化具有极强的活力和渗透力，它们不仅反映了一个地区的发展历史，还反映了当地群众的审美情趣，体现着集体的基本品位和内涵，更以深厚的人文土壤孕育着农村发展的潜在力量。其中，文化基础设施建设是整个文化建设工作的重要组成部分，起着基础和保障的作用。

但从调查结果来看，农村文化基础设施建设还十分薄弱，农村居民对其整体满意度并不高。在兴山县，在文化基础设施方面，民众满意度为"较好"的人数占总人数的42.11%，满意度为"一般"者占总人数的35.89%，相差不大。在文化活动方面，民众的满意度最低，认为"较好"的所占比例仅为40.67%。在秭归县，民众对当地的文化设施满意度为"一般"的，占总人数的36.29%，但满意度"差"的却达到15.83%。在巴东县,民众对当地的文化设施满意度为"一般"的,占总人数的38.18%,而满意度"差"的也达到了23.03%。调查发现,不少农村的文化基础设施落后、陈旧,文化活动和形式单调贫乏,传统民间文化被忽视,文化经费不足,导致农民的文化积极性和文化活动参与度低。

随着社会的进步、经济的发展、大众传媒的广泛介入和外来文化传入的影响,农民的物质生活水平不断提高,文化消费群体结构、消费观念等发生着深刻的变化,民众的思想观念和审美趣味也在发生转变,民众对享受丰富多彩的文化生活的渴求比以往任何时候都强烈。鉴于农村文化需求日益提高和当前文化基础设施建设的现状,在现有能力的基础上加强我国农村文化基础设施建设,完善公共文化服务体系,开展多元化、多层次的文化活动,是满足民众精神需求、扭转农村文化生活单调贫乏的局面、改善农村文化生活环境、加强乡镇文化建设、积极实现群众基本文化权利的重要途径。具体来说要在以下方面进一步努力。

1)加强文化基础设施建设的财政投入,促进公共投入机制的创新,为乡镇、社区文化发展提供保障。结合社会主义新农村的总体规划,推动县、乡、村公共文化设施和阵地的配套建设,提高文化基础设施建设在公共财政收入中所占的比重,协调城乡文化建设资金的分配和投入向农村倾斜。积极引导地方和社会资金参与农村文化建设,突出重点,以民办公助、公办民助等多种形式支持农民自办文化,积极引导各种面向农村、面向农民的文化经营活动,扶持热心文化公益事业的农户组建文化大院、文化中心户等,支持和鼓励农民群众自办农民书社、集(个)体放映队等,允许其以市场运作的方式开展形式多样的文化活动。

2)通过重点发展和优先扶持,分阶段地实现农村文化基础设施整体性建设。要择优扶持那些文化覆盖面大、影响力强且效果显著的文化基础设施,如在村一级的集体育健身与文化活动两种功能于一体的村落公共活动设施和场所,支持民间职业剧团和农村业余剧团的建设等。

3)注重文化基础设施的多元化建设,提供农村、社区文化发展的内容支撑。注重博物馆、图书馆、展览馆、艺术馆、文化广场等文化事业型公共基础设施的建设,如在现有的公共服务设施、社区服务设施中开辟老年、少儿和残疾人享用的文化活动场所;建设社区老年人文化活动中心、青少年校外文化活动设施,满足不同文化层次的民众的文化需求。

4)加强农村文化阵地建设。通过建立乡镇综合文化站和开展文化活动,定期举办"送图书下乡""送文化下乡""送科技下乡"等主题活动,积极开展"农家书屋培训""共享工程培训"等文化业务培训,大力培育农村文化工作的精英人才,支持和引导地方基层文化队伍建设,奖励和补贴农村基层文化带头人。

5)推进社区(街道)、乡镇公共文化设施支持体系建设,完善公共文化服务体系。要健全社区公共文化服务网络,切实加强社区文化设施的管理和利用,建立以网络为核心的服务平台,实现更快更好地传播和高效率地利用文化资源,同时,实施城乡"文化共享工程",实现文化资源的全社会共享。

(二)打造区域特色文化品牌 挖掘民间传统文化精髓

民族民间传统文化历史悠久、丰富多彩。它们根植于乡村广袤的土地,是集体意识的表达,凝聚着中华民族传统文化的精华和生生不息的民族精神,体现着民族之魂,象征着民族之根。杰出的民族民间传统文化是我国文化建设的根基,更是各区域发展特色文化的重要对象。调查所涉及的三个县均呈现出民族民间文化资源异常丰富的特征。

兴山县文化底蕴丰厚，拥有优秀的民间文化资源。兴山民歌、薅草锣鼓和王昭君传说分别入选国家级第一批、第二批非物质文化遗产名录。它们在兴山传承久远，极具历史价值和文化价值。但是从调查中我们发现，随着时代的发展，生产方式的改进，薅草锣鼓几乎绝迹，年轻人对民歌的兴趣已有所减弱，现存的传承人年事颇高，民间口头文学的传承活动也随着广播电视电影的推广在削弱，这也是我国多数民间文化发展中的普遍问题。如何有效地传承和推广本县特色文化，如何寻求合适的突破点，深入挖掘民间传统文化的精髓，将民间文化资源与文化事业建设和文化产业发展相结合，形成区域特色文化品牌，获得社会、经济多项效益，是当地政府和社会各界极为关注的问题。

随着三省四地联合申报的端午节成功入选世界非物质文化遗产名录，有屈原故里之称的秭归县成功地推出了以独特的端午祭拜屈原习俗为核心的端午节文化活动。从前面的问卷调查数据来看，端午节和屈原传说在受调查民众中"很了解"者所占比例分别高达82.63%和75.68%。一方面，秭归端午节民俗活动内容丰富且极具特色。除了吃粽子、端午祭等活动，秭归县几乎每年都会举办不同规模的划龙舟民俗文化活动，场面壮观、竞争激烈。竞渡前还要举行游江招魂仪式，其中《我哥回》等传说的核心内容在龙舟竞渡中会以招魂曲的形式呈现出来，端午节这一活态的文化因子以全民"狂欢化"的形式表现出来，受到民众的热烈欢迎和响应；另一方面，秭归的端午节极具文化内涵和意义。粽子、龙舟等实物已超越了其物态本质，历经时间的沉淀，被民众赋予了浓厚的精神文化色彩，成为民众的一种文化自觉。以白糯米、大红枣为原料包成棱角分明的粽子，象征着屈原刚直不阿的品格，粽子外面缠绕的细细的五色丝线又透露出扎根在民众心中的动人的屈原传说，除此之外还有《照面井》等传说在秭归广为流传。屈原故里秭归正是重视了民间传统文化的传承力和影响力，深入挖掘了当地民间文化的精髓，才形成了以秭归为文化地域中心的、以屈原文化符号为代表的核心文化圈，且不仅将其打造成为秭归县的地方文化品牌，更使其发展成为中华民族传统文化的代表。

巴东县的民间传统文化特色更是显著。如土家族撒叶儿嗬本是土家族丧葬习俗的一部分，随着时代发展和民众文化意识的提高，这一传统民俗活动在文化变迁中生发出新的节点，以图腾崇拜和祖先崇拜为核心的民间特性逐渐向娱乐性、社会性、审美性过渡。如果说图腾崇拜和祖先崇拜是撒叶儿嗬的核心机制，精神需求是撒叶儿嗬的动力机制，那么娱乐性就是撒叶儿嗬的创新机制。从调查数据中也可以看出，撒叶儿嗬在老年人中"很了解"的程度为84.62%，高出中青年人近20个百分点，其文化认知水平所占比例均高于其他项目，民间口头文学"寇准传说"则排名第三，"很了解"者所占比例为51.52%。无论是撒叶儿嗬还是寇准传说，这些活态的民间传统文化因子在当地都十分活跃，是巴东县独特的文化资源，是发展民俗文化品牌和展现民族特色、区域特色的文化筹码，尤其是撒叶儿嗬已成功入选第一批国家级非物质文化遗产名录及"撒叶儿嗬组合"在青歌赛斩获桂冠，都为当地打造以民族传统文化为核心的文化品牌提供了契机。此外，巴东的民族文化公园也是一个很好的案例，以深挖本民族文化特色为指导，以三峡文物考古为基础，以寇准传说为核心，以民族文化为亮点，为当地民众带来文化大餐，丰富了民众的文化生活，提高了民众的生活质量，同时提升了城市形象和城市品位。

优秀的民间文化资源是历史积淀下来的精华，挖掘和发扬优秀传统民间文化以激发农村文化自身的活力，对促进农村新文化的建设具有十分重要的意义。

1）重视广大农民作为文化主体在建设农村文化中的重要作用。农民是农村文化建设的绝对主角，发挥着不可估量的作用，农村文化只有深深植根于广大农民群众中，才能保持旺盛不竭的生命力，各级地方应充分掌握地方文化资源的实际情况，时刻关注民间文化的发展动向，不断激活民族民间文化在当地的生命力。

2）发挥杰出民间艺人在建设农村文化中的骨干作用。以非物质文化遗产传承人为代表的民间艺人散布于广大农村，且生于斯长于斯。他们中的绝大多数人都是农民，因此，他们的文化艺术养分直接来自于农村。他们不仅是杰出的农村文化的表演者、传承者，更是集体艺术的展示者，是农村文化事业中最活跃的积极分子和精英人物，在文化传承活动中起骨干、桥梁的作用，能够对推动民族民间文化的发展做出特殊的贡献。

3）支持农村民间文化资源的产业化发展。在我国非物质文化遗产保护工作深入开展的背景下，正确保护和合理开发具有地方特色的民族民间文化，政府为产业化提供政策、法规、税收和信贷等方面的支持和引导，推动对传统民间文化的生产性的保护，适应市场的良性竞争，不仅有利于发展传承特色文化，而且能为当地增加经济收入，能有效地促使文化保护和开发的良性互动，充分发挥社会效益和经济效益。

4）充分利用本民族的优秀传统民间文化，寻找适合的切入点与文化产业相结合，努力打造区域或民族文化品牌。云南省的"云南印象"、陕西省的大唐芙蓉园、广西壮族自治区的"印象·刘三姐"等，都是此类实践的成功案例。它们的共同特点就是将本族优秀的民间文化转化为文化资源，将传统与现代恰到好处地结合起来，通过声、光、电等高新科技手段的辅助，以艺术化的表现力传递传统的文化符号，并形成模式化和规模化效应，带动地方文化服务、文化旅游等多行业的产业链形成，既可以将民间文化发扬光大，又可以为当地经济带来效益，推动文化产业成为地方经济的支柱产业。

5）正确认识"物质"和"非物质"文化遗产相互依存、互为发展的关系，既能促进文化遗产保护工作稳步推进，也能推动文化产业大发展。从前述调查中可以看到，民众对"王昭君传说"熟知度较高，"很了解"者所占比例高达64.11%。这一民间文学形态所赖以生存的土壤在很大程度上依托了王昭君文化纪念馆里那些摸得着、看得见的物质文化遗产实物，而屈原传说、寇准传说所赖以生存的土壤更是依托于屈原祠、屈原故里牌坊、寇准祠、寇准县衙等文物遗存。可以说，物质性的文化景观已然上升为独立显耀的文化标志和文化符号，隐性地保护了传说等非物质文化的存在，利用好二者的关系，是地方文化事业和文化产业发展的根基。

（三）注重不同群体的文化需求 优化文化资源配置

可以从多个视角审视群体文化。从年龄划分，可分为青年群体、中年群体、老年群体；从身份或职业划分，可分为干部群体、学生群体、农民工群体等。不同的文化群体对文化的选择具有差异性，能反映文化形态的变迁及民众对文化的不同需求。

从调查结果看，兴山县的中小学生和中青年都参加了现代与传统的文娱活动，只是所占比例有高有低，现代文娱活动所占比例高于传统习俗活动所占比例，但是老年人参加传统文娱活动者极少，所占比例甚至为零，即使是参加当地最具特色的传统民俗文化项目，如跳巴山舞、杂技、花灯表演等，也仅占14.29%。具体地说，中小学生和中青年群体参加兴山地区的传统习俗文娱活动者所占比例不及10%，而在老年人阶段参加者更是少之又少，所占比例接近零。

秭归县的秭归花鼓舞历史悠久并传承至今，充满着浓郁的民族特色和地域风情，每逢端午节民众也会进行表演。秭归花鼓舞还曾入选2008年北京奥运会开幕式前的表演节目单，以其"轻快活跃、风趣诙谐"的特色把浓郁的荆风楚韵展现在世界各国观众面前。参加奥运会表演的人员基本以中青年为主，但是从调查结果可以看出，在近3年民众参加过的文娱活动中，老年人参加传统文娱活动"扭花鼓、打十字鼓"者所占比例超出中青年人10多个百分点，所占比例分别为20%和7.86%，可见老年人对其还是有着深厚的情感。

在近3年巴东县民众参加过的文娱活动中，老年人参加传统习俗赶庙会活动者所占比例超出中青年人7个百分点。老年人对传统庙会有着深厚的情感。它不仅是一种宗教祭祀行为，随着经济的发展和民众交流的需要，集市交易与娱乐活动成为庙会上的主要内容，尤其是在非物质文化遗产热的影响下，许多传统的庙会再度掀起文化的高潮。例如河南桐柏盘古山庙会、山东泰山东岳庙会、天津皇会（娘娘会）等，不仅形式和内容都更丰富，还推介地方小吃和展示民间技艺。传统庙会一改往日受冷落的局面，不仅引起青年一代的好奇，还广纳四海宾朋，是展示地方特色文化、促进地方文化建设的重要平台。

因此，注重不同群体的文化需求，优化文化资源的配置，具体方式如下。

1）关注不同群体的文化需求及其行为取向的差异性，合理配置和优化文化资源，找到最优资源和最佳切入点，最大限度地调动人们的文化参与积极性，实现文化在不同文化层间的多向传播。

2）根据不同群体的文化需求，提供有针对性的文化服务。要特别关注老年人群体的文化特征和文化需求，改善老年人在各项文化活动中参与度不强的状况。我国正逐渐步入老龄化社会，老年人群体以其承载着的充足的文化资源、丰富的文化传承经验、对文化兴趣高昂、投入专心且时间宽裕等特征，是文化普及和推广的重要对象。

3）重视社会群体组织在文化传播、文化推广、社会建构中的重要作用。政府部门既要扶持和引导民间社会群体良性地发展，也要善于利用他们的文化影响力和文化地位，让他们能同政府一道"分担风雨、分享阳光"，为社会文化的传承与开发做出新贡献。

就总体而言，政府部门在文化建设方面，若能关注不同群体的需求及其行为取向，加强对其精神文化的引导，增强民众意识，则能最大限度地调动其积极性，提高政府策划方案的针对性，有效地优化文化资源的配置。

（四）坚持保护与开发并重　实现社会效益和经济效益双赢

从统计结果来看，民众参与传统民俗文化活动的积极性远远低于现代生活文娱活动。兴山县参与舞狮子龙灯、赶庙会者等所占比例不及总人数的10%。在秭归县，参与舞狮子龙灯、赶庙会者等所占比例不及总人数的5%。在巴东县，舞狮子龙灯、划龙舟、赶庙会、扭花鼓、打十字鼓者等所占比例不及总人数的10%。但从整体上来看，这三个县在参加地方文化节庆方面所占比例维持在中间水平，说明其仍具有开发的潜力。

民族民间文化是一个民族的象征，凝聚着一个民族的精神和智慧，有效地利用这一宝贵的精神财富，尽可能地积极保护并合理开发散落于民间的优质文化资源，充分挖掘民间文化的精髓，增强民众的民族文化意识，争取实现社会效益与经济效益的双赢，不失为一种上策。具体措施有以下几方面。

1）树立正确的观念。坚持民间文化资源保护和开发并重的原则，贯彻保护为主、抢救第一、合理利用、传承发展的方针。在全球经济一体化的背景下，突出本民族的特色文化，争取打造民族品牌，实现保护与开发的良性循环，走边保护边开发的可持续发展道路。

2）保护民间文化。地方要十分注重挖掘、整理和保护民间文化艺术。不仅要充分发掘各地的人文资源、传统文化、民俗文化、民间艺术资源，授予秉承传统、技艺精湛的民间艺人"民间艺术大师""民间工艺大师"等称号，开展"民间艺术之乡""特色艺术之乡"命名活动，还要保持较完整且具有特殊价值的村落或对特定区域进行动态整体性保护，逐步建立科学有效的民族民间文化遗产传承机制。

3）积极寻求方向。利用民间文化资源是必然趋势，是未来文化产业发展的方向。传统民间文化资源在中国未来的文化产业发展中将占有相当重要的地位，甚至可能发挥引领中国文化产业发展的重要作用[①]。我们要"探源接流"，即认识到源头——民间文化资源的重要性，积极寻求流的可能性，找到合适的对接窗口；发挥自主创新的能力，有效对接传统民间文化和现代文化产业。这一对接正是将资源转化为资本，将文化需求转化为市场机制的过程。此外，应鼓励民间社团群体参与地方文化产业建设，聚集新的地方能量。

4）准确定位职能。在保护开发民间文化的过程中，不同身份的群体有着不同的利益立场，而政府只有准确地定位好自己的职能，最大限度地发挥功效，才能更有效地调动一切力量促进民间文化产业快速发展。政府主要扮演着决策者、组织者的角色，通过宏观调控、统筹管理、政策指导等方式开发利用民间文化产业资源，极力营造民间文化产业环境。

5）科学打造品牌。实施特色文化品牌战略，是将文化资源转化为文化资本的重要途径。在全面把握地方文化的前提下，选择具有地方特色并能有效地整合其他产业资源的文化，通过品牌塑造、品牌宣传、品牌营销等手段，将其符号化和市场化，从而提升地方经济、社会、文化价值。比如培育一批文化名镇、名村、名园、名人、名品，充分利用农闲、集市和民族民间传统节日，开展生动活泼的文化活动。在这一过程中，既要防止过度消费文化品牌造成品牌价值被人为地降低，也要避免盲目追求品牌化而不顾文化的本真性，尤其是农村文化建设，更要突出"本土文化"，保持原汁原味、具有浓厚乡土气息的特色文化。

（五）健全文化发展保障体系 推动农村文化建设

国家发展、民族振兴，经济力量固然重要，文化力量也不容忽视。文化是一个民族的精神和灵魂。在中国，农村的文化建设是重中之重。提高农村民众的文化素质修养，可以更好地促进农村现代化的发展。当前中国农村文化建设的体制还存在以下问题：在投入体制上，由于文化行业基数小，财政拨款占国家财政总支出的比重呈下降趋势，且农村文化的投入在国家对文化的总投入中所占比例较低，存在明显的"城市偏向"[②]，农村文化公共投入在配置上还不尽合理；从组织体制上看，行业部门分割导致职责不清，领导网络不健全，文化活动内容重复建设，组织形式简单，有限资源浪费严重；从评价体制上看，往往注重形式轻视效果，后期管理与评估难以跟进。有效地解决这些问题，就要建立健全的文化发展保障体系，具体如下。

1. 深化基层文化体制改革，以体制整合和资源整合为基点，统筹协调都市文化和农村文化，推进城乡文化一体化发展

在国家政策的有力扶持下，建设基层村级文化交流平台，实现资源共享，使有限的文化资源得到利用效益最大化的效果。全面增强基层的公共文化服务能力，建立相应的村级公共文化服务体系。实行城市带动战略，以大城市辐射带动中小城市、小城镇和广大农村，建立城乡互动、互利双赢、协调发展的统筹机制。

---

① 黄永林：《论民间文化资源与发展文化产业的主要关系》，《华中师范大学学报》2008年第2期。
② 财政部教科文司、华中师范大学、全国农村文化联合调研课题组：《中国农村文化建设的现状分析与战略思考》，《华中师范大学学报》2007年第2期。

2. 推动农村文化建设水平的整体提升

温家宝在2009年政府工作报告中讲道:"文化基础设施建设和公共文化资源配置要向基层、特别是农村和中西部地区倾斜,推进美术馆、图书馆、文化馆、博物馆免费开放,丰富人民群众的精神文化生活。要继续推进文化体制改革,扶持公益性文化事业,发展文化产业,鼓励文化创新,培育骨干文化企业,生产更多健康向上的文化产品,满足人民群众多样化的文化需求。"农村文化建设必须重心下沉,要改革以前农村文化管理以乡镇为主的模式,在行政村范围内建设公共文化服务体系,建设相应的文化设施,开展相应的文化活动。积极建设村级文化交流平台,将村级的公共文化体系纳入整体规划中,大力发展公益性文化事业,保障农村民众的基本需求和权益,加快健全覆盖农村民众的公共服务。

3. 加强财政支持力度,以机制创新为平台,确立公共财政支持农村文化建设的多种实现模式

加强财政力度对促进文化建设具有积极意义。近年来国家对文化行业的投入力度有限,"十五"期间,2001年是0.40%,2002年是0.38%,2003年是0.35%,2004年是0.40%,2005年是0.39%。不过,近年的家电下乡活动真正让农村居民得到了实惠:及时将陈旧设备更新换代,为民众的生产生活铺设了发展的平台,也为现代文化、科技、知识的普及提供了渠道。但是,国家的公共财政投入仅是途径之一,不能解决根本问题,这就需要各级政府部门的积极组织,引入多种模式来实现农村的文化建设,例如"民办公助""公办民营"等,通过整合政府的力量与社会的力量共同加快农村文化建设的步伐。

4. 为新时期文化建设提供制度和组织保证

各级政府应高度重视文化建设,将其纳入重要议事日程,纳入经济和社会年度发展目标与发展方向,纳入发展规划,纳入财政预算,纳入扶贫攻坚计划,纳入干部晋升考核指标,确保新农村文化建设各项目标任务的实现。同时,运用法律手段,推动文化建设的法制化、制度化,确保责任落实到位,明确各级部门的分工,从而提高文化建设的效率与步伐。

加强文化建设,将其纳入与政治建设、经济建设、社会建设协调共进的整体进程,推进社会主义和谐社会的构建。构建和谐社会,既是落实科学发展观的重要举措,也是加强社会主义精神文明建设、促进社会主义先进文化发展、充分实现最广大人民群众的文化权益的重要保证。构建和谐社会,必须充分认识和发挥文化所具有的培育时代精神、体现人文关怀、实现文化权益、促进文化提高、实现人的全面发展方面的独特功能。

第二篇 土地、房屋等有形资产评估卷

第一章 古建筑及土地资源价值研究

一、价值理论和分析

(一)价值理论的发展

按照历史发展的轨迹,经济学说史上先后出现了四种不同的价值理论。

1. 劳动价值论

劳动价值论的代表人物有威廉·配第、亚当·斯密、大卫·李嘉图、卡尔·马克思等人。这些人的观点也存在较大差异。

威廉·配第。古典学派的创始人,第一个提出劳动创造价值学说。配第在《赋税论》中第一次提出商品的价值是由生产商品所耗费的劳动时间决定的,劳动是商品价值的源泉的命题。他把价格区分为"自然价格"和"政治价格",前者指商品的价值,后者指商品的价格。他认为价格随着供求关系的变动而不断变化,但波动的中心是"自然价格",即价值。商品价值的实体是生产商品所耗费的劳动,商品价值量通过生产过程中所耗费的劳动时间来衡量。"劳动种类的差别在这里是毫无意义的,一切只取决于劳动时间。"据此,配第认为,商品的价值量与生产商品的劳动生产率成反比。配第还认为,并非所有的劳动都创造价值,只有生产货币的劳动才创造价值。某种商品的价值量是由生产与这个商品相交换的白银所耗费的劳动时间决定的。

亚当·斯密。古典学派的杰出代表,其主要著作《国民财富的性质和原因的研究》被视为英国古典政治经济学体系的奠基之作。斯密将商品价格分为"真实价格"和"名义价格"。前者指价值,后者为价格。他认为物品的价值就是生产这个物品所耗费的劳动,并明确指出两个商品之间的交换比例取决于生产这两种商品各自所需要的劳动量,其衡量尺度为劳动时间。但斯密又认为商品价值由购买或支配的劳动所决定,并进而得出工资、利润、地租三项收入共同决定价值的结论。在商品价格中,除去土地的地租及商品生产、制造乃至搬运所需要的全部劳动的价格外,剩余的部分必然归结为利润。每一件商品的价格或交换价值,都是由这三个部分全数或其中之一构成;或者说,构成一国全部劳动年产物的一切商品价格,必然由这三部分构成,而且作为劳动工资、土地地租和资本利润在不同居民间分配。这样,斯密就有了两种相互矛盾的价值决定观点。斯密将第一种情况看做劳动者与生产资料统一时的价值决定;而将第二种情况看做劳动者与生产资料相分离时的价值决定。斯密的两种不同的价值决定观点分别被后人加以发展,形成不同的政治经济学体系。生产商品所耗费的劳动决定商品价值的观点分别被李嘉图和马克思所继承和发展,形成李嘉图学派和马克思主义经济学;商品的价值由购买或支配的劳动所决定的观点被马尔萨斯和萨伊继承和发展,形成马克思所说的"资产阶级庸俗经济学"。

大卫·李嘉图。大卫·李嘉图在《政治经济学及赋税原理》中批评斯密把由耗费掉的劳动决定商品价值与由购买到的劳动决定商品价值混为一谈,他指出:"一宗商品的价值,或它所能够交换的其他任何商品的数量，是决定于生产它所必需的相对劳动量，而不是决定于劳动报酬的多寡。"他还批评了斯密的商品价值由工资、利润和地租构成的观点，认为利润和地租并不影响商品的价值，斯密"不论在什么地方都没有分析过资本积累和土地私有对商品相对价值的影响。因此，要紧的是先弄清楚，一般认为的生产所耗费的相对劳动量对商品交换价值的影响，在多大程度上由于资本积累和支付地租而发生变化"。他认为，商品的价值量实际上是由生产过程中的边际劳动耗费所决定的，并且这个劳动耗费随着投入劳动量的增加而递增。"只要我们承认一切商品都是劳动的产品物，除非花费了劳动，否则就根本不会有价值，那就非常清楚，生产各种商品所费劳动量的增减，是价值发生变动的唯一原因。"李嘉图还指出，生产过程中不仅有劳动者的直接劳动耗费，而且还有用于生产的各种工具和材料的间接劳动耗费，它们共同决定商品的价值。但李嘉图学派在解释利润的源泉及等量资本获得等量利润的问题上，却与自己的劳动价值论产生了无法克服的矛盾，并因此最终导致学派的破产。

马克思和恩格斯。第一，商品的二因素理论。马克思认为商品具有使用价值和价值两个因素，商品是使用价值和价值的矛盾统一体。他认为使用价值指物的有用性，反映人与自然的关系，是商品的自然属性。而价值是指凝结在商品中的人类劳动，反映人与人之间的社会关系，是商品的社会属性。第二，劳动的二重性理论。马克思指出，商品价值是由劳动创造的，而创造商品价值的劳动又具有二重性，即具体劳动和抽象劳动。其中，具体劳动创造商品的使用价值，抽象劳动形成商品的价值。第三，价值量的决定。马克思指出，商品的价值量是由生产商品所耗费的社会必要劳动时间决定的。第四，价值形式及货币理论。商品价值要通过一定形式表现出来，价值的表现形式是交换价值，马克思通过分析价值形式的发展过程，阐明了货币的来源和本质，揭示了货币的职能和流通规律。第五，价值规律。价值规律是商品经济的客观规律，只要有商品经济存在的地方，价值规律就必然要发挥作用。

2. 生产要素价值论

生产要素价值论认为，人的劳动通过使用生产要素作用于劳动对象，使劳动对象发生形态变化，即生产出产品。在这个过程中，生产要素和人的劳动一样参与了产品生产，如果缺少生产要素，人的劳动就无法与劳动对象相结合。既然多种要素都参加了产品生产，都为产品生产做出了贡献，显然也都应该是价值创造的源泉。生产要素价值论的代表人物主要包括西尼尔、杜尔哥和萨伊等。

西尼尔。生产要素价值论首先要解决的问题就是什么是生产要素，即生产要素的范围问题。根据西尼尔的解释，自然力和人力资源这些"原始"的生产要素，再包括耐用品和原料，共称为生产要素。可见，在西尼尔看来，生产要素其实只包括劳动者和生产资料（劳动对象与劳动资料），也就是说，劳动者和生产资料是构成劳动产品物质内容所不可缺少的要素。

杜尔哥。西尼尔没有认识到资本的作用。随着商品经济的发展，人们逐渐认识到资本在劳动产品创造过程中的作用，进而开始把资本也列为生产要素的一部分。杜尔哥认为："无论是谁，只要他每年能从他的土地收入，或从他的劳动或辛劳所挣得的工资中收到一些多于他必须花费的价值，他就可以把这笔多余的价值作为一种储蓄而积累起来；这种积累起来的价值就是所谓的资本……至于这一价值的总数，或这一笔资本，是由一堆金属所构成，或是由其他物品所构成，都完全无关紧要；因为货币代表每一种价值，正如，每一种价值代表货币一样。"在这里，杜尔哥开始把实物、货币与资本等同，认为三者都是生产要素。

萨伊。萨伊否认资本主义生产方式的特殊历史性质。他认为物品的价值来自于物品的效用，而物品的效用就是物品的有用性，即使用价值。因而，在萨伊看来，商品的价值由使用价值决定。

萨伊直接把资本与土地、劳动并列起来，称为生产三要素。生产资本一方面指机器设备等工具、原料、劳动者在生产中完成生产任务所必要的生活用品和其他生活资料；另一方面指"用于促进产品交换的货币"。他认为，资本不仅仅是货币，还以实物的形式存在，但"资本不在于这种或那种货物或物质，而在于价值""用于生产事业的资本只是一种预付款的性质，用以支付各种生产性服务的酬劳"。

萨伊利用三要素来分析价值，认为生产不是创造物质，而是创造"效用"、创造"服务"的行为。劳动、资本和土地三者共同参与了创造价值，成为价值的源泉。商品的价值取决于生产商品时三要素各自所耗费的代价：工资、利润和地租，这就是所谓的资本主义社会分配的"三位一体"公式。

3. 效用价值论

19世纪70年代，经济学发生了边际革命，出现了边际效用价值论，进而形成边际效用学派。该学派认为，商品的价值不是来自于生产过程，而是来自于消费者对于商品的主观评价。物品对人的效用是决定和衡量物品价值的基础，价值体现的是人与物的关系，即主观心理因素与客观物品效用之间的关系，而不是人与人之间的生产关系。边际效用价值论又分为两派：心理学派和数理学派。

心理学派以奥地利学派为代表。门格尔认为满足人类主观愿望的效用是价值的源泉，但随着人们享用的财货数量的增加，效用是递减的，即新增加财货提供的效用小于以前消费财货提供的效用。决定财货价值的是新增财货所增加的效用，因此财货有价值必须具备两个条件：有用性和稀缺性。维塞尔认为，根据戈森定律，人们的满足随着消费财货的数量的增加而递减，最后达到"饱和状态"，其效用下降到零。处于最后一点的需要为"边际需要"，它所提供的满足为"边际效用"。这个"边际效用"决定商品的价值。他还将边际效用分析法应用于成本和分配理论，认为资本、劳动和土地等生产要素的价值间接地来自于它所生产的消费品的价值，并由所生产的消费品的边际效用决定；每一生产要素根据自己在生产过程中的边际贡献获得生产总收益中归属于自己的那部分价值。庞巴维克是边际效用价值论的最著名的代表人物，认为商品的价值来自于人们对其效用的主观评价。商品有价值，不仅要有用，而且还必须是稀少的。前者是价值的基础，后者是价值的必要条件。人们对商品价值主观评价的尺度是边际效用，它决定商品的价值量，而边际效用的大小又由供求关系决定。关于生产资料的价值，庞巴维克同样认为是由生产资料所生产出来的消费品的边际效用决定的。如果消费品满足人们需要的程度越高，那么边际效用就越大，用于这种消费品生产的生产资料的价值也就越大。

数理学派将数学应用于政治经济学研究，将价值视为商品之间交换的比例关系，即交换价值，否认价值的实质和内容，并将交换作为应用数学的出发点，认为交换就是两个商品间的数量关系，交换成立就是数量相等。该学派的代表人物是杰文斯。他认为效用源于快乐，并以幸福增加的程度来计算。他将这种效用称为价值，并认为效用随商品数量的增加而递减。增加的商品量与增加商品所增加的效用之商（商品的效用程度，即边际效用）决定商品的价值。在市场上交换物品的人总是比较两种商品的最后效用程度，从而决定愿意放弃多少自己的商品来换取对方的商品以取得最大效用。据此，他建立了自己的交换方程，提出两个商品的交换率是交换后各商品量的最后效用程度比率的倒数。

4. 供求决定论

瓦尔拉认为，商品的价值就是它的实际市场价格，决定于市场供需关系。他运用数学方程式的形式分析了商品交换的比例问题，建立了"一般均衡理论"。该理论认为，商品的价格是相互联系、相互影响的，一种商品供给和需求的变动不仅影响该商品价格的变化，而且还会影响其他商品价格的变化。当所有商品的价格使得所有商品的供给和需求相等时，市场就处于均衡状态，这时的价格就是均衡价格，即商品的价值。在前人研究的基础上，马歇尔创立了供求决定论。马歇尔承认价值的存在，并直接将交换价值视为价值，根据边际效用递减规律引申出商品的需求价格，并认为需求价格同商品的需求量成反比；又根据生产费用递增规律引申出商品的供给价格，并认为供给价格同商品的供给量成正比。价值由供求双方达到均衡时的价格决定，即商品的价格，如果购买者对它的需求量和生产者对它的售卖量相等时，市场上的供求处于均衡状态，这时的价格就是"均衡价格"，也就是商品的价值。

以上几种主要学派的价值观点，在帮助人们认识和探讨价值的本质、源泉及相关理论问题方面做出了巨大贡献。但由于所处时代环境的不同及研究者研究角度、研究方法、个人水平、理论偏好等方面的差异，导致各学派的观点都不可避免地带有一定的时代局限性和片面性。因此，在科学技术日益发展的21世纪研究价值问题，一方面必须尊重前人的成果，"踩在巨人的肩膀上前进"；另一方面也要与时俱进，根据变化的环境和条件不断地完善价值理论，从而推动整个价值理论体系不断发展。

（二）对几种价值理论的分析与评价

在后现代哲学诞生之前，西方哲学理论一直是延续古希腊以来所形成的理性主义，并在操作中严格遵守着理性主义文化下的逻辑主义原则与方法。这种哲学的主要特点是采用主客体割裂的二分法思维方式研究问题，并贯穿于哲学的本体论、认识论和方法论之中。从主体和客体的关系来看，两者是对立的。从认识目的上来说，强调主体对客体的把握和追求还原分析及其结果的绝对有效性，即在主体对客体的作用中相信主体能够客观地、完全地揭示客体对象的属性，并达到和产生所谓的"真知"或"真理"。从认识方法上来看，严格遵循逻辑实证方法进行逻辑的归纳与演绎。在现有的价值理论中，虽然劳动价值论、效用论、生产要素论、均衡价值论等具有代表性的价值理论在阐述问题的角度上有所不同，但从主客体关系上来看却是一致的。

劳动价值论。劳动价值论的基本观点是价值是由劳动创造的，其最基本的概念就是"劳动"。马克思从人类实践即劳动的角度出发来界定价值，在劳动价值论中，通过劳动过程，将主体和客体结合到一起。马克思的辩证唯物主义和历史唯物主义思想明显地体现出主体和客体的这种统一关系，建立这种关系的桥梁和纽带就是"实践"。"如果我们把实践纳入了价值定义，就把主客体的实践关系、认识关系和价值关系有机地统一起来了。"在马克思主义的认识论中，主体通过实践获得感性认识，然后上升到理性认识的高度；理性认识在指导实践的过程之中，又会不断得到深化。主体和客体之间虽然存在着认识与被认识、改造与被改造的关系，但是客体对于主体的认识和改造具有反作用。正是通过这种反作用，使得主体的认识能力和实践能力不断得到提高。这是辩证唯物主义和历史唯物主义在认识论和实践论上的体现。"实践"范畴，内在地包含了人的目的性与价值选择。

但是马克思对商品价值的理解，与其对"一般价值"的理解，思路是不同的，他不是从客体与主体的关系看待商品价值，而是把它看作主体（商品生产者）之间的关系，但只把客体（商品）看作价值的物质承担者。其实，商品不仅是价值的物质承担者，而且是构成价值关系本身的"一个方面"，离开这"一个方面"，价值关系就不能成立。诚然，人们同商品发生关系，不能不通过他们之间的交换，即不能离开人与人的关系，但是，这里人与人之间的关系仅仅是桥梁和中介，而不是起点和终点，因为交换的动力和目的还是在于满足人的经济需要，即实现人与物的关系。如果认为商品价值是人与人的关系，就是将处于第二位的关系提到了首位，而将第一位的关系从商品价值概念中排除掉了。同时，在马克思的劳动价值论中，人与自然的基本关系是对立的。"生产力就是人类征服自然和改造自然的能力。"从马克思所处的时代来看，人与自然的关系还比较融洽，他可以将人与自然的关系作为一个既定的前提。随着人与自然的矛盾越来越突出，将主体和客体的关系置于对立状态的价值观显然具有很大缺陷。这种征服和被征服、改造和被改造的关系已经不适应历史发展的需要了。

效用价值论。效用价值论的实质在于说明客体对主体的有用性，但是否"有用"则取决于主体的评价。价值的内涵是人的主观需要、主观意图，价值的存在与否、价值的大小取决于人的主观意志的选择或作用。价值是由主体的思想意志决定的。这一理论实际上是把价值置于主、客二分的对立关系所引申出来的"主观性"与"客观性"的关系中加以逻辑论证和选择的结果，仅在"选择"上注重和强调"主观性"一方，把"主观性"论证为价值范畴的本质特征罢了。

生产要素论。这种理论的实质在于说明价值就是指客体能够满足主体需要的那些功能和属性。每种要素都是主体所需要的产品在生产过程中不可或缺的组成部分，无论主体是否认识到，各种生产要素都具有满足人的需要的属性。只要具备这种属性，就具有价值。这种理论一方面通过有用性将主体和客体的关系连接起来；另一方面则没有考虑主体对客体认识的程度，因此联系得并不完全。

均衡价值论。均衡价值论认为价值由市场供求关系决定。市场供大于求，客体的价值就低，相反，价值则高。由此，价值的决定实际上与主体和客体本身无关。这种理论符合日常经济现象，因此得到很多人的认同。但是在供求关系的后面还存在更深层次的问题。供给是为了满足需求，需求是决定性的因素。而需求之所以会产生，又在于客体的有用性。不论市场价格如何低，如果主体认为客体没有用，也就不会购买。如果认为有用，只要认为"划得来"，就会购买。从这个角度来说，价值还是根据"有用性"来确定的。

从前面的分析可以看出，传统的价值定义建立在传统哲学范式的基础上。虽然各种价值理论有着丰富的内容，但是由于构成价值的内容的多样性和联系的多维性，使它与逻辑论证上追求结论的普遍有效性相悖。因此，在主、客体二分式的思维中，价值所追求的普遍有效性的结论只能被指定为二元关系中的某一方，而不能在主体和客体之间建立有效联系并最终将两者统一起来。

（三）价值的本质

价值是一种相互关系。价值不是任何事物本身单方面的存在或属性。一种事物是否具有价值，不能够从孤立的事物本身得到完全的反映。价值属于一种关系范畴。这种关系的普遍存在，是价值范畴的现实基础和客观依据，也是与人类社会的产生、主客体的分化及其相互作用紧密相连的。这种相互关系有几层含义。其一，只有当它在对自身或者另外一种或者几种事物产生作用以后，才能看出该事物的价值。即，一种事物是否具有价值，依赖于对象化到一种或者几种事物身上。其二，具有关系的双方或者多方是确定的。关系是有针对性的，不能够泛泛地谈关系，否则这种关系毫无意义。其三，关系的内容是确定的。事物之间具有关系，是具有明确内容的。如果具有多个方面的关系，就应该有多个方面的内容，而且，这些内容应该是可以明确区分的。其四，关系是有相互作用和影响的。一种事物对其他事物具有影响，反过来，其他事物对这种事物也会产生反作用。事物的价值要通过作用与反作用两个方面得到印证。如果两种事物之间没有任何作用和影响，那么实际上一种事物对另一种事物毫无意义，自然就不存在建立价值关系的基础。这里有两种情况，一种情况是一种事物与其他一种或者几种事物的关系，该事物的价值可以通过对其他事物的影响进行衡量，同时也可以从其他事物对该事物的反作用方面得到印证；另一种情况是事物与自身的关系，事物在对自身产生影响的时候，也就产生了关系。

主体和客体之间的相互关系反映价值。第一，从价值关系的角度讲，在主客体关系中，存在价值供给和价值利用两个方面。客体是价值供给方，主体则是价值利用方。客体是否具有价值，要看其能否对主体产生影响和作用。价值关系虽然是相互的，但价值的体现只能从一方来说另一方具有价值。第二，价值可以是直接价值，也可以是间接价值。对某一个主体而言，客体的价值并不一定是直接的，也可以通过间接关系得到反映。第三，客体是否有价值及其价值量的大小，要由主体来反映。第四，这种关系是相互的。主体和客体之间的关系，总是处于相互作用的活动过程之中。两者之间作用的形式有两种，一种是物质的、感性的运动；一种是观念的、精神的运动。

主客体之间关系的重要性要通过交换得以体现。客体是否具有价值及价值有多大，必须有一个参照系。评价一种事物，只能在一种比较的过程中进行。而要进行比较，必须具有可通约性。如果一种效用是不可通约的，就说明它的价值无法得到体现。可通约性意味着对不同的效用必须有不同的参照系，这是价值体现的必要条件。在市场经济中，经济主体之间发生的经济关系要通过市场进行或者参照市场关系进行。在市场中，经济主体之间的关系是一种自愿的、平等的、自主的交换关系。交换各方的交换对象是用来满足各方的某种需要条件以便从对方那里换来满足自己需要的某种条件。通过这种交换，交换对象的价值可以得到体现。因此，在市场经济中，交换价值以价值为基础，价值外在表现为交换价值，两者之间相互作用、相互影响。这就是价值和交换价值之间的辩证关系。

价值的本质是主客体相互作用过程中客体对主体的效应。从哲学角度来看，价值的本质就是：主客体相互作用过程中客体对主体的效应。这样定义，有以下几层含义。其一，价值是客体对主体的效应。这种效应是客观的，不以主体的意志为转移。这种效应是在主体实践过程中产生的。只有通过实践，主体才能获得这种效应。其二，主体和客体是相互作用的。客体对主体的生存、发展、完善具有作用和影响；主体对客体也具有作用和影响，而且这种作用和影响会反过来影响主体的生存、发展和完善。

二、古建筑价值

（一）古建筑价值的来源及表现形式

通过前面对于价值问题的分析，我们知道文物建筑是价值关系中相对于主体人的客体，文物建筑本体一经落成后便成为一种客观存在的事物，是人类改造客观物质世界的产物。文物建筑的价值表现为主体——人和客体——文物建筑之间的一种关系。它以实践关系、认识关系为基础，存在或渗透于实践、认识关系之中，同时又具有相对独立性，对实践和认识关系产生巨大的反作用。通过前面的探讨，可以说这种价值关系是人和文物建筑之间的意义关系，或者说这种价值是文物建筑对于人的作用或效用。最后可以归结为一句：文物建筑的价值表现为人的需要与文物建筑满足其需要的关系。

马克思和恩格斯从哲学的高度，对人的需要作了最精辟、最科学的阐述。他们认为，人的需要可以概括为生存需要、享受需要和发展需要，把人的需要的内容或对象分为生存资料、享受资料和发展资料。对于价值客体—文物建筑满足了人的哪些需要这个问题，古建筑保护专家罗哲文在其《为什么要保护古建筑》一文中作过精辟而详尽的阐述："为什么要保护古建筑呢？我认为主要的原因在于建筑物的功能不仅是作为生产、生活的物质资料，它还有作为上层建筑意识形态方面的政治表现、艺术欣赏、历史见证等作用。而且这些作用并不因历史的发展而衰退，也不随着社会的进步而消失。相反，历史愈发展，社会愈进步，愈觉其光彩焕发。"罗哲文先生将古建筑本体分为两部分内容进行认识，一是作为生产生活的基本物质资料部分；二是其反映出来的上层建筑意识形态部分。这个认识是科学的。基于此，古建筑在建造之初，首先是作为一种生产、生活的基本物质资料而存在，其使用价值即有用性主要表现在实际功用上，即马克思所指的人的需要中的生存资料。然而遗留至今，其作为生存资料方面的价值已经是次要的了。其次，随着社会的发展、私有制及等级制度的介入，建筑本身所体现的高于物质的意识形态愈发明显和重要，这些意识形态反映了当时的社会文化、礼仪制度及地域文化等各个方面。文物建筑对于主体人而言，它同时以生存资料、享受资料和发展资料三种形式存在，时至今日，社会经济得到了空前的发展，文物建筑的生存资料属性被削弱甚至剥离，其价值和意义更多地存在于后两者。

归纳起来，文物建筑的价值主要体现在高于物质的意识形态，而文物建筑包含的历史信息则是表达这些意识形态的方式，文物建筑是意识形态的载体。

文物价值的具体表现形式可分为文物的绝对价值和文物的相对价值两大类。

1. 文物的绝对价值

（1）文物的历史价值

文物的历史价值主要包括文明史、文物考古、社会学、政治学、文献学等方面的价值。作为文物，在历史信息系统中占有重要的甚至不可或缺的地位。2000年制定的《中国文物古迹保护准则》对历史价值的表述如下：一，由于某种重要的历史原因而建造，并真实地反映了这种历史实际；二，在其中发生过重要事件，或有重要人物曾经在其中活动，并能真实地显示出这些事件和人物活动的历史环境；三，体现了某一历史时期的物质生产、生活方式、思想观念、风俗习惯和社会风尚；四，可以证实、订正、补充文献记载的史实；五，在现有的历史遗存中，其年代和类型独特珍稀，或在同一类型中具有代表性；六，能够展现文物古迹自身的发展变化历程。文物都携带着历史信息，且这些信息的价值只会随时代的变迁而越来越强。

一栋古代建筑，当它携带的历史信息比较丰富、独特，在所有的历史信息中占有重要的甚至不可或缺的地位时，就可以被审定为文物。由此可见，文物的历史价值是古建筑之所以称为文物的根本原因。不同时期的古建筑，是特定时代背景的产物，无不打上时代的烙印，同时也构成特定时代的建筑语言。如苏州的玄妙观三清殿，体现的是宋代的营造特征；城隍庙工字殿，凸显了明代的建筑风格；而城中最小的残粒园尽现了清代园林的建筑特色。通过这些古建筑的建筑语言和时代特征，便能解读城市建设与发展演变的历史。其中许多古建筑经过千百年的历史积淀，已成为珍贵的历史文物。具有文物价值的古建筑，可以证实历史文献记载的正确与讹误，补充文献记载的缺失，即可起到补史和证史的作用。由此可以看出，古建筑是记录城市建设与发展历史的载体，是人们认识和恢复城市历史本来面貌的直接依据，特别是对缺少文字记载的远古时期，古建筑成为人们了解和认识这一阶段城市建设与发展演变的重要依据。

（2）文物的艺术价值

文物的艺术价值主要涉及审美、景观、雕塑和各种艺术品等。文物的艺术价值主要表现在以下几个方面。其一，建筑艺术，包括空间构成、造型和装饰美。其二，景观艺术，包括风景名胜中的人文景观、城市景观、园林景观，以及特殊风貌的遗址景观等。其三，附属于文物古迹的造型艺术品，包括雕塑、壁画、塑像，以及固定的装饰和陈设品等。其四，年代、类型、题材、形式、工艺独特的不可移动的造型艺术品。其五，上述各种艺术的创意构思和表现手法。

同时，我国是一个地域辽阔、文化发达的文明古国，在长期的发展中，因为城市的区域位置从而形成了不同的文化圈，即区域文化，建筑也随之积淀了特定的区域文化特征。如苏州的区域文化是吴文化，因为文化的影响，传统建筑形成了鲜明的特色与个性。走进历史街区，便会感受到粉墙黛瓦、飞檐翼角等本土建筑的文化符号；置身于古宅民居，便会感知到镂门花窗、雕梁画栋等精美图案的文化内涵。其中许多古建筑是历史文化名人参与建造或生活的地方，因此成为传承和发展传统文化的活动场所，进而为古建筑增添了新的文化内涵。尤其是古典园林，凝结着传统文化的精华。它借鉴文学艺术的章法和手法来处理园林布局的规划设计，以绘画艺术的写意和技法来创作园林场景的艺术效果。由此可见，是传统文化打造了古典园林，同时也体现了传统文化的魅力。不同类型的古建筑其文化内涵亦不相同，如寺观庙宇等古建筑，反映的是宗教建筑文化；古典园林等古建筑，反映的是传统建筑文化。通过古建筑丰富的文化内涵，不仅可以了解和认识我国传统建筑文化的形式与特点，也可以了解和认识各个历史时期人们的社会活动、意识形态，以及物质生活和精神生活的状况。具有深厚文化底蕴的古建筑，是历史文化名城的标志，继承优秀的传统建筑文化，对于保护历史文化名城亦具有重要意义。

（3）文物的科学价值

文物的科学价值主要包含科学、技术、材料、城市规划、建筑，以及景观与生态方面的价值。文物古迹的科学价值专指科学史和技术史方面的价值，主要表现在以下几个方面。其一，规划和设计，包括选址布局，生态保护，灾害防御，以及造型、结构设计等。其二，结构、材料和工艺，以及它们所代表的当时的科学技术水平或科学技术发展过程中的重要环节。其三，本身是某种科学实验及生产、交通等的设施或场所。其四，在其中记录和保存着重要的科学技术资料。

由于文物形成的年代不同，我国又地域辽阔，民族众多，文物散落在全国各地，这些不同类型的历史建筑作为一个时代的象征，清晰地勾勒出了社会发展的轨迹，同时反映出我国在科学技术方面所取得的成就。宋代苏州的文庙，其建造格局是全国同类建筑中首创的经典实例；元代的盘门水陆城门，因其"水陆相半，沿洄屈曲"而得名，其水陆两路交通系统的精妙结合，体现了江南水城的规划设计与建造水平；明代的无梁殿，结构独特，技术精湛；历代遗存的古桥梁，不仅类型各异，而且选材考究，建造工艺也各具特色。尤其是古典园林的建造更能体现古代规划、设计和建筑技术的辉煌成就。它利用建筑科学、环境科学、生态学和"天人合一"的哲学理念，进行叠山理水、植物配置、建筑营造从而组合成有机的整体，创造出丰富多彩的景观，同时也创造了人与自然和谐统一的理想环境。巧夺天工的筑园技术是古代科学技术高度发展的标志，也是人类文明发展进步的缩影。从中可以看出，古建筑蕴涵着丰富的科技信息。类型各异的古建筑，从不同侧面反映了各个历史时期的人们认识自然、利用自然、改造自然的状况，同时也标志着它们所产生的那个历史时期的科学技术与生产力的发展水平，成为人们了解和认识人类社会发展和城市建设活动的实物依据。尤其是古建筑优秀的规划设计理念及高超的营造技术，对于今天的城市建设和以后的规划发展亦有借鉴作用。

2. 古建筑的相对价值

（1）社会价值

古建筑的社会价值主要是指场所的认同、归属作用、历史延续性、国家责任感、意识形态的教化、地域精神的体现，等等。这方面的价值是近年来建筑遗产保护新观念的主要表现之一，其内容的核心是文化认同。所谓文化认同，其"表层的含义是每个民族在社会文明进程中寻找自身落点的依凭；其深层的作用则是通过这种文化落点和文化归属的认同，在强调本体价值、尊重多元文化并存的现代社会文化中产生一种凝聚作用，以期达到民族之间的共处和国家的巩固"。我国应大力提倡塑造地域的精神内涵，且我国所拥有的众多的建筑遗产将为之提供丰富的源泉。例如，北京圆明园遗址会激发起人们强烈的民族责任感，成为爱国主义教育基地。世界文化遗产曲阜三孔依然受到人们心理上和行为上的膜拜，因为在人们追求精神的过程中，孔庙所承载的传统价值观和思维方式依然发挥着自己的作用。

（2）经济价值

古建筑的经济价值主要是指文物的使用价值，旅游资源的开发等。此外，这些文物也为我国的旅游产业增添了丰富而独具韵味的内涵。文物古迹社会价值形成的地区知名度，可以给当地带来经济繁荣、商业、服务业和其他产业的效益。文物旅游以门票的形式实现的经济价值是经济价值的直接实现；以文物的知名度带动起来的收益是文物经济价值的间接实现。文物经济价值的直接实现是有限的，但间接实现是可以延伸的，是无限的。例如，在旅游产业快速发展的今天，我国拥有众多的世界遗产和文物古迹，在旅游旺季，很多景点都出现了人满为患的情况，也促进了我国经济的发展。被称为"睡在祖先遗产上"的意大利，通过不懈的努力使全世界对其所拥有的文化遗产深怀敬意，并获得很可观的经济效益。

（二）古建筑价值评估的主要方法

一般认为古建筑的价值表现为历史价值、艺术价值和科学价值，因此现阶段对古建筑价值的评估也主要从以上三个方面展开。现在对古建筑价值评估主要采用主观判断法、德尔菲法和层次分析法等几类。

1. 主观判断法

研究者从现场调研出发，结合搜集的相关数据资料和文物古建筑遗存的保护现状，对文物建筑的各部分内容进行价值评定和数据统计。该方法历史最为悠久，也是操作最为简单的评估方法，伴随着古建筑评估的全部发展历程。但该方法对研究者本身的素质要求很高，且易受研究者主观意识的影响，不利于准确、客观地评价古建筑的价值，因此在正式的古建筑评价成果中已较少采用，或仅作为次要方法。

2. 德尔菲法

德尔菲法又称专家调查法，就是根据调查所得到的情况，凭借专家的知识和经验，直接或经过简单的推算对研究对象进行综合分析研究，寻求其特性和发展规律，并进行预测的一种方法。在使用这种方法时，通过调查了解研究对象和有关事物的历史与现状及它们之间的相互关系，是做出准确判断和预测的基础。

专家调查法在科技、经济和社会发展的各领域中有广泛的应用。这类方法的最大优点是简单直观，无需建立繁琐的数学模型，而且在缺乏足够统计数据和没有类似历史事件可借鉴的情况下，也能对研究对象的未知或未来的状态做出有效的预测。

德尔菲法本质上建立在诸多专家的专业知识、经验和主观判断能力的基础上，因而特别适用于缺少信息资料和历史数据，又较多地受到社会的、政治的、人为的因素影响的信息分析。实践证明，采用德尔菲法进行信息分析与预测，可以较好地揭示出研究对象本身所固有的规律，并可据以对研究对象的未来发展做出概率估计。

德尔菲法具有匿名性、反馈性、统计性等特点。德尔菲法采用匿名征询的方式征求专家意见。受邀参加预测的专家之间互不见面或联系，可以不受任何干扰独立地对调查表所提问题发表自己的意见，或者参考前一轮的预测结果修改自己的意见。由于采用匿名的方式，受邀专家之间互不见面或联系，因此，仅靠一轮调查，专家意见往往比较分散，且不能相互启发，共同提高。为了克服这一缺陷，经典的德尔菲法要进行四轮的征询专家意见。组织者对每一轮的专家意见进行汇总整理和统计分析，并在下一轮征询中将这些材料匿名反馈给每位受邀专家，以便专家们在预测时参考。为了科学地综合专家们的预测意见和定量地表示预测的结果，德尔菲法采用统计方法处理专家意见，其结果往往以概率的形式出现。这些结果既可反映专家意见的集中程度，又可反映专家意见的离散程度。除了上述特点外，调查人员通常以函询的方式征求专家意见，因而比较容易通过控制调查使受邀专家具有代表性。此外，专家也有充分的时间思考和进行调查研究，以保证专家意见充分、可靠。

3. 层次分析法

所谓层次分析法是把一个复杂的多目标决策问题作为一个系统，将目标分解为多个目标或准则，进而分解为多指标（或准则、约束）的若干层次，通过定性指标模糊量化方法算出层次单排序（权数）和总排序，以之作为目标（多指标）、多方案优化决策的系统方法，称为层次分析法。

层次分析法是把决策问题按总目标、各层子目标、评价准则直至具体的备投方案的顺序分解为不同的层次结构，然后用求解判断矩阵特征向量的办法，求得每一层次的各元素对上一层次某元素的优先权重，最后再加权和层层归并各备择方案对总目标的最终权重，此最终权重最大者即为最优方案。这里所谓"优先权重"是一种相对的量度，表明各备择方案在某一特点的评价准则或子目标下优越程度的相对量度，以及各子目标对上一层目标而言重要程度的相对量度。层次分析法比较适合于具有分层交错评价指标的目标系统。其用法是构造判断矩阵，求出其最大特征值及其所对应的特征向量，归一化后，即为某一层次指标对于上一层次某相关指标的相对重要性权值。

（三）开展古建筑价值评估的意义

1. 古建筑价值研究是文物保护规划的基础

在日常管理中，文物的研究评估作为第一项内容，是其他内容的基础。文物评估最重要的是价值评估，目的是保护这些文物的价值。只有对古建筑价值有正确和透彻的理解，才能保护好古建筑本体及其原生环境。因此，必须首先研究作为古建筑保护规划基础的古建筑价值。

古建筑保护规划的编制涉及很多专业知识，需要多学科的融合。其中包括考古、规划、建筑、园林、地理、历史文化等。《中国文物古迹保护准则》中明确提出：编制保护规划应由具有资质的专业机构承担，并且必须有考古专家和保护工程专家参加。从目前来看，具有文物保护规划资制的单位基本上都依托文物研究所、古建筑研究所或者大学的建筑历史研究机构等，以保证研究和生产的统一。

我国是一个有着五千年历史的文明古国，文化传统不曾中断，历史文化积淀深厚、古建筑古迹众多、人文景观多姿多彩。它们承载着中华民族形成发展的进程，不但是认识历史的证据，也是增强民族凝聚力，促进民族文化大繁荣、大发展的基础。古建筑古迹因为时空各异，蕴含着大量深厚的文化内涵。文化背景的多样性和历史时期的多样性，决定了"文物价值研究应该贯穿在保护工作的全过程，所有保护程序都要以研究的成果为依据"（《中国文物古迹保护准则》第六条），规划成果"必须反映所有相关因素，包括考古学、历史学、建筑学、工艺学、社会学及经济学"。

2. 古建筑价值研究决定文物保护规划的方向

古建筑是文化浓缩的物质体现，是一定历史时期人类适应生产、生活和其他社会活动之需的产物，体现了不同时代的社会文化、民族文化、地域文化、宗教文化、政治文化等。每一种古建筑都代表着历史上某个时期的相关信息。保护它不仅是保护这些历史文化的载体，而且可以从中滋养出新的有中国特色的建筑和城市。因此，将它们真实、完整地流传下去，是我们义不容辞的职责。

文物保护规划的价值评估部分应该是对当前本领域研究的高度总结与概括。在规划过程中，对古建筑价值的深入挖掘是重点和难点，也可促进古建筑保护工作。文物古迹的历史、艺术和科学价值要通过研究才能确定，而科学研究又是一个不断深化和完善的过程。强调文物真实性的价值评估应该以精炼的图纸表达出来，并在说明和文本中深入阐述其所蕴含的历史、艺术和科技价值，这应是文物保护规划的重点。

现阶段对古建筑价值的研究和探索还未真正形成体系，对古建筑保护的研究工作表象多于内涵，具体对象多于宏观概念，古建筑保护的概念局限于某一具体事物的狭义范畴，缺乏完整的保护思路和理论体系，未能很好地指导文物保护的实践工作，使得古建筑保护工作尚处于摸索阶段，尚有待于进一步提高。这种情况尤其表现在对古建筑环境的保护上，古建筑保护不是简单的建筑意义上的古迹，而是包含社会环境和文化环境的区域保护。因此，含有古建筑的地区，在对其环境的保护上应慎重处理，仔细研究，以减少对环境的冲击，保护古建筑存在、发展的环境。

3. 古建筑价值研究决定文物的保护措施

（1）古建筑价值研究的客观条件限制给保护措施带来的局限

在古建筑保护措施工作中，古建筑价值研究和施工两个方面具有不容忽视的作用。中国古建筑历史悠久，分布地域广袤，不仅有光阴变迁留下的时代印记，也有地域、民族的不同特点。古建筑保护措施最基础的任务就是勘察记录被保护对象的基本状态、艺术与技术的价值和结构特征。大到地貌环境、总体布局，小至建筑构造、装修构件、施工做法均应有明晰的依据。

细致地描述记录每一座古建筑的构成状况，不仅有助于保证措施制定的准确性，更可为古建筑研究提供可靠的依据。然而，时至今日，我们依然难以说出清代数百年间古建筑及其细部构成的衍变和区别，难以描述一座古建筑的文脉，就是因为我们还缺少对现存古建筑基本特质的全面深入的了解。此为我国古建筑保护工作起步较晚、基础资料缺乏的现实情况。

随着国家经济实力增强和公众对传统文化的重视度不断提高，修缮改造古建筑的投入力度不断加大，从古建筑本身所具有的不可再生、不可替代和数量有限的特点出发，提高保护行为特别是保护措施的质量，已成为迫在眉睫的任务。

（2）古建筑价值的主观认识对保护措施的影响

人作为古建筑这个客体的创造者和使用者，始终处于主体地位；没有人的活动，也就没有了古建筑这个概念，人对古建筑的认识是保护文物的一项关键因素。现阶段，我国在古建筑保护工作中存在这样的情况：保护者素质不高，没有正确认识到古建筑的价值内涵。他们也认识到古建筑的功能，积极地进行保护，但往往因缺乏古建筑保护专业知识而未对古建筑起到保护作用，反造成古建筑的损失。在修缮文物时，添砖加瓦，使古建筑面目全非，这是"保护性"破坏的具体体现。这种破坏往往是致命的，也是不可逆的。

当前，在古建筑保护中，大量维修、修复所造成的建设性破坏是惊人的。人们对于文物维修、修复普遍存在着一些主观认识上的误区。例如：古迹修复得越多越好，年代标榜得越久越好，修复规模越大越好，形制规格越高越好，整体布局越完整越好，总体气势越恢宏越好，外部风貌越靓丽越好等。

古建筑的修复、复原首先在于其"原真性"，其中包括历史的真、科学的真、艺术的真及文化内涵的真。在年代、气势、规格、规模等方面刻意追求、夸大的审美观念恰恰违反了古建筑对"原真性"美的追求。

完整是美的一种形态，但不是唯一形态。对于古建筑来说，真实的"残缺"有时比虚假的"完整"更富有一种特殊的美感。例如：希腊帕提农神庙、古罗马遗址、圆明园"大水法"遗址等所具有的残缺美给人们增添了许多美的想象，这种想象的美感绝非完美无缺、画蛇添足所能得到的。

综上所述，对古建筑价值的研究会使人对古建筑的价值有充分的认识和了解，在编制文物保护规划过程中对古建筑价值的保护和展示就会有的放矢，但对古建筑价值的研究不够深入，便会造成建设性破坏。因此，研究古建筑的价值对文物保护规划的编制具有指导意义。

三、土地资源价值及评估方法

（一）土地价值的构成和特点

1. 土地资源价值的构成

可持续发展理念的提出是人类发展观念的伟大革命。可持续理念的形成与确立，建立在资源环境与经济协调发展的基础之上。与传统经济学的经济社会系统模式不同，可持续的经济学系统是建立在资源环境基础之上的资源环境-经济系统。只有从可持续的资源环境-经济系统角度加以理解，才有可能准确地认识土地价值。由于传统经济学自身的历史局限性，因而必须重新审视土地的价值决定与量化问题。可持续理念将目光转到了价值的最一般定义——广义的哲学价值观上：即价值存在于客体对主体的作用和影响之中，是客体的属性和功能满足主体需要的一种功能或效用。在可持续理念的支持下，基于价值哲学概念的土地价值，主要体现在土地对人类生存与发展的作用与功效上。

人类对土地的需求是由于需要土地的功能而引起的。土地价值来源于其对于人类的自然生产力的各种功能与效用。最初，人类把土地作为获得收益的工具的愿望，从需求的观点来看，是土地价值的主要基础。一切影响土地货币收益的多少或影响土地未来收益预期的因素，都将影响它的价值。但随着社会经济的发展及人口、资源、环境问题的突出，人类对土地功能效用的认识与利用发生了深刻的改变。土地之于人类已不仅仅是单纯的生产要素，土地的社会功能亦越来越受到关注与重视，因而其价值的决定因素已体现出多元化的特点。

可持续发展的价值理念克服了长期以来传统经济学价值理论的局限性。根据英国经济学家皮尔斯的观点，并结合土地资源的特点，土地价值的理论构成主要应该包括：实际使用价值、选择价值、辐射价值等三个组成部分。

因为土地进行任何的利用活动，都会获得一定的经济回报，这些回报有好有坏。由于土地是一种不动产，每年都会有一定的收益和因此种利用而给他人和环境带来的损失，如农用地为农、林、牧、渔产业的生产提供了生产资料，并产生相关的收入，城镇土地对城市生产、生活和行政管理的各个行业与部门提供了空间场所，其中的很多部门会产生相关的地租收入，因此，其实际使用价值应为土地在使用期限内其预期收益经过贴现计算的现值及所造成的负面影响。目前，土地利用所造成的负面影响并未"内部化"，但对于土地利用的负面损失进行内化是发展趋势。

选择价值是指土地的潜在收益价值。它所考虑的不是现在实际利用的价值，而是表现为一种保护土地资源的偏好或支付意愿，使之在今后有多种利用选择的可能性，或称为土地的机会成本。考虑到土地利用具有一定程度的不可逆性及未来对土地需求的非确定性，这一选择价值可能大于零。具体而言，土地选择价值包括以下内容。其一，当前土地利用者对未来土地利用的潜在价值。这在一定程度上含有机会成本的成分。其二，后代人利用该土地的潜在价值。其三，其他人利用该土地的潜在价值。由于土地利用者对当前土地的某些不可逆利用，使得本人、其他人及后代人难以将此片土地用于其他潜在用途。

辐射价值是土地价值理论中的一个新概念，土地价值的形成受到周边地区环境的辐射影响，这就是土地辐射价值理论所讨论的问题。土地辐射价值认为，价值辐射是具有公共产品性质的不动产因使用价值向外部扩散从而使得周边地区的房地产增加效用而产生的价值增值现象。

2. 土地资源价值的特点

（1）土地资源价值的时间性

随着现代科学技术的高速发展及人们对土地资源需求的增加，使得一单位土地资源满足人们需要的功能越来越大，单位土地资源的价值也越来越大。这就是土地资源在时间上的分配及其可用性在价值上的体现。另外，土地资源的时间性还包括土地资源用途的时间变化及土地资源未来的发展在价值上的体现。在150年以前，由于生产力水平的限制，人类对土地资源的影响并不明显，这种影响可以通过资源本身的自我调节能力进行恢复。因此可以忽略人类对土地资源的影响，不存在补偿的问题。随着经济发展，人类活动对土地资源的影响越来越大，这种影响已不容人们忽视，需要人类投入费用来恢复和补偿所造成的环境污染、生态破坏及资源消耗。这时，人类对土地资源的单方面利用就转化为双方的互相作用、互相影响，使土地资源价值的构成发生变化，即从土地资源价值构成不完整、只有效用（使用价值）、没有费用（劳动消耗），到费用与效用同时存在并互相作用。

（2）土地资源价值内容的多样性

虽然土地资源产品具有商品性质，但却不能简单地直接引用一般的价值和价格理论。因为，资源产品作为特殊的商品，除了具有显而易见的经济价值外，其功能和用途的多样性决定了土地资源还具有生态价值和社会价值。而土地资源的生态价值和社会价值往往不具有商品的属性，难以进行交换，而是只具备公共物品的属性，主要体现的是信息和服务功能。一般商品的价值表现形式就是商品，但土地资源的价值可以有三种表现形式：一是可直接作为商品在市场上进行交换，体现的是直接经济价值。例如林地提供的木材和各种林副产品及其合成品。二是虽不能直接在市场上进行交换，却具有间接价值。例如森林所提供的防护、减灾、净化、涵养水源等生态价值；再如水域生态系统在提供鱼产品的同时，还具有调节气候、排涝抗旱、水路运输、水力发电甚至提供水域游乐等多种用途。三是能满足人类精神文化和道德需求的资源价值，体现的是文化价值。例如自然景观、珍稀物种、其他自然遗产等。简而言之，土地资源价值可归结为两个方面：一方面是普遍了解并认同的"商品价值"，体现的是物质价值；另一方面是"服务价值"，如通常所说的生态价值、社会价值等，主要体现的是精神价值。第一类价值是可以简单计算并易于用货币来体现的，但第二类价值则不能用简单的方法进行计算。

（3）土地资源价值的整体性

土地资源是构成环境的要素。土地资源之间的互相联系不是机械的，在一定条件下可以通过物质和能量的交换及相互转化共存共荣。"人类只有一个地球"就是人类对土地资源整体性的认识。土地资源的经济价值、生态价值、社会价值是统一的、不可分割的整体，经济价值的不断开发必然引起社会价值和生态价值的流失和缺损。土地资源的整体性，决定了三种资源价值的不可分割性，取用任何一种价值时可能甚至必然造成其他价值的流失和毁灭。例如，大量采伐森林可以获得经济效益，但同时却导致林地的生态效益、社会效益的损失，引发一系列的生态、环境和社会问题，反过来制约经济的发展。研究某种土地资源价值时，应该将其放到生态系统这样一个大的整体环境中，研究它在维持该地区生态系统平衡方面所起到的作用。

（4）土地资源价值内容的延展性

土地资源不仅是人类生产劳动、经济活动的条件和对象，是人类物质文明的基础，同时也是人类生态需求、提高生活质量、建设精神文明和生态文明的物质基础。随着人类文明的进步，人类不断发展和完善对土地资源的认识，由完全经济意义上的价值取向逐渐拓展到伦理价值、文化价值、社会价值、生态价值等方面，人类对土地资源的需求已经由单一的经济价值逐渐转向整体的综合价值。

（5）土地资源价值的地域性

一方面，土地资源在地区分布上具有差异性，不同的地形、地貌和地质特征致使土地资源在不同的地区具有不同的丰度，因此不同地区对同一资源的消耗在损失补偿上具有差异；另一方面，相同的土地资源在不同区域具有不同的可利用方式、程度和环境效应，因而价值也不相同。

（二）土地资源价值评估方法

土地资源的价值包括实际使用价值、选择价值、辐射价值等多种价值。实际使用价值主要来源于土地资源带来的实际收益，因此可以借鉴土地估价的相关理论和方法，对土地在现实市场中的价值进行计算和分析，一般常用的土地估价方法包括成本逼近法、收益还原法、市场比较法、剩余法、基准地价系数修正法等。选择价值主要评估土地作为当前用途因而放弃的作为其他用途所获得的潜在价值，即土地机会成本的价值，由于所放弃的价值既有可能是实际的市场收益，也有可能是土地的生态价值等无形价值，所以其评估的方法既有可能使用有形市场的评估方法也有可能使用无形市场的评估方法，关键在于如何确定土地机会成本的类型，并以此来选择合适的方法进行评估。由于土地的辐射价值在现阶段无法进入市场交易，变现能力弱，所以一般采用条件价值法、费用支出法等进行计算。

1. 成本逼近法

（1）成本逼近法的概念

成本逼近法是以取得土地和开发土地所投资的各项费用之和为主要依据，再加上一定的利息、利润、应缴纳的税金和土地所有权收益来确定土地使用权价格的估价方法。

成本逼近法一般适用于新开发土地、工业用地、既无收益又无交易情况的特殊性土地的估价，特别是适用于土地市场不发育、缺乏交易实例、无法采用其他方法进行估价的土地。因为现实土地价格大部分取决于其效用，而非所花成本，所以成本逼近法不适用于建成区已开发土地的估价。

（2）成本逼近法估价方法

成本逼近法的估价方法是收集与估价有关的成本费用、利息、利润和增值收益的资料，然后通过直接或间接方式求取待估土地的土地取得费、土地开发费及相关税费、利息和利润。

1）土地取得费及有关税费

土地取得费是为取得土地而向原土地使用者支付的费用，包括按照用地单位的土地使用权而支付的各项客观费用。

征用农村集体土地时，土地取得费就是征地费用。征地中各项费用以待估宗地所在区域政府规定的标准或应当支付的客观费用来确定。征地费用包括土地取得费和相关税费两部分。其中，土地取得费包括土地补偿费、安置补助费和地上附着物及青苗补偿费，相关税费包括耕地占用税、耕地开垦费、新菜地建设、基金征地管理费等。

根据相关法律、法规的规定，城镇国有土地的土地取得费按拆迁安置费计算。拆迁安置费主要包括拆除房屋及构筑物的补偿费、拆迁安置补助费及相关税费。拆除房屋及构筑物的补偿费应根据当地拆迁补偿的标准或应当支付的客观费用来确定。拆迁安置补助应当根据当地政府的规定进行补偿。相关税费包括房屋拆迁管理费、房屋拆迁服务费和政府规定的其他有关税费。

2）土地开发费

土地开发费包括三种：基础设施配套费、公共事业建设配套费和小区开发配套费。基础设施配套费通常被概括为"三通一平"和"七通一平"。"三通一平"指通水、通路、通电和平整地面，"七通一平"具体指通上水、通下水、通电、通信、通气、通热、通路、平整地面。公共事业建设配套费用和小区开发配套费与项目的大小和用地规模有关，各地情况不一，视实际情况而定。

3）投资利息

利息是资金的时间价值，投资利息为土地取得费和土地开发费两者的利息，其中土地取得费及其税费以整个取得费为基数，以计息期为整个开发期，而开发费一般是均匀投入，可采用两种方法计算：一是以整个开发费为基数，计息期为开发期的一半；二是以开发费的一半为基数，计息期为整个开发期。若土地开发周期超过一年，则利息按复利计算。投资利息率一般按评估基准日中国人民银行公布的一年期银行贷款利率取值。土地开发周期一般根据开发土地的规模和开发的难易程度确定。

4）投资利润

土地开发总投资包括土地取得费、土地开发费和各项税费。土地开发利润一般为6%~10%。按照开发性质和当地实际，确定开发中各项投资的正常回报率，估计土地投资应取得的投资利润。成本逼近法中利润计算的基数包括土地取得费、土地开发费和各项税费。

5）土地增值收益

土地增值按照该区域土地因改变用途或进行土地开发而达到建设用地的某利用条件而发生的价

值增加额计算。土地增值收益率根据当地土地出让金水平,并结合待估宗地的预期收益及当地的有关规定而确定。

6)土地价格修正与确定

土地使用权价格等于土地取得费、土地开发费、税费、利息、利润和土地增值收益之和。其中,国有土地使用权划拨的划拨价即等于不包含土地增值收益的土地价值。因用成本逼近法计算公式计算所得的土地价格是无限年期的土地使用权价格,所以应进行收益年期修正,即修正为剩余年期的土地使用权价格。

2. 收益还原法

(1)收益还原法的概念

收益还原法是在估算土地未来每年预期纯收益的基础上,以一定的还原率把评估对象在未来每年的纯收益折算为评估时日收益总和的一种方法。收益还原法是对土地、房屋、不动产或其他具备收益性的资产进行估价的基本方法。

由于土地具有固定性、不增性、个别性、永续性等特点,使用者在占有某块土地时,不仅能获得土地现时提供的纯收益,而且还能期待在未来年间源源不断地继续取得收益。当把随着时间延续而能不断取得的纯收益以适当的还原利率折算为现在价值的总额时,即表现为该土地的实质价值,也是适当的客观交换价值,这就是收益还原法的基本原理。

(2)收益还原法的适用范围

收益还原法以地租理论和生产要素分配理论为理论依据,土地的收益应是地租和利用土地资产所带来的收益。土地收益可以采取从总收益中扣除其他生产要素产生的收益后求得,然后将以一定的还原率还原土地收益,即为土地的价格。收益还原法以收益途径评估价格,求得的价格为"收益价格"。收益还原法评估结果的准确度取决于土地的纯收益及还原率的准确程度,因此求取土地收益及确定还原率是收益还原法的关键。

收益还原法以求取土地纯收益为途径评估土地价格,只适用于有收益或有潜在收益的土地和建筑物,或房地产的估价,对于没有收益的不动产的估价则大多不适用。

(3)收益还原法估价方法

收益还原法的基本步骤是:①确定总收益;②计算总费用和折旧费、房屋收益或其他资产的收益等;③计算土地纯收益;④确定合适的还原率和计算土地价格。

总收益是指以收益为目的的土地及与此有关的设施、劳力及经营等要素相结合而产生的总收益。总收益产生的形式包括土地租金、房地出租的租金和企业经营收益。

总费用是业主为取得总收益而必须支付的有关费用。根据总收益产生的形式不同,总费用的计算方式也分为三种情况。土地租赁中总费用包括土地税、管理费和维护费。房地出租中总费用包括管理费、维修费、保险费、租金和房屋折旧费。企业经营费用通常包括原料费、运输费、折旧费、工资、税金、应摊提费用及其他应扣除的费用。

土地纯收益是以收益为目的的土地及与此有关的设施、劳力及经营等要素相结合而产生的总收益,扣除总费用和房屋折旧费、房屋收益等后,即为纯收益。确定土地纯收益后,可以根据收益变化状况和土地使用权年期等条件,选择适当的土地还原率和公式计算得到土地的试算收益价格。若要用收益还原法评估不动产价格,应选用综合还原率对房地产纯收益进行还原求取。

3. 市场比较法

（1）市场比较法的概念

市场比较法也称交易实例比较法。它是根据替代原则，将估价对象与在估价时点近期已发生的类似交易加以比较对照，从已经发生了的交易类型的已知价格，参照其交易情况、期日、区域及个别因素等差别，修正得到估价对象的评估期日地价的方法。

根据经济学原理，在同一市场上，相同的商品具有相同的价格。如果有两个以上相同的商品同时存在时，则明智的买者会选择价格最低的；或者反过来，如果有两个以上价格相同的商品同时存在时，则明智的买者会选择效用最大的。卖者为了使其产品能够卖出去，也会展开价格竞争。市场上各个经济主体的这些行为导致的结果，是在效用相同的商品之间形成相同的价格。

土地价格的形成也符合经济学替代原理。尽管土地具有独一无二性，但在现实交易中，任何理性的买者和卖者，都会将其拟买或拟卖的土地与类似交易的成交价格进行比较，任何买者都不会接受比市场上的正常价格过高的价格成交，任何卖者都不会接受比市场上的正常价格过低的价格成交，最终是类似的土地价格相互牵制从而接近，这就是市场比较法评估地价的理论依据。

市场比较法的应用基础是发达的土地市场和丰富的交易案例资料，所以其仅适用于市场比较稳定的有大量交易案例的地区，并且交易案例与评估地块应有相关性和替代性，即要在同一地区或同一供求范围。

（2）市场比较法估价方法

市场比较法的估价方法包括搜集交易实例、选取可比实例、建立价格可比基础、交易情况修正、交易日期修正、区域因素修正、个别因素修正和求出比准价格。

比较案例是指与评估对象条件相似，作为评估对象比较参照物的交易案例。所选择的比较案例至少大于或等于3个，并且应与待估宗地属于同一供应圈、用地类型相似或相同、交易情况和成交日期比较接近。如果市场比较稳定且交易数量较少，比较的有效期限可以适当延长，可以选择近几年的交易案例用于比较，但最长不得超过3年。如果市场变化较快且交易活跃，则有效期限要缩短，最长不超过1~2年。交易案例必须是正常交易，即成交价格是正常价格或可修正为正常价格，所谓正常交易应是公开、平等、自愿的交易。选择比较案例后，应建立价格比较基础，统一付款方式、币种、货币单位、面积内涵和面积单位等。

交易情况修正是排除交易行为中的某些特殊因素所造成的比较案例成交价格的偏差，将其成交价格修正为正常价格。造成成交价格偏差的因素常常有：利害关系人之间的交易、急于出售或急于购买的交易、交易双方或某一方对市场行情缺乏了解的交易、交易双方或某一方有特别动机或偏好的交易、特殊交易方式的交易、交易税费非正常负担的交易、相邻不动产的合并交易、受债权债务关系影响的交易等。交易情况的修正，首先应测定各种特殊因素对房地产交易价格的影响程度，即分析在正常情况下和这些特殊情况下房地产交易价格可能产生的偏差大小，进而确定修正比例或系数；然后利用修正系数，修正求得评估实例的正常价格。

因为比较案例成交价格是成交日期时的价格，而评估的估价对象价格是估价时点时的价格，如果成交日期与估价时点不同，土地市场状况就发生变化，价格就可能不一样；因此交易实例在成交日期时的价格修正到估价时点时的价格，就是交易日期修正。其实质是对土地市场状况的修正。关于期日修正，可以采用地价指数或房屋价格指数的变动率进行分析计算，将交易价格修订到估价时点的价格。

区域因素是指能反映土地所在区域的特征并对土地价格产生影响的因素。包括区域概况、交通便捷程度、环境、公共设施配套完备程度、城市规划限制等。区域因素修正是将比较实例在其区域条件下的价格调整为在估价对象区域条件下的价格。区域因素修正的方法主要有两种。一种是直接比较修正，即以估价对象的各项区域因素状况为基准，逐项比较与比较案例相对应的区域因素，然后确定修正比率。另一种是间接比较修正，即以设定的某标准土地的各项区域因素为基准，将估价对象和比较案例的区域因素与其相比较，并根据比较结果逐项打分，然后再将分值转化为修正比率，用修正比率乘以比较实例交易价格，即可得到修正后的比较实例价格。

个别因素是能反映土地本身的特征并对其价格产生影响的因素，主要包括宗地位置、面积、形状、宗地基础和市政设施状况、地形、临街类型、临街深度、临街位置、宗地内开发程度、水文条件和规划限制条件等。个别因素修正就是将比较实例在其个别状况下的价格调整为估价对象个别状况下的价格，也可采用直接修正法和间接修正法，与区域因素修正方法类似。

通过对所选择的市场交易案例分别进行交易情况修正、期日修正、区域因素和个别因素修正等因素调整后，即可得到评估土地的试算比准价格，确定比准价格的方法主要有简单平均法、加权平均法、中位数法和众数法等。

4. 剩余法

（1）剩余法概念

剩余法，又称假设开发法、倒算法、残余法或余值法，是在估算开发完成后的不动产正常交易价格的基础上，扣除正常开发的建筑物建造费用及与建筑物建造、买卖有关的专业费、利息、利润、税收等费用后，以价格余额来确定估价对象土地价格的一种方法。剩余价值法适用范围包括待开发土地的估价或待拆迁改造的再开发房地产的土地估价、仅将土地开发整理成可供直接利用的土地估价、现有房地产中地价的单独评估。

（2）剩余法估价方法

剩余法估价的基本方法是调查待估宗地的基本情况；确定土地的最佳开发利用方式；估计开发建设周期和投资进度安排；测算开发完成后的不动产价值；计算开发成本（包括建筑费、专业费、税费、租售费用）；计算利息、利润及评估土地价格。

调查宗地的基本情况时应查清土地位置，土地面积大小、形状、平整情况，地质状况和基础设施完善度，为估算建筑费用提供依据。同时了解政府对此宗地的规定用途、容积率、覆盖率、建筑高度等的限制，以确定建筑物的规模和造型等。此外还必须弄清土地权利性质、使用年限、能否续期，以及对转让、出租、抵押等的有关规定等，为确定开发完成后的不动产价值、售价及租金水平等服务。

在可选择的最佳开发利用方式中，包括土地用途、建筑容积率、土地覆盖率、建筑高度、建筑装修档次等，其中最重要的是要选择最佳的土地用途。土地用途的选择，要考虑到土地位置的可接受性及这种用途的现实社会需要程度和未来发展趋势，即要分析当地市场的接受能力。

开发建设周期是指从取得土地使用权直到不动产全部售出或出租完毕的这一段时期，可分为三个阶段：规划设计和工程预算期（自取得土地使用权至开工建设）、工程建设期（自开工建设至建设竣工）、空置或租售期（自工程竣工至销售完毕）。开发建设周期应根据项目可行性研究、项目的特点、工程技术要求及不动产市场的状况等综合确定。对于大型开发项目，应分期建设，分期投入资金。

开发完成以后的时点上，不动产所能实现或者能折现的市场价值即为开发完成后的不动产价值。不同条件下不动产总价值的计算方法不尽相同。对于习惯出售的不动产，如居住用商品房、工业厂房等，应按当时市场上同类用途、性质和结构的不动产的市场交易价格，采用市场比较法确定其开发完成后的总开发价值。对于习惯出租的不动产，如写字楼和商业不动产等，其开发完成后的不动产总价的确定，可根据当时市场上同类用途、性质、结构和装修条件的不动产的租金水平和出租费用水平，采用市场比较法确定所开发不动产出租的纯收益，再采用收益还原法将出租纯收益转化为不动产总价。

开发成本应区分地上有无建成房屋从而进行计算。估计地上无建成房屋的土地开发成本时，毛地价由土地使用权出让金和基础设施配套建设费组成。熟地价由毛地价和土地开发成本组成，土地开发成本是指通上水、通下水、通电、通燃气、通热力、通邮、通路和场地平整等费用。估计地上有建成房屋的土地开发建筑成本时，开发成本费用包括直接工程费、间接工程费、建筑承包商利润及由发包商负担的建筑附带费用等。其中直接工程费是施工过程中耗费的构成工程实体的各项费用，包括人工费、材料费、施工机械使用费。间接费由规费、企业管理费组成。开发建筑成本可采用比较法来推算，即通过当前当地同类建筑的平均或一般建筑费用来推算，也可采用建筑工程概预算的方法来估算。建筑成本费用往往通过总建筑面积和单位建筑面积成本计算出来。

利息即开发全部预付资本的融资成本。不动产开发的预付资本包括地价款、开发建筑费、专业费和不可预见费等，这些费用在不动产开发建设过程中投入的时间是不同的。因此，这些费用在开发建设过程中所占用的时间长短也各不相同。在确定利息额时，必须根据地价款、开发费用、专业费用等的投入额、各自在开发过程中所占用的时间长短和当时的贷款利率高低进行计算。

开发商的合理利润一般以不动产总价或预付总资本的一定比例计算，相应的利润率一般称为销售利润率或投资利润率。

综上所述，土地价格等于不动产总价扣除建筑开发费、专业费、不可预见费、利息、租售费用、税金和开发商合理利润后的价格。

5. 基准地价系数修正法

（1）基准地价系数修正法的概念

基准地价系数修正法是通过分析待估宗地地价影响因素，利用基准地价和基准地价修正系数表等评估成果，按照替代原则，就待估宗地的区域条件和个别条件等与其所处区域的平均条件相比较，并对照修正系数表选取相应的修正系数对基准地价进行修正，进而求取评估宗地在估价期日价格的方法。

基准地价系数修正法是根据替代原理，即在正常的市场条件下，具有相似土地条件和使用价值的土地，在交易双方具有同等市场信息的基础上，应当具有相似的价格。基准地价是某一级别或均质地域内分用途的土地使用权平均价格，该级别或均质区域内该类用地的其他宗地价格围绕基准地价上下波动。

基准地价系数修正法适用于已公布基准地价的城市的宗地地价评估。特别适用于土地出让底价、土地抵押价格、课税地价和国有企业兼并等行为中的土地资产评估。其优点是在短期内能快速方便地评估多宗土地价格，但其估价的准确性与基准地价及其修正体系精度密切相关。

（2）基准地价系数修正法估价方法

基准地价系数修正法的公式是依据基准地价成果，通过区域因素、个别因素、开发程度、期日、使用年期、容积率等修正得到评估宗地的价格。其估价方法具体如下。

1）收集、整理当地基准地价成果

在估价前必须收集当地有关基准地价资料，主要包括：土地级别图、土地级别表、基准地价图、基准地价表、基准地价因素修正系数表和相应的因素条件说明表等，并根据估价的需要加以整理，作为宗地估价的基础。

2）宗地级别及基准地价的确定

根据待估宗地的位置、用途，对照前面所收集的土地级别图表、基准地价图表等，确定待估宗地所处的土地级别、该级别土地平均开发程度和基准地价内涵。

3）宗地影响因素调查分析与修正系数确定

根据已经确定的宗地级别和基准地价内涵，对待估宗地进行一般因素、区域因素等相关因素的分析，以确定地价修正的基准和需要调查的影响因素项目。

4）年期修正的公式与方法

基准地价对应的使用年期，是各用途土地使用权的最高出让年期，但具体宗地的使用年期可能各不相同，因此必须进行年期修正。

5）期日修正的依据、参数确定、方法

基准地价评估期日地价水平随时间迁移会有所变化，必须进行期日修正，把基准地价对应的地价水平修正到宗地地价评估期日。期日修正一般根据地价指数的变动幅度进行计算，即以宗地估价期日的地价指数与基准地价估价期日的地价指数之比作为衡量标准。

6）容积率修正的依据、参数确定、方法

基准地价评估时对应的容积率是均质区域内的平均容积率，各宗地的容积率可能各不相同，且容积率对地价的影响极大，在编制基准地价修正系数表时难以将其考虑进去。因此，如果在因素修正系数表中未能考虑容积率影响，那么就必须进行进一步修正，将平均容积率修正到实际容积率水平。

7）土地开发程度修正

基准地价所设定的土地开发程度一般依全估价区域的平均开发程度或各均质区域的平均开发程度而定。当待估宗地的土地开发程度与基准地价所设定的土地开发程度不一致时，就需进行土地开发程度修正。土地开发程度修正系数应依据基础设施投资对宗地地价的影响程度确定。

8）确定宗地价格

根据前面所求得的各项修正系数修正待估宗地所对应的基准地价，运用基准地价系数修正法公式，求取待估宗地在基准期目的价格。

四、文物复建区土地、房产价值

土地价值是学术界长期争论的问题，目前比较公认的理论是土地价值二元论，即土地由自然土地和人工土地构成，前者因没有人类劳动物化在里面，所以没有价值，但后者经过人工的开发，包括人类物化劳动在内，是社会总劳动的一个组成部分，是有价值的，二者组成统一的整体，构成土地的二元性。按照马克思主义劳动价值理论，价值是劳动的产物，是凝结于商品内的一般人类劳动。毫无疑问，土地或土地产品也是人类劳动产品，也凝结着一般人类劳动，因而也具有其内在的价值。所谓土地价值，是指进入人类社会后，人类经过长期与自然的相互作用而沉淀凝结在土地或土地产品中的一般人类劳动。

关于土地价值的组成，段正梁和张维然等人提出土地价值由取得土地权益而投入的劳动、为开发利用土地而投入的前期劳动、在土地开发过程中投入的劳动和为保障土地合理开发利用所投入的劳动组成。霍雅勤和蔡运龙认为传统经济学忽视了土地所拥有的生态功能、景观功能、食物安全及代际公平等社会价值与生态价值，基于可持续利用的原理，提出土地价值是人们对土地各种功能效用的支付意愿即边际机会成本，主要包括实际使用价值、选择价值、存在价值等三个组成部分。蔡银莺等人认为土地不仅具有实际使用价值，还存在选择价值、馈赠价值和存在价值等非市场价值，并采用条件价值法评估武汉市非市场价值。

（一）土地、房产价值构成

结合国内外研究现状及本研究的实际特点可见，上述理论都具有一定的局限性或只探讨了土地价值的一部分。劳动价值论无法解释未经人类劳动的自然资源比如土地是否具有价值，不利于对自然资源的保护。因而按这种理论无法说明资源价值的正确构成。且土地的非市场价值及辐射价值只是土地价值的构成之一。

因此，通过分析和归纳劳动价值理论、土地辐射价值理论及近年来一些新的资源价值理论，研究认为，复建区土地和建筑资源价值应当为土地及建筑的实际价值、土地及建筑的选择价值、土地及建筑的辐射价值三者之和。通过分别计算上述三项价值，最后得出土地及建筑的综合价值。

复建区土地、建筑等价值的评估中主要的研究对象有两个方面，一是复建区的土地，二是复建区土地上承载的建筑物。土地是复建区存在和发展的基础，是具有重要经济价值的资源；复建区的各种建筑不仅提供各种实际使用价值，且其复原的古建筑还蕴含着丰富的历史、文化和科学价值。由此可见，复建区的土地和建筑都具有丰富价值的社会资源，并且两者不可分割。因此，在评价中，综合分析土地和建筑资源的价值，将其统一于一个评价系统中，并在不同的环节区别分析，以得出对复建区土地、建筑价值的综合评价。

1. 实际价值

各个文物复建区的土地为国有划拨土地，即由县级以上人民政府依法批准，在土地使用者缴纳补偿、安置等费用后将该宗土地交付使用，或者将土地使用权无偿交付给土地使用者使用。我国的土地使用权是从所有权中分离出来的，随着国务院55号令《城镇国有土地使用权出让和转让暂行条例》的出台，我国正式确立了划拨与出让并存的立法和管理体制，即双轨制，由此形成两种国有土地使用权，即划拨土地使用权和出让土地使用权。

划拨土地使用权包括占有、使用、收益和有限的处分权能。根据我国现行的土地管理法律、法规，划拨土地使用权可以依法转让、出租、抵押，但是与出让土地使用权相比，划拨土地进入二、三市场有严格的限制，且严禁利用划拨土地进行经营活动。所以，划拨土地使用权无法实现自然增值。由此可见，三峡库区文物复建区土地的实际价值由两个基本部分组成，即土地取得成本和开发成本。

文物复建区土地属国有划拨土地，划拨土地需要通过征地获得，因而具有土地取得成本。为了实现单位或企业的生产服务功能，需要一系列的土地熟化过程，因而具有开发成本，正是这些成本加上相关税费、利息和投入回报构成了文物复建区土地的实际价值。这部分价值与文物复建区土地是否进入市场产生土地产生增值效益无关。

2. 选择价值

土地具有物质稀缺性，并且存在着多种用途可供选择，因而土地价值包括边际成本。边际成本是根据使用土地的机会成本确定的。土地的机会成本是选择价值的主要表现。

所谓土地的机会成本，是指土地改作他用时所放弃的利益，或用于其他经济活动时必须支付的代价。机会成本是经济学中的一个重要概念，生产一单位的某种产品的机会成本是指生产者所放弃的使用相同的生产要素在其他生产用途中所能得到的最高收入。机会成本的提出是从经济资源的稀缺性出发的，当一个社会或一个企业用一定的经济资源生产一定数量的一种或者几种产品时，这些经济资源就不能同时被用在其他的生产用途方面。即这个社会或这个企业所获得的一定数量的产品收入，是以放弃用同样的经济资源来生产其他产品时所能获得的收入作为代价的。

机会成本的概念为我们提供了一种全新的土地估价思路。土地本身就是一种稀缺资源，其总量是有限的，且不可再生。从理论上来说，当人类开发土地时，可以设定不同的用途。我国城市土地利用实行规划制度，通常一宗土地的用途是设定好的，具有排他性，在一个较短时期内其用途是固定的，但是从长远看，土地的用途是可以改变的，这就意味着当土地以一种用途被人们使用时，是以放弃将土地作为其他用途为代价的。尤其是公共建筑用地，人们利用土地时并非以土地在该区位的最佳收益用途来设定其用途，为了公共利益的需要，因而牺牲了其真实价值，或者说其公共用途的价值掩盖了其真实价值。利用这一原理，我们可以用土地利用的机会成本来评估公共建筑用地的价值。

经济学中是以生产要素在其他领域所能得到的最高收入为其机会成本，但是把这一概念引入土地评估领域，不能简单地把土地能产生最高经济收益的用途作为其机会成本。土地是一个自然经济历史的综合体，土地的性质和用途取决于全部构成要素的综合作用，有时虽然某种用途可以产生很高的收益，但是也会带来一些其他的问题（比如污染，比如与周围环境的不协调等），反而会降低土地价值。因此，运用机会成本法评估土地的价值，不能简单地把经济上的最高收入作为土地的机会成本，而是应当以土地最适用的利用方式评估其选择价值。

3. 辐射价值

价值辐射主要来源于"土地价值辐射理论"，主要表现为"建设所产生的功能会扩散到相邻土地、周围土地或更远的土地，使它们的经济效益提高"。复建区及其中的建筑所产生的文化氛围辐射、环境及景观的效用甚至旅游效应都会对周边土地带来升值，这种升值就是辐射价值的具体体现。

辐射价值作为一种无形价值，不能通过货币的形式表现出来。相关的研究较少，且多是从理论上进行分析。本研究认为可以从以下三种思路分析之。第一是通过调查，了解复建区建成后普通群众对附近区域带来的文化氛围提升、环境及景观的改善或精神愉悦等好处的支付意愿为基础进行测算；第二是通过咨询相关领域的专家和相关部门对复建区建成后对附近土地价格或房地产价格变化的预期为基础进行测算；第三是寻找类似的建设对附近土地价值提升的案例，通过比较分析后再进行测算。

（二）文物复建区土地、房产价值评估方法

1. 文物复建区土地、房产价值评估依据

1）《中华人民共和国土地管理法》；
2）《中华人民共和国城市房地产管理法》；

3)《中华人民共和国城镇国有土地使用权出让和转让暂行规定》；
4)《中华人民共和国城市规划法》；
5)《城镇土地分等定级规程》（GB/T 18507-2001）；
6)《城镇土地估价规程》（GB/T 18508-2001）；
7)《湖北省城镇土地定级更新技术规范》；
8)《湖北省城镇基准地价更新技术规范（试行）》；
9)《湖北省物价局、财政厅关于征用土地管理收费的通知》（鄂价房地字144号文）；
10)《湖北省秭归县文物古迹保护规划报告》；
11)《湖北省巴东县文物古迹保护规划报告》；
12)《湖北省兴山县文物古迹保护规划报告》；
13)《湖北省夷陵区文物古迹保护规划报告》；
14)《秭归县城镇总体规划》；
15)《巴东县城镇总体规划》；
16)《兴山县城镇总体规划》；
17)《秭归县土地利用规划》；
18)《巴东县土地利用规划》；
19)《兴山县土地利用规划》；
20)《夷陵区太平溪镇土地利用规划》；
21)《秭归县基准地价更新报告》；
22)《巴东县基准地价更新报告》；
23)《兴山县基准地价更新报告》。

2. 评估原则

（1）科学性原则

文物复建区土地价值评估的结果必须能较客观地反映复建区土地、房屋等有形资产的价值，同时评估方法本身还应具有科学性与合理性。文物复建区土地、房屋等的价值评价方法应能适用于各类文物用地价值评估的方法要求，其内涵在各类文物用地之间具有普遍适用性和科学有效性。

（2）综合性原则

文物复建区的土地、房屋等有形资产价值评估是一个综合性概念。在我国，文物用地绝大部分是以划拨方式使用的，无偿且无期限，法律法规对进入市场的划拨用地有严格的规定，市场价格无法真正体现其价值本身，因此文物复建区土地价值评估必须涉及其隐含的市场价值，以便进行系统的研究和论证。

（3）定性与定量相结合原则

定性分析主要用于解决对资产价值有影响又不能用定量数据进行分析的因素，特别是在土地评估的问题上，专家的经验和主观判断相当重要。定量分析的优点在于其精确性具有较强的说服力。定量分析必须与定性分析相结合。文物复建区土地价值评估应从定性分析入手，揭示其价值内涵及来源，再用数学方法定量分析文物复建区有形资产的价值大小。

（4）可操作性原则

文物复建区的有形资产价值评估方法要简单明确，所需数据易于收集，统计口径一致，要尽量采用现有的数据、图片和相关部门所掌握的资料，即评估方法具有可操作性。

3. 实际价值评估方法

（1）土地实际价值评估方法

土地的实际价值是取得土地、对土地进行相应开发过程中的实际投入。文物复建区土地严禁进入市场流转开发、且这种土地利用类型交易实例很少。这些特点正好符合土地估计中成本逼近法适用于新开发土地、不适用于建成区域已开发土地估价的条件，因此以成本逼近法为基础评价文物迁建保护区土地的实际价值。

成本逼近法是以开发土地所耗费的各项费用之和为主要依据，再加上一定的利润、利息、应缴纳的税金和土地所有权收益来确定土地价格的方法。成本逼近法是以成本累加为途径，却未对土地的效用、价值和市场需求方面的情况加以考虑，这和三峡文物复建区实行的保护与利用相结合的原则一致。

由于文物迁建保护区土地属公益性用地，其用途属性有别于商业用地，所以对其价值评估必须在成本逼近法的基础上进行相应的说明和修正。

首先，文物迁建保护区土地不能进行市场开发，因此不存在土地所有权收益，所以土地所有权收益不予考虑。

其次，若土地取得前土地是农用地，土地取得费等于征地费用、相关税费、不可预见费（按征地费用和相关税费的一定比例计算）之和；若该土地本身就是国有土地如旧城改造用地，土地取得费等于拆迁安置补偿、相关税费、不可预见费（按拆迁安置补偿费和相关税费的一定比例计算）之和。

再次，投资利润是把土地作为一种生产要素，将之以固定资产方式投入市场创造经济价值，由于复建区土地未进行市场开发，且免费向各地游客开放，因此复建区不存在土地收益。

结合成本逼近法的基本原理和文物复建区土地的特有特征，复建区的实际价值评估公式如下：

$$P_{实际}=P_1+P_2+P_3+P_4 \quad P_4=(P_1+P_2+P_3)\times k \times T$$

式中，$P_{实际}$为文物迁建用地的实际价值；P_1为土地取得费；P_2为土地开发费；P_3为税费；P_4为利息；k为利息率；T为土地开发周期。

（2）房产实际价值评估方法

由于文物复建区古建筑所具有的巨大历史价值、艺术价值和科学价值，古建筑主要发挥其科学研究和历史继承的作用，不能进行市场流转开发，因此其价值评估的基本原理同复建区土地评价的思路相似。作为房产价值评估的方法之一，成本法的本质是以房产的开发建设成本为导向求取估价对象的价值，即以房产价值各构成部分的累加为基础测算房产价值。

对于新近开发建设的、可以假设重新开发建设的或者计划开发建设的房产，都可以采用成本法估价。成本法特别适用于估价既无收益又很少发生交易的房地产，如学校、图书馆、体育场馆、医院、政府办公楼、军队营房、公园等公用、公益房地产，以及化工厂、钢铁厂、发电厂、油田、码头、机场等有独特设计需要或只针对特殊需要而开发建设的房产。因此，文物复建区房产价值评估适用于成本法的评估范围。

按照成本法的估价原理，房产的实际使用价值由土地取得成本、开发成本、管理费用、销售费用、开发利息、税费和利润等各部分价值构成。由于复建区属国有划拨土地，且位于新建城区内，不存在拆迁安置补偿等费用，因此土地取得成本不予考虑。此外，复建区建筑没有进行市场开发，不存在房产销售费用和利润，因此复建区的房产实际使用价值由开发成本、管理费用、税费和开发利息构成。

4. 选择价值评估方法

由于土地是建筑物的基础和约束条件，古建筑物建成后其用途性质难以发生改变，且基本不具有其他的用途方式，因此选择价值评估主要是针对土地的选择价值。

土地的选择价值所考虑的不是现在实际利用的价值，而是以某种方式利用一单位土地时所放弃的以其他方式利用土地可能获得的最大收益。评估土地的选择价值时除考虑最大收益外，还要考虑其最可能最合理有效的土地利用方式。图2-1-1为文物迁建区土地选择价值评估的基本流程。首先，根据文物迁建保护区所在地的城市利用总体规划、周围区域的土地利用状况和迁建区用地的区位条件等，判断文物迁建区用地最适宜的土地利用方式；然后，根据迁建用地最适宜的土地利用方式，运用相关方法估算其选择价值。

本研究中的文物迁建区均位于中心城区规划范围内，各项规划实际上已经规定了该土地的最佳利用方式，同时各研究区已完成城市基准地价更新。因此，本研究中采用基准地价系数修正法较为适宜。

基准地价反映的是城镇内地价的总体变化趋势和各级、各类土地的平均价格。基准地价修正体系的建立与土地级别相对应，每个级别有一套相应的基准地价修正系数。级别内因素条件按优、较优、一般、较劣、劣分为5个段，并给出每段对应的条件指标描述和相应的地价修正系数。个别因素修正系数编制主要是在调查、数理统计和比较分析的基础之上，统计各因素在不同条件下的地价水平，并进行规律性分析，确定因素各条件对应的修正系数。

基准地价修正系数主要包括宗地区位因素修正系数、个别因素修正系数和其他修正系数。基准地价系数修正法是通过分析待估土地地价的影响因素，对各城市已公布的同类用途同级土地基准地价进行区位因素、个别因素、开发程度、期日、使用年期和容积率等因素修正，估算土地客观价格的方法。具体公式如下：

$$P_{选择}=P_0\times(1\pm K)\times\pi S\times M$$

式中，$P_{选择}$为迁建区土地选择价值；P_0为迁建区宗地对应的基准地价；K为各区域因素修正系数之和；S为各个别因素修正系数；M为复建区土地面积。

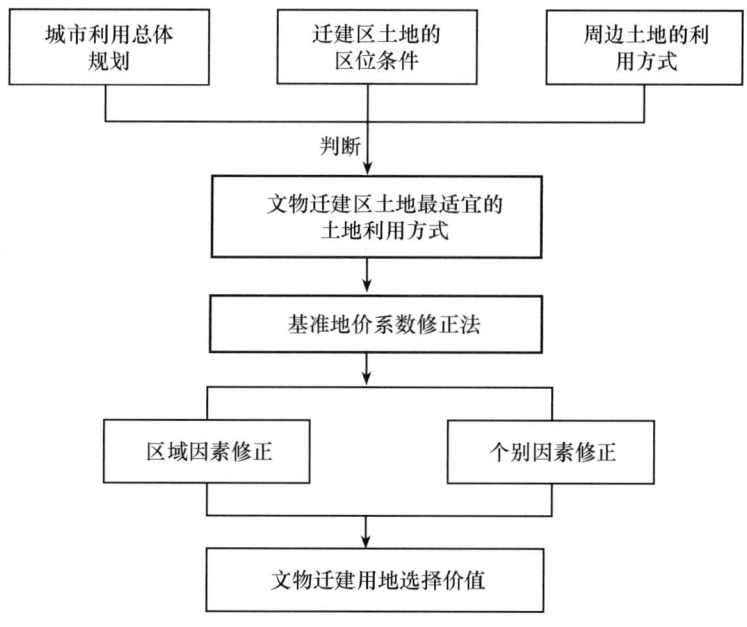

图2-1-1　文物迁建区土地选择价值评估流程

（1）选择价值区位因素修正体系

依上文所述，选择价值的评估采用基准地价系数修正法，因此，选择价值区位因素修正系数的编制参照基准地价区位因素修正系数的编制方法。各研究区选择价值影响因素采用相应的土地定级因素，各影响因素权重为相应的土地定级因素权重。

区位因素是指土地所在地区的自然、社会和经济条件。这些条件相互结合所产生的地区特性会对地区内的土地价格水平造成决定性的影响。区位因素的影响主要体现在商业繁华度、交通便捷度、基础设施完善度、环境质量优劣度、规划限制等方面。

商服繁华度修正系数包括研究区距商服中心的距离及距宾馆酒店的距离，根据区位因素修正表确定相应距离的修正系数。

交通条件修正系数。首先确定研究区周围道路通达度情况及研究区至长途汽车站的距离，然后对照区位因素修正表确定相应距离的修正系数。

基础公用设施状况修正系数。根据城镇总体供水、供电、排水状况确定研究区的供水、供电、排水状况等级，然后对照区位因素修正表确定供水、供电、排水状况的修正系数；根据计算研究区到医院距离、距中学距离、距小学距离、距邮政局距离、距公园广场距离、距体育场馆距离、距影剧院距离，参考区位因素修正表确定相应的修正系数。

环境条件修正系数由研究区内的大气污染指数、噪声污染情况、水污染情况确定。

规划前景修正系数根据研究区的城镇总体规划、道路规划及用地规划等进行确定。

（2）选择价值的个别因素修正体系

个别因素是指土地本身的条件和特征，以及对土地价格有重大影响的因素。即与土地直接相关的自然条件、市政设施条件、宗地形状、长度、宽度、使用限制和宗地临街条件等。个别因素是决定同一均值地域内地块差异的重要因素，是同一区域内地价差异的重要原因。

个别因素修正系数编制主要是参考基准地价体系，统计各因素在不同条件下的价值水平，并进行规律性分析，确定因素各条件对应的修正系数。个别因素主要包括容积率、期日、使用年期、开发程度、宗地面积、宗地形状、宗地临街深度、宗地临街宽度、宗地宽深比等因子。

1）容积率

容积率修正按区域进行，以城市规划规定的区域容积率为标准；容积率不同，地价也存在相应的变化，这一点体现在住宅用地上尤为明显。住宅用地级别价是建立在标准容积率基础上的，计算公式为某一区域某一用途规定容积率下单位面积平均地价与某一区域某一用途在某一容积率时单位面积的平均地价之比。

$$K_r = V_{is}/V_i$$

式中：V_{is}为某区域某用途规定容积率下单位面积平均地价；V_i为某区域某用途在某一容积率时单位面积的平均地价；K_r为容积率修正系数。

对于不同容积率情况下发生的交易地价，根据公式将地价修正到规定容积率的价格：

$$V = K_r \times V_{ij}$$

式中：V为修正到规定容积率时的宗地地价；V_{ij}为某一容积率下的宗地交易价格；K_r为容积率修正系数。

2）期日修正系数

不同的交易时间的地价中仅修正到基准地价估价期日的地价，才能用于基准地价评估。期日修正系数受用地类型（包括商业用地、住宅用地和工业用地）及交易时间的影响，其计算公式为土地交易平均价与土地基准地价估价期日土地交易平均价之比值。

$$K_{ij}= P_{is}/P_{ij}$$

式中：K_{ij}为第i类土地第j期地价修正到基准地价估价期日的系数；P_{is}为第i类土地基准地价估价期日土地交易平均价；P_{ij}为第i类土地第j期土地交易平均价。

对不同时期发生的交易宗地地价，地价修正到评估期日的计算公式为：

$$V= K_t \times V_0$$

式中：V为待估时间的宗地价格；V_0为实际成交宗地地价；K_t为时间修正系数。

3）使用年期修正系数

使用年期修正系数由研究区用地类型的剩余使用年期和土地还原利率决定。

$$R=\frac{1-1/(1+r)^m}{1-1/(1+r)^n}$$

式中：R为待估宗地的地价修正系数；m为待估宗地剩余使用年限；n为待估宗地法定最高出让年限；r为土地还原利率。

4）开发程度修正系数

基准地价所设定的土地开发程度一般依照全估价区域的平均开发程度或各均质区域的平均开发程度而定。当待估宗地的土地开发程度与基准地价所设定的土地开发程度不一致时，就需进行土地开发程度修正。土地开发程度修正系数应依据基础设施投资对宗地地价的影响程度确定，开发程度越高、基础设施越完善，修正指数越高。

5. 辐射价值评估方法

文物复建区由于其使用价值的外部扩散，使得周边地区的房地产增加了效用从而产生的价值增值没有得到市场经济价值的体现。从理论上讲，可以从以下三种思路进行分析：第一是通过调查了解普通群众对迁建区建成后对附近区域带来的文化氛围提升、环境及景观的改善或精神愉悦等好处的支付意愿为基础进行测算；第二是通过咨询相关领域专家和相关部门以迁建区建成后对附近土地价格或房地产价格变化的预期为基础进行测算；第三是寻找类似的建设对附近土地价值提升的案例进行比较分析后进行测算。研究思路中的三种方法都可用来评估文物迁建区土地和房产的辐射价值，但是第二种方法中对咨询专家的选取是关键所在，评估结果偏于主观，不能给人以说服力。第三种方法是利用替代原理，通过对相似案例进行修正分析得到研究区的土地和房产的辐射价值，但是目前诸如三峡库区大规模的和有影响力的文物迁建还不存在。因此实际操作性比较强的是第一种方法。

在假想市场情况下，直接调查和询问人们对享用文物复建用地价值辐射的支付意愿或接受补偿意愿，从而导出文物迁建用地的辐射价值，即采用评条件价值法（简称CVM），这是目前西方用于评估没有市场价格的资源的比较成功和普遍的方法。在条件价值法中，土地辐射价值表现为当地居民支付一定的保险金维持文物复建区的用地性质。

条件价值评价法通过问卷调查的方式直接询问被调查者在某一假设环境下为获得某项环境物品或服务的支付意愿，或放弃该环境物品或服务而愿意忍受的接受意愿，以此来揭示被调查者对环境物品和服务的偏好，从而最终得到该公共物品的经济价值。条件价值法在具体操作中，通过设计、发放和回收调查问卷进行数据统计分析，最后将平均意愿支付额与相关群体总人数相乘以估算评估对象的总价值。

条件价值法的调查问卷设计总框架通常包括三个部分：详述待评估物品及其背景资料、询问被调查者对所评估物品的支付意愿、对被调查者的社会经济特征的调查（如性别、年龄、职业和家庭年均收入等）。本研究设计的调查问卷内容主要包括文物复建对当地土地价值的影响程度、被调查者对土地文物复建土地辐射价值的支付意愿和被调查者的个人特征，并在问卷最后请被调查者填写他们对问卷的理解程度，以此来评价问卷设计的有效性。

问卷调查设计中，因为采用接受意愿获得的评估结果常高于采用支付意愿得到的评价值，所以一般采用支付意愿法。在正式调查之前应进行一次或多次小规模的前测，确保调查效果的准确度。

6. 文物复建区土地、房产价值评估体系

综合三峡库区文物复建区土地、房产等有形资产价值评估思路和方法，得到文物复建区土地、房产价值评估体系，见表2-1-1。

表2-1-1　三峡库区文物复建区土地、房产价值评估体系

目标层	项目层	评价方法	因子层	
文物、土地、房产资源价值	土地实际价值	成本逼近法	土地取得成本	
			土地开发成本	
			税费	
			利息	
	房产实际价值	成本法	建筑修建投入	
			税费	
			利息	
	选择价值	基准地价系数修正法	以基准地价为基础对下列因子进行修正	
			商服繁华度修正系数	距商服中心的距离
				距宾馆酒店的距离
			交通条件修正系数	道路通达度
				距长途汽车站的距离
			基础公用设施状况修正系数	供水状况
				供电状况
				排水状况
				距医院的距离
				距中学的距离
				距小学的距离
				距邮政局的距离
				距公园广场的距离
				距体育场馆的距离
				距影剧院的距离

续表

目标层	项目层	评价方法	因子层	
文物、土地、房产资源价值	选择价值	基准地价系数修正法	环境条件修正系数	大气污染
				噪声污染
				水污染
			规划前景修正系数	道路规划
				用地规划
			个别因素修正系数	期日修正系数
				容积率修正系数
				开发程度修正系数
				使用年期修正系数
				面积修正系数
				形状修正系数
				临街深度修正系数
				临街宽度修正系数
				宽深比修正系数
	辐射价值	条件价值法	人均支付意愿	
			支付比例	
			辐射总人口	

第二章　巴东民族文化园土地、房产价值

一、巴东县概况

巴东县位于东经110°04′~110°32′，北纬30°13′~31°28′，居于恩施土家族苗族自治州的东北部。东连兴山、秭归、长阳，南接五峰、鹤峰，西邻建始、重庆市巫山，北靠神农架林区。边界线全长529千米，其中省界80千米，县界449千米。全县国土面积3219平方千米。耕地面积40.72千公顷，旱地38.68千公顷，山林204千公顷，水域6.96千公顷。农耕地占13.01%，林业用地52.53%，草地占15.35%，荒山荒地占5.54%，园地占0.85%，水域占2.03%，城乡居民及工矿用地占0.55%，交通用地占0.96%，难利用地占9%。

巴东县处于新华夏系一级隆起带的第三隆起带、长江中下游东西向构造带和淮阳山字形西翼反射弧3个构造体系的交汇处，构造格局复杂。县境地域崎岖狭长，地势西高东低，南北高低悬殊。长江、清江分割县境，北有大巴山余脉盘踞，中有巫山山脉延伸，南有武陵山余脉峙立。全县最高点小神农架海拔3005米，最低点红庙岭长江边海拔66.8米，全县平均海拔1089.3米。图2-2-1为巴东长江大桥全貌。

图2-2-1　巴东长江大桥

巴东县位于亚热带季风区，温暖多雨，湿热多雾，四季分明。光、热、水分布垂直差异明显，形成各种不同的山地型小气候。海拔每升高100米，气温平均下降0.62℃，无霜期减少5~7天。太阳辐射总量处于全国低值区，年平均88~99千卡/平方厘米，日照总时数在1200~1650小时。气温立体分布，无霜期最长为311天，最短为173天。年平均降雨量为1100~1900毫米，多集中在4~9月。年平均风速偏低，仅有1.5~3.4米/秒，多为偏东风和偏西南风，北风、西风频率低。

巴东县土壤类型多样，全县共有10个土类、20个亚类、52个土属、235个土种，土地利用率为51%左右。全县河流落差大，水能资源丰富，多年平均径流量为33.05亿立方米，多年平均径流深为903.2毫米，地下水为10.84亿立方米。水能，理论蕴藏量为24.12万千瓦，可利用量为15.47万千瓦，

平均每平方千米45.04千瓦。全县已探明矿产种类23个，矿产地93处，其中大型铁矿床1处、中型煤矿床2处、中型铁矿床4处。煤炭、铁矿、石灰石、硅石为四大骨干矿产，其中煤炭总储量为8727万吨，占全州的36%左右，占全省的14.9%。

巴东历史悠久，早在远古的第四纪更新世就有人类活动。随着三峡工程的兴建，大量的新旧石器和商、周、春秋战国及汉魏六朝的文物和文化遗址先后被发现，除原发现收藏的石器、陶器、青铜器、编钟等文物外，新近又发现古文化遗址67处，春秋战国、汉魏六朝及宋代墓葬群29处。发现的"南方古猿"化石及20余种伴生动物化石，是研究直立人和人类起源的重要证据。巴东喀斯特地貌发达，山光水色奇险幽秀，素有"山川险胜甲荆南"之称。有原始、古朴、无污染的国际旅游景点神农溪；有飞瀑挂川的灵山圣境无源洞；有"潞南石林"格子河；有"自古华山一条路"的莲峡河；有"天然植物园"小神农架自然保护区；有世界第一垒石高坝水布垭水电工程。伏奇景于灵山，藏珍秀于奇溪。巴东居于长江三峡旅游辐射网的中轴点，以长江三峡和三峡工程为依托，有黄金水道和国道通达。东邻全球瞩目的三峡工程及屈原、昭君故里；南有世界第一垒石高坝水布垭水电工程，紧连鄂西腾龙洞和湘西张家界；西接大宁河、白帝城；北有神州第一漂神农溪和世界闻名的神农架自然保护区。入川下汉水陆两便，是旅游避暑的胜地。

二、民族文化园概况

巴东民族文化园位于巴东县县府信陵镇长江南岸城区，距县政府和商业中心约500米。周围有沿江大道和西陵路环绕，交通较为便利，东西毗邻天然山体绿地和城区体育中心，南靠云沱居住小区，地理位置较为优越。如图2-2-2。

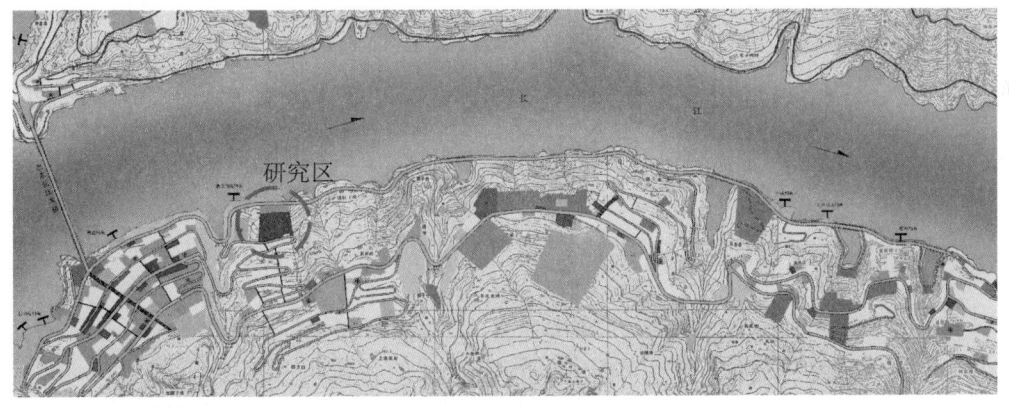

图2-2-2　民族文化园区位

根据国家文物局"三峡工程淹没区地面文物保护规划"的要求，巴东承担了三峡工程淹没区内具有重要历史文化价值的民居、庙宇及古桥、古井等一批地面文物异地复建工作。至2006年初，巴东民族文化园文物复建的主体工程接近尾声。

巴东县民族文化园以三峡地区古建筑复建区为核心区域。复建古建筑均迁移自巴东县受淹区域，如东瀼口乡、楠木园乡、龙船口村等乡镇。民族文化园内有庙宇建筑两座（地藏殿、王爷庙）；景观建筑一座（秋风亭）；民居五座（万明兴老屋、王宗科老屋、李光明老屋、毛文甫老屋、顾家老屋）；作坊一座（水磨坊）；构筑物两座（寅宾桥、济川桥）；祠堂建筑一座（寇公祠）。所复建的文物建筑均为民间建筑中等级、质量较高的建筑佳作，集中地体现了巴东地区的民风民俗。民居群中心设有演艺广场，适合开展民俗表演活动。如图2-2-3。

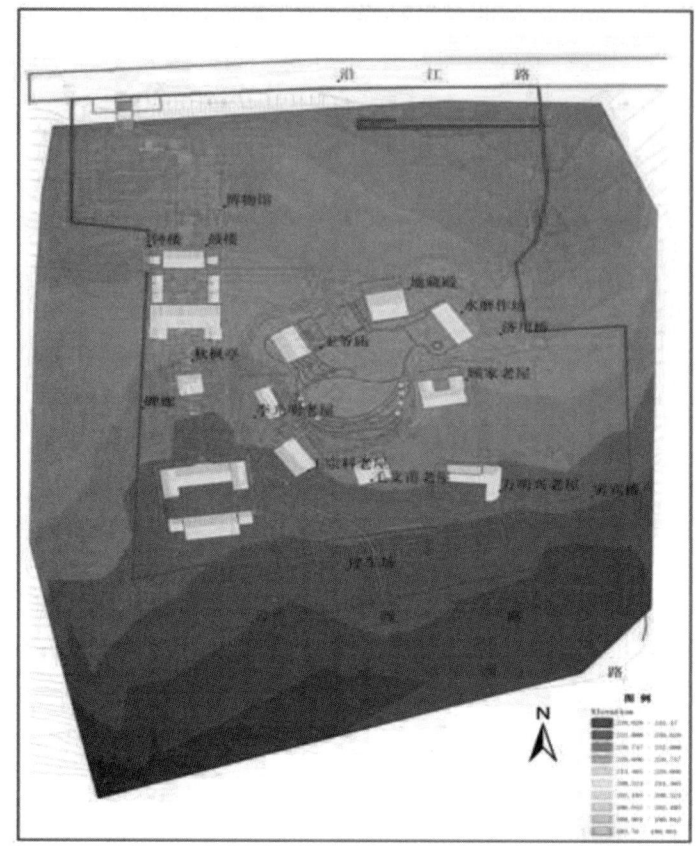

图2-2-3 巴东民族文化园高程图

三、土地、房产价值评估

（一）实际价值评估

1. 土地实际价值评估

根据前文的分析，民族文化园土地的实际价值从土地取得成本、土地开发成本、税费、利息几个方面进行分析。在计算过程中主要需确定利息率、土地开发周期和税率等参数。

土地取得成本：巴东民族文化园位于新县城沿江路路段，由于该地区在新县城建设过程中被规划为城镇用地，在土地取得过程中巴东民族文化园不存在土地补偿、劳动力安置、拆迁安置等征地支出费用，因此巴东民族文化园的土地取得成本不予考虑。

土地开发成本：主要是指土地熟化过程中土地平整、基础设施建设、园林绿化等项目支出。其中土地平整主要是通过拆迁、勘探设计和土方工程等对土地表层进行改造，消除地表高差以达到土地开发建设的基本条件，包括可行性研究、规划、勘察、设计等前期工程。基础设施建设包括所需的道路、给水、排水、电力等设施的建设。巴东民族文化园的土地开发费具体见表2-2-1。

表2-2-1　巴东民族文化园土地开发成本　　　　　　　　　　　　　　（单位：万元）

项目名称	造价	项目名称	造价
七通一平	84	道路工程	32
勘探设计	50.4	场地工程	38.4
咨询、评估	6	挡土墙工程	35
电气工程	90	植物	15.8
给排水工程	80	草皮	44.9
消防工程	90	监督管理、防治保险等	30

税费：根据湖北省物价局、财政厅《关于征用土地管理收费的通知》（鄂价房地字〔1995〕44号文）的规定，文物复建区等全额预算管理的事业单位，不征收征地管理费，因此本研究中巴东民族文化园土地税费不计。

利息：根据待估区域宗地的规模及项目的特点，调查确定巴东县城区土地开发周期为一年。投资利息率按民族文化园土地开发时期的中国人民银行公布的固定资产一年期贷款利息率5.85%计。

根据实际价值的评估公式，得到巴东民族文化园土地开发成本费为596.5万元。在土地开发中，由于土地开发费均匀投入，本书以开发费的一半为基期，得到土地的开发费利息为17.45万元。综合得到土地的实际价值为613.95万元。

2. 古建筑实际价值评估

（1）古建筑概况

寇准县衙是仿古代县衙建筑，与秋风亭、寇公祠位于同一中轴线上，形成空间层次。采用古代衙署建筑风格，建筑置仪门、正堂、六公房等，为抬梁结构五开间单檐歇山，外檐五铺作斗拱。其中陈列北宋时期寇准任巴东县令时的物品，包括堂前审案的文具、刑具、令牌和出行仪仗等。全面还原了宋代县衙功能。占地面积为760平方米，建筑面积为550平方米。

寇公祠原建在江北旧县坪（宋代县城）、南宋时移至江南老城，后毁。与秋风亭、寇准纪念馆建在同一中轴线上。建筑风格采用民间祠堂建筑，穿斗结合抬梁结构，封山。祠内供寇准坐像或半身像，并悬挂寇准工作、生活、劝农、廉政等画像，供人们祭拜。占地面积为1000平方米，建筑面积为600平方米。

秋风亭又称寇公亭，歇山顶楼阁式木质结构建筑，重檐二层，平面方形，屋面灰筒瓦，瓦当有"万古不朽"铭文。正脊中间置宝瓶，两端用吻兽，垂脊端头用垂兽。结构类型采用抬梁式，下檐檐柱四根、金柱四根，金柱同时又是上檐的檐柱。飞檐四角攒尖顶，翘角抬梁雕饰龙头含珠。其历史久远，建筑艺术精致，有极高的历史和艺术价值，是巴东重要的人文景观和标志性建筑。建筑面积为146平方米。

地藏殿俗称红庙，原址为巴东县东瀼口乡红庙岭，与秭归县的牛口镇隔溪相望。地藏殿为单檐布瓦顶硬山小式建筑，始建于清乾隆三十年。该建筑面阔三间13.7米，进深四间9.8米。除明间前檐中部开门外，其余各面均以抹灰砖墙封护。明间前檐施四柱三楼庑殿顶砖牌楼，雕砖斗拱，牌楼明间施两扇板门，用石门槛。前檐不施台明、踏垛，室内地面仅比室外高10厘米。占地面积为425平方米，建筑面积为156平方米。

王爷庙又名镇江阁，原处楠木园，上接巫峡，下通巴东。三峡内水急浪大，遍布礁滩暗石，航运条件相当艰难，过往船只为乞求（龙）王爷保佑，自愿捐钱捐工，于长江楠木园一段江道转弯处一突出山体上筑路修庙，塑王爷及财神、火神金身，因此王爷庙的建立与长江息息相关，与长江航运史有直接的联系。对于研究长江的航运史及历史上长江两岸的风土人文有重要价值。王爷庙面阔三间13.6米，进深三间9米，除前檐施木装修外，其余三面均用墙体围护，三面墙体下部为条石墙，上部为马头墙；台明高约2.64米，台明前面设踏跺12级。

水磨坊是沿江唯一独存的古代生产工具，为清代，对于研究巴蜀地区的民族历史和生产发展等都具有较高的史料价值。该建筑前部面阔四间，后部面阔三间，进深二间，通面阔17.84米，通进深12.35米。建筑占地面积为272平方米。

寅宾桥为清代单拱石桥，原建于江北巴东与秭归交界的川鄂沿江古驿道上。桥两边建筑工艺不同，一边条石横向砌筑，一边直向砌筑。其造型优美，雕琢精细。其体量、用料、建筑工艺、技术水平、建筑形式、装饰手法等都可算是峡江地区古单拱石桥建筑的典范，是峡江地区跨度最长、券拱最高的桥梁建筑。

济川桥为明代单拱石桥，原建于江北旧县坪（今属东瀼口镇）的川鄂沿江驿道上。该桥依山势而建，采用古桥中常见的形式，矢度高于跨度的二分之一，使拱券呈抛物线形，承重合理。桥跨宽5.5米，型典雅古朴，用料、技术水平、建筑形式等独具特色，是峡江地区保存较少的明代石桥建筑。

民族文化园的民居群包括顾家老屋、李光明老屋、万明兴老屋、王宗科老屋和毛文甫老屋等五座老屋。顾家老屋为清代巴东传统豆制品作坊，穿斗式构架，四合天井院式建筑。围护结构用干打垒方法所筑的夯土墙。装修用什锦格扇，做工精细，雕刻艺术优美，为不可多得的民间传统建筑精品。李光明老屋是清代传统民居，根据地场、地形情况巧妙布局建造，别具一格，在建筑构架式上又富于变化，是巴东保存的最典型的砖木结构建筑和土家族典型的天井屋。万明兴老屋属典型的吊脚楼式建筑，其方向、高度依山就势，前有庭院，并建有门楼，主体建筑平面成"L"形，后部为吊脚楼。王宗科老屋为穿斗式吊脚楼建筑，木板围护，歇山布瓦。建筑平面呈"Z"形，据地形而布局，真正因地制宜。内部铺盖木地板以隔潮，装修简洁，临江坡地一面为吊脚楼，是保存完好的木质结构传统建筑。毛文甫老屋原建于楠木园，为晚清时期的传统民居。该屋前部梁架为六檩二柱，后部为四檩毛石砌筑墙体。装修用板门或直棂窗，为当地另一种比较普遍的代表性建筑。该建筑内部隔断准确，科学合理，最受建筑专家推崇，专家评价其是"在有限的平面上有效地利用最大空间的典型之作"，在建筑设计上最具学术价值和科学研究价值。

（2）古建筑实际价值评估

房产的开发成本包括修建建筑及附属工程所发生的土建工程费用、安装工程费用和环境整治费用等。民族文化园各古建筑的开发成本详见表2-2-2。

管理费用是指建设施工过程中的人员工资、福利等，一般为土地取得成本与开发成本之和的一定比率。所以，在估价管理费用时通常可按土地取得成本与开发成本之和乘以这一比率来测算。根据巴东的实际社会经济状况，按照工程期次，分别以土地开发成本的9.25%和10.9%估算民族文化园的古建筑管理费用。

房地产开发税费包含拆迁安置补助等建筑开发前期税费和开发过程中的城建配套费、人防建设费、临时设施费和技术装备费等多种税费。巴东民族文化园的开发税费主要是开发过程中需要承担的税费支出。根据巴东县房产税费征收条例，民族文化园的建筑开发税费根据工程期次分别以开发成本的3.41%和4.08%估算。

开发利息包括开发成本和管理费用利息，根据三峡工程库区地面文物保护规划经费概算细则，按开发成本的1.70%估算民族文化园的开发利息。

表2-2-2 巴东民族文化园的房产价值明细表　　　　　　　　　　（单位：万元）

文物名称	文物保护经费概算				
	开发成本	管理费用	利息	税费	合计
地藏殿	45.38	2.68	0.49	1.45	50
王爷庙	27.18	1.66	0.30	0.87	30.01
秋风亭	40.59	2.77	0.43	1.04	44.83
万明兴老屋	88.67	6.04	0.94	2.26	97.91
王宗科老屋	87.71	6.4	0.99	2.39	97.49
李光明老屋	39.02	2.66	0.41	0.99	43.08
毛文甫老屋	38.25	2.61	0.41	0.98	42.25
顾家老屋	69.08	4.71	0.73	1.76	76.28
水磨坊	39.53	2.69	0.42	1.01	43.65
济川桥	18.85	1.29	0.20	0.48	20.82
寅宾桥	95.66	7.89	1.23	2.95	107.73
合计	589.92	41.4	6.55	16.18	654.05

注：寇准县衙和寇准祠因缺少资料而未进行评估

根据巴东民族文化园的古建筑各项支出的评估方法，得到各古建筑的开发成本、管理费用、利息、税费及民族文化园的房产实际价值为654.05万元，详见表2-2-2。

3. 民族园复建区实际价值

民族园复建区实际价值应是土地实际价值与房产实际价值之和，综合上述分析计算结果，研究区土地和房产的实际价值约为1268万元。

（二）选择价值评估

巴东民族文化园位于巴东县政府所在地信陵镇长江南岸城区，距县政府和商业中心约500米，周围有沿江大道和西陵路环绕，交通较为便利，东西毗邻天然山体绿地和城区体育中心，南靠云沱居住小区，地理位置较为优越。

民族文化园内坡度较大，地块较规整，面积约为2.08公顷，大小适中，适宜开发成为居住用地，因此本研究中将复建区作为Ⅱ级住宅用地进行选择价值评估。根据巴东县城区基准地价更新资料（表2-2-3），Ⅱ级住宅用地的基准地价为572元/平方米。

表2-2-3 巴东县城区基准地价表　　　　　　　　　　（单位：元/平方米）

级别 \ 用途	商业用地	住宅用地	工业用地
Ⅰ	1180	820	320
Ⅱ	849	572	239
Ⅲ	501	381	176

1. 区位影响因素修正

巴东民族文化园的区位影响因素修正系数参见巴东县Ⅱ级住宅用地宗地地价区位因素修正系数，见表2-2-4及表2-2-5。

表2-2-4　巴东民族文化园选择价值评估区域因素指标说明　　　　　　　　（单位：米）

因素	因子	优	较优	一般	较劣	劣
商服繁华度修正系数	距商服中心距离	[0，150)	[150，350)	[350，600)	[600，800)	[800，∞)
交通条件修正系数	道路通达度	生活型主干道	混合型主干道	交通型主干道	支路	不临路
	距码头距离	[0，150)	[150，350)	[350，600)	[600，800)	[800，∞)
基础公用设施状况	供水状况（%）	[95，100)	[85，95)	[75，85)	[60，75)	[0，60)
	供电状况（%）	[95，100)	[85，95)	[75，85)	[60，75)	[0，60)
	排水状况（%）	[95，100)	[85，95)	[75，85)	[60，75)	[0，60)
	距医院距离	[0，100)	[100，250)	[250，500)	[500，800)	[800，∞)
	距中学距离	[0，150)	[150，350)	[350，600)	[600，800)	[800，∞)
	距小学距离	[0，100)	[100，250)	[250，500)	[500，800)	[800，∞)
	距邮政局距离	[0，150)	[150，350)	[350，600)	[600，800)	[800，∞)
	距公园广场距离	[0，150)	[150，350)	[350，600)	[600，800)	[800，∞)
	距体育场馆距离	[0，150)	[150，350)	[350，600)	[600，800)	[800，∞)
环境条件	大气污染指数	（0，50]	（50，100]	（100，200]	（200，300]	（300，∞）
	噪声污染（dB）	（0，40]	（40，50]	（50，60]	（60，70]	（70，∞）
	水污染	无污染	基本无污染	轻度污染	较重污染	严重污染
规划前景	道路规划	主干道	快速路	次干道	支路	街坊间支路
	用地规划	高档住宅区	成片住宅区	一般住宅区	零星住宅区	其他类型

表2-2-5　巴东民族文化园选择价值评估区域因素修正系数

因素	因子	优	较优	一般	较劣	劣
商服繁华度修正系数	距商服中心距离	0.0066	0.0033	0	−0.0029	−0.0057
交通条件修正系数	道路通达度	0.0172	0.0086	0	−0.0074	−0.0148
	距码头距离	0.0146	0.0073	0	−0.0063	−0.0126
基础公用设施状况	给水	0.0061	0.0030	0	−0.0026	−0.0052
	排水	0.0058	0.0029	0	−0.0025	−0.0050
	供电	0.0052	0.0026	0	−0.0023	−0.0045
	医院	0.0033	0.0016	0	−0.0014	−0.0028
	中学	0.0029	0.0015	0	−0.0013	−0.0025
	小学	0.0034	0.0017	0	−0.0015	−0.0029
	邮局	0.0029	0.0014	0	−0.0012	−0.0025
	广场	0.0037	0.0018	0	−0.0016	−0.0032
	体育场馆	0.0017	0.0008	0	−0.0007	−0.0015

续表

因素	因子	优	较优	一般	较劣	劣
环境状况	大气污染	0.0071	0.0036	0	−0.0031	−0.0061
	噪声污染	0.0071	0.0036	0	−0.0031	−0.0061
	水污染	0.0083	0.0041	0	−0.0036	−0.0071
规划前景	用地规划	0.0059	0.0030	0	−0.0026	−0.0051
	道路规划	0.0059	0.0030	0	−0.0026	−0.0051

（1）商业繁华度

民族园位于沿江大道与西陵路交界地带，南靠云沱居住小区等，西侧山坳与河流相间，与南面和西侧的商服中心相距约500米，优劣度一般，对应的修正系数为0。如图2-2-4。

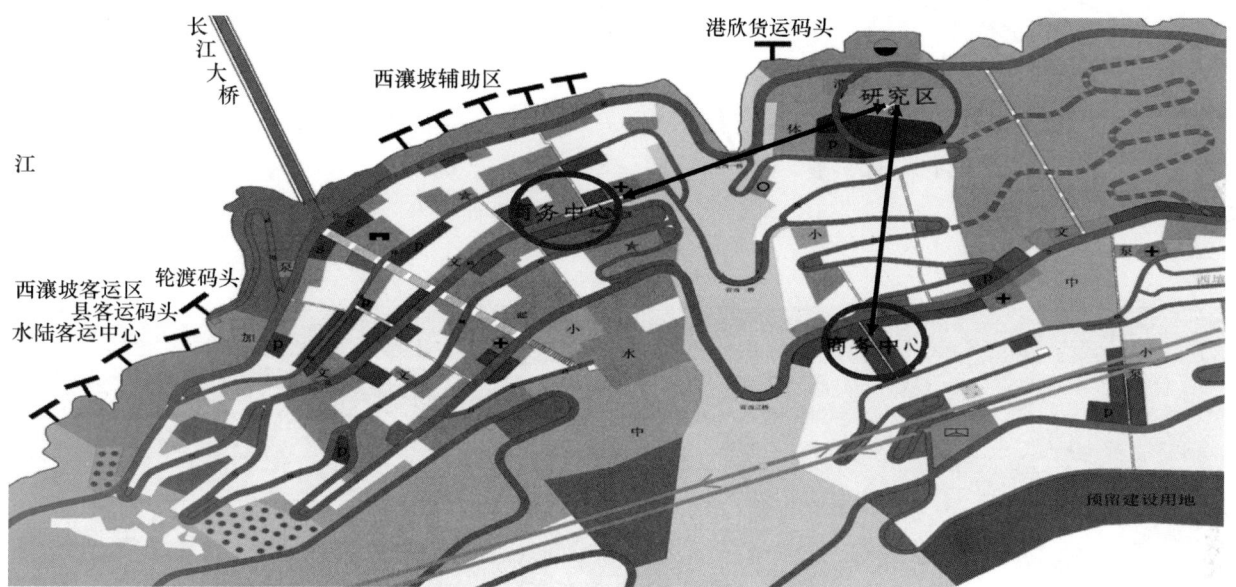

图2-2-4　民族文化园与商服中心区位距离

（2）交通条件

民族文化园周围有沿江大道和西陵路环绕，交通便利（如图2-2-5所示）。沿江大道道路红线宽度为20米，其中机动车道路宽度为14米，非机动车和人行道路沿江一侧为4.5米，内侧为1.5米，属于混合型主干道。西陵路的道路红线宽度为12米，机动车道路宽度为9米，非机动车和人行道路宽度为3米，属生活型主干道，优劣度较优，对应的修正系数为0.0086。

民族文化园濒临长江，水运发达，码头林立，距离客运综合中心约1500米，附近有港欣货运码头，其中距港欣码头最近，距离约为160米，优劣度为较优，对应的修正系数为0.0073。

（3）基础公用设施

巴东县城现有两座水厂，即第一水厂和第二水厂。第一水厂设备陈旧，供水保证率低。第二水厂供水能力为2万吨/日，取水水源是万福河，水源枯水期保证率为95%。水厂占地面积2.65公顷，供水压力为2.5兆帕，采取分区分压供水方式，西瀼坡、云沱、白土坡分别建有加压泵站和减压水池。城区供水管网总长29千米，遍布整个城区，供水普及率为85%。给水状况优，对应的修正系数为0.0030。如图2-2-6。

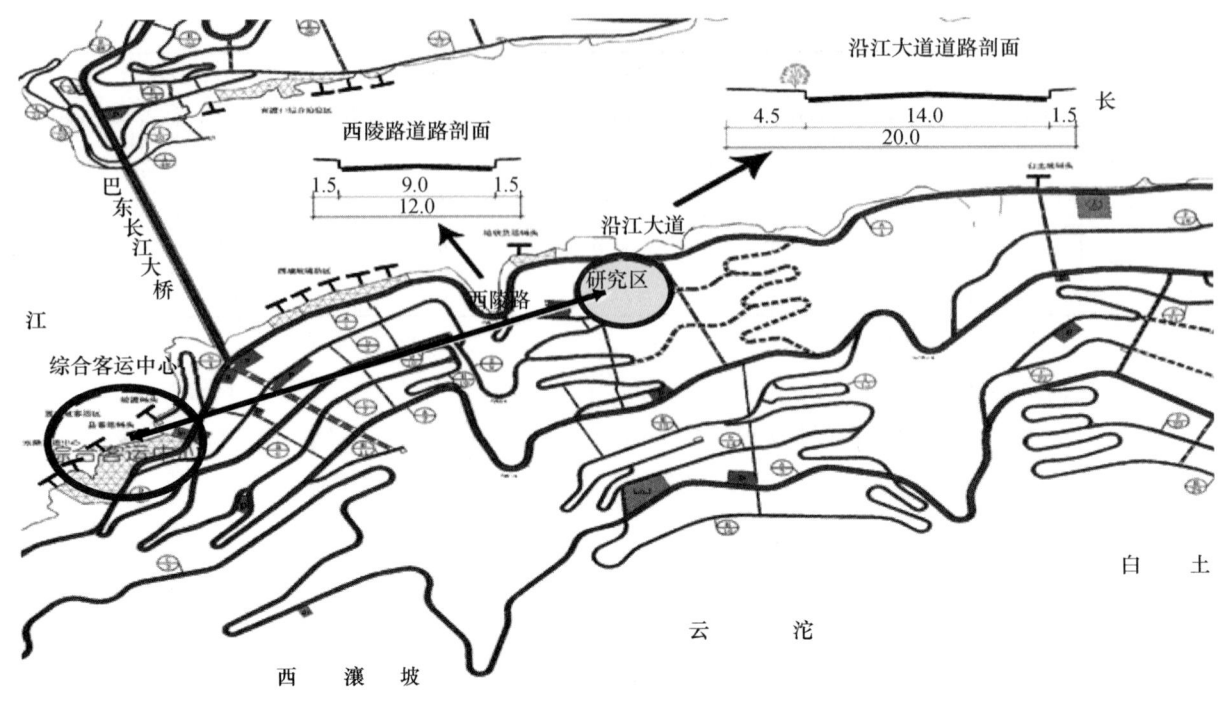

图2-2-5 民族文化园交通条件

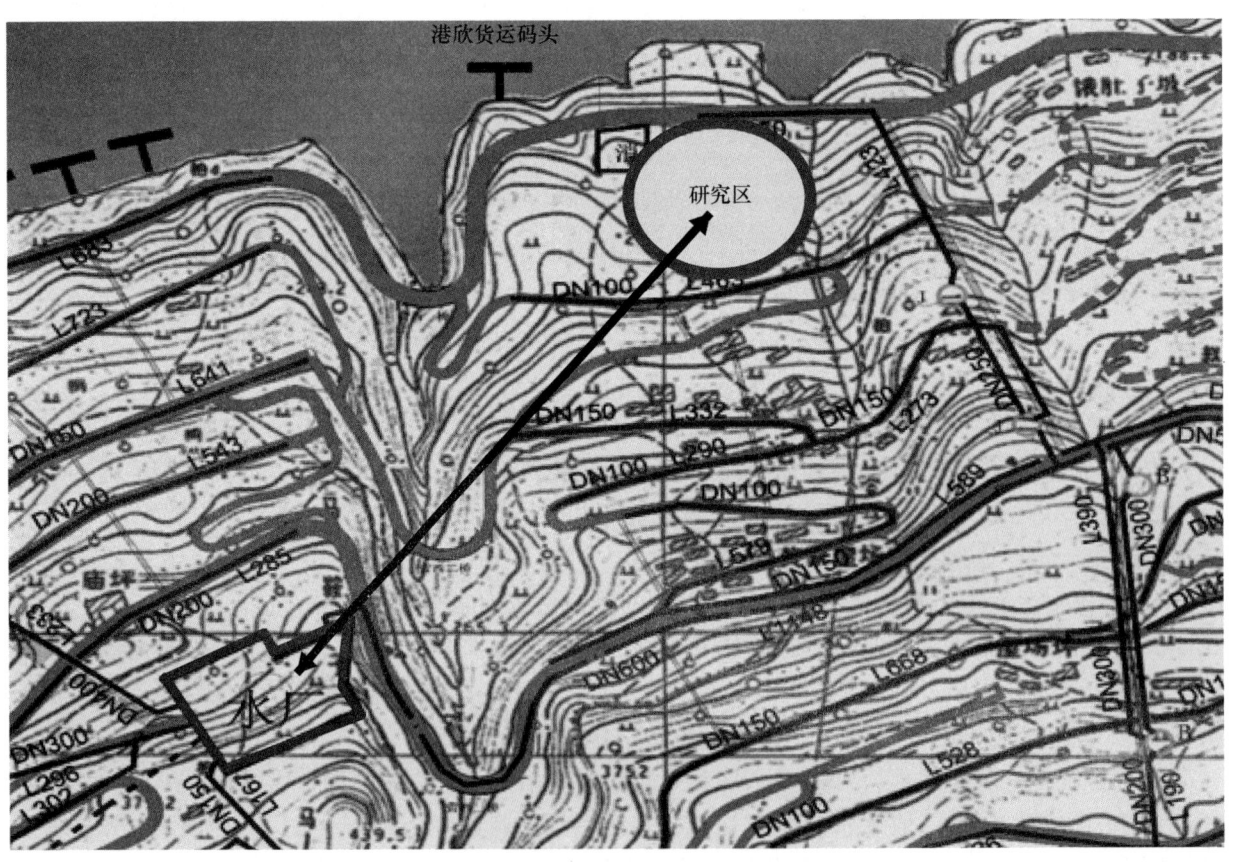

图2-2-6 巴东城区供水状况

巴东县电力系统由23座水力发电站、10座变电站、110千伏及以下供电网络和各用户构成。本系统覆盖区域为本县全部范围及与省网线路连接的秭归县部分区域。巴东县全县现有白磷岩、杨家坝、南潭河等23座水电站，装机54台，总容量为43490千瓦。供电状况为优，对应的修正系数为0.0052。

城区现排水体制为合流制，目前逐渐朝雨污分流制发展。根据巴东县城市总体规划，雨水排水系统利用地形分散布置，就近排放。污水系统采用独立的污水收集系统集中处理。目前，城区有一座污水处理厂和两座污水泵站，分别是营沱污水处理厂、黄土坡泵站和西瀼坡泵站。地处巴东新县城沿江路的营沱污水处理厂，紧邻民族文化园，占地1.86公顷，设计规模3万吨/日，配套管网33.3千米。沿江大道截污管敷设已完成。设计处理后污水达到一级标准，污水处理率达80%。排水状况一般，对应的修正系数为0。巴东城区排水状况如图2-2-7所示。

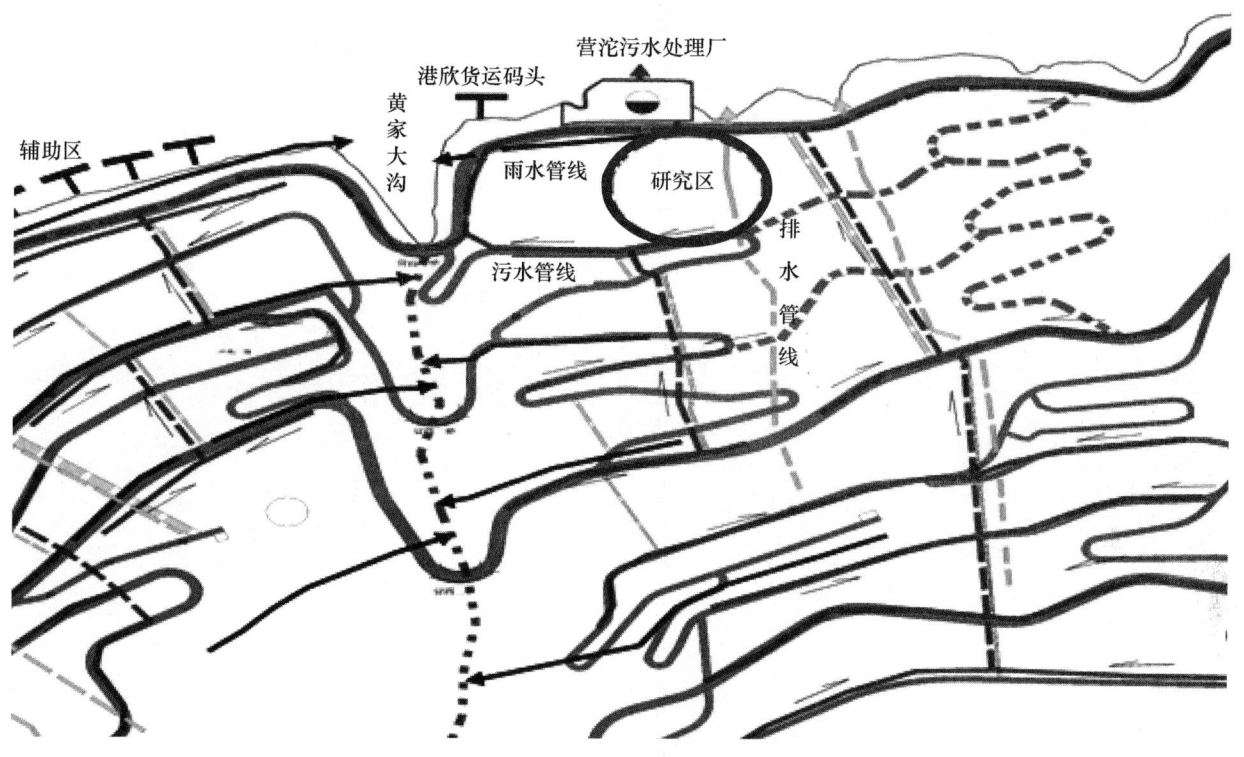

图2-2-7　巴东城区排水状况

民族文化园附近较近的医院有巴东县人民医院、巴东县信陵镇卫生院、巴东县妇幼保健院和巴东县中医医院等，其中中医医院和妇幼保健院距离较近，约为400米。优劣度一般，对应的修正系数为0。民族文化园与医疗站点区位如图2-2-8所示。

民族文化园区域的基础教育设施比较完善，附近有两所中学和三所小学，其中距最近的中学距离约为500米，距最近的小学距离约300米。优劣度一般，对应的修正系数为0。民族文化园与巴东城区中小学区位如图2-2-9所示。

巴东县邮政局位于信陵镇金堂路，负责整个恩施土家族苗族自治州的函件投递，报刊发行，汇兑储蓄等。民族文化园距邮政局距离约为750米，优劣度较劣，对应的修正系数为–0.0012。民族文化园与县邮政局区位如图2-2-10所示。

距离民族文化园较近的公园广场为巫峡广场，巫峡广场紧邻巴东县政府，是巴东新县城修建的第一个休闲娱乐场所。民族文化园距巫峡广场约450米，优劣度一般，对应的修正系数为0。

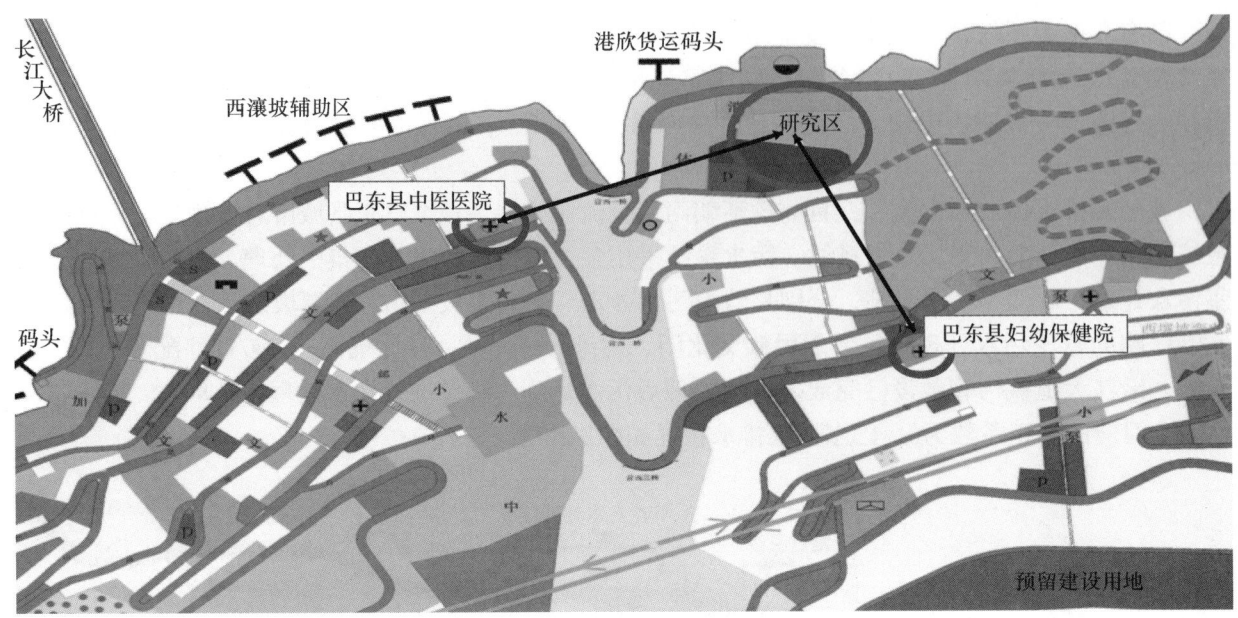

图2-2-8　民族文化园与医疗站点区位

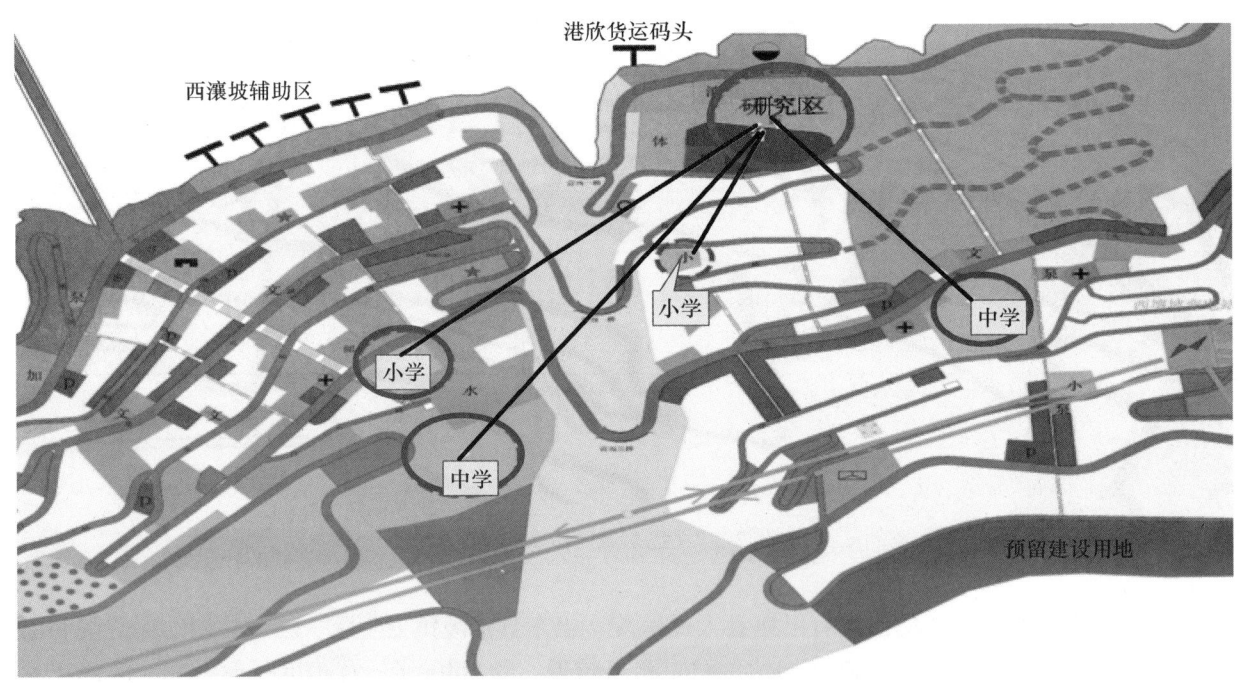

图2-2-9　民族文化园与城区教育设施区位

民族文化园西侧原有巴东县体育场一座，有200米环行跑道及西、南、北三面七排看台。在民族文化园规划过程中，将该体育场扩建为具有400米环形跑道的标准体育场，保留西侧看台并增设南北两侧看台。由于用地限制，体育场东侧不设看台。两者紧邻，优劣度为优，对应的修正系数为0.0017。民族文化园与巫峡广场区位如图2-2-11所示。

（4）环境状况

巴东城区大气污染主要源自生活和工业污染，主要污染源有金字山水泥有限责任公司、义和工业硅厂、烟厂、油厂及扬尘等。影响城区空气质量的主要污染物是二氧化硫和可吸入颗粒物，其中

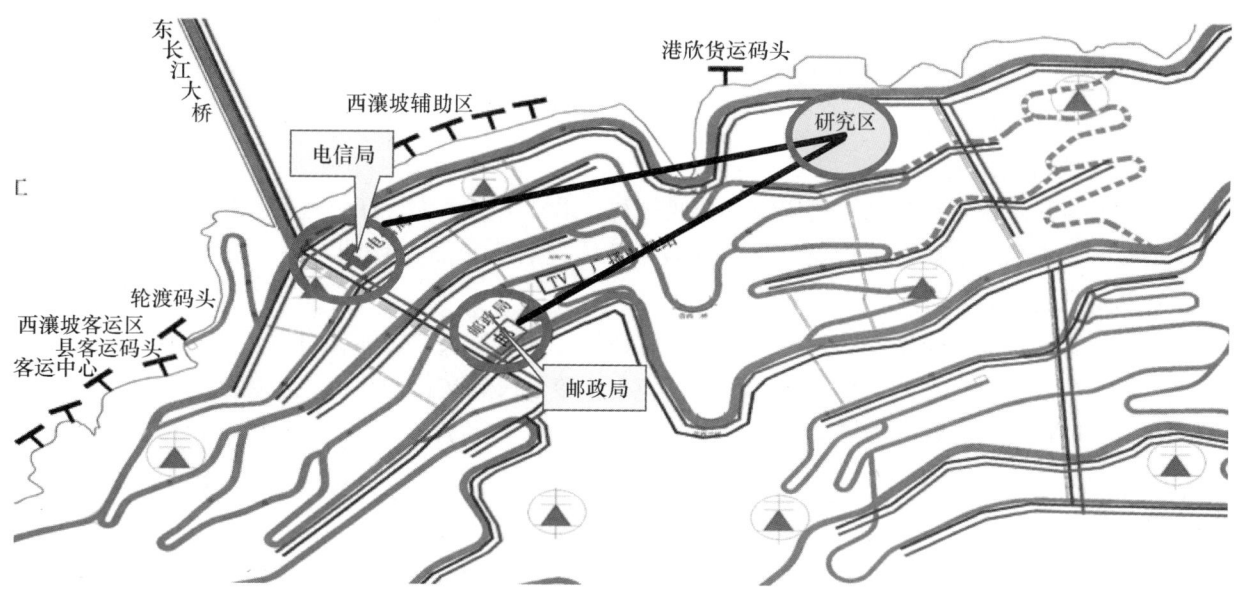

图2-2-10 民族文化园与邮政通信设施区位

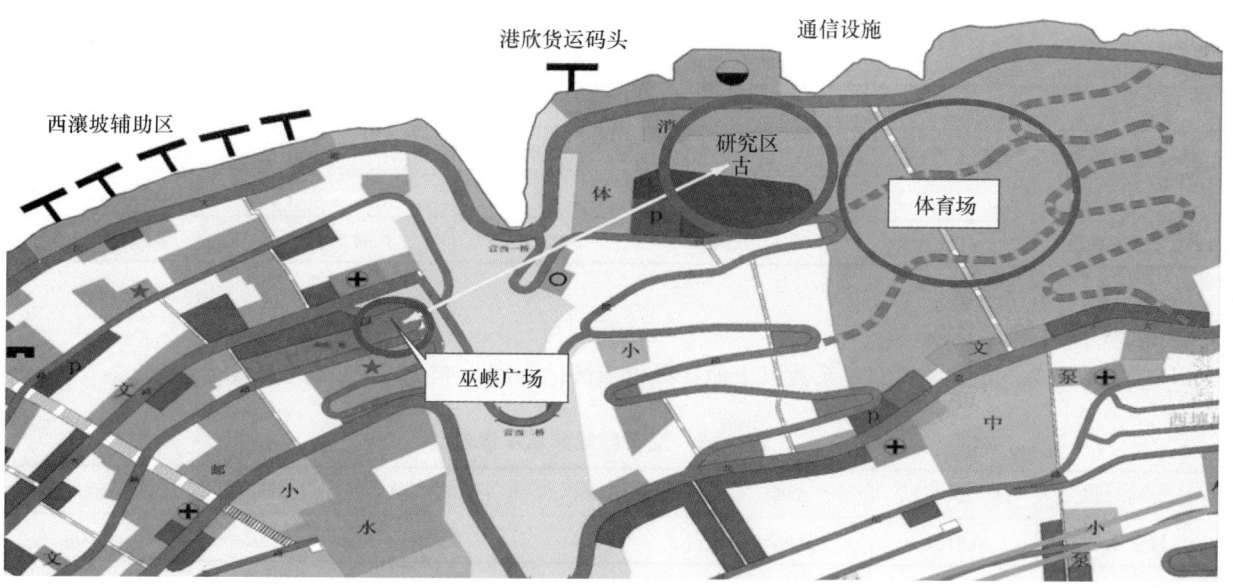

图2-2-11 民族文化园与文体设施区位

二氧化硫浓度超过国家空气质量二级标准。巴东县环境保护局通过加强环境治理力度，提高环境质量，废气处理率达60%。大气污染指数约为65，对应的修正系数为0.0036。

城区营沱区的噪声污染主要是交通噪声和生活噪声。城区区域环境噪声测值昼间在52~65分贝，平均等效声级为58分贝，夜间在43~50分贝，平均等效声级为46分贝。用国家现行声环境质量Ⅱ类标准评价，城区噪声昼夜间均达到限值要求。城区道路交通噪声测值在71~73分贝，平均分贝值为72分贝，道路交通声环境质量总体欠佳。民族文化园区域的噪声污染优劣度为较劣，对应的修正系数为-0.0031。

巴东河流主要有长江干流及其支流神农溪、边域溪、小溪河和清江等支流。按国家地表水二类标准评价，流经巴东的地表水域水质基本符合标准规定，达到水域功能的要求，其中神农溪水质未达到标准规定要求，超标项目主要为总氮、总磷等，夏季水体有时呈现富营养化状态。饮用水方面，巴东县饮用水源水质良好，能够满足集中式生活饮用水源地水域功能的要求，但情况也不容乐观。100%的乡镇饮用水源中都能检测出耗氧量，说明各乡镇饮用水源已受到轻微化学物质污染，对应的修正系数为0。

（5）规划前景

沿江大道和西陵路环绕民族文化园，交通便利。沿江大道濒临长江，且横贯巴东县东西方向，是巴东城区的主要交通路线。根据《巴东县城市总体规划（2006~2020年）》，沿江大道将发挥主干道的重要交通功能。对应的修正系数为0.0059。

从民族文化园的区位条件看，民族文化园北临长江，东靠天然山体，自然条件较佳。社会经济方面，云沱小区是巴东县的文化、体育、教育中心，鉴于民族文化园地用地坡度较大，该块用地适于开发为一般住宅区，对应的修正系数为0。

2. 个别影响因素修正

（1）容积率修正系数

在巴东县城区的城市规划中，各建筑物的容积率以0.8为标准容积率，研究区以标准容积率的数值为准，根据住宅用地的容积率修正系数表，如表2-2-6所示，民族文化园的修正系数为1.00。

表2-2-6 住宅用地容积率修正系数表

容积率	≤0.1	0.2	0.4	0.6	0.8
修正系数	1.08	1.06	1.04	1.02	1.00
容积率	1.0	1.2	1.4	1.6	≥2.0
修正系数	0.98	0.97	0.95	0.94	0.93

（2）期日修正系数

巴东民族文化园的期日修正系数以土地选择价值评估时间为准，修正系数为1.00。如表2-2-7所示。

表2-2-7 交易时间修正系数表

交易时间	2004	2005	2006	2007	2008	2009
修正系数	0.8161	0.8675	0.9017	0.9506	0.9634	1.000

（3）使用年期修正系数

住宅用地最高使用年限为70年，当出、转让年期不足住宅用地的最高年限70年时，应使用年期修正。巴东民族文化园为公共管理用地，无论是从保护文化文物还是法律经济的可行性方面，民族文化园的土地利用方式在很长时间内都不可能具有可逆性。因此民族文化园的选择价值评估时间以巴东县住宅用地的最高使用年期70年为准，根据使用年限修正系数公式计算得到对应的修正系数为1.00。

（4）开发程度修正系数

住宅用地基准地价设定的开发程度均达到"五通一平"的条件，民族文化园的配套程度修正达到"六通一平"的程度，根据表2-2-8的开发程度修正值范围，对应的修正系数为1.01。

表2-2-8 开发程度修正系数表

开发程度级别	生地	平整（土地平整）	一通一平（通路）	二通一平（通电）	三通一平（通上水）	四通一平（通下水）	五通一平（通讯）	六通一平（通热）	六通一平以上（通气）
1	0.64	0.72（0.08）	0.84（0.12）	0.89（0.05）	0.93（0.04）	0.99（0.06）	1.00（0.01）	1.01（0.01）	1.02（0.01）
2	0.71	0.77（0.06）	0.87（0.10）	0.90（0.04）	0.94（0.03）	0.99（0.05）	1.00（0.01）	1.01（0.01）	1.02（0.01）
3	0.74	0.80（0.06）	0.89（0.09）	0.92（0.03）	0.95（0.03）	0.99（0.04）	1.00（0.01）	1.01（0.01）	1.02（0.01）

注：表中一通一平指通路、场地平整；二通一平指通路、通电、场地平整；三通一平指通路、通电、通水、场地平整；四通一平指通路、通电、通上水、通下水、场地平整；五通一平指通路、通电、通上水、通下水、通信、场地平整；六通一平指通路、通电、通上水、通下水、通信、通气、场地平整；七通一平指通路、通电、通上水、通下水、通信、通气、通暖和宽带网络、场地平整。

（5）宗地面积修正系数

民族文化园占地面积约为40亩，即26666.8平方米，面积对土地使用较为有利，指标标准为较优，根据表2-2-9可知，对应的修正系数为1.03。

表2-2-9 宗地面积修正表

指标标准	优	较优	一般	较劣	劣
指标标准说明	面积适中，对土地利用极为有利	面积对土地利用较为有利	面积对土地利用无不良影响	面积较小对土地利用有一定影响	面积过小对土地利用产生严重的影响
修正系数	1.04	1.03	1.00	0.98	0.96

（6）宗地形状修正系数

民族文化园用地形状大致为四方形，形状较规则，但区内坡度较大，对土地利用有一定影响，指标标准较劣，如表2-2-10所示，对应的修正系数为0.99。

表2-2-10 宗地形状修正说明表

指标标准	优	较优	一般	较劣	劣
指标标准说明	形状规则，对土地使用极为有利	形状对土地使用较为有利	形状对土地有利，无不良影响	形状不规则，对土地利用有一定影响	形状较差，对土地使用产生严重的影响
修正系数	1.03	1.02	1.00	0.99	0.98

3. 选择价值评估结果

综合上述各因素，最终得到巴东民族文化园区位因素和个别因素的修正系数，见表2-2-11和表2-2-12。

表2-2-11　民族文化园基准地价区域因素修正体系表

区域因素	描述	修正系数	区域因素	描述	修正系数
距商服中心距离	500米	0	大气污染	65	0.0036
道路通达度	混合型主干道	0.0086	水污染	轻度污染	0
距码头距离	160米	0.0073	道路规划	主干道	0.0059
排水状况	80%	0	用地规划	一般住宅区	0
供电状况	优	0.0052	宗地面积状况	一般	1.03
距医院距离	400米	0	宗地形状	较劣	0.99
距邮政局距离	750米	−0.0012	容积率	0.8	1.00
距公园广场距离	450米	0	使用年限	使用70年	1.00
距中学距离	500米	0	交易期日	2007	1.00
距小学距离	300米	0	开发程度	五通一平	1.01
距体育场馆距离	紧邻	0.0017			

表2-2-12　民族文化园基准地价个别因素修正体系表

个别因素	描述	修正系数
宗地面积状况	一般	1.03
宗地形状	较劣	0.99
容积率	0.8	1.00
使用年限	使用70年	1.00
交易期日	2007	1.00
开发程度	五通一平	1.01

根据上表巴东民族文化园的区位因素和个别因素修正系数计算，可得到巴东民族文化园复建区宗地单位价值，计算公式及结果如下：

宗地修正单价=基准地价×（1±各区位因素修正系数之和）×各个别因素修正系数 =572×[1+0.0086+0.0073+0.0030+0.0052+（−0.0012）+0.0017+0.0036+（−0.0031）+0.0059]×1.03×0.99×1.00×1.00×1.00×1.01=607.36（元/m）

复建区土地选择价值=宗地修正地价×复建区土地面积=607.36×20800=1263.32（万元）

（三）辐射价值评估

1. 问卷调查

巴东民族文化园坐落于县城云沱小区的云西路与沿江路之间，其价值辐射主要集中于周边的城区范围。因此本次调查共发放问卷100份，对周边地区比较了解民族文化园的居民进行随机抽样调查，其中7.89%的被调查者非常了解当地情况，77.63%的被调查者表示比较熟悉，13.16%的被调查者表示有一定了解或看过相关的资料介绍，1.32%的被调查者表示没有多少了解。调查方式采用支付卡法，共收回有效问卷76份，有效率为76%。

2. 样本统计分析

为了解文物迁建对当地社会经济的影响，调研中对被调查者的反映进行了调查。结果显示，51.32%的被调查者表示与文物迁建之前相比，周边基础设施更加齐全方便，46.05%的被调研者认为与之前没有太大的变化，3.95%的被调查者表示不如从前，可见当地居民对文物迁建的社会经济影响持认可的态度。此外，关于文物复建区对当地房地产市场带来的影响，46.68%的被调研者认为带动了周围房地产价格的上升，51.32%的被调查者表示与迁建前没有什么变化，可见民族文化园对周边房地产市场有一定的影响潜力，但目前来看其影响力还没有完全显现出来。

（1）社会经济特征统计分析

性别。被调查者中，男性稍少于女性。其中，男性有30人，女性有40人。

年龄。18~25岁的被调查者有24人，占样本总数的31.58%；26~40岁的被调查者有41人，占样本总数的53.95%；41~60岁的被调查者有11人，占样本总数的14.47%。可见，被调查者以中青年人为主。

文化程度。初中及以下的有1人，高中或中专的有35人，占样本总数的46.05%；大专及本科的有38人，占样本总数的50%；研究生学历的有2人。可见，被调查者中以中高等学历的人员为主。

职业。在调查中，被调查者的职业以公司职员为最多，共26人，占样本总数的34.21%；其次为事业单位职员，共22人，占样本总数的28.95%；再次为政府公务员，共18人，占样本总数的23.68%；另外，其他职业者有4人，学生、农民及离退休人员各有2人。

月平均收入。被调查者的家庭收入以1000~2000元为最多，共59人，占样本总数的77.63%；其次为500~1000元者，共11人，占样本总数的14.47%；月平均收入为500元以下及2000~3500元的各有3人，被调查者的月平均收入没有超过3500元的。

（2）支付意愿率和WTP

在收回的76份有效问卷中，愿意支付费用在民族文化园周边购置房产的有61人，支付意愿率为80.26%，不愿意支付的有15人，抗议支付率为19.74%，符合国际上已有研究统计的抗议性支付率的一般范围（20%~35%）其中有支付意愿的人数分布如表2-2-13所示。其中愿意支付的动机包括：①文物复建区基础设施比较完善（占支付率的17.1%）；②文物复建区周边环境条件较好（占支付率的55.26%）；③文物复建区周边的历史文化氛围较好（占支付率的40.79%）；④为保护文物古迹做些贡献（占支付率的22.37%）。其中不愿意支付的原因包括：①收入有限，无能力支付（占抗议支付的60%）；②与自己无关（占抗议支付的26.67%）；③远离文物复建区，对此不感兴趣（占抗议支付的13.33%）。

支付卡问卷调查法可直接显示被调查者的支付意愿，平均值和中位值是描述WTP数据集中程度的两种主要方法。根据统计结果（表2-2-13），同时计算平均值与中位值。

平均值计算公式为：$E(WTP)=\sum P_i B_i$

式中，$E(WTP)$指人均支付意愿，P_i指各支付额支付人数的相对频率，B_i指各支付额的数值。计算出WTP平均值为38.02元。

中位值的计算需将频率分布转换为累计频度分布，以求出累计频度等于50%的值。经计算，中位值为50元。

根据巴东县的社会经济状况采用平均值更适合当地的实际情况，因此本文采用平均值38.02元作为人均WTP的衡量尺度。

表2-2-13 支付意愿人数分布表

意愿支付值/元	人数	相对频率（%）	累计频率（%）
10	5	6.58	8.20
20	5	6.58	16.39
30	1	1.32	18.03
40	15	19.74	42.62
50	26	34.21	85.25
60	2	2.63	88.52
90	1	1.32	90.16
100	6	7.89	100.00

3. 辐射价值评估结果

巴东民族文化园的土地辐射价值计算公式为：

$$P_{辐射}=E(WTP) \times pop \times prop$$

pop为复建区土地辐射价值影响的总人口，民族文化园位于巴东县城，其价值辐射范围主要是县城所在的乡镇，即信陵镇，因此本课题中将信陵镇的常住人口作为总人口数量，2007年以来信陵镇常住人口为4.8万；$prop$是具有支付意愿的人口比率，即80.26%，经计算得到民族文化园的土地辐射价值为146.47万元。

（四）民族文化园土地、房屋价值评估结果

巴东民族文化园土地、房屋等有形资产价值由三部分构成，即土地和房产的实际价值、选择价值及辐射价值，最终结果应是这三者的总和。

根据上述详细的分析及计算，可以得出复建区的总价值应为2677.79万元。

第三章　秭归凤凰山土地、房产价值

一、秭归县概况

秭归县位于湖北省西部，处于长江三峡经济、社会、生态综合效益的"窗口"位置，地跨长江南北两岸，处于长江三峡香溪宽谷和庙南宽谷地带。东与宜昌市夷陵区交界，南与长阳土家族自治县接壤，西邻巴东县，北接兴山县。

秭归是三峡工程坝上第一城，三峡库区淹没区包括秭归县的13个乡镇、63.42平方千米的陆域面积。旧县城所在的归州镇基本全部被淹，移民新县城位于茅坪镇的剪刀峪，于1998年新建落成。秭归县现辖12个乡镇、209个村、39万人，总面积为2427平方千米。秭归县地势西南高、东北低，东段为黄陵背斜，西段为秭归向斜，属长江三峡山地地貌。江北北高南低，江南南高北低，呈盆地地形。全县平均海拔800米，被当地人称为"八山半水一分半田"。图2-3-1为秭归县新县城全貌。

图2-3-1　秭归县新县城全貌

秭归县属亚热带大陆性季风气候。四季分明，雨量充沛，光照充足，气候温和。县内年平均气温为17.9℃。全县年降水量为950~1590毫米，年平均降水量为1439.2毫米。各地降水变率较小，年变率为10.8%~13.7%，是湖北省降水变率较小的地区之一。

秭归县是三峡大坝所在地，中国脐橙之乡，也是全国扶贫工作重点县。近年来，秭归经济和社会发展进步明显，农业上基本形成柑橘、茶叶、烤烟、蔬菜、干果、畜牧等六大特色农业产业板块。工业上形成化工、新型建材、能源、轻工服饰、食品加工、光电子等新型工业发展体系。第三产业形成以旅游业为龙头的发展态势，港口物流活力彰显，经济总量和综合实力不断增强。

秭归古名归乡，为古归国所在地。西周后期至春秋前期，楚子熊渠分熊挚为夔子，治秭归，秭归又称"夔子国"。春秋中期属楚，战国后期称归乡。秦统一中国后，置南郡，辖归乡，设秭归县。汉袭秦制。汉献帝建安二十四年（公元219年），秭归为东吴孙权所取。三国魏文帝黄初元年

（公元220年），秭归又属新城郡。蜀汉章武元年（公元221年），属宜都郡。次年隶吴。吴永安三年（公元260年），设建平郡，治茅坪（今茅坪镇），辖秭归。晋武帝太康元年（公元280年）灭吴，属晋之建平郡。北周建德六年（公元577年）改称长宁县；隋开皇三年（公元583年）复称秭归县；唐武德二年（公元619年）置归州；五代后梁开平元年（公元907年），归州属十国之一的前蜀；宋元仍名归州；明洪武九年（1376年）废归州，置秭归县，隶夷陵州；清代时升为直隶州，隶属湖北省；民国元年改为秭归县。

20世纪90年代，三峡工程开工建设，秭归县受淹地下文物点共有100处，分遗址和墓群两大类；地面文物点共有80处，其中寺庙衙署类10处、民居类43处、牌坊类1处、古桥类11处、城门（墙）类3处、石刻类9处、近现代建筑类2处、古井1处。秭归库区丰富的地下和地上文物，特别是分布在峡江两岸的古民居、古祠庙、古井、古石刻、古城墙等，在三峡地区极具代表性，是秭归乃至三峡地区成百上千年历史文明的重要物化形态。其中寺庙建筑的构筑艺术、工艺和装饰艺术代表了地方建筑的最高成就，古民居和宗庙祠堂客观地反映了三峡秭归地区的民俗文化及宗教信仰的特殊风貌。

二、凤凰山复建区概况

根据规划，凤凰山复建区将突出屈原文化、三峡文化和移民文化。其主要内容包括以屈原祠和屈原文化广场为主的屈原纪念景区，以新滩古民居、峡江石刻、峡江古桥等为重点的三峡民居区和湖北省三峡文物保护中心等。

2001~2005年，随着三峡工程建设工期的推进，秭归文物保护、搬迁工作也逐步有序展开。2001年，整个文物复建工程正式开工；2002年，完成了江渎庙、郑万琅老屋、郑万瞻老屋、郑韶年老屋、彭树元老屋、杜氏宗祠等6栋民居、祠庙的建设；2003年，紫光阁、三老爷老屋、郑书祥老屋、刘正林老屋等4栋文物建筑落成；2004年，水府庙、王氏宗祠、邓永清老屋、郑启光老屋、游县长老屋等5栋文物建筑的复建工作完成；2005年，屈原故里牌坊、新滩古井、惠济桥、江渎桥、千善桥、屈子桥等6处文物建设的复建工作完成。2006年，完成对古民居区的环境整治工程，屈原祠正式动工，新的屈原祠占地2万多平方米，建筑面积为5000多平方米，是老县城归州屈原祠的4倍。2010年1月16日，屈原祠复建完成。截至目前，凤凰山文物复建区已完成包括10栋古民居、2座寺庙、3座祠庙、1座中西合璧的教堂、1座牌坊、1口古井、4座古桥和2座城门等24处地面文物在内的搬迁复建工作。

三、土地、房产价值评估

（一）实际价值评估

1. 土地实际价值评估

根据前文的分析，凤凰山复建区土地的实际价值由土地取得成本、土地开发成本、税费、利息构成。在计算过程中，主要需确定利息率、土地开发周期和税率等参数。

土地取得成本：秭归凤凰山位于新县城沿江路路段，由于该地区在新县城建设过程中被规划为城镇用地，所以在土地取得过程中秭归凤凰山不存在土地补偿、劳动力安置、拆迁安置等征地支出费用，因此秭归凤凰山的土地取得成本不予考虑。

土地开发成本：主要是指土地熟化过程中土地平整、基础设施建设、园林绿化等项目的支出。其中土地平整主要是通过拆迁、勘探设计和土方工程等对土地表层进行改造，消除地表高差以达到土地开发建设的基本条件，包括可行性研究、规划、勘察、设计等前期工程。基础设施建设包括所需的道路、给水、排水、电力等设施的建设。秭归凤凰山的土地开发费具体见表2-3-1。

表2-3-1 秭归凤凰山土地开发成本 （单位：万元）

项目名称	造价	项目名称	造价
规划设计	220	消防工程	200
测绘勘察	80	道路工程（含台阶）	300
电气工程	280	园林绿化	2000
给排水工程	380	边坡防护工程	450

税费：根据湖北省物价局、财政厅《关于征用土地管理收费的通知》（鄂价房地字〔1995〕44号文）的规定，文物复建区等全额预算管理的事业单位不征收征地管理费，因此本研究中不计凤凰山土地税费。

根据实际价值的评估公式，得到凤凰山复建区土地开发成本费为3910万元。在土地开发中，由于土地开发费按均匀投入计算，以开发费的一半为基期，利息率按土地开发时期的中国人民银行公布的固定资产一年期贷款利息率5.85%计，得到土地的开发费利息为114.37万元。综合得到凤凰山复建区土地的实际价值为4024.37万元。

2. 古建筑实际价值评估

（1）古建筑概况

屈原祠历经千年有余，饱经岁月风霜，几次迁徙，数次修缮重建，充分显示了屈原爱国爱民精神流芳百世、千古不朽，也充分展示出世人尤其是屈原故里的人们世代怀念屈原的诚挚之情。

屈原故里牌坊是清光绪十二年为纪念伟大诗人屈原而建立。该建筑坐西向东，处于长江北岸，牌楼为四柱三楼，牌楼正中有郭沫若先生题书的"屈原故里"四字。其主体部分保存完好。在三峡库区湖北境内，该牌坊无论在建筑造型，还是结构形式、雕刻及脊饰等方面都是首屈一指的。

江渎庙是祭祀长江的神庙，也是人们纪念、缅怀伟大诗人屈原的场所，距今已有200多年的历史。该庙无论是建筑形式还是室内装修工艺，在三峡库区众多的地面文物中都屈指可数。该建筑具有浓厚的地方建筑特色，是民间建筑技术与精湛的建筑工艺有机融合的民间建筑典范。

水府庙建于乾隆早期，是香溪峡口重要的人文景观，蕴含着自然崇拜和神人崇拜的思想。该建筑造型独特，利用自然的地理环境，由低到高、由前到后地安排规划建筑，高低错落、自然有序，前殿两山的山墙曲线与中后殿的水平直线和斜线的相互组合协调优美，有非常明显的民间建筑艺术风格特点。

紫光阁是一幢中西合璧风格的古民居，其建筑结构具有所处区域的民间传统建筑风格，属砖木混合结构，外墙为青砖陡砌清水墙，山墙上砌筑有天主教堂墙帽。紫光阁独特的建筑风格是研究晚清时期三峡民居和宗教的珍贵实物资料。

杜氏宗祠的建筑特点、风格及细部做法，显示其为清末时期建造。该宗祠依山而建，坐南朝北，平面呈长方形，四合院布局，由过厅、天井、后堂、厢房组成，在当地很少见。该牌楼立面造型高大、壮观气派，主体部分保存完好，且立面造型独特，在三峡库区湖北境内十分罕见，具有鲜明的个性。

王氏宗祠为清代时期所建。该宗祠依山而建，坐东朝西，两进院布局，由前殿、中殿天井、后殿、厢房组成。其主体部分保存完好，五花封火山墙，硬山式，建筑高大，壮观气派。无论在建筑规模，还是结构形式、雕刻及彩画艺术等方面都别具特色。

新滩古井位于原新滩镇长江南岸桂林村，是清乾隆至清末时期的构筑物。该古井的构造形式独具一格，为平行厢式。虽然与其他文物建筑相比不能等量齐观，但新滩古井一直为当地居民使用至今，是村落古民居群的重要构成元素，直接影响着人们的生活方式和古民居群的总体布局。

三峡库区的沿江地带分布着众多的古代桥梁在交通史研究方面有着重要意义。其中惠济桥、江渎桥、千善桥、屈子桥等桥梁桥体结构精致、小巧，多为单孔石拱桥，一券一伏，花岗岩砌筑，在众多古桥中保存比较完好，具有一定的代表性。

新滩镇是湖北省秭归县著名的古镇，地处长江三峡西陵峡中段，两岸分布着数百座明、清时的古代民居，且保存十分完整。这些建筑大部分坐落在海拔120~140米处，沿江坡地而建，坐南朝北，以厅堂、天井和堂屋为中轴，两旁辅以厢房。郑万瞻老屋、郑韶年老屋等10座古民居无论在建筑规模，还是结构形式、雕刻及彩画艺术等方面都独具特色，设计巧妙，制作精细，蕴含着丰富的文化内涵和传统信息。

秭归老城门现仅存景圣门与迎和门两座城门，为清嘉庆年间所遗存。景圣门与迎和门的建筑形势基本相同，都是按地形而建，前低后高。城门为砖石结构建筑，其拱券技术是我国古代桥梁建造和桥梁大跨度设计的重要手段之一。有效地保护该建筑对其与北方的砖结构拱券的比较研究，以及对以后石拱券的科学研究具有重要的价值。

（2）古建筑实际价值评估

房产的开发成本包括修建建筑及附属工程所发生的土建工程费用、安装工程费用和环境整治费等费用。凤凰山复建区各古建筑的开发成本详见表2-3-2。

管理费用是指建设施工过程中的人员工资、福利等，一般为土地取得成本与开发成本之和的一定比率。所以，在估价时，通常可按土地取得成本与开发成本之和乘以这一比率来测算管理费用。根据秭归的实际社会经济状况，按照工程期次，分别以土地开发成本的7.02%和10.9%估算凤凰山复建区的古建筑管理费用。

房地产开发税费包含建筑开发前期税费和开发过程中的城建配套费、人防建设费、临时设施费和技术装备等多种税费。凤凰山复建区的开发税费主要是开发过程中需要承担的税费支出。根据秭归县房产税费征收条例，根据工程期次，分别以开发成本的3.413%和4.08%估算凤凰山复建区的建筑开发税费。

根据凤凰山复建区的古建筑各项支出的评估方法，得到各古建筑的开发成本、管理费用、利息、税费及凤凰山复建区的房产实际价值为3919.907万元，详见表2-3-2。

表2-3-2 凤凰山复建区的房产价值明细　　　　　　　　（单位：万元）

文物名称	文物保护经费概算			
	开发成本	管理费用	税费	合计
屈原祠	1198.841	84.158	40.916	1533.52
屈原故里牌坊	13.973	0.754	0.399	15.126
江渎庙	204.805	4.923	7.152	216.88

续表

文物名称	文物保护经费概算			
	开发成本	管理费用	税费	合计
水府庙	74.883	1.726	2.968	79.577
紫光阁	19.738	1.33	0.498	21.566
杜氏宗祠	154.94	10.452	3.912	169.304
王氏宗祠	197.152	9.028	5.583	211.763
新滩古井	2.461	0.166	0.062	2.689
惠济桥	9.52	0.789	0.295	10.604
江渎桥	11.456	0.802	0.3	12.558
千善桥	23.677	1.594	0.702	25.973
屈子桥	19.847	1.393	0.809	22.05
郑万琅老屋	101.47	2.879	3.629	107.978
郑韶年老屋	303.476	20.471	7.663	331.61
郑万瞻老屋	98.705	2.778	3.53	105.013
郑书祥老屋	75.479	5.091	1.906	82.476
郑启光老屋	186.298	8.867	5.284	200.449
彭树元老屋	110.025	3.049	3.933	117.007
三老爷老屋	80.5	5.43	2.033	87.963
刘正林老屋	155.578	7.109	4.405	167.092
邓永清老屋	111.366	1.785	0.558	113.709
游县长老屋	165.906	11.646	5.662	183.16
景圣门	58.261	4.089	1.988	64.32
迎和门	33.985	2.386	1.159	37.52
合计	3412.342	192.695	105.346	3919.907

3. 凤凰山复建区实际价值

凤凰山复建区实际价值应是土地实际价值与房产实际价值之和，综合上述分析、计算的结果，研究区的土地、房产实际价值应为7944.277万元。

（二）选择价值评估

1. 凤凰山土地评估定性

凤凰山复建区三面环江，西接秭归县主城区繁华地带，南接三峡副坝，地理位置优越。凤凰山复建区面积较大，区内可大致分为八大区域，分别为屈原文化艺术中心、南大门、三峡文物保护中心、屈原祠、演艺广场、峡江古村、古民居区和来仪台（凤凰山复建区高程图如图2-3-2所示）。其中屈原文化艺术中心、南大门、三峡文物保护中心、演艺广场和来仪台五处地势较为平坦，海拔为175~211米，距离市中心较近，紧挨滨湖路与平湖大道，因地形特点而较为适合于商业用途，故拟将其作为Ⅰ级商业用地进行价值评定。屈原祠、古民居区两处地势相对较高，海拔为211~229米，

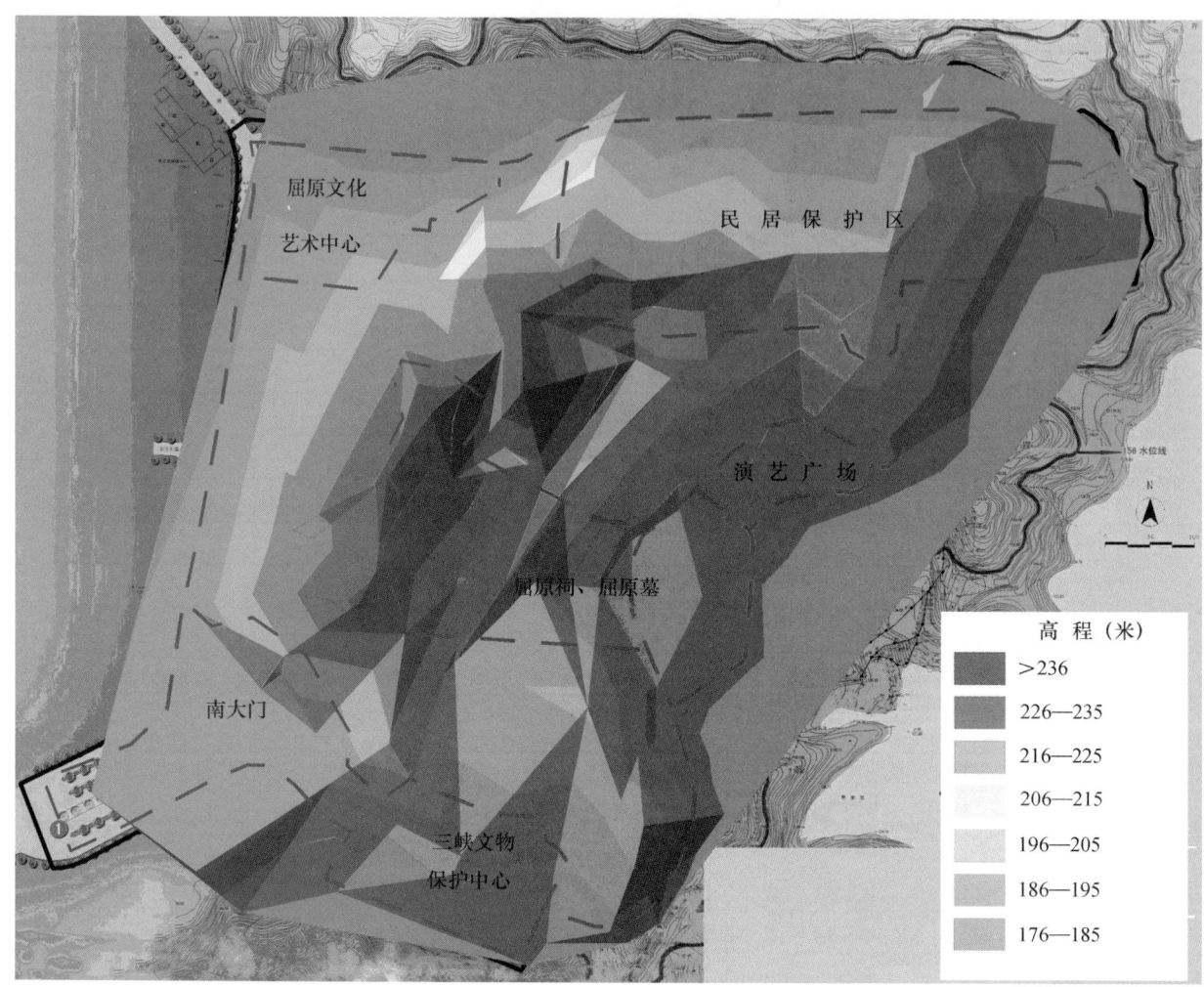

图2-3-2 凤凰山复建区高程图

周围有环绕滨水风光带，毗邻长江，环境宜人，从综合条件来看，较为适合在此建造高档住宅小区，故拟将其作为Ⅰ级住宅用地进行价值评定。峡江古村一带地势相对最高，海拔为229~248米，由于研究区内拟规划用地已有商业和住宅区域，同时海拔相对较高的地区不再适合上述两种用地用途，同时该地带植被保护得较为理想，连接商业与住宅用地，因此该地带较为适合作为绿地予以保护。凤凰山复建区坡度图如图2-3-3所示，具体区域划分如图2-3-4和图2-3-5所示。

秭归县城区基准地价更新的基本任务是在新一轮土地定级的前提下，根据马克思主义地租地价理论、区位理论等，通过调查测算近年来城市样点的地价，按照新规程，采用新技术，结合当地经济发展速度与产业结构的特点，更新秭归县城区的基准地价。各级别基准地价详见表2-3-3。

表2-3-3 秭归县城区商业、住宅用地级别基准地价

商业用地等级	级别价（元/平方米）	住宅用地等级	级别价（元/平方米）
Ⅰ	722	Ⅰ	562
Ⅱ	518	Ⅱ	348
Ⅲ	372	Ⅲ	214

根据上文对凤凰山复建区地理位置的描述，其商业用地基准地价为722元/平方米，住宅用地基准地价为562元/平方米。

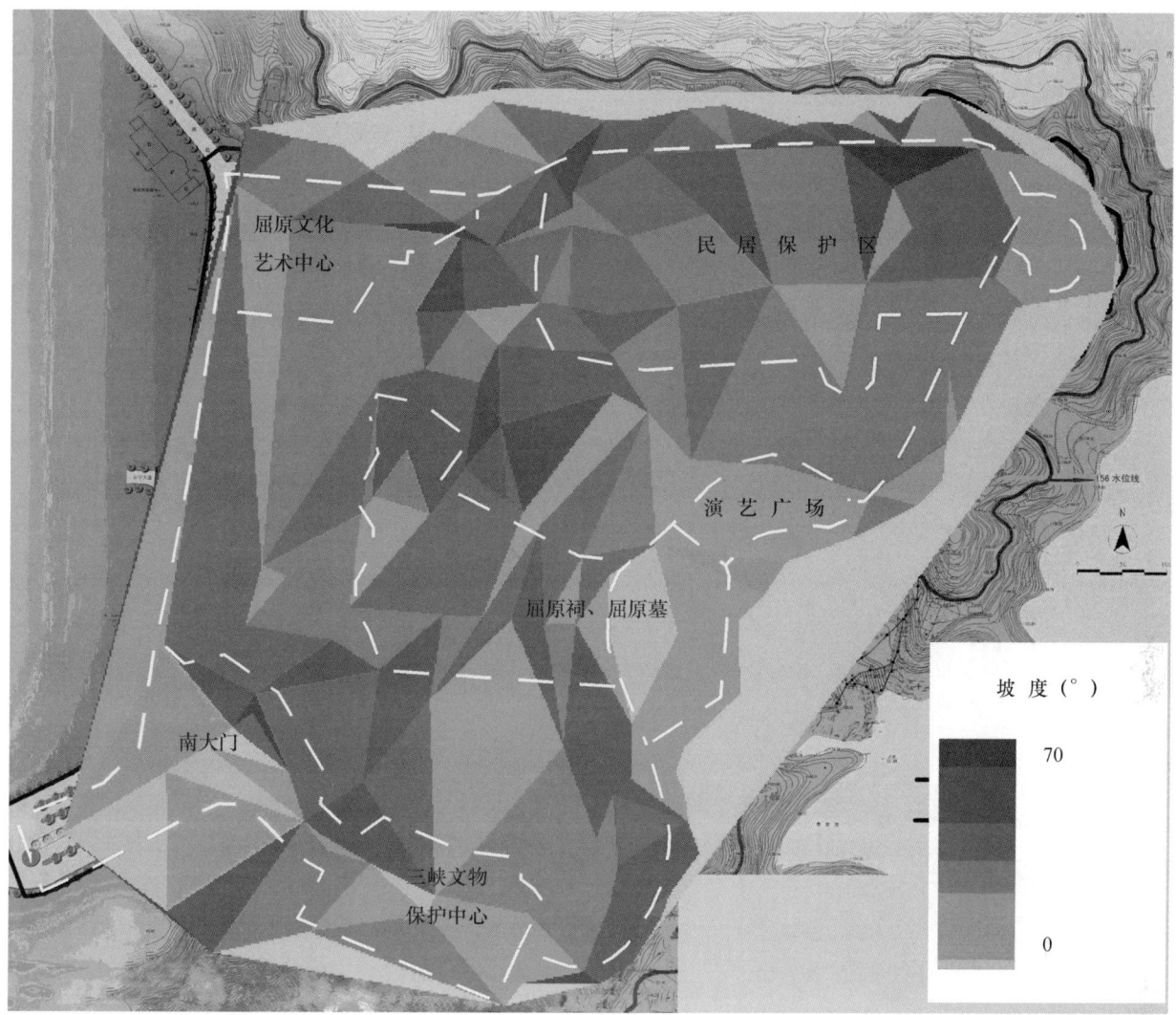

图2-3-3 凤凰山复建区坡度图

2. 区位影响因素修正

凤凰山复建区,假设开发用地规划分为Ⅰ级商业用地和Ⅰ级住宅用地,现将复建区内商业用地分为两部分分别进行因子分析,这两部分是:屈原文化艺术中心、南大门和三峡文物保护中心为商业用地A区;演艺广场和来仪台为商业用地B区。把住宅用地作为整体进行因子分析。凤凰山复建区假设开发商业用地分区图如图2-3-6所示。

(1)商业用地A、B区区位因素分析

凤凰山商业用地A、B区的修正系数参考秭归县Ⅰ级商业用地宗地地价区位因素修正系数,见表2-3-4及表2-3-5。

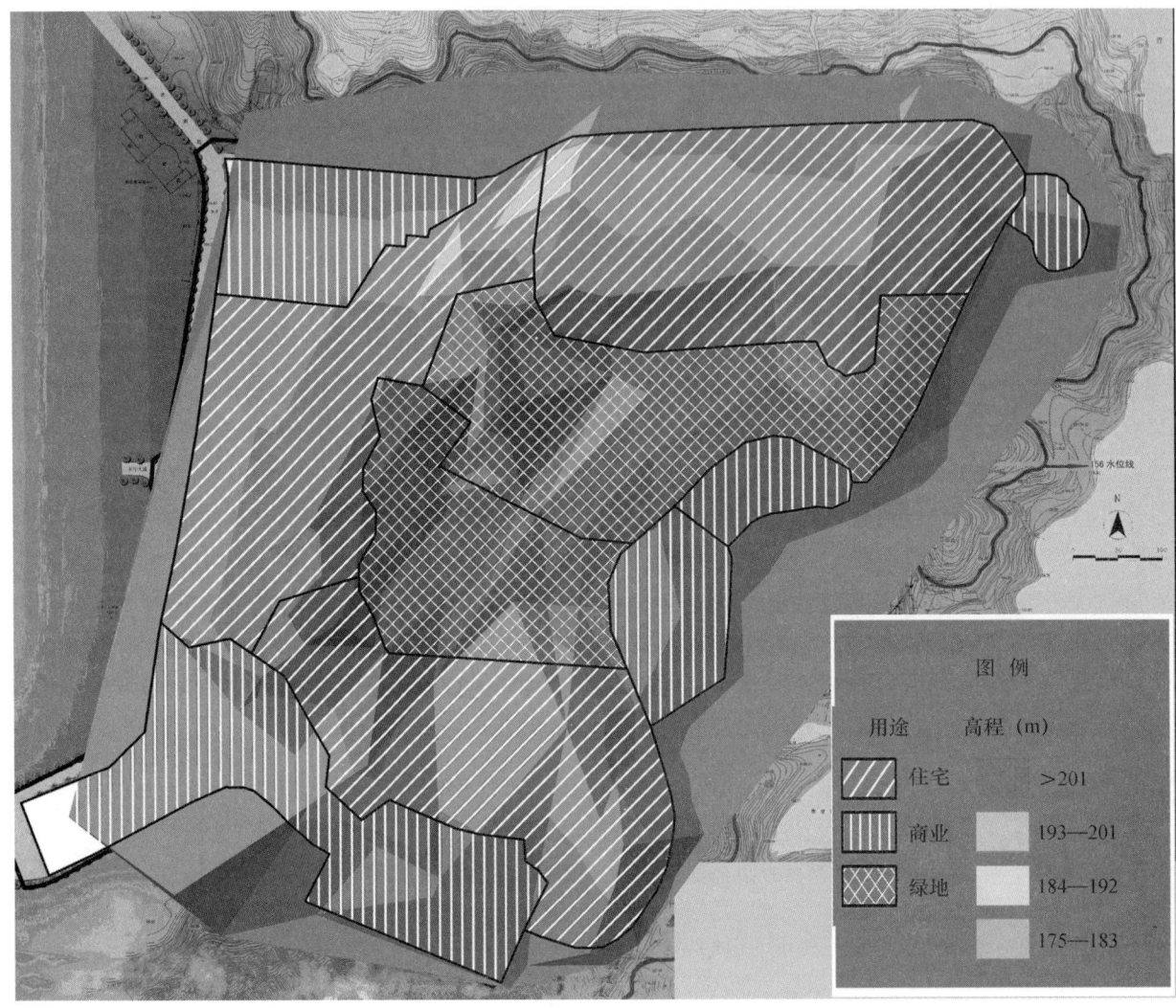

图2-3-4 凤凰山复建区土地利用建设开发方案

表2-3-4 凤凰山复建区商业用地区位因素修正系数指标说明表 （单位：米）

因素	因子	优	较优	一般	较劣	劣
商服繁华度	距商服中心距离	[0, 300)	[300, 500)	[500, 700)	[700, 900)	[900, ∞)
	距宾馆酒店距离	[0, 300)	[300, 500)	[500, 700)	[700, 900)	[900, ∞)
交通条件	道路通达度	混合型主干道	生活型主干道	交通型主干道	支路	不临路
	距长途汽车站距离	[0, 300)	[300, 500)	[500, 700)	[700, 900)	[900, ∞)
基础设施状况	给水状况（%）	[95, 100)	[85, 95)	[75, 85)	[60, 75)	[0, 60)
	排水状况（%）	[95, 100)	[85, 95)	[75, 85)	[60, 75)	[0, 60)
	供电状况（%）	[95, 100)	[85, 95)	[75, 85)	[60, 75)	[0, 60)
环境条件	大气污染（污染指数）	(0, 50]	(50, 100]	(100, 200]	(200, 300]	(300, ∞)
	噪声污染（dB）	(0, 40]	(40, 50]	(50, 60]	(60, 70]	(70, ∞)
	水污染（污染指数）	无污染	基本无污染	轻度污染	较重污染	严重污染
规划前景	道路规划	主干道	快速路	一般道路	支路	街坊间支路
	用地规划	中心商业区	较繁华商业区	一般商业区	商业网点	其他类型

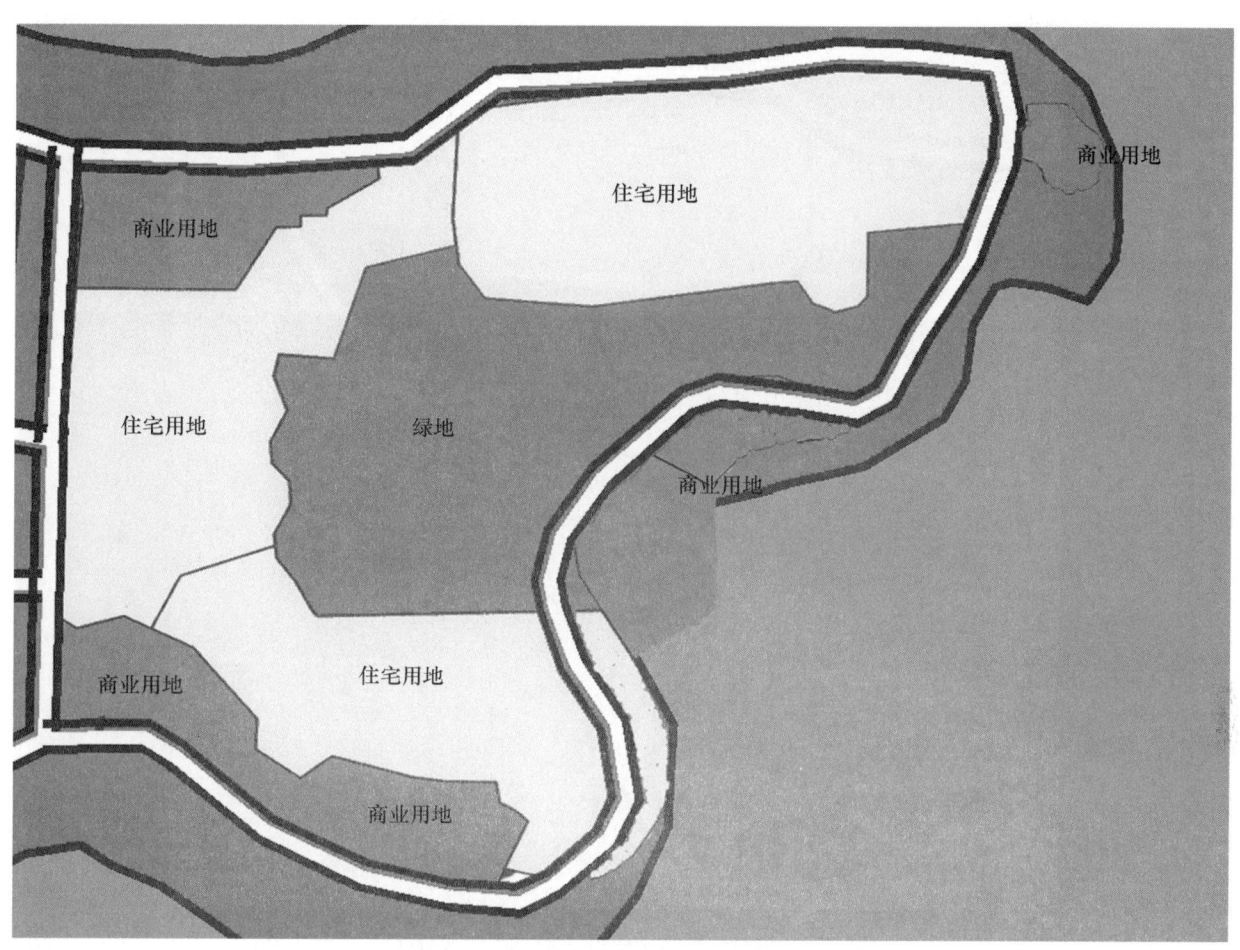

图2-3-5　凤凰山复建区建设开发用地类型分布图

表2-3-5　凤凰山复建区商业用地区位因素修正系数表

因素	因子	优	较优	一般	较劣	劣
商服繁华度	距商服中心的距离	0.0144	0.0072	0	−0.0048	−0.0095
	距宾馆酒店的距离	0.0160	0.0080	0	−0.0053	−0.0105
交通条件	道路通达度	0.0132	0.0066	0	−0.0044	−0.0087
	距长途汽车站的距离	0.0134	0.0067	0	−0.0044	−0.0089
基础设施状况	给水状况（%）	0.0072	0.0036	0	−0.0024	−0.0048
	排水状况（%）	0.0081	0.0040	0	−0.0027	−0.0053
	供电状况（%）	0.0078	0.0039	0	−0.0026	−0.0051
环境条件	大气污染	0.0030	0.0015	0	−0.0010	−0.0020
	噪声污染	0.0018	0.0009	0	−0.0006	−0.0012
	水污染	0.0043	0.0021	0	−0.0014	−0.0028
规划前景	道路规划	0.0059	0.0029	0	−0.0019	−0.0039
	用地规划	0.0092	0.0046	0	−0.0030	−0.0061

1）商服繁华度

研究区西面紧邻商业区（图2-3-7中商服中心标注处即为商服中心所在区域），其中A区距离商

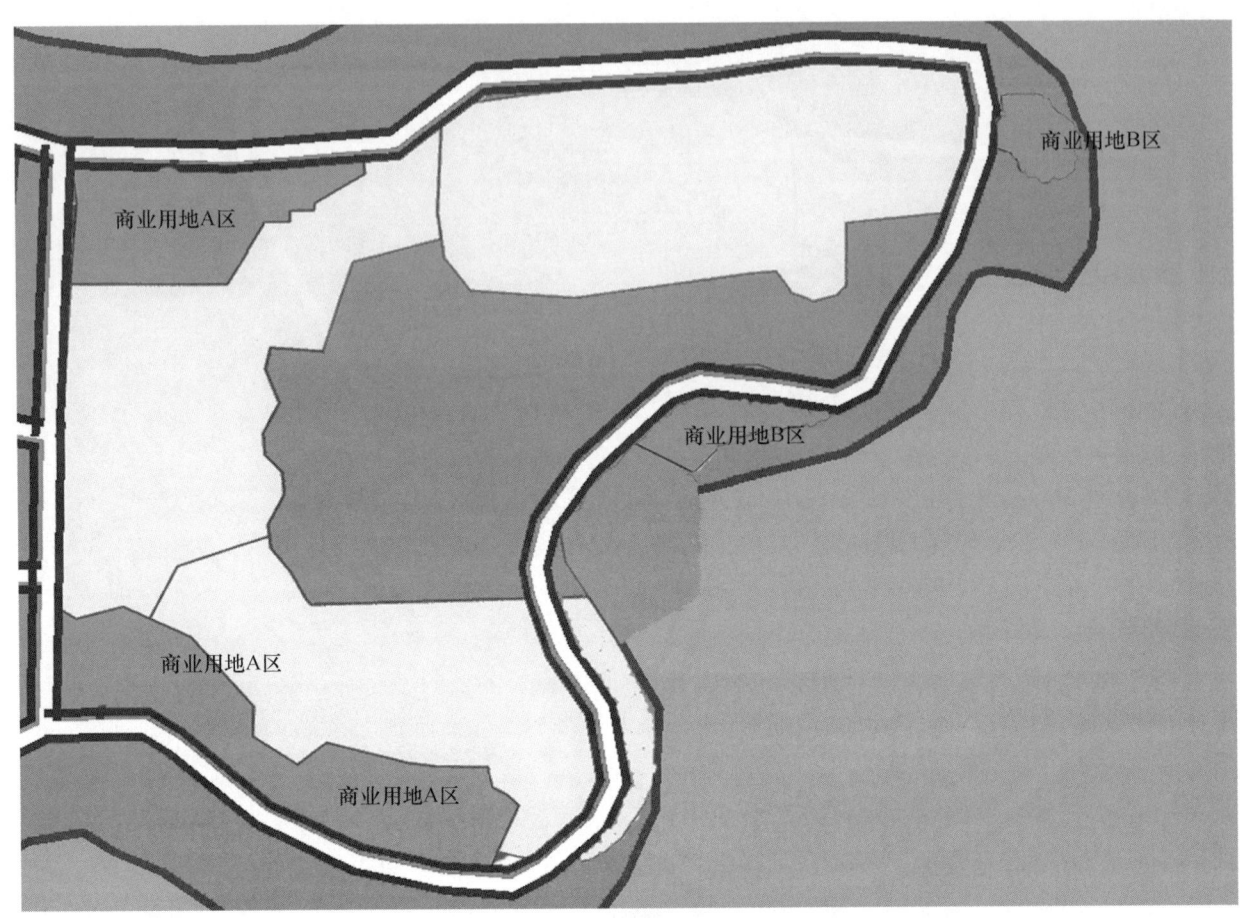

图2-3-6 凤凰山复建区建设开发商业用地分区图

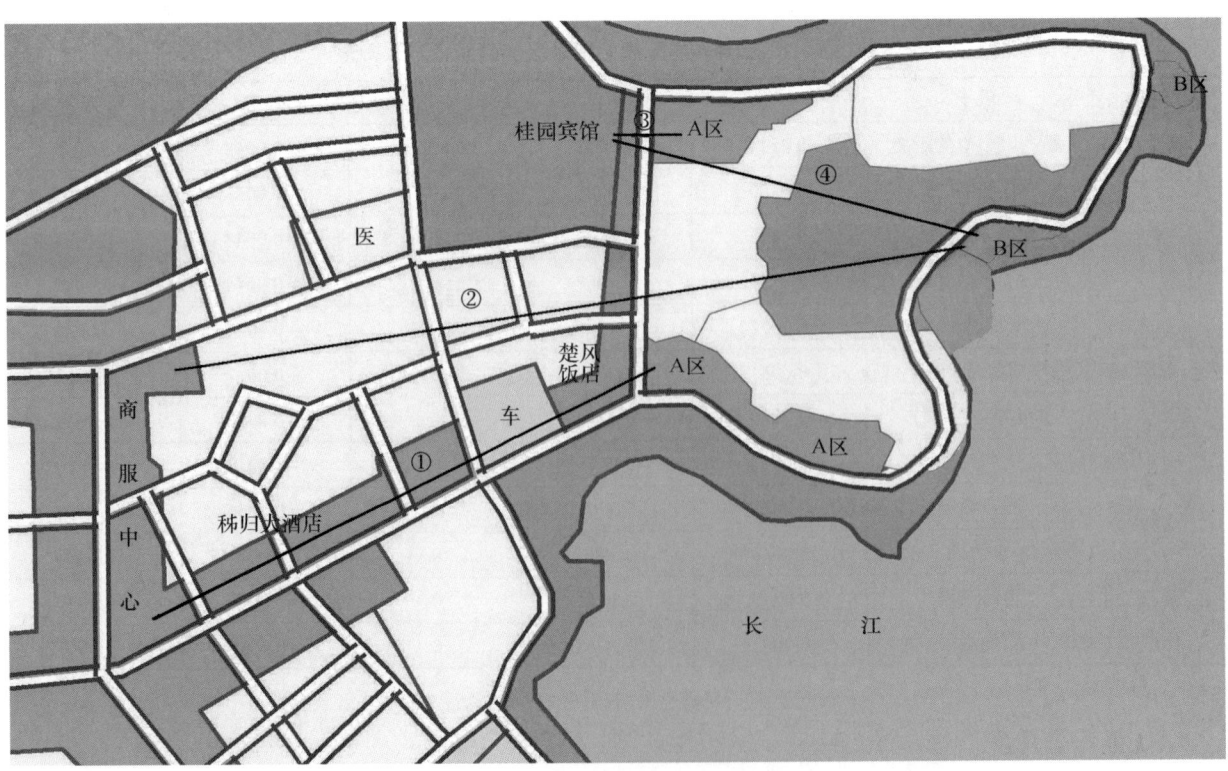

图2-3-7 建设开发商业用地与商服中心、宾馆酒店区位图

业区中心区域距离约为250米（①处），优劣度为优，对应的区位修正系数为0.0144；B区距离商业区距离约为600米（②处），优劣度为一般，对应的区位修正系数为0。

商业区内宾馆酒店密度较高，距离研究区较近的有桂园宾馆、楚风饭店、秭归大酒店等众多宾馆酒店，其中A区距最近的桂园宾馆距离约为50米（③处），优劣度为优，对应的区位修正系数为0.016；B区距最近的桂园宾馆距离约为350米（④处），优劣度为较优，对应的区位修正系数为0.008。

2）交通条件

研究区毗邻市区的滨湖路和平湖大道两条主干道（如图2-3-8所示），均为混合型主干道，其中A区紧挨主干道，优劣度为优，对应的区位修正系数为0.0132；B区地处研究区内偏东位置，距主干道约为250米（①处），优劣度为一般，对应的区位修正系数为0。

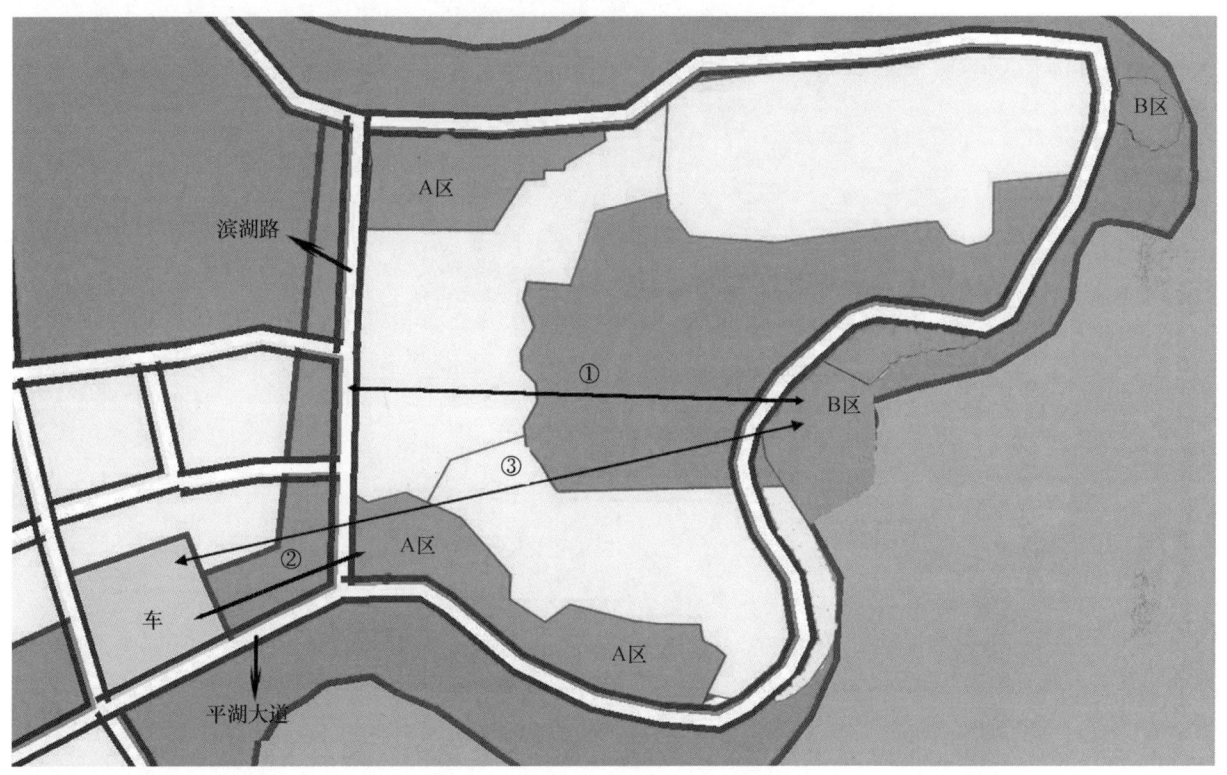

图2-3-8　建设开发商业用地交通条件

研究区A区距离车站约180米（②处），优劣度为较优，对应的区位修正系数为0.0067；B区距离车站约550米（③处），距离较远，但由于研究区整体地理位置优越，故B区距车站的优劣度可视为一般，对应的区位修正系数为0。

3）基础设施

研究区内有一处泵房，两处潜水泵，区内纵横交错有市政给水管和江水给水管，能满足研究区内所有场所的供水，给水覆盖率达95%以上，给水状况为优，对应的修正系数为0.0072。图2-3-9为供排水状况。

研究区内有4座化粪池，区内交错有排水主、次干管及防洪沟，能及时有效地排出污水，排水有效率达95%以上，排水状况为优，对应的修正系数为0.0081。

如图2-3-10所示，研究区紧邻三峡大坝发电厂，供电状况极为优良，区内有4座35KW变电箱，2处电力接入点，能保证研究区内全部区域用电充足，供电覆盖面几乎能达到100%，供电状况优，

图2-3-9 建设开发商业用地供水、排水状况图

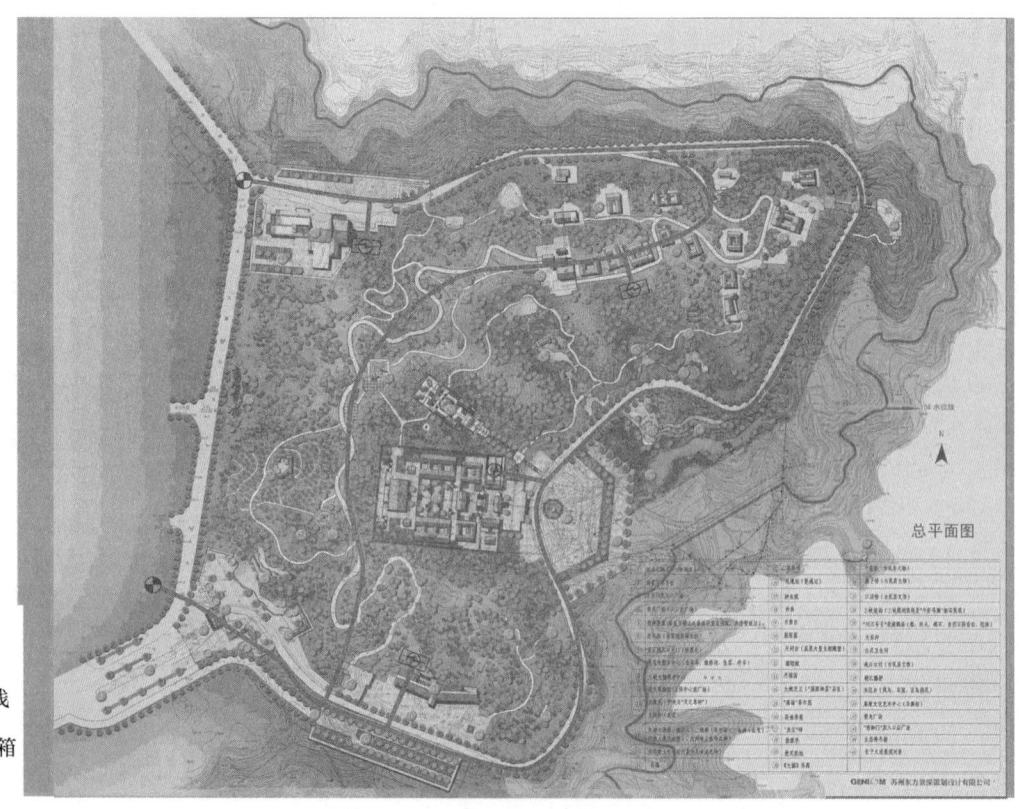

图2-3-10 建设开发商业用地供电状况图

对应的修正系数为0.0078。

4）环境条件

研究区紧邻长江，风景优美，环境宜人，区内蜿蜒有近1.5千米的滨江绿化带，5处重要绿化节点，环境质量良好。

研究区内整体空气质量良好，由于A区距商服中心距离较近，因此其大气污染状况较轻，污染指数约为60%，对应的修正系数为0.0015；噪声影响在50分贝以下，对应的修正系数为0.0009；水污染程度较轻，基本无污染，对应的修正系数为0.0021。B区紧邻滨江绿化带，东面为长江，因此空气质量较优，污染指数在30%以下，对应的修正系数为0.003；噪声影响在40分贝以下，对应的修正系数为0.0018；水质基本无污染，对应的修正系数为0.0021。

5）规划前景

如图2-3-11所示，研究区地理位置优越，西面紧挨滨湖路与平湖大道，区内设有一级道路，主要为机动车、消防车、电瓶车道，宽约5.5米；二级道路主要为消防车、电瓶车道，宽4米；三级道路主要为景观人行道，宽1.2~2.2米。道路规划为主干道，对应的修正系数为0.0059。

由于研究区内商业用地占地面积较住宅用地和绿地大，因此用地规划拟设其为一般商业区，对应的修正系数为0。

图2-3-11 建设开发商业用地各级道路规划图

（2）住宅用地区位因素分析

凤凰山住宅用地的修正系数参考秭归县Ⅰ级住宅用地宗地地价区位因素修正系数，见表2-3-6及表2-3-7。

表2-3-6　凤凰山复建区住宅用地区位因素修正系数指标说明表　　　　　（单位：米）

因素	因子	优	较优	一般	较劣	劣
商服繁华度	距商服中心的距离	[0, 200)	[200, 500)	[500, 700)	[700, 900)	[900, ∞)
	距宾馆酒店的距离	[0, 200)	[200, 500)	[500, 700)	[700, 900)	[900, ∞)
交通条件	距长途汽车站的距离	[0, 200)	[200, 500)	[500, 700)	[700, 900)	[900, ∞)
基础公用设施状况	供水状况（%）	[95, 100)	[85, 95)	[75, 85)	[60, 75)	[0, 60)
	供电状况（%）	[95, 100)	[85, 95)	[75, 85)	[60, 75)	[0, 60)
	排水状况（%）	[95, 100)	[85, 95)	[75, 85)	[60, 75)	[0, 60)
	距医院的距离	[0, 200)	[200, 500)	[500, 700)	[700, 900)	[900, ∞)
	距中学的距离	[0, 200)	[200, 500)	[500, 700)	[700, 900)	[900, ∞)
	距小学的距离	[0, 200)	[200, 500)	[500, 700)	[700, 900)	[900, ∞)
	距幼儿园的距离	[0, 200)	[200, 500)	[500, 700)	[700, 900)	[900, ∞)
	距邮政局的距离	[0, 200)	[200, 500)	[500, 700)	[700, 900)	[900, ∞)
	距影剧院的距离	[0, 200)	[200, 500)	[500, 700)	[700, 900)	[900, ∞)
环境条件	大气污染（污染指数）	(0, 50]	(50, 100]	(100, 200]	(200, 300]	(300, ∞)
	噪声污染（dB）	(0, 40]	(40, 50]	(50, 60]	(60, 70]	(70, ∞)
	水污染（污染指数）	无污染	基本无污染	轻度污染	较重污染	严重污染
规划前景	道路规划	主干道	快速路	次干道	支路	街坊间支路
	用地规划	高档住宅区	成片住宅区	一般住宅区	零星住宅区	其他类型

表2-3-7　凤凰山复建区住宅用地区位因素修正系数表

因素	因子	优	较优	一般	较劣	劣
商服繁华度	商服中心	0.0077	0.0039	0	−0.0015	−0.0029
	宾馆酒店	0.0052	0.0026	0	−0.0010	−0.0020
交通条件	距长途汽车站距离	0.0170	0.0085	0	−0.0032	−0.0064
基础公用设施状况	给水	0.0071	0.0035	0	−0.0013	−0.0026
	排水	0.0067	0.0034	0	−0.0013	−0.0025
	供电	0.0061	0.0030	0	−0.0011	−0.0023
	医院	0.0038	0.0019	0	−0.0007	−0.0014
	邮局	0.0033	0.0017	0	−0.0006	−0.0012
	中学	0.0034	0.0017	0	−0.0006	−0.0013
	小学	0.0040	0.0020	0	−0.0007	−0.0015
	幼儿园	0.0039	0.0020	0	−0.0007	−0.0015
	影剧院	0.0043	0.0021	0	−0.0008	−0.0016
环境状况	大气污染	0.0083	0.0041	0	−0.0016	−0.0031
	噪声污染	0.0083	0.0041	0	−0.0016	−0.0031
	水污染	0.0097	0.0048	0	−0.0018	−0.0036
规划前景	用地规划	0.0069	0.0034	0	−0.0013	−0.0026
	道路规划	0.0069	0.0034	0	−0.0013	−0.0026

1）商服繁华度

研究区住宅用地距商服中心的距离约为450米（①处），优劣度为较优，对应的区位修正系数为0.0039（图2-3-12）。

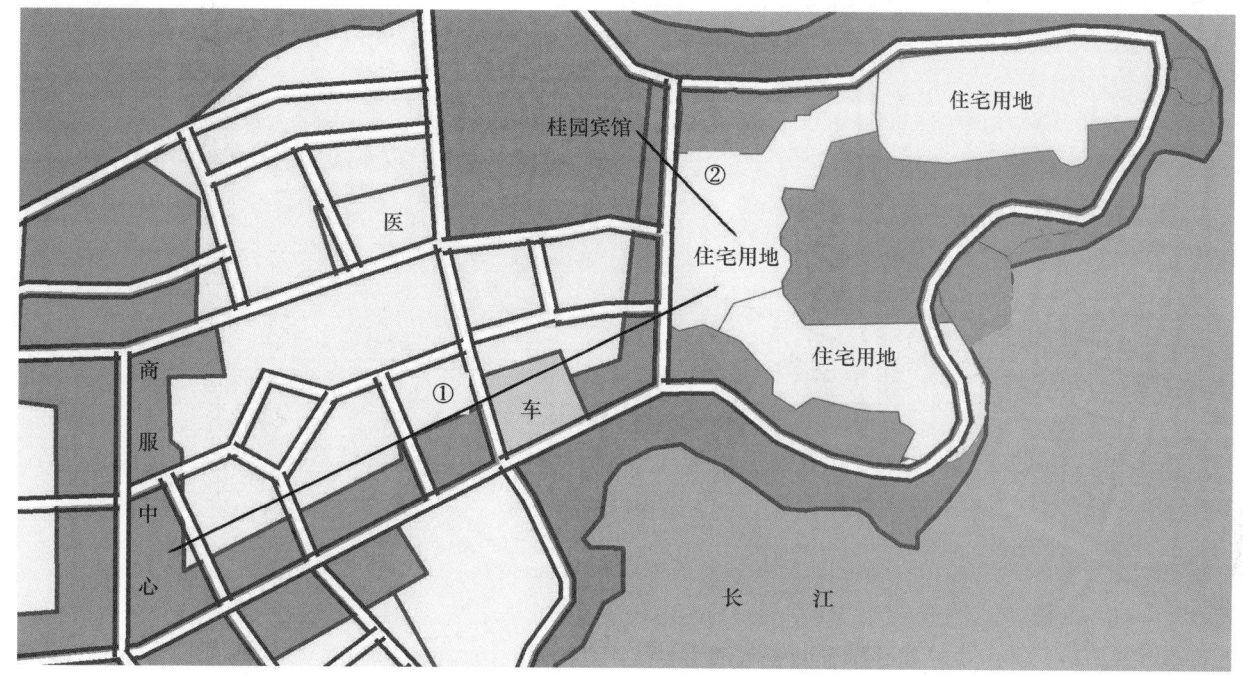

图2-3-12　建设开发住宅用地与商服中心、宾馆酒店区位图

研究区住宅用地距商服中心最近的酒店（桂园宾馆）距离约为250米（②处），优劣度为较优，对应的区位修正系数为0.0026。

2）交通条件

研究区住宅用地距离车站的距离约为340米，优劣度为较优，对应的修正系数为0.0085（图2-3-13）。

3）基础公用设施状况

研究区内有一处泵房，两处潜水泵，区内纵横交错有市政给水管和江水给水管，能满足研究区内所有场所的供水，给水覆盖率达95%以上，给水状况为优，对应的修正系数为0.0071（图2-3-14）。

研究区内有四座化粪池，区内交错有排水主、次干管及防洪沟，能及时有效地排出污水，排水有效率达95%以上，排水状况为优，对应的修正系数为0.0067。

研究区紧邻三峡大坝发电厂，供电状况极为优良，区内有四座35KW变电箱，两处电力接入点，能保证研究区内全部区域用电充足，供电覆盖面几乎能达到100%，供电状况优，对应的修正系数为0.0061。住宅区供电状况如图2-3-15所示。

与研究区距离最近的医疗中心约为500米（①处），优劣度为较优，对应的修正系数为0.0019；距离最近的中学（光明实验中学）约为800米（②处），优劣度为较劣，对应的修正系数为-0.0006；距离最近的小学（实验小学）约为600米（③处），优劣度为一般，对应的修正系数为0；距离最近的幼儿园（小太阳幼儿园）约为400米（④处），优劣度为较优，对应的修正系数为0.002；距离最近的邮政局（屈原路邮政支局）约为850（⑤处），优劣度为较劣，对应的修正系数为－0.0006；距离最近的影剧院（秭归影剧院）约为400米（⑥处），优劣度为较优，对应的修正系数为0.0021。住宅区与基础公用设施区位如图2-3-16所示。

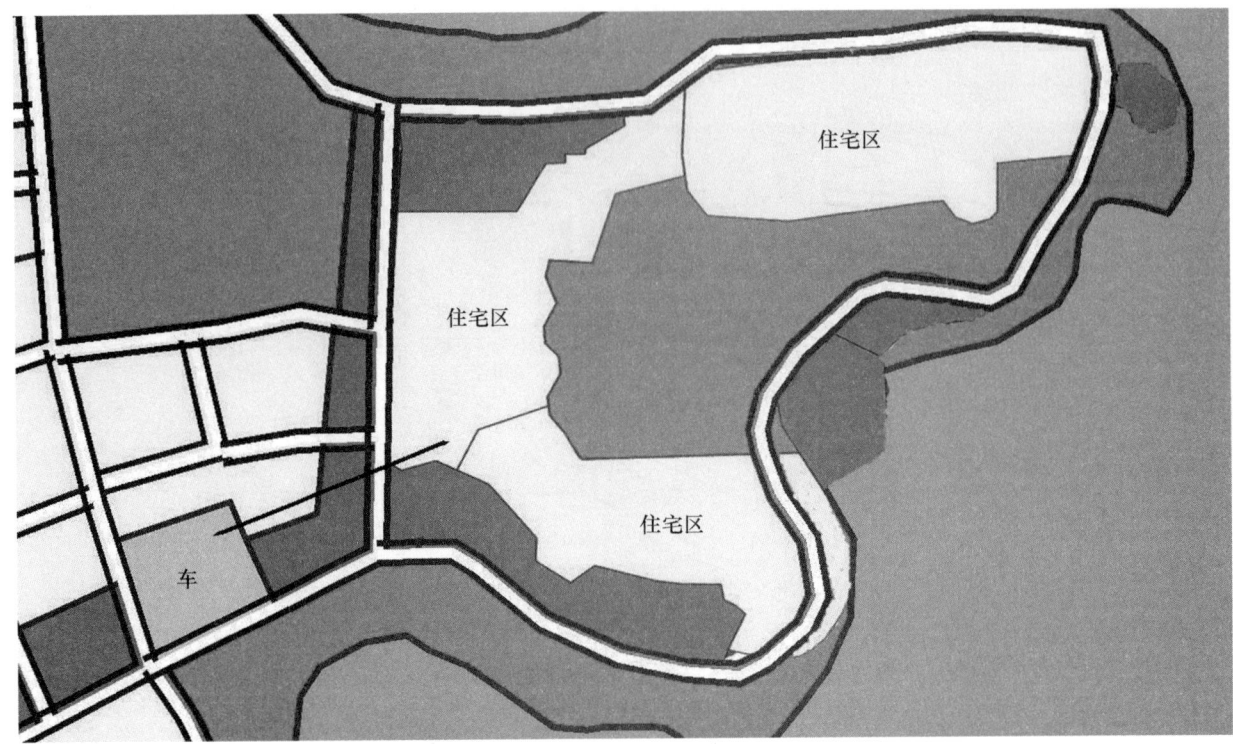

图2-3-13 建设开发住宅用地住宅区交通条件

图 例

▬▬▬ DN400 给水管（市政）
▬ ▬ ▬ DN400 给水管（江水）
- - - - DN250 给水管（江水）
▬▬▬ DN250 给水管（市政）
● 泵房
• 潜水泵
▬▬▬ 排水主干管
▬▬▬ 排水次干管
- - - - 防洪沟
▨ 化粪池

图2-3-14 建设开发住宅用地住宅区供水、排水状况

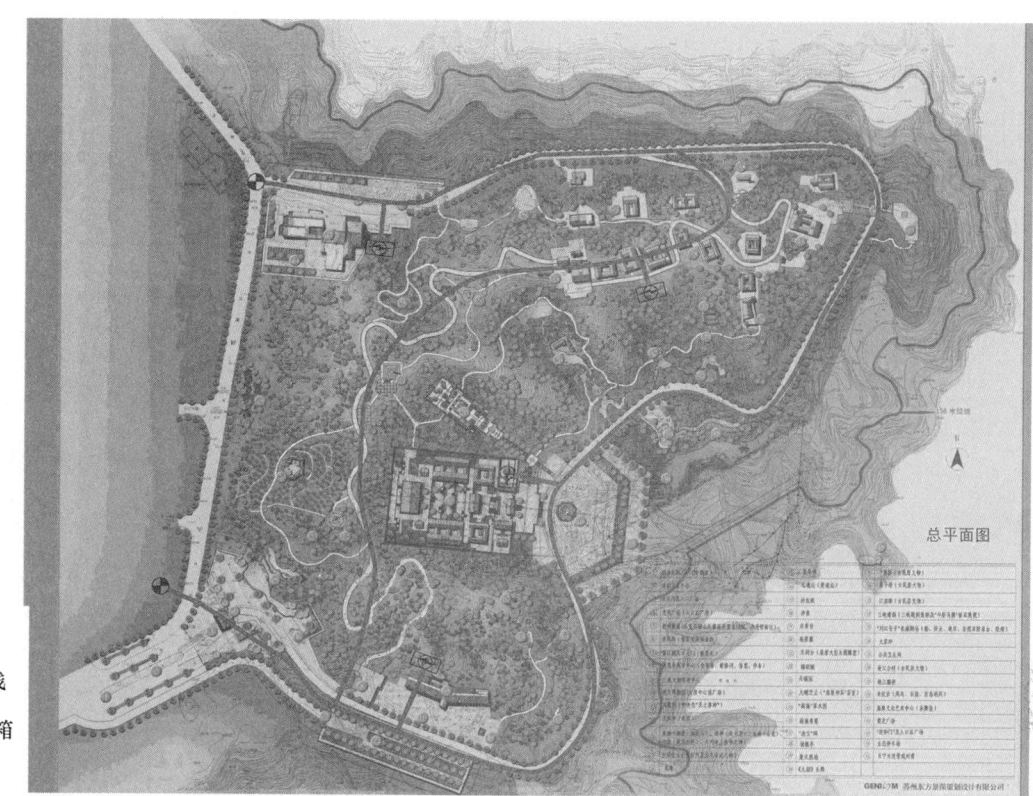

图2-3-15 建设开发住宅用地住宅区供电状况

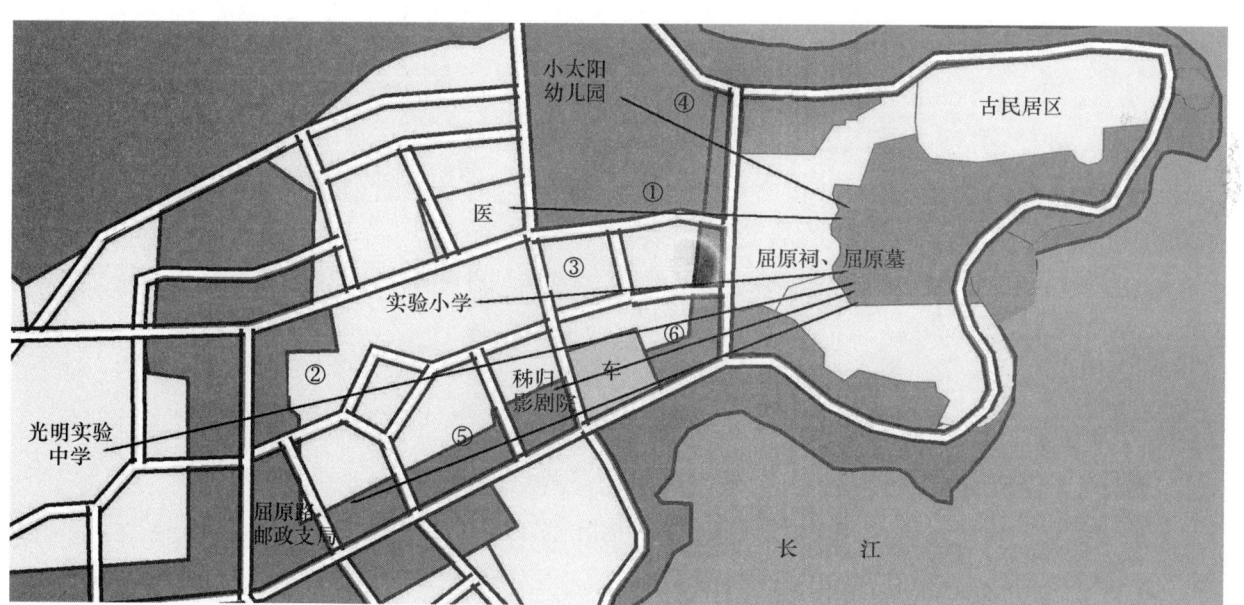

图2-3-16 建设开发住宅用地住宅区与基础公用设施区位

4)环境条件

研究区紧邻长江,风景优美,环境宜人,区内蜿蜒有近1.5千米的滨江绿化带,5处重要绿化节点,环境质量良好。

研究区内整体空气质量良好,由于住宅用地居于园区内中心地带,因此大气污染状况较轻,污染指数在30%左右,对应的修正系数为0.0083;噪声污染较小,影响分贝在40以下,对应的修正系数为0.0083;水质基本无污染,对应的修正系数为0.0048。

5) 规划前景

研究区地理位置优越，西面紧挨滨湖路与平湖大道，区内设有一级道路，主要为机动车、消防车、电瓶车道，宽5.5米；二级道路主要为消防车、电瓶车道，宽4米；三级道路主要为景观人行道，宽1.2~2.2米。道路规划为主干道，对应的修正系数为0.0069。

研究区四周环绕有滨水风光带，毗邻长江，环境宜人，较为适合建造舒适或高档型住宅小区，其用地规划前景对应的修正系数为0.0069。各级道路规划图如图2-3-17所示。

图2-3-17　建设开发住宅用地各级道路规划图

3. 个别影响因素修正

（1）容积率修正系数

秭归县城区城市规划各建筑物的容积率为0.5~2，商业用地标准容积率为1.2，住宅用地标准容积率为0.8。根据表2-3-8及表2-3-9。研究区内A、B区以商业用地标准容积率的数值为准，对应的修正系数为1.00；住宅区以住宅用地的标准容积率为准，对应的修正系数为1.00。

表2-3-8　商业用地容积率修正系数

容积率	≤0.5	0.6	0.8	1.0	1.2
修正系数	1.20	1.15	1.10	1.05	1.00
容积率	1.4	1.6	1.8	≥2	—
修正系数	0.95	0.90	0.85	0.80	—

表2-3-9　住宅用地容积率修正系数

容积率	≤0.1	0.2	0.4	0.6	0.8
修正系数	1.08	1.06	1.04	1.02	1.00
容积率	1.0	1.2	1.4	1.6	≥2.0
修正系数	0.98	0.97	0.95	0.94	0.93

（2）期日修正系数

根据表2-3-10，凤凰山的期日修正系数以土地选择价值评估时间为准，对应的修正系数为1.00。

表2-3-10　交易时间修正系数表

交易时间	2004	2005	2006	2007	2008	2009
修正系数	0.8161	0.8675	0.9017	0.9506	0.9634	1.000

（3）使用年期修正系数

商业用地的最高使用年期为40年，住宅用地的最高使用年限为70年，当出、转让年期不足各类用地的最高年限时，应进行使用年期修正。研究区用地的使用年限均为秭归县商业用地和住宅用地的最高使用年期，根据使用年限修正系数公式计算得到对应的修正系数为1.00。

（4）开发程度修正系数

商业用地、住宅用地基准地价设定的开发程度为"五通一平"的条件。凤凰山的配套程度修正达到"五通一平"程度，根据开发程度修正系数表（表2-3-11），对应的修正系数为1.00。

表2-3-11　开发程度修正系数表

开发程度级别	生地	平整（土地平整）	一通一平（通路）	二通一平（通电）	三通一平（通水）	四通一平（通水）	五通一平（通讯）	六通一平（通热）	六通一平以上（通气）
1	0.57	0.67（0.10）	0.81（0.14）	0.86（0.05）	0.92（0.06）	0.99（0.07）	1.00（0.01）	1.01（0.01）	1.02（0.01）
2	0.63	0.71（0.08）	0.84（0.13）	0.88（0.04）	0.93（0.05）	0.99（0.06）	1.00（0.01）	1.01（0.01）	1.02（0.01）
3	0.79	0.83（0.04）	0.90（0.07）	0.93（0.03）	0.96（0.03）	0.99（0.03）	1.00（0.01）	1.01（0.01）	1.02（0.01）

注：表中一通一平指通路、场地平整；二通一平指通路、通电、场地平整；三通一平指通路、通电、通水、场地平整；四通一平指通路、通电、通上水、通下水、场地平整；五通一平指通路、通电、通上水、通下水、通信、场地平整；六通一平指通路、通电、通上水、通下水、通信、通气、场地平整；七通一平指通路、通电、通上水、通下水、通信、通气、通暖和宽带网络、场地平整。

（5）宗地面积修正系数

凤凰山占地面积约为234970.97平方米，面积较大，对土地利用较为有利，指标标准为较优，根据表2-3-12为宗地面积进行修正，对应的修正系数为1.03。

表2-3-12 宗地面积修正表

指标标准	优	较优	一般	较劣	劣
指标标准说明	面积适中，对土地使用极为有利	面积对土地使用较为有利	面积对土地使用无不良影响	面积较小，对土地使用有一定影响	面积过小，对土地使用产生严重的影响
修正系数	1.04	1.03	1.00	0.98	0.96

（6）宗地现状修正系数

凤凰山形状较为规则，有利于土地合理使用，指标标准较优，依据表2-3-13对应的修正系数1.02。

表2-3-13 宗地形状修正说明表

指标标准	优	较优	一般	较劣	劣
指标标准说明	形状规则，对土地使用极为有利	形状对土地使用较为有利	形状对土地有利，无不良影响	形状不规则，对土地利用有一定影响	形状较差，对土地利用产生严重的影响
修正系数	1.03	1.02	1.00	0.99	0.98

4. 选择价值计算结果

综合上述各因素得出凤凰山复建区选择价值影响因素数值总表，各区基准地价系数修正表，如图2-3-14、图2-3-15及图2-3-16所示。

表2-3-14 凤凰山拟规划商业用地A区基准地价系数修正表

区位因素	描述	修正系数	个别因素	描述	修正系数
距商服中心距离	优	0.0144	容积率修正	1.2	1.00
距宾馆酒店距离	优	0.0160			
道路通达度	优	0.0132	使用年限修正	40	1.00
距长途汽车站距离	较优	0.0067			
给水状况	优	0.0072	交易期日修正	2007	1.00
排水状况	优	0.0081			
供电状况	优	0.0078	宗地面积状况修正	较优	1.03
大气污染指数	（50，100]	0.0015			
噪声污染	（40，50]	0.0009	宗地形状修正	优	1.02
水污染	基本无污染	0.0021			
道路规划	主干道	0.0059	开发程度修正	五通一平	1.00
用地规划	一般商业区	0			

表2-3-15　凤凰山拟规划商业用地B区基准地价系数修正表

区位因素	描述	修正系数	个别因素	描述	修正系数
距商服中心距离	一般	0	容积率修正	1.2	1.00
距宾馆酒店距离	较优	0.0080	使用年限修正	40	1.00
道路通达度	一般	0	交易期日修正	2007	1.00
距长途汽车站距离	一般	0	宗地面积状况修正	较优	1.03
给水状况	优	0.0072	宗地形状修正	优	1.02
排水状况	优	0.0081	建筑朝向修正	东	1.00
供电状况	优	0.0078	开发程度修正	五通一平	1.00
大气污染指数	（0，50]	0.0030			
噪音污染（db）	（0，40]	0.0018			
水污染	基本无污染	0.0021			
道路规划	主干道	0.0059			
用地规划	一般商业区	0			

表2-3-16　凤凰山拟规划住宅用地基准地价修正系数表

区位因素	描述	修正系数	个别因素	描述	修正系数
距商服中心距离	较优	0.0039	容积率修正	0.8	1.00
距宾馆酒店距离	较优	0.0026			
距长途汽车站距离	较优	0.0085	使用年限修正	使用70年	1.00
道路通达度	较优	0.0086			
供水状况	优	0.0071	交易期日修正	2007	1.00
排水状况	优	0.0067			
供电状况	优	0.0061	宗地面积状况修正	较优	1.03
距医院的距离	较优	0.0019			
距邮政局的距离	较劣	−0.0006	宗地形状修正	较优	1.02
距中学的距离	较劣	−0.0006			
距小学的距离	一般	0	建筑物朝向修正	东	1.00
距幼儿园的距离	较优	0.0020			
距影剧院的距离	较优	0.0021	开发程度修正	五通一平	1.00
大气污染指数	（0，50]	0.0083			
噪声污染（db）	（0，40]	0.0083			
水污染	基本无污染	0.0048			
道路规划	主干道	0.0069			
用地规划	高档住宅区	0.0069			

凤凰山复建区选择价值的单位价值计算公式及结果如下。

商业用地A区修正单价=Ⅰ级商业用地基准地价×（1±各区位因素修正系数之和）×各个别因素修正系数

=722×（1+0.0144+0.0160+0.0132+0.0067+0.0072+0.0081+0.0078+0.0015+0.0009+0.0021+0.0059+0）×1.00×1.00×1.00×1.03×1.02×1.00×1.00

=822.11（元/平方米）

商业用地B区修正单价=Ⅰ级商业用地基准地价×（1±各区位因素修正系数之和）×各个别因素修正系数

=722×（1+0+0.0080+0+0+0.0072+0.0081+0.0078+0.0030+0.0021+0.0059+0）×1.00×1.00×1.00×1.03×1.02×1.00×1.00=791.83（元/平方米）

住宅用地修正单价=Ⅰ级住宅用地基准地价×（1±各区位因素修正系数之和）×各个别因素修正系数

=562×[0.0039+0.0026+0.0085+0.0086+0.0071+0.0067+0.0061+0.0019+（−0.0006）+（−0.0006）+0+0.0020+0.0021+0.0083+0.0083+0.0048+0.0069+0.0069]×1.00×1.00×1.00×1.03×1.02×1.00×1.00=639.73（元/平方米）

凤凰山复建区土地选择价值，计算公式及结果如下：

凤凰山复建区土地选择价值=商业用地A区修正单价×A区面积+商业用地B区修正单价×B区面积+住宅用地修正单价×住宅用地面积

=822.11×42143.20+791.83×16708.55+639.73×118448.11=123651486.7元≈12365万元

（三）辐射价值评估

1. 问卷调查

本次调查共发放问卷150份，调查方式为支付卡法，共收回有效问卷118份，有效率达78.67%。对周边地区比较了解凤凰山复建区的居民进行随机抽样调查，其中22.93%的被调查者非常了解当地情况，57.34%的被调查者表示比较熟悉，19.73%的被调查者表示有一定了解。

2. 样本统计分析

为了解文物迁建对当地社会经济带来的影响，调研中对被调查者的反映进行了调查。结果显示，42.39%的被调查者表示，与文物迁建之前相比，周边基础设施更加齐全方便，57.61%的被调查者认为与之前没有太大的变化，可见当地居民对文物迁建的社会经济影响持认可的态度。此外，关于文物复建区对当地房地产市场带来的影响，40.35%的被调研者认为带动了周围房地产价格的上升，59.65%的被调查者表示与复建前没有什么变化，可见凤凰山复建区对周边房地产市场有一定的潜力影响，但目前来看其影响程度还没有完全显现。

（1）社会经济特征统计分析

性别。被调查者中，男性稍多于女性。其中，男性62人，女性有56人。

年龄。18~25岁的被调查者有21人，占样本总数的17.79%；26~40岁的被调查者有74人，占样本总数的62.71%；41~60岁的被调查者有23人，占样本总数的19.5%。可见，被调查者以中青年人为主。

文化程度。初中及以下者有4人，高中或中专者有62人，占样本总数的52.54%；大专及本科者有49人，占样本总数的41.53%；研究生学历者有3人。可见，被调查者中以中高等学历的人员为主。

职业。被调查者中公司职员有27人，占样本总数的22.88%；其次为事业单位职员，共有39人，占样本总数的33.05%；再次为政府公务员，共有43人，占样本总数的36.44%；另外有学生9人。

月平均收入。被调查者的家庭收入以1000~2000元为最多，共有52人，占样本总数的44.07%；其次为2000~3500元，共有35人，占样本总数的29.66%；月平均收入为500元以下及500~1000元的分别有11和20人。

（2）支付意愿率和WTP

在收回的118份有效问卷中，愿意多支付费用在凤凰山复建区周边购置房产的有84人，支付意愿率为71.18%，不愿意支付的有34人，抗议支付率为28.81%，符合国际上已有研究统计的抗议性支付率的一般范围（20%~35%）。其中愿意支付的动机包括：①文物复建区基础设施比较完善（占支付率的20.2%）；②文物复建区周边环境条件较好（占支付率的62.24%）；③文物复建区周边的历史文化氛围较好（占支付率的24.5%）；④为保护文物古迹做些贡献（占支付率的12.7%）。其中不愿意支付的原因包括：①收入有限，无能力支付（占抗议支付的54.6%）；②与自己无关（占抗议支付的22.45%）；③远离文物复建区，对此不感兴趣（占抗议支付的18.67%）。

支付卡问卷调查法可直接显示被调查者的支付意愿，平均值和中位值是描述WTP数据集中程度的两种主要方法。根据统计结果（表2-3-17），同时计算平均值与中位值。

平均值计算公式为：$E(WTP)=\sum P_i B_i$

式中，$E(WTP)$指人均支付意愿，P_i指各支付额支付人数的相对频率，B_i指各支付额的数值。计算出WTP平均值为37.97元。

中位值的计算需将频率分布转换为累计频度分布，以求出累计频度等于50%的值。经计算，中位值为50元。

根据秭归县的社会经济状况，采用平均值更适合当地的实际情况，因此本文采用平均值37.97元作为人均WTP的衡量尺度。

表2-3-17 支付意愿人数分布表

意愿支付值/元	人数	相对频率（%）	累计频率（%）
10	3	2.54	3.57
20	8	6.78	13.10
30	6	5.08	20.24
40	14	11.86	36.90
50	18	15.25	58.33
60	9	7.63	69.05
70	10	8.47	80.95
80	7	5.93	89.29
90	5	4.24	95.24
100	4	3.39	100.00

3. 辐射价值评估结果

凤凰山复建区的土地辐射价值计算公式为：

$P_{辐射}=E(WTP)\times pop\times prop$

pop为复建区土地辐射价值影响的总人口，凤凰山景区位于秭归县城中，其价值辐射范围主要是县城所在的乡镇，即茅坪镇，因此本课题将茅坪镇的常住人口作为总人口数量，茅坪总人口约为8万人；$prop$是具有支付意愿的人口比率，即71.18%，经计算得到凤凰山复建区的土地辐射价值约为216.23万元。

（四）凤凰山复建区土地、房屋价值评估结果

秭归凤凰山土地、房屋等有形资产价值由三部分构成，即土地和房产的实际价值、选择价值及辐射价值，最终结果应是这三者的总和。根据上述分析及计算，可以得出复建区的总价值为20525.51万元。

第四章　兴山古夫民居土地、房产价值

一、兴山县概况

兴山县位于湖北省西部，长江西陵峡以北，地处秦巴大山区，地理坐标在东经110°25′~111°06′，北纬31°04′~31°34′。东邻宜昌、保康，西与巴东毗邻，南接秭归，北抵神农架林区，东西长66千米，南北宽54千米，总面积为2327平方千米。兴山县处于举世瞩目的长江三峡工程库区、长江西陵峡北侧，新县城古夫镇距宜昌市176千米，距三峡大坝97千米，北距神农架林区木鱼镇60千米，属国务院确定的长江三峡经济开发区。兴山是三峡旅游重点区域，也是长江三峡、神农架、武当山黄金旅游线的主要通道。2005年全县共辖6镇2乡，104个行政村，9个居委会，总人口为18.25万人。

兴山历史悠久，人杰地灵，孕育了古代四大美女之一的王昭君。图2-4-1为兴山县昭君大道，距今七八千年前，在兴山这块土地上已有人类繁衍生息。周厉王时（公元前857~公元前842年），熊绎后裔熊挚封至兴山，筑高阳城。秦、汉属南郡秭归，三国吴景帝永安三年（公元260年），"分秭归北界立兴山县"，历时1743年。

图2-4-1　兴山县昭君大道图

西汉时期，王昭君自愿请嫁匈奴，为民族团结和边疆的安宁做出重要贡献，明末农民起义军领袖李来亨率众在这里坚持斗争13年，在辛亥革命中，有兴山籍首义志士高尚志、孙绍箕、陈广安、贾也洪、邢予文等人，在第二次国内革命（即土地革命）时期，中国共产党创建的巴兴归苏区，是贺龙领导的湘鄂根据地之一，1928年建立了中国共产党兴山县委员会。在抗日战争中，兴山是保卫重庆的正面战场，兴山人民为抗战胜利做出了巨大贡献。1949年8月6日，中国人民解放军解放兴山，从此，兴山人民开始在社会主义现代化建设中谱写新的篇章。

兴山的地貌区划属秦岭大巴山体系，山脉走向从东向西伸展，总地势为东、西、北三面高，南面低，由南向北逐渐升高。东北部群山重叠，多山间台地，向南逐渐降低，西北部山高坡陡，沟深谷幽，水流湍急。县境内有大小山头3580座，最高点位于与巴东交界处的仙女主峰，海拔2426.9米；最低点位于与秭归接壤处的游家河，海拔109.5米，垂直高差达2317.4米。兴山县地貌可划为三种类型。一是海拔800米以下的山沟河谷低山区。该区面积为355.09平方千米，占总面积的15%，由香溪河、凉台河两大水系控制最低部位。地表由紫砂页岩、泥质岩及灰岩组成，两岸山陡坡急。二是海拔800~1200米的岩溶剥蚀区。该区面积为575.85平方千米，占总面积的25%，分布于东南部、中部和西南部。地表由白云岩、硅质岩、灰岩、砂岩等组成，地势北高南低，山顶浑圆，河谷纵横，溪沟由北向南深切。三是海拔1200米以上的缓坡、平湖高山区。该区面积为1397.06平方千米，占总面积的60%，分布于东北部和西南部。地表由元古界灰岩、泥质岩及变质混合岩组成，区内山峰复峦，山脊众多，形成溶蚀洼地、溶洞、落水坑、石林等各种类型的岩溶地貌。

兴山县属亚热带大陆性季风气候。春季冷暖多变，雨水较多；夏季雨量集中，炎热多伏旱；秋季多阴雨；冬季多雨雪、早霜。由于地形复杂，高低悬殊，气候垂直差异大，这种特殊的气候特征为多种植物的生长提供了适宜的条件，故有"山上皑皑霜雪，山下桃红李白"之说。兴山年平均气温在15.3℃左右，年际间气温变化不明显。极端最高气温为43.1℃，极端最低气温为−9.3℃。年平均无霜期，低山为272天，半高山为215天，高山为163天。太阳辐射总量年平均为99千卡/平方厘米，季节分配为夏多冬少，4~9月总辐射量为64千卡/平方厘米，占全年的64.7%。平均日照时数为1682.8小时，平均日照百分率为38%。年平均降水量为900~1200毫米，绝对降水量充沛，但时空分布差异大，北部多于南部，高山多于低山，夏季多于秋、冬、春季。

兴山山川秀美，境内山峦重叠，冈翠峦青，水能、矿产、林业、旅游资源十分丰富。已建成了大小电站47座，装机容量达18万千瓦，人均装机和用电量居全国县级领先水平，实现了农村初级电气化；通过走"小水电站先行、载电体开路、深加工振兴"的工业经济发展之路，开发利用了10多种地矿资源，形成磷化、冶金、建材等支柱产业；林果业开发了以昭君脐橙、锦橙、胭脂柚、薄壳核桃、银杏、杜仲、中华猕猴桃为品牌的特色产品，60万亩林果特基地已成为农民致富的"绿色银行"；围绕"山水园林城、旅游文化城、生态环境城"的建设目标，新县城已建成为湖北省最漂亮的县城之一；公路通车里程1300千米，90%村通公路，新建年吞吐60万吨货物，30万人次客人的峡口港已投入运行，兰杭高速公路经过兴山境内已纳入国家计划；完成农村电网一期改造任务；兴建水利工程600多处，实施了天保工程、退耕还林、农业综合开发等一大批项目。开通兴山至宜昌的广播电视光缆，电话机安装总容量2.8万门，移动通讯覆盖各乡镇和各交通干道。图2-4-2为兴山县滨河公园。

图2-4-2　兴山县滨河公园图

二、古夫民居概况

古夫民居由三峡库区兴山县地面文物望山门、陈伯炎老屋、吴翰章老屋组成。2002年11月，湖北省人民政府公布其为第四批省级重点文物保护单位，原址均在高阳镇175米水位线以下，属地面文物搬迁复建保护项目。该搬迁复建工程由湖北省文物事业管理局主持招标复建，兴山县文物管理所协助施工。工程于2002年5月正式动工，2004年12月竣工，交兴山县文物管理所管理。

古夫民居位于后河小区，占地5.98亩，建筑总面积为1500平方米，民居内现征集陈列有大量的民俗文物，如家具雕花春台、木床、桌椅等，生产工具风斗、石碾、石碓、犁等，展现了兴山地方民俗文化。古夫民居区位图如图2-4-3所示。

图2-4-3 古夫民居区位图

三、土地、房产价值评估

（一）实际价值评估

1. 土地实际价值评估

根据前文的分析，古夫民居土地的实际价值可从土地取得成本、土地开发成本、税费、利息几个方面进行分析。在计算过程中，主要需确定利息率、土地开发周期和税率等参数。

土地取得成本：古夫民居位于新县城东南部，由于该地区在新县城建设规划中为城镇用地，在土地取得过程中古夫民居不存在土地补偿、劳动力安置、拆迁安置等征地支出费用，因此古夫民居的土地取得成本不予考虑。

土地开发成本：主要是指土地熟化过程中土地平整、基础设施建设、园林绿化等项目的支出。其中土地平整主要是通过拆迁、勘探设计和土方工程等改造土地表层，消除地表高差以达到土地开发建设的基本条件，包括可行性研究、规划、勘察、设计等前期工程。基础设施建设包括所需的道路、给水、排水、电力等设施的建设。古夫民居的土地开发费具体见表2-4-1。

表2-4-1　古夫民居土地开发费　　　　　　　　　　　　（单位：万元）

项目名称	造价	项目名称	造价
七通一平	16	道路工程（含台阶）	6
勘探设计	10	场地工程	7
咨询、评估	1	挡土墙工程	7
电气工程	17	植物（树木）	3
给排水工程	15	草皮	9
消防工程	17	监督管理、防治保险等	6

税费：根据湖北省物价局、财政厅《关于征用土地管理收费的通知》（鄂价房地字〔1995〕44号文）的规定，文物复建区等全额预算管理的事业单位，不征收征地管理费，因此本研究中古夫民居土地税费不计。

根据实际价值的评估公式，得到古夫民居土地开发成本费为114.71万元。在土地开发中，由于土地开发费按均匀投入计算，本书以开发费的一半为基期，利息率按土地开发时期的中国人民银行公布的固定资产一年期贷款利息率5.85%计，得到土地的开发费利息为3.35万元。综合得到土地的实际价值为118.06万元。

2. 古建筑实际价值评估

（1）古建筑概况

陈伯炎老屋位于高阳镇响滩村一组，为清代建筑。该建筑为砖木结构建筑，平面呈纵长方形布局，坐东朝西，沿坡地而建。该建筑大部分保存较好，无论室内还是室外，仍旧保存着传统民居的风貌。该建筑建于清光绪十八年，有较清晰的历史延续脉络，建筑内部结构和外观造型皆保存较好，是当地传统民居的典型代表。建筑技术与建筑装饰也十分讲究，具有较高的文物价值。

吴翰章老屋也位于高阳镇响滩村一组，为清代建筑。据县志记载，该建筑是清末兴山著名举人吴翰章的宅第，《兴山县·志卷十二·人物》载："吴翰章字星桥，同治甲子举人，父郎清，浙江湖州人，以服贾占籍兴山，兄锦章，咸丰戊午优贡官，湖南衡永郴桂兵备道翰章弱冠举于乡，有志经世之学，尝入都门赴浙西游，湘南所建都会山川辄访求其形势险要与古今所以兴废之故，以著述为己任。既历于丹铅不释，年三十卒。"由此可见，该建筑在历史文化及建筑等级方面都有一定的研究价值。该建筑虽然保存不是特别完整，但是其平面布局仍十分清楚，而且艺术构件制作也很精致讲究，有一定的观赏和借鉴价值。

望山门位于高阳镇建设街西段，为高阳古城西门，据《兴山县志》记载：高阳古城在清康熙十年为土城，周长1113米，高3.3米，有"迎恩""观澜""来远"等三座城门。嘉庆九年改建为石城，周长扩至1740米，街区面积约为0.2平方千米，有开泰门（东门）、迎勋门（南门）和望山门（西门）。如今旧有城墙大部分拆除，只有西门尚存，但城门的大半部已被泥沙淤积，仅露出一小部分。根据实地勘测，城门为石砌，城门洞为半圆拱券结构，两券两伏，总长13米，门洞深

6.8米、宽约3米，城门楼已无存，被民国年间的老房所取代。望山门是兴山高阳古城保存下来的唯一一处城门，由于长期埋于地下，所以基本保存完好。该城门对于兴山县的历史研究和清代城池建筑的研究都有很重要的文物价值。

（2）古建筑实际价值评估

房产的开发成本包括建筑修建及附属工程所发生的土建工程费用、安装工程费用和环境整治费用等。

管理费用是指建设施工过程中的人员工资、福利等，一般为土地取得成本与开发成本之和的一定比率。所以，在估价时，通常可按土地取得成本与开发成本之和乘以这一比率来测算管理费用。根据兴山的实际社会经济状况，以土地开发成本的10.9%估算古夫民居的古建筑管理费用。

房地产开发税费包含拆迁安置补助费用等建筑开发前期税费和开发过程中的城建配套费、人防建设费、临时设施费和技术装备费等多种税费。古夫民居的开发税费主要是开发过程中需要承担的税费支出。根据兴山县房产税费征收条例，以开发成本的4.08%估算古夫民居的建筑开发税费。

根据古夫民居的古建筑各项支出的评估方法，得到各古建筑的开发成本、管理费用、利息、税费及古夫民居的房产实际价值为267.412万元，详见表2-4-2。

表2-4-2 房产价值明细 （单位：万元）

文物名称	文物保护经费概算			
	开发成本	管理费用	税费	合计
望山门	74.368	5.017	1.878	81.263
吴翰章老屋	67.09	4.526	1.694	73.310
陈伯炎老屋	103.266	6.966	2.607	112.839
合计	244.724	16.509	6.179	267.412

3. 古夫民居综合实际价值

古夫民居复建区实际价值应是土地实际价值与房产实际价值之和，综合上述分析计算结果，研究区的实际价值应为385.47万元。

（二）选择价值评估

兴山古夫民居位于兴山县城南部，地处高阳大道与昭君路支路交汇处，周围有商业金融区、住宅区及学校，交通便利，地理位置较为优越，但由于县城北部商业区更为密集，交通及地理位置相较南部更为优越，因此将研究区作为Ⅱ级商业用地进行价值评估。

兴山县城区基准地价更新的基本任务是在新一轮土地定级的前提下，根据马克思主义地租地价理论、区位理论等，通过调查测算近年来城市样点的地价，按照新规程，采用新技术，利用土地定级与基准地价评估信息系统，结合当地经济发展速度与产业结构的特点更新兴山县城区基准地价。各级别基准地价详见表2-4-3。

表2-4-3　兴山县城区商业用地级别基准地价

等级	级别价（元/平方米）	级别价范围（元/平方米）
Ⅰ	415	465~382
Ⅱ	360	381~310
Ⅲ	285	310~245

根据上述分析，古夫民居复建区属Ⅱ级商业用地，由上表可知复建区基准地价为360元/平方米。

1. 区位影响因素

古夫民居的区位影响因素修正系数参见兴山县Ⅱ级商业用地宗地地价区位因素修正系数，见表2-4-4及表2-4-5。

表2-4-4　古夫民居选择价值评估区位因素修正系数指标说明表　　　　（单位：米）

因素	因子	优	较优	一般	较劣	劣
商服繁华度	距商服中心距离	[0, 150)	[150, 250)	[250, 350)	[350, 500)	[500, ∞)
交通条件	道路通达度	混合型主干道	生活型主干道	交通型主干道	支路	不临路
	距长途汽车站距离	[0, 150)	[150, 250)	[250, 350)	[350, 500)	[500, ∞)
基础设施状况	距医院距离	[0, 150)	[150, 250)	[250, 350)	[350, 500)	[500, ∞)
	距邮政局距离	[0, 150)	[150, 250)	[250, 350)	[350, 500)	[500, ∞)
	距电信局距离	[0, 150)	[150, 250)	[250, 350)	[350, 500)	[500, ∞)
	距体育馆距离	[0, 150)	[150, 250)	[250, 350)	[350, 500)	[500, ∞)
	距影剧院距离	[0, 150)	[150, 250)	[250, 350)	[350, 500)	[500, ∞)
	给水状况（%）	[95, 100]	[85, 95)	[75, 85)	[60, 75)	[0, 60)
	排水状况（%）	[95, 100]	[85, 95)	[75, 85)	[60, 75)	[0, 60)
	供电状况（%）	[95, 100]	[85, 95)	[75, 85)	[60, 75)	[0, 60)
环境状况	大气污染（污染指数）	(0, 50]	(50, 100]	(100, 200]	(200, 300]	(300, ∞)
	噪声污染（dB）	(0, 40]	(40, 50]	(50, 60]	(60, 70]	(70, ∞)
	水污染（污染指数）	无污染	基本无污染	轻度污染	较重污染	严重污染
规划前景	道路规划	主干道	快速路	次干道	支路	街坊间支路
	用地0.0033规划	中心商业区	较繁华商业区	一般商业区	商业网点	其他类型

表2-4-5　古夫民居选择价值评估区位因素修正系数表

因素	因子	优	较优	一般	较劣	劣
商服繁华度	距商服中心距离	0.0070	0.0035	0	−0.0083	−0.0166
交通条件	道路通达度	0.0064	0.0032	0	−0.0076	−0.0152
	距长途汽车站距离	0.0065	0.0032	0	−0.0077	−0.0155
基础设施状况	距医院距离	0.0038	0.0019	0	−0.0007	−0.0014
	距邮政局距离	0.0033	0.0017	0	−0.0006	−0.0012
	距电信局距离	0.0033	0.0017	0	−0.0006	−0.0012
	距体育馆距离	0.0020	0.0010	0	−0.0004	−0.0007
	距影剧院距离	0.0043	0.0021	0	−0.0008	−0.0016
	给水状况（％）	0.0035	0.0017	0	−0.0042	−0.0083
	排水状况（％）	0.0039	0.0020	0	−0.0047	−0.0093
	供电状况（％）	0.0038	0.0019	0	−0.0045	−0.0090
环境条件	大气污染	0.0015	0.0007	0	−0.0017	−0.0035
	噪声污染	0.0009	0.0004	0	−0.0010	−0.0020
	水污染	0.0021	0.0010	0	−0.0025	−0.0049
规划前景	道路规划	0.0028	0.0014	0	−0.0034	−0.0068
	用地规划	0.0044	0.0022	0	−0.0053	−0.0106

（1）商业繁华度

根据图2-4-4，兴山古夫民居距北部商服中心约950米，但研究区本身位于南部商业区，周围环绕高阳大道主干道及昭君路支路，因此其商业繁华度的优劣度可归为较优，对应的区位修正系数为0.0035。

图2-4-4　古夫民居与商服中心区位图

（2）交通条件

研究区周围交通网较为密集（图2-4-5），地处高阳大道与昭君路主、次干道交汇处。高阳大道宽32米，其中机动车道14米，非机动车道7米，人行道8米，绿化带3米；昭君路支路宽12米，其中机动车道7米，人行道5米。综合来看研究区周围道路属混合型主干道，对应的修正系数为0.0064。

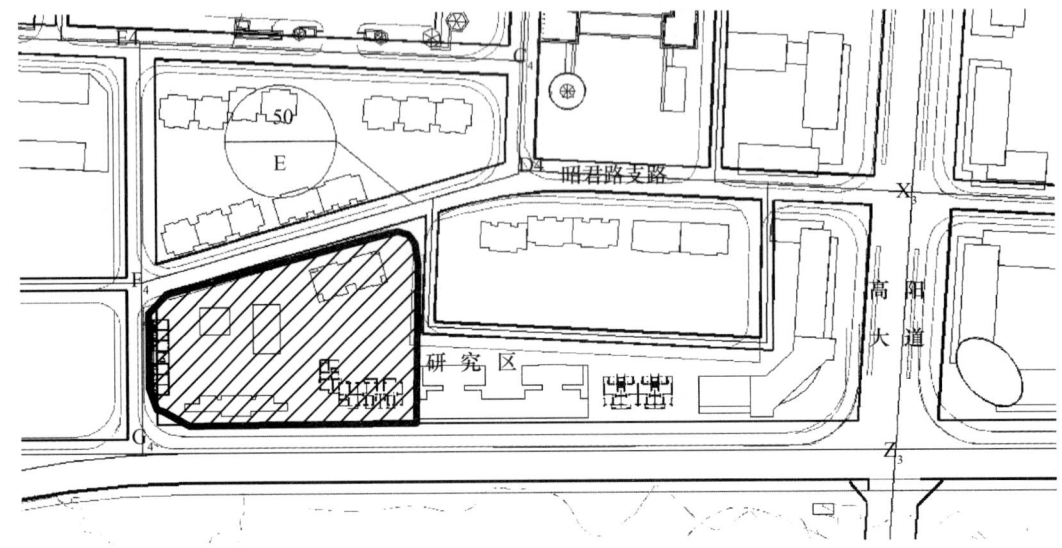

图2-4-5　古夫民居道路通达条件

研究区距长途汽车站大于500米（图2-4-6），优劣度为劣，对应的修正系数为-0.0155。

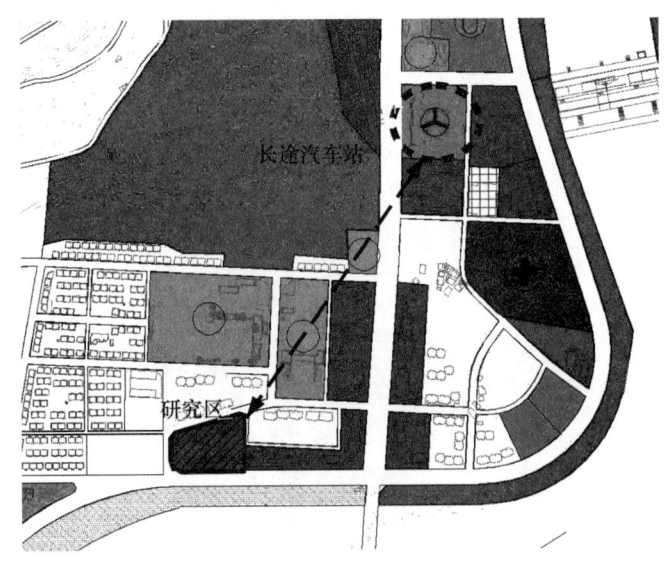

图2-4-6　古夫民居与长途汽车站区位图

（3）基础设施状况

如图2-4-7所示，研究区东北方向有一家医院，距医院约390米，优劣度为较劣，对应的修正系数为-0.0007。

在研究区西部约60米处有一邮政所（图2-4-8），研究区距县邮政局约1250米，综合两个距离值，研究区距邮局的距离优劣度为一般，对应的修正系数为0。

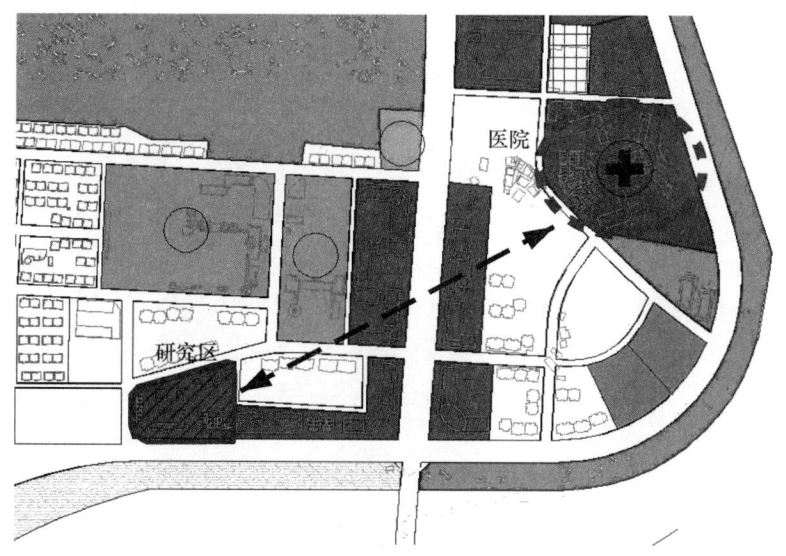

图2-4-7　古夫民居与医院区位图

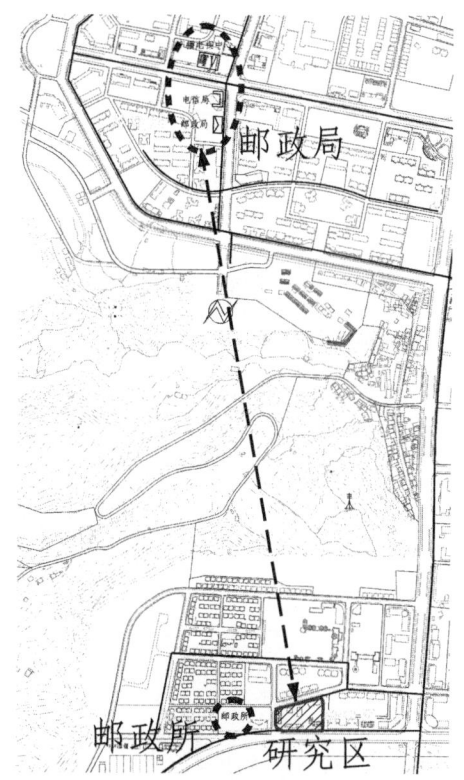

图2-4-8　古夫民居与邮政局区位图

电信局位于研究区西北方向约1260米处（图2-4-9），电信局现有交换机8192门，电话5606部，市话普及率为20.2部/百人，主要的市话电缆都采用管孔方式敷设。虽然研究区距电信局距离较远，但在电信局辐射区域内，综合来看优劣度为一般，对应的修正系数为0。

体育馆位于研究区东北方向约500米处（图2-4-10），优劣度为劣，对应的修正系数为−0.0007。

影剧院位于县城北区，距研究区约为1400米（图2-4-11），优劣度为劣，对应的修正系数为−0.0016。

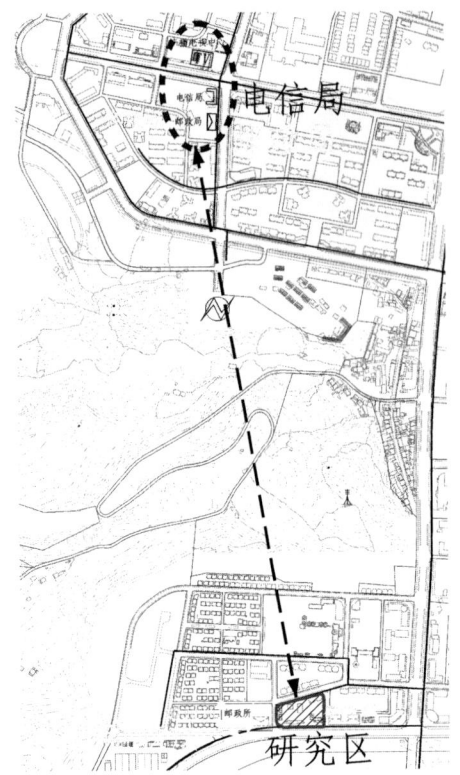
图2-4-9 古夫民居与电信局区位图

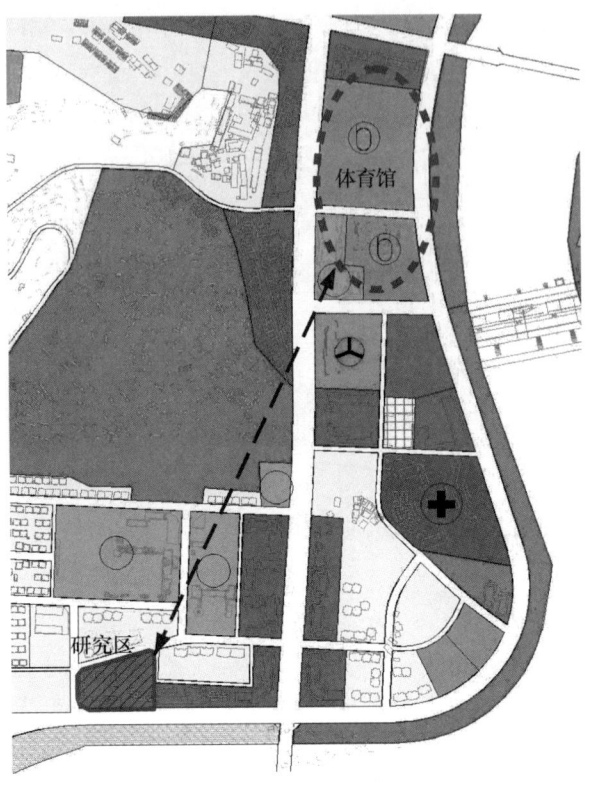
图2-4-10 古夫民居与体育馆区位图

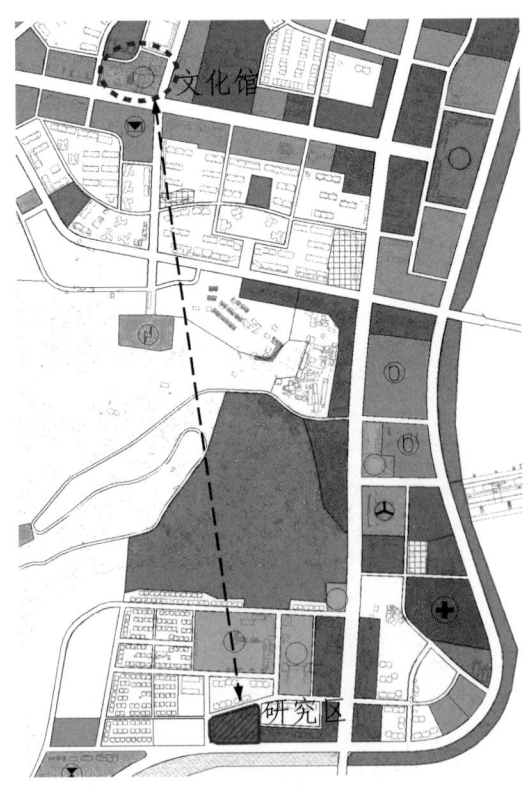
图2-4-11 古夫民居与影剧院区位图

城区现有一座水厂，水厂设计规模为日供水2万吨，远期日供水规模4万吨，占地1.381公顷。新县城居民生活用水标准为每日200L/人。规划区内城区用水普及率达到98%。如图所示，研究区周围有3条现状给水管，1条规划给水管，供水能力较好，给水状况为优，对应的修正系数为0.0035（图2-4-12）。

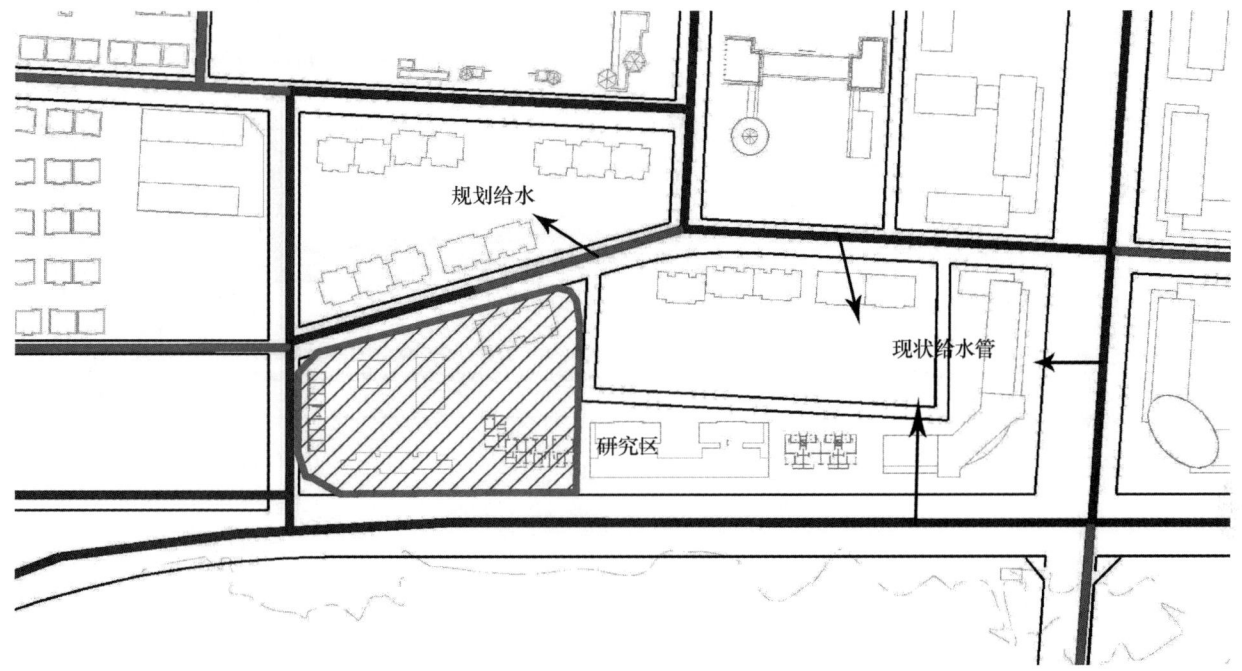

图2-4-12 古夫民居周围供水状况

城区排水体制为分流制（图2-4-13）。城区现有污水处理厂一座，污水处理厂位于古夫镇香溪大道六号地段，占地面积1.753公顷，该工程采取连续进行进水SBR污水处理工艺（ICEAS工艺），污水排放达到国家一级处理水平。污水处理厂近期污水处理规模为1.5万吨，最终设计规模为3万吨。城区铺设污水管网20.2千米。城区现状污水处理厂规模可满足远期污水处理要求。研究区地处污水处理厂作用范围内，为高阳大道与昭君路结合处，据统计，高阳大道污水干管管径500毫米，管长2121米，昭君路污水干管管径300毫米，管长1342米。研究区周围环绕有现状污水管及现状雨水灌渠，排水能力较强，排水状况为优，对应修正系数为0.0039。

新县城目前拥有110KV变电站一座，即万家岭110KV变电站，主变容量2×31.5MVA，电压等级为110/30/10KV。根据《兴山农村电网"十一五"规划及2020年远景目标报告》，规划近期新建一座220KV变电站，主变容量为2×150MVA（分两期实施），占地2公顷，电压等级为220/110/35KV。研究区地处变电站作用范围内，周围设有主干10KV电缆沟及高压出线走廊，供电状况为优，对应修正系数为0.0038。古夫民居周围供电状况如图2-4-14所示。

（4）环境条件

研究区西南方向约200米处有一污水处理厂，西北方向约700米处有一垃圾处理厂。由于地处污水处理厂辐射范围内，因此研究区周围排水状况良好。研究区距垃圾处理厂位置较远，因此受其影响很小。同时研究区周围环绕着古夫河风景绿化带，受绿化带的影响，研究区环境质量较好，总体环境状况优良。古夫民居环境条件如图2-4-15所示。

兴山城区大气总悬浮物颗粒、氮氧中化物、二氧化硫等各项指标均符合国家大气环境质量二级

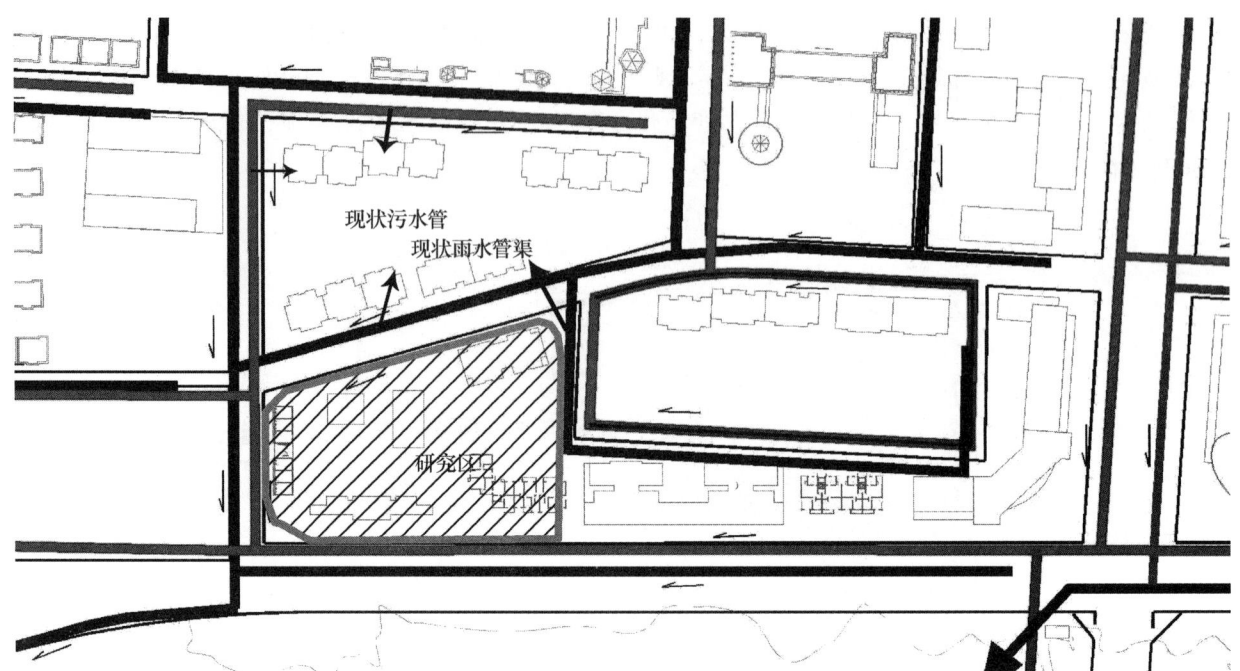

图2-4-13　古夫民居周围排水状况

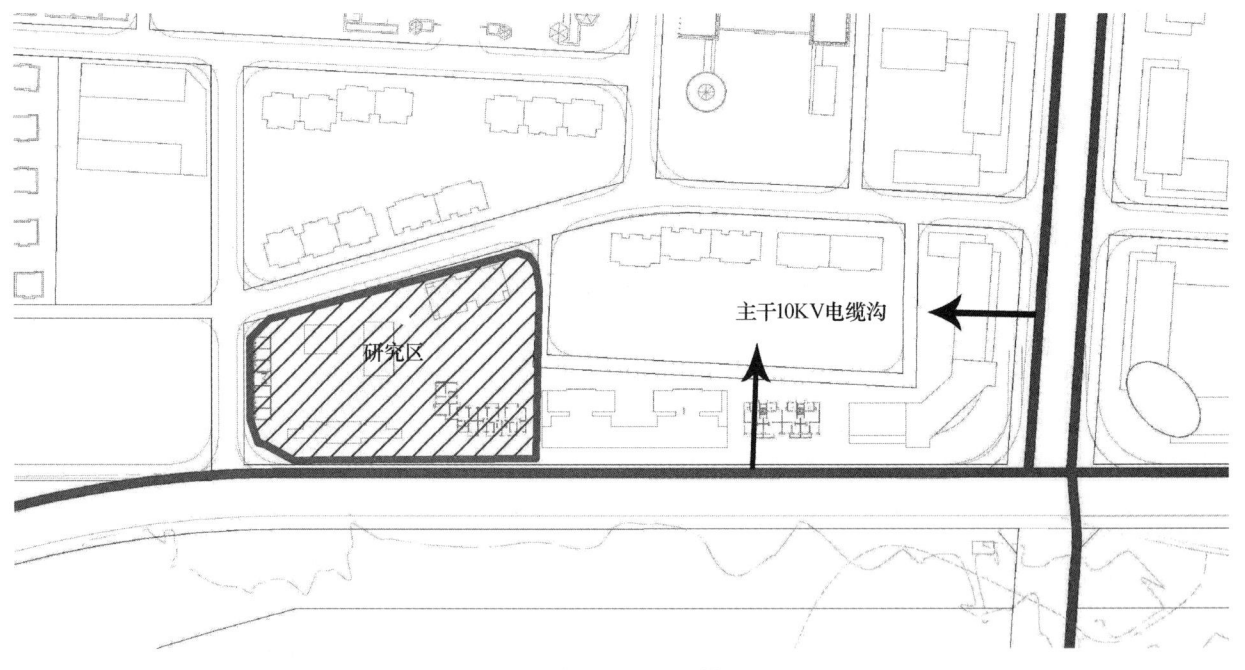

图2-4-14　古夫民居周围供电状况

标准，大气污染优劣度为一般，对应修正系数为0。城区环境噪声连续等效声级年均值65.2分贝，交通干线噪声加权平均值72.3分贝，研究区地处商业繁华区内，噪声污染状况为较劣，对应修正系数为－0.0010。

兴山城区香溪河地面水水质达到地表水二类标准，兴山县全县饮用水水质达标率为100%，研究区水况为较优，基本无污染，对应修正系数为0.0021。

（5）规划前景

古夫民居毗邻高阳大道，高阳大道是城区内的主干道，故研究区的道路规划为优，对应修正系

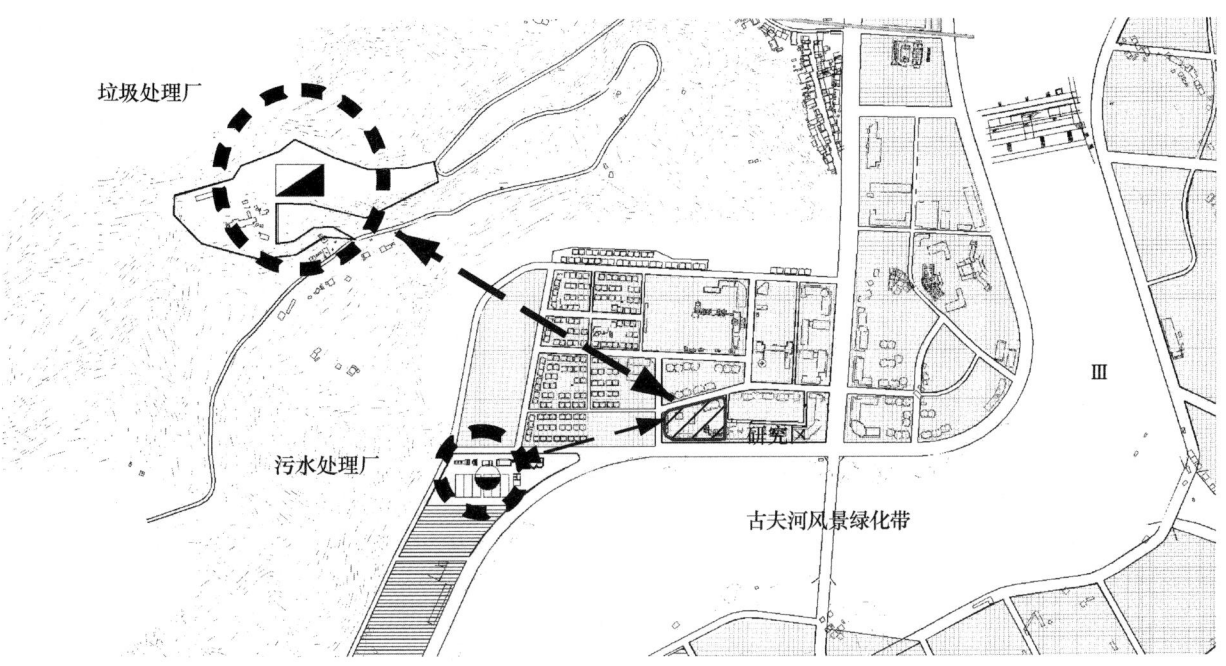

图2-4-15 古夫民居环境条件

数为0.0028。

古夫民居地处较繁华商业区内,用地规划为较优,对应修正系数为0.0022。

2. 个别影响因素

(1) 容积率修正系数

容积率修正按区域进行,以城市规划规定的区域容积率为标准,兴山县城区的城市用地规划容积率控制在0.5~1.2的标准,根据调查样点的平均水平,商业用地的规划容积率取1.2。根据表2-4-6所示,容积率修正系数表,古夫民居对应的修正系数为1.00。

表2-4-6 商业用地样点容积率修正系数表

容积率	≤0.5	0.6	0.8	1.0	1.2
修正系数	1.20	1.15	1.10	1.05	1.00
容积率	1.4	1.6	1.8	≥2	—
修正系数	0.95	0.90	0.85	0.80	—

(2) 期日修正系数

根据表2-4-7,古夫民居的交易时间修正系数以土地选择价值评估时间为准,对应的修正系数为1.00。

表2-4-7 交易时间修正系数表

交易时间	2004	2005	2006	2007	2008	2009
修正系数	0.750	0.804	0.862	0.926	0.963	1.000

（3）使用年期修正系数

商业用地的最高使用年期为40年，古夫民居作为文物用地，在很长时间内其用地性质都不会改变，因此在价值评估时将其使用年限设定为商业用地的最高使用年限，根据使用年期修正系数公式计算，可得到对应的修正系数为1.00。

（4）开发程度修正系数

商业用地基准地价设定的开发程度为"五通一平"条件，兴山县城区内的基础配套设施均达到五通一平程度，根据表2-4-8的开发程度修正值范围，对应的修正系数为1.00。

表2-4-8　开发程度修正系数表

开发程度\级别	生地	平整（土地平整）	一通一平（通路）	二通一平（通电）	三通一平（通水）	四通一平（通水）	五通一平（通讯）	六通一平（通热）	六通一平以上（通气）
1	0.57	0.67（0.10）	0.81（0.14）	0.86（0.05）	0.92（0.06）	0.99（0.07）	1.00（0.01）	1.01（0.01）	1.02（0.01）
2	0.63	0.71（0.08）	0.84（0.13）	0.88（0.04）	0.93（0.05）	0.99（0.06）	1.00（0.01）	1.01（0.01）	1.02（0.01）
3	0.79	0.83（0.04）	0.90（0.07）	0.93（0.03）	0.96（0.03）	0.99（0.03）	1.00（0.01）	1.01（0.01）	1.02（0.01）

注：表中一通一平指通路、场地平整；二通一平指通路、通电、场地平整；三通一平指通路、通电、通水、场地平整；四通一平指通路、通电、通上水、通下水、场地平整；五通一平指通路、通电、通上水、通下水、通信、场地平整；六通一平指通路、通电、通上水、通下水、通信、通气、场地平整；七通一平指通路、通电、通上水、通下水、通信、通气、通暖和宽带网络、场地平整。

（5）宗地面积修正系数

古夫民居占地5.98亩，即3968.67平方米，面积对土地利用较为有利，指标标准为较优，根据表2-4-9对应的修正系数为1.03。

表2-4-9　宗地面积修正表

指标标准	优	较优	一般	较劣	劣
指标标准说明	面积适中，对土地利用极为有利	面积对土地利用较为有利	面积对土地利用无不良影响	面积较小，对土地利用有一定影响	面积过小，对土地利用产生严重影响
修正系数	1.05	1.03	1	0.97	0.95

（6）宗地现状修正系数

古夫民居大致为四方形，形状规则，有利于土地合理利用，指标标准为优，根据表2-4-10，对应的修正系数为1.04。

表2-4-10　宗地形状修正系数表

指标标准	优	较优	一般	较劣	劣
指标标准说明	形状规则，有利于土地合理利用	形状规则、土地利用较为合理	形状较规则、土地利用无不良影响	形状不规则，对土地利用不合理	形状不规则，对土地利用产生严重影响
修正系数	1.04	1.02	1	0.98	0.96

（7）宗地临街深度修正系数

经现场踏勘测量，古夫民居临街深度约为20米，根据表2-4-11的临街深度修正系数表，对应的修正系数为0.97。

表2-4-11 临街深度修正系数

临街深度（m）	≤10	13	15	16	18	20
修正系数	1.03	1.01	1.00	0.90	0.98	0.97
临街深度（m）	23	26	29	35	38	>38
修正系数	0.97	0.96	0.96	0.95	0.95	0.94

（8）宗地临街宽度修正系数

古夫民居临街宽度约为18米，根据表2-4-12的宽度修正系数表。对应的修正系数为1.13。

表2-4-12 宽度修正系数表

临街宽度（m）	0~1.5	1.5~3	3~4.5	4.5~6
修正系数	0.80	0.90	0.96	1
临街宽度（m）	6~7.5	7.5~10	10~14	>14
修正系数	1.04	1.08	1.11	1.13

（9）宗地宽深比修正系数

古夫民居大致为四方形，宽深比约为0.9，根据表2-4-13，对应的修正系数为1.00。

表2-4-13 宗地宽深比修正系数表

宽深比	<0.5	0.6	0.7	0.8	0.9	1.2	1.5	2.0	2.5	>3.0
修正系数	0.84	0.89	0.93	0.97	1.00	1.03	1.07	1.12	1.18	1.23

（10）街角地修正系数

古夫民居的地理位置闹中取静，一面临街，根据表2-4-14，对应的修正系数为1.00。

表2-4-14 街角地修正系数表

临路口情况	多面临街	两面临街	一面临街
修正系数	1.07~1.10	1.03~1.06	1.00

3. 选择价值计算结果

综合上述各因素最终得出兴山古夫民居选择价值数值，见表2-4-15。

表2-4-15 古夫民居基准地价修正体系表

区位因素	描述	修正系数	个别因素	描述	修正系数
距商服中心的距离	较优	0.0035	容积率修正	1.2	1.00
道路通达度	优	0.0064	使用年限修正	40	1.00
距长途汽车站的距离	劣	−0.0155	交易期日修正	2007	1.00
距医院的距离	较劣	−0.0007	宗地面积状况修正	较优	1.03
距邮政局的距离	一般	0	宗地形状修正	优	1.04
距电信局的距离	一般	0	宗地临街深度修正	20米	0.97
距体育馆的距离	劣	−0.0007	宗地临街宽度修正	18米	1.13
距影剧院的距离	劣	−0.0016	宗地宽深比修正	0.9米	1.00
给水状况	优	0.0035	街角地修正	一面临街	1.00
排水状况	优	0.0039	开发程度修正	五通一平	1.00
供电状况	优	0.0038			
大气污染	一般	0			
噪声污染	较劣	−0.0010			
水污染	较优	0.0021			
道路规划	优	0.0028			
用地规划	较优	0.0022			

根据上表兴山古夫民居的区位因素和个别因素修正系数，计算可得到古夫民居宗地单位价值，计算公式及结果如下：

复建区宗地修正单价=Ⅱ级商业用地基准地价×（1±各区位因素修正系数之和）×各个别因素修正系数=360×[1+0.0035+0.0064−0.0155−0.0007+0+0−0.0007−0.0016+0.0035+0.0039+0.0038+0−0.0010+0.0021+0.0028+0.0022]×1.00×1.00×1.00×1.03×1.04×0.97×1.13×1.00×1.00×1.00=360×1.0087×1.03×1.04×0.97×1.13=426.37（元/平方米）

复建区土地选择价值=复建区宗地修正单价×复建区土地面积=426.37×3968.67=1692121.8279元≈169万元

（三）辐射价值评估

1. 问卷调查

本次调查共发放问卷100份，调查方式采用支付卡法，共收回有效问卷82份，有效率为82%。对周边地区比较了解古夫民居的居民进行随机抽样调查，其中18.29%的被调查者非常了解当地情况，46.34%的被调查者表示比较熟悉，21.95%的被调查者表示有一定了解，13.41%的被调查者表示没有多少了解，只是听说。

2. 样本统计分析

为了解文物迁建对当地社会经济的影响，调研中对被调查者的反映进行了调查。结果显示，

39.02%的被调查者表示与文物复建之前相比,周边基础设施更加齐全方便,51.22%的被调查者认为与之前没有太大的变化,9.76%的被调查者认为不如从前,可见当地居民对文物迁建的社会经济影响持认可的态度。此外,关于文物复建区对当地房地产市场的影响,34.15%的被调查者认为带动了周围房地产价格的上升,65.85%的被调查者表示与迁建前没有什么变化,可见民族文化园对周边房地产市场有一定的潜力影响,但目前来看其影响程度还没有完全显现出来。

（1）社会经济特征统计分析

性别。被调查者中,男性稍少于女性。其中,男性44人,女性有38人。

年龄。18~25岁的被调查者有15人,占样本总数的18.29%；26~40岁的被调查者有42人,占样本总数的51.22%；41~60岁的被调查者有25人,占样本总数的30.49%。可见,被调查者以中青年人为主。

文化程度。初中及以下者有10人,高中或中专者39人,占样本总数的47.56%；大专及本科者有33人,占样本总数的40.24%。可见,被调查者中以中高等学历的人员为主。

职业。被调查者中公司职员16人,占样本总数的19.51%；事业单位职员27人,占样本总数的32.93%；政府公务员33人,占样本总数的40.24%；另外离退休人员6人。

月平均收入。被调查者的家庭收入以1000~2000元为最多,共45人,占样本总数的54.88%；其次为2000~3500元,共21人,占样本总数的25.61%；月平均收入为500元以下及500~1000元的分别有3和13人。

（2）支付意愿率和WTP

在收回的82份有效问卷中,愿意多支付费用在古夫民居周边购置房产的有58人,支付意愿率为70.73%,不愿意支付的有24人,抗议支付率为29.26%,符合国际上已有研究统计的抗议性支付率的一般范围（20%~35%）。其中愿意支付的动机包括：①文物复建区基础设施比较完善（占支付率的18.29%）；②文物复建区周边环境条件较好（占支付率的73.17%）；③文物复建区周边的历史文化氛围较好（占支付率的3.66%）；④为保护文物古迹做些贡献（占支付率的9.76%）。其中不愿意支付的原因包括：①收入有限,无能力支付（占抗议支付的39.02%）；②与自己无关（占抗议支付的46.34%）；③远离文物复建区,对此不感兴趣（占抗议支付的14.63%）。

支付卡问卷调查法可直接显示被调查者的支付意愿,平均值和中位值是描述WTP数据集中程度的两种主要方法。根据统计结果（表2-4-16）计算平均值与中位值。

平均值计算公式为：$E(WTP) = \sum P_i B_i$

式中,$E(WTP)$指人均支付意愿,P_i指各支付额支付人数的相对频率,B_i指各支付额的数值。计算出WTP平均值为28.78元。

中位值的计算需将频率分布转换为累计频度分布,以求出累计频度等于50%的值。经计算,中位值为40元。

根据兴山县的社会经济状况,采用平均值更适合当地的实际情况,因此本文采用平均值28.78元作为人均WTP的衡量尺度。

表2-4-16 支付意愿人数分布表

意愿支付值/元	人数	相对频率	累计频率
10	2	2.44%	3.45%
20	5	6.10%	12.07%
30	14	17.07%	36.21%

续表

意愿支付值/元	人数	相对频率	累计频率
40	20	24.39%	70.69%
50	8	9.76%	84.48%
60	6	7.32%	94.83%
80	2	2.44%	98.28%
100	1	1.22%	100.00%

3. 辐射价值评估结果

古夫民居的土地辐射价值计算公式为：

$$P_{辐射}=E(WTP)\times pop\times prop$$

*pop*为复建区土地辐射价值影响的总人口，古夫民居位于兴山县城中，其价值辐射范围主要是县城所在的乡镇，即高阳镇，因此本课题中将高阳镇的常住人口作为总人口数量，高阳总人口约为2.77万人；*prop*是具有支付意愿的人口比率，即70.73%，经计算，得到古夫民居的土地辐射价值约为56.39万元。

（四）古夫民居土地、房屋价值评估结果

古夫民居土地、房屋等有形资产价值由三部分构成，即土地和房产的实际价值、选择价值、辐射价值，最终结果应是这三者的总和。根据上述详细的分析及计算，可以得出复建区的总价值应为610.86万元。

第五章　夷陵望家祠堂土地、房产价值

一、夷陵区概况

宜昌市夷陵区古称夷陵，是宜昌市面积最大、人口最多的市辖行政区。区境环绕宜昌市城区和葛洲坝水利枢纽，东连远安、当阳，西邻秭归、兴山，南抵枝江、长阳，北与保康接壤，南北长103千米，东西宽约77千米，总面积为3424平方千米，人口为54.65万。北属大巴山脉的荆山支脉，呈西南—东北走向；南属武陵山脉的石门支脉，呈东—西走向。地势为西北高，东南低，呈西北—东南梯级倾斜下降。夷陵区属中亚热带季风气候区。四季分明，气候温和，雨量适中，受地势影响，气候垂直差异很大。长江黄金水道横贯东西，焦柳铁路纵穿南北，三峡机场坐落境内，还有宜黄高速公路经过，形成水陆空全方位交通网。

全区国土面积为3424平方千米，辖11个乡镇、1个街道办事处、222个行政村（居委会），人口为51.7万人，其中农业人口39.5万，城镇人口12.2万。夷陵区自然资源丰富，有"矿产之乡""石头王国""橘乡茶都"等美誉。蕴藏量达8.96亿吨的磷矿资源，属亚洲之最；石墨矿为全国稀有，开发前景诱人；花岗岩品质纯正；硫铁矿储量较大；镁橄榄石、重晶石、透灰石、白云石、石灰石等开采前景广阔；水电资源丰富；农特资源中柑橘、茶叶长盛不衰；天麻、薇菜、牧草种植业快速发展。

夷陵是巴楚文化的融会地，民间文化源远流长、种类繁多。民间故事、歌谣、歇后语等口头文学流行很广，剪纸、绣花、石雕、木刻等民间美术也较为普及，民间戏曲以皮影戏、花鼓戏见长，还有采莲船、地花鼓、龙灯、高跷等民间舞蹈，丝竹乐、吹打乐、鸣音等民间器乐，以及号子、山歌、小调、儿歌等民间歌曲。

二、望家祠堂概况

望家祠堂（图2-5-1）位于湖北省宜昌县平溪坝乡。东经110°28′19″，北纬31°02′28″。为宜昌县重点文物保护单位。望家祠堂坐落在长江北岸距江边约200米的一台地上，殿前为坡地，再前为小溪，左为民居，右为气象站，后为山体，右侧甬路通往宜昌县平溪坝村，左侧设一甬路直达江边。望家祠堂台基高程为131.4米，处于三峡库区的淹没线以下，第二期蓄水高度的淹没范围。望家自元明时已在此地落户，清康熙年间开始筹划祠堂，祠堂建成于清乾隆年间。经调查未发现有重建及修缮的记载。从建筑本身的残破现状及调查时发现的修缮痕迹可推断：现存建筑仅装修、墙体和瓦顶有改动，主体构架为清乾隆时期所建的原物。其他各类文献均未见关于该祠堂的记载。据现场勘察结果及对史料的分析，望家祠堂周围没有附属建筑和其他民用建筑。

望家祠堂后堂内原供奉祖宗牌位，民国年间尚保存祭祀活动，后逐渐败落毁坏。堂内尚存清光绪九年（1883年）碑刻一通，上列望家"宗祠条规"；清光绪六年（1880年）碑刻一通，为当时县衙公文"堂论"，另存；清同治十二年（1873年），民国十五年（1926年）等碑刻均为记载倒堂的地契、文书、符理办法及布者人名的碑刻。

图2-5-1 望家祠堂

三、夷陵望家祠堂土地、房产价值评估

（一）实际价值评估

1. 土地实际价值评估

根据前文的分析，望家祠堂土地的实际价值从土地取得成本、土地开发成本、税费、利息几项进行分析。在计算过程中，主要需确定利息率、土地开发周期和税率等参数。

土地取得成本：望家祠堂位于新县城东南部，由于该地区在城镇建设规划中为城镇用地，在土地取得过程中不存在土地补偿、劳动力安置、拆迁安置等征地支出费用，因此望家祠堂的土地取得成本不予考虑。

土地开发成本：土地开发成本主要是指土地熟化过程中土地平整、基础设施建设、园林绿化等项目的支出。其中土地平整主要是通过拆迁、勘探设计和土方工程等对土地表层进行改造，消除地表高差以达到土地开发建设的基本条件，包括可行性研究、规划、勘察、设计等前期工程。基础设施建设包括所需的道路、给水、排水、电力等设施的建设。望家祠堂的土地开发费具体见表2-5-1。

表2-5-1 望家祠堂土地开发费 （单位：万元）

项目名称	造价	项目名称	造价
七通一平	4	道路工程（含台阶）	2
勘探设计	3	场地工程	2
咨询、评估	1	挡土墙工程	2
电气工程	5	植物（树木）	1
给排水工程	4	草皮	2
消防工程	5	监督管理、防治保险等	2

税费：根据湖北省物价局、财政厅《关于征用土地管理收费的通知》（鄂价房地字〔1995〕44号文）的规定，文物复建区等全额预算管理的事业单位，不征收征地管理费，因此本研究中望家祠堂土地税费不计。

利息：根据待估区域宗地的规模及项目的特点，调查确定该区土地开发周期为1年。投资利息率按土地开发时期的中国人民银行2002年2月21日公布的固定资产1年期贷款利息率5.31%计。

根据实际价值的评估公式，得到望家祠堂土地开发成本费为31万元。在土地开发中，由于土地开发费按均匀投入计算，以开发费的一半为基期，得到土地的开发费利息为0.82万元。综合得到土地的实际价值为31.82万元。

2. 古建筑实际价值评估

望家祠堂是望氏家族祭祖的场所，新中国成立前，其祭祀活动频繁，是历史上长江沿岸人们依赖长江、与长江和处的产物，对于研究长江两岸人们的风土民俗有重要价值。

望家祠堂为四合天井屋，前厅、东西厢房、后堂及前后偏房等建筑内部梁架连为一体，前厅、东西厢房用穿斗式构架，后堂内部梁架中间两缝梁架用抬梁式、次间不施梁架，直接用墙承重，有一定的地方特点。建筑脊部脊饰富于变化，墙体上部均绘有各类白底黑线彩绘，图案以各种花卉、卷草为主，线条流畅，柱础种类繁多，雕刻手法纯熟，具有鲜明的地方特色。其建筑工艺水平在宜昌境内当为上乘之作，对于研究峡江一带的传统建筑艺术有较大的价值。

望家祠堂的房产实际价值由开发成本、管理费用、开发税费和利息等组成。房产的开发成本包括建筑修建及附属工程所发生的土建工程费用、安装工程费用和环境整治等费用。管理费用是指建设施工过程中的人员工资、福利等，一般为土地取得成本与开发成本之和的一定比率。根据夷陵的实际社会经济状况，以土地开发成本的9.25%估算望家祠堂的古建筑管理费用。税费包含建筑开发前期税费和开发过程中的城建配套费、人防建设费、临时设施费和技术装备费等多种税费。望家祠堂的开发税费主要是开发过程中需要承担的税费支出。根据夷陵区房产税费征收条例，以开发成本的3.41%估算望家祠堂的建筑开发税费。

根据夷陵望家祠堂的古建筑各项支出的评估方法，得到房产开发成本、管理费用、利息、税费及望家祠堂的房产实际价值为219.85万元，详见表2-5-2。

表2-5-2　望家祠堂的房产价值明细　　　　　　　　　　　　　　（单位：万元）

文物名称	文物保护经费概算			
	开发成本	管理费用	税　费	合计
望家祠堂	195.15	18.05	6.65	219.85

3. 望家祠堂复建区实际价值

望家祠堂复建区的实际价值应是土地实际价值与房产实际价值之和，综合上述分析计算结果，研究区的土地、房产实际价值应为251.67万元。

（二）辐射价值评估

根据本研究中关于辐射价值的定义及所采用的研究方法，望家祠堂复建区面积过于狭小，且仅有一栋古建筑，所具有的文化、历史、生态价值有限，难以形成对周边环境的明显改观和影响，辐射价值较弱。因此，望家祠堂复建区的辐射价值不予计算。

（三）夷陵望家祠堂土地、房屋价值评估结果

望家祠堂土地、房屋等有形资产价值由三部分构成，即土地和房产的实际价值、选择价值、辐射价值，最终结果为三者的总和。由于望家祠堂缺乏与选择价值相关的评估资料，本研究中未对之进行评估。辐射价值因过小不予考虑，根据上述详细的分析及计算，可以得出复建区的总价值应为251.67万元。

第三篇 旅游价值评估卷

第一章　旅游价值评估体系的构建

　　科学、合理地对旅游资源的货币化价值进行核算，至少具有以下几个方面的意义：有利于明确旅游资源的价值构成，有利于制订合理的景区门票价格，有利于旅游开发投资的收益-成本分析，有利于旅游资源的开发和保护，能够在旅游资源经营权转让时提供价格评估依据，亦可为旅游景区的持续经营管理和科学决策提供保障[1]。

　　近年来，国际上旅游价值评估关注的对象多是国家公园[2][3]、森林景观资源[4][5]、海滨胜地[6]~[8]等自然生态旅游资源。而对于人文旅游资源，由于其内在价值难以量化处理，价值评估比较困难，因此相应的研究比较薄弱。特别是在文物旅游对象的价值评估方面，无论是针对单体文物建筑，还是针对综合遗产旅游地的评估案例，国内外都比较少见。然而，在现有的旅游价值研究案例中，无论是对自然还是人文旅游地（旅游资源）的评估，大都采用"游憩价值"或者"游憩价值加上非使用价值（主要包括选择价值、遗产价值和存在价值）"来代替旅游地（旅游资源）的总经济价值[9]~[12]。我们认为，这种简单化处理并不能全面真实地反映评估对象的总经济价值。因为游憩价值虽然是一种最常见、最直接的旅游使用价值，但它并非就是旅游使用价值的全部内容。因此，要想科学、完整地评估研究区旅游总经济价值，首先必须弄清楚旅游总经济价值根据它的内在逻辑都包括哪些价值亚类，各旅游价值亚类下面又可以分为哪些基本类型，即需要先构建一个科学、合理的旅游价值评估体系。

---

[1] 郭剑英：《佛旅游资源的国内旅游价值评估》，《地域研究与开发》2007年第6期。

[2] Lee Choong-Ki, Sang-Yoel Han. Estimating the use and preservation values of national parks' tourism resources using a contingent valuation method . *Tourism Management*, 2002, 235（5）：531~540.

[3] John Asafu-Adjaye, Tapsuwan Sorada. A contingent valuation study of scuba diving benefits: Case study in Mu Ko Similan Marine National Park, Thailand . *Tourism Management*, 2008, 29（6）：1122~1130.

[4] Göran Bostedt, Mattsson Leif. The value of forests for tourism in Sweden . *Annals of Tourism Research*, 1995, 22（3）：671~680.

[5] Sandra Notaro, Maria De Salvo. Estimating the economic benefits of the landscape function of ornamental trees in a sub-Mediterranean area . *Urban Forestry & Urban Greening*, 2010, 9（2）：71~81.

[6] Lee Choong-Ki. Valuation of nature-based tourism resources using dichotomous choice contingent valuation method . *Tourism Management*, 1997, 18（8）：587~591.

[7] Oh Chi-Ok, Dixon Anthony W., James W. Mjelde, Jason Draper. Valuing visitors' economic benefits of public beach access points . *Ocean & Coastal Management*, 2008, 51（12）：847~853.

[8] Shrestha Ram K., Stein Taylor V., Clark Julie. Valuing nature-based recreation in public natural areas of the Apalachicola River region, Florida . *Journal of Environmental Management*, 2007, 85（4）：977~985.

[9] 薛达元、包浩生、李文华：《长白山自然保护区生物多样性旅游价值评估研究》，《自然资源学报》1999年第2期。

[10] 许抄军：《历史文化古城游憩利用及非利用价值评估方法与案例研究》，湖南大学硕士学位论文，2004年。

[11] 郭剑英、王乃昂：《旅游资源的旅游价值评估——以敦煌为例》，《自然资源学报》2004年第6期。

[12] 吕君、汪宇明、刘丽梅：《草原生态系统旅游价值的评估——以内蒙古自治区四子王旗为例》，《旅游学刊》2006年第8期。

本章即是在借鉴环境经济价值通用评估体系的基础上，分析各种旅游价值类型间的逻辑关系，构建一个相对完整的旅游总经济价值理论体系，并在此基础上探索各旅游价值基本类型对应的适宜性评估方法。即首先构建一个旅游价值评估理论框架体系，以指导后面的具体评估实践。

一、本研究所构建的旅游价值评估体系

文物旅游价值评估需要有完整的理论体系和技术方法体系。本项目在综述分析国内外旅游价值评估文献的基础上，提出了适用于文物类景区旅游价值评估的理论框架、指标体系和应用方法。

（一）旅游价值评估的理论框架

旅游价值构成理论是在借用环境价值构成理论的基础上发展起来的，已达成的基本共识如下。[①]其一，旅游总经济价值包括旅游使用价值和非使用价值两大部分，其中使用价值是旅游资源被利用时满足人们某种审美、休闲、愉悦、教育等旅游需要或偏好的功能价值，非使用价值则是旅游资源的内在属性价值，与对人们是否"有用"无关。其二，使用价值又分为直接使用价值和间接使用价值，其中直接使用价值是直接满足人们游憩体验需要的价值，间接使用价值是旅游资源及其存在的环境为人们游憩活动提供支持功能体现出来的价值。其三，非使用价值则包括选择价值、遗产价值和存在价值。选择价值是为了自己的未来消费而进行的支付；遗产价值是为了保障后代旅游消费的权利而进行的支付；而存在价值是旅游资源持续存在自身具有的价值，是人们排除了任何功利目的、仅仅是出于希望旅游资源继续存在下去而体现的支付意愿。它们是三个基本的非使用价值类型，不可再分。

目前争论的焦点在于，旅游直接使用价值和间接使用价值包括有哪些基本价值类型。综合现有研究，认为旅游直接使用价值包括旅游观赏价值、艺术欣赏价值、娱乐康体价值、科学考察价值和文化教育价值等类型；旅游间接使用价值有生态价值、环境价值等类型。笔者认为旅游观赏、艺术欣赏、娱乐康体、科学考察和文化教育可以归入不同的旅游和休闲心理动机，即游憩动机，因此上述旅游直接使用价值都可以用游憩价值来指代。且在游客和众多利益相关者对旅游目的地内在印象积累的基础上，形成由目的地名称、标志物、服务、管理、文化、广告、形象等基本要素构成的旅游地品牌，也构成旅游地吸引力价值的一部分，同时影响着出游决策和旅游体验的质量。因此旅游直接使用价值应包括游憩价值和旅游品牌价值。旅游间接使用价值主要包括两个方面：一是旅游环境成本价值，即为保护旅游资源并发挥游憩功能而付出的全部环境成本；二是生态服务价值，即景区的草地、林地、水域等组成的自然生态系统产生的对人类游憩活动有支持效用的产品、服务、资源和环境价值。

借鉴前述资源、环境诸领域经济价值评估的框架体系，基于对旅游价值构成的逻辑关系的上述分析，本研究结合评估对象的特点调整了价值细分的基本单元，试图构建一个完整的旅游总经济价值构成体系。旅游总经济价值由游憩价值、旅游品牌价值、旅游环境价值、生态服务价值、选择价值、遗产价值和存在价值等价值单元组成，最终确定的旅游价值构成理论框架如图3-1-1所示。

这样，旅游总价值用公式表示就是：

[①] 周军、何小芊、张涛、龚胜生：《屈原故里景区旅游总经济价值评估研究》，《旅游学刊》2011年第12期。

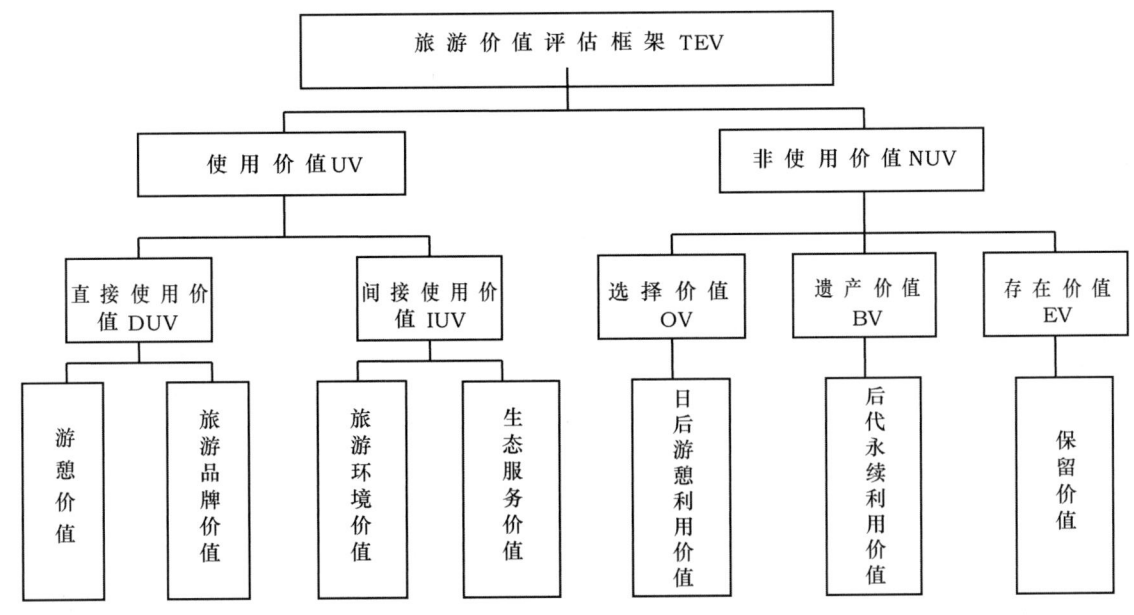

图3-1-1 复建区文物旅游价值评估框架

旅游总价值=使用价值+非使用价值=（直接使用价值+间接使用价值）+（选择价值+遗产价值+存在价值），即：

$$TEV=UV+NUV=(DUV+IUV)+(OV+BV+EV)$$

（二）评估价值类型简要解释

1. 使用价值

文物旅游资源的使用价值就是文物资源被使用或消费时满足人们某种审美、休闲、愉悦、教育等旅游需要或偏好的能力。它是指文物资源直接满足人们消费需求的价值，即现在的文物类旅游景区通过旅游商品和服务的形式为旅游者提供的福利。使用价值包括直接使用价值和间接使用价值两大部分。

直接使用价值是文物资源直接满足人们游憩需要的价值。间接使用价值是文物资源及其存在的环境为人们游憩活动提供支持功能体现出来的价值。综合现有研究，认为旅游直接使用价值包括旅游观赏价值、艺术欣赏价值、娱乐康体价值、科学考察价值和文化教育价值等类型；旅游间接使用价值有生态价值、环境价值等类型。本研究认为，旅游观赏、艺术欣赏、娱乐康体、科学考察和文化教育可以归入不同的旅游和休闲心理动机，即游憩动机，因此，上述旅游直接使用价值都可以用游憩价值来指代。而在游客和众多利益相关者对旅游目的地内在印象积累的基础上，形成由目的地名称、标志物、服务、管理、文化、广告、形象等基本要素构成的旅游地品牌，也构成旅游地吸引力价值的一部分，同时影响着出游决策和旅游体验的质量。因此旅游直接使用价值应包括游憩价值和旅游品牌价值。旅游间接使用价值主要包括两个方面：一是旅游环境成本价值，即为保护旅游资源并发挥游憩功能而付出的全部环境成本；二是生态服务价值，即景区的草地、林地、水域等组成的自然生态系统产生的对人类游憩活动有支持效用的产品、服务、资源和环境价值。

2. 非使用价值

非使用价值是文物资源的内在属性价值，与对人们是否"有用"无关。它包括选择价值、遗产价值和存在价值三大部分。

选择价值是指人们不仅愿意支付一定的费用以获得对旅游景区的消费，而且还愿意为自己的未来消费支付一定的费用，保留对这种旅游资源的选择权，以便自己能够在将来有机会消费该旅游资源。这种为自己未来的选择权支付的费用即为旅游资源的选择价值，实际上是人们对旅游资源未来的直接利用价值和间接利用价值的现实估计。

遗产价值是指人们为了保护某种旅游资源，保障后代进行消费的权利而愿意进行的支付，这种支付不是为了自己，而是为了把它留给后代人来享受其利用价值和非利用价值。遗产价值反映的价值观、伦理观和可持续发展的观点一致。

存在价值是指文物旅游资源持续存在本身具有的价值，是一种与人类利用无关的价值。存在价值指人们不出于任何功利目的考虑，而只是因为旅游资源的客观存在而体现出的支付意愿，即存在价值是人们对旅游资源价值的一种道德上的评判，包括人类对其他生物和非生物环境的同情和关注。人们对于旅游资源存在的支付意愿，就是其存在价值的基础。

选择价值、遗产价值和存在价值有着明显的区别。选择价值是为了自己的未来消费而进行的支付；遗产价值是为了保障后代旅游消费的权利而进行的支付；而存在价值不是因为任何人的消费，仅仅是为了使旅游资源能够存在下去。

（三）旅游价值评估指标体系

在确定的旅游价值构成理论框架的基础上，查看国内外相关文献，根据文物类景区的特点及文物复建区的实际情况，构建了文物复建区旅游价值的评估指标体系与方法，见表3-1-1。

表3-1-1　文物复建区旅游价值评估指标体系与方法

目标层	准则层	指标层	因子层	指标解释	评估方法
旅游价值评估	直接使用价值	游憩价值	景点可游面积	文物景区满足人们审美、休闲、愉悦、教育等旅游需要的价值	收益法
			景点人均空间标准		
			景点日开放时间		
			景区瞬时游客容量		
			旅游周转率		
			景区日容量		
			人均旅游花费		
			景区年适游期天数		
			景区年收益额		
			折现率		
		旅游品牌价值	品牌权益	文物景区品牌形成的旅游吸引力价值	最大品牌权益法或市场参照法
			景区经营年限		
			目标客源数量		
			贴现率		

续表

目标层	准则层	指标层	因子层	指标解释	评估方法
旅游价值评估	间接使用价值	旅游环境价值	周边防护工程投入	文物景区经人工环境建设产生的旅游吸引力价值	成本法
			内部边坡处理投入		
			园林绿化工程投入		
			其他环境建设投入		
		生态服务价值	供给服务	文物景区中的自然生态系统产生的对游憩活动有支持效用的生物生产、营养循环、水土保持等生态服务功能的经济价值	采用Costanza模型，参照最新研究成果核算
			调节服务		
			支持服务		
			文化服务		
	选择价值	日后游憩利用价值		当代人为日后自己再游憩利用而付出的保护性支付意愿价值	条件价值法
	遗产价值	后代永续利用价值		当代人为子孙后代永续游憩利用而付出的保护性支付意愿价值	条件价值法
	存在价值	保留价值		文物旅游资源持续存在本身具有的价值	条件价值法

二、构建旅游价值评估体系的目的

（一）明确文物类旅游景区货币化和价值构成

文物类旅游景区在其开发与发展过程中，几乎所有的利益相关者都没有弄清旅游景区价值的构成。对于旅游开发规划人员，大多只关注文物的文化、科研价值或是文物旅游资源的直接使用价值；对于旅游景区管理部门，更多的是追求门票经济，主要考虑文物旅游的经济价值对当地旅游业发展的贡献率；对于各级政府，也往往只重视旅游业带来的经济效应和对当地经济发展的拉动能力，却忽略了文物旅游资源的文化价值、科研价值和存在价值等其他价值；而对于多数当地居民，他们根本不清楚旅游资源还有非使用价值这一事实，不能理解开发旅游资源的非功利性意义；对于普通的旅游者来说，也因为不了解文物旅游资源的价值构成而过度消耗资源，带来旅游生态环境退化等一系列问题。由此可见，对于旅游价值的构成进行一次全面系统的分析整理多么重要。本项研究通过系统分析，为旅游景区价值建立评估体系，就能够使各利益相关者重新认识文物旅游资源的价值获得，进而改变他们在旅游资源开发或旅游活动参与时的态度和行为。

（二）为三峡地区文物复建区的旅游开发提供科学的参考

三峡地区经济比较落后，是全国18个贫困连片地区之一。作为三峡地区区域经济的重大支柱产业之一的旅游业，近年来通过发挥自身比较优势，获得比较利益，在推动三峡地区经济发展方面做出了较大的贡献。1994年，举世瞩目的三峡工程正式开始动工兴建，2003年三峡工程蓄水发电。作为三峡工程施工中同步进行的三峡文物保护工程，依据"保护为主，抢救第一"的方针和"重点保护、重点发掘""最大限度地抢救、将损失减少到最小"的原则，对于地面文物根据其价值和保存状况采用了"异地搬迁"和"原址保护"的不同策略。湖北省秭归县城的凤凰山，作为原位于秭归新滩淹没区的明清古民居的集中搬迁复建地，就成为三峡库区最大的地面文物复建工程。加上仿古新建的屈原祠，文物复建区与三峡大坝交相辉映，已成为三峡大坝坝区一处著名的人文景观。三峡工程使得三峡地区的旅游空间格局发生了巨大变化，旅游业步入转型期，文物复建区的旅游开发也面临着新的机遇和挑战。

本项目研究采用定性与定量相结合的方法，综合评估文物（古建筑）复建区的货币化旅游价值，借此确定文物（古建筑）复建区的旅游开发潜力，从而更清楚地认识到研究区的多维旅游价值，并为文物（古建筑）复建区的旅游开发提供科学的参考，使这些文物古建筑能够在现实社会中发挥更大的作用，同时对其他文物复建区的旅游发展起到一定的借鉴作用。这对保护三峡库区文化遗产，利用这些文化资源建设区域文化产业，以及促进地方旅游业发展，具有十分重要的意义。

（三）为文物类旅游景区制订合理的门票价格提供依据

一般来说，多数游客认为门票价格在一定程度上反映了景点或景区的价值。当然这里所说的门票价格必须在景点或景区（等同于狭义的旅游资源）价值的基础上确定。旅游景点门票价格的实质是关于旅游资源价值的认知和旅游资源的性质界定问题。但目前国内旅游景点或景区的门票价格制定，特别是文物类景区，对景点景区本身资源价值的大小关注得较少，许多门票价格制定都是单一的政府或管理部门直接决定。通过对三峡库区（古建筑）复建区进行旅游价值评估，可以建立文物旅游资源的质量等级与价值数据库。在今后开发新的文物旅游资源时，通过对其旅游资源的质量等级进行定性定量评价之后，对照已开发的文物类景区旅游资源的质量等级与价值数据库，找出与新开发景区旅游资源质量等级相同或近似的旅游资源价值，将其纳入开发的投资-收益系统，为制订合理的门票价格提供依据，推进文物旅游可持续发展。

（四）明晰文物旅游资源开发及经营管理中的产权问题

对文物旅游景区进行价值评估，有利于解决旅游景区管理中出现的责权利不对等的现象，使旅游资源实现有偿使用，保障各利益群体在分配中的公平与公正，使旅游资源开发利用社会化、市场化，保证旅游资源的开发、利用和保护走上良性循环发展的轨道。

通过建立合理成熟的评估体系和方法系统，使之规范并有利于进行旅游资源的合理估价，对三峡地区文物复建尤为重要。旅游产业是秭归县乃至整个三峡地区重要的支柱产业，但三峡地区整体经济欠发达，使得旅游资源的开发利用受到很大限制。进行价值评估可以为文物旅游资源开发、旅游景区资产管理中的资产业务问题提供货币价值参考，这将有利于旅游企业开展融资业务，扩大招商引资力度，促进旅游资源的开发。

（五）促进文物旅游可持续发展

旅游业的发展通常给旅游目的地带来积极的经济发展、社会文化和环境效应等，同时也带来消极的环境问题。通过文物旅游资源资产评估，可以将旅游资源纳入国民经济核算体系。这样做有几大好处：首先可为文物旅游资源开发、生态保护提供一个必要的度量手段，为区域旅游持续管理提供理论基础；其次可促进文物类旅游资源有序、合理的开发，使旅游资源走向市场化的道路，依靠市场机制的作用来优化资源配置；再者，又可以协调文物旅游资源开发与保护之间的矛盾，把旅游资源和游憩环境的消耗纳入旅游开发成本–收益系统中，实现环境成本的内在化，促进文物旅游的可持续发展。

三、构建旅游价值评估体系的依据

（一）旅游价值评估的理论基础

1. 环境价值评估基本理论

长期以来，人们对于物品"价值"的认识，一直局限于认为那些凝结了人类劳动并转化为商品的东西才有价值，但环境资源由于其天然存在、没有市场价格因而被认为没有价值。这种片面的价值认识，在工业化和后工业化并存的时代，不可避免地导致过度消费、资源短缺及环境污染、生态恶化等问题，尤其以20世纪70年代以来愈发严重。要想从根本上解决环境资源问题，就必须改变环境资源无价论的传统的价值认识和消费观念，并且要对环境资源的价值进行具体评估，只有这样，才能将环境资源问题纳入到经济规划之中进行综合决策，实现环境资源的有效配置，进而解决上述环境恶化和资源短缺问题，实现生态、经济和社会的可持续发展。因为从根本上说，可持续发展的关键问题就在于当代人与后代人之间、当代不同区域范围之间如何合理地配置资源，从而实现人类对环境资源的永续利用和社会福利的均衡优化。环境与资源经济学界的研究为环境价值评估提供了可用的理论基础和基本评估体系。

（1）环境价值评估基本概念[1]

1）效用（Utility）。是指消费者从消费某种物品或服务中所得到的心理满足，效用在伦理上是中性的，有时用来代表客观的选择和偏好[2]。物品或服务的效用在于物品或服务本身具有满足人们需要的客观属性，效用的大小依赖于消费者的主观感受。总效用（Total Utility，TU）是指从消费一定量的物品或服务中所获得的总满足程度；边际效用（Marginal Utility，MU）指增加一个单位消费量所增加的满足程度，对应的是总效用的变化速率，可用总效用曲线的斜率表示。一般来说，总效用开始时随着所消费物品或服务的增加而增加，达到饱和后开始下降，但边际效用（MU）则呈现递减规律，总效用达到最大后消费的边际效用为负，说明继续消费只会使总效用减少（见图3-1-2）[3]。

通常测量效用有两种方法：一种为基数效用法，认为效用可以用确切的数量衡量，每个人都可以给出他对不同物品或服务的效用函数，这是庇古的旧福利经济学的基础；它在研究分析如何实现消费者均衡问题时，使用的是边际效用分析法；另一种为序数函数效用法，认为效用是不可以具体量化的，但可以通过偏好或选择分出强弱程度，列出顺序，进行比较，是新福利经济学的基础性概念，在研究分析如何实现消费者均衡问题时，使用的是无差异曲线分析法[4]。

2）福利（Welfare）。庇古认为，一个人的福利寓于他自己的满足之中，这种满足既可以是对

---

[1] 张春慧：《地质公园旅游资源价值评估实证研究》，兰州大学博士学位论文，2008年。
[2] 孙月平、刘俊、谭军：《应用福利经济学》，经济管理出版社，2004年，第51～55页。
[3] 张象枢：《环境经济学》，中国环境科学出版社，2001年，第21～37页。
[4] 吕荣华、路琳：《微观经济学教程》，上海交通大学出版社，2006年，第81～96页。

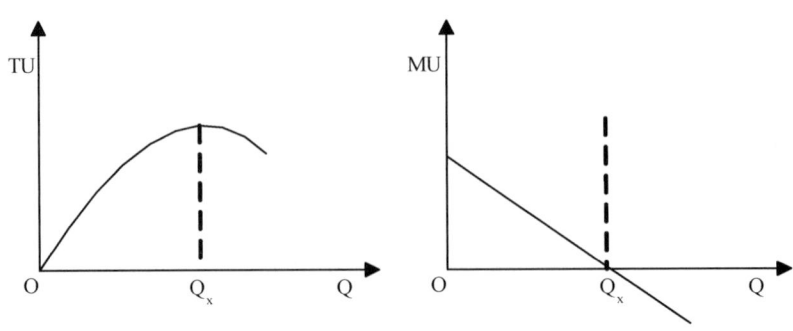

图3-1-2 总效用和边际效用曲线

财物占有而产生，也可以是由于知识、情感、欲望等原因而产生，一个人的全部福利则应该包括所有这些满足，即人们在生理上和心理上所感受到的快乐和幸福[1]。福福利经济学中只研究可以直接或间接用货币衡量的部分，即经济福利，并假设在一般情况下，每个人是其自身福利唯一的、最好的判断者，并且力图使自己的福利最大化。社会福利是指社会成员中个人福利的总和。由于个人效用有序数效用和基数效用之分，相应地，社会福利也有向量和矢量之分。社会福利的向量概念是所有社会成员个人序数效用的向量；矢量概念是所有社会成员个人基数效用的加总。对社会经济福利的分析是一种规范分析，是在一定价值判断的基础上提出社会福利目标和判断福利大小的标准，用以评判经济运行和资源配置的优劣。

3）消费者剩余（Consumer Surplus，CS）。这一概念最初由法国的琼斯·迪皮特（Jules Dupuit）1844年撰写的论文《市政工程效用的衡量》中提出，但消费者剩余概念的真正普及是在马歇尔（A. Marshall）的《经济学原理》一书出版之后。马歇尔把消费者剩余定义为，人们为获得某种东西而愿意支付的价格超过其实际支付的部分。在几何上，马歇尔用需求曲线之下、代表消费者实际支付的矩形面积之上的区域来测度消费者剩余。在图3-1-3中，用P表示商品的市场价格，Q表示商品的需求量，消费者为购买他想要的Q单位商品而支付的最高金额为面积abQO，消费者根据市场价格实际支付的金额为面积OPbQ，则消费者剩余为：面积abP=面积abQO–面积OPbQ[2]。消费者剩余（CS）并不是实际收入的增加，而是满足程度的增加，可以用货币单位表示，但只是一种心理感觉，在经济分析中，它是社会福利的一个组成部分[3]。

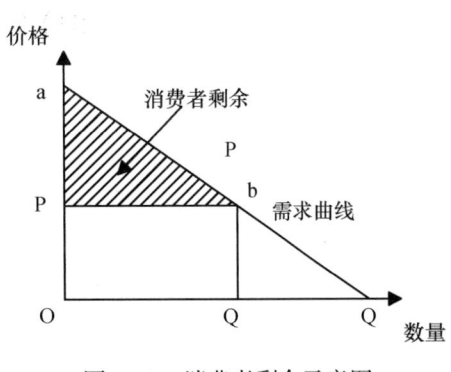

图3-1-3 消费者剩余示意图

4）支付意愿（Willingness to Pay，WTP）。是指消费者为得到某物品或服务而愿意支付的最大货币量，等于消费者的实际支付与其消费者剩余（CS）之和。图3-1-3中，面积abQO即为消费者的支付意愿（WTP），与支付意愿相对的是接受补偿意愿（Willingness to Accept，WTA），即消费者为放弃某种物品或服务而愿意获得的最小货币补偿代价。WTP和WTA都以货币单位表示，计量方法都是以偏好的可替代性这一假设为基础，两者都是"人们行为价值表达的指示器"，所以WTP和WTA都可用来表达资源环境所提供的物品和服务的经济价值。在原则上，WTP和WTA不必相等，WTP

---

[1] 孙月平、刘俊、谭军：《应用福利经济学》，经济管理出版社，2004年，第51~55页。
[2] 陈大夫：《环境与资源经济学》，经济科学出版社，2001年，第12~32页。
[3] 吕荣华、路琳：《微观经济学教程》，上海交通大学出版社，2006年，第81~96页。

受个人收入的限制，但是当人们因放弃改进而要求补偿时，其数量却往往没有上限，故操作应用中WTA往往比WTP值高得多，因此人们习惯用WTP表示支付意愿[①]。

关于WTP和WTA的差异，从福利经济学的角度来说，WTP与WTA对福利水平采用了不同的参考点：WTP以没有得到该物品或服务作为参考点，WTA则是以得到该物品或服务作为效用的基准。因此，在WTP和WTA之间存在着极大的不对称性。因为从心理学的角度讲，人们对损失的估价通常总是要高于同样量的所得，但对损失减少的估价又会明显高于所放弃的同样数量的所得。因此，在评价低于环境参考起评点的福利损失时，应采用WTA；同样，在评价高于环境参考起评点的福利收益时，应采用WTP。

5）公共物品（Public Goods）。是与私人物品相对立的概念，是具有非排他性（Non-excludability）和非竞争性（Non-rivalry）消费特征的物品。消费的非竞争性又称消费的不可分性，是指某人对某物品的消费不会减少或干扰他人对此物品的消费。消费的非排他性，是指某人的消费不能阻止任何其他人免费享用该物品[②]。即每个人对公共物品的消费，既不会减少其他人的消费量，也不能把任何一个人排除在外。因为公共物品具有以上特征，一个人不必进行购买就可以消费某物品或服务，很容易产生搭便车（Free Ride）现象，但消费者绝不会因为对公共物品的消费而损失对其他物品消费的机会，因此，市场对这类资源的配置是低效的。公共物品有纯粹公共物品和准公共物品之分，纯粹公共物品是指上述特征都很强的公共物品，如国防安全、社会治安等；准公共物品是非排他性和非竞争性比较弱的公共物品，如风景名胜区、森林公园、地质公园等。

6）外部效应（Externality）。又称外部性或外部影响，是指某种交易活动通过非价格机制的传递从而对第三者产生有利或不利的经济影响。外部效应包括外部负效应与外部正效应，前者称为外部不经济或负外部性，后者称为外部经济或正外部性。外部不经济，指某一经济主体获得一定经济利益时，不是支付代价而是增加另一经济主体的支出，其特征是引起他人效用的降低或成本的增加，如大气污染、河流污染等。外部经济是引起他人效用的增加但受益者并没有增加支出或成本，如森林资源具有涵养水源、保持水土、供给氧气、净化空气等公益性机能，受益者并不对此付费。外部效应往往不能通过市场价格机制反映出来，属于市场失灵的一种表现。解决外部性问题，需要通过特定的价值评估揭示其大小，并采用合理的规则和手段进行外部效应内部化处理。

7）机会成本（Opportunity Cost）。是人类在选择资源的用途时作比较、决策用的一个概念，是人们为了选择资源的最佳配置方案，因而必须放弃其他方案，在被放弃的方案中，必有一个方案的收效是较高的，这个较高收效便是选择最佳方案时的机会成本。机会成本是一种假设性的考量，并不是实际花费的成本或代价，仅是人们权衡利弊得失的一种比较工具。

8）环境总经济价值（Total Economic Value，TEV）。包括工具价值和内在价值两部分。工具价值是指环境、资源在被使用之时满足人们某种需要或偏好的能力，主要表现为使用价值；内在价值是某种物品与生俱来的内在属性价值，与人们是否使用它没有关系，即表现为非使用价值。

（2）环境总经济价值的理论构成

如上所述，环境总经济价值主要由作为工具属性的使用价值（Use Value，UV）和作为内在属性的非使用价值（Non-Use Value，NUV）两部分构成。使用价值又可分为直接使用价值（Direct Use Value，DUV）和间接使用价值（Indirect Use Value，IUV）。非使用价值则主要包括选择价值（Optional Value，OV）、遗产价值（Bequest Value，HV）和存在价值（Existence Value，EV）

---

① A. 迈里克·弗里曼（A. Myrick Freeman Ⅲ）著，曾贤刚译：《环境与资源价值评估——理论与方法》，中国人民大学出版社，2002年，第46~96页。

② 龚胜生、敖荣军：《可持续发展基础》，科学出版社，2009年，第118~119页。

等，环境总经济价值的理论构成关系如图3-1-4所示。用公式表示就是：

$$TEV=UV+NUV=（DUV+IUV）+（OV+HV+EV）。$$

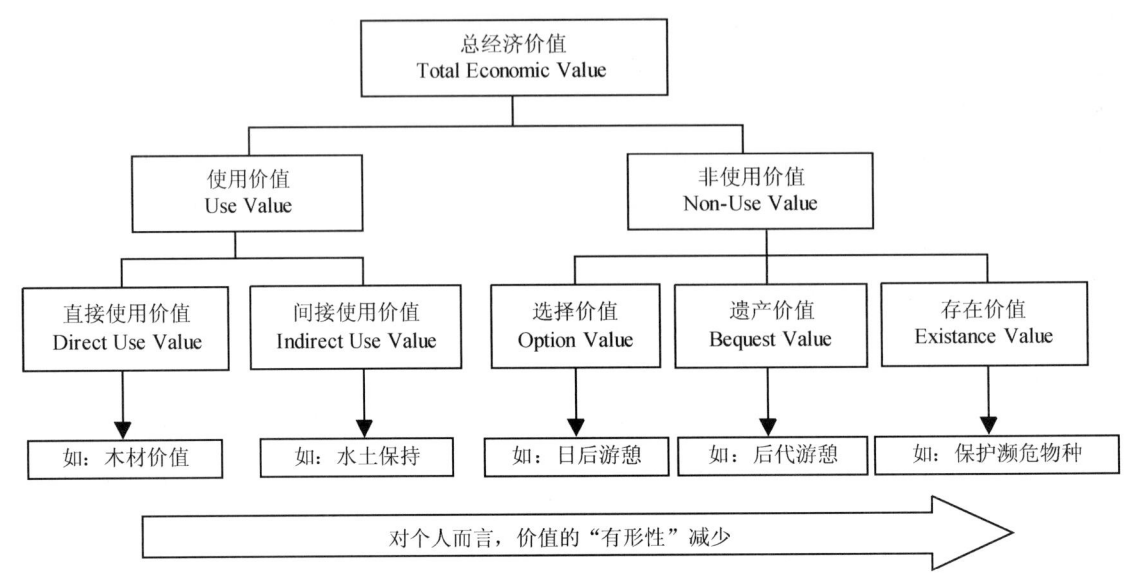

图3-1-4　环境资源价值的构成（引自刘敏，2008a）

这里简要解释环境资源的总经济价值构成体系中涉及的主要构成单元，如下。

直接使用价值（DUV）是指环境资源直接满足人们生产和生活需要的价值，是由环境资源对目前的生产或生活的直接贡献来决定的。直接使用价值在概念上易于理解，在经济上却并不易于衡量。

非直接使用价值（IUV）是指从环境所提供的用来支持目前的生产和生活的各种功能中所接获得的效益。非直接使用价值类似于生态学中的生态服务功能。这类价值在当前的市场体系中往往不能得到反映，因而其价值的衡量比直接使用价值要难得多。

选择价值（OV）是人们为了保存或保护某一环境资源以便将来直接或间接使用而产生的支付意愿。有些学者认为选择价值属于使用价值范畴和非使用价值范畴之间，衡量的是环境资源未来的直接或非直接价值。任何一种环境资源都可能具有选择价值。人们在利用环境资源的时候并不希望其功能很快消耗殆尽，因为人们认识到，在未来该环境资源的使用价值会更大，或者由于不确定性的原因，如果现在利用了这一资源，那么未来就不可能再获得该资源。因此，人们要对环境资源的利用做出选择。选择价值的出现取决于环境资源供应和需求的不确定性的存在，并且依赖于消费者对风险的态度。在一定意义上，选择价值就像人们对未利用的资产所愿意支付的保险费，仅仅是为了避免在将来失去它的风险。

遗产价值（BV）是指将某种资源留给后代的价值，即当代人为将某种资源保留给子孙后代而自愿支付的费用。有许多当代人希望其后代将来可从某些资源（如热带森林或珍稀物种）的存在而得到一些利益（如观光等），为此，他们现在愿意支付一定数量的资金用于对这些资源的保护[①]。

存在价值（EV）是人们对环境资源的存在而产生的支付意愿，是环境资源非使用价值中最为主要的一种形式。从某种意义上讲，存在价值是人们对环境资源价值的一种道德上的评判，这种评

---

① 张春慧：《地质公园旅游资源价值评估实证研究》，兰州大学博士学位论文，2008年。

判与其现在或将来使用无关。这在实际生活中并不难理解，很多人愿意出钱以保持某些环境资源的存在。例如，许多人对野生生物保护的捐赠，他们愿意出钱保护这些生物，但并不是想获得该生物的使用价值。

值得指出的是，许多生态学家认为，环境的总经济价值仍然不是环境资源的全部价值，因为环境还存在一些潜在的基础功能，即生态系统的原始特征具有"原始价值"。它们比我们已知的生态功能更重要，因为它们将生态系统的各种因子"胶"在一起，而且这种"水"具有经济价值。因此，环境的总经济价值应该高于其所有单项功能的价值之和[1]。

通过上面的环境价值评估的基本概念和基本理论构成简述可知，环境与资源经济学中的"价值"不同于马克思政治经济学中"劳动价值论"中的价值，而是以福利经济学中的"效用价值论"为基础，即"价值=效用=支付意愿=偏好"的等式[2]。效用价值论以有用性和稀缺性为价值评判的基础。环境经济学家认为使用价值和非使用价值两大部分共同构成环境总经济价值（TEV, Total Economic Value）的基本框架，随着公共产品理论、福利经济学中的消费者剩余理论和个人偏好理论的发展，环境经济价值理论体系仍在不断完善中[3]。下文所述的旅游价值货币化评估理论，就直接来源于环境与资源经济学中的这一理论框架。

（3）环境经济价值评估的技术方法

依据环境资源的市场发育程度，可将环境资源价值评估的方法分为常规市场评估技术、替代市场评估技术和假想市场评估技术三种基本类型。其中，常规市场评估技术包括费用支出法（EM）、市场价值法（MP）、机会成本法（OCM）、替代成本法（SCA）、影子工程法（SPA）、生产函数法（PFA）、剂量反应法（DRA）、防护费用法（DEA）、重置成本法（RCA）、有效成本法（CEA）、疾病成本法（ICA）、人力资本法（WPA）等。替代市场评估技术主要包括旅行费用法（TCM）和享乐价格法（HPM）。假想市场评估技术主要包括条件价值法（CVM）和选择实验法（CE），其中选择实验法（CE）可进一步分为选择模拟法（CM）和联合分析法（CA）。

环境资源的经济价值评估的常用技术方法体系，见图3-1-5所示。

1）常规市场评估技术

常规市场评估技术把环境资源看做一种生产要素，生产要素的变化导致生产率和生产成本的变化，从而导致产品价格和产出水平的变化，而价格和产出水平的变化是可以观测的。因此，常规市场评估技术以直接市场价值计算环境资源服务及其变化的经济价值。常规市场评估技术建立在足够的、可以直接测量或统计的数据（环境数据或经济数据）基础之上，在数据不足的条件下就难以使用，一般用来评估直接使用价值和生态系统服务价值。

a.费用支出法（EM）

费用支出法（EM），是从消费者的角度来评价环境资源的经济价值。该方法是一种古老又简单的方法，以人们对某种环境资源的支出费用来表示该资源的经济价值。以旅行费用为例，费用支出法的计算通常有三种形式。总支出法：以游客的费用总支出作为游憩价值。区内支出法：仅以游客在游憩区内的支出费用作为游憩价值。部分费用法：以游客支出的部分费用（如交通费、门票费和住宿费）作为游憩价值。

---

[1] 龚胜生、敖荣军：《可持续发展基础》，科学出版社，2009年，第116~118页。
[2] 刘敏、陈田 等：《旅游地游憩价值评估研究进展》，《人文地理》2008年第1期。
[3] 梁修存、丁登山：《国外旅游资源评价研究进展》，《自然资源学报》2002年第2期。

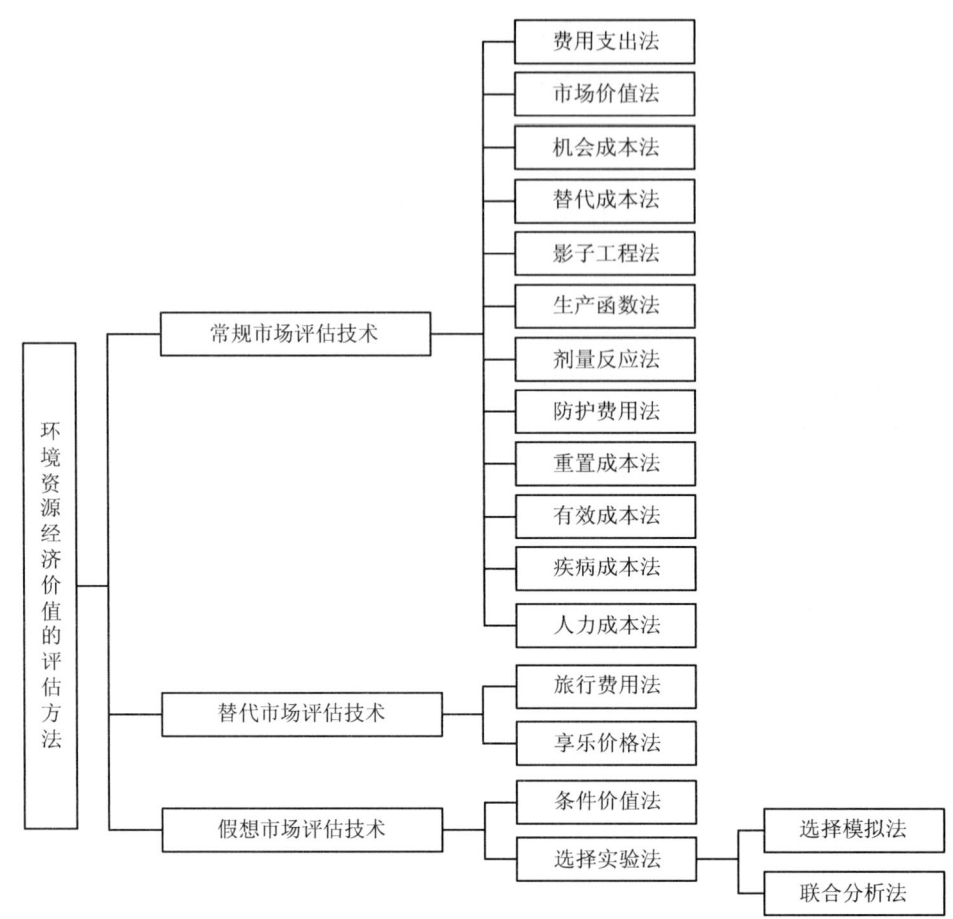

图3-1-5 环境资源经济价值的评估方法（引自张春慧，2008a）

b.市场价值法（MP）

市场价值法（MP）与费用支出法类似，但它可适用于评估没有费用支出与有市场价格的环境资源经济价值。市场价值法以资源交易和转让过程中所形成的资源价格来推定评估资源的价值。该方法先定量评价某种资源价值的效果，再根据这些效果的市场价格来评估其经济价值。理论上，市场价值法是一种合理的方法，也是目前应用最广泛的价值评价方法。该方法以资源市场已相当发育并有序规范化为前提；但现实中，资源利用远未市场化，这就为市场价值法的运用带来了困难。另外，资源效果的影响也很难定量，因此在实际评价时困难较大。

c.机会成本法（OCM）

机会成本法（OCM），是以保护环境资源的最大机会成本，即放弃替代用途的最大收益来估算该环境资源的价值。该方法使用潜在的支出确定环境资源变化的价值，比较适用于评估具有唯一性特征或不可逆特征的自然资源（如风景名胜区、地质公园等）开发项目。

d.替代成本法（SCA）

替代成本法（SCA），是根据现有的、可用替代品的成本来评价环境资源的经济价值。该方法的有效性取决于3个主要条件：替代品能提供与原物品相近的功能；替代品的成本应是最低的；对替代品的人均需求应与原物品完全相同。然而，对于环境资源的价值评估来说，许多方面的功能并不存在替代品，因而难以用此方法准确计量。

e.影子工程法（SPA）

影子工程法（SPA），是替代成本法的特殊类型。当环境资源价值难以直接估算时，可以借助于能够提供类似功能的"替代工程"或"影子工程"的成本来评价环境资源的经济价值。例如，森林涵养水源的经济价值评估，可以借助于水库投资、运行、管理等所需的"影子工程"费用来替代计算。

f.生产函数法（PFA）

生产函数法（PFA），又称生产率变动法或生产效应法。由于环境资源的变化可以通过生产过程影响生产者的产量、成本和利润，或是通过消费品的供给与价格变化影响消费者的福利，因此可以通过计算生产率变动带来的收益或损失来反映环境资源变化的价值。例如，水污染将使水产品产量或价格下降，给渔民带来经济损失。生产函数法（PFA）适用于环境资源的变化主要反映在生产率的变化上，所分析的相似物品（或替代物）有市场价格。缺点是，只考察直接使用价值而不能考察缺乏市场价格的间接使用价值和非使用价值。

g.剂量反应法（DRA）

剂量反应法（DRA），是通过一定的手段评估环境资源变化给人们造成影响的物理效果。例如，评估水和空气的污染程度对人体健康的影响程度可用此方法。该方法主要用于评估环境变化对人们的实际影响，以估算环境恶化所导致的损失价值，但不适用于对非使用价值的评估。

h.防护费用法（DEA）

防护费用法（DEA），又称预防性支出法，是从消费者的角度来评价环境资源的价值，以人们为防止环境质量下降、生态系统服务减少所准备支出的最小成本来评估环境资源的经济价值。缺点是只能评估使用价值但不能评估非使用价值，评价结果只是对环境资源经济价值的最低估计，适用于大气、水或噪声污染、土壤侵蚀、肥力退化等环境恶化所导致的损失价值。

i.重置成本法（RCA）

重置成本法（RCA），又称恢复成本法，以恢复或重新安置某种被破坏后的环境资源所需要的费用作为这种环境资源的经济价值。这种方法的评价结果也只是对环境资源经济价值的最低估价，适用于环境恶化所导致的损失价值。

j.有效成本法（CEA）

有效成本法（CEA），是不考虑福利的货币化和定量化，只计算成本，选择达到某一预定目标的不同方法及成本中的最小成本。缺点是不能全面衡量环境资源的多方面福利。

k.疾病成本法（ICA）

疾病成本法（ICA），是评价人们在不同环境质量条件下，因为疾病而造成的对社会贡献的差异，以此作为环境污染对人体健康恶化的损失价值。与健康有关的货币损失包括直接经济损失（预防和医疗费用）和间接经济损失（病人、非医务人员护理、陪住、影响劳动工时造成的经济损失）。

1）人力资本法（WPA）

人力资本法（WPA），是评价人们在不同环境质量条件下因为死亡而造成的对社会贡献的差异，以此作为环境污染的损失价值。适用于估算与环境污染有关的死亡率的成本。该方法争议较大，一般不建议采用。

2）替代市场评估技术

替代市场评估技术是通过考察人们与市场的相关行为，特别是在与环境资源联系紧密的市场中所支付的价格或获得的利益，间接推断出人们对环境资源的偏好，从而获得环境资源的经济价值，一般用消费者剩余或"影子价格"来代替，主要包括旅行费用法（TCM）和享乐价格法（HPM）。

a.旅行费用法（TCM）

旅行费用法（TCM），又称旅行成本法，是以人们到访某一旅游地（如公园、度假区、风景名胜区、旅游景区等）的旅行费用（包括时间价值）作为替代物，通过构建游憩需求曲线估算出旅游者的消费者剩余，以此来衡量旅游景点或旅游资源的游憩价值。TCM的主要问题在于它只能评估环境资源的游憩价值，但在游客时间价值及多目的地费用分摊等问题的处理上存在争议，并且旅行费用法的计算结果只是环境资源游憩价值的一部分。

b.享乐价格法（HPM）

享乐价格法（HPM），又称内涵资产价值法，是通过人们为包含环境属性的物品所支付的价格来推断环境资源的经济价值，以房地产价值模型和内涵工资模型最为常用。房地产价值模型是利用房地产的位置、面积、空气质量、噪声、绿化条件等多种特性来估计环境质量因素对房地产资产价值的潜在影响，以此来获得环境资源的价值。内涵工资模型是通过风险或不同地区环境条件的差异对工资的潜在影响来获得环境资源的价值。享乐价格法适用于环境资源在空气质量、水质和噪声等方面的价值评估，缺点是对经济统计技巧要求很高，需要大量的精确数据（常难以获得），易造成低估总体环境价值、不能估算非使用价值等。

3）假想市场评估技术

假想市场评估技术是在没有市场交易或实际市场价格的情况下，通过人们在假想市场中的决策行为来推断其对环境资源的偏好，以此来获得环境资源的经济价值，代表性的方法是条件价值法（CVM）和选择实验法（CE）。

a.条件价值法（CVM）

条件价值法（CVM），又称意愿调查价值法、权变评价法、意愿支付法、假设评价法、模拟市场价格法、附随态度评价法或然估计法等，是在假想市场情况下，直接询问人们对环境资源的支付意愿（WTP）或接受补偿意愿（WTA），以此来获得环境资源的经济价值。与常规市场评估技术和替代市场评估技术不同，CVM不是基于可观察到的或预设的市场行为，而是基于被调查对象的回答。CVM可用于评估环境资源的使用价值和非使用价值，是近年来国内外生态与环境经济学中发展最快的评估方法。

b.选择实验法（CE）

选择实验法（CE），又称综合选择法，是一种基于要素价值理论和随机效用理论的非市场价值评估技术，主要用于确定一系列由价值特征组成的"复合物品"（如自然保护区等），其某种特征的质量变化对这种"复合物品"价值的影响。与CVM类似，选择实验法（CE）也属于申明偏好方法，即在假想市场情况下，采用调查技术直接从参与者的回答引出环境价值。CE虽比CVM更有优势，但因调查设计复杂，调查和数据处理技术难度增加因而不如CVM应用广泛。

以上个方法都有各自的应用条件、适用范围及优缺点，见表3-1-2所示。

目前，在旅游资源价值评估中，以旅行费用法（TCM）和条件价值法（CVM）最为流行，因此下面重点介绍这两种方法。

（4）旅行费用法（TCM）

TCM是目前公认的评估游憩价值最合理也是最流行的方法之一。它要评估的是旅游者通过消费这些环境物品或服务所获得的效益，或者说对这些旅游资源的支付意愿。旅行费用法后面隐含的原则是，旅游者游览某个景区必须承担交通费用、门票费、食宿费和时间等，他们为旅游付出的代价可以看作对此旅游资源的实际支付。采用TCM评估旅游价值，必须用费用支出法得到游客的消费者支出。那么，在我们已知游客的消费者支出的情况下，确定旅游者的支付意愿大小的关键就在于估

表3-1-2 环境资源价值评估方法的特点

方法类型	具体方法	应用条件	适用范围	优点	缺点
常规市场评估技术	费用支出法（EM）	有费用支出	游憩价值、科学研究价值、文化教育价值、生态系统服务价值	操作相对简单，比较直观，易于计算，易于调整	数据不足的条件下就无法使用；许多功能没有替代物；计算结果不准确，甚至被扭曲
	市场价值法（MP）	有市场价格	游憩价值、科学研究价值、文化教育价值、品牌价值、生态系统服务价值		
	机会成本法（OCM）	有市场价格	损失价值、其他		
	替代成本法（SCA）	有市场化的替代物	生态系统服务价值		
	影子工程法（SPA）	存在影子工程	生态系统服务价值		
	生产函数法（PFA）	环境变化效果明显	生态系统服务价值、损失价值		
	剂量反应法（DRA）	环境变化效果明显	生态系统服务价值、损失价值		
	防护费用法（DEA）	有市场化的替代工程	生态系统服务价值、损失价值		
	重置成本法（RCA）	有市场化的替代工程	生态系统服务价值、损失价值		
	有效成本法（CEA）	有费用支出、市场价格	生态系统服务价值		
	疾病成本法（ICA）	替代费用支出	健康价值、生态系统服务价值、损失价值		
	人力资本法（WPA）	替代费用支出	健康价值、生态系统服务价值、损失价值		
替代市场评估技术	旅行费用法（TCM）	有市场交易	游憩价值、其他	技术复杂，数据量大	计算结果相对可靠、客观
	享乐价格法（HPM）	有市场交易	美学观赏价值、健康价值、其他		
假想市场评估技术	条件价值法（CVM）	没有市场交易、市场价格	游憩价值、美学观赏价值、科学研究价值、文化教育价值、品牌价值、健康价值、生态系统服务价值、非使用价值、损失价值、其他	操作简单	存在多种偏差
	选择实验法（CE）	没有市场交易、市场价格	游憩价值、美学观赏价值、科学研究价值、文化教育价值、品牌价值、健康价值、生态系统服务价值、非使用价值、损失价值、其他	操作复杂	存在偏差

注：引自张春慧：《地质公园旅游资源价值评估实证研究》，兰州大学硕士学位论文，2008年，有改动（图表注释格式）。

算出旅游者的消费者剩余。计算消费者剩余的模型以ZTCM、ITCM、RUM和HTCM为主，下面在TCM的理论基础上对各模型加以简单介绍。

1）TCM的理论基础

TCM的理论基础是其开创者Harold Hotelling提出的一个简单命题。他认为，可以应用经济学的需求理论，按照游客到达某个景区的旅行距离和对该景区的访问率之间的经验关系，估计出人们对该景区的需求，进而计算该景区对游客产生的总效益。

需求是指在某一特定时期内，对应于某一商品的各种价格，消费者愿意而且能够购买的数量。影响需求的因素主要有：商品本身的价格、消费者的偏好、消费者的货币收入、其他商品的价格及人们对未来的预期。在微观经济学中，为了简化分析过程，通常假定其他条件保持不变，仅分析一种商品的价格变化对该商品需求量的影响。

TCM的基本模型是根据马歇尔（Marshall）需求函数构建的。马歇尔需求函数是典型的个人需求函数，它把消费者愿意购买的商品数量作为商品价格和其收入的函数，从效用最大化分析消费者在价格体系和P收入水平下M选择的消费方案。假定实现效用最大化的约束条件为：

$$\sum P_i X_i = M$$

假设消费者把环境q看成是被给定的，不用为q的质量而付款，对上述问题求解就可以得到一般需求函数：

$$X_i = X(P, M, q)$$

其中，P是私人物品的价格，M是消费者的收入，q在需求函数中作自变量，表示环境质量。将以P和M为自变量的函数代入X_i的表达式就可以推导出环境质量的价值。

2）分区旅行费用法（ZTCM）

分区旅行费用法（ZTCM）是最早发展起来的模型，可以追溯到Clawson Knetsch（1966），是一种应用较广的基础模型，适合于对游客分布广泛、距离悬殊、到访次数缺少变化的旅游目的地游憩价值的评估。

旅游者对某环境物品或服务的需求并不是无限的，而是受到旅游者旅行费用的制约，这一点为ZTCM计算消费者剩余提供了前提条件。ZTCM假设来自同一小区的所有旅游者消费该环境物品或服务所获得的总效益相等，随着花费的增加，旅游人数将减少，当花费增加到一定值时，如果再增大花费，将没有人到此旅游；同时，距离评价地点越远，旅行费用越高，消费者剩余越小，因此，利用人们游览评价地点的频率与旅行距离或旅行费用之间的负相关关系可构建需求函数，基本形式如下：

$$Q_i = f(TC, SOC, SUB)$$

式中，Q_i为第i个出游小区的旅游率；TC为旅行费用；SOC为出游小区的社会经济特征向量；SUB为替代旅游地的特征向量。在操作中，一般结合行政区划来划分出游小区。

值得注意的是，ZTCM方法存在一些自身的缺陷：首先，ZTCM按区域划分游客，并假设来自同一区域的游客对某个旅游点具有相同的偏好，并且旅行费用相同，这个假设在现实中很难成立；其次，旅行费用与旅行时间之间存在高度相关，如何计算旅行时间价值对消费者剩余有很大影响；另外，在确定需求决定因子时，通常需要对统计不显著的社会经济变量进行必要的聚合和平均化，这将导致信息遗失。

3）个人旅行费用法（ITCM）

个人旅行费用法（ITCM）起源于Brown和Nawa（1973），是对ZTCM进行修正从而得到的，它不需要划分出游小区，而是将每个游客的到访次数作为旅行时间和其他解释变量的函数，弥补了

ZTCM将同一出游小区的所有人视为同质个体的缺陷，同时较易处理时间的机会成本和替代旅游地问题。ITCM适合于以当地居民为主要客源的旅游目的地游憩价值的评估，常用的各种计数模型有泊松回归、截断泊松模型、负二项回归、截断负二项模型等。

将个体或家庭在每个时期内的旅行次数作为因变量，结合旅行费用、旅行时间及社会经济变量，构建需求函数基本形式如下：

$$V_i = f(P, T, Q, S, Y)$$

式中，V_i为个体或家庭在每个时期内的旅行次数；P为旅行费用；T为旅行时间成本；Q为个体或家庭对旅游地的感知向量；S为替代旅游地的特征向量；Y为个体或家庭收入。

ITCM方法有比ZTCM更好的潜在优势：①更多地考虑了数据的内在变化，而不是依靠对区域数据的聚合，因而在统计上更有效率；②应用较少的调查数据就可以推导出旅行函数。但是，ITCM也存在一些问题：①很多数据是现场调查取得的，只观测到正访问次数，但忽略了潜在游客，会导致样本截尾问题（Truncated Samples）；②即使采用随机人群调查方法，也存在"零访问"（Zero Trips）样本缺失现象；③旅行次数只能是整数，故只能应用计数模型（Count-data Model），这些问题都可能导致对消费者剩余的估计发生误差。

4) 随机效用法（RUM）

随机效用法（RUM）起源于Hanemann（1978），又称离散选择TCM模型（Discrete Choice TCM），是把不同景点间的选择作为景点特征函数。RUM既可用于单目的地总游憩价值评估，也可用于多目的地游憩价值评估，还可用于评估环境质量改善带来的游憩价值增加或环境质量恶化造成的游憩损失等。

多项式Logit模型（Multinomial Logit Model，MLM）是RUM的基本形式，但由于不相关选择的独立性扰动（Independence of Irrelevant Alternatives，IIA），一般采用嵌套多项式Logit模型（Nested Multinomial Logit Model）。

RUM典型函数形式如下：

$$U_{ji} = f(M_i - C_{ij}, Q_j, S_i) + \varepsilon_{ji}$$

式中，U_{ji}为旅游者i选择旅游地j时的效用，M_i为旅游者i的收入，C_{ij}为旅游者i到旅游地j的旅行费用；Q_j为旅游地j的质量或特征；S_i为旅游者i的其他社会经济变量；ε_{ji}为效用中不可观测的部分，设其为随机变量。

为简明起见，忽略市场物品的价格。旅游者i选择景点j的概率为U_{ji}大于U_{ki}的概率（$k \neq i$）。如果ε_{ji}是独立均值为0的I类极值分布（Type Extreme Value Distribution），旅游者i选择j的概率为：

$$p_{rj}(i) = \frac{e^{v_i(M_i - C_{ji}, Q_j, S_i)}}{\sum_{j=1}^{m} e^{v_i(M_i - C_{ji}, Q_j, S_i)}}$$

只要V函数形式得到确定，就可用极大似然法估计参数。在确定选择集（m）时必须避免不相关选择的独立性扰动（IIA）。当一个选择集包括两个或两个以上不同旅游资源类型或活动类型时，这种干扰就可能出现。避免干扰的方法之一是采用嵌套模型，设定旅游者先选择旅游资源类型或旅游活动类型，然后再选择旅游景点。

当V函数的参数得到估计，就可计算$Q_j^0 \to Q_j^1$的货币价值。

对于旅游者i，这一价值由下式给出：

$$E[V^*(M_i - C_{ij} - CS_{ji}, Q_j^1, S_i)] = E[V^*(M_i - C_{ij}, Q_j^0, S_i)]$$

式中，CS_{ji} 为 Q_j 变化引起福利改变的补偿剩余。因此，CS_{ji} 可隐性地定义为：

$$CS_{ji} = \frac{\ln\left[\sum_{j=1}^{m} e^{v(Q_j)}\right] - \ln\left[\sum_{j=1}^{m} e^{v(Q_j)}\right]}{b}$$

式中，b 为收入项的系数，V 函数中的其他符号已省略，下同。

对于景点增加，表达式为：

$$CS^*_{m+1,i} = \frac{\ln\left[\sum_{j=1}^{m+1} e^{v(Q_j)}\right] - \ln\left[\sum_{j=1}^{m} e^{v(Q_j)}\right]}{b}$$

对于景点减少，表达式为：

$$CS^*_{m-1,i} = \frac{\ln\left[\sum_{j=1}^{m} e^{v(Q_j)}\right] - \ln\left[\sum_{j=1}^{m-1} e^{v(Q_j)}\right]}{b}$$

由此可见，RUM能对纳入消费者考虑范围的不同游憩类型或游憩地点的偏好进行估计，在处理多目的地选择问题方面具有明显优势；能够处理连续TCM模型无法处理的"零访问"问题，并且更适合于环境质量的经济评价。

RUM不产生常规需求曲线，因此在旅游需求量上的评价能力不如前面的方法；另外，IIA假设个人在两个地点进行抉择只取决于相关地点的属性和费用，与其他地点的属性无关，这个假设并不符合现实，且应用嵌套多项式Logit模型只能部分地缓解IIA问题。

5）享乐旅行费用模型（HTCM）

享乐旅行费用模型（HTCM）起源于Brown和Mendelsohn（1984），描述了旅行费用与景点特性之间的函数关系，侧重于针对某一特定客源地对若干旅游目的地的选择评价，而非若干客源地对某一旅游目的地的评价。

HTCM理论假设的核心是，旅游者通过对旅游目的地的选择来体现他们的消费偏好，旅游者为某一景点特性所愿意花费的额外开支，反映了他们为获得该项享受而愿意担负的旅行费用。为了适合多种特性情况，该模型还假设旅游地的质量可以被视为多种特性的组合，根据旅游者的价值观和旅游目的地特性组合，构建典型函数形式如下：

$$Z = h(P, u, \phi)$$

式中，Z 为旅游目的地质量特性；P 为旅游目的地某一特性所赋予的价值；u 为旅游者效用；φ 为估计误差项。

到达某一旅游目的地的旅行费用与该目的地质量特性的函数关系为：

$$C(site_j) = f_n(Z_j)$$

旅游目的地某一特性所赋予的价值就可以表示为：$P = dC/dZ$

如果 $Z = h(P, u, \phi)$ 满足大样本标准（Large Sample Standard），我们就可以得到需求函数：

$$Z = h^{-1}(P, u, \phi)$$

假设从 $Z=0$ 到 $Z=Z^*$，我们可以通过对多个组合中某特性的观察，得到该特性的边际贡献率，通过对组合特性的旅行费用与特性组合的回归分析，我们可以得到该特性的消费者剩余如下：

$$CS = \int_0^{z^*} h^{-1}(Z, u, \phi) dZ - C(Z^*) = \int_0^{z^*} h^{-1}(Z, u) dZ - C(Z^*) + g(\phi)$$

HTCM适用于旅游多目的地的选择评价，而且要求有些旅游目的地具有某种特性、另一些旅游目的地不具备该种特性。HTCM招致许多批评，主要原因是旅游目的地特性的价格是由景点所在地的位置决定的，而不是市场均衡力量的结果；另外，两步法估计需求导致部分统计信息丢失是HTCM的最大缺陷。

6) TCM有待解决的问题

TCM研究中还存在一些有待解决的难题，主要有旅行费用、时间成本、多目的地旅行费用的分摊、需求模型选择、替代地效应和误差描述等。

a.旅行费用

旅行费用（Travel Cost）应该包括哪些现金成本是TCM的一个难题，因为旅行费用组成不同对消费者剩余影响很大。

旅行费用的计算一般分为3种：费用总支出、游憩区内的支出费用和部分费用（仅包括交通费、门票费和住宿费），并且对是否包含时间机会成本存在争议。Randall认为，如果旅游地的质量与旅行弱互补（Weak Complement），那么旅行的补偿需求就包含评估旅游地质量相关福利的所有必要信息。但旅行是非均态物品（Non-homogeneous Good），而且需求者对其生产起着重要的作用，因而这个价格是不可观察的，即TCM的许多难题都是"旅行费用是内在而不可观测"这一普遍问题的表征。

b.时间成本

时间是旅游的重要约束条件，如果在分析时没有考虑时间机会成本，那么消费者剩余就可能被低估。但是，如何货币化时间成本是一个尚无定论的问题。时间成本包括交通时间（Travel Time）、景区停留时间（On-site Time）和其他停留时间。时间成本的估算方法大致有6种：忽略不计；使用点对点（ad hoc）方法；通过经验分析获得；使用工资率（Wage Rates）；使用内涵工资法（Hedonic Wage Model）；使用条件排队（Contingent Rating Approach），其中以工资率和内涵工资法为多。理论推导显示，工资率不可能是计量时间价值的好方法，应用内涵工资法估计闲暇时间成本比应用工资率优越。由于确定时间成本对估计消费者剩余的影响很大，因此，探讨时间成本问题一直备受关注。我国学者对时间价值的估算大多按工资收入的1/3或按40%对旅途和现场时间进行折算。

然而需要说明的是，关于旅行时间本身是否构成了成本和负担还存在争议。比如，有些游客将旅行交通视为一种时间成本和经济负担，但有些游客则很享受"在路上"的过程体验；因而旅行中乘坐新奇的交通工具往往也会构成游憩体验的一部分。因此，在时间成本问题上，不同价值取向的旅游者及不同的交通体验形式等因素都会造成不同的看法。

c.多目的地旅行费用分摊问题

多目的地旅行费用分摊问题一直是旅行费用法中的一个难点，理论上还没有一个可以广泛接受的方法来分配这样的成本。目前处理多目的地旅行费用分摊大致有4种方法：忽略多目的地旅行或把多目的地旅行游客排除在样本之外；费用分成法，即按一定比例分配费用（按旅行时间、旅行费用或各景点相关重要性）；目的地组合法，把邻近的一些普遍受欢迎的目的地合并起来，作为一组地点进行评估；分离方法，在样本调查时，把"漫游者"从"有目的的参观者"中区分出来，只计算旅行者中"有目的的参观者"的旅行费用。其中，以费用分成法应用居多。

我国的案例研究中处理多目的地旅行费用分摊大致有3种方法：忽略多目的地旅行问题；费用分成法；目的地组合与费用分成相结合的方法。

d.需求函数形式与统计分析

TCM函数形式多种多样，函数形式不同，所具有的经济学意义自然也不同，由此而产生的福利估计可能差距很大。

在选择TCM函数形式时，通常把R^2的大小看做唯一的标准，但这并不一定与实际情况符合，应该依据更多的统计标准选择函数形式，如预测访问人数与实际人数进行比较、不同区域的预测分布与实际访问率之间的相互关系等。另外，经济理论也有助于函数形式的选择，如可以根据模型变量的统计的显著性和它们的符号，通过比较模型结果和理论期望值等进行模型选择。

最小二乘法是较为常用的统计分析工具，但由于现场抽样的非负整数、截尾及内生分层等问题的存在，应该采用极大似然法而非最小二乘法来估计需求函数。福利估计值是随机变量，因为它依赖于估计得出的系数，由于福利估计值的随机性，必须计算标准差或置信区间。

此外，替代地效应问题、误差描述、人口统计特征效应、景点质量和拥挤效应等，也是TCM中尚待解决的问题。

（5）条件价值法（CVM）

条件价值法（CVM）是近年来国内外生态与环境经济学中应用最广、影响最大的关于非市场价值评估技术的标准方法之一。凭借其方法本身的灵活性、广泛的适用性和强大的提供数据来源能力等优越性，近40年来在环境价值评估领域，对于CVM的应用和研究呈指数上升态势。

CVM属于陈述偏好法（Stated Preference，SP），又称申明偏好法或自述偏好法，是在缺乏真实的市场数据，甚至也无法通过间接地观察市场行为来赋予环境物品或服务以价值时，通过构建假想市场，直接调查询问人们对环境物品或服务的WTP或WTA，并以WTP或WTA来表达环境物品或服务的经济价值。CVM应用中暗含的假设是受访者很清楚地知道自己的偏好，而且有能力对环境物品或服务估价，并且愿意诚实地说出自己的最大WTP。因此，围绕如何揭示WTP调查的程序、方法、问卷设计等一系列问题便成为CVM研究的核心内容。下面在CVM的理论基础上简单介绍CVM的经济学原理、CVM的研究步骤、最大WTP引导技术、CVM研究中可能存在的偏差及其解决方法、数据统计分析、有效性和可靠性检验等方面。

1）CVM的理论基础

a.希克斯需求函数

CVM是根据希克斯（Hicks）需求函数构建的。希克斯需求函数，也被称为"补偿需求函数"，即通过变化价格和收入以便把消费者维持在某一固定福利水平或效用水平从而形成的需求函数，是从支出最小化分析消费者在价格体系P和效用水平U下选择的消费方案。

假设消费者把q（在需求函数中作自变量，表示环境质量）看成是被给定的，不用为q的质量而付款，费用函数是价格P和效用水平U的函数，即：

$$e=h(P,q,U,)$$

对费用函数某一价格求偏导即可得到希克斯需求函数如下：

$$\partial e/\partial P_i = h_i(P,q,U^0)$$

价格变化，给予补偿，使之福利维持不变，称为补偿变差（CV）；

价格变化，收入改变，使之效用维持不变，称为等效变差（EV）；

价格变化，给予补偿，使之效用维持不变，称为补偿剩余（CS）；

价格变化，收入改变，使之福利维持不变，称为等量剩余（ES）。

其中，补偿变差（CV）和等效变差（EV）经常用来计量WTP和WTA。

希克斯需求函数与马歇尔需求函数的区别主要表现在：其一，马歇尔需求函数是为了实现效用最大化，而希克斯需求函数是为了实现支出最小化；其二，以价格和收入表示的马歇尔需求函数是可以观测的，而依赖于不可直接观测效用的希克斯需求函数是无法直接观测的。

b. CS、CV与EV三者间的关系

我们可以通过马歇尔需求曲线和希克斯需求曲线了解CS、CV与EV三者间的关系，如图3-1-6所示[①]，D代表马歇尔需求曲线，H1与H2代表希克斯需求曲线，a、b、c代表所在区域的面积，当价格由P1降低到P2时，则S1=a+b的面积，代表消费者剩余（CS）；S2=a，代表等效变差（EV）；S3=a+b+c，代表补偿变差（CV）。从中可以看到，EV<CS<CV，普通消费者剩余介于等效变差与补偿变差之间。当市场条件存在时，很容易得到马歇尔需求曲线；当市场条件不存在时，无法得到马歇尔需求曲线，那么只能通过EV与CV来计量消费者剩余。

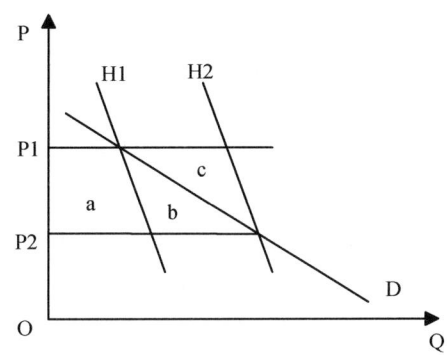

图3-1-6　消费者剩余、等效变差与补偿变差（引自曹建华，郭小鹏，2002）

c. CS、CV、EV与WTP和WTA的关系

由于CS等于WTP减去消费者的实际支付，当消费者的实际支付为零时，CS就等于WTP；当价格下降，CV为维持个人福利不变而获得的最大WTP；当价格上升，CV为防止福利变化而接受的WTA；类似地，当价格下降，EV为防止效用变化而放弃的WTA；当价格上升，EV为维持个人效用不变而避免的最大WTP（见表3-1-3）。

表3-1-3　CV、EV与WTP、WTA的关系（引自张春慧，2008）

	福利度量	价格变化	
		价格下降	价格上升
CV	福利维持不变	获得的WTP	接受的WTA
EV	效用维持不变	放弃的WTA	避免的WTP

在环境质量评价方面，环境的变坏或变好可以理解为价格的上升或下降。CVM就是询问调查对象的WTP或WTA，当保持环境质量不变时，受益人的支付意愿或受害人的补偿意愿等于EV；当环境质量变坏时，受益人的支付意愿或受害人的补偿意愿等于CV。

2）CVM的经济学原理

假设个人对各种市场商品和环境物品具有消费偏好，其对市场商品的消费用X表示（可以自由选择），环境物品用q表示（不受个人支配），则个人的效用函数可以表示为

$$U=U(x, q)$$

个人对市场商品的消费受其可支配收入y和商品价格p的限制。在一定的收入限制下，个人达到效用最大化的消费为$MaxU(x, q)$。其中，$\sum p_i x_i \leq y$

[①] 曹建华、郭小鹏：《意愿调查法在评价森林资源环境价值上的运用》，《江西农业大学学报》2002年第5期。

受限的最优化产生一组常规需求函数：

$$x_i = h_i(p, q, y) \text{（其中} i=1, 2, 3, \cdots \text{ 为市场商品的种类）}$$

定义间接效用函数为：

$$v(p, q, y) = [h(p, q, y), q]$$

在这里，效用为市场商品的价格和收入的函数，也是环境物品的函数。

假定p、y不变，某种环境物品或服务由q_0变为q，个人的效用相应为：

$$U_0 = v(pq_0y) \rightarrow u_1 = v(p, q_1, y)$$

假设变化是一种改进，即$q_1 \geq q_0$，则$u_1 \geq u_0$。这种效用变化可以用间接效用函数来测量：

$$v(p, q_1, y-C) = v(p, q_0, y)$$

公式中的补偿变化C，即是当q从q_0变化到q_1而效用在变化后与变化前保持不变时，所要推导的个人所愿支付的金钱数量，即CVM调查试图引导回答者的个人WTP，总WTP（环境物品或服务的总经济价值）由个人WTP加总获得。

3）CVM的研究步骤

CVM研究的基本步骤可以归纳为：首先对调查问卷进行整体设计；其次是调查问卷的实施；再次是数据的统计分析与WTP或WTA估计；最后是调查结果分析。

a.调查问卷的整体设计

CVM研究结果主要来自调查问卷的内容，也就是说估值结果有赖于调查问卷所提供的信息和提问题的方式。因此，调查问卷的整体设计在CVM研究中十分重要。一般而言，CVM问卷的主要内容可以归纳为：创建假想市场；设计核心估值问题；设计支付方式、支付单位和支付年限；设置社会经济信息等。

——创建假想市场

CVM研究要衡量的环境物品或服务通常不存在市场交换。要为不存在现金交易的环境物品或服务创建假想市场，这对估值结果是否准确、可信具有很大影响，因此，必须从数量、质量、时间、区位等方面详细描述所要评价的环境物品或服务的状况，给受访者提供充足、清晰、准确且现实的信息，确保受访者清楚地了解相关问题，激励受访者给出最接近真实WTP的回答。营造假想市场的方式主要有背景小册子、项目卡片和图片资料等。

——核心估值问题的设计

估值问题是整个问卷的核心。正如前文所述，最大WTP的引导技术可分为连续型CV和离散型CV两大类，连续型CV包括重复投标博弈（IB）、开放式问题格式（OE）和支付卡格式（PC）；离散型CV采用封闭式问题格式（CE），包括两分式选择（DC）和不协调性最小化（DM），其中，两分式选择（DC）又分为单边界（SBDC）、双边界（DBDC）、三边界（DBDC）和多边界（MBDC）。

从最近国内的一些研究经验来看，核心估值问题的设计应遵循以下原则：第一，需将核心估值问题分为表决型设计，即首先咨询受访者是否愿意支持，而后再给出投标数额询问受访者是否能够接受，这样有利于有效区分零支付意愿和正支付意愿；第二，关于最低和最高数额的设计，是核心估值额问题的关键，是有效界定真实支付意愿分布边界的关键之一，一般最低数额应满足90%的受访者可接受而最高数额应满足90%的受访者都不能接受；第三，投标数额的项数一般为10项以上，以保证有效捕捉和刻画支付意愿的函数形态；第四，提醒受访者注意其家庭或个人收入及其他可能与此相关或排斥的家庭支出，提醒受访者此项支付会导致其收入和预算约束的变化。

——设计支付方式、支付单位和支付年限

支付方式主要有捐款、收入税、财产税、公用事业费、门票费及向信托基金支付等。支付单位可采用每人每年、每人每月、每户每年、每户每月等，受访者对以家庭为支出单位和以年为预算约束单位应更易理解和接受。支付年限一般是在计划项目的实施年限以内，也可结合国民经济计划期或当地的环境保护行动计划周期，目的在于使受访者认为其支付确实能获得环境服务，此外，还可设一次性支付。

——设置社会经济信息

受访者个人或家庭社会经济信息的设置，对验证CVM的研究结果是否符合一般经济学原理起关键作用。设置的变量有性别、年龄、文化程度、职业、收入、居住地与环境物品或服务的距离等。待选答案采取分组变量的形式，以方便受访者作答，也利于统计分析，同时对于受访者对待WTP的严肃性及CVM的经济学有效性验证具有重要意义。

b. 调查问卷的实施

调查问卷的实施可以归纳为：确定样本容量与抽样原则；确定采访方式；预调查和正式调查。

——确定样本容量与抽样原则

样本容量的大小直接影响到抽样估值效果，如果样本容量太小，降低了样本对总体的代表性，从而降低了抽样估值效果；如果样本容量太大，又必须要求增加人力和财力。所以，在总体变异情况一定时，样本容量的确定主要取决于精度的要求和费用的限制。样本容量的确定主要按一定置信度和精度要求，通过估计总体均值和估计总体比例确定。当然，样本容量的确定还与研究总体的规模有关。

关于抽样原则，入户访问是当前的重要形式之一，但由于城市地区入户调查拒访率较高，一般在商业区或公园等公共空间亦较为合适，但应注意样本是否覆盖研究区域总体及样本社会经济信息与总体的一致性。与旅游价值评估相关的问卷调查，一般在景区进行。

——确定采访方式

采访方式可采用邮寄、电话和面谈的方式进行。实践证明，如果采样者训练有素，面谈方式最好，而且在电话普及率低、邮政落后、文盲较多的地区，面谈是唯一可行的方式。但面谈既费时又费钱。电话采访不仅费用高，而且因通话时间有限，获得的信息量少。邮寄调查较经济，且可避免采样者素质低所产生的偏差，但用这种方法问卷的反馈率低，只有有兴趣的人才会回答，问卷反馈率低意味着调查的失败。随着互联网的普及，可以尝试通过网页、E-mail、QQ即时通信和微博等网络技术方式进行调查。

——预调查

必须指出，预调查是一个重要环节。通过预调查反馈，可对问题顺序做出理性调整，使专业问题简单化，对敏感问题采用更合适的激励相容机制等。同时，预调查有利于调查人员熟悉调查工作作业流程，并引起调查人员对应注意问题的关注。

——正式调查

正式调查以面谈方式精度最高，面对面交流利于激励受访者表达真实态度和支付意愿，同时对于发现CVM调查过程中的问题尤为重要。但是，对于面谈调查，受访者需要足够的时间和合适的环境。另外，一般调查者由在读研究生组成，调查前经统一培训，在调查过程中调查者能够对受访者不能理解或态度模糊的方面应给予解释和提示。

c. 数据统计分析与WTP或WTA估计

数据统计分析之前，首先需要剔除回收问卷中的无效问卷。无效问卷的一般辨别依据为：重要信息如收入回答不完全；对支付意愿调查不理解；回答态度不够严肃，结果失真；支付意愿显著高于其收入组成的5%~10%。数据统计一般采用编码和虚拟变量的形式，易于统计分析。应该指出，由于我国属于发展中国家，居民收入水平和环境意识水平相对较低，对于可能出现的大量零支付意愿一般认为有效而不应剔除。WTP平均值和中位值的分析模型则相应地采用Probit模型或Logit模型，为增加回归方程的稳健性，一般只设一个解释变量。将样本结论扩展至研究总体是CVM研究的主要目标，一般应关注2个问题：一是WTP中位值或WTP平均值之间的选择；二是整体区域范围的确定一般采用保守估计，一般以受较为直接影响的行政区单元为研究总体。此外，如何选择合适的贴现率，则事关对环境资源价值进行时间尺度折算分析的重要影响因素。

d. 调查结果分析

调查结果分析主要指社会经济各因素对支付意愿及WTP值的相关分析，CVM研究中的偏差分析，CVM的有效性和可靠性检验等。相比之下，社会经济各因素对支付意愿及WTP值的相关分析相对简单，应用SPSS、SAS、Mintab等软件就可以达到目的，但为了减少CVM研究中的各种偏差，在问卷设计和实施过程就需采取相应措施。关于CVM的有效性和可靠性检验在我国尚处于起步阶段，因此对CVM研究中可能存在的偏差及其解决方法，CVM的有效性和可靠性检验等问题需要探索和创新适宜性的技术方法。

4）最大WTP的引导技术

a. 重复投标博弈（IB）

重复投标博弈（IB）是最初使用的引导技术，属于连续型问卷格式，在调查中，通过不断提高和降低报价水平，获得受访者的最大WTP。重复投标博弈在电话调查和面对面调查中很有效，但由于其明显的起点偏差，现已很少使用。

b. 开放式问题格式（OE）

开放式问题格式（OE）是受访者被要求直接说出自己的最大WTP，因此开放式问题格式提供了最容易分析的数据。开放式问题格式的提问比较容易，但受访者在回答问题上存在一定难度，特别是在对自己不了解的问题进行估价时，他们很难确定自己的最大WTP从而在问卷上留下空白，或者回答的支付金额并不能代表他们的最大WTP。

c. 支付卡格式（PC）

支付卡（PC）分为非锚定型支付卡（Unanchored PC）和锚定型支付卡（Anchored PC）两种方式。非锚定型支付卡要求受访者从一系列给定的价值数据中选择他们的最大WTP，也可以写出他们自己的最大WTP；锚定型支付卡向受访者提供了一些背景资料，同时在调查中询问他们在其他公共项目中的WTP，以便为正在进行的调查提供一些约束性背景数据。支付卡的问卷格式虽然能够克服开放式问卷调查中存在的一些困难，但一些研究人员认为支付卡上提供的报价范围及其中点可能影响受访者的WTP。支付卡上的数值范围及其中点可以在预调查中采用开放式问题格式的调查来定。

d. 两分式选择（DC）

在CVM的发展过程中，研究者注意到受访者对"是"或"不是"的回答要比他们直接说出最大WTP更能模拟市场的定价行为，因而开始在研究中采用封闭式二分式选择问题格式（DC）。在DC中，受访者被要求就给定的最大WTP回答"是"或"不是"，这种问题格式并不能提供最大WTP的直接估计。DC是由Bishop等人（1979）引进CVM研究，在Hanemanne建立了二分式选择与WTP之间的函数关系式之后得到广泛应用。美国NOAA的CVM高级委员会将DC推荐为CVM研究的优先问题格式。20世纪90年代以来，DC在CVM的研究中变得非常流行。DC又分为单边界（SBDC）、双边界（DBDC）、三边界（TBDC）和多边界（MBDC）。DC的优点是，它模拟了消费者熟悉的市场定价行为，受访者针对某一假想商品的一个给定价格决定买还是不买；问卷格式可以设计成一种"是"和"不是"的问题格式。而且，它能提供人们讲真话的激励因素，受访者对所提供的资源和服务的估价如果低于报价的数量，受访者就不会回答"是"。同时，由于受访者只能回答"是"或"不是"却并不要他们直接报价，DC将减少受访者高报其估价的可能性。DC的主要缺点在于设计投标数量的范围和计算WTP上的困难。设计投标的数量需要确定提问的特定报价范围和报价变化的间隔，以及有多少受访者会选定某一报价。所确定的报价范围要能使分析人员从支付者的报价中勾勒出支付概率曲线（Probability of Paying Curve）。

e. 不协调性最小化（DM）

不协调性最小化问题格式（DM）与DC非常相似。在DM中，每一位受访者必须事先在确定的价格范围中选定一个价格，价格范围与DC问题中的一致，不同之处在于受访者被给予5种可能的陈述，以区别支持和完全反对的程度，达到减少肯定性回答的偏差。

5）CVM研究中可能存在的偏差及其解决方法

由于CVM理论前提的相对简单性，用CVM得到的评估结果是否正确与可靠会因其内在的偏差而受到质疑。归纳起来，影响CVM评估结果准确性的可能偏差主要有：假想偏差、支付方式偏差、投标起点偏差、策略性偏差、信息偏差、不反映偏差、肯定性回答偏差、抗议反映偏差、部分-整体偏差、嵌入性偏差、问题顺序偏差、停留时间长度偏差、调查者偏差、调查方式偏差，等等。这些偏差大多与CVM方法本身有关，这些偏差成为影响CVM研究结果有效性的可能因素。根据国际上的研究经验，在调查问卷的设计和调查的实施过程中，可以采取相应的方法有效地减少和降低CVM评估中的绝大多数偏差的可能影响。

汇总CVM研究中出现的各种偏差及其解决方法，见表3-1-4。

表3-1-4 CVM研究中的可能偏差及解决方法

偏差类型	偏差描述	问卷设计和实施中减少偏差的方法
假想偏差（Hypothetical Bias）	受访者对假想市场问题的回答与对真实市场的反映不一样，调查的假想性质导致与真实结果出现偏差	设计图文并茂的问卷，进行至少30人参加的预调查完善问卷，以充分模拟市场；采取匿名调查方式；给受访者适当报酬，反映其估价信息的价值以模拟市场
支付方式偏差（Payment Vehicle Bias）	因假设支付方式（收取人们支付的货币方式）不当而导致的偏差	用各种支付方式设计WTP问题，进行预调查，选择"中性"的支付方式；或提供各种适当的支付方式，由受访者自己选择
投标起点偏差（Starting Point Bias）	某些CVM研究的投标格式建议了投标起点，建议出价起点的高低会被受访者误解为"适当"的WTP范围	可通过预调查确定这种投标格式的起点值和数值间隔及范围，以减小起点偏差
策略性偏差（Strategic Bias）	受访者试图影响调查结果和实际决策过程，而在投标时故意说高或说低自己的真实WTP时便产生策略性偏差	对调查结果进行分析前，剔除边缘投标（Outlying Bids，即超过收入5%~10%的投标）得到核心投标值
信息偏差（Information Bias）	提供信息的数量、质量和顺序会影响投标数量，信息不足会使不了解情况的受访者难以给出恰当的WTP	给受访者提供的信息和描述的情景尽可能符合所要评估的环境物品或服务的真实情况
不反映偏差（Non-Response Bias）	无法使有些对调查主题不感兴趣的人参与到CVM调查中，使样本的人口代表性产生偏差从而受到质疑	将问题设计简明和易于回答（CV调查中，70%以上的反映率是比较理想的，40%~60%的反映率也是普遍的）

续表

偏差类型	偏差描述	问卷设计和实施中减少偏差的方法
肯定性回答偏差（Yes-saying Bias）	在回答离散性CV问题时受访者具有回答"是"的倾向以表达他们的动机而非给出他们的真实偏好的偏差	给受访者提供可能性以表达他们对调查计划的支持而不管价格，就可以避免这种偏差
抗议反映偏差（Protest Response Bias）	受访者倾向于反对假想市场和支付工具而引起的偏差	在问卷中专门设计一个问题以辨明0支付的原因；在数据分析中剔除抗议投标样本（比例不超过总样本的15%）
部分-整体偏差（Part-whole Bias）	受访者未能正确区分某种整体环境与其组成部分时所产生的偏差	提示受访者明确和注意自己的收支限制，估价整个物品而不是物品的部分
嵌入性偏差（Embedding Effects）	对某种物品或服务作为一种更具包容性的物品或服务的一部分的WTP比对其本身独立估值时的WTP较低的现象	对所要评估的环境物品或服务的各种不同改善状况，提供其全面背景介绍或补充文字说明和图表及其相对测量
问题顺序偏差（Order Effects）	在有多个估值问题的问卷中，各个相关问题的不同出现次序对结果的可能影响	提示被调查者对问题前后参照并修正前面所做出的估值判断，来减少问题顺序的影响
停留时间长度偏差（Length of Stay Bias）	调查中停留时间较长使受访者感到不方便和产生厌烦感觉而对调查结果产生的影响	在相关人口区域随机抽取样本，从介绍情况到受访者完成1份问卷不超过30分钟
调查者偏差（Interviewer Bias）	在多名调查员参加的面对面调查中，不同调查员对估值结果产生的可能影响	严格培训和管理调查人员或者使用专业调查人员
调查方式偏差（Survey Mode Bias）	邮寄信函、电话、面谈等不同调查方式对结果的影响。面谈是最精确的调查方式，但成本最高；信函、电话调查成本低，但反映率也低	在信函调查中用下列方法提高反映率：在第1份信后应再分别寄出第2和第3份信（或打电话）；在第1封信中附寄一定费用；用印制精美的图表刺激受访者的反映动机

注：引自张春慧（2008），有改动。

6）数据统计分析

如前文所述，采用开放式问题格式（OE）的调查结果，可以用非参数方法获得样本的平均最大WTP；采用支付卡格式（PC）的调查数据可以用参数和非参数方法获得样本的平均最大WTP。采用封闭式问题格式（CE）的调查结果，一般用Probit模型和Logit模型获得样本的平均最大WTP。非参数方法相对简单，DM与DC数据处理非常相似，因此仅对卡格式（PC）的参数估计和DC的Logit模型估计加以简单介绍。

a. PC的参数估计

在PC调查中，受访者在一些有序排列的投标数量中选择他们的最大WTP，受访者的WTP可以用参数估计和非参数估计两种方法进行。采用参数估计最简单、最普通的回归分析是拟合一条Logistic曲线，反映针对每一投标数量受访者愿意支付的比例，如果WTP>T，受访者将接受提供的资源价格T，假设WTP是一个随机变量，接受各投标数量的可能性用下式表示：

$$Pr(是) = Pr(WTP \geq T) 1 - G_{WTP}(T)$$

$G_{WTP}(T)$是随机WTP的累积分布函数，由WTP的分布函数就可以得到估值函数。

b. DC的Logit模型估计

在DC调查中，受访者对某一给定的货币数量的回答有"是"或"不是"两种情况。Hanemann指出，受访者对某一给定的货币数量愿意支付的可能性可以用Probit或Logit模型进行统计估计。基本的关系式如下：

$$Pr(是)=1-\{1+\exp[B_0-B_1(X)]\}^{-1}$$

式中，B_0、B_1是采用Logit或Probit函数回归的系数，X是受访者被要求支付的某一投标数量。其他的系数还可以包括对一些态度性问题或者受访者的社会经济统计信息如年龄、受教育程度、收入等问题的回答。

当WTP≥0时，Hanemann从上面的方程给出了计算WTP期望值的公式：

$$E(WTP)=(1/B_1)\times\ln[1+\exp(B_0)]$$

式中，B_1是估计的最大金钱支付数量对回答"是"概率的影响系数。如果回归方程中没有其他独立变量的影响，则B_0是估计方程中的常数项；若还有其他独立变量的影响，则B_0是常数项与其他独立变量的回归估计系数与其平均值乘积的和。平均WTP的置信区间的计算，可以采用方差-协方差矩阵和Park等提出的模拟方法。

7）有效性和可靠性检验

有效性（Validity）与可靠性（Reliability）是方法论中度量方法的基本指标，是针对各种可能偏差的系统检验方法；CVM争论的核心之一即是对CVM的有效性和可靠性缺乏信任，特别在1993年之后，有效性与可靠性检验在CVM研究领域占据了越来越重要的地位。

a. CVM有效性检验

有效性是指某种工具或方法能否实现它想要实现的目的。Desvousges等指出，有效性包含预测有效性、收敛有效性、内容有效性和理论有效性四个方面的指标。

——预测有效性（Predictive Validity）

预测有效性是指能否利用CVM假想市场获得的WTP对实际情况进行预测，基本局限于使用价值研究。预测有效性的检验方法是将CVM调查结果与实际行为相对比。在Carson等进行的一项CVM研究中，70%~75%的人在CVM调查中声称愿意为水质改善项目付费，与一个月后公民决议时实际选择缴费的比例（73%）相当一致。

——收敛有效性（Convergent Validity）

收敛有效性是指对同一研究对象，采用不同方法获得的评估结果是否一致。检验收敛有效性有两条途径：其一是将CVM估值与以往案例研究的多元统计分析结果相比较；其二是将CVM与其他评估方法获得的结果进行对比，一般是针对准公共物品的使用价值研究，具体来讲，是将CVM研究结果与依据行为的RP方法如旅行费用法或享乐价格法进行对比。这种方法间的对比在检验CVM有效性方面起了关键作用。值得注意的是，在收敛有效性检验中，任何一个方法的结果都不代表绝对的"真实价值"，因为任何一个方法都避免不了缺陷。

——内容有效性（Content Validity）

内容有效性是指一个CVM调查本身的清晰性与中立性，包括：问卷的提问必须不使任何特定的方向对受访者产生诱导；问卷提供的信息必须清晰、准确，不会引起任何误解；问卷的实施方式和过程必须尽量避免对调查结果产生任何影响等。内容有效性的检验标志包括抗议性回答所占比例、不完整调查的比例、奉承偏差的存在与影响等。

——理论有效性（Theoretical Validity）

理论有效性是指CVM调查结果与传统经济学理论的一致性。应用"范围问题"进行测试就是检验理论有效性的常用方法。其他方法还包括考察WTP与其他变量的关系，看是否符合经济学理论或常理等。

在以上各有效性检验的指标中，最重要的是收敛有效性和理论有效性。

b. CVM可靠性检验

可靠性指在不同的时间或其他不包含实质变化的维度上，采用相同的方法是否会得到一致的结果，即衡量的是方法的可重复性和稳定性。目前可靠性检验主要有以下三种方法。

第一是试验–复试（Test-Retest）检验法：采用同样的调查手段，对同样的受访者在首次试验一定时间之后再次调查，并检验先后两次调查结果的一致性，以此衡量人们的偏好是否保持一致。这种方法一般用来考察同一受访者回答的相关度。研究发现，同一受访者在不同时间的回答通常显示出显著的相关性，相关系数为0.5~0.9。

第二是采用同样的调查手段，在两个不同时间段调查同一目标人群中两个不同的样本组，看结果是否保持时间上的稳定性。Carson和Mitchell相隔3年分别做了全国性CVM调查，了解人们对于水质改善的支付意愿，发现去除物价因素之后，两次调查结果的差异不足1美元。

第三是在同一时间、同一条件下，采用同一CVM问卷调查2个不同的样本组并比较结果。特别适用于没有人口调查学科背景的研究者，可用于检验采样方案的适宜性。

2. 现有旅游价值分类体系

国内外有关旅游资源价值分类系统的研究目前还不多见，这里介绍环境资源价值、自然资源价值、生物多样性价值等相关领域的现有价值分类系统，以便作为借鉴[①]。

（1）国外价值分类体系研究

1）环境资源价值分类体系

环境资源的价值包括使用价值和非使用价值两个部分。英国著名经济学家D. Pearce多年致力于环境价值的评估研究，在其1994年出版的著作中，将环境资源的价值分为两个部分，即使用价值和非使用价值，前者包括直接使用价值、间接使用价值和选择价值；后者包括遗产价值和存在价值[②]，见表3-1-5所示。

表3-1-5 Pearce环境资源经济价值分类

环境资源资产的总经济价值				
使用价值			非使用价值	
直接利用价值	间接利用价值	选择价值	遗产价值	存在价值
可直接消费的产品（食物、生物量、娱乐、健康）	功能效益（洪涝控制、暴风雨保护、营养循环）	将来的直接和间接价值（生物多样性、保护和生境）	环境遗产的使用和非使用价值（生境、防止不可逆的改变）	保持继续存在的知识所产生的价值（生境、物种、遗传资源、生态系统）

2）生物多样性经济价值的分类体系

——Ncneely体系

Ncneely等（1980）首先根据生物多样性产品是否具有实物性将生物资源价值分为直接价值和间接价值，然后又根据其产品是否经过市场贸易和是否被消耗的性质将这两类价值进一步分为消耗性使用价值、生产性使用价值、非消耗性使用价值、选择价值和存在价值[③]（表3-1-6）。

[①] 翟文：《宗教旅游资源价值评估研究——以拉卜楞寺为例》，兰州大学硕士学位论文，2007年。

[②] Pearce, D. W., Moran D. The Economic Value of Biodiversity. IUCN，Cambridge，1994.

[③] NeNeely J A, et al. Conserving the World's Biological Diversity, Prepared and published by the International Union for Conservation of Nature and Natural Resourees，World Resources Institute，Conservational International，World Wildlife Fund – US and the World Bank，1990.

表3-1-6 Ncneely等的经济价值分类系统

直接价值	间接价值
消耗性使用价值（薪柴、野味等非市场价值） 生产性使用价值（木材、鱼等产品商业价值）	非消耗性使用价值（科学研究、观鸟等） 选择价值（保留对将来能有用的选择用途） 存在价值（野生物存在的伦理上的价值）

——UNEP体系

联合国环境规划署UNEP于1993年组织一些专家编写了《生物多样性国情指南》，在《指南》中将生物多样性价值划分为5种类型，即：具有显著实物形式的直接价值、无显著实物形式的直接价值、间接价值、选择价值和消极价值（UNEP，1993）[1][2]（表3-1-7）。

表3-1-7 UNEP指南的经济价值分类系统

主要价值类型	（1）直接价值（显著的实物形式）	（2）直接价值（不显著的实物形式）	（3）间接价值	（4）选择价值	（5）消极价值
描述	个人对多种生物材料的利用，这些资源能够看得见和直接消费	个人对多种生物资源所提供服务的利用，这些资源能够看得见和直接消费	生态学功能带来的社会效益，这些功能可维持经济活动和人类福利	个人和社会对生物资源和生物多样性本身的将来用途的潜在利用	生物资源和生物多样性持续存在的知识/生物多样性留给下一代
对人们提供效益的典型用途	维持生计、消遣、商业、医药/生物技术	消遣、旅游、科学、教育	营养循环、污染少、气候功能、碳循环	已知的和潜在的将来用途，包括（1）（2）（3）类价值的保险价值	存在价值和遗产价值

——CECD体系

经济合作和发展组织（OECD)于1995年在D.Pearce的分类系统的基础上，有意将选择价值和遗传价值、存在价值放在一个框架内，意味着选择价值介于使用价值和非使用价值之间[3]，见图3-1-7所示。

3）热带森林价值的评估体系

由英国著名环境经济学家D.皮尔斯和世界银行资源环境经济专家J.沃福德合著的《世界无末日：经济学、环境与可持续发展》一书，以分析热带森林总经济价值为例，提出了"准选择价值"（Quasi-option Value)概念，并将此解释为"产生于作出了现在进行保护还是开发的决策之后的信息的价值"，它是指对未来效益的认识价值。在总的分类框架中，他们将准选择价值划归在非使用价值栏下与存在价值并列，从而与选择价值截然分开，代表了不同的概念（Pearce，Warford，1993）。

（2）国内价值分类体系研究

1）森林系统价值体系

1994年国家科委组织了自然资源核算研究，在对森林资源环境价值评估的研究中，提出了使用

---

[1] UNEP. Guidelines for Country Studies on Biological Diversity. Oxford: Oxford University Press, 1993.

[2] 联合国环发大会（1992)著，国家环保局译：《21世纪议程》，中国环境科学出版社，1993年，第64~66页。

[3] OCED编（1995)，施涵、陈松译：《环境项目和政策的经济评价指南》，中国环境科学出版社，1996年，第49~120页。

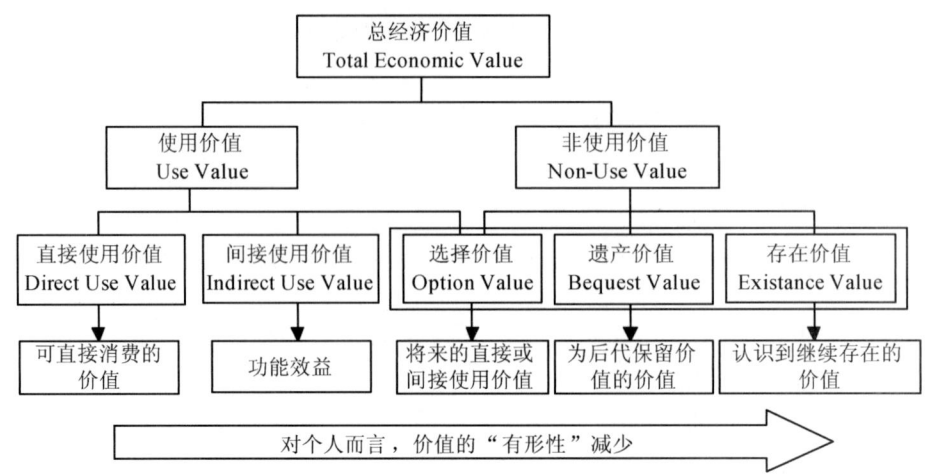

图3-1-7 CECD生物多样性经济价值分类

价值和非使用价值的划分,并提及选择价值和存在价值的概念(国家科委社发司,1994)[①]。

关于森林生态系统服务功能方面,申登峰等(2004)[②]指出森林生态系统服务功能指森林生态系统及其生态过程为人类提供的自然环境条件与效用,可以分为两大类:一类是森林生态系统提供人类生活所必需的生态产品,如为人类提供食物、工业原材料、药品等可以商品化和物质化的功能,表现为直接价值;另一类是保证人类生活质量的森林生态功能,如森林生态系统对气候调节、水源涵养、水土保持、土壤肥力的更新与维持、营养物质的循环、CO_2的固定、旱涝灾害的缓解、为人类提供科研和医疗场所及旅游休憩等难以商品化的功能,它们支撑与维持着人类赖以生存的环境,表现为间接价值。

景明等(2002)[③]从方便理解和操作的角度,将森林生态服务功能分为三大类。一类是生态系统产品,主要是木材和非木材林产品等可以商品化的功能。第二类是改善人类生存环境的公益功能,主要包括:涵养水源、保持水土、合成有机物质、净化环境、其他维持生态系统平衡与进化的功能等。第三类是为人类娱乐、美学、科学、教育、精神和文化方面提供自然环境的社会价值功能,主要是游憩和科研等。应当说明的是,这里森林生态系统的价值仅指森林资源的使用价值,没有包括非使用价值部分。

2)生物多样性价值体系

1995~1997年进行的"中国生物多样性国情研究"项目,对生物多样性经济价值进行了探索研究,王健民等根据UNEP《生物多样性国情研究指南》,提出了生物多样性总经济价值分类体系,主要包括直接使用价值、间接价值、潜在使用价值和存在价值四个方面。该体系与其他体系不同的是使用了"潜在使用价值"的概念,包括:潜在选择价值和潜在保留价值。这实际上取代了其他有关分类体系中提到的选择价值和遗产价值,见图3-1-8所示。

薛达元(1997)在此基础上构造了生物多样性总经济价值体系[④],见图3-1-9示。

[①] 国家计委、国家科委:《中国21世纪议程——中国21世纪人口、环境与发展白皮书》,中国环境科学出版社,1994年,第18~26页。
[②] 申登峰:《森林生态系统服务功能主要价值评估方法》,《中国林业》2004年第12B期。
[③] 郑景明:《森林生态系统的价值及其评估》,《沈阳农业大学学报》2002年第3期。
[④] 薛达元:《生物多样性经济价值评估——长白山自然保护区案例研究》,中国环境科学出版社,1997年,第7~20页。

3）湿地经济价值体系

崔丽娟（2002）[①]在综合分析国内外关于自然资源价值的各种分类的基础上，根据湿地的特点及其所具有的各种功能和效益，把湿地价值分为使用价值和非使用价值两大类，提出了湿地价值构成体系，见图3-1-10所示。

4）遗产资源经济价值体系

王建民等（2004）[②]将遗传资源经济价值按类型分为自然存在价值和社会利用经济价值。其中，自然存在价值包括固有（内在）基础性存在价值和资源性（外在）存在价值；社会利用经济价

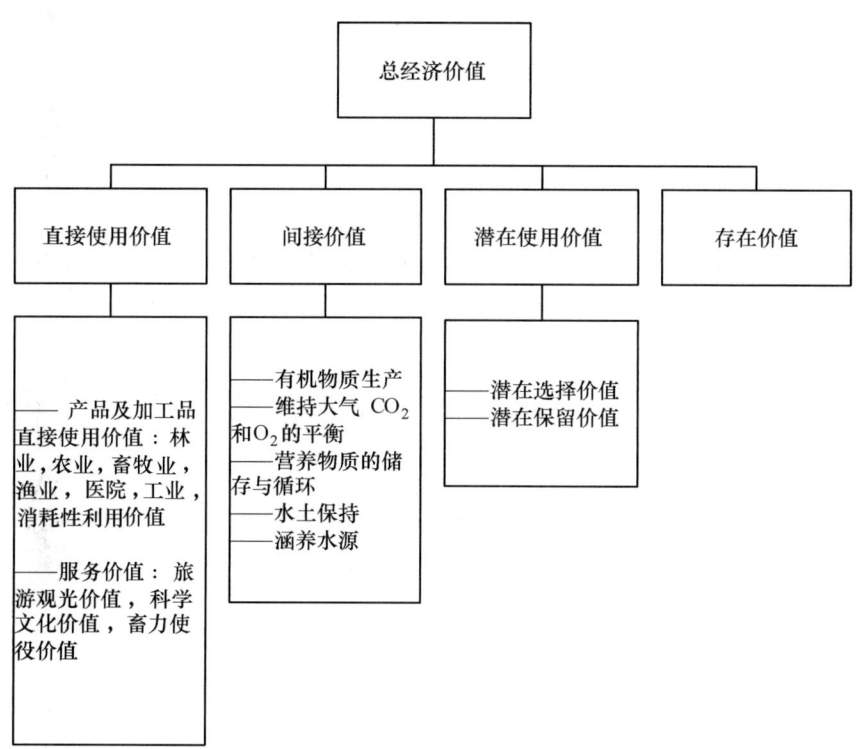

图3-1-8　中国生物多样性国情研究报告的价值体系（转引自薛达元，1997)

值包括间接（功能服务性）利用价值和社会直接利用经济价值。而固有（内在）基础性存在价值包括固有（内在）基础性剩余存在价值和固有（内在）基础性存在价值的损耗值；资源性（外在）存在价值包括资源性剩余（外在)存在价值和资源性（外在)存在价值的损耗值；间接（功能服务性）利用价值包括间接（功能服务性）剩余价值和间接（功能服务性）价值的损耗值；社会直接利用经济价值包括直接利用剩余价值和直接利用价值的损耗值，见图3-1-11所示。

5）旅游资源价值体系

近年来，我国对旅游资源价值分类体系的研究日趋增多，李向明（2006）[③]对旅游资源价值分类进行了研究，将其分为使用价值（包括直接使用价值和间接使用价值）、非使用价值（包括选择价值、遗传价值和存在价值），如图3-1-12所示。

李丰生（2005)按照是否被旅游者使用，把旅游资源经济价值划分为利用价值（Use Value，UV）和非利用价值（Non-Use Value，NUV），见表3-1-8所示。

---

① 崔丽娟：《扎龙湿地价值货币化评价》，《自然资源学报》2002年第4期。
② 王建民：《遗传资源经济价值评价研究》，《农村生态环境》2004年第1期。
③ 李向明：《旅游资源资产评估及其指标体系的构建》，《资源科学》2006年第3期。

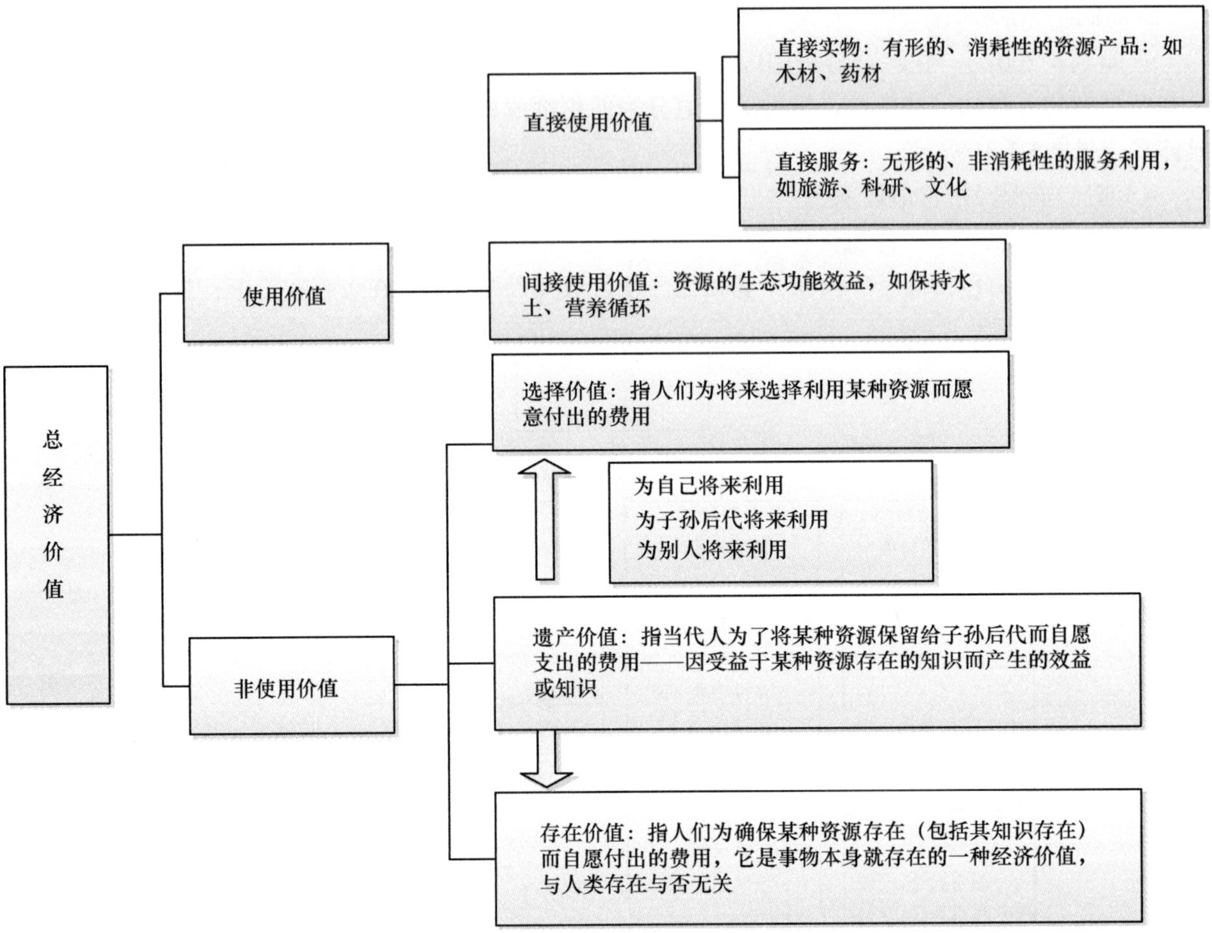

直接实物：有形的、消耗性的资源产品：如木材、药材
直接使用价值
直接服务：无形的、非消耗性的服务利用，如旅游、科研、文化
使用价值
间接使用价值：资源的生态功能效益，如保持水土、营养循环
选择价值：指人们为将来选择利用某种资源而愿意付出的费用
总经济价值
为自己将来利用
为子孙后代将来利用
为别人将来利用
遗产价值：指当代人为了将某种资源保留给子孙后代而自愿支出的费用——因受益于某种资源存在的知识而产生的效益或知识
非使用价值
存在价值：指人们为确保某种资源存在（包括其知识存在）而自愿付出的费用，它是事物本身就存在的一种经济价值，与人类存在与否无关

图3-1-9　生物多样性总经济价值类型与形式

直接产品价值
直接使用价值
直接服务价值
生态功能价值
使用价值
间接使用价值
环境功能价值
湿地总经济价值
备选、半备选价值
存在价值
目前非使用类价值
非使用价值
遗产价值

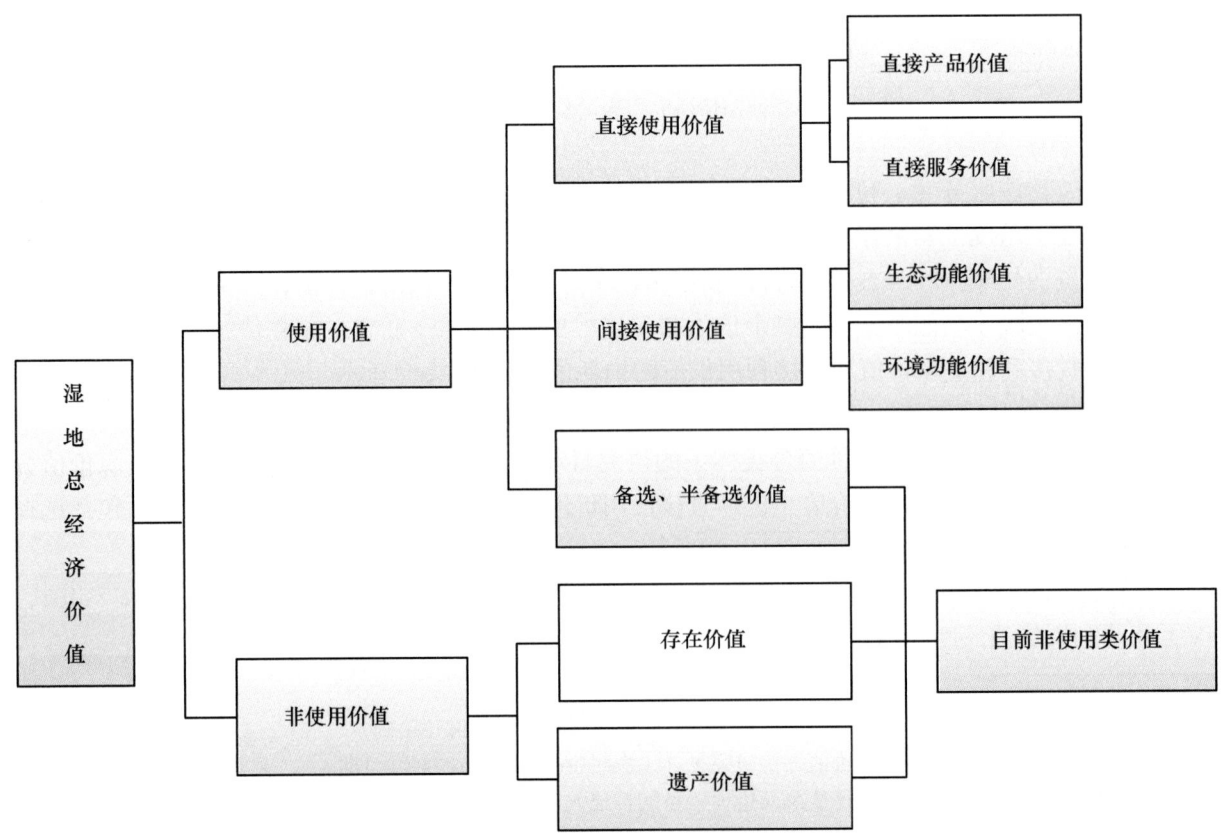

图3-1-10　湿地价值构成（崔丽娟，2002）

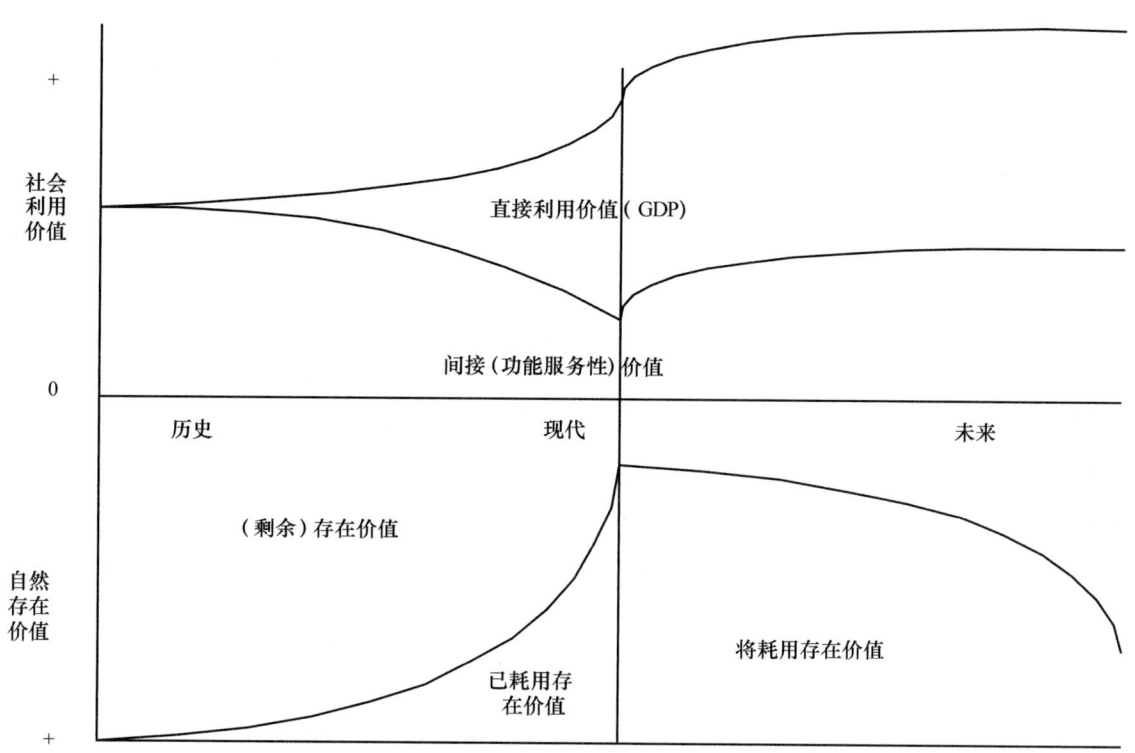

图3-1-11　遗传资源经济价值体系（王建民等，2004）

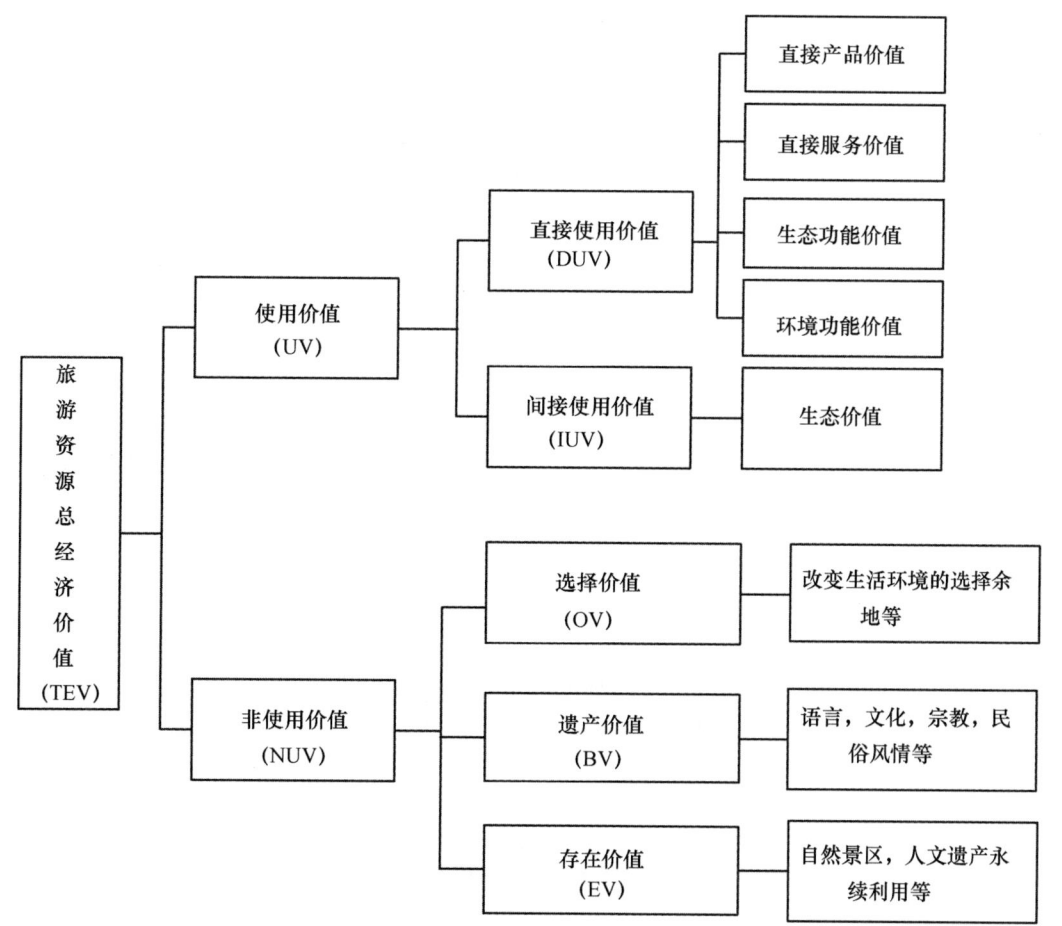

图3-1-12　旅游资源的价值构成分类系统（李向明，2006）

表3-1-8 旅游资源经济价值体系

总价值	类	亚类	说明
旅游资源经济价值（TRV）	利用价值（UV）	直接利用价值（DUV）	直接满足旅游者旅游需求的价值
		间接利用价值（IUV）	间接满足旅游者旅游需求的价值，为直接利用价值的实现提供必要的支持条件
		选择价值（OV）	将来的直接和间接使用价值的现实估计
	非利用价值（NUV）	存在价值（EV）	继续客观存在的价值，仅仅是为了物体的存在的付出
		遗赠价值（BV）	为后代遗留下的利用价值和非利用价值

郭剑英（2002）综合了薛达元和陈浮的价值体系，把选择价值明确划分到非使用价值范围内，直接使用价值包括旅游价值、科学研究价值和历史文化教育。范娟娟（2004）在此基础上进一步完善，提出了风景名胜区资源价值分类系统，认为风景名胜资源总经济价值包括外在价值和内在价值，见图3-1-13所示。

综上所述，我们可以发现，旅游价值评估在理论和方法上都借用了环境价值评估的理论体系，认为旅游资源价值是旅游价值的核心内容，旅游资源总价值包括旅游资源的使用价值和非使用价值两大部分。其中，使用价值又分为直接使用价值（包括艺术观赏、娱乐康体、科学研究、文化教育等）和间接使用价值（主要是旅游环境的生态价值）；非使用价值则包括选择价值（即改变生活环

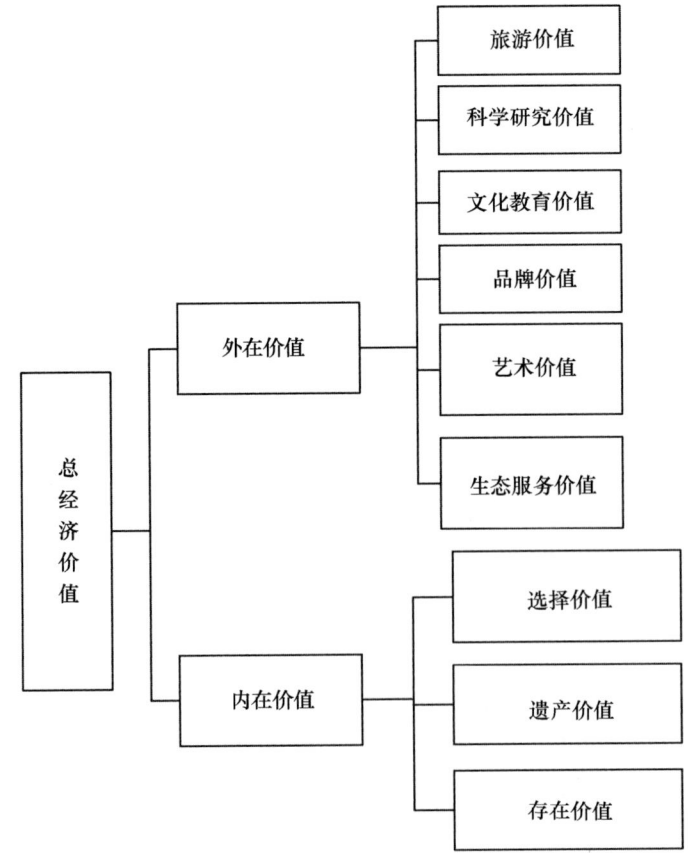

图3-1-13 风景名胜资源价值分类系统（范娟娟，2004）

境的选择余地方面的价值）、遗产价值（语言、文化、宗教、民俗风情等价值）和存在价值（自然景观、人文遗产永续利用等）[1]。

（二）政策法规依据

1）资产评估基本准则与具体准则及其相关规范文件；
2）原国有资产管理局转发的《资产评估操作规范意见（试行）》；
3）《企业会计准则——基本准则》（2007年1月1日起施行）；
4）《中华人民共和国文物保护法》及相关文物保护法律、法规；
5）《中华人民共和国环境保护法》及相关环境保护法律、法规；
6）《旅游资源分类、调查与评价（GB/T 18972-2003）》；
7）《旅游规划通则（GB/T18971-2003）》；
8）《旅游景区质量等级的划分与评定（GB/T 17775-2003）》；
9）《风景名胜区管理暂行条例》（2006年12月1日起施行）；
10）《三峡工程淹没区文物保护规划大纲》；
11）《湖北省秭归县文物古迹保护规划报告》；
12）《湖北省巴东县文物古迹保护规划报告》；
13）《湖北省兴山县文物古迹保护规划报告》；
14）《湖北省宜昌县文物古迹保护规划报告》；

其他有关法律、文件和技术规范，以及文物复建区所在的各区县旅游局及其他区县直部门、城镇和景区提供的相关资料。

四、构建旅游价值评估体系的基本原则

（一）科学性

三峡库区复建区旅游价值评估以复建区的文物复建历程和旅游开发现实为依据。指标的选择和设计以科学思想为指导，以环境价值论、公共产品理论、消费者剩余理论、个人偏好理论等理论为基础，指标的选择、定义、口径、计算方法等都有充分的科学依据，评估体系由目标层、准则层、指标层、因子层组成严密、合理的系统。

（二）可比性

文物复建区的旅游价值评估严格按价值评估流程进行，在评估体系设计中，做到各评估指标口径一致，处理方法前后一致，并且各指标之间具有可比性。文物复建区旅游价值评估体系具有普适性，不仅适用于三峡库区文物复建区，而且适用于全国各地文物类景区。

---

[1] 李向明：《旅游资源资产评估及其指标体系的构建》，《资源科学》2006年第3期。

（三）可操作性

在旅游价值评估体系中，做到指标的含义明确、通俗、易懂，数据易于搜集、可操作性强。评估值为定量的货币化数值，评估结果直观明了，对于文物复建区的旅游开发与管理具有直接的指导意义。

（四）统一性

在旅游价值评估指标体系的设计上，实现指标含义、计算方法、计量单位、调查范围、调查内容等体例的统一，对不同评估对象采取统一的指标体系；既保证文物复建区价值评估结果的整体性和合理性，还实现了旅游价值评估指标体系与文化价值评估、土地价值评估体系的衔接。

（五）客观公正性原则

在评估前，对评估对象进行深入调查，全面掌握所有的真实资料，从实际出发，对所有的数据进行分析综合，力求做到客观、翔实。在评估过程中，无论是整体评估还是单项评估，都必须以公正的态度进行，不能以个人或机构的私利而任意更改评估的数据、方法和结果，排除来自各方面的干扰，独立而客观地进行评估。

五、旅游价值评估技术方法

通过对旅游价值内涵和基本构成关系的逻辑推理，我们构建了旅游价值评估的内容框架体系。这样，对旅游总经济价值评估就分解成了对游憩价值、旅游品牌价值、旅游环境价值、生态服务价值、选择价值、遗产价值和存在价值等各基本价值构成单元的评估。本章即简要论述各种基本价值构成单元的适宜性评估方法。

（一）游憩价值

目前，在对旅游资源和景点的游憩价值货币化评估中，旅行费用法（Travel Cost Method，TCM）仍然是最为流行的方法之一。旅行费用法需要通过调查问卷获取数据，在数据无法获取的情况下可采用收益法评估游憩价值。

1. 旅行费用法

20世纪90年代，环境学领域研究者开始使用旅行费用法研究生态保护区及世界遗产类旅游景点的价值。旅行费用法（Travel Cost Method，TCM）是评价非市场（Non-market）环境物品与资源经济价值最常用的方法。自20世纪90年代，我国学者开始采用TCM评价环境价值，针对的是一些生态保护区和世界遗产类的旅游景点。已有的研究多是沿袭国外相关研究的思路：特征变量选择—

个案的TCM建模—价值评估。从TCM的发展过程来看，主要有分区旅行费用法（Zonal Travel Cost Method，ZTCM）和个人旅行费用法（Individual Travel Cost Method，ITCM）等基本模型[①]，而在分区旅行费用法基础上改进形成的旅行费用区间分析法（Travel Cost Interval Analysis,TCIA）模型也比较常见。

（1）分区旅行费用法

分区旅行费用法（ZTCM）基于旅游客源地的代表性旅游者资料。在对客源地进行分区的基础上，计算每个地区样本旅游者的需求曲线，然后求出每个地区的需求函数和消费者剩余，进行加总。常见的需求函数形式：

$$N_i/V_i=F(TC_i, i, i) \tag{1}$$

其中，V_i为总旅游次数，N_i为人口，TC_i为旅行费用，i为收入，i是一组表示其他因素的变量，包括景点i的特点和替代景点的特点。ZTCM适用于估算旅游者出发地相对平均分布的情况。由于假设来自同一区域，游客对某个旅游点具有相同偏好，并且旅行费用相同在现实中很难成立，一般认为ZTCM存在着严重的缺陷。

（2）个人旅行费用法

个人旅行费用法（ITCM）基于旅游者个人而非旅游客源地的资料，更多地考虑了旅游者个体数据的差异，有着更高的统计效率，以个人平均消费者剩余乘以旅游者总人数得到总消费者剩余。常见的函数形式为：

$$V_{ij}=F(TC_{ij}, i, j) \tag{2}$$

其中，V_{ij}是旅游者i对景点j的游览次数，TC_{ij}是i游览j的旅行费用，i是旅游者i的收入，j是一组表示其他因素的变量，包括景点j的特点和替代景点的特点。ITCM同样也存在计量经济学的问题，典型的如"零访问"样本的缺失问题。但与TCM模型相比，ITCM不失为优化的模型形式。

（3）旅行费用区间分析法

旅行费用区间分析法（Travel Cost Interval Analysis,TCIA），是对传统ZTCM的一种改进。改进之处在于放弃将地域和旅游者个人作为市场细分标准，将将旅行费用作为客源市场细分的标准，将具有同样旅行费用的旅游者作为一个子类别，这样有效地避免了传统ZTCM模型的弊端，使得子类别中的旅游者费用特征一致。谢双玉等（2008）从积分的角度对TCIA与传统的分区旅行费用法（ZTCM）的数学本质进行了详细的对比分析，认为TCIA体现了勒贝格（Lebesgue）积分的基本思想，与传统的反映黎曼（Riemann）积分思想的ZTCM相比具有一定的优越性[②]。

本次评估拟采用改进的旅行费用法，实施步骤如下。第一步，抽样调查，询问游客的旅行费用。第二步，按游客的旅行费用，将游客划分为不同组，使每一组内的游客有着相同或相近的旅行费用，并计算意愿旅游需求率。第三步，以意愿旅游需求率为因变量、旅行费用组中值为自变量进行回归拟合，得到单个游客的意愿旅游需求曲线。第四步，计算各区间单个游客的消费者剩余，汇总计算游客样本集合的总消费者剩余。第五步，计算样本总旅行费用、调查年份的游客总数，根据公式计算旅游景区总游憩价值RV。公式为：

$$RV = \frac{SCS+STC}{SN} \times TN \tag{3}$$

式中，RV为景区总游憩价值，SCS为样本游客总消费者剩余，STC为样本游客的总旅行费用支出；SN为样本人数，TN为调查年份的游客总数。

[①] 查爱苹、邱洁威、姜红：《旅行费用法若干问题研究》，《旅游学刊》2010年第1期。

[②] 谢双玉、訾瑞昭 等：《旅行费用区间分析法与分区旅行费用法的比较及应用》，《旅游学刊》2008年第2期。

2. 收益法

收益法又称收益现值法、收益还原法、收益资本金化法。收益法是采用适当的折现率折现评估对象未来期间的预期收益，累加得出评估基准的现值，以此来判断资产价值的评估方法。收益法是比较成熟的资产价值评估方法，其理论基础是效用价值论，使用收益法进行评估的前提条件是：第一，被评估资产的未来预期收益可以用货币计量；第二，被评估资产所承担的风险可以预测并可以用货币计量；第三，被评估资产的使用年限可以预测。本项目的研究对象——文物景区及其文物古建筑的旅游价值显然满足上述条件，所以采用收益法评估直接使用价值中的游憩价值应该是适宜的[①]。

收益法评估的资产业务主要有以下几种：一是企业及整体资产产权变动的资产评估；二是以房地产和自然资源业务为目的的资产评估；三是以无形资产转让、投资为目的的资产评估。国内应用收益法进行旅游价值评估的案例不多，且现有研究主要是针对自然旅游资源和景区，如吴楚材等评估了森林旅游资源的旅游价值[②]，李家兵评估了武夷山的游憩价值[③]、王建军评估了生态旅游资源的游憩价值[④]。针对人文旅游资源的评估仅有李莉莉对于广州历史文化遗产的市场价值评估[⑤]等个别案例。总体来看，人文、文化遗产类资源和景区的评估研究非常少见。

（1）收益法评估游憩价值的步骤

收益法评估游憩价值，大致可分为四步：第一步，分析测算文物景区的未来预期旅游收入；第二步，确定折现率或本金化率；第三步，用折现率将评估对象未来预期收益折算成现值；第四步，分析确定评估结果。

（2）用收益法评估游憩价值的计算方法

基本参数：P表示评估值；i表示年序号；P_i表示未来第i年的评估值；R_i表示未来第i年的预期收益；r表示折现率或资本化率；r_i表示第i年的折现率或资本化率；n表示收益年期；t表示纯收益年期；A表示年金。

旅游景点在刚刚开放时所接待的旅游者人数不可能是最大值，故年收益也不可能是最大的。随着景点设施的完善、旅游市场的开拓，年收益会不断增加。在本评估中，考虑年纯收益R_i在第n年以前（含第n年）有变化，第$n+1$年以后保持不变为A，收益期无限，$r>0$时，则可采用分段法计算：

$$P = \sum (\text{前期}n\text{年收益额} \times \text{各年折现系数}) + \frac{\text{后期各年年金化收益}}{\text{适用资本化率}} \times \text{第}n\text{年折现系数}$$

即：
$$P = \sum_{i=1}^{n} \frac{R_i}{(1+r)^i} + \frac{A_{n+1}}{r(1+r)^n} \quad (4)$$

1）关于折现率的确定

折现率是根据资金具有时间价值这一特性，按复利计息原理把未来一定时期的预期收益折合成现值的一种比率。折现率是收益法应用中的一个关键指标。在未来收益额一定的情况下，折现率越高，收益现值越低。且折现率的微小变化，会造成资产评估结果的巨大差异。折现率的确定一般要

---

① 王国付：《资产评估学》，经济科学出版社，2009年，第40~41页。
② 吴楚材、孙灿明 等：《森林旅游资源资产评估》，《中南林学院学报》2003年第6期。
③ 李家兵、张江山：《武夷山国家级风景名胜区的游憩价值评估》，《福建环境》2003年第3期。
④ 王建军：《生态旅游资源评价与开发规划研究》，中国地质大学博士学位论文，2006年。
⑤ 李莉莉：《广州历史文化遗产的传承与价值评估》，广州大学硕士学位论文，2006年。

遵循三个原则：不低于无风险报酬率的原则，以行业平均报酬率为重要参考指标的原则，认及折现率和资本化率与收益额相匹配的原则。折现率的计算公式一般为：

$$折现率=无风险报酬率+风险报酬率$$

根据目前国家经济运行环境及行业风险水平，依据现行国库券年利率[①]确定无风险报酬率为3%，旅游景区经营行业平均风险报酬率为3%，考虑到文物类景区开发经营过程中的风险，确定项目经营风险报酬率为4%，故本项目中折现率为：无风险报酬率+行业平均风险报酬率+项目经营风险报酬率=10%。

2）关于年收益的计算

基本公式为：

$$年收益 A = 年旅游容量 \times 人均旅游花费$$
$$=（日容量 \times 适游期）\times 人均旅游花费 \quad (5)$$

3）关于日空间容量的测算

在给出各个可游空间使用密度的情况下，把游客的日周转率考虑进去即可估算出不同可游空间的日空间容量。根据《旅游规划通则》（GB/T 18971-2003），旅游空间日容量通用计算方法为：

$$景区日周转利用率：Z=T/T_0 \quad (6)$$
$$景点日容量：C_i=(A_i/A_0) \times (T/T_0) \quad (7)$$
$$线路日容量：R_j=(L_j/l_{j0}) \times (T/T_0) \quad (8)$$
$$景区日容量：C = \sum_{i=1}^{m} C_i + \sum_{j=1}^{n} R_j + C_0 \quad (9)$$

其中：Z为景区日周转率；T为景区每日开放时间；T_0为人均游完景区所用时间；A_i为第i个景点的可游面积；A_{i0}为第i个景点的人均占用面积；L为旅游线路长度；l为人均占用线路长度；C_i为第i个景点容量；R_j为第j条线路容量；C_0为非游览区容量。

关于景区旅游环境容量的估算方法至今还是一个探索性问题。由于旅游者对景观的欣赏和旅游产品的享用具有时间、空间占有的要求，因而景区在某一时段内（如一天）的游客承载数量是有限的。本评估根据旅游景观、设施、项目及其所处地形环境的不同，来确定各分区及其各类旅游设施的人均标准。

在单体建筑的可游览面积的计算中，单层建筑内部的设施及其他附属建筑占用一定面积，如天井、床、桌椅等展示物，可游览面积以该建筑面积的50%计算。在两层民居中，考虑到二层多为内部设施或阁楼空间，面积较小，可游览面积则以该建筑面积的30%计算。在人均旅游空间标准计算中，根据目前一些成熟的研究成果，结合文物保护的需要，确定建筑内部游客人均占用面积为4平方米/人，广场游客人均占用面积为10平方米/人，游览线路适宜游览间距为3米，博物馆类景点游客人均占用面积为3平方米/人。此外，景区（点）每年开放时间按300天计算，每天有效开放时间为10小时。

3. 旅行费用法与收益法的比较

（1）影响因素的比较

旅行费用法的主要影响因素有多目的地费用分摊问题、旅行时间的效用价值问题和样本偏差问

[①] 中华人民共和国财政部：《根据财政部2010年第36号公告，第十九期记账式国债期限10年，经招标确定的票面年利率为3.41%》，中国政府门户网站，2010年6月23日，http://www.gov.cn/zwgk/2010-06/23/content_1635198.htm。

题。多目的地费用分摊问题一直是旅行费用法处理的难点，目前主要有按停留时间比例分摊、按门票比例分摊、按旅游消费支出比例分摊等方式确定权重。关于旅行时间的效用价值问题。对于某些旅游者来说，旅行本身可能就是一种乐趣，不一定是时间的浪费，即不一定意味着是一种成本[①]，这种情况下旅行时间问题就无法统一折算计量。取样偏差问题直接影响甚至决定着旅行费用法操作的成败，调查频次越多，调查时间越长，取样样本越多，结果就越准确，但这些都会受到时间和经费的限制。

收益法的操作含有较大成分的主观性，主要影响因素是折现率、游客容量和旅游花费。游憩价值受折现率取值影响，折现率越小，游憩价值就越大。折现率会依据宏观经济、行业报酬率和项目风险等因素而呈动态变化，这给价值评估带来难度。游客容量计算受可游览面积、游客空间标准、周转率的影响较大。

两种评估方法共同的影响因素是游客花费因素。一般情况下，收益法评估不需要进行游客调查，这样，游客消费水平估值多受主观因素的影响。总体来看，旅行费用法评估主要受游客调查质量的影响，但收益法评估则主要受景区经营统计等数据获取质量的影响。

（2）可靠性的比较

旅行费用法通过实际旅行费用揭示消费者剩余进而求得游憩价值。消费者剩余是一种反映消费者偏好的支付意愿，其本身不能通过市场和价格反映出来。该方法试图通过建立旅游需求率（支付意愿）与旅行费用的需求曲线推导出消费者剩余。收益法则通过揭示评估对象的预期收益来反映游憩价值。在折现率既定的情况下，未来收益越高，游憩价值就越大。旅行费用法和收益法的理论基础都是效用价值论，都反映了评估对象为权利主体人所能带来的效用价值，所不同的有如下几点。第一，旅行费用法评估结果反映当年或当期的游憩价值；收益法评估结果则反映整个收益期的游憩总价值。第二，旅行费用法不仅体现了现实交易收益，而且更关注现实交易背后潜藏的"消费者剩余"价值，因此反映的价值比较全面；收益法则着重寻求评估项目未来的"预期收益"的折现值，没有考虑"消费者剩余"，价值评估不够全面。第三，旅行费用法是从支付人角度进行价值评估，由于核算了"消费者剩余"，结果会远高于现实市场价值；收益法是从收益人角度，基于现有交易收益数据评估，结果约等于现实市场价值。第四，旅行费用法计算因子都基于市场价格等客观因素；收益法则是在往期数据的基础上预测今后收益，受评估者的主观因素影响较大。综合来看，旅行费用法评估值比收益法更客观真实、更具可靠性。

（3）可操作性的比较

如前文所述，用旅行费用法评估需要进行一定数量样本的游客旅游消费调查，调查问卷的设计、样本数量的设定、抽样方式的选择、问卷调查时间和地点的选择、后期数据处理等整个调查过程的质量，直接关系到旅行费用法评估的成败。旅行费用法要求较高的数据质量，因此游客调查需要科学设计、反复论证，需要相应的人力物力和经费保障，操作成本较高。但收益法评估相对简单，模型也比较成熟，仅需要获取相应的景区游客容量、游客消费情况和折现率等数据资料，虽然评估受主观因素影响较大，但简便易行，可操作性更强。

（二）旅游品牌价值

品牌作为企业的一项重要的无形资产，能为企业带来稳定的未来收益。旅游景区品牌资产评估

[①] 郝伟罡、李畅游 等：《自然保护区游憩价值评估的分组旅行费用区间分析法》，《旅游学刊》2007年第7期。

作为景区品牌资产经营管理的重要依据，对于旅游景区的投资者、管理者、相关从业人员及景区自身均有着十分重要的意义。目前，国内外关于旅游景区品牌价值评估的研究还处于起步阶段。国内外学者做了一些研究，如Konecnik（2007）研究了目的地品牌权益评估的因子[①]；Boo等（2009）构建了基于旅游者的目的地品牌权益评估模型[②]；胡北忠（2005）对旅游风景区品牌价值评估的方法进行了研究，基于旅游者的角度，提出了针对于旅游景区品牌价值评估方法——最大品牌权益法[③]；崔凤军等（2009）在界定了旅游景区品牌资产概念的基础上，提出了景区品牌资产评估的经济性和非经济性指标体系，提出了具体的评估模型[④]；朱瑞平（2011）从价值内容和价值表现两个方面出发构建了地质公园旅游品牌价值形成因素模型[⑤]。可以看出，现有研究多集中于旅游目的地品牌价值的构成、评估模型与定性评估，对定量的货币化评估仅限于理论探讨，缺乏实证分析。

1. 旅游风景区品牌及其价值

关于旅游景区品牌及品牌价值的概念与内涵，国内外学者有不同的认识。Dunae Knapp（2004）认为旅游目的地品牌是游客和众多利益相关者对旅游目的地内在印象的积累，由于各人利益不同，必然导致目的地在他们心目中处于截然不同的位置[⑥]。梁明珠（2004）认为，旅游地品牌除了由目的地名称、术语、标记、符号、图案及其组合外，还应由质量、服务、管理、文化、广告、形象等六大基本要素构成[⑦]。冷志明（2005）认为旅游目的地品牌是一种文化力和巨大的无形资产，历史文化、人文景观、民族风情、宗教文化、艺术文化等要素是旅游目的地品牌形成的主要要素[⑧]。朱瑞平（2011）认为地质公园旅游品牌价值是以高品质的地质遗迹资源、特色化的服务、现代化的旅游服务设施、优美的生态环境、淳朴的民俗风情等因素为基础，表现出来的区别于其他旅游地竞争对手的独特能力，是地质公园综合价值的一种存在形态[⑨]。

旅游景区具有相应的设施和服务，是能够满足旅游者观光游览、消遣娱乐、康体健身、求知等旅游需求的区域场所，提供旅游产品是旅游景区存在的目的或功能。景区旅游产品是一种由旅游经营者为旅游者提供的满足其特定旅游需求的服务与实物的组合，对于旅游者而言实质上是一种体验和经历。因此，旅游景区品牌是一种旅游企业品牌、旅游产品/服务品牌的综合，且更多地表现为旅游产品/服务品牌。旅游景区品牌不仅仅是景区的标志，也是景区产品的质量及其满足旅游者效用可靠程度的综合体现。

从消费行为学的角度来看，旅游风景区品牌就是旅游者对旅游景区认知的总和，是景区的形象在旅游者心目中的个性化体现，能给旅游者在视觉和精神上带来独特的享受，同时景区也能凭借此无形资产获取额外收益。从价值链的角度构建旅游风景区的品牌涉及众多因素，包括：景区自身

[①] Maja Konecnik, William C. Gartner. Customer-based brand equity for a destination. *Annals of Tourism Research*, 2007, 34(2): 400~421.

[②] Soyoung Boo, James Busser, Seyhums Baloglu. A model of customer-based brand equity and its application to multiple destinations. *Tourism Management*, 2009, 30(2).

[③] 胡北忠：《基于旅游者的旅游风景区品牌价值评估》，《江西财经大学学报》2005年第2期。

[④] 崔凤、顾永键：《景区型目的地品牌资产评估的指标体系构建与评估模型初探》，《旅游论坛》2009年第1期。

[⑤] 朱瑞平：《地质公园旅游品牌价值研究》，《市场论坛》2011年第2期。

[⑥] Dunae Knapp, Blaine Becker. The Brand Science TM Guide for Destination RFPs. Brand Strategy, Inc.2004.

[⑦] 梁明珠：《广深珠区域旅游品牌与旅游形象辨析》，《江苏商论》2004年第6期。

[⑧] 冷志明：《旅游目的地品牌研究》，《边疆经济与文化》2005年第12期。

[⑨] 朱瑞平：《地质公园旅游品牌价值研究》，《市场论坛》2011年第2期。

对旅游者的吸引力、景区服务设施、景区从业人员素质等因素，但并不是说景区具备这些因素和条件以后一定能形成品牌或者说品牌一定具有价值，一个景区是否是品牌或者品牌是否具有价值，关键是能否获得旅游者的认同，或者说旅游者能否为这个品牌消费支付溢价。因此，从这个意义上来看，旅游景区品牌价值实际上是品牌为景区带来的超额收益。

2. 旅游景区品牌价值评估方法

（1）品牌价值评估方法

人们对品牌的价值认识由来已久，但是对品牌价值的评估始于20世纪80年代末。至今为止，对于品牌价值的评估方法大体可分为三类：成本法、市场法、收益法。

成本法将品牌价值视为获得或创建品牌所需的费用（包括所有的研究开发费、试销费用、广告促销费等），但实际上品牌的价值取决于品牌持有者的经营和维系能力，以及品牌未来的市场表现，取决于消费者的认可。由于旅游产品的特殊性（旅游产品的质量取决于旅游者的期望质量和实际感受质量的对比），旅游品牌价值的实现更取决于旅游者对旅游品牌的认同。

市场法是最直接和最易理解的评估方法。它把品牌视为企业的一种无形资产，以市场上类似品牌的交易价格为基础，通过比较分析各种因素的差异来求得该品牌的价值。然而对于旅游产品，特别是对于旅游景区而言，不可能找到这样一个完备的市场来进行比较。近年来，某些学者也试图以上市的景区的股票溢价来加以确定，但对于没上市的景区品牌，该方法却无从下手，即便是对于上市的旅游景区品牌采用这种方法进行评估也涉及很多主观判断，会在很大程度上影响品牌评估的准确性。

收益法着重考察品牌所带来的未来收益，其中最具代表性的是英国国际品牌公司提出的评估方法。采用这种方法，首先要将品牌带来的利润从企业总的利润中分离出来；然后由专家对其各项品牌强度因子赋予权重和打分，得出品牌的强度。该方法将过去3年品牌带来的年平均利润乘以一个品牌强度因子，作为品牌价值的估计值。实际上，这种方法对于旅游产品品牌价值的评估也不具有可操作性：首先，对于风景区而言，确定哪部分利润是由品牌带来的是非常困难的；其次，品牌强度因子的确定具有很大的主观性和随意性，同时也不能真正反映旅游风景区品牌价值的来源。

综上所述，所有这些评估方法都脱离了消费者基础，都不能真正反映品牌价值的来源。它们考虑的是品牌的投入和产出这两头，却忽视了品牌发挥作用的中间过程，从中看不出消费者对品牌价值的贡献。一个众所周知的事实是，品牌是通过对消费者施加影响从而给企业创造价值的。因此，消费者的认同才是实现品牌价值的关键因素。

（2）旅游景区品牌价值的评估方法

基于消费者因素的品牌价值评估是将消费者看做品牌价值形成和评价的焦点。品牌权益是过去10多年中营销学领域研究最为集中的课题。品牌权益研究的著名学者Keller（1993）提出了基于顾客的品牌权益概念，认为品牌之所以对企业和经销商等有价值，根本原因在于品牌对顾客有价值[①]。也可以说，品牌权益是指消费者头脑中强烈的、积极的和独特的联想，品牌权益取决于品牌联想的强度、受喜欢的程度和独特性[②]。在有品牌和无品牌识别的条件下，产品或服务的营销效果不同。因此，品牌权益是由品牌名称引起的价值增值，这种价值增值来源于顾客的品牌感知和对品

---

① Keller, K. L. Conceptualizing, measuring and managing customer-based brand equity. *Journal of Marketing*, 1993, 57(1): 1~22.

② 范秀成：《品牌权益及其测评体系分析》，《南开管理评论》2000年第1版。

牌产品的偏好行为[1]。简而言之，品牌权益的大小反映了品牌价值的大小，二者成正相关。与无品牌时相比，冠有品牌的同一产品可获得附加价值或溢价，这也是品牌价值最基本的表现。范秀成（2000）提出一种以品牌获取溢价的能力为基础的分层次的测评方法[2]，其中测评产品类别层次上品牌的价值（即使用同一品牌的某类产品中品牌创造的价值）的公式为：

公式（10）中，E_{ic}表示第i种品牌在第C类产品市场中创造的价值，E_{it}表示在该产品类别中第t期第i种品牌的溢价，Q_{it}为同期的销售量，r表示贴现率，n表示计算的有效期。

$$E_{ic} = \sum_{t=1}^{n}(E_{it} \times Q_{it})/(1+r)^t \tag{10}$$

在旅游市场上，如果某旅游景区具有良好的品牌形象，旅游者会对该景区形成品牌感应，也就是形成旅游消费偏好，进而形成品牌认同，并愿意为此品牌支付消费溢价。因此，旅游行业品牌价值实际上也是品牌为景区带来的超额收益，而景区品牌价值能否实现，很大程度上取决于旅游者的购买意向和购买行为。旅游景区不同于其他生产性行业，有其自身特殊性。胡北忠（2005）提出旅游景区品牌价值评估的方法——最大品牌权益法，并认为最大品牌权益法能真正反映品牌价值的来源，突出了旅游者对旅游品牌的价值贡献[3]。其计算公式为：

$$E = \sum_{i=1}^{n}\{\max(RI)_i \times Q_i \times T_i \times K_i\} \tag{11}$$

公式（11）中，n表示根据旅游者的属性所划分的旅游者的类型数，$\text{Max}(RI)_i$为风景区对于第i种旅游者具有的最大所有者权益，Q_i、T_i、K_i分别表示风景区对于第i种旅游者的品牌作用年限及对应的理论目标客源和贴现率。

在景区主要旅游吸引物不变、价格相对稳定的前提下，品牌作用年限对不同属性的旅游者是无差别的。贴现率与银行利率、行业平均风险报酬率及旅游景区类型相关，与旅游者属性无关。本研究借用以上研究成果，结合公式（10）与（11），并进行修正，提出旅游景区品牌价值评估计算公式如下：

$$E = \sum_{i=1}^{n}\{\max(RI)_i \times Q_i\} \times T/(1+k)^n \tag{12}$$

公式（12）中，E为品牌价值评估值，$\max(RI)_i$为景区对于第i种游客的最大品牌权益，Q_i为第i种游客的年理论目标客源数量，n为根据旅游者的属性所划分的旅游者类型数，T为景区品牌作用年限，k为贴现率。同时，公式（12）式可简化为：

$$E = \sum_{i=1}^{n}\{\max(RI)_i \times Q_i\} \times T/k \tag{13}$$

1）最大品牌权益$\max(RI)$的确定

在公式（13）中，旅游景区品牌权益RI可以通过旅游者多重属性态度测量的问卷调查法统计得出，计算公式为：

$$RI = EP \times SP \tag{14}$$

旅游景区的品牌权益RI的大小取决于旅游者愿意为此品牌支出的溢价大小和旅游者的偏好程度。品牌权益是一个变量，它与溢价EP和消费者的偏好SP紧密相关，从理论上总能找到一个溢价点，这时的消费偏好程度可确定，使二者的乘积（品牌权益）最大。消费偏好程度SP，即旅游者

---

[1] 黄嘉涛、陈春花、陈永清：《品牌权益的内涵及模型构建》，《财会通讯》2006年第8期。
[2] 范秀成：《品牌权益及其测评体系分析》，《南开管理评论》2000年第1期。
[3] 胡北忠：《基于旅游者的旅游风景区品牌价值评估》，《江西财经大学学报》2005年第2期。

愿意在这个溢价的基础上去该旅游地旅游消费的可能性，即有相同旅游需求的旅游者在某个溢价基础上愿意去该景区旅游的统计百分比。本书采用多属性态度测量的问卷调查法来测算旅游者在不同价格标准下的消费偏好程度，具体做法如下：先按某一属性（根据旅游者的消费水平或者旅游目的）对旅游者进行分类，然后设定不同的价格档次，采取抽样调查的方式统计出不同属性的旅游者愿意接受的价格档次及其接受程度即接收百分比。

对于旅游者愿意支付的溢价EP，一种比较理想的方法是找到一个和评估对象资源相似、与其影响因素（如地理位置、市场状况等）相同的无品牌的景区，通过调查旅游者愿为此无品牌景区支付的价格来加以确定，但实际上如前所述，用这种方式来确定溢价是非常困难的，并且反映出来的差价也不一定真实反映是否为有无品牌所带来的。本书采取景区价格差纵向比较的方式，将景区未创立品牌前的市场售价作为基价，剔除物价因素，来确定消费溢价。这种方法是在假定旅游市场的旅游者在该景区创品牌前和创品牌后这段时间内的消费偏好不变的情况下进行比较的，且实际上在这有限的时段内，旅游者的消费偏好变化的因素可以忽略不计。

2）景区品牌的持续年限T的确定

关于风景区品牌的持续年限T的确定，应根据旅游者消费偏好与消费趋势做出判断。对于不同属性的旅游者而言，旅游景区品牌的持续年限不同。在景区价格不变的前提下，品牌持续年限对不同属性的旅游者无差别。可以借鉴Interbrand公司提供的思路，可从景区的市场性质、稳定性，在行业的地位，游客来源范围，品牌趋势，品牌支持，品牌保护等角度考虑其品牌持续年限。

3）理论目标客源Q_i的确定

对于品牌持续年限内的理论目标客源，可以根据旅游景区历年游客接待量进行预测，而Q_i的确定则与旅游者的属性有关，可以根据不同属性旅游者的现在市场购买量的情况，即根据问卷调查中不同收入的旅游者占总样本的百分比确定在未来品牌作用年限内不同收入的旅游者目标客源数量。

4）贴现率k的确定

一般来说，贴现率是指将未来支付改变为现值所使用的利率，或指持票人以没有到期的票据向银行要求兑现，银行将利息先行扣除所使用的利率。对于旅游景区而言，贴现率的确定一般要遵循三个原则：不低于无风险报酬率，以行业平均报酬率为重要参考指标，折现率和资本化率与收益额相匹配。

上述计算需要针对游客进行大量严密的问卷调查才能得到可靠的数据。在数据缺失的情况下，可以考虑替代评估，采用市场比较参照方法，即参考具有较大可比性的景区的品牌价值计量方法，通过植入调整因子修正计算得出评估对象的旅游品牌价值。

（三）旅游环境价值

自然与环境资源是稀缺的，资源环境价值计量是资源与环境经济学的研究热点。现有评估方法多从资源环境的使用者的角度进行价值计量，如条件估价法（Contingent Valuation Method,CVM）就是以消费者支付意愿来计量商品或服务的价值的一种方法。在对环境价值内涵的认识上，生态学家（及其他自然科学家）与经济学家有不同的理解。前者重视环境的内在价值和功效，但后者更看重交换价值。交换价值是一种物品交换另一种物品的能力，特别是对于货币的交换能力，物品的生产成本决定其交换价值。Mckenney及其他一些人强烈反对从需求角度研究资源和环境经济问题。他们建议更多地分析供给方成本而不是需求方利益。从成本角度很容易衡量资源环境价值，成本时常比效用价值更容易估计,而且比较简单[①]。

旅游景区是能够满足游客游览观光、消遣娱乐、健身康体、求知等旅游需求,且具备相应的旅游服务设施并提供相应的旅游服务的区域场所。景区旅游环境可以提供观光、休闲、嬉戏的功能,是景区整体环境的重要组成部分。为发挥文物保护和游憩体验的双重功能,文物复建区在建设过程中投入了大量的人力、物力和财力进行土地平整、植树造林、种植草坪、生态护坡、堤岸修复、人造水景等园林绿化建设工作。总体而言,旅游景区环境建设项目主要是"七通一平"工程、园林绿化工程等,见表3-1-9所示。这种环境建设投入为文物复建景区增添了更多景观和情趣,使景区内自然与人为相互映衬,相得益彰。本书对旅游环境价值估算,采用成本法,通过计算全部环境建设过程中的投入成本得出一个基本值。

表3-1-9　旅游景区旅游环境建设内容

项目	主要内容
七通一平	指土地(生地)在经过一级开发后,达到具备上水、雨污水、电力、暖气、电信和道路通,以及场地平整的条件,使二级开发商进场后可以迅速开发建设。主要内容为通给水、通排水、通电、通讯、通路、通燃气、通热力及场地平整
绿化工程	指通过改造地形(筑山、叠石、理水),种植花草树木,营造建筑,布置道路等创作优美的自然环境和游憩境域
其他	除"七通一平"与绿化工程外的其他环境投入,如垃圾收集与处理、挡土墙工程等

(四)生态系统服务价值

生态系统是人类赖以生存的基础。它不仅能够提供生产和生活原料,而且具有调节气候、涵养水源、降解污染等服务功能,这些都是社会经济与环境可持续发展的基本要素。通过合理评估生态系统服务,可使人类认识到生态系统服务的价值,从而使其有效地发挥协调人与环境关系的作用,为可持续发展战略与生态环境保护提供参考。

1. 生态系统服务的概念与定义

(1)生态系统服务概念的形成过程

从Tansley(1935)提出生态系统的概念后,以生态系统为基础的生态学研究已经形成科学的体系,并且从注重生态系统结构研究逐渐向关注生态系统功能的研究方向发展。

1970年,"关键环境问题研究小组"(Study of Critical Environmental Problems, SCEP)[②]在其出版的《人类对全球环境的影响》(Man's Impact on the Global Environment)报告中首次使用了"环境服务"(Environmental Services)的概念,并列出了自然生态系统对人类的"环境服务"功能,包括害虫控制、昆虫传粉、渔业、土壤形成、水土保持、气候调节、洪水控制、物质循环与大气组成等方面。它是一个里程碑,标志着生态系统服务研究的开端。

---

① 张耀启、李一清、潘羿:《自然与环境资源价值评估的误区》,《自然资源学报》2005年第3期。
② SCEP(Study of Critical Environmental Problems). *Man's Impact on the Global Environment*. Massachussetts: MIT Press, 1970.

1974年，Holdren和Ehrlich[1]研究了生态系统在土壤肥力与基因库维持中的作用，系统分析了生物多样性的丧失将会怎样影响生态服务，以及能否用先进的科学技术来替代自然生态系统的服务等问题，并将"环境服务"概念拓展为"全球环境服务"（Global Environmental Services）。

1977年，Westman[2]提出应该考虑生态系统收益的社会价值，以使社会可以做出更加合理的政策和管理决定，并将这些社会收益称为"自然的服务（Nature's Services）"。

1981年，Ehrlich P R和Ehrlich A H[3]对"环境服务""自然服务"等相关概念进行了梳理和统一，首次将Westman的"自然的服务"称为"生态系统服务（Ecosystem Services）"，至此，生态系统服务（Ecosystem Services）这一概念得到普及。

（2）生态系统服务的定义

国内外学者对于生态系统服务这一概念的定义很多，有代表性的包括以下几个。

1997年Daily等[4]将生态系统服务功能定义为：生态系统服务是指自然生态系统及其物种所提供的能够满足和维持人类生活需要的条件和过程（The conditions and processes through which natural ecosystems and the species that make them up, sustain and fulfill human life）。它是通过生态系统的功能直接或间接得到的产品和服务，这种由自然资本的能流、物流、信息流构成的生态系统服务和非自然资本结合在一起所产生的人类福利。

同年，Costanza等[5]在Nature上发表了名为《全球生态系统服务和自然资本的价值》（The Value of the World's Ecosystem Services and Natural Capital）一文，指出生态系统产品（如食物）和服务（如废弃物处理）是指人类直接或者间接从生态系统功能中获得的收益，并且将产品和服务两者合称为生态系统服务，即生态系统服务是指人类从生态系统功能中获得的收益。

千年生态系统评估（Millennium Ecosystem Assessment，MEA)的报告[6]对于生态系统服务的定义基本上采用了Costanza的观点，认为生态系统服务是人们从自然系统中获得的收益（The Benefits People Obtain from Ecosystems）。

综上所述，可将生态系统服务（Ecosystem Services）定义为：人类从生态系统中获得的满足其生存和发展所需的产品（如食物）和服务（如废弃物处理）。生态系统服务的每一形式都有生态系统功能做支撑，生态系统服务是生态系统功能的表现，但并不一定与生态系统功能一一对应。某些情况下，一种生态系统服务是两种或两种以上的生态系统功能所共同产生的；在另外一些情况下，一种生态系统功能可提供两种或多种服务。

2. 生态系统服务及价值分类

（1）生态系统服务分类

生态系统服务的分类方法包括功能分类、组织分类、描述分类等，其中功能分类是目前的主要

---

[1] HOLDREN J P, EHRLICH P R. Human population and the global environment. American Scientist, 1974, 62: 282~292.

[2] WESTMAN W E. How much are nature's service worth? Science, 1977, 197: 960~964.

[3] EHRILICH P R, EHRILICH A H. Extinction: the Causes and Consequences of the Disappearance of Species. New York: Random House, 1981.

[4] Daily, G.C. Natures Services: Societal Dependence on Natural Ecosystems. Washington, D.C.: Island Press, 1997.

[5] Costanza R, D'Arge, de Groot R., et al.The value of the world's ecosystem services and natural capital. Nature, 1997, 387: 253~260.

[6] Millennium Ecosystem Assessment. Ecosystems and Human Well-being: Biodiversity Synthesis. World Resources Institute. Washington, DC, 2005.

分类方法，其中Constanza（1997）的分类方法较有代表性。他将生态系统服务分为气体调节、气候调节、扰动调节、水调节、水供给、控制侵蚀和保持沉积物、土壤形成、养分循环、废物处理、传粉、生物控制、避难所、食物生产、原材料、基因资源、休闲、文化等17个类型。国内学者谢高地（2008）[1]根据中国民众和决策者对生态服务的理解状况，将生态服务重新划分为食物生产、原材料生产、景观愉悦、气体调节、气候调节、水源涵养、土壤形成与保持、废物处理、生物多样性维持共9项，本研究采用该种分类方法。

（2）生态系统服务价值分类

国内外关于生态系统服务价值的分类研究很多，总体来看，主要是将生态系统服务价值分为使用价值和非使用价值两大类。使用价值可以细分为直接使用价值和间接使用价值两种，非使用价值又可以细分为存在价值和选择价值。如表3-1-10所示。

表3-1-10 生态系统服务价值分类

直接利用价值	间接利用价值	选择价值	存在价值
可直接消费的产品	生态功能效益	将来的直接和间接的价值	保存生态服务继续存在的支付意愿
如：食品、生物量、娱乐	如：营养循环、水源涵养、洪涝控制	如：生物多样性、保护生境	如：物种、生境

A.直接利用价值。主要是指生态系统产品所产生的价值，包括食品、医药及其他工农业生产原料。其中有的可在市场上进行交易，如矿产资源价值、木材价值、水资源价值等，其价值用产品的市场价格来估计；有的虽不能直接套用市场价格，但可以通过市场的办法估计直接使用的价值。

B.间接利用价值。主要是指无法商品化的生态系统服务，如维持生命物质的生物地化循环与水文循环、维持生物物种与遗传多样性、保护土壤肥力、净化环境、维持大气化学的平衡与稳定等支撑与维持地球生命支持系统的功能。也可以理解为生态系统为人类提供的间接环境功能价值。这种价值远高于其直接生产的可消费生物资源的价值，如森林的直接价值（木材）与间接环境价值（涵养水源、保持水土、防风固沙、改善气候、保护生物、吸收二氧化碳和制造氧气等）之比，美国森林为1∶9，芬兰森林为1∶3[2]。这类服务不像其他物品的直接使用那样可被视觉感知和直接消费，它没有一定的形态，只存在于生态系统有机体的能量流动和物质循环之中，其效益通过其他环境因子或生态系统的变化反映出来，因此，资源间接用途的作用和意义常常被人们忽视。间接利用价值的评估常常需要根据生态系统功能的类型来确定，通常采用防护费用法、恢复费用法、替代市场法进行计算。

C.选择价值。选择价值是人们为了将来能直接利用与间接利用某种生态系统服务功能的支付意愿，是一种潜在价值。它衡量的是未来的直接或间接使用价值，以确保在未来不确定的情况下某一资源环境的供给。例如，人们为将来能利用生态系统的涵养水源、净化大气及旅游娱乐等功能的支付意愿。人们常把选择价值喻为保险公司，即人们为确保自己将来能利用某种资源或效益而意愿支付的一笔保险金。从其价值的本质来看，它是将来的价值和间接价值，属于实用价值范畴；但从支付手段来看，它表现为确保某资源将来使用的支付愿望，又属于非实用价值范畴。选择价值可分为

---

[1] 谢高地、甄霖 等：《一个基于专家知识的生态系统服务价值化方法》，《自然资源学报》2008年第5期。
[2] 毛文永：《生态环境影响评价》，中国环境科学出版社，1998年，第274~290页。

三类：即自己将来利用；子孙后代将来利用，又称之为遗产价值；以及别人将来利用，也称为替代消费。

D.存在价值。存在价值亦称内在价值，是指因其存在而显示的价值，人们为确保生态系统服务能继续存在的支付意愿，或者是人们对某一资源环境的存在而愿意支付的数额，是资源环境以天然方式存在时表现出的价值。例如为建立南美洲和中美洲国家的热带雨林自然保护区所进行的"自然-债务交易"[1]，正体现出热带雨林自然保护区的存在价值。在地球各类生态系统中，任何组成部分都有其各自的存在价值，由此才构成生态系统的整体性。存在价值是生态系统本身具有的价值，是一种与人类利用无关的经济价值，换句话说，即使人类不存在，存在价值仍然存在。存在价值是介于经济价值与生态价值之间的一种过渡性价值，可为经济学家和生态学家提供共同的价值观。存在价值可以通过调查支付意愿或接受意愿来计量。例如美国的自然景观区科罗拉多大峡谷，通过问卷调查计算得出，保护这一景观的收益，按支付意愿额高达78亿美元[2]。

3. 生态系统服务价值评估方法

（1）生态系统服务价值常用主要方法

生态系统服务价值评估常用方法包括市场价值法、替代市场价值法和假想市场法等三大类方法。如表3-1-11所示。

表3-1-11 生态系统服务功能主要评价方法[3]

类型	具体评价方案	方法特点
市场价值法	生产要素价格不变	将生态系统作为生产中的一个要素，其变化影响产量和预期收益的变化
	生产要素价格变化	
替代市场价值法	机会成本法	以其他利用方案中的最大经济效益作为该选择的机会成本
	影子价格法	以商场上相同产品的价格进行估算
	替代工程法	以替代工程建设费用进行估算
	防护费用法	以消除或减少该问题而承担的费用进行估算
	恢复费用法	以恢复原有状况需承担的治理费用进行估算
	因子收益法	以因生态系统服务而增加的收益进行估算
	人力资本法	通过市场价格或工资来确定个人对社会的潜在贡献，并以此来估算生态服务对人体健康的贡献
	享乐价值法	以生态环境变化对产品或生产要素价格的影响来进行估算
	旅行费用法	以游客旅行费用、时间成本及消费者剩余进行估算
假想市场价值法	条件价值法	以直接调查得到的消费者支付意愿进行价格估算
	群体价值法	通过小组群体辩论以民主的方式确定价值或进行决策

---

[1] Adger W N, et al. Total economic value of forests in Mexico. AMBIO. 1995, 24, (5): 285~295.
[2] 蒋尧明：《论资源环境的经济核算及对GDP的修正》，《当代财经》2000年第3期。
[3] 赵同谦：《中国陆地生态系统服务功能及其价值评价研究》，中国科学院生态环境研究中心博士学位论文，2005年。

1）市场价值法

利用市场价格对生态系统服务的现状及其变化进行直接评价的方法，称为市场价值法[①]。它将生态系统作为生产中的一个要素，在市场机制比较完善的情况下是最优的选择，适合于有市场价格的生态系统产品和服务的评价。例如森林中生长的自然动植物，生态系统的营养循环与存储价值。我国陆地生态系统每年吸收的N、P、K等营养元素的总量分别为$76.78 \times 10^6 t$、$1.69 \times 10^6 t$、$48.68 \times 10^6 t$，存储量分别为$86.84 \times 10^6 t$、$8.52 \times 10^6 t$、$49.09 \times 10^6 t$，以化肥的平均价格2549元/t计算，我国陆地生态系统营养循环与存储的价值为3.24×10^{11}元/a[②]。这些自然产品虽然没有市场交换，但是它们有市场价格，可以按市场价格来确定它们的经济价值。市场价值法可有两种情况，即生产要素价格不变和生产要素价格变化，即生态系统的变化导致产量的变化，一个是产量的变化不会引起供需矛盾的整体结构改变；另一个是产量变化会引起产品和生产要素价格的变化，这两者是可以观察和测量的。例如，化工厂排放的污水对周围地区的农业生产率有不利影响，因此而损失的农作物的市场价值可以作为因减少污染而得到的一部分效益。

2）替代市场法

当研究对象本身（如新鲜的空气、美好的环境等）没有直接的市场价格或者没有直接的市场交易时，可以寻找替代物的市场价格来衡量，通过估算替代品的花费而代替某些生态服务的经济价值，即以使用技术手段获得与某种生态系统服务相同的结果所需的生产费用为依据，间接估算生态系统服务的价值。如森林涵养水源的服务功能相当于水库蓄水的功能，其价值可用建设相同容量的水库的花费来替代计算。替代市场法包括机会成本法、影子价格法、替代工程法、费用分析法、因子收益法、人力资本法、享乐价值法、旅行费用法。

3）假想市场法

在连替代市场都难以找到的情况下，可以人为地创造假想市场以衡量环境质量及其变动的价值，这就是假想市场法，包括条件价值法和群体价值法。条件价值法也称意愿调查法，直接调查询问对象的支付意愿或者受偿意愿。群体价值法是指通过小组辩论，以民主的方式确定价值。条件价值法是生态系统服务功能价值评估中应用最广泛的评估方法之一，适用于缺乏实际市场和替代市场交换商品的价值评估，是"公共商品"价值评估的一种特有的方法。西方经济学认为：价值反映了人们对事物的态度、观念、信仰和偏好，是人的主观思想对客观事物认识的结果；支付意愿是"人们一切行为价值表达的自动指示器"，因此商品的价值可表示为：商品的价值=人们对该商品的支付意愿。它的核心是直接调查咨询人们对生态服务功能的支付意愿，并以支付意愿和净支付意愿来表达生态服务功能的经济价值。在实际研究中，从消费者角度出发，在一系列假设问题下，通过调查、问卷、投标等方式来获得消费者的支付意愿和净支付意愿，综合所有消费者的支付意愿和净支付意愿来估计生态系统服务功能的经济价值。由于受利益因素的驱使，消费者往往低估支付意愿，但从供给方出发又会高估受偿意愿。支付意愿法是否准确，关键有两点：一是要对生态服务进行科学的分类，否则容易漏算或者重复计算一些生态系统的服务价值；二是由于存在偏好不确定性，支付意愿很难真实地反映接受调查者对生态资产价值的认识。

由于生态系统服务功能的多样性，生态系统服务价值评估往往不会采用单一的评估方法，而是综合采用多种方法对生态系统的不同生态服务价值进行评估。一般来说，供给功能主要使用市场价值法，调节功能主要使用替代市场法，文化和支持功能则更多地使用假想市场法和替代市场法。

---

① 张帆：《环境与自然资源经济学》，上海人民出版社，1998年，第19~104页。
② 欧阳志云、王效科、苗鸿：《陆地生态系统服务功能及其生态经济价值的初步研究》，《生态学报》1999年第5期。

（2）本项目研究所采用的评估方法

到目前为止，大部分对区域性生态系统服务的总经济价值进行评估的研究都是基于Costanza的全球静态部分平衡模型评估方法，即采用不同土地覆盖类型的面积来代表生态系统服务的量值，再与单位面积的生态服务价值相乘得到总经济价值。Costanza把生态系统服务方式划分为气体管理、气候管理等17种主要类型，全球生态系统根据土地覆盖类型分为远洋、海湾、海草/海藻、珊瑚礁、大陆架、热带森林、温带森林、草原、潮沼/红树林、沼泽/泛滥平原、湖泊河流、荒漠、苔原、冰川/岩石、农田、城市等16类生态系统，逐项估计了各种生态系统的服务价值，累加得出了全球生态系统每年服务价值的估计结果。

本项目研究在Costanza全球静态部分平衡模型的基础上，将评估景区的生态系统服务划分为供给服务、调节服务、支持服务、文化服务4种类型，根据评估景区情况划分生态系统的土地覆盖类型，然后参照国内学者谢高地等（2008）[①]给出的中国生态系统单位面积生态服务价值表（见表3-1-12），将各生态系统土地利用类型面积与其单位面积价值相乘并累加，即得到评估景区的总生态服务价值。

表3-1-12　中国生态系统单位面积生态服务价值［元/（$hm^2 \cdot a^{-1}$），2007年］

一级类型	二级类型	森林	草地	农田	湿地	河流/湖泊
供给服务	食物生产	148.20	193.11	449.10	161.68	238.02
	原材料生产	1338.32	161.68	175.15	107.78	157.19
调节服务	气体调节	1940.11	673.65	323.35	1082.33	229.04
	气候调节	1827.84	700.60	435.63	6085.31	925.15
	水文调节	1836.82	682.63	345.81	6035.90	8429.61
	废物处理	772.45	592.81	624.25	6467.04	6669.14
支持服务	保持土壤	1805.38	1005.98	660.18	893.71	184.13
	维持生物多样性	2025.44	839.82	458.08	1657.18	1540.41
文化服务	提供美学景观	934.13	390.72	76.35	2106.28	1994.00
	合计	12628.69	5241.00	3547.89	24597.21	20366.69

评估景区的生态系统土地斑块类型主要是森林、草地和河流水域类型，其生态服务价值评估值用公式表示就是：

$$V = \sum P_i \times A_i \tag{15}$$

式中，V表示评估区的生态服务价值评估值；P_i表示单位面积上第i种土地利用类型生态服务单位价值；A_i表示评估区内第i种土地利用类型的分布面积。

---

① 谢高地、甄霖等：《一个基于专家知识的生态系统服务价值化方法》，《自然资源学报》2008年第5期。

（五）非使用价值

文物景区非使用价值评估包括选择价值、遗产价值和保留价值。对于非使用价值一般采用条件价值法或意愿评估法（Contingent Valuation Method，CVM）进行评估。

条件价值法属于直接评估法，是以调查问卷为工具，在旅游资源非使用价值评估中，把旅游资源与旅游业服务置于同一个假想市场，询问人们对旅游资源与环境的保护或质量改善的支付意愿（Willingness to Pay，WTP）或因为旅游资源质量下降而接受的赔偿意愿（Willingness to Accept，WTA)，并以人们的支付意愿或接受赔偿意愿来估计环境效益改善和环境质量损失的经济价值，从而实现对旅游资源非使用价值的评估。针对被询问者，WTP一般取相对的最大值，WTA取相对的最小值。CVM是一种典型的陈述偏好估计法，它不是基于可观察到的或预设的市场行为，而是基于被调查对象的回答，因此，直接询问调查对象的支付意愿是意愿评估法的特点。

条件价值法的理论基础在于，环境物品的真正价值是人们的支付意愿，由于没有环境物品的市场，因而环境市场通常没有价格。某一商品即使有市场价格存在，这种价格也是一种不精确的测算。因为市场价格与真实价格之间存在根本的差别。

条件价值法利用征询问题的方式诱导人们对公共物品的偏好，并导出人们对此物品的保存和改善的支付意愿，从而导出公共物品的价值。它针对缺少公共物品市场的情况，通过提供给消费者一个假想的市场，使消费者有机会去购买其偏好的物品。这种方法可以调查消费者对旅游地的支付意愿，也可以调查消费者为自己或其子孙后代保留旅游地的支付意愿，是目前评估非使用价值的唯一可行的方法。

CVM评估旅游资源非使用价值的一般流程，大致分七个步骤[①]，见图3-1-14所示。

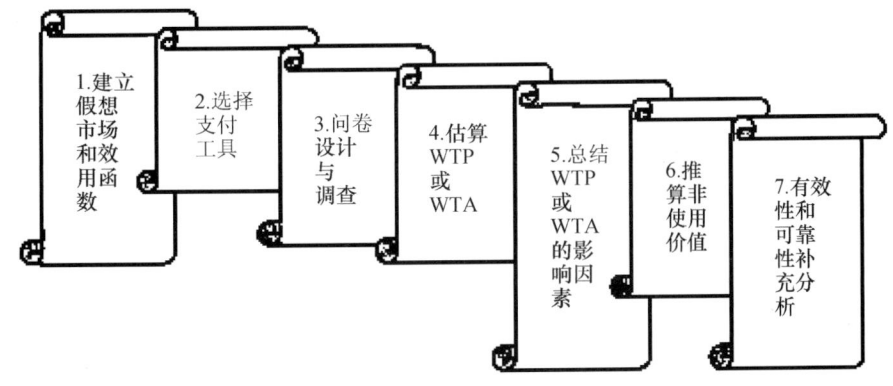

图3-1-14　条件价值法评估的一般流程

1）假想市场主要是让调查对象了解文物复建区旅游资源的开发利用概况及需要保护的假想，使调查对象获取价值概念；效用函数为使文物复建区旅游资源获取最大限度保护；

2）便于被调查者理解与回答，采取梯度支付卡式问卷；

3）根据CVM使用原则，采取直接询问WTP的方式，以有效地收集数据；

4）针对被调查者的社会经济特征与WTP和WTP值的相关性分析，以及CVM的偏差分析等，寻找WTP及WTP值的影响因素，总结复建区旅游资源非使用价值评估的影响因素；

5）选择合适的人口样本等因素来估算调查实施当年的价值量；考虑旅游资源自身的消耗成

---

① 张春慧：《地质公园旅游资源价值评估实证研究》，兰州大学硕士学位论文，2008年。

本，利用相关指数或模型对历年或未来年份的非使用价值进行估算，以实现各年的非使用价值动态化；

6）实施条件价值评估，考虑CVM的各种偏差、进行有效性和可靠性检验等。关于偏差、有效性和可靠性等问题，一般在问卷设计与实施过程中考虑。

本研究区属于文物搬迁复建景区，多数还没有正式对游客开放，实地进行游客调查工作存在着很大难度。计划通过游客调查来完成这部分非使用价值的货币化价值估算。个别研究区在无法通过游客调查、无法获取有效数据的情况下，对非使用价值评估则考虑采用参照同类景区经验比例法进行评价估算。

第二章　巴东民族文化公园旅游价值评估

一、巴东民族文化公园概况

巴东民族文化公园位于巴东县信陵镇云沱小区的云西路与沿江路之间，占地面积为37000平方米，由古建筑复建区、寇准文化区、博物馆区三大部分组成。

（一）基本情况

1. 自然环境

巴东县位于110°04′~110°32′E，30°28′~31°28′N，地处长江三峡中部、巫峡东段，居恩施土家族苗族自治州东北部，总面积为3219平方千米。巴东县境南北狭长，东西短窄。武陵山脉、巫山山脉、大巴山脉余脉盘踞县境，长江、清江分割县地。巴东县地势呈西高东低、南北起伏。巴东县城信陵镇位于巴东县北部，坐落于长江南、北两岸的斜坡上，背山临水，依山筑城。南岸东起无源洞、西至西壤坡，形成长10余千米沿江展布的组团式结构。巴东城区南岸总体走向为东西向北倾斜，坡面与地层层面结构形态变化较大，多为顺向坡，受次级构造影响，局部呈逆向坡或斜切坡。民族文化公园地势南高北低，北部沿江路处海拔约200米，南部云西路处海拔约230米，区内坡度14%以下。

巴东地处亚热带大陆性季风气候区，温暖多雨，湿润多雾，四季分明，因地形高差大，垂直气候差异较大。巴东年平均气温为7.7~17.5℃，年日照数为1200~1650小时，无霜期为181~310天，平均降水量为1100~1950毫米。5~9月为雨季，其降雨量占全年降雨量的78%。城区年平均气温为17.5℃，7~8月平均气温为35.5℃，最高温度达41.4℃，1~2月平均气温为3.8℃，最低气温达零下9.4℃。常年主导风向为东南风，少量西北风，年平均风速为2.2米/秒，最大风速为15米/秒。

2. 区位条件

巴东县位于恩施土家族苗族自治州东北部，东连兴山、秭归、长阳，南接五峰、鹤峰，西邻建始、重庆巫山，北靠神农架林区（见图3-2-1）。巴东县城信陵镇为209国道、巴石、巴兴公路与长江"黄金水道"交汇点，交通便利，为全县政治、经济、文化中心和渝东鄂西重要的商品、物资集散地，素有"川鄂咽喉，鄂西门户"之称。巴东港是恩施市唯一濒临长江的港口，距三峡大坝仅64千米，沿江东下736千米抵达武汉，溯江而上538千米至重庆。巴东民族文化公园位于新县城信陵镇云沱小区的云西路与沿江路之间（见图3-2-2），交通十分便利。

3. 历史背景

巴东，在古巴东郡之东，故名。商以前属廪君国地、西周时为夔子国地，在秦、西汉时属巫

图3-2-1　巴东县在湖北省的位置

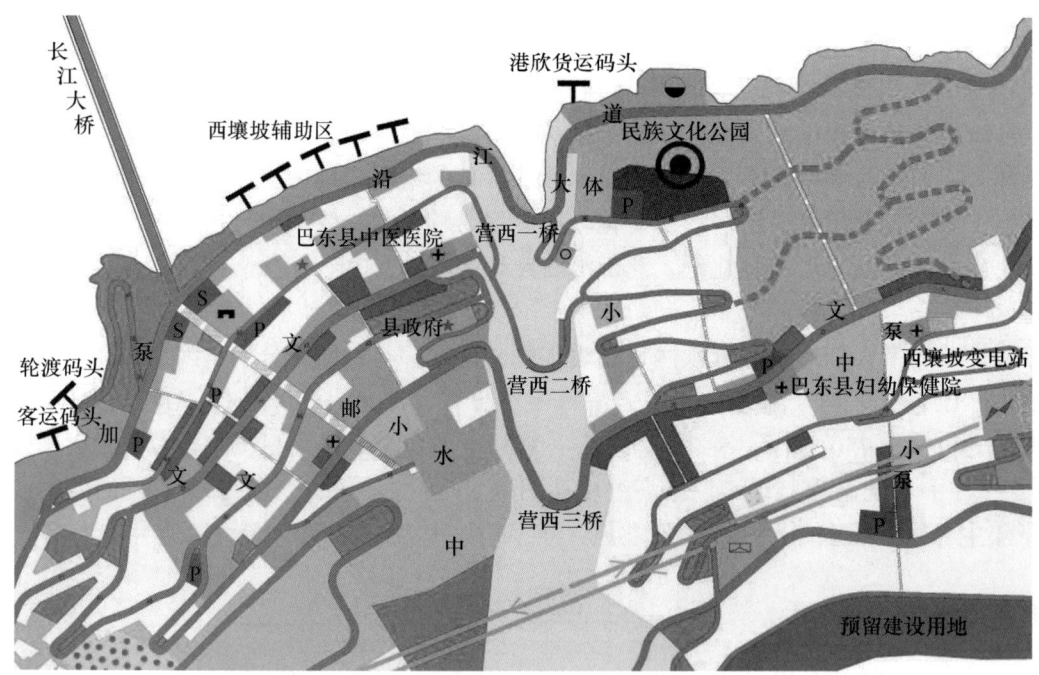

图3-2-2　巴东民族文化公园在巴东县城的位置

县,三国初为蜀国巴东郡地,南朝宋景平元年(公元423年)置归乡县,北周时改名乐乡,隋开皇十八年(公元598年)更名为巴东,唐朝时隶属山南东道归州,元时属归州,清雍正十三年(1735年)隶属宜昌府,民国二十一年(1932年)划归施南府,隶属湖北省第十行政督察区,为其"施鹤八属"之一。1949年中华人民共和国建立后,巴东隶属于恩施地区,1982年,恩施地区易名为鄂西土家族苗族自治州,自1994年起又更名为恩施土家族苗族自治州,巴东均为属县。

1994年,举世瞩目的三峡工程开工,工程淹没影响到巴东县境内的长江及其主要支流的两岸地带。三峡水库大坝蓄水175米后,工程淹没面积达40平方千米,其中陆地面积为23.9平方千米,水域面积为16.2平方千米，以"巴""楚"历史文化为背景的自然人文景观、古老的场镇和大量的历史遗存将没入江中。按"保护为主、抢救第一、合理利用、加强管理"的文物工作方针和三峡文物保护要求，文物部门对三峡库区的许多重要文物采取了复建性保护措施。

4. 社会经济发展状况

2008年，巴东县辖12个乡镇、12个居委会、479个村，总人口为48.84万人，其中少数民族占总人口的43%。全县除土家族外，还居住着汉族、苗族、白族等20个民族，土家族人口占少数民族人口的99.4%。独特的地理环境和历史影响创造了灿烂的土家族民族文化，其中传统民居建筑最具特色。县城信陵镇总面积为87.2平方千米，辖19个村（居）委会，常住人口为4.8万人，流动人口为2万人，以土家族、汉族为主。信陵镇属三峡库区移民重点镇，也是西部大开发战略恩施地区的黄金口岸和桥头堡。

近年来，巴东国民经济继续保持稳步增长，总体运行质量不断提高。2009年全县实现地区生产总值40.28亿元，完成财政总收入4.38亿元，农村居民人均纯收入达到2790元[①]。农村初步形成畜牧、蔬菜、药材、干鲜果、烟叶、茶叶等六大支柱产业，水电、农产品加工、矿产、建材四大工业体系粗具雏形。

5. 旅游业发展概况

巴东旅游业探索起步于1984年，1985年巴东境内的神农溪被开辟为长江三峡旅游线上的游览景点，1991年8月正式向国内外游客开放。1992年巴东县委、县政府提出"旅游兴县"战略，从此巴东开始了以神农溪为龙头产品的旅游业发展，1998将旅游作为振兴巴东经济"十大亿元工程"的龙头产业，摆在优先发展的战略位置，在全县形成"大办旅游，办大旅游"的共识与热潮。这一时期的巴东由于经济实力和旅游基础建设的落后，旅游活动的开展主要以神农溪漂流为主。20世纪90年代巴东县旅游增长相对较快，但绝对数量较少，没有形成旅游产业规模。进入20世纪，巴东的旅游基础条件明显改善，旅游产业朝着多元化、国际化方向发展，旅游发展进入快速增长期，逐渐形成以旅游为支柱的产业体系。截至2007年年底，巴东有旅游企业15家，其中旅行社5家，游船公司3家，星级宾馆饭店5家（其中三星级3家），直接和间接从业人员达6000余人。2009年，全年投入接待的旅游景区有7个，共接待中外游客158.2万人次，旅游综合收入5.85亿元。[②]

目前，巴东旅游形成以生态旅游、民俗文化旅游、乡村旅游为重点，逐步发展休闲度假、民俗、文物古迹等特色旅游的战略方向，初步形成神农溪、水布垭两个精品旅游区，以及信陵县城和野三关镇两个旅游接待中心。

（二）文物复建区情况

1. 文物复建过程

1959年，巴东县开展了第一次文物普查，发现各类文物点60余处。1993年，为配合三峡工程建

[①] 《地区生产总值破40亿，巴东团拜会上话发展》，秭归县人民政府网，2010年2月8日，http://www.cjbd.com.cn/2010-02-08/cms311129article.shtml。

[②] 《竹篙撑出万象新，巴东2009年旅游产业综合收入5.85亿元》，秭归县人民政府网，2010年1月18日，http://www.cjbd.com.cn/2010-01-18/cms274038article.shtml。

设，湖北省文物考古研究所对巴东县进行了比较全面的文物普查，又发现了一批新的文物点。截至1995年春，巴东县全境发现的各类文物已达310余处，三峡工程淹没及复建区的各类文物点共发现193处，其中地下文物128处，地面文物65处。巴东县三峡工程库区地面文物需实施搬迁保护的项目有32项，占全部地面文物保护项目的49.23%。

在巴东县位于淹没区的文物和古建筑保护项目中，经专家精心挑选了11栋最具三峡地区及土家族传统特色的古建筑在新县城的营沱小区集中复原，占地面积为50亩。复建古建筑均迁移自巴东县受淹区域，分布情况为：楠木园乡6处；东瀼口乡3处；老县城1处；龙船河村1处。11项搬迁文物，计有：庙宇建筑2座（地藏殿、王爷庙）；景观建筑1座（秋枫亭）；民居5座（万明兴老屋、王宗科老屋、李光明老屋、毛文甫老屋、顾家老屋）；作坊1座（水磨坊）；桥梁2座（寅宾桥、济川桥）。整个复建工程是三峡文物保护的重点工程，历经5年建设完成。一期工程的施工从2003年8月开工至2005年6月竣工，完成王爷庙、地藏殿、毛文甫老屋、顾家老屋、水磨坊5处单体文物建筑复建工程；二期工程于2008年5月竣工，完成余下的6处单体文物建筑复建工程。

为全方位地展示文物保护成果和巴东历史文化，在保护复建文物的基础上，在搬迁复原的古建筑群旁增建文物展厅、寇公祠和寇准县衙，扩建成巴东民族文化公园。文化公园按4A级标准进行新的旅游规划设计，于2008年5月开工。2009年4月公园建成。民族文化公园隶属于巴东县博物馆，馆内设公园管理办公室，对其实行市场化管理。目前，巴东民族文化公园已对外开放，因门票价格正在审批过程中，故现为免费试营阶段。

2. 复建区内部情况

根据地形条件和文物建筑朝向、自然坡度和建筑群的高差情况，同时考虑从江面观赏的景观要求，把巴东县民族文化公园总体分为三大部分：古建筑复建区、博物馆区、寇准文化区（见图3-2-3）。

（1）古建筑复建区

古建筑复建区为民族文化公园的核心区域，分为三个组团：祠庙、传统民居、作坊。祠庙位于复建区北面，紧邻北入口，包括地藏殿与王爷庙。王爷庙与博物馆之间形成小广场，该广场应是整个用地的中心广场，用于各种庆典和表演活动。传统民居位于复建区的中段，由万明兴老屋、毛文甫老屋、王宗科老屋、李光明老屋组成。该组群以万明兴老屋为中心，民居的组合结合现有地形，且每座建筑周围多植竹子。作坊位于复建区的东部，由龙船河水磨坊、顾家老屋和寅宾桥、济川桥组成。民居区与作坊区之间的小广场用于参与性较强的民俗活动，如篝火晚会、劳作等。

1）地藏殿

俗称红庙，始建于清乾隆三十年（1765年），原处巴东县东瀼口乡红庙岭下，与秭归县的牛口镇隔溪相望。地藏殿现为单檐布瓦顶硬山小式建筑，面阔三间13.7米，进深四间9.8米，建筑面积为156平方米。明间为砖牌楼门面，两山墙以弯曲马头墙封护，前檐施四柱三楼庑殿顶砖牌楼，雕砖斗拱，牌楼明间施两扇板门，用石门槛。除明间前檐中部开门外，其余各面均以抹灰砖墙封护。明间前檐不施台明、踏垛，室内地面比室外高10厘米。

2）王爷庙

又名镇江阁，原位于巴东县楠木园乡楠木园村长江南岸300米处的小台地上，始建于清嘉庆十六年（1811年）。现位于地藏殿东南面。建筑坐东向西，面阔三间13.6米，进深三间9米，建筑面积为138平方米。明间梁架为抬梁式，七架梁加前后双步梁，两山构架为穿斗式，共用5根落地

图3-2-3　巴东县民族文化公园平面图
资料来源：《巴东县民族文化公园规划设计》，2008年

柱。除前檐施木装修外，其余三面均用墙体围护，三面墙体下部为条石墙，上部为马头墙；台明高约2.64米，台明前面设踏跺12级。两山及后檐为页子砖墙封护，两山出马头墙，为硬山小式建筑。

3）万明兴老屋

原位于巴东县楠木园乡楠木园村二组，是典型的土家族吊脚楼式建筑。现主体建筑平面成"L"形，占地面积为268平方米，建筑面积为440平方米。前有庭院，后部为吊脚楼，为三间二层带阁楼式建筑。房屋布局根据地形巧妙建造，造型别致，在建筑构架上富于变化。其房为前店后寝，明间为厅，东西两次间为商铺，并于前檐设柜台。

4）王宗科老屋

原位于巴东县楠木园乡楠木园村二组。现建筑平面布局呈"L"形，面阔14.62米，进深三间8.66米，建筑面积为184平方米，占地面积为172平方米。建筑形式为穿斗式悬山顶，正房为十一檩三柱，厢房为七檩三柱，正房与吊脚楼屋顶切割相交，形成歇山瓦顶，梁架简而实用，外观精巧玲珑。房屋内部铺盖木地板以隔潮，装修简洁，具有典型土家建筑特色（见图3-2-4）。

5）李光明老屋

原位于巴东县楠木园乡楠木园村五组，为巴东保存最典型的砖木结构建筑。现平面布局为"凹"形，穿斗式木构架，面阔三间，进深二间，屋面为悬山式。面阔13.2米，通进深6.39米，建筑面积为139.56平方米。房架结构为九檩三柱，各间梁架檐、脊檩均用通柱。东西两侧各设吊脚楼，一侧单檐，一侧重檐，正房明间设有神楼。此外，该建筑装修制作也非常精美、考究。

图3-2-4　巴东民族文化公园王宗科老屋

6）毛文甫老屋

该建筑坐南朝北，面阔三间，进深二间，通面阔12.24米，进深8.74米，占地面积为153平方米。建筑为砖木混合结构，二层。屋面为单檐悬山顶，前部构架为穿斗式，五柱六檩，前、后檐柱落地，后部为毛石砌筑的墙体，四檩，直接搁在山墙上。

7）顾家老屋

原建于巫峡内杨家棚，为清代巴东传统豆制品作坊。该建筑为土木结构建筑，平面近似方形，呈凹字形布局，凹处是天井，有堂屋和耳房。建筑通进深12.21米，通面阔15.17米，占地面积为175平方米，建筑面积为310平方米。该建筑为悬山式天井屋，穿斗式木构架，堂屋用十一檩九柱，耳房用九檩三柱，落地柱均为通柱，柱与柱之间用穿枋相连，房与房之间用壁板隔断。天井两侧各有耳房一间，均为两层。堂屋三开间，一明两暗布置，次间带有楼层。

8）水磨坊

原建于神农溪龙船河段的阶地上，是三峡地区传统水动力磨坊。现建筑为全木质构架结构，建筑前部面阔四间，后部面阔三间，进深二间，通面阔17.84米，通进深12.35米，占地面积为272平方米。采取导引溪流或山泉入水房以推动水轮。水轮为立、卧式水轮各一台，且与其地坪上的石磨、石碾同轴。

9）济川桥

为明代单拱石桥，原建于巴东县东瀼口乡雷家坪村的长江北岸。现为单孔石桥，单券无栿，矢高大于跨度的二分之一，使用原条石和原作法，残缺的部分依原条石尺寸配置，用1∶2.5白灰砂浆错缝砌筑。桥面长17.3米，宽3.75米，高6.5米。建筑面积为65平方米。

10）寅宾桥

又名石古桥，为清代单拱石桥，原建于长江北岸巴东与秭归交界的川鄂沿江古驿道上。现桥长50.2米，宽5.8米，高11.14米，建筑面积为292平方米。桥体以较规整石料横向叠砌，纵向发券，跨度达12米，桥两侧各有两块石砌护体。

(2)寇准文化区

寇准文化区位于文化公园的西南部。整个寇准文化区沿秋风亭南北轴线由北向南依次布置县衙大门、仪门、大堂、二堂及两侧公房。由县衙大门至寇公祠正好构成较完整的县衙建筑群，其中秋风亭兼做印楼，寇公祠兼做县衙后宅。

1）秋风亭

始建于北宋太平兴国三年（公元978年），为寇准任巴东县令时所建。该亭现为正南北方向、平面方形、木结构重檐歇山顶建筑，上下两层，飞檐翘角，上覆灰筒板瓦，高10.76米，建筑面积为146平方米（见图3-2-5），为整个文化园区中最高建筑。

图3-2-5 巴东民族文化公园秋风亭

该亭为抬梁式构架，一层四角檐柱出挑檐檩，柱础为方形石础。老檐柱直通二层檐下，成为二层檐檐柱，四周用枋连接，形成一四方筒形结构。二层金柱础为木础，上承五架梁，其上为三架梁，柱上和梁上均用驼峰承托檩条，是一大特点。屋面为重檐歇山顶，檩条上铺椽子，椽上铺望板，苫背，灰筒瓦屋面，正脊用砖垒砌，两端安正吻。上、下层翼角用嫩戗起翘，高高翘起，前端雕饰龙头，极富峡江建筑风格。此亭历史久远，建筑艺术精致，其中的翼角作法、构筑方法、雕刻艺术，是现存巴东县古建筑中的最高技术水平。

2）寇公祠

位于秋风亭北侧，为四合院式单层砖木结构建筑，占地面积为1264.64平方米，建筑面积为875.94平方米。建筑风格采用民间祠堂建筑做法，穿斗结合抬梁结构，封山。祠内供汉白玉寇准坐像，陈列寇准任县令时的生平事迹、寇准诗词文章、历代著名诗人咏巴东和寇准的诗词、传说故事及与寇准相关的文物。

3）县衙

位于秋风亭南侧，采用古代衙署建筑风格，建筑中置仪门、正堂、六公房等，为抬梁结构五开间单檐歇山，外檐五铺作斗拱。整个县衙占地面积为为760平方米，建筑面积为为550平方米。其中陈列寇准任县令时的北宋巴东县衙物品，包括堂前审案的文具、刑具、令牌和出行仪仗等。

（3）博物馆区

博物馆为三层仿古建筑综合楼，包括办公场所、文物展厅、文物库房，建筑面积为3000平方米。文物展厅分为历史一厅、历史二厅、民族厅、革命厅、综合厅五个展厅，详细展示巴东乃至峡江地区史前时期至各历史时期的历史文化、考古文化、民族文化及革命斗争史。

3. 旅游资源特色

（1）古建筑精美、特色鲜明

独特的地理环境和历史影响创造了灿烂的巴东土家族民族文化，其中传统民居的建筑风格最具特色。巴东民族文化公园古建筑复建区以省级文物保护单位古建筑群为主体。寇准文化区有文物建筑秋风亭和仿古建筑寇公祠、寇准县衙。秋风亭历史久远，建筑艺术精致，其翼角作法、结构方法、雕刻工艺具有江南典型工艺及技法特征，有极高的历史和艺术价值，是巴东县重要的人文景观和标志性建筑。

古建筑复建区的五栋古民居外形美观、结构精巧，具有浓郁的土家族特色，是了解土家族和峡江地区传统建筑的重要实物资料。济川桥与寅宾桥建筑造型优美，雕琢精细，体量、用料、建筑工艺、技术水平、建筑形式、装饰手法等都是峡江地区古单拱石桥建筑的典范。王爷庙是三峡地区很有特色的庙宇，在长江历史文化中占有重要地位，其本身的建筑艺术水平较高，雕刻、彩绘细致，整体保存完好，金石文献记载齐全，具有相当高的价值。

（2）文物数量丰富且具有很高的价值

巴东博物馆现有馆藏国家一、二、三级文物及普通文物和标本共3万余件，其中有在三峡工程淹没区文物抢救保护中出土的文物、标本万余件。这些文物为三峡文化中巴、楚文化起源、发展、交融的典型文物，为研究巴东的历史文化乃至整个三峡的历史文化发展起到了不可替代的作用，有极高的历史、文物与观赏价值。历史厅展示的有传递人类起源信息的巨猿化石和南方古猿、旧石器、新石器时代的石器制品，长江中上游地区乃至中国西南地区最早农业文明遗址出土的楠木园文化遗物，有神秘的巴人文化遗物、巴楚经济与战争文化遗物、宋代官窑瓷器、民族民俗文物，等等。革命厅以陈列展示巴东的革命斗争史料和实物为主。

（3）地域文化浓厚

巴东民俗文化历史悠久、真实生动，极具地方特色。各古建筑内展示有大量的土家族民俗文化实物，手工作坊展示土家族传统手工艺制品工序，民族厅展示巴东土家族等少数民族精美文物，反映了绚丽的民族文化特色。公园内演艺广场有绚丽多彩的非物质文化遗产和民族民间歌舞的展示演艺，包括峡江纤夫文化、撒尔嗬、巴东堂戏、峡江纤夫号子、民族民间歌舞、民俗风情精选，等等。

（4）旅游资源单体结构和谐、疏密度好

巴东民族文化公园由古建筑复建区、博物馆区、寇准文化区三大部分组成，以古建筑复建区为核心区域。各建筑布局合理、结构紧凑，县衙、秋风亭、寇公祠沿中轴线分布，构成较完整的县衙建筑群；民居的组合结合现有地形，错落有致，每座建筑周围多植被，环境优美，充分反映了沿江山地村落民居的特点（见图3-2-6）。

图3-2-6 巴东民族文化公园全景

二、旅游价值评估

（一）旅游使用价值评估

1. 游憩价值

第一步，计算景区的日容量。

巴东民族文化公园内景点众多，各景点游览面积和人均适游面积见表3-2-1。

巴东民族文化公园游览线总长度为650米，适宜游览间距为3米，理论上得出旅游线上瞬间容量为216人，考虑景区游览线路有小部分重复，故瞬间容量为152人。民族文化公园面积较大、展示内容丰富，人均游览时间定为2小时。

根据上面确定的数据，巴东民族文化公园的日容量、年容量分别为：

日容量$C_日$＝（1921÷4+400÷3+150+152）×10÷2=4577人次

年容量$C_年$＝日容量×适游期=4577×300=137.31万人次

第二步，计算景区最大年收益。

游客在巴东民族文化公园的旅游花费除门票外，还有其他购物、娱乐消费，人均旅游消费设为50元。

年收益A=年旅游容量×人均旅游花费=1373100×50=6865.5万元

第三步，根据收益法公式计算游憩价值。

考虑到旅游景点在刚刚开放时接待旅游者人数不可能达到最大值，年收益也不可能达到稳定的最大值。随着景点设施的完善、旅游市场的开拓，年收益会不断提高并稳定在一定水平。假定前4年年均旅游资源经营利用率为40%、50%、60%、70%，从第5年起稳定在80%的水平上，则预计巴东民族文化公园未来4年的旅游预期收益分别为2746.2万元、3432.75万元、4119.3万元、4805.85万元。从第5年起，景区收益额将维持在5492.4万元的水平上。

表3-2-1 各景点游览面积与人均适游面积

类 型	景 点	游览面积（平方米）	人均适游面积（平方米/人）
博物馆	文物展厅	400	3
复建文物	地藏殿	78	4
	王爷庙	69	4
	万明兴老屋	132	4
	毛文甫老屋	77	4
	李光明老屋	70	4
	王宗科老屋	92	4
	水磨坊	130	4
	顾家老屋	101	4
	寅宾桥	230	4
	济川桥	52	4
	秋风亭	80	4
	寇公祠	506	4
	县衙	304	4
	合计	1921	
广场	演艺广场	1500	10

资料来源：《巴东民族文化公园复建文物竣工报告》，2008年

在折现率分别为5%、10%、15%的情况下，计算民族文化公园前5年预期旅游年收益预期与折现值，结果见表3-2-2。

表3-2-2 巴东民族文化公园的预期收益与折现值

收益年期	最大年收益（万元）	利用率（%）	年收益（万元）	折现值（万元，折现率5%）	折现值（万元，折现率10%）	折现值（万元，折现率15%）
1		40	2746.2	2615.43	2496.57	2388.1
2		50	3432.75	3113.5	2836.82	2595.5
3	6865.5	60	4119.3	3558.25	3094.83	2708.44
4		70	4805.85	3953.77	3282.4	2748
5		80	5492.4	4303.3	3410.78	2730.82

根据收益法计算公式，计算巴东民族文化公园在折现率为5%、10%、15%情况下的游憩价值，结果见表3-2-3。

表3-2-3 不同折现率下巴东民族文化公园游憩价值

折现率（%）	游憩价值评估值（万元）
5	103612.95
10	49223.71
15	31377.06

从表中可以看出，在不同折现率情况下，游憩价值评估值的差距较大；结合旅游行业实际情况及文物类景区的特点，折现率应取10%为宜。

2. 旅游品牌价值

旅游景区经过开发对游客开放后，就具有了品牌价值，在景区的发展壮大中，品牌价值不断增大。目前巴东民族文化公园已对外开放，但门票免费，因此无法确定溢价、消费者偏好等关键参数，因而无法用品牌权益法计算其品牌价值。基于此，对文化公园的品牌价值评估采用比较参照的方法，即参考具有较大可比性的景区的品牌价值计量方法，通过植入调整因子修正计算得出评估对象的旅游品牌价值。

巴东民族文化公园与秭归凤凰山景区都属文物复建区，景区内历史文化内涵深厚，以民族民俗文化-古建筑和历史名人文化-屈原文化、寇准文化为主体，二者旅游资源性质相同。因此，参照凤凰山旅游品牌价值占旅游使用价值的比例估定巴东民族文化公园旅游品牌价值。在贴现率为10%时，凤凰山景区旅游品牌价值是85887.9万元，占旅游使用价值的比例为15.1%。基于以上的分析，对凤凰山景区旅游品牌价值占旅游使用价值的比例进行微调，确定巴东民族文化公园的旅游品牌价值占旅游使用价值的比例为15%。在民族文化公园游憩价值、旅游环境价值及生态服务价值均已确定的前提下，计算出巴东民族文化公园的旅游品牌价值为8141.7万元。

3. 旅游环境价值

巴东民族文化公园的环境建设工程投资较大。在前期投入中主要是"七通一平"的建设投入，后期的绿化工程主要包括入口广场及各休息地、广场周围种植草地和可观赏性的花木；复建文物周围、东部沟谷种植楠竹，道路两侧植行道树，其他环境工程投入还有给排水、挡土墙工程等。民族文化公园的旅游环境价值评估，采用成本法计算，即评估值等于景区为保护复建文物、发挥游憩功能而付出的全部环境建设成本之和。按照《巴东县民族文化公园规划》中的投入预算，估算结果见表3-2-4。

表3-2-4　巴东民族文化公园旅游环境价值估算

项目	建设投入（万元）	备注
七通一平	84	建设前期投入，即过一级开发后，使园区达到具备上水、雨污水、电力、暖气、电信和道路通及场地平整的条件
给排水工程	80	为保证排水顺畅，不对山体形成冲刷侵蚀，利用原地型中两条山谷修建排水明渠
挡土墙工程	35	为与建筑群风格上保持协调，护坡、挡墙均以片石、毛石砌筑，为便于山体绿化
绿化工程	15.8	栽种各种植物投入，如竹子、乔木、灌木等
	44.9	草皮绿地建设投入
总计	259.7	

资料来源：《巴东县民族文化公园规划方案》，2008年

4. 生态服务价值

巴东民族文化公园的生态服务价值，即景区中的草地、森林、水域等组成的自然生态系统所产生的对游憩活动有支持效用的生物资源生产、营养循环、水土保持和改善环境等生态服务功能的

经济价值。由于民族文化公园内绿地以草地间灌木为主，有少量乔木，亦无水域，故生态系统单位面积按照草地土地类型统计。本项目研究利用景区的土地利用数据，采用Costanza全球静态部分平衡模型，参照国内学者谢高地等人做出的"中国生态系统单位面积生态服务价值表"，按照公式计算，结果见表3-2-5。

表3-2-5 巴东民族文化公园生态价值估算

一级类型	二级类型	草地		
		单价（元）	面积（hm²）	评估值（元）
供给服务	食物生产	193.11	1.11	214.35
	原材料生产	161.68		179.46
调节服务	气体调节	673.65		747.75
	气候调节	700.60		777.67
	水文调节	682.63		757.72
	废物处理	592.81		658.02
支持服务	保持土壤	1005.98		1116.64
	维持生物多样性	839.82		932.2
文化服务	提供美学景观	390.72		433.7
合计		5241.00		5817.51

资料来源：《巴东县民族文化公园规划方案》，2008年

通过以上估算，得出巴东民族文化公园生态服务价值为5817.51元/年。由于文物景区的收益期难以确定，本项目认为只要在严格的文物保护前提下对其进行可持续的利用和管理，排除不可抗力破坏因素，文物景区的收益期就可以延续下去。但由于价值核算的需要，这里暂且将收益期取值100年，则巴东民族文化公园的生态服务价值评估总值为58.18万元。

5. 旅游使用价值

巴东民族文化公园的旅游使用价值为游憩价值、旅游品牌价值、旅游环境价值、旅游生态服务价值的总和。在计算中，景区收益年限取值100年，折现率与贴现率为10%，巴东民族文化公园旅游使用价值的评估值见表3-2-6。

表3-2-6 巴东民族文化公园的旅游使用价值

价值类型	评估值（万元）	所占比例（%）
游憩价值	49223.71	84.45
旅游品牌价值	8742.63	15
旅游环境价值	259.7	0.46
生态服务价值	58.18	0.09
旅游使用价值	58284.22	100

通过上表可以看出，游憩价值占有很大比例，旅游环境价值与生态服务价值所占比例很低。

（二）旅游非使用价值评估

对于旅游景区的非使用价值，一般采用条件价值法（CVM）进行评估。CVM属于直接评估法，以调查问卷为工具。巴东民族文化公园现为免费开放阶段，游客量很少，实地进行游客调查工作存在着很大难度。本次三峡库区文物（古建筑）复建区价值评估的对象均为文物类景区，均以复建文物为主，各评估对象仅在地理区位、规模、文化内涵等方面有差别。

旅游景区旅游总价值为旅游使用价值与旅游非使用价值之和。文物类景区的价值主要取决于它的稀缺性和文化内涵，非使用价值是其总价值的重要组成部分。因此，在无法通过游客调查获取有效数据的情况下，采用经验比例法估算巴东民族文化公园的非使用价值，即在已知民族文化公园旅游使用价值的前提下，参照凤凰山景区旅游非使用价值占旅游总价值的比例进行估算。在折现率与贴现率为10%时，凤凰山景区旅游使用价值占旅游总价值的比例为41.18%，旅游非使用价值占旅游总价值的比例为58.82%；在此基础上，确定巴东民族文化公园旅游使用价值占旅游总价值的比例为40%，旅游非使用价值占旅游总价值的比例为60%，具体估算结果见表3-2-7。

表3-2-7　巴东民族文化公园与凤凰山旅游价值评估对照表

评估对象 评估值 价值类型	凤凰山		巴东民族文化公园	
	评估值（万元）	所占比例（%）	评估值（万元）	所占比例（%）
旅游使用价值	568702.98	41.18	58284.22	40
旅游非使用价值	812229.39	58.82	87426.33	60

（三）旅游价值评估结果分析

1. 评估结果

采用收益法、成本法、参照法等对巴东民族文化公园未来经营期内的旅游价值进行了定量评估。在折现率、贴现率为10%的情况下，计算出巴东民族文化公园旅游价值，见表3-2-8。

表3-2-8　巴东民族文化公园旅游价值评估结果

一级类型	二级类型	评估值（万元）	所占比例（%）
旅游使用价值	游憩价值	49223.71	33.78
	旅游品牌价值	8742.63	6
	旅游环境价值	259.7	0.18
	生态服务价值	58.18	0.04
	合计	58284.22	40

续表

一级类型	二级类型	评估值（万元）	所占比例（%）
旅游非使用价值	选择价值	87426.33	60
	遗产价值		
	存在价值		
旅游总价值		145710.55	100

注：因采用经验参照评估旅游非使用价值，故只评估总值，不再按比例对选择价值、遗产价值、存在价值进行估算

2. 评估结果分析

本次评估的目的在于从定量的角度确定巴东民族文化公园旅游开发潜力，从而更清楚地认识到文物复建区的旅游价值，并为巴东民族文化公园的旅游开发与管理提供科学的参考。通过评估，发现巴东民族文化公园的旅游价值有以下特点。

1）游憩价值的评估结果是一个理想值。游憩价值计算受可游览面积、游客空间标准、周转率的影响较大，相对于游憩价值评估常用的旅行费用法（TCM），用收益法估算巴东民族文化公园游憩价值所得的值会偏大。

2）旅游品牌价值的评估具有一定的随意性。采用比较参照法评估巴东民族文化公园的旅游非使用价值，具有一定的随意性，但考虑到评估对象的性质相同，该方法也是可行的。

3）旅游环境价值偏小。旅游环境价值主要依据景区建设过程中投入的成本计算得出，巴东民族文化公园的环境建设成本仅是第一期建设投资中的概算数据，考虑到巴东民族文化公园中后期的建设环境及环境维护，实际环境建设投入又会增加。此外，景区建成以后，未来的垃圾污水处理、生态环境维护成本是一个长期、常年投入的成本，这些成本在本次评估中并没有考虑。

4）生态服务价值偏小。生态服务价值评估值采用的是Costanza价值评估全球静态部分平衡模型方法，但这种方法适宜大尺度区域评估，现有的评估单价体系也是大尺度背景下的研究成果。然而，巴东民族文化公园总占地面积偏小，因此，由于评估区域尺度悬殊，造成巴东民族文化公园评估结果偏低。

5）旅游非使用价值大于使用价值。凤凰山与巴东民族文化公园都以文物类旅游资源为主，其价值构成不同于一般旅游资源，其价值除取决于效用性和开发利用条件外，主要决定于它的稀缺性和文化内涵。因此，非使用价值（选择价值、选择价值、存在价值）是巴东民族文化公园旅游价值的主体。

评估结果显示，巴东民族文化公园的旅游价值为145710.55万元，虽然实际收益与理想收益有较大差距，但这也表明了巴东民族文化公园具有很高的旅游价值，旅游开发潜力巨大。

三、问题与建议

（一）巴东民族文化公园旅游开发存在的问题

1. 园区面积有限

巴东民族文化公园总规划用地64000平方米，其中体育场占地27000平方米，景区实际占地不足37000平方米。面积偏小会严重影响文化公园的进一步发展：一方面，景区面积偏小，旅游环境容

量有限，旅游接待规模受到限制；另一方面，景区规模小，旅游设施与旅游项目无法拓展，难以开展更多的旅游活动内容，游客的游览时间短，难以留住游客。

2. 旅游设施不完善

巴东民族文化公园按4A级旅游景区标准规划设计，除各旅游景点外，目前已建起一座3A级标准公厕、停车场1000平方米、演艺广场1500平方米、寇准文化展厅250平方米。但这些设施仍然不够，远未达到4A级景区在硬件方面的要求。旅游设施的缺乏，使游客的旅游需求不能得到很好地满足，也使景区无法顺利评上4A级景区，从而制约景区的发展。

3. 古建筑内缺乏陈列内容

目前，文化公园的博物馆文化展厅内有丰富的文物陈列，寇公祠与寇准县衙内也有简单的文物陈列，但各复建古建筑内缺乏陈列内容。复建古建筑陈列文物的缺乏，使游客在参观过程中感觉单调、乏味，使复建古建筑的文化内涵无法展示，也无法使游客留下深刻的印象。

4. 周边环境质量不高

民族文化公园的左边为现代化体育场，左前方为巴东县污水处理厂；园区后面为居民住宅小区，小区的现代建筑与古建筑的风格差别明显；园区内部有一条暴露的市政污水沟，暂未做相关处理，严重影响了园区环境质量。

（二）对巴东民族文化公园旅游开发的建议

1. 拓展园区规模

国家标准《旅游景区质量等级的划分与评定》（GB/T 17775-1999）规定4A级景区游客中心面积须规模适中。巴东民族文化公园规模的拓展要依靠新景点的建设，在园区后期建设中，根据土地利用现状，园区应向东部扩展至狮子包烈士陵园以扩大公园面积。在扩展区，建议建设三峡工程移民文化文物展区，展示巴东在三峡工程百万大移民中的实物、事迹与相关文化；根据巴东文化特色和旅游发展的需要，建议在紧邻文物复建区的东部建设纤夫文化区，通过实物及影像资料展示巴东独特的纤夫文化，体现人与自然的抗争中那种不屈不挠的精神；考虑在扩展区复建白云亭、寿宁寺等古建筑，以充分展示巴东悠久的历史文化。

2. 完善旅游设施

巴东民族文化公园已被评为3A级景区，后续旅游设施的建设应参照《旅游区（点）质量等级的划分与评定》（GB/T 17775-2003）中4A级景区的规范，在现有旅游设施的基础上不断完善。

在游览服务设施方面，应在入口附近设立设施、功能齐备的游客中心，并配备业务熟练的服务人员；在景区内设置各种造型有特色的引导标志（包括导游全景图、导览图、标志牌、景物介绍牌等），提供品种全、内容丰富、制作良好、有特色的公众信息资料（如音像制品、导游图和导游材料等），并适时更新；建设游客公共休息设施，做到布局合理、数量满足需要、设计有地方特色。在卫生方面，应做到环境整洁，无污水污物，无乱建、乱堆、乱放现象；在已有的1座公厕的基础上，还需再建造1座，并做到标志醒目；垃圾箱应布局合理、标志明显、造型美观，与环境协调，垃圾清扫及时，日产日清。

3. 充实古建筑内部陈列内容

应在现有的简单陈列文物的基础上，对县衙、寇公祠、6栋民族传统民居、2座寺庙等建筑进行征集文物与布展陈列及为传统民居添建附属伙房等设施；6栋传统民居分别按农户、纤夫、渔民、豆制品作坊、中药铺、面业加工水磨坊的行业特点形式陈列文物，通过充实陈列内容来完善各建筑展示内容及其教育、服务等功能。

4. 实现文物旅游的功能创新

巴东民族文化公园以复建文物为主，突出地方文化、巴文化、寇准文化、纤夫文化等文化特征。文化特色需要通过有效的途径展示出来，需要功能的创新，即从"文物旅游"到"文化旅游"，以"情境模式"打造"体验产品"，让游客从被动观光发展到主动参与体验的创新发展模式。

文物旅游的功能创新应侧重于文化户外动态展示——通过歌舞、礼仪表演等方式来展示文化。这必须充分利用室外演艺广场和室内演艺厅，每天在固定时间段表演以巴渝舞、哭嫁歌、跳丧舞、摆手舞等为代表的巴文化和土家族文化，以寇准县衙审案等场景再现方式来展示寇准文化。完成文物旅游从静到动、从古板到鲜活、从观光到参与体验的系列转变，全面提升了文物旅游产品的品位与档次。通过丰富多彩的旅游活动，使巴东民族文化园兼顾游览、休闲、传统文化教育、文化历史研究等多重功能，成为具有历史、文化、教育旅游等多种经济与社会效益的精品旅游景区。

5. 优化景区内部与周边环境

园区东部城市市政污水通道应改为管道式，并排入城市市政管网系统。园区内避免设置餐饮设施，便利店应尽量设置于园区外围边缘并妥善处理好环境卫生问题，制定严格的管理制度。餐饮设施、旅游纪念品商店及其他商业服务设施应设置在景区入口及附近。

园区建筑入口及场地大门风格应做适当变化，采用传统风格的样式予以改造，以期取得与公园整体风格相互协调的效果。污水处理厂建筑主体色调应与文化公园整体协调一致，屋面颜色应采用相同或相似的灰色或蓝灰色瓦件，墙面应以白色基调为主。

6. 整合资源、全方位营销

作为高品质文物景区，文化公园与周边的其他景区关联度极高，应充分利用其有利的区位优势和品牌效应，尽可能地整合各种旅游资源，实现紧密合作，做到利益共享。以三峡水上黄金线路为依托，加强与三峡游船公司的联系与合作，主要做好与神农溪、清江水布垭及巴人河等景区的联合营销工作。这些景区同处于一条旅游线路上，资源互补，属于完全不同的旅游景观范畴，实现联合营销可以扩大游客的旅游范围、节约旅游费用、提高游客的满意度。另外，现代营销已经渗透到生产、管理的各个方面。景区的旅游营销应该借鉴现代营销学的先进思想，把营销工作分解、细化并渗透到文化公园日常工作、生活的方方面面。

7. 加强宣传

首先，应加强广告等的宣传力度，有针对性地在电视、杂志、报纸等媒体上进行宣传促销，提供旅游信息，突出文物旅游产品的特点，加强与消费者的沟通，进而强化市场地位。其次，要利用高科技媒介提高宣传促销手段的科技含量，如建立旅游信息系统，开通巴东博物馆暨民族文化公园的官方网站，进行网络营销；开通咨询热线，以便游客了解相关信息。再次，针对民俗文化园的特点，可以通过举办摄影节、书法竞赛及通过电视等媒体承办古代文化知识竞赛、歌舞表演等活动，扩大景点知名度，进而取得较好的宣传效果。

8. 处理好旅游开发与保护的关系

文物古迹是历史的载体，是有形的文化遗产。对历史文物古迹进行利用时应考虑到长远利益，明确这些资源首先是"文化资源"，然后才是"旅游资源"，因此保护是第一位的。保护的目的之一就是要更好地发挥它们的作用，也就是说保护和开发应该并举，开发的同时要注重保护，尽可能地保持其特有的历史文化价值，禁止那些破坏性的商业行为，控制游客的破坏性行为，使文物古迹得到可持续利用。

第三章 秭归凤凰山复建区旅游价值评估

一、文物复建区概况

(一) 基本情况

秭归是三峡工程坝上第一县，三峡库区淹没区包括秭归县的13个乡镇、63.42平方千米的陆域面积。旧县城所在的归州镇几乎全部被淹，移民新县城位于茅坪镇的剪刀峪，于1998年新建落成。

随着三峡工程建设工期的推进，淹没区的文物保护工作也在有序展开。湖北省文物局和秭归县政府及时决断，对秭归淹没区内的24处古民居、古祠庙、古城门等精品地面文物整体复建，复原如旧。复建地址选定在三峡大坝对面的凤凰山上。秭归凤凰山文物复建区遂成为全国最大的文物复建区、三峡地区首屈一指的文化遗产景观集群。由于复建的屈原祠、古民居等文物价值极高、规模宏大，2006年5月凤凰山古建筑群被国务院公布为"第六批全国重点文物保护单位"。

目前，凤凰山文物复建区内的24处文物古建筑的复建工作已经全部完成，文物保护点部署已基本完成，景区一期工程基本完工，后续配套设施正在继续建设中。2010年6月16日，这里举办了盛大的"屈原故里端午文化节"，凤凰山文物复建区更名为"屈原故里文化旅游区"，景区正式对外开放。旅游开发建设以屈原文化、巴风楚韵为主题，力求打造成三峡库区文物保护示范区、国际著名的文化旅游区和5A级景区。

1.自然环境

秭归县地理坐标为110°18'~111°0'E，30°38'~31°11'N。东与夷陵区的三斗坪、太平溪、邓村交界，南同长阳的榔坪、贺家坪接壤，西邻巴东县的信陵、平阳坝、茶店子，北接兴山县的峡口、高桥。东西最长距离为66.1千米，南北最长距离为60.6千米。秭归县为大巴山、巫山余脉和八面山坳合地带。长江流经巴东县破水峡入境，横贯县境中部，流长64千米，于茅坪河口出境，把秭归分为南北两部，构成独特的长江三峡山地地貌。境内地形起伏，层峦叠嶂，地势为四面高、中间低，呈盆地形。东部边境扇子山海拔1920米；南部边境云台荒海拔2057米（县境最高峰），茅坪河口海拔40米（县境最低点）[1]。

秭归地处中纬度，属亚热带大陆性季风气候。境内气候温暖湿润，雨量充沛，气候温和，四季分明，春温多变，初夏多雨，秋高气爽，冬暖明显。年平均气温为18℃，平均日照为1631个小时，年平均降水量为1400毫米，年均相对湿度为75.75%，无霜期为230天。春夏秋冬景随时变，四季时节皆适宜旅游。

---

[1] 《秭归地理环境》，秭归县人民政府门户网站，2010年3月12日，http://www.hbzg.gov.cn/article.do?type=category&articleid=57240。

2. 区位条件

秭归凤凰山位于秭归新县城东区，地理坐标范围为110°58′~110°59′E、30°49′32″~30°49′53″N，距三峡大坝直线距离不到1000米，与三峡工程副坝相连，面积为48公顷，最高海拔251米。秭归新城居三峡库首，而凤凰山文物复建区背靠秭归新城、面朝雄伟的三峡大坝，三面环水，形成湖中半岛。凤凰山景区集三峡大坝的壮丽、平湖风光的秀美和屈子遗迹与巴风楚韵于一体，是观三峡大坝、览高峡平湖的最佳区位，是理想的风景旅游地。

秭归茅坪港是长江航线上重要的交通枢纽、国家二级港口、三峡大坝上的第一港，是新三峡旅游的新起点和终点港，也是渝东鄂西的交通咽喉和物资集散地。凤凰山复建区毗邻茅坪港，面对三峡大坝，隔滨湖路与秭归新城中心区相望，地理位置优越，交通便利。

秭归在湖北省和宜昌市的区位见图3-3-1，凤凰山复建区在秭归县中的区位见图3-3-2，凤凰山复建区与县城及三峡大坝位置关系如图3-3-3所示。

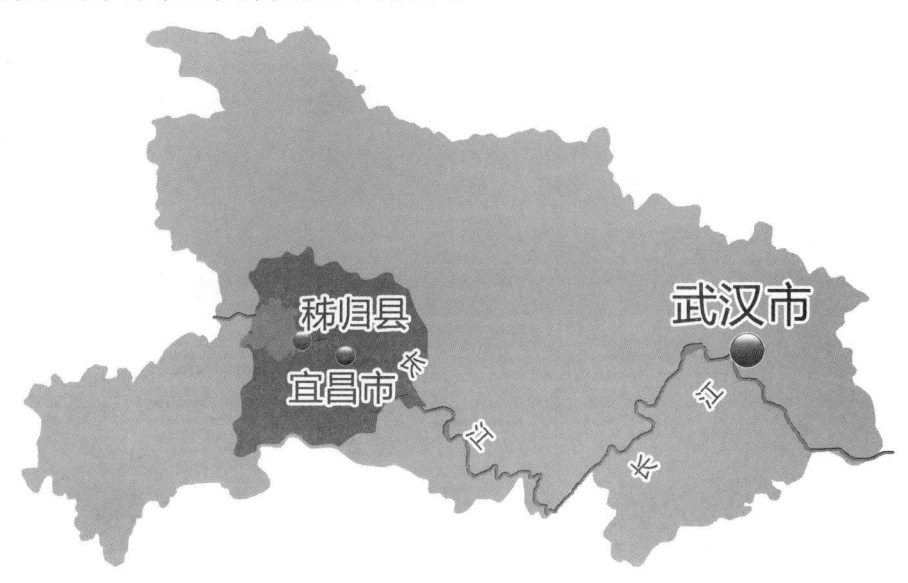

图3-3-1　秭归在湖北省和宜昌市中的位置

3. 历史背景

秭归古名归乡，为古归国所在地。西周后期至春秋前期，楚子熊渠分熊挚为夔子，治秭归，故又称"夔子国"。春秋中期属楚，战国后期称归乡。秦统一中国后，置南郡，设秭归县。汉袭秦制。汉献帝建安二十四年（公元219年），秭归为东吴孙权所取。三国魏文帝黄初元年（公元220年），秭归又属新城郡。蜀汉章武元年（公元221年），属宜都郡。次年隶吴。吴永安三年（公元260年），设建平郡，治茅坪（今茅坪镇），辖秭归。晋武帝太康元年（公元280年）灭吴，属晋之建平郡。北周建德六年（公元577年）改称长宁县。隋开皇三年（公元583年）复称秭归县。唐武德二年（公元619年）置归州。五代后梁开平元年（公元907年），归州属十国之一的前蜀。宋元仍名归州。明洪武九年（1376年）废归州，置秭归县，隶夷陵州。清升其为直隶州，隶属湖北省。民国元年改其为秭归县。

20世纪90年代三峡工程开工建设，秭归县受淹地下文物点共有100处，分遗址和墓群两大类；地面文物点共有80处，其中寺庙衙署类10处、民居类43处、牌坊类1处、古桥类11处、城门（墙）类3处、石刻类9处、近现代建筑类2处、古井1处。秭归库区丰富的地下和地上文物，特别是分布在

图3-3-2　凤凰山复建区在秭归县中的位置

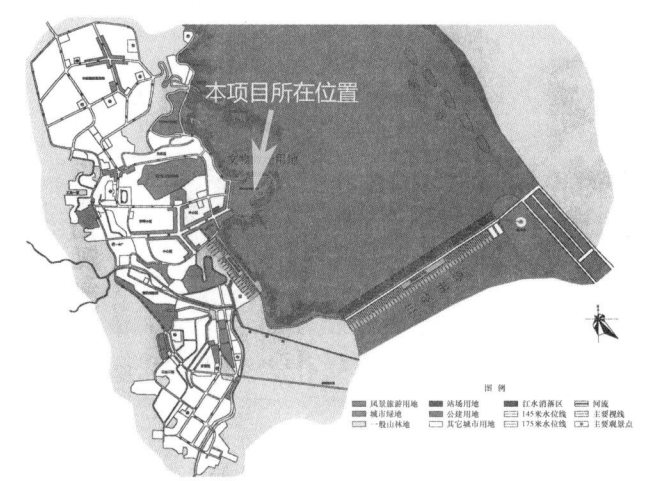

图3-3-3　凤凰山复建区与秭归县城区及三峡大坝位置关系图

峡江两岸的古民居、古祠庙、古井、古石刻、古城墙等在三峡地区极具代表性，是秭归乃至三峡地区成百上千年历史文明的重要物化形态。其中寺庙建筑的构筑艺术、工艺和装饰艺术代表了地方建筑的最高成就，古民居和宗庙祠堂客观地反映了三峡秭归地区的民俗文化及宗教信仰的特殊风貌。

4. 社会经济发展状况

秭归县是三峡大坝所在地、中国脐橙之乡，也是全国扶贫工作重点县。近年来，秭归经济和社会发展进步明显。农业上基本形成柑橘、茶叶、烤烟、蔬菜、干果、畜牧等六大特色农业产业板块。工业上形成化工、新型建材、能源、轻工服饰、食品加工、光电子等新型工业发展体系。第三产业形成以旅游业为龙头的发展态势，港口物流活力彰显，经济总量和综合实力不断增强。

2008年，秭归县生产总值达到36.97亿元，固定资产投资达到20.11亿元，社会消费品零售总额达到13.98亿元，财政地方一般预算收入达到14236万元，城镇居民人均可支配收入9678.71元，农民人均纯收入2875元。[①]

---

① 《秭归县情简介》，三峡秭归在线网，2009年12月14日，http://www.zigui.gov.cn/2008-05/13/cms85699article.shtml。

5. 旅游业发展概况

秭归是爱国诗人屈原的诞生地，是美女王昭君的故乡，闻名世界的长江西陵峡横贯其中。秭归有享誉湖北省内外的九畹溪漂流，有如诗如画的泗溪风景区，有三峡工程坝上第一城——新县城，还有链子岩天然地质公园风景区，旅游资源丰富。

近年来，秭归旅游业发展迅速，旅游已成为秭归的一大支柱产业。秭归旅游借助三峡工程品牌，以屈原文化为特色，以"一江一坝一城三溪"为骨架，以凤凰山、泗溪、九畹溪、乐平里、西陵峡、干溪沟、五指山为主体形成独具特色的旅游景区体系格局。秭归逐渐成为新三峡旅游线上最具发展潜力、最具吸引力的旅游区域。

2009年，在多种因素的影响下，秭归县全年接待国内外游客仍达150多万人次，实现旅游收入6个多亿。2010年3月，由长江三峡旅游公司、湖北鄂西生态文化旅游圈投资公司和秭归县政府共同组建的"高峡平湖旅游公司"联合开发"屈原故里风景名胜旅游区"，其中凤凰山景区是这一项目的龙头和核心，且在三峡地区旅游发展中的地位越来越重要。

（二）文物复建区情况

凤凰山复建区占地520亩，根据规划，将突出屈原文化、三峡文化和移民文化。其主要内容包括：以屈原祠和屈原文化广场为主的屈原纪念景点，以新滩古民居、峡江石刻、峡江古桥等为重点的三峡古民居群落景点，湖北省三峡文物保护中心及九歌坊等相关景点。

集中搬迁复建的包括屈原祠、峡江古民居等24处地面文物，都是国家重点文物保护单位，其中的屈原祠复建以前就是秭归重要的旅游景点。目前已经完成文物主体建筑的搬迁复建工作，景区内部的道路系统、给排水、电力、护坡治理、环境绿化等基础设施配套建设基本完成，一期工程已经基本完工，景区已于2010年端午节正式对外开放。后续的古民居室内陈列布展工作、旅游服务设施和服务项目配套等后续工程正在紧锣密鼓地进行，凤凰山景区新的旅游功能和接待服务体系正在形成。

1. 文物复建过程

随着三峡工程建设工期的推进，秭归文物保护、搬迁工作也有序展开。在秭归县城搬迁过程中，决策者们将紧邻县城、直面三峡大坝、有近500亩可用面积的凤凰山预留下来，作为秭归淹没区地面文物的集中复建地。湖北省文物局会同秭归县政府，决定选择屈原祠、古民居等极具代表性的24处地面文物集中搬迁复建。针对文物古建筑实物的大规模测绘、编号和拆迁工作随即展开，凤凰山文物古建筑复建规划布局和单体设计也同时启动。

2001年12月，第一栋搬迁文物——江渎庙正式开工复建，随后，每年以4~5栋的复建速度向前推进[①]。2002年，完成江渎庙、郑万琅老屋、郑万瞻老屋、郑韶年老屋、彭树元老屋、杜氏宗祠等6栋民居、祠庙的建设；2003年，紫光阁、三老爷老屋、郑书祥老屋、刘正林老屋等4栋文物建筑落成；2004年，水府庙、王氏宗祠、邓永清老屋、郑启光老屋、游县长老屋等5栋文物建筑的复建工作完成；2005年，屈原故里牌坊、新滩古井、惠济桥、江渎桥、千善桥、屈子桥等6处文物建设的

---

① 马尚朝：《坚持以科学发展观为指导，建好凤凰山文化名胜旅游区》，秭归县人民政府门户网站，2009年12月14日，http://www.hbzg.gov.cn/article.do?type=category&articleid=1687588。

复建工作完成[①]。2006年，对古民居区的环境整治工程完成，屈原祠正式动工，新的屈原祠占地2万多平方米，建筑面积为5000多平方米，是老县城归州屈原祠的4倍。2010年1月16日，屈原祠复建完成。截至目前，凤凰山文物复建区已完成10栋古民居、2座寺庙、3座祠庙、1座中西合璧的教堂、1座牌坊、1口古井、4座古桥和2座城门等24处地面文物的搬迁复建工作。

凤凰山复建区的规划工作，从总规到详规再到单体规划设计，都凝聚了各方面的智慧和力量，先后有10多家设计单位、30多位设计专家参与规划设计。自1998年秭归开始规划集中复建秭归库区的24处重要文物以来，先后多次对凤凰山进行规划。2004年12月，由北京市园林古建筑设计研究院编制完成了《秭归县凤凰山风景区总体规划》，凤凰山的主题定位及主要建设项目基本确定。凤凰山规划建设以屈原文化为统领，主要由以屈原祠为核心的屈原纪念区和以青滩古民居为主体的屈原故里风情展示区两大部分组成。

凤凰山复建区文物复建整体布局见图3-3-4。

图3-3-4　凤凰山复建区文物古建筑复建布局示意图
资料来源：《三峡工程湖北库区秭归县地面文物搬迁保护规划》，2005年

2. 复建区内部情况

（1）复建区内主要的文物古建筑

见表3-3-1。

---

① 林鹏：《凤凰山：宜昌最大的古建筑复建群》，三峡秭归在线，2010年3月2日，http://www.zigui.gov.cn/2009-10/22/cms244695article.shtml。

表3-3-1 凤凰山景区复建文物古建筑一览表

序号	文物名称	类别	原占地面积（㎡）	原建筑面积（㎡）	文物及其价值简介
1	屈原祠	祠庙	15000	2870	又称清烈公祠，为纪念屈原而建。唐代始建，经历代重建修缮，是重要的名胜古迹。新中国成立以来经历两次大修和搬迁。屈原祠极具纪念意义、教育意义和历史、科学、艺术价值
2	紫光阁	教堂	44	65	清代建筑。歇山顶三滴水楼阁建筑，为庙宇幸存下来的单体建筑。建筑手法、造型、翼角处理别具匠心
3	江渎庙	寺庙	650	850	始建于北宋，现存者为清代建筑，具有浓厚的地方建筑特色，是民间建筑工艺技术的典范
4	水府庙	寺庙	300	470	建筑始建于清乾隆时期。原香溪峡口重要的名胜古迹。是自然崇拜和人神崇拜的产物，造型别致，独具艺术特色
5	王氏宗祠	祠庙	250	415	清代建筑。两进院布局，由前殿、中殿天井、后殿、厢房组成，五花封火山墙，硬山式，建筑高大壮观、保存完好。建筑规模大，在结构形式、雕画艺术等方面设计巧妙，制作精细，历史、艺术、科学价值较高
6	杜氏祠堂	祠庙	222	404	清末建筑。四合院布局，由过厅、天井、后堂、厢房组成。尤其是主立面处理成一座六柱七楼式的牌楼，造型高大，壮观气派
7	郑书祥老屋	民居	210	371	清代民居，长方形布局，门厅、堂屋、厢房、围楼布局，做工精致，保存完好
8	郑韶年老屋	民居	342	503	清代民居，砖木结构，二进二层院落，厅屋、厢房、天井、堂屋、侧屋布局。五花封火山墙，硬山式，高大壮观，保存完好。建筑规模大，结构形式、雕画艺术设计、尤其排水系统设计巧妙
9	刘正林老屋	民居	220	300	清中期建筑，由堂屋、天井、门楼组成，规模较小，但建筑造型、雕刻、彩绘等设计巧妙、制作精细，历史、艺术与科学价值较高
10	郑万琅老屋	民居	223	375	清末建筑。建筑布局、装饰特色明显
11	彭树元老屋	民居	327	464	晚清民居。由两组建筑并排形成，一组是门楼、厨房、侧院，平面不规则；另一组是主要院落，为厅屋、厢房、天井、正屋，平面似正方形。布局灵活自由、不呆板，风火墙、门窗雕饰工艺精美
12	邓永清老屋	民居	303	535	清代早期长江沿岸卜庄河一带民居建筑的代表作。造型别致，大到内部梁架做法，小到装修心扉、墀头均透露出峡江建筑轻灵、精细的特点，具有鲜明的地方特色。建筑工艺水平为上乘
13	游县长老屋	民居	291	497	清代建筑。厅屋三开间，此间两层。建筑呈围合封闭形，平面似九宫格布局，中为天井。起脊二面坡屋顶。五花风火山墙。墙体、门窗装饰艺术特色鲜明
14	郑万瞻老屋	民居	851	366	建于清末。四合院布局，由前厅、天井、后堂、厢房组成，五花封火山墙，硬山式，建筑高大，壮观气派，保存较完好。设计巧妙，制作精细，历史、艺术、科学价值较高
15	郑启光老屋	民居	242	471	清代民居。砖木结构，四合院布局。五花封火山墙，硬山式，高大壮观、保存完好。建筑形式、雕画设计、排水系统设计巧妙
16	三老爷老屋	民居	307	401	清代民居。总体布局基本呈横长条形，周围围墙封闭，天井和院子并列布置。外观高低错落，简朴秀丽，地方材料质感强烈
17	屈原故里牌坊	牌坊	24.6	24.6	清光绪十年为纪念屈原而立。牌楼为四柱三楼，有郭沫若题"屈原故里"四字。主体部分保存完好。建筑造型、结构形式、雕刻及脊饰等方面特色显著

续表

序号	文物名称	类别	原占地面积（m²）	原建筑面积（m²）	文物及其价值简介
18	迎和门	城门	84	84	清代归州古城东门，石材拱券结构。极具历史价值、科学价值和观赏价值
19	景门	城门	144	144	清代归州古城南门，石材拱券结构。极具历史价值、科学价值和观赏价值
20	新滩古井	水井	12	4	新滩古民居群落中的重要组成部分。水源来自山泉，采用平行箱式蓄水结构，由花岗岩石围合垒砌
21	屈子桥	桥梁	47	47	单孔拱券结构石桥，花岗岩石砌筑。保存完好
22	惠济桥	桥梁	13	13	单孔拱券结构石桥，花岗岩石砌筑。保存完好
23	江渎桥	桥梁	14	14	郑姓宗族出资兴建于民国初年，单孔拱券结构石桥，花岗岩石砌筑。美观实用，设计精巧，保存较好，桥与新滩古民居群水乳交融。与江渎庙关系密切
24	千善桥	桥梁	18	18	桥体小巧，精致，做工考究。花岗岩石单孔结构，半圆拱券形式，承重合理

资料来源：湖北省文物局《三峡库区秭归复建区复建文物古建筑勘察报告》《三峡工程淹没及迁建区文物古迹保护规划报告（1995）》

（2）复建区其他建筑

根据《秭归凤凰山国家文物保护区旅游配套建设详细规划》的内容，景区除上述复建的24处文物古建筑之外，还有以下主要旅游建筑设施：

楚风广场、屈子吟跌瀑、楚风街、三峡文物保护中心、九歌苑、太阳神、雨神、山神、河伯、大司命、少司命、爱神、礼魂坛、神鱼赋、神鱼、求索台、天问台、橘颂赋、丹橘园、九畹芝兰茶室、离骚草木园、河池香蕙、渔父碑、独醒亭、楚天胜地、虎座飞鸟、峡江藤桥、来仪台、夔龙广场、屈原文化艺术中心（乐舞坊演艺中心）等。

这些建筑和设施单元将与上述文物古建筑共同构成凤凰山景区的核心旅游吸引物，加上景区的旅游标志信息系统等其他配套设施和旅游服务的有机组合，共同形成凤凰山景区整体。如图3-3-5所示。

3. 旅游资源特色

（1）屈原纪念性古建筑系列

屈原纪念性古建筑系列以屈原祠为主体，包括屈原墓、屈原故里牌坊等古建筑遗存，具有极高的历史价值、文化价值、建筑艺术价值和教育纪念意义。秭归是屈原的诞生地，各类纪念屈原的建筑是地方文化的代表。复建的屈原祠、屈原墓和"屈原故里"牌坊有着浓郁的地域色彩和地方标志性。新落成的屈原祠是当今世界上最大的屈原祠，也是国家级重点文物保护单位。如图3-3-6所示。

屈原祠始建于唐元和十五年（公元820年），归州刺史王茂元首建屈原祠于州城东五里之屈原沱。宋神宗封屈原为"清烈公"，同时扩建屈原祠并更名为"清烈公祠"。屈原墓亦于同时修建，且元、明、清屡圮屡修，得以保存下来。1978年建葛洲坝水利枢纽时，屈原祠迁至秭归县东1.5千米长江北岸的向家坪；2006年受三峡工程蓄水的影响，又复建至凤凰山。屈原祠历经千年有余，饱经岁月风霜，几次迁徙，数次修缮重建，充分显示了屈原爱国爱民精神流芳百世、千古不朽，也充分展示出世人尤其是屈原故里百姓对屈原世代怀念之情。今仿古新建的屈原祠建筑群包括山门、九歌廊、碑廊、碑林、纪念馆、行吟阁、离骚楼、橘颂亭、荷花池、博物馆等景点，融园中游览、学

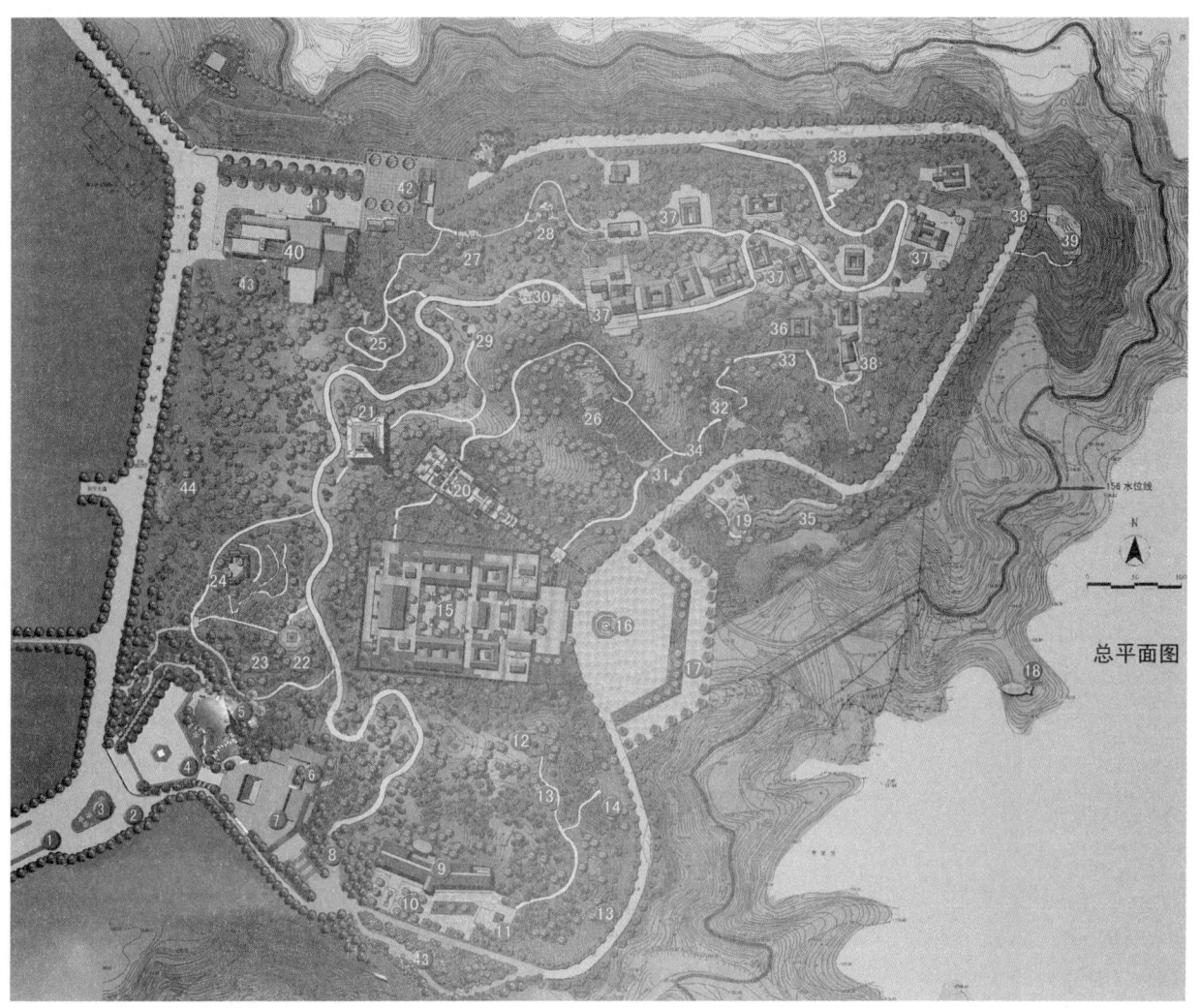

图3-3-5 凤凰山景区规划总平面图

1.机动车辆入口（平湖路） 2.游客下车平台 3.入口前花坛 4.楚风广场（入口后广场） 5.屈子吟跌瀑 6.楚风街（售票处及商业街） 7.景贤门及入口广场 8.游客电瓶车中心 9.三峡文物保护中心 10.楚天风物园（文保中心前广场） 11.九歌苑 12.太阳神（东君） 13.雨神（天中君）、山神（山鬼）、河伯（黄河水神）、大司命（生命之神） 14.少司令（主管后代及少儿命运之神） 15.屈原祠 16.礼魂坛 17.神鱼赋 18.神鱼 19.求索台 20.屈原墓 21.天问台（屈原大型主题雕塑） 22.橘颂赋 23.丹橘园 24.九畹芝兰茶室 25.离骚草木园 26.荷池香蕙 27.渔父碑 28.独醒亭 29.楚天胜地 30.虎座飞鸟 31.屈子桥 32.千善桥 33.江渎桥 34.惠济桥 35.填土堆砌石坡（船、纤夫、看台、险滩） 36.公共卫生间 37.峡江古民居群 38.峡江藤桥 39.来仪台（凤鸟、石鼓、大坝眺望台） 40.屈原文化艺术中心（乐舞坊） 41.夔龙广场 42.长宁大道景观对景

资料来源：《秭归凤凰山国家文物保护区旅游配套建设详细规划》，2007年

术考察与展示屈原文化、民俗文化、历史文化、现代文化于一体。

"屈原故里"牌坊建于清光绪十年（1884年），原位于归州古城东门外150米处，自古以来就是归州的标志性建筑。牌坊为木结构建筑，四柱三间三楼，庑殿顶，灰筒板瓦屋面，建筑高约7米，面阔5.2米，明间2.7米，次间1.25米。牌坊明间楼匾双面题有"屈原故里"四字，为郭沫若先生手书。牌坊附近还有两个极有价值的附属文物，分别是清光绪年间立的"楚大夫屈原故里"石碑和"汉昭君王嫱故里"石碑。该牌坊整体保存完好，是民间建筑工艺技术之杰作，也是湖北境内极其罕见的木结构牌坊。如图3-3-7所示。

图3-3-6　屈原祠

图3-3-7　"屈原故里"牌坊

屈原纪念性古建筑群是凤凰山文物复建区的核心景观，又是人们景仰先贤屈原的纪念圣地，中华儿女爱国主义教育基地，也是中外游客游览三峡必到之地。

（2）峡江古民居、祠堂等古建筑、民俗系列

凤凰山古民居建筑包括郑书祥老屋、郑韶年老屋、刘正林老屋、郑万琅老屋、彭树元老屋、邓永清老屋、游县长老屋、郑万瞻老屋、郑启光老屋、三老爷老屋等10处老屋；祠堂有王氏宗祠和杜氏祠堂两处。古民居、祠堂多数从秭归县新滩古镇复建而来，属清代建筑，保存完好，成为当地留存下来的最典型、最有特点的民间建筑群落。古民居、祠堂建筑群落及附着于其上流传下来的反映秭归先民日常生活起居、手工艺品作坊生产、私塾教习、风水占卜等的民俗，都是反映三峡地区历

图3-3-8　凤凰山古民居建筑

史、文化不可多得的珍贵实物例证。如图3-3-8所示。

新滩古镇之得名始于两晋，至清末成为当时工商运输业的一个重要集散地，旧志载"州境诸镇，唯新滩颇称喧嚣"。民居多依山就势而筑，沿石阶过门楼，入天井小院，台阶错落有致，回廊九曲八折，外人轻易转进去却难走出来。峡江古民居充分体现出峡江先民天人合一、和谐共生的传统之美。新滩老屋的匠心独运还体现在建房用料、雕饰上。老屋是石头、青砖、木头和寸瓦的艺术，且这老屋的材料也都取于峡江。墙基、台阶、天井、门框、门楣、柱等构件全部取材于峡江边的大青石。石上大都有雕刻，人物走兽、花草虫鱼，无所不备。外墙的青砖就是江边的黄泥用柴火烧制而成的"线砖"。木料和瓦也有讲究，穿架或者做柱子，大都是直径一两尺粗细的木料，各种门扇、窗棂、栏杆则全是用上好的木料制成，其上多有雕饰。这些木雕大都取材于神话传说和峡江人的日常生活，一幅木雕便是一个故事。屋顶大都有堆塑，用瓦和砖做成变形而抽象的琉璃吻，层层叠叠，古意盎然。

（3）端午祭屈原、赛龙舟等民俗系列

秭归县是屈原的诞生地，也是中国端午节文化最为深厚的地方之一。中国很多地方只过一个端午节，但秭归有三个端午节：农历五月初五为头端午，五月十五为大端午，五月二十五为末端午。每到端午节，秭归人都要用自己特有的方式纪念屈原：端午诗会吟屈原、赛龙舟纪念屈原、举行仪式公祭屈原。此外，还有挂艾蒿、插菖蒲、吃粽子、饮雄黄酒等。这些世代相传、具有深厚文化内涵和纪念意义的民俗活动，成为凤凰山最具视觉冲击力、文化感召力的旅游吸引物。如图3-3-9所示。

秭归作为屈原故里，每年都在端午节期间隆重举行公祭屈原的活动，从南北朝一直延续至今。由官府出面组织的祭屈大典，为区别于民间祭祀而称"公祭"。头端午，即屈原投江殉志的这天，在屈原祠前用松柏、艾叶扎成大型祭坛，将蒸熟的全猪全羊、瓜果点心及粽子献于屈原灵牌（或塑像）前，巨大的挽幛上篆书"屈原（三闾）大夫魂兮归来"。在婉转凄切的鼓乐箫声之中，主祭吟唱歌颂屈原的祭文，百姓则依次向屈原牌位（或塑像）叩首焚香，祈求当年风调雨顺、五谷丰登。如今，公祭屈原仪式成为凤凰山景区端午节活动中最为盛大的纪念活动。

图3-3-9　凤凰山公祭屈原活动

秭归是龙舟运动的发祥地，龙舟文化沉淀深厚。秭归龙舟竞渡不仅具有浓厚的地域特点，而且形成系统的、完整的竞渡习俗，且不同于其他地方。一是龙舟式样不同，秭归龙舟都是用杉木或柏木打造而成，而且工艺精湛。"龙头""龙眼""龙骨""龙尾""龙甲""龙子幡"等形制都别具特色。二是水域选择不同，竞渡时选择江面宽且流急的水面。秭归的龙舟竞渡在三峡大坝蓄水前，均在古城归州有"江水三潆"的"屈原沱"举行。"屈原沱"，传说为神鱼驮负屈原之躯回乡之地，在这里赛龙舟形成"千人拱拜屈原"之势，更显屈乡子女纪念屈原的良苦用心。三是祭祀活动不同，龙舟竞渡中有一套完整的祭祀礼仪：秭归龙舟竞渡有祭庙（亦即祭屈原，含祭龙头）、祭江（含招魂）、竞渡（含夺标）、回龙等四个程序，有一整套的锣鼓和唱腔，其中招魂最为感人，参赛及看赛者尤其重视"抢红"夺标。三峡工程蓄水后，秭归龙舟竞渡水域固定在凤凰山附近的徐家冲港湾举行，这又为凤凰山景区增添了一道风景。

（4）江渎庙与水府庙

江渎庙又名杨泗庙，原址在秭归县新滩南岸桂林村。据史料考证，至少在北宋年间就有了江渎庙，被复建的江渎庙建于清同治四年（1865年）。中国历史上有祭祀"江淮河济"四渎水神的民俗传统，江渎庙是先人祭礼长江的所在。江渎庙除具有浓厚的地方建筑特色外，其建筑样式和建筑风格在三峡库区极为少见，且为全国为数不多的保存完好的四渎庙之一，具有较深厚的文化积淀和十分丰富的古建筑文化价值。如图3-3-10所示。

水府庙又名镇江王爷庙，亦称紫云宫，原址位于秭归香溪镇香溪河东的长江北岸。该庙建成于清乾隆二十三年（1757年），距今已有250多年。建筑平面呈四合院形制。前殿有镇江王爷像，后殿供有观音像，中殿有普陀山、百子图。神像妆金涂粉，光彩异常。水府庙是自然崇拜和人神崇拜的产物，在当地人民心目中具有崇高的地位。旧时水府庙前"日有千人拱手，夜有万盏明灯"，川江往来船只繁多。然川江自古多滩浅碛，归州少良港，唯香溪口水府庙下杨家沱水位较深，可泊木船。庙中所祀的乃是船民船工们的保护神"镇江王爷""观世音菩萨"。来往客商官民上庙进香，祈求水上平安。水府庙与峡江之上白帝城的镇江王庙、巴东县楠木园的王爷庙、巴东县官渡口的龙王庙、巴东秭归县交界处的地藏殿相同，与三峡地区历来艰险异常的川江航运有着紧密的联系。

图3-3-10　江渎庙

（5）观三峡大坝、览高峡平湖

凤凰山景区与三峡大坝相距不足1千米，与三峡大坝隔江对峙，是观三峡大坝、览高峡平湖的理想视点。凤凰山景区以其厚重的历史文化、富集的自然山水与三峡大坝雄姿、高峡平湖的美景相互补充、相得益彰，从而成为环坝旅游不可缺少的重要内容。滨水景观带建成以后，这里更成为游客凭吊怀古、观坝览湖、休闲游憩的绝妙胜地。

二、文物复建区旅游价值评估

（一）数据获取：问卷调查及样本统计情况

1. 问卷设计

游憩价值、旅游品牌价值和旅游非使用价值评估需要的游客旅游消费、品牌认知和支付意愿等数据，来自实地游客调查。本研究根据以上诸项价值评估的需要，针对游客设计的问卷内容有以下三部分构成。

1）游客的人口统计特征信息。包括到访游客的来源地、性别、年龄、文化程度、职业、月平均收入等项目。

2）游客的旅游特征信息。包括对凤凰山景区的了解程度、了解途径、所能接受的景区门票价格、行程中各景区景点的停留时间、实际旅游消费情况（包括食、住、行、游、购等各项支出，分个人自助旅游和团队游客两种情况进行统计）、文物复建对于旅游价值影响的认知、旅游满意度和问卷问题的理解程度等项目。

3）游客对文物保护的支付意愿信息。此部分是核心部分，包括是否愿意为保护凤凰山文物资源进行自愿支付；对愿意支付的游客，采用非锚定型支付卡问卷格式访问被调查者的支付额度，其特点为要求被调查者从一系列给定的价值数据（为非连续数据）中选择他们的最大支付意愿数量，同时调查选择价值、遗产价值和存在价值各项在支付额度中所占的比例；对于不愿意支付的游客，则采用半开放式问卷方法调查其不愿意支付的原因。

以上设计内容经过专家咨询与论证，项目组收集反馈意见并进行调整，形成问卷初稿。调查组于正式实地调查之前，又选取了30名华中师范大学学生模拟游客身份进行了预调查，结果显示，完成一份问卷的时间需要3~5分钟。根据预调查结果，又对问卷进行了调整和精简，最终确定的问卷文本详见附录。

2. 问卷的发放与回收

根据研究区当地旅游的季节性特征，国庆黄金周期间是凤凰山景区接待游客的高峰期。调查组一行10人在湖北省文物局和秭归县文物局等部门的大力支持和协助下，于2010年9月29日~10月2日在景区进行了实地问卷调查，随机抽取了400位到访游客，采取面对面的方式，回收问卷400份，剔除一些错填、漏填等无效问卷36份，总计获得有效问卷364份，占样本的91%。

本研究的调查样本数量按Scheaffer抽样公式确定，公式为：

$$n = \frac{N}{(N-1)\delta^2} + 1$$

式中，n为抽样样本数，N为年观光游客人数，δ为抽样误差。设定抽样误差为0.06，凤凰山景区年均游客总量取前述计算结果3532200人次，经过计算，游客调查的有效抽样份数为279份。本次调查获取有效样本数量364份，超出这一数字，因此具有统计学上的意义。

3. 样本基本情况统计分析

（1）样本人口统计特征统计分析

1）性别。男性游客有231人，占样本总人数的63.46%；女性游客有133人，占样本总人数的36.54%。男性游客明显多于女性游客。

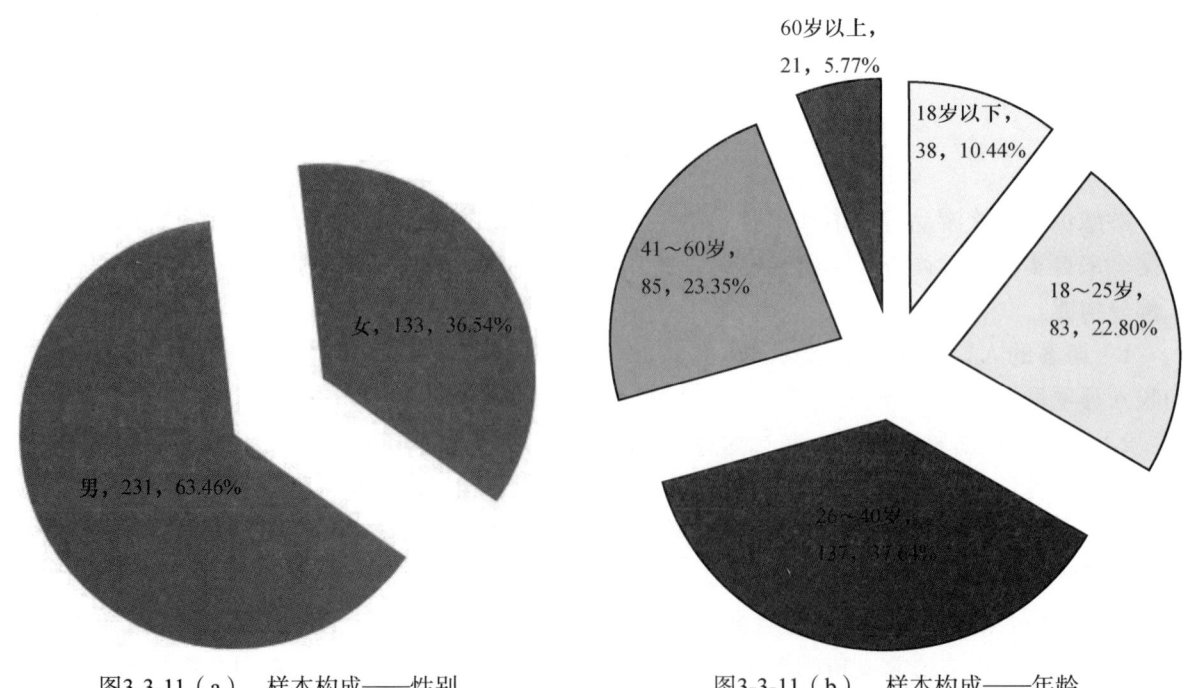

图3-3-11（a） 样本构成——性别　　图3-3-11（b） 样本构成——年龄

2)年龄。18岁以下的游客有38人,占样本总人数的10.44%;18~25岁者83人,占样本总人数的22.80%;26~40岁者有137人,占37.64%;41~60岁者有85人,占23.35%;60岁以上者有21人,占5.77%。样本游客以青壮年为主。

3)文化程度。初中及下文化程度的游客有45人,占样本总人数的12.36%;高中或中专者有113人,占31.04%;大专及本科者有193人,占53.02%;研究生学历者有7人,占1.92%;6人未填,占1.65%。具有大专以上文化程度者共有200人,占总人数的54.94%,说明样本游客多数具有较高的文化程度和认知水平。

4)职业。学生有70人,占样本总人数的19.23%;农民有19人,占样本总人数的5.22%;公司职员有67人,占18.41%;离退休人员21人,占5.77%;政府公务员29人,占7.97%;事业单位职员93人,占25.55%;军人7人,占1.92%;其他职业人数共58人,占样本总人数的15.93%。说明凤凰山

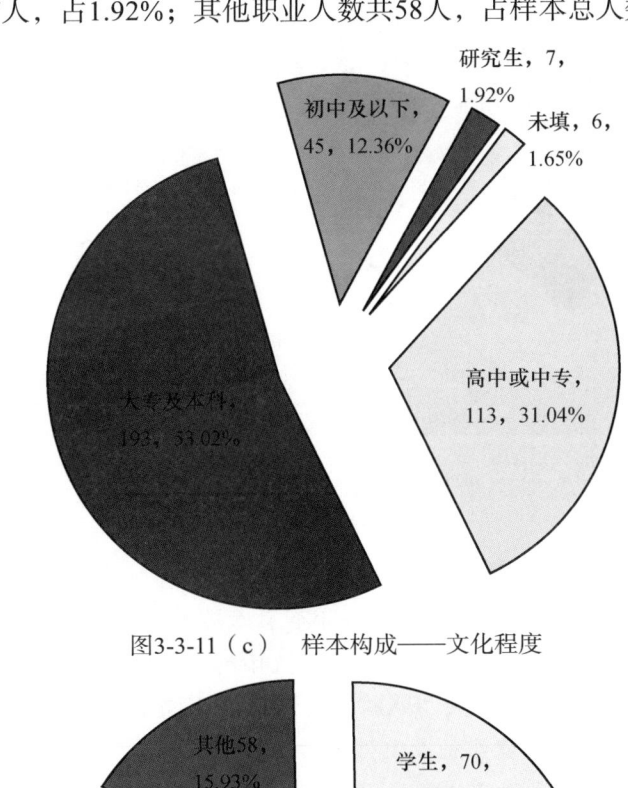

图3-3-11(c) 样本构成——文化程度

图3-3-11(d) 样本构成——职业

游客的职业以企事业单位职员、政府公务员和学生为主。

5）月平均收入。游客个人月收入水平在500元以下的有67人，占样本总人数的18.41%；月收入500~1000元者有41人，占11.26%；1001~2000元者有123人，占33.79%；2001~3500元者有87人，占23.90%；3501~5000元者有26人，占7.14%；在5000元以上者有20人，占5.49%。游客以1000元以下的低收入群体和1001~3500元的工薪阶层为主，共计占87.36%。

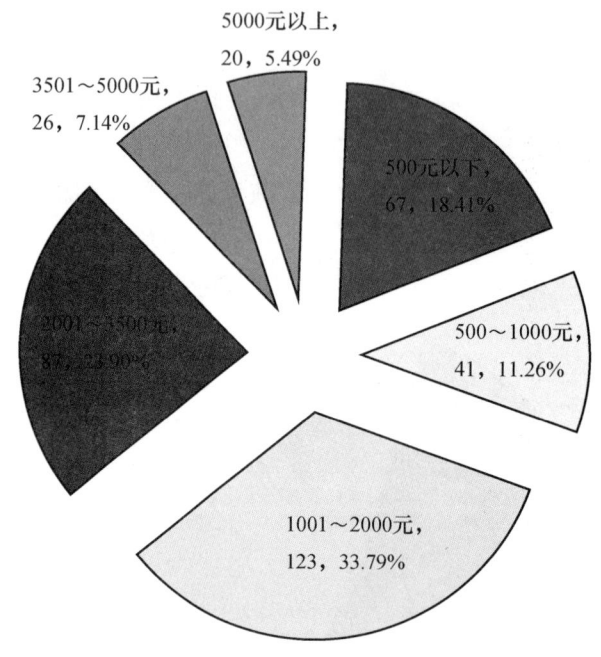

图3-3-11（e） 样本构成——收入水平

（2）样本认知程度信息统计分析

1）出发地。来自湖北省的游客为251人，占样本总人数的81.49%；安徽省51人，占14.01%；湖南省12人，占3.30%；河南省9人，占2.47%；重庆市6人，占1.65%；其他地区共有35人，占9.62%。调查时段内，受安徽省的几个大团队游客的影响，安徽省客源所占比例过高，但是景区管理部门反映这并非常态情况，可以算作独立例外事件。总体来讲，凤凰山景区的客源主要分布在湖北省内和相邻的湖南省、河南省和重庆市等地区。

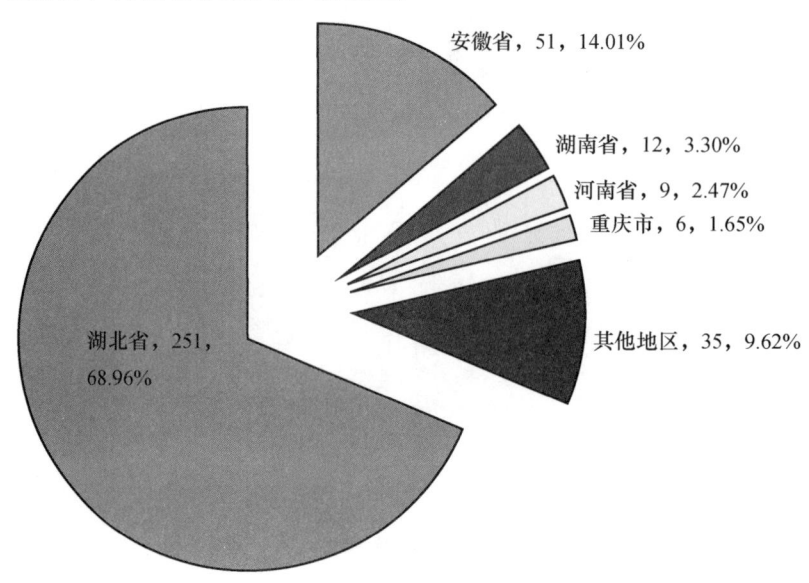

图3-3-11（f） 样本构成——客源地分省构成

就湖北省内游客而言，客源地区分布也极不平衡。宜昌本地游客竟有179人，占湖北省客源总数的68.96%，占调查样本总人数的49.18%。来自黄冈市的游客有21人，武汉15人，襄樊8人，荆州8人，其余各地区的游客都不超过5人。这大致反映了凤凰山目前省内游客的构成特征：以宜昌地区为第一主要客源地，以交通连接方便的武汉城市圈、荆州、襄樊等地区为第二主要客源地。

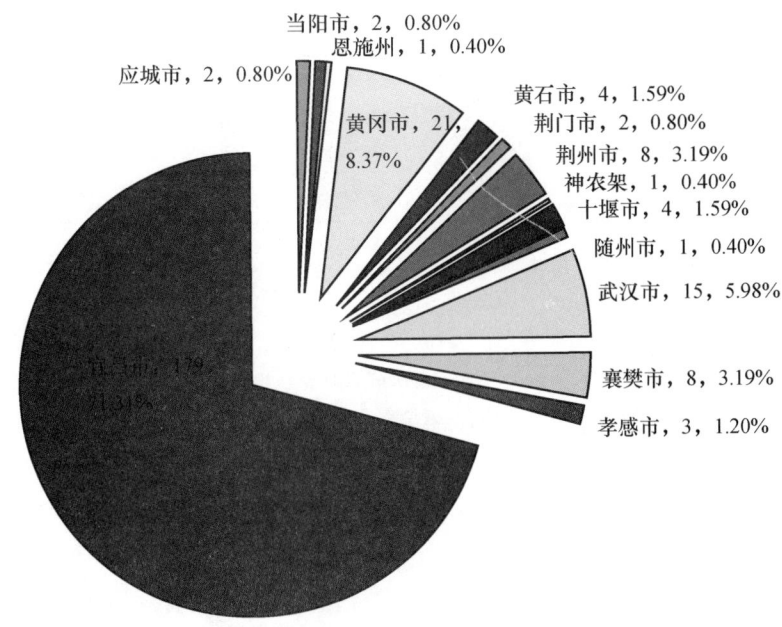

图3-3-11（g） 样本构成——客源地湖北省内构成

2）出游目的。旅游动机为观光游览的游客有240人，占样本总人数的65.93%；参观古迹的有123人，占33.79%；休闲度假的有76人，占20.88%；探亲访友的有44人，占12.09%；其他商务会议、考察研究、宗教活动等各出游目的的游客人数不到样本总人数的4%。可见，出于观光游览、参观古迹、休闲度假和探亲访友目的的游客构成凤凰山景区接待的主体。

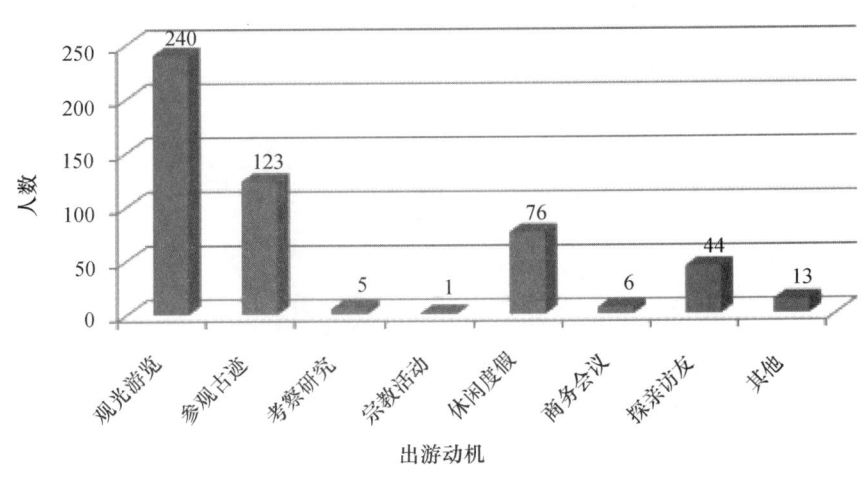

图3-3-11（h） 样本构成——旅游动机

3）旅游决策影响因素。对于"您来此旅游受什么因素影响（可多选）"问题，有效回答352份，占样本总人数的96.70%。其中，出于亲戚朋友推荐的有129人，占有效样本总人数的36.65%；自己计划旅游的有153人，占43.47%；单位组织旅游的有53人，占15.06%；受广告媒体宣传影响旅游的有7人，占1.99%；受其他因素影响的有19人，占5.40%。凤凰山到访游客的出游决策主要是自己计划加上亲戚朋友推荐和单位组织等因素的影响。

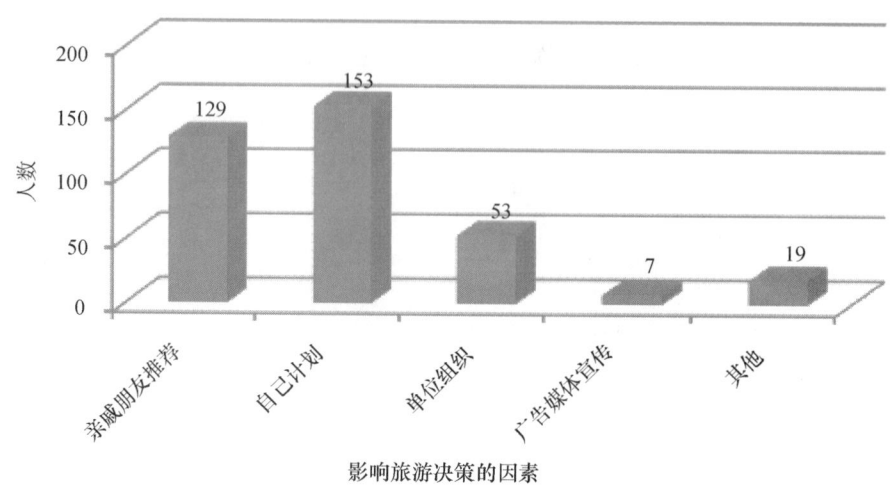

图3-3-11（i） 样本构成——旅游决策影响因素

4）对景区了解程度。对于"您对凤凰山景区的了解程度"问题，有效回答359份，占样本总人数的98.63%。选择"相当了解，包括所有景点及其传说故事"的游客有37人，占样本总人数的10.16%；"比较了解，熟悉主要的景点"的有75人，占20.60%；"有一定了解，看过有关的资料、图片或介绍"的有124人，占34%；"没有多少了解，只是听说"的有123人，占33.79%。大多数游客对凤凰山景区并不熟悉，了解程度不深。

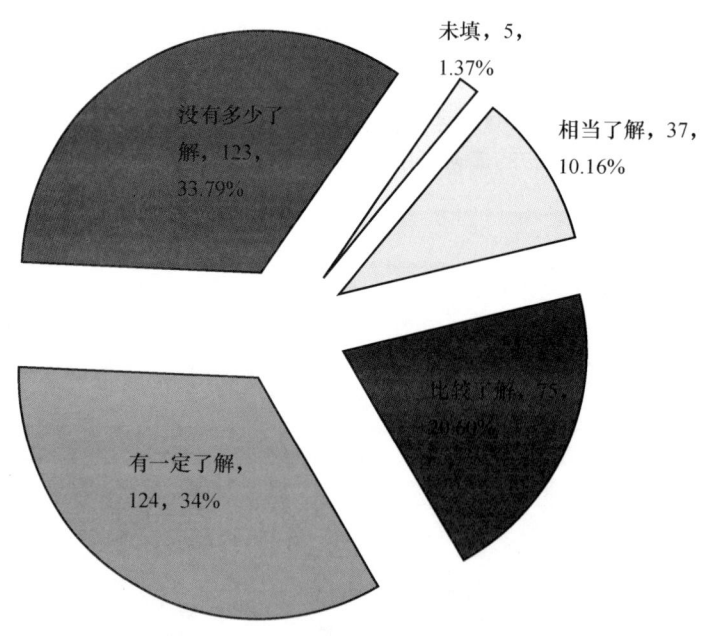

图3-3-11（j） 样本构成——对景区了解程度

5）了解途径。对于"您对凤凰山景区的了解途径"问题，有效回答358份，占样本总人数的98.35%。其中，选择"影视广播"的有62人，占有效样本总人数的17.32；选择"图书报纸杂志"的有55人，占15.36%；选择"口碑介绍"的有95人，占26.54%；选择"旅行社"的有52人，占

14.53%；选择"政府宣传"的有44人，占12.29%，选择"网络"的有45人，占12.57%，选择"其他了解途径"的有88人，占25.58%。可见，游客对凤凰山的了解途径包括口碑介绍、影视广播、报纸杂志、旅行社推介、政府宣传和网络等多种渠道并存，缺乏主要的信息媒介。这反映了凤凰山景区开放不久，景区缺乏对外宣传推介，所以游客也缺乏有效的了解渠道。

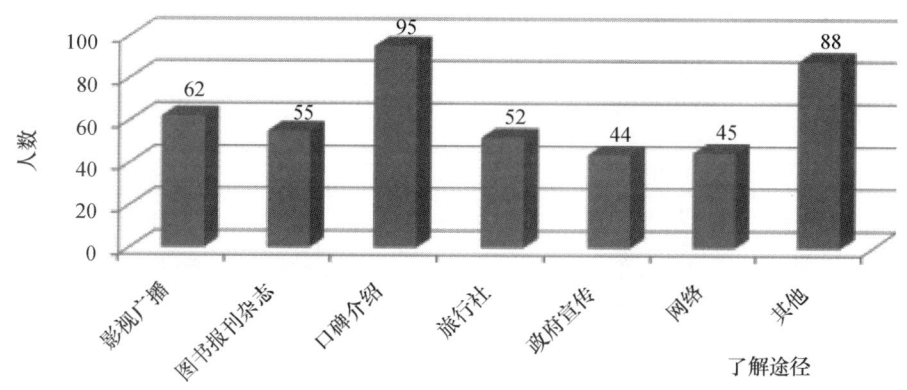

图3-3-11（k） 样本构成——对景区了解途径

6）门票期望价格水平。对于"您所能接受的景区门票价格"问题，选择"50～59元"的有225人，占样本总人数的61.81%；选择"60～69元"的有48人，占13.19%；选择"70～79元"的有28人，占7.69%；选择"80~89元"的有28人，占7.69%；选择"90～99元"的有21人，占5.77%；选择"100~109元"的有12人，占3.30%；选择110元以上的有2人，占0.55%。可见，由于凤凰山景区内还不够完善，多数游客反映门票90元价格偏高，大多数游客认为目前景区门票价格在60元左右比较合适。

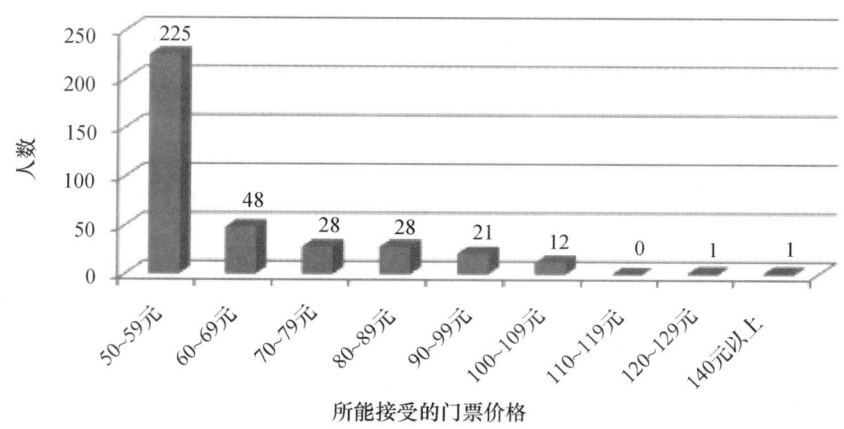

图3-3-11（l） 样本构成——门票期望价格水平

7）复建对文物旅游价值影响认知。对于"您认为凤凰山景区文物的旅游价值复建后（现在）与复建前相比有何变化"问题，认为"价值增加"的有168人，占样本总人数的46.15%；认为"没有变化"的有11人，占3.02%；认为"价值降低"的有43人，占11.81%；"说不清"的有142人，占39.01%。可见文物复建对其旅游价值确有较大影响，但是对于影响的认识很难统一。除去相当一部分游客"说不清"之外，多数游客还是认为其旅游价值增加比复建前增加了。

8）旅游满意度。该项分为"服务质量""旅游设施"和"环境卫生"三部分。对于服务质量，满意的有212人，占样本总人数的58.24%；基本满意的有139人，占38.19%；不满意的有13

人，占3.57%。对于旅游设施，满意的有203人，占样本总人数的55.77%；基本满意的有156人，占42.86%；不满意的有5人，占1.37%。对于环境卫生，满意的有254人，占69.78%；基本满意的有104人，占28.57%；不满意的有6人，占1.65%。总体来说，景区的服务、设施和环境卫生状况还是比较令人满意的。

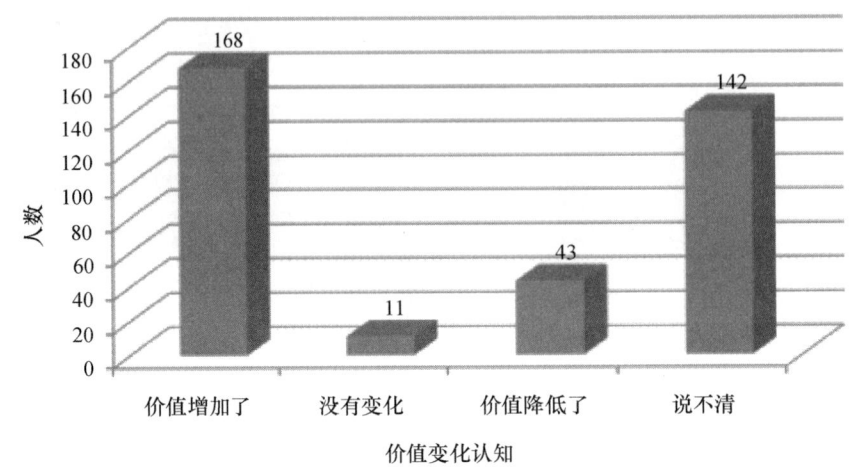

图3-3-11（m） 样本构成——复建对旅游价值的影响认知

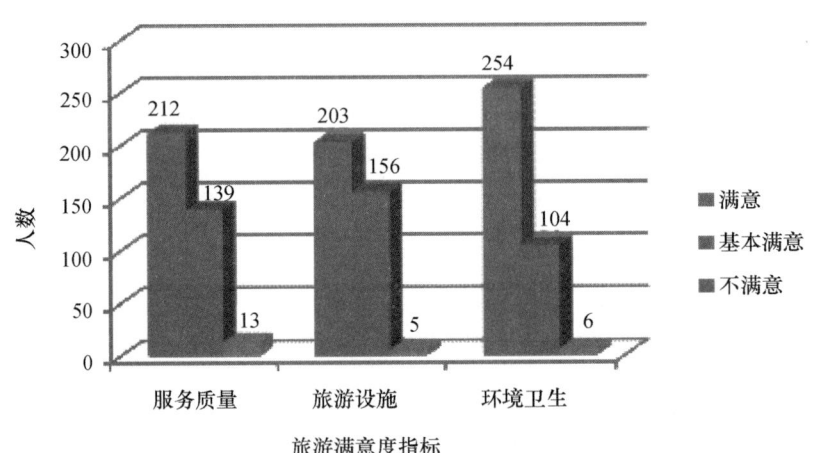

图3-3-11（n） 样本构成——游客满意度

9）理解度和清晰度。游客对调查问卷的理解程度及回答问题的确定性，是影响价值评估结果的重要因素。本项调查结果显示，游客对本次问卷问题的理解和回答"很清楚很确定"的有160人，占样本总人数的43.96%；"较清楚较确定"的有175人，占48.08%；"不清楚不确定"的有29人，占7.97%。绝大多数游客能够清楚地理解问题和确定地回答问题，因此完成的问卷质量是有保障的。

（二）旅游使用价值评估

1. 游憩价值评估

凤凰山景区属于正常经营性旅游景区，具有可达性且游客一般需要花费一定的时间和交通费

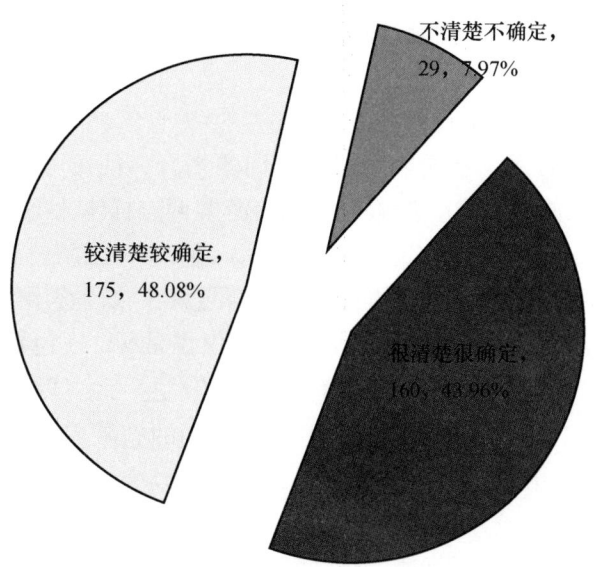

图3-3-11（o） 样本构成——游客接受调查的认知水平

用；景区对游客收取适当的门票价格，上述条件满足旅行费用法的基本前提。景区的未来收益及基本风险都可以预测和进行货币化计量，只要遵循可持续的利用和管理，景区的收益年限可以持续延续下去，因此也满足收益法的基本条件。本研究拟分别采用这两种方法对其进行游憩价值进行评估和比较。

需要注意的是，在评估之前，还应仔细研究评估区的自身特征，充分了解评估对象本身可能会影响评估结果的一些特性。

（1）文物景区价值评估的特性

凤凰山景区具有一些文物、古建筑旅游吸引物的基本特性，游憩价值评估要充分考虑这些因素的影响。

1）受文物古建筑单体可游面积的影响，景区游客容量和周转率受限。除了屈原祠和江渎庙，景区的其他文物景点的建筑面积在65平方米~503平方米，可游面积都不超过235平方米。建筑内部空间狭小导致可游面积小，旅游接待能力和游客周转率受限会影响游憩体验质量及游客支付意愿，进而影响到价值评估。

2）受静态的文物古建筑旅游吸引力的影响，旅游景观展示方式单调。凤凰山景区的核心旅游吸引物主要是文物、古建筑及屈原等历史名人传说、秭归峡江古民俗等无形的文化资源，缺乏物化的、动态的深度开发的旅游产品展示，造成文物复建景区只对比较熟知的当地人、对相关文物文化感兴趣的游客及特殊人群具有旅游吸引力。这种情况直接影响着景区的客源市场类型和消费结构，进而影响游憩价值评估。

3）受文物文化影响力辐射范围的影响，旅游支付愿意群体以当地游客为主。凤凰山文物复建景区选址在秭归新县城区，对秭归城市文化品位和城市形象的提升具有重要的作用。调查显示，秭归作为屈原故里，当地居民和周边县市居民对以屈原祠为主体的凤凰山复建文物保护的热情程度和支付额度远高于其他客源地游客。因此，在游憩价值评估调查中，当地游客在调查样本中所占比例的大小也会影响评估结果。

（2）应用旅行费用法进行评估

1）TCIA实施步骤及计算方法

本次评估采用改进的旅行费用法，即TCIA法。TCIA与传统的分区旅行费用法不同，不是将游客按客源地所在政区分区,而是直接通过游客的旅行费用来划分游客的集合,其实施步骤如下[9~10]。

第一步,抽样调查,询问游客的旅行费用。

第二步,按游客的旅行费用,将游客划分为不同的集合,使每一集合中的游客有着相同或相近的旅行费用,并计算意愿旅游需求。按旅行费用将游客调查样本人数N分配为$n+1$个区间:$[C_0, C_1]$,$[C_1, C_2]$,…,$[C_i, C_{i+1}]$,…,$[C_{n-1}, C_n]$,$[C_n, \infty]$,每个区间的游客数分别为N_0,N_1,…,N_i,…,N_n,则$N=\sum_{i=0}^{n}N_i$。假设第i个集合的每个游客都愿意在旅行费用等于C_i时进行一次旅游,显然在旅行费用等于C_i时愿意进行本次旅游的游客数目不仅仅是N_i,还包括那些愿意支付更高费用的游客,因此在旅行费用为C_i时,样本游客的旅游需求为$M_i=\sum_{j=i}^{n}N_j$;取$P_i=M_i/N$为旅行费用为C_i时这N个游客中愿意进行旅游的比例,假设这N个游客具有相同的旅游需求率,那么可以认为在旅行费用为C_i时,每一个游客进行一次旅游的概率等于P_i;所以可以令$Q_i=P_i$,Q_i定义为每个游客在旅行费用为C_i时的意愿旅游需求。

第三步,以Q_i为因变量、C_i为自变量进行回归拟合,得到单个游客的意愿旅游需求曲线$Q=Q(C)$,式中Q表示单个游客的意愿旅游需求,C为旅行费用。

第四步,计算各区间单个游客的消费者剩余,公式为:

$$CS_i=\int_{C_i}^{\infty}Q(C)dC$$

CS_i为第i个区间的每个游客的消费者剩余,C_i为第i个区间的旅行费用的左端点(即区间下限),$Q(C)$为单个游客的意愿旅游需求曲线。

第五步,计算游客样本集合的总消费者剩余SCS(Sample Consumer Surplus)。公式为:$SCS=\sum_{i=0}^{n}N_i\times CS_i$,式中,$n$为区间个数减1;$N_i$为第$i$个区间的游客数量。

第六步,计算旅游景点的总游憩价值(Recreation Value,RV)。公式为:

$$RV=\frac{SCS+STC}{SN}\times TN$$

STC(Sample Travel Cost)为样本游客的总旅行费用支出,$STC=\sum_{j=1}^{N}TC_j$(式中,N为样本游客总数;TC_j为样本内第j个游客的旅行费用);TN为调查年份的游客总数。

2)旅行费用TC的计算。总旅行费用包括游客往返支出的交通费用、餐饮费用、住宿费用、景区门票支出、购物花费及时间成本等项目。由于到访凤凰山的游客一般都要去三峡大坝等其他景区,因此要考虑多目的地费用分摊问题。本项研究以游客在凤凰山停留的时间与行程中在所有景点停留的时间的比值作为费用分摊的权重。经计算,364位游客的总旅行费用为83035.27元,人均旅行费用为228.12元。

3)划分费用区间并计算旅游需求率。根据游客旅行费用的不同,将游客划分为23个区间,计算每个区间的人数N_i、旅游需求M_i、累计样本比例P_i和旅游需求率Q_i,见表3-3-2。

表3-3-2 凤凰山景区调查样本旅行费用分段统计结果

总旅行费用区间 $[C_i,C_{i+1}]$(元)	旅游人数 N_i(人)	旅游需求 M_i(人)	累计样本比例 P_i(%)	旅游需求率 Q_i(%)
80~100	10	364	100.00	1.0000
100~120	62	354	97.25	0.9725
120~140	52	292	80.22	0.8022
140~160	43	240	65.93	0.6593
160~180	25	197	54.12	0.5412

续表

总旅行费用区间 $[C_i, C_{i+1}]$（元）	旅游人数 N_i（人）	旅游需求 M_i（人）	累计样本比例 P_i（%）	旅游需求率 Q_i（%）
180~200	26	172	47.25	0.4725
200~220	17	146	40.11	0.4011
220~240	15	129	35.44	0.3544
240~260	14	114	31.32	0.3132
260~280	25	100	27.47	0.2747
280~300	6	75	20.60	0.2060
300~350	14	69	18.96	0.1896
350~400	20	55	15.11	0.1511
400~450	4	35	9.62	0.0962
450~500	4	31	8.52	0.0852
500~550	3	27	7.42	0.0742
550~600	11	24	6.59	0.0659
600~650	1	13	3.57	0.0357
650~700	2	12	3.30	0.0330
700~750	0	10	2.75	0.0275
750~800	2	10	2.75	0.0275
800~850	1	8	2.20	0.0220
850~900	7	7	1.92	0.0192
≥900	0	0	0	0

4）建立旅游需求曲线模型。根据TCIA方法，以每个游客的旅游需求Q_i为因变量，以旅行费用C_i为自变量，分别以线性、半对数、倒数、幂函数和二次曲线几种方式进行回归，得到单个游客的意愿旅游需求曲线模型，见表3-3-3。

表3-3-3　回归分析结果

曲线类型	方程	R^2值	F值	Sig.
线性模型	$Q=-0.001TC+0.7104$	0.6799	44.603	1.3078E-6
半对数曲线	$Q=-0.426\ln TC+2.7632$	0.8936	176.336	1.1003E-11
倒数曲线	$Q=-0.1339+112.6517/TC$	0.9840	1288.503	2.4692E-20
幂函数	$Q=7996.636TC^{-1.8766}$	0.9752	824.393	2.4538E-18
二次曲线	$Q=1.1786-0.0039TC+3.0706e-006TC^2$	0.9196	114.347	1.1314E-11

由表3-3-3可知，倒数函数的R^2值最大，显著性水平Sig值也最好，拟合效果最好。因此采用倒数模型构建单个游客意愿旅游需求曲线：

$$Q=-0.1339+\frac{112.6517}{TC}$$

式中，Q为旅游需求率，TC为旅行费用。

5）计算消费者剩余。单个游客的消费者剩余计算公式为：

$$CS_i = \int_{TC_i}^{TC^*} (-0.1339 + \frac{112.6517}{TC}) dTC$$

在 $Q = -0.1339 + \frac{112.6517}{TC}$ 中令 $Q=0$，得 $TC^* = 841.3122$，按照公式计算总消费者剩余为32403.34元，人均消费者剩为89.02元。

6）计算总游憩价值。调查年份游客总人数根据景区空间容量估算，为353.22万人次，凤凰山2010年总游憩价值为：

$$RV = \frac{32403.34 + 83035.27}{364} \times 3532200 = 112019.85 万元 \approx 11.2 亿元$$

（3）应用收益法进行评估

第一步，计算景区游客日容量。

秭归凤凰山景区游客可达区域由多个景点和连接的游览线路构成，这里游览道路也按照占地面积统一测算。

祠堂、古民居、广场、道路等的可游面积、人均空间标准，我们在参考国内外相关研究文献的基础上，结合研究区实际情况设定如下：

祠堂、古民居的可游面积，单层情况为建筑面积×0.5，复层情况为建筑面积×0.3；广场、道路的可游面积为占地面积×0.8；

人均空间标准为：建筑内部4㎡/人；外部广场、道路空间为10㎡/人。

景区开放时间夏半年为7:00~18:00，冬半年为8:00~17:00，平均为10小时/日；游客游览全部景区平均需要时间为4小时（240分钟）；景区日平均周转率为2.5。

根据瞬时容量计算公式，计算出凤凰山旅游资源空间容量值，见表3-3-4。

表3-3-4 凤凰山游览景点旅游容量测算表

序号	景点	建筑面积（㎡）	游览面积（㎡）	人均空间标准（㎡）	游览时间（分钟）	瞬间容量（人次）
1	屈原祠、屈原墓	7000	3500	4	30	875
2	紫光阁*	65	20	4	5	5
3	江渎庙	850	425	4	12	106
4	水府庙	470	235	4	8	59
5	王氏宗祠*	415	125	4	6	31
6	杜氏祠堂*	404	121	4	6	30
7	郑书祥老屋*	371	111	4	5	28
8	郑韶年老屋*	503	151	4	5	38
9	刘正林老屋*	300	90	4	5	23
10	郑万琅老屋*	375	113	4	5	28
11	彭树元老屋*	464	139	4	5	35
12	邓永清老屋*	535	161	4	5	40
13	游县长老屋*	497	149	4	5	37
14	郑万瞻老屋*	366	110	4	5	27

续表

序号	景点	建筑面积（㎡）	游览面积（㎡）	人均空间标准（㎡）	游览时间（分钟）	瞬间容量（人次）
15	郑启光老屋*	471	141	4	5	35
16	三老爷老屋*	401	120	4	5	30
17	屈原故里牌坊	25	20	4	5	5
18	迎和门	84	42	4	3	11
19	景贤门	144	72	4	3	18
20	新滩古井	4	4	1	3	4
21	屈子桥	47	38	2	3	19
22	惠济桥	13	10	2	2	5
23	江渎桥	14	11	2	2	6
24	千善桥	18	14	2	2	7
25	文保中心*	4000	800	4	10	200
26	乐舞坊*	3972	1192	4	30	298
27	礼魂坛	14000	7000	4	20	1750
28	景区道路	12000	9600	10	40	960
	合计	47808	24513		240	4710

注：*表示复层建筑。

根据上述测算，凤凰山景区的旅游资源游客瞬时容量为4710人。根据景区日容量公式计算出凤凰山景区合理日容量为$C_日$=4710×2.5=11774人次。

第二步，根据年收益计算公式，计算景区最大年收益。

这里的适游期取值每年按300天，游客人均旅游花费包括门票和其他旅游消费之和的取值按100元，则景区最大年收益A=11774×300×100=353,220,000元。

第三步，选用不同的折现率，根据收益法计算公式，计算得出不同的游憩价值。

考虑到旅游景点在刚刚开放时接待旅游者人数不可能达到最大值，年收益也不可能达到稳定的最大值。随着景点设施的完善、旅游市场的开拓，年收益会不断提高并稳定在一定水平。假定景区正式开放后前4年年均旅游资源经营利用率分别为40%、50%、60%、70%，从第5年起稳定在80%水平上。

在折现率分别为5%、10%、15%的情况，计算景点预期前5年旅游年收益和折现值，见表3-3-5。

表3-3-5　凤凰山景区前5年预计收益及折现值

收益年期	最大年收益（万元）	利用率（%）	年收益（万元）	折现值（万元，折现率5%）	折现值（万元，折现率10%）	折现值（万元，折现率15%）
1	35,322	40	14,129	13,456	12,844	12286
2	35,322	50	17,661	16,019	14,596	13354
3	35,322	60	21,193	18,307	15,923	13935
4	35,322	70	24,725	20,342	16,888	14137
5	35,322	80	28,258	22,141	17,546	14049

根据收益法计算公式，计算评估凤凰山景区在不同折现率情况下未来可预见的经营期内的游憩价值评估值，见表3-3-6。

表3-3-6　不同折现率下的景区游憩价值评估值

折现率（%）	游憩价值评估值（万元）
5	755069.97
10	473970.30
15	383196.66

（4）两种方法评估结果的比较分析

a.评估值的比较

旅行费用法评估凤凰山景区2010年的游憩价值约为11.202亿元；收益法，这里取10%的折现率，则评估的结果约为47.397亿元。两种评估值之比为1∶4.23。但旅行费用法评估值为当年游憩价值，收益法计算的则是整个可预期的收益期内的游憩价值总值。理论上，只要景区遵循可持续发展的原则经营管理，在不发生不可抗力灾害的前提下，景区的收益期就会一直持续下去。本研究显示，收益法评估值小于5年期的旅游费用法评估值，但景区预期收益期不可能只有5年，说明收益法评估值偏低。这可能是受景区容量、旅游消费水平和折现率等因子影响所致，需要深入探讨对两种评估值的影响因素。

b.影响因素的比较

旅行费用法的主要影响因素有多目的地费用分摊问题、旅行时间的效用价值问题和样本偏差问题。多目的地费用分摊问题一直是旅行费用法处理的难点，目前主要有按停留时间比例分摊、按门票比例分摊、按旅游消费支出比例分摊等方式确定权重。本书采用停留时间比例权重方式，会存在计算误差。关于旅行时间的效用价值，本书计入旅行成本，但对于某些旅游者来说，旅行本身可能就是一种乐趣，不一定意味着是一种成本[12]，这种情况下旅行时间问题就无法统一折算计量。取样偏差问题直接影响甚至决定着旅行费用法操作的成败，调查频次越多，调查时间越长，取样样本越多，结果就越准确。本研究受时间和经费的限制，调查比较集中，这样也会存在误差。

收益法的主要影响因素是折现率、游客容量和旅游花费。折现率越小，游憩价值就越大。折现率会依据宏观经济、行业报酬率和项目风险等因素而动态变化。本书在综合分析宏观和微观经济环境的基础上将折现率设为固定值10%，不反映动态变化。游客容量计算受可游览面积、游客空间标准、周转率的影响较大。同时由于景区缺乏多年游客统计数据，最大游客量权宜按照景区旅游空间容量乘以周转率计算得出，但这只是理论参考值；游客消费水平也只反映了景区成长期的旅游消费状况，不反映景区将来达到稳定成熟期水平。

总体来看，旅行费用法评估主要受游客调查质量的影响，但收益法评估则主要受景区经营统计数据获取质量的影响。

c.客观性的比较

旅行费用法通过实际旅行费用揭示消费者剩余，进而求得游憩价值；收益法则通过揭示评估对象的预期收益来反映游憩价值。旅行费用法和收益法的理论基础都是效用价值论，两者都反映了评估对象所能为权利主体人带来的效用价值，所不同者如下。一是旅行费用法评估结果反映了当年或当期的游憩价值；收益法评估结果则反映整个收益期的游憩总价值。二是旅行费用法不仅体现了现实交易收益，而且更关注现实交易背后潜藏的"消费者剩余"价值，因此反映的价值比较全面；收益法则着重寻求评估项目未来的"预期收益"的折现值，没有考虑"消费者剩余"，价值评估不够全面。三是旅行费用法是从支付人角度进行价值评估，由于核算了"消费者剩余"，结果会远高于现实市场价值；收益法是从收益人角度，基于现有交易收益数据评估，结果约等于现实市场价值。四是旅行费用法计算因子都基于市场价格等客观因素；收益法则是在往期数据的基础上预测今后收益，受预测模型和评估者主观因素影响较大。

d.可操作性的比较

旅行费用法评估需要进行一定数量样本的游客旅游消费调查，调查问卷的设计、样本数量的设定、抽样方式的选择、问卷调查时间和地点的选择、后期数据处理等整个调查过程的质量直接关系到旅行费用法评估的成败。旅行费用法要求较高的数据质量，因此游客调查需要科学设计、反复论证，需要相应的人力物力和经费保障，操作成本较高。然而，收益法评估相对较为简单，模型也比较成熟，仅需要获取相应的景区游客容量、游客消费情况和折现率等数据资料，虽然评估受主观因素影响较大，但简便易行，可操作性更强。

（5）本项研究采用的结果

三峡库区文物复建景区不仅涉及秭归县的凤凰山景区，还有巴东县的民族文化公园、兴山县的古夫民居、夷陵区的望家祠堂等地，但只有凤凰山景区的游客调查数据可以获取，其他景区因尚未正式对外营业而无法获取数据。然而，即便是凤凰山景区获取的数据，也由于其尚处于营业初期，旅游经营还不够成熟稳定，游客数据相对起伏波动较大，这会对应用旅行费用法评估景区游憩价值造成极大影响。

鉴于此，本研究在评估各复建景区游憩价值时对数据科学性和计算口径有一致性要求。本项研究拟采用收益法的评估结果，即在折现率取10%的情况下，凤凰山景区在未来可预见经营期内的游憩价值约为47.397亿元。

2. 旅游品牌价值评估

对凤凰山景区旅游品牌价值的估算，采用最大品牌权益法。品牌权益的大小取决于旅游者愿意为此品牌支出的溢价大小和旅游者的偏好程度，可以用公式表示：品牌权益=溢价大小×偏好程度。

在计算中，先将旅游者按收入水平进行分类，在问卷中设定不同的价格档次，采取抽样调查的方式统计出不同收入水平的旅游者愿意接受的价格档次及其接受程度即接收百分比（消费偏好程度）。对于溢价的确定，采取风景区价格差纵向比较的方式，将凤凰山景区未创立品牌前的市场售价作为基价来确定消费溢价。屈原祠是凤凰山景区单体规模最大的建筑，也是名气最大的品牌景点，其在复建前门票价格为30元；凤凰山景区集中了众多峡江古民居、祠堂等古建筑及端午祭屈原、赛龙舟等民俗系列，古建筑在复建之前就具有很高的旅游价值。基于以上分析，将凤凰山景区创立品牌前门票价格定为50元。因此，凤凰山景区溢价可用公式表示为：

$$旅游消费溢价=旅游者愿意支付的价格-凤凰山景区创立品牌前价格。$$

在本次调查中，对旅游者愿意支付价格采用价格区间的方式，故愿意支付价格的值为区间段的中值。

旅游消费溢价、消费偏好程度与品牌权益的计算以游客调查问卷数据为基础，此次在凤凰山景区共发放调查问卷400份，有效问卷364份。根据364份问卷的数据分析，凤凰山景区旅游消费溢价EP、消费偏好程度SP、品牌权益RI计算结果见表3-3-7。

表3-3-7 凤凰山景区旅游消费溢价、消费偏好程度（百分比）和品牌权益

游客月收入		游客愿意支付的门票价格区间（旅游消费溢价EP）（元）								
		50~59	60~69（15）	70~79（25）	80~89（35）	90~99（45）	100~109（9）	110~119（19）	120~129（9）	130~160（60）
500元以下	人数	44	7	3	5	3	5			
	SP	65.67%	10.45%	4.48%	7.46%	4.48%	7.46%			
	RI	3.284	1.568	1.12	2.611	2.016	4.103			
500~1000元	人数	31	4	1		4				1
	SP	75.61%	9.76%	2.44%		9.76%				2.44%
	RI	3.781	1.464	0.61		4.392				2.318
1001~2000元	人数	76	16	8	10	9	3		1	
	SP	61.79%	13.01%	6.5%	8.13%	7.32%	2.44%		0.81%	
	RI	3.09	1.952	1.625	2.846	3.294	1.342		0.608	
2001~3500元	人数	49	13	11	10	4				
	SP	56.32%	14.94%	12.64%	11.49%	4.6%				
	RI	2.816	2.241	3.16	4.022	2.07				
3501~5000元	人数	13	6	4	1	1	1			
	SP	50%	23.08%	15.38%	3.85%	3.85%	3.85%			
	RI	2.5	3.462	3.845	1.348	1.733	2.118			
5000元以上	人数	12	2	1	2		3			
	SP	60%	10%	5%	1%		15%			
	RI	3	1.5	1.25	3.5		8.25			

关于风景区品牌的持续年限 T 的确定，应根据旅游者消费偏好与消费趋势做出判断。对于不同属性的旅游者而言，旅游景区品牌的持续年限不同。本研究根据收入情况确定不同属性的旅游者，在景区价格不变的前提下，品牌持续年限对不同属性旅游者无差别。借鉴Interbrand公司提供的思路，可从凤凰山景区的市场性质、稳定性、在三峡旅游中的地位、游客来源范围、品牌趋势、品牌支持、品牌保护等角度考虑其品牌持续年限。凤凰山景区区位优越、环境优美，古建筑具有很高的文化价值，且刚刚推出市场，对旅游者的吸引力非常大；但相对于度假休闲、主题公园类景区、文物类景区的重游率较低。因此综合考虑，确定凤凰山景区品牌的持续年限 T 为10年。

关于品牌持续年限内的理论目标客源 Q_i，该项指标的确定也与旅游者的属性有关，可以根据不同属性旅游者的现在市场购买量的情况，即根据问卷调查中不同收入的旅游者占总样本的百分比确定在未来品牌作用年限内不同收入旅游者目标客源数量。凤凰山景区最大年接待游客量为3532200人，根据实际情况，预测其未来较稳定的年理论目标客源为最大游客量的60%，即2119320人。因此，凤凰山景区品牌持续年限内每年理论目标客源数量见表3-3-8。

表3-3-8　凤凰山景区品牌持续年限内不同收入旅游者的年理论目标客源

游客收入区间	500元以下	500~1000元	1001~2000元	2001~3500元	3501~5000元	5000元以上
年理论目标客源（人）	389954	239483	716330	506517	150471	116562

在贴现率K分别为5%、10%、15%情况下，将以上确定的各项参数代入公式：

$$E = \sum_{i=1}^{n} \{Max(RI)_i \times Q_i\} \times T / K$$

计算出结果如表3-3-9所示。

表3-3-9　凤凰山景区不同贴现率下品牌价值评估值

贴现率（%）	品牌价值评估值（万元）
5	171775.8
10	85887.9
15	57258.6

本次品牌价值计算采用基于旅游者角度的品牌权益法，景区品牌价值能否实现在很大程度上取决于旅游者的购买意向和购买行为。旅游品牌作为景区的重要无形资产，可以起到树立和传播旅游地形象、影响旅游者出游决策等重要作用，从而为旅游景区带来稳定的旅游收益。凤凰山景区以"屈原祠"为主要景点已形成屈原文化国际旅游品牌，具有极大的文化影响力和旅游发展潜力。从计算结果可以看出，相对于游憩价值，凤凰山景区目前的品牌价值不是很高。这是因为凤凰山景区刚刚开业，在湖北和全国旅游市场上还缺乏知名度和影响力；旅游者愿意为凤凰山景区支付的金额不高，从而溢价较低，导致评估结果偏小。此外，因贴现率的不同，评估值的差别很大。

3. 旅游环境价值评估

凤凰山景区的环境建设工程投资巨大。其中绿化工程由武汉市政府予以对口援建，项目总投资2000万元，其中武汉市支援1000万元苗木，省、市、县三级政府筹措1000万元绿化配套费。绿化工程包括"五区三带九景"，即北门入口区、三峡民居集锦园区、主题雕塑景区、南门入口区、屈原纪念景区，滨江花径观光带、四季景观林带、次干道林荫景观带，"重阳思古""晨霜秋柿""枫林醉秋""橙红橘绿""苍松叠翠""清风竹韵""桂月迎秋""寒梅香雪""桑林问茶"，总面积为12万平方米。种植的植物有银杏、桂花、樟树、朴树、楸树、李树、楠树、柚树、海棠、麦冬、香花槐、重阳木、马褂木、白玉兰、马力拉、三叶草、法国冬青、乐昌含笑、红叶碧桃等，多达128个品种139个规格。

按照《凤凰山国家文物保护区旅游区旅游配套建设详细规划》中的投入预算，第一期建设用于景区园林绿化、高边坡景观处理、护坡工程、滨水风光带建设、江面汲水系统等环境建设投入共计5780万元，即按照成本法计算，景区旅游环境价值为5780万元。

凤凰山景区的旅游环境价值评估，采用成本法计算，即评估值等于景区为保护复建文物、发挥游憩功能而付出的全部环境建设成本之和，如表3-3-10。

表3-3-10 凤凰山景区环境建设投入成本

项目	建设投入（万元）	备注
园林绿化工程	2000	第一期建设投入预算，主要包括场地整理、种植土、草皮、乔木种植、灌木种植、灌溉等工程项目。《凤凰山国家文物保护区旅游区旅游配套建设详细规划》
高边坡景观处理	1350	依据《凤凰山国家文物保护区旅游区旅游配套建设详细规划》
主干道改造及滨水风光带建设	1800	依据《凤凰山国家文物保护区旅游区旅游配套建设详细规划》
屈原祠周边边坡防护工程	450	依据《凤凰山国家文物保护区旅游区旅游配套建设详细规划》
从江面取水系统	180	依据《凤凰山国家文物保护区旅游区旅游配套建设详细规划》
总计	5780	

4. 生态服务价值评估

凤凰山景区的生态服务价值，即景区中的绿地、森林、水域等组成的自然生态系统产生的对游憩活动有支持效用的生物资源生产、营养循环、水土保持和改善环境等生态服务功能的经济价值。本研究利用景区的土地利用数据，采用Costanza全球静态部分平衡模型，参照国内学者谢高地等人做出的"中国生态系统单位面积生态服务价值表"，根据生态服务价值评估公式，计算结果，见表3-3-11。

结果显示，凤凰山景区生态服务价值评估按照林地、草地和茶园3种土地类型统计，评估值约为30.65万元/每年。由于文物景区的收益期难以确定，我们认为只要在严格的文物保护前提下对景区进行可持续的利用和管理，排除不可抗力破坏因素，文物景区的收益期就可以延续下去。但由于价值核算的需要，这里暂且将收益期取值100年，则景区的生态服务价值评估总值为3064.78万元。

表3-3-11 凤凰山景区生态服务价值评估核算

一级类型	二级类型	林地			草地			茶园（按农田类型）			总计（元/$hm^2 \cdot a^{-1}$）
		单价（元）	面积（hm^2）	评估值（元）	单价（元）	面积（hm^2）	评估值（元）	单价（元）	面积（hm^2）	评估值（元）	
供给服务	食物生产	148.20	14.67	2174.09	193.11	18.61	3594.36	449.10	6.67	2995.50	8763.95
	原材料生产	1338.32		19633.15	161.68		3009.35	175.15		1168.25	23810.75
调节服务	气体调节	1940.11		28461.41	673.65		12538.65	323.35		2156.74	43156.81
	气候调节	1827.84		26814.41	700.60		13040.27	435.63		2905.65	42760.33
	水文调节	1836.82		26946.15	682.63		12705.79	345.81		2306.55	41958.49
	废物处理	772.45		11331.84	592.81		11033.97	624.25		4163.75	26529.56
支持服务	保持土壤	1805.38		26484.92	1005.98		18724.31	660.18		4403.40	49612.63
	维持生物多样性	2025.44		29713.20	839.82		15631.57	458.08		3055.39	48400.17
文化服务	提供美学景观	934.13		13703.69	390.72		7272.47	76.35		509.25	21485.41
	合计	12628.69		185262.88	5241.00		97550.73	3547.89		23664.49	306478.11

5. 旅游总使用价值

凤凰山景区的旅游总使用价值为游憩价值、旅游品牌价值、旅游环境价值和旅游生态服务价值的总和。这里，收益年限取值100年，在折现率分别取5%、10%、15%的3种不同情况下，可以得出凤凰山景区旅游总使用价值评估值的不同结果，见表3-3-12。

表3-3-12　凤凰山景区旅游总使用价值评估值　　　　　　　　（单位：万元）

价值类型	折现率5%		折现率10%		折现率15%	
	评估值	所占比例（%）	评估值	所占比例（%）	评估值	所占比例（%）
游憩价值	755069.97	80.7	473970.30	83.34	383196.66	85.29
旅游品牌价值	171775.81	18.36	85887.9	15.1	57258.6	12.74
旅游环境价值	5780.00	0.62	5780.00	1.02	5780.00	1.29
生态服务价值	3064.78	0.32	3064.78	0.54	3064.78	0.95
旅游总使用价值	935690.56	100.00	568702.98	100.00	449300.04	100.00

（三）旅游非使用价值评估

凤凰山非使用价值部分采用条件价值法（CVM）进行评估。条件价值法是以调查问卷为工具，把旅游资源与旅游业服务置于同一个假想市场，通过询问人们对旅游资源与环境的保护或质量改善的支付意愿（WTP）或因为旅游资源质量下降而接受的赔偿意愿（WTA）从而实现对旅游资源非使用价值的评估。凤凰山复建区已于2010年端午节正式对外开放，且已更名为屈原故里文化旅游区，采用条件价值法通过游客调查完成非使用价值评估具有可行性。于是，本项目就使用当前国际通用的游客支付意愿（WTP）调查法，通过问卷调查获取游客对于景区文物资源保护的支付意愿，进而推导景区的非使用价值。

1. 样本支付意愿统计与非使用价值估算

（1）样本的支付意愿统计分析

1）是否愿意支付。对于"您是否愿意支付一定费用保护凤凰山的文物资源"问题，愿意支付的有279人，占76.65%；不愿意支付的有85人，占23.36%。

2）愿意支付者的每年支付水平。在愿意支付的279人中，支付额度选择5元/a的有39人，占愿意支付者总人数的13.98%；选择10元/a的有55人，占19.71%；选择20元/a的有28人，占10.04%；选择30元/a的有23人，占8.24%；40元/a的有2人，占0.72%；50元/a的有50人，占17.92%；60元/a的有5人，占1.79%；70元/a的有0人；80元/a的有3人，占1.08%；90元/a的有0人；100元/a的有57人，占20.43%；125元/a的0人，150元/a的有1人，占0.36%；200元/a以上的有16人，占5.73%。游客选择5元、10元、20元、30元、50元和100元支付卡选项额度的人数较多，愿意支付50元/a及以下水平的游客共有197人，占愿意支付者总人数的70.61%。

3）支付动机与比例。支付动机有三个选项，"为了自己还能再来此地游玩""为了子孙后代能够来此地游玩"和"为了文化遗产能够永续存在下去"分别代表了选择价值、遗产价值和存在价值支付动机。经过计算，愿意支付者的总平均支付意愿为50.77元/a，其中选择价值平均为6.98元/a，占13.76%；遗产价值平均为14.96元/a，占29.47%；存在价值为28.83元/a，占56.79%。凤凰山游客的文物旅游资源保护意识很好，非功利性保护支付动机突出。

4）不愿意支付者原因。在对不愿意支付者的原因调查问题项中，选择"收入有限，无能力支付"的有21人，占拒绝支付样本总人数的19.81%；选择"所支付费用很可能用不到保护上"的有26人，占24.53%；选择"保护费用应该由政府或旅游企业支付"的有17人，占16.04%；选择"门票费

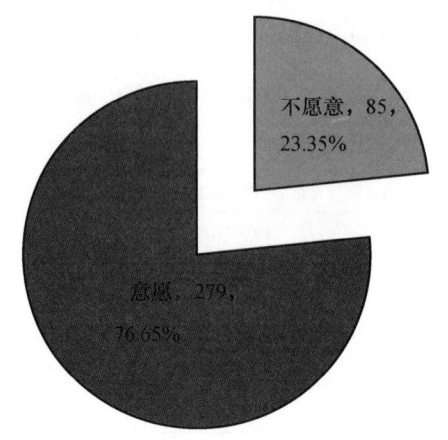

图3-3-12（a） 样本构成——游客的支付意愿

太高，应该包括保护费用"的有30人，占28.30%；选择"本人远离凤凰山，对此地保护不感兴趣"的有7人，占6.60%；选择"其他原因"的有5人，占4.72%。

（2）WTP数值确定

对364份有效问卷的支付意愿和WTP值的累计频率进行统计，如表3-3-13所示。统计表明，中位值为30元，平均值为50.77元。以中位值30元作为总体人群的平均支付意愿比较合适。

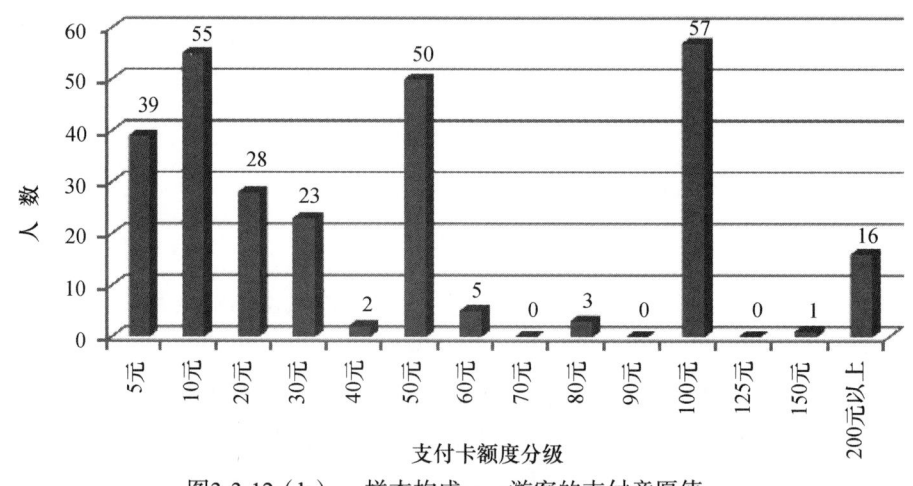

图3-3-12（b） 样本构成——游客的支付意愿值

表3-3-13 凤凰山景区游客支付意愿累计频率分布表

WTP支付卡（元/年）	绝对频次（人次）	相对频率（%）	调整频率（%）	累计频率（%）
5	39	10.7	14.0	14.0
10	55	15.1	19.7	33.7
20	28	7.7	10.0	43.7
30	23	6.3	8.2	52.0
40	2	0.5	0.7	52.7
50	50	13.7	17.9	70.6
60	5	1.4	1.8	72.4
80	3	0.8	1.1	73.5

续表

WTP支付卡（元/年）	绝对频次（人次）	相对频率（%）	调整频率（%）	累计频率（%）
100	57	15.7	20.4	93.9
150	1	0.3	0.4	94.3
200以上	16	4.4	5.7	100.0
愿意支付总计	279	76.6	100.0	
不愿意支付	85	23.4		
总计	364	100.0		

注：中位值为30，平均值为50.77，标准差为50.79

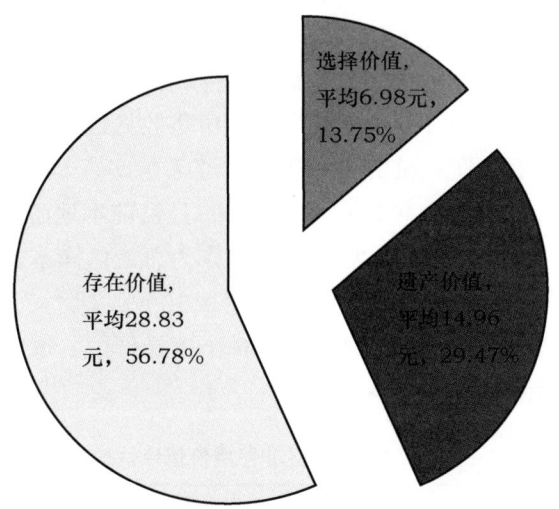

图3-3-12（c） 样本构成——游客的平均支付意愿值与支付动机

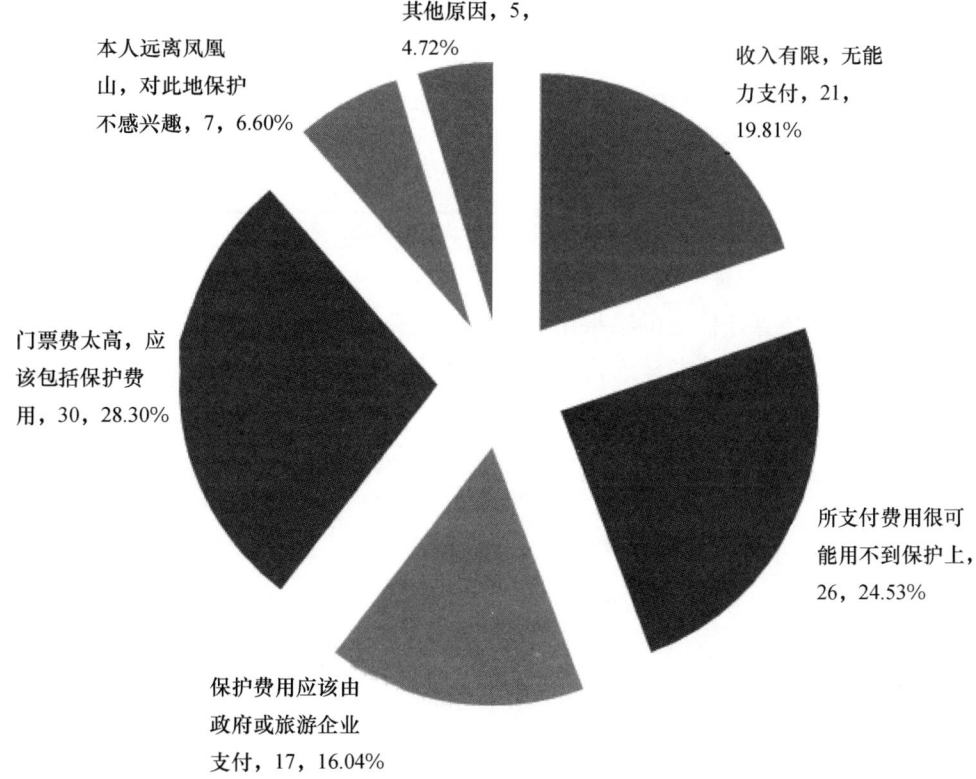

图3-3-12（d） 样本构成——游客不愿意支付的原因

（3）非使用价值估算

非使用价值计算公式

$$P_{NUV} = WTP_m \times N \times r$$

式中，P_{NUV} 为非使用价值评估值，WTP_m 为研究区游客支付意愿中位值，N 为愿意支付的游客总体人口数，r 为愿意支付者的比率。

景区非使用价值的大小与推导总游客人群的WTP值时所选取的总体人口数有直接关系。在以往的研究案例中，有的直接用当年全国人口数或当年全国城镇人口数作为总体人口数来进行核算，但这并不妥当。WTP值反映了游客的主观意愿，与游客对景区的兴趣和满意度密切相关，因此，本项研究认为，愿意支付的游客总人数应针对研究区具体情况进行具体分析，应在考虑景区的资源禀赋、规模等级、知名度和美誉度、客源市场辐射区域等综合因素的基础上谨慎确定。本研究认为，凤凰山景区的非使用价值评估中，总体人口数N有三种取值方法：一是考虑到实际到访游客的旅游动机和支付意愿情况，选取前述计算的凤凰山年最大游客接待量3532200人作为总人口样本进行核算；二是考虑到凤凰山的游客主要来自于湖北省内各地中等收入以上阶层，所以可以选取湖北省当年城镇人口数进行核算；三是考虑到凤凰山屈原故里旅游区在宜昌本地居民心目中具有非常高的价值归属认同和文化自豪感，当地人的愿意支付比例很高，且目前本地游客在景区总接待人数中所占比例远高于其他地区，可以选择当年宜昌市常住人口数作为总人口样本进行核算。

这样，根据上文统计结果，游客平均支付意愿值取30元，愿意支付率取样本调查统计数据76.65%，非使用价值核算年限以100年计，则可以计算出选择价值、遗产价值、存在价值及非使用价值总评估值。如表3-3-14所示。

表3-3-14 凤凰山景区非使用价值评估核算

价值类型	比例（%）	评估值（万元）		
		N_1=353.22万人（景区年接待游客量）	N_2=2631.2万人（湖北省2009年城镇人口数）	N_3=404.55万人（宜昌市2009年常住人口数）
选择价值	13.75	111681.54	831936.11	127911.12
遗产价值	29.47	239364.00	1783065.96	274148.43
存在价值	56.78	461183.85	3435442.33	528203.18
非使用价值总计	100	812229.39	6050444.40	930262.73

注：湖北省2009年城镇人口数、宜昌市2009年常住人口数来源于湖北省2010年统计年鉴

选用不同的游客群体核算评估出的结果出入甚大。综合考虑凤凰山景区游客的地域构成及目标客源市场定位等因素，本研究建议总体人群宜采用凤凰山景区年最大接待量，则其非使用价值总值约为 81.22×10^8 元。

2. 游客社会经济特征对支付意愿及WTP值的影响

（1）支付意愿影响因素分析

游客社会经济特征与支付意愿的相关分析可以揭示支付意愿的影响因素。对364位样本游客，选取性别、年龄、文化程度、职业、收入水平和对景区的了解程度等6个因素与支付意愿进行相关分析，结果见表3-3-15。从中可以看出，游客的年龄和对景区的了解程度与支付意愿呈现显著正相关，其余特征与支付意愿不相关。游客年龄越大，支付意愿越大；对景区越了解，支付意愿越大。

表3-3-15　游客社会经济特征对支付意愿影响的相关性

		性别	年龄	文化程度	职业	收入水平	了解程度
支付意愿	Pearson相关系数	0.053	0.120	−0.008	−0.040	−0.008	0.174
	Sig.（2-tailed）	0.156	0.011	0.436	0.224	0.442	0.000
	N	364	364	364	364	364	364

注：Sig.（2-tailed）<0.05为显著

（2）支付意愿值（WTP）影响因素分析

选取被调查者社会经济特征中的性别、年龄、文化程度、职业、收入水平和对景区的了解程度等6个因素作为自变量，以支付意愿值（WTP）为因变量进行多元线性回归，结果见表3-3-16。从中可以看出，R^2远小于1，模型的效果并不好；常数项、性别和月收入水平对因变量产生影响，其他各自变量对因变量的影响均不显著，回归系数也很小。从结果来看，游客性别对WTP值大小有较大影响，表现为男性游客支付的WTP值偏大，女性游客支付的WTP值偏小；月平均收入水平对WTP值大小也有较大影响，表现为中等收入水平者的WTP值偏大，高收入者的WTP值反而偏小；其他社会经济特征变量对支付意愿值并无显著性影响。

表3-3-16　WTP值与游客社会经济特征变量的回归分析

变量	回归系数	t检验	Sig.
常数项	8.067	9.138	0.000
性别	−1.017	−1.994	0.047
年龄	0.061	1.018	0.309
文化程度	0.048	0.804	0.422
职业	0.066	1.111	0.268
月平均收入	−0.357	−2.008	0.046
了解程度	−0.085	−1.440	0.151

注：自由度为278，F值为4.311，$R^2=0.030$

（四）旅游价值评估结果分析

1. 旅游总价值评估结果

根据价值评估计算公式，对上述旅游使用价值和旅游非使用价值各部分的评估结果进行加总，就可以得到旅游总价值评估结果。在评估中，因折现率不同，使得评估结果的差别很大。考虑到旅游行业的实际情况及文物类景区的特点，本评估中确定折现率或贴现率统一设定为10%。在折现率为10%、经营收益期取值100年的情况下，凤凰山景区旅游总价值评估结果见表3-3-17。

表3-3-17　凤凰山景区旅游总价值评估及其构成

一级类型	二级类型	评估值（万元）	所占比例（%）
旅游使用价值	游憩价值	473970.30	34.32
	旅游品牌价值	85887.9	6.22
	旅游环境价值	5780.00	0.42
	生态服务价值	3064.78	0.22
	合计	568702.98	41.18

续表

一级类型	二级类型	评估值（万元）	所占比例（%）
旅游非使用价值	选择价值	111681.54	8.09
	遗产价值	239364.00	17.33
	存在价值	461183.85	33.40
	合计	812229.39	58.82
旅游总价值		1380932.37	100.00

2. 评估结果分析

以上评估结果是综合采用收益法、成本法、品牌权益法、生态价值静态核算模型、条件价值法等对凤凰山景区未来经营期内各项旅游价值类型进行的定量评估，是对凤凰山景区未来经营期内旅游理论价值的一种经济核算。评估过程和结果反映了以下特点。

1）在不同的折现率情况下，评估结果有很大的差别。这是由于游憩价值和旅游品牌价值核算都受折现率取值的影响所造成的。折现率越小，游憩价值、旅游品牌价值就越大，旅游总使用价值也就越大。折现率会依据宏观经济、行业报酬率和项目风险等因素而动态变化，这给价值评估带来难度。本项研究是在综合分析目前国家经济运行环境及行业风险水平的基础上，考虑无风险报酬率、行业平均风险报酬率和项目经营风险报酬率三项因素，将折现率设定为10%进行价值核算。因此，计算结果并不反映折现率的动态变化，评估值是一种参考值。

2）经营期、收益期的不同取值也会对评估值产生较大影响。理论上，只要景区遵循可持续发展的原则经营管理，在不发生灾害和动荡的前提下，文物复建景区就会永续经营，收益期也会长久延续下去。所以本项研究取值100年，也是为了核算方便的权益取值。

3）旅游总价值结果中，旅游使用价值与旅游非使用价值之比约为1∶1.43。查阅以往的同类研究案例文献，刘晴对历史文化主题公园——西安大唐芙蓉园进行的价值评估[1]中，2009年的游憩价值为13.38亿元、非使用价值为16.866亿元，两者之比为1∶1.26；郑芳对甘肃嘉峪关进行了旅游资源价值评估[2]，2006年的使用价值在81.23～96.00亿元、非使用价值为127.12亿元，两者之比为1∶1.32～1.56；许抄军对凤凰古城的旅游价值进行了评估[3]，2003年的游憩价值为90428.82万元、非使用价值为314019万元，两者之比为1∶3.47。总体来看，凤凰山旅游价值评估结果与构成较为合理。

4）在旅游总使用价值中，游憩价值占绝对比重。在四种旅游使用价值类型中，游憩价值占83.34%，旅游品牌价值占15.10%，旅游环境价值占1.02%，生态服务价值占0.54%。这说明，旅游使用价值主要通过游客的旅游体验和消费活动体现出来。

①在价值核算过程中，游憩使用价值计算受可游览面积、游客空间标准、周转率和折现率的影响较大。前3个因素主要影响景区日容量值，折现率的选取则影响未来收益的折现结果。同时，由于凤凰山景区正式对外开放时间很短，缺乏相关数据，所以游客接待量是按照景区旅游空间容量乘以利用率计算出来的，这是一种理论参考值，其有效性有待今后采用实际接待数据来验证。

②旅游品牌价值核算采用基于旅游者的品牌权益法，景区品牌价值受游客偏好程度、旅游消费溢价、品牌持续年限、折现率的影响。凤凰山景区已形成屈原文化国际旅游品牌，具有极大的文化

---

[1] 刘晴：《历史文化主题公园价值评估及景区旅游开发与管理对策研究》，西北大学硕士学位论文，2010年。
[2] 郑芳：《嘉峪关市文物景区旅游资源价值评估与游客满意研究》，兰州大学硕士学位论文，2008年。
[3] 许抄军：《历史文化古城游憩利用及非利用价值评估方法与案例研究》，湖南大学硕士学位论文，2004年。

影响力和旅游发展潜力。但从计算结果看，与游憩价值相比，目前的品牌价值不是很高。这是因为凤凰山景区刚刚开业，在湖北和全国旅游市场上还缺乏知名度和影响力；旅游者愿意为凤凰山景区支付的金额不高，从而溢价较低，导致评估结果偏小。

③旅游环境价值主要依据景区建设过程中投入的成本计算得出，结果偏小。因为这里的环境建设成本仅是第一期建设投资中的概算数据，考虑到凤凰山景区中复杂的建设环境，实际环境建设投入又会增加。此外，景区建成以后，未来的垃圾污水处理、生态环境维护成本是一个长期、常年投入的成本，但由于缺乏相关数据，本项目评估时并没有考虑此项成本。

④生态服务价值评估值采用的是Costanza价值评估全球静态部分平衡模型方法，但这种方法适宜大尺度区域评估，现有的评估单价体系也是大尺度背景下的研究成果。而凤凰山景区总占地面积520亩，可能存在由于评估区域尺度悬殊而造成评估结果偏低的现象。另外，景区外围的三峡库区水面应该会对景区产生辐射生态价值，但这部分价值却难于划分和计量；景区内建设用地区应作为生态服务价值评估的负值部分，由于数据缺乏也没有计算在内，这也会导致最终结果出现偏差。

5）旅游非使用价值评估结果中，选择价值占13.75%，遗产价值占29.78%，存在价值占56.78%。说明游客对于文物旅游资源的保护意识具有长远性、非功利性特征，由此看来文物保护与发展旅游业并不矛盾，只要通过有效的引导和管理，两者可以相互促进。在采用条件价值法进行旅游非使用价值评估过程中，问卷调查对于评估结果至关重要。但由于凤凰山景区开放不久，景区的配套设施、旅游产品服务还很不完善，没有进行市场推广，客源仍以当地居民和本地游客为主，致使问卷调查获取的样本并不能反映景区完善和推介后的常态客源市场结构，因此会对价值评估造成较大误差。比如游客支付意愿和WTP值的影响因素分析，结果显示，月收入水平和支付意愿值竟呈现轻微负相关，这种情况比较反常，与问卷调查结果的信度与效度不高有关。此外，选择不同的总体游客群体对评估结果影响甚大。

综上所述，凤凰山景区的旅游价值评估核算结果表明：景区在未来经营期内的旅游经济价值巨大，蕴藏着极大的经济效益，旅游经营预期收益很高，开发潜力巨大。

三、问题与建议

（一）文物复建区旅游开发存在的问题

1. 景区配套设施和服务尚不完善

目前凤凰山24处文物古建筑复建工程都已完工，景区内部道路系统、给排水、电力、护坡治理、环境绿化等基础设施配套建设和室内陈列布展等工作已初步完成，但景区的导览系统、讲解服务、餐饮、购物、节目展演、游客参与等旅游功能和服务接待体系还不够完善。目前凤凰山景区已成功举办了"2010年屈原故里端午文化节暨海峡两岸屈原文化论坛"大型主题活动，景区已在端午节如期对游人正式开放。后续古民居建筑内的主题布展工程、景区内外的旅游设施和旅游服务项目配套等工程任务还比较繁重，需要加紧完善。

2. 单体文物古建筑可游面积狭小

凤凰山核心旅游资源是三峡库区复建的屈原祠和青滩古民居等文物古建筑，这些古代留存下来的珍贵古建筑多为砖木结构，单体内部建筑面积不大，可游面积狭小，造成单体旅游景点的瞬时游客容量有限，不利于接待大规模游客同时参观。如何克服这种瓶颈因素又尽量减少大量旅游活动对文物古建筑的不利影响，实现文物保护和旅游开发的利益平衡，这就对景区的实时旅游服务和游客容量管理提出了更高的要求。

3. 景区旅游产品缺乏深度开发

依照《秭归凤凰山国家文物保护区旅游配套建设详细规划》文本内容，景区目前建设内容是物质设施的配套，缺乏游客参与式的文化旅游项目。凤凰山的文物古建筑所蕴藏的价值巨大，但是仅有静态的文物陈列是不够的，缺乏深度的主题文化旅游产品开发就会造成旅游观赏体验不足。如果能够结合活态的文化主题展示解说、节目表演互动、非物质文化遗产展演及传统技艺展示等文化创新项目和游客参与性项目，凤凰山景区的旅游价值就会得到较好的展现，旅游经济效益也会得到大幅提升。

4. 景区缺乏知名度和影响力

凤凰山景区目前在湖北和全国旅游市场上还缺乏知名度和影响力。在体验经济和品牌竞争异常激烈的现代社会，"酒好不怕巷子深"的观念已经过时，"酒好也要会吆喝"才能创出商业效益。谁能迅速吸引公众的眼球，就能创造巨大的"注意力"经济。景区必须重视旅游公关和品牌营销的作用，改变"养在深闺人未识"的不利局面。

5. 缺乏与周边旅游景区、旅游企业合作

目前景区缺乏与周边景区和旅游企业合作，凤凰山景区的旅游发展要变"独立作战"为"军团联合"，形成合作共赢的旅游发展格局。要将景区纳入秭归旅游、宜昌旅游、鄂西旅游、湖北旅游和三峡旅游的不同区域旅游发展战略体系中，成为鄂西乃至全国文化旅游的亮点和品牌。

（二）文物复建区打造5A级旅游景区的建议

1. 景区总体发展思路和格局

景区总体开发思路：依托核心旅游资源形成以"看大坝、览平湖、拜屈原、赏民居"为核心的"屈原故里、峡江风情"文化旅游区，成为三峡地区最具文化内涵和吸引力的历史文化旅游景区。

景区核心旅游价值：结合屈原祠景区和端午节赛龙舟等系列主题活动，将凤凰山景区打造成为屈原文化旅游的核心景区和世界知名品牌。

景区外向发展格局：与三峡大坝旅游合作开发精品旅游线路；与秭归其他旅游景区联合形成秭归大旅游发展格局；与大三峡地区旅游合作成为三峡人文旅游的核心景区。

2. 完善配套设施和服务，争创5A级景区

根据《旅游景区质量等级评定管理办法》（国家旅游局局令第23号）和《旅游景区质量等级的划分与评定》国家标准（GB/T17775-2003）中5A级景区的规范和相关规定，完善旅游交通、游览、旅游安全、卫生、邮电服务、旅游购物、经营管理、资源环境保护等环境的配套设施和服务项目。正式对外开放后可以考虑先行申报国家4A级旅游景区，经营1~2年后申报5A级旅游景区。

在各项达标的基础上继续提高景区的旅游服务和管理等软环境质量，实现合理保护景区的遗产、游客最大满意、地方百姓受益和旅游企业盈利等多重可持续旅游目标。

3. 深度开发游客参与性的文化旅游项目

凤凰山景区的屈原文化、宗教文化、民居民俗文化、峡江风情等需要通过开发游客参与式的文化旅游项目展示出来，以"情境模式"打造"体验产品"，实现从"文物旅游"到"文化旅游"、游客从被动观光到主动参与体验的景区产品创新。每天在固定的时段，利用室外广场、道路和室内演艺中心动态展演屈原祭祀大典、屈原生平故事情景再现、屈原诗会、屈原名篇诵读、秭归民间歌舞、峡江号子、江神祭祀、私塾读书、土特工艺品加工、民间艺术展示等屈原故里多种系列主题文化项目，形成景区既厚重博大又生动活泼的文化旅游产品体系。

4. 申报世界物质和非物质文化遗产项目

凤凰山景区本身作为国家重点文物保护单位，既有屈原祠、古民居等高品位的文物古建筑文化遗产，又有名人传说、端午节、赛龙舟、峡江号子、归州民歌等非物质文化遗产，建议景区按照"申遗"标准，高起点地进行配套建设和运营管理，在已有的国家级文化遗产申报成果的基础上扩大遗产申报范围。屈原祠古建筑群可以申报世界文化遗产，"屈原公祭""龙舟竞渡"等相关项目可以申报世界非物质文化遗产。

5. 用好"屈原旅游"王牌，重视品牌营销

屈原文化是世界性的品牌，凤凰山景区是这一品牌的重要支撑。按照优势组合、合理布局、强化特色、组团开发、提升量级的要求，更加完善与提升凤凰山景区旅游功能，古建筑群内部陈列布展，非物质文化遗产传承与演绎（包括屈原祭祀等），做好"屈原旅游"品牌。

结合景区"近坝览湖"的绝佳位置优势，要以打造国际旅游目的地为目标，高水平地创新旅游项目，做好"观三峡大坝、览高峡平湖"的旅游品牌。

6. 参与区域旅游合作，打造精品旅游线路

按照"资源互享、客源互送、线路互推、政策互惠、信息互通、节庆互动、交通互联、争议互商"的模式，与秭归境内其他旅游景区和三峡大坝、大三峡精品旅游线路等周边旅游景区、旅游线路和旅游企业进行整合协作，推进大三峡地区旅游一体化的发展。

建设屈原旅游纪念景点、推广屈原文化主题精神是湘鄂荆楚人民义不容辞的责任。凤凰山景区要加强与湖南岳阳汨罗江风景区、君山风景区等屈原主题文化旅游地互惠合作，促进旅游资源客源共享、精品线路对接，形成互利共赢的发展格局。

第四章　兴山县古夫民居旅游价值评估

一、古夫民居概况

古夫民居位于兴山县古夫镇后河小区，占地面积为3986.67平方米，建筑面积为1500平方米，由复建古建筑望山门、陈伯炎老屋、吴翰章老屋组成。

（一）基本情况

1. 自然环境

兴山县位于湖北省西部，长江西陵峡以北，地处秦巴山区，在110°25′~111°06′E，31°04′~31°34′N。东西长66千米，南北宽54千米，总面积为2327平方千米。古夫镇地处兴山县西北部，总面积为446平方千米，沿山邻界的芋家山、马岩尖、泰洪山、鸡笼山与古夫河、咸水河、平水河等六河八溪构成倒葫芦形。古夫镇属三峡库区二次移民镇，是兴山县新县城所在地。

兴山的地貌区划属秦岭大巴山体系，山脉走向从东向西伸展，总地势为东西北三面高，南面低，由南向北逐渐升高。东北部群山重叠，多山间台地，向南逐渐降低，西北部山高坡陡，沟深谷幽，水流湍急。兴山县属亚热带大陆性季风气候。春季冷暖多变，雨水较多；夏季雨量集中，炎热多伏旱；秋季多阴雨；冬季多雨雪、早霜。由于地形复杂，高低悬殊，气候垂直差异大。古夫镇冬季平均气温为4℃，夏季平均气温为26℃，年平均气温为16.6℃，无霜期为272天。年降水量为984~1100毫米，多集中在夏、秋两季。

2. 区位条件

兴山县位于宜昌市西北部，东邻宜昌、保康，西与巴东毗邻，南接秭归，北抵神农架林区，处于举世瞩目的长江三峡工程库区、长江西陵峡北侧（见图3-4-1）。兴山是三峡旅游重点区域，也是长江三峡、神农架、武当山黄金旅游线的主要通道。新县城古夫镇东与黄粮镇交界，西与南阳镇接壤，北与神农架林区毗邻，东南与黄粮镇、高阳镇相连，209国道贯穿全镇。古夫镇距宜昌市176千米，距三峡大坝97千米，北距神农架林区木鱼镇60千米，属国务院确定的长江三峡经济开发区。

古夫民居位于兴山县城古夫镇后河小区（见图3-4-2），前为香溪大道，后为橘苑路，左为居民住宅小区，右为橘园三路，交通十分便利。

3. 历史背景

兴山县是西汉明妃王昭君的故乡，因"县境兴起于群山之中"而得名。据清光绪《兴山县志》记载，兴山建县至今已有1700余年的历史。兴山旧为楚始封地，旧治高阳城，三国吴景帝永安三年（公元260年）分秭归县之北界立兴山，属建平郡。南北朝时，北周建德六年（公元577年）置长宁

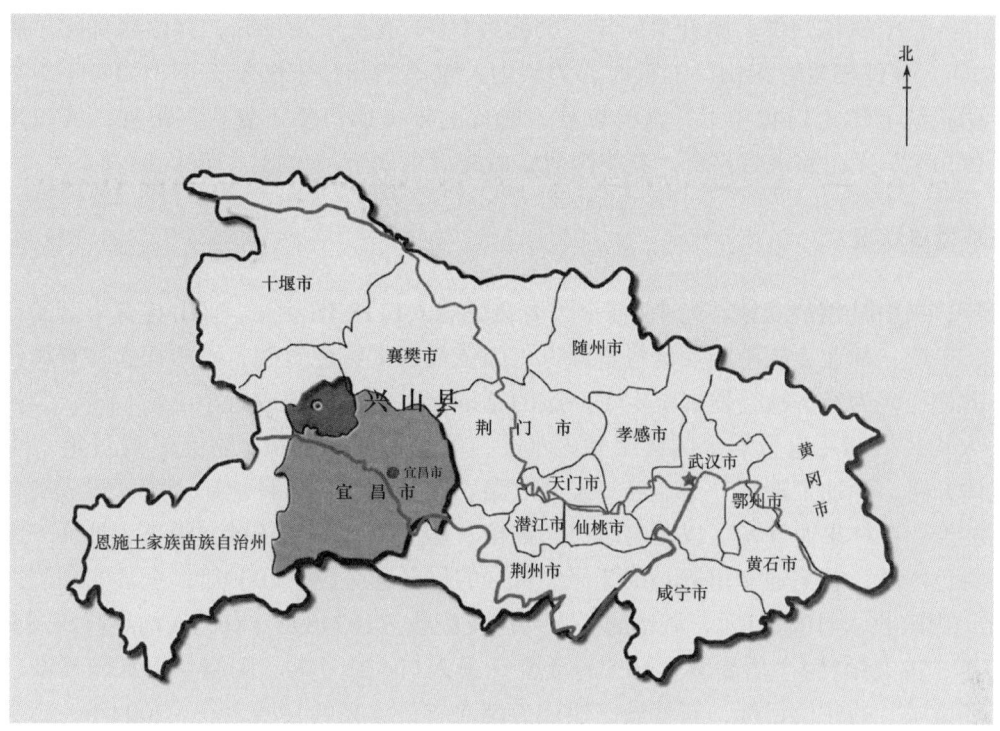

图3-4-1　兴山县在湖北省的位置

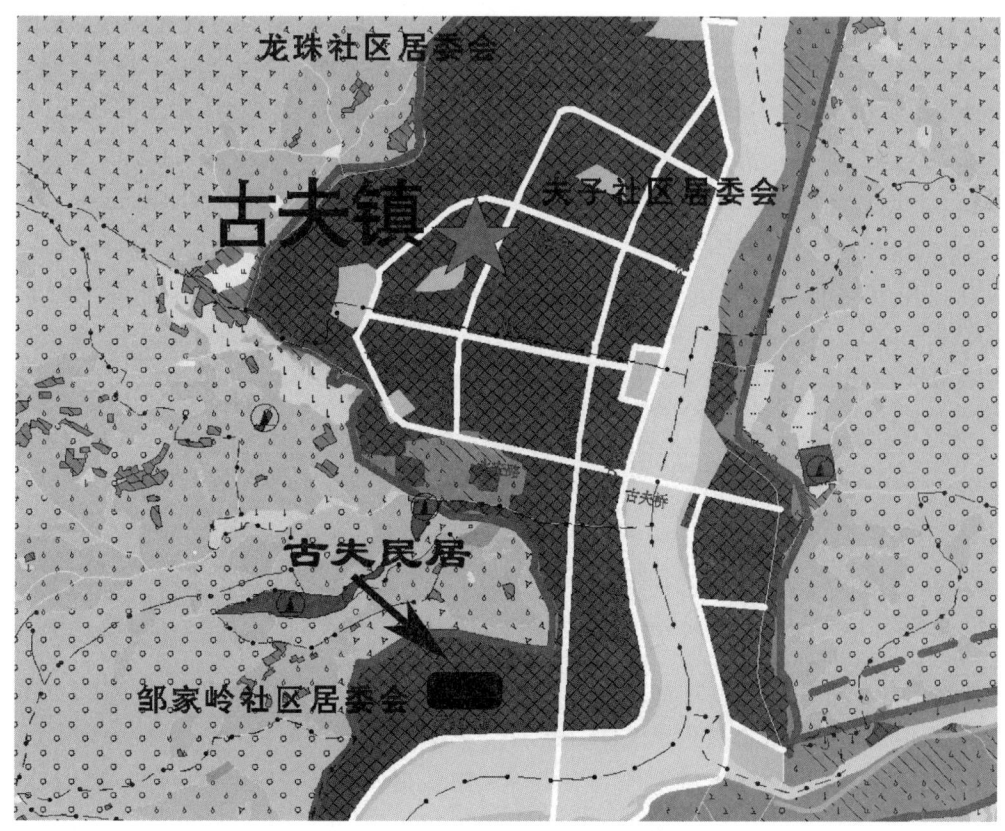

图3-4-2　古夫民居在兴山县城的位置

县，兴山并入长宁属秭归郡。隋开皇元年（公元581年）改长宁为秭归，兴山属秭归。唐武德三年（公元620年）分秭归复置兴山。五代时亦为兴山，隶属归州。宋熙宁五年（1072年）兴山改为镇入秭归。明正统七年（1442年）并入巴东县，成化七年（1471年）复置兴山县，属归州。清雍正十三年（1736年）兴山始隶宜昌府。新中国成立后先后隶属宜昌地区、宜昌市。

4. 社会经济发展状况

2009年，兴山县辖2乡6镇，92个村5个居委会，总人口18.16万人。兴山县有丰富的自然资源，形成水电、矿产、林业、旅游四大优势资源。兴山依托四大特色资源，不断探索将资源优势转变为经济优势的途径，为经济社会发展奠定了一定的基础。目前，已建成大小电站47座，装机容量达18万千瓦，人均装机和用电量居全国县级领先水平，实现了农村初级电气化；通过走"小水电站先行、载电体开路、深加工振兴"工业经济发展之路，开发利用10多种地矿资源，形成磷化、冶金、建材等支柱产业；林果业开发了以昭君脐橙、锦橙、胭脂柚、薄壳核桃、银杏、杜仲、中华猕猴桃为品牌的特色产品；公路通车里程1300千米，90%的村已通公路。2009年，全县实现国内生产总值36.97亿元，财政收入41081万元，城镇居民人均可支配收入10748元，农民人均纯收入3851元。

2009年，古夫镇辖4个居委会、16个村委会，总人口4.22万人。围绕"山水园林城、旅游文化城、生态环境城"的建设目标，新县城已建成为湖北省最漂亮的县城之一。2004年，古夫镇被国家建设部授予"中国人居环境范例奖"，被国家爱卫会授予"全国卫生城镇"称号，2005年被评为省级文明县城。这座魅力无穷的新县城，是三峡库区乃至湖北省的一颗璀璨的明珠。

5. 旅游业发展概况

兴山县旅游资源丰富，名胜古迹众多。"十五"期间，随着县城整体搬迁完成和三峡工程的蓄水通航发电，兴山县旅游产业不断壮大，拥有国内旅行社2家，四星级宾馆1家，三星级宾馆3家，旅游专用码头1座。兴山县景区总体上形成四大旅游片区，即昭君故里文化旅游区、高岚十里画廊旅游区、古夫新县城休闲度假区、南阳生态文化旅游区。旅游交通由过去单纯的陆路进出提升为水陆复合进出；旅游线路、旅游商品日益丰富，逐步形成特色化、系列化；社会经营单位和个人积极参与到旅游业吃、住、行、游、购、娱要素市场中，旅游市场日趋繁荣，旅游产业已具有相当规模，产业结构日趋完善，旅游服务质量显著提高。2009年，兴山县全年接待旅游人数45.2万人次，实现旅游总收入3亿元。

（二）文物复建区情况

1. 文物复建过程

古夫民居由三峡库区兴山县地面文物望山门、陈伯炎老屋、吴翰章老屋组成。2002年11月湖北省人民政府公布其为第四批省级重点文物保护单位，原址均在高阳镇175米水位线以下，属地面文物搬迁复建保护项目。该搬迁复建工程由湖北省文物事业管理局主持招标复建，兴山县文物管理所协助施工，复建地点位于古夫镇后河小区。工程于2002年5月正式动工，2004年12月竣工，由兴山县文物管理所管理，现已对外开放。

2. 复建区内部情况

古夫民居位于古夫镇后河小区，占地面积为3986.67平方米，建筑面积为1500平方米，由望山门、陈伯炎老屋、吴翰章老屋组成，三个建筑均坐北朝南。整个建筑群呈清代建筑风格。

（1）望山门

又名西门，原位于高阳镇建设街西段，始建于清康熙十年（1671年），是兴山高阳古城保存下来的唯一一座城门。望山门由城门和门楼构成，整体占地面积为267.8平方米，建筑面积为375.99平方米（见图3-4-3）。城门及城墙总长33.3米，宽8米，其中城门高12.9米，门洞宽3.17米；城门上有城门楼，门楼为单檐悬山，抬梁式梁架，面阔三间7.7米，进深三间5.4米。

图3-4-3　古夫民居望山门

（2）陈伯炎老屋

原位于高阳镇响滩村一组，始建于清光绪十八年（1892年）。该建筑现为砖木结构建筑，坐东朝西，平面呈纵长方形布局。建筑通进深19.74米，通面阔10.6米。占地面积为231平方米，建筑面积为407平方米。该建筑具有兴山县典型的香溪河流域明清民居风格（见图3-4-4）。

该老屋由厅屋堂、屋厅和厢房组成。厅屋为三开间，单檐硬山顶。明间面阔4米，次间面阔3.3米，通面阔10.6米。进深三间，前次间深0.78米，后次间深1.68米，通进深6.26米。台明高0.75米，石阶梯为三级。堂屋为三开间单檐硬山顶建筑，穿斗式梁架。明间面阔4米，次间面阔3.3米，通面阔10.6米。进深四间，前次间深1.36米，其后依次为1.4、1.62、1.62米，通进深6米。两侧厢房对称布局，均为一间单檐，面阔4.1米，进深3.3米。台明与堂屋为同一标高，中为一个下沉0.2米的天井。

（3）吴翰章老屋

原位于高阳镇响滩村一组。该建筑现为砖木结构建筑，坐东朝西，平面呈纵长方形布局。整体建筑面阔约12.44米，进深约11米，占地面积约为137平方米，建筑面积为256平方米。老屋由厅

图3-4-4　古夫民居陈伯炎老屋

屋、堂屋和厢房构成，前后两个天井，形成两进院落，天井两侧各有厢房一间，均为两层。堂屋为三开间，一明两暗布置，明次间均带楼层。建筑呈围合封闭形，四周是实体的建筑，中间为虚体的天井。

堂屋为三开间单檐硬山顶建筑，穿斗式梁架。明间面阔4.24米，次间面阔3米，通面阔11.46米。进深四间，前次间深0.74米，其后依次为2.4、1.8、1.6米，通进深6.5米。两侧厢房对称布局，均为一间单檐，面阔2.65米，进深3米。台明与堂屋为同一标高，中为一个下沉0.1米的天井。

此外，民居陈列有大量的民俗文物，如家具雕花春台、木床、桌椅，生产工具风斗、石碾、石碓、犁等，展现了兴山地方民俗文化。

3. 旅游资源特色

（1）建筑特色鲜明

古夫民居建筑呈清代建筑风格。陈伯炎老屋具有兴山县典型的香溪河流域明清民居风格，是沿江清代民居的典型代表；建筑内部结构和外观造型皆保存较好，是当地传统民居的典型代表。吴翰章老屋整个建筑中的山墙均为五花风火山墙，墙外表大面积为清水墙做法。风火山墙的脊饰做法是该民居的一大特色，山墙檐下粉白灰，构成墙面黑白相间的色调，使墙醒目而有变化。

（2）具有较高的历史、文物与观赏价值

望山门是兴山高阳古城保存下来的唯一城门，对于研究兴山县的历史和清代城池建筑具有很重要的文物价值。陈伯炎老屋建于清光绪十八年，有较清晰的历史延续脉络，其建筑技术与建筑装饰十分讲究，具有较高的文物观赏价值。吴翰章老屋在历史文化及建筑等级方面都有一定的研究价值，建筑平面布局十分清楚，而且艺术构件也精致讲究，装修的雕刻、布置都十分得当，有一定的观赏和借鉴价值。

二、旅游价值评估

（一）旅游使用价值评估

1. 游憩价值

第一步，计算景点的日容量。

古夫民居可游览景点为望山门、陈伯炎老屋、吴翰章老屋和广场。吴翰章老屋建筑面积为256平方米，考虑到天井、家具等设施占用的面积及二层厢房不适合游览，以0.3系数计算游览面积，即为77平方米。陈伯炎老屋建筑面积为407平方米，以0.3系数计算游览面积，即为122平方米。望山门建筑面积为375.99平方米，但适合游玩的是城墙及城门楼，故以0.3系数计算游览面积，即为113平方米，见表3-4-1。

古夫民居每天有效开放时间为10个小时，每年适合游览期按300天计算，每位游客的平均游览时间为30分钟。

表3-4-1　古夫民居景点游览面积与人均适游面积

类型	景点	游览面积（平方米）	人均适游面积（平方米/人）
复建文物	望山门	113	4
	吴翰章老屋	77	4
	陈伯炎老屋	122	4
	合计	312	
广场	景点内广场	300	10

数据来源：《望山门搬迁保护工程设计文件》《陈伯炎老屋搬迁设计文件》《吴翰章老屋搬迁设计文件》

根据上面确定的数据，古夫民居的日容量、年容量分别为：

日容量$C_日$（312÷4＋300÷10）×10÷0.5=2160人次

年容量$C_年$=日容量×适游期=2160×300=648000人次

第二步，计算景点最大年收益。

古夫民居占地面积小，门票价格为10元左右。考虑在未来的经营中，可出售旅游商品，游客有小量购物消费，故游客在古夫民居的人均旅游消费定为20元。

年收益A　年容量×人均旅游花费=648000×20=1296万元

第三步，根据收益法公式计算游憩价值。

考虑到旅游景点在刚刚开放时，所接待的旅游者人数不可能达到最大值，年收益也不可能达到稳定的最大值。随着景点设施的完善、旅游市场的开拓，年收益会不断提高并稳定在一定水平。假定前4年年均旅游资源经营利用率为40%、50%、60%、70%，从第5年起稳定在80%水平上；则预计古夫民居未来4年的旅游预期收益为518.4万元、648万元、777.6万元、907.2万元，从第5年起，景点的收益额将维持在1036.8万的水平上。

在折现率分别为5%、10%、15%的情况下，计算景点前5年预期旅游年收益预期与折现值，见表3-4-2。

表3-4-2　古夫民居的预期收益与折现值

收益年期	最大年收益（万元）	利用率	年收益（万元）	折现值（万元，折现率5%）	折现值（万元，折现率10%）	折现值（万元，折现率15%）
1	1296	40%	518.4	493.72	471.28	450.8
2		50%	648	587.74	535.51	489.95
3		60%	777.6	671.69	584.21	511.27
4		70%	907.2	746.35	619.62	518.74
5		80%	1036.8	812.33	643.85	515.5

根据收益法计算公式，计算古夫民居在折现率为5%、10%、15%的情况下的游憩价值，见表3-4-3。

表3-4-3　不同折现率下古夫民居游憩价值评估值

折现率（%）	游憩价值评估值（万元）
5	19559.01
10	9291.96
15	5923.04

从表中可以看出，在不同折现率情况下，游憩价值评估值的差距较大；结合旅游行业实际情况及文物类景区的特点，折现率应取10%为宜。

2. 旅游品牌价值

目前古夫民居已对外开放，但游客很少且以当地居民为主，很难通过游客问卷调查的方式获取旅游者愿意支付价格、消费者偏好等关键参数，从而无法用品牌权益法计算其品牌价值。基于此，对古夫民居的品牌价值评估也采用市场比较参照法，即参考具有较大可比性的景区的品牌价值计量方法，通过植入调整因子修正计算得出评估对象的旅游品牌价值。

古夫民居与秭归凤凰山景区都属文物复建区，旅旅资源性质相同。但古夫民居仅有复建古建筑，且规模偏小，缺乏类似凤凰山屈原文化、巴东民族文化公园寇准文化的著名品牌。因此，参照凤凰山旅游品牌价值占旅游使用价值的比例估定古夫民居的旅游品牌价值，但比例低于凤凰山。当贴现率为10%时，凤凰山景区旅游品牌价值为85887.9万元，占旅游使用价值的比例为15.1%；基于以上的分析，确定古夫民居的旅游品牌价值占旅游使用价值的比例为10%。在古夫民居的游憩价值、旅游环境价值及生态服务价值均已确定的前提下，计算出古夫民居的品牌价值为1038.1万元。

3. 旅游环境价值

旅游环境价值估算采用成本法计算，旅游环境价值即复建区环境建设投入成本，评估值等于景区为保护复建文物、发挥游憩功能而付出的全部环境建设成本之和。古夫民居处于地势平坦地区，占地面积小，复建文物仅有望山门、陈伯炎老屋、吴翰章老屋，故环境价值主要是三座建筑的环境投入，根据《古夫民居复建文物设计说明》中三座建筑的环境整治费用投入情况，估算结果见表3-4-4。

表3-4-4 古夫民居旅游环境价值估算

项目		建设投入（万元）	备注
环境整治	望山门	13.89	环境整治费主要是复建文物建设前期投入，如恢复文物缺损部分、使文物使与周边环境相协调，文物周边的绿化等
	陈伯炎老屋	19.28	
	吴翰章老屋	12.53	
总计		45.7	

资料来源：《望山门、陈伯炎老屋、吴翰章老屋搬迁保护工程概算》，2003年

4. 生态服务价值

古夫民居的生态服务价值，即由景区中的草地、森林、水域等组成的自然生态系统产生的对游憩活动有支持效用的生物资源生产、营养循环、水土保持和改善环境等生态服务功能的经济价值。由于古夫民居面积较小，且景区内绿地以草地为主，有少量乔木，亦无水域，故生态系统单位面积按照草地土地类型统计，总计面积为0.1公顷。本项目研究利用景区的土地利用数据，采用Costanza全球静态部分平衡模型，参照国内学者谢高地等人做出的"中国生态系统单位面积生态服务价值表"，按照公式计算，结果见表3-4-5。

表3-4-5 古夫民居生态价值估算

一级类型	二级类型	草地		
		单价（元）	面积（hm^2）	评估值（元）
供给服务	食物生产	193.11	0.1	19.31
	原材料生产	161.68		16.17
调节服务	气体调节	673.65		67.37
	气候调节	700.60		70.06
	水文调节	682.63		68.26
	废物处理	592.81		59.28
支持服务	保持土壤	1005.98		100.6
	维持生物多样性	839.82		83.98
文化服务	提供美学景观	390.72		39.07
合计		5241.00		524.1

资料来源：《古夫民居搬迁设计方案》，2003年

通过以上估算，得出古夫民居生态服务价值为524.1元/年，结果偏小。由于文物景区的收益期难以确定，本项目认为只要在严格保护文物前提下对其进行可持续的利用和管理，排除不可抗力破坏因素，文物景区的收益期就可以延续下去。但由于价值核算的需要，这里暂且将收益期取值100年，则古夫民居的生态服务价值评估总值为5.24万元。

5. 旅游使用价值

古夫民居的旅游使用价值为游憩价值、旅游品牌价值、旅游环境价值、旅游生态服务价值的总和。在计算中，景区收益年限取值100年，折现率与贴现率为10%，可以得出古夫民居旅游使用价值的评估值，见表3-4-6。

表3-4-6　古夫民居的旅游使用价值

价值类型	评估值（万元）	所占比例
游憩价值	9291.96	89.51%
旅游品牌价值	1038.1	10%
旅游环境价值	45.7	0.44%
生态服务价值	5.24	0.05%
旅游使用价值	10381	100%

通过上表可以看出，游憩价值占有很大比例，旅游环境价值与生态服务价值所占比例极低。

（二）旅游非使用价值评估

对于旅游景区的非使用价值，一般采用条件价值法（CVM）进行评估。CVM属于直接评估法，以调查问卷为工具。古夫民居现已对外开放，但游客量非常少，且以当地居民为主，受实际情况的限制，无法实地进行游客调查工作。本次三峡库区文物（古建筑）复建区价值评估的对象均为文物类景区，都以复建文物为主，各评估对象仅在地理环境、区位、规模、文化内涵等方面有差别。因此，在无法通过游客调查获取有效数据的情况下，对古夫民居的非使用价值采用经验比例法进行估算，即在已知古夫民居旅游使用价值的前提下，参照凤凰山景区旅游非使用价值占旅游总价值的比例进行估算。在折现率、贴现率为10%时，凤凰山景区旅游使用价值占旅游总价值的比例为41.18%，旅游非使用价值占旅游总价值的比例为58.82%；在此基础上，确定古夫民居旅游使用价值占旅游总价值的比例为40%，旅游非使用价值占旅游总价值的比例为60%。具体评估结果见表3-4-7。

表3-4-7　古夫民居与凤凰山旅游价值评估对照表

评估对象 评估值 价值类型	凤凰山		古夫民居	
	评估值（万元）	所占比例	评估值（万元）	所占比例
旅游使用价值	568702.98	41.18%	10381	40%
旅游非使用价值	812229.39	58.82%	15571.5	60%

（三）旅游价值评估结果分析

1. 评估结果

采用收益法、成本法、参照法等对古夫民居未来经营期内的旅游价值进行了定量评估，在折现率与贴现率为10%的情况下，古夫民居旅游价值评估结果见表3-4-8。

表3-4-8 古夫民居旅游价值评估结果

一级类型	二级类型	评估值（万元）	所占比例（%）
旅游使用价值	游憩价值	9291.96	35.8
	旅游品牌价值	1038.1	4
	旅游环境价值	45.7	0.17
	生态服务价值	5.24	0.03
	合计	10381	40
旅游非使用价值	选择价值	15571.5	60
	遗产价值		
	存在价值		
旅游总价值		25952.5	100

注：因采用经验参照评估旅游非使用价值，故只评估总值，不再按比例对选择价值、遗产价值、存在价值进行估算

2. 评估结果分析

本次评估的目的在于从定量的角度确定古夫民居的旅游开发潜力，从而更清楚地认识到文物复建区的旅游价值，并为古夫民居的旅游开发与管理提供科学的参考。通过评估，发现古夫民居的旅游价值有以下特点。

1）游憩价值的评估结果是一种理想值。古夫民居占地面积小，旅游景观数量少。游憩价值的计算受景区可游览面积、游客空间标准、周转率的影响较大，与旅行费用法（TCM）相比，采用收益法计算的古夫民居游憩价值偏高。

2）旅游品牌价值的评估具有一定的随意性。采用比较参照法评估古夫民居的旅游品牌价值，具有一定的随意性，但考虑到评估对象的性质相同，该方法也是可行的。

3）旅游环境价值极低。古夫民居旅游环境价值估算主要依据景区建设过程中投入的成本计算得出，由于环境投入少，且后期环境维护费用亦未考虑，古夫民居的旅游环境价值极低。

4）生态服务价值评估值极低。生态服务价值采用的是Costanza价值评估全球静态部分平衡模型方法，这种方法适宜大尺度区域评估。古夫民居占地面积小，且内部绿地面积非常少，故生态服务价值极低。

5）旅游非使用价值偏高。古夫民居复建古建筑的规模、等级、质量等均低于凤凰山，其旅游资源的稀缺性和文化内涵与凤凰山有一定的差距。在对古夫民居旅游非使用价值的估算中，参照凤凰山旅游使用价值与非使用的比例进行估算。在游憩价值为理想值、旅游使用价值偏高的情况下，估算出的旅游非使用价值亦会偏高。

评估数据显示，古夫民居的旅游价值为25952.5万元，虽然实际收益与理想收益有较大差距，但这也表明了古夫民居具有较高的旅游价值，旅游开发潜力较大。

三、问题与建议

（一）古夫民居旅游开发存在的问题

1. 景点规模小、景观单一

古夫民居面积偏小，可游览面积不足1000平方米。景点环境容量有限，旅游接待规模受到限

制。且景点规模小，游客的游览时间短，难以留住游客。古夫民居景观较为单一，皆为古建筑，缺乏其他自然、人文景观的衬托，对旅游者缺乏吸引力。古夫民居已开放1年多，但由于面积较小、景观较为单一等原因，平时只有零散游客到访。

2. 知名度不高

由于缺乏有效的宣传，古夫民居的知名度不高。除本地人外，外地游客对古夫民居一无所知。自对外开放以来，接待游客数量少，除节假日外，平时游客寥寥无几，且游客以本地居民为主。

3. 服务设施不完善

目前古夫民居的旅游设施还不完善，缺乏游客公共休息设施、公共厕所等旅游专用设施；缺乏导览图、标志牌、景物介绍牌等公共信息资料，游客的旅游需求得不到很好地满足，达不到A级景区（点）对旅游设施的要求。

4. 周边环境质量不高

古夫民居周边为道路、居民小区，特别是后面与左边紧邻居民小区。小区的现代建筑与古建筑的风格差别明显，且小区建筑均为七层左右，大大高于望山门和老屋的高度，遮挡了视线，这些因素致使古夫民居周边环境质量较差。

（二）古夫民居旅游开发的建议

1. 拓展景点规模

古夫民居前临美丽的古夫河，景点规模的拓展应依托香溪河景观廊道，建设滨水休闲区，沿河栽种观赏花木，修建水上仿汉折型长廊，长廊中央设置下沉式休闲亲水广场。在民居周边适当位置修建旅游商品商店，出售以昭君为主题的工艺品和地方土特产品。

2. 依托县城进行旅游开发

目前，兴山县城旅游是以三峡工程、移民新城为招引，以昭君文化为内涵，以会议为先导，以娱乐、休闲、度假为核心，将成为服务于鄂西生态文化旅游圈的核心地区。作为兴山复建文物集中地的古夫民居，应抓住县城旅游发展的契机，突出其地方文化特色，依托香溪河景观廊道，完善旅游休闲设施，建设成为具有较高观赏价值和较强休闲功能的景点，从而丰富县城的旅游产品类型，使之成为兴山县城旅游的新亮点。

3. 完善旅游设施

古夫民居应按2A级景区（点）标准完善旅游设施。在附近合适位置建设300平方米的专用停车场所；完善各种引导标志（包括导览图、标志牌、景物介绍牌等），做到清晰美观，与景观环境基本协调；制作内容丰富的公众信息资料（如导游图和导游材料等）等；配备至少2名素质较高的导游员（讲解员）；建设游客公共休息设施，做到布局合理，造型与环境基本协调。

4. 与县城其他旅游景点整合

目前，兴山县城已有龙头寨公园、昭君广场、古夫河景观走廊等自然、人文景点。在旅游开发与销售中，应将这些精品景点组合起来，这既能满足游人对景区（点）的丰富性、变化性的需要，又能通过产品的组合增强兴山县城旅游的综合实力。

5. 加强宣传

首先，应加强广告等宣传力度，有针对性地在电视、杂志、报纸等媒体上进行宣传促销，提供旅游信息，突出文物旅游产品的特点，加强与消费者的沟通，进而强化市场地位。其次，要利用高科技媒介，提高宣传促销手段的科技含量，如建立旅游信息系统，开通旅游咨询热线、网站等，进行网络营销。再次，针对古夫民居的特点，可以通过举办摄影节、书法竞赛及通过电视等媒体承办古代文化知识竞赛等活动，扩大景点知名度，进而取得较好的宣传效果。

第五章　夷陵区望家祠堂旅游价值评估

一、望家祠堂概况

望家祠堂位于宜昌市夷陵区太平溪镇镇政府驻地烟竹园，总体占地面积为近3000平方米，其中祠堂占地面积为308平方米，建筑面积为598平方米。

（一）基本情况

1. 自然环境

夷陵区位于110°51′～111°39′30″E，30°32′～31°28′N，南北长103千米，东西宽约77千米，总面积为3424平方千米。夷陵区北属大巴山脉的荆山山脉，呈西南—东北走向，南属武陵山脉的石门支脉，呈东—西走向。地势西北高，东南低，呈西北向东南梯级倾斜下降。境内高低悬殊，呈现山地、丘陵、河谷等多种地貌类型。东南部一般在海拔500米以下，处于山地向平原的过渡地带。西陵峡谷区内地处长江西陵峡，地表主要由花岗岩、石灰岩组成，峭壁陡峻，石柱挺立，是三峡大坝所在地。北部及西北部海拔一般在800米以上，沟谷纵横，溪深谷长。

太平溪镇东西长16.25千米，南北宽14.5千米，总面积为152.3平方千米。地势由东南向东北逐渐升高，形成以山地为主的地貌特征。镇内河流较多，长江流经太平溪镇境内17.4千米，境内流长2千米以上的溪河有10条。太平溪镇属中亚热带季风气候区，雨量充沛、气候温和、四季分明。年平均气温为18℃，冬季平均气温为4℃，夏季平均气温为30℃；无霜期一般在3～11月，约273天；年降雨量平均为1200～1400毫米，5～8月为多雨月份。

2. 区位条件

夷陵区地处宜昌市东南部，位于长江西陵峡畔、长江中上游的交汇处、江汉平原向鄂西山地的过渡地带，素有"三峡门户"之称。太平溪镇位于夷陵区西部、长江北岸、三峡工程左岸，为坝区库首第一镇。东连乐天溪镇，南临长江，与秭归县茅坪镇、夷陵区三斗坪镇隔江相望，西抵秭归县茅坪镇，北抵邓村乡，南靠三峡大坝、永久船闸和坛子岭4A级风景区。沿公路至小溪塔45千米，至宜昌市40千米。望家祠堂位于太平溪镇镇政府驻地烟竹园，毗邻三峡库区（见图3-5-1）。

3. 历史背景

夷陵区是巴楚文化的发祥地之一。古属"荆州之域"。春秋战国时代是楚国的西塞重地，楚顷襄王二十一年（公元前278年）秦将白起"攻楚、拔郢、烧夷陵"，夷陵之名始见于史册。秦始皇二十六年（公元前221年）改夷陵置巫县。西汉复置夷陵县。晋太康元年（公元280年）改西陵为夷陵县，属宜都郡，郡治夷陵。南北朝时期，宋、齐皆为夷陵县，梁称宜州，西魏改拓州，后周改峡州。隋改峡州为夷陵郡，领夷陵县。唐、宋、元代为夷陵县。明洪武九年（1376年）改为夷陵州。清顺治五年（1648年）改"夷陵"为"彝陵"。民国元年（1912年）废宜昌府，改东湖县为宜昌县，先后隶属于荆宜道和湖北省第九、第六行政督察区。1949年7月，宜昌解放，县城及城郊划出设宜昌市。宜昌县隶属湖北省宜昌专区，县直机关仍设在宜昌市内。1970年7月，因兴建葛洲坝水利枢纽工程，县城迁至小溪塔。2001年7月28日，撤县建区，称宜昌市夷陵区。

图3-5-1　望家祠堂在夷陵区的位置

4. 社会经济发展状况

2009年，夷陵区辖11个乡镇、1个街道办事处和1个省级开发区，人口51万余人，是宜昌市人口最多的市辖行政区。1994年，宜昌市夷陵区被列入长江三峡经济开放区，享受沿海经济开放区的优惠政策。近年来，夷陵区经济发展迅速，主要经济指标快速增长，2009年全区实现地区生产总值145.5亿元，全地域财政收入达到21.7亿元，社会消费品零售总额为50.1亿元，城镇居民人均可支配收入为12691元，农民人均纯收入为6048元[①]。太平溪镇现辖1个居委会、12个村委会，总人口为26509人。该镇是夷陵区五大中心集镇之一，也是全区唯一既有坝区移民又有库区移民的移民大镇，先后荣获宜昌市卫生镇、信用乡镇、湖北省卫生镇等称号。

5. 旅游业发展概况

改革开放以来，夷陵区着眼大三峡，开发大项目，发展大旅游，建设大产业，举全力培育精

---

① 《夷陵概况》，中国夷陵网，2010年7月6日，http://www.10.gov.cn/art/2010/7/6/art_622_50650.html。

品，推动了全区旅游业的大发展，已经初步形成六大要素齐备、初具产业规模的旅游产业体系和全方位、多层次的发展格局，旅游业已经逐渐发展为该区的重要产业之一。2006年全区实现旅游综合收入7.3亿元，旅游接待总量、单个旅游项目投资总量和4A级景区数量在湖北省县市区中均位居第一。2007年，全区旅游固定资产已达7亿多元，建成并对外开放17处景区（点），其中有3个4A级景区、2个3A级景区；有旅行社7家，其中国际旅行社1家，星级宾馆5家，其中四星级1家；全区旅游从业人员达万余人。夷陵区"两坝一峡"、三峡晓峰、南津关大峡谷及大老岭4大旅游片区建成了三峡人家、三峡观坝、杨家溪军事漂流、白果树及南津关探险旅游区等重要精品景区景点。

太平溪镇旅游资源丰富，确立了"港口流通重镇、旅游服务新镇"的总体目标，以港口建设为重点，发展与三峡大坝旅游相配套的旅游服务型经济。目前，投资3000万元的太平溪客运港口已建成投入使用；投资近3000万元的三峡人文地理风情园，集长江三峡人文、地理、风情于一体；反映三峡工程生态文化主题的长江水族世界、百鸟生态园、珍稀植物标本园及反映三峡历史文化主题的三国古战争大型表演节目《三英战吕布》和旅游商品餐饮一条街等项目，相继建成并开放接待游客。

（二）文物复建过程与内部情况

1. 祠堂复建过程

望家祠堂原址位于距太平溪老集镇2千米的伍相庙村二组，属清代祠堂建筑。其结构呈四合天井形式布局，前厅后堂，上下两层，前设大三开间，后部错层抬高为小厢五间，左右厢房两侧有木梯上楼，二楼有大小厢房九间。望家祠堂是规模较大、等级较高的寺庙类建筑，而且保存比较完整，砖作、瓦作、木作都很讲究，木构架也很有特点。其建筑布局也与一般祠堂不同，底层为敞开式，以一大天井为中心。长期以来，这里一直是该地区望氏宗族祭祖和集会的公共活动场所，同时也是该区域唯一幸存的公共建筑。

1992年，望家祠堂成为三峡库区文物保护对象，1999年该项目被国务院三建委列为三峡库区文物保护项目，随后被湖北省人民政府公布为第四批省级文物保护单位。因位于三峡库区175米蓄水线以下，1997年被搬迁拆除。2001年动工复建，2002年竣工，工程总投资110万元，由湖北省文物局组织施工。复建后的望家祠堂位于太平溪新镇东北角，紧贴三峡大坝永久船闸，依山傍水。

2. 祠堂内部情况

望家祠堂现为砖木结构建筑，纵长方形平面布局，面阔14米，进深22米，建筑面积为598平方米（见图3-5-2）。一进院落，前为门厅，后为堂屋，中间有一天井，两侧有厢房，其上为回楼。门厅为穿斗式木构梁架；堂屋为抬梁式木构梁架，梁与梁之间用驼峰或大斗支垫。建筑高约8米，檐口高约5米。二层楼设有回廊，四周转通。小青瓦屋面，硬山屋顶，人字式山墙，脊饰均为条砖、白灰砌垒。正立面为牌楼装饰贴面。

3. 旅游资源特色

（1）资源单体规模较大

望家祠堂面阔14米，进深22米，建筑面积为598平方米，是三峡地区规模较大、等级较高的寺庙类建筑。其建筑布局也与一般祠堂不同，底层为敞开式，以一大天井为中心。

图3-5-2 夷陵区望家祠堂全景

（2）具有较高的文物、观赏价值

长期以来，望家祠堂一直是该地区望氏家族祭祖和集会的公共活动场所，同时也是该区域唯一幸存的公共建筑；该建筑对于研究当地的建筑历史、建筑技术、建筑艺术、建筑文化及民俗文化等方面均有很重要的价值。祠堂砖作、瓦作都很有讲究，木构架很有特点，因而具有较高的观赏价值。

二、旅游价值评估

（一）旅游使用价值评估

1. 游憩价值

第一步，计算景点的日容量。

望家祠堂为单一景点，祠堂建筑面积为598平方米，考虑到天井、回楼及阁楼占用的面积，以0.3系数计算游览面积，即为200平方米，每位游客的平均游览时间为20分钟。

根据上面确定的数据，望家祠堂的日容量、年容量分别为：

日容量$C_日$=200÷4×30=1500人次

年容量$C_年$=日容量×适游期=1500×300=45万人次

第二步，计算景点最大年收益。

在未来旅游开发经营中，考虑到望家祠堂面积较小，旅游花费以门票为主兼有旅游购物，故人均旅游花费定为15元。

年收益A=年容量×人均旅游花费=450000×15=675万元

第三步，根据收益法公式，计算游憩价值。

假定前4年年均旅游资源经营利用率为40%、50%、60%、70%，第5年起稳定在80%水平上。则预计望家祠堂未来4年的旅游预期收益为270万元、337.5万元、405万元、472.5万元，从第5年起，景点的收益额将维持在540万的水平上。

在折现率分别为5%、10%、15%的情况下，计算景点前5年预期旅游年收益预期与折现值，见表3-5-1。

表3-5-1 望家祠堂的预期收益与折现值

收益年期	最大年收益（万元）	利用率（%）	年收益（万元）	折现值（万元，折现率5%）	折现值（万元，折现率10%）	折现值（万元，折现率15%）
1	675	40	270	257.15	245.46	234.79
2		50	337.5	306.11	278.91	255.18
3		60	405	349.84	304.28	266.29
4		70	472.5	388.73	322.72	270.18
5		80	540	423.09	335.34	268.49

根据收益法计算公式，计算望家祠堂在不同折现率情况下的游憩价值，估算结果见表3-5-2。

表3-5-2 望家祠堂游憩价值评估值

折现率（%）	游憩价值评估值（万元）
5	10186.99
10	4839.57
15	3084.92

从表中可以看出，在不同折现率情况下，游憩价值评估值的差距较大。结合旅游行业实际情况及文物类景区的特点，折现率应取10%为宜。

2. 旅游品牌价值

在本次评估中，对文物复建区的品牌价值评估采用最大品牌权益法，品牌权益的大小取决于旅游者愿意为此品牌支出的溢价大小和旅游者的偏好程度。旅游景区品牌价值能否实现，很大程度上取决于旅游者的购买意向和购买行为。望家祠堂在复建以前是望氏家族祭祖和集会的公共活动场所，不是旅游景点；复建后尚未对外开放，没有旅游者前来参观消费。因此，作为旅游景点的望家祠堂目前尚无旅游品牌价值。

3. 旅游环境价值

旅游环境价值估算采用成本法计算，旅游环境价值即复建区环境建设投入的成本，评估值等于景区为保护复建文物、发挥游憩功能而付出的全部环境建设成本之和。望家祠堂总体占地面积为近3000平方米，屋后面为坡度较大的山体，环境价值中的环境投入较大。调研访谈的数据显示，整体环境整治费用投入约为100万元。

4. 生态服务价值

望家祠堂的生态服务价值，即由景区中的草地、森林、水域等组成的自然生态系统产生的对游憩活动有支持效用的生物资源生产、营养循环、水土保持和改善环境等生态服务功能的经济价值。望家祠堂整体占地面积为近3000平方米,除了建筑面积外,绿地面积大约为2000平方米。区内绿地以草地为主,后面山体有灌木及少量乔木,无水域,故生态系统单位面积按照草地土地类型统计,总计面积为0.2公顷。本项目研究利用景区的土地利用数据,采用Costanza全球静态部分平衡模型,参照国内学者谢高地等人做出的"中国生态系统单位面积生态服务价值表",按照公式计算,结果见表3-5-3。

表3-5-3 望家祠堂生态价值估算

一级类型	二级类型	草地		
		单价(元)	面积(hm²)	评估值(元)
供给服务	食物生产	193.11	0.2	38.62
	原材料生产	161.68		32.34
调节服务	气体调节	673.65		134.74
	气候调节	700.60		140.12
	水文调节	682.63		136.52
	废物处理	592.81		118.56
支持服务	保持土壤	1005.98		201.2
	维持生物多样性	839.82		167.96
文化服务	提供美学景观	390.72		78.14
合计		5241.00		1048.2

通过以上估算,得出望家祠堂生态服务价值为1048.2元/年。出于价值核算的需要,这里暂且将收益期取值100年,则望家祠堂的生态服务价值评估总值为10.48万元。

5. 旅游使用价值

望家祠堂的旅游使用价值为游憩价值、旅游品牌价值、旅游环境价值、旅游生态服务价值的总和。在计算中,景区收益年限取值100年,折现率为10%,可以得出望家祠堂旅游使用价值的评估值,见表3-5-4。

表3-5-4 望家祠堂旅游使用价值 (单位:万元)

价值类型	评估值	所占比例(%)
游憩价值	4839.57	97.77
旅游品牌价值	0	0
旅游环境价值	100	2.02
生态服务价值	10.48	0.21
旅游使用价值	4950.05	100

（二）旅游非使用价值评估

对于旅游景区的非使用价值，一般采用条件价值法（CVM）进行评估。CVM属于直接评估法，以调查问卷为工具。望家祠堂还未对外开放，无法进行实地游客调查工作。本次三峡库区文物（古建筑）复建区价值评估的对象均为文物类景区，都以复建文物为主，各评估对象仅在地理区位、规模、文化内涵等方面有差别。因此，在无法通过游客调查获取有效数据的情况下，参照凤凰山景区经验比例法评价估算望家祠堂的非使用价值，即在已知望家祠堂旅游使用价值的前提下，参照凤凰山景区旅游非使用价值占旅游总价值的比例进行估算。用经验比例法评估非使用价值评估，具有一定的随意性，但考虑到评估对象的性质相同，该方法也是可行的。具体评估结果见表3-5-5。

表3-5-5 望家祠堂与凤凰山旅游价值评估对照表

评估对象 评估值 价值类型	凤凰山		望家祠堂	
	评估值（万元）	所占比例（%）	评估值（万元）	所占比例（%）
旅游使用价值	568702.98	41.18	4950.05	40
旅游非使用价值	812229.39	58.82	7425.08	60

（三）旅游价值评估结果分析

1. 评估结果

采用收益法、成本法、参照法等对望家祠堂未来经营期内的旅游价值进行定量评估，在折现率、贴现率为10%的情况下，望家祠堂旅游价值评估结果见表3-5-6。

表3-5-6 望家祠堂旅游价值评估结果

一级类型	二级类型	评估值（万元）	所占比例（%）
旅游使用价值	游憩价值	4839.57	39.11
	旅游品牌价值	0	0
	旅游环境价值	100	0.81
	生态服务价值	10.48	0.08
	合计	4950.05	40
旅游非使用价值	选择价值	7425.08	60
	遗产价值		
	存在价值		
旅游总价值		12375.13	100

注：因采用经验参照评估旅游非使用价值，故只评估总值，不再按比例对选择价值、遗产价值、存在价值进行估算

2. 评估结果分析

本次评估的目的在于从定量的角度确定望家祠堂旅游开发潜力，从而更清楚地认识到文物建筑

的旅游价值，并为望家祠堂的旅游开发与管理提供科学的参考。望家祠堂旅游价值评估结果有以下两个特点。

1）游憩价值的评估结果是一个理想值。望家祠堂目前还未作为旅游景点对外开放，受景观数量、质量及占地规模的限制，望家祠堂的游憩价值相对较低。在本评估中，采用收益法评估出的望家祠堂游憩价值是一个理想值。

2）旅游非使用价值偏大。望家祠堂作为省级文物保护单位，具有一定的文化价值。对望家祠堂非使用价值的估算采用经验比例法，参照凤凰山旅游使用价值与非使用的比例进行估算。在游憩价值为理想值、旅游使用价值偏大的情况下，估算出的旅游非使用价值亦会偏大。

评估结果显示，望家祠堂旅游总价值为12375.13万元，虽然实际收益与理想收益有较大差距，但这也表明望家祠堂具有一定的旅游价值，具备旅游开发的潜力。

三、问题与建议

（一）望家祠堂旅游开发存在的问题

目前，望家祠堂还不具备作为旅游景点进行旅游开发的条件，主要问题如下。

1. 景点规模小

望家祠堂为独立型单体旅游景点，占地面积相对较小，景点环境容量有限，旅游接待规模受到限制。且景点规模小，游客的游览时间短，难以留住游客。望家祠堂景观较为单一，仅有一座宗祠，缺乏其他自然、人文景观的衬托，对旅游者缺乏吸引力。

2. 景点孤立

优良的旅游线路应该是包含各种类型旅游景点的组合线路，孤立的单一类型景点对旅游者缺乏足够的吸引力。文物类的景观属于高端的旅游产品，其趣味性、可看性、参与性均不如自然风光类旅游产品吸引人，其消费人群主要是受教育程度较高的或是对古代文化感兴趣的旅游者，对普通旅游者吸引力并不强。望家宗祠虽然具有较高的文化、旅游价值，但由于其与夷陵区其他著名旅游景点有一定的空间距离，难以吸引大量的国外、省外旅游者前来。

3. 缺乏旅游服务设施

目前望家宗祠缺乏必要的旅游设施，如缺乏游客公共休息设施、公共厕所、垃圾箱等旅游专用设施，游客的旅游需求得不到有效满足。望家宗祠的环境氛围较差，绿地面积小，绿化覆盖率很低。除祠堂前面的草坪外，树木、花草很少，景观缺乏植物配置，景观与环境美化效果差。

（二）望家祠堂旅游开发的建议

1. 扩大景点规模

建议合理规划周边区域土地，建设其他相关的自然、人文景观。如在祠堂后面山体种植特色花木，在周边建设反映地方性英烈人物、地方原始神灵及与水运相关的祭祀内容的寺庙、道观及其他公共建筑，使之成为一个具有一定规模的文化景观公园。这样一来，既美化了环境，又能增加游客数量，扩大了景点的旅游收益。

2. 充分利用优良的区位条件

可进入性和交通便利性是旅游开发的重要条件。太平溪镇位于三峡工程左岸，为坝区库首第一镇，是夷陵区五大中心集镇之一，具有得天独厚的区位优势。镇政府驻地太平溪自然镇，东接三峡工程专用公路，西接三峡大坝进川的永久翻坝港口——太平溪港，南靠三峡大坝、永久船闸和坛子岭4A级风景区，北连大老岭国家森林公园。在太平溪镇未来旅游开发中，要把镇政府驻地太平溪自然镇打造成三峡坝区旅游集散中心地，望家祠堂的旅游开发应充分利用这种区位优势。

3. 加强与本区域其他旅游景区（点）的整合

目前，夷陵区的旅游景区以自然景观为主，形成三峡人家、三峡晓峰、三峡大坝、大老岭等一批精品旅游景区。在太平溪镇，也有一批高等级旅游景区，如高峡平湖旅游风景区、三峡人文地理风情园、地灾防治护岸工程及其纪念园。望家祠堂有深厚的文化积淀，且是目前夷陵区唯一的已建成的、具有一定规模的复建文物。在旅游开发中将自然景区与人文景点组合起来形成精品旅游线路，特别是依托祠堂附近三峡库区的水域风光，利用旅游者乘车翻越大坝的机会吸引旅游者前来参观游览。这既能满足游客对景观的多样性、综合性需求，又能通过产品的组合增强文物旅游景区的综合实力。

4. 完善旅游设施

完善各项旅游设施，使景区的各项设施达到A级景区的标准。建设200平方米的停车场，停车场场地应平整坚实，且有相应标志。在入口停车场一侧建旅游商品商店，出售土特产品。制作各种公众信息资料（包括导览图、标志牌、景物介绍牌等），合理设置标志牌和景物介绍牌，标志牌应与宗祠景环境基本协调。提供品种多、内容丰富、制作较好的宣传教育材料（如综合画册、音像制品、导游图和导游材料等）。设立5个左右的垃圾箱，合理布局，且使其造型与环境协调。垃圾清运及时，日产日清。

第六章 结论与展望

文物是人文旅游资源的重要组成部分，丰富而珍贵的文物资源是区域旅游业赖以发展的重要的物质基础。三峡库区复建文物建筑数量众多、历史悠久、艺术水平很高，具有鲜明的民族、地域特色。本次评估的目的在于从定量的角度确定文物（古建筑）复建区的旅游开发潜力，从而更清楚地认识到文物复建区的旅游价值，并为文物复建区的旅游开发与管理提供科学的参考。

一、各复建区旅游价值评估结果

本项研究依据所构建的文物复建区旅游价值评估框架和指标体系，综合采用收益法、成本法、品牌权益法、生态价值静态核算模型、条件价值法等对评估对象未来经营期内各项旅游价值类型进行了评估核算。需要说明的是，巴东民族文化公园、古夫民居和望家祠堂评估值由于采用了经验比例法评估其旅游非使用价值，所以对其旅游非使用价值部分只列出总值，不再按比例对选择价值、遗产价值、存在价值进行估算。比较各研究对象未来经营期内的旅游总价值及其构成的核算结果，如表3-6-1所示。

表3-6-1 各文物复建区旅游价值评估结果 （单位：万元）

一级类型	二级类型	凤凰山	巴东民族文化公园	古夫民居	望家祠堂
旅游使用价值	游憩价值	473970.30	49223.71	9291.96	4839.57
	旅游品牌价值	85887.9	8742.63	1038.1	0
	旅游环境价值	5780.00	259.7	45.7	100
	生态服务价值	3064.78	58.18	5.24	10.48
	小 计	568702.98	58284.22	10381	4950.05
旅游非使用价值	选择价值	111681.54	87426.33	15571.5	7425.08
	遗产价值	239364.00			
	存在价值	461183.85			
	小 计	812229.39			
旅游总价值	合 计	1380932.37	145710.55	25952.5	12375.13

结果显示，凤凰山景区旅游总价值约为138.093亿元，巴东民族文化公园为14.571亿元，古夫民居为2.595亿元，望家祠堂为1.238亿元，四地加总为156.497亿元。各研究区的旅游使用价值约占旅游总价值的40%，旅游非使用价值约占旅游总价值的60%，其中非使用价值占主要部分，这说明文物旅游资源价值构成中，文物本身作为核心价值的属性特点，也反映了文物类旅游景区中复建文物与古建筑是其核心旅游吸引物的客观现实。

二、主要参数取值对评估结果的影响

评估核算中一些参数的取值设定对评估结果有较大影响。主要参数包括折现率、经营收益期、古建筑的可游览面积、游客人均空间标准、非使用价值评估法中的总体人群取值等。

（一）折现率

游憩价值、旅游品牌价值核算受折现率取值的影响。折现率越小，游憩价值、旅游品牌价值就越大，旅游总使用价值也就越大。折现率会依据宏观经济、行业报酬率和项目风险等因素动态变化，给价值评估带来难度。本项研究是在综合分析目前国家经济运行环境及行业风险水平的基础上，考虑无风险报酬率、行业平均风险报酬率和项目经营风险报酬率三项因素，将折现率设定为10%进行价值核算。因此，计算结果并不反映折现率的动态变化，评估值是一种参考值。

（二）经营期、收益期

本项评估中，旅游品牌价值、生态服务价值和旅游非使用价值均受经营收益期长短的影响。经营收益期越长，评估结果就越大。理论上，只要景区遵循可持续发展的原则经营管理，在不发生灾害和动荡的前提下，文物复建景区就会永续经营，收益期也会长久延续下去。本项研究中各评估区的经营收益期取值100年，只是为了核算方便，是一种权益取值。

（三）可游面积及游客人均空间标准

可游面积和评估值正相关，游客人均空间占用面积和评估值负相关。本项研究中，单体古建筑的可游览面积以建筑面积的50%计算，复层民居可游览面积以建筑面积的30%计算；建筑内部游客人均占用面积为4平方米/人，广场游客人均占用面积为10平方米/人，游览线路适宜游览间距为3米，博物馆类景点游客人均占用面积为3平方米/人。这是根据评估对象的旅游景观、设施本身的结构特点及其所处的外部环境，综合国内外同类研究参考标准确定的。

（四）非使用价值评估中的总体人群

景区非使用价值的大小与推导游客支付意愿值所选取的总体人口数有直接的关系。在以往的同类研究案例中，有的直接用当年全国人口数，有的采用当年全国城镇人口数，有的采用景区年接待游客数作为总体人口数，没有统一的范例可循。本研究认为，愿意支付的总体人群应针对研究区的具体情况进行具体分析，在考虑景区的资源禀赋、规模等级、知名度和美誉度、客源市场辐射区域等综合因素的基础上谨慎确定。本项研究综合比较了三种不同的总体人群计算结果，最后选取评估景区年最大接待量作为总体人群，取得了较为可信的参考价值。

三、评估结果综合分析及研究展望

关于文物旅游价值评估，无论是针对单体文物建筑还是针对综合遗产旅游地的评估案例，国内外都比较少见。我们在评估对象的旅游价值进行评估的过程中，估算过程是科学的，估算的结果是可信、可靠的。各研究对象的评估结果表现出了一定的共同特点：旅游非使用价值大于旅游使用价值；旅游总使用价值中，游憩价值占绝对比重；旅游非使用价值中，非功利性的存在价值占主要比重。这说明文物复建景区的旅游总价值主要是非市场交易性的旅游非使用价值，旅游使用价值主要通过游客的旅游体验和消费活动体验出来。

（一）游憩价值

本项研究对游憩价值的估算采用收益法。收益法是比较成熟的资产价值评估方法，它的理论基础是效用价值论。使用收益法评估的前提条件是：被评估资产的未来预期收益可以用货币计量；风险可以预测并可以用货币计量；使用年限可以预测。本项目的研究对象——文物景区及其文物古建筑的旅游价值显然满足上述条件，所以采用收益法评估直接使用价值中的游憩价值应该是适宜的。采用收益法计算出的游憩价值是一种理想值。

相比之下，游憩价值评估常用旅行费用法（TCM）。使用旅行费用法评估要求满足三个条件：景区经营管理比较成熟，游客的旅行交通、住宿费用普遍比较高，门票较低或者免费进入。目前研究区的实际情况是多数景点对外开放不久，当地游客较多，致使旅行花费普遍较低，因此目前还不适用采用旅行费用法进行价值评估。但随着时间的推进，景区经过一段经营期步入稳定发展阶段之后，游憩价值评估就可以而且应当采用旅行费用法，这样比较科学。

（二）旅游品牌价值

目前，对于旅游景区品牌价值的估算的相关文献很少。本课题中品牌价值的估算采用基于旅游者的最大品牌权益法。该方法从品牌作用的机理出发，基于旅游者的角度，品牌权益的大小取决于旅游者愿意为此品牌支出的溢价大小和旅游者的偏好程度。溢价、偏好程度等相关数据通过实地游客问卷调查得出。因此，采用品牌权益法估算品牌价值较为科学合理。

本研究中对旅游景区品牌价值货币化评估研究进行了有益尝试，由于缺乏横向比较，评估结果是否科学合理，有待进一步考证。最大品牌权益法的一个主要缺陷在于，对品牌持续年限及对应的理论目标客源的确定带有很大的主观随意性，这也是将品牌作为无形资产进行未来价值评估时所遇到的共同性问题。在计算过程中，溢价的确定采取景区价格差纵向比较的方式，把凤凰山景区未创立品牌前的门票价格作为基价来确定消费溢价，但该方法还不具有普遍适用性。以上问题还需进一步深入研究。此外，考虑到评估对象的性质相同，在已知凤凰山景区品牌价值的情况下，对巴东民族文化公园、古夫民居的品牌价值估算采用市场比较参照法，但该方法存在一定主观随意性。

（三）旅游环境价值

本研究对旅游环境价值估算采用成本法计算，主要依据景区建设过程中投入的成本计算得出，计算结果偏小。因为这里的环境建设成本还只是第一期建设投资中的概算数据，考虑到景区中复杂的建设环境，实际环境建设投入又会增加。此外，景区建成以后，未来的垃圾污水处理、生态环境维护成本是一个长期、常年投入的成本，但由于缺乏相关数据，评估时并没有考虑此项成本。对于旅游环境价值的评估方法，我们将在后续研究中逐步完善。

（四）生态服务价值

生态服务价值评估值采用的是Costanza价值评估全球静态部分平衡模型方法，但这种方法适宜于大尺度区域评估，现有的评估单价体系也是大尺度背景下的研究成果。但本研究中四个评估对象面积偏小，可能存在由于评估区域尺度悬殊而造成评估结果偏低的现象。另外，像凤凰山景区外围的三峡库区水面应该会对景区产生辐射生态价值，但这部分价值却难以划分和计量；景区内建设用地区应作为生态服务价值评估的负值部分，但由于数据缺乏，也没有计算在内，这也会导致最终结果出现偏差。

（五）旅游非使用价值

在凤凰山旅游非使用价值评估结果中，选择价值＜遗产价值＜存在价值。说明游客对于文物旅游资源的保护意识具有长远性、非功利性特征，由此看来，文物保护与发展旅游业并不矛盾，只要通过有效的引导和管理，两者可以相互促进。

在采用条件价值法进行旅游非使用价值评估过程中，问卷调查对于评估结果至关重要。但由于凤凰山景区开放不久，景区的配套设施、旅游产品服务还很不完善，没有进行市场推广，客源仍以当地居民和本地游客为主，致使问卷调查获取的样本并不能反映景区完善和推介后的常态客源市场结构，因此会对价值评估造成较大误差。比如游客支付意愿和WTP值的影响因素分析结果显示，月收入水平和支付意愿值竟呈现轻微负相关，这种情况比较反常，与问卷调查结果的信度与效度不高有关。

在对巴东民族文化公园、古夫民居和望家祠堂的旅游非使用价值的估算中，参照凤凰山旅游使用价值与非使用价值的比例进行估算。在游憩价值偏大造成旅游使用价值偏大的情况下，估算出的旅游非使用价值亦会偏大。因此，待游客问卷调查的时机成熟时，可采用条件价值法进行旅游非使用价值评估，以提高评估结果的科学性与可靠性。

第四篇 文化价值评估卷

第一章　构建三峡湖北库区文物古建筑文化价值评估体系

一、三峡湖北库区文物古建筑文化价值评估的标准及原则

文物建筑被称为"实物的历史""世界的年鉴"。它们是历史的见证，是每一个国家的珍贵历史文化遗产。世界各国都非常重视保护文物建筑，正如著名的《国际古迹保护与修复宪章》（《威尼斯宪章》）开首所言："世世代代人民的历史古迹，饱含着过去岁月的信息留存至今，成为人们古老的历史见证。人们越来越意识到人类价值的统一性，并把古代遗迹看作共同的遗产，认识到为后代保护这些古迹的共同责任，传递其原真性的全部信息是我们的职责。"

文物建筑保护的目的是实现最大化地保留古建筑的多元价值，这是国际上遗产保护的共同准则。文物古建筑的价值被保留的程度与对文物古建筑本身价值的认定成正比，只有充分地挖掘了古建筑所携带信息的价值，并对它们进行评估进而做出取舍，才能实现保护的意义。要有效保护文化遗产，其中一个重要的内容就是评估其价值，确定保护方案。《中国文物古迹保护准则》第五条也明确指出："保护必须按程序进行。所有程序都应符合相关的法律规定和专业规则，并且广泛征求社会有关方面的意见。其中，对文物古迹价值的评估应当置于首要的位置。"

（一）三峡湖北库区文物古建筑复建区文化价值评估的标准

2000年6月，国务院三峡工程建设委员会正式批复的《三峡工程淹没区及移民迁建区文物保护项目和保护方案》（国三峡委发办字〔2000〕15号文）指明三峡文物大抢救的主要目标是到2009年实现"三个确保"：一是确保库区规划的文物点得到全面有效的抢救保护，文物保护的意识深入人心，三峡地区历史文化面貌得到基本廓清，三峡地区的文化序列得以重建，早期历史得以还原；二是确保认真研究文物中所蕴涵的历史价值、科学价值、艺术价值，从而使库区优秀文化传统得到进一步的弘扬与传承；三是确保根据"合理利用"的文物保护方针与"三贴近"的要求，不断推动文物原地保护与迁建保护的文物新景区、考古发掘、陈列展览、科学研究、书籍报刊的创新成果来满足人民群众日益增长的物质文化和精神文化需求，使库区文物在服务三个文明建设、促进中华民族共同精神家园建设方面发挥应有的作用。

目前，国内外尚无评估文物古建筑文化价值的统一标准和原则，大多数国家在评估中都以《雅典宪章》《威尼斯宪章》、联合国教科文组织的《保护世界文化与自然遗产公约》等国际性文件（宪章）为依据，结合本国有关文化遗产保护的法律法规，制定出针对具体评估对象的评估方案。

此次评估的三峡湖北库区地面文物主要包括古建筑类，如庙、亭、楼、民居、桥梁、牌坊、城门（墙）；石刻类，如题刻、碑碣、栈道、纤道；其他类，如古井、磨坊等。本课题所构建的文化价值评估体系，主要参考相关的国际国内文件及有关文化遗产价值评估的学术研究成果完成，涉及的宪章、法规有：《国际古迹保护与修复宪章》《保护世界文化与自然遗产公约》《实施保护世界

文化与自然遗产公约业务指南》《关于真实性的奈良文件》《中国文物古迹保护准则》《中华人民共和国文物保护法》《国标：中华人民共和国旅游资源分类、调查与评价》等。

（二）三峡湖北库区文物古建筑复建区文化价值评估的原则

评估文物古建筑，应从文化遗产的内容和标准出发，以加强文化遗产保护和有效开发利用为目的，以有关的理论和评估方法为基础，评估时尽可能做到科学、系统、可操作性强。具体而言，在建立和完善评估体系时应当遵循如下一些原则。

1. 客观性原则

评估前深入调查评估对象，全面掌握所有的真实资料，从实际出发，对所有的数据进行分析综合。无论是整体评估还是单项评估，都必须以公正客观的态度进行，不能任意变更评估的数据、方法和结果，应独立而又客观地进行评估。

2. 科学性原则

采用科学统一的评估规范、标准和程序，各指标必须符合文化遗产保护理论，结合文物古建筑的实际情况，在概念准确，含义清楚，范围明确，计算方法科学的基础上，科学、客观、全面、系统地评估文物古建筑的文化价值。同时，在评估中应该将定量分析与定性分析相结合，将静态分析与动态分析相结合，使评估结果更具有科学性和真实性。

3. 系统性原则

文化遗产的价值体系是一个复杂的系统，应该以系统的观点来进行整体评估。文物古建筑文化价值评估体系是由各种要素组成的有机统一整体，其有效性取决于各个要素综合作用的结果，如果只强调其中一个因素或几个因素，就会产生盲目性和片面性。因此，必须从整体出发，整体性地分析和评价文化价值，必须考虑到这个完整的系统的相关性、层次性、整体性。

4. 可操作性原则

对文物古建筑文化价值的评估应具有较强的可操作性。评估指标的设计要求概念明确、定义清晰，能方便地采集数据与收集信息，并能随时对资源评估进行修正。指标的内容要简练概括，不应太繁杂。计算方法科学，操作方便宜行，且应使评估的结果具有指导意义，有助于在实践中对文物古建筑的保护和再利用。

二、三峡湖北库区文物古建筑文化价值评估体系的构建

《中国文物古迹保护准则》规定，文物古迹保护工作的各个程序中，"对文物古迹价值的评估应当置于首要的位置"（第五条）。特别强调文物古迹的价值评估程序具有基础性和重要性，是因为对文物建筑的价值判定决定着规划原则是否正确。近年来，我国文化遗产的价值评估问题已经越来越受到重视，研究的广度和和深度也不断得到加强，但是还没有形成一个较为完善的文化遗产价

值评估体系。本课题拟从分析文物古建筑的价值构成要素着手，结合三峡复建区文物建筑的具体特点，解析其具体价值的构成要素，形成评价因子，构建评估体系。

（一）分析文物古建筑的价值构成

文物必须具有价值。"价值"是一个多视角的概念，由于人们的政治观、世界观、人生观、价值观不同，不同国家、不同群体、不同个体的看法差别很大。文物价值的要素包括明确的地点、历史等诸要素，比如相对准确的历史年代，记录了重要历史事件或历史人物的事迹（生平经历），反映了人类从事生活、生产、科学、艺术的活动和方式、成果等。

《保护世界文化与自然遗产公约》中把文化遗产之"建筑群"界定为：从历史、艺术或科学角度看，因其建筑的形式、同一性及其在景观中的地位，具有突出、普遍价值的单独或相互联系的建筑群。《中国文物古迹保护准则》第三条规定："文物古迹的价值包括历史价值、艺术价值和科学价值。"

群体布局是我国古建筑布局的重要特点，因此，古建筑群是我国现存数量最多的遗产类型，它们是我国不可移动文物中的重要组成部分。古建筑群具有重要的历史、文化、艺术、社会价值，主要表现为：

1）是许多历史事件的发生地和重要活动的纪念地，具有印证史籍的重要作用；

2）是物化的特定文化和典章制度，能真实地体现古代人们生产、生活的痕迹，具有文化史、社会史的意义；

3）是古代建筑空间和构造艺术的集中体现，反映了古代高超的规划设计水平和建造工艺水平；

4）不同时期的古建筑能突出表现人类建筑工艺、技术、材料方面发展的成果；

5）是文化交流的重要场所和组成部分，具有象征纪念意义和精神情感价值，是进行爱国主义教育的重要场所。

英国学者费尔顿把文物建筑的价值归纳为三个方面：情感价值：新奇感、认同作用、历史延续感、象征性、宗教崇拜；文化价值：文献的、历史的、考古的、审美的、建筑的、人类学的、景观与生态的、科学的和技术的；使用价值：功能的、经济的、社会的、政治的。

《世界遗产公约实施指南》分类描述文化遗产的价值如下。情感价值：惊叹称奇、趋同性、延续性、精神的和象征的崇拜。文化价值：文献的、历史的、考古的、古老的和珍稀的、古人类学的和文化人类学的、美学的、建筑艺术的、城市景观的、风景的和生态学的、科学的。使用价值：功能的；经济的，包括旅游；教育的，包括展现；社会的；政治的。

文化遗产蕴含的丰富价值往往使其成为旅游资源。旅游资源是指自然界和人类社会凡能对旅游者产生吸引力，可以为旅游业开发利用，并可产生经济效益、社会效益和环境效益的各种事物和因素。我国于2003年2月24日发布的《中华人民共和国国家标准GB/T 18972-2003 旅游资源分类、调查与评价》中，旅游资源价值的评价体系，依据"旅游资源共有因子综合评价系统"赋分。本系统设"评价项目"和"评价因子"两个档次。评价项目为"资源要素价值""资源影响力""附加值"。其中，"资源要素价值"项目中含"观赏游憩使用价值""历史文化科学艺术价值""珍稀奇特程度""规模、丰度与几率""完整性"等5项评价因子。"资源影响力"项目中含"知名度和影响力""适游期或使用范围"等2项评价因子。"附加值"项目中含"环境保护与环境安全"1项评价因子。以下（表4-1-1）为具体赋分标准。

表4-1-1 旅游资源评价赋分标准

评价项目	评价因子	评价依据	赋值
资源要素价值（85分）	观赏游憩使用价值（30分）	全部或其中一项具有极高的观赏价值、游憩价值、使用价值	30—22
		全部或其中一项具有很高的观赏价值、游憩价值、使用价值	21—13
		全部或其中一项具有较高的观赏价值、游憩价值、使用价值	12—6
		全部或其中一项具有一般观赏价值、游憩价值、使用价值	5—1
	历史文化科学艺术价值（25分）	同时或其中一项具有世界意义的历史价值、文化价值、科学价值、艺术价值	25—20
		同时或其中一项具有全国意义的历史价值、文化价值、科学价值、艺术价值	19—13
		同时或其中一项具有省级意义的历史价值、文化价值、科学价值、艺术价值	12—6
		历史价值或文化价值或科学价值或艺术价值具有地区意义	5—1
	珍稀奇特程度（15分）	有大量珍稀物种，或景观异常奇特，或此类现象在其他地区罕见	15—13
		有较多珍稀物种，或景观奇特，或此类现象在其他地区很少见	12—9
		有少量珍稀物种，或景观突出，或此类现象在其他地区少见	8—4
		有个别珍稀物种，或景观比较突出，或此类现象在其他地区较多见	3—1
	规模、丰度与几率（10分）	独立型旅游资源单体规模、体量巨大；集合型旅游资源单体结构完美、疏密度为优、良级；自然景象和人文活动周期性发生或频率极高	10—8
		独立型旅游资源单体规模、体量较大；集合型旅游资源单体结构很和谐、疏密度良好；自然景象和人文活动周期性发生或频率很高	7—5
		独立型旅游资源单体规模、体量中等；集合型旅游资源单体结构和谐、疏密度较好；自然景象和人文活动周期性发生或频率较高	4—3
		独立型旅游资源单体规模、体量较小；集合型旅游资源单体结构较和谐、疏密度一般；自然景象和人文活动周期性发生或频率较小	2—1
	完整性（5分）	形态与结构保持完整	5—4
		形态与结构有少量变化，但不明显	3
		形态与结构有明显变化	2
		形态与结构有重大变化	1
资源影响力（15分）	知名度影响力（10分）	在世界范围内知名或构成世界承认的名牌	10—8
		在全国范围内知名或构成全国性的名牌	7—5
		在本省范围内知名或构成省内的名牌	4—3
		在本地区范围内知名或构成本地区名牌	2—1
	适游期或使用范围（5分）	适宜游览的日期每年超过300天或适宜于所有游客使用和参与	5—4
		适宜游览的日期每年超过250天或适宜于80%左右的游客使用和参与	3
		适宜游览的日期超过150天或适宜于60%左右的游客使用和参与	2
		适宜游览的日期每年超过100天或适宜于40%左右的游客使用和参与	1
附加值	环境保护与环境安全	已受到严重污染或存在严重安全隐患	−5
		已受到中度污染或存在明显安全隐患	−4
		已受到轻度污染或存在一定安全隐患	−3
		已有工程保护措施环境安全得到保证	3

真实性是文化遗产价值评估的核心要素。有学者指出，历史真实性是文物古迹的灵魂，是评估和确定世界文化遗产、各级文物保护单位的核心标准。是否保存了文物的历史真实性也同样是评

估文物保护工程成败的首要标准，"文物建筑保护专家当然不排斥审美，也不排斥可能的功能，但他们主要把文物建筑看作历史信息（社会的、经济的、文化的、政治的、科技的等）的载体，它们的价值决定于其所携带的历史信息的量和质的丰富程度、重要程度和独特程度。当他们审视文物建筑优美的形式的时候，也必须考虑到它的历史意义"。保存和保护文物的历史真实性是《威尼斯宪章》的思想基础，这个思想后来有了重要发展。1994年11月1日至6日，日本政府文化事务部与联合国教科文组织、国际文化财产保护与修复研究中心（ICCROM）及国际古迹遗址理事会（ICOMOS）共同举办"与世界遗产公约相关的奈良真实性会议"，通过了《奈良真实性文件》（1994）。文件的核心论述了两个问题。第一是文化多样性与遗产多样性的问题。第二是文化遗产的价值与真实性问题，"一切有关文化项目价值以及相关信息来源可信度的判断都可能存在文化差异，即使在相同的文化背景内，也可能出现不同。因此不可能基于固定的标准来进行价值性和真实性评判。反之，出于对所有文化的尊重，必须在相关文化背景之下来对遗产项目加以考虑和评判"。联合国教科文组织世界遗产委员会认同《奈良文件》，在《实施公约指南》中引用该文件作为评估文化遗产真实性的基础，"理解遗产价值的能力取决于关于该价值信息来源的真实度或可信度。对涉及文化遗产原始及后来特征的信息来源的知晓和理解，是评价原真性各方面的必要基础""对于文化遗产价值和相关信息来源可信性的评价标准可能因文化而异，甚至同一种文化内也存在差异。出于对所有文化的尊重，文化遗产的审查和评估必须首先在其所在的文化背景中进行"（《实施公约指南》Ⅱ.E，80，81）。

我国台湾地区也十分重视对文化遗产的评估。在《文化资产价值认知与评估指导纲要（草案）》中明确指出，认知与评估文化资产价值，是保存文化资产的基础工作，后续的修复设计与再利用规划中的任何作为都不得减损或灭失文化资产价值。此价值必须持续不断地被检视与评估，各阶段的工作规划与参与人员，都应确保其价值能正确无误地保存下来。价值的认知与评估的提出，是保存工作各阶段都须注意的重点，其目的在于确保文化资产价值。必须经由各阶段工作人员反复评估、确认与验证，以确保文化资产价值在保存过程中能获得妥当的保存。

我国台湾评估文化资产强调要从如下八个方面来进行。第一，真实性。真实性是指文资的各项价值，也是一种认知与评估价值的态度，旨在尊重现况，掌握并评估讯息的可信度，避免错认价值。第二，完整性。为了文资价值可以完整保存，除了本身的各项有形价值之外，相关的无形资产及可以彰显文资价值的周围环境或活动，都应纳入评估保存，希望达到无缺憾性。对任何可能或破坏完整性的因素，都应严肃面对，并适当加以限制，必要时可采用划设保存区、辅导或限制其使用等方式。第三，地方文化背景。文化的产生与该地方人民的生活息息相关，包括人、事、时、地、物等诸多因素。保存文化价值的同时，应考虑地方的长期永续发展，并营造适当的环境，鼓励民众参与，有助于未来保存计划的实施，也可协助保存地方传统技艺等无形文化资产。第四，价值的理解。确保文化资产价值所在，是保存的基础工作，任何作为都不应减损或灭失其价值。研究的过程中，一旦发现新的价值，应反复进行价值评估与确认，不可视而不见或湮灭新的价值证据。第五，历史文化价值。历史价值乃是过去的人类活动存留至今的证据。现场存留下来的证据，不论其规模还是大小，只要符合真实性的要求，其意义远大于不存在现场或已改变的证据。评估历史价值应找出其在过去历史进程中所扮演的重要角色，无论在过去是正面的或是负面的，抑或是具有争议的，都应被尊重，且应经评估，并选取适当的保存方式。第六，艺术价值。艺术价值在于其特殊性、稀少性与艺术性，作品常能反映当时社会的现象或代表该地方特定的风俗民情与流派，其价值具有不可取代性、不易复制性等特色。在保存的过程中，应特别注意其艺术价值的永续保存，努力确定研究对象的艺术价值，并做出正确的判断，适当地处置保存标地。第七，科学价值。科学常伴随着人类文明的进步而日益精进，其中新技术、新材料的诞生也象征科技的进步，除了能充分反映当时的保存观念与技术之外，也常有重要的人、事、物参与其中，因此必须尊重科学价值并保存各阶段工作的成果。有些科学价值在今日看来虽已过时，然而对于能彰显或代表其科学价值的相关物件，也应认真地对待并给予适当的保存。第八，社会价值。文化资产的保存与再利用，也会保存或创造新的社会价值，包括精神层面的社会教育或实质层面的环境或经济的改善提升。在认知与评估过程中，应重视并审慎对待这些价值。

部分学者就资源的时间价值评价进行了积极的探索，从如下几个方面分析时间价值。一是文化资源形成的历史久远性。时间是检验文化资源生命力是否旺盛的重要尺度，是检验文化资源是否具有强大传承能力的试金石。通常形成的历史年代久远的文化资源，其时间价值要高于年代较短的资源。越是久远的文化资源，其中蕴含的人类文化因素越多，也就越具有珍贵的价值。二是文化资源的稀缺性。稀缺的文化资源具有较高的可度量价值。一些文化资源由于时间久远而逐渐衰微，逐渐成为稀缺资源，因此也就具有了更加昂贵的度量价值。三是文化资源生成年代的社会经济发展水平。只有发达的文化和社会经济状态，才有可能孕育和衍生出具有丰富内涵的文化资源，也才可能形成文化资源历经朝代更替的传承，盛世的文化更能够体现出发达的社会经济对文化的滋养和贡献。四是文化资源的比较优势。五是文化资源的可替代性。文化资源能够传承，一定是具有了不可替代的传承价值。随着社会经济的发展，一些文化资源逐渐消亡，我们仅能从历史记载中看到这些资源当年的盛况。无论是功能还是审美，具有可替代性的文化资源时刻都有被遗忘的危险。

有研究者指出：由于我国传统文化观念及当代遗产观念等存在的缺陷，目前对文物古建筑价值的认知是不全面的。这类观点认为："通常文化遗产价值由两部分组成，一部分是它被创造出来的那个时代赋予的价值；另一部分是在以后岁月中各种历史事件与人类需求变化而遗留的印迹所负载的价值。"文物古建筑价值构成因素应当为：古建筑=土地价值+建筑物价值+文化价值。可对文物古建筑文化价值的诸影响因素进行分解如下：文化价值=历史价值+人文价值+科学价值+艺术价值+纪念价值+教育价值。

结合上述资料及对文化遗产、文物建筑等价值内涵的分析，本课题确定此次所评估的三峡湖北库区文物古建筑文化价值构成为：历史价值、人文价值、科学价值、艺术价值、情感价值和社会价值，共六大价值。具体内涵如下。

1）历史价值，由时间性、原真性、完整性、时代性、稀缺性、奇特性、知名度构成。
2）人文价值，由事件人物的关联性、宗教价值、民俗价值、文化延续价值构成。
3）艺术价值，由建筑风格、结构特点、设计水平和工艺、装饰装修、施工技艺、美学价值构成。
4）科学价值，由建筑的科学成就、建筑反映出的科技成果水平构成。
5）情感价值，由象征作用、认同感、归属感、惊奇感构成。
6）社会价值，由教育性、纪念性、和谐性构成。

（二）三峡湖北库区文物古建筑文化价值评估方法的确定

根据课题制定的"三峡湖北库区文物古建筑复建区文化价值评估原则"，结合复建文物的内容及价值特点等因素，最终确定此次评估方法。

第一，采取综合评估的方法。分析各构成价值的影响因素，并确定各影响因素之间的权重关系；分析各构成价值之间的比例关系，通过对文物古建筑六大价值，即历史价值、人文价值、科学价值、艺术价值、情感价值和社会价值因子的各项赋分，计算出每一类价值的平均分，然后根据其所占的权重计算出该项价值的分值,最后综合六大价值的分类得分即得出该古建筑的最终得分。

第二,采取定性与定量相结合的方法。此次对三峡湖北库区文物古建筑复建区文化价值的评估,在传统定性分析的基础上,对相关结果进行量化处理,把定性评估、定量评估有机结合,使评估结果更具科学性。

第三,采取物质文化遗产与非物质文化遗产相结合的评估方法。根据上述文物古建筑价值的构成分析,古建筑除自身实体价值外,还蕴涵着丰富的非物质文化遗产内容,评估其文化价值时应当重视这部分内容,也对其进行相应赋值,纳入评估体系中。

(三)三峡湖北库区文物古建筑文化价值评估体系的构建

要评估文化价值,其核心是必须首先确定评估的指标体系。要有一套科学、客观、合理的评估指标体系;必须尽可能全面地反映影响系统的所有因素,这将直接关系到评估的质量。本课题组确定了《文物古建筑文化价值评估体系》(见表4-1-2),系统设"评价项目"和"评价因子"两个档次,采用打分评价方法,由课题研究人员实施。课题组将分别对三峡湖北库区文物古建筑4个复建区(其中夷陵区仅有望家祠堂一处)进行文化价值评估,具体分为对单体建筑的评估及对复建区的评估两个部分,得出对上述两项综合评估的结论。

表4-1-2 文物古建筑文化资源价值评估体系

目标层	项目层	因子层	释义
	历史价值	时间性	建筑年代的久远程度
		原真性	建筑所具有的真实性
		完整性	建筑保存的完整程度
		时代性	是否体现了当地的生活风貌和社会文化等
		稀缺性	是否唯一
		奇特性	是否具有独特的吸引力
		知名度	是否广为人知
	人文价值	事件人物的关联性	与建筑关联的历史事件或人物
		宗教价值	相关的宗教信仰
		民俗价值	相关的民俗文化
		文化延续价值	是否能延续人的精神文化和生活
	艺术价值	①美学价值	观赏建筑的审美感受
		②风格特色	是否是著名的、唯一的或一种特殊的类型
		③结构	是否罕见或为孤例,或是一种特殊材料、特殊方式的结构物
		④设计和工艺	设计水平:设计思路布局、构图、工艺和特色
		⑤装饰装修、施工技艺	装饰装修、施工技艺
	科学价值	建筑的科学成就	在结构、用材和施工等方面的科学成就
		反映出的科技成果水平	建筑反映出来的历史上的科技成果和科技水平
	情感价值	象征作用	是否为某种精神的象征物
		认同感	是否受到当地群众的心理认同

续表

目标层	项目层	因子层	释义
	情感价值	归属感	是否促进人与人之间的友情、信任、相互尊重,增强归属感
		惊奇感	非本地人的惊奇程度
	社会价值	教育性	是否可以起到教育作用
		纪念性	是否具有纪念意义
		和谐性	是否有利于民族团结和凝聚力的增强

《文物古建筑文化价值评估体系》,文物建筑的文化价值可分解为"历史价值""人文价值""艺术价值""科学价值""情感价值"及"社会价值"六大价值。文物古建筑文化价值评估体系如下。

评估目标:文化价值。

项目层:历史价值、人文价值、艺术价值、科学价值、情感价值、社会价值。

历史价值因子层:时间性、原真性、完整性、时代性、稀缺性、奇特性、知名度。

人文价值因子层:事件人物的关联性、宗教价值、民俗价值、文化延续价值。

艺术价值因子层:风格、结构特点、设计水平和工艺、装饰装修、施工技艺、美学价值。

科学价值因子层:建筑的科学成就、反映出的科技成果水平。

情感价值因子层:象征作用、认同感、归属感、惊奇感。

社会价值因子层:教育性、纪念性、和谐性。

具体释义见《文物古建筑文化价值评估体系》。

课题采用研究人员对每一古建筑进行打分评价的方法完成,具体赋分情况见表4-1-3。

表4-1-3 文物古建筑文化资源价值评估赋分标准

评估目标	评估项目	评估因子	释义	赋值			
				0~2	3~4	5~7	8~10
文化价值	历史价值	时间性	建筑年代的久远程度		近代	清代	明代及以前
		原真性	建筑原本的真实性	真实性较差,没有或极少部分保留为原状	真实性一般,仅有少部分保留为原状	真实性较强,部分保留为原状	真实性强,几乎完全保留为原状
		时代性	是否体现了当地的生活风貌和社会文化等	不能或很少体现当地的生活风貌和社会文化	能部分体现当地的生活风貌和社会文化	较好体现当地的生活风貌和社会文化	体现当地的生活风貌和社会文化方面突出
		稀缺性	是否唯一	稀缺性差,类似遗产很多	稀缺性一般,类似遗产存在	稀缺性较强,类似遗产少见	稀缺性强,世界范围内独有

续表

评估目标	评估项目	评估因子	释义	赋值			
				0~2	3~4	5~7	8~10
文化价值	历史价值	奇特性	是否具有独特的吸引力	奇特性较差，吸引力小	奇特性一般，有一定吸引力	奇特性较强，有较大吸引力	奇特性强，吸引力大
		知名度	是否广为人知	本地区内知名，影响力较小	本省内知名，有一定影响力	全国范围知名，有较大影响力	世界范围知名，影响力突出
	人文价值	事件人物的关联性	与建筑关联的历史事件或人物	与重大事件或重要人物无关联或关系不大	与重大事件或重要人事有一定关联	与重大事件或重要人物关联性较强	与重大事件或重要人物关系关联性极强
		宗教价值	相关的宗教信仰	基本无宗教信仰和宗教价值	宗教价值一般	宗教价值较高	宗教价值突出
		民俗价值	相关的民俗文化	不能或较少体现民俗文化	能部分体现民俗文化，有一定内涵	能较好体现民俗文化，内涵较丰富	体现民俗文化方面突出，内涵丰富
		文化延续价值	是否能延续人的精神文化和生活	延续人的精神文化和生活方面价值一般	延续人的精神文化和生活方面价值一般	延续人的精神文化和生活方面价值较高	延续人的精神文化和生活方面价值突出
	艺术价值	美学价值	观赏建筑的审美感受	美学价值较低	美学价值一般	美学价值较高	美学价值突出
		风格特色	是否是著名的、唯一的或一种特殊的类型	建筑风格不明显，无特色	建筑风格一般，有一定特色	建筑风格较突出，比较有特色	建筑风格突出，特色鲜明
		结构	是否罕见或孤例，或是特殊材料、特殊方式的结构物	建筑结构或材料较差，无特色	建筑结构或材料一般，有一定特色	建筑结构或材料有比较特色	建筑结构或材料特色鲜明
		设计和工艺	设计水平，思路布局、构图、工艺和特色	设计水平较差，无工艺特色	设计水平一般，少许工艺特色	设计水平较高，工艺特色较明显	设计水平高，工艺特色突出
		装饰装修、施工技艺	装饰装修、施工技艺	技术工艺水平较差，科学研究价值较低	技术工艺水平一般，科学研究价值一般	技术工艺水平较高，科学研究价值较高	技术工艺水平高，科学研究价值突出
	科学价值	建筑的科学成就	在结构、用材和施工等方面的科学成就	在结构、用材和施工等方面科学成就较低	在结构、用材和施工等方面的科学成就一般	在结构、用材和施工等方面的科学成就较高	在结构、用材和施工等方面的科学成就突出
		反映的科技水平	反映出历史上的科技成果和科技水平	不能或很少反映历史上的科技成果和科技水平	能部分反映历史上的科技成果和科技水平	能较好反映历史上的科技成果和科技水平	能突出反映历史上的科技成果和科技水平
	情感价值	象征作用	是否为某种精神的象征物	在社会或民族中无象征意义	在社会或民族中有一定的象征意义	在社会或民族中有较强的象征意义	成为社会或民族的标志或象征

续表

评估目标	评估项目	评估因子	释义	赋值			
				0~2	3~4	5~7	8~10
文化价值		认同感	是否受到当地群众的心理认同	不能或很少受到当地群众的心理认同	部分受到当地群众的心理认同	能较好受到当地群众的心理认同	受到当地群众的显著的心理认同
		归属感	是否促进人与人之间的友情、信任、相互尊重，增强归属感	作用不明显，不能或很少使民众产生归属感	作用一般，能使民众产生一定的归属感	能使民众产生较强的归属感	作用突出，能使民众产生强烈的归属感
		惊奇感	非本地人的惊奇程度	无惊奇感或惊奇感很小	惊奇感一般	惊奇感较高	惊奇感突出
	教育价值	教育性	是否起到教育作用	无教育作用或作用较小	教育作用一般	教育作用较明显	教育作用突出
		纪念性	是否具有纪念意义	无纪念意义或意义较小	有一定纪念意义	纪念意义较明显	纪念意义突出
		和谐性	是否有利于民族的团结和凝聚	对民族团结和凝聚力增强作用不大	对民族团结和凝聚力增强作用一般	对民族团结和凝聚力增强作用较大	对民族团结和凝聚力增强作用突出

本次评估将文物古建筑价值分解为"历史价值""人文价值""艺术价值""科学价值""情感价值"及"社会价值"六大价值，共25个评估因子。其中各类价值权重分别为：历史价值28%，人文价值16%，艺术价值20%，科学价值8%，情感价值16%，社会价值12%（参见表4-1-4《文物古建筑文化价值评估体表》）。

表4-1-4 文物古建筑文化资源价值评估表

评估项目	评估因子	分值选择	单项得分	平均值	权重	分类得分	总分
历史价值	时间性	0 1 2 3 4 5 6 7 8 9 10			28%		
	原真性	0 1 2 3 4 5 6 7 8 9 10					
	完整性	0 1 2 3 4 5 6 7 8 9 10					
	时代性	0 1 2 3 4 5 6 7 8 9 10					
	稀缺度	0 1 2 3 4 5 6 7 8 9 10					
	奇特性	0 1 2 3 4 5 6 7 8 9 10					
	知名度	0 1 2 3 4 5 6 7 8 9 10					
人文价值	事件人物的关联性	0 1 2 3 4 5 6 7 8 9 10			16%		
	宗教价值	0 1 2 3 4 5 6 7 8 9 10					
	民俗价值	0 1 2 3 4 5 6 7 8 9 10					
	文化延续价值	0 1 2 3 4 5 6 7 8 9 10					
艺术价值	美学价值	0 1 2 3 4 5 6 7 8 9 10			20%		
	风格特色	0 1 2 3 4 5 6 7 8 9 10					
	结构特点	0 1 2 3 4 5 6 7 8 9 10					
	设计水平和工艺	0 1 2 3 4 5 6 7 8 9 10					
	装饰装修、施工技艺	0 1 2 3 4 5 6 7 8 9 10					

续表

评估项目	评估因子	分值选择	单项得分	平均值	权重	分类得分	总分
科学价值	建筑的科学成就	0 1 2 3 4 5 6 7 8 9 10			8%		
	反映出的科技成果水平	0 1 2 3 4 5 6 7 8 9 10					
情感价值	象征作用	0 1 2 3 4 5 6 7 8 9 10			16%		
	认同感	0 1 2 3 4 5 6 7 8 9 10					
	归属感	0 1 2 3 4 5 6 7 8 9 10					
	惊奇感	0 1 2 3 4 5 6 7 8 9 10					
社会价值	教育性	0 1 2 3 4 5 6 7 8 9 10			12%		
	纪念性	0 1 2 3 4 5 6 7 8 9 10					
	和谐性	0 1 2 3 4 5 6 7 8 9 10					

对具体建筑文化价值评估的分值计算方法如下。

第一，计算每一类评估项目评估因子的得分，即单项得分；

第二，根据单项得分，计算出每一类评估项目的平均分值，即平均值；

第三，根据每一类评估项目的权重，计算出该类得分，即分类得分；

第四，总合六大评估项目的分类得分，即得出该建筑文化价值的最终得分。

对文物古建筑文化价值评估结果分为3个等级，根据分值评定为★级文物建筑，以★★★为最高等级。具体如下：

3~4分，具一定价值，为★级文物建筑；

5~7分，价值较高，为★★级文物建筑；

8~10分，价值突出，为★★★级文物建筑。

三、本次评估指标释义及补充细则

根据"三峡湖北库区文物古建筑复建区文化价值评估体系"课题研究，文物古建筑的文化价值主要由历史价值、人文价值、艺术价值、科学价值、情感价值和社会价值构成。由于是针对性地评估限定区域，并且需要整体性地综合分析复建区，为便于具体评估的操作及对评估结果的比较，现对本次评估指标释义，并进行必要的说明。

（一）历史价值

历史价值主要由时间性、原真性、完整性、时代性、稀缺性、奇特性和知名度7个要素构成。时间性指建筑年代的久远程度；原真性指建筑是否具有其原本的真实性；完整性指建筑保存的完整程度；时代性指建筑是否体现了当地的生活风貌和社会文化等；稀缺性指建筑的稀缺程度是否唯一；奇特性指建筑是否具有独特的吸引力；知名度指建筑是否广为人知，其知名度和影响力情况如何。根据评估所涉及的对象的历史价值特性，在本课题制定的《文物古建筑复建区文化价值评估赋分标准》基础上，对历史价值赋分标准制定了如下细则，作为补充。

由于此次评估对象绝大多数为清代建筑，因此为时间性赋分制定的标准为：如果该建筑为清代建造，则可得基本分7分；同时再根据建筑可追溯历史的久远程度增加相应分值1～3分，结果依次为明代8分，元代9分，元代之前者即可得满分10分。例如本次评估对象巴东秋风亭，现存秋风亭是清代建筑，但其历史可追溯到宋代，因此，其时间性赋分可得满分10分。

由于此次评估对象整体范围限定于长江三峡湖北库区这一地理范围，因此用稀缺性、奇特性、知名度三项因子以评估其在全国范围内的稀缺、奇特和知名程度为最高赋值10分，例如：该建筑如果在全国范围（及以上）知名，其知名度即可得满分10分；如果该建筑在本地区内知名，则可得基本分7分，再视其影响力适当增加相应分值1~2分。

（二）人文价值

人文价值由事件人物的关联性、宗教价值、民俗价值及文化延续价值四个要素构成。事件人物的关联性指与建筑物有关联的历史事件或人物，如是否与重大事件或重要人物有关联，其关联性如何；宗教价值指与建筑相关的宗教信仰情况如何；民俗价值指与建筑相关的民俗文化情况如何；文化延续价值指建筑是否能延续人的精神文化和生活。根据评估所涉及对象的人文价值特性，在本课题制定的《文物古建筑复建区文化价值评估赋分标准》基础上，对人文价值赋分的部分标准制定了如下细则，作为补充。

事件人物的关联性：以相关史料作为评分依据，如评估对象与本地知名的事件或人物具有直接关联性，则可得基本分5分，在此基础上再视其影响力大小适当增加分值，如评估对象与世界范围内知名的事件或人物具有直接关联性，则"事件人物的关联性"因子项可得最高分10分，例如屈原祠，此项可得满分，是因为屈原为世界文化名人，其影响至为深远。若暂无直接支撑材料证明事件与人物的关联性，但根据建筑的功能特点等相关知识、资料，可推理其具有相应价值，仍可赋予其一定的分值。

宗教价值：如评估对象自身为宗教建筑，是历史上举行宗教仪式、进行宗教活动的场所，即可得基本分7分，在此基础上再视其影响力大小增加相应分值；若虽无直接支撑材料证明其宗教价值，但根据相关知识、资料推理其应具有一定的宗教意义，则赋分5分，再视其影响力增加分值1~2分；如无相关支撑材料证明其宗教价值，则暂统一赋予分值2分。

民俗价值：如与评估对象有密切关联的、典型的民俗事象，无论其是物质民俗、社会民俗或是语言民俗方面，均可得基础分7分，然后再视其典型性、关联性适当增加相应分值。

文化延续价值：具体指评估对象在延续人的精神文化和生活方面的作用，无论是精神文化还是生活，只要在某方面具有典型意义即可得基础分7分，在此基础上再视其影响力大小增加相应分值。

（三）艺术价值

艺术价值由美学价值、风格特色、结构、设计和工艺，以及装饰装修和施工技艺5个要素构成。美学价值指观赏建筑的审美感受；风格特色指建筑是否为著名的、唯一的或特殊的类型，建筑风格是否明显、有特色；结构指建筑是否罕见或为孤例，或是特殊材料、特殊方式的结构物，特色情况如何；设计和工艺主要指建筑的设计水平，思路布局、构图、工艺和特色的情况如何；装饰装修和施工技艺指建筑具体的装饰和施工的水平情况。

由于此次评估对象整体范围限定于长江三峡湖北库区这一地理范围，因此艺术价值评估也以此为参照，即文物建筑的美学价值、风格特色、结构、设计和工艺、装饰装修和施工技艺几个因子，如果在本地区范围内为水平较高、具有特色，则可得基础分7分，在此基础上再视其影响力适当增加分值，以其在当时全国范围内的最高水平和特色为最高赋值10分。

（四）科学价值

科学价值指建筑的科学成就，即在结构、用材和施工等方面的科学成就如何，以及建筑反映出的历史上的科技成果和科技水平情况如何，建筑的科学研究价值如何。

由于对课题科学价值的评估以长江三峡湖北库区这一地理范围为限，因而以建筑的科学成就、反映的科技水平为评估因子，如果在本地区范围内具有较高成就和水平，则可得基础分7分；若能代表当时该区域里的最高成就和水平，则可得最高赋值9分；若其能代表当时全国范围内的最高成就和水平则可得满分10分。

（五）情感价值

情感价值由象征作用、认同感、归属感、惊奇感4个要素构成。象征作用指建筑是否为某种精神的象征物，在社会或民族中有无象征意义，能否成为社会或民族的标志；认同感指建筑是否得到当地群众的心理认同，认同程度如何；归属感指建筑是否能促进人与人之间的友情、信任、相互尊重，能否使民众产生归属感，及其程度如何；惊奇感指建筑能否令非本地人惊奇，以及惊奇程度如何。

情感价值赋分说明：象征作用评估，若评估对象在某方面能成为本地区的象征，在社会或民族中具有一定的象征意义，则可得基本分7分，在此基础上再视其影响力大小增加相应分值，认同感、归属感也同此标准。如本次课题的评估对象屈原祠，因屈原所代表的中华民族精神和文化具有强烈的象征意义，能够得到中华民族的广泛认同，使社会民众产生强烈的归属感，因此其象征作用、认同感、归属感均可得满分10分。

（六）社会价值

社会价值由教育性、纪念性、和谐性3个要素构成。教育性指建筑是否能起到教育作用，教育作用程度如何；纪念性则指建筑是否具有纪念意义，纪念作用是否突出，程度如何；和谐性指建筑是否有利于民族团结和增强凝聚力，其推动社会和谐的作用程度如何。

社会价值赋分说明：若与评估对象相关的人和事对社会产生一定的教育意义、纪念作用，则可得基本分7分，在此基础上再视其影响力大小增加相应分值。和谐性赋分同此标准。以本次课题的评估对象屈原祠为例，因该建筑所具有的重大纪念意义和教育意义，其社会价值中的3个评估因子均赋最高分值10分。

第二章　巴东县复建文物古建筑文化价值评估

一、评估对象概况

（一）地理位置

巴东县为此次"三峡湖北库区文物古建筑复建区综合价值评估"的重点地区之一。巴东县位于东经110°04′~110°32′，北纬30°13′~31°28′，隶属湖北省恩施土家族苗族自治州，居于该州的东北部。东北邻兴山县，东南接五峰县，东面和秭归、长阳县接壤，西端与建始县及重庆巫山县毗邻，南接鹤峰县，北部为神农架林区。巴东县在长江三峡地段的巫峡之尾、西陵峡之首，长江、清江分割其县境。

（二）气候条件

巴东文物复建地点集中于巴东县城东端的狮子包。该地位于长江河谷地带，属低山地区，冬短夏长，光照充足，属亚热带季风气候区，温暖多雨，湿润多雾，四季分明，水热条件好，同时由于地形复杂而形成各种不同的小气候，垂直差异明显。一月平均气温为5.9℃，七月平均气温为28.3℃，年平均气温为17.5℃，无霜期为300天左右，最长可达311天。常年降雨量为1100~1900毫米，多集中在4~9月，占全年总量的75%。年风速偏低，平均风速为1.5~3.4米/秒，多为偏东风和偏西南风，北风、西风频率低。

（三）历史沿革

巴东，在古巴东郡之东，故名。商以前属廪君国地，西周时为夔子国地，在秦、西汉时属巫县，三国初为蜀国巴东郡地。南朝宋景平元年（公元423年）置归乡县，北周时改名乐乡，隋开皇十八年（公元598年）更名为巴东。唐朝隶属山南东道归州，元属归州，清雍正十三年（1735年）隶属宜昌府。民国二十一年（1932年）划归施南府，隶属湖北省第十行政督察区，为其"施鹤八属"之一。1949年中华人民共和国建立后，巴东隶属于恩施地区，1982年，恩施地区易名为鄂西土家族苗族自治州，1994年又更名为恩施土家族苗族自治州，巴东均为其属县。

1994年举世瞩目的三峡工程开工，工程淹没影响到巴东县境内的长江及其主要支流的两岸地带。三峡水库大坝蓄水175米后，工程淹没面积达40平方千米，其中陆地面积23.9平方千米，水域面积16.2平方千米，以"巴""楚"历史文化为背景的自然人文景观、古老的场镇和大量的历史遗存将没入江中。按"保护为主、抢救第一、合理利用、加强管理"的文物工作方针和三峡文物保护工作的要求，文物部门对三峡湖北库区的许多重要文物采取了复建性保护措施。

（四）社会经济条件

巴东县辖12个乡镇、12个居委会、479个村，总人口为48.84万人，其中少数民族占总人口的43%。全县除土家族外，还居住着汉族、苗族、白族等20个民族，土家族人口占少数民族人口的99.4%。独特的地理环境和历史影响，孕育了灿烂的土家族民族文化，其中传统民居的建筑特点最具特色。县城信陵镇总面积为87.2平方千米，辖19个村（居）委会，常住人口为4.8万人，流动人口为2万人，以土家族、汉族为主。信陵镇属三峡湖北库区移民重点镇，也是西部大开发战略恩施地区的黄金口岸和桥头堡。

近年来，巴东国民经济继续保持稳步增长，总体运行质量不断提高。2009年全县实现地区生产总值40.28亿元，完成财政总收入4.38亿元，农村居民人均纯收入达到2790元[①]。农村初步形成畜牧、蔬菜、药材、干鲜果、烟叶、茶叶等六大支柱产业，水电、农产品加工、矿产、建材等四大工业体系粗具雏形。

（五）复建状况

三峡水库淹没范围共涉及巴东境内的7个乡镇，它们分别为信陵镇、沿渡河镇、官渡口镇、平阳坝镇和罗溪坝乡、东瀼口乡、楠木园乡。其中73个村，3.2万余人，96万平方米的房屋受到影响。

根据国家文物局"三峡工程淹没区地面文物保护规划"的要求，湖北省文化厅组织有关单位，对三峡工程淹没区具有重要历史文化价值的地面文物古建筑实行"易地搬迁"保护，搬迁保护工程必须严格遵守"不改变文物原状"的原则，尽可能地避免或降低因搬迁而带来的对文物自身价值的损害。巴东县文物古建筑复建对象主要如下（表4-2-1）。

表4-2-1　巴东县文物古建筑复建区文化价值评估对象一览表

地区	评估对象	复建性质
巴东县	1 秋风亭	易地搬迁
	2 地藏殿	易地搬迁
	3 王爷庙	易地搬迁
	4 水磨坊	易地搬迁
	5 济川桥	易地搬迁
	6 寅宾桥	易地搬迁
	7 顾家老屋	易地搬迁
	8 李光明老屋	易地搬迁
	9 万明兴老屋	易地搬迁
	10 王宗科老屋	易地搬迁
	11 毛文甫老屋	易地搬迁
	12 寇准祠	仿古新建
	13 寇准县衙	仿古新建

---

① 《地区生产总值破40亿，巴东团拜会上话发展》，http://www.cjbd.com.cn/2010-02/08/cms311129article.shtml. 2010-2-8.

目前，巴东文物复建工程已全部完成，复建文物集中于巴东新县城营沱小区的民族文化公园内。该公园占地面积为40亩，总投资3000万元，是在三峡文物保护工程的基础上建设的。巴东民族文化公园以寇准文化为核心，以民族文化为亮点，复建了11处宋明清古建筑、土家族古民居、古驿道、石拱桥、古宗教建筑等，集中体现了巴东独特的民族文化。该园已被正式批准为国家3A级旅游景区。

二、复建文物古建筑文化价值评估结果分析

（一）秋风亭

1. 秋风亭概况

秋风亭原位于巴东县城信陵镇，在镇政府东南600米外的高冈上，距长江约210米。中心地理坐标为东经110°24′11″，北纬31°01′57″。建筑面积为146平方米，占地面积为220平方米，保护范围为2500平方米，海拔174米，属三峡大坝全淹没区域。秋风亭被湖北省人民政府公布为第三批省级文物保护单位。

秋风亭始建于北宋太平兴国三年（公元978年），为寇准任巴东县令时所建。后因县治变迁，原亭渐毁。明正德年间，为纪念寇准，将秋风亭复建至新县城，即今信陵镇。后秋风亭又经历了清康熙初年、嘉庆二十一年（1816年）、同治五年（1866年）的多次修葺。光绪二十四年（1898年），秋风亭得以落架重建，现存建造为当年遗构。新中国成立后，当地政府对秋风亭进行了保护和维修，1990年湖北省人民政府拨款维修之，基本保存完好。

秋风亭为木结构建筑，平面为方形，二层，抬梁式构架，重檐歇山顶，灰筒瓦屋面。台明用规整的条石砌筑，一层室外廊和室内地面均为方石铺地，二层为木楼板。一层室内东面设有木楼梯，可登临二层。台基为石砌高台，构架为抬梁式构架，一层四角檐柱出挑檐檩，柱础为方形石础。老檐柱直通二层檐下，成为二层檐檐柱，四周用枋连接，形成一四方筒形结构。一层柱础为方形石础，二层金柱础为木础，上承五架梁，其上为三架梁，柱上和梁上均用驼峰承托檩条，可谓一大特点。秋风亭的屋面用灰筒瓦覆盖，正脊中间置宝瓶，两端用吻兽，垂脊端头用垂兽，飞檐四角攒尖顶，翘角抬梁雕饰有龙头含珠，上下层有格扇门窗。如图4-2-1所示。

图4-2-1　秋风亭

2. 秋风亭文化价值评估

根据本课题构建的"三峡湖北库区文物古建筑复建区文化价值评估体系",文物古建筑的文化价值主要由历史价值、人文价值、艺术价值、科学价值、情感价值和社会价值构成,现从上述6个方面对秋风亭文化价值进行评估。

(1) 历史价值

秋风亭可追溯的历史久远,原为北宋名相寇准任巴东知县时所建,现存建筑是清代知县朱祖荫于光绪二十四年(1898年)重建的。虽经历代修葺,但目前秋风亭几乎完全保留为原状,有少部分残缺,真实性、完整性较好,是巴东城内保存最完好、最具代表性的古建筑,也是三峡流域保存较为完好的古建筑之一。早在宋代秋风亭就是当地的标志性建筑,极富代表性,在体现当地的生活风貌和社会文化方面表现突出。秋风亭是三峡地区一处重要的人文历史景观,巴东八景之一"古亭秋月"中的古亭即指秋风亭。该建筑具有重要的历史价值,作为寇准文化的代表性遗存,在全国范围内均有较高知名度和相应影响力。

综合上述因素,秋风亭的历史价值评估赋分情况为:时间性10分,原真性9分,完整性9分,时代性9分,稀缺性9分,知名度8分,奇特性为8分。秋风亭历史价值得分为62分,平均值为8.86分。

(2) 人文价值

秋风亭的人文价值内涵十分丰富。历史上因亭或因人(寇准)而产生了很多脍炙人口的诗文、碑刻及历史典故,如寇准在巴东清正廉明、体察民情、简政轻徭的故事等,已成为当地历史文化的一个重要组成部分。秋风亭建成以后,寇准亲自在亭前种植柏树,还经常登亭吟诗作赋。后来寇准将自己在巴东所作的150首诗词编成《巴东集》。为劝民农事,寇准还写了《劝农歌》。三峡与巴山的壮丽风景孕育了他的创作灵感,这位著名诗人一生写下293首诗词,其中在巴东就写下了125篇,《春日登楼怀归》《秋夕书怀》《巴东寒食》等优美诗篇就是其代表作。此外,历代名流逸士多有题咏,北宋诗人、御史中丞苏辙咏《秋风亭》诗云:"人知惠公在巴东,不知三朝社稷功。平日孤舟已何处,江亭依旧傍东风。"南宋诗人陆游更是对秋风亭情有独钟,他赴夔州路过巴东时曾两次泊舟登亭游览,留下《秋风亭》诗两首。其一:"江水秋风宋玉悲,长官手自葺茅茨。人生穷达谁能料,蜡泪成堆又一时。"其二:"寇公壮岁落巴蛮,得意孤亭缥缈间。常依曲栏贪看水,不安四壁怕遮山。遗民虽尽犹能说,老令初来亦爱闲。正使官清贫至骨,未防留客听潺潺。"后陆游在《入蜀记》中再次赞誉秋风亭,说巴东胜景"大胜秭归,有秋风亭,天下幽奇绝境"。从总体上看,秋风亭所体现的民俗文化内涵十分丰富,价值也很突出,建筑在延续三峡人民精神文化和生活方面具有十分重要的意义。

综合上述因素,秋风亭人文价值各因子赋分为:事件人物的关联性9分,宗教价值7分,民俗价值10分,文化延续价值10分。秋风亭人文价值综合得分为36分,平均值为9分。

(3) 艺术价值

秋风亭是巴东县重要的人文景观和标志性建筑。该亭建筑艺术精湛,美学价值较高,其中的翼角作法、构筑方法、雕刻艺术具有江南一带典型工艺及技法的特点,在建筑艺术上有较高的价值。建筑风格特色突出,设计水平较高,工艺特色较明显。秋风亭是三峡流域保存较为完好的古建筑之一,作为较为少见的亭台类建筑,它填补了这一区域的空白。作为文物建筑本身,也代表了当时当地的最高建筑艺术水平,使建筑的实用功能与民间工艺得到有机结合,是建筑功能与建筑艺术完美结合的产物。

综合上述因素，秋风亭艺术价值中的各因子赋分为：美学价值9分，风格特色9分，结构特点9分，设计水平和工艺9分，装饰装修和施工技艺9分。秋风亭的艺术价值综合得分为45分，平均值为9分。

（4）科学价值

秋风亭是现存巴东县城内古建筑中技术水平最高者，技术工艺水平突出，建筑在结构、用材和施工等方面的科学成就亦为当时当地最高水平，能充分反映出历史上的科技成果和科技水平，科学价值十分突出。

秋风亭科学价值评估因子赋分为：建筑的科学成就9分，反映出的科技成果水平9分。秋风亭的科学价值综合得分为18分，平均值为9分。

（5）情感价值

寇准在任期间，改造当地穷乡僻壤，为民造福，深得爱戴，被称为"寇巴东"。寇准及其所初建的秋风亭不但是当地历史文化的一个重要组成部分，更已成为今天巴东的象征和巴东人民的骄傲。秋风亭是当地传统文化的体现和精神文化的延续，也是巴东人民盼望美好未来、追求幸福生活的具体象征。建筑在社会或民族中有较强的象征意义，能较好得到当地群众的心理认同，且能使民众产生强烈的归属感。建筑能较好地体现当地的生活风貌和社会文化，时代性非常突出。秋风亭作为巴东八景之首的"古亭秋月"，加之后人对寇准的慕名景仰，对于非本地人而言，也具有较高的惊奇感。

综合上述因素，秋风亭的情感价值各因子赋分情况为：象征作用10分，认同感10分，归属感10分，惊奇感9分。秋风亭的情感价值综合得分为39分，平均值为9.75分。

（6）社会价值

秋风亭是典型的具有纪念意义的建筑，其教育性、纪念性意义十分突出。寇准为官为人深得民众认可，曾为亭题名"秋风亭"，借以警示勉励自己，为官要像秋风一样：明察秋毫，清正廉明。其忧乐天下、济世济民的情怀受到后人拥戴。历代巴东人对秋风亭有深厚的感情，他们用各种方式追念寇准，颂扬其造福巴东的业绩。寇准去世后，巴东人民非常怀念他，常结队于秋风亭中拜祭，久而久之，秋风亭便成了乡民向寇公倾诉思念之情之处，所以秋风亭又俗称"寇公亭"。今天的秋风亭已成为巴东的象征和巴东人民的骄傲，在促进民族团结和增强凝聚力方面的作用亦十分突出。

综合上述因素，秋风亭社会价值评估赋分为：教育性7分，纪念性10分，和谐性7分。秋风亭的社会价值综合得分24分，平均值为8分。

按上述各评估价值在文化价值因子中所占权重，计算得出秋风亭文化价值总分为：8.96分，具体见表4-2-2《秋风亭文化价值评估表》。

表4-2-2 秋风亭文化价值评估表

评估项目	评估因子	分值选择	单项得分	平均值	权重	分类得分	总分
历史价值	时间性	0 1 2 3 4 5 6 7 8 9 10	10	8.86	28%	2.48	
	原真性	0 1 2 3 4 5 6 7 8 9 10	9				
	完整性	0 1 2 3 4 5 6 7 8 9 10	9				
	时代性	0 1 2 3 4 5 6 7 8 9 10	9				
	稀缺度	0 1 2 3 4 5 6 7 8 9 10	9				
	奇特性	0 1 2 3 4 5 6 7 8 9 10	8				
	知名度	0 1 2 3 4 5 6 7 8 9 10	8				
	小计		62				

续表

评估项目	评估因子	分值选择	单项得分	平均值	权重	分类得分	总分
人文价值	事件人物的关联性	0 1 2 3 4 5 6 7 8 9 10	9	9.00	16%	1.44	8.96
	宗教价值	0 1 2 3 4 5 6 7 8 9 10	7				
	民俗价值	0 1 2 3 4 5 6 7 8 9 10	10				
	文化延续价值	0 1 2 3 4 5 6 7 8 9 10	10				
	小计		36				
艺术价值	美学价值	0 1 2 3 4 5 6 7 8 9 10	9	9.00	20%	1.8	
	风格特色	0 1 2 3 4 5 6 7 8 9 10	9				
	结构特点	0 1 2 3 4 5 6 7 8 9 10	9				
	设计水平和工艺	0 1 2 3 4 5 6 7 8 9 10	9				
	装饰装修、施工技艺	0 1 2 3 4 5 6 7 8 9 10	9				
	小计		45				
科学价值	建筑的科学成就	0 1 2 3 4 5 6 7 8 9 10	9	9.00	8%	0.72	
	反映出的科技成果水平	0 1 2 3 4 5 6 7 8 9 10	9				
	小计		18				
情感价值	象征作用	0 1 2 3 4 5 6 7 8 9 10	10	9.75	16%	1.56	
	认同感	0 1 2 3 4 5 6 7 8 9 10	10				
	归属感	0 1 2 3 4 5 6 7 8 9 10	10				
	惊奇感	0 1 2 3 4 5 6 7 8 9 10	9				
	小计		39				
社会价值	教育性	0 1 2 3 4 5 6 7 8 9 10	7	8.00	12%	0.96	
	纪念性	0 1 2 3 4 5 6 7 8 9 10	10				
	和谐性	0 1 2 3 4 5 6 7 8 9 10	7				
	小计		24				

（二）地藏殿

1. 地藏殿概况

地藏殿俗称红庙，原位于湖北省巴东县东，瀼口乡红庙岭下，与秭归县的牛口镇隔溪相望。地理坐标为东经110°28′49″，北纬31°02′28″。坐落于距江边约9米的一台地上，殿前为陡坎，左后侧为梯田，右后侧为山体，左侧筑"之"字形盘山甬路通往秭归县牛口镇，右侧设一石阶路直达江边（废旧码头）。红庙岭正处于长江转弯处，岭后山谷中有红庙岭村。地藏殿台基高程为133.4米，处于三峡湖北库区的淹没线以下、第二期蓄水高度的淹没范围。地藏殿属巴东县重点文物保护单位。

地藏殿为单檐布瓦顶硬山小式建筑，始建于清乾隆三十年（1765年），经调查未发现有重建及修缮的记载。地藏殿平面布局为面阔三间，进深四间。除明间前、后檐中部开门，其余各面均以抹灰砖墙封护。明间前檐施四柱三楼庑殿顶砖牌楼，雕砖斗拱，牌楼明间施两扇板门，用石门券、石下槛，后檐明间用普通随墙门，并施两扇板门。前檐不施台明、踏垛，室内地面仅比室外高6厘米。大殿共计用柱26根，明间每缝梁架4根，次间边缝梁架8根。除了后檐柱包砌于墙体内，其余各柱均置于柱顶石之上，柱础石形状各异，规格大小不一。明间石柱础雕刻细致，其余柱础较粗糙。明间两缝梁架为抬梁式，用十一檩五柱，施柁墩代替瓜柱，柁墩饰雕花；次间边缝梁架为穿斗式构架，十一檩用八柱。屋顶及山墙：屋顶下用椽子，上为阴阳灰板瓦，干摆砌筑，檐部有羊角勾头及花纹滴水，脊部为宝顶花饰脊，两端有龙吻，脊的花饰似一簇簇花环。两山墙为凸出的数段弧状马头墙，上施墙帽，墙帽端部有水草脊饰。殿外墙均涂成红色，檐下墙面饰以黑、土红、黄色三种颜色为主的彩画。图4-2-2为地藏殿前门。

图4-2-2　地藏殿

2. 地藏殿文化价值评估

根据"三峡湖北库区文物古建筑复建区文化价值评估体系"课题研究，文物古建筑的文化价值主要由历史价值、人文价值、艺术价值、科学价值、情感价值和社会价值构成，现从上述6个方面对地藏殿文化价值进行评估。

（1）历史价值

地藏殿的修建与它所处的地理位置及长江航运交通历史密切相关。在清代，长江航运已很活跃，但航运条件相当艰苦。航运船只及以捕鱼为生的渔民都使用木船，由人力撑舵划船。由于长江三峡水急浪大，遍布暗礁险滩，行船稍有不慎便会船毁人亡，故常有人在江上遇难。地藏殿前的江面正处于长江转弯处，殿前山石伸入江内，江内布满礁石，在江面形成旋涡（当地称为大沱）。江水在此盘旋，自上游漂来的物品在此浮出。新中国成立后，长江航运得到治理，此处许多礁石被炸。葛洲坝蓄水后水位升高，航运条件进一步得到改善。故当时常在此处发现从上游漂下的遇难者的浮尸。人们认为此处有地藏王菩萨接应阴灵，于是打捞起尸体在山上掩埋，修建无名尸坟墓，并在附近山上修建白骨塔。白骨塔毁于20世纪50年代。地藏殿山墙内嵌有碑两块，记载了白骨塔修建的有关情况，由于碑阳埋入墙体，内容及年代不详，碑阴为布施者之名。自民国年间，地藏殿香火逐渐冷落，抗日战争时期，还一度被作为国民党军队的军需库。

经调查勘测，地藏殿未有过大的修缮。由于四面墙体封护，没有出檐、窗户，殿内的大木构件保存完好，仅外部砖瓦、脊饰有局部残破，建筑的真实性和完整性较好。地藏殿是历史上长江沿岸的人们依赖长江、与长江相处的产物，对于研究长江航运史及历史上长江两岸的风土人情有重要的参考价值。它较好地体现当地的生活风貌和社会文化，时代性突出，且作为当地最具代表性的祠庙类文物建筑之一，具有较大的社会影响力和相应的知名度。

综合上述因素，地藏殿的历史价值评估赋分情况为：时间性7分，原真性9分，完整性9分，时代性9分，稀缺度9分，奇特性9分，知名度8分。地藏殿的历史价值综合得分为60分，平均值为8.57分。

（2）人文价值

地藏殿是长江三峡历史的见证之一，该殿建造的起源及功能与当地历史现实密切相关，蕴涵着丰富的人文内涵。地藏殿为典型的祭祀类建筑，殿内原供奉主管阴间的地藏王菩萨，室内有塑像三尊，至民国年间尚保存完好，后逐渐败落毁坏。建筑所体现的宗教内涵、民俗文化内涵均十分丰富，价值突出，在延续三峡人民精神文化和生活方面价值也非常突出。

综合上述因素，地藏殿人文价值评估赋分为：事件人物的关联性8分，宗教价值9分，民俗价值9分，文化延续价值9分。地藏殿的人文价值综合得分为35分，平均值为8.75分。

（3）艺术价值

地藏殿小巧而精美，正面采用牌楼门面，只设大门，不设窗户，建筑造型在沿江的庙宇中别具一格。内部梁架中间两缝梁架用抬梁式、边缝梁架用穿斗式构架的格局及弯曲变化的马头墙，与沿江其他寺庙相似，有一定的地方特色。其建筑工艺水平在巴东县境内当为上乘之作，对研究峡江一带的建筑风格和水平有较大的价值。地藏殿的彩画、脊饰、砖雕斗拱具有较高的水平。正面牌楼门面的立面造型在沿江的庙宇中具有明显特色，内部梁架的结构形式和富于变化的山墙曲线，也非常具有地方特色。总体看，该建筑在设计水平，思路布局、构图、工艺和特色，以及装饰、装修和施工技艺方面均有较高价值。

综合上述因素，地藏殿艺术价值评估赋分为：美学价值9分，风格特色9分，结构特点9分，设计水平和工艺9分，装饰装修、施工技艺9分。地藏殿的艺术价值综合得分为45分，平均值为9分。

（4）科学价值

作为三峡湖北库区最具代表性的祠庙类文物建筑之一，地藏殿在结构、用材和施工等方面的科学成就突出。该建筑牌楼门面的立面造型在沿江的庙宇中别具一格，具有一定的特色。内部梁架的结构形式和富于变化的山墙曲线，也非常具有地方特色。因此建筑能较好地反映出历史上的科技成果和科技水平。

综合上述因素，地藏殿科学价值评估赋分为：建筑的科学成就9分，反映出的科技成果水平9分。地藏殿的科学价值综合得分为18分，平均值为9分。

（5）情感价值

地藏殿祭祀地藏王，虽然供奉佛神，但实际上是为无名的不幸溺水而亡者所建，是为他们超度亡灵、以求安息的场所。其立意非常富有情感色彩，反映出劳动人民的质朴和善良的情感。地藏殿在本地区具有明确的精神象征作用，在心理认同、归属感方面均有较高价值。对非本地人来说，地藏殿是当地极具代表性和富有地域特色的宗教建筑，其惊奇感也较高。

综合上述因素，地藏殿情感价值评估赋分为：象征作用9分，认同感9分，归属感9分，惊奇感8分。地藏殿的情感价值综合得分为35分。平均值为8.75分。

（6）社会价值

地藏殿是历史上长江沿岸人们依赖长江、与长江相处的产物，与长江的航运历史有着直接联系，是具有典型纪念意义的建筑。它具有相应重要的社会价值，同时作为三峡工程移民复建的代表性文物建筑，其纪念意义、教育意义及和谐性等都表现得十分突出。

综合上述因素，地藏殿社会价值评估赋分为：教育性9分，纪念性9分，和谐性8分。地藏殿的社会价值综合得分为26，平均值为8.67分。

按上述各评估价值因子在文化价值中所占权重，计算得出地藏殿文化价值总得分为8.76分，具体赋分情况见表4-2-3。

表4-2-3 地藏殿文化价值评估表

评估项目	评估因子	分值选择	单项得分	平均值	权重	分类得分	总分
历史价值	时间性	0 1 2 3 4 5 6 7 8 9 10	7	8.57	28%	2.4	8.76
	原真性	0 1 2 3 4 5 6 7 8 9 10	9				
	完整性	0 1 2 3 4 5 6 7 8 9 10	9				
	时代性	0 1 2 3 4 5 6 7 8 9 10	9				
	稀缺度	0 1 2 3 4 5 6 7 8 9 10	9				
	奇特性	0 1 2 3 4 5 6 7 8 9 10	9				
	知名度	0 1 2 3 4 5 6 7 8 9 10	8				
	小计		60				
人文价值	事件人物的关联性	0 1 2 3 4 5 6 7 8 9 10	8	8.75	16%	1.4	
	宗教价值	0 1 2 3 4 5 6 7 8 9 10	9				
	民俗价值	0 1 2 3 4 5 6 7 8 9 10	9				
	文化延续价值	0 1 2 3 4 5 6 7 8 9 10	9				
	小计		35				
艺术价值	美学价值	0 1 2 3 4 5 6 7 8 9 10	9	9.00	20%	1.8	
	风格特色	0 1 2 3 4 5 6 7 8 9 10	9				
	结构特点	0 1 2 3 4 5 6 7 8 9 10	9				
	设计水平和工艺	0 1 2 3 4 5 6 7 8 9 10	9				
	装饰装修、施工技艺	0 1 2 3 4 5 6 7 8 9 10	9				
	小计		45				
科学价值	建筑的科学成就	0 1 2 3 4 5 6 7 8 9 10	9	9.00	8%	0.72	
	反映出的科技成果水平	0 1 2 3 4 5 6 7 8 9 10	9				
	小计		18				
情感价值	象征作用	0 1 2 3 4 5 6 7 8 9 10	9	8.75	16%	1.4	
	认同感	0 1 2 3 4 5 6 7 8 9 10	9				
	归属感	0 1 2 3 4 5 6 7 8 9 10	9				
	惊奇感	0 1 2 3 4 5 6 7 8 9 10	8				
	小计		35				
社会价值	教育性	0 1 2 3 4 5 6 7 8 9 10	9	8.67	12%	1.04	
	纪念性	0 1 2 3 4 5 6 7 8 9 10	9				
	和谐性	0 1 2 3 4 5 6 7 8 9 10	8				
	小计		26				

(三）王爷庙

1. 王爷庙概况

王爷庙原名镇江阁，原位于湖北省巴东县渡口镇，属巴东县重点文物保护单位。其中心地理坐标为东经110°13′53″，北纬31°00′57″，海拔104米。原址坐落在长江南岸楠木园马头向南约80米处一台地的"之"字形盘山甬路，其后侧及右侧为陡峭山体，左侧为菜地及柑子园，菜地西侧为楠木园村一组民居，再西侧为西北—东南走向的山谷。王爷庙台基高程为海拔104.3米，处于三峡库区淹没线以下、第一期蓄水高度的淹没范围内。

王爷庙始建于清代，清嘉庆十六年（1811年）众船主为谋求乘船及航运安全集资而建，建造时间长达10余年。道光二十五年（1845年）众人又集资扩建了镇江阁主殿两侧的配房。目前配房已毁，仅存主殿3间，为嘉庆十六年创建时的原物。王爷庙为单檐布瓦顶硬山小式建筑。主殿供奉王爷塑像，配殿供奉火神、财神。庙面阔3间，进深用12檩。明间梁架为抬梁式，为七架梁加前后双步梁，两山构架为穿斗式，共用5根落地柱。两山及后檐由页子砖墙封护，两山出马头墙，为小式硬山建筑。建筑面积为138平方米。主体结构（大木结构）保存完好，前檐装修残毁严重，东山墙局部残破，内部佛像无存。由于庙内曾有住户做饭，大木梁架及四壁均被熏黑。图4-2-3为王爷庙正面。

图4-2-3　王爷庙

2. 王爷庙文化价值评估

根据"三峡湖北库区文物古建筑复建区文化价值评估体系"课题研究，文物古建筑的文化价值主要由历史价值、人文价值、艺术价值、科学价值、情感价值和社会价值构成，现从上述6个方面对王爷庙文化价值进行评估。

（1）历史价值

王爷庙始建于清代，其所处楠木园上接巫峡下通巴东，古来商贾云集，十分繁华，到清代长江上的航运已非常活跃，但航运条件却相当艰苦。三峡水急浪大，遍布礁滩暗石，过往船只稍有不慎便会船毁人亡，因此常有人在江上遇难。过往船工为乞求龙王爷保佑，自愿捐钱捐工，于长江楠木园一段江道转弯处一凸出山体上筑路修庙，塑王爷及财神、火神金身，人们从供奉王爷、烧香许愿中来寻求安全感（在巫峡上游的王爷庙烧香许愿后，船若安全出峡，就到巫峡口龙王庙还愿；若船毁人亡，尸首起水于西陵峡地藏殿江段水域，地藏殿负责打捞、掩埋死者）。

王爷庙建筑虽部分有损，但主体结构（大木结构）保存完好，建筑的真实性、完整性均较好。在巴东县，供奉龙王爷的庙宇仅此一处，颇具地方特点，也是三峡地区的特色庙宇。王爷庙是历史时代的产物，富有深厚的时代气息，在长江历史文化中占有重要地位，也具有较高知名度，建筑能较好体现当地的生活风貌和社会文化，时代性非常突出，具有重要的史料价值、文物价值。

综合上述因素，王爷庙的历史价值评估赋分情况为：时间性7分，原真性9分，完整性8分，时代性9，稀缺度9分，奇特性9分，知名度8分。王爷庙的历史价值综合得分为59分，平均值为8.43分。

（2）人文价值

王爷庙的建立与长江息息相关，与长江航运史有着直接的联系，对于研究长江航运史及历史上长江两岸的风土人情有重要价值。建筑所体现的宗教内涵、民俗文化内涵均十分丰富，价值也很突出，建筑在延续三峡人民精神文化和生活方面价值亦非常突出。

综合上述因素，王爷庙人文价值评估赋分为：事件人物的关联性8分，宗教价值9分，民俗价值9分，文化延续价值9分。王爷庙的人文价值综合得分为35分，平均值为8.75分。

（3）艺术价值

王爷庙的建筑主体保持着明显的清代风格。建筑本身艺术水平较高，雕刻、彩绘细致，整体保存完好，金石文献记载齐全，具有相当高的价值。建筑内部梁架结构与沿江其他寺庙相似，颇具地方特色。柱顶石雕刻得较细且形式多具变化。一些艺术构件雕刻精美，如檐部的鱼形撑木造型别具一格。此建筑对研究该地区建筑营造工艺和水平有较大的价值。从总体上看，建筑在设计水平、思路布局、构图、工艺和特色及装饰装修和施工技艺等方面都有较高价值。

综合上述因素，王爷庙艺术价值评估赋分为：美学价值9分，风格特色9分，结构特点9分，设计水平和工艺9分，装饰装修、施工技艺9分。王爷庙的艺术价值综合得分为45分，平均值为9分。

（4）科学价值

王爷庙建筑内部梁架结构与沿江其他寺庙相似，颇具地方特色，在巴东县，供奉龙王爷的庙宇仅此一处。该建筑在结构、用材和施工等方面的科学成就，能较集中地反映出当时当地的科技成果和科技水平，基本能代表当时的最高水平，对研究该地区建筑营造工艺和水平有较大的价值。

王爷庙科学价值评估赋分为：建筑的科学成就9分，反映出的科技成果水平 9分。王爷庙的科学价值综合得分为18分，平均值为9分。

（5）情感价值

王爷庙是当地具有代表性的宗教建筑，在当地社会中具有重要的象征作用，能受到当地群众显著的心理认同，并能使民众产生较强的归属感。作为无论历史价值、艺术价值还是科学价值都十分出色的富有浓厚本地特色的建筑，对于非本地人而言，也具有明显的惊奇感。

综合上述因素，王爷庙情感价值评估赋分为：象征作用 9分，认同感9分，归属感9分，惊奇感8分。王爷庙的情感价值综合得分为35分，平均值为8.75分。

（6）社会价值

王爷庙作为典型的纪念性建筑，是历史上长江沿岸的人们与长江相处的产物，对于研究长江航运史及两岸的风土人文有重要价值，因而此建筑具有相当重要的社会价值，同时作为三峡工程移民复建的代表性文物建筑，其纪念意义、教育意义及和谐性表现也十分突出。

综合上述因素，王爷庙社会价值评估赋分为：教育性9分，纪念性9分，和谐性8分。王爷庙的社会价值综合得分为26分，平均值为8.67分。

按上述各评估价值因子在文化价值中所占权重，计算得出王爷庙文化价值总得分为8.72分，具体赋分情况见表4-2-4。

表4-2-4 王爷庙文化价值评估表

评估项目	评估因子	分值选择	单项得分	平均值	权重	分类得分	总分
历史价值	时间性	0 1 2 3 4 5 6 7 8 9 10	7	8.43	28%	2.36	8.72
	原真性	0 1 2 3 4 5 6 7 8 9 10	9				
	完整性	0 1 2 3 4 5 6 7 8 9 10	8				
	时代性	0 1 2 3 4 5 6 7 8 9 10	9				
	稀缺度	0 1 2 3 4 5 6 7 8 9 10	9				
	奇特性	0 1 2 3 4 5 6 7 8 9 10	9				
	知名度	0 1 2 3 4 5 6 7 8 9 10	8				
	小计		59				
人文价值	事件人物的关联性	0 1 2 3 4 5 6 7 8 9 10	8	8.75	16%	1.4	
	宗教价值	0 1 2 3 4 5 6 7 8 9 10	9				
	民俗价值	0 1 2 3 4 5 6 7 8 9 10	9				
	文化延续价值	0 1 2 3 4 5 6 7 8 9 10	9				
	小计		35				
艺术价值	美学价值	0 1 2 3 4 5 6 7 8 9 10	9	9.00	20%	1.8	
	风格特色	0 1 2 3 4 5 6 7 8 9 10	9				
	结构特点	0 1 2 3 4 5 6 7 8 9 10	9				
	设计水平和工艺	0 1 2 3 4 5 6 7 8 9 10	9				
	装饰装修、施工技艺	0 1 2 3 4 5 6 7 8 9 10	9				
	小计		45				
科学价值	建筑的科学成就	0 1 2 3 4 5 6 7 8 9 10	9	9.00	8%	0.72	
	反映出的科技成果水平	0 1 2 3 4 5 6 7 8 9 10	9				
	小计		18				
情感价值	象征作用	0 1 2 3 4 5 6 7 8 9 10	9	8.75	16%	1.4	
	认同感	0 1 2 3 4 5 6 7 8 9 10	9				
	归属感	0 1 2 3 4 5 6 7 8 9 10	9				
	惊奇感	0 1 2 3 4 5 6 7 8 9 10	8				
	小计		35				
社会价值	教育性	0 1 2 3 4 5 6 7 8 9 10	9	8.67	12%	1.04	
	纪念性	0 1 2 3 4 5 6 7 8 9 10	9				
	和谐性	0 1 2 3 4 5 6 7 8 9 10	8				
	小计		26				

（四）寇公祠

1. 寇公祠概况

寇公祠原为北宋一代忠臣名相寇莱公之纪念祠堂，于宋仁宗皇祐年间（1049~1054年）建于江北旧县坪（宋代县城），南宋时移至江南老城，后毁。历宋元明清至今，累废累兴。现为第六次复建，与秋风亭、北宋县衙相连，在同一中轴线上，基本还原了北宋巴东县治部分风格原貌。建筑风格采用民间祠堂建筑，穿斗结合抬梁结构，封山。

寇莱公（公元961~1023年），名准，字平仲，华州下邽（今陕西渭南）人，北宋政治家、诗人。初以大理评事赴任巴东知县（公元980~983年），后擢升同中书门下平章事（宰相）、集贤殿大学士、开府仪同三司，授太子太傅，封开国公、莱国公。晚年（1020~1023年）遭奸臣陷害远贬道州（今湖南道县）、雷州（今广东雷州市），卒谥"忠愍"。曾著《巴东集》，有《寇忠愍公诗集》传世。寇莱公在巴东传播中原正音与农耕文明，迁移县治，建秋风、白云双亭，留下了很多胜迹与动人的传说。

现存寇公祠为仿古新建建筑，占地1264.64平方米，建筑面积为875.94平方米，为四合院式单层砖木结构建筑。祠内供汉白玉寇准坐像，陈列寇准任县令时的生平事迹、寇准诗词文章、历代著名诗人咏巴东和寇准诗词、传说故事和与寇准相关的文物，悬挂寇准工作、生活、劝农、廉政等画像，供人们祭拜。图4-2-4为寇公祠正面。

图4-2-4　寇公祠

2. 寇公祠文化价值评估

寇公祠为仿古新建建筑，参照本课题构建的"三峡湖北库区文物古建筑复建区文化价值评估体系"，现从历史价值、人文价值、艺术价值、科学价值、情感价值和社会价值6个方面对其进行评估。

（1）历史价值

寇公祠可追溯历史久远，仿古新建寇公祠基本还原北宋巴东县治部分风格原貌，价值颇高。由于寇准为国内历史文化名人，知名度高，社会影响力较大，因而该建筑具有重要的历史文化价值。寇公祠是今天巴东及各地人民缅怀寇准的重要场所，祠内所供寇准像及陈列的与寇准相关的文物等都富有时代气息。

寇公祠历史价值评估赋分情况为：时间性2分，原真性4分，完整性6分，时代性7分，稀缺度7分，奇特性7分，知名度8分。寇公祠历史价值综合得分为41分，平均值为5.86分。

（2）人文价值

寇公祠的人文价值内涵十分丰富。寇准一生的事迹及其诗作传世甚广，影响深远。历史上寇公祠曾有举行十分隆重的祭祀活动的传统，如每逢农历七月十四日寇公寿辰均要具牲醴祭祀，明正德年间巴东县令盛杲还增加了春秋二祭。寇公祠承载着极为丰富的民俗文化内涵，如今仍然保存着大量的民俗文物，对研究当时的社会文化生活具有重要价值，同时在延续本地人民精神文化和生活方面价值也十分突出。

综合上述因素，寇公祠人文价值评估赋分为：事件人物的关联性9分，宗教价值5分，民俗价值8分，文化延续价值8分。寇公祠的人文价值综合得分为30分，平均值为7.5分。

（3）艺术价值

新建寇公祠基本还原了北宋巴东县治部分风格原貌。建筑在设计、工艺、特色及施工技艺等方面有其相应价值，艺术价值各子项为统一赋分8分。

寇公祠艺术价值评估赋分为：美学价值8分，风格特色8分，结构特点8分，设计水平和工艺8分，装饰装修、施工技艺8分。寇公祠的艺术价值综合得分为40分，平均值为8分。

（4）科学价值

仿古建筑寇公祠，建筑的科学价值评估各子项为统一赋分8分。

寇公祠科学价值评估赋分为：建筑的科学成就8分，反映出的科技成果水平8分。寇公祠的科学价值综合得分为16分，平均值为8分。

（5）情感价值

新建寇公祠是时代的产物，是三峡文化遗产保护利用及弘扬地方民族文化精神相结合的产物。寇准是巴东的象征和巴东人民的骄傲，寇公祠对当地民众而言，具有强烈的精神象征作用，能受到当地群众的显著的心理认同，对其产生亲切感和强烈的归属感。此建筑与我国著名的政治家、诗人寇准的密切关联性，对非本地人而言，也具有较强的惊奇感。

寇公祠情感价值评估赋分为：象征作用分9分，认同感9分，归属感9分，惊奇感8分。寇公祠情感价值综合得分为35分，平均值为8.75分。

（6）社会价值

新建寇公祠已成为当地纪念寇准的代表性建筑之一，是典型的具有纪念意义的仿古新建建筑。寇准是巴东的象征和巴东人民的骄傲，该建筑在促进民族团结和增强凝聚力方面作用十分突出，对社会也具有相应的教育作用。

寇公祠价值评估赋分为：教育性8分，纪念性10分，和谐性8分。寇公祠的社会价值综合得分为26分，平均值为8.67分。

按上述各评估价值因子在文化价值中所占权重计算得出，寇公祠文化价值总得分为：7.52分，具体赋分情况见表4-2-5《寇公祠文化价值评估表》。

表4-2-5　寇公祠文化价值评估表

评估项目	评估因子	分值选择	单项得分	平均值	权重	分类得分	总分
历史价值	时间性	0 1 2 3 4 5 6 7 8 9 10	2	5.86	28%	1.64	7.52
	原真性	0 1 2 3 4 5 6 7 8 9 10	4				
	完整性	0 1 2 3 4 5 6 7 8 9 10	6				
	时代性	0 1 2 3 4 5 6 7 8 9 10	7				
	稀缺度	0 1 2 3 4 5 6 7 8 9 10	7				
	奇特性	0 1 2 3 4 5 6 7 8 9 10	7				
	知名度	0 1 2 3 4 5 6 7 8 9 10	8				
	小计		41				
人文价值	事件人物的关联性	0 1 2 3 4 5 6 7 8 9 10	9	7.50	16%	1.2	
	宗教价值	0 1 2 3 4 5 6 7 8 9 10	5				
	民俗价值	0 1 2 3 4 5 6 7 8 9 10	8				
	文化延续价值	0 1 2 3 4 5 6 7 8 9 10	8				
	小计		30				
艺术价值	美学价值	0 1 2 3 4 5 6 7 8 9 10	8	8.00	20%	1.6	
	风格特色	0 1 2 3 4 5 6 7 8 9 10	8				
	结构特点	0 1 2 3 4 5 6 7 8 9 10	8				
	设计水平和工艺	0 1 2 3 4 5 6 7 8 9 10	8				
	装饰装修、施工技艺	0 1 2 3 4 5 6 7 8 9 10	8				
	小计		40				
科学价值	建筑的科学成就	0 1 2 3 4 5 6 7 8 9 10	8	8.00	8%	0.64	
	反映出的科技成果水平	0 1 2 3 4 5 6 7 8 9 10	8				
	小计		16				
情感价值	象征作用	0 1 2 3 4 5 6 7 8 9 10	9	8.75	16%	1.4	
	认同感	0 1 2 3 4 5 6 7 8 9 10	9				
	归属感	0 1 2 3 4 5 6 7 8 9 10	9				
	惊奇感	0 1 2 3 4 5 6 7 8 9 10	8				
	小计		35				
社会价值	教育性	0 1 2 3 4 5 6 7 8 9 10	8	8.67	12%	1.04	
	纪念性	0 1 2 3 4 5 6 7 8 9 10	10				
	和谐性	0 1 2 3 4 5 6 7 8 9 10	8				
	小计		26				

（五）寇准县衙

1. 寇准县衙概况

原寇准县衙系北宋太平兴国年间（公元980~983年）寇准任巴东知县时监修，原址为江北旧县坪北宋县城。历代巴东县令在此接待民众、处理政务和进行司法审判。新建寇准县衙为仿古县衙建筑，占地面积为760平方米，建筑面积为550平方米，与秋风亭、寇公祠置于同一中轴线上，形成空间层次。采用古代衙署建筑风格，建筑中置仪门、正堂、六公房等，为抬梁结构五开间单檐歇山，外檐五铺作斗拱。县衙坐南朝北，回廊环绕，明镜高悬，庄重典雅，正气浩然。其中陈列寇准任县令时的巴东县衙物品，包括堂前审案的文具、刑具、令牌和出行仪仗等，基本还原了宋代县衙的陈设。如图4-2-5所示。

图4-2-5 寇准县衙

2. 寇准县衙文化价值评估

寇准县衙为仿古新建建筑，参照本课题构建的"三峡湖北库区文物古建筑复建区文化价值评估体系"，现从历史价值、人文价值、艺术价值、科学价值、情感价值和社会价值6个方面对其进行评估。

（1）历史价值

寇准县衙的始建年代可追溯至宋朝。寇准为国内历史文化名人，知名度高，社会影响力较大。该建筑还原寇准当年任巴东知县时的部分场景，供人们缅怀寇准并了解历史，所陈列的与寇准相关的文物等都富有时代气息。

寇准县衙历史价值评估赋分情况为：时间性2分，原真性4分，完整性6分，时代性7分，稀缺度7分，奇特性7分，知名度6分。寇准县衙历史价值综合得分为39分，平均值为5.57分。

（2）人文价值

寇准为北宋著名的政治家、诗人，寇准一生的事迹及其诗作传世甚广，影响深远。寇准县衙采用古代衙署建筑风格，基本还原了宋代县衙的陈设。室内陈列寇准任县令时的巴东县衙物品，包括堂前审案的文具、刑具、令牌和出行仪仗等。此建筑具有丰富的人文内涵和重要的民俗文化价值，同时在延续本地人民精神文化和生活方面的价值也较突出。

寇准县衙人文价值评估赋分为：事件人物的关联性9分，宗教价值2分，民俗价值8分，文化延续价值8分。寇准县衙的人文价值综合得分为27分，平均值为6.75分。

（3）艺术价值

新建寇准县衙基本还原了北宋巴东县衙的风格原貌。建筑在设计、工艺、特色及施工技艺等方面有其相应的价值。艺术价值各子项为统一赋分8分。

寇准县衙艺术价值评估赋分为：美学价值8分，风格特色8分，结构特点8分，设计水平和工艺8分，装饰装修、施工技艺8分。寇准县衙的艺术价值综合得分为40分，平均值为8分。

（4）科学价值

仿古建筑寇准县衙，建筑的科学价值评估各子项为统一赋分8分。

寇准县衙科学价值评估赋分为：建筑的科学成就8分，反映出的科技成果水平 8分。寇准县衙的科学价值综合得分为16分，平均值为8分。

（5）情感价值

新建寇准县衙是时代的产物，是三峡文化遗产保护利用及弘扬地方民族文化精神相结合的产物。寇准是巴东的象征和巴东人民的骄傲，寇准县衙对当地民众而言，具有强烈的象征作用，能受到当地群众的显著的心理认同，对其产生亲切感和强烈的归属感。此建筑与我国著名的政治家、诗人寇准的密切关联性，对非本地人而言，也具有较强的惊奇感。

寇准县衙情感价值评估赋分为：象征作用分9分，认同感9分，归属感9分，惊奇感8分。寇准县衙情感价值综合得分为35分，平均值为8.75分。

（6）社会价值

新建寇准县衙已成为当地纪念寇准、了解地方历史文化的代表性建筑之一，是典型的具有纪念意义的仿古建筑。寇准是巴东的象征和巴东人民的骄傲，该建筑在促进民族团结和增强凝聚力方面的作用也十分突出，对社会具有相应的教育作用。

寇准县衙价值评估赋分为：教育性9分，纪念性10分，和谐性8分。寇准县衙的社会价值综合得分为27分，平均值为9分。

按上述各评估价值因子在文化价值中所占权重计算得出，寇准县衙文化价值总得分为：7.36分，具体赋分情况见表4-2-6《寇准县衙文化价值评估表》。

表4-2-6 寇准县衙文化价值评估表

评估项目	评估因子	分值选择	单项得分	平均值	权重	分类得分	总分
历史价值	时间性	0 1 2 3 4 5 6 7 8 9 10	2	5.57	28%	1.56	7.36
	原真性	0 1 2 3 4 5 6 7 8 9 10	4				
	完整性	0 1 2 3 4 5 6 7 8 9 10	6				
	时代性	0 1 2 3 4 5 6 7 8 9 10	7				
	稀缺度	0 1 2 3 4 5 6 7 8 9 10	7				
	奇特性	0 1 2 3 4 5 6 7 8 9 10	7				
	知名度	0 1 2 3 4 5 6 7 8 9 10	6				
	小计		39				

续表

评估项目	评估因子	分值选择	单项得分	平均值	权重	分类得分	总分
人文价值	事件人物的关联性	0 1 2 3 4 5 6 7 8 9 10	9	6.75	16%	1.08	7.36
	宗教价值	0 1 2 3 4 5 6 7 8 9 10	2				
	民俗价值	0 1 2 3 4 5 6 7 8 9 10	8				
	文化延续价值	0 1 2 3 4 5 6 7 8 9 10	8				
	小计		27				
艺术价值	美学价值	0 1 2 3 4 5 6 7 8 9 10	8	8.00	20%	1.6	
	风格特色	0 1 2 3 4 5 6 7 8 9 10	8				
	结构特点	0 1 2 3 4 5 6 7 8 9 10	8				
	设计水平和工艺	0 1 2 3 4 5 6 7 8 9 10	8				
	装饰装修、施工技艺	0 1 2 3 4 5 6 7 8 9 10	8				
	小计		40				
科学价值	建筑的科学成就	0 1 2 3 4 5 6 7 8 9 10	8	8.00	8%	0.64	
	反映出的科技成果水平	0 1 2 3 4 5 6 7 8 9 10	8				
	小计		16				
情感价值	象征作用	0 1 2 3 4 5 6 7 8 9 10	9	8.75	16%	1.4	
	认同感	0 1 2 3 4 5 6 7 8 9 10	9				
	归属感	0 1 2 3 4 5 6 7 8 9 10	9				
	惊奇感	0 1 2 3 4 5 6 7 8 9 10	8				
	小计		35				
社会价值	教育性	0 1 2 3 4 5 6 7 8 9 10	9	9.00	12%	1.08	
	纪念性	0 1 2 3 4 5 6 7 8 9 10	10				
	和谐性	0 1 2 3 4 5 6 7 8 9 10	8				
	小计		27				

（六）水磨坊

1. 水磨坊概况

水磨坊原位于溪丘乡龙船河村，龙船河支流（东西支流）北岸，南距县城10千米，海拔130米，属三峡大坝全淹没区域，被保护规划确定为"易地搬迁"。

水磨坊建于晚清时代，该建筑为土石木结构，坐北朝南，平面呈长方形，建筑通面阔三间，12.7米，其中一间已拆，进深7.4米，建筑面积为100平方米。其北搭接磨坊主人房屋，南以木板围护。地坪以下，于磨坊南侧，以块石砌水房二间，内设立卧式水轮各一台（立式水轮已丢失），水轮与其地坪上石磨、石碾同轴。水自东侧高山山泉而来，导入水房，推动水轮，带动石磨、石碾。

该建筑平面布局为明间面阔4.27米，左次间面阔4.12米，右次间面阔4.27米，进深三间（均为轴线尺寸）。穿斗式构架，四柱十一檩，穿枋相连，为南方建筑特点。檩下无随檩枋。柱下用条形石础。屋面为单檐单坡悬山顶，与北方民居有一定的差异，屋面有举无折。檩木上为条椽板，椽板上冷摊小青瓦。屋面为单檐单坡悬山顶，阴阳瓦覆盖，间用琉璃瓦采光，扣板瓦脊。瓦下既无泥背也无望板，直接镝放于椽板上，这使屋面重量减轻许多。这种做法的屋顶不必做保温层，与当地气候比较湿润温暖有关。

水磨坊整个建筑两山墙以石块封闭，南以木板围护，北为夯土墙，是磨坊主人的房屋。这种最传统的墙体建造形式在整个建筑中有着重要的作用，不仅保证室内冬暖夏凉，而且也增加了建筑的厚重感。木装修主要是门窗，南面为木板壁墙，明间开窗，两靠山墙各设双扇板门，室内用木板壁装修。建筑木构件不施油漆彩画，真实地体现出了木材本色。如图4-2-6所示。

图4-2-6 水磨坊

2. 水磨坊文化价值评估

根据"三峡湖北库区文物古建筑复建区文化价值评估体系"课题研究，文物古建筑的文化价值主要由历史价值、人文价值、艺术价值、科学价值、情感价值和社会价值构成，现从上述6个方面对水磨坊文化价值进行评估。

（1）历史价值

水磨坊建于晚清。建筑保存情况一般，其真实性、完整性在历次搬迁中受到较大影响。水磨坊是历史时代的产物，在巴东县地面文物调查中，所发现的此类生产性建筑独此一处，它对于研究巴楚地区民族历史、生产发展等方面具有较高的史料价值。该建筑能较好体现当地的生活风貌和社会文化，时代性也十分突出。

综合上述因素，水磨坊的历史价值评估赋分情况为：时间性7分，原真性6分，完整性5分，时代性9分，稀缺度7分，奇特性7分，知名度5分。水磨坊的历史价值综合得分为46分，平均值为6.57分。

（2）人文价值

水磨坊是当地不可多得的有关人民历史、生活、生产发展的实物例证，其所体现的民俗文化内涵十分丰富，具有非常重要的文物价值、史料价值。建筑在延续三峡人民精神文化和生活方面价值亦十分突出。但尚无相关资料证明该建筑与本地知名的事件或人物有直接关联性。

综合上述因素，水磨坊人文价值评估赋分为：事件人物的关联性5分，宗教价值2分，民俗价值9分，文化延续价值9分。水磨坊的人文价值综合得分为25分，平均值为6.25分。

（3）艺术价值

水磨坊是峡江地区保存极少的原始传统生产工具类作坊建筑，建筑的设计、思路布局均与其功能密切关联，实用性强，木装修简洁明快，黄土、木材及屋面的本色形成和谐统一的色调，是传统建筑文化的特征之一。总体上看，其设计水平、思路布局、构图、工艺和特色、装饰装修和施工技艺都具有一定价值，代表了当时的建筑艺术水平。

综合上述因素，水磨坊艺术价值评估赋分为：美学价值6分，风格特色7分，结构特点7分，设计水平和工艺7分，装饰装修和施工技艺7分。水磨坊的艺术价值综合得分为34分，平均值为6.8分。

（4）科学价值

水磨坊为当地富有特色的、颇具代表性的生产性建筑，该建筑及其附属设施体现了当时当地在建筑结构、用材和施工等方面的科学成就，较好地反映了当时的科学成就及科技成果水平。

水磨坊科学价值评估赋分为：建筑的科学成就7分，反映出的科技成果水平7分。水磨坊的科学价值综合得分为14分，平均值为7分。

（5）情感价值

水磨坊是目前保存在巴东地区的唯一的传统生产工具类作坊建筑，建筑在三峡地区中具有一定的象征作用，能得到当地群众的显著的心理认同，能使民众产生较强的归属感。对于这类少见的、原始传统工具所表现出来的浓厚地域气息和特征，对于非本地人而言，也具有较强的惊奇感。

综合上述因素，水磨坊情感价值评估赋分为：象征作用7分，认同感8分，归属感8分，惊奇感7分。水磨坊的情感价值综合得分为30分，平均值为7.5分。

（6）社会价值

水磨坊是三峡工程移民复建的代表性文物建筑之一，具有较高的文物价值、史料价值及重要的社会价值，纪念意义突出，对社会也具有相应的教育性。

水磨坊社会价值评估赋分为：教育性5分，纪念性8分，和谐性5分。水磨坊的社会价值综合得分为18分，平均值为6分。

按上述各评估价值因子在文化价值中所占权重，计算得出水磨坊文化价值总得分为：6.68分，具体赋分情况见表4-2-7《水磨坊文化价值评估表》。

表4-2-7 水磨坊文化价值评估表

评估项目	评估因子	分值选择	单项得分	平均值	权重	分类得分	总分
历史价值	时间性	0 1 2 3 4 5 6 7 8 9 10	7	6.57	28%	1.84	6.68
	原真性	0 1 2 3 4 5 6 7 8 9 10	6				
	完整性	0 1 2 3 4 5 6 7 8 9 10	5				
	时代性	0 1 2 3 4 5 6 7 8 9 10	9				
	稀缺度	0 1 2 3 4 5 6 7 8 9 10	7				
	奇特性	0 1 2 3 4 5 6 7 8 9 10	7				
	知名度	0 1 2 3 4 5 6 7 8 9 10	5				
	小计		46				

续表

评估项目	评估因子	分值选择	单项得分	平均值	权重	分类得分	总分
人文价值	事件人物的关联性	0 1 2 3 4 5 6 7 8 9 10	5	6.25	16%	1	6.68
	宗教价值	0 1 2 3 4 5 6 7 8 9 10	2				
	民俗价值	0 1 2 3 4 5 6 7 8 9 10	9				
	文化延续价值	0 1 2 3 4 5 6 7 8 9 10	9				
	小计		25				
艺术价值	美学价值	0 1 2 3 4 5 6 7 8 9 10	6	6.80	20%	1.36	
	风格特色	0 1 2 3 4 5 6 7 8 9 10	7				
	结构特点	0 1 2 3 4 5 6 7 8 9 10	7				
	设计水平和工艺	0 1 2 3 4 5 6 7 8 9 10	7				
	装饰装修、施工技艺	0 1 2 3 4 5 6 7 8 9 10	7				
	小计		34				
科学价值	建筑的科学成就	0 1 2 3 4 5 6 7 8 9 10	7	7.00	8%	0.56	
	反映出的科技成果水平	0 1 2 3 4 5 6 7 8 9 10	7				
	小计		14				
情感价值	象征作用	0 1 2 3 4 5 6 7 8 9 10	7	7.50	16%	1.2	
	认同感	0 1 2 3 4 5 6 7 8 9 10	8				
	归属感	0 1 2 3 4 5 6 7 8 9 10	8				
	惊奇感	0 1 2 3 4 5 6 7 8 9 10	7				
	小计		30				
社会价值	教育性	0 1 2 3 4 5 6 7 8 9 10	5	6.00	12%	0.72	
	纪念性	0 1 2 3 4 5 6 7 8 9 10	8				
	和谐性	0 1 2 3 4 5 6 7 8 9 10	5				
	小计		18				

（七）济川桥

1. 济川桥概况

济川桥原位于长江北岸，巴东县东瀼口雷家坪村，与县城仅一江之隔。桥始建于明代，清代重修。其中心地理坐标为东经110°28′03″，北纬30°01′51″，海拔110米，属三峡大坝全淹没区域，被保护规划确定为"易地搬迁"。

济川桥跨于旧县城桥沟之上，占地面积为105平方米，地势北高南低，桥走向为西偏北35°。桥面长17.3米，宽3.9米，高6.5米。桥面两侧随地形呈不规则形状。建筑为单孔石桥，桥面石规格大小不一，现仅存桥中间一段，残破严重，两侧为土面。桥面两边桥身各长6.2~6.4米，中间高6.5

米。桥墩宽4.05米，高2.6米。桥墩条石规格大小不等，表面平整，错缝砌筑于山岩之上。西桥墩南面下部垮塌4层条石，桥拱跨度为5.38米，矢高3.15米。

该桥属古桥中常见形式，矢高大于跨度的二分之一，使拱桥呈抛物线形，承重合理。桥东侧山岩下立一石碑，属自带修桥碑的类型。这类桥的建筑形式、做法、工艺等较为常见。济川桥整体基本保存较好，但桥墩、桥身、桥面石损坏严重。桥面石现仅存桥拱中间一段，且规格不等、大小不一、残破严重。桥身表面风化、破损严重。东、西桥墩条石规格不等、大小不一。

2. 济川桥文化价值评估

根据本课题构建的"三峡湖北库区文物古建筑复建区文化价值评估体系"，文物古建筑的文化价值主要由历史价值、人文价值、艺术价值、科学价值、情感价值和社会价值构成，现从上述6个方面对济川桥文化价值进行评估。

（1）历史价值

济川桥始建于明代，清代重修。该桥拱券及桥墩保存较好，但桥面损坏较严重，建筑的原真性和完整性受到一定的影响。虽然济川桥属于古桥中的常见形式，但该桥富有地方性特色，仍为巴东具有代表性的桥梁建筑之一。济川桥北侧立有一块石碑，通过对碑文及该桥保存情况的了解，有助于研究本地修桥治路等历史。该建筑能较好地体现当地的生活风貌和社会文化，时代性突出。

济川桥历史价值评估赋分情况为：时间性8分，原真性6分，完整性5分，时代性9分，稀缺度5分，奇特性5分，知名度5分。济川桥历史价值综合得分为43分，平均值为6.14分。

（2）人文价值

根据目前掌握的相关资料情况可知，该建筑与本地知名的事件或人物尚无直接关联性。作为当地普通桥梁建筑，其所体现的宗教内涵和价值均不明显，但作为民俗历史文物，此建筑在延续本地人民精神文化和生活方面价值仍较突出。

济川桥人文价值评估赋分为：事件人物的关联性5分，宗教价值2分，民俗价值8分，文化延续价值9分。济川桥的人文价值综合得分为24分，平均值为6分。

（3）艺术价值

济川桥和其他巴东古桥一样，形制为单券石拱，券顶多呈尖弧状，两端依山跨溪而建，金刚墙高低不一，这是巴东境内古石桥砌筑的明显特点。这些石桥一般就地取材，由当地工匠建造，式样朴实无华。虽然建筑类型在当地较为多见，但作为复建的文物古建筑，该石桥在设计、工艺、特色及施工技艺等方面都有其相应的价值。

济川桥艺术价值评估赋分为：美学价值6分，风格特色6分，结构特点6分，设计水平和工艺7分，装饰装修、施工技艺7分。济川桥的艺术价值综合得分为32分，平均值为6.4分。

（4）科学价值

济川桥是当地历史时代的产物，能代表当时当地的桥梁建筑水平和工艺，反映当时的科学成就及科技成果水平。

济川桥科学价值评估赋分为：建筑的科学成就7分，反映出的科技成果水平7分。济川桥的科学价值综合得分为14分，平均值为7分。

（5）情感价值

古桥与当地民众的日常生活密切相关，它的存在对当地民众而言，具有一定的象征作用，能得到当地群众的显著的心理认同，能产生亲切感，能使民众产生较强的归属感。石桥富有浓郁的地域气息和特征，对于非本地人而言，也具有一定的惊奇感。

济川桥情感价值评估赋分为：象征作用7分，认同感8分，归属感8分，惊奇感4分。济川桥情感价值综合得分为27分，平均值为6.75分。

（6）社会价值

目前尚无历史资料证明曾有与其相关的人和事对社会产生突出的教育意义和纪念作用，但作为三峡工程移民复建的代表性文物建筑，仍然具有其相应的社会价值，具有一定的纪念性和教育性。

济川桥价值评估赋分为：教育性5分，纪念性7分，和谐性5分。济川桥的社会价值综合得分为17分，平均值为5.67分。

按上述各评估价值因子在文化价值中所占权重，计算得出济川桥文化价值总得分为：6.28分，具体赋分情况见表4-2-8《济川桥文化价值评估表》。

表4-2-8 济川桥文化价值评估表

评估项目	评估因子	分值选择	单项得分	平均值	权重	分类得分	总分
历史价值	时间性	0 1 2 3 4 5 6 7 8 9 10	8	6.14	28%	1.72	6.28
	原真性	0 1 2 3 4 5 6 7 8 9 10	6				
	完整性	0 1 2 3 4 5 6 7 8 9 10	5				
	时代性	0 1 2 3 4 5 6 7 8 9 10	9				
	稀缺度	0 1 2 3 4 5 6 7 8 9 10	5				
	奇特性	0 1 2 3 4 5 6 7 8 9 10	5				
	知名度	0 1 2 3 4 5 6 7 8 9 10	5				
	小计		43				
人文价值	事件人物的关联性	0 1 2 3 4 5 6 7 8 9 10	5	6.00	16%	0.96	
	宗教价值	0 1 2 3 4 5 6 7 8 9 10	2				
	民俗价值	0 1 2 3 4 5 6 7 8 9 10	8				
	文化延续价值	0 1 2 3 4 5 6 7 8 9 10	9				
	小计		24				
艺术价值	美学价值	0 1 2 3 4 5 6 7 8 9 10	6	6.40	20%	1.28	
	风格特色	0 1 2 3 4 5 6 7 8 9 10	6				
	结构特点	0 1 2 3 4 5 6 7 8 9 10	6				
	设计水平和工艺	0 1 2 3 4 5 6 7 8 9 10	7				
	装饰装修、施工技艺	0 1 2 3 4 5 6 7 8 9 10	7				
	小计		32				
科学价值	建筑的科学成就	0 1 2 3 4 5 6 7 8 9 10	7	7.00	8%	0.56	
	反映出的科技成果水平	0 1 2 3 4 5 6 7 8 9 10	7				
	小计		14				

续表

评估项目	评估因子	分值选择	单项得分	平均值	权重	分类得分	总分
情感价值	象征作用	0 1 2 3 4 5 6 7 8 9 10	7	6.75	16%	1.08	6.28
	认同感	0 1 2 3 4 5 6 7 8 9 10	8				
	归属感	0 1 2 3 4 5 6 7 8 9 10	8				
	惊奇感	0 1 2 3 4 5 6 7 8 9 10	4				
	小计		27				
社会价值	教育性	0 1 2 3 4 5 6 7 8 9 10	5	5.67	12%	0.68	
	纪念性	0 1 2 3 4 5 6 7 8 9 10	7				
	和谐性	0 1 2 3 4 5 6 7 8 9 10	5				
	小计		17				

（八）寅宾桥

1. 寅宾桥概况

寅宾桥，又名古石桥，原位于巴东县东瀼口镇与秭归县牛口乡交界处，海拔120米，整个建筑都置于三峡水库的淹没区域之中。桥梁正立面南偏东34°，该桥地处孩石堡与红庙岭之间，地势西高东低，南北横跨在韩家河沟之上，韩家河沟经过古桥向东南100余米入长江。

寅宾桥为清乾隆年间建。该桥自建成之日起一直未曾重建，除栏板、望柱遗失外，桥体保存完好。寅宾桥是三峡流域最大的古石桥，古代全国东西交通的重要驿路——长江路（南京至成都）经巴东，寅宾桥就是巴东县境东段的起点。该桥曾是当地的主要交通要道，是连接巴东与秭归的交通枢纽。1993年巴东县人民政府公布寅宾桥为第二批文物保护单位。

寅宾桥为单拱石桥，横联拱券，锅底拱（尖券），无券脸石。桥长约55米，桥面宽5.8米，拱跨12.4米，拱高6.7米。桥面至河床高15.84米，桥梁建筑面积为320平方米。寅宾桥建在韩家沟河两边的自然岩石上，其上有用方整石建的桥台基础。撞券石多为长条石砌筑，砌发多为一顺一丁，条石均在1.2米左右，断面尺寸多为320毫米×280毫米。其下的雁翅石也为长条石砌筑。拱内的内券石厚430毫米，二伏券石厚340毫米。桥身内均为素土及乱石填充，桥面石皆用块石铺墁。

寅宾桥虽整体尚存，但由于经历了多年的风风雨雨及山洪的冲击和淹没，加上易风化的灰砂岩石，所以砌筑桥梁的石构件仍损坏严重。因此寅宾桥在拆迁时，大部分构件基本上不能继续使用，搬迁后采取特殊办法进行了复原。

2. 寅宾桥文化价值评估

根据"三峡湖北库区文物古建筑复建区文化价值评估体系"课题研究，文物古建筑的文化价值主要由历史价值、人文价值、艺术价值、科学价值、情感价值和社会价值构成，现从上述6个方面对寅宾桥文化价值进行评估。

（1）历史价值

寅宾桥为清代建筑。除栏板、望柱遗失外，桥体基本保存完好。建筑的原真性和完整性均较好。寅宾桥是三峡流域最大的古石桥，是连接巴东与秭归的交通枢纽。该桥无论在功能上还是在古代的建桥史上都有着重要的实证作用，是我们今天研究清代桥梁史的重要实例。该建筑能较好地体现当地的生活风貌和社会文化，时代性突出。

寅宾桥历史价值评估赋分情况为：时间性7分，原真性8分，完整性8分，时代性9分，稀缺度8分，奇特性8分，知名度6分。寅宾桥历史价值综合得分为54分，平均值为7.71分。

（2）人文价值

寅宾桥地处重要的交通必由之路，在交通、军事方面具有重要意义，虽然目前尚无资料证明该建筑与本地知名的事件或人物有直接关联性，但其价值不容忽视。作为当地普通桥梁建筑，其所体现的宗教内涵和价值均不明显。传说该桥由巴东县与秭归县共建，两县各修半边，直至中心合垄，故拱券中心，因而作为民俗历史文物，此建筑在延续本地人民精神文化和生活方面价值较为突出。

济川桥人文价值评估赋分为：事件人物的关联性5分，宗教价值2分，民俗价值8分，文化延续价值9分。济川桥的人文价值综合得分为24分，平均值为6分。

（3）艺术价值

寅宾桥的跨度为12米余，桥体以较规整石料横向叠砌，纵向发券，桥的建筑做法非常特殊，如此大体量的单孔石桥在三峡文物调查中尚属唯一。建筑在设计水平、思路布局、构图、工艺和特色方面及装饰装修和施工技艺等方面均有较高的价值。

综合上述因素，寅宾桥艺术价值评估赋分为：美学价值8分，风格特色8分，结构特点9分，设计水平和工艺8分，装饰装修、施工技艺8分。寅宾桥的艺术价值综合得分为41分，平均值为8.2分。

（4）科学价值

寅宾桥两侧各有两块石砌护体，可以看到当时人们已经成功地解决了防止山水对桥体冲击及桥身的保护问题。该桥无论在体量上，还是在用料、建筑工艺、技术水平、建筑形式等方面，都可谓巴东县古桥建筑的典范。该建筑在设计水平，思路布局、构图、工艺和特色，以及装饰装修、施工技艺等方面都有较高价值。

综合上述因素，寅宾桥科学价值评估赋分为：建筑的科学成就8分，反映出的科技成果水平8分。寅宾桥的科学价值综合得分为16分，平均值为8分。

（5）情感价值

古桥与当地民众的日常生活密切相关，它的存在对当地民众而言，具有一定的象征作用，能得到当地群众的显著的心理认同，能产生亲切感，能使民众产生较强的归属感。石桥富有浓郁的地域气息和特征，对于非本地人而言，也具有一定的惊奇感。

寅宾桥情感价值评估赋分为：象征作用8分，认同感8分，归属感8分，惊奇感6分。寅宾桥情感价值综合得分为30分，平均值为7.5分。

（6）社会价值

目前尚无历史资料证明曾有与其相关的人和事对社会产生突出的教育意义和纪念作用，但作为三峡工程移民复建的代表性文物建筑，作为三峡地区历史文化的见证，仍然具有其相应的社会价值，具有一定的纪念性和教育性。

寅宾桥价值评估赋分为：教育性5分，纪念性8分，和谐性5分。寅宾桥的社会价值综合得分为18分，平均值为6分。

按上述各评估价值因子在文化价值中所占权重，计算得出寅宾桥文化价值总得分为：7.32分，具体赋分情况见表4-2-9《寅宾桥文化价值评估表》。

表4-2-9 寅宾桥文化价值评估表

评估项目	评估因子	分值选择	单项得分	平均值	权重	分类得分	总分
历史价值	时间性	0 1 2 3 4 5 6 7 8 9 10	7	7.71	28%	2.16	7.32
	原真性	0 1 2 3 4 5 6 7 8 9 10	8				
	完整性	0 1 2 3 4 5 6 7 8 9 10	8				
	时代性	0 1 2 3 4 5 6 7 8 9 10	9				
	稀缺度	0 1 2 3 4 5 6 7 8 9 10	8				
	奇特性	0 1 2 3 4 5 6 7 8 9 10	8				
	知名度	0 1 2 3 4 5 6 7 8 9 10	6				
	小计		54				
人文价值	事件人物的关联性	0 1 2 3 4 5 6 7 8 9 10	5	6.00	16%	0.96	
	宗教价值	0 1 2 3 4 5 6 7 8 9 10	2				
	民俗价值	0 1 2 3 4 5 6 7 8 9 10	8				
	文化延续价值	0 1 2 3 4 5 6 7 8 9 10	9				
	小计		24				
艺术价值	美学价值	0 1 2 3 4 5 6 7 8 9 10	8	8.20	20%	1.64	
	风格特色	0 1 2 3 4 5 6 7 8 9 10	8				
	结构特点	0 1 2 3 4 5 6 7 8 9 10	9				
	设计水平和工艺	0 1 2 3 4 5 6 7 8 9 10	8				
	装饰装修、施工技艺	0 1 2 3 4 5 6 7 8 9 10	8				
	小计		41				
科学价值	建筑的科学成就	0 1 2 3 4 5 6 7 8 9 10	8	8.00	8%	0.64	
	反映出的科技成果水平	0 1 2 3 4 5 6 7 8 9 10	8				
	小计		16				
情感价值	象征作用	0 1 2 3 4 5 6 7 8 9 10	8	7.50	16%	1.2	
	认同感	0 1 2 3 4 5 6 7 8 9 10	8				
	归属感	0 1 2 3 4 5 6 7 8 9 10	8				
	惊奇感	0 1 2 3 4 5 6 7 8 9 10	6				
	小计		30				
社会价值	教育性	0 1 2 3 4 5 6 7 8 9 10	5	6.00	12%	0.72	
	纪念性	0 1 2 3 4 5 6 7 8 9 10	8				
	和谐性	0 1 2 3 4 5 6 7 8 9 10	5				
	小计		18				

(九) 李光明老屋

1. 李光明老屋概况

李光明老屋原位于楠木园乡楠木园村五组中部，中心地理坐标为东经110°13′28″，北纬31°01′03″，海拔154米。属晚清建筑，建筑面积为444平方米。建筑结构严紧，式样独特，平面布局为"凹"形，东西两侧各设吊脚楼，一侧单檐，一侧重檐。共分为三层，原底层作喂养牲畜用，中层住人，上层储存食品。

现存的李光明老屋仅可见一幢面阔三间、进深两间、单檐悬山小青瓦顶的独立单体建筑。东西两侧已为菜地，未见以上所描述的"平面布局为'凹'形"，更未见"东西两侧各设吊脚楼"。李光明老屋基础平面呈矩形，用条石围筑起台明。柱下均未设柱顶石，柱根直接落在相当于栏土的条石之上。

李光明老屋为穿斗式木构架，七柱九檩，其中各逢梁架皆仅有三柱落地，其他各柱均落于穿枋之上。李光明老屋所用木柱，均被倒削成为方形断面。在明间梁架的柱间施抱框加余塞板，以分割明间与次间的空间，并于前端各设一门以沟通次间。明间正面施抱框将其一分为三，中设木板门，两侧填充余塞板和檩条窗。

该建筑具有所处区域的传统建筑风格。明间通透，直见檩椽，仅靠后部设有神楼板，中槛高于次间所设，以突出其主要地位。次间设有楼板，且均设有木地板。两次间一层也均用抱框加余塞板把次间分割成为前后两个空间，以板门相通。二层并未施隔断。

老屋屋面为悬山式。屋面有举无折，用小青瓦覆盖，并以小青瓦干摆成脊。正脊两端瓦件全部脱落，悬山之山顶也已全部无存。李光明老屋朴实无华，除板门、板窗外，木装修未见隔扇门、隔扇窗及其他彩绘饰件，但尚可见"明间什锦窗，窗心透雕一供桌，上有花瓶及菊花，造型优美"。该建筑是三峡沿江地区清代民居的典型代表之一。如图4-2-7所示。

图4-2-7　李光明老屋

2. 李光明老屋文化价值评估

根据"三峡湖北库区文物古建筑复建区文化价值评估体系"课题研究，文物古建筑的文化价值主要由历史价值、人文价值、艺术价值、科学价值、情感价值和社会价值构成，现从上述6个方面对李光明老屋文化价值进行评估。

（1）历史价值

传统民居是历史的见证，其自身蕴涵着重要的历史价值。李光明老屋建于清代，建筑几乎全保留为原状，仅少部分残缺，真实性、完整性较好。该民居是三峡沿江清代民居的典型代表之一，能充分体现当地的生活风貌和社会文化，时代性突出。也是当地民居中保持基本完好、别具一格、特色十分突出的建筑。

综合上述因素，李光明老屋的历史价值评估赋分情况为：时间性7分，原真性9分，完整性9分，时代性9分，稀缺度8分，奇特性7分，知名度7分。李光明老屋的历史价值综合得分为56分，平均值为8分。

（2）人文价值

民居建筑反映了当地人民的历史生活、生产方式、风俗习惯和审美观念，其所蕴涵的人文价值不容忽视。根据目前掌握的相关资料情况，无证据表明该建筑与本地知名的事件或人物具有直接关联性。作为当地传统民居建筑，其所体现的宗教内涵和价值均不甚突出，但建筑所体现的民俗文化内涵则十分丰富，尤其是老屋的建筑形式和风格，充分利用山地的走势，正面做成板壁平房，两侧及后面做成干栏式和吊脚楼，较好地体现了土家族的建筑风俗习惯和特点，具有十分鲜明的地方特色和民族特色。

综合上述因素，李光明老屋人文价值评估赋分为：事件人物的关联性5分，宗教价值2分，民俗价值9分，文化延续价值9分。李光明老屋的人文价值综合得分为25分，平均值为6.25分。

（3）艺术价值

李光明老屋建筑构筑灵巧，布局严谨，空间利用充分，做工精细，用材考究。正房明间设有神楼，神楼供奉一红木雕刻的送子观音像，雕刻工艺精湛，形态优美。该民居的装修制作也非常精美、考究，明间什锦窗，窗心透雕一供桌，上有花瓶及菊花，造型优美，为民居类建筑中不可多得的艺术构件。房架结构为九檩三柱或七檩三柱，各间梁架檐檩、脊檩均用通柱，用材简洁，受力合理。李光明老屋建筑总体造型美观，建筑风格较突出，虽然该建筑类型在当地较多见，但建筑本身的设计水平、思路布局、工艺和特色包括装饰技艺等方面价值均较为突出。

综合上述因素，李光明老屋艺术价值评估赋分为：美学价值9分，风格特色9分，结构特点9分，设计水平和工艺9分，装饰装修、施工技艺9分。李光明老屋的艺术价值综合得分为45分，平均值为9分。

（4）科学价值

李光明老屋整体设计合理，结构严谨，充分利用倚山而建的自然优势，布局紧凑，为不可多得的艺术造型建筑。该建筑是三峡民居的典型代表之一，在结构、用材和施工等方面的科学成就较高，能较好地反映出历史上当时当地的科技成果和科技水平，因而具有相应的较高的科学价值。

综合上述因素，李光明老屋科学价值评估赋分为：建筑的科学成就9分，反映出的科技成果水平9分。李光明老屋的科学价值综合得分18分，平均值为9分。

(5)情感价值

李光明老屋是土家族村落中传统建筑的典型代表,该建筑地域特色突出,富有浓郁的土家族文化气息,能使当地民众产生亲切感,能得到当地群众的显著的心理认同,并能使民众对本地文化产生较强的归属感,在本地社会中具有非常显著的象征作用。富有土家族特色的传统民居建筑,对非本地人而言,也能产生较明显的惊奇感。

综合上述因素,李光明老屋情感价值评估赋分为:象征作用8分,认同感9分,归属感9分,惊奇感8分。李光明老屋的情感价值综合得分为34分,平均值为8.5分。

(6)社会价值

李光明老屋是当地保存较好的民居建筑之一,目前尚无历史资料证明有与其相关的人和事对社会产生过突出的教育意义和纪念作用,但作为三峡工程移民复建的代表性文物建筑之一,作为见证当地历史文化的遗迹,该民居仍具有相应的纪念意义、教育意义及一定的和谐性。

根据本次评估的赋分标准,李光明老屋社会价值评估赋分为:教育性4分,纪念性5分,和谐性4分。李光明老屋的社会价值综合得分为13分,平均值为4.33分。

按上述各评估价值因子在文化价值中所占权重,计算得出李光明老屋文化价值总分为:7.64分,具体赋分情况见表4-2-10《李光明老屋文化价值评估表》。

表4-2-10 李光明老屋文化价值评估表

评估项目	评估因子	分值选择	单项得分	平均值	权重	分类得分	总分
历史价值	时间性	0 1 2 3 4 5 6 7 8 9 10	7	8.00	28%	2.24	7.64
	原真性	0 1 2 3 4 5 6 7 8 9 10	9				
	完整性	0 1 2 3 4 5 6 7 8 9 10	9				
	时代性	0 1 2 3 4 5 6 7 8 9 10	9				
	稀缺度	0 1 2 3 4 5 6 7 8 9 10	8				
	奇特性	0 1 2 3 4 5 6 7 8 9 10	7				
	知名度	0 1 2 3 4 5 6 7 8 9 10	7				
	小计		56				
人文价值	事件人物的关联性	0 1 2 3 4 5 6 7 8 9 10	5	6.25	16%	1	
	宗教价值	0 1 2 3 4 5 6 7 8 9 10	2				
	民俗价值	0 1 2 3 4 5 6 7 8 9 10	9				
	文化延续价值	0 1 2 3 4 5 6 7 8 9 10	9				
	小计		25				
艺术价值	美学价值	0 1 2 3 4 5 6 7 8 9 10	9	9.00	20%	1.8	
	风格特色	0 1 2 3 4 5 6 7 8 9 10	9				
	结构特点	0 1 2 3 4 5 6 7 8 9 10	9				
	设计水平和工艺	0 1 2 3 4 5 6 7 8 9 10	9				
	装饰装修、施工技艺	0 1 2 3 4 5 6 7 8 9 10	9				
	小计		45				

续表

评估项目	评估因子	分值选择	单项得分	平均值	权重	分类得分	总分
科学价值	建筑的科学成就	0 1 2 3 4 5 6 7 8 9 10	9	9.00	8%	0.72	
	反映出的科技成果水平	0 1 2 3 4 5 6 7 8 9 10	9				
	小计		18				
情感价值	象征作用	0 1 2 3 4 5 6 7 8 9 10	8	8.50	16%	1.36	7.64
	认同感	0 1 2 3 4 5 6 7 8 9 10	9				
	归属感	0 1 2 3 4 5 6 7 8 9 10	9				
	惊奇感	0 1 2 3 4 5 6 7 8 9 10	8				
	小计		34				
社会价值	教育性	0 1 2 3 4 5 6 7 8 9 10	4	4.33	12%	0.52	
	纪念性	0 1 2 3 4 5 6 7 8 9 10	5				
	和谐性	0 1 2 3 4 5 6 7 8 9 10	4				
	小计		13				

（十）顾家老屋

1. 顾家老屋概况

顾家老屋原是清代建筑，位于湖北省巴东县楠木园乡杨家棚村一组。其中心地理坐标为东经110°45′、北纬31°15′，海拔172米。老屋坐南朝北，平面近似方形，呈凹字形布局，凹处是天井，有堂屋和耳房。建筑通进深12.21米，通面阔15.17米。建筑台基占地面积为185.2平方米，建筑面积为302平方米（包括二层）。

顾家老屋天井两侧各有房一间，均为两层。堂屋三开间，一明两暗布置，次间带有楼层。整个老屋是实体的建筑，中间为虚体的天井。建筑为土木混合结构。堂屋明间梁架的柱子全落地，共九根，穿枋相连，为南方建筑的特点。堂屋次间梁架，也为穿斗式构造，次间梁架的落地柱为五根。明间前檐檩下置风窗和格扇门。墙体均为版筑夯土木筋墙。堂屋前的天井两侧为耳房。耳房进深、面阔均为一开间，共三缝梁架，除中间的梁架类似抬梁式外，另两缝均为穿斗式结构。建筑均为起脊二面坡悬山屋顶，与北方民居有一定的差异。屋面有举无折，木装修主要是门窗、横披窗及格扇门。堂屋正面设横披风窗及格扇门，但格扇门已残缺不全，横披窗均已无存。两侧耳房的木装修也仅存部分。建筑木构件不施油漆彩画，真实地体现出了木材本色。如图4-2-8所示。

2. 顾家老屋文化价值评估

根据"三峡湖北库区文物古建筑复建区文化价值评估体系"课题研究，文物古建筑的文化价值主要由历史价值、人文价值、艺术价值、科学价值、情感价值和社会价值构成，现从上述6个方面对顾家老屋文化价值进行评估。

图4-2-8　顾家老屋

（1）历史价值

传统民居是历史的见证，其自身蕴涵着重要的历史价值。顾家老屋建于清代，建筑真实性保持良好，但整体建筑未能完整地保存下来，残缺部分较明显。该建筑是沿江清代民居的典型代表，能较好地体现当地的生活风貌和社会文化，时代性突出。

综合上述因素，顾家老屋的历史价值评估赋分情况为：时间性7分，原真性8分，完整性5分，时代性9分，稀缺度7分，奇特性6分，知名度6分。顾家老屋的历史价值综合得分为48分，平均值为6.86分。

（2）人文价值

民居建筑反映了当地人民的历史生活、生产方式、风俗习惯和审美观念，也往往蕴涵着丰富的人文价值。顾家老屋所体现的民俗文化内涵十分丰富，在延续本地人民的精神文化和生活方面价值较突出。根据目前所掌握的相关资料看，尚未发现该建筑与本地知名的事件或人物具有直接关联性，作为当地普通民居建筑，其所体现的宗教内涵和价值均不明显。

综合上述因素，顾家老屋人文价值评估赋分为：事件人物的关联性5分，宗教价值2分，民俗价值9分，文化延续价值9分。顾家老屋的人文价值综合得分为25分，平均值为6.25分。

（3）艺术价值

顾家老屋建筑造型富有特色，建筑木构件不施油漆彩画，真实地体现出了木材本色，建筑整体使用黄土、木材及屋面的本色，形成和谐的统一的色调，是传统建筑文化的特征之一。脊饰用布瓦层层叠出，并高高翘起，使板直的屋面多了几分生动和灵气。木装修主要是门窗、横披风窗及格扇门。正屋堂屋装修为八扇六抹头什锦格扇，耳房为两扇三抹头什锦格扇，两侧各设一单扇直棍什锦窗，装修做工精细，雕刻艺术优美，为民间不可多得的建筑精品。建筑结构和装修艺术价值较高。

综合上述因素，顾家老屋艺术价值评估赋分为：美学价值8分，风格特色8分，结构特点9分，设计水平和工艺9分，装饰装修、施工技艺9分。顾家老屋的艺术价值综合得分为43分，平均值为8.6分。

（4）科学价值

顾家老屋整个建筑中的墙体均为夯土墙。这种最传统的墙体建造形式在整个建筑中有着重要的作用，不仅保证室内冬暖夏凉，而且也增加了建筑的厚重感。穿斗式天井屋悬山顶，堂屋十一檩九柱，耳房九檩三柱，所用均为通柱，使建筑牢固稳定且受力结构科学实用，堂屋前、两耳6房间条石砌筑天井，排水设施齐全，修砌水平高超。该建筑在选址、采光，结构、用材和施工等方面的科学成就较高，能较好地反映出当地历史上的科技成果和科技水平，是三峡民居的典型代表之一，具有较高的科学价值。

综合上述因素，顾家老屋科学价值评估赋分为：建筑的科学成就9分，反映出的科技成果水平9分。顾家老屋的科学价值综合得分为18分，平均值为9分。

（5）情感价值

顾家老屋是当地传统民居的代表性建筑之一，这类民居在三峡居住类建筑中颇具典型性，因此在本地民众中具有一定的象征作用，能得到当地群众的显著的心理认同，能使民众产生较强的归属感。三峡传统民居表现出来的浓厚的地域气息和特征，对于非本地人而言，也具有一定的惊奇感。

综合上述因素，顾家老屋情感价值评估赋分为：象征作用7分，认同感8分，归属感8分，惊奇感7分。顾家老屋的情感价值综合得分为30分，平均值为7.5分。

（6）社会价值

顾家老屋是当地保存较好的民居建筑之一，目前尚无历史资料证明曾有其相关的人和事对社会产生过突出的教育意义和纪念作用，但作为三峡工程移民复建的代表性文物建筑之一，作为见证当地历史文化的遗迹，该民居仍具有相应的纪念意义、教育意义及一定的和谐性。

根据本次评估的赋分标准，顾家老屋社会价值评估赋分为：教育性4分，纪念性5分，和谐性4分。顾家老屋的社会价值综合得分为13分，平均值为4.33分。

按上述各评估价值因子在文化价值中所占权重，计算得出顾家老屋文化价值总得分为：7.08分，具体赋分情况见表4-2-11《顾家老屋文化价值评估表》。

表4-2-11 顾家老屋文化价值评估表

评估项目	评估因子	分值选择	单项得分	平均值	权重	分类得分	总分
历史价值	时间性	0 1 2 3 4 5 6 7 8 9 10	7	6.86	28%	1.92	7.08
	原真性	0 1 2 3 4 5 6 7 8 9 10	8				
	完整性	0 1 2 3 4 5 6 7 8 9 10	5				
	时代性	0 1 2 3 4 5 6 7 8 9 10	9				
	稀缺度	0 1 2 3 4 5 6 7 8 9 10	7				
	奇特性	0 1 2 3 4 5 6 7 8 9 10	6				
	知名度	0 1 2 3 4 5 6 7 8 9 10	6				
	小计		48				
人文价值	事件人物的关联性	0 1 2 3 4 5 6 7 8 9 10	5	6.25	16%	1	
	宗教价值	0 1 2 3 4 5 6 7 8 9 10	2				
	民俗价值	0 1 2 3 4 5 6 7 8 9 10	9				
	文化延续价值	0 1 2 3 4 5 6 7 8 9 10	9				
	小计		25				

续表

评估项目	评估因子	分值选择	单项得分	平均值	权重	分类得分	总分
艺术价值	美学价值	0 1 2 3 4 5 6 7 8 9 10	8	8.60	20%	1.72	7.08
	风格特色	0 1 2 3 4 5 6 7 8 9 10	8				
	结构特点	0 1 2 3 4 5 6 7 8 9 10	9				
	设计水平和工艺	0 1 2 3 4 5 6 7 8 9 10	9				
	装饰装修、施工技艺	0 1 2 3 4 5 6 7 8 9 10	9				
	小计		43				
科学价值	建筑的科学成就	0 1 2 3 4 5 6 7 8 9 10	9	9.00	8%	0.72	
	反映出的科技成果水平	0 1 2 3 4 5 6 7 8 9 10	9				
	小计		18				
情感价值	象征作用	0 1 2 3 4 5 6 7 8 9 10	7	7.50	16%	1.2	
	认同感	0 1 2 3 4 5 6 7 8 9 10	8				
	归属感	0 1 2 3 4 5 6 7 8 9 10	8				
	惊奇感	0 1 2 3 4 5 6 7 8 9 10	7				
	小计		30				
社会价值	教育性	0 1 2 3 4 5 6 7 8 9 10	4	4.33	12%	0.52	
	纪念性	0 1 2 3 4 5 6 7 8 9 10	5				
	和谐性	0 1 2 3 4 5 6 7 8 9 10	4				
	小计		13				

（十一）万明兴老屋

1. 万明兴老屋概况

万明兴老屋（图4-2-9）原位于巴东县楠木园乡二组，西临小溪，依山坡而建。其中心地理坐标为东经110°13′47″，北纬31°00′57″，占地面积为268平方米，建筑面积为440平方米，海拔164米。现为县级文保单位。

该建筑为土木结构建筑，西临小溪，依山坡而建。老屋之西、南侧为登山石级，沿石级登上可过其门房而至王宗科老屋等民居。房屋平面呈"L"形，主要房屋坐北朝南，为三间二层带阁楼式建筑，东侧为后加房屋，计五间，亦为二层带阁楼。该老屋北、东两面走廊楼板为吊脚楼悬挑结构。

院落地面基本与二层楼地面齐平，主要入口均在院落内。该民居原有一完整院落，现门房已毁，仅存柱基、残破墙体、石门槛、门枕石等。据房主介绍，该老屋初建于晚清，为万明兴前辈所创，最初仅有正房、东厢房为后来扩建。建筑为砖石木混合结构，三层，穿斗式构架，悬山顶，布瓦屋面。该房屋为穿斗式构架，吊脚楼南北和东西方向均为半坡屋架，八柱九檩，三柱落地，45°方向抹角梁，梁上搁檩条。正屋为单檐悬山顶，厢房南部为悬山顶，北部为半坡抹角屋顶。

万明兴及其父辈为楠木园的农户兼商贩，其正房为前店后寝，明间为厅，东西两次间为商铺，于次间前部设柜台。正屋前后檐全部为木装修。正屋明间装修8扇板门，次间下面为木板壁，上为梭门。室内明间梁架间下部均为木板壁墙。明间东西金柱之间为木板壁，木板壁两边开门。其枋上中间为木板壁。两边为花纹窗。正屋二层后檐明间下部为木装修，东西次间走廊外下设木栏，东、西次间老檐柱间用木板壁装修，中间开花纹窗。三层上靠山墙设门，中间开窗（窗已被改成现代窗）。厢房前檐（西部）全部为木装修，明间开门，次间设窗。后檐用乱石墙封护。吊脚楼东、北走廊外设木栏，内用木板壁装修，各设有一门。

图4-2-9　万明兴老屋

2. 万明兴老屋文化价值评估

根据"三峡湖北库区文物古建筑复建区文化价值评估体系"课题研究，文物古建筑的文化价值主要由历史价值、人文价值、艺术价值、科学价值、情感价值和社会价值构成，现从上述6个方面对万明兴老屋文化价值进行评估。

（1）历史价值

传统民居是历史的见证，其自身蕴涵着重要的历史价值。万明兴老屋初建于晚清，由万明兴前辈所建，最初仅有南北房，东房为后扩。该建筑是沿江晚清民居的典型代表，也是楠木园乡和巴东县吊脚楼建筑中最典型、保存较完好者之一。建筑真实性保持良好，几乎完全保留为原状，完整性较强，仅少部分残缺。此建筑能较好地体现当地的生活风貌和社会文化，时代性突出，在本地区具有一定知名度和影响力。

综合上述因素，万明兴老屋的历史价值评估赋分情况为：时间性7分，原真性8分，完整性8分，时代性9分，稀缺度7分，奇特性6分，知名度6分。万明兴老屋的历史价值综合得分为51分，平均值为7.29分。

（2）人文价值

民居建筑反映了当地人民的历史生活、生产方式、风俗习惯和审美观念，蕴涵着丰富的人文价值。作为当地普通民居建筑，其所体现的宗教内涵和价值均不明显，但老屋所体现的民俗文化内涵则十分丰富，万明兴及其父辈为楠木园乡的农户兼商贩，其房为前店后寝，明间为厅，东西两次间为商铺，内设柜台，该老屋的布局富有时代气息和地方特色，是研究当地人文风情的重要实物。此建筑在延续三峡人民精神文化和生活方面价值较突出。

综合上述因素，万明兴老屋人文价值评估赋分为：事件人物的关联性5分，宗教价值2分，民俗价值9分，文化延续价值9分。万明兴老屋的人文价值综合得分为25分，平均值为6.25分。

（3）艺术价值

万明兴老屋是土家族典型的吊脚楼式建筑。其高度和方向依山就势，平面布局根据场地、地形情况随意建造，别具一格，在建筑构架上又富于变化，以求满足使用上的要求。该老屋也是楠木园和巴东县吊脚楼建筑中最典型、保存较完好者之一。该建筑风格较突出，有特色，其设计水平，思路布局、构图、工艺方面都有较高价值。

综合上述因素，万明兴老屋艺术价值评估赋分为：美学价值7分，风格特色8分，结构特点9分，设计水平和工艺8分，装饰装修、施工技艺8分。万明兴老屋的艺术价值综合得分为40分，平均值为8分。

（4）科学价值

万明兴老屋是三峡民居的典型代表之一。该建筑在选址、结构、用材和施工等方面都具有一定的科学性，能较好地反映出当时当地的科技成果和科技水平，具有较高的科学价值。

综合上述因素，万明兴老屋科学价值评估赋分为：建筑的科学成就8分，反映出的科技成果水平8分。万明兴老屋的科学价值综合得分为16分，平均值为8分。

（5）情感价值

万明兴老屋的建筑样式、结构形态，是三峡居住类建筑的典型代表之一，在三峡地方文化中具有一定的象征作用，能得到当地群众的显著的心理认同，能使民众产生较强的归属感。三峡传统民居所表现出来的浓厚地域气息和特征，对于非本地人而言，也具有一定的惊奇感。

综合上述因素，万明兴老屋情感价值评估赋分为：象征作用7分，认同感8分，归属感7分，惊奇感8分。万明兴老屋的情感价值综合得分为30分，平均值为7.5分。

（6）社会价值

万明兴老屋是当地保存较好的民居建筑之一，目前尚无历史资料证明曾有与其相关的人和事对社会产生过突出的教育意义和纪念作用，但作为三峡工程移民复建的代表性文物建筑之一，作为见证当地历史文化的遗迹，该民居仍具有相应的纪念意义、教育意义及一定的和谐性。

根据本次评估的赋分标准。万明兴老屋社会价值评估赋分为：教育性4分，纪念性6分，和谐性4分。万明兴老屋的社会价值综合得分为14分，平均值为4.67分。

按上述各评估价值因子在文化价值中所占权重，计算得出万明兴老屋文化价值总得分为：7.04分，具体赋分情况见表4-2-12《万明兴老屋文化价值评估表》。

表4-2-12 万明兴老屋文化价值评估表

评估项目	评估因子	分值选择	单项得分	平均值	权重	分类得分	总分
历史价值	时间性	0 1 2 3 4 5 6 7 8 9 10	7	7.29	28%	2.04	7.04
	原真性	0 1 2 3 4 5 6 7 8 9 10	8				
	完整性	0 1 2 3 4 5 6 7 8 9 10	8				
	时代性	0 1 2 3 4 5 6 7 8 9 10	9				
	稀缺度	0 1 2 3 4 5 6 7 8 9 10	7				
	奇特性	0 1 2 3 4 5 6 7 8 9 10	6				
	知名度	0 1 2 3 4 5 6 7 8 9 10	6				
	小计		51				

续表

评估项目	评估因子	分值选择	单项得分	平均值	权重	分类得分	
人文价值	事件人物的关联性	0 1 2 3 4 5 6 7 8 9 10	5	6.25	16%	1	
	宗教价值	0 1 2 3 4 5 6 7 8 9 10	2				
	民俗价值	0 1 2 3 4 5 6 7 8 9 10	9				
	文化延续价值	0 1 2 3 4 5 6 7 8 9 10	9				
	小计		25				
艺术价值	美学价值	0 1 2 3 4 5 6 7 8 9 10	7	8.00	20%	1.6	7.04
	风格特色	0 1 2 3 4 5 6 7 8 9 10	8				
	结构特点	0 1 2 3 4 5 6 7 8 9 10	9				
	设计水平和工艺	0 1 2 3 4 5 6 7 8 9 10	8				
	装饰装修、施工技艺	0 1 2 3 4 5 6 7 8 9 10	8				
	小计		40				
科学价值	建筑的科学成就	0 1 2 3 4 5 6 7 8 9 10	8	8.00	8%	0.64	
	反映出的科技成果水平	0 1 2 3 4 5 6 7 8 9 10	8				
	小计		16				
情感价值	象征作用	0 1 2 3 4 5 6 7 8 9 10	7	7.50	16%	1.2	
	认同感	0 1 2 3 4 5 6 7 8 9 10	8				
	归属感	0 1 2 3 4 5 6 7 8 9 10	7				
	惊奇感	0 1 2 3 4 5 6 7 8 9 10	8				
	小计		30				
社会价值	教育性	0 1 2 3 4 5 6 7 8 9 10	4	4.67	12%	0.56	
	纪念性	0 1 2 3 4 5 6 7 8 9 10	6				
	和谐性	0 1 2 3 4 5 6 7 8 9 10	4				
	小计		14				

（十二）王宗科老屋

1. 王宗科老屋概况

王宗科老屋原位于楠木园乡楠木园村二组，中心地理坐标为东经110°13′47″，北纬31°00′57″，海拔173.5米。老屋为清代建筑，其结构为穿斗式吊脚楼，木板围护，歇山布瓦。面阔14.62米，进深8.66米，高6.41米，建筑面积为183.54平方米，建筑坐西朝东，建于陡坎之上，南倚山坡，北设吊脚楼，以木柱、条石支托，有上、中、下三层，地势为东南高西北低，前为石阶山路，后为山体排水沟道。该建筑保存较为完整，原神楼尚存。

建筑形式为穿斗式悬山顶，正房为十一檩三柱，厢房为七檩三柱，正房与吊脚楼屋顶切割相交，构成歇山瓦顶，梁架简而实用，外观精巧玲珑。明间中柱直落到地，而厢房中柱上段落于楼板上，楼板以枋相承，中柱落地托枋，省工省料；该民居平面布局为"L"形，依地形而建，独具特色。屋内设神楼及阁楼，建筑保存较好，吊脚伸出较长，又以石、木柱支托，颇具土家族建筑特色，外形美观，构造完整。如图4-2-10所示。

图4-2-10 王宗科老屋

2. 王宗科老屋文化价值评估

根据"三峡湖北库区文物古建筑复建区文化价值评估体系"课题研究，文物古建筑的文化价值主要由历史价值、人文价值、艺术价值、科学价值、情感价值和社会价值构成，现从上述6个方面对王宗科老屋文化价值进行评估。

（1）历史价值

传统民居是历史的见证，其自身蕴涵着重要的历史价值。王宗科老屋为清代建筑，是当地民居的典型代表之一，土家族建筑的特色十分突出。建筑构造完整，基本保留为原状，真实性强，完整性较强，能较好体现当地的生活风貌和社会文化，时代性突出。

综合上述因素，王宗科老屋的历史价值评估赋分情况为：时间性7分，原真性8分，完整性8分，时代性9分，稀缺度6分，奇特性4分，知名度4分。王宗科老屋的历史价值综合得分为46分，平均值为6.57分。

（2）人文价值

民居建筑反映了当地人民的历史生活、生产方式、风俗习惯和审美观念，蕴涵着丰富的人文价值。根据目前掌握的相关资料情况，尚未找到王宗科老屋与本地知名事件或人物具有直接关联性。作为当地普通民居建筑，其所体现的宗教内涵和价值均不明显，但所体现的民俗文化内涵则十分丰富，在延续三峡人民精神文化和生活方面价值较突出。

综合上述因素，王宗科老屋人文价值评估赋分为：事件人物的关联性5分，宗教价值2分，民俗价值9分，文化延续价值9分。王宗科老屋的人文价值综合得分为25分，平均值为6.25分。

（3）艺术价值

王宗科老屋是富有浓郁地方特色和土家族传统风格的民居建筑，建筑梁架简洁实用，建筑外形美观、精致。建筑在设计水平、思路布局、构图、工艺和施工方面都较有特色，具有较高的艺术价值。

综合上述因素，王宗科老屋艺术价值评估赋分为：美学价值7分，风格特色8分，结构特点8分，设计水平和工艺7分，装饰装修、施工技艺7分。王宗科老屋的艺术价值综合得分为37分，平均值为7.40分。

（4）科学价值

王宗科老屋的设计和建造因地制宜、因材制宜，是研究过去人们合理利用地势建房的例证。该建筑在选址、结构、用材和施工等方面都具有一定的科学性，能较好地反映出当时当地的科技成果和科技水平，具有较高的科学价值。

综合上述因素，王宗科老屋科学价值评估赋分为：建筑的科学成就7分，反映出的科技成果水平8分。王宗科老屋的科学价值综合得分为15分，平均值为7.5分。

（5）情感价值

王宗科老屋的建筑样式、结构形态独具特色，是三峡居住类建筑的典型代表之一，在三峡地区文化中具有一定的象征作用，能得到当地群众的显著的心理认同，能使民众产生较强的归属感。该民居表现出来的浓厚地域气息和传统土家族建筑特色，对于非本地人而言，也具有一定的惊奇感。

综合上述因素，王宗科老屋情感价值评估赋分为：象征作用7分，认同感8分，归属感8分，惊奇感5分。王宗科老屋的情感价值综合得分为28分，平均值为7分。

（6）社会价值

王宗科老屋是当地保存较好的民居建筑之一，目前尚无历史资料证明有与其相关的人和事对社会产生过突出的教育意义和纪念作用，但作为三峡工程移民复建的代表性文物建筑之一，作为见证当地历史文化的遗迹，该民居仍具有相应的纪念意义、教育意义及一定的和谐性。

根据本次评估的赋分标准，王宗科老屋社会价值评估赋分为：教育性4分，纪念性5分，和谐性4分。王宗科老屋的社会价值综合得分为14分，平均值为4.33分。

按上述各评估价值因子在文化价值中所占权重，计算得出王宗科老屋文化价值总得分为：6.56分，具体赋分情况见表4-2-13《王宗科老屋文化价值评估表》。

表4-2-13　王宗科老屋文化价值评估表

评估项目	评估因子	分值选择	单项得分	平均值	权重	分类得分	总分
历史价值	时间性	0 1 2 3 4 5 6 7 8 9 10	7	6.57	28%	1.84	6.56
	原真性	0 1 2 3 4 5 6 7 8 9 10	8				
	完整性	0 1 2 3 4 5 6 7 8 9 10	8				
	时代性	0 1 2 3 4 5 6 7 8 9 10	9				
	稀缺度	0 1 2 3 4 5 6 7 8 9 10	6				
	奇特性	0 1 2 3 4 5 6 7 8 9 10	4				
	知名度	0 1 2 3 4 5 6 7 8 9 10	4				
	小计		46				

续表

评估项目	评估因子	分值选择	单项得分	平均值	权重	分类得分	总分
人文价值	事件人物的关联性	0 1 2 3 4 5 6 7 8 9 10	5	6.25	16%	1	6.56
	宗教价值	0 1 2 3 4 5 6 7 8 9 10	2				
	民俗价值	0 1 2 3 4 5 6 7 8 9 10	9				
	文化延续价值	0 1 2 3 4 5 6 7 8 9 10	9				
	小计		25				
艺术价值	美学价值	0 1 2 3 4 5 6 7 8 9 10	7	7.40	20%	1.48	
	风格特色	0 1 2 3 4 5 6 7 8 9 10	8				
	结构特点	0 1 2 3 4 5 6 7 8 9 10	8				
	设计水平和工艺	0 1 2 3 4 5 6 7 8 9 10	7				
	装饰装修、施工技艺	0 1 2 3 4 5 6 7 8 9 10	7				
	小计		37				
科学价值	建筑的科学成就	0 1 2 3 4 5 6 7 8 9 10	7	7.50	8%	0.6	
	反映出的科技成果水平	0 1 2 3 4 5 6 7 8 9 10	8				
	小计		15				
情感价值	象征作用	0 1 2 3 4 5 6 7 8 9 10	7	7.00	16%	1.12	
	认同感	0 1 2 3 4 5 6 7 8 9 10	8				
	归属感	0 1 2 3 4 5 6 7 8 9 10	8				
	惊奇感	0 1 2 3 4 5 6 7 8 9 10	5				
	小计		28				
社会价值	教育性	0 1 2 3 4 5 6 7 8 9 10	4	4.33	12%	0.52	
	纪念性	0 1 2 3 4 5 6 7 8 9 10	5				
	和谐性	0 1 2 3 4 5 6 7 8 9 10	4				
	小计		13				

（十三）毛文甫老屋

1. 毛文甫老屋概况

毛文甫老屋原位于巴东县楠木园乡楠木园村二组中心，其中心地理坐标为东经110°13′48″，北纬31°00′54″，海拔112米，属三峡大坝全淹没区域。该建筑坐南朝北，面江而建，平面为长方形。建筑通面阔12.14米，通进深8.74米，建筑台基占地107平方米。中柱前间设阁楼，明间靠中柱一侧各设一单扇板门，建筑面积为148平方米（室内前部为二层）。

毛文甫老屋建筑为砖木混合结构，二层。该屋前部构架为穿斗式，五柱六檩，前、后檐柱落地，后部为毛石砌筑墙体，四檩，直接搁在山墙上。柱下用石础，柱础与柱础间用地伏石连接，上装木板壁。屋面为单檐悬山顶，与北方民居有一定的差异，屋面有举无折。檩条上铺椽板，椽板上冷摊小青瓦。正脊为小青瓦垒砌，两端微微翘起。两山墙及后墙为乱石墙体，两山墙中部砌有条石。前部楼层下部构架间全部用木板壁装修，楼上部同样用木板壁装修。前檐为木板壁墙，明间开双扇板门，直棂窗，两次间靠山墙各设单扇板门，中部各开一板窗。室内明间装修木板壁，其余为木板壁装修。屋顶干摆小青瓦，间用玻璃瓦采光。瓦下既无泥背也无望板，直接铺放于椽板上。椽板断面一般为25毫米×120毫米，这使屋面重量减轻许多。这种作法，屋顶不必做保温层，与当地气候比较湿润温暖有关。

木装修前檐主要是门、直棂窗、木板壁。明间正中设双扇板门，两边为直棂窗。但板门已残缺不全。建筑木构件不施油漆彩画，外墙外面粉刷灰色灰浆，真实地体现出了木材本色。如图4-2-11所示。

图4-2-11　毛文甫老屋

2. 毛文甫老屋文化价值评估

根据"三峡湖北库区文物古建筑复建区文化价值评估体系"课题研究，文物古建筑的文化价值主要由历史价值、人文价值、艺术价值、科学价值、情感价值和社会价值构成，现从上述6个方面对毛文甫老屋文化价值进行评估。

（1）历史价值

传统民居是历史的见证，其自身蕴涵着重要的历史价值。毛文甫老屋为晚清建筑，建筑真实性强，几乎完全保留为原状，完整性较好，能较好地体现当地的生活风貌和社会文化，时代性突出，为具有代表性的当地建筑。

毛文甫老屋的历史价值评估赋分情况为：时间性7分，原真性8分，完整性9分，时代性9分，稀缺度5分，奇特性4分，知名度4分。毛文甫老屋的历史价值综合得分为46分，平均值为6.57分。

（2）人文价值

民居建筑反映了当地人民的历史生活、生产方式、风俗习惯和审美观念，往往蕴涵着丰富的人文价值。根据目前掌握的相关资料情况，尚不能证明毛文甫老屋与本地知名的事件或人物具有直接关联性。作为当地普通民居建筑，其所体现的宗教内涵和价值均不明显，但其所体现的民俗文化内涵则十分丰富，在延续三峡湖北库区人民精神文化和生活方面价值突出。

综合上述因素，毛文甫老屋人文价值评估赋分为：事件人物的关联性5分，宗教价值2分，民俗价值9分，文化延续价值9分。毛文甫老屋的人文价值综合得分为25分，平均值为6.25分。

（3）艺术价值

毛文甫老屋的建筑类型在当地较多见，是当地颇具代表性的民居结构形式，老屋建筑至今一直没有太大改动，保存较完好。建筑的设计水平、思路布局、构图、工艺和特色、装饰装修和施工技艺都体现当时三峡地区传统民居的审美和建筑特色，较有价值。

毛文甫老屋艺术价值评估赋分为：美学价值5分，风格特色 5分，结构特点6分，设计水平和工艺6分，装饰装修、施工技艺6分。毛文甫老屋的艺术价值综合得分为28分，平均值为5.6分。

（4）科学价值

毛文甫老屋是三峡民居的典型代表之一，该建筑在选址、结构、用材和施工等方面都具有一定的科学性，能较好地反映出当时当地的科技成果和科技水平，具有一定的科学价值。

综合上述因素，毛文甫老屋科学价值评估赋分为：建筑的科学成就6分，反映出的科技成果水平6分。毛文甫老屋的科学价值综合得分为12分，平均值为6分。

（5）情感价值

毛文甫老屋的建筑样式、结构形态的地域特色明显，是三峡居住类建筑的典型代表之一，在三峡社会民族中具有一定的象征作用，能得到当地群众的显著的心理认同，能使民众产生较强的归属感。老屋表现出来的浓厚的地域气息和特征，对于非本地人而言，也具有一定的惊奇感。

综合上述因素，毛文甫老屋情感价值评估赋分为：象征作用7分，认同感8分，归属感8分，惊奇感4分。毛文甫老屋的情感价值综合得分为27分，平均值为6.75分。

（6）社会价值

毛文甫老屋是当地保存较好的民居建筑之一，目前尚无历史资料证明有与其相关的人和事对社会产生过突出的教育意义和纪念作用。但作为三峡工程移民复建的代表性文物建筑之一，作为见证当地历史文化的遗迹，该民居仍具有相应的纪念意义、教育意义及一定的和谐性。

根据本次评估的赋分标准，万明兴老屋社会价值评估赋分为：教育性4分，纪念性5分，和谐性4分。毛文甫老屋的社会价值综合得分为13分，平均值为4.33分。

按上述各评估价值因子在文化价值中所占权重，计算得出毛文甫老屋文化价值总得分为：6.04分，具体赋分情况见表4-2-14《毛文甫老屋文化价值评估表》。

表4-2-14 毛文甫老屋文化价值评估表

评估项目	评估因子	分值选择	分值选择	平均值	权重	分类得分	总分
历史价值	时间性	0 1 2 3 4 5 6 7 8 9 10	7	6.57	28%	1.84	6.04
	原真性	0 1 2 3 4 5 6 7 8 9 10	8				
	完整性	0 1 2 3 4 5 6 7 8 9 10	9				
	时代性	0 1 2 3 4 5 6 7 8 9 10	9				
	稀缺度	0 1 2 3 4 5 6 7 8 9 10	5				
	奇特性	0 1 2 3 4 5 6 7 8 9 10	4				
	知名度	0 1 2 3 4 5 6 7 8 9 10	4				
	小计		46				

续表

评估项目	评估因子	分值选择	分值选择	平均值	权重	分类得分	总分
人文价值	事件人物的关联性	0 1 2 3 4 5 6 7 8 9 10	5	6.25	16%	1	6.04
	宗教价值	0 1 2 3 4 5 6 7 8 9 10	2				
	民俗价值	0 1 2 3 4 5 6 7 8 9 10	9				
	文化延续价值	0 1 2 3 4 5 6 7 8 9 10	9				
	小计		25				
艺术价值	美学价值	0 1 2 3 4 5 6 7 8 9 10	5	5.60	20%	1.12	
	风格特色	0 1 2 3 4 5 6 7 8 9 10	5				
	结构特点	0 1 2 3 4 5 6 7 8 9 10	6				
	设计水平和工艺	0 1 2 3 4 5 6 7 8 9 10	6				
	装饰装修、施工技艺	0 1 2 3 4 5 6 7 8 9 10	6				
	小计		28				
科学价值	建筑的科学成就	0 1 2 3 4 5 6 7 8 9 10	6	6.00	8%	0.48	
	反映出的科技成果水平	0 1 2 3 4 5 6 7 8 9 10	6				
	小计		12				
情感价值	象征作用	0 1 2 3 4 5 6 7 8 9 10	7	6.75	16%	1.08	
	认同感	0 1 2 3 4 5 6 7 8 9 10	8				
	归属感	0 1 2 3 4 5 6 7 8 9 10	8				
	惊奇感	0 1 2 3 4 5 6 7 8 9 10	4				
	小计		27				
社会价值	教育性	0 1 2 3 4 5 6 7 8 9 10	4	4.33	12%	0.52	
	纪念性	0 1 2 3 4 5 6 7 8 9 10	5				
	和谐性	0 1 2 3 4 5 6 7 8 9 10	4				
	小计		13				

三、复建文物古建筑文化价值评估综合情况

巴东民族文化公园三峡文物古建筑复建区共有文物建筑13处，其中11处为"整体复建"，两处为仿古新建，即寇公祠、寇准县衙。复建对象包括的古建筑类型有庙、亭楼、民居、桥梁，以及纪念建筑磨坊等。其中★★★级文化资源有三处，分别为秋风亭，地藏殿和王爷庙，秋风亭得分最高，为8.84分，地藏殿次之，为8.76分，王爷庙得分8.72分。两处仿古新建建筑寇公祠得分7.52分，寇准县衙7.36分，为★★级文化资源。纪念建筑水磨坊得分6.68分，为★★级文化资源。两处桥梁建筑济川桥和寅宾桥分别得分6.28分和7.32分，为★★级文化资源。5处民建筑居均为★★级文化资源，其中李光明老屋得分最高，为7.64分。见《巴东民族文化公园文物古建筑复建区文化价值评估总表》。

表4-2-15 巴东民族文化公园文物古建筑复建区文化价值评估总表

序号	评估对象	分值	级别	备注
1	秋风亭	8.84	★★★	复建
2	地藏殿	8.76	★★★	复建
3	王爷庙	8.72	★★★	复建
4	寇准祠	7.52	★★	仿古新建
5	寇准县衙	7.36	★★	仿古新建
6	李光明老屋	7.64	★★	复建
7	顾家老屋	7.08	★★	复建
8	万明兴老屋	7.04	★★	复建
9	王宗科老屋	6.56	★★	复建
10	毛文甫老屋	6.04	★★	复建
11	水磨坊	6.68	★★	复建
12	济川桥	6.28	★★	复建
13	寅宾桥	7.32	★★	复建

第三章　秭归县文物复建古建筑文化价值评估

一、评估对象概况

（一）地理位置

秭归县为此次"三峡湖北库区文物古建筑复建区综合价值评估"的重点地区之一。秭归位于中国湖北省西部，地处川鄂咽喉长江西陵峡两岸，为大巴山、巫山余脉和八面山坳地带，隶属于宜昌市。县境北靠兴山县，西起磨平区的凉风台，与巴东县交界，东止茅坪镇的茅坪河口，与宜昌市交界。长江流经巴东县破水峡入境，横贯县境中部，流长64千米，于茅坪河口出境，把秭归分为南北两部分，构成独特的长江三峡山地地貌。境内地形起伏、层峦叠嶂，地势为四面高、中间低，呈盆地形。全县平均海拔800米，素有"八山半水分半田"之称。东部边境扇子山海拔1920米，南部边境云台荒海拔2057米（县境最高峰），茅坪河口海拔40米（县境最低点）。

（二）气候条件

秭归县属亚热带大陆性季风气候，四季分明，雨量充沛，光照充足，气候温和。县内年平均气温为17.9℃，全县年降水量为950~1590毫米，年平均降水量为1439.2毫米。各地降水变率较小，年变率为10.8%~13.7%，是湖北省降水变率较小的地区之一。

（三）历史沿革

秭归古名归乡，为古归国所在地。西周后期至春秋前期，楚子熊渠分熊挚为夔子，治秭归，秭归又称"夔子国"。春秋中期属楚，战国后期称归乡。秦统一中国后，置南郡，辖归乡，设秭归县。汉袭秦制。汉献帝建安二十四年（公元219年），秭归为东吴孙权所取。三国魏文帝黄初元年（公元220年），秭归又属新城郡。蜀汉章武元年（公元221年），属宜都郡。次年隶吴。吴永安三年（公元260年），设建平郡，治茅坪（今茅坪镇），辖秭归。晋武帝太康元年（公元280年）灭吴，属晋之建平郡。北周建德六年（公元577年）改称长宁县。隋开皇三年（公元583年）复称秭归县。唐武德二年（公元619年）置归州。五代后梁开平元年（公元907年），归州属十国之一的前蜀。宋元仍名归州。明洪武九年（1376年）废归州，置秭归县，隶夷陵州。清升为直隶州，隶属湖北省。民国元年改为秭归县。

（四）社会经济条件

秭归县是三峡大坝所在地、中国脐橙之乡，也是全国扶贫工作重点县。近年来，秭归经济和社会发展进步明显，农业上基本形成了柑橘、茶叶、烤烟、蔬菜、干果、畜牧等六大特色农业产业板块。工业上形成了化工、新型建材、能源、轻工服饰、食品加工、光电子等新型工业发展体系。第三产业形成以旅游业为龙头的发展态势，港口物流活力彰显，经济总量和综合实力不断增强。

（五）复建情况

三峡工程的兴建，使秭归处于"坝上库首"的重要位置。受三峡工程影响，库（坝）区直接淹没秭归县的13个乡镇（场）、154个村。受淹陆域面积为63.42平方千米，水域面积29.10平方千米。

三峡水库秭归县淹没的文物主要分布在境内长江干支流的两岸，共涉及8个乡镇，地面文物建筑包括寺庙衙署类、民居类、牌坊，古桥、城门及石刻及古井一处。秭归县复建对象主要如表4-3-1所示。

表4-3-1 秭归县文物古建筑复建区文化价值评估对象一览表

地区	评估对象	复建性质
秭归县	1. 屈原祠	仿古新建
	2. 屈原故里牌坊	易地搬迁
	3. 江渎庙	易地搬迁
	4. 水府庙	易地搬迁
	5. 紫光阁	易地搬迁
	6. 杜氏宗祠	易地搬迁
	7. 王氏宗祠	易地搬迁
	8. 新滩古井	易地搬迁
	9. 屈子桥	易地搬迁
	10. 江渎桥	易地搬迁
	11. 惠济桥	易地搬迁
	12. 千善桥	易地搬迁
	13. 迎和门	易地搬迁
	14. 景圣门	易地搬迁
	15. 郑万琅老屋	易地搬迁
	16. 郑韶年老屋	易地搬迁
	17. 郑万瞻老屋	易地搬迁
	18. 郑书祥书屋	易地搬迁
	19. 郑启光老屋	易地搬迁
	20. 彭树元老屋	易地搬迁
	21. 三老爷书屋	易地搬迁
	22. 刘正林老屋	易地搬迁
	23. 邓永清老屋	易地搬迁
	24. 游县长老屋	易地搬迁

根据国家文物局"三峡工程淹没区地面文物保护规划"的要求，湖北省文化厅组织有关单位，对三峡工程淹没区具有重要历史文化价值的地面文物古建筑实行"易地搬迁"保护，搬迁保

护工程必须严格遵守"不改变文物原状"的原则，尽可能地避免或降低因搬迁带来的对文物自身价值的损害。

（六）复建情况

秭归凤凰山是三峡秭归库区地面文物集中搬迁保护点，是三峡湖北库区最大的地面文物复建工程。文物复建工程从2001年年底正式开工，目前已完成了屈原祠、江渎庙、水府庙、紫光阁、归州古城门、屈原故里牌坊、屈子桥等24处文物复建工作。2006年6月，秭归凤凰山古建筑群被国务院公布为第六批全国重点文物保护单位。

二、复建文物古建筑文化价值评估结果分析

（一）屈原祠

1. 屈原祠概况

屈原祠，又称屈子祠、三闾祠，是为了纪念我国伟大的爱国诗人屈原而修建的。始建于唐元和十五年（公元820年），北宋时改名为清烈公祠，元、明、清历次修复，才得以保存。1978年建葛洲坝水利枢纽时，将它迁至秭归县东1.5千米长江北岸的向家坪，更名为"屈原祠"。屈原祠建筑面积为1651平方米，单檐硬山顶砖木结构，三间三进，整个建筑具有典型的江南古建筑风格。1981年，湖北省人民政府将屈原祠列为省重点文物保护单位。

屈原祠包括山门、大殿和左右配殿等建筑。山门为四柱三楼式牌坊，高14米，正中额题"清烈公祠"四字，两侧榜题"孤忠""流芳"四字。大殿系钢筋混凝土结构，有明清风格，翠瓦飞檐，高耸于崇台之上，益显宏伟壮丽。大殿后的屈原墓，乃人们营建的衣冠冢。今墓前的门阙、石坊等，全是清道光年间原物。

屈原祠依山面江，景色秀美。由此地南眺，大江南岸诸峰历历在目。每逢端午佳节，这里都举办龙舟竞渡，届时江上彩舟如梭，岸上游人如织，异常热闹。

新建屈原祠位于秭归凤凰山上，面向东南，与三峡大坝遥遥相对，占地20000多平方米，总建筑面积为5800平方米，投资5000多万元。主要布局由山门、前殿、大殿、偏殿、屈原墓、享堂等组成，其中，屈原墓、名人石刻、山门等是从老屈原祠搬往新址的，其余建筑均系新建。屈原祠主体建筑采用石木结构，装饰、灰塑、彩绘都继承了老屈原祠的地域特色和传统工艺。如图4-3-1所示。

2. 屈原祠文化价值评估

屈原祠为仿古新建建筑。参照本课题构建的"三峡湖北库区文物古建筑复建区文化价值评估体系"，文物古建筑的文化价值主要由历史价值、人文价值、艺术价值、科学价值、情感价值和社会价值构成，现从上述6个方面对屈原祠文化价值进行评估。

（1）历史价值

屈原是我国伟大的诗人，杰出的政治家，世界文化名人。屈原祠是中国人缅怀屈原、弘扬爱国主义精神的重要的载体，其可追溯历史久远。2009年1月初新屈原祠建成，2010年6月16日正式对外

图4-3-1 屈原祠

开放。新屈原祠是三峡湖北库区湖北境内最大的文物复建项目,是目前国内乃至世界上最大的屈原纪念馆。该纪念馆实际上已经成为我国乃至全世界的屈原人物及其作品、思想的研究中心,享誉海内外,所以富有时代气息,具有重大的历史意义,影响至为深远。

综合上述因素,屈原祠的历史价值评估赋分情况为:时间性3分,原真性5分,完整性8分,时代性9分,稀缺度10分,奇特性9分,知名度10分。屈原祠的历史价值综合得分为54分,平均值为7.71分。

(2)人文价值

屈原祠具有多重突出价值,所蕴涵的人文精神极为丰富。屈原祠复建了诸多文物,如屈原铜像、屈原石雕像、碑廊、屈大夫墓等,具有重要的文物价值和历史价值。屈原是世界历史文化名人、我国伟大的诗人,开创了楚辞体,留下诸多宝贵的诗作,对后世影响深远。屈原是我国伟大的爱国主义精神的象征,因而屈原祠建筑在延续我国人民精神文化和生活方面价值非常突出。屈原祠具有极其丰富的民俗文化内涵。屈原投江的日子——五月初五,逐渐沿袭成我国的一个重要传统节日——端午节。在端午节,要划龙舟、吃粽子,这种风俗逐渐普及全民,每逢端午佳节,这里都举办龙舟竞渡。目前,端午节已成功申报世界非物质文化遗产,进入《人类非物质文化遗产代表作名录》。

综合上述因素,屈原祠人文价值评估赋分为:事件人物的关联性10分,宗教价值8分,民俗价值9分,文化延续价值10分。屈原祠的人文价值综合得分为37分,平均值为9.25分。

(3)艺术价值

屈原祠建筑在设计、工艺、特色及施工技艺等方面有相应价值(缺少新建屈原祠相关资料,为暂时赋分)。

综合上述因素,屈原祠艺术价值评估赋分为:美学价值9分,风格特色9分,结构特点9分,设计水平和工艺9分,装饰装修、施工技艺9分。屈原祠的艺术价值综合得分为45分,平均值为9分。

(4)科学价值

屈原祠建筑的科学技术水平情况,反映了当时的科学成就及科技成果水平等(缺少新建屈原祠相关资料,为暂时赋分)。

综合上述因素,屈原祠科学价值评估赋分为:建筑的科学成就9分,反映出的科技成果水平9

分。屈原祠的科学价值综合得分为18分，平均值为9分。

（5）情感价值

屈原是中华民族精神和气节的象征，屈原祠的象征作用突出，能使国民产生显著的心理认同，对其产生亲切感和强烈的归属感。新建屈原祠是时代的产物，是三峡文化遗产保护利用及弘扬爱国主义、民族文化精神相结合的产物。屈原早已成为秭归人民的标志，当地世代把屈原奉若神灵，对其表达敬仰与缅怀。屈原祠作为与世界文化名人直接相关联的纪念建筑，对非本地人而言，也具有突出的惊奇感。

综合上述因素，屈原祠情感价值评估赋分为：象征作用10分，认同感10分，归属感10分，惊奇感9分。屈原祠的情感价值综合得分为39分，平均值为9.75分。

（6）社会价值

屈原祠是具有典型纪念意义的建筑，仿古新建的屈原祠是当今世界各地人民纪念屈原的最重要的代表性建筑。屈原是我国爱国主义精神的典范，屈原祠是弘扬爱国主义和民族精神的基地，具有重要的社会价值。该建筑在促进民族团结和增强凝聚力方面作用也十分突出，对社会具有相应的教育价值。

屈原祠社会价值评估赋分为：教育性10分，纪念性10分，和谐性10分。屈原祠的社会价值综合得分为30分，平均值为10分。

按上述各评估价值因子在文化价值中所占权重，计算得出屈原祠文化价值总得分为：8.92分，具体赋分情况见表4-3-2《屈原祠文化价值评估表》。

表4-3-2　屈原祠文化价值评估表

评估项目	评估因子	分值选择	单项得分	平均值	权重	分类得分	总分
历史价值	时间性	0 1 2 3 4 5 6 7 8 9 10	3	7.71	28%	2.16	8.92
	原真性	0 1 2 3 4 5 6 7 8 9 10	5				
	完整性	0 1 2 3 4 5 6 7 8 9 10	8				
	时代性	0 1 2 3 4 5 6 7 8 9 10	9				
	稀缺度	0 1 2 3 4 5 6 7 8 9 10	10				
	奇特性	0 1 2 3 4 5 6 7 8 9 10	9				
	知名度	0 1 2 3 4 5 6 7 8 9 10	10				
	小计		54				
人文价值	事件人物的关联性	0 1 2 3 4 5 6 7 8 9 10	10	9.25	16%	1.48	
	宗教价值	0 1 2 3 4 5 6 7 8 9 10	8				
	民俗价值	0 1 2 3 4 5 6 7 8 9 10	9				
	文化延续价值	0 1 2 3 4 5 6 7 8 9 10	10				
	小计		37				
艺术价值	美学价值	0 1 2 3 4 5 6 7 8 9 10	9	9.00	20%	1.8	
	风格特色	0 1 2 3 4 5 6 7 8 9 10	9				
	结构特点	0 1 2 3 4 5 6 7 8 9 10	9				
	设计水平和工艺	0 1 2 3 4 5 6 7 8 9 10	9				
	装饰装修、施工技艺	0 1 2 3 4 5 6 7 8 9 10	9				
	小计		45				

续表

评估项目	评估因子	分值选择	单项得分	平均值	权重	分类得分	总分
科学价值	建筑的科学成就	0 1 2 3 4 5 6 7 8 9 10	9	9.00	8%	0.72	
	反映出的科技成果水平	0 1 2 3 4 5 6 7 8 9 10	9				
	小计		18				
情感价值	象征作用	0 1 2 3 4 5 6 7 8 9 10	10	9.75	16%	1.56	8.92
	认同感	0 1 2 3 4 5 6 7 8 9 10	10				
	归属感	0 1 2 3 4 5 6 7 8 9 10	10				
	惊奇感	0 1 2 3 4 5 6 7 8 9 10	9				
	小计		39				
社会价值	教育性	0 1 2 3 4 5 6 7 8 9 10	10	10.00	12%	1.2	
	纪念性	0 1 2 3 4 5 6 7 8 9 10	10				
	和谐性	0 1 2 3 4 5 6 7 8 9 10	10				
	小计		30				

（二）屈原故里牌坊

1. 屈原故里牌坊概况

屈原故里牌坊原位于秭归古城东城门外300米处的洗马桥，地理坐标东经110°47′，北纬30°55′，海拔138米，属三峡大坝全淹没区域。

屈原故里牌楼是清光绪十二年为纪念伟大诗人屈原而建立，牌楼明间的楼匾双面皆书有郭沫若先生于一九六五年十月二十五日题写的"屈原故里"四字。在牌坊南侧3米处，现有清光绪十二年所立屈原故里石碑一通和碑刻二通，上书有："楚大夫屈原故里，大清光绪十二年正月吉日；汉昭君王嫱故里，大清光绪十二年正月吉日。"

该牌楼建筑为庑殿灰瓦顶，在明间设通柱二根，柱子两侧均设有夹杆石，柱子直接承托脊部檩枋，下层明间处为硬山顶用木板封护，在各檐下设挑梁，在下层挑梁下和角部设撑拱，各挑梁处设有前、后和山面额枋，额枋与挑梁相交。檐部不设斗拱，用挑梁代替，在额枋上设檩条，在角部平行相交，角部设有老角梁、翘角梁和隐角梁，角部两侧均有升头木。在各檐部只设连檐、不设瓦口，顶部设扁方椽子，在前后与山面的各连檐里10~15厘米处设隔板，隔板外椽头露明，两椽间为底板瓦，但隔板以内在两檐空档处用木板封护，从下面看不到上部瓦件。在各檐部封护板以内为干摆瓦作法，不设望板与望砖而是在封护板以内各椽挡用木板封等，从下面看不到上边瓦件，有一定的视觉效果，底瓦上部施滚拢筒瓦。

正脊上图案为简单的富贵不断图，正脊两端饰有鱼形吻，中间有超过吻高的宝瓶，宝瓶两侧各有小兽一个，宝瓶下部为六角形、厚约7厘米的平板，瓶身由三个圆形组成，顶部为一瓶形。各角部翘起，为典型的江南作法。各脊、吻、挑角外部均粘有瓷片，施有上下两额枋。额枋间，上施斜花格棂条装饰，下为走马板。按现存卯口推断，额枋下原应安有雀替，现已遗失。次间额枋上施走马板，四根通柱下部设有石基石。

图4-3-2 屈原故里牌坊

2. 屈原故里牌坊文化价值评估

根据"三峡湖北库区文物古建筑复建区文化价值评估体系"课题研究，文物古建筑的文化价值主要由历史价值、人文价值、艺术价值、科学价值、情感价值和社会价值构成，现从上述6个方面对屈原故里牌坊文化价值进行评估。

（1）历史价值

屈原故里牌坊距今已有100多年的历史，湖北境内牌坊建筑较少见，且木构牌坊更为少见，而该建筑是三峡湖北库区湖北境内唯一幸存的一座牌坊。其主体部分保存完好，建筑的真实性、完整性较强。该建筑能较好地体现当地的生活风貌和社会文化，时代性也十分突出。牌楼是为纪念伟大诗人屈原而建立，其影响力、知名度及吸引力都甚为突出。

综合上述因素，屈原故里牌坊的历史价值评估赋分情况为：时间性7分，原真性9分，完整性9分，时代性10分，稀缺度9分，奇特性9分，知名度10分。屈原故里牌坊的历史价值综合得分为63分，平均值为9分。

（2）人文价值

牌坊是我国古建筑类型中重要的一种，有着浓厚的文化积淀，是历史的见证，具有十分丰富的人文价值。屈原故里牌坊是纪念屈原的重要纪念建筑。屈原是我国伟大的诗人、杰出的政治家、世界文化名人，更是我国爱国主义精神的象征。屈原故里牌坊这一建筑体现了丰富的民族文化内涵，在延续国人精神文化方面价值也十分突出。

综合上述因素，屈原故里牌坊人文价值评估赋分为：事件人物的关联10分，宗教价值5分，民俗价值9分，文化延续价值10分。屈原故里牌坊的人文价值综合得分为34分，平均值为8.5分。

（3）艺术价值

屈原故里牌坊具有浓厚的地方特色和很高的建筑艺术价值。该牌坊在建筑造型、结构形式、雕刻及脊饰等方面都是首屈一指的，最有特点的是吻、垂脊、正脊、勾头、滴水全部由碎瓷片粘贴而成。总体看来，该建筑保存较为完好，设计巧妙，制作精细，建筑在设计水平，思路布局、构图、工艺和特色方面，以及装饰装修、施工技艺等方面均有较高价值，体现了古代建筑艺术的优秀传统和独特的风格，是民间建筑技术与建筑工艺有机结合的佳作。

综合上述因素，屈原故里牌坊艺术价值评估赋分为：美学价值9分，风格特色9分，结构特点9分，设计水平和工艺9分，装饰装修、施工技艺9分。屈原故里牌坊的艺术价值综合得分为45分，平均值为9分。

（4）科学价值

屈原故里牌坊制作讲究，构筑合理，结构简洁明快，是民间建筑技术与建筑工艺的完美结合。无论从建筑结构还是建筑艺术上讲，牌楼均体现了古代建筑独特的风格，具有浓厚的地方特色，具有很高的科学价值。建筑在结构、用材和施工等方面的科学成就较高，能很好地反映当时的科学成就及科技水平，属当时当地建筑科技水平的最高代表之一。

综合上述因素，屈原故里牌坊科学价值评估赋分为：建筑的科学成就9分，反映出的科技成果水平9分。屈原故里牌坊的科学价值综合得分为18分，平均值为9分。

（5）情感价值

屈原故里牌坊自古以来就是当地的标志性建筑。作为我国伟大的爱国主义诗人、政治家屈原的纪念物，其象征作用突出，得到社会大众普遍的心理认同，作用十分明显，能使民众产生强烈的归属感。且其作为三峡湖北库区湖北境内唯一幸存的一座具有重大社会影响力的牌坊建筑，对于非本地人而言，也具有强烈的惊奇感。

综合上述因素，屈原故里牌坊情感价值评估赋分为：象征作用10分，认同感10分，归属感10分，惊奇感9分。屈原故里牌坊的情感价值综合得分为39分，平均值为9.75分。

（6）社会价值

屈原故里牌坊是为纪念我国伟大的爱国主义诗人、政治家屈原而建，是典型的纪念性建筑。此建筑不但能对社会产生突出的教育意义和纪念作用，在促进民族团结和增强凝聚力方面作用也十分突出，具有较高的社会价值。

屈原故里牌坊社会价值评估赋分为：教育性8分，纪念性10分，和谐性为8分。屈原故里牌坊的社会价值综合得分为26分，平均值为8.67分。

按上述各评估价值因子在文化价值中所占权重，计算得出屈原故里牌坊文化价值总得分为：9分，具体赋分情况见表4-3-3《屈原故里牌坊文化价值评估表》。

表4-3-3 屈原故里牌坊文化价值评估表

评估项目	评估因子	分值选择	单项得分	平均值	权重	分类得分	总分
历史价值	时间性	0 1 2 3 4 5 6 7 8 9 10	7	9.00	28%	2.52	9
	原真性	0 1 2 3 4 5 6 7 8 9 10	9				
	完整性	0 1 2 3 4 5 6 7 8 9 10	9				
	时代性	0 1 2 3 4 5 6 7 8 9 10	10				
	稀缺度	0 1 2 3 4 5 6 7 8 9 10	9				
	奇特性	0 1 2 3 4 5 6 7 8 9 10	9				
	知名度	0 1 2 3 4 5 6 7 8 9 10	10				
	小计		63				
人文价值	事件人物的关联性	0 1 2 3 4 5 6 7 8 9 10	10	8.50	16%	1.36	
	宗教价值	0 1 2 3 4 5 6 7 8 9 10	5				
	民俗价值	0 1 2 3 4 5 6 7 8 9 10	9				
	文化延续价值	0 1 2 3 4 5 6 7 8 9 10	10				
	小计		34				

续表

评估项目	评估因子	分值选择	单项得分	平均值	权重	分类得分	总分
艺术价值	美学价值	0 1 2 3 4 5 6 7 8 9 10	9	9.00	20%	1.8	9
	风格特色	0 1 2 3 4 5 6 7 8 9 10	9				
	结构特点	0 1 2 3 4 5 6 7 8 9 10	9				
	设计水平和工艺	0 1 2 3 4 5 6 7 8 9 10	9				
	装饰装修、施工技艺	0 1 2 3 4 5 6 7 8 9 10	9				
	小计		45				
科学价值	建筑的科学成就	0 1 2 3 4 5 6 7 8 9 10	9	9.00	8%	0.72	
	反映出的科技成果水平	0 1 2 3 4 5 6 7 8 9 10	9				
	小计		18				
情感价值	象征作用	0 1 2 3 4 5 6 7 8 9 10	10	9.75	16%	1.56	
	认同感	0 1 2 3 4 5 6 7 8 9 10	10				
	归属感	0 1 2 3 4 5 6 7 8 9 10	10				
	惊奇感	0 1 2 3 4 5 6 7 8 9 10	9				
	小计		39				
社会价值	教育性	0 1 2 3 4 5 6 7 8 9 10	8	8.67	12%	1.04	
	纪念性	0 1 2 3 4 5 6 7 8 9 10	10				
	和谐性	0 1 2 3 4 5 6 7 8 9 10	8				
	小计		26				

（三）江渎庙

1. 江渎庙概况

江渎庙原坐落在长江南岸的新滩镇桂林村，面临汹涌澎湃的长江，背靠悬崖峭壁的大王山。据1991年版的《秭归县志》记载："此庙至迟建于北宋，陆游入蜀曾往拜谒，有皇祐三年（1051年）进士曾华旦撰《江渎南庙碑记》。"光绪年间的《归州志》曰："江渎庙在新滩南岸相传神人阴修。"现存建筑是清代修建的，该庙王爷殿脊檩随檩枋下有"大清同治四年寅丑秋月重修"的题记，大佛殿东墙上镶嵌的石碑上，也记载了信徒们捐资两千银两维修该庙的碑记。

江渎庙坐南朝北，依山坡走向而建，平面布局为四合院式，前殿前有一个小院，另前殿、厢房、后殿围合成一个天井，整个院落布局整齐，高低错落有致。

前殿，即王爷殿，建于清同治四年寅丑秋月，面阔三间，进深三间，屋顶为硬山式，结构形式为穿斗式与抬梁式混合的木结构。明间架七架梁为穿斗式，而五架梁与三架梁均为抬梁式，次间梁架均为穿斗式。建筑内装修精美，廊轩、卷草吊挂楣子及格扇门等装饰构件都非常讲究，不拘一格。屋顶盖以小青瓦，勾头为四叶花瓣图案，滴水为卷草花纹，山花上堆塑以游龙为主的如意云纹。

后殿（大佛殿）重建于同治四年，面阔三间，进深三间，硬山式建筑，结构形式为穿斗式与抬梁式混合的木结构。明间梁架七架梁为穿斗式，但五架梁与三架梁均为抬梁式，次间梁架均为穿斗式。七架梁上的驼峰均为如意云纹型，室内装修精美，廊轩、楣子、格扇门、栏杆雕花等都非常讲究，不拘一格。屋顶盖以小青瓦，勾头用白灰堆塑成四对花瓣，滴水为卷草花纹小青瓦，山花上堆塑以游龙为主的如意云纹，有腾云驾雾、翻江倒海之势。此外，后墙拔檐上画有"暗八仙"图案。

东厢房重建于清同治四年，面阔两间，进深一间，二层，屋顶一边与前殿相交，一边为歇山式。结构形式为穿斗式，二层设有外廊，栏杆雕刻精美，楼梯入口设在后殿的前廊上。屋顶为小青瓦。西配房重建于清同治四年，梁架为穿斗式，比较简单，属服务性用房。图4-3-3为江渎庙正面图。

图4-3-3　江渎庙

2. 江渎庙文化价值评估

根据"三峡湖北库区文物古建筑复建区文化价值评估体系"课题研究，文物古建筑的文化价值主要由历史价值、人文价值、艺术价值、科学价值、情感价值和社会价值构成，现从上述6个方面对江渎庙文化价值进行评估。

（1）历史价值

据相关史料记载，江渎庙的历史至少可追溯至北宋，可谓历史悠久。现今的江渎庙为清代所修建，以后有过不同程度的修葺，但江渎庙整体保存完好，大木结构无明显松动，建筑的真实性、完整性均较强。江渎庙远近闻名，有较大影响力。该建筑类型在三峡地区地面文物中屈指可数，遗产稀缺度高，奇特性较强，有较大吸引力。建筑能较好地体现当地的生活风貌和社会文化，时代性非常突出。

综合上述因素，江渎庙的历史价值评估赋分情况为：时间性9分，原真性9分，完整性9分，时代性10分，稀缺度8分，奇特性8分，知名度9分。江渎庙的历史价值综合得分为62分，平均值为8.86分。

（2）人文价值

江渎庙是当地历史的见证，既是当地人民祭祀长江的神庙，是人们为祈求江神保佑船民平安而进行祷告的地方，也是人们纪念、缅怀伟大诗人屈原的场所，还是当地集多种功能于一体的公共建筑。此建筑所体现的宗教内涵、民俗文化内涵均十分丰富，相应的价值也很突出，在延续三峡人民精神文化和生活方面价值也非常突出。

综合上述因素，江渎庙人文价值评估赋分为：事件人物的关联性10分，宗教价值9分，民俗价值9分，文化延续价值9分。江渎庙的人文价值综合得分为37分，平均值为9.25分。

（3）艺术价值

江渎庙的建筑结构、工艺、装饰艺术无不反映出地方建筑技术与建筑艺术的最高水平，同时也是承官式建筑之气魄、展民间建筑之精华的佳作。该庙无论是建筑形式还是建筑风格、室内装修工艺，在三峡湖北库区众多的地面文物中都是屈指可数的，具有浓厚的地方建筑特色，是民间建筑技术与精湛的建筑工艺有机结合在一起的民间建筑典范。该建筑的大木结构不但吸收了北方官式建筑的大气风格，而且具有江南建筑的精巧风格。江渎庙室内装修精美，如以"龙"为主体透雕的一组图案，廊轩、卷草吊挂楣子及格扇门、栏杆雕花等装饰构件都非常讲究，不拘一格，"暗八仙""金瓜柱"、万字图案等充满了浓郁的乡土气息，形象生动，特具匠心。江渎庙山花上的浮雕艺术有相当高的艺术水平和欣赏价值。总之，该建筑保存完整，设计巧妙，制作精细，而且建筑与周围环境的结合也很完美，艺术价值十分突出。

综合上述因素，江渎庙艺术价值评估赋分为：美学价值9分，风格特色9分，结构特点9分，设计水平和工艺9分，装饰装修、施工技艺9分。江渎庙的艺术价值综合得分为45分，平均值为9分。

（4）科学价值

江渎庙是三峡地区非常具有代表性且保存完好的庙宇类文物建筑。该建筑在结构、用材和施工等方面的科学成就突出，将民间建筑技术与精湛的建筑工艺有机地结合在一起，反映出当时的科学成就及科技成果的最高水平。

综合上述因素，江渎庙科学价值评估赋分为：建筑的科学成就9分，反映出的科技成果水平9分。江渎庙的科学价值综合得分为18分，平均值为9分。

（5）情感价值

江渎庙是三峡地区远近闻名的祭祀自然神的庙宇，早已成为当地具有代表性的公共建筑。同时，该建筑又是纪念、缅怀伟大诗人屈原的场所，因而在三峡当地社会中具有重要的象征作用，能得到当地群众的显著的心理认同，且作用明显，能使民众产生较强的归属感。作为无论历史价值、艺术价值还是科学价值都十分出色的富有本地浓厚特色的建筑，对于非本地人而言，具有明显的惊奇感。

综合上述因素，江渎庙情感价值评估赋分为：象征作用9分，认同感9分，归属感8分，惊奇感9分。江渎庙的情感价值综合得分为35分，平均值为8.75分。

（6）社会价值

江渎庙是具有重要社会价值的古建筑，无论作为见证地方历史文化发展的珍贵宗教建筑，还是作为纪念伟大的爱国主义诗人屈原的建筑遗产，或是作为三峡工程移民复建的代表性文物建筑，其纪念意义、教育意义表现都十分突出。

江渎庙社会价值评估赋分为：教育性10分，纪念性10分，和谐性9分。江渎庙的社会价值综合得分为29分，平均值为9.67分。

按上述各评估价值因子在文化价值中所占权重，计算得出江渎庙文化价值总得分为：9.04分，具体赋分情况见表4-3-4《江渎庙文化价值评估表》。

表4-3-4 江渎庙文化价值评估表

评估项目	评估因子	分值选择	单项得分	平均值	权重	分类得分	总分
历史价值	时间性	0 1 2 3 4 5 6 7 8 9 10	9	8.86	28%	2.48	9.04
	原真性	0 1 2 3 4 5 6 7 8 9 10	9				
	完整性	0 1 2 3 4 5 6 7 8 9 10	9				
	时代性	0 1 2 3 4 5 6 7 8 9 10	10				
	稀缺度	0 1 2 3 4 5 6 7 8 9 10	8				
	奇特性	0 1 2 3 4 5 6 7 8 9 10	8				
	知名度	0 1 2 3 4 5 6 7 8 9 10	9				
	小计		62				
人文价值	事件人物的关联性	0 1 2 3 4 5 6 7 8 9 10	10	9.25	16%	1.48	
	宗教价值	0 1 2 3 4 5 6 7 8 9 10	9				
	民俗价值	0 1 2 3 4 5 6 7 8 9 10	9				
	文化延续价值	0 1 2 3 4 5 6 7 8 9 10	9				
	小计		37				
艺术价值	美学价值	0 1 2 3 4 5 6 7 8 9 10	9	9.00	20%	1.8	
	风格特色	0 1 2 3 4 5 6 7 8 9 10	9				
	结构特点	0 1 2 3 4 5 6 7 8 9 10	9				
	设计水平和工艺	0 1 2 3 4 5 6 7 8 9 10	9				
	装饰装修、施工技艺	0 1 2 3 4 5 6 7 8 9 10	9				
	小计		45				
科学价值	建筑的科学成就	0 1 2 3 4 5 6 7 8 9 10	9	9.00	8%	0.72	
	反映出的科技成果水平	0 1 2 3 4 5 6 7 8 9 10	9				
	小计		18				
情感价值	象征作用	0 1 2 3 4 5 6 7 8 9 10	9	8.75	16%	1.4	
	认同感	0 1 2 3 4 5 6 7 8 9 10	9				
	归属感	0 1 2 3 4 5 6 7 8 9 10	8				
	惊奇感	0 1 2 3 4 5 6 7 8 9 10	9				
	小计		35				
社会价值	教育性	0 1 2 3 4 5 6 7 8 9 10	10	9.67	12%	1.16	
	纪念性	0 1 2 3 4 5 6 7 8 9 10	10				
	和谐性	0 1 2 3 4 5 6 7 8 9 10	9				
	小计		29				

（四）水府庙

1. 水府庙概况

水府庙，又名镇江王爷庙，也称"紫云宫"。原位于秭归县香溪镇香溪河东的长江北岸。该庙坐落在长江与香溪河交汇处的蛤蟆山西南角坨之上，西距香溪镇约200米。该建筑坐东向西偏南14°，海拔110米，整个建筑都位于三峡水库的淹没之中。

水府庙具体始建时间已无从考证，根据庙内碑刻可推断始建年限为乾隆早期。《归州志》记载："香溪为归兴二地孔道峡口，为楚蜀咽喉，人烟所聚，舟楫所经，旧于溪口峡山之足立水府庙、文昌宫、观音殿、镇江阁，为一方之以锁，此为州城风水所关，阜财恒于斯兴起，人文钟灵毓秀恒于斯，……"可见历史上该建筑早已是香溪峡口的重要人文景观，在水府庙东南角的岩壁上，至今还保存有清乾隆庚寅年（1770年）荆南观察使者李拨笠秭归时盛赞秭归山川雄伟壮丽的题刻的"香溪孕秀"。

水府庙的建筑造型很有特点，这在百里峡江内不多见。它利用自然的地理环境，由低到高、由前到后地安排规划建筑，使其高低错落，自然有序。前殿两山的山墙曲线与中后殿的水平直线和斜线的相互组合非常协调优美，其民间建筑艺术的风格特点非常明显，是香溪河与长江交汇处的一处重要的名胜古迹。

水府庙的建筑面积为447.6平方米，其前后高差达6米左右，为平面对称布局，通面阔12.01米，通进深24.5米。整个建筑坐东向西，背靠蛤蟆山，面向长江。前殿大门平面斜置，入口偏东北，这种"歪门"形式在该区域内较为常见，其风水意识显而易见。

水府庙的柱网设置比较特殊。前殿明间两缝构架组成一个整体结构，每缝构架四根柱子，除右缝后金柱已改为砖柱外，其余保存尚好。因前殿为单檐两层结构，故柱子均为通柱。前殿两山无构架，所有檩子均置于山墙里，属硬山搁檩的做法。中殿为单檐单层建筑，柱网排列与前殿基本一样，后殿则为全砖结构建筑，即不用木构架。该建筑的梁架做法较一般建筑更为讲究和细腻，前殿为七架抬梁式结构，梁与梁之间用雕刻细腻的驼峰承托，所有梁的造型均带有月梁的形制，做工精细。中殿为五架抬梁式，前后各加一单步梁，与前殿一样。木构件保存基本完整。

水府庙的屋面均为硬山式，但前殿与中殿的山墙有所区别。前殿为五花屏风猫拱背式，中后殿均为人字式。屋面均用小青瓦覆盖，瓦头则以白灰塑成如意形，造型别致，手法细腻。滴水则用黏土烧制，图案为鸟雀飞状。屋面脊饰均为镂空花脊，并有吻兽，垾头也做得很精细（屋面的大部分艺术构件已毁，五花山墙的墙头脊饰也有些残缺不全）。山墙和檐墙均由青片砖砌筑，内夹以碎砖灌灰浆叠砌。内墙粉刷多以黄土砂浆打底，外罩白灰砂抹面轧光，外墙则直接以白灰砂浆面轧光。

水府庙的门窗，有板门、格扇窗等。格扇窗为凹抹头、锦纹格芯。装修上的其他装饰还有暗八仙、铁拐李、蝙蝠、栀花等。水府庙的窗口、窗楣、檐口等处均绘有墨线淡彩退晕彩画，所取题材也较广泛，很有地方特色。由于墙面灰皮剥落和雨水的冲刷，多数彩画已斑驳不清，只能从依稀残留的部分彩画中窥视其全貌，其图案多为卷草、云纹等，所用色泽较单一，除墨线外，尚有明黄、土红、石青等点缀。

在水府庙的墙壁上存有石碑八通，其中左厢房北墙上嵌有《镇江王爷神龛序》碑一通。此碑共15行，下半部风化剥蚀，已无字迹。从只言片语中可知"水府庙"又名"镇江王爷庙"，乾隆十二年前就有此庙。另外，在前殿明间底层后半部尚有规整条石砌筑的矩形神龛台座一处。图4-3-4为水神庙正面图。

图4-3-4 水府庙

2. 水府庙文化价值评估

根据"三峡湖北库区文物古建筑复建区文化价值评估体系"课题研究，文物古建筑的文化价值主要由历史价值、人文价值、艺术价值、科学价值、情感价值和社会价值构成，现从上述6个方面对水府庙文化价值进行评估。

（1）历史价值

水府庙建于乾隆早期，建筑木构件保存基本完整，但屋面的大部分艺术构件已毁，五花山墙的墙头脊饰也有些残缺不全，对建筑的完整性有所影响，但建筑真实性尚好。该建筑在历史上早已成为香溪峡口重要的人文景观，知名度较高，此建筑能较好地体现当地的生活风貌和社会文化，时代性也非常突出。

综合上述因素，水府庙的历史价值评估赋分情况为：时间性7分，原真性8分，完整性7分，时代性9分，稀缺度8分，奇特性8分，知名度8分。水府庙的历史价值综合得分为55分，平均值为7.86分。

（2）人文价值

水府庙是当地历史的见证。该建筑既是当地人民祭祀长江的神庙，也是自然崇拜和人神崇拜的产物。《礼记·王制》载："天子祭天下名山大川，五岳视三公，四渎视诸侯。"《尔雅·释水》载："江、河、淮、济为四渎。"水府亦是民间将长江分为上中下三段的地标建筑，而各段均有江神主之，因此有扬子江三水府或水府三官之语。水府庙在当地人民心目中有着崇高的地位。此建筑所体现的宗教内涵、民俗文化内涵均十分丰富，价值突出，在延续三峡人民精神文化和生活方面价值也较突出。

综合上述因素，水府庙人文价值评估赋分为：事件人物的关联性8分，宗教价值9分，民俗价值9分，文化延续价值9分。水府庙的人文价值综合得分为35分，平均值为8.75分。

（3）艺术价值

水府庙的空间环境设计很有特点，随地形和环境的变化而变化，布局灵活，逐层向上，充分展示了地方的风格和特点。该建筑充分利用自然环境由低到高、由前到后地安排规划建筑，高低错落，自然有序，前殿两山的山墙曲线与中后殿的水平直线和斜线的相互组合非常协调优美，造型极富特色，其民间建筑艺术的风格特点也非常明显。建筑做法讲究细腻，装修也十分有特色。总体上看，建筑在设计水平、思路布局、构图、工艺和特色、装饰装修和施工技艺等方面都有较高的价值。

综合上述因素，水府庙艺术价值评估赋分为：美学价值9分，风格特色9分，结构特点9分，设计水平和工艺9分，装饰装修、施工技艺9分。水府庙的艺术价值综合得分为45分，平均值为9分。

（4）科学价值

水府庙是三峡地区非常具有代表性且保存完好的庙宇类文物建筑。该建筑在选址、结构、用材和施工等方面的科学成就突出，较好地反映了当时的科学成就及科技成果的最高水平。

综合上述因素，水府庙科学价值评估赋分为：建筑的科学成就9分，反映出的科技成果水平9分。水府庙的科学价值综合得分为18分，平均值为9分。

（5）情感价值

水府庙是三峡地区香溪河与长江交汇处的一处重要的名胜古迹，已成为当地的地标性建筑。在三峡当地社会中具有重要的象征作用，能得到当地群众的显著的心理认同，并能使民众产生较强的归属感。作为本地富有浓厚特色的宗教祭祀类代表性建筑，对于非本地人而言，也具有明显的惊奇感。

综合上述因素，水府庙情感价值评估赋分为：象征作用8分，认同感8分，归属感8分，惊奇感8分。水府庙的情感价值综合得分为32分，平均值为8分。

（6）社会价值

水府庙是具有重要社会价值的古建筑。无论作为见证地方历史文化发展的祭祀性建筑，还是作为三峡工程移民复建的代表性文物建筑，都具有相应的纪念意义、教育意义。

水府庙社会价值评估赋分为：教育性6分，纪念性8分，和谐性6分。水府庙的社会价值综合得分为20分，平均值为6.67分。

按上述各评估价值因子在文化价值中所占权重，计算得出水府庙文化价值总得分为：8.2分，具体赋分情况见表4-3-5《水府庙文化价值评估表》。

表4-3-5　水府庙文化价值评估表

评估项目	评估因子	分值选择	单项得分	平均值	权重	分类得分	总分
历史价值	时间性	0 1 2 3 4 5 6 7 8 9 10	7	7.86	28%	2.2	8.2
	原真性	0 1 2 3 4 5 6 7 8 9 10	8				
	完整性	0 1 2 3 4 5 6 7 8 9 10	7				
	时代性	0 1 2 3 4 5 6 7 8 9 10	9				
	稀缺度	0 1 2 3 4 5 6 7 8 9 10	8				
	奇特性	0 1 2 3 4 5 6 7 8 9 10	8				
	知名度	0 1 2 3 4 5 6 7 8 9 10	8				
	小计		55				

续表

评估项目	评估因子	分值选择	单项得分	平均值	权重	分类得分	总分
人文价值	事件人物的关联性	0 1 2 3 4 5 6 7 8 9 10	8	8.75	16%	1.4	8.2
	宗教价值	0 1 2 3 4 5 6 7 8 9 10	9				
	民俗价值	0 1 2 3 4 5 6 7 8 9 10	9				
	文化延续价值	0 1 2 3 4 5 6 7 8 9 10	9				
	小计		35				
艺术价值	美学价值	0 1 2 3 4 5 6 7 8 9 10	9	9.00	20%	1.8	
	风格特色	0 1 2 3 4 5 6 7 8 9 10	9				
	结构特点	0 1 2 3 4 5 6 7 8 9 10	9				
	设计水平和工艺	0 1 2 3 4 5 6 7 8 9 10	9				
	装饰装修、施工技艺	0 1 2 3 4 5 6 7 8 9 10	9				
	小计		45				
科学价值	建筑的科学成就	0 1 2 3 4 5 6 7 8 9 10	9	9.00	8%	0.72	
	反映出的科技成果水平	0 1 2 3 4 5 6 7 8 9 10	9				
	小计		18				
情感价值	象征作用	0 1 2 3 4 5 6 7 8 9 10	8	8.00	16%	1.28	
	认同感	0 1 2 3 4 5 6 7 8 9 10	8				
	归属感	0 1 2 3 4 5 6 7 8 9 10	8				
	惊奇感	0 1 2 3 4 5 6 7 8 9 10	8				
	小计		32				
社会价值	教育性	0 1 2 3 4 5 6 7 8 9 10	6	6.67	12%	0.8	
	纪念性	0 1 2 3 4 5 6 7 8 9 10	8				
	和谐性	0 1 2 3 4 5 6 7 8 9 10	6				
	小计		20				

（五）紫光阁

1. 紫光阁概况

紫光阁原位于泄滩乡陈家湾村，中心地理坐标为东经110°35′，北纬31°00′，海拔105米。该建筑构筑在台地上，基本平面为横向矩形，坐西朝东，北临长江。从紫光阁遗存构件风格上解读，该建筑始建年代不应该早于1899年（秭归地区1899年传入天主教）。其建筑结构具有所处区域的民间传统建筑风格，虽然称其为阁，但二层楼上既无隔扇又无回廊，实际功用仍相当于古民居建筑。

紫光阁为砖木混合结构，木构架采用架梁式，硬山搁檩。外墙为青砖陡砌清水墙，山墙上砌筑有天主教堂墙帽。外墙四壁砌腰檐一周，窗洞做工较为精致。紫光阁依山而建，因其台地基础应力较好，故建筑基础埋深较浅。夯土层上砌条石，形成基础面。平面为横矩形，面阔进深均为一开间，建筑对称布局。占地面积约为30平方米，建筑面积约为60平方米。

紫光阁木构架设置较为简单,仅中间的唯———缝梁架,一根横梁架在前后檐墙上,上立柱,支脊檩,柱两侧有斜木如叉手上承檩子。两山墙均为承重墙,檩子直接插入墙内。一层和二层皆借山墙分别承托楼板枋及檩。楼板枋后檐墙设活动楼梯洞口一个,以活动木梯登二楼。

紫光阁屋面为硬山式,屋面有举无折,前后有檐出。屋面用小青瓦覆盖,并以小青瓦堆砌成正脊,两端五翘起。紫光阁山墙和檐墙均为青片砖空斗砌筑,空斗中以碎砖灰浆灌砌。前、后檐墙为封护檐,山墙出墀头。内墙粉刷以黄土砂浆打底,外罩白灰砂浆抹面压光,外墙均为清水墙面。

紫光阁的窗口、窗楣、檐口、墀头山尖等处均绘有墨线淡彩退晕彩饰,所取题材也较广泛,很有地方特色。由于墙面灰皮剥落和雨水的冲刷,多数彩饰已斑驳不清,只能从依稀残留的部分彩饰中窥探其全貌。其图案有寿桃、卷草、云纹等,所用色泽较单一。除墨线外,尚有明黄、土红、石青等点缀。如图4-3-5所示。

图4-3-5　紫光阁

2. 紫光阁文化价值评估

根据"三峡湖北库区文物古建筑复建区文化价值评估体系"课题研究,文物古建筑的文化价值主要由历史价值、人文价值、艺术价值、科学价值、情感价值和社会价值构成,现从上述6个方面对紫光阁文化价值进行评估。

（1）历史价值

古建筑是历史的见证,其自身蕴涵着重要的历史价值。紫光阁为清代建筑,具有中西合璧风格,其独特的建筑风格是研究晚清时期三峡民居和宗教的珍贵实物资料。建筑保存情况较好,基本保持着原有的风貌。此建筑真实性强,完整性较好,能较好体现当地的生活风貌和社会文化,时代性也较突出。

综合上述因素，紫光阁的历史价值评估赋分情况为：时间性7分，原真性8分，完整性8分，时代性9分，稀缺度8分，奇特性8分，知名度6分。紫光阁的历史价值综合得分为54分，平均值为7.71分。

（2）人文价值

民居建筑反映了当地人民的历史生活、生产方式、风俗习惯和审美观念，其所蕴涵的人文价值不容忽视。紫光阁是一幢中西合璧的古民居，但其建筑样式又受到天主教堂的影响，因而紫光阁建筑所体现的宗教内涵、民俗文化内涵均十分丰富，价值也很突出。此建筑在延续三峡人民精神文化和物质生活方面价值非常突出。

综合上述因素，紫光阁人文价值评估赋分为：事件人物的关联性7分，宗教价值8分，民俗价值9分，文化延续价值9分。紫光阁的人文价值综合得分为33分，平均值为8.25分。

（3）艺术价值

紫光阁为单体建筑，体量不大，但其建筑手法、建筑造型及翼角处理都很有特点，在当地古代建筑中极为少见。同时建筑中西合璧的风格也使其特色十分突出，总体上看，建筑在设计水平、思路布局、构图、工艺和特色、装饰装修和施工技艺等方面都有较高价值。

综合上述因素，紫光阁艺术价值评估赋分为：美学价值7分，风格特色8分，结构特点8分，设计水平和工艺8分，装饰装修、施工技艺8分。紫光阁的艺术价值综合得分为39分，平均值为7.8分。

（4）科学价值

紫光阁建筑中西合璧，具有独特的风格，在结构、用材和施工等方面的科学成就较高。该建筑能代表当时当地的建筑桥梁水平和工艺，反映当时的科学成就及科技成果水平。

综合上述因素，紫光阁科学价值评估赋分为：建筑的科学成就7分，反映出的科技成果水平7分。紫光阁的科学价值综合得分为14分，平均值为7分。

（5）情感价值

紫光阁是三峡地区富有地方特色的代表性建筑之一，在三峡地区中具有一定的象征作用，能得到当地群众的显著的心理认同，能使民众产生较强的归属感。作为富有浓厚地域气息和特征的古民居再加上其所具有的宗教色彩和中西合璧的特色，对于非本地人而言，也具有较高的惊奇感。

综合上述因素，紫光阁情感价值评估赋分为：象征作用7分，认同感7分，归属感7分，惊奇感8分。紫光阁的情感价值综合得分为29分，平均值为7.25分。

（6）社会价值

紫光阁是本地保存较好的特色民居建筑之一，目前尚无历史资料证明有与其相关的人和事对社会产生过突出的教育意义和纪念作用，但作为三峡工程移民复建的代表性文物建筑，其纪念意义较为突出，同时也具有相应的教育意义。

综合上述因素，紫光阁社会价值评估赋分为：教育性5分，纪念性7分，和谐性5分。紫光阁的社会价值综合得分为17分，平均值为5.67分。

按上述各评估价值因子在文化价值中所占权重，计算得出紫光阁文化价值总得分为：7.24分，具体赋分情况见表4-3-6《紫光阁文化价值评估表》。

表4-3-6　紫光阁文化价值评估表

评估项目	评估因子	分值选择	单项得分	平均值	权重	分类得分	总分
历史价值	时间性	0 1 2 3 4 5 6 7 8 9 10	7	7.71	28%	2.16	7.24
	原真性	0 1 2 3 4 5 6 7 8 9 10	8				
	完整性	0 1 2 3 4 5 6 7 8 9 10	8				
	时代性	0 1 2 3 4 5 6 7 8 9 10	9				
	稀缺度	0 1 2 3 4 5 6 7 8 9 10	8				
	奇特性	0 1 2 3 4 5 6 7 8 9 10	8				
	知名度	0 1 2 3 4 5 6 7 8 9 10	6				
	小计		54				
人文价值	事件人物的关联性	0 1 2 3 4 5 6 7 8 9 10	7	8.25	16%	1.12	
	宗教价值	0 1 2 3 4 5 6 7 8 9 10	8				
	民俗价值	0 1 2 3 4 5 6 7 8 9 10	9				
	文化延续价值	0 1 2 3 4 5 6 7 8 9 10	9				
	小计		33				
艺术价值	美学价值	0 1 2 3 4 5 6 7 8 9 10	7	7.80	20%	1.56	
	风格特色	0 1 2 3 4 5 6 7 8 9 10	8				
	结构特点	0 1 2 3 4 5 6 7 8 9 10	8				
	设计水平和工艺	0 1 2 3 4 5 6 7 8 9 10	8				
	装饰装修、施工技艺	0 1 2 3 4 5 6 7 8 9 10	8				
	小计		39				
科学价值	建筑的科学成就呢	0 1 2 3 4 5 6 7 8 9 10	7	7.00	8%	0.56	
	反映出的科技成果水平	0 1 2 3 4 5 6 7 8 9 10	7				
	小计		14				
情感价值	象征作用	0 1 2 3 4 5 6 7 8 9 10	7	7.25	16%	1.16	
	认同感	0 1 2 3 4 5 6 7 8 9 10	7				
	归属感	0 1 2 3 4 5 6 7 8 9 10	7				
	惊奇感	0 1 2 3 4 5 6 7 8 9 10	8				
	小计		29				
社会价值	教育性	0 1 2 3 4 5 6 7 8 9 10	5	5.67	12%	0.68	
	纪念性	0 1 2 3 4 5 6 7 8 9 10	7				
	和谐性	0 1 2 3 4 5 6 7 8 9 10	5				
	小计		17				

（六）王氏宗祠

1. 王氏宗祠概况

王氏宗祠原位于香溪镇向家村七组，中心地理坐标为东经110°45′，北纬30°59′，海拔110.5米。据现存乾隆三十八年碑刻记载，王氏族人先祖约于明成化年间流徙于此。明末清初，经历艰难，清雍正年间合族公议建祠以祀先灵。乾隆三十五年重修正殿、两厢，后又数次重修。从碑刻记载和它的建筑风格、特点、细部做法等方面来看，王氏宗祠应为清乾隆时期所建。其建筑规模较大，除后堂南北次间二层被拆除外，其余保存较为完整。现存建筑是两进院，前庭二楼为戏楼，后堂摆放牌位。前面两厢房二层与戏楼相通，后面两厢房各有碑刻一通。两天井院由中堂隔离，是一处按山坡自然地形建造的四合院建筑。

王氏宗祠坐东朝西，平面是长方形，建筑面积为387平方米余。整个院落布局为整齐的四合院式，前低后高，面向香溪河。以厅堂、中堂、天井和后屋为中轴，两边辅以厢房。建筑结构为以砖木混合为主，梁架为穿斗式和抬梁式相结合支撑屋盖，干摆灰瓦顶的硬山两层楼阁式建筑。

前殿平面呈长方形，面阔三间，进深一间。明间后檐下设有影壁板以遮挡前院，从壁板两侧可通往前院，从次间可直接进入前院厢房。前殿为上、下两层，结构为砖木混合结构。屋面为小青瓦，山墙为五花山墙，建筑面积为96平方米。二层梁架是抬梁式与穿斗式相结合的构架，在明间二层设南北两缝梁架，在南北两承重梁上各立一根同柱。同柱上设穿枋、瓜柱承托两次间檩枋，次间两山无梁架，檩枋直接安插在山墙上，由墙体承重。明间二层为戏楼，设四根通柱。通柱高出两次间正脊形成一四方单体，作歇山顶，前后檐柱上各设一较大的额枋。枋上施放七架梁两根，在梁上立瓜柱，设五架梁与三架梁及穿枋，承托上部檩枋。在四根通柱上设前后两根楼板承重梁，安插明、次间楼板枋。明间楼面比次间楼面高出20厘米，用作舞台。两山面檩枋不出头，内有山花板，外砌砖墙封护，出两层砖檐。屋顶有正脊、垂脊及戗脊，山面无博脊。前殿明间正中向西开门，设有两扇板门，圆鼓形石门枕，石地栿。石门楣上刻有"王氏宗祠"四个大字，门前设三步台阶进前堂。

前院两厢房平面都呈长方形，面阔一间，进深一间，为上、下两层，屋面为小青瓦，建筑面积共为48平方米。建筑结构为砖木混合结构，形成角部位梁架，承载上部排水天沟。东山二层为土坯墙，檩枋直接放在墙上。中殿平面呈长方形，面阔三间，进深二间，两层阁楼面建筑，建筑面积为97平方米。图4-3-6为王氏宗祠正面。

图4-3-6　王氏宗祠

2. 王氏宗祠文化价值评估

根据"三峡湖北库区文物古建筑复建区文化价值评估体系"课题研究，文物古建筑的文化价值主要由历史价值、人文价值、艺术价值、科学价值、情感价值和社会价值构成，现从上述6个方面对王氏宗祠文化价值进行评估。

（1）历史价值

王氏宗祠为清代建筑，建筑规模较大，主体部分保存较好，真实性、完整性较强，是当时少有的保存较为完整的祠堂建筑。王氏宗祠是历史时代的产物，也是历史的见证，建筑的历史延续性非常完善。该建筑不但是王氏家族发展历程的记载，也能较好地体现当地的生活风貌和社会文化，时代性亦十分突出。

综合上述因素，王氏宗祠的历史价值评估赋分情况为：时间性7分，原真性8分，完整性8分，时代性9分，稀缺度7分，奇特性6分，知名度5分。王氏宗祠的历史价值综合得分为50分，平均值为7.14分。

（2）人文价值

祠堂是族人祭祀祖先或先贤的场所，除"崇宗祀祖"之用外，祠堂也常常用作族人会聚或举办各类家族仪式场所，往往蕴涵着丰富的人文价值。王氏宗祠还保存着乾隆至同治年间的七通家族碑等民俗文物。该建筑附属民俗文物保存的完好程度是其他祠堂建筑中少见的，是研究我国地方祠堂建筑的宝贵实例。文物价值蕴涵着丰富的民俗文化内涵，在延续三峡人民精神文化和生活方面价值十分突出。

综合上述因素，王氏宗祠人文价值评估赋分为：事件人物的关联性7分，宗教价值9分，民俗价值8分，文化延续价值9分。王氏宗祠的人文价值综合得分为33分，平均值为8.25分。

（3）艺术价值

王氏宗祠为五花封火山墙，硬山式，建筑高大，壮观气派，造型丰富且有特色。设计巧妙，制作精细，室内外装修细腻。该宗祠在三峡库区湖北境内，无论是在建筑规模、结构形式方面，还是在雕刻、彩画艺术方面都是别具一格。该建筑在设计水平、思路布局、构图、工艺和特色、装饰装修和施工技艺等方面都有较高价值。

综合上述因素，王氏宗祠艺术价值评估赋分为：美学价值8分，风格特色8分，结构特点9分，设计水平和工艺8分，装饰装修、施工技艺8分。王氏宗祠的艺术价值综合得分为41分，平均值为8.2分。

（4）科学价值

王氏宗祠为砖木结构，抬梁式主体构架，造型富有特色。构架构筑精巧，做法讲究，是三峡地区仅存的少量祠堂类建筑典型代表之一。在结构、用材和施工等方面的科学成就较高，能代表当时当地的建筑水平和工艺，较好地反映当时的科学成就及科技成果水平。

综合上述因素，王氏宗祠科学价值评估赋分为：建筑的科学成就8分，反映出的科技成果水平8分。王氏宗祠的科学价值综合得分为16分，平均值为8分。

（5）情感价值

王氏宗祠虽为家族祠堂，但作为三峡工程移民复建的代表性祠堂建筑，其意义远远不止于家族祠堂自身。此建筑在三峡当地社会中具有一定的象征作用，能得到当地群众的显著的心理认同，能使民众产生较强的归属感。作为富有浓郁地方特色的祠堂类代表建筑，对于非本地人而言，也具有较强的惊奇感。

综合上述因素，王氏宗祠情感价值评估赋分为：象征作用7分，认同感8分，归属感8分，惊奇感6分。王氏宗祠的情感价值综合得分为29分，平均值为7.25分。

（6）社会价值

王氏宗祠是当地为数较少保存较好的祠堂建筑之一。无论是作为历史遗留的家族性纪念建筑，还是三峡工程移民复建的代表性文物建筑之一，王氏宗祠都具有重要的社会价值，较突出的纪念作用，以及一定的教育性、和谐性。

王氏宗祠社会价值评估赋分为：教育性6分，纪念性8分，和谐性5分。王氏宗祠的社会价值综合得分为19分，平均值为6.33分。

按上述各评估价值因子在文化价值中所占权重，计算得出王氏宗祠文化价值总得分为：7.52分，具体赋分情况见表4-3-7《王氏宗祠文化价值评估表》。

表4-3-7 王氏宗祠文化价值评估表

评估项目	评估因子	分值选择	单项得分	平均值	权重	分类得分	总分
历史价值	时间性	0 1 2 3 4 5 6 7 8 9 10	7	7.14	28%	2	7.52
	原真性	0 1 2 3 4 5 6 7 8 9 10	8				
	完整性	0 1 2 3 4 5 6 7 8 9 10	8				
	时代性	0 1 2 3 4 5 6 7 8 9 10	9				
	稀缺度	0 1 2 3 4 5 6 7 8 9 10	7				
	奇特性	0 1 2 3 4 5 6 7 8 9 10	6				
	知名度	0 1 2 3 4 5 6 7 8 9 10	5				
	小计		50				
人文价值	事件人物的关联性	0 1 2 3 4 5 6 7 8 9 10	7	8.25	16%	1.32	
	宗教价值	0 1 2 3 4 5 6 7 8 9 10	9				
	民俗价值	0 1 2 3 4 5 6 7 8 9 10	8				
	文化延续价值	0 1 2 3 4 5 6 7 8 9 10	9				
	小计		33				
艺术价值	美学价值	0 1 2 3 4 5 6 7 8 9 10	8	8.20	20%	1.64	
	风格特点	0 1 2 3 4 5 6 7 8 9 10	8				
	结构特点	0 1 2 3 4 5 6 7 8 9 10	9				
	设计水平和工艺	0 1 2 3 4 5 6 7 8 9 10	8				
	装饰装修、施工技艺	0 1 2 3 4 5 6 7 8 9 10	8				
	小计		41				
科学价值	建筑的科学成就	0 1 2 3 4 5 6 7 8 9 10	8	8.00	8%	0.64	
	反映出的科技成果水平	0 1 2 3 4 5 6 7 8 9 10	8				
	小计		16				
情感价值	象征作用	0 1 2 3 4 5 6 7 8 9 10	7	7.25	16%	1.16	
	认同感	0 1 2 3 4 5 6 7 8 9 10	8				
	归属感	0 1 2 3 4 5 6 7 8 9 10	8				
	惊奇感	0 1 2 3 4 5 6 7 8 9 10	6				
	小计		29				

续表

评估项目	评估因子	分值选择	单项得分	平均值	权重	分类得分	总分
社会价值	教育性	0 1 2 3 4 5 6 7 8 9 10	6	6.33	12%	0.76	
	纪念性	0 1 2 3 4 5 6 7 8 9 10	8				
	和谐性	0 1 2 3 4 5 6 7 8 9 10	5				
		小计	19				

（七）杜氏宗祠

1. 杜氏宗祠概况

杜氏宗祠原位于新滩镇龙马溪村七组，中心地理坐标为东经110°49′，北纬30°55′，海拔98米。建筑坐南朝北，依山坡走向而建。布局为四合院式，以厅堂、天井和堂屋为中轴，两边辅以厢房。其堂屋平面呈长方形，面阔三间，进深一间，次间分为上、下两层，屋面均覆盖为小青瓦，山墙为硬山前后出墀头，无梁架，檩枋直接搁在砖墙上。门、窗装修已毁，仅存部分抱框。东（西）厢房平面呈长方形，面阔二间，进深一间，屋顶一边与过厅相连，一边与堂屋相接，屋面铺小青瓦。无梁架，檩枋直接搁在砖墙上。建筑结构以砖木混合为主，主体梁架为砖墙承重，整个院落布局整齐，高低错落有致。尤其特别的是，主立面处理成一座六柱七楼式的牌楼，这种做法很特别，在当地也很少见。该牌楼立面造型高大，壮观气派。其主体部分保存完好，且立面造型独特，在三峡库区湖北境内十分罕见，具有鲜明的个性。图4-3-7为杜氏宗祠正面。

图4-3-7 杜氏宗祠

2. 杜氏宗祠文化价值评估

根据"三峡湖北库区文物古建筑复建区文化价值评估体系"课题研究，文物古建筑的文化价值主要由历史价值、人文价值、艺术价值、科学价值、情感价值和社会价值构成，现从上述6个方面

对杜氏宗祠文化价值进行评估。

（1）历史价值

杜氏宗祠建造具体年代不详，但从它的建筑特点、风格及细部做法来看，可推测应为清末时期。杜氏宗祠整体保存较好，结构无明显松动、歪闪。但该建筑自失去原使用功能后，其装修及其他设施都有很大程度的损坏，某些布局改变了原貌，真实性受到一定影响。杜氏宗祠是历史时代的产物，也是历史的见证，该建筑能较好地体现当地的生活风貌和社会文化，时代性亦十分突出。

综合上述因素，杜氏宗祠的历史价值评估赋分情况为：时间性7分，原真性6分，完整性8分，时代性9分，稀缺度7分，奇特性6分，知名度5分。杜氏宗祠的历史价值综合得分为48分，平均值为6.86分。

（2）人文价值

祠堂是族人祭祀祖先或先贤的场所。除"崇宗祀祖"之用外，祠堂也常常用作宗族聚会或举办各类家族仪式之地，往往蕴涵着丰富的人文价值。该建筑所体现的宗教内涵和价值及民俗文化内涵都十分丰富，在延续三峡人民精神文化方面价值亦十分突出。杜氏宗祠是研究我国地方祠堂建筑的宝贵实例，文物价值较高。

综合上述因素，杜氏宗祠人文价值评估赋分为：事件人物的关联性7分，宗教价值9分，民俗价值8分，文化延续价值9分。杜氏宗祠的人文价值综合得分为33分，平均值为8.25分。

（3）艺术价值

杜氏宗祠设计巧妙、制作精细，富有特色。建筑门面高大，且十分特殊，五间六柱七楼坊的建筑格局，形式非常特别，为该地区非常独特的一种立面造型形式，个性异常鲜明。总体上来看，该建筑在设计水平、思路布局、构图、工艺和特色、装饰装修和施工技艺等方面都有较高价值。

综合上述因素，杜氏宗祠艺术价值评估赋分为：美学价值7分，风格特色8分，结构特点8分，设计水平和工艺7分，装饰装修和施工技艺7分。杜氏宗祠的艺术价值综合得分为37分，平均值为7.4分。

（4）科学价值

杜氏宗祠是三峡地区仅存的少量祠堂类建筑的典型代表之一，特色鲜明。此建筑在结构、用材和施工等方面的科学成就较高，能代表当时当地的建筑水平和工艺，反映当时的科学成就及科技成果水平。

综合上述因素，杜氏宗祠科学价值评估赋分为：建筑的科学成就7分，反映出的科技成果水平7分。杜氏宗祠的科学价值综合得分为14分，平均值为7分。

（5）情感价值

杜氏宗祠虽为家族祠堂，但作为三峡工程移民复建的代表性祠堂建筑，其意义远远不止于家族祠堂本身。此建筑在三峡当地社会中具有一定的宗法象征作用，能得到当地群众的显著的心理认同，能使民众产生较强的归属感。作为富有浓郁地方特色的祠堂类代表建筑，对于非本地人而言，也具有较强的惊奇感。

综合上述因素，杜氏宗祠情感价值评估赋分为：象征作用7分，认同感8分，归属感8分，惊奇感6分。杜氏宗祠的情感价值综合得分为29分，平均值为7.25分。

（6）社会价值

杜氏宗祠是当地为数较少保存至今的祠堂建筑之一，无论是作为历史遗留的家族性纪念建筑，还是三峡工程移民复建的代表性文物建筑之一，杜氏宗祠都具有重要的社会价值和较突出的纪念作用，对社会具有一定的教育性。

杜氏宗祠社会价值评估赋分为：教育性6分，纪念性8分，和谐性5分。杜氏宗祠的社会价值综合得分为19分，平均值为6.33分。

按上述各评估价值因子在文化价值中所占权重，计算得出杜氏宗祠文化价值总得分为：7.2分，具体赋分情况见表4-3-8《杜氏宗祠文化价值评估表》。

表4-3-8 杜氏宗祠文化价值评估表

评估项目	评估因子	分值选择	单项得分	平均值	权重	分类得分	总分
历史价值	时间性	0 1 2 3 4 5 6 7 8 9 10	7	6.86	28%	1.92	7.2
	原真性	0 1 2 3 4 5 6 7 8 9 10	6				
	完整性	0 1 2 3 4 5 6 7 8 9 10	8				
	时代性	0 1 2 3 4 5 6 7 8 9 10	9				
	稀缺度	0 1 2 3 4 5 6 7 8 9 10	7				
	奇特性	0 1 2 3 4 5 6 7 8 9 10	6				
	知名度	0 1 2 3 4 5 6 7 8 9 10	5				
	小计		48				
人文价值	事件人物的关联性	0 1 2 3 4 5 6 7 8 9 10	7	8.25	16%	1.32	
	宗教价值	0 1 2 3 4 5 6 7 8 9 10	9				
	民俗价值	0 1 2 3 4 5 6 7 8 9 10	8				
	文化延续价值	0 1 2 3 4 5 6 7 8 9 10	9				
	小计		33				
艺术价值	美学价值	0 1 2 3 4 5 6 7 8 9 10	7	7.40	20%	1.48	
	风格特色	0 1 2 3 4 5 6 7 8 9 10	8				
	结构特点	0 1 2 3 4 5 6 7 8 9 10	8				
	设计水平和工艺	0 1 2 3 4 5 6 7 8 9 10	7				
	装饰装修、施工技艺	0 1 2 3 4 5 6 7 8 9 10	7				
	小计		37				
科学价值	建筑的科学成就	0 1 2 3 4 5 6 7 8 9 10	7	7.00	8%	0.56	
	反映出的科技成果水平	0 1 2 3 4 5 6 7 8 9 10	7				
	小计		14				
情感价值	象征作用	0 1 2 3 4 5 6 7 8 9 10	7	7.25	16%	1.16	
	认同感	0 1 2 3 4 5 6 7 8 9 10	8				
	归属感	0 1 2 3 4 5 6 7 8 9 10	8				
	惊奇感	0 1 2 3 4 5 6 7 8 9 10	6				
	小计		29				
社会价值	教育性	0 1 2 3 4 5 6 7 8 9 10	6	6.33	12%	0.76	
	纪念性	0 1 2 3 4 5 6 7 8 9 10	8				
	和谐性	0 1 2 3 4 5 6 7 8 9 10	5				
	小计		19				

（八）新滩古井

1. 新滩古井概况

新滩古井原位于秭归县新滩镇长江南岸的桂林村二组，地理坐标为东经110°47′，北纬30°55′，海拔90米，其整体都将被三峡水库淹没。该井用花岗岩石围合垒砌，平面宽2.3米，深2.4米，高2.6米，有两个泉眼流水，蓄水深0.7米，蓄水容积为1.8立方米，建筑面积为5.5平方米。井周围用石块垒砌维护，井前是石板铺墁的小道，井口外是一条石台阶，两旁立有石墩，供人们立放盛水器之用。该古井的所在环境十分幽静，背与山坡相连，面对长江江口。古井前是蜿蜒起伏的石板小道，周围是柑橘树，具有很浓厚的村落风土人情。

根据相关调查资料，该古井的确切年代无从考证。据该村落的老人说，他们祖祖辈辈一直沿用此井，井的石槛也得以磨得非常光滑，由此推知，该古井与当地的古居民应当是同一时代的产物，应为清乾隆至清末时期的构筑物。

该古井一直为当地居民所使用，也得到当地村民的积极维护。除了水井周围的一些护坡石块有些松动和脱落，水井前的铺垫石块有些位移外，其他地方保存较好。

2. 新滩古井文化价值评估

根据"三峡湖北库区文物古建筑复建区文化价值评估体系"课题研究，文物古建筑的文化价值主要由历史价值、人文价值、艺术价值、科学价值、情感价值和社会价值构成，现从上述6个方面对新滩古井文化价值进行评估。

（1）历史价值

新滩古井为清代所建。水井是原先当地居民日常用水的主要来源，该井在当地保存得最为完好，且一直持续使用至今，真实性、完整性较好。新滩古井是当地古民居群的一个重要组成部分，与三峡工程库区其他地面复建文物相比，该古井有其自身的局限性，但作为地方历史的见证，其价值却不容忽视。该建筑较好地体现出当地的生活风貌和社会文化，时代性亦十分突出。

综合上述因素，新滩古井的历史价值评估赋分情况为：时间性7分，原真性8分，完整性8分，时代性9分，稀缺度6分，奇特性6分，知名度5分。新滩古井的历史价值综合得分为49分，平均值为7分。

（2）人文价值

作为一个村落的古代民居群，水井等附属物是很重要的构成元素，直接影响着人们的生活方式和古民居群的总体布局。新滩古井所体现的民俗文化内涵十分丰富。此建筑在延续三峡人民精神文化和生活方面价值突出。根据目前掌握相关资料情况，该建筑与本地知名的事件或人物尚无直接关联性。

综合上述因素，新滩古井人文价值评估赋分为：事件人物的关联性5分，民俗价值9分，文化延续价值9分。新滩古井的人文价值综合得分为23分，平均值为7.67分。

（3）艺术价值

新滩古井是当地古民居群的有机组成部分。该井既有重要的实用功能，又与古民居群的建筑氛围协调一致，构成了生动的三峡当地人民日常生活场景。古井自身建筑体的艺术价值并不高，但其作用却不容忽视。

综合上述因素,新滩古井艺术价值评估赋分为:美学价值6分,风格特色6分,结构特点6分,设计水平和工艺5分,装饰装修、施工技艺5分。新滩古井的艺术价值综合得分为28分,平均值为5.6分。

(4)科学价值

新滩古井的构造形式与一般的水井不一样,它不是竖穴式,而是平行箱式,其水源是由山泉流入,古井仅起到蓄水箱的作用。该井在结构、用材和施工等方面的科学成就反映着那个时代的技术水平和工艺,也反映当时当地的科学成就及科技成果,因而具有相应价值。

综合上述因素,新滩古井科学价值评估赋分为:建筑的科学成就6分,反映出的科技成果水平6分。新滩古井的科学价值综合得分为12分,平均值为6分。

(5)情感价值

新滩古井是当地具有代表性的古文物建筑,是历史时代的产物,在三峡地区具有一定的象征作用。古井与当地人民的生产生活息息相关,能得到当地群众的心理认同,能使民众产生较强的归属感。古井与古民居群密不可分,构成了本地浓厚的地域气息和特征,加上它不同于普通形式水井的特点,对于非本地人而言,也具有一定的惊奇感。

综合上述因素,新滩古井情感价值评估赋分为:象征作用6分,认同感7分,归属感7分,惊奇感6分。新滩古井的情感价值综合得分为26分,平均值为6.5分。

(6)社会价值

目前尚无历史资料证明曾有与其相关的人和事对社会产生过突出的教育意义和纪念作用,但作为三峡工程移民复建的代表性文物建筑,以及新滩有名的古民居群的重要组成部分,新滩古井仍然具有其相应的社会价值,即较突出的纪念性,以及对社会相应的教育性。

综合上述因素,新滩古井社会价值评估赋分为:教育性5分,纪念性7分,和谐性5分。新滩古井的社会价值综合得分为17分,平均值为5.67分。

按上述各评估价值因子在文化价值中所占权重,计算得出新滩古井文化价值总得分为:6.51分,具体赋分情况见表4-3-9《新滩古井文化价值评估表》。

表4-3-9 新滩古井文化价值评估表

评估项目	评估因子	分值选择	单项得分	平均值	权重	分类得分	总分
历史价值	时间性	0 1 2 3 4 5 6 7 8 9 10	7	7.00	28%	1.96	6.51
	原真性	0 1 2 3 4 5 6 7 8 9 10	8				
	完整性	0 1 2 3 4 5 6 7 8 9 10	8				
	时代性	0 1 2 3 4 5 6 7 8 9 10	9				
	稀缺度	0 1 2 3 4 5 6 7 8 9 10	6				
	奇特性	0 1 2 3 4 5 6 7 8 9 10	6				
	知名度	0 1 2 3 4 5 6 7 8 9 10	5				
	小计		49				
人文价值	事件人物的关联性	0 1 2 3 4 5 6 7 8 9 10	5	7.67	16%	1.2267	
	民俗价值	0 1 2 3 4 5 6 7 8 9 10	9				
	文化延续价值	0 1 2 3 4 5 6 7 8 9 10	9				
	小计		23				

续表

评估项目	评估因子	分值选择	单项得分	平均值	权重	分类得分	总分
艺术价值	美学价值	0 1 2 3 4 5 6 7 8 9 10	6	5.60	20%	1.12	6.51
	风格特色	0 1 2 3 4 5 6 7 8 9 10	6				
	结构特点	0 1 2 3 4 5 6 7 8 9 10	6				
	设计水平和工艺	0 1 2 3 4 5 6 7 8 9 10	5				
	装饰装修、施工技艺	0 1 2 3 4 5 6 7 8 9 10	5				
	小计		28				
科学价值	建筑的科学成就	0 1 2 3 4 5 6 7 8 9 10	6	6.00	8%	0.48	
	反映出的科技成果水平	0 1 2 3 4 5 6 7 8 9 10	6				
	小计		12				
情感价值	象征作用	0 1 2 3 4 5 6 7 8 9 10	6	6.50	16%	1.04	
	认同感	0 1 2 3 4 5 6 7 8 9 10	7				
	归属感	0 1 2 3 4 5 6 7 8 9 10	7				
	惊奇感	0 1 2 3 4 5 6 7 8 9 10	6				
	小计		26				
社会价值	教育性	0 1 2 3 4 5 6 7 8 9 10	5	5.67	12%	0.68	
	纪念性	0 1 2 3 4 5 6 7 8 9 10	7				
	和谐性	0 1 2 3 4 5 6 7 8 9 10	5				
	小计		17				

（九）屈子桥

1.屈子桥概况

屈子桥原位于秭归县屈原镇西陵村，呈东西方向横跨于小溪之上。屈子桥建造于清代，系人工打制的条石垒砌而成的桥梁，桥面两侧立有石质栏杆。该桥为单孔拱券结构石桥，北面券孔脸石面全长13.3米，宽3.6米，孔径6.7米。桥身为花岗岩石砌筑，拱券为圆弧形拱形式。券石为纵联砌置，券脸一券一伏。桥身正面嵌有石匾，上刻"屈子桥"三字，为楷书。石匾的首尾刻有"民国六冬月建""陈宦建"。桥面高于地面，两头设有踏步。原屈子桥位于峻岭之中，背靠雄伟大山，与周围环境糅为一体，加之四周树木丛生，更显小桥幽静，古色古香。如图4-3-8所示。

2.屈子桥文化价值评估

根据"三峡湖北库区文物古建筑复建区文化价值评估体系"课题研究，文物古建筑的文化价值主要由历史价值、人文价值、艺术价值、科学价值、情感价值和社会价值构成，现从上述6个方面对屈子桥文化价值进行评估。

（1）历史价值

屈子桥建于民国初年，后有过修葺，但桥体保存较好，建筑的原真性和完整性较好。虽然屈子桥属于古桥建筑中的常见形式，但该桥富有地方性特色，是秭归具有代表性的桥梁建筑之一。该桥

图4-3-8 屈子桥

是秭归人为纪念屈原而命名的，能较好地体现当地的生活风貌和社会文化，时代性突出。

屈子桥的历史价值评估赋分情况为：时间性6分，原真性8分，完整性8分，时代性8分，稀缺度7分，奇特性5分，知名度7分。屈子桥的历史价值综合得分为49分，平均值为7分。

（2）人文价值

屈子桥因纪念屈原而得名，作为民俗历史文物，尤其是作为纪念屈原的古建筑，其在延续本地人民精神文化和生活方面价值较突出。

屈子桥的人文价值评估赋分为：事件人物的关联性8分，宗教价值2分，民俗价值8分，文化延续价值9分。屈子桥的人文价值综合得分为27分，平均值为6.75分。

（3）艺术价值

虽然屈子桥建筑类型在当地较为多见，但作为复建的文物古建筑，该石桥在设计、工艺、特色及施工技艺等方面都有其相应价值。

屈子桥艺术价值评估赋分为：美学价值6分，风格特色7分，结构特点7分，设计水平和工艺6分，装饰装修、施工技艺6分。屈子桥的艺术价值综合得分为32分，平均值为6.4分。

（4）科学价值

屈子桥是当地历史时代的产物，能代表当时当地的建筑桥梁水平和工艺，反映当时的科学成就及科技成果水平。

屈子桥科学价值评估赋分为：建筑的科学成就7分，反映出的科技成果水平7分。屈子桥的科学价值综合得分为14分，平均值为7分。

（5）情感价值

屈子桥表达着秭归人民对屈原的尊敬和爱戴，且古桥与当地民众的日常生活密切相关。它的存在对当地民众而言，具有明显的象征作用，能得到当地群众显著的心理认同，能使民众产生强烈的归属感。该桥有纪念屈原的文化内涵，且富有浓郁的地域气息，对于非本地人而言，也具有较强的惊奇感。

屈子桥情感价值评估赋分为：象征作用8分，认同感8分，归属感8分，惊奇感7分。屈子桥情感价值综合得分为31分，平均值为7.75分。

（6）社会价值

屈原是伟大的爱国主义形象，20世纪初曾被推举为世界文化名人从而受到广泛的纪念，因而屈子桥有着鲜明的纪念意义和教育价值。作为我国三峡工程移民复建的代表性文物建筑，对社会也具有其相应的纪念性、教育性及和谐性。

屈子桥价值评估赋分为：教育性7分，纪念性8分，和谐性6分。屈子桥的社会价值综合得分为21分，平均值为7分。

按上述各评估价值因子在文化价值中所占权重，计算得出屈子桥文化价值总得分为：6.96分，具体赋分情况见表4-3-10《屈子桥文化价值评估表》。

表4-3-10 屈子桥文化价值评估表

评估项目	评估因子	分值选择	单项得分	平均值	权重	分类得分	总分
历史价值	时间性	0 1 2 3 4 5 6 7 8 9 10	6	7.00	28%	1.96	6.96
	原真性	0 1 2 3 4 5 6 7 8 9 10	8				
	完整性	0 1 2 3 4 5 6 7 8 9 10	8				
	时代性	0 1 2 3 4 5 6 7 8 9 10	8				
	稀缺度	0 1 2 3 4 5 6 7 8 9 10	7				
	奇特性	0 1 2 3 4 5 6 7 8 9 10	5				
	知名度	0 1 2 3 4 5 6 7 8 9 10	7				
	小计		49				
人文价值	事件人物的关联性	0 1 2 3 4 5 6 7 8 9 10	8	6.75	16%	1.08	
	宗教价值	0 1 2 3 4 5 6 7 8 9 10	2				
	民俗价值	0 1 2 3 4 5 6 7 8 9 10	8				
	文化延续价值	0 1 2 3 4 5 6 7 8 9 10	9				
	小计		27				
艺术价值	美学价值	0 1 2 3 4 5 6 7 8 9 10	6	6.40	20%	1.28	
	风格特色	0 1 2 3 4 5 6 7 8 9 10	7				
	结构特点	0 1 2 3 4 5 6 7 8 9 10	7				
	设计水平和工艺	0 1 2 3 4 5 6 7 8 9 10	6				
	装饰装修、施工技艺	0 1 2 3 4 5 6 7 8 9 10	6				
	小计		32				
科学价值	建筑的科学成就	0 1 2 3 4 5 6 7 8 9 10	7	7.00	8%	0.56	
	反映出的科技成果水平	0 1 2 3 4 5 6 7 8 9 10	7				
	小计		14				
情感价值	象征作用	0 1 2 3 4 5 6 7 8 9 10	8	7.75	16%	1.24	
	认同感	0 1 2 3 4 5 6 7 8 9 10	8				
	归属感	0 1 2 3 4 5 6 7 8 9 10	8				
	惊奇感	0 1 2 3 4 5 6 7 8 9 10	7				
	小计		31				
社会价值	教育性	0 1 2 3 4 5 6 7 8 9 10	7	7.00	12%	0.84	
	纪念性	0 1 2 3 4 5 6 7 8 9 10	8				
	和谐性	0 1 2 3 4 5 6 7 8 9 10	6				
	小计		21				

（十）江渎桥

1. 江渎桥概况

江渎桥原位于秭归县新滩镇南坪村、江渎庙之正前右方，与整个新滩古民居群合为一体。其中心地理坐标为东经110°48'，北纬30°56'，海拔80米，属三峡大坝全淹没区域。该桥为郑姓宗族出资兴建于民国初年，为单孔拱券结构石桥，花岗岩石砌筑，桥面无其他构件，保存较好。

江渎桥为单孔石桥，一券一伏。桥面条石规格大小不一，桥面中间为七路条石（南北方向）纵向铺砌，两头为三路条石（东西方向）横向铺砌，其中东头三路条石残缺，西头部分条石残缺。桥面上无其他构件。

桥墩为两层规格大小不等的条石砌筑错缝砌筑于山岩之上。桥身两面（南、北）用高度不一的条石砌筑。桥北面拱券正中嵌有石匾，石匾长1.04米，高0.5米，刻有"江渎桥"三字。拱券石共23道券，券脸一券一伏，每道券石宽度大小不等，纵向错缝砌筑。

2. 江渎桥文化价值评估

根据"三峡湖北库区文物古建筑复建区文化价值评估体系"课题研究，文物古建筑的文化价值主要由历史价值、人文价值、艺术价值、科学价值、情感价值和社会价值构成，现从上述6个方面对江渎桥文化价值进行评估。

（1）历史价值

江渎桥为清代建筑，除桥墩、桥身、桥面受到损坏外，总体桥梁保存尚好，建筑的原真性和完整性较好。虽然江渎桥属于古桥中常见形式，但该桥富有地方性特色，仍为当地具有代表性的桥梁建筑之一。该桥与江渎庙关系密切，具有一定的文物价值。同时该桥也是新滩古民居不可或缺的一个组成部分，能较好地体现当地的生活风貌和社会文化，时代性突出。

江渎桥历史价值评估赋分情况为：时间性7分，原真性8分，完整性8分，时代性9分，稀缺度7分，奇特性6分，知名度7分。江渎桥历史价值综合得分为52分，平均值为7.43分。

（2）人文价值

江渎桥虽为当地普通桥梁建筑，但作为与江渎庙有密切关联的建筑，且是江渎庙的一个组成部分，赋予了该建筑一定的宗教内涵和价值。同时，江渎桥是当地民居群的一个有机组成部分，是有特色的民俗历史文物，内涵丰富，在延续本地人民精神文化和生活方面价值也较突出。

综合上述因素，江渎桥人文价值评估赋分为：事件人物的关联性5分，宗教价值6分，民俗价值8分，文化延续价值9分。江渎桥的人文价值综合得分为28分，平均值为7分。

（3）艺术价值

江渎桥整体比较精致、小巧，作为复建的文物古建筑，该石桥在设计、工艺、特色及施工技艺等方面都有其相应价值。

江渎桥艺术价值评估赋分为：美学价值6分，风格特色7分，结构特点7分，设计水平和工艺6分，装饰装修、施工技艺6分。江渎桥的艺术价值综合得分为32分，平均值为6.4分。

（4）科学价值

江渎桥是当地历史时代的产物，能代表当时当地的建筑桥梁水平和工艺，反映当时的科学成就及科技成果水平。

江渎桥科学价值评估赋分为：建筑的科学成就7分，反映出的科技成果水平7分。江渎桥的科学价值综合得分为14分，平均值为7分。

（5）情感价值

江渎桥与当地民众的日常生活密切相关，是新滩古民居群的一个不可或缺的部分。它的存在对当地民众而言具有重要的象征作用，能得到当地群众的显著的心理认同，能产生亲切感，能使民众产生较强的归属感。石桥富有浓郁的地域气息和特征，再加上其与江渎庙的关联，对于非本地人而言，也具有一定的惊奇感。

江渎桥情感价值评估赋分为：象征作用7分，认同感8分，归属感8分，惊奇感6分。江渎桥情感价值综合得分为29分，平均值为7.25分。

（6）社会价值

江渎桥是新滩古民居群的一个组成部分，又与带有浓厚纪念色彩的江渎庙密切关联。同时作为三峡工程移民复建的代表性文物建筑，该建筑有较高的纪念价值，对社会也有一定的教育性。

江渎桥社会价值评估赋分为：教育性5分，纪念性8分，和谐性5分。江渎桥的社会价值综合得分为18分，平均值为6分。

江渎桥文化价值总得分为：6.92分，具体赋分情况见表4-3-11《江渎桥文化价值评估表》。

表4-3-11 江渎桥文化价值评估表

评估项目	评估因子	分值选择	单项得分	平均值	权重	分类得分	总分
历史价值	时间性	0 1 2 3 4 5 6 7 8 9 10	7	7.43	28%	2.08	6.92
	原真性	0 1 2 3 4 5 6 7 8 9 10	8				
	完整性	0 1 2 3 4 5 6 7 8 9 10	8				
	时代性	0 1 2 3 4 5 6 7 8 9 10	9				
	稀缺度	0 1 2 3 4 5 6 7 8 9 10	7				
	奇特性	0 1 2 3 4 5 6 7 8 9 10	6				
	知名度	0 1 2 3 4 5 6 7 8 9 10	7				
	小计		52				
人文价值	事件人物的关联性	0 1 2 3 4 5 6 7 8 9 10	5	7.00	16%	1.12	
	宗教价值	0 1 2 3 4 5 6 7 8 9 10	6				
	民俗价值	0 1 2 3 4 5 6 7 8 9 10	8				
	文化延续价值	0 1 2 3 4 5 6 7 8 9 10	9				
	小计		28				
艺术价值	美学价值	0 1 2 3 4 5 6 7 8 9 10	6	6.40	20%	1.28	
	风格特色	0 1 2 3 4 5 6 7 8 9 10	7				
	结构特点	0 1 2 3 4 5 6 7 8 9 10	7				
	设计水平和工艺	0 1 2 3 4 5 6 7 8 9 10	6				
	装饰装修、施工技艺	0 1 2 3 4 5 6 7 8 9 10	6				
	小计		32				

续表

评估项目	评估因子	分值选择	单项得分	平均值	权重	分类得分	总分
科学价值	建筑的科学成就	0 1 2 3 4 5 6 7 8 9 10	7	7.00	8%	0.56	
	反映出的科技成果水平	0 1 2 3 4 5 6 7 8 9 10	7				
	小计		14				
情感价值	象征作用	0 1 2 3 4 5 6 7 8 9 10	7	7.25	16%	1.16	6.92
	认同感	0 1 2 3 4 5 6 7 8 9 10	8				
	归属感	0 1 2 3 4 5 6 7 8 9 10	8				
	惊奇感	0 1 2 3 4 5 6 7 8 9 10	6				
	小计		29				
社会价值	教育性	0 1 2 3 4 5 6 7 8 9 10	5	6.00	12%	0.72	
	纪念性	0 1 2 3 4 5 6 7 8 9 10	8				
	和谐性	0 1 2 3 4 5 6 7 8 9 10	5				
	小计		18				

（十一）惠济桥

1. 惠济桥概况

惠济桥原位于长江北岸的湖北省秭归县新滩镇南坪村三组，属清代桥梁，海拔115米。1994年3月调查其占地面积为21平方米。

惠济桥为单孔拱券结构石桥，券石纵联砌置，为花岗岩方整石砌筑。桥身内为灰土瓦砾填充。券脸一券一伏，内券石纵联砌筑，券脸石厚0.175米，伏石厚0.127米，龙口石为一整石，衔接自然。桥面呈曲尺形，桥面原以条石铺砌，但条石残缺严重。桥面两边设有安全护栏，朴实简洁。桥身正面嵌有阴刻"惠济桥"三字的石板。桥面长5.4米、宽2.4米，桥高3.5米，矢高1.6米，桥跨度为2.7米。该桥梁保存完好，该地居民经常维修此桥，并立碑予以说明。

该桥属古桥中常见形式，其做法、工艺等方面，在三峡地区较为常见，但用料规整、考究，具有一定的代表性。

2. 惠济桥文化价值评估

根据"三峡湖北库区文物古建筑复建区文化价值评估体系"课题研究，文物古建筑的文化价值主要由历史价值、人文价值、艺术价值、科学价值、情感价值和社会价值构成，现从上述6个方面对惠济桥文化价值进行评估。

（1）历史价值

现存惠济桥为清代建筑，从整体看，惠济桥桥墩、桥身保存较好，尤其是拱券保存完好，没有出现断裂或移位现象，建筑的原真性和完整性较强。虽属于三峡地区古桥中的常见形式，但该桥富有地方性特色，仍为当地具有代表性的桥梁建筑之一。当地居民经常维修此桥并立碑说明，通过对相关碑文的了解，有助于对本地修桥治路等历史进行研究。该建筑能较好地体现当地的生活风貌和社会文化，时代性突出。

惠济桥历史价值评估赋分情况为：时间性7分，原真性8分，完整性8分，时代性9分，稀缺度5分，奇特性5分，知名度5分。惠济桥历史价值综合得分为47分，平均值为6.71分。

（2）人文价值

根据目前掌握的相关资料情况，该建筑与本地知名的事件或人物尚无直接关联性。作为当地普通桥梁建筑，其所体现的宗教内涵和价值均不明显。但作为民俗历史文物及新滩古民居群不可缺少的一个组成部分，其民俗文化内涵十分丰富。该建筑在延续本地人民精神文化和生活方面价值亦较突出。

惠济桥人文价值评估赋分为：事件人物的关联性5分，宗教价值2分，民俗价值8分，文化延续价值9分。惠济桥的人文价值综合得分为24分，平均值为6分。

（3）艺术价值

惠济桥精致、小巧，保存较好，在南坪的古民居群中有着重要的点缀作用和实用功能，是新滩古民居群中不可缺少的一部分。虽然建筑类型在当地较为多见，但作为复建的文物古建筑，该石桥在设计、工艺、特色及施工技艺等方面都有其相应的价值。

惠济桥艺术价值评估赋分为：美学价值6分，风格特色7分，结构特点7分，设计水平和工艺6分，装饰装修、施工技艺6分。惠济桥的艺术价值综合得分为32分，平均值为6.4分。

（4）科学价值

惠济桥是当地历史时代的产物，代表了当时当地的建筑桥梁水平和工艺，反映当时的科学成就及科技成果水平。

惠济桥科学价值评估赋分为：建筑的科学成就7分，反映出的科技成果水平7分。惠济桥的科学价值综合得分为14分，平均值为7分。

（5）情感价值

古桥与当地民众的日常生活密切相关，它的存在对当地民众而言具有一定的象征作用，能得到当地群众的心理认同，能产生亲切感，能使民众产生较强的归属感。石桥富有浓郁的地域气息和特征，对于非本地人而言，也具有一定的惊奇感。

惠济桥情感价值评估赋分为：象征作用7分，认同感8分，归属感8分，惊奇感4分。惠济桥情感价值综合得分为27分，平均值为6.75分。

（6）社会价值

目前尚无历史资料证明曾有与其相关的人和事对社会产生过突出的教育意义和纪念作用。但是作为新滩古民居群一个不可或缺的部分，作为三峡工程移民复建的代表性文物建筑，它仍然具有其相应的社会价值，具有一定纪念性和教育性。

惠济桥价值评估赋分为：教育性5分，纪念性7分，和谐性5分。惠济桥的社会价值综合得分为17分，平均值为5.67分。

按上述各评估价值因子在文化价值中所占权重，计算得出惠济桥文化价值总得分为：6.44分，具体赋分情况见表4-3-12《惠济桥文化价值评估表》。

表4-3-12 惠济桥文化价值评估表

评估项目	评估因子	分值选择	单项得分	平均值	权重	分类得分	总分
历史价值	时间性	0 1 2 3 4 5 6 7 8 9 10	7	6.71	28%	1.88	6.44
	原真性	0 1 2 3 4 5 6 7 8 9 10	8				
	完整性	0 1 2 3 4 5 6 7 8 9 10	8				
	时代性	0 1 2 3 4 5 6 7 8 9 10	9				
	稀缺度	0 1 2 3 4 5 6 7 8 9 10	5				
	奇特性	0 1 2 3 4 5 6 7 8 9 10	5				
	知名度	0 1 2 3 4 5 6 7 8 9 10	5				
	小计		47				
人文价值	事件人物的关联性	0 1 2 3 4 5 6 7 8 9 10	5	6.00	16%	0.96	
	宗教价值	0 1 2 3 4 5 6 7 8 9 10	2				
	民俗价值	0 1 2 3 4 5 6 7 8 9 10	8				
	文化延续价值	0 1 2 3 4 5 6 7 8 9 10	9				
	小计		24				
艺术价值	美学价值	0 1 2 3 4 5 6 7 8 9 10	6	6.40	20%	1.28	
	风格特色	0 1 2 3 4 5 6 7 8 9 10	7				
	结构特点	0 1 2 3 4 5 6 7 8 9 10	7				
	设计水平和工艺	0 1 2 3 4 5 6 7 8 9 10	6				
	装饰装修、施工技艺	0 1 2 3 4 5 6 7 8 9 10	6				
	小计		32				
科学价值	建筑的科学成就	0 1 2 3 4 5 6 7 8 9 10	7	7.00	8%	0.56	
	反映出的科技成果水平	0 1 2 3 4 5 6 7 8 9 10	7				
	小计		14				
情感价值	象征作用	0 1 2 3 4 5 6 7 8 9 10	7	6.75	16%	1.08	
	认同感	0 1 2 3 4 5 6 7 8 9 10	8				
	归属感	0 1 2 3 4 5 6 7 8 9 10	8				
	惊奇感	0 1 2 3 4 5 6 7 8 9 10	4				
	小计		27				
社会价值	教育性	0 1 2 3 4 5 6 7 8 9 10	5	5.67	12%	0.68	
	纪念性	0 1 2 3 4 5 6 7 8 9 10	7				
	和谐性	0 1 2 3 4 5 6 7 8 9 10	5				
	小计		17				

（十二）千善桥

1. 千善桥概况

千善桥位于长江北岸，秭归县新滩镇龙马溪二组，海拔95米，属三峡大坝全淹没区域。该桥建于清光绪二十七年（1901年），保存较好。桥长6.6米，宽2.7米，高5.3米，建筑面积为17.82平方米。桥正面拱券上嵌有一石匾，长1.2米，高0.5米。横书"千善桥"三字，竖书"清光绪二十七年春月立"字样。桥面呈长方形，花岗岩石砌筑，保存较好。桥上曾建有凉亭，现已毁。

千善桥为单孔石桥，券脸一券一伏。拱券两边桥身各长1.6米，中间高5.95米。东、西桥墩宽3.2米，高2.6米，桥墩条石表面平整，规格大小不等，错缝砌筑于山岩之上。拱券为单孔，半圆拱，跨度为3.3米，矢高1.7米。

2.千善桥文化价值评估

根据"三峡湖北库区文物古建筑复建区文化价值评估体系"课题研究，文物古建筑的文化价值主要由历史价值、人文价值、艺术价值、科学价值、情感价值和社会价值构成，现从上述6个方面对千善桥文化价值进行评估。

（1）历史价值

千善桥为清代建筑，从整体看，千善桥的原真性和完整性较强，但桥墩、桥身、桥面石均有不同程度的破损。虽然属于三峡地区古桥中的常见形式，但该桥富有地方性特色，仍为当地具有代表性的桥梁建筑之一，能较好地体现当地的生活风貌和社会文化，时代性突出。

千善桥历史价值评估赋分情况为：时间性7分，原真性8分，完整性8分，时代性9分，稀缺度5分，奇特性7分，知名度5分。千善桥历史价值综合得分为49分，平均值为7分。

（2）人文价值

根据目前掌握的相关资料情况，该建筑与本地知名的事件或人物尚无直接关联性。作为当地普通桥梁建筑，其所体现的宗教内涵和价值均不明显。但作为民俗历史文物，此古建筑在延续本地人民精神文化和生活方面价值仍较突出。

千善桥人文价值评估赋分为：事件人物的关联性5分，宗教价值2分，民俗价值8分，文化延续价值9分。千善桥的人文价值综合得分为24分，平均值为6分。

（3）艺术价值

千善桥桥体小巧、精致，虽然建筑类型在当地较为多见，但作为复建的文物古建筑，该石桥在设计、工艺、特色及施工技艺等方面都有其相应价值。该桥最为突出的特点是曾经设立过凉亭，这在其他古桥中不曾见过。

千善桥艺术价值评估赋分为：美学价值6分，风格特色8分，结构特点7分，设计水平和工艺6分，装饰装修、施工技艺6分。惠济桥的艺术价值综合得分为33分，平均值为6.6分。

（4）科学价值

千善桥做工精细，能代表当时当地的建筑桥梁水平和工艺，反映当时的科学成就及科技成果水平。

千善桥科学价值评估赋分为：建筑的科学成就7分，反映出的科技成果水平 7分。千善桥的科学价值综合得分为14分，平均值为7分。

（5）情感价值

古桥与当地民众的日常生活密切相关，它的存在对当地民众而言具有一定的象征作用，能得到当地群众的显著的心理认同，能产生亲切感，能使民众产生较强的归属感。石桥富有浓郁的地域气息和特征，对于非本地人而言，也具有一定的惊奇感。

千善桥情感价值评估赋分为：象征作用7分，认同感8分，归属感8分，惊奇感4分。千善桥情感价值综合得分为27分，平均值为6.75分。

(6) 社会价值

目前尚无历史资料证明曾有与其相关的人和事对社会产生过突出的教育意义和纪念作用。但是作为新滩古民居群的一个不可或缺的部分，作为三峡工程移民复建的代表性文物建筑，千善桥仍然具有其相应的社会价值，具有一定的纪念性和教育性。

千善桥社会价值评估赋分为：教育性5分，纪念性7分，和谐性5分。千善桥的社会价值综合得分为17，平均值为5.67分。

按上述各评估价值因子在文化价值中所占权重，计算得出千善桥文化价值总得分为：6.56分，具体赋分情况见表4-3-13《千善桥文化价值评估表》。

表4-3-13 千善桥文化价值评估表

评估项目	评估因子	分值选择	单项得分	平均值	权重	分类得分	总分
历史价值	时间性	0 1 2 3 4 5 6 7 8 9 10	7	7.00	28%	1.96	6.56
	原真性	0 1 2 3 4 5 6 7 8 9 10	8				
	完整性	0 1 2 3 4 5 6 7 8 9 10	8				
	时代性	0 1 2 3 4 5 6 7 8 9 10	9				
	稀缺度	0 1 2 3 4 5 6 7 8 9 10	5				
	奇特性	0 1 2 3 4 5 6 7 8 9 10	7				
	知名度	0 1 2 3 4 5 6 7 8 9 10	5				
	小计		49				
人文价值	事件人物的关联性	0 1 2 3 4 5 6 7 8 9 10	5	6.00	16%	0.96	
	宗教价值	0 1 2 3 4 5 6 7 8 9 10	2				
	民俗价值	0 1 2 3 4 5 6 7 8 9 10	8				
	文化延续价值	0 1 2 3 4 5 6 7 8 9 10	9				
	小计		24				
艺术价值	美学价值	0 1 2 3 4 5 6 7 8 9 10	6	6.60	20%	1.32	
	风格特色	0 1 2 3 4 5 6 7 8 9 10	8				
	结构特点	0 1 2 3 4 5 6 7 8 9 10	7				
	设计水平和工艺	0 1 2 3 4 5 6 7 8 9 10	6				
	装饰装修、施工技艺	0 1 2 3 4 5 6 7 8 9 10	6				
	小计		33				
科学价值	建筑的科学成就	0 1 2 3 4 5 6 7 8 9 10	7	7.00	8%	0.56	
	反映出的科技成果水平	0 1 2 3 4 5 6 7 8 9 10	7				
	小计		14				
情感价值	象征作用	0 1 2 3 4 5 6 7 8 9 10	7	6.75	16%	1.08	
	认同感	0 1 2 3 4 5 6 7 8 9 10	8				
	归属感	0 1 2 3 4 5 6 7 8 9 10	8				
	惊奇感	0 1 2 3 4 5 6 7 8 9 10	4				
	小计		27				
社会价值	教育性	0 1 2 3 4 5 6 7 8 9 10	5	5.67	12%	0.68	
	纪念性	0 1 2 3 4 5 6 7 8 9 10	7				
	和谐性	0 1 2 3 4 5 6 7 8 9 10	5				
	小计		17				

（十三）迎和门

1. 迎和门概况

迎和门原地理坐标为东经110°47′，北纬30°55′，海拔140米。建筑坐西向东，位于长江北岸，三峡水库蓄水后，整个建筑都处于淹没区。据清光绪八年《归州志》记载："县城东北依山，周回二里，高一丈五尺，南临大江，故老相传谓之刘备城，盖征吴时所筑也，历代相传，宋端平中，始移县于江南屈沱，后徙新滩，又徙白沙、南浦，元末，尝徙治丹阳城。明嘉靖十四年，始迁至今治。归州故邑背山临水，归城原在大江之南，嘉靖十四年，地忽陷裂，城垣倾圮，因迁江北，立五门，东门曰'迎和'、南曰'景贤'、西曰'瞻夔'、北曰'拱极'、中曰'鼎新'，周围三里，崇一丈九尺，自明季多贼寇往来，盘踞城垣颓废。"

古老的秭归城，风光秀丽，依山垒房，临水搭楼，整座城池宛如一个大葫芦，因而又称"葫芦城"。滔滔江水浮着葫芦肚，巍巍青山拽着葫芦把，莽莽的古城墙随地势连绵起伏，雄伟的古城门高大壮观。据史书载，在清嘉庆年间修筑石城，从现存城门、城墙考证，其是按地势进行建筑，外高内低，东城门（迎和门）前（东）用石条17层，而后（西）用石条16层，两山面在高出城墙部分用石条5层，与前后壁不相交，城门拱券为青砖发券，作为城门通道。出檐为三层，第一层为条砖外出6厘米，第二层为牙子砖，第三层为丁砖。城门上部有跺口，向外一侧设城门。

现城门的木版门已毁，门楼也不复存在，城垛也为今人所改。门外的匾额上阴刻"迎和门"三字，城门洞宽3.1米，深6.4米，城砖规格为42厘米×13厘米×10厘米。图4-3-9为迎和门正面。

图4-3-9　迎和门

2. 迎和门文化价值评估

根据"三峡湖北库区文物古建筑复建区文化价值评估体系"课题研究，文物古建筑的文化价值主要由历史价值、人文价值、艺术价值、科学价值、情感价值和社会价值构成，现从上述6个方面对迎和门文化价值进行评估。

(1) 历史价值

现存迎和门为清代建筑，但其始建时代可追溯至三国时期。晋、隋、唐、宋等代相继在此设治，南宋迁至江南，明代再至江北，清代改砖城为石城至今，其历史延续性十分完善。该城门为归州古城仅存的两个城门之一，历史价值、文物价值较高。此建筑在延续三峡人民精神文化和生活方面价值亦十分突出。

综合上述因素，迎和门的历史价值评估赋分情况为：时间性7分，原真性6分，完整性5分，时代性9分，稀缺度8分，奇特性7分，知名度7分。迎和门的历史价值综合得分为49分，平均值为7分。

(2) 人文价值

古代城门有着极其重要的作用，不但是沟通城市与外界的窗口，更是构成城市防卫体系的重要组成部分。迎和门是归州古城保存下来两处城门之一，对于研究古代归州的历史文化和城池建设有十分重要的文物价值。文物价值较高，建筑在延续三峡人民精神文化和生活方面价值亦十分突出。

综合上述因素，迎和门人文价值评估赋分为：事件人物的关联性8分，宗教价值2分，民俗价值8分，文化延续价值9分。迎和门的人文价值综合得分为27分，平均值为6.75分。

(3) 艺术价值

迎和门是古代归州城的重要遗迹，该建筑门楼的木构架结构较为简单，但设置比较特殊，富有特色，城门洞为拱券结构，条砖发券，三券三伏，而金刚墙为砂岩石砌筑，券砖纵列砌置。总体看，此建筑在设计水平、思路布局、构图、工艺和特色、装饰装修和施工技艺等方面都有较高价值，代表了当时当地的建筑艺术水平。

迎和门艺术价值评估赋分为：美学价值7分，风格特色7分，结构特点7分，设计水平和工艺7分，装饰装修、施工技艺7分。迎和门的艺术价值综合得分为35分，平均值为7分。

(4) 科学价值

迎和门是三峡地区仅存的城门类建筑的典型代表之一，在结构、用材和施工等方面科学成就较高。该建筑能代表当时当地的建筑水平和工艺，反映当时的科学成就及科技成果水平。

迎和门科学价值评估赋分为：建筑的科学成就7分，反映出的科技成果水平 7分。迎和门的科学价值综合得分为14分，平均值为7分。

(5) 情感价值

作为具有代表性的城市建筑遗迹，迎和门在当地社会中具有重要的象征作用，能得到当地群众的显著的心理认同，能使民众产生较强的归属感。作为本地唯一富有浓郁地方特色的代表性建筑，对于非本地人而言，也具有较强的惊奇感。

综合上述因素，迎和门情感价值评估赋分为：象征作用8分，认同感8分，归属感8分，惊奇感7分。迎和门的情感价值综合得分为31分，平均值为7.75分。

(6) 社会价值

迎和门是归州历史留存的珍贵文化遗产，该建筑自身即是典型的纪念性建筑。作为三峡工程移民复建的代表性文物建筑，该建筑具有重要的社会价值，对社会及民众具有相应的教育作用、促进社会和谐之作用。

迎和门社会价值评估赋分为：教育性7分，纪念性8分，和谐性6分。迎和门的社会价值综合得分为21分，平均值为7分。

按上述各评估价值因子在文化价值中所占权重，计算得出迎和门文化价值总得分为：7.08分，具体赋分情况见表4-3-14《迎和门文化价值评估表》。

表4-3-14 迎和门文化价值评估表

评估项目	评估因子	分值选择	单项得分	平均值	权重	分类得分	总分
历史价值	时间性	0 1 2 3 4 5 6 7 8 9 10	7	7.00	28%	1.96	7.08
	原真性	0 1 2 3 4 5 6 7 8 9 10	6				
	完整性	0 1 2 3 4 5 6 7 8 9 10	5				
	时代性	0 1 2 3 4 5 6 7 8 9 10	9				
	稀缺度	0 1 2 3 4 5 6 7 8 9 10	8				
	奇特性	0 1 2 3 4 5 6 7 8 9 10	7				
	知名度	0 1 2 3 4 5 6 7 8 9 10	7				
	小计		49				
人文价值	事件人物的关联性	0 1 2 3 4 5 6 7 8 9 10	8	6.75	16%	1.08	
	宗教价值	0 1 2 3 4 5 6 7 8 9 10	2				
	民俗价值	0 1 2 3 4 5 6 7 8 9 10	8				
	文化延续价值	0 1 2 3 4 5 6 7 8 9 10	9				
	小计		27				
艺术价值	美学价值	0 1 2 3 4 5 6 7 8 9 10	7	7.00	20%	1.4	
	风格特色	0 1 2 3 4 5 6 7 8 9 10	7				
	结构特点	0 1 2 3 4 5 6 7 8 9 10	7				
	设计水平和工艺	0 1 2 3 4 5 6 7 8 9 10	7				
	装饰装修、施工技艺	0 1 2 3 4 5 6 7 8 9 10	7				
	小计		35				
科学价值	建筑的科学成就	0 1 2 3 4 5 6 7 8 9 10	7	7.00	8%	0.56	
	反映出的科技成果水平	0 1 2 3 4 5 6 7 8 9 10	7				
	小计		14				
情感价值	象征作用	0 1 2 3 4 5 6 7 8 9 10	8	7.75	16%	1.24	
	认同感	0 1 2 3 4 5 6 7 8 9 10	8				
	归属感	0 1 2 3 4 5 6 7 8 9 10	8				
	惊奇感	0 1 2 3 4 5 6 7 8 9 10	7				
	小计		31				
社会价值	教育性	0 1 2 3 4 5 6 7 8 9 10	7	7.00	12%	0.84	
	纪念性	0 1 2 3 4 5 6 7 8 9 10	8				
	和谐性	0 1 2 3 4 5 6 7 8 9 10	6				
	小计		21				

(十四)景圣门

1. 景圣门概况

景圣门(图4-3-10)又称景贤门,原地理坐标为东经110°41′,北纬31°00′,海拔140米,属三峡水库淹没区。秭归老城门景圣门应为清嘉庆年间遗存,城门四壁为石条垒砌,但拱券为城砖砌筑,在下层券砖上还存有嘉庆九年(1804年)的文字(主要分部在仔券的下层砖件上)。南门(景圣门)和东门(迎和门)的建筑形式基本相同,都是按地形而建,前面较低而后面地势较高,门前原都设有多级踏道。南门原为归州城的主要通道,门前100米就是长江,后托归州城池,建筑形体较大。景圣门上部有出檐砖件。

南城门门洞保存较完整,门洞两壁石件、拱券甚至仔券都很完整,在仔券内部、大券下还存留有安装城门的门槛木件,在拱券内两壁上还保留有长22厘米、宽18厘米的安插大门的栓杆卯口。大券腿共设石件9层,仔券5层,下为夯土基础。景圣门外壁为沙质岩石砌筑,外部风化较为严重,多在1~3厘米。同时断裂残损构件较多,特别是门洞以西,前后两壁因在城门上部,且民航局建有5层高的导航楼,故在门洞西部从上到下拆掉宽3米的石件,做成导航楼承重的水泥框架基础。西山头的石件毁掉70%,作为地下室和上楼的梯道,城门上部的拨檐砖和铺地砖大部分毁掉,改为水泥地面。

图4-3-10 景圣门

2. 景圣门文化价值评估

根据"三峡湖北库区文物古建筑复建区文化价值评估体系"课题研究,文物古建筑的文化价值主要由历史价值、人文价值、艺术价值、科学价值、情感价值和社会价值构成,现从上述6个方面对景圣门文化价值进行评估。

(1)历史价值

现存景圣门为清代建筑,但其始建时代可追溯至三国时期,晋、隋、唐、宋等代相继在此设置,南宋时迁至江南,明代时再至江北,清代改砖城为石城至今,其历史延续性十分完善。该城门为归州古城仅存的两个城门之一,历史价值、文物价值较高。此建筑在延续三峡人民精神文化和生活方面价值亦十分突出。

综合上述因素,景圣门的历史价值评估赋分情况为:时间性7分,原真性6分,完整性5分,时代性9分,稀缺度8分,奇特性7分,知名度7分。景圣门的历史价值综合得分为49分,平均值为7分。

（2）人文价值

古代城门有着极其重要的作用,不但是沟通城市与外界的窗口,更是构成城市防卫体系的重要组成部分。景圣门是归州古城保存下来的两处城门之一,对于研究古代归州的历史文化和城池建设都有十分重要的文物价值,文物价值较高。此建筑在延续三峡人民精神文化和生活方面价值亦十分突出。

综合上述因素,景圣门人文价值评估赋分为:事件人物的关联性8分,宗教价值2分,民俗价值8分,文化延续价值9分。景圣门的人文价值综合得分为27分,平均值为6.75分。

（3）艺术价值

景圣门是古代归州城的重要遗迹,该建筑门楼的木构架结构较为简单,但设置比较特殊,富有特色,城门洞为拱券结构,条砖发券,三券三伏,而金刚墙为大块红砂岩石砌筑,券砖纵列砌置。总体看,建筑在设计水平、思路布局、构图、工艺和特色、装饰装修和施工技艺等方面都有较高价值,代表了当时当地的建筑艺术水平。

景圣门艺术价值评估赋分为:美学价值7分,风格特色7分,结构特点7分,设计水平和工艺7分,装饰装修、施工技艺7分。景圣门的艺术价值综合得分为35分,平均值为7分。

（4）科学价值

景圣门是三峡地区仅存的城门类建筑的典型代表之一,在结构、用材和施工等方面科学成就较高。该建筑能代表当时当地的建筑水平和工艺,反映当时的科学成就及科技成果水平。

景圣门科学价值评估赋分为:建筑的科学成就7分,反映出的科技成果水平7分。景圣门的科学价值综合得分为14分,平均值为7分。

（5）情感价值

作为具有代表性的城市建筑遗迹,景圣门在当地社会中具有重要的象征作用,能得到当地群众的显著的心理认同,能使民众产生较强的归属感。作为本地唯一富有浓郁地方特色的代表性建筑,对于非本地人而言,也具有较强的惊奇感。

综合上述因素,景圣门情感价值评估赋分为:象征作用8分,认同感8分,归属感8分,惊奇感7分。景圣门的情感价值综合得分为31分,平均值为7.75分。

（6）社会价值

景圣门是归州历史留存的珍贵文化遗产。该建筑本身即是典型的纪念性建筑。作为三峡工程移民复建的代表性文物建筑,该建筑具有重要的社会价值,对社会及民众具有相应的教育作用、促进社会和谐之作用。

综合上述因素,景圣门社会价值评估赋分为:教育性7分,纪念性8分,和谐性6分。景圣门的社会价值综合得分为21分,平均值为7分。

按上述各评估价值因子在文化价值中所占权重,计算得出景圣门文化价值总得分为:7.08分,具体赋分情况见表4-3-15《景圣门文化价值评估表》。

表4-3-15　景圣门文化价值评估表

评估项目	评估因子	分值选择	单项得分	平均值	权重	分类得分	总分
历史价值	时间性	0 1 2 3 4 5 6 7 8 9 10	7	7.00	28%	1.96	7.08
	原真性	0 1 2 3 4 5 6 7 8 9 10	6				
	完整性	0 1 2 3 4 5 6 7 8 9 10	5				
	时代性	0 1 2 3 4 5 6 7 8 9 10	9				
	稀缺度	0 1 2 3 4 5 6 7 8 9 10	8				
	奇特性	0 1 2 3 4 5 6 7 8 9 10	7				
	知名度	0 1 2 3 4 5 6 7 8 9 10	7				
	小计		49				
人文价值	事件人物的关联性	0 1 2 3 4 5 6 7 8 9 10	8	6.75	16%	1.08	
	宗教价值	0 1 2 3 4 5 6 7 8 9 10	2				
	民俗价值	0 1 2 3 4 5 6 7 8 9 10	8				
	文化延续价值	0 1 2 3 4 5 6 7 8 9 10	9				
	小计		27				
艺术价值	美学价值	0 1 2 3 4 5 6 7 8 9 10	7	7.00	20%	1.4	
	风格特色	0 1 2 3 4 5 6 7 8 9 10	7				
	结构特点	0 1 2 3 4 5 6 7 8 9 10	7				
	设计水平和工艺	0 1 2 3 4 5 6 7 8 9 10	7				
	装饰装修、施工技艺	0 1 2 3 4 5 6 7 8 9 10	7				
	小计		35				
科学价值	建筑的科学成就	0 1 2 3 4 5 6 7 8 9 10	7	7.00	8%	0.56	
	反映出的科技成果水平	0 1 2 3 4 5 6 7 8 9 10	7				
	小计		14				
情感价值	象征作用	0 1 2 3 4 5 6 7 8 9 10	8	7.75	16%	1.24	
	认同感	0 1 2 3 4 5 6 7 8 9 10	8				
	归属感	0 1 2 3 4 5 6 7 8 9 10	8				
	惊奇感	0 1 2 3 4 5 6 7 8 9 10	7				
	小计		31				
社会价值	教育性	0 1 2 3 4 5 6 7 8 9 10	7	7.00	12%	0.84	
	纪念性	0 1 2 3 4 5 6 7 8 9 10	8				
	和谐性	0 1 2 3 4 5 6 7 8 9 10	6				
	小计		21				

（十五）郑万琅老屋

1. 郑万琅老屋概况

郑万琅老屋原位于秭归县屈原镇（原新滩镇）的桂林村二组上孝村，面江而建，所在地海拔105米。保护规划确定其为"易地搬迁"。该老屋原由主院和东跨院组成，现主院完好，东跨院仅存后屋。建筑总平面为长方形，长约17.3米，宽约13.4米，占地面积为300平方米，现存建筑面积为520平方米（包括二层）。

该老屋为砖木混合结构。厅屋为抬梁式构架，堂屋用砖结构承重，厅屋上有楼，并有雕花栏杆，部分木装修保存较好。建筑之间落差较大。五花山墙高低错落。大门正面用牌楼式门楣装饰。

厅屋为三层，开间为两层，一明两暗布置。天井两侧厢房各一间，均为两层。过天井再登7级踏跺可进入堂屋，堂屋为三开间，同样是一明两暗布置。明间一层通高，次间带楼层。建筑呈围合封闭形，平面颇像九宫格的图形，四周是实体的建筑，中间为虚体的天井。厢房和厅屋的二层面天井作骑马转角廊。跑马廊栏杆完整，采用宫式格心。建筑木构件不施油漆彩画，真实地体现出了木材本色。

厅屋外西侧贴建一间厨房。厨房已改建，由厅屋前的条石铺装和台明情况可判断此处原有房屋，厅屋前还应有院墙。

2. 郑万琅老屋文化价值评估

根据"三峡湖北库区文物古建筑复建区文化价值评估体系"课题研究，文物古建筑的文化价值主要由历史价值、人文价值、艺术价值、科学价值、情感价值和社会价值构成，现从上述6个方面对郑万琅老屋文化价值进行评估。

（1）历史价值

传统民居是历史的见证，其自身蕴涵着重要的历史价值。郑万琅老屋建于清代，其主人郑万琅为清末秀才，是当地的名人。该建筑长期由其后人使用，保存情况较好，多年来改动甚小。建筑真实性、完整性较强。作为当地代表性民居，该建筑能较好地体现当地的生活风貌和社会文化，时代性突出。作为本地名人故居，该建筑在本地区具有一定知名度和影响力。

综合上述因素，郑万琅老屋的历史价值评估赋分情况为：时间性7分，原真性8分，完整性8分，时代性9分，稀缺度7分，奇特性5分，知名度8分。郑万琅老屋的历史价值综合得分为52分，平均值为7.43分。

（2）人文价值

民居建筑反映了当地人民的历史生活、生产方式、风俗习惯和审美观念，其所蕴涵的人文价值不容忽视。老屋主人郑万琅为清末秀才，是当地名人。该建筑与本地知名的事件或人物有直接关联性。作为当地普通民居建筑，其所体现的宗教内涵和价值均不明显，但所体现的民俗文化内涵则十分丰富，且该建筑内尚存有少量的民俗文物，在延续三峡人民精神文化和生活方面价值突出。

综合上述因素，郑万琅老屋人文价值评估赋分为：事件人物的关联性8分，宗教价值2分，民俗价值7分，文化延续价值9分。郑万琅老屋的人文价值综合得分为26分，平均值为6.5分。

（3）艺术价值

郑万琅老屋建筑结构布置灵活，不拘一格，充分地反映了山地建筑特点。该建筑做工讲究，装饰也较华丽。厅屋明间与次间用板门分隔，必要时板门可以打开，扩大了室内活动空间。以屋后檐廊步的两次间作为楼梯间，现仍保留了原跑木楼梯，这在新滩其他民居中不多见。建筑用檐椽和飞椽两层椽，也与其他老屋不同。此外，跑马转角廊栏杆保存完整也是一特色。除堂屋五花风火山墙外，其他厅屋、厨房、簧屋为三花风火山墙。墙外面粉刷灰色灰浆，山墙檐下粉白灰，并在转折处用白灰塑出岔角，构成墙面黑白相间的色调，使墙醒目且有变化。风火山墙的脊饰做法是该处民居的一大特色，用灰和瓦层层叠出并高高翘起，使厚重的封火山墙显得非常轻巧。总体上看，该建筑风格较突出，设计水平、思路布局、构图、工艺和特色、装饰装修和施工技艺等方面都有较高价值。

综合上述因素，郑万琅老屋艺术价值评估赋分为：美学价值7分，风格特色 7分，结构特点7分，设计水平和工艺8分，装饰装修、施工技艺8分。郑万琅老屋的艺术价值综合得分为37分，平均值为7.4分。

（4）科学价值

郑万琅老屋是三峡湖北库区保存较好的代表性民居之一。该建筑在选址、设计建造、装饰等方面都颇具地方特色，在结构、用材和施工等方面较好反映出当时当地的科学成就，能较好地反映出历史上的科技成果和科技水平，具有相应的科学价值。

综合上述因素，郑万琅老屋科学价值评估赋分为：建筑的科学成就7分，反映出的科技成果水平7分。郑万琅老屋的科学价值综合得分为14分，平均值为7分。

（5）情感价值

郑万琅老屋之建筑样式、结构形态颇具特色，是三峡居住类建筑的典型代表之一，在三峡地区具有一定的象征作用，能得到当地群众的显著的心理认同，能使民众产生较强的归属感。三峡传统民居表现出来的浓厚的地域气息和特征，以及该建筑为当地名人故居等因素，对于非本地人而言，也具有一定的惊奇感。

综合上述因素，郑万琅老屋情感价值评估赋分为：象征作用7分，认同感8分，归属感8分，惊奇感6分。郑万琅老屋的情感价值综合得分为29分，平均值为7.25分。

（6）社会价值

郑万琅老屋是当地保存较好的民居建筑之一，作为当地名人故居，其纪念性突出，且与建筑相关的人和事对本地社会也将产生一定的教育意义，对民族团结和凝聚力增强也能产生相应作用。

根据本次评估的赋分标准，郑万琅老屋社会价值评估赋分为：教育性5分，纪念性7分，和谐性5分。郑万琅老屋的社会价值综合得分为17分，平均值为5.67分。

按上述各评估价值因子在文化价值中所占权重，计算得出郑万琅老屋文化价值总得分为：7分，具体赋分情况见表4-3-16《郑万琅老屋文化价值评估表》。

表4-3-16　郑万琅老屋文化价值评估表

评估项目	评估因子	分值选择	单项得分	平均值	权重	分类得分	总分
历史价值	时间性	0 1 2 3 4 5 6 7 8 9 10	7	7.43	28%	2.08	
	原真性	0 1 2 3 4 5 6 7 8 9 10	8				
	完整性	0 1 2 3 4 5 6 7 8 9 10	8				
	时代性	0 1 2 3 4 5 6 7 8 9 10	9				
	稀缺度	0 1 2 3 4 5 6 7 8 9 10	7				
	奇特性	0 1 2 3 4 5 6 7 8 9 10	5				
	知名度	0 1 2 3 4 5 6 7 8 9 10	8				
	小计		52				
人文价值	事件人物的关联性	0 1 2 3 4 5 6 7 8 9 10	8	6.50	16%	1.04	
	宗教价值	0 1 2 3 4 5 6 7 8 9 10	2				
	民俗价值	0 1 2 3 4 5 6 7 8 9 10	7				
	文化延续价值	0 1 2 3 4 5 6 7 8 9 10	9				
	小计		26				

续表

评估项目	评估因子	分值选择	单项得分	平均值	权重	分类得分	总分
艺术价值	美学价值	0 1 2 3 4 5 6 7 8 9 10	7	7.40	20%	1.48	7
	风格特色	0 1 2 3 4 5 6 7 8 9 10	7				
	结构特点	0 1 2 3 4 5 6 7 8 9 10	7				
	设计水平和工艺	0 1 2 3 4 5 6 7 8 9 10	8				
	装饰装修、施工技艺	0 1 2 3 4 5 6 7 8 9 10	8				
	小计		37				
科学价值	建筑的科学成就	0 1 2 3 4 5 6 7 8 9 10	7	7.00	8%	0.56	
	反映出的科技成果水平	0 1 2 3 4 5 6 7 8 9 10	7				
	小计		14				
情感价值	象征作用	0 1 2 3 4 5 6 7 8 9 10	7	7.25	16%	1.16	
	认同感	0 1 2 3 4 5 6 7 8 9 10	8				
	归属感	0 1 2 3 4 5 6 7 8 9 10	8				
	惊奇感	0 1 2 3 4 5 6 7 8 9 10	6				
	小计		29				
社会价值	教育性	0 1 2 3 4 5 6 7 8 9 10	5	5.67	12%	0.68	
	纪念性	0 1 2 3 4 5 6 7 8 9 10	7				
	和谐性	0 1 2 3 4 5 6 7 8 9 10	5				
	小计		17				

（十六）郑韶年老屋

1. 郑韶年老屋概况

郑韶年老屋位于新滩镇桂林村二组，其中心地理坐标为东经110°48′，北纬30°56′，海拔135米。1994年7月调查发现，该建筑是新滩南岸清代民居群中的一座，具有一定的代表性。郑韶年老屋系砖木结构建筑，依山而建，坐南朝北，平面呈长方形，二进二层院落。整栋老屋环境面积为881.05平方米，建筑面积为370.62平方米，由厅屋、厢房、天井、堂屋、侧屋等单元组成。五花封火山墙为硬山形式，建筑高大，壮观气派，是三峡湖北库区湖北境内最有特色的古代民居建筑。该老屋的始建年代已无从考证，但是从它的建筑风格、特点、细部制作法等方面来看，该老屋与江渎庙同时代，应是清代乾隆时期所建。

从《郑氏族谱》辈分中可以推断，该老屋的主人在当时是当地有名的大盐商，巨富商贾，即使是势力最大的郑氏八个老爷的宅第，除大老爷郑万瞻的宅第之外（郑万瞻老屋大部分被毁），再也没有比郑韶年府邸更大的民居建筑了。该老屋虽经历百余年风风雨雨，但除门楼（山门）及前院围墙被毁外，主体部分基本是原貌，保存较为完整。如图4-3-11所示。

2. 郑韶年老屋文化价值评估

根据"三峡湖北库区文物古建筑复建区文化价值评估体系"课题研究，文物古建筑的文化价值主要由历史价值、人文价值、艺术价值、科学价值、情感价值和社会价值构成，现从上述6个方面

图4-3-11 郑韶年老屋

对郑韶年老屋文化价值进行评估。

（1）历史价值

传统民居是历史的见证，其自身蕴涵着重要的历史价值。根据相关资料描述，郑韶年老屋应为清代建筑。目前该建筑主体基本保持原貌，真实性、完整性较强，仅很少部分残缺。该建筑被认为是三峡湖北库区湖北境内最有特色的古代民居建筑，能较好地体现当地的生活风貌和社会文化，时代性突出。作为当地代表性的知名建筑，该民居具有较大吸引力，也具有较大影响力。

综合上述因素，郑韶年老屋的历史价值评估赋分情况为：时间性7分，原真性9分，完整性9分，时代性10分，稀缺度9分，奇特性8分，知名度8分。郑韶年老屋的历史价值综合得分为60分，平均值为8.57分。

（2）人文价值

民居建筑反映了当地人民的历史生活、生产方式、风俗习惯和审美观念，其所蕴涵的人文价值不容忽视。根据目前掌握的相关资料情况，郑韶年老屋的主人是当地著名的大盐商，表明该建筑与本地知名的事件或人物具有直接关联性。同时，该建筑内目前仍保留有若干民俗文物，例如老式的木架床等，其所体现的当地民俗文化的内涵十分丰富。郑韶年老屋是具有浓郁地方特色的代表性建筑，在延续本地民众精神文化和生活方面具有较高的价值。作为当地传统的民居建筑，其所体现的宗教内涵和价值不甚突出。

综合上述因素，郑韶年老屋人文价值评估赋分为：事件人物的关联性9分，宗教价值2分，民俗价值9分，文化延续价值9分。郑韶年老屋的人文价值综合得分为29分，平均值为7.25分。

（3）艺术价值

郑韶年老屋在建筑规模、结构形式、雕刻、彩画艺术等方面均首屈一指。该建筑高大、壮观气派、造型美观、建筑风格较突出，富有特色。建筑设计水平、思路布局、构图、工艺和特色，以及装饰装修、施工技艺都独具匠心，艺术价值在当地民居中为最高水平。

综合上述因素，郑韶年老屋艺术价值评估赋分为：美学价值9分，风格特色 9分，结构特点9分，设计水平和工艺9分，装饰装修、施工技艺9分。郑韶年老屋的艺术价值综合得分为45分，平均值为9分。

(4)科学价值

郑韶年老屋是秭归新滩南岸清代民居最富代表性的建筑。该建筑在结构、用材和施工等方面反映出的科学成就较高,尤其是排水系统的结构形式是古代民居中少有的,能充分反映出当时当地历史上的科技成果和科技水平,具有较高的科学价值。

综合上述因素,郑韶年老屋的科学价值评估赋分为:建筑的科学成就9分,反映出的科技成果水平9分。郑韶年老屋的科学价值综合得分为18分,平均值为9分。

(5)情感价值

郑韶年老屋的建筑样式、结构形态较为独特,是三峡居住类建筑的典型代表之一,并且也代表着当地当时建筑的较高水准。该建筑在当地社会民众中具有一定的象征作用,能得到当地群众的显著的心理认同,能使民众产生较强的归属感。三峡传统民居表现出来的浓厚地域气息和特征,以及建筑主人为当地巨富商贾等因素对于非本地人而言,也易产生较显著的惊奇感。

综合上述因素,郑韶年老屋情感价值评估赋分为:象征作用8分,认同感8分,归属感8分,惊奇感8分。郑韶年老屋的情感价值综合得分为32分,平均值为8分。

(6)社会价值

郑韶年老屋是当地保存完好的民居建筑之一。这座建筑的完整程度、建筑规模、历史价值、艺术价值、地方特点、风格等方面都具备或超过了省级文物保护单位所应该具备的条件。有历史资料证明与其相关的人和事能对社会产生一定的教育意义和纪念作用。

根据本次评估的赋分标准,郑韶年老屋社会价值评估赋分为:教育性6分,纪念性8分,和谐性4分。郑韶年老屋的社会价值综合得分为18分,平均值为6分。

按上述各评估价值因子在文化价值中所占权重,计算得出郑韶年老屋文化价值总得分为8.08分,具体赋分情况见表4-3-17《郑韶年老屋文化价值评估表》。

表4-3-17 郑韶年老屋文化价值评估表

评估项目	评估因子	分值选择	单项得分	平均值	权重	分类得分	总分
历史价值	时间性	0 1 2 3 4 5 6 7 8 9 10	7	8.57	28%	2.4	8.08
	原真性	0 1 2 3 4 5 6 7 8 9 10	9				
	完整性	0 1 2 3 4 5 6 7 8 9 10	9				
	时代性	0 1 2 3 4 5 6 7 8 9 10	10				
	稀缺度	0 1 2 3 4 5 6 7 8 9 10	9				
	奇特性	0 1 2 3 4 5 6 7 8 9 10	8				
	知名度	0 1 2 3 4 5 6 7 8 9 10	8				
	小计		60				
人文价值	事件人物的关联性	0 1 2 3 4 5 6 7 8 9 10	9	7.25	16%	1.16	
	宗教价值	0 1 2 3 4 5 6 7 8 9 10	2				
	民俗价值	0 1 2 3 4 5 6 7 8 9 10	9				
	文化延续价值	0 1 2 3 4 5 6 7 8 9 10	9				
	小计		29				
艺术价值	美学价值	0 1 2 3 4 5 6 7 8 9 10	9	9.00	20%	1.8	
	风格特色	0 1 2 3 4 5 6 7 8 9 10	9				
	结构特点	0 1 2 3 4 5 6 7 8 9 10	9				
	设计水平和工艺	0 1 2 3 4 5 6 7 8 9 10	9				
	装饰装修、施工技艺	0 1 2 3 4 5 6 7 8 9 10	9				
	小计		45				

续表

评估项目	评估因子	分值选择	单项得分	平均值	权重	分类得分	总分
科学价值	建筑的科学成就	0 1 2 3 4 5 6 7 8 9 10	9	9.00	8%	0.72	
	反映出的科技成果水平	0 1 2 3 4 5 6 7 8 9 10	9				
	小计		18				
情感价值	象征作用	0 1 2 3 4 5 6 7 8 9 10	8	8.00	16%	1.28	
	认同感	0 1 2 3 4 5 6 7 8 9 10	8				
	归属感	0 1 2 3 4 5 6 7 8 9 10	8				
	惊奇感	0 1 2 3 4 5 6 7 8 9 10	8				
	小计		32				
社会价值	教育性	0 1 2 3 4 5 6 7 8 9 10	6	6.00	12%	0.72	
	纪念性	0 1 2 3 4 5 6 7 8 9 10	8				
	和谐性	0 1 2 3 4 5 6 7 8 9 10	4				
	小计		18				

（十七）郑万瞻老屋

1. 郑万瞻老屋概况

郑万瞻老屋位于新滩南岸桂林村，中心地理坐标为东经110°48′北纬30°56′，所在地海拔120米，三峡水库蓄水后，整个建筑都将淹没在三峡水库中。1994年7月调查，该民居为砖木结构建筑，占地面积为851平方米，建筑面积为366平方米。

该老屋是清末举人、辛亥革命的著名人物郑万瞻的府第。据《秭归县志》载："郑万瞻（1880~1943年），字云渠，秭归县新滩镇南坪人。幼喜古学，乐吟咏。清光绪二十四年（1898年）应童子武，以古学居宜昌府七属之冠。光绪三十年秋由张之洞选送京师大学堂，毕业后为部定举人，充北京《中国报》主笔。清宣统元年（1909年）任湖北省咨议局议员。"

该建筑在当时是当地最大的建筑之一。从它的建筑风格、特点、细部做法等方面来看，与周围民居遥相呼应，极为协调。老屋经历百余年风风雨雨，东、西配院均已被毁，现仅者存中间主体部分保存较为完整。土改时，把整个老屋分给了几户人家，因而现内部分隔及装修大多被毁。

郑万瞻老屋坐南朝北，依山坡走向而建，平面是长方形，布局为四合院式，以厅堂、天井和堂屋为中轴，两边辅以厢房。建筑结构以砖木混合为主，主体梁架多为穿斗式，整个院落布局整齐，高低错落有致，木雕精美。郑万瞻老屋整体保存较好，大木结构无明显松动、歪闪。但该建筑自失去原使用功能后，其装修及其他设施都有很大程度的损坏，某些布局改变了原貌。如图4-3-12所示。

2. 郑万瞻老屋文化价值评估

根据"三峡湖北库区文物古建筑复建区文化价值评估体系"课题研究，文物古建筑的文化价值主要由历史价值、人文价值、艺术价值、科学价值、情感价值和社会价值构成，现从上述6个方面对郑万瞻老屋文化价值进行评估。

（1）历史价值

传统民居是历史的见证。郑万瞻老屋建于清末，是清末举人、辛亥革命的著名人物郑万瞻的府

图4-3-12　郑万瞻老屋

第。该建筑在当时是当地最大的建筑之一，但由于历史等原因，郑万瞻老屋未能得到完整保护，仅主体保存尚好，但仍有较高的文物价值和一定的研究价值。该建筑较好地体现了当地的生活风貌和社会文化，时代性较突出，并且在本地区具较大知名度和影响力，具有一定的吸引力。

综合上述因素，郑万瞻老屋的历史价值评估赋分情况为：时间性7分，原真性7分，完整性4分，时代性8分，稀缺度8分，奇特性7分，知名度9分。郑万瞻老屋的历史价值综合得分为50分，平均值为7.14分。

（2）人文价值

民居建筑能够反映当地人民的历史生活、生产方式、风俗习惯和审美观念，其所蕴涵的人文价值非常丰富。郑万瞻老屋是清末举人、辛亥革命的著名人物郑万瞻的府第，所以此建筑与本地知名的事件或人物具有直接关联性。作为当地普通民居建筑，其所体现的宗教内涵和价值不甚明显，但建筑内留存有部分民俗文物，且其所体现的民俗文化内涵则十分丰富，在延续三峡人民精神文化和生活方面价值也较为突出。

综合上述因素，郑万瞻老屋人文价值评估赋分为：事件人物的关联性9分，宗教价值2分，民俗价值9分，文化延续价值9分。郑万瞻老屋的人文价值综合得分为29分，平均值为7.25分。

（3）艺术价值

郑万瞻老屋为砖木结构，平面布局以三条轴线展开，目前仅存中轴线上的后一部分建筑，其他的或改变或拆毁。建筑内装修大多已毁，目前仅保留一部分木装修和石雕等艺术构件。在前厅入口处虽没有郑韶年老屋入口处的抱厦，但其做了精美的砖拔檐，并用白灰砂浆做了脊饰及花草雕饰，既美观又节约开支，更贴近于民间生活。虽然建筑保存不完整，但平面布局尚清楚，仍然可见该建筑在设计水平、思路布局、构图、工艺，以及装饰装修、施工技艺等方面的特色。

综合上述因素，郑万瞻老屋艺术价值评估赋分为：美学价值6分，风格特色7分，结构特点6分，设计水平和工艺7分，装饰装修、施工技艺7分。郑万瞻老屋的艺术价值综合得分为33分，平均值为6.6分。

（4）科学价值

郑万瞻老屋虽未能得到较好保存，但从平面布局和仅存的部分建筑结构、开工、装修、一些艺术构件等来看，该建筑在结构、用材和施工等方面所反映出的当时的科学成就较突出，能较好地反映出历史上的科技成果和科技水平，具有较高科学价值。

综合上述因素，郑万瞻老屋科学价值评估赋分为：建筑的科学成就7分，反映出的科技成果水平7分。郑万瞻老屋的科学价值综合得分为14分，平均值为7分。

（5）情感价值

郑万瞻老屋作为当地具有历史价值的名人故居，在三峡地区社会民众之中具有一定的象征作用，能得到当地群众的显著的心理认同，能使民众产生较强的归属感。且历史名人的知名度和影响力对于非本地人而言，也具有一定的惊奇感。

综合上述因素，郑万瞻老屋情感价值评估赋分为：象征作用8分，认同感8分，归属感8分，惊奇感8分。郑万瞻老屋的情感价值综合得分为32分，平均值为8分。

（6）社会价值

郑万瞻老屋是清末举人、辛亥革命的著名人物郑万瞻的府第。此建筑与本地知名的事件或人物具有直接关联性，纪念意义十分突出，可对社会产生一定的教育意义；此建筑与辛亥革命精神有直接关联，对促进民族团结和增强凝聚力作用也较突出。

综合上述因素，郑万瞻老屋社会价值评估赋分为：教育性6分，纪念性9分，和谐性7分。郑万瞻老屋的社会价值综合得分为22分，平均值为7.33分。

按上述各评估价值因子在文化价值中所占权重，计算得出郑万瞻老屋文化价值总得分为：7.2分，具体赋分情况见表4-3-18《郑万瞻老屋文化价值评估表》。

表4-3-18 郑万瞻老屋文化价值评估表

评估项目	评估因子	分值选择	单项得分	平均值	权重	分类得分	总分
历史价值	时间性	0 1 2 3 4 5 6 7 8 9 10	7	7.14	28%	2	
	原真性	0 1 2 3 4 5 6 7 8 9 10	7				
	完整性	0 1 2 3 4 5 6 7 8 9 10	4				
	时代性	0 1 2 3 4 5 6 7 8 9 10	8				
	稀缺度	0 1 2 3 4 5 6 7 8 9 10	8				
	奇特性	0 1 2 3 4 5 6 7 8 9 10	7				
	知名度	0 1 2 3 4 5 6 7 8 9 10	9				
	小计		50				
人文价值	事件人物的关联性	0 1 2 3 4 5 6 7 8 9 10	9	7.25	16%	1.16	
	宗教价值	0 1 2 3 4 5 6 7 8 9 10	2				
	民俗价值	0 1 2 3 4 5 6 7 8 9 10	9				
	文化延续价值	0 1 2 3 4 5 6 7 8 9 10	9				
	小计		29				
艺术价值	美学价值	0 1 2 3 4 5 6 7 8 9 10	6	6.60	20%	1.32	
	风格特色	0 1 2 3 4 5 6 7 8 9 10	7				
	结构特点	0 1 2 3 4 5 6 7 8 9 10	6				
	设计水平和工艺	0 1 2 3 4 5 6 7 8 9 10	7				
	装饰装修、施工技艺	0 1 2 3 4 5 6 7 8 9 10	7				
	小计		33				

评估项目	评估因子	分值选择	单项得分	平均值	权重	分类得分	总分
科学价值	建筑的科学成就	0 1 2 3 4 5 6 7 8 9 10	7	7.00	8%	0.56	7.2
	反映出的科技成果水平	0 1 2 3 4 5 6 7 8 9 10	7				
	小计		14				
情感价值	象征作用	0 1 2 3 4 5 6 7 8 9 10	8	8.00	16%	1.28	
	认同感	0 1 2 3 4 5 6 7 8 9 10	8				
	归属感	0 1 2 3 4 5 6 7 8 9 10	8				
	惊奇感	0 1 2 3 4 5 6 7 8 9 10	8				
	小计		32				
社会价值	教育性	0 1 2 3 4 5 6 7 8 9 10	6	7.33	12%	0.88	
	纪念性	0 1 2 3 4 5 6 7 8 9 10	9				
	和谐性	0 1 2 3 4 5 6 7 8 9 10	7				
	小计		22				

（十八）郑书祥老屋

1.郑书祥老屋概况

郑书祥老屋位于长江北岸秭归新滩镇南坪村三组，中心坐标为东经110°48′，北纬30°56′，所在地海拔105米。该建筑与所处区域的传统建筑风格基本一致，建在多重台地上，基本平面为纵向矩形，厅屋、堂屋依轴线布置，各三开间，两侧厢房各一间，上有闺楼。中为天井，砖木混合结构，木构架采用地方抬梁式，硬山搁檩。六抹头格扇门、四抹头格扇窗，木装修上有大量的镂空雕刻，其内容多为人物故事、卷草花卉等，槛墙及山墙等部位做工精致。

郑书祥老屋为清代建筑，坐西南朝东北，面向长江，平面对称布局，建筑面积为218.52平方米。厅屋和两厢地面处同一水平面，而堂屋则依地形，其地面高出前者1.51米。郑书祥老屋的木装修，有板门、格扇门、格扇窗、雕花挡板等。格扇门为六抹头、冰花纹格芯，较为特殊的是，其边梃和抹头看面中心均倒槽，使其看上去呈并列双弧形。格扇窗为四抹头、方格芯。装修上的其他部位还有龙、凤、蝙蝠、栀花等。郑书祥老屋的窗口、窗楣、檐口等处均绘有墨线淡彩退晕彩画，所取题材比较广泛，很有地方特色。由于墙面灰皮剥落和雨水的冲刷，多数图画已斑驳不清，只能从依稀残留的部分彩画中窥视其全貌，其图案多为卷草纹、云纹等，所用色泽较单一，除墨线外，尚有明黄、土红、石青等点缀。

郑书祥老屋的木构架设置比较特殊，厅屋和两厢一层用柱与二层用柱以楼板相间，各自独立而设，一层柱网面积小于二层柱网面积。老屋的厅屋和堂屋之屋面均为硬山式，屋面有举无折，前、后檐口等处均出墀头。屋面用小青瓦覆盖，并以小青瓦堆砌成脊，正吻部砌塑成镂空回纹形，两端向上翘起。山墙和檐墙均为青片砖砌筑，内夹以碎砖灌灰浆叠砌。内墙粉刷多以黄土砂浆打底，外罩白灰砂浆抹面轧光，外墙大部则清水墙面。如图4-3-13所示。

图4-3-13 郑书祥老屋

2. 郑书祥老屋文化价值评估

根据"三峡湖北库区文物古建筑复建区文化价值评估体系"课题研究，文物古建筑的文化价值主要由历史价值、人文价值、艺术价值、科学价值、情感价值和社会价值构成，现从上述6个方面对郑书祥老屋文化价值进行评估。

（1）历史价值

郑书祥老屋建于清代，距今已有100多年的历史。作为历史的见证，此建筑几乎完全保留为原状，仅很少部分残缺，真实性、完整性较强。作为当地代表性民居，该建筑能较好地体现当地的生活风貌和社会文化，时代性突出。

综合上述因素，郑书祥老屋的历史价值评估赋分情况为：时间性7分，原真性8分，完整性8分，时代性9分，稀缺度5分，奇特性5分，知名度5分。郑书祥老屋的历史价值综合得分为：47分，平均值为6.71分。

（2）人文价值

郑书祥老屋反映了当地人民的历史生活、生产方式、风俗习惯和审美观念，其所蕴涵的人文价值不容忽视。根据目前掌握的相关资料情况，该建筑与本地知名的事件或人物尚无直接关联性。作为当地普通民居建筑，其所体现的宗教内涵和价值也不明显，但所体现的民俗文化内涵却十分丰富，无论建筑内外都仍保存着当地传统民居的历史风貌，在延续三峡人民精神文化和生活方面价值突出。

综合上述因素，郑书祥老屋人文价值评估赋分为：事件人物的关联性5分，宗教价值2分，民俗价值7分，文化延续价值9分。郑书祥老屋的人文价值综合得分为23分，平均值为5.75分。

（3）艺术价值

郑书祥老屋为砖木结构，木构架采用地方抬梁式，硬山搁檩，六抹头格扇门，四抹头格扇窗。木装修上有大量的镂空雕刻，其内容多为人物故事、卷草花卉等。槛墙及山墙等部位都做工精致。与当地众多同类建筑相比老屋建筑风格较为突出，尤其是门窗、天井和墙体均较有特色。总体上看，此建筑在设计水平、思路布局、构图、工艺特色，以及装饰装修、施工技艺方面都较有价值。

综合上述因素，郑书祥老屋艺术价值评估赋分为：美学价值7分，风格特色8分，结构特点7分，设计水平和工艺7分，装饰装修、施工技艺7分。郑书祥老屋的艺术价值综合得分为36分，平均值为7.2分。

（4）科学价值

郑书祥老屋是当地保存较好、颇具代表性的民居建筑之一。该建筑在结构、用材和施工等方面能较好地反映当时当地的科学成就，能较好地反映出历史上的科技成果和科技水平，具有一定的科学价值。

综合上述因素，郑书祥老屋科学价值评估赋分为：建筑的科学成就6分，反映出的科技成果水平6分。郑书祥老屋的科学价值综合得分为12分，平均值为6分。

（5）情感价值

郑书祥老屋的建筑样式、结构形态较为独特，是三峡居住类建筑的典型代表之一，在三峡社会民族中具有一定的象征作用，能得到当地群众的显著的心理认同，能使民众产生较强的归属感。作为三峡传统民居所表现出来的浓厚地域气息和特征，对于非本地人而言，也具有一定的惊奇感。

综合上述因素，郑书祥老屋情感价值评估赋分为：象征作用7分，认同感8分，归属感8分，惊奇感5分。郑书祥老屋的情感价值综合得分为28分，平均值为7分。

（6）社会价值

郑书祥老屋是当地保存较好的民居建筑之一，目前尚无历史资料证明曾有与其相关的人和事对社会产生过突出的教育意义和纪念作用，但作为三峡工程移民复建的代表性文物建筑，仍然具有其相应的社会价值。

根据本次评估的赋分标准。郑书祥老屋社会价值评估赋分为：教育性4分，纪念性5分，和谐性4分。郑书祥老屋的社会价值综合得分为13分，平均值为4.33分。

按上述各评估价值因子在文化价值中所占权重，计算得出郑书祥老屋文化价值总得分为：6.36分，具体赋分情况见表4-3-19《郑书祥老屋文化价值评估表》。

表4-3-19 郑书祥老屋文化价值评估表

评估项目	评估因子	分值选择	单项得分	平均值	权重	分类得分	总分
历史价值	时间性	0 1 2 3 4 5 6 7 8 9 10	7	6.71	28%	1.88	6.36
	原真性	0 1 2 3 4 5 6 7 8 9 10	8				
	完整性	0 1 2 3 4 5 6 7 8 9 10	8				
	时代性	0 1 2 3 4 5 6 7 8 9 10	9				
	稀缺度	0 1 2 3 4 5 6 7 8 9 10	5				
	奇特性	0 1 2 3 4 5 6 7 8 9 10	5				
	知名度	0 1 2 3 4 5 6 7 8 9 10	5				
	小计		47				
人文价值	事件人物的关联性	0 1 2 3 4 5 6 7 8 9 10	5	5.75	16%	0.92	
	宗教价值	0 1 2 3 4 5 6 7 8 9 10	2				
	民俗价值	0 1 2 3 4 5 6 7 8 9 10	7				
	文化延续价值	0 1 2 3 4 5 6 7 8 9 10	9				
	小计		23				

续表

评估项目	评估因子	分值选择	单项得分	平均值	权重	分类得分	总分
艺术价值	美学价值	0 1 2 3 4 5 6 7 8 9 10	7	7.20	20%	1.44	6.36
	风格特色	0 1 2 3 4 5 6 7 8 9 10	8				
	结构特点	0 1 2 3 4 5 6 7 8 9 10	7				
	设计水平和工艺	0 1 2 3 4 5 6 7 8 9 10	7				
	装饰装修、施工技艺	0 1 2 3 4 5 6 7 8 9 10	7				
	小计		36				
科学价值	建筑的科学成就	0 1 2 3 4 5 6 7 8 9 10	6	6.00	8%	0.48	
	反映出的科技成果水平	0 1 2 3 4 5 6 7 8 9 10	6				
	小计		12				
情感价值	象征作用	0 1 2 3 4 5 6 7 8 9 10	7	7.00	16%	1.12	
	认同感	0 1 2 3 4 5 6 7 8 9 10	8				
	归属感	0 1 2 3 4 5 6 7 8 9 10	8				
	惊奇感	0 1 2 3 4 5 6 7 8 9 10	5				
	小计		28				
社会价值	教育性	0 1 2 3 4 5 6 7 8 9 10	4	4.33	12%	0.52	
	纪念性	0 1 2 3 4 5 6 7 8 9 10	5				
	和谐性	0 1 2 3 4 5 6 7 8 9 10	4				
	小计		13				

（十九）郑启光老屋

1. 郑启光老屋概况

郑启光老屋位于新滩南岸桂林村，中心地理坐标为东经110°48′，北纬30°56′，海拔135米，三峡水库蓄水后，整个建筑都将淹没于三峡水库之中。老屋的始建年代已无从考证，但是从相关资料所显示的它的建筑风格、特点、细部做法等方面来看，该老屋与江渎庙同时代，应是清代乾隆时期所建。此建筑规模较大，除后堂西次间被拆除外，其余也保存得较为完整，房主原是当地大户人家，现存建筑的正院有前厅3间，后堂3间，东西厢房各一间，中间留有天井，是一处四合院建筑，后堂比前厅、厢房高出1米多，从天井上堂屋设有七步台阶看，是按山坡自然地形建造的。

郑启光老屋坐南朝北，依山坡走势而建，平面是长方形，布局为四合院式，前低后高，面向长江。建筑面积为480余平方米，以厅堂、天井和堂屋为中轴，两边辅以厢房。建筑是以砖木混合为主，梁架多为穿斗式，装斗墙砌体，干摆灰瓦顶的硬山两层楼阁式建筑。

二层设东西两缝梁架，有三架梁与五架梁，为防止梁架歪闪，在明间五架上设跨空枋3根，次间设一根进行牵拉，使梁架不得移动倾斜。与厢房檩枋相交处设角梁（椽）3根，顺角椽铺较大板瓦作为天沟排水。这种做法反映了我国劳动人民的聪明才智。

总之，该建筑保存较为完好、设计巧妙、制作精细，无论其历史价值、艺术价值还是科学价值，都可圈可点。图4-3-14为郑启光老屋。

图4-3-14　郑启光老屋

2. 郑启光老屋文化价值评估

根据"三峡湖北库区文物古建筑复建区文化价值评估体系"课题研究，文物古建筑的文化价值主要由历史价值、人文价值、艺术价值、科学价值、情感价值和社会价值构成，现从上述6个方面对郑启光老屋文化价值进行评估。

（1）历史价值

传统民居是历史的见证，其自身蕴涵着重要的历史价值。郑启光老屋的建造年代不详，从它的建筑特点、风格及细部做法分析，应与江渎庙等建筑是同一时代，为清乾隆时期的建筑。该建筑无论内外都保持着传统民居的历史风貌，几乎完全保留为原状，仅很少部分残缺，真实性、完整性较强，能较好地体现当地的生活风貌和社会文化，时代性突出。在三峡库区湖北境内，其建筑规模、结构形式、雕刻及彩画艺术等方面都是颇具代表性的。

综合上述因素，郑启光老屋的历史价值评估赋分情况为：时间性7分，原真性8分，完整性8分，时代性9分，稀缺度6分，奇特性6分，知名度6分。郑启光老屋的历史价值综合得分为50分，平均值为7.14分。

（2）人文价值

民居建筑反映了当地人民的历史生活、生产方式、风俗习惯和审美观念，其所蕴涵的人文价值不容忽视。根据目前掌握相关资料情况，该建筑与本地知名的事件或人物尚无直接关联性。作为当地普通民居建筑，其所体现的宗教内涵和价值均不明显，但所体现的民俗文化内涵却十分丰富，且该建筑内尚存有少量的民俗文物。堂屋外墙装饰多为黑白图案，多为白底，用黑色画出彩带、琴、棋、书、画等图案，这反映了劳动人民对安逸、幸福生活的向往，所以，此建筑在延续三峡人民精神文化和生活方面价值突出。

综合上述因素，郑启光老屋人文价值评估赋分为：事件人物的关联性5分，宗教价值2分，民俗价值7分，文化延续价值9分。郑启光老屋的人文价值综合得分为23分，平均值为5.75分。

（3）艺术价值

郑启光老屋依山而建，坐南朝北，为四合院布局，由前厅、天井、后堂、厢房及配房组成，五花封火山墙，硬山式，建筑高大，壮观气派。该老屋在三峡库区湖北境内，其少有的前厅结构与排水形式，以及门窗、天井和墙体艺术等都具有颇高的艺术价值。木装修上有大量的镂空雕刻图案纹饰，有人物故事、花卉卷草等，侧屋上的围楼栏杆也很精细。总体上看，该建筑设计巧妙，制作精细，在思路布局、构图、工艺和特色、装饰装修、施工技艺等方面都较有特色，艺术价值较突出。

综合上述因素，郑启光老屋艺术价值评估赋分为：美学价值7分，风格特色8分，结构特点8分，设计水平和工艺7分，装饰装修、施工技艺8分。郑启光老屋的艺术价值综合得分为38分，平均值为7.6分。

（4）科学价值

郑启光老屋的前厅结构与排水形式的科学价值突出，在结构、用材和施工等方面科学成就较高，能较好地反映出历史上的科技成果和科技水平，具有较高的科学价值。二层设东西两缝梁架，有三架梁与五架梁，为防止梁架歪闪，在明间五架上设跨空枋3根，次间设一根进行牵拉，使梁架不得移动倾斜。与厢房檩枋相交处设角梁（椽）3根，顺角椽铺较大板瓦作为天沟排水。这些做法都反映了我国劳动人民的聪明才智。

综合上述因素，郑启光老屋科学价值评估赋分为：建筑的科学成就7分，反映出的科技成果水平7分。郑启光老屋的科学价值综合得分为14分，平均值为7分。

（5）情感价值

郑启光老屋的建筑样式、结构形态特征明显，是三峡居住类建筑的典型代表之一，在三峡社会民族中具有一定的象征作用，能得到当地群众的显著的心理认同，能使民众产生较强的归属感。三峡传统民居表现出来的浓厚地域气息和特征，以及建筑在艺术方面的特色，对于非本地人而言，也具有一定的惊奇感。

综合上述因素，郑启光老屋情感价值评估赋分为：象征作用7分，认同感8分，归属感8分，惊奇感5分。郑启光老屋的情感价值综合得分为28分，平均值为7分。

（6）社会价值

郑启光老屋是当地较为有名的民居建筑之一，虽然目前尚无历史资料证明有与其相关的人和事对社会产生过突出的教育意义和纪念作用，但作为三峡工程移民复建的代表性文物建筑，仍然具有其相应的社会价值。

根据本次评估的赋分标准，郑启光老屋社会价值评估赋分为：教育性4分，纪念性5分，和谐性4分。郑启光老屋的社会价值综合得分为13分，平均值为4.33分。

按上述各评估价值因子在文化价值中所占权重，计算得出郑启光老屋文化价值总得分为：6.64分，具体赋分情况见表4-3-20《郑启光老屋文化价值评估表》。

表4-3-20 郑启光老屋文化价值评估表

评估项目	评估因子	分值选择	单项得分	平均值	权重	分类得分	总分
历史价值	时间性	0 1 2 3 4 5 6 7 8 9 10	7	7.14	28%	2	6.64
	原真性	0 1 2 3 4 5 6 7 8 9 10	8				
	完整性	0 1 2 3 4 5 6 7 8 9 10	8				
	时代性	0 1 2 3 4 5 6 7 8 9 10	9				
	稀缺度	0 1 2 3 4 5 6 7 8 9 10	6				
	奇特性	0 1 2 3 4 5 6 7 8 9 10	6				
	知名度	0 1 2 3 4 5 6 7 8 9 10	6				
	小计		50				

续表

评估项目	评估因子	分值选择	单项得分	平均值	权重	分类得分	总分
人文价值	事件人物的关联性	0 1 2 3 4 5 6 7 8 9 10	5	5.75	16%	0.92	6.64
	宗教价值	0 1 2 3 4 5 6 7 8 9 10	2				
	民俗价值	0 1 2 3 4 5 6 7 8 9 10	7				
	文化延续价值	0 1 2 3 4 5 6 7 8 9 10	9				
	小计		23				
艺术价值	美学价值	0 1 2 3 4 5 6 7 8 9 10	7	7.60	20%	1.52	
	风格特色	0 1 2 3 4 5 6 7 8 9 10	8				
	结构特点	0 1 2 3 4 5 6 7 8 9 10	8				
	设计水平和工艺	0 1 2 3 4 5 6 7 8 9 10	7				
	装饰装修、施工技艺	0 1 2 3 4 5 6 7 8 9 10	8				
	小计		38				
科学价值	建筑的科学成就	0 1 2 3 4 5 6 7 8 9 10	7	7.00	8%	0.56	
	反映出的科技成果水平	0 1 2 3 4 5 6 7 8 9 10	7				
	小计		14				
情感价值	象征作用	0 1 2 3 4 5 6 7 8 9 10	7	7.00	16%	1.12	
	认同感	0 1 2 3 4 5 6 7 8 9 10	8				
	归属感	0 1 2 3 4 5 6 7 8 9 10	8				
	惊奇感	0 1 2 3 4 5 6 7 8 9 10	5				
	小计		28				
社会价值	教育性	0 1 2 3 4 5 6 7 8 9 10	4	4.33	12%	0.52	
	纪念性	0 1 2 3 4 5 6 7 8 9 10	5				
	和谐性	0 1 2 3 4 5 6 7 8 9 10	4				
	小计		13				

（二十）彭树元老屋

1. 彭树元老屋概况

彭树元老屋位于原秭归县屈原镇（原新滩镇）桂林村二组，所在地海拔105米。保护规划确定其为"易地搬迁"。三峡工程淹没区地面文物勘测相关资料介绍，据复建前该屋主郑新生所言，彭树元老屋为晚清时期一卖药者所建，后为陈必稀居住，陈必稀之子将此屋卖给彭树元，"土改"时期，此屋分给了屋主郑新生。

彭树元老屋占地面积为406.38平方米，建筑面积为440.54平方米（包括楼层）。此建筑坐南朝北，两组建筑并行排列，各单体建筑间高差较小。一组是门楼、厨房、庭院，平面不规则；另一组是主要院落，为厅屋、厢房、天井、正屋，平面似正方形。正屋三开间，一明两暗。后金檩下有太师壁，转堂子设楼层，后檐墙开后门。次间设楼层，在正层东次间设木楼梯层。

老屋在平面布局上采用了主轴线和侧加院落的格局，布局灵活自由而不呆板。与众不同的是，不在紧邻街道的厅屋设入口大门，而是于他处另设大门，由此形成曲折的空间序列。利用现有条件创造了占地少，使用面积大，拥有充沛阳光、空气、私密性强的居住环境。此建筑采用抬梁、穿斗、硬山搁檩相结合的方法，最大限度地利用地方材料，发挥不同材料的物理性能，使各部分形成有机的组合。

老屋屋架有举无折，为直坡，相互搭交。建筑对天井一面屋顶出檐较多，以防雨水淋湿内装修。天井檐口处用片瓦向上立放，成排水沟组织屋顶排水，并在天井西北角立一木制方形断面排水管，将屋顶雨水排入下水道，下水道从天井经厅屋地面下伸出户外，从而形成一个有组织的系统。

灰塑的运用是新滩古民居有别于其他南方建筑的典型特色之一，即用灰泥在门窗周围、檐部及墙角等部位塑成线状、条状、块状及动植物的立体形象，极大地丰富了建筑的意境，地方色彩十分浓厚。老屋的灰塑以吉祥图案为主，如俯莲、如意、蟠桃等，象征着主人对美好生活的祈盼和向往，增强了建筑装饰的立体感。老屋内现存的木装修雕刻较为精致，在格子门、格子窗及驼峰等处都留下了古代艺人的杰作。如图4-3-15。

图4-3-15　彭树元老屋

2. 彭树元老屋文化价值评估

根据"三峡湖北库区文物古建筑复建区文化价值评估体系"课题研究，文物古建筑的文化价值主要由历史价值、人文价值、艺术价值、科学价值、情感价值和社会价值构成，现从上述6个方面对彭树元老屋文化价值进行评估。

（1）历史价值

传统民居是历史的见证，其自身蕴涵着重要的历史价值，更是研究当地民居发展史的实物例证。现存彭树元老屋为清代建筑，一直沿用至复建之前，保存情况较好，基本保持着原有的风貌，建筑真实性强、完整性较好。作为当地代表性民居，该建筑能较好地体现当地的生活风貌和社会文化，时代性突出。虽然建筑原为普通民居，但作为三峡工程建设背景下"异地搬迁"保护的文物建筑，其历史价值、文物价值不言而喻。

综合上述因素，彭树元老屋的历史价值评估赋分情况为：时间性7分，原真性8分，完整性8分，时代性9分，稀缺度6分，奇特性6分，知名度5分。彭树元老屋的历史价值综合得分为49分，平均值为7分。

（2）人文价值

民居建筑反映了当地人民的历史生活、生产方式、风俗习惯和审美观念，所蕴涵的人文价值不容忽视。根据目前掌握的相关资料情况，该建筑与本地知名的事件或人物尚无直接关联性。作为当地普通民居建筑，其所体现的宗教内涵和价值均不明显，但老屋建筑内尚存有少量的民俗文物，所体现的民俗文化内涵十分丰富，如建筑装饰、图案、颜色等方面，无一不体现着当地浓郁的民俗风情，在延续三峡人民精神文化和生活方面价值突出。

综合上述因素，彭树元老屋人文价值评估赋分为：事件人物的关联性5分，宗教价值2分，民俗价值8分，文化延续价值9分。彭树元老屋的人文价值综合得分为24分，平均值为6分。

（3）艺术价值

彭树元老屋平面布局特殊，既对称又灵活，其木作、石作及砖作都很精细，立面造型整体感强。目前保存的木装修、石雕艺术构件、彩画装饰等都富有地域特色。总体来看，建筑风格较突出，虽然该建筑类型在当地较多见，但其设计水平、思路布局、构图、工艺和特色方面，以及装饰装修、施工技艺等都较有价值。

综合上述因素，彭树元老屋艺术价值评估赋分为：美学价值8分，风格特色8分，结构特点8分，设计水平和工艺8分，装饰装修、施工技艺8分。彭树元老屋的艺术价值综合得分为40分，平均值为8分。

（4）科学价值

彭树元老屋是三峡湖北库区保存较好的代表性民居之一，在选址、设计建造、装饰等方面都颇具地方特色，在结构、用材和施工等方面较好地反映出了当时当地民居建筑的科学成就和科技水平，也是当地技术水平和艺术水平的代表，具有较高的科学价值。

综合上述因素，彭树元老屋科学价值评估赋分为：建筑的科学成就8分，反映出的科技成果水平8分。彭树元老屋的科学价值综合得分为16分，平均值为8分。

（5）情感价值

彭树元老屋的建筑样式、结构形态地方特色显著，是三峡居住类建筑的典型代表之一，在三峡社会民族中具有一定的象征作用，能得到当地群众的显著的心理认同，能使民众产生较强的归属感。三峡传统民居表现出来的浓厚地域气息和特征，对于非本地人而言，也具有一定的惊奇感。

综合上述因素，彭树元老屋情感价值评估赋分为：象征作用7分，认同感8分，归属感8分，惊奇感5分。彭树元老屋的情感价值综合得分为28分，平均值为7分。

（6）社会价值

彭树元老屋是当地保存较好的民居建筑之一，目前尚无历史资料证明曾有与其相关的人和事对社会产生过突出的教育意义和纪念作用，但作为三峡工程移民复建的代表性文物建筑，其相应的社会价值仍然明显。

根据本次评估的赋分标准，彭树元老屋社会价值评估赋分为：教育性4分，纪念性5分，和谐性4分。郑启光老屋的社会价值综合得分为13分，平均值为4.33分。

按上述各评估价值因子在文化价值中所占权重，计算得出彭树元老屋文化价值总得分为：6.8分，具体赋分情况见表4-3-21《彭树元老屋文化价值评估表》。

表4-3-21 彭树元老屋文化价值评估表

评估项目	评估因子	分值选择	单项得分	平均值	权重	分类得分	总分
历史价值	时间性	0 1 2 3 4 5 6 7 8 9 10	7	7.00	28%	1.96	6.8
	原真性	0 1 2 3 4 5 6 7 8 9 10	8				
	完整性	0 1 2 3 4 5 6 7 8 9 10	8				
	时代性	0 1 2 3 4 5 6 7 8 9 10	9				
	稀缺度	0 1 2 3 4 5 6 7 8 9 10	6				
	奇特性	0 1 2 3 4 5 6 7 8 9 10	6				
	知名度	0 1 2 3 4 5 6 7 8 9 10	5				
	小计		49				
人文价值	事件人物的关联性	0 1 2 3 4 5 6 7 8 9 10	5	6.00	16%	0.96	
	宗教价值	0 1 2 3 4 5 6 7 8 9 10	2				
	民俗价值	0 1 2 3 4 5 6 7 8 9 10	8				
	文化延续价值	0 1 2 3 4 5 6 7 8 9 10	9				
	小计		24				
艺术价值	美学价值	0 1 2 3 4 5 6 7 8 9 10	8	8.00	20%	1.6	
	风格特色	0 1 2 3 4 5 6 7 8 9 10	8				
	结构特点	0 1 2 3 4 5 6 7 8 9 10	8				
	设计水平和工艺	0 1 2 3 4 5 6 7 8 9 10	8				
	装饰装修、施工技艺	0 1 2 3 4 5 6 7 8 9 10	8				
	小计		40				
科学价值	建筑的科学成就	0 1 2 3 4 5 6 7 8 9 10	8	8.00	8%	0.64	
	反映出的科技成果水平	0 1 2 3 4 5 6 7 8 9 10	8				
	小计		16				
情感价值	象征作用	0 1 2 3 4 5 6 7 8 9 10	7	7	16%	1.12	
	认同感	0 1 2 3 4 5 6 7 8 9 10	8				
	归属感	0 1 2 3 4 5 6 7 8 9 10	8				
	惊奇感	0 1 2 3 4 5 6 7 8 9 10	5				
	小计		28				
社会价值	教育性	0 1 2 3 4 5 6 7 8 9 10	5	4.33	12%	0.52	
	纪念性	0 1 2 3 4 5 6 7 8 9 10	5				
	和谐性	0 1 2 3 4 5 6 7 8 9 10	4				
	小计		13				

（二十一）三老爷老屋

1. 三老爷老屋概况

三老爷老屋原位于长江北岸的湖北省秭归县新滩镇南坪村三组，海拔105米。三老爷原名郑万淘，其老屋建于清代，主体建筑位于村落的沿江段，坐南朝北，背山面江，西侧与江渎庙为邻，占地面积约为320平方米,建筑面积为416平方米。

老屋平面呈横长方形,前院后屋左右并列布置,据相关部门勘察分析,该建筑分为两个时期建造。三老爷老屋总体布局基本呈横长条形,周围围墙封闭,天井和院子并列布置。两座主体建筑主次分明。正屋面阔三间12.15米,进深三间5.85米,一明两暗。因地形限制,与正屋相对处不建厅屋,而是一披檐过廊,与大门相通并与东西厢房连为一体,正屋与过廊均为两层,其楼层三面对天井开敞,作栏杆,形成跑马转角廊。

天井是老屋的重要组成部分,天井东厢房后墙开一门洞与院落连通。偏屋与正屋共山墙,面阔二开间7.58米,进深5.35米。东北角的门楼顺应地形,面南开设,与老屋主体房屋成30度角,且不与门外道路正交,而是偏转一角度,这显然是受风水观念影响所致。门楼东侧墙面随地形变化而呈弧形,上为三山式马头墙。建筑布局富有变化而不显呆板。门楼平面形状不规则,仅用一柱,为硬山搁檩结构。

天井东、西各有厢房一间,南面有单坡廊屋三间,此三方向建筑组成凹形,与正屋组成合院。这组建筑均为二层,楼板置于楼枋上,楼枋两端采用硬山搁檩的方法,一端插入正屋次间前檐墙,一端插入廊屋北墙,屋面檩两端皆同楼枋搭置。东西厢房与廊屋转角相接外设半屋架,廊屋一层设木楼梯。

老屋门楼构架是穿斗与硬山搁檩相结合。九檩,仅门内用一柱,巧妙地利用墙体承檩、梁。其门外出檐,其两端插入大门两端山墙里。老屋的另一地方特色是青砖空斗墙,一眠一斗或两眠一斗砌筑,用碎砖土填心。

三老爷老屋外观高低错落,简朴秀丽,地方材料质感强烈。风火墙造型也极自然,正屋为金字头风火山墙,廊屋与东西厢房北面共用一字头风火墙,门楼则用三山风火山墙。正屋屋面和北墙顶上用立式小青瓦垒脊,脊两端上卷做鳌头。院落正屋及廊屋正脊也用小青瓦起脊,脊中青瓦垒做嵌花,脊两端上卷做鳌头,或与墙体相撞,或与瓦面连接。院落正屋正立面门窗上均有窗楣头,既利于窗口避雨水,又使墙面增添生气。正面封护檐头挑檐砖下也有灰塑动物及花卉等图形。天井为条石铺装,排水汇集至石排水孔通过暗道经廊屋地下排出户外。老屋所有木构件均不用漆饰,只用桐油刷饰。图4-3-16为三老爷屋。

图4-3-16　三老爷老屋

2. 三老爷老屋文化价值评估

根据"三峡湖北库区文物古建筑复建区文化价值评估体系"课题研究,文物古建筑的文化价值主要由历史价值、人文价值、艺术价值、科学价值、情感价值和社会价值构成,现从上述6个方面对三老爷老屋文化价值进行评估。

(1)历史价值

传统民居是历史的见证,其自身蕴涵着重要的历史价值,更是研究当地民居发展史的实物例证。现存三老爷老屋为清代建筑,总体保存情况较好,基本保持着原有的风貌,建筑真实性强、完整性较好。作为当地代表性民居,该建筑能较好地体现当地的生活风貌和社会文化,时代性突出。虽然该建筑原为普通民居,但作为三峡工程建设背景下"异地搬迁"保护的文物建筑,其历史价值、文物价值不言而喻。

综合上述因素,三老爷老屋的历史价值评估赋分情况为:时间性7分,原真性8分,完整性8分,时代性9分,稀缺度5分,奇特性5分,知名度5分。三老爷老屋的历史价值综合得分为47分,平均值为6.71分。

(2)人文价值

民居建筑反映了当地人民的历史生活、生产方式、风俗习惯和审美观念,其所蕴涵的人文价值不容忽视。根据目前掌握相关资料情况,该建筑与本地知名的事件或人物尚无直接关联性。作为当地普通民居建筑,其所体现的宗教内涵和价值均不明显,但建筑内尚存有少量的民俗文物,其所体现的民俗文化内涵十分丰富,在延续三峡人民精神文化和生活方面价值突出。

综合上述因素,三老爷老屋人文价值评估赋分为:事件人物的关联性5分,宗教价值2分,民俗价值7分,文化延续价值9分。三老爷老屋的人文价值综合得分为23分,平均值为5.75分。

(3)艺术价值

三老爷老屋外观高低错落、简朴秀丽,地方材料质感强烈。其平面布局颇为特殊,梁架简洁合理,门楼别具一格,制作精致。虽然该建筑类型在当地较为多见,但建筑风格较突出,较有特色,在设计水平、思路布局、构图、工艺和特色方面,以及装饰装修、施工技艺等方面也都较有价值。

综合上述因素,三老爷老屋艺术价值评估赋分为:美学价值6分,风格特色7分,结构特点7分,设计水平和工艺6分,装饰装修、施工技艺6分。三老爷老屋的艺术价值综合得分为32分,平均值为6.4分。

(4)科学价值

三老爷老屋是三峡湖北库区保存较好的代表性民居之一,在选址、设计建造、装饰等方面都颇具地方特色,在结构、用材和施工等方面较好地反映出了当时当地的科学成就,能较好地反映出历史上的科技成果和科技水平,也是当地技术水平和艺术水平的代表,具有较高的科学价值。

综合上述因素,三老爷老屋科学价值评估赋分为:建筑的科学成就7分,反映出的科技成果水平7分。三老爷老屋的科学价值综合得分为14分,平均值为7分。

(5)情感价值

三老爷老屋建筑样式独特,结构形态巧妙,是三峡居住类建筑的典型代表之一。老屋在三峡当地社会中具有一定的象征作用,能得到当地群众的显著的心理认同,能使民众产生较强的归属感。三峡传统民居表现出来的浓厚地域气息和特征,对于非本地人而言,也具有一定的惊奇感。

综合上述因素,三老爷老屋情感价值评估赋分为:象征作用7分,认同感8分,归属感8分,惊奇感4分。三老爷老屋的情感价值综合得分为27分,平均值为6.75分。

（6）社会价值

三老爷老屋是当地保存较好的民居建筑之一，目前尚无历史资料证明曾有与其相关的人和事对社会过产生突出的教育意义和纪念作用，但作为三峡工程移民复建的代表性文物建筑，仍然具有其相应的社会价值。

根据本次评估的赋分标准。三老爷老屋社会价值评估赋分为：教育性4分，纪念性5分，和谐性4分。三老爷老屋的社会价值综合得分为13分，平均值为4.33分。

按上述各评估价值因子在文化价值中所占权重，计算得出三老爷老屋文化价值总得分为：6.24分，具体赋分情况见表4-3-22《三老爷老屋文化价值评估表》。

表4-3-22 三老爷老屋文化价值评估表

评估项目	评估因子	分值选择	单项得分	平均值	权重	分类得分	总分
历史价值	时间性	0 1 2 3 4 5 6 7 8 9 10	7	6.71	28%	1.88	6.24
	原真性	0 1 2 3 4 5 6 7 8 9 10	8				
	完整性	0 1 2 3 4 5 6 7 8 9 10	8				
	时代性	0 1 2 3 4 5 6 7 8 9 10	9				
	稀缺度	0 1 2 3 4 5 6 7 8 9 10	5				
	奇特性	0 1 2 3 4 5 6 7 8 9 10	5				
	知名度	0 1 2 3 4 5 6 7 8 9 10	5				
	小计		47				
人文价值	事件人物的关联性	0 1 2 3 4 5 6 7 8 9 10	5	5.75	16%	0.92	
	宗教价值	0 1 2 3 4 5 6 7 8 9 10	2				
	民俗价值	0 1 2 3 4 5 6 7 8 9 10	7				
	文化延续价值	0 1 2 3 4 5 6 7 8 9 10	9				
	小计		23				
艺术价值	美学价值	0 1 2 3 4 5 6 7 8 9 10	6	6.40	20%	1.28	
	风格特色	0 1 2 3 4 5 6 7 8 9 10	7				
	结构特点	0 1 2 3 4 5 6 7 8 9 10	7				
	设计水平和工艺	0 1 2 3 4 5 6 7 8 9 10	6				
	装饰装修、施工技艺	0 1 2 3 4 5 6 7 8 9 10	6				
	小计		32				
科学价值	建筑的科学成就	0 1 2 3 4 5 6 7 8 9 10	7	7.00	8%	0.56	
	反映出的科技成果水平	0 1 2 3 4 5 6 7 8 9 10	7				
	小计		14				
情感价值	象征作用	0 1 2 3 4 5 6 7 8 9 10	7	6.75	16%	1.08	
	认同感	0 1 2 3 4 5 6 7 8 9 10	8				
	归属感	0 1 2 3 4 5 6 7 8 9 10	8				
	惊奇感	0 1 2 3 4 5 6 7 8 9 10	4				
	小计		27				
社会价值	教育性	0 1 2 3 4 5 6 7 8 9 10	4	4.33	12%	0.52	
	纪念性	0 1 2 3 4 5 6 7 8 9 10	5				
	和谐性	0 1 2 3 4 5 6 7 8 9 10	4				
	小计		13				

（二十二）刘正林老屋

1. 刘正林老屋概况

刘正林老屋原位于新滩南岸桂林村，与江渎庙毗邻，其中心地理坐标为东经110°48′，北纬30°56′，海拔135米，三峡水库蓄水后，整个建筑都将淹没于三峡水库之中。该老屋的始建年代已无从考证，但是从它的建筑风格、特点、细部做法等方面来看，该老屋与江渎庙同时代，应是清代乾隆时期所建。与其他建筑相比此建筑在建筑群中规模不大，除堂屋东次间被拆除外，其余也保存得较为完整，现存建筑有堂屋面阔三间，进深一间，门楼面阔一间，进深两间，靠主体东山墙留有天井，是建筑群中唯一带外院的建筑，院内比院外低出1米多，从院内上门楼设有五步台阶，是按山坡自然地形建造的。

刘正林老屋坐南朝北，依山坡走势而建，平面近似长方形，前低后高。老屋建筑面积约为298平方米，由堂屋、门楼和院落组建而成，面向长江。堂屋是以砖木混合为主，不设柱子和梁架，檩枋直接放在墙体之上，由墙体承重，空斗砖墙砌体，两山面作封火山墙，干摆灰瓦顶的硬山两层楼阁式建筑。门楼前坡檩条直接搭放在山墙上，后坡由柱子和梁架支撑，整个院落布局整齐，高低错落有致。

堂屋是平面呈长方形、面阔三间、进深一间、进深有九檩、砖木结构的两层楼房，无柱子和梁架，檩枋直接搭放在墙体上，由墙体承重，墙体为空斗砖墙，两山面为风火山墙，除明间无二层外，东西次间均有二层。明间面向长江开有正门，上有护门石、石门枕和石地栿，东次间向院内开有偏门，均为两扇板门。在明间室内东西隔墙上前后各开一门，隔墙前面两门为双扇板门、石地栿，隔墙后面为单扇板门、石地栿。东次间正中楼板枋下装有木隔断，东西两端各开一扇门，设有上下额枋和边框。西次间楼板枋下有与东次间一样的木隔断。

门楼面阔一间，进深两间，前坡不设梁架，檩条直接搭在山墙上。后坡南山面立有中柱一根、后檐柱一根，在两柱间为穿斗式梁架，穿枋三根、瓜柱一根支撑上部檩条，脊檩下设有随檩枋，其余檩下无随檩枋。北山面砌成西北—东南走向的斜墙，檩枋直接安放于其上，顶部作封火山墙。南山面前坡为砖砌体，上部作封火山墙，而后坡是两根柱子支撑，成悬山顶。屋顶为干摆瓦。在门楼正中设板门两扇、石门枕和石地栿，门前地面比院内地面高，进院须下五级石台阶。门前和两山墙均有民间精美彩绘，两山用白灰，前面用五彩，反映了劳动人民向往安逸、幸福的生活。

刘正林老屋整体保存较好，大木结构无明显松动、歪闪。但该建筑自失去原使用功能后，其装修及其他设施都有不同程度的损坏，某些布局改变了原貌。其规模虽比郑万瞻、郑韶年等民居小，但其建筑形式、布局并不比它们逊色，根据狭长的地形依山势而建，院门开在东南角，且其门楼式样在周围独一无二，并且朝向也很独特。图4-3-17为刘正林老屋。

2. 刘正林老屋文化价值评估

根据"三峡湖北库区文物古建筑复建区文化价值评估体系"课题研究，文物古建筑的文化价值主要由历史价值、人文价值、艺术价值、科学价值、情感价值和社会价值构成，现从上述6个方面对刘正林老屋文化价值进行评估。

（1）历史价值

传统民居是历史的见证，其自身蕴涵着重要的历史价值，更是研究当地民居发展史的实物例证。现存刘正林老屋为清代建筑，该建筑一直沿用至复建之前，保存情况较好，基本保持着原有的

图4-3-17 刘正林老屋

风貌,建筑真实性强、完整性较好。作为当地的代表性民居,该建筑能较好地体现当地的生活风貌和社会文化,时代性突出。虽然建筑原为普通民居,但作为三峡工程建设背景下"异地搬迁"保护的文物建筑,其历史价值、文物价值不言而喻。

综合上述因素,刘正林老屋的历史价值评估赋分情况为:时间性7分,原真性8分,完整性8分,时代性9分,稀缺度6分,奇特性5分,知名度5分。刘正林老屋的历史价值综合得分为48分,平均值为6.86分。

(2) 人文价值

民居建筑反映了当地人民的历史生活、生产方式、风俗习惯和审美观念,所蕴涵的人文价值不容忽视。根据目前掌握的相关资料情况,该建筑与本地知名的事件或人物尚无直接关联性。作为当地普通民居建筑,其所体现的宗教内涵和价值均不明显,但所体现的民俗文化内涵却十分丰富,且该建筑内尚存有少量的民俗文物。此建筑在延续三峡人民精神文化和生活方面价值亦较为突出。

综合上述因素,刘正林老屋人文价值评估赋分为:事件人物的关联性5分,宗教价值2分,民俗价值7分,文化延续价值9分。刘正林老屋的人文价值综合得分为23分,平均值为5.75分。

(3) 艺术价值

刘正林老屋规模较小,但建筑造型、雕刻、彩绘、五花封火山墙的造型等均显示出精美、别致的特点。该老屋在三峡湖北库区湖北境内,在建筑形式、雕刻及彩画艺术等方面都有独特之处,设计巧妙,制作精细。此建筑在思路布局、构图、工艺和特色方面,以及装饰装修、施工技艺等方面也都具有较高的艺术价值。

综合上述因素,刘正林老屋艺术价值评估赋分为:美学价值8分,风格特色8分,结构特点7分,设计水平和工艺8分,装饰装修、施工技艺8分。刘正林老屋的艺术价值综合得分为39分,平均值为7.8分。

(4) 科学价值

刘正林老屋是三峡湖北库区保存较好的代表性民居之一,平面布局不拘一格,建筑为不规则状,无梁架,檩枋均直接搁在承重墙上,且门面形式非常特殊,十分罕见。其能较好地反映出历史上的科技成果和科技水平，也是当地技术水平和艺术水平的代表，具有相应的科学价值。

综合上述因素，刘正林老屋科学价值评估赋分为：建筑的科学成就7分，反映出的科技成果水平7分。刘正林老屋的科学价值综合得分为14分，平均值为7分。

（5）情感价值

刘正林老屋的建筑样式、结构形态颇具特色，是三峡居住类建筑的典型代表之一。老屋在三峡当地社会中具有一定的象征作用，能得到当地群众的显著的心理认同，能使民众产生较强的归属感。三峡传统民居表现出来的浓厚地域气息和特征，对于非本地人而言，也具有一定的惊奇感。

综合上述因素，刘正林老屋情感价值评估赋分为：象征作用7分，认同感8分，归属感8分，惊奇感5分。刘正林老屋的情感价值综合得分为28分，平均值为7分。

（6）社会价值

刘正林老屋是当地社会影响力较大的民居建筑之一，目前尚无历史资料证明曾有与其相关的人和事对社会产生过突出的教育意义和纪念作用，但作为三峡工程移民复建的代表性文物建筑，仍然具有其相应的社会价值。

根据本次评估的赋分标准。刘正林老屋社会价值评估赋分为：教育性4分，纪念性5分，和谐性4分。刘正林老屋的社会价值综合得分为13分，平均值为4.33分。

按上述各评估价值因子在文化价值中所占权重，计算得出刘正林老屋文化价值总得分为：6.6分，具体赋分情况见表4-3-23《刘正林老屋文化价值评估表》。

表4-3-23 刘正林老屋文化价值评估表

评估项目	评估因子	分值选择	单项得分	平均值	权重	分类得分	总分
历史价值	时间性	0 1 2 3 4 5 6 7 8 9 10	7	6.86	28%	1.92	
	原真性	0 1 2 3 4 5 6 7 8 9 10	8				
	完整性	0 1 2 3 4 5 6 7 8 9 10	8				
	时代性	0 1 2 3 4 5 6 7 8 9 10	9				
	稀缺度	0 1 2 3 4 5 6 7 8 9 10	6				
	奇特性	0 1 2 3 4 5 6 7 8 9 10	5				
	知名度	0 1 2 3 4 5 6 7 8 9 10	5				
	小计		48				
人文价值	事件人物的关联性	0 1 2 3 4 5 6 7 8 9 10	5	5.75	16%	0.92	
	宗教价值	0 1 2 3 4 5 6 7 8 9 10	2				
	民俗价值	0 1 2 3 4 5 6 7 8 9 10	7				
	文化延续价值	0 1 2 3 4 5 6 7 8 9 10	9				
	小计		23				
艺术价值	美学价值	0 1 2 3 4 5 6 7 8 9 10	8	7.80	20%	1.56	
	风格特色	0 1 2 3 4 5 6 7 8 9 10	8				
	结构特点	0 1 2 3 4 5 6 7 8 9 10	7				
	设计水平和工艺	0 1 2 3 4 5 6 7 8 9 10	8				
	装饰装修、施工技艺	0 1 2 3 4 5 6 7 8 9 10	8				
	小计		39				

续表

评估项目	评估因子	分值选择	单项得分	平均值	权重	分类得分	总分
科学价值	建筑的科学成就	0 1 2 3 4 5 6 7 8 9 10	7	7.00	8%	0.56	6.6
	反映出的科技成果水平	0 1 2 3 4 5 6 7 8 9 10	7				
	小计		14				
情感价值	象征作用	0 1 2 3 4 5 6 7 8 9 10	7	7.00	16%	1.12	
	认同感	0 1 2 3 4 5 6 7 8 9 10	8				
	归属感	0 1 2 3 4 5 6 7 8 9 10	8				
	惊奇感	0 1 2 3 4 5 6 7 8 9 10	5				
	小计		28				
社会价值	教育性	0 1 2 3 4 5 6 7 8 9 10	4	4.33	12%	0.52	
	纪念性	0 1 2 3 4 5 6 7 8 9 10	5				
	和谐性	0 1 2 3 4 5 6 7 8 9 10	4				
	小计		13				

（二十三）邓永清老屋

1. 邓永清老屋概况

邓永清老屋原位于湖北省宜昌县卜庄河渡口上游，其中心地理坐标为东经110°26'，北纬30°01'22"，海拔135.6米，处于三峡湖北库区的淹没线以下。邓永清老屋依山而建，坐东朝西，前后为民居，南面靠山。邓永清老屋分为前厅、东厢房、后堂及大门等建筑，所有建筑均为单檐布瓦顶小式硬山建筑。

邓永清老屋始建于清乾隆二十九年（1793年），未发现有重建及修缮的记载，相关部门调查表明，现存建筑为清乾隆时期修建后的原物。

平面布局为由前厅、后堂、东厢房和北大门组成四合天井院。该建筑为单檐内部二层建筑，面阔三间13.04米，进深二间6.4米。明间梁架为抬梁式结构，八檩用二柱，施柁墩代替瓜柱，柁墩饰雕花。次间不设梁架，各檩直接搭于山墙下。前檐一层装修各间均施二扇板门，为普通随墙门，二层施方窗。明间中部施六扇六抹隔扇，后檐明间不施装修，次间施方窗，两山面以砖墙封护。前厅共用柱5根，明间每缝梁架2根，西次间西南角部施1根，各柱均置于柱础上，柱础均为方石，无雕刻。明间柱径为24厘米，次间柱径仅17厘米，柱径与柱高之比为1∶20左右，用材较小。檐紧邻前墙有排水沟一道，沟宽40厘米，踏跺跨过排水沟。后檐不施踏跺，台明高出院落地面一步。

后堂为为单檐内部二层建筑，面阔三间13.04米，进深二间6.99米；明间、次间均不设梁架，各檩直接落于山墙上。前檐一层装修明间施六扇六抹隔扇，分为三种式样，心屉式样各不相同且制作精美。二层明间向前出挑台，雕花木板围栏，檐柱间施六扇六抹隔扇。后檐明次间小施装修。次间前檐设一扇板门与大门（或东厢房）相通，两山面以砖墙封护。前檐施七级踏跺，两侧施垂带，后檐台明外施排水沟。明间室内为一层，次间为二层，明间挑台与次间二层相通，明间后部做通廊与次间二层相连，中施木制板门。图4-3-18为邓永清老屋。

图4-3-18 邓永清老屋

2.邓永清老屋文化价值评估

根据"三峡湖北库区文物古建筑复建区文化价值评估体系"课题研究,文物古建筑的文化价值主要由历史价值、人文价值、艺术价值、科学价值、情感价值和社会价值构成,现从上述6个方面对邓永清老屋文化价值进行评估。

(1)历史价值

传统民居是历史的见证,其自身蕴涵着重要的历史价值,更是研究当地民居发展史的实物例证。邓永清老屋是清代早期长江沿岸卜庄河一带民居建筑的代表作品,对后来的民居建筑产生了一定的影响,对研究长江两岸的风土人情有重要价值。该建筑一直沿用至复建之前,保存状况较好,基本保持着原有的风貌,建筑真实性强、完整性较好。作为当地代表性民居,该建筑能较好地体现当地的生活风貌和社会文化,时代性突出。虽然此建筑原为普通民居,但作为三峡工程建设背景下"异地搬迁"保护的文物建筑,其历史价值、文物价值不言而喻。

综合上述因素,邓永清老屋的历史价值评估赋分情况为:时间性7分,原真性8分,完整性8分,时代性9分,稀缺度6分,奇特性5分,知名度5分。邓永清老屋的历史价值综合得分为48分,平均值为6.86分。

(2)人文价值

民居建筑反映了当地人民的历史生活、生产方式、风俗习惯和审美观念,其所蕴涵的人文价值不容忽视。根据目前掌握相关资料情况,该建筑与本地知名的事件或人物尚无直接关联性。作为当地普通民居建筑,其所体现的宗教内涵和价值均不明显,但该建筑内尚存有少量的民俗文物,所体现的民俗文化内涵十分丰富,在延续三峡人民精神文化和生活方面价值突出。

综合上述因素,邓永清老屋人文价值评估赋分为:事件人物的关联性5分,宗教价值2分,民俗价值7分,文化延续价值9分。邓永清老屋的人文价值综合得分为23分,平均值为5.75分。

(3)艺术价值

邓永清老屋建筑小巧而精美,建筑造型在沿江的民居建筑中别具一格。大到内部梁架做法,小到装修心屉、墀头均透露出峡江建筑轻灵、精细的特点,具有十分鲜明的地方特色。虽属砖结构建筑，但做工讲究规整，且用了较多木装修，格扇保存完好且很精致。总体上看，此建筑在设计水平、思路布局、构图、工艺和特色方面，以及装饰装修、施工技艺等方面都有较高价值。

综合上述因素，邓永清老屋艺术价值评估赋分为：美学价值7分，风格特色7分，结构特点7分，设计水平和工艺8分，装饰装修、施工技艺8分。邓永清老屋的艺术价值综合得分为37分，平均值为7.4分。

（4）科学价值

邓永清老屋是三峡湖北库区保存较好的代表性民居之一，在选址、设计建造、装饰等方面都颇具地方特色，在结构、用材和施工等方面较好地反映出了当时当地的科学成就及历史上的科技成果和科技水平，也是当地技术水平和艺术水平的代表，具有相应的科学价值。

综合上述因素，邓永清老屋科学价值评估赋分为：建筑的科学成就7分，反映出的科技成果水平7分。邓永清老屋的科学价值综合得分为14分，平均值为7分。

（5）情感价值

邓永清老屋建筑样式独特、结构形态巧妙，是三峡居住类建筑的典型代表之一，在三峡当地社会中具有一定的象征作用，能得到当地群众的显著的心理认同，能使民众产生较强的归属感。作为三峡传统民居的老屋所表现出来的浓厚地域气息和特征，对于非本地人而言，也具有一定的惊奇感。

综合上述因素，邓永清老屋情感价值评估赋分为：象征作用7分，认同感8分，归属感8分，惊奇感5分。邓永清老屋的情感价值综合得分为28分，平均值为7分。

（6）社会价值

邓永清老屋是当地保存较好的民居建筑之一，目前尚无历史资料证明与其相关的人和事对社会产生突出的教育意义和纪念作用，但作为三峡工程移民复建的代表性文物建筑，仍然具有其相应的社会价值。根据本次评估的赋分标准。郑启光老屋社会价值评估赋分为：教育性4分，纪念性5分，和谐性4分。郑启光老屋的社会价值综合得分为13分，平均值为4.33分。

按上述各评估价值因子在文化价值中所占权重，计算得出邓永清老屋文化价值总得分为：6.52分，具体赋分情况见表4-3-24《邓永清老屋文化价值评估表》。

表4-3-24　邓永清老屋文化价值评估表

评估项目	评估因子	分值选择	单项得分	平均值	权重	分类得分	总分
历史价值	时间性	0 1 2 3 4 5 6 7 8 9 10	7	6.86	28%	1.92	6.56
	原真性	0 1 2 3 4 5 6 7 8 9 10	8				
	完整性	0 1 2 3 4 5 6 7 8 9 10	8				
	时代性	0 1 2 3 4 5 6 7 8 9 10	9				
	稀缺度	0 1 2 3 4 5 6 7 8 9 10	6				
	奇特性	0 1 2 3 4 5 6 7 8 9 10	5				
	知名度	0 1 2 3 4 5 6 7 8 9 10	5				
	小计		48				
人文价值	事件人物的关联性	0 1 2 3 4 5 6 7 8 9 10	5	5.75	16%	0.92	
	宗教价值	0 1 2 3 4 5 6 7 8 9 10	2				
	民俗价值	0 1 2 3 4 5 6 7 8 9 10	7				
	文化延续价值	0 1 2 3 4 5 6 7 8 9 10	9				
	小计		23				

续表

评估项目	评估因子	分值选择	单项得分	平均值	权重	分类得分	总分
艺术价值	美学价值	0 1 2 3 4 5 6 7 8 9 10	7	7.40	20%	1.48	6.52
	风格特色	0 1 2 3 4 5 6 7 8 9 10	7				
	结构特点	0 1 2 3 4 5 6 7 8 9 10	7				
	设计水平和工艺	0 1 2 3 4 5 6 7 8 9 10	8				
	装饰装修、施工技艺	0 1 2 3 4 5 6 7 8 9 10	8				
	小计		37				
科学价值	建筑的科学成就	0 1 2 3 4 5 6 7 8 9 10	7	7.00	8%	0.56	
	反映出的科技成果水平	0 1 2 3 4 5 6 7 8 9 10	7				
	小计		14				
情感价值	象征作用	0 1 2 3 4 5 6 7 8 9 10	7	7.00	16%	1.12	
	认同感	0 1 2 3 4 5 6 7 8 9 10	8				
	归属感	0 1 2 3 4 5 6 7 8 9 10	8				
	惊奇感	0 1 2 3 4 5 6 7 8 9 10	5				
	小计		28				
社会价值	教育性	0 1 2 3 4 5 6 7 8 9 10	4	4.33	12%	0.52	
	纪念性	0 1 2 3 4 5 6 7 8 9 10	5				
	和谐性	0 1 2 3 4 5 6 7 8 9 10	4				
	小计		13				

（二十四）游县长老屋

1. 游县长老屋概况

游县长老屋原位于长江北岸的湖北省秭归县屈原镇（原新滩镇）的龙马溪村七组，其中心地理坐标为东经110°49′，北纬30°55′，海拔95米。保护规划确定其为"搬迁保护"。

老屋建筑总平面为长方形，坐南朝北，占地面积约为220平方米，现存建筑面积为312平方米（包括二层）。建筑所在地势较为平坦。厅屋较室外地坪高0.6米，设三级踏步。厅屋为三开间，次间为两层。一明两暗布置。天井两侧各有厢房一间，均为两层。过天井再上二级踏跺可进入堂屋。堂屋为三开间，同样是一明两暗布置。明间一层，通高，次间带楼层。建筑呈围合封闭形，平面颇像九宫格的图形，四周为实体的建筑，中间为虚体的天井。

多年来老屋改动较小。厅屋明间与次间用格扇门分隔，而不像一些建筑用板壁，必要时格扇门可以打开，扩大了室内活动空间。厅屋后檐廊步的两次间作为楼梯间，现仍保留了原木楼梯。建筑用檐椽和飞椽两层椽，与其他老屋不同。该建筑的正门与前檐墙有一定的角度，即当地俗称的"歪门"，这是当地的风水意识所致，也是我们研究当地传统建筑文化的重要实例。

建筑为砖木混合结构。厅屋采用七檩前后廊的形式。脊檩下用"中梁"，其下用脊瓜柱。五架梁均架于短柱之上，其下七架梁穿于前后金柱，为南方建筑的特点。檩条下均有随檩枋。房屋结构构件整齐，较其他建筑略大。柱均用独立的石柱础。

次间不用梁架，为硬山搁檩式构造，檩枋直接搁在山墙上。楼层的楼枋也置于其中。堂屋亦三间，为硬山搁檩形式，九檩无柱，明、次间檩条均置于墙上。次间楼层的楼枋均置于墙内。前金檩下作风窗和格扇门。内外墙用青砖斗砌，内填碎砖、泥土。厅屋与堂屋之间的天井两侧为厢房。厢房为一开间，仅用前檐柱，其中一根与厅屋后檐柱共用，五架梁一端搭在檐柱上，另一端搁在山墙上。檩条两头皆与厅屋及堂屋的檩条垂直相接，形成整体。厢房后檐墙承重，为封护檐的作法。建筑均为起脊二面坡屋顶，与北方民居有一定的差异，屋面有举无折。

此建筑的堂屋、厅屋均为五花风火山墙。墙外面粉刷灰色灰浆，山墙檐下粉白灰，构成墙面黑白相间的色调，使墙醒目而有变化。风火山墙的脊饰做法是该处民居的一大特色，用灰和瓦层层叠出，并高高翘起，使厚重的封火山墙显得非常轻巧。

此建筑外墙檐口处均为封护檐做法。厅屋入口做立帖式牌楼门，门头叠涩出檐，各层叠涩下有灰塑花卉莲瓣等纹饰，且翼角高高向上，顶面铺青瓦。门枋、字牌、帖柱和莲花柱头都保存较完整。石质包括下槛、石雕花联槛，给人坚固耐用之感。与大门相呼应的窗也较有特色，其简洁的檐头、窗楞与复杂的立贴式牌楼门形成对比，也彼此呼应，使该老屋的正立面主次分明，具有鲜明的艺术装饰性。

室外的墙面上有许多装饰图案，或用墨绘或用白灰堆塑。顶干摆小青瓦，间用玻璃瓦采光。木装修主要是门窗、横披风窗。厅屋大门为攒边门。厅屋底层明间的隔断用六抹头格扇门六扇，二层明、次间的隔断用板壁分隔。厅屋与厢房之间的隔断用板门。建筑木构件不施油漆彩画，真实地体现出木材本色。图4-3-19为游县长老屋。

图4-3-19　游县长老屋

2. 游县长老屋文化价值评估

根据"三峡湖北库区文物古建筑复建区文化价值评估体系"课题研究，文物古建筑的文化价值主要由历史价值、人文价值、艺术价值、科学价值、情感价值和社会价值构成，现从上述6个方面对游县长老屋文化价值进行评估。

（1）历史价值

传统民居是历史的见证，其自身蕴涵着重要的历史价值，更是研究当地民居发展史的实物例证。现存游县长老屋为清代建筑，在新中国成立前曾是一邻县县长的宅第。此建筑一直沿用至复建之前，保存情况较好，基本保持着原有的风貌，建筑真实性强、完整性较好。作为当地代表性民居，该建筑能较好地体现当地的生活风貌和社会文化，时代性突出。虽然此建筑原为普通民居，但作为三峡工程建设背景下"异地搬迁"保护的文物建筑，其历史价值、文物价值不言而喻。

综合上述因素，游县长老屋的历史价值评估赋分情况为：时间性7分，原真性8分，完整性8分，时代性9分，稀缺度6分，奇特性5分，知名度5分。游县长老屋的历史价值综合得分为48分，平均值为6.86分。

（2）人文价值

民居建筑反映了当地人民的历史生活、生产方式、风俗习惯和审美观念，其所蕴涵的人文价值不容忽视。根据目前掌握相关资料情况，该建筑在新中国成立前曾是一邻县县长的宅第，与本地知名的事件或人物有一定关联性；作为当地普通民居建筑，其所体现的宗教内涵和价值均不明显，但该建筑内尚存有少量的民俗文物，所体现的民俗文化内涵十分丰富，在延续三峡人民精神文化和生活方面价值突出。

综合上述因素，游县长老屋人文价值评估赋分为：事件人物的关联性7分，宗教价值2分，民俗价值8分，文化延续价值9分。游县长老屋的人文价值综合得分为26分，平均值为6.5分。

（3）艺术价值

游县长老屋艺术特色明显，特别是堂屋、厅屋和厢房及阁楼上保存有完好的格扇门窗，风格别致，制作精细。该建筑的木装修特色较突出。虽然作为普通民居，该建筑类型在当地较为多见，但在设计水平、思路布局、构图、工艺和特色方面，以及装饰装修、施工技艺等方面都有较高价值。

综合上述因素，游县长老屋艺术价值评估赋分为：美学价值7分，风格特色8分，结构特点7分，设计水平和工艺8分，装饰装修、施工技艺8分。游县长老屋的艺术价值综合得分为38分，平均值为7.6分。

（4）科学价值

游县长老屋是三峡湖北库区保存较好的代表性民居之一，在选址、设计建造、装饰等方面都颇具地方特色，在结构、用材和施工等方面都较好地反映出了当时当地的科学成就，能较好地反映出历史上的科技成果和科技水平，是当地技术水平和艺术水平的代表，具有相应的科学价值。

综合上述因素，游县长老屋科学价值评估赋分为：建筑的科学成就7分，反映出的科技成果水平7分。游县长老屋的科学价值综合得分为14分，平均值为7分。

（5）情感价值

游县长老屋建筑样式、结构形态特色鲜明，是三峡居住类建筑的典型代表之一，在三峡当地社会中具有一定的象征作用，能得到当地群众的显著的心理认同，能使民众产生较强的归属感。三峡传统民居表现出来的浓厚地域气息和特征，对于非本地人而言，也具有一定的惊奇感。

综合上述因素，游县长老屋情感价值评估赋分为：象征作用7分，认同感8分，归属感8分，惊奇感5分。游县长老屋的情感价值综合得分为28分，平均值为7分。

（6）社会价值

游县长老屋是当地保存较好的民居建筑之一，作为三峡工程移民复建的代表性文物建筑，有其相应的社会价值。

根据本次评估的赋分标准，游县长老屋社会价值评估赋分为：教育性4分，纪念性6分，和谐性4分。游县长老屋的社会价值综合得分为14分，平均值为4.67分。

按上述各评估价值因子在文化价值中所占权重，计算得出游县长老屋文化价值总得分为：6.72分，具体赋分情况见表4-3-25《游县长老屋文化价值评估表》。

表4-3-25　游县长老屋文化价值评估表

评估项目	评估因子	分值选择	单项得分	平均值	权重	分类得分	总分
历史价值	时间性	0 1 2 3 4 5 6 7 8 9 10	7	6.86	28%	1.92	6.72
	原真性	0 1 2 3 4 5 6 7 8 9 10	8				
	完整性	0 1 2 3 4 5 6 7 8 9 10	8				
	时代性	0 1 2 3 4 5 6 7 8 9 10	9				
	稀缺度	0 1 2 3 4 5 6 7 8 9 10	6				
	奇特性	0 1 2 3 4 5 6 7 8 9 10	5				
	知名度	0 1 2 3 4 5 6 7 8 9 10	5				
	小计		48				
人文价值	事件人物的关联性	0 1 2 3 4 5 6 7 8 9 10	7	6.50	16%	1.04	
	宗教价值	0 1 2 3 4 5 6 7 8 9 10	2				
	民俗价值	0 1 2 3 4 5 6 7 8 9 10	8				
	文化延续价值	0 1 2 3 4 5 6 7 8 9 10	9				
	小计		26				
艺术价值	美学价值	0 1 2 3 4 5 6 7 8 9 10	7	7.60	20%	1.52	
	风格特色	0 1 2 3 4 5 6 7 8 9 10	8				
	结构特点	0 1 2 3 4 5 6 7 8 9 10	7				
	设计水平和工艺	0 1 2 3 4 5 6 7 8 9 10	8				
	装饰装修、施工技艺	0 1 2 3 4 5 6 7 8 9 10	8				
	小计		38				
科学价值	建筑的科学成就	0 1 2 3 4 5 6 7 8 9 10	7	7.00	8%	0.56	
	反映出的科技成果水平	0 1 2 3 4 5 6 7 8 9 10	7				
	小计		14				
情感价值	象征作用	0 1 2 3 4 5 6 7 8 9 10	7	7.00	16%	1.12	
	认同感	0 1 2 3 4 5 6 7 8 9 10	8				
	归属感	0 1 2 3 4 5 6 7 8 9 10	8				
	惊奇感	0 1 2 3 4 5 6 7 8 9 10	5				
	小计		28				
社会价值	教育性	0 1 2 3 4 5 6 7 8 9 10	4	4.67	12%	0.56	
	纪念性	0 1 2 3 4 5 6 7 8 9 10	6				
	和谐性	0 1 2 3 4 5 6 7 8 9 10	4				
	小计		14				

三、复建文物古建筑文化价值评估综合情况

秭归凤凰山古建筑复建区共有文物建筑24处，其中23处为"整体复建"建筑，1处为仿古新建，即屈原祠。该古建筑群文化价值评估得分情况为：仿古新建建筑屈原祠得分为8.92分，★★★级文化资源；复建文物建筑中最高分为江渎庙9.04分，其次为屈原故里牌坊9分，为★★★级文化

资源；民居类建筑最高分为郑韶年老屋，8.08分，★★★级文化资源，其余均为★★级文化资源；水府庙为8.20分，紫光阁为7.24分，★★级文化资源；两处宗祠，王氏宗祠和杜氏宗祠分别为7.52分和7.20分，均为★★级文化资源，古桥类建筑得分情况为：江渎桥最高分6.92分，屈子桥次之6.96分，千善桥6.56分，惠济桥6.44分，均为★★级文化资源；城门类建筑两处，迎和门和景圣门得分各为7分，均为★★级文化资源；古井一处，为新滩古井6.51分，★★级文化资源。详见表4-3-26《秭归凤凰山复建区文化价值评估总表》。

表4-3-26 秭归凤凰山复建区文化价值评估总表

序号	评估对象	分值	级别	备注
1	屈原祠	8.92	★★★	仿古新建
2	屈原故里牌坊	9	★★★	复建
3	江渎庙	9.04	★★★	复建
4	水府庙	8.20	★★	复建
5	紫光阁	7.24	★★	复建
6	王氏宗祠	7.52	★★	复建
7	杜氏宗祠	7.20	★★	复建
8	新滩古井	6.51	★★	复建
9	屈子桥	6.96	★★	复建
10	江渎桥	6.92	★★	复建
11	惠济桥	6.44	★★	复建
12	千善桥	6.56	★★	复建
13	迎和门	7.08	★★	复建
14	景圣门	7.08	★★	复建
15	郑万琅老屋	7.00	★★	复建
16	郑韶年老屋	8.08	★★	复建
17	郑万瞻老屋	7.20	★★	复建
18	郑书祥老屋	6.36	★★	复建
19	郑启光老屋	6.64	★★	复建
20	彭树元老屋	6.80	★★	复建
21	三老爷老屋	6.24	★★	复建
22	刘正林老屋	6.60	★★	复建
23	邓永清老屋	6.52	★★	复建
24	游县长老屋	6.72	★★	复建

第四章　兴山县复建文物古建筑文化价值评估

一、评估对象概况

（一）地理位置

兴山县地处湖北省西部，长江西陵峡以北，地处秦巴山区，在东经110°25′~111°06′，北纬31°04′~31°34′，东西长66千米，南北宽54千米，总面积为2327平方千米。古夫镇地处兴山县西北部，总面积为446平方千米，沿山邻界的芋家山、马岩尖、泰洪山、鸡笼山与古夫河、咸水河、平水河等六河八溪构成倒葫芦形版图。兴山县是西汉明妃王昭君的故乡，因"县境兴起于群山之中"而得名。其东邻宜昌、保康，西与巴东毗连，南接秭归，北抵神农架林区。兴山的地貌区划属大巴山体系，山脉走向多从东向西伸展。总地势为东、北、西三面高，南面低。东北部群山重叠，多山间台地，西北部山高坡陡，沟深谷幽。

境内最高点位于与巴东交界处的仙女峰，海拔2426.9米；最低点位于与秭归接壤处的游家河，海拔109.5米。兴山地处巫山山脉与荆山山脉之间，县内山峰罗列、河谷纵横，主要山脉有万朝山、牛角大尖、仙侣山、高岚山、万福山等山脉。境内共有香溪河和凉台河两大水系，大小溪河计156条。发源于神农架林区，含南阳河、古夫河、高岚河三条主要支流的香溪河，由北向南纵贯兴山全境，至游家河入秭归，于香溪镇东侧入长江，凉台河经纸坊入秭归于归州镇西侧进长江。全县地貌可分高山、中山、低山区，其中高山区和中山区占总面积的85%以上，而低山区仅占总面积的15%，主要分布于境内中部的香溪河河谷地带。

（二）气候条件

兴山县属亚热带大陆性季风气候。春季冷暖多变，雨水较多；夏季雨量集中，炎热多伏旱；秋季多阴雨；冬季多雨雪、早霜。由于地形复杂，高低悬殊，气候垂直差异大。古夫镇冬季平均气温4℃，夏季平均气温26℃，年平均气温16.6℃，无霜期为272天。年降水量为984~1100毫米，多集中在夏、秋两季。

（三）历史沿革

兴山县是西汉明妃王昭君的故乡，因"县境兴起于群山之中"而得名。据光绪版《兴山县志》记载：兴山建县至今已有1700余年的历史。兴山旧为楚始封地，旧治高阳城，三国吴景帝永安三年（公元260年）分秭归县之北界立兴山，属建平郡。南北朝时，周建德六年（公元577年）置长宁县，兴山并入长宁属秭归郡。隋开皇元年（公元581年）改长宁为秭归，兴山属秭归。唐武德三年（公元620年）分秭归复置兴山。五代时亦为兴山，隶属归州。宋熙宁五年（1072年）兴山改为镇入秭归。明正统七年（1442年）并入巴东县，成化七年（1471年）复置兴山县，属归州。清雍正十三年（1736年）兴山始隶宜昌府。新中国成立后先后隶属宜昌地区、宜昌市。

兴山县隶属湖北省宜昌市，共有7镇6乡，9个居委会，253个村委会，34个居民小组，1325个村民小组。全县总人口19万有余。县城设于高阳镇，后搬迁至古夫镇。县境东西长66千米，南北宽54千米，总面积为2328平方千米。三峡水库淹没范围共涉及兴山境内4个乡镇，分别为高阳镇、峡口镇、南阳镇和建阳坪乡、23个村，49个组，涉及人口2万余人、房屋面积约107万平方米、土地面积430亩。

（四）社会经济条件

兴山县有丰富的自然资源，形成水电、矿产、林特、旅游四大优势资源。兴山依托四大特色资源，不断探索将资源优势转变为经济优势的途径，为经济社会发展奠定了一定的基础。目前，已建成大小电站47座，装机容量达18万千瓦，人均装机和用电量居全国县级领先水平，实现了农村初级电气化。通过走"小水电站先行、载电体开路、深加工振兴"的工业经济发展之路，开发利用10多种地矿资源，形成磷化、冶金、建材等支柱产业。林果业开发了以昭君脐橙、锦橙、胭脂柚、薄壳核桃、银杏、杜仲、中华猕猴桃为品牌的特色产品；公路通车里程1300千米，90%的村通公路。2009年，全县实现国内生产总值36.97亿元，财政收入41081万元，城镇居民人均可支配收入10748元，农民人均纯收入3851元[①]。

（五）复建情况

由于兴山县处于长江支流且地势较高，因而受三峡水库淹没的地面文物不是很多，淹没区涉及搬迁的文物建筑共有5处，寺庙1处，民居3处，古城门1处。根据国家文物局"三峡工程淹没区地面文物保护规划"的要求，湖北省文化厅组织有关单位对三峡工程淹没区具有重要历史文化价值的民居、庙宇及古桥、古井等一批地面文物建筑属实行"易地搬迁"保护。搬迁保护工程必须严格遵守"不改变文物原状"的原则，尽可能地避免或减低因搬迁带来的对文物自身价值的损害。

此次三峡湖北库区文物古建筑兴山复建区综合价值评估对象为古夫民居，占地5.98亩，建筑面积为1000平方米，由三峡湖北库区兴山县175米水位线下的搬迁保护文物组成，分别为：望山门、陈伯炎老屋、吴翰章老屋（见表4-4-1）。古夫民居是湖北省人民政府于2002年11月公布的第四批重点文物保护单位。

表4-4-1　兴山县文物古建筑复建区文化价值评估对象一览表

地区	评估对象	复建性质
兴山县	1. 望山门	易地搬迁
	2. 陈伯炎老屋	易地搬迁
	3. 吴翰章老屋	易地搬迁

---

① 《兴山县2009年国民经济和社会发展统计公报》，http://www.xingshan.gov.cn/tjgb/2009.htm. 2010-7-8。

二、复建文物古建筑文化价值评估结果分析

（一）望山门

1. 望山门概况

望山门，又名西门，原位于高阳镇建设街西端，其中心地理坐标为东经110°45′，北纬31°13′，海拔156米。兴山古城，亦称高阳古城，始建于清康熙十年（1671年），嘉庆九年（1804年）重修。望山门为高阳古城西门，据《兴山县志》记载，高阳古城在清康熙十年（1671年）为土城，周长334丈（1113米）高1丈（3.3米），有"迎恩""观澜""来远"等三座城门。嘉庆九年（1804年），改建为石城，周长扩至522丈（1740米），街区面积约为0.2平方千米，有开太门（东门）、迎勋门（南门）和望山门（西门）。如今旧有城墙大部分被拆除，只有西门尚存。但城门的大半部已被泥沙淤积，仅露出一小部分。根据实地勘测，城门为石砌，城门洞为半圆拱券结构，两券两伏，总长31.1米，门洞深8.06米。城门楼为民国年间所建。城门台上尚存部分女儿墙，城垛部分已毁。城砖上刻有"吴成凤"三字，城门两边还保留有长数十米的城墙。

望山门由城门及其城门楼组成。城门由大方整条石块错缝砌筑而成，中部设发券城门洞一个，两端与城墙相连，两侧后部紧靠城墙设有登楼台阶。门楼直接坐落于城门的顶部，为砖木结构，抬梁式屋架，悬山顶。前檐下用灰条砖砌成雉堞，后檐下砌成女儿墙。其现状已被当代人在雉堞和女儿墙之上加砌成房屋墙壁。

望山门为石基础，平面呈矩形，为对称布局，总建筑面积为375.99平方米。城门楼面阔三间，进深五间，以条砖浑水砌筑成山墙。柱顶石为方块石，未见其他成形打造，其与柱根之交接面并不高于地面，而是与地面平齐。

望山门楼的木构架结构较为简单，但设置比较特殊，前后并不对称，未见五架梁，可见类似于四椽栿的构件穿于金柱之间，是否为当代人所改，无从考。值得一提的是，作为进深仅有三间的构架，其前间尺寸设置较后间大，并完全空出，留作了宽敞的前廊，但木装修隔断却退设于金柱之间。

望山门楼之屋面为悬山式，设置也较为简单，屋面有举无折，未见望板，一椽一档，直接用小青瓦覆盖，并以小青瓦干摆成脊，两端向上翘起，未见设有沟头滴水。雉堞和女儿墙均用青条砖砌筑成清水墙，山墙则是用青条砖砌筑成浑水墙，外用白灰砂浆罩面。图4-4-1为望山门。

2. 望山门文化价值评估

根据"三峡湖北库区文物古建筑复建区文化价值评估体系"课题研究，文物古建筑的文化价值主要由历史价值、人文价值、艺术价值、科学价值、情感价值和社会价值构成，现从上述6个方面对望山门文化价值进行评估。

（1）历史价值

望山门为清代建筑，是兴山高阳古城保存下来的唯一一处城门，由于长期埋于地下，所以基本保存完好，建筑真实性、完整性较强。该城门对于兴山县的历史研究和清代城池建筑的研究都有很重要的文物价值。望山门是历史时代的产物，也是历史的见证，能较好体现当地的生活风貌和社会文化，时代性亦十分突出。

图4-4-1 望山门

综合上述因素,望山门的历史价值评估赋分情况为:时间性7分,原真性8分,完整性6分,时代性9分,稀缺度8分,奇特性7分,知名度7分。望山门的历史价值综合得分为52分,平均值为7.43分。

(2)人文价值

古代城门有着极其重要的作用,不但是沟通城市与外界的窗口,更是构成城市防卫体系的重要组成部分,文物价值较高。此建筑在延续三峡人民精神文化和生活方面价值亦十分突出。

综合上述因素,望山门人文价值评估赋分为:事件人物的关联性8分,宗教价值2分,民俗价值8分,文化延续价值9分。望山门的人文价值综合得分为27分,平均值为6.75分。

(3)艺术价值

望山门是古代高阳城的重要遗迹,门楼的木构架结构较为简单,但设置比较特殊,富有地方艺术特色。总体上看,此建筑在设计水平、思路布局、构图、工艺和特色方面,以及装饰装修、施工技艺等方面都有较高价值,代表了当时当地的建筑艺术水平。

望山门艺术价值评估赋分为:美学价值7分,风格特色7分,结构特点7分,设计水平和工艺7分,装饰装修、施工技艺7分。望山门的艺术价值综合得分为35分,平均值为7分。

(4)科学价值

望山门是三峡地区仅存的城门类建筑的典型代表之一,在结构、用材和施工等方面的科学成就较高,能代表当时当地的建筑水平和工艺,反映当时的科学成就及科技成果水平。

望山门科学价值评估赋分为:建筑的科学成就7分,反映出的科技成果水平 7分。望山门的科学价值综合得分为14分,平均值为7分。

(5)情感价值

作为具有代表性的城市建筑遗迹,望山门在当地社会中具有重要的象征作用,能得到当地群众的显著的心理认同,能使民众产生较强的归属感。作为本地唯一富有浓郁地方特色的代表性建筑,对于非本地人而言,也具有较强的惊奇感。

综合上述因素,望山门情感价值评估赋分为:象征作用8分,认同感8分,归属感8分,惊奇感7分。望山门的情感价值综合得分为31分,平均值为7.75分。

（6）社会价值

望山门是兴山历史留存的珍贵文化遗产，是典型的纪念性建筑。作为三峡工程移民复建的代表性文物建筑，该建筑具有重要的社会价值，对社会及民众具有相应的教育作用、促进社会和谐之作用。

望山门社会价值评估赋分为：教育性7分，纪念性8分，和谐性6分。望山门的社会价值综合得分为21分，平均值为7分。

按上述各评估价值因子在文化价值中所占权重，计算得出望山门文化价值总得分为：7.2分，具体赋分情况见表4-4-2《望山门文化价值评估表》。

表4-4-2　望山门文化价值评估表

评估项目	评估因子	分值选择	单项得分	平均值	权重	分类得分	总分
历史价值	时间性	0 1 2 3 4 5 6 7 8 9 10	7	7.43	28%	2.08	7.2
	原真性	0 1 2 3 4 5 6 7 8 9 10	8				
	完整性	0 1 2 3 4 5 6 7 8 9 10	6				
	时代性	0 1 2 3 4 5 6 7 8 9 10	9				
	稀缺度	0 1 2 3 4 5 6 7 8 9 10	8				
	奇特性	0 1 2 3 4 5 6 7 8 9 10	7				
	知名度	0 1 2 3 4 5 6 7 8 9 10	7				
	小计		52				
人文价值	事件人物的关联性	0 1 2 3 4 5 6 7 8 9 10	8	6.75	16%	1.08	
	宗教价值	0 1 2 3 4 5 6 7 8 9 10	2				
	民俗价值	0 1 2 3 4 5 6 7 8 9 10	8				
	文化延续价值	0 1 2 3 4 5 6 7 8 9 10	9				
	小计		27				
艺术价值	美学价值	0 1 2 3 4 5 6 7 8 9 10	7	7.00	20%	1.4	
	风格特色	0 1 2 3 4 5 6 7 8 9 10	7				
	结构特点	0 1 2 3 4 5 6 7 8 9 10	7				
	设计水平和工艺	0 1 2 3 4 5 6 7 8 9 10	7				
	装饰装修、施工技艺	0 1 2 3 4 5 6 7 8 9 10	7				
	小计		35				
科学价值	建筑的科学成就	0 1 2 3 4 5 6 7 8 9 10	7	7.00	8%	0.56	
	反映出的科技成果水平	0 1 2 3 4 5 6 7 8 9 10	7				
	小计		14				
情感价值	象征作用	0 1 2 3 4 5 6 7 8 9 10	8	7.75	16%	1.24	
	认同感	0 1 2 3 4 5 6 7 8 9 10	8				
	归属感	0 1 2 3 4 5 6 7 8 9 10	8				
	惊奇感	0 1 2 3 4 5 6 7 8 9 10	7				
	小计		31				
社会价值	教育性	0 1 2 3 4 5 6 7 8 9 10	7	7.00	12%	0.84	
	纪念性	0 1 2 3 4 5 6 7 8 9 10	8				
	和谐性	0 1 2 3 4 5 6 7 8 9 10	6				
	小计		21				

（二）陈伯炎老屋

1. 陈伯炎老屋概况

陈伯炎老屋原位于湖北省兴山县高阳镇响滩村一组，其中心地理坐标为东经110°45′，北纬31°15′，海拔172米。保护规划确定其为"搬迁保护"。

老屋为清代建筑，坐东朝西，沿坡地而建，占地面积为264平方米。该建筑为砖木结构建筑，平面呈纵长方形布局。该民居的基本格局为一个前院，呈长条形，过厅屋后，有一个天井，总共两进院落，有厅堂、堂屋和厢房。山墙皆为五花屏风墙，高低错落。构筑方式为砖墙支撑山面屋顶并四周围合。中轴线上的木构架皆为穿斗式梁架。边屋均为二层楼，巡回相通，亦称走马转过楼。该建筑内还保留了不少木装修建筑，而且建筑装修布置得十分得当，很有画龙点睛之作用。该建筑大部分保存较好，无论室内室外，都仍旧保存着传统民居的风貌。整个建筑仅厢房有些改动，以往的格扇门被砖墙所取代。另外，该建筑还保存有早期的雕花架子床，也是很珍贵的民俗文物。

堂屋明间面阔4米，次间面阔3.3米，进深6.2米。明间两缝之间为穿斗式构架，通高7.24米。脊檩下用"中梁"，其下用短柱。厅屋每缝梁架的落地柱为四根，其他均为短柱，或架于穿枋上，或立于二层楼板枋上，为南方建筑的特点。檩条直径120~140毫米，檩下均有随檩枋。厅屋落地柱的直径均为200毫米。檐柱下用独立的石柱础。次间不用梁架，为硬山搁檩式构造，檩枋直接搁在山墙上。楼层的楼枋也搁于墙中。

堂屋明间面阔4米，次间面阔3.3米，进深6米。明间两缝穿斗架，通高7.3米。明间前檐檩下置风窗和格扇门。内外墙用青砖斗砌，厚350毫米，内填碎砖、泥土。堂屋前的天井两侧为厢房。厢房为一开间，仅用前檐柱，其中一根与堂屋檐柱共用；承托短柱的梁枋，一头搭搁山墙上，一头搭在檐柱上。檩条两头与隔墙及堂屋的檩条垂直相接，形成整体。厢房后檐墙承重，为封护檐的做法。建筑均为起脊二面坡屋顶，与北方民居有一定的差异，且屋面有举无折。

整体建筑中，堂屋、厅屋均为五花风火山墙。外墙表面为清水墙做法。山墙檐下粉白灰，构成墙面黑白相间的色调，使墙醒目而有变化。风火山墙的脊饰做法是该处民居的一大特色，用灰和瓦层层叠出，并高高翘起，使厚重的封火山墙显得非常轻巧。

建筑外檐墙檐口处均为封护檐作法。大门入口简洁，包括下槛、石雕花门枕石，给人以坚固耐用之感。在室外的檐口上，有许多装饰图案，皆用墨绘或彩绘。屋顶干摆小青瓦，间用玻璃瓦采光。瓦下既无泥背也无望板，直接铺放于椽板上。椽板断面一般为25毫米×100毫米。这使屋面重量减轻许多。这种作法与当地气候比较湿润温暖有关，因此屋顶不必做保温层。

木装修主要是门窗、横披风窗及格扇门。厅屋大门为攒边门。厅屋底层明间的隔断用六抹头格扇门六扇，格扇门无存，二层明次间的隔断用板壁分隔。堂屋正面设横披风窗及格扇门，但格扇门已无存。两侧厢房木装修无存。建筑木构件不施油漆彩画，真实地体现出了木材本色。

该建筑建于清光绪十八年，有较清晰的历史延续脉络。建筑内部结构和外观造型皆保存良好，是当地典型传统民居的代表，且其建筑技术与建筑装饰也十分讲究。因此，该建筑具有较高的文物价值。如图4-4-2所示。

2. 陈伯炎老屋文化价值评估

根据"三峡湖北库区文物古建筑复建区文化价值评估体系"课题研究，文物古建筑的文化价值主要由历史价值、人文价值、艺术价值、科学价值、情感价值和社会价值构成，现从上述6个方面

图4-4-2 陈伯炎老屋

对陈伯炎老屋文化价值进行评估。

（1）历史价值

传统民居是历史的见证，其自身蕴涵着重要的历史价值，更是研究当地民居发展史的实物例证。现存陈伯炎老屋为清代建筑，保存情况较好，整个屋子除了厢房略有改动和格扇门被砖墙取代外，其余基本保持着原有传统民居的风貌，建筑真实性强、完整性较好。作为当地代表性民居，该建筑能较好地体现当地的生活风貌和社会文化，时代性突出。虽然该建筑原为普通民居，但作为三峡工程建设背景下"异地搬迁"保护的文物建筑，其历史价值、文物价值不言而喻。

综合上述因素，陈伯炎老屋的历史价值评估赋分情况为：时间性7分，原真性8分，完整性8分，时代性9分，稀缺度7分，奇特性6分，知名度5分。陈伯炎老屋的历史价值综合得分为50分，平均值为7.14分。

（2）人文价值

民居建筑反映了当地人民的历史生活、生产方式、风俗习惯和审美观念，所蕴涵的人文价值不容忽视。根据目前掌握相关资料情况，该建筑与本地知名的事件或人物尚无直接关联性。作为当地普通民居建筑，其所体现的宗教内涵和价值均不明显，但体现的民俗文化内涵则十分丰富，如其中所存早期的雕花架子床就是较珍贵的民俗文物。此建筑在延续三峡人民精神文化和生活方面价值突出。

综合上述因素，陈伯炎老屋人文价值评估赋分为：事件人物的关联性5分，宗教价值2分，民俗价值8分，文化延续价值9分。陈伯炎老屋的人文价值综合得分为24分，平均值为6分。

（3）艺术价值

陈伯炎老屋布局格式较为特殊，厅屋与厢房之间做一堵墙，分隔为前后两大部分，此种做法在当地极为少见，文物价值较高。厅屋上的高窗花格、堂屋正面的高窗花格及隔断装饰等做工讲究，图案精致。装修布置十分得当。建筑外部造型，尤其是对山墙面的处理是该老屋建筑艺术的亮点。厅屋五花风火山墙与堂屋五花风火山墙加上厢房的人字坡面屋面，组成一个整体，高低错落，长短结合，灰墙黑瓦，以白灰皮装饰过渡，使整个侧立面富有层次感和空间感，扇面勾头、三角滴水均刻有花饰图案，制作精细，装饰感强。因而陈伯炎老屋建筑整体在设计水平、思路布局、构图、工艺和特色方面，以及装饰装修、施工技艺等方面都具较高价值。

综合上述因素，陈伯炎老屋艺术价值评估赋分为：美学价值8分，风格特色 8分，结构特点8分，设计水平和工艺8分，装饰装修、施工技艺8分。陈伯炎老屋的艺术价值综合得分为40，平均值为8分。

（4）科学价值

陈伯炎老屋是三峡湖北库区保存较好的代表性民居之一，在选址、设计建造、装饰等方面都颇具地方特色，在结构、用材和施工等方面较好地反映出当时当地的科学成就，能较好地反映出历史上的科技成果和科技水平，也是当地技术水平和艺术水平的代表，具有相应的科学价值。

综合上述因素，陈伯炎老屋科学价值评估赋分为：建筑的科学成就8分，反映出的科技成果水平8分。陈伯炎老屋的科学价值综合得分为16分，平均值为 8分。

（5）情感价值

陈伯炎老屋的建筑样式独特，结构形态典型，在三峡当地社会中具有一定的象征作用，能得到当地群众的显著的心理认同，能使民众产生较强的归属感。三峡传统民居表现出来的浓厚地域气息和特征，对于非本地人而言，也具有一定的惊奇感。

综合上述因素，陈伯炎老屋情感价值评估赋分为：象征作用7分，认同感8分，归属感8分，惊奇感7分。陈伯炎老屋的情感价值综合得分为30分，平均值为7.5分。

（6）社会价值

陈伯炎老屋是当地保存较好的民居建筑之一，目前尚无历史资料证明与其相关的人和事对社会产生突出的教育意义和纪念作用，但作为三峡工程移民复建的代表性文物建筑，仍然具有其相应的社会价值。

陈伯炎老屋社会价值评估赋分为：教育性4分，纪念性5分，和谐性4分。陈伯炎老屋的社会价值综合得分为13分，平均值为4.33分。

按上述各评估价值因子在文化价值中所占权重，计算得出陈伯炎老屋文化价值总得分为：6.92分，具体赋分情况见表4-4-3《陈伯炎老屋文化价值评估表》。

表4-4-3　陈伯炎老屋文化价值评估表

评估项目	评估因子	分值选择	单项得分	平均值	权重	分类得分	总分
历史价值	时间性	0 1 2 3 4 5 6 7 8 9 10	7	7.14	28%	2	6.92
	原真性	0 1 2 3 4 5 6 7 8 9 10	8				
	完整性	0 1 2 3 4 5 6 7 8 9 10	8				
	时代性	0 1 2 3 4 5 6 7 8 9 10	9				
	稀缺度	0 1 2 3 4 5 6 7 8 9 10	7				
	奇特性	0 1 2 3 4 5 6 7 8 9 10	6				
	知名度	0 1 2 3 4 5 6 7 8 9 10	5				
	小计		50				
人文价值	事件人物的关联性	0 1 2 3 4 5 6 7 8 9 10	5	6.00	16%	0.96	
	宗教价值	0 1 2 3 4 5 6 7 8 9 10	2				
	民俗价值	0 1 2 3 4 5 6 7 8 9 10	8				
	文化延续价值	0 1 2 3 4 5 6 7 8 9 10	9				
	小计		24				

续表

评估项目	评估因子	分值选择	单项得分	平均值	权重	分类得分	总分
艺术价值	美学价值	0 1 2 3 4 5 6 7 8 9 10	8	8.00	20%	1.6	6.92
	风格特色	0 1 2 3 4 5 6 7 8 9 10	8				
	结构特点	0 1 2 3 4 5 6 7 8 9 10	8				
	设计水平和工艺	0 1 2 3 4 5 6 7 8 9 10	8				
	装饰装修、施工技艺	0 1 2 3 4 5 6 7 8 9 10	8				
	小计		40				
科学价值	建筑的科学成就	0 1 2 3 4 5 6 7 8 9 10	8	8.00	8%	0.64	
	反映出的科技成果水平	0 1 2 3 4 5 6 7 8 9 10	8				
	小计		16				
情感价值	象征作用	0 1 2 3 4 5 6 7 8 9 10	7	7.50	16%	1.2	
	认同感	0 1 2 3 4 5 6 7 8 9 10	8				
	归属感	0 1 2 3 4 5 6 7 8 9 10	8				
	惊奇感	0 1 2 3 4 5 6 7 8 9 10	7				
	小计		30				
社会价值	教育性	0 1 2 3 4 5 6 7 8 9 10	4	4.33	12%	0.52	
	纪念性	0 1 2 3 4 5 6 7 8 9 10	5				
	和谐性	0 1 2 3 4 5 6 7 8 9 10	4				
	小计		13				

（三）吴翰章老屋

1. 吴翰章老屋概况

吴翰章老屋位于湖北省兴山县高阳镇响滩村一组，其中心地理坐标为东经110°45′、北纬31°15′，海拔172米。保护规划确定其为"搬迁保护"。

该建筑是兴山清末著名举人吴翰章的宅第，《兴山县志·卷十二·人物》载："吴翰章，字星桥，同治甲子举人，父郎清，浙江湖州人，以服贾占籍兴山，兄锦章，咸丰戊午优贡，官湖南衡、永、郴、桂兵备道。翰章弱冠举于乡，有志经世之学，尝入都门，赴浙西、游湘南，所过都会山川，辄访其形势险要与古今兴废之故，以著述为己任。既历于丹铅不释，年三十卒。"

该建筑为砖木结构建筑，坐东朝西，沿坡地而建，建筑面积为294.5平方米。原平面呈纵长方形布局，有前后两个天井，形成两进院落，有厅屋、堂屋和厢房。但前一部分厅屋部分全毁，现仅保存后一部分即堂屋和厢房部分。

建筑所在地势有一定的坡度，东高西低。室外地面与室内高差1.16米，经六级踏步进大门入院内。天井两侧有厢房各一间，均为两层。堂屋三开间，一明两暗布置。明次间均带楼层。建筑呈围合封闭形，四周是实体的建筑，中间为虚体的天井。

堂屋明间面阔4.24米，次间面阔3米，进深6.5米。明间梁架为穿斗架，通高7.2米。脊檩下用

"中梁",直径1.5米。堂屋明间梁架的落地柱为六根,其他均为短柱,架于穿枋上,为南方建筑的特点。檩条直径1.3~1.5米,檩下无随檩枋。檐柱下用独立的石柱础。堂屋次间梁架,也为穿斗式构造,次间梁架的落地柱为五根。明间前檐檩下置雀缩檐、风窗和格扇门。内外墙用青砖斗砌,内填碎砖、泥土。

堂屋前的天井两侧为厢房,厢房进深面阔均一开间。靠山墙一边的梁架用穿斗式结构,而另一侧则直接将檩子搁在堂屋次间的檩上。建筑均为起脊二面坡屋顶,与北方民居有一定的差异,屋面有举无折。厢房与堂屋相连处的屋面则做成单披檐式。

整个建筑中的山墙均为五花风火山墙。墙外表大面积为清水墙做法,山墙檐下粉白灰,构成墙面黑白相间的色调,使墙醒目而有变化。风火山墙的脊饰做法是该处民居的一大特色,用灰和瓦层层叠出,并高高翘起,使厚重的封火山墙显得非常轻巧。

建筑外檐墙檐口处均为封护檐作法。大门入口简洁。石质包括下槛、石雕花门枕石,给人以坚固耐用之感。在室外的檐口上,有许多装饰图案,皆用墨绘或彩绘。屋顶干摆小青瓦,间用玻璃瓦采光。瓦下既无泥背也无望板,直接铺放于椽板上。椽板断面一般为25毫米×100毫米。这使屋面重量减轻许多。这种作法与当地气候比较湿润温暖有关,屋顶不必做保温层。

木装修主要是门窗、横披风窗及格扇门。堂屋正面设横披风窗及格扇门,但格扇门及横披窗均已无存。两侧厢房木装修仅存部分。建筑木构件不施油漆彩画,真实地体现出了木材本色。

从整体看,老屋原有格局已经不复存在,仅存后半部分,其建筑构架保存基本完好,只是堂屋的格扇门、横披窗无存和厢房的一侧木装修被砖墙替代。室内为三合土地面,堂屋磨损较大。堂屋木构架保存基本完整,仅部分穿枋有歪闪的现象。两侧厢房的木构架也基本完整。该建筑内还保存有部分木装修,而且装修的雕刻、布置都十分得当,很有画龙点睛之作用。除此以外,建筑的檐口下还绘有许多花卉、动物及其他锦纹图案。如图4-4-3所示。

图4-4-3 吴翰章老屋

2. 吴翰章老屋文化价值评估

根据"三峡湖北库区文物古建筑复建区文化价值评估体系"课题研究,文物古建筑的文化价值主要由历史价值、人文价值、艺术价值、科学价值、情感价值和社会价值构成,现从上述6个方面对吴翰章老屋文化价值进行评估。

(1) 历史价值

传统民居是历史的见证，其自身蕴涵着重要的历史价值。吴翰章老屋建于清代，为当地著名举人吴翰章的宅第，历史价值突出。该建筑年久失修，保存情况不甚理想，但整体平面布局仍十分清楚。建筑完整性一般，但保持真实程度尚好。作为当地代表性民居，该建筑能较好地体现当地的生活风貌和社会文化，时代性突出。作为本地名人故居，该建筑在本地区具有一定知名度和影响力。

综合上述因素，吴翰章老屋的历史价值评估赋分情况为：时间性7分，原真性7分，完整性5分，时代性9分，稀缺度7分，奇特性6分，知名度8分。吴翰章老屋的历史价值综合得分为49分，平均值为7分。

(2) 人文价值

民居建筑反映了当地人民的历史生活、生产方式、风俗习惯和审美观念，其所蕴涵的人文价值不容忽视。老屋主人清末秀才吴翰章是当地名人，因此该建筑与本地知名的事件或人物有直接关联性。作为普通民居建筑，其所体现的宗教内涵和价值不甚明显，但所体现的民俗文化内涵却十分丰富，在延续三峡人民精神文化和生活方面价值突出。

综合上述因素，吴翰章老屋人文价值评估赋分为：事件人物的关联性8分，宗教价值2分，民俗价值7分，文化延续价值9分。吴翰章老屋的人文价值综合得分为26分，平均值为6.5分。

(3) 艺术价值

该老屋在历史文化和等级方面都有较高价值。该建筑虽保存得不是特别完整，但从建筑技艺仍然可以窥探一二，房屋装修、雕刻、布置都十分得当，艺术构件制作较精致讲究。建筑的檐口下绘有许多花卉、动物及其他锦纹图案，使整个建筑显得富丽而有活力。五花风火山墙装饰简洁明快，墙头没有过多曲线，瓦头均为白灰粉饰，整个檐口轮廓线显得洁净而富有韵律。因而总体上看，此建筑在设计水平、思路布局、构图、工艺和特色方面，以及装饰装修、施工技艺等方面都具有较高价值。

综合上述因素，吴翰章老屋艺术价值评估赋分为：美学价值7分，风格特色8分，结构特点7分，设计水平和工艺8分，装饰装修、施工技艺8分。吴翰章老屋的艺术价值综合得分为38分，平均值为7.6分。

(4) 科学价值

吴翰章老屋是三峡湖北库区保存较好的代表性民居之一，在设计建造、装饰等方面都颇具地方特色，在结构、用材和施工等方面能较好地反映出当时当地的科学成就，能较好地反映出历史上的科技成果和科技水平，也代表着当地民居建筑的最高水平，因而具有相应的科学价值。

综合上述因素，吴翰章老屋科学价值评估赋分为：建筑的科学成就7分，反映出的科技成果水平7分。吴翰章老屋的科学价值综合得分为14分，平均值为7分。

(5) 情感价值

吴翰章老屋的建筑样式、结构形态颇为独特，是三峡居住类建筑的典型代表之一，在三峡地区具有一定的象征作用，能得到当地群众的显著的心理认同，能使民众产生较强的归属感。三峡传统民居表现出来的浓厚地域气息和特征，以及该建筑为当地名人故居等因素，对于非本地人而言，也具有一定的惊奇感。

综合上述因素，吴翰章老屋情感价值评估赋分为：象征作用7分，认同感8分，归属感8分，惊奇感6分。吴翰章老屋的情感价值综合得分为29分，平均值为7.25分。

(6) 社会价值

吴翰章老屋是当地保存较好的民居建筑之一，作为当地名人故居，其纪念性突出。建筑主人的生平经历也能对本地社会产生一定的教育意义，对促进民族团结和增强凝聚力也能产生相应的作用。

根据本次评估的赋分标准，吴翰章老屋社会价值评估赋分为：教育性5分，纪念性8分，和谐性5分。吴翰章老屋的社会价值综合得分为18分，平均值为6分。

按上述各评估价值因子在文化价值中所占权重，计算得出吴翰章老屋文化价值总得分为：6.96分，具体赋分情况见表4-4-4《吴翰章老屋文化价值评估表》。

表4-4-4　吴翰章老屋文化价值评估表

评估项目	评估因子	分值选择	单项得分	平均值	权重	分类得分	总分
历史价值	时间性	0 1 2 3 4 5 6 7 8 9 10	7	7.00	28%	1.96	6.96
	原真性	0 1 2 3 4 5 6 7 8 9 10	7				
	完整性	0 1 2 3 4 5 6 7 8 9 10	5				
	时代性	0 1 2 3 4 5 6 7 8 9 10	9				
	稀缺度	0 1 2 3 4 5 6 7 8 9 10	7				
	奇特性	0 1 2 3 4 5 6 7 8 9 10	6				
	知名度	0 1 2 3 4 5 6 7 8 9 10	8				
	小计		49				
人文价值	事件人物的关联性	0 1 2 3 4 5 6 7 8 9 10	8	6.50	16%	1.04	
	宗教价值	0 1 2 3 4 5 6 7 8 9 10	2				
	民俗价值	0 1 2 3 4 5 6 7 8 9 10	7				
	文化延续价值	0 1 2 3 4 5 6 7 8 9 10	9				
	小计		26				
艺术价值	美学价值	0 1 2 3 4 5 6 7 8 9 10	7	7.60	20%	1.52	
	风格特色	0 1 2 3 4 5 6 7 8 9 10	8				
	结构特点	0 1 2 3 4 5 6 7 8 9 10	7				
	设计水平和工艺	0 1 2 3 4 5 6 7 8 9 10	8				
	装饰装修、施工技艺	0 1 2 3 4 5 6 7 8 9 10	8				
	小计		38				
科学价值	建筑的科学成就	0 1 2 3 4 5 6 7 8 9 10	7	7.00	8%	0.56	
	反映出的科技成果水平	0 1 2 3 4 5 6 7 8 9 10	7				
	小计		14				
情感价值	象征作用	0 1 2 3 4 5 6 7 8 9 10	7	7.25	16%	1.16	
	认同感	0 1 2 3 4 5 6 7 8 9 10	8				
	归属感	0 1 2 3 4 5 6 7 8 9 10	8				
	惊奇感	0 1 2 3 4 5 6 7 8 9 10	6				
	小计		29				
社会价值	教育性	0 1 2 3 4 5 6 7 8 9 10	5	6.00	12%	0.72	
	纪念性	0 1 2 3 4 5 6 7 8 9 10	8				
	和谐性	0 1 2 3 4 5 6 7 8 9 10	5				
	小计		18				

三、复建文物古建筑文化价值评估综合情况

兴山县文物古建筑复建区规模较小,仅古夫民居3处建筑物。具体得分情况为,望山门7.20分,陈伯炎老屋6.92分,吴翰章老屋6.96分,均为★★级文化资源。见表4-4-5。

表4-4-5 兴山县文物古建筑复建区文化价值评估总表

序号	评估对象	分值	级别	备注
1	望山门	7.20	★★	复建
2	陈伯炎老屋	6.92	★★	复建
3	吴翰章老屋	6.96	★★	复建

第五章　宜昌市夷陵区复建文物古建筑文化价值评估

一、望家祠堂概况

望家祠堂又称望家宗祠，属清代祠堂建筑，原位于湖北省宜昌市太平溪镇伍相庙村，其中心地理坐标为东经110°50，北纬31°52，海拔80米。祠堂殿前为坡地，再前为小溪，左为民居，右为气象站，后为山体，右侧甬路通往宜昌县平溪坝村，左侧设一甬路直达江边。望家祠堂台基高程为海拔131.4米，处于三峡湖北库区的淹没线以下、第二期蓄水高度的淹没范围。保护规划确定其为"搬迁保护"。2001年10月湖北省文物部门指定专业古建施工队，由国家移民局投资百万元，在太平溪新镇境内复建望家祠堂，2002年竣工，为第四批省级文物保护单位。

望家祠堂建成于清乾隆年间（1765~1824年），未发现有重建及修缮的记载。复建前建筑仅装修、墙体和瓦顶有改动，主体构架为清乾隆时期所建的原物。望家祠堂后堂内原供奉祖宗牌位，民国年间尚保存祭祀活动，后逐渐败落毁坏。堂内尚存清光绪九年（1883年）碑刻一通，上列望家"宗祠条规"；清光绪六年（1880年）碑刻一通，为当时县衙公文"堂论"，另存同治十二年（1873年）、民国十五年（1926年）碑刻等均为记载祠堂的地契、文书、符理办法及布施者人名的碑刻。

望家祠堂是一处四合天井形式的古建筑，其内由山前厅、东西厢房、后堂组成。祠堂先侧建有前后偏房两座建筑。前厅为二层单檐布瓦顶小式硬山建筑，面阔三间14.14米，进深三间7.82米，高7.8米，梁架为穿斗式构架，十三檩用四柱，前出马头墙。前檐明间中部两扇板门，用石门券、石下槛，后檐小做装修。后堂为单檐布瓦顶小式硬山建筑，面阔三间14.14米，进深一间7.29米前出廊，高7.6米。明间两缝梁架为抬梁式，十四檩用四柱，施柁墩代替瓜柱，柁墩饰雕花，次间檩枋直接插入两山墙内。厢房为单檐布瓦顶小式硬山建筑。面阔二间6.1米，进深一间3.37米，高6.35米。梁架为穿斗式施中柱，两间檩枋前后与前厅、后堂构架直接搭交，中部形成天井。偏房分前后两座建筑，中做小天井相连，前偏房面阔一间4.8米，进深一间9.8米，高7.05米，用五檩不柱，为单檐布瓦顶小式硬山建筑，前檐中部施两扇板门，其余用墙封护。后偏房面阔一间4.8米，进深一间7.8米，高6.85米，用十四檩不施柱，为单檐布瓦顶小式悬山建筑。

望家祠堂用柱十四攒，各柱均置于柱顶石之上，檐柱直径23厘米。柱础石形状各异，石柱础有鼓径式、覆盆式、万形、八角形等式样，规格大小不一，大部分为线雕，工艺较为简单。屋顶下用椽子，上为阴阳灰板瓦，干摆砌筑，檐部有羊角勾头及花纹滴水，脊部除厢房为瓦脊外，其余用砖脊，外抹灰并绘彩画，两端有脊饰。天沟用板瓦。前墙及两山墙施凸出的数段马头墙，上施墙帽。檐部用砖墙叠涩拔檐。山墙檐下墙面施彩画，以黑、白包二种颜色为主。墙身下用大条砖平砌，上用条砖砌筑，再上用陡砖空斗式砌筑。如图4-5-1所示。

图4-5-1　望家祠堂

二、望家祠堂文化价值评估

根据"三峡湖北库区文物古建筑复建区文化价值评估体系"课题研究，文物古建筑的文化价值主要由历史价值、人文价值、艺术价值、科学价值、情感价值和社会价值构成，现从上述6个方面对望家祠堂文化价值进行评估。

（1）历史价值

望家祠堂是历史上长江沿岸人们长期与长江相处的产物，具有重要的历史价值。该建筑建于清代，是本地区唯一尚存的公共建筑，虽有破损，但整体保存情况较好，真实性、完整性较强。该建筑能较好体现当地的生活风貌和社会文化，时代性亦十分突出。

综合上述因素，望家祠堂的历史价值评估赋分情况为：时间性7分，原真性8分，完整性8分，时代性9分，稀缺度9分，奇特性8分，知名度7分。望家祠堂的历史价值综合得分为56分，平均值为8分。

（2）人文价值

祠堂是族人祭祀祖先或先贤的场所，除"崇宗祀祖"之用外，祠堂也常常用作族人会聚场所或举办各类家族仪式，往往蕴涵着丰富的人文价值。望家祠堂是历史时代的产物，也是历史的见证，对于研究长江两岸人民的风土民俗有重要价值。此建筑在延续三峡人民精神文化和生活方面价值十分突出。

综合上述因素，望家祠堂人文价值评估赋分为：事件人物的关联性7分，宗教价值9分，民俗价值8分，文化延续价值9分。望家祠堂的人文价值综合得分为33分，平均值为8.25分。

（3）艺术价值

望家祠堂是一处规模较大、等级较高的寺庙类建筑。建筑工艺水平在宜昌县境内当为上乘之作。建筑脊部脊饰富于变化，墙体上部均绘有各类白底黑线彩绘，图案以各种花卉、卷草为主，线条流畅。柱础种类繁多，雕刻手法纯熟，体现了鲜明的地方手法。此建筑在设计水平、思路布局、构图、工艺和特色方面，以及装饰装修、施工技艺等方面都有较高价值。该祠堂对研究峡江一带的传统建筑艺术有较大的价值。

综合上述因素，望家祠堂艺术价值评估赋分为：美学价值8分，风格特色8分，结构特点9分，设计水平和工艺8分，装饰装修、施工技艺8分。望家祠堂的艺术价值综合得分为41分，平均值为8.2分。

（4）科学价值

望家祠堂的砖作、瓦作、木作都很讲究，木构架非常有特点。其建筑布局也与一般祠堂不同，底层为敞开式，以一大天井为中心。望家祠堂是三峡地区仅存的祠堂类建筑的典型代表之一，总体上看，祠堂在结构、用材和施工等方面的科学成就较高，能代表当时当地的建筑水平和工艺，能较好地反映当时的科学成就及科技成果水平。

综合上述因素，望家祠堂科学价值评估赋分为：建筑的科学成就8分，反映出的科技成果水平8分。望家祠堂的科学价值综合得分为16分，平均值为8分。

（5）情感价值

望家祠堂虽然是家族祠堂，但作为该地唯一保存的公共建筑及三峡工程移民复建的代表性祠堂建筑，其意义远远不止家族祠堂自身。此建筑在三峡当地社会中具有一定的象征作用，能得到当地群众的显著的心理认同，能使民众产生较强的归属感。作为本地唯一富有浓郁地方特色的祠堂类代表建筑，对于非本地人而言，也具有较强的惊奇感。

综合上述因素，望家祠堂情感价值评估赋分为：象征作用8分，认同感8分，归属感8分，惊奇感7分。望家祠堂的情感价值综合得分为31分，平均值为7.75分。

（6）社会价值

祠堂类建筑自身即是典型的纪念性建筑，作为历史上长江沿岸人们依赖长江、与长江相处的产物，以及三峡工程移民复建的代表性文物建筑，望家祠堂具有重要的社会价值，具有相应的教育性。

综合上述因素，望家祠堂社会价值评估赋分为：教育性6分，纪念性9分，和谐性6分。望家祠堂的社会价值综合得分为21分，平均值为7分。

按上述各评估价值因子在文化价值中所占权重，计算得出望家祠堂文化价值总得分为：7.92分，具体赋分情况见表4-5-1《望家祠堂文化价值评估表》。

表4-5-1 望家祠堂文化价值评估表

评估项目	评估因子	分值选择	单项得分	平均值	权重	分类得分	总分
历史价值	时间性	0 1 2 3 4 5 6 7 8 9 10	7	8.00	28%	2.24	
	原真性	0 1 2 3 4 5 6 7 8 9 10	8				
	完整性	0 1 2 3 4 5 6 7 8 9 10	8				
	时代性	0 1 2 3 4 5 6 7 8 9 10	9				
	稀缺度	0 1 2 3 4 5 6 7 8 9 10	9				
	奇特性	0 1 2 3 4 5 6 7 8 9 10	8				
	知名度	0 1 2 3 4 5 6 7 8 9 10	7				
	小计		56				
人文价值	事件人物的关联性	0 1 2 3 4 5 6 7 8 9 10	7	8.25	16%	1.32	
	宗教价值	0 1 2 3 4 5 6 7 8 9 10	9				
	民俗价值	0 1 2 3 4 5 6 7 8 9 10	8				
	文化延续价值	0 1 2 3 4 5 6 7 8 9 10	9				
	小计		33				

续表

评估项目	评估因子	分值选择	单项得分	平均值	权重	分类得分	总分
艺术价值	美学价值	0 1 2 3 4 5 6 7 8 9 10	8	8.20	20%	1.64	7.92
	风格特色	0 1 2 3 4 5 6 7 8 9 10	8				
	结构特点	0 1 2 3 4 5 6 7 8 9 10	9				
	设计水平和工艺	0 1 2 3 4 5 6 7 8 9 10	8				
	装饰装修、施工技艺	0 1 2 3 4 5 6 7 8 9 10	8				
	小计		41				
科学价值	建筑的科学成就	0 1 2 3 4 5 6 7 8 9 10	8	8.00	8%	0.64	
	反映出的科技成果水平	0 1 2 3 4 5 6 7 8 9 10	8				
	小计		16				
情感价值	象征作用	0 1 2 3 4 5 6 7 8 9 10	8	7.75	16%	1.24	
	认同感	0 1 2 3 4 5 6 7 8 9 10	8				
	归属感	0 1 2 3 4 5 6 7 8 9 10	8				
	惊奇感	0 1 2 3 4 5 6 7 8 9 10	7				
	小计		31				
社会价值	教育性	0 1 2 3 4 5 6 7 8 9 10	6	7.00	12%	0.84	
	纪念性	0 1 2 3 4 5 6 7 8 9 10	9				
	和谐性	0 1 2 3 4 5 6 7 8 9 10	6				
	小计		21				

第六章　复建文物古建筑文化价值评估的思考

一、复建：尊重历史，保护文物古建筑的原真性

一直以来，人们都对文物复建谈"复"色变，《雅典宪章》认为，要"通过创立一个定期、持久的维护体系有计划地保护古建筑，摒弃整体重建的做法"。《威尼斯宪章》提出"对任何重建都应事先予以制止"。《世界文化遗产和自然公约》也不承认重建建筑的历史性，拒绝登录重建的"古建筑"。重建被认为违反遗产保护的"真实性原则"，会造成对历史信息的错误解读，有失真或作假的嫌疑，并可能造成文化上的欺骗。在这些有关文物保护理论与实践等方面的国际性文件传入我国之后，很多专家开始强烈否定我国文物古迹保护领域的修缮方法，对于大量修缮、重建、整体搬迁的文物古建筑价值产生怀疑，对濒于消亡地带的古建筑不知如何处置，大地震中损毁的文物建筑的回复与重建也成为热门话题。中国文物工作者陷入了拯救它们的困境，正如古建筑保护专家马炳坚先生所言，这让中国的文物保护工作者不知所措。

事实上，西方各类文物保护法规中并未考虑到各种特殊原因，比如地震、洪水，比如类似三峡湖北库区文物古建筑复建的原因：工程的修建。《城记》的作者王军认为，建筑是民族记忆的一部分，由于不可抗因素造成的损毁，我们进行修复、重建也都是在修复民族的记忆。世界上整体重建的成功典型也并非没有先例，"二战"后华沙85%以上的建筑物毁于1939~1944年的战火。苏联人主张建一个新华沙，但华沙理工建筑学院的师生们把战前画的老城区图纸拿出来展览，市民逐渐形成一致的意见，要求恢复华沙原有的古城风貌，并建议当局政府改变了当初的决定。最终，这座拥有700多年历史的中欧古都以18世纪的原貌在波兰人民的爱国热情中重新屹立。据说，波兰人用上了华沙废墟的一砖一瓦。华沙古城在1980年入选联合国教科文组织世界遗产名录，这也是遗产目录中第一个入选的重建项目。世界遗产委员会这样评价它：严格按照原样重建，表明了波兰保留传统文化环境的真切心情，华沙的重生是20世纪建筑史上不可磨灭的一笔。

原真性是国际公认的文化遗产评估、保护和监控的基本因素。我们尊重历史的原真性，所以我们不能让古建筑在历史中消失。特殊情况下的复建正是保护这种原真性的最好选择。华沙古城如此，三峡文物古建筑亦如此。由于地处三峡工程蓄水淹没范围，这种不可抗的因素导致三峡湖北库区的文物古建筑不得不采用集体搬迁复建的方式来保存历史的图像。在兴建三峡工程的决议通过后，根据国家文物局的部署，湖北省文化厅组织有关部门进行了三峡工程湖北省淹没区的文物普查工作。在此基础上，为科学地制定文物保护规划，湖北省文物考古研究所在秭归县、兴山县和宜昌市，武汉大学历史系和河北古代建筑研究所在巴东县，分别对上述四县三峡工程淹没区的地下、地面文物进行了全面、深入的调查，并对复建地面古建筑进行了勘探、测绘工作。

文物古迹是文化遗产主要的保护对象，保护的目的是真实、全面地保存并延续其历史信息及全部价值。保护的任务是通过技术和管理的措施，修缮自然力和人为造成的损伤，制止新的破坏。所有保护措施都必须遵守不改变文物原状的原则。不改变文物原状是保护文物古迹的法律规定，包括保存现状和恢复原状两方面的内容。

在这种不改变原状的原则下，考虑周全、实施详细的复建工作效果显著，高度还原文物古迹本

真的复建建筑仍然保留了建筑遗产的最大价值，即"物"本身的存在，并且以实体"物"承载了长江沿江的古老建筑文化、特色民俗及群众对于传统文化的认同感，继续为子孙后代延续这份值得保留的可以传承的文化物质载体。那么，多年以后，复建古建筑仍然是历史的最真实的见证者。国际古迹遗址理事会（ICOMOS）第十六次大会上讨论的"场所精神"是对"遗产的精神内涵"的最佳注解，这一术语将有形的物质遗产和无形的非物质遗产联系在一起。精神因场所的存在而存在，场所因精神的积淀更有价值，有生命力。"场所精神"的提出契合东方文化遗产的价值特征，为东方文化遗产保护提供了重要的理论基础。

2005年10月28日至30日，中国古建筑学会、中国文物学会专家在山东曲阜就我国文物古建筑的保护维修理论与实践问题进行了深入的探讨，并一致通过了《曲阜宣言》，宣言指出"对于损坏了的文物古建筑，只要按照原型制、原材料、原结构、原工艺认真修复，科学复原，依然具有科学价值、艺术价值和历史价值。按照'不改变原状'的原则科学修复的古建筑不能被视为'假古董'"。因此，对于重建的必要性可以从物质形态和传统文化与情感需求等方面进行具体分析。

因而，对于整个三峡湖北库区文物古建筑的文化价值评估，也正是建立在这个基础之上的。我们希望对于文物古建筑的文化价值进行一场全面、深入、细致的评价工作，并以此彰显其作为地方文化、民俗特色的古建筑，仍然保留着文化价值。

二、评估：彰显复建文物古建筑的文化价值

文化价值评估是对复建文物古建筑的一个重要认证，华沙古城能在重建之后入选联合国教科文组织世界遗产名录，说明重建并不是消解建筑价值的赝品，相反，它更加体现了我们保存古老记忆、尊重文化传统的情感需求。我们仍然能够从科学和情感的双重角度评估其价值，认定其复建和保护的意义。

因而，本次评估从历史价值、人文价值、艺术价值、科学价值、情感价值和社会价值等六个方面对三峡湖北库区复建文物古建筑文化价值进行评估，试图构建一个周全严密的评估系统，为重构的文物古建筑进行较为全面和理性的价值定位，以期搬迁复建后的文物古建筑能得到更好的保护。

历史价值从时间性、原真性、完整性、时代性、稀缺度、奇特性、知名度七个方面对这批古建筑进行了评估，尊重建筑在历史传承和历史见证方面的价值，并且充分考虑了搬迁复建文物的原真性，强调了复建文物的真实性价值。

人文价值从事件人物的关联性、宗教价值、民俗价值、文化延续价值等四个方面考量了文物古建筑，对古建筑所关联的著名人物事件、宗教、民俗节日、民俗习惯分类打分，为古建筑的分类别、分重点保护作了有效的备案和指导。

艺术价值从美学价值、风格特色、结构特点、设计水平和工艺、装饰装修和施工技艺五个方面对建筑之为建筑本身的价值进行了评估。这一评估点避免了对文物古建筑自身建筑价值的忽视，彰显了三峡地区建筑的特殊的风格和设计水平，不仅完善了对三峡移民搬迁建筑的认识，也有利于地区间同类型建筑之间的比较。

科学价值从建筑的科学成就及其反映出的科技成果水平两个方面评估了古建筑。三峡地区地貌复杂，气候多样，建筑在适应环境的同时会产生出许多别具一格和富有特色的科技创新。我国古代的科技成就虽然整体来看不够突出，但是零散的科技成果仍然颇丰。科学价值的评估就有助于深入挖掘文化遗产中的科技创新点，提升建筑的内在价值，也有助于推动我国创新发展的社会理念。

情感价值从象征作用、认同感、归属感、惊奇感四个方面对复建文物进行了情感态度方面的评估。之所以复建，很大一部分原因也是因为这批文物古建筑对于三峡人民来说具有特殊的情感寄托，如屈原祠、秋风亭等处的特殊纪念价值。因而，复建文物古建筑仍然具有对当地居民的文化认同感和地域归属感，仍然保留着对外地游客的惊奇感。可以说，情感价值评估是构建三峡文化的重要一笔。

社会价值从教育性、纪念性、和谐性三个方面对复建文物古建筑进行了评估。社会价值从整体性出发，将复建文物古建筑与当地生活相联系，考察了建筑对于居民生活的意义，有助于提升人们对于古建筑文化价值与三峡文化价值的整体感知。

总而言之，这一评估体系和评估结果对于彰显三峡文物古建筑的文化价值具有重要意义，对于三峡文物古建筑的保护与开发具有重要的指导作用。

第一，评估有助于对三峡复建文物古建筑进行分类别、分重点保护。对建筑进行6个大方面25个小方面的详细评估，有利于对建筑的文化价值的进行深化、细化认识，从而形成更为详略周全的、更为有侧重点的保护方案。

第二，评估是提升三峡地区文化软实力的需要。文化建设在国家建设中具有战略性意义，我们要保护的不仅仅是古建筑物质本身，更多的是建筑所承载的历史文化价值。对古建筑进行评估即是对这种建筑软实力的认识，是我们提升地区文化软实力的现实需要。

第三，评估是确保三峡工程综合效益可持续发挥的需要。三峡工程是治理长江的关键性骨干工程，目前已开始发挥巨大的综合效益，但生态环境保护任务相当艰巨。复建文物工程是其发挥综合效益不可分割的一部分，因而对复建文物古建筑进行评估，不仅仅是对搬迁的古建筑进行的综合性整理，也是对整个三峡工程效益的评估和认定，是确保三峡工程综合效益可持续发挥的需要。

第四，评估是发展三峡地区文化旅游经济的需要。文物古建筑的文化价值评估有一套完整的体系，能对建筑进行感性与理性的双重认识，从而较为有效地确定建筑的文化价值体现，这对于发展文化旅游是一个重要的参考标准和规划标准。

三、保护：尽最大的可能保留古建筑及其文化记忆

三峡库区如此大范围的文物古建筑复建，其核心就在于"保护"二字，因而，结合三峡湖北库区的地域特点和这批复建文物古建筑的特点，为保护古建筑而进行的保护工作必须达到以下四点要求。

一是强化真实性保护。三峡湖北库区复建文物古建筑的最大目的就是尽可能地还原真实的古建筑，保留三峡地区民居、桥梁、寺庙、祠堂、城门、牌坊、磨坊等民俗的真实特色。因此，一般条件下，只要客观条件允许，古建筑保护的指导思想应该是以控制、协调的软性措施为主，在复建古建筑的同时做好迁入地的防险加固工作，科学分析加固方案的可行性，与周围环境形成良性的和谐度，在开放观赏性的同时尽可能地不对复建建筑造成损害。

二是推动整体性保护。三峡湖北库区文物古建筑复建与三峡大坝的移民工程紧密相关，这一点决定了其保护是与周边地区的生态环境、社会生活、经济发展具有显著的利益关联。同时，由于复建建筑所涉及的秭归县、巴东县、兴山县、夷陵区都是鄂西地势较高、地形复杂、经济较为落后的地区，复建文物分布较散，而且影响力不广，因而带状的复建保护区与周边背景环境相协调，更适合统筹全面管理和促进移民搬迁的整体生活环境。

三是创新可读性展示。在遗产保护实践中，如何在有效地复原建筑的同时兼顾面向一般公众的

展示及如何改善观赏性等问题一直是探索的主要焦点。三峡湖北库区古建筑对于当地人民来说大多具有熟悉感和认知度，但对于外地观赏人员来说则不能直观性地理解其内在的文化元素，因此，需要创新展示模式以保护建筑所需要散发的文化价值具有可读性。

四是深化社会性保护。作为三峡湖北库区的当地典型化建筑，这些文物古建筑早已渗透到当地人民的生活当中，成为他们精神生活的一部分了。因此，要切实保护文物古建筑，需要发动群众的力量，让大家自觉地形成维护古建筑的意识，同时，尽快落实关于保护和管理古建筑的法律规范，树立保护的规范性、权威性。

具体来说，对于复建古建筑，有三种较为理想的保护模式，既能妥善地保护好复建的文物建筑的完整性，又能保护好建筑所承载的文化价值，还能改善环境、提供文化场所，与当地移民搬迁的新城乡建设相互协调。

1）三峡特色古建筑主题公园模式。

2011年第87期《探索·发现》节目聚焦了大明宫国家遗址的保护问题，分为"拯救大遗址·困境"和"拯救大遗址·重生"两个部分。其从困境走向重生的重要选择即是"公园保护模式"和"展示园区保护模式"，既有效地保护了遗址的完整性，又没有影响市民的经济利益，反而与市民的生活相互交融，促进了市民精神生活的丰富。

南京的周园也是一个较为典型的复建公园保护模式。周贺桐先生于20世纪八九十年代皖南及皖赣边界收购得40幢徽派建筑。这批建筑在经过拆分、编号、拍照、画图之后，最先存放在周贺桐先生在广东、浙江等地分公司的仓库内。从2011年起，这些拆分后的木构件陆续运到南京予以"组装"，建成周园并对公众进行开放。

将三峡复建文物集中建设为一个公共文化空间，不仅实现了古建筑构造的保护，同时也发挥了古建筑的文化延续价值、艺术观赏价值、情感归属价值和社会和谐价值。

建筑主题公园对于凤凰山古建筑群来说就是一个较为理想的发展方案。凤凰山古建筑群包含24个文物点，文物已经整体搬迁，相应的配套设施逐渐建成和完善，室内陈列布展丰富多样，文化内涵相对深厚，并且目前已经对外开放。主题公园的发展方向不仅能为建筑的开放提供更好的观赏条件、休闲愉悦条件，保证建筑群与当地居民生活的水乳交融，还能够迅速聚集凤凰山的特色，增强关注度。

2）博物馆保护模式。

博物馆是最能集中展示文物的场所，三峡文物古建筑的相关出土文物和古建筑自身所留存的文物较为丰富，仅秭归段地下文物就有81处，据不完全统计，其中可移动文物就有20000件以上。把较为宽阔的建筑设置成博物馆的模式，不仅可以在适宜的环境中展示三峡民俗文物，让文物本身成为传播文化的一个载体，也能合理地利用建筑空间，让文物自身相互协调，让观赏者有一个更为整体性和关联性的认识。如寇准县衙，其自身保留的古代县衙所用器物就基本形成一个古代国家机器的文化博物馆。

再如水磨坊这种独具地方特色的农耕文化的代表建筑，单独的磨坊建筑虽然颇具地方特色，但是建筑和文化价值的延展性略显单薄。复建所涉及的县区都以农耕为主，由于生产方式的改变而逐渐消逝的传统农具也可以存放在其中，这样就能形成一个较为完整的农耕文化展示博物馆。此外，这也是对文物的一个预先保护机制，随着退耕还林的实施和生产方式的转变，现阶段农民的农用器械也势必将退出历史舞台，因此，对于做好地区特色农具的防护而言，博物馆保护模式也是较为理想的方式。

3）古建筑民俗村。

鉴于三峡湖北库区的地区特色，村落城镇以分散性为主，且个别复建文物古建筑如桥梁、城门、石刻、牌坊，也较难形成主体公园或者博物馆保护模式。但这些建筑原本就是与当地居民生活息息相关、密不可分的，因此，继续将这些建筑放置于居民的生活之中也更显得真实和贴切。

那么，如何确保这些复建文物不在暴露之中受到损害呢？将保护范围扩大为整个村落或者说将观赏的视角从单一的建筑物扩大为与之相融合的整个村落的民俗景观，建立古建筑民俗村是一个较为恰当的模式。

复建文物古建中有很大一批是民居建筑，如郑韶年老屋、三老爷老屋、彭树元老屋等，各县都有一些较为集中的老屋，因而以村落为单位建设古建筑民俗村具有切实可行性。

四、开发：让古建筑文化价值不断焕发生命力和影响力

文物古建筑的开发，其争议程度不亚于文物古建筑的复建。大部分人认为，开发与保护是矛盾的，对文物古建筑的开发会造成破坏。然而，保护并不是我们唯一的任务和目的，文物抑或是文化都是社会生活的一部分，我们的保护并不是将文物建筑供养起来供人瞻仰，那样只会让建筑所承载的民俗文化也被束之高阁，"观乎人文，以化成天下"，只有与人息息相关的、融入我们生活的文化才会具有持续的生命力和影响力。

不管是有形的文化资源还是无形的文化资源，都必须或有可能转化为消费者可视、可听、可感、可体验的物质形式[1]。而文化产业即是创造这种生命力和影响力的最佳选择。文化产业是人类社会发展到工业革命时代和通讯时代所创造出来的一种新的产业形态，也是文化资源的积累方式与再造方式。复建的文物古建筑对于三峡地区特色文化的凸显，会形成地区的文化形象，构成地区的文化命脉，因此，对建筑的延展性进行产业化开发，将会大大地扩展这种特色文化的影响范围，继而带动一个完整的文化产业链，形成三峡传统建筑、民俗的物质形式与精神信仰的双重回归。

三峡工程建设赋予三峡文化以时代精神，包括移民文化在内的三峡文化有了新的内涵。通过旅游业、演艺业、工艺制作、影视出版等方式全方位地展示三峡历史文化和古建筑文化，能进一步彰显三峡文化的精神实质，传播优秀的三峡地域文化，让更多的国人、国际友人了解三峡、理解三峡、认同三峡。因此，保护性开发的实质是保护性发扬、保护性传承建筑的文化价值。

（一）文化旅游业

长江三峡物华天宝、人杰地灵。在风光秀丽的自然景色之中，点缀着星罗棋布的各类人文景观，充分利用地面文物的搬迁复原重现三峡历史的风采，结合地下出土文物的展示宣传提高复建文物古建筑的知名度，辅以三峡的自然景观以开发文化旅游业，以文物促旅游，以旅游焕发文物的生命力，带动三峡地区文化产业的发展，进而带动整个三峡地区经济的腾飞，将是一条切实可行的、见效快速的路子。

三峡移民包括两个方面的任务：安稳和致富。由于移民搬迁，文物古建筑不得不迁址重建，居民生活也受到影响。而文化旅游业不仅能够大范围地展示三峡特色建筑，且能够现实有效的解决移民搬迁后的就近安置、经济问题。

---

[1] 姚伟钧：《从文化资源到文化资本》，华中师范大学出版社，2012年。

旅游无疑是发展三峡文物建筑复建区经济的最快捷、最有效、最适宜的方式。考虑到三峡文物建筑所蕴含的文化底蕴，因而，深入挖掘人文风景，将自然风光与人文风景相结合，将文化与旅游相结合，发展文化深度体验旅游，是让矗立百年的古建筑焕发新的生命力和广阔的影响力的开发途径。

1. 节事模式

三峡地区复建文物古建筑中许多都与当地的节日祭祀、名人事件、农事耕作相关，按照创新可读性的原则，单纯的景点参观并不能拓展旅游的延展性和文化的深层性，若把与建筑相关的节日祭祀、名人事件和农事耕作元素与建筑相联系，开展富有地区特色的景点活动，则更具有感染力，也更能感性地传播建筑的文化价值。

如凤凰山国家文物保护区所在地紧邻徐家冲港湾，而徐家冲港湾是国家体育总局批复的国家龙舟训练基地，是秭归举办端午节赛龙舟之地。凤凰山内有屈原祠和屈原文化广场，凤凰山外有龙舟训练基地，端午节这一传统节日形式则是值得挖掘的旅游视听资源。若不断地完善凤凰山的功能定位，打造龙舟文化产业链，将会带动一系列的附加产业发展。

2. 百姓文化模式

文化是一个社会范畴的概念，百姓才是文化活动的主体。且不同地域不同的百姓文化具有不可复制性，这也为三峡复建古建筑区旅游业增添了一份新的项目。复建古建筑都是与百姓生活相关的，其中绝大部分是与百姓日常生活息息相关的，把百姓日常生活方式转换成旅游景观展示给游客，能使游客最身临其境地了解三峡居民文化，也是还原部分古建筑本来作用的两全其美的办法。

例如水磨坊，游客在单一的参观模式下也许不能深刻地了解水磨坊的使用过程，因此一些适当的展示表演将会更加有利于水磨坊文化的传播。再如寇准祠，在参观的同时展示百姓祭祀寇准的仪式，有利于让游客近距离地接触寇准文化、祭祀文化。这些"锦上添花"的节目也有利于开发新的旅游项目甚至拓展成景区演艺业，帮助移民就近就业、简单就业，增加当地居民收入。

3. 会展模式

三峡自古以来也是物产丰富、文化浓郁之地，有许多珍奇的农副产品及传承至今的书法绘画艺术，对于地形复杂、地广人稀的三峡地区来说，集中展示农副产品及文化艺术品将是一个不错的选择。复建文物中有大量的民居建筑，且建筑内还存放着许多农事工具，将古老的农事工具和多样化的农副产品放置在民居建筑内外展示，不仅为景区增添了一抹生动的颜色，更能长远地拉动地方经济的发展。同时，复建区内还有大量的名人故居及与名人相关的建筑、名人留下的诗文名言，以及古往今来无数文人墨客游览后的珍奇墨宝，这些都能很好地展示三峡地区的精神文化，因此，选择特定时间集中展示这些艺术瑰宝，将会吸引大批的文学爱好者，不仅有利于三峡文化的集中大面积扩散，更有利于三峡文化的推陈出新和不断发扬。例如，有关寇准的建筑和诗文即可在寇准诞辰日举行展览，召集当代文人学者参观座谈。

事实上，作为物质遗产本身的建筑，也可以作建筑业的会展，把三峡地区的建筑发展成像徽派建筑等具有地方特色的建筑流派，不断丰富中国古建筑的档案，同时深化三峡古建筑的影响力。

（二）演艺业

如何深入挖掘整合历史文化潜在资源，实现传统景区旅游产业结构升级，是当前传统旅游景区面临的普遍问题。三峡湖北库区不仅风光秀丽，而且历史悠久，民俗文化丰富，拥有众多传统音乐、曲艺、民间传说等，但这些非物质文化遗产目前亟待传承发扬。因而，在发展物质遗产旅游的同时渗入非物质文化遗产旅游，是当前复建区的一个新的发展契机和方向。

在国内有这样的范例，陕西临潼华清池5A级景区用舞剧《长恨歌》"旅游资源+文化创意"模式带动文化旅游产业发展，其成功实践为三峡旅游景区如何实现保护与开发利用并举提供了新的范式。

根据三峡工程相关资料统计显示，三峡湖北库区有大量的传统文化民俗，包括传统音乐、传统舞蹈、传统戏剧、传统曲艺、传统体育、游艺与杂技、传统美术、传统技艺、传统医药、民俗节日等。

依托古建筑旅游，将这些丰富的传统文化开发成演艺业，能将面临湮没的历史文化潜在资源挖掘出来，并和旅游业相互整合，形成一条新的文化产业链。

如开办"龙门阵"讲述屈原传说、昭君传说；组织皮影戏、船工号子、薅草锣鼓、五句子歌、杨林堂鼓、杨林高腔等文艺表演；端午节在屈原祠等地举办端午习俗表演、骚坛诗会；在形成工业制作的厂房参观端午节龙舟制作、丝绵茶制作等。

这样，不仅能够丰富物质遗产旅游的形式，还能够有效地形成宣传影响力，并且促使较为完备的非物质文化遗产保护制度和保护体系的形成。

（三）工艺品和土特产业

"新、奇、特"是产品的灵魂，创意和创新是产品占领市场的关键。依托古建筑旅游业还可以衍生出工艺品制造业和土特产生产业。旅游活动并不是即时消费，游客都会选择在离开时购买一些纪念品或特产，而这一纪念品消费正是打造三峡地区旅游产业链的重要一环，从长远发展的角度看，可以利用纪念品和特产这一旅游尾部消费带动工艺品制造业和土特产生产业的发展。

首先，三峡文物建筑颇具特色，不仅可供观赏，还可以将其形象制作成明信片、木质模型玩具作为纪念品出售。其次，三峡地区特色民族民俗饰品、龙舟文化、端午节礼品也都适宜开发成工艺产品。

土特产是一项颇具市场的产业，日本文化产业中就将土特产单独列为一项产业门类。三峡地区土地肥沃，物产丰富，特色农副产品如脐橙、纽荷尔、胭脂柚、茶叶、核桃、蜂蜜、葛根、山药、杜仲等都可以树立品牌意识，依托文物建筑旅游、建筑旅游中的会展文化展示逐渐打开市场，最终建立独具特色的三峡地区土特产产业。

（四）影视出版业

对于三峡地区的自然风景和人文风景，还可以转化成影音、文字资料出版，不仅扩大了地区宣传，还有利于资料的收集与保存，特别是一些三峡地区独具特色的非物质文化遗产文字资料、音频资料、视频资料等。

影视出版的内容可以相当广阔，影视类可以制作风景宣传片、人文纪录片；传统音乐、舞蹈、戏剧的精华版，条件成熟的也可以考虑制作电视剧或者电影，这在兴山县发展昭君文化时是有先例的。音频类可以制作传统音乐、戏剧的专辑。图书类可以制作优美风景图片及传统古建筑的图册、传统民间故事与传说、传统民俗、技艺、医药的介绍等，此外，还可以配合上述的会展、舞剧演出、工艺品开发制作相关图书资料。

参 考 文 献

（按姓名拼音排序）

1. 中华人民共和国国务院：《中华人民共和国文物保护法》（2002年）。
2. 中华人民共和国国家文物局：《三峡工程淹没区文物保护规划大纲》（1993年）。
3. 中华人民共和国国家文物局：《中华人民共和国文物保护法实施条例》（2003年）。
4. 中华人民共和国国家文物局：《文物保护工程管理办法》（2003年）。
5. 中华人民共和国国家文物局：《中国文物古迹保护准则案例阐释》（2005年），（简称《案例》）。
6. 中华人民共和国财政部、中国资产评估协会：《中国资产评估准则体系》（2007年）。
7. 中华人民共和国财政部：《企业会计准则——基本准则》（2006年）。
8. 中华人民共和国国务院：《中华人民共和国环境保护法》（1989年）。
9. 中华人民共和国国家标准：《旅游资源分类、调查与评价（GB/T 18972-2003）》。
10. 中华人民共和国国家标准：《旅游规划通则（GB/T18971-2003）》。
11. 中华人民共和国国家标准：《旅游景区质量等级的划分与评定（GB/T 17775-2003）》。
12. 《国际古迹保护与修复宪章》（1964年）。
13. 《保护世界文化与自然遗产公约》（1972年）。
14. 《保护历史村镇与城区宪章》（1987年）。
15. 《实施保护世界文化与自然遗产公约业务指南》（2005年）。
16. 《关于加强我国非物质文化遗产保护工作的意见》（国办发〔2005〕18号）。
17. 三峡工程库区文物保护规划组：《湖北省文物古迹保护规划报告》（1996年）。
18. 三峡工程库区文物保护规划组：《湖北省秭归县文物古迹保护规划报告》（1995年）。
19. 三峡工程库区文物保护规划组：《湖北省巴东县文物古迹保护规划报告》（1995年）。
20. 三峡工程库区文物保护规划组：《湖北省兴山县文物古迹保护规划报告》（1995年）。
21. 三峡工程库区文物保护规划组：《湖北省宜昌县文物古迹保护规划报告》（1995年）。
22. 国务院三峡工程建设委员会办公室、国家文物局：《长江三峡工程淹没及复建区文物古迹保护规划报告》，中国三峡出版社，2010年。
23. 国务院三峡工程建设委员会办公室、国家文物局：《长江三峡工程文物保护项目报告·湖北库区考古报告集》（1~5集），科学出版社，2003、2005、2006、2007、2010年。
24. 《中共中央办公厅、国务院办公厅：关于进一步加强农村文化建设的意见》（2005年11月7日）。
25. 中国非物质文化遗产保护中心：《中国非物质文化遗产普查手册》，文化艺术出版社，2007年。
26. 中国民间文艺家协会：《中国民间文化杰出传承人调查、认定、命名工作手册》，中国民间文艺家协会，2005年8月。
27. 〔德〕恩斯特·卡西尔著，甘阳译：《人论》，上海译文出版社，2004年。
28. 〔德〕萨伊德：《东方学》，三联书店，1999年。

29. 〔美〕大卫·费特曼著，龚建华译：《民族志：步步深入》，重庆大学出版社，2007年。
30. 〔美〕露丝·本尼迪克特著，王炜 等译：《文化模式》，三联书店，1988年。
31. 〔英〕E. 霍布斯鲍姆、T. 兰格：《传统的发明》，译林出版社，2004年。
32. 〔英〕安东尼·吉登斯：《失控的世界——译者的话》，江西人民出版社，2001年。
33. 〔英〕保尔·汤普逊：《过去的声音——口述史》，辽宁教育出版社，2000年。
34. 〔英〕波普尔：《猜想与反驳》，上海译文出版社，1986年。
35. 〔英〕吉登斯著，李康、李猛译：《社会的构成》，三联书店，1998年。
36. 陈立旭、潘捷军 等：《乡风文明：新农村文化建设——基于浙江实践的研究》，科学出版社，2009年。
37. 费孝通：《江村经济》，江苏人民出版社，1986年。
38. 冯骥才：《守望民间》，西苑出版社，2002年。
39. 黄映辉、史亚军：《农村文化资源的开发与经营》，科学普及出版社，2009年。
40. 黄永林：《从资源到产业的文化创意——中国文化产业发展现状评述》，华中师范大学出版社，2012年。
41. 李小云 等：《乡村文化与新农村建设》，社会科学文献出版社，2008年。
42. 梁漱溟：《中国文化要义》，学林出版社，1987年。
43. 林继富：《民间叙事传统与故事传承》，中国社会科学出版社，2007年。
44. 刘锡诚：《非物质文化遗产理论与实践》，学苑出版社，2009年。
45. 陶立璠、樱井龙彦：《非物质文化遗产学论集》，学苑出版社，2006年。
46. 王沪宁：《当代中国村落家族文化》，上海人民出版社，1991年。
47. 王铭铭：《村落视野中的文化与权力》，三联书店，1997年。
48. 王文章：《非物质文化遗产概论》，教育科学出版社，2008年。
49. 王耀希：《民族文化遗产数字化》，人民出版社，2009年。
50. 吴一文：《文化多样性与乡村建设》，民族出版社，2008年。
51. 武清海：《荆楚文化与遗产保护》，湖北人民出版社，2008年。
52. 向云驹：《人类口头和非物质文化遗产》，宁夏人民教育出版社，2004年。
53. 吴宏堂、王风竹：《守望大三峡——三峡工程文物保护与管理》，文物出版社，2010年。
54. 陈文胜、陆福兴：《新农村文化建设的战略思考》，《中国发展观察》2006年第12期。
55. 陈运贵：《新农村文化建设的现状分析与战略思考》，《当代世界与社会主义》2010年第2期。
56. 刘玉堂、黄南珊：《深化文化体制改革中体制、机制、体系的重构创新》，《中国文化产业评论》2012年。
57. 黄永林：《论民间文化资源与发展文化产业的主要关系》，《华中师范大学学报》2008年第2期。
58. 黄永林：《非物质文化遗产 生产是最好的保护》，《光明日报》2011年10月7日。
59. 黄永林 等：《中国农村文化建设的现状分析与战略思考》，《华中师范大学学报》2007年第4期。
60. 林美珍、黄远水：《文化旅游之下的文化真实性与文化商品化》，《广西民族学院学报（哲学社会科学版）》2003年第52期。
61. 刘聪、张陆、罗凤：《乡村旅游开发理念批判》，《人文地理》2005年第6期。
62. 刘守华：《故事村与民间故事保护》，《民间文化论坛》2006年第5期。
63. 疏仁华、胡松年：《安徽农村居民文化生活调查与建设问题研究》，《理论建设》2007年第

3期。

64. 王婧媛、姚本先、方双虎：《有无宗教信仰老年人生活满意度现状调查》，《世界宗教文化》2009年第2期。
65. 杨敏：《"活着的过去"和"未来的过去"——民俗制度变迁与新农村建设的社会学视野》，《学习与实践》2007年第11期。
66. 郑杭生：《论现代的成长和传统的被发明》，《天津社会科学》2008年第3期。
67. 丁辉：《文物建筑历史信息的构成及保护》，太原理工大学硕士学位论文，2007年。
68. 曹永康：《我国文物古建筑保护的理论分析与实践控制研究》，浙江大学博士学位论文，2008年。
69. 潘国刚：《文物社会价值的实现与文物保护规划》，昆明理工大学硕士学位论文，2008年。
70. 张英琦：《建筑遗产保护中几个重要概念考辨》，天津大学硕士学位论文，2010年。
71. 张靖：《乡土建筑遗产保护模式研究之一易地保护模式》，华中科技大学硕士学位论文，2006年。
72. 许保利：《价值理论的评介与思考》，《财经问题研究》1998年第1期。
73. 〔英〕米克：《劳动价值学说的研究》，商务印书馆，1979年。
74. 杜尔哥：《关于财富的形成和分配的考察》，商务印书馆，2007年。
75. 吴娅茹、贾后明：《资本、生产要素与价值创造》，《教学与研究》2002年第5期。
76. 王玉梁、岩崎允：《价值与发展——中日价值哲学新论续集》，人民教育出版社，1999年。
77. 晏智杰：《经济学价值理论新解——重新认识价值概念、价值源泉及价值实现条件》，《北京大学学报（哲学社会科学版）》2001年第6期。
78. 马志政 等：《哲学价值论纲要》，杭州大学出版社，1991年。
79. 王万茂、潘文珠：《土地资源管理学》，高等教育出版社，2006年。
80. 周诚：《土地经济学原理》，商务印书馆，2005年。
81. 马克思：《资本论》，人民出版社，1974年。
82. 马克思、恩格斯：《马克思恩格斯全集》（第2卷），人民出版社，1979年。
83. 周诚：《土地经济学》，农业出版社，1989年。
84. 夏明文：《土地与经济发展——理论分析与中国实证》，复旦大学出版社，2000年。
85. 郑新奇：《城市土地优化配置与集约利用评价》，科学出版社，2004年。
86. 张昆仑：《"论价值辐射"——对一种土地价值理论的思考》，《当代财经》2005年第2期。
87. Jukka Jokilehto. A History of Architectural Conservation, D.Phil Theis, University of York. York: 1986.
88. 梁思成：《梁思成全集（第三卷）》，中国建筑工业出版社，2001年。
89. 《文物保护管理暂行条例》，1960年。
90. 《中国文物古迹保护准则》，2002年。
91. 任浩明：《土地估价理论与方法》，华中科技大学出版社，2008年。
92. Davis, R. K. Recreation planning as an economic problem. Natural Resources Journal, 1963, 3(2).
93. Venkatachalam, L. The contingent valuation method: a review. Environment Impact Assessment Review, 2004(24).
94. Whittington. Administering contingent valuation surveys in developing countries. World

Development, 1998.
95. 张志强、徐中民、程国栋：《条件价值评估法的发展与应用》，《地球科学进展》2003年第3期。
96. 杨开忠、白墨、李莹 等：《关于意愿调查价值评估法在我国环境领域应用的可行性探讨》，《地球科学进展》，2002年第3期。
97. Brown, T. C., Gregory R. Why the WTP-WTA disparity matters. Ecological Economics, 1999 (28).
98. Hanemann, W. M. The economic theory of WTP and WTA. In: Bateman, I. J., Willis, K. G. (eds.).Valuing Environmental Preferences: Theory and Practice of the Contingent Valuation Method in the US, EU, and Developing Countries. New York: Oxford University Press. 1999.
99. 张志强、徐中民、程国栋：《生态系统服务与自然资本价值评估研究述评》，《生态学报》2001年第11期.
100. Loomis, J. B., Walsh, R. G. 1997. Recreation Economic Decisions: Comparing Benefits and Costs (2nd). Venture Publishing Inc.
101. Loomis, J. B., Kent, P., Strange, L., et al. 2000. Measuring the total economic value of restoring ecosystem services in an impaired river basin: Results from a contingent valuation survey. Ecological Economics, 2000 (33).
102. 李莹：《意愿调查价值评估法的问卷设计技术》，《环境保护科学》2001年第6期。
103. 张俊杰：《三峡大坝建设与川江航运展望》，《中国船检》2001年第1期。
104. 邱忠恩：《论三峡工程的综合效益及对中国经济持续发展的作用》，《湖北水力发电》2004年第2期。
105. 梁福庆：《长江三峡库区文物保护回顾及后续保护对策》，《重庆三峡学院学报》2009年第6期。
106. 舒庆荣、陈华：《三峡库区地面文物保护研究》，《人民长江》2010年第23期。
107. 陈征：《土地价值论》，《福建论坛（人文社会科学版）》2005年第2期。
108. 周诚：《土地价值简论》，《中国土地科学（增刊）》1996年S1期。
109. 霍雅勤、蔡运龙：《可持续理念下的土地价值决定与量化》，《中国土地科学》2003年第2期。
110. 蔡银莺、张安录：《武汉市农地非市场价值评估》，《生态学报》2007年第2期。
111. 闫艳、秦明周、杨春玲 等：《划拨土地使用权评估方法探讨》，《安徽农业科学》2009年第6期。
112. 谢建豪、袁伟伟、王秀兰：《运用机会成本法进行土地评估的理论探讨》，《广东科学》2007年第3期。
113. 谢戈力、薛红霞：《全国土地估价师资格考试复习指南》，广东经济出版社，2006年。
114. 中国房地产估价师与房地产经纪人学会：《房地产估价理论与方法》，中国建筑工业出版社，2010年。
115. 许丽忠、吴春山、王菲凤 等：《条件价值法评估旅游资源非使用价值的可靠性检验》，《生态学报》2007年第10期。
116. 王湃、凌雪冰、张安录：《CVM评估休闲农地的存在价值——以武汉市和平农庄为例》，《中国土地科学》2009年第6期。
117. 朱光亚、方道、雷晓鸿：《建筑遗产评估的一次探索》，《新建筑》1998年第2期。
118. 陈志华：《乡土建筑的价值和保护》，《建筑师》1997年第78期。

119. 吴守志、金建清：《非文物古建筑价值评估初探》，《2005国际房地产估价学术研讨会论文集》，中国建筑工业出版社，2005年。
120. 汪晓茜：《南京非文物类近代优秀建筑的调查与评估》，《现代城市研究》2004第5期。
121. 李萱：《城市历史文化遗产的价值解析》，同济大学硕士学位论文，2003年。
122. 周峻：《近代优秀建筑的保护与利用初探》，东南大学硕士学位论文，2001年。
123. 张松：《历史城市保护学导论——文化遗产和历史环境保护的一种整体性方法》，上海科学技术出版社，2001年。
124. 北京大学世界遗产研究中心：《世界遗产相关文件选编》，北京大学出版社，2004年。
125. 唐建新、周娟：《资产评估教程》，科学出版社，2009年。
126. 赵邦宏、王哲 等：《资产评估准则评价研究》，中国财政经济出版社，2008年。
127. 顾军、苑利：《文化遗产报告——世界文化遗产保护运动的理论与实践》，社会科学文献出版社，2005年。
128. 刘红婴、王健民：《世界遗产概论》，中国旅游出版社，2003年。
129. 罗哲文：《罗哲文历史文化名城与古建筑保护文集》，中国建筑工业出版社，2003年。
130. 陆地：《建筑的生与死——历史性建筑再利用研究》，东南大学出版社，2004年。
131. 申维辰：《评价文化——文化资源评估与文化产业评价研究》，山西教育出版社，2004年。
132. 邓炳权：《文物建筑的保护与利用》，《2002年广东省文博学会学术论丛》（第2辑），上海辞书出版社，2002年。
133. 王应政：《贵州水库建设与少数民族传统文化保护———以三板溪水库为例》，《贵州民族研究》2011年第4期。
134. 李军、卢小甫 等：《大型水坝、水库建设与库区发展互动分析——以三峡湖北库区为例》，《农村经济》2007年第8期。
135. 米子川：《文化资源的时间价值评价》，《开发研究》2004年第5期。
136. 吴美萍：《文化遗产的价值评估研究》，东南大学硕士学位论文，2006年。
137. 刘翔：《文化遗产的价值及其评估体系——以工业遗产为例》，吉林大学硕士学位论文，2009年。
138. 赵鑫珊：《"世界遗产"的价值和意义》，《同济大学学报（社会科学版）》2003年第2期。
139. 李东红、杨利美：《文化资源的价值评估、成本核算与经济补偿》，《思想路线》2004年第3期。
140. 查群：《建筑遗产可利用性评估》，《建筑学报》2000年第11期。
141. 朱光亚、方遒、雷晓鸿：《建筑遗产评估的一次探索》，《新建筑》1998年第2期。
142. 陈志华：《乡土建筑的价值和保护》，《建筑师》1997年第78期。
143. 许抄军、刘沛林：《历史文化古城的非利用价值评估研究——以凤凰古城为例》，《经济地理》2005年第2期。
144. 杨志刚：《文化遗产保护的环境意识》，《文汇报》1999年6月12日。
145. 顾军、苑利：《文化遗产报告——世界文化遗产保护运动的理论与实践》，社会科学文献出版社，2005年。
146. 陆地：《建筑的生与死——历史性建筑再利用研究》，东南大学出版社，2004年。
147. 周友梅、胡晓明：《资产评估学基础》，上海财经大学出版社，2007年。
148. 唐建新、周娟：《资产评估教程》，科学出版社，2009年。
149. 赵邦宏、王哲 等：《资产评估准则评价研究》，中国财政经济出版社，2008年。

150. 许晓峰：《资产评估理论与实务》，立信会计出版社，1998年。
151. 卢松、陆林 等：《古村落旅游地旅游环境容量初探——以世界文化遗产西递古村落为例》，《地理研究》2005年第24期。
152. 李家兵、张江山：《武夷山国家级风景名胜区的游憩价值评估》，《福建环境》2003年第3期。
153. 韩学伟：《不同类型旅游区旅游环境容量的研究》，河南大学硕士学位论文，2005年。
154. 翟文：《宗教旅游资源价值评估研究》，兰州大学硕士学位论文，2007年。
155. 郑芳：《嘉峪关市文物景区旅游资源价值评估与游客满意研究》，兰州大学硕士学位论文，2008年。
156. 郭剑英：《乐山大佛旅游资源的国内旅游价值评估》，《地域研究与开发》2007年第6期。
157. 薛达元、包浩生、李文华：《长白山自然保护区生物多样性旅游价值评估研究》，《自然资源学报》1999年第2期。
158. 许抄军：《历史文化古城游憩利用及非利用价值评估方法与案例研究》，湖南大学硕士学位论文，2004年。
159. 郭剑英、王乃昂：《旅游资源的旅游价值评估——以敦煌为例》，《自然资源学报》2004年第19卷第6期。
160. 吕君、汪宇明、刘丽梅：《草原生态系统旅游价值的评估——以内蒙古自治区四子王旗为例》，《旅游学刊》2006年第8期。
161. 张春慧：《地质公园旅游资源价值评估实证研究》，兰州大学博士学位论文，2008年。
162. 刘晴：《历史文化主题公园价值评估及景区旅游开发与管理对策研究》，西北大学硕士学位论文，2010年。
163. 张春慧：《地质公园旅游资源价值评估实证研究》，兰州大学博士学位论文，2008年。
164. 孙月平、刘俊、谭军：《应用福利经济学》，经济管理出版社，2004年。
165. 张象枢：《环境经济学》，中国环境科学出版社，2001年。
166. 吕荣华，路琳：《微观经济学教程》，上海交通大学出版社，2006年。
167. 陈大夫：《环境与资源经济学》，经济科学出版社，2001年。
168. 龚胜生、敖荣军：《可持续发展基础》，科学出版社，2009年。
169. 刘敏、陈田、刘爱丽：《旅游地游憩价值评估研究进展》，《人文地理》2008年第1期。
170. 梁修存、丁登山：《国外旅游资源评价研究进展》，《自然资源学报》2002年第2期。
171. 曹建华、郭小鹏：《意愿调查法在评价森林资源环境价值上的运用》，《江西农业大学学报》2002年第5期。
172. 联合国环发大会著，国家环保局译：《21世纪议程》，中国环境科学出版社，1993年。
173. 经济合作与发展组织著，施涵、陈松译：《环境项目和政策的经济评价指南》，中国环境科学出版社，1996年。
174. 戴维·皮尔斯、杰瑞米·沃福德著，张世秋 等译：《世界无末日——经济学》，中国财政经济出版社，1996年。
175. 国家计委、国家科委：《中国21世纪议程——中国21世纪人口、环境与发展白皮书》，中国环境科学出版社，1994年。
176. 申登峰、张培栋：《森林生态系统服务功能主要价值评估方法》，《中国林业》2004年第24

期。
177. 郑景明、曾德慧、姜凤岐：《森林生态系统的价值及其评估》，《沈阳农业大学学报》2002年第3期。
178. 薛达元：《生物多样性经济价值评估——长白山自然保护区案例研究》，中国环境出版社，1997年。
179. 王建民 等：《遗传资源经济价值评价研究》，《农村生态环境》2004年第20卷第1期，第73～77页。
180. 李向明：《旅游资源资产评估及其指标体系的构建》，《资源科学》2006年第3期。
181. 查爱苹、邱洁威、姜红：《旅行费用法若干问题研究》，《旅游学刊》2010年第1期。
182. 谢双玉、訾瑞昭 等：《旅行费用区间分析法与分区旅行费用法的比较及应用》，《旅游学刊》2008年第2期。
183. 郝伟罡、李畅游 等：《自然保护区游憩价值评估的分组旅行费用区间分析法》，《旅游学刊》2007年第7期。
184. 范秀成：《品牌权益及其测评体系分析》，《南开管理评论》2000年第1期。
185. 黄嘉涛、陈春花、陈永清：《品牌权益的内涵及模型构建》，《财会通讯》2006年第8期。
186. 范秀成：《品牌权益及其测评体系分析》，《南开管理评论》2000年第1期。
187. 胡北忠：《基于旅游者的旅游风景区品牌价值评估》，《江西财经大学学报》2005年第2期。
188. 张耀启、李一清、潘羿：《自然与环境资源价值评估的误区》，《自然资源学报》2005年第3期。
189. 周军、何小芊、张涛、龚胜生：《屈原故里景区旅游总经济价值评估研究》，《旅游学刊》2011年第12期。
190. 周军、何小芊、张涛、龚胜生：《文物景区游憩价值评估的旅行费用法与收益法应用比较——以凤凰山景区为例》，《旅游论坛》2012年第1期。
191. 何小芊、周军、张涛：《旅游景区品牌价值货币化评估研究——以秭归县凤凰山景区为例》，《干旱区资源与环境》2012年第1期。
192. 谢高地、甄霖 等：《一个基于专家知识的生态系统服务价值化方法》，《自然资源学报》2008年第5期。
193. 毛文永：《生态环境影响评价概论》，中国环境科学出版社，2003年。
194. 蒋尧明：《论资源环境的经济核算及对GDP的修正》，《当代财经》2000年第3期。
195. 张帆：《环境与自然资源经济学》，上海人民出版社，1998年。
196. 欧阳志云、王效科、苗鸿：《中国陆地生态系统服务功能及其生态经济价值的初步研究》，《生态学报》1999年第5期。
197. 赵同谦：《中国陆地生态系统服务功能及其价值评价研究》，中国科学院生态环境研究中心博士学位论文，2005年。
198. Adger, W. N., et al. Total economic value of forests in Mexico. AMBIO, 1995, 24（5）: 285～295.
199. Costanza, R. D'Arge, de Groot R., et al. The value of the world's ecosystem services and natural capital. Nature, 1997.
200. Daily, G. C. Natures Services: Societal Dependence on Natural Ecosystems. Washington, D.C.: Island Press, 1997.

201. Dunae Knapp, Blaine Becker. The Brand Science TM Guide for Destination RFPs. Brand Strategy, 2004.
202. Ehrilich, P. R., Ehrilich A. H. Extinction: The Causes and Consequences of the Disappearance of Species. New York: Random House, 1981.
203. Göran Bostedt, Mattsson Leif. The value of forests for tourism in Sweden. Annals of Tourism Research, 1995, 22（3）.
204. Holdren, J. P., Ehrlich P. R. Human population and the global environment. American Scientist, 1974（62）.
205. John Asafu-Adjaye, Tapsuwan Sorada. A contingent valuation study of scuba diving benefits: Case study in Mu Ko Similan Marine National Park, Thailand. Tourism Management, 2008, 29（6）.
206. Keller, K. L. Conceptualizing, measuring and managing customer-based brand equity. Journal of Marketing, 1993, 57（1）.
207. Lee Choong-Ki. Valuation of nature-based tourism resources using dichotomous choice contingent valuation method. Tourism Management, 1997, 18（8）.
208. Lee Choong-Ki, Sang-Yoel Han. Estimating the use and preservation values of national parks' tourism resources using a contingent valuation method. Tourism Management, 2002, 23（5）.
209. Maja Konecnik, William C. Gartner. Customer-based brand equity for a destination. Annals of Tourism Research, 2007, 34（2）.
210. Millennium Ecosystem Assessment. Ecosystems and Human Well-being: Biodiversity Synthesis. World Resources Institute. Washington, D. C., 2005.
211. NeNeely, J. A., et al. Conserving the World's Biological Diversity, Prepared and published by the International Union for Conservation of Nature and Natural Resources, World Resources Institute, Conservational International, World Wild life Fund – US and the World Bank. 1990.
212. Oh Chi-Ok, Dixon Anthony W., James W. Mjelde, Jason Draper. Valuing visitors' economic benefits of public beach access points. Ocean & Coastal Management, 2008, 51（12）.
213. Pearce, D. W., Moran D. The Economic Value of Biodiversity. IUCN, Cambrige, 1994.
214. Sandra Notaro, Maria De Salvo. Estimating the economic benefits of the landscape function of ornamental trees in a sub-Mediterranean area. Urban Forestry & Urban Greening, 2010, 9（2）.
215. SCEP（Study of Critical Environmental Problems）. Man's Impact on the Global Environment. Massachussetts: MIT Press, 1970
216. Shrestha, Ram K., Stein Taylor V., Clark Julie. Valuing nature-based recreation in public natural areas of the Apalachicola River region, Florida. Journal of Environmental Management, 2007, 85（4）.
217. Soyoung Boo, James Busser, Seyhums Baloglu. A model of customer-based brand equity and its application to multiple destinations. Tourism Management, 2009, 30（2）.
218. UNEP. Guidelines for Country Studies on Biological Diversity. Oxford: Oxford University Press, 1993.
219. Westman, W. E. How much are nature's service worth? Science, 1977.

附　　录

附录一 鄂西兴山县、秭归县、巴东县农村民间文化状况调查分析总表

调研的基本情况：

2009年5月中旬和2009年10~11月，我们对鄂西兴山县、秭归县和巴东县农村民间文化生活状况进行了调查，采取问卷调查和重点访谈结合的方式。本次共发放问卷670份，收回有效问卷633份，有效回收率为94.48%。

具体情况如下：

兴山县共发放问卷220份，收回有效问卷209份，有效回收率为95%。

秭归县共发放问卷270份，收回有效问卷259份，有效回收率为95.93%。

巴东县共发放问卷180份，收回有效问卷165份，有效回收率为91.67%。

附表1.1 年龄和性别状况分析

地区	年龄合计	18岁以下	18~50岁	51岁以上	性别合计	男	女
兴山县	209	78	124	7	209	96	113
占比（%）	100.00	37.32	59.33	3.35	100.00	45.93	54.07
秭归县	259	15	229	15	259	124	135
占比（%）	100.00	5.79	88.42	5.79	100.00	47.88	52.12
巴东县	165	0	152	13	165	78	87
占比（%）	100.00	0	92.12	7.88	100.00	47.27	52.73
合计	633	93	505	35	633	298	335
占比（%）	100.00	14.69	79.78	5.53	100.00	47.08	52.92

附表1.2 学历和职业状况分析表

地区	学历合计	大专以上	高中	初中	小学以下	职业合计	干部	农民和农民工	经商	教师	学生	其他
兴山县	209	55	132	15	7	209	8	34	20	14	95	38
占比（%）	100.00	26.32	63.16	7.18	3.35	100.00	3.83	16.27	9.57	6.70	45.45	18.18
秭归县	259	107	102	39	11	259	98	107	8	6	3	37
占比（%）	100.00	41.31	39.38	15.06	4.25	100.00	37.84	41.31	3.09	2.32	1.16	14.29
巴东县	165	105	43	16	1	165	94	25	8	3	5	30
占比（%）	100.00	63.64	26.06	9.70	0.61	100.00	56.97	15.15	4.85	1.82	3.03	18.18
合计	633	267	277	70	19	633	200	166	36	23	103	105
占比（%）	100.00	42.18	43.76	11.06	3.00	100.00	31.60	26.22	5.69	3.63	16.27	16.59

附表1.3 民族和宗教信仰状况分析表

地区	民族合计	汉族	土家族	其他	宗教信仰合计	佛教	道教	基督教	伊斯兰教	无及其他
兴山县	209	197	5	7	209	10	4	1	2	192
占比(%)	100.00	94.26	2.39	3.35	100.00	4.78	1.91	0.48	0.96	91.87
秭归县	259	251	5	3	259	11	3	4	1	240
占比(%)	100.00	96.91	1.93	1.16	100.00	4.25	1.16	1.54	0.39	92.66
巴东县	165	76	68	21	165	7	1	2	2	153
占比(%)	100.00	46.06	41.21	12.73	100.00	4.24	0.61	1.21	1.21	92.73
合计	633	524	78	31	633	28	8	7	5	585
占比(%)	100.00	82.78	12.32	4.90	100.00	4.42	1.26	1.11	0.79	92.42

附表1.4 每天工作时间、日常从事最多的三项活动

地区	合计	8以上	7~8	5~6	3~4	3以内	合计(人次)	看电视	上网	做家务	走亲访友	打麻将、牌	看书	听广播	其他
兴山县	209	132	42	18	14	3	588	150	93	95	32	35	131	31	21
占比(%)	100.00	63.16	20.10	8.61	6.70	1.44	100.00	25.51	15.82	16.16	5.44	5.95	22.28	5.27	3.57
秭归县	259	165	81	2	2	9	806	218	156	156	51	50	130	17	28
占比(%)	100.00	63.71	31.27	0.77	0.77	3.47	100.00	27.05	19.35	19.35	6.33	6.20	16.13	2.11	3.47
巴东县	165	84	54	15	8	4	494	134	124	85	35	31	61	10	14
占比(%)	100.00	50.91	32.73	9.09	4.85	2.42	100.00	27.13	25.10	17.21	7.09	6.28	12.35	2.02	2.83
合计	633	381	177	35	24	16	1888	502	373	336	118	116	322	58	63
占比(%)	100.00	60.19	27.96	5.53	3.79	2.53	100.00	26.59	19.76	17.80	6.25	6.14	17.06	3.07	3.34

附表1.5 近三年内参加过的文娱活动（多选）

地区	合计	跳巴山舞	跳摆手舞	扭花鼓打十字敛	舞狮子舞龙灯	划龙舟	杂技花灯等	打牌打麻将	下棋	看电影	看电视	看书报	听广播	上网	唱卡拉OK	赶庙会	参加地方文化节
兴山县	209	40	16	15	18	18	25	67	110	134	164	140	61	150	51	13	65
占比(%)	100.00	19.14	7.66	7.18	8.61	8.61	11.96	32.06	52.63	64.11	78.47	66.99	29.19	71.77	24.40	6.22	31.10
秭归县	259	56	16	21	6	40	10	113	94	165	224	187	56	204	122	1	99
占比(%)	100.00	21.62	6.18	8.11	2.32	15.44	3.86	43.63	36.29	63.71	86.49	72.20	21.62	78.76	47.10	0.39	38.22
巴东县	165	27	24	6	1	2	9	57	30	84	142	99	23	139	73	4	65
占比(%)	100.00	16.36	14.55	3.64	0.61	1.21	5.45	34.55	18.18	50.91	86.06	60.00	13.94	84.24	44.24	2.42	39.39
合计	633	123	56	42	25	60	44	237	234	383	530	426	140	493	246	18	229
占比(%)	100.00	19.43	8.85	6.64	3.95	9.48	6.95	37.44	36.97	60.51	83.73	67.30	22.12	77.88	38.86	2.84	36.18

附表1.6.1 最喜欢的文娱活动（一）

地区	合计	跳巴山舞	跳摆手舞	扭花鼓打十字敛	舞狮子舞龙灯	划龙舟	杂技花灯等	打牌打麻将	下棋	看电影	看电视	看书报	听广播	上网	唱卡拉OK	赶庙会	参加地方文化节	其他
兴山县	209	12	7	2	1	4	3	15	6	26	27	20	0	34	14	1	2	35
占比(%)	100.00	5.74	3.35	0.96	0.48	1.91	1.44	7.18	2.87	12.44	12.92	9.57	0.00	16.27	6.70	0.48	0.96	16.75
秭归县	259	15	1	3	0	3	0	17	7	32	51	32	1	65	8	0	3	21
占比(%)	100.00	5.79	0.39	1.16	0	1.16	0	6.56	2.70	12.36	19.69	12.36	0.39	25.10	3.09	0	1.16	8.11
巴东县	165	20	8	0	1	0	0	13	4	19	32	12	0	35	6	0	1	14
占比(%)	100.00	12.12	4.85	0	0.61	0	0	7.88	2.42	11.52	19.39	7.27	0	21.21	3.64	0	0.61	8.48
合计	633	47	16	5	2	7	3	45	17	77	110	64	1	134	28	1	6	70
占比(%)	100.00	7.42	2.53	0.79	0.32	1.11	0.47	7.11	2.69	12.16	17.38	10.11	0.16	21.17	4.42	0.16	0.95	11.06

附表1.6.2 最喜欢的文娱活动（二）

地区	合计	跳巴山舞	跳摆手舞	扭花鼓打十字鼓	舞狮子舞龙灯	划龙舟	杂技花灯等	打牌打麻将	下棋	看电影	看电视	看书报	听广播	上网	唱卡拉OK	赶庙会	参加地方文化节	其他
兴山县	209	5	4	1	5	1	1	9	22	18	46	23	0	50	8	1	0	15
占比(%)	100.00	2.39	1.91	0.48	2.39	0.48	0.48	4.31	10.53	8.61	22.01	11.00	0	23.92	3.83	0.48		7.18
秭归县	259	2	1	1	1	3	0	8	15	29	53	32	0	43	15	0	5	51
占比(%)	100.00	0.77	0.39	0.39	0.39	1.16		3.09	5.79	11.20	20.46	12.36	0	16.60	5.79		1.93	19.69
巴东县	165	1	8	4	3	1	2	9	1	15	27	17	0	37	1	2	1	36
占比(%)	100.00	0.61	4.85	2.42	1.82	0.61	1.21	5.45	0.61	9.09	16.36	10.30		22.42	0.61	1.21	0.61	21.82
合计	633	8	13	6	9	5	3	26	38	62	126	72	0	130	24	3	6	102
占比(%)	100.00	1.26	2.05	0.95	1.42	0.79	0.47	4.11	6.00	9.79	19.91	11.37	0	20.54	3.79	0.47	0.95	16.11

附表1.6.3 最喜爱的文娱活动（三）

地区	合计	跳巴山舞	跳摆手舞	扭花鼓打十字鼓	舞狮子舞龙灯	划龙舟	杂技花灯等	打牌打麻将	下棋	看电影	看电视	看书报	听广播	上网	唱卡拉OK	赶庙会	参加地方文化节	其他
兴山县	209	4	1	1	1	2	9	3	22	19	30	35	3	19	5	1	5	49
占比(%)	100.00	1.91	0.48	0.48	0.48	0.96	4.31	1.44	10.53	9.09	14.35	16.75	1.44	9.09	2.39	0.48	2.39	23.44
秭归县	259	1	2	1	1	1	1	14	11	23	36	55	6	21	15	1	6	64
占比(%)	100.00	0.39	0.77	0.39	0.39	0.39	0.39	5.41	4.25	8.88	13.90	21.24	2.32	8.11	5.79	0.39	2.32	24.71
巴东县	165	1	5	4	1	0	3	6	6	9	26	25	2	21	10	0	3	43
占比(%)	100.00	0.61	3.03	2.42	0.61		1.82	3.64	3.64	5.45	15.76	15.15	1.21	12.73	6.06		1.82	26.06
合计	633	6	8	6	3	3	13	23	39	51	92	115	11	61	30	2	14	156
占比(%)	100.00	0.95	1.26	0.95	0.47	0.47	2.05	3.63	6.16	8.06	14.53	18.17	1.74	9.64	4.74	0.32	2.21	24.64

附表1.6.4 最喜欢的文娱活动（四）

地区	合计	跳巴山舞	跳摆手舞	扭花鼓打十字鼓	舞狮子舞龙灯	划龙舟	杂技花灯等	打牌打麻将	下棋	看电影	看电视	看书报	听广播	上网	唱卡拉OK	赶庙会	参加地方文化节	其他
兴山县	209	2	0	0	2	4	1	3	15	16	17	15	13	30	16	2	4	69
占比（%）	100.00	0.96			0.96	1.91	0.48	1.44	7.18	7.66	8.13	7.18	6.22	14.35	7.66	0.96	1.91	33.01
秭归县	259	5	3	4	1	2	5	17	21	14	24	24	7	22	18	0	7	85
占比（%）	100.00	1.93	1.16	1.54	0.39	0.77	1.93	6.56	8.11	5.41	9.27	9.27	2.70	8.49	6.95	0.00	2.70	32.82
巴东县	165	6	2		3	1	2	6	9	5	16	16	2	8	22		11	56
占比（%）	100.00	3.64	1.21		1.82	0.61	1.21	3.64	5.45	3.03	9.70	9.70	1.21	4.85	13.33		6.67	33.94
合计	633	13	5	4	6	7	8	26	45	35	57	55	22	60	56	2	22	210
占比（%）	100.00	2.05	0.79	0.63	0.95	1.11	1.26	4.11	7.11	5.53	9.00	8.69	3.48	9.48	8.85	0.32	3.48	33.18

附表1.6.5 最喜欢的文娱活动（五）

地区	合计	跳巴山舞	跳摆手舞	扭花鼓打十字鼓	舞狮子舞龙灯	划龙舟	杂技花灯等	打牌打麻将	下棋	看电影	看电视	看书报	听广播	上网	唱卡拉OK	赶庙会	参加地方文化节	其他
兴山县	209	5	1	0	3	3	6	10	18	8	7	18	10	8	34	2	16	60
占比（%）	100.00	2.39	0.48		1.44	1.44	2.87	4.78	8.61	3.83	3.35	8.61	4.78	3.83	16.27	0.96	7.66	28.71
秭归县	259	6	4	0	2	3	0	16	24	9	15	6	6	10	30	0	28	100
占比（%）	100.00	2.32	1.54	0.00	0.77	1.16		6.18	9.27	3.47	5.79	2.32	2.32	3.86	11.58		10.81	38.61
巴东县	165	5	4	0	1	4	1	9	5	7	9	0	7	6	15		21	71
占比（%）	100.00	3.03	2.42	0.00	0.61	2.42	0.61	5.45	3.03	4.24	5.45		4.24	3.64	9.09		12.73	43.03
合计	633	16	9	0	6	10	7	35	47	24	31	24	23	24	79	2	65	231
占比（%）	100.00	2.53	1.42	0.00	0.95	1.58	1.11	5.53	7.42	3.79	4.90	3.79	3.63	3.79	12.48	0.32	10.27	36.49

附表1.7.1 从事最多的文娱活动（一）

地区	合计	跳巴山舞	跳摆手舞	扭花鼓打十字数	舞狮子舞龙灯	划龙舟	杂技花灯等	打牌打麻将	下棋	看电影	看电视	看书报	听广播	上网	唱卡拉OK	赶庙会	参加地方文化节	其他
兴山县	209	3	6	2	0	3	2	9	5	11	45	16	0	17	2	0	0	88
占比（%）	100.00	1.44	2.87	0.96		1.44	0.96	4.31	2.39	5.26	21.53	7.66		8.13	0.96			42.11
秭归县	259	4	1	1	1	2	2	14	3	15	47	27	3	59	3	2	11	64
占比（%）	100.00	1.54	0.39	0.39	0.39	0.77	0.77	5.41	1.16	5.79	18.15	10.42	1.16	22.78	1.16	0.77	4.25	24.71
巴东县	165	10	5	0	1	2	2	6	3	9	23	4	0	38	6	0	2	54
占比（%）	100.00	6.06	3.03		0.61	1.21	1.21	3.64	1.82	5.45	13.94	2.42		23.03	3.64		1.21	32.73
合计	633	17	12	3	2	7	6	29	11	35	115	47	3	114	11	2	13	206
占比（%）	100.00	2.69	1.90	0.47	0.32	1.11	0.95	4.58	1.74	5.53	18.17	7.42	0.47	18.01	1.74	0.32	2.05	32.54

附表1.7.2 从事最多的文娱活动（二）

地区	合计	跳巴山舞	跳摆手舞	扭花鼓打十字数	舞狮子舞龙灯	划龙舟	杂技花灯等	打牌打麻将	下棋	看电影	看电视	看书报	听广播	上网	唱卡拉OK	赶庙会	参加地方文化节	其他
兴山县	209	1	4	0	1	0	1	5	16	12	22	16	1	14	2	0	0	114
占比（%）	100.00	0.48	1.91		0.48		0.48	2.39	7.66	5.74	10.53	7.66	0.48	6.70	0.96	0		54.55
秭归县	259	1	0	2	2	0	1	12	5	13	45	35	4	37	9	0	4	89
占比（%）	100.00	0.39		0.77	0.77		0.39	4.63	1.93	5.02	17.37	13.51	1.54	14.29	3.47	0	1.54	34.36
巴东县	165	3	6	5	0	0	0	6	1	9	18	14	0	26	2	0	0	75
占比（%）	100.00	1.82	3.64	3.03				3.64	0.61	5.45	10.91	8.48		15.76	1.21			45.45
合计	633	5	10	7	3	0	2	23	22	34	85	65	5	77	13	0	4	278
占比（%）	100.00	0.79	1.58	1.11	0.47	0.00	0.32	3.63	3.48	5.37	13.43	10.27	0.79	12.16	2.05	0.00	0.63	43.92

附表1.7.3 从事最多的文娱活动（三）

地区	合计	跳巴山舞	跳摆手舞	扭花鼓打十字鼓	舞狮子舞龙灯	划龙舟	杂技花灯等	打牌打麻将	下棋	看电影	看电视	看书报	听广播	上网	唱卡拉OK	赶庙会	参加地方文化节	其他
兴山县	209	0	1	0	1	0	1	0	6	9	24	12	2	14	9	2	2	126
占比（%）	100.00		0.48		0.48		0.48		2.87	4.31	11.48	5.74	0.96	6.70	4.31	0.96	0.96	60.29
秭归县	259	3	2	2		0	1	13	9	25	30	34	8	24	7	0	3	98
占比（%）	100.00	1.16	0.77	0.77			0.39	5.02	3.47	9.65	11.58	13.13	3.09	9.27	2.70		1.16	37.84
巴东县	165		2	2		4	2	2	9	8	14	14	2	5	10		9	82
占比（%）	100.00		1.21	1.21		2.42	1.21	1.21	5.45	4.85	8.48	8.48	1.21	3.03	6.06		5.45	49.70
合计	633	3	5	4	1	4	4	15	24	42	68	60	12	43	26	2	14	306
占比（%）	100.00	0.47	0.79	0.63	0.16	0.63	0.63	2.37	3.79	6.64	10.74	9.48	1.90	6.79	4.11	0.32	2.21	48.34

附表1.7.4 从事最多的文娱活动（四）

地区	合计	跳巴山舞	跳摆手舞	扭花鼓打十字鼓	舞狮子舞龙灯	划龙舟	杂技花灯等	打牌打麻将	下棋	看电影	看电视	看书报	听广播	上网	唱卡拉OK	赶庙会	参加地方文化节	其他
兴山县	209	0	0	0	0	0	2	3	13	9	18	11	12	7	8	2	9	115
占比（%）	100.00						0.96	1.44	6.22	4.31	8.61	5.26	5.74	3.35	3.83	0.96	4.31	55.02
秭归县	259	3	4	1	0	1	0	16	11	14	18	18	3	18	17	0	7	128
占比（%）	100.00	1.16	1.54	0.39		0.39		6.18	4.25	5.41	6.95	6.95	1.16	6.95	6.56		2.70	49.42
巴东县	165		1		2	1		7	3	6	11	11	1	8	8	1	11	94
占比（%）	100.00		0.61		1.21	0.61		4.24	1.82	3.64	6.67	6.67	0.61	4.85	4.85	0.61	6.67	56.97
合计	633	3	5	1	2	2	2	26	27	29	47	40	16	33	33	3	27	337
占比（%）	100.00	0.47	0.79	0.16	0.32	0.32	0.32	4.11	4.27	4.58	7.42	6.32	2.53	5.21	5.21	0.47	4.27	53.24

附表1.7.5 从事最多的文娱活动（五）

地区	合计	跳巴山舞	跳摆手舞	扭花鼓打十字数	舞狮子舞龙灯	划龙舟	杂技花灯等	打牌打麻将	下棋	看电影	看电视	看书报	听广播	上网	唱卡拉OK	赶庙会	参加地方文化节	其他
兴山县	209	5	5	0	0	0	3	3	8	7	10	8	5	6	9	1	10	129
占比(%)	100.00	2.39	2.39	0	0	0	1.44	1.44	3.83	3.35	4.78	3.83	2.39	2.87	4.31	0.48	4.78	61.72
秭归县	259	5	0	0	0	3	1	15	25	9	7	11	4	5	20	0	14	140
占比(%)	100.00	1.93				1.16	0.39	5.79	9.65	3.47	2.70	4.25	1.54	1.93	7.72		5.41	54.05
巴东县	165	4	2			1	3	6	5	7	5		6	3	10		10	103
占比(%)	100.00	2.42	1.21			0.61	1.82	3.64	3.03	4.24	3.03		3.64	1.82	6.06		6.06	62.42
合计	633	14	7	0	0	4	7	24	38	23	22	19	15	14	39	1	34	372
占比(%)	100.00	2.21	1.11	0	0	0.63	1.11	3.79	6.00	3.63	3.48	3.00	2.37	2.21	6.16	0.16	5.37	58.77

附表1.8 看电视时间（小时/每天）、电视作用（多选）

地区	合计	1	2	3	4	5	6	7	8	9	10	11	12以上	合计（人次）	休闲娱乐	了解社信	不可缺少	可有可无	影响工学
兴山县	209	29	76	43	28	18	3	3	6	0	1	0	2	270	71	115	71	8	5
占比(%)	100.00	13.88	36.36	20.57	13.40	8.61	1.44	1.44	2.87	0	0.48	0	0.96	100.00	26.30	42.59	26.30	2.96	1.85
秭归县	259	41	72	74	40	18	1	2	5	0	3	0	3	399	107	196	87	6	3
占比(%)	100.00	15.83	27.80	28.57	15.44	6.95	0.39	0.77	1.93	0	1.16	0	1.16	100.00	26.82	49.12	21.80	1.50	0.75
巴东县	165	28	49	41	24	14	4	0	1	0	2	0	2	283	87	120	62	9	5
占比(%)	100.00	16.97	29.70	24.85	14.55	8.48	2.42	0	0.61	0	1.21	0	1.21	100.00	30.74	42.40	21.91	3.18	1.77
合计	633	98	197	158	92	50	8	5	12	0	6	0	7	952	265	431	220	23	13
占比(%)	100.00	15.48	31.12	24.96	14.53	7.90	1.26	0.79	1.90	0	0.95	0	1.11	100.00	27.84	45.27	23.11	2.42	1.37

附录

附表1.9 上网时间（小时/每周）

地区	合计	1	2	3	4	5	6	7	8	9	10	11	12~20	21~30	31~40	41~50	51~60	61~70	零小时或未选小时
兴山县	209	52	37	40	14	7	5	3	3	0	14	0	12	2	0	2	0	1	17
占比(%)	100.00	24.88	17.70	19.14	6.70	3.35	2.39	1.44	1.44		6.70		5.74	0.96		0.96		0.48	8.13
秭归县	259	18	49	14	10	14	8	4	11	2	17	0	37	21	7	5	2	1	39
占比(%)	100.00	6.95	18.92	5.41	3.86	5.41	3.09	1.54	4.25	0.77	6.56		14.29	8.11	2.70	1.93	0.77	0.39	15.06
巴东县	165	13	17	17	13	15	11	5	6	0	8	0	28	18	7	1	5	1	0
占比(%)	100.00	7.88	10.30	10.30	7.88	9.09	6.67	3.03	3.64		4.85		16.97	10.91	4.24	0.61	3.03	0.61	
合计	633	83	103	71	37	36	24	12	20	2	39	0	77	41	14	8	7	3	56
占比(%)	100.00	13.11	16.27	11.22	5.85	5.69	3.79	1.90	3.16	0.32	6.16		12.16	6.48	2.21	1.26	1.11	0.47	8.85

附表1.10 上网目的（多选）

地区	合计（人次）	交友聊天	工学需要	娱乐休闲	上网时髦
兴山县	244	57	92	86	9
占比(%)	100.00	23.36	37.70	35.25	3.69
秭归县	362	64	159	127	12
占比(%)	100.00	17.68	43.92	35.08	3.31
巴东县	248	30	121	96	1
占比(%)	100.00	12.10	48.79	38.71	0.40
合计	854	151	372	309	22
占比(%)	100.00	17.68	43.56	36.18	2.58

附表1.11　婚礼、丧礼、端午节所举行的传统仪式变化状况分析表

地区	合计	婚礼哭嫁			丧礼跳丧			端午龙舟		
		一样	改变	不举行	一样	改变	不举行	一样	改变	不举行
兴山县	209	37	38	134	48	67	94	72	68	69
占比（%）	100.00	17.70	18.18	64.11	22.97	32.06	44.98	34.45	32.54	33.01
秭归县	259	23	56	180	52	65	142	174	75	10
占比（%）	100.00	8.88	21.62	69.50	20.08	25.10	54.83	67.18	28.96	3.86
巴东县	165	13	56	96	39	93	33	30	49	86
占比（%）	100.00	7.88	33.94	58.18	23.64	56.36	20.00	18.18	29.70	52.12
合计	633	73	150	410	139	225	269	276	192	165
占比（%）	100.00	11.53	23.70	64.77	21.96	35.55	42.50	43.60	30.33	26.07

附表1.12　近三年参加过的文化活动（多选）

地区	合计	听人讲故事	自己讲故事	听人讲笑话	自己讲笑话	听人唱山歌	自己唱山歌	看人演皮影	自己演皮影	看人划龙舟	自己参加划	听人讲相声	自己讲相声	看人演戏	自己唱戏	猜谜语	其他
兴山县	209	144	106	149	144	81	51	27	16	66	18	63	25	114	24	72	10
占比（%）	100.00	68.90	50.72	71.29	68.90	38.76	24.40	12.92	7.66	31.58	8.61	30.14	11.96	54.55	11.48	34.45	4.78
秭归县	259	156	65	173	92	134	47	34	2	191	19	95	9	179	19	84	15
占比（%）	100.00	60.23	25.10	66.80	35.52	51.74	18.15	13.13	0.77	73.75	7.34	36.68	3.47	69.11	7.34	32.43	5.79
巴东县	165	57	37	101	50	81	31	26	3	30	7	50	6	104	12	44	12
占比（%）	100.00	34.55	22.42	61.21	30.30	49.09	18.79	15.76	1.82	18.18	4.24	30.30	3.64	63.03	7.27	26.67	7.27
合计	633	357	208	423	286	296	129	87	21	287	44	208	40	397	55	200	37
占比（%）	100.00	56.40	32.86	66.82	45.18	46.76	20.38	13.74	3.32	45.34	6.95	32.86	6.32	62.72	8.69	31.60	5.85

附表1.13.1　最喜欢的文娱活动（一）

地区	合计	1 听人讲故事	2 自己讲故事	3 听人讲笑话	4 自己讲笑话	5 听人唱山歌	6 自己唱山歌	7 看人演皮影	8 自己演皮影	9 看人划龙舟	10 自己参加划	11 听人讲相声	12 自己讲相声	13 看人演戏	14 自己唱戏	15 猜谜语	16 其他
兴山县	209	70	17	49	5	10	3	4	1	6		4		9	0	8	23
占比（%）	100.00	33.49	8.13	23.44	2.39	4.78	1.44	1.91	0.48	2.87		1.91		4.31		3.83	11.00
秭归县	259	68	5	42	5	24	0	1	0	26	3	16	2	28	1	3	35
占比（%）	100.00	26.25	1.93	16.22	1.93	9.27		0.39		10.04	1.16	6.18	0.77	10.81	0.39	1.16	13.51
巴东县	165	46	6	24	1	13	2	2	0	4	0	3	0	20	1	0	43
占比（%）	100.00	27.88	3.64	14.55	0.61	7.88	1.21	1.21		2.42		1.82		12.12	0.61		26.06
合计	633	184	28	115	11	47	5	7	1	36	3	23	2	57	2	11	101
占比（%）	100.00	29.07	4.42	18.17	1.74	7.42	0.79	1.11	0.16	5.69	0.47	3.63	0.32	9.00	0.32	1.74	15.96

附表1.13.2 最喜欢的文娱活动（二）

地区	合计	听人讲故事	自己讲故事	听人讲笑话	自己讲笑话	听人唱山歌	自己唱山歌	看人演皮影	自己演皮影	看人划龙舟	自己参加划	听人讲相声	自己讲相声	看人演戏	自己唱戏	猜谜语	其他
兴山县	209	29	16	60	12	11	6	1	1	6	0	2	0	10	1	14	40
占比（%）	100.00	13.88	7.66	28.71	5.74	5.26	2.87	0.48	0.48	2.87		0.96		4.78	0.48	6.70	19.14
秭归县	259	18	8	60	9	17	5	6	0	25	1	13	2	25	4	2	64
占比（%）	100.00	6.95	3.09	23.17	3.47	6.56	1.93	2.32		9.65	0.39	5.02	0.77	9.65	1.54	0.77	24.71
巴东县	165	14	10	32	9	10	6	3	3	1	0	2	1	9	0	3	62
占比（%）	100.00	8.48	6.06	19.39	5.45	6.06	3.64	1.82	1.82	0.61		1.21	0.61	5.45		1.82	37.58
合计	633	61	34	152	30	38	17	10	4	32	1	17	3	44	5	19	166
占比（%）	100.00	9.64	5.37	24.01	4.74	6.00	2.69	1.58	0.63	5.06	0.16	2.69	0.47	6.95	0.79	3.00	26.22

附表1.13.3 最喜欢的文娱活动（三）

地区	合计	听人讲故事	自己讲故事	听人讲笑话	自己讲笑话	听人唱山歌	自己唱山歌	看人演皮影	自己演皮影	看人划龙舟	自己参加划	听人讲相声	自己讲相声	看人演戏	自己唱戏	猜谜语	其他
兴山县	209	4	16	10	9	17	10	1	3	15	1	6	2	37	0	20	58
占比（%）	100.00	1.91	7.66	4.78	4.31	8.13	4.78	0.48	1.44	7.18	0.48	2.87	0.96	17.70		9.57	27.75
秭归县	259	13	6	21	14	24	8	6	0	27	1	17	3	32	3	7	77
占比（%）	100.00	5.02	2.32	8.11	5.41	9.27	3.09	2.32		10.42	0.39	6.56	1.16	12.36	1.16	2.70	29.73
巴东县	165	5	4	15	9	13	5	3	0	4	3	13	0	11	1	7	72
占比（%）	100.00	3.03	2.42	9.09	5.45	7.88	3.03	1.82		2.42	1.82	7.88		6.67	0.61	4.24	43.64
合计	633	22	26	46	32	54	23	10	3	46	5	36	5	80	4	34	207
占比（%）	100.00	3.48	4.11	7.27	5.06	8.53	3.63	1.58	0.47	7.27	0.79	5.69	0.79	12.64	0.63	5.37	32.70

附表1.13.4 最喜欢的文娱活动（四）

地区	合计	听人讲故事	自己讲故事	听人讲笑话	自己讲笑话	听人唱山歌	自己唱山歌	看人演皮影	自己演皮影	看人划龙舟	自己参加划	听人讲相声	自己讲相声	看人演戏	自己唱戏	猜谜语	其他
兴山县	209	6	12	4	22	17	8	5	5	11	4	5	7	13	2	29	59
占比（%）	100.00	2.87	5.74	1.91	10.53	8.13	3.83	2.39	2.39	5.26	1.91	2.39	3.35	6.22	0.96	13.88	28.23
秭归县	259	10	5	20	11	12	5	10	1	29	3	12	3	26	2	16	94
占比（%）	100.00	3.86	1.93	7.72	4.25	4.63	1.93	3.86	0.39	11.20	1.16	4.63	1.16	10.04	0.77	6.18	36.29
巴东县	165	0	8	3	6	5	8	12	3	4	3	8	1	17	2	6	79
占比（%）	100.00		4.85	1.82	3.64	3.03	4.85	7.27	1.82	2.42	1.82	4.85	0.61	10.30	1.21	3.64	4.85
合计	633	16	25	27	39	34	21	27	9	44	10	25	11	56	6	51	232
占比（%）	100.00	2.53	3.95	4.27	6.16	5.37	3.32	4.27	1.42	6.95	1.58	3.95	1.74	8.85	0.95	8.06	36.65

附表1.13.5　最喜欢的文娱活动（五）

地区	合计	听人讲故事	自己讲故事	听人讲笑话	自己讲笑话	听人唱山歌	自己唱山歌	看人演皮影	自己演皮影	看人划龙舟	自己参加划	听人讲相声	自己讲相声	看人演戏	自己唱戏	猜谜语	其他
兴山县	209	4	11	4	24	5	15	3	1	5	3	10	4	10	3	24	139
占比（%）	100.00	1.91	5.26	1.91	11.48	2.39	7.18	1.44	0.48	2.39	1.44	4.78	1.91	4.78	1.44	11.48	66.51
秭归县	259	21	8	5	6	14	3	2	1	21	4	5	0	27	4	26	112
占比（%）	100.00	8.11	3.09	1.93	2.32	5.41	1.16	0.77	0.39	8.11	1.54	1.93		10.42	1.54	10.04	43.24
巴东县	165	5	2	2	12	6	4	0	1	7	0	8	4	7	5	13	89
占比（%）	100.00	3.03	1.21	1.21	7.27	3.64	2.42		0.61	4.24		4.85	2.42	4.24	3.03	7.88	53.94
合计	633	30	21	11	42	25	22	5	3	33	7	23	8	44	12	63	340
占比（%）	100.00	4.74	3.32	1.74	6.64	3.95	3.48	0.79	0.47	5.21	1.11	3.63	1.26	6.95	1.90	9.95	53.71

附表1.14.1　参与最多的文娱活动（一）

地区	合计	听人讲故事	自己讲故事	听人讲笑话	自己讲笑话	听人唱山歌	自己唱山歌	看人演皮影	自己演皮影	看人划龙舟	自己参加划	听人讲相声	自己讲相声	看人演戏	自己唱戏	猜谜语	其他
兴山县	209	53	13	30	6	3	3	2	3	4	2	6	0	7	1	7	69
占比（%）	100.00	25.36	6.22	14.35	2.87	1.44	1.44	0.96	1.44	1.91	0.96	2.87		3.35	0.48	3.35	33.01
秭归县	259	41	8	31	7	15	7	1	0	12	0	10	0	32	4	1	90
占比（%）	100.00	15.83	3.09	11.97	2.70	5.79	2.70	0.39		4.63		3.86		12.36	1.54	0.39	34.75
巴东县	165	28	6	19	8	12	1	2	0	0	0	2	0	14	0	4	69
占比（%）	100.00	16.97	3.64	11.52	4.85	7.27	0.61	1.21				1.21		8.48		2.42	41.82
合计	633	122	27	80	21	30	11	5	3	16	2	18	0	53	5	12	228
占比（%）	100.00	19.27	4.27	12.64	3.32	4.74	1.74	0.79	0.47	2.53	0.32	2.84	0.00	8.37	0.79	1.90	36.02

附表1.14.2　参与最多的文娱活动（二）

地区	合计	听人讲故事	自己讲故事	听人讲笑话	自己讲笑话	听人唱山歌	自己唱山歌	看人演皮影	自己演皮影	看人划龙舟	自己参加划	听人讲相声	自己讲相声	看人演戏	自己唱戏	猜谜语	其他
兴山县	209	10	9	34	19	5	6	2	2	0	2	1	1	7	0	4	103
占比（%）	100.00	4.78	4.31	16.27	9.09	2.39	2.87	0.96	0.96		0.96	0.48	0.48	3.35		1.91	49.28
秭归县	259	18	3	29	18	19	5	6	0	13	0	7	0	18	2	4	117
占比（%）	100.00	6.95	1.16	11.20	6.95	7.34	1.93	2.32		5.02		2.70		6.95	0.77	1.54	45.17
巴东县	165	13	6	23	2	3	5	3	1	2	0	6	3	5	0	1	92
占比（%）	100.00	7.88	3.64	13.94	1.21	1.82	3.03	1.82	0.61	1.21		3.64	1.82	3.03		0.61	55.76
合计	633	41	18	86	39	27	16	11	3	15	2	14	4	30	2	9	312
占比（%）	100.00	6.48	2.84	13.59	6.16	4.27	2.53	1.74	0.47	2.37	0.32	2.21	0.63	4.74	0.32	1.42	49.29

附表1.14.3 参与最多的文娱活动（三）

地区	合计	听人讲故事	自己讲故事	听人讲笑话	自己讲笑话	听人唱山歌	自己唱山歌	看人演皮影	自己演皮影	看人划龙舟	自己参加划	听人讲相声	自己讲相声	看人演戏	自己唱戏	猜谜语	其他
兴山县	209	6	8	8	7	2	7	1	0	4	2	8	3	10	1	9	133
占比（%）	100.00	2.87	3.83	3.83	3.35	0.96	3.35	0.48		1.91	0.96	3.83	1.44	4.78	0.48	4.31	63.64
秭归县	259	19	10	5	7	11	11	2	0	14	1	10	0	16	2	6	145
占比（%）	100.00	7.34	3.86	1.93	2.70	4.25	4.25	0.77		5.41	0.39	3.86		6.18	0.77	2.32	55.98
巴东县	165	2	4	10	6	9	5	3	4	2	2	6	0	9	1	6	96
占比（%）	100.00	1.21	2.42	6.06	3.64	5.45	3.03	1.82	2.42	1.21	1.21	3.64		5.45	0.61	3.64	58.18
合计	633	27	22	23	20	22	23	6	4	20	5	24	3	35	4	21	374
占比（%）	100.00	4.27	3.48	3.63	3.16	3.48	3.63	0.95	0.63	3.16	0.79	3.79	0.47	5.53	0.63	3.32	59.08

附表1.14.4 参与最多的文娱活动（四）

地区	合计	听人讲故事	自己讲故事	听人讲笑话	自己讲笑话	听人唱山歌	自己唱山歌	看人演皮影	自己演皮影	看人划龙舟	自己参加划	听人讲相声	自己讲相声	看人演戏	自己唱戏	猜谜语	其他
兴山县	209	2	12	7	11	3	5	0	0	7	0	2	2	8	8	11	131
占比（%）	100.00	0.96	5.74	3.35	5.26	1.44	2.39			3.35		0.96	0.96	3.83	3.83	5.26	62.68
秭归县	259	5	7	16	12	8	4	3	1	15	2	7	1	11	2	17	148
占比（%）	100.00	1.93	2.70	6.18	4.63	3.09	1.54	1.16	0.39	5.79	0.77	2.70	0.39	4.25	0.77	6.56	57.14
巴东县	165	2	4	1	9	5	3	3	3	2	2	7	3	9	0	5	107
占比（%）	100.00	1.21	2.42	0.61	5.45	3.03	1.82	1.82	1.82	1.21	1.21	4.24	1.82	5.45		3.03	64.85
合计	633	9	23	24	32	16	12	6	4	24	4	16	6	28	10	33	386
占比（%）	100.00	1.42	3.63	3.79	5.06	2.53	1.90	0.95	0.63	3.79	0.63	2.53	0.95	4.42	1.58	5.21	60.98

附表1.14.5 参与最多的文娱活动（五）

地区	合计	听人讲故事	自己讲故事	听人讲笑话	自己讲笑话	听人唱山歌	自己唱山歌	看人演皮影	自己演皮影	看人划龙舟	自己参加划	听人讲相声	自己讲相声	看人演戏	自己唱戏	猜谜语	其他
兴山县	209	3	3	2	13	8	1	2	0	4	0	6	3	6	2	18	138
占比（%）	100.00	1.44	1.44	0.96	6.22	3.83	0.48	0.96		1.91		2.87	1.44	2.87	0.96	8.61	66.03
秭归县	259	18	3	5	6	10	8	0	0	16	6	5	1	15	1	10	155
占比（%）	100.00	6.95	1.16	1.93	2.32	3.86	3.09			6.18	2.32	1.93	0.39	5.79	0.39	3.86	59.85
巴东县	165	2	4	0	7	3	1	2	1	1	3	10	0	5	5	10	111
占比（%）	100.00	1.21	2.42		4.24	1.82	0.61	1.21	0.61	0.61	1.82	6.06		3.03	3.03	6.06	67.27
合计	633	23	10	7	26	21	10	4	1	21	9	21	4	26	8	38	404
占比（%）	100.00	3.63	1.58	1.11	4.11	3.32	1.58	0.63	0.16	3.32	1.42	3.32	0.63	4.11	1.26	6.00	63.82

附表1.15 文艺作品了解状况分析表（多选）

地区	合计	盘古	女娲	梁祝	牛郎	白蛇	孟姜	巧妇	呆婿	兄弟	蛇郎	虎婆	红楼	阿Q	格林	千夜	潜伏	关东	亮剑	赤壁	建国
兴山县	209	127	135	177	160	171	129	41	26	45	35	50	173	113	128	113	107	131	109	127	107
占比（%）	100.0	60.77	64.59	84.69	76.56	81.82	61.72	19.62	12.44	21.53	16.75	23.92	82.78	54.07	61.24	54.07	51.20	62.68	52.15	60.77	51.20
秭归县	259	159	161	233	228	237	194	36	22	38	15	58	227	154	127	133	208	204	222	204	179
占比（%）	100.0	61.39	62.16	89.96	88.03	91.51	74.90	13.90	8.49	14.67	5.79	22.39	87.64	59.46	49.03	51.35	80.31	78.76	85.71	78.76	69.11
巴东县	165	73	91	142	131	138	113	26	17	22	16	40	140	104	79	84	111	121	142	100	109
占比（%）	100.00	44.24	55.15	86.06	79.39	83.64	68.48	15.76	10.30	13.33	9.70	24.24	84.85	63.03	47.88	50.91	67.27	73.33	86.06	60.61	66.06
合计	633	359	387	552	519	546	436	103	65	105	66	148	540	371	334	330	426	456	473	431	395
占比（%）	100.00	56.71	61.14	87.20	81.99	86.26	68.88	16.27	10.27	16.59	10.43	23.38	85.31	58.61	52.76	52.13	67.30	72.04	74.72	68.09	62.40

附表1.16.1 传统文化了解状况分析表

地区	合计	撒叶儿嗬			哭嫁				端午节				西兰卡普			
		很了解	听说过	不知道	很了解	听说过	不知道	未选	很了解	听说过	不知道	未选	很了解	听说过	不知道	未选
兴山县	209	40	57	82	46	124	20	19	141	54	8	6	23	52	92	40
占比（%）	100.00	19.14	27.27	39.23	22.01	59.33	9.57	9.09	67.46	25.84	3.83	2.87	11.00	24.88	44.02	19.14
秭归县	259	32	67	88	63	125	26	45	214	29	2	14	9	39	120	91
占比（%）	100.00	12.36	25.87	33.98	24.32	48.26	10.04	17.37	82.63	11.20	0.77	5.41	3.47	15.06	46.33	35.14
巴东县	165	113	48	2	78	62	6	19	117	36	0	38	64	26	37	38
占比（%）	100.00	68.48	29.09	1.21	47.27	37.58	3.64	11.52	70.91	21.82		23.03	38.79	15.76	22.42	23.03
合计	633	185	172	172	187	311	52	83	472	119	10	58	96	117	249	169
占比（%）	100.00	29.23	27.17	27.17	29.54	49.13	8.21	13.11	74.57	18.80	1.58	9.16	15.17	18.48	39.34	26.70

附表1.16.2 传统文化了解状况分析表

地区	合计	吊脚楼			屈原传说			昭君传说			寇准传说		
		很了解	听说过	不知道	未选	很了解	听说过	不知道	未选	很了解	听说过	不知道	未选	很了解	听说过	不知道	未选

地区	合计	吊脚楼 很了解	听说过	不知道	未选	屈原传说 很了解	听说过	不知道	未选	昭君传说 很了解	听说过	不知道	未选	寇准传说 很了解	听说过	不知道	未选
兴山县	209	32	88	40	48	119	61	10	19	134	50	15	10	25	71	72	41
占比(%)	100.00	15.31	42.11	19.14	22.97	56.94	29.19	4.78	9.09	64.11	23.92	7.18	4.78	11.96	33.97	34.45	19.62
秭归县	259	37	112	41	69	196	52	3	8	172	68	3	16	21	87	78	73
占比(%)	100.00	14.29	43.24	15.83	26.64	75.68	20.08	1.16	3.09	66.41	26.25	1.16	6.18	8.11	33.59	30.12	28.19
巴东县	165	84	56	7	18	81	61	2	21	69	67	7	22	85	54	12	14
占比(%)	100.00	50.91	33.94	4.24	10.91	49.09	36.97	1.21	12.73	41.82	40.61	4.24	13.33	51.52	32.73	7.27	8.48
合计	633	153	256	88	135	396	174	15	48	375	185	25	48	131	212	162	128
占比(%)	100.00	24.17	40.44	13.90	21.33	62.56	27.49	2.37	7.58	59.24	29.23	3.95	7.58	20.70	33.49	25.59	20.22

附表1.17 传统文化态度、获得文化信息途径（多选）

地区	合计	很感兴趣	未主动	无兴趣	长辈	旁听	书籍	学校	广播	电视	网络	自编
兴山县	209	95	114	0	129	106	147	103	78	174	156	17
占比(%)	100.00	45.45	54.55		61.72	50.72	70.33	49.28	37.32	83.25	74.64	8.13
秭归县	259	106	138	15	174	148	210	85	86	217	189	5
占比(%)	100.00	40.93	53.28	5.79	67.18	57.14	81.08	32.82	33.20	83.78	72.97	1.93
巴东县	165	51	102	12	123	88	128	45	58	134	122	10
占比(%)	100.00	30.91	61.82	7.27	74.55	53.33	77.58	27.27	35.15	81.21	73.94	6.06
合计	633	252	354	27	426	342	485	233	222	525	467	32
占比(%)	100.00	39.81	55.92	4.27	67.30	54.03	76.62	36.81	35.07	82.94	73.78	5.06

附表1.18.1　最重要的四个信息来源（一）

地区	合计	长辈讲述	旁听	书籍	学校	广播	电视	网络	自编	未选
兴山县	209	40	4	54	15	4	27	41	0	24
占比（%）	100.00	19.14	1.91	25.84	7.18	1.91	12.92	19.62		11.48
秭归县	259	54	12	51	15	1	35	69	0	22
占比（%）	100.00	20.85	4.63	19.69	5.79	0.39	13.51	26.64		8.49
巴东县	165	50	1	52	5	4	13	21	1	18
占比（%）	100.00	30.30	0.61	31.52	3.03	2.42	7.88	12.73	0.61	10.91
合计	633	144	17	157	35	9	75	131	1	64
占比（%）	100.00	22.75	2.69	24.80	5.53	1.42	11.85	20.70	0.16	10.11

附表1.18.2　最重要的四个信息来源（二）

地区	合计	长辈讲述	旁听	书籍	学校	广播	电视	网络	自编	未选
兴山县	209	14	21	34	24	14	35	34	0	33
占比（%）	100.00	6.70	10.05	16.27	11.48	6.70	16.75	16.27		15.79
秭归县	259	6	22	73	15	15	54	40	0	34
占比（%）	100.00	2.32	8.49	28.19	5.79	5.79	20.85	15.44		13.13
巴东县	165	8	26	26	3	13	24	6	1	58
占比（%）	100.00	4.85	15.76	15.76	1.82	7.88	14.55	3.64	0.61	35.15
合计	633	28	69	133	42	42	113	80	1	125
占比（%）	100.00	4.42	10.90	21.01	6.64	6.64	17.85	12.64	0.16	19.75

附表1.18.3　最重要的四个信息来源（三）

地区	合计	长辈讲述	旁听	书籍	学校	广播	电视	网络	自编	未选
兴山县	209	7	8	18	18	19	54	19	1	65
占比（%）	100.00	3.35	3.83	8.61	8.61	9.09	25.84	9.09	0.48	31.10
秭归县	259	21	18	53	13	20	55	37	1	41
占比（%）	100.00	8.11	6.95	20.46	5.02	7.72	21.24	14.29	0.39	15.83
巴东县	165	13	17	26	6	13	40	23	2	25
占比（%）	100.00	7.88	10.30	15.76	3.64	7.88	24.24	13.94	1.21	15.15
合计	633	41	43	97	37	52	149	79	4	131
占比（%）	100.00	6.48	6.79	15.32	5.85	8.21	23.54	12.48	0.63	20.70

附表1.18.4　最重要的四个信息来源（四）

地区	合计	长辈讲述	旁听	书籍	学校	广播	电视	网络	自编	未选
兴山县	209	18	27	19	14	7	28	42	3	51
占比（%）	100.00	8.61	12.92	9.09	6.70	3.35	13.40	20.10	1.44	24.40
秭归县	259	30	39	25	18	12	44	31	0	60
占比（%）	100.00	11.58	15.06	9.65	6.95	4.63	16.99	11.97		23.17

续表

地区	合计	长辈讲述	旁听	书籍	学校	广播	电视	网络	自编	未选
巴东县	165	12	18	11	16	9	26	25	4	44
占比（%）	100.00	7.27	10.91	6.67	9.70	5.45	15.76	15.15	2.42	26.67
合计	633	60	84	55	48	28	98	98	7	155
占比（%）	100.00	9.48	13.27	8.69	7.58	4.42	15.48	15.48	1.11	24.49

附表1.19　最喜欢的节日（多选）

地区	合计	汉族传统节日	少数民族节日	国家纪念	西方节日
兴山县	209	143	15	56	27
占比（%）	100.00	68.42	7.18	26.79	12.92
秭归县	259	205	12	110	34
占比（%）	100.00	79.15	4.63	42.47	13.13
巴东县	165	115	26	89	28
占比（%）	100.00	69.70	15.76	53.94	16.97
合计	633	463	53	255	89
占比（%）	100.00	73.14	8.37	40.28	14.06

附表1.20　文化设施状况分析表（多选）

地区	合计	活动室	电影院	录像厅	电视台	广播	网吧	寺庙	教堂
兴山县	209	155	70	64	139	111	175	27	28
占比（%）	100.00	74.16	33.49	30.62	66.51	53.11	83.73	12.92	13.40
秭归县	259	190	212	71	223	138	210	44	21
占比（%）	100.00	73.36	81.85	27.41	86.10	53.28	81.08	16.99	8.11
巴东县	165	111	39	33	131	99	148	11	10
占比（%）	100.00	67.27	23.64	20.00	79.39	60.00	89.70	6.67	6.06
合计	633	456	321	168	493	348	533	82	59
占比（%）	100.00	72.04	50.71	26.54	77.88	54.98	84.20	12.95	9.32

附表1.21　电器状况分析表（一）

地区	合计	收音机					电视机					VCD				
		无	1	2	2以上	未选	无	1	2	2以上	未选	无	1	2	2以上	未选
兴山县	209	117	54	0	5	33	21	130	34	7	17	34	131	12	4	28
占比（%）	100.00	55.98	25.84		2.39	15.79	10.05	62.20	16.27	3.35	8.13	16.27	62.68	5.74	1.91	13.40
秭归县	259	98	62	6	2	91	12	153	71	9	14	22	180	25	3	29
占比（%）	100.00	37.84	23.94	2.32	0.77	35.14	4.63	59.07	27.41	3.47	5.41	8.49	69.50	9.65	1.16	11.20
巴东县	165	53	38	0	1	73	22	81	47	8	7	24	90	14	5	32
占比（%）	100.00	32.12	23.03	0.00	0.61	44.24	13.33	49.09	28.48	4.85	4.24	14.5	54.55	8.48	3.03	19.39
合计	633	268	154	6	8	197	55	364	152	24	38	80	401	51	12	89
占比（%）	100.00	42.34	24.33	0.95	1.26	31.12	8.69	57.50	24.01	3.79	6.00	12.64	63.35	8.06	1.90	14.06

附表1.22　电器状况分析表（二）

地区	合计	电脑				手机					照相机					摄像机			
		无	1	2	2以上	未选	无	1	2	2以上	未选	无	1	2	2以上	未选	无	1	2	2以上	未选
兴山县	209	50	107	9	6	37	16	99	41	35	18	60	99	5	4	41	105	41	5	2	56
占比（%）	100.00	23.92	51.20	4.31	2.87	17.70	7.66	47.37	19.62	16.75	8.61	28.71	47.37	2.39	1.91	19.62	50.24	19.62	2.39	0.96	26.79
秭归县	259	48	139	27	3	42	12	54	77	102	14	68	126	10	2	53	135	27	2	1	94
占比（%）	100.00	18.53	53.67	10.42	1.16	16.22	4.63	20.85	29.73	39.38	5.41	26.25	48.65	3.86	0.77	20.46	52.12	10.42	0.77	0.39	36.29
巴东县	165	28	92	18	11	16	14	42	34	67	8	19	87	14	4	41	39	36	3		87
占比（%）	100.00	16.97	55.76	10.91	6.67	9.70	8.48	25.45	20.61	40.61	4.85	11.52	52.73	8.48	2.42	24.85	23.64	21.82	1.82		52.73
合计	633	126	338	54	20	95	42	195	152	204	40	147	312	29	10	135	279	104	10	3	237
占比（%）	100.00	19.91	53.40	8.53	3.16	15.01	6.64	30.81	24.01	32.23	6.32	23.22	49.29	4.58	1.58	21.33	44.08	16.43	1.58	0.47	37.44

附表1.23.1　社会生活评价状况分析表（一）

地区	合计	旅游开发					民族关系					经济收入				
		很好	较好	一般	差	未选	很好	较好	一般	差	未选	很好	较好	一般	差	未选
兴山县	209	65	96	31	6	11	98	81	16	2	12	31	88	65	14	11
占比（%）	100.00	31.10	45.93	14.83	2.87	5.26	46.89	38.76	7.66	0.96	5.74	14.83	42.11	31.10	6.70	5.26
秭归县	259	83	94	59	14	9	100	92	38	9	20	14	62	115	59	9
占比（%）	100.00	32.05	36.29	22.78	5.41	3.47	38.61	35.52	14.67	3.47	7.72	5.41	23.94	44.40	22.78	3.47
巴东县	165	51	54	51	2	7	62	57	33	1	12	18	32	67	34	14
占比（%）	100.00	30.91	32.73	30.91	1.21	4.24	37.58	34.55	20.00	0.61	7.27	10.91	19.39	40.61	20.61	8.48
合计	633	199	244	141	22	27	260	230	87	12	44	63	182	247	107	34
占比（%）	100.00	31.44	38.55	22.27	3.48	4.27	41.07	36.33	13.74	1.90	6.95	9.95	28.75	39.02	16.90	5.37

附表1.23.2 社会生活评价状况分析表（二）

地区	合计	生态环境					交通状况					文化活动					文化设施				
		很好	较好	一般	差	未选	很好	较好	一般	差	未选	很好	较好	一般	差	未选	很好	较好	一般	差	未选
兴山县	209	52	101	44	4	8	29	101	56	7	16	35	85	64	7	18	27	88	75	13	6
占比(%)	100.00	24.88	48.33	21.05	1.91	3.83	13.88	48.33	26.79	3.35	7.66	16.75	40.67	30.62	3.35	8.61	12.92	42.11	35.89	6.22	2.87
秭归县	259	90	106	49	8	6	41	111	80	16	11	62	80	84	21	12	51	57	94	41	16
占比(%)	100.00	34.75	40.93	18.92	3.09	2.32	15.83	42.86	30.89	6.18	4.25	23.94	30.89	32.43	8.11	4.63	19.69	22.01	36.29	15.83	6.18
巴东县	165	32	51	56	10	16	11	39	67	30	18	22	46	70	15	12	13	36	63	38	15
占比(%)	100.00	19.39	30.91	33.94	6.06	9.70	6.67	23.64	40.61	18.18	10.91	13.33	27.88	42.42	9.09	7.27	7.88	21.82	38.18	23.03	9.09
合计	633	174	258	149	22	30	81	251	203	53	45	119	211	218	43	42	91	181	232	92	37
占比(%)	100.00	27.49	40.76	23.54	3.48	4.74	12.80	39.65	32.07	8.37	7.11	18.80	33.33	34.44	6.79	6.64	14.38	28.59	36.65	14.53	5.85

附录二 兴山县民间文化状况调查分析表

调研的基本情况：

2009年5月中旬和2009年10～11月，我们对兴山县农村民间文化生活状况进行了调查，采取问卷调查和重点访谈结合的方式，本次共发出问卷220份，实际收回211份，有效问卷209份，有效问卷的基本情况如下。

附表2.1 性别、学历和民族状况分析表

年龄	性别合计	男	女	学历合计	大专以上	高中	初中	小学以下	民族合计	汉族	土家族	其他
18岁以下	78	23	55	78	2	67	3	6	78	76	1	1
占比（%）	100.00	29.49	70.51	100.00	2.56	85.90	3.85	7.69	100.00	97.44	1.28	1.28
18～50岁	124	70	54	124	51	61	11	1	124	114	4	6
占比（%）	100.00	56.45	43.55	100.00	41.13	49.19	8.87	0.81	100.00	91.94	3.23	4.84
51岁以上	7	3	4	7	2	4	1	0	7	7	0	0
占比（%）	100.00	42.86	57.14	100.00	28.57	57.14	14.29		100.00	100.00		
合计	209	96	113	209	55	132	15	7	209	197	5	7
占比（%）	100.00	45.93	54.07	100.00	26.32	63.16	7.18	3.35	100.00	94.26	2.39	3.35

附表2.2 宗教职业状况分析表

年龄	合计	佛教	道教	基督教	伊斯兰教	无和其他	职业合计	干部	农民和农民工	经商	教师	学生	其他
18岁以下	78	3				75	78		3	2		73	
占比（%）	100.00	3.85				96.15	100.00		3.85	2.56		93.59	
18～50岁	124	6	4	1	2	111	124	7	30	18	14	19	36
占比（%）	100.00	4.84	3.23	0.81	1.61	89.52	100.00	5.65	24.19	14.52	11.29	15.32	29.03
51岁以上	7	1				6	7	1	1			3	2
占比（%）	100.00	14.29				85.71	100.00	14.29	14.29			42.86	28.57
合计	209	10	4	1	2	192	209	8	34	20	14	95	38
占比（%）	100.00	4.78	1.91	0.48	0.96	91.87	100.00	3.83	16.27	9.57	6.70	45.45	18.18

附表2.3　每天工作时间、日常从事最多的三项活动

年龄	合计（小时）	8以上	7~8	5~6	3~4	3以内	合计（人次）	看电视	上网	做家务	走亲访友	打麻将、牌	看书	听广播	其他
18岁以下	78	60	11	7			232	60	36	40	16	3	58	12	7
占比（%）	100.00	76.92	14.10	8.97			100.00	25.86	15.52	17.24	6.90	1.29	25.00	5.17	3.02
18~50岁	124	68	28	11	14	3	337	84	56	51	15	29	69	19	14
占比（%）	100.00	54.84	22.58	8.87	11.29	2.42	100.00	24.93	16.62	15.13	4.45	8.61	20.47	5.64	4.15
51岁以上	7	4	3				19	6	1	4	1	3	4	0	0
占比（%）	100.00	57.14	42.86				100.00	31.58	5.26	21.05	5.26	15.79	21.05		
合计	209	132	42	18	14	3	588	150	93	95	32	35	131	31	21
占比（%）	100.00	63.16	20.10	8.61	6.70	1.44	100.00	25.51	15.82	16.16	5.44	5.95	22.28	5.27	3.57

附表2.4　近三年内参加过的文娱活动（多选）

年龄	合计（小时）	跳巴山舞	跳摆手舞	扭花鼓打十字鼓	舞狮子舞龙灯	划龙舟	杂技花灯等	打牌打麻将	下棋	看电影	看电视	看书报	听广播	上网	唱卡拉OK	赶庙会	参加地方文化节
18岁以下	78	10	6	2	3	2	4	14	47	52	65	60	23	56	28	4	21
占比（%）	100.00	12.82	7.69	2.56	3.85	2.56	5.13	17.95	60.26	66.67	83.33	76.92	29.49	71.79	35.90	5.13	26.92
18~50岁	124	29	10	13	15	16	20	49	59	78	92	75	37	92	23	9	43
占比（%）	100.00	23.39	8.06	10.48	12.10	12.90	16.13	39.52	47.58	62.90	74.19	60.48	29.84	74.19	18.55	7.26	34.68
51岁以上	7	1						4	4	4	7	5	1	2			1
占比（%）	100.00	14.29						57.14	57.14	57.14	100.0	71.43	14.29	28.57			14.29
合计	209	40	16	15	18	18	25	67	110	134	164	140	61	150	51	13	65
占比（%）	100.00	19.14	7.66	7.18	8.61	8.61	11.96	32.06	52.63	64.11	78.47	66.99	29.19	71.77	24.40	6.22	31.10

附表2.5.1 最喜欢的文娱活动（一）

年龄	合计	跳巴山舞	跳摆手舞	扭花鼓打十字数	舞狮子舞龙灯	划龙舟	杂技花灯等	打牌打麻将	下棋	看电影	看电视	看书报	听广播	上网	唱卡拉OK	赶庙会	参加地方文化节	其他
18岁以下	78	4	2	1		2		1	2	15	12	10		10	5	1	2	11
占比（%）	100.00	5.13	2.56	1.28		2.56		1.28	2.56	19.23	15.38	12.82		12.82	6.41	1.28	2.56	14.10
18～50岁	124	8	5	1	1	2	3	12	3	10	13	10		24	9			23
占比（%）	100.00	6.45	4.03	0.81	0.81	1.61	2.42	9.68	2.42	8.06	10.48	8.06		19.35	7.26			18.55
51岁以上	7							2	1	1	2							1
占比（%）	100.00							28.57	14.29	14.29	28.57							14.29
合计	209	12	7	2	1	4	3	15	6	26	27	20	0	34	14	1	2	35
占比（%）	100.00	5.74	3.35	0.96	0.48	1.91	1.44	7.18	2.87	12.44	12.92	9.57	0.00	16.27	6.70	0.48	0.96	16.75

附表2.5.2 最喜欢的文娱活动（二）

年龄	合计	跳巴山舞	跳摆手舞	扭花鼓打十字数	舞狮子舞龙灯	划龙舟	杂技花灯等	打牌打麻将	下棋	看电影	看电视	看书报	听广播	上网	唱卡拉OK	赶庙会	参加地方文化节	其他
18岁以下	78	2	1		1	1	1		8	2	17	7		18	4	1		15
占比（%）	100.00	2.56	1.28		1.28	1.28	1.28		10.26	2.56	21.79	8.97		23.08	5.13	1.28		19.23
18～50岁	124	3	3	1	4			8	13	13	29	15		31	4			
占比（%）	100.00	2.42	2.42	0.81	3.23			6.45	10.48	10.48	23.39	12.10		25.00	3.23			
51岁以上	7							1	1	3		1		1			0	
占比（%）	100.00							14.29	14.29	42.86		14.29		14.29				
合计	209	5	4	1	5	1	1	9	22	18	46	23	0	50	8	1	0	15
占比（%）	100.00	2.39	1.91	0.48	2.39	0.48	0.48	4.31	10.53	8.61	22.01	11.00		23.92	3.83	0.48		7.18

附表2.5.3 最喜欢的文娱活动（三）

年龄	合计	跳巴山舞	跳摆手舞	扭花鼓打十字鼓	舞狮子舞龙灯	划龙舟	杂技花灯等	打牌打麻将	下棋	看电影	看电视	看书报	听广播	上网	唱卡拉OK	赶庙会	参加地方文化节	其他
18岁以下	78	1	1		1		6		9	7	10	16	1	8	2	1	2	13
占比（%）	100.00	1.28	1.28		1.28		7.69		11.54	8.97	12.82	20.51	1.28	10.26	2.56	1.28	2.56	16.67
18~50岁	124	3		1		2	3	2	13	12	18	18	2	11	3		3	33
占比（%）	100.00	2.42		0.81		1.61	2.42	1.61	10.48	9.68	14.52	14.52	1.61	8.87	2.42		2.42	26.61
51岁以上	7							1			2	1						3
占比（%）	100.00							14.29			28.57	14.29						42.86
合计	209	4	1	1	1	2	9	3	22	19	30	35	3	19	5	1	5	49
占比（%）	100.00	1.91	0.48	0.48	0.48	0.96	4.31	1.44	10.53	9.09	14.35	16.75	1.44	9.09	2.39	0.48	2.39	23.44

附表2.5.4 最喜欢的文娱活动（四）

年龄	合计	跳巴山舞	跳摆手舞	扭花鼓打十字鼓	舞狮子舞龙灯	划龙舟	杂技花灯等	打牌打麻将	下棋	看电影	看电视	看书报	听广播	上网	唱卡拉OK	赶庙会	参加地方文化节	其他
18岁以下	78	2				2	1	2	4	6	11	6	6	12	2		3	21
占比（%）	100.00	2.56				2.56	1.28	2.56	5.13	7.69	14.10	7.69	7.69	15.38	2.56		3.85	26.92
18~50岁	124				2	2		1	10	9	6	7	7	18	14	2		46
占比（%）	100.00				1.61	1.61		0.81	8.06	7.26	4.84	5.65	5.65	14.52	11.29	1.61		37.10
51岁以上	7								1	1		2					1	2
占比（%）	100.00								14.29	14.29		28.57					14.29	28.57
合计	209	2	0	0	2	4	1	3	15	16	17	15	13	30	16	2	4	69
占比（%）	100.00	0.96	0	0	0.96	1.91	0.48	1.44	7.18	7.66	8.13	7.18	6.22	14.35	7.66	0.96	1.91	33.01

附表2.5.5　最喜欢的文娱活动（五）

年龄	合计	跳巴山舞	跳摆手舞	扭花鼓打十字鼓	舞狮子舞龙灯	划龙舟	杂技花灯等	打牌打麻将	下棋	看电影	看电视	看书报	听广播	上网	唱卡拉OK	赶庙会	参加地方文化节	其他
18岁以下	78		1		1	1	2	6	11	3	3	5	4		8	1	3	29
占比（%）	100.00		1.28		1.28	1.28	2.56	7.69	14.10	3.85	3.85	6.41	5.13		10.26	1.28	3.85	37.18
18～50岁	124	5			2	2	3	4	7	5	3	13	5	7	26	1	13	28
占比（%）	100.00	4.03			1.61	1.61	2.42	3.23	5.65	4.03	2.42	10.48	4.03	5.65	20.97	0.81	10.48	22.58
51岁以上	7		1				1				1		1	1				3
占比（%）	100.00		14.29				14.29				14.29		14.29	14.29				42.86
合计	209	5	1	0	3	3	6	10	18	8	7	18	10	8	34	2	16	60
占比（%）	100.00	2.39	0.48		1.44	1.44	2.87	4.78	8.61	3.83	3.35	8.61	4.78	3.83	16.27	0.96	7.66	28.71

附表2.6.1　从事最多的文娱活动（一）

年龄	合计	跳巴山舞	跳摆手舞	扭花鼓打十字鼓	舞狮子舞龙灯	划龙舟	杂技花灯等	打牌打麻将	下棋	看电影	看电视	看书报	听广播	上网	唱卡拉OK	赶庙会	参加地方文化节	其他
18岁以下	78	2	2			1			3	6	12			8	2			42
占比（%）	100.00	2.56	2.56			1.28			3.85	7.69	15.38			10.26	2.56			53.85
18～50岁	124	1	4	2		2	2	7	2	3	31	16		9				45
占比（%）	100.00	0.81	3.23	1.61		1.61	1.61	5.65	1.61	2.42	25.00	12.90		7.26				36.29
51岁以上	7							2		2	2							1
占比（%）	100.00							28.57		28.57	28.57							14.29
合计	209	3	6	2	0	3	2	9	5	11	45	16	0	17	2	0	0	88
占比（%）	100.00	1.44	2.87	0.96		1.44	0.96	4.31	2.39	5.26	21.53	7.66	0	8.13	0.96	0		42.11

附表2.6.2 从事最多的文娱活动（二）

年龄	合计	跳巴山舞	跳摆手舞	扭花鼓打十字敖	舞狮子舞龙灯	划龙舟	杂技花灯等	打牌打麻将	下棋	看电影	看电视	看书报	听广播	上网	唱卡拉OK	赶庙会	参加地方文化节	其他
18岁以下	78	1	2					1	6	4	16	8	1	6	1			32
占比（%）	100.00	1.28	2.56					1.28	7.69	5.13	20.51	10.26	1.28	7.69	1.28			41.03
18～50岁	124		2	1	1		1	4	7	8	5	8		8	1			79
占比（%）	100.00		1.61	0.81	0.81		0.81	3.23	5.65	6.45	4.03	6.45		6.45	0.81			63.71
51岁以上	7								3		1							3
占比（%）	100.00								42.86		14.29							42.86
合计	209	1	4	0	1	0	1	5	16	12	22	16	1	14	2	0	0	114
占比（%）	100.00	0.48	1.91		0.48		0.48	2.39	7.66	5.74	10.53	7.66	0.48	6.70	0.96			54.55

附表2.6.3 从事最多的文娱活动（三）

年龄	合计	跳巴山舞	跳摆手舞	扭花鼓打十字敖	舞狮子舞龙灯	划龙舟	杂技花灯等	打牌打麻将	下棋	看电影	看电视	看书报	听广播	上网	唱卡拉OK	赶庙会	参加地方文化节	其他
18岁以下	78								6	7	8	8	2	4	3		2	38
占比（%）	100.00								7.69	8.97	10.26	10.26	2.56	5.13	3.85		2.56	48.72
18～50岁	124		1		1		1			1	15	3		9	6	2		85
占比（%）	100.00		0.81		0.81		0.81			0.81	12.10	2.42		7.26	4.84	1.61		68.55
51岁以上	7									1	1	1		1				3
占比（%）	100.00									14.29	14.29	14.29		14.29				42.86
合计	209	0	1	0	1	0	1	0	6	9	24	12	2	14	9	2	2	126
占比（%）	100.00		0.48		0.48		0.48		2.87	4.31	11.48	5.74	0.96	6.70	4.31	0.96	0.96	60.29

附表2.6.4 从事最多的文娱活动（四）

年龄	合计	跳巴山舞	跳摆手舞	扭花鼓打十字鼓	舞狮子舞龙灯	划龙舟	杂技花灯等	打牌打麻将	下棋	看电影	看电视	看书报	听广播	上网	唱卡拉OK	赶庙会	参加地方文化节	其他
18岁以下	78	1	2				1	2	6	3	5	5	4	6	3		4	39
占比（%）	100.00	1.28	2.56				1.28	2.56	7.69	3.85	6.41	6.41	5.13	7.69	3.85		5.13	50.00
18~50岁	124	4	3				1	1	7	6	12	5	8	1	5	2	5	71
占比（%）	100.00	3.23	2.42				0.81	0.81	5.65	4.84	9.68	4.03	6.45	0.81	4.03	1.61	4.03	57.26
51岁以上	7										1	1						5
占比（%）	100.00										14.29	14.29						71.43
合计	209	0	5	0	0	0	2	3	13	9	18	11	12	7	8	2	9	115
占比（%）	100.00	2.39	2.39				0.96	1.44	6.22	4.31	8.61	5.26	5.74	3.35	3.83	0.96	4.31	55.02

附表2.6.5 从事最多的文娱活动（五）

年龄	合计	跳巴山舞	跳摆手舞	扭花鼓打十字鼓	舞狮子舞龙灯	划龙舟	杂技花灯等	打牌打麻将	下棋	看电影	看电视	看书报	听广播	上网	唱卡拉OK	赶庙会	参加地方文化节	其他
18岁以下	78	1	2				2	2	3	4	4	3	3	3	2	1	4	44
占比（%）	100.00	1.28	2.56				2.56	2.56	3.85	5.13	5.13	3.85	3.85	3.85	2.56	1.28	5.13	56.41
18~50岁	124	4	3				1	1	5	3	5	4	2	3	7		6	80
占比（%）	100.00	3.23	2.42				0.81	0.81	4.03	2.42	4.03	3.23	1.61	2.42	5.65		4.84	64.52
51岁以上	7										1	1						5
占比（%）	100.00										14.29	14.29						71.43
合计	209	5	5	0	0	0	3	3	8	7	10	8	5	6	9	1	10	129
占比（%）	100.00	2.39	2.39				1.44	1.44	3.83	3.35	4.78	3.83	2.39	2.87	4.31	0.48	4.78	61.72

附录

附表2.7 看电视时间（小时/每天）、电视作用（多选）

年龄	合计（小时）	1	2	3	4	5	6	7	8	9	10	11	12以上	合计（人次）	休闲娱乐	了解社会	不可缺少	可有可无	影响工学
18岁以下	78	12	28	17	8	6	1		5					92	35	43	10	2	2
占比（%）	100.00	15.38	35.90	21.79	10.26	7.69	1.28		6.41				1.28	100.00	38.04	46.74	10.87	2.17	2.17
18~50岁	124	17	47	24	18	12	1	2	1		1		1	169	34	68	58	6	3
占比（%）	100.00	13.71	37.90	19.35	14.52	9.68	0.81	1.61	0.81		0.81		0.81	100.00	20.12	40.24	34.32	3.55	1.78
51岁以上	7		1	2	2		1	1						9	2	4	3		
占比（%）	100.00		14.29	28.57	28.57		14.29	14.29						100.00	22.22	44.44	33.33		
合计	209	29	76	43	28	18	3	3	6		1		2	270	71	115	71	8	5
占比（%）	100.00	13.88	36.36	20.57	13.40	8.61	1.44	1.44	2.87		0.48		0.96	100.00	26.30	42.59	26.30	2.96	1.85

附表2.8 上网时间（小时/每周）

年龄	合计（小时）	1	2	3	4	5	6	7	8	9	10	11	12~20	21~30	31~40	41~50	51~60	61~70	0或未选
18岁以下	78	20	14	10	6	4	3		1		7		1			1			11
占比（%）	100.00	25.64	17.95	12.82	7.69	5.13	3.85		1.28		8.97		1.28			1.28			14.10
18~50岁	124	30	22	30	8	3	2	3	2		7		11	2		1		1	2
占比（%）	100.00	24.19	17.74	24.19	6.45	2.42	1.61	2.42	1.61		5.65		8.87	1.61		0.81		0.81	1.61
51岁以上	7	2	1																4
占比（%）	100.00	28.57	14.29																
合计	209	52	37	40	14	7	5	3	3	0	14	0	12	2	0	2	0	1	17
占比（%）	100.00	24.88	17.70	19.14	6.70	3.35	2.39	1.44	1.44		6.70		5.74	0.96		0.96		0.48	8.13

附表2.9　上网目的（多选）

年　龄	合计（人次）	交友聊天	工学需要	娱乐休闲	上网时髦
18岁以下	95	29	34	29	3
占比（%）	100.00	30.53	35.79	30.53	3.16
18~50岁	145	26	57	57	5
占比（%）	100.00	17.93	39.31	39.31	3.45
51岁以上	4	2	1		1
占比（%）	100.00	50.00	25.00		25.00
合计	244	57	92	86	9
占比（%）	100.00	23.36	37.70	35.25	3.69

附表2.10　婚礼、丧礼、端午节所举行的传统仪式变化状况分析表

年龄	合计	婚礼哭嫁			丧礼跳丧			端午龙舟		
		一样	改变	不举行	一样	改变	不举行	一样	改变	不举行
18岁以下	78	8	16	54	13	22	43	34	20	24
占比（%）	100.00	10.26	20.51	69.23	16.67	28.21	55.13	43.59	25.64	30.77
18~50岁	124	29	19	76	35	42	47	38	45	41
占比（%）	100.00	23.39	15.32	61.29	28.23	33.87	37.90	30.65	36.29	33.06
51岁以上	7		3	4		3	4		3	4
占比（%）	100.00		42.86	57.14		42.86	57.14		42.86	57.14
合计	209	37	38	134	48	67	94	72	68	69
占比（%）	100.00	17.70	18.18	64.11	22.97	32.06	44.98	34.45	32.54	33.01

附表2.11　近三年参加过的文化活动（多选）

年　龄	合计	听人讲故事	自己讲故事	听人讲笑话	自己讲笑话	听人唱山歌	自己唱山歌	看人演皮影	自己演皮影	看人划龙舟	自己参加划	听人讲相声	自己讲相声	看人演戏	自己唱戏	猜谜语	其他
18岁以下	78	45	43	68	52	30	20	5	5	18	5	22	7	51	5	50	
占比（%）	100.00	57.69	55.13	87.18	66.67	38.46	25.64	6.41	6.41	23.08	6.41	28.21	8.97	65.38	6.41	64.10	
18~50岁	124	95	58	77	87	47	29	21	11	46	13	39	17	59	19	20	10
占比（%）	100.00	76.61	46.77	62.10	70.16	37.90	23.39	16.94	8.87	37.10	10.48	31.45	13.71	47.58	15.32	16.13	8.06
51岁以上	7	4	5	4	5	4	2	1		2		2	1	4		2	
占比（%）	100.00	57.14	71.43	57.14	71.43	57.14	28.57	14.29		28.57		28.57	14.29	57.14		28.57	
合计	209	144	106	149	144	81	51	27	16	66	18	63	25	114	24	72	10
占比（%）	100.00	68.90	50.72	71.29	68.90	38.76	24.40	12.92	7.66	31.58	8.61	30.14	11.96	54.55	11.48	34.45	4.78

附表2.12.1 最喜欢的文娱活动（一）

年龄	合计	1 听人讲故事	2 自己讲故事	3 听人讲笑话	4 自己讲笑话	5 听人唱山歌	6 自己唱山歌	7 看人演皮影	8 自己演皮影	9 看人划龙舟	10 自己参加划	11 听人讲相声	12 自己讲相声	13 看人演戏	14 自己唱戏	15 猜谜语	16 其他
18岁以下	78	41	2	14	1	2	2		1	1				5		1	8
占比（%）	100.00	52.56	2.56	17.95	1.28	2.56	2.56		1.28	1.28				6.41		1.28	10.26
18~50岁	124	27	14	35	3	8		4		5		4		3		7	14
占比（%）	100.00	21.77	11.29	28.23	2.42	6.45		3.23		4.03		3.23		2.42		5.65	11.29
51岁以上	7	2	1		1		1							1			1
占比（%）	100.00	28.57	14.29		14.29		14.29							14.29			14.29
合计	209	70	17	49	5	10	3	4	1	6	0	4	0	9	0	8	23
占比（%）	100.00	33.49	8.13	23.44	2.39	4.78	1.44	1.91	0.48	2.87		1.91		4.31		3.83	11.00

附表2.12.2 最喜欢的文娱活动（二）

年龄	合计	听人讲故事	自己讲故事	听人讲笑话	自己讲笑话	听人唱山歌	自己唱山歌	看人演皮影	自己演皮影	看人划龙舟	自己参加划	听人讲相声	自己讲相声	看人演戏	自己唱戏	猜谜语	其他
18岁以下	78	12	5	36	2	4						2		4		2	11
占比（%）	100.00	15.38	6.41	46.15	2.56	5.13						2.56		5.13		2.56	14.10
18~50岁	124	16	11	22	9	6	6	1	1	6				6	1	12	27
占比（%）	100.00	12.90	8.87	17.74	7.26	4.84	4.84	0.81	0.81	4.84				4.84	0.81	9.68	21.77
51岁以上	7	1		2	1	1											2
占比（%）	100.00	14.29		28.57	14.29	14.29											
合计	209	29	16	60	12	11	6	1	1	6	0	2	0	10	1	14	40
占比（%）	100.00	13.88	7.66	28.71	5.74	5.26	2.87	0.48	0.48	2.87		0.96		4.78	0.48	6.70	19.14

附表2.12.3 最喜欢的文娱活动（三）

年龄	合计	听人讲故事	自己讲故事	听人讲笑话	自己讲笑话	听人唱山歌	自己唱山歌	看人演皮影	自己演皮影	看人划龙舟	自己参加划	听人讲相声	自己讲相声	看人演戏	自己唱戏	猜谜语	其他
18岁以下	78	3	6	8	2	7	3		1	5		6		14		12	11
占比（%）	100.00	3.85	7.69	10.26	2.56	8.97	3.85		1.28	6.41		7.69		17.95		15.38	14.10
18~50岁	124		10	2	7	10	7	1	2	9	1		1	21		7	46
占比（%）	100.00		8.06	1.61	5.65	8.06	5.65	0.81	1.61	7.26	0.81		0.81	16.94		5.65	
51岁以上	7	1								1			1	2		1	1
占比（%）	100.00	14.29								14.29			14.29	28.57		14.29	14.29
合计	209	4	16	10	9	17	10	1	3	15	1	6	2	37	0	20	58
占比（%）	100.00	1.91	7.66	4.78	4.31	8.13	4.78	0.48	1.44	7.18	0.48	2.87	0.96	17.70		9.57	27.75

附表2.12.4　最喜欢的文娱活动（四）

年龄	合计	听人讲故事	自己讲故事	听人讲笑话	自己讲笑话	听人唱山歌	自己唱山歌	看人演皮影	自己演皮影	看人划龙舟	自己参加划	听人讲相声	自己讲相声	看人演戏	自己唱戏	猜谜语	其他
18岁以下	78		4	4	12	7	3		3	3		5	2	6		10	19
占比（%）	100.00		5.13	5.13	15.38	8.97	3.85		3.85	3.85		6.41	2.56	7.69		12.82	24.36
18~50岁	124	6	7		10	10	5	4	2	8	4		5	6	2	18	37
占比（%）	100.00	4.84	5.65		8.06	8.06	4.03	3.23	1.61	6.45	3.23		4.03	4.84	1.61	14.52	29.84
51岁以上	7		1				1						1			1	3
占比（%）	100.00		14.29				14.29						14.29			14.29	42.86
合计	209	6	12	4	22	17	8	5	5	11	4	5	7	13	2	29	59
占比（%）	100.00	2.87	5.74	1.91	10.53	8.13	3.83	2.39	2.39	5.26	1.91	2.39	3.35	6.22	0.96	13.88	28.23

附表2.12.5　最喜欢的文娱活动（五）

年龄	合计	听人讲故事	自己讲故事	听人讲笑话	自己讲笑话	听人唱山歌	自己唱山歌	看人演皮影	自己演皮影	看人划龙舟	自己参加划	听人讲相声	自己讲相声	看人演戏	自己唱戏	猜谜语	其他
18岁以下	78	1	6		10	2	5	1		2	3	3		5	2	16	22
占比（%）	100.00	1.28	7.69		12.82	2.56	6.41	1.28		2.56	3.85	3.85		6.41	2.56	20.51	28.21
18~50岁	124	3	4	4	13	3	10	2	1	3		7	4	4	1	8	57
占比（%）	100.00	2.42	3.23	3.23	10.48	2.42	8.06	1.61	0.81	2.42		5.65	3.23	3.23	0.81	6.45	45.97
51岁以上	7		1		1									1			4
占比（%）	100.00		14.29		14.29									14.29			57.14
合计	209	4	11	4	24	5	15	3	1	5	3	10	4	10	3	24	139
占比（%）	100.00	1.91	5.26	1.91	11.48	2.39	7.18	1.44	0.48	2.39	1.44	4.78	1.91	4.78	1.44	11.48	66.51

附表2.13.1　参与最多的文娱活动（一）

年龄	合计	听人讲故事	自己讲故事	听人讲笑话	自己讲笑话	听人唱山歌	自己唱山歌	看人演皮影	自己演皮影	看人划龙舟	自己参加划	听人讲相声	自己讲相声	看人演戏	自己唱戏	猜谜语	其他
18岁以下	78	30	4	8	1	1	2			1		3		1		5	22
占比（%）	100.00	38.46	5.13	10.26	1.28	1.28	2.56			1.28		3.85		1.28		6.41	28.21
18~50岁	124	22	7	21	4	2	1	2	3	3	2	3		6	1	2	45
占比（%）	100.00	17.74	5.65	16.94	3.23	1.61	0.81	1.61	2.42	2.42	1.61	2.42		4.84	0.81	1.61	36.29
51岁以上	7	1	2	1	1												2
占比（%）	100.00	14.29	28.57	14.29	14.29												
合计	209	53	13	30	6	3	3	2	3	4	2	6	0	7	1	7	69
占比（%）	100.00	25.36	6.22	14.35	2.87	1.44	1.44	0.96	1.44	1.91	0.96	2.87		3.35	0.48	3.35	33.01

附表2.13.2　参与最多的文娱活动（二）

年龄	合计	听人讲故事	自己讲故事	听人讲笑话	自己讲笑话	听人唱山歌	自己唱山歌	看人演皮影	自己演皮影	看人划龙舟	自己参加划	听人讲相声	自己讲相声	看人演戏	自己唱戏	猜谜语	其他
18岁以下	78	4	7	20	9	2	1	1					1	3		2	28
占比（%）	100.00	5.13	8.97	25.64	11.54	2.56	1.28	1.28					1.28	3.85		2.56	35.90
18~50岁	124	6	2	13	8	2	5	1	2		2	1		4		2	76
占比（%）	100.00	4.84	1.61	10.48	6.45	1.61	4.03	0.81	1.61		1.61	0.81		3.23		1.61	
51岁以上	7			1	2	1											3
占比（%）	100.00			14.29	28.57	14.29											42.86
合计	209	10	9	34	19	5	6	2	2	0	2	1	1	7	0	4	103
占比（%）	100.00	4.78	4.31	16.27	9.09	2.39	2.87	0.96	0.96		0.96	0.48	0.48	3.35		1.91	49.28

附表2.13.3　参与最多的文娱活动（三）

年龄	合计	听人讲故事	自己讲故事	听人讲笑话	自己讲笑话	听人唱山歌	自己唱山歌	看人演皮影	自己演皮影	看人划龙舟	自己参加划	听人讲相声	自己讲相声	看人演戏	自己唱戏	猜谜语	其他
18岁以下	78	4	4	4	5	2	4			2		3	1	8		8	33
占比（%）	100.00	5.13	5.13	5.13	6.41	2.56	5.13			2.56		3.85	1.28	10.26		10.26	42.31
18~50岁	124	2	3	4	2		3	1		1	2	5	1	1	1	1	97
占比（%）	100.00	1.61	2.42	3.23	1.61		2.42	0.81		0.81	1.61	4.03	0.81	0.81	0.81	0.81	78.23
51岁以上	7		1							1			1	1			3
占比（%）	100.00		14.29							14.29			14.29	14.29			42.86
合计	209	6	8	8	7	2	7	1	0	4	2	8	3	10	1	9	133
占比（%）	100.00	2.87	3.83	3.83	3.35	0.96	3.35	0.48		1.91	0.96	3.83	1.44	4.78	0.48	4.31	63.64

附表2.13.4　参与最多的文娱活动（四）

年龄	合计	听人讲故事	自己讲故事	听人讲笑话	自己讲笑话	听人唱山歌	自己唱山歌	看人演皮影	自己演皮影	看人划龙舟	自己参加划	听人讲相声	自己讲相声	看人演戏	自己唱戏	猜谜语	其他
18岁以下	78	2	8	5	7	1	3			2		2		4	1	7	36
占比（%）	100.00	2.56	10.26	6.41	8.97	1.28	3.85			2.56		2.56		5.13	1.28	8.97	46.15
18~50岁	124		4	2	4	2	2			5			2	2	7	4	90
占比（%）	100.00		3.23	1.61	3.23	1.61	1.61			4.03			1.61	1.61	5.65	3.23	72.58
51岁以上	7													2			5
占比（%）	100.00													28.57			71.43
合计	209	2	12	7	11	3	5	0	0	7	0	2	2	8	8	11	131
占比（%）	100.00	0.96	5.74	3.35	5.26	1.44	2.39			3.35		0.96	0.96	3.83	3.83	5.26	62.68

附表2.13.5 参与最多的文娱活动（五）

年龄	合计	听人讲故事	自己讲故事	听人讲笑话	自己讲笑话	听人唱山歌	自己唱山歌	看人演皮影	自己演皮影	看人划龙舟	自己参加划	听人讲相声	自己讲相声	看人演戏	自己唱戏	猜谜语	其他
18岁以下	78	1	2	10		5	1							3		12	41
占比（%）	100.00	1.28	2.56	12.82		6.41	1.28							3.85		15.38	52.56
18~50岁	124	1	1	3	2	3		2		1		6	3	3	2	5	92
占比（%）	100.00	0.81	0.81	2.42	1.61	2.42		1.61		0.81		4.84	2.42	2.42	1.61	4.03	74.19
51岁以上	7	1														1	5
占比（%）	100.00	14.29														14.29	71.43
合计	209	3	3	13	2	8	1	2		1		6	3	6	2	18	138
占比（%）	100.00	1.44	1.44	6.22	0.96	3.83	0.48	0.96		0.48		2.87	1.44	2.87	0.96	8.61	66.03

附表2.14 文艺作品了解状况分析表（多选）

年龄	合计	盘古	女娲	梁祝	牛郎	白蛇	孟姜	巧妇	呆婿	兄弟	蛇郎	虎婆	红楼	阿Q	格林	千夜	潜伏	关东	亮剑	赤壁	建国
18岁以下	78	45	59	67	65	66	46	12	7	12	10	18	66	47	57	44	35	52	62	49	31
占比（%）	100.00	57.69	75.64	85.90	83.33	84.62	58.97	15.38	8.97	15.38	12.82	23.08	84.62	60.26	73.08	56.41	44.87	66.67	79.49	62.82	39.74
18~50岁	124	75	71	103	88	98	76	26	17	30	23	30	101	60	67	65	67	73	41	73	72
占比（%）	100.00	60.48	57.26	83.06	70.97	79.03	61.29	20.97	13.71	24.19	18.55	24.19	81.45	48.39	54.03	52.42	54.03	58.87	33.06	58.87	58.06
51岁以上	7	7	5	7	7	7	7	3	2	3	2	2	6	6	4	4	5	6	6	5	4
占比（%）	100.00	100.00	71.43	100.00	100.00	100.00	100.00	42.86	28.57	42.86	28.57	28.57	85.71	85.71	57.14	57.14	71.43	85.71	85.71	71.43	57.14
合计	209	127	135	177	160	171	129	45	26	45	35	50	173	113	128	113	107	131	109	127	107
占比（%）	100.00	60.77	64.59	84.69	76.56	81.82	61.72	21.53	12.44	21.53	16.75	23.92	82.78	54.07	61.24	54.07	51.20	62.68	52.15	60.77	51.20

附表2.15.1 传统文化了解状况分析表

年龄	合计	撒叶儿嗬				哭嫁				端午节				西兰卡普			
		很了解	听说过	不知道	未选	很了解	听说过	不知道	未选	很了解	听说过	不知道	未选	很了解	听说过	不知道	未选
18岁以下	78	7	20	46	5	10	52	11	5	54	20	2	2	2	19	47	8
占比（%）	100.00	8.97	25.64	58.97	6.41	12.82	66.67	14.10	6.41	69.23	25.64	2.56	2.56	2.56	24.36	60.26	10.26
18~50岁	124	31	34	34	25	34	68	8	14	82	32	6	4	19	31	42	32
占比（%）	100.00	25.00	27.42	27.42	20.16	27.42	54.84	6.45	11.29	66.13	25.81	4.84	3.23	15.32	25.00	33.87	25.81
51岁以上	7	2	3	2	0	2	4	1	0	5	2	0	0	2	2	3	0
占比（%）	100.00	28.57	42.86	28.57		28.57	57.14	14.29		71.43	28.57			28.57	28.57	42.86	
合计	209	40	57	82	30	46	124	20	19	141	54	8	6	23	52	92	40
占比（%）	100.00	19.14	27.27	39.23	14.35	22.01	59.33	9.57	9.09	67.46	25.84	3.83	2.87	11.00	24.88	44.02	19.14

附表2.15.2 传统文化了解状况分析表

年龄	合计	吊脚楼				屈原传说				昭君传说				寇准传说			
		很了解	听说过	不知道	未选	很了解	听说过	不知道	未选	很了解	听说过	不知道	未选	很了解	听说过	不知道	未选
18岁以下	78	7	41	23	7	48	23	3	4	51	19	5	3	5	31	35	7
占比（%）	100.00	8.97	52.56	29.49	8.97	61.54	29.49	3.85	5.13	65.38	24.36	6.41	3.85	6.41	39.74	44.87	8.97
18~50岁	124	24	45	15	40	66	36	7	15	78	29	10	7	18	38	34	34
占比（%）	100.00	19.35	36.29	12.10	32.26	53.23	29.03	5.65	12.10	62.90	23.39	8.06	5.65	14.52	30.65	27.42	27.42
51岁以上	7	2	2	2	1	5	2	0	0	5	2	0	0	2	2	3	0
占比（%）	100.00	28.57	28.57	28.57	14.29	71.43	28.57			71.43	28.57			28.57	28.57	42.86	
合计	209	32	88	40	48	119	61	10	19	134	50	15	10	25	71	72	41
占比（%）	100.00	15.31	42.11	19.14	22.97	56.94	29.19	4.78	9.09	64.11	23.92	7.18	4.78	11.96	33.97	34.45	19.62

附表2.16 传统文化态度、获得文化信息途径（多选）

年龄	合计	很感兴趣	未主动	无兴趣	合计	长辈	旁听	书籍	学校	广播	电视	网络	自编
18岁以下	78	33	45		78	54	45	54	40	24	65	55	5
占比（%）	100.00	42.31	57.69		100.00	69.23	57.69	69.23	51.28	30.77	83.33	70.51	6.41
18~50岁	124	57	67		124	71	57	87	61	49	102	98	11
占比（%）	100.00	45.97	54.03		100.00	57.26	45.97	70.16	49.19	39.52	82.26	79.03	8.87
51岁以上	7	5	2		7	4	4	6	2	5	7	3	1
占比（%）	100.00	71.43	28.57		100.00	57.14	57.14	85.71	28.57	71.43	100.00	42.86	14.29
合计	209	95	114	0	209	129	106	147	103	78	174	156	17
占比（%）	100.00	45.45	54.55		100.00	61.72	50.72	70.33	49.28	37.32	83.25	74.64	8.13

附表2.17.1 最重要的四个信息来源（一）

年龄	合计	长辈讲述	旁听	书籍	学校	广播	电视	网络	自编	未选
18岁以下	78	24		19	3	2	6	17		7
占比（%）	100.00	30.77		24.36	3.85	2.56	7.69	21.79		8.97
18~50岁	124	15	4	33	11	2	20	23		16
占比（%）	100.00	12.10	3.23	26.61	8.87	1.61	16.13	18.55		12.90
51岁以上	7	1		2	1		1	1		1
占比（%）	100.00	14.29		28.57	14.29		14.29	14.29		14.29
合计	209	40	4	54	15	4	27	41	0	24
占比（%）	100.00	19.14	1.91	25.84	7.18	1.91	12.92	19.62		11.48

附表2.17.2 最重要的四个信息来源（二）

年 龄	合计	长辈讲述	旁听	书籍	学校	广播	电视	网络	自编	未选
18岁以下	78	3	12	18	4	2	16	16		7
占比（%）	100.00	3.85	15.38	23.08	5.13	2.56	20.51	20.51		8.97
18~50岁	124	10	8	15	20	10	17	18		26
占比（%）	100.00	8.06	6.45	12.10	16.13	8.06	13.71	14.52		20.97
51岁以上	7	1	1	1			2	2		
占比（%）	100.00	14.29	14.29	14.29			28.57	28.57		
合计	209	14	21	34	24	14	35	34	0	33
占比（%）	100.00	6.70	10.05	16.27	11.48	6.70	16.75	16.27		15.79

附表2.17.3 最重要的四个信息来源（三）

年 龄	合计	长辈讲述	旁听	书籍	学校	广播	电视	网络	自编	未选
18岁以下	78	4	8	10	10	8	18	9		11
占比（%）	100.00	5.13	10.26	12.82	12.82	10.26	23.08	11.54		14.10
18~50岁	124	2		7	8	11	33	10	1	52
占比（%）	100.00	1.61		5.65	6.45	8.87	26.61	8.06	0.81	41.94
51岁以上	7	1		1			3			2
占比（%）	100.00	14.29		14.29			42.86			28.57
合计	209	7	8	18	18	19	54	19	1	65
占比（%）	100.00	3.35	3.83	8.61	8.61	9.09	25.84	9.09	0.48	31.10

附表2.17.4 最重要的四个信息来源（四）

年 龄	合计	长辈讲述	旁听	书籍	学校	广播	电视	网络	自编	未选
18岁以下	78	8	12	4	6	7	17	7		17
占比（%）	100.00	10.26	15.38	5.13	7.69	8.97	21.79	8.97		21.79
18~50岁	124	10	14	15	7		10	34	3	31
占比（%）	100.00	8.06	11.29	12.10	5.65		8.06	27.42	2.42	25.00
51岁以上	7		1		1		1	1		3
占比（%）	100.00		14.29		14.29		14.29	14.29		42.86
合计	209	18	27	19	14	7	28	42	3	51
占比（%）	100.00	8.61	12.92	9.09	6.70	3.35	13.40	20.10	1.44	24.40

附表2.18 最喜欢的节日（多选）

年 龄	合计	汉族传统节日	少数民族节日	国家纪念	西方节日
18岁以下	78	54	5	25	17
占比（%）	100.00	69.23	6.41	32.05	21.79
18~50岁	124	83	10	30	10
占比（%）	100.00	66.94	8.06	24.19	8.06
51岁以上	7	6		1	
占比（%）	100.00	85.71		14.29	
合计	209	143	15	56	27
占比（%）	100.00	68.42	7.18	26.79	12.92

附表2.19 汉族传统节日、国家纪念日

年龄	合计	团聚	喜欢	联络情感	传统节日	爱国体现	喜庆	有假期	热闹开心	放松身心	具地方特色	出游	有意义	民族精神	大众化	汉族人	体现文化内涵	节日食品丰富
18岁以下	78	7			11	3	1	4		2	1	3	3			2	1
占比（%）	100.00	8.97			14.10	3.85	1.28	5.13		2.56	1.28	3.85	3.85			2.56	1.28
18~50岁	124	23	3	1	14	1	5	6	24	4	2	2	8	5	1	1	5	1
占比（%）	100.00	18.55	2.42	0.81	11.29	0.81	4.03	4.84	19.35	3.23	1.61	1.61	6.45	4.03	0.81	0.81	4.03	0.81
51岁以上	7		3						3							1		
占比（%）	100.00		42.86						42.86							14.29		
合计	209	30	6	1	25	1	8	7	31	4	4	3	11	8	1	2	7	2
占比（%）	100.00	14.35	2.87	0.48	11.96	0.48	3.83	3.35	14.83	1.91	1.91	1.44	5.26	3.83	0.48	0.96	3.35	0.96

附表2.20 少数民族传统节日、西方节日

年龄	合计	增长知识，便于出行	合计	浪漫	快乐开心	时髦	和相爱的人在一起	收礼物
18岁以下	78	1	78	2		1	1	
占比（%）	100.00	1.28	100.00	2.56		1.28	1.28	
18~50岁	124		124	3	5			1
占比（%）	100.00	0	100.00	2.42	4.03			0.81
51岁以上	7		7					
占比（%）	100.00	0	100.00					
合计	209	1	209	5	5	1	1	1
占比（%）	100.00	0.48	100.00	2.39	2.39	0.48	0.48	0.48

附表2.21 文化设施状况分析表（多选）

年龄	合计	活动室	电影院	录像厅	电视台	广播	网吧	寺庙	教堂
18岁以下	78	55	35	21	50	33	69	5	8
占比（%）	100.00	70.51	44.87	26.92	64.10	42.31	88.46	6.41	10.26
18~50岁	124	96	30	40	84	74	101	21	18
占比（%）	100.00	77.42	24.19	32.26	67.74	59.68	81.45	16.94	14.52
51岁以上	7	4	5	3	5	4	5	1	2
占比（%）	100.00	57.14	71.43	42.86	71.43	57.14	71.43	14.29	28.57
合计	209	155	70	64	139	111	175	27	28
占比（%）	100.00	74.16	33.49	30.62	66.51	53.11	83.73	12.92	13.40

附表2.22.1　电器状况分析表（一）

年龄	合计	收音机 无	收音机 1	收音机 2	收音机 2以上	收音机 未选	电视机 无	电视机 1	电视机 2	电视机 2以上	电视机 未选	VCD 无	VCD 1	VCD 2	VCD 2以上	VCD 未选
18岁以下	78	42	17		3	16	6	53	12	4	3	8	47	8	3	12
占比（%）	100.00	53.85	21.79		3.85	20.51	7.69	67.95	15.38	5.13	3.85	10.26	60.26	10.26	3.85	15.38
18～50岁	124	72	35			17	15	72	21	2	14	25	79	3	1	16
占比（%）	100.00	58.06	28.23			13.71	12.10	58.06	16.94	1.61	11.29	20.16	63.71	2.42	0.81	12.90
51岁以上	7	3	2		2			5	1	1		1	5	1		
占比（%）	100.00	42.86	28.57		28.57			71.43	14.29	14.29		14.29	71.43	14.29		
合计	209	117	54	0	5	33	21	130	34	7	17	34	131	12	4	28
占比（%）	100.00	55.98	25.84	0	2.39	15.79	10.05	62.20	16.27	3.35	8.13	16.27	62.68	5.74	1.91	13.40

附表2.22.2　电器状况分析表（二）

年龄	合计	电脑 无	电脑 1	电脑 2	电脑 2以上	电脑 未选	手机 无	手机 1	手机 2	手机 2以上	手机 未选	照相机 无	照相机 1	照相机 2	照相机 2以上	照相机 未选	摄像机 无	摄像机 1	摄像机 2	摄像机 2以上	摄像机 未选
18岁以下	78	32	22	2	4	18	5	29	21	19	4	28	30		4	16	44	12	1	2	19
占比（%）	100.00	41.03	28.21	2.56	5.13	23.08	6.41	37.18	26.92	24.36	5.13	35.90	38.46		5.13	20.51	56.41	15.38	1.28	2.56	24.36
18～50岁	124	14	82	7	2	19	11	66	18	15	14	31	63	5		25	59	26	4		35
占比（%）	100.00	11.29	66.13	5.65	1.61	15.32	8.87	53.23	14.52	12.10	11.29	25.00	50.81	4.03		20.16	47.58	20.97	3.23		28.23
51岁以上	7	4	3					4	2	1		1	6					3			2
占比（%）	100.00	57.14	42.86					57.14	28.57	14.29		14.29	85.71					42.86			28.57
合计	209	50	107	9	6	37	16	99	41	35	18	60	99	5	4	41	105	41	5	2	56
占比（%）	100.00	23.92	51.20	4.31	2.87	17.70	7.66	47.37	19.62	16.75	8.61	28.71	47.37	2.39	1.91	19.62	50.24	19.62	2.39	0.96	26.79

附表2.2.3.1 社会生活评价状况分析表（一）

年龄	合计		旅游开发					民族关系					经济收入				
			很好	较好	一般	差	未选	很好	较好	一般	差	未选	很好	较好	一般	差	未选
18岁以下	78		30	32	11	2	3	34	32	6	1	5	15	32	25	4	2
占比（%）	100.00		38.46	41.03	14.10	2.56	3.85	43.59	41.03	7.69	1.28	6.41	19.23	41.03	32.05	5.13	2.56
18～50岁	124		34	60	19	3	8	61	46	9	1	7	12	54	40	9	9
占比（%）	100.00		27.42	48.39	15.32	2.42	6.45	49.19	37.10	7.26	0.81	5.65	9.68	43.55	32.26	7.26	7.26
51岁以上	7		1	4	1	1		3	3	1			4	2		1	
占比（%）	100.00		14.29	57.14	14.29	14.29		42.86	42.86	14.29			57.14	28.57		14.29	
合计	209		65	96	31	6	11	98	81	16	2	12	31	88	65	14	11
占比（%）	100.00		31.10	45.93	14.83	2.87	5.26	46.89	38.76	7.66	0.96	5.74	14.83	42.11	31.10	6.70	5.26

附表2.2.3.2 社会生活评价状况分析表（二）

年龄	合计		生态环境					交通状况					文化活动					文化设施				
			很好	较好	一般	差	未选	很好	较好	一般	差	未选	很好	较好	一般	差	未选	很好	较好	一般	差	未选
18岁以下	78		30	25	15	4	4	16	40	15	2	5	21	28	19	4	6	18	29	20	6	5
占比（%）	100.00		38.46	32.05	19.23	5.13	5.13	20.51	51.28	19.23	2.56	6.41	26.92	35.90	24.36	5.13	7.69	23.08	37.18	25.64	7.69	6.41
18～50岁	124		22	70	28		4	12	59	38	4	11	12	55	43	2	12	8	56	53	6	1
占比（%）	100.00		17.74	56.45	22.58		3.23	9.68	47.58	30.65	3.23	8.87	9.68	44.35	34.68	1.61	9.68	6.45	45.16	42.74	4.84	0.81
51岁以上	7			6	1			1	2	3	1		2	2	2	1		1	3	2	1	
占比（%）	100.00			85.71	14.29			14.29	28.57	42.86	14.29		28.57	28.57	28.57	14.29		14.29	42.86	28.57	14.29	
合计	209		52	101	44	4	8	29	101	56	7	16	35	85	64	7	18	27	88	75	13	6
占比（%）	100.00		24.88	48.33	21.05	1.91	3.83	13.88	48.33	26.79	3.35	7.66	16.75	40.67	30.62	3.35	8.61	12.92	42.11	35.89	6.22	2.87

附录三　秭归县民间文化状况调查分析表

调研的基本情况：

2009年5月中旬和2009年10～11月，我们对秭归县农村民间文化生活状况进行了调查，采取问卷调查和重点访谈结合的方式，本次共发出问卷270份，实际收回264份，有效问卷259份。有效问卷的基本情况如下。

附表3.1　性别、学历和民族状况分析表

年龄	性别合计	男	女	学历合计	大专以上	高中	初中	小学以下	民族合计	汉族	土家族	其他
18岁以下	15	4	11	15	1	13	1		15	11	2	2
占比（%）	100.00	26.67	73.33	100.00	6.67	86.67	6.67		100.00	73.33	13.33	13.33
18～50岁	229	107	122	229	99	85	37	8	229	226	3	
占比（%）	100.00	46.72	53.28	100.00	43.23	37.12	16.16	3.49	100.00	98.69	1.31	
51岁以上	15	13	2	15	7	4	1	3	15	14	0	1
占比（%）	100.00	86.67	13.33	100.00	46.67	26.67	6.67	20.00	100.00	93.33		6.67
合计	259	124	135	259	107	102	39	11	259	251	5	3
占比（%）	100.00	47.88	52.12	100.00	41.31	39.38	15.06	4.25	100.00	96.91	1.93	1.16

附表3.2　宗教职业状况分析

年龄	宗教信仰合计	佛教	道教	基督教	伊斯兰教	无和其他	职业合计	干部	农民和农民工	经商	教师	学生	其他
18岁以下	15	2	0	1	1	11	15	0	6	0	0	2	7
占比（%）	100.00	13.33		6.67	6.67	73.33	100.00		40.00			13.33	46.67
18～50岁	229	9	3	3	0	214	229	88	98	8	6	1	28
占比（%）	100.00	3.93	1.31	1.31	0.00	93.45	100.00	38.43	42.79	3.49	2.62	0.44	12.23
51岁以上	15	0	0	0	0	15	15	10	3	0	0	0	2
占比（%）	100.00					100.00	100.00	66.67	20.00				13.33
合计	259	11	3	4	1	240	259	98	107	8	6	3	37
占比（%）	100.00	4.25	1.16	1.54	0.39	92.66	100.00	37.84	41.31	3.09	2.32	1.16	14.29

附表3.3 每天工作时间、日常从事最多的三项活动

年龄	合计（小时）	8以上	7~8	5~6	3~4	3以内	合计（人次）	看电视	上网	做家务	走亲访友	打麻将、牌	看书	听广播	其他
18岁以下	15	13	2	0	0	0	46	13	12	5	5	1	10	0	0
占比（%）	100.00	86.67	13.33				100.00	28.26	26.09	10.87	10.87	2.17	21.74	0	0
18~50岁	229	148	70	2	2	7	715	191	143	139	41	47	113	16	25
占比（%）	100.00	64.63	30.57	0.87	0.87	3.06	100.00	26.71	20.00	19.44	5.73	6.57	15.80	2.24	3.50
51岁以上	15	4	9	0	0	2	45	14	1	12	5	2	7	1	3
占比（%）	100.00	26.67	60.00			13.33	100.00	31.11	2.22	26.67	11.11	4.44	15.56	2.22	6.67
合计	259	165	81	2	2	9	806	218	156	156	51	50	130	17	28
占比（%）	100.00	63.71	31.27	0.77	0.77	3.47	100.00	27.05	19.35	19.35	6.33	6.20	16.13	2.11	3.47

附表3.4 近三年内参加过的文娱活动（多选）

年龄	合计	跳巴山舞	跳摆手舞	扭花鼓打十字数	舞狮子舞龙灯	划龙舟	杂技花灯等	打牌打麻将	下棋	看电影	看电视	看书报	听广播	上网	唱卡拉OK	赶庙会	参加地方文化节
18岁以下	15	2	3	0	0	0	0	2	8	15	13	11	3	14	8	1	7
占比（%）	100.00	13.33	20.00					13.33	53.33	100.00	86.67	73.33	20.00	93.33	53.33	6.67	46.67
18~50岁	229	53	13	18	6	40	10	104	81	142	197	164	51	180	114	0	92
占比（%）	100.00	23.14	5.68	7.86	2.62	17.47	4.37	45.41	35.37	62.01	86.03	71.62	22.27	78.60	49.78	0.00	40.17
51岁以上	15	1	0	3	0	0	0	7	5	8	14	12	2	10	0	0	0
占比（%）	100.00	6.67		20.00				46.67	33.33	53.33	93.33	80.00	13.33	66.67			
合计	259	56	16	21	6	40	10	113	94	165	224	187	56	204	122	1	99
占比（%）	100.00	21.62	6.18	8.11	2.32	15.44	3.86	43.63	36.29	63.71	86.49	72.20	21.62	78.76	47.10	0.39	38.22

附表3.5.1 最喜欢的文娱活动（一）

年龄	合计	跳巴山舞	跳摆手舞	扭花鼓打十字鼓	舞狮子舞龙灯	划龙舟	杂技花灯等	打牌打麻将	下棋	看电影	看电视	看书报	听广播	上网	唱卡拉OK	赶庙会	参加地方文化节	其他
18岁以下	15		1					1		5		3		4				1
占比（%）	100.00		6.67					6.67		33.33		20.00		26.67				6.67
18~50岁	229	15		3		3		15	6	25	50	27	1	61	6		3	14
占比（%）	100.00	6.55	0.00	1.31		1.31		6.55	2.62	10.92	21.83	11.79	0.44	26.64	2.62		1.31	
51岁以上	15							1	1	2	1	2			2			6
占比（%）	100.00							6.67	6.67	13.33	6.67	13.33			13.33			40.00
合计	259	15	1	3	0	3	0	17	7	32	51	32	1	65	8	0	3	21
占比（%）	100.00	5.79	0.39	1.16		1.16		6.56	2.70	12.36	19.69	12.36	0.39	25.10	3.09		1.16	8.11

附表3.5.2 最喜欢的文娱活动（二）

年龄	合计	跳巴山舞	跳摆手舞	扭花鼓打十字鼓	舞狮子舞龙灯	划龙舟	杂技花灯等	打牌打麻将	下棋	看电影	看电视	看书报	听广播	上网	唱卡拉OK	赶庙会	参加地方文化节	其他
18岁以下	15									3	1	3		5	1			2
占比（%）	100.00									20.00	6.67	20.00		33.33	6.67			13.33
18~50岁	229	2	1	1	1	3		8	13	25	50	29		36	14		5	41
占比（%）	100.00	0.87	0.44	0.44	0.44	1.31		3.49	5.68	10.92	21.83	12.66		15.72	6.11		2.18	17.90
51岁以上	15								2	1	2			2				8
占比（%）	100.00								13.33	6.67	13.33			13.33				53.33
合计	259	2	1	1	1	3	0	8	15	29	53	32	0	43	15	0	5	51
占比（%）	100.00	0.77	0.39	0.39	0.39	1.16		3.09	5.79	11.20	20.46	12.36		16.60	5.79		1.93	19.69

附录

附表3.5.3 最喜欢的文娱活动（三）

年龄	合计	跳巴山舞	跳摆手舞	扭花鼓打十字鼓	舞狮子舞龙灯	划龙舟	杂技花灯等	打牌打麻将	下棋	看电影	看电视	看书报	听广播	上网	唱卡拉OK	赶庙会	参加地方文化节	其他
18岁以下	15								1	1	6	1		3	1			2
占比（%）	100.00								6.67	6.67	40.00	6.67		20.00	6.67			13.33
18~50岁	229	1	2	1	1	1	1	13	10	22	29	53	5	18	14	1	6	51
占比（%）	100.00	0.44	0.87	0.44	0.44	0.44	0.44	5.68	4.37	9.61	12.66	23.14	2.18	7.86	6.11	0.44	2.62	22.27
51岁以上	15							1			1	1	1					11
占比（%）	100.00							6.67			6.67	6.67	6.67					73.33
合计	259	1	2	1	1	1	1	14	11	23	36	55	6	21	15	1	6	64
占比（%）	100.00	0.39	0.77	0.39	0.39	0.39	0.39	5.41	4.25	8.88	13.90	21.24	2.32	8.11	5.79	0.39	2.32	24.71

附表3.5.4 最喜欢的文娱活动（四）

年龄	合计	跳巴山舞	跳摆手舞	扭花鼓打十字鼓	舞狮子舞龙灯	划龙舟	杂技花灯等	打牌打麻将	下棋	看电影	看电视	看书报	听广播	上网	唱卡拉OK	赶庙会	参加地方文化节	其他
18岁以下	15		2						2	3			1		2			5
占比（%）	100.00		13.33						13.33	20.00			6.67		13.33			33.33
18~50岁	229	5	1	3	1	2	5	17	18	11	21	24	6	22	16		7	70
占比（%）	100.00	2.18	0.44	1.31	0.44	0.87	2.18	7.42	7.86	4.80	9.17	10.48	2.62	9.61	6.99		3.06	30.57
51岁以上	15			1					1		3							10
占比（%）	100.00			6.67					6.67		20.00							66.67
合计	259	5	3	4	1	2	5	17	21	14	24	24	7	22	18	0	7	85
占比（%）	100.00	1.93	1.16	1.54	0.39	0.77	1.93	6.56	8.11	5.41	9.27	9.27	2.70	8.49	6.95	0.00	2.70	32.82

附表3.5.5 最喜欢的文娱活动（五）

年龄	合计	跳巴山舞	跳摆手舞	扭秧歌打十字鼓	舞狮子舞龙灯	划龙舟	杂技花灯等	打牌打麻将	下棋	看电影	看电视	看书报	听广播	上网	唱卡拉OK	赶庙会	参加地方文化节	其他
18岁以下	15	1						1	3		2		1	1	1		1	4
占比（%）	100.00	6.67						6.67	20.00		13.33		6.67	6.67	6.67		6.67	26.67
18~50岁	229	5	4		2	3		15	20	8	13	5	5	9	29		27	84
占比（%）	100.00	2.18	1.75		0.87	1.31		6.55	8.73	3.49	5.68	2.18	2.18	3.93	12.66		11.79	36.68
51岁以上	15								1	1		1						12
占比（%）	100.00								6.67	6.67		6.67						80.00
合计	259	6	4	0	2	3	0	16	24	9	15	6	6	10	30	0	28	100
占比（%）	100.00	2.32	1.54	0.00	0.77	1.16		6.18	9.27	3.47	5.79	2.32	2.32	3.86	11.58		10.81	38.61

附表3.6.1 从事最多的文娱活动（一）

年龄	合计	跳巴山舞	跳摆手舞	扭秧歌打十字鼓	舞狮子舞龙灯	划龙舟	杂技花灯等	打牌打麻将	下棋	看电影	看电视	看书报	听广播	上网	唱卡拉OK	赶庙会	参加地方文化节	其他
18岁以下	15		1							4	2	1		4				3
占比（%）	100.00		6.67							26.67	13.33	6.67		26.67				20.00
18~50岁	229	4	0	1	1	2	2	12	2	10	43	25	3	55	3	2	11	53
占比（%）	100.00	1.75		0.44	0.44	0.87	0.87	5.24	0.87	4.37	18.78	10.92	1.31	24.02	1.31	0.87	4.80	23.14
51岁以上	15							2	1	1	2	1						8
占比（%）	100.00							13.33	6.67	6.67	13.33	6.67						53.33
合计	259	4	1	1	1	2	2	14	3	15	47	27	3	59	3	2	11	64
占比（%）	100.00	1.54	0.39	0.39	0.39	0.77	0.77	5.41	1.16	5.79	18.15	10.42	1.16	22.78	1.16	0.77	4.25	24.71

附表3.6.2 从事最多的文娱活动（二）

年龄	合计	跳巴山舞	跳摆手舞	扭花鼓打十字鼓	舞狮子舞龙灯	划龙舟	杂技花灯等	打牌打麻将	下棋	看电影	看电视	看书报	听广播	上网	唱卡拉OK	赶庙会	参加地方文化节	其他
18岁以下	15							1	1	1	2	3		1	1		2	4
占比（%）	100.00							6.67	6.67	6.67	13.33	6.67		6.67	6.67		13.33	26.67
18~50岁	229	1	2	2	2		1	10	5	12	43	31	4	33	8		2	75
占比（%）	100.00	0.44	0.87	0.87	0.87		0.44	4.37	2.18	5.24	18.78	13.54	1.75	14.41	3.49		0.87	32.75
51岁以上	15							1				1		3				10
占比（%）	100.00							6.67				6.67		6.67				66.67
合计	259	1	2	2	2	0	1	12	5	13	45	35	4	37	9	0	4	89
占比（%）	100.00	0.39	0.77	0.77	0.77		0.39	4.63	1.93	5.02	17.37	13.51	1.54	14.29	3.47		1.54	34.36

附表3.6.3 从事最多的文娱活动（三）

年龄	合计	跳巴山舞	跳摆手舞	扭花鼓打十字鼓	舞狮子舞龙灯	划龙舟	杂技花灯等	打牌打麻将	下棋	看电影	看电视	看书报	听广播	上网	唱卡拉OK	赶庙会	参加地方文化节	其他
18岁以下	15								1	4	1	2	1	1	1			4
占比（%）	100.00								6.67	26.67	6.67	13.33	6.67	6.67	6.67			26.67
18~50岁	229	3	2	2	2		1	13	7	21	26	32	6	23	6		3	84
占比（%）	100.00	1.31	0.87	0.87	0.87		0.44	5.68	3.06	9.17	11.35	13.97	2.62	10.04	2.62		1.31	36.68
51岁以上	15							1	1		3		1					10
占比（%）	100.00							6.67	6.67		20.00		6.67					66.67
合计	259	3	2	2	0	0	1	13	9	25	30	34	8	24	7		3	98
占比（%）	100.00	1.16	0.77	0.77			0.39	5.02	3.47	9.65	11.58	13.13	3.09	9.27	2.70		1.16	37.84

附表3.6.4　从事最多的文娱活动（四）

年龄	合计	跳巴山舞	跳摆手舞	扭花鼓打十字鼓	舞狮子舞龙灯	划龙舟	杂技花灯等	打牌打麻将	下棋	看电影	看电视	看书报	听广播	上网	唱卡拉OK	赶庙会	参加地方文化节	其他
18岁以下	15		1	1							3	1			2		1	6
占比（%）	100.00		6.67	6.67							20.00	6.67			13.33		6.67	40.00
18～50岁	229	3	3			1		16	10	13	15	14	3	18	15		6	112
占比（%）	100.00	1.31	1.31			0.44		6.99	4.37	5.68	6.55	6.11	1.31	7.86	6.55		2.62	48.91
51岁以上	15								1	1		3						10
占比（%）	100.00								6.67	6.67		20.00						66.67
合计	259	3	4	1	0	1	0	16	11	14	18	18	3	18	17	0	7	128
占比（%）	100.00	1.16	1.54	0.39		0.39		6.18	4.25	5.41	6.95	6.95	1.16	6.95	6.56		2.70	49.42

附表3.6.5　从事最多的文娱活动（五）

年龄	合计	跳巴山舞	跳摆手舞	扭花鼓打十字鼓	舞狮子舞龙灯	划龙舟	杂技花灯等	打牌打麻将	下棋	看电影	看电视	看书报	听广播	上网	唱卡拉OK	赶庙会	参加地方文化节	其他
18岁以下	15								5		1		1	1	1			7
占比（%）	100.00								33.33		6.67		6.67	6.67	6.67			46.67
18～50岁	229	5				3	1	14	20	8	6	11	3	4	19		14	121
占比（%）	100.00	2.18				1.31	0.44	6.11	8.73	3.49	2.62	4.80	1.31	1.75	8.30		6.11	52.84
51岁以上	15							1		1	1					0		12
占比（%）	100.00							6.67		6.67	6.67							80.00
合计	259	5			0	3	1	15	25	9	7	11	4	5	20	0	14	140
占比（%）	100.00	1.93				1.16	0.39	5.79	9.65	3.47	2.70	4.25	1.54	1.93	7.72		5.41	54.05

附表3.7 看电视时间（小时/每天）、电视作用（多选）

年龄	合计（小时）	1	2	3	4	5	6	7	8	9	10	11	12以上	合计（人次）	休闲娱乐	了解社会	不可缺少	可有可无	影响工学
18岁以下	15	8	1	1	4	1								18	2	12	3	1	0
占比（%）	100.00	53.33	6.67	6.67	26.67	6.67								100.00	11.11	1.49	16.67	5.56	
18~50岁	229	33	70	70	30	14		2	4		3		3	359	101	173	77	5	3
占比（%）	100.00	14.41	30.57	30.57	13.10	6.11	0.00	0.87	1.75		1.31		1.31	100.00	28.13	48.19	21.45	1.39	0.84
51岁以上	15		1	3	6	3	1		1					22	4	11	7	0	0
占比（%）	100.00		6.67	20.00	40.00	20.00	6.67		6.67					100.00	18.18	50.00	31.82		
合计	259	41	72	74	40	18	1	2	5	0	3	0	3	399	107	196	87	6	3
占比（%）	100.00	15.83	27.80	28.57	15.44	6.95	0.39	0.77	1.93		1.16		1.16	100.00	26.82	49.12	21.80	1.50	0.75

附表3.8.1 上网时间（小时/每周）

年龄	合计（小时）	1	2	3	4	5	6	7	8	9	10	11	12~20	21~30	31~40	41~50	51~60	61~70	零小时或未选
18岁以下	15	2	5		1						1	0	4	1					1
占比（%）	100.0	13.33	33.33		6.67						6.67		26.67	6.67					6.67
18~50岁	229	16	41	14	9	12	8	4	11	2	15	0	31	19	7	5	2	1	32
占比（%）	100.0	6.99	17.90	6.11	3.93	5.24	3.49	1.75	4.80	0.87	6.55		13.54	8.30	3.06	2.18	0.87	0.44	13.97
51岁以上	15		3			2					1		2	1					6
占比（%）	100.0		20.00			13.33					6.67		13.33	6.67					40.00
合计	259	18	49	14	10	14	8	4	11	2	17	0	37	21	7	5	2	1	39
占比（%）	100.0	6.95	18.92	5.41	3.86	5.41	3.09	1.54	4.25	0.77	6.56		14.29	8.11	2.70	1.93	0.77	0.39	15.06

附表3.8.2 上网目的（多选）

年 龄	合计（人次）	交友聊天	工学需要	娱乐休闲	上网时髦
18岁以下	17	6	6	5	
占比（%）	100.00	35.29	35.29	29.41	
18～50岁	322	56	143	111	12
占比（%）	100.00	17.39	44.41	34.47	3.73
51岁以上	23	2	10	11	
占比（%）	100.00	8.70	43.48	47.83	
合计	362	64	159	127	12
占比（%）	100.00	17.68	43.92	35.08	3.31

附表3.9 婚礼、丧礼、端午节所举行的传统仪式变化状况分析表

调查年份	合计	婚礼哭嫁			丧礼跳丧			端午龙舟		
		一样	改变	不举行	一样	改变	不举行	一样	改变	不举行
18岁以下	15	1	5	9	3	3	9	12	1	2
占比（%）	100.00	6.67	33.33	60.00	20.00	20.00	60.00	80.00	6.67	13.33
18～50岁	229	18	51	160	42	62	125	149	72	8
占比（%）	100.00	7.86	22.27	69.87	18.34	27.07	54.59	65.07	31.44	3.49
51岁以上	15	4		11	7		8	13	2	
占比（%）	100.00	26.67		73.33	46.67		53.33	86.67	13.33	
合计	259	23	56	180	52	65	142	174	75	10
占比（%）	100.00	8.88	21.62	69.50	20.08	25.10	54.83	67.18	28.96	3.86

附表3.10 近三年参加过的文化活动（多选）

年 龄	合计	听人讲故事	自己讲故事	听人讲笑话	自己讲笑话	听人唱山歌	自己唱山歌	看人演皮影	自己演皮影	看人划龙舟	自己参加划	听人讲相声	自己讲相声	看人演戏	自己唱戏	猜谜语	其他
18岁以下	15	10	3	11	5	10	2	2		2	9		13	3	9		
占比（%）	100.00	66.67	20.00	73.33	33.33	66.67	13.33	13.33		13.33	60.00	0.00	86.67	20.00	60.00		
18～50岁	229	138	61	153	83	119	42	30	2	191	17	81	9	157	15	71	13
占比（%）	100.00	60.26	26.64	66.81	36.24	51.97	18.34	13.10	0.87	83.41	7.42	35.37	3.93	68.56	6.55	31.00	5.68
51岁以上	15	8	1	9	4	5	3	2			5		9	1	4	2	
占比（%）	100.00	53.33	6.67	60.00	26.67	33.33	20.00	13.33			33.33		60.00	6.67	26.67	13.33	
合计	259	156	65	173	92	134	47	34	2	191	19	95	9	179	19	84	15
占比（%）	100.00	60.23	25.10	66.80	35.52	51.74	18.15	13.13	0.77	73.75	7.34	36.68	3.47	69.11	7.34	32.43	5.79

附表3.11.1 最喜欢的文娱活动（一）

年龄	合计	听人讲故事	自己讲故事	听人讲笑话	自己讲笑话	听人唱山歌	自己唱山歌	看人演皮影	自己演皮影	看人划龙舟	自己参加划	听人讲相声	自己讲相声	看人演戏	自己唱戏	猜谜语	其他
18岁以下	15	7	1	4	1					2							
占比（%）	100.00	46.67	6.67	26.67	6.67					13.33							
18~50岁	229	57	4	36	4	22	1			24	3	16	2	27	1	3	29
占比（%）	100.00	24.89	1.75	15.72	1.75	9.61	0.44			10.48	1.31	6.99	0.87	11.79	0.44	1.31	12.66
51岁以上	15	4		2		2								1			6
占比（%）	100.00	26.67		13.33		13.33								6.67			40.00
合计	259	68	5	42	5	24	1			26	3	16	2	28	1	3	35
占比（%）	100.00	26.25	1.93	16.22	1.93	9.27	0.39			10.04	1.16	6.18	0.77	10.81	0.39	1.16	13.51

附表3.11.2 最喜欢的文娱活动（二）

年龄	合计	听人讲故事	自己讲故事	听人讲笑话	自己讲笑话	听人唱山歌	自己唱山歌	看人演皮影	自己演皮影	看人划龙舟	自己参加划	听人讲相声	自己讲相声	看人演戏	自己唱戏	猜谜语	其他
18岁以下	15	1		5	1	1						1		5	1		
占比（%）	100.00	6.67		33.33	6.67	6.67						6.67		33.33	6.67		
28~50岁	229	15	8	52	7	16	5	6		24	1	10	2	20	3	2	58
占比（%）	100.00	6.55	3.49	22.71	3.06	6.99	2.18	2.62		10.48	0.44	4.37	0.87	8.73	1.31	0.87	25.33
51岁以上	15	2		3	1					1		2					6
占比（%）	100.00	13.33		20.00	6.67					6.67		13.33					40.00
合计	259	18	8	60	9	17	5	6	0	25	1	13	2	25	4	2	64
占比（%）	100.00	6.95	3.09	23.17	3.47	6.56	1.93	2.32		9.65	0.39	5.02	0.77	9.65	1.54	0.77	24.71

附表3.11.3 最喜欢的文娱活动（三）

年龄	合计	听人讲故事	自己讲故事	听人讲笑话	自己讲笑话	听人唱山歌	自己唱山歌	看人演皮影	自己演皮影	看人划龙舟	自己参加划	听人讲相声	自己讲相声	看人演戏	自己唱戏	猜谜语	其他
18岁以下	15			1		2	1			2		2		4		1	2
占比（%）	100.00			6.67		13.33	6.67			13.33		13.33		26.67		6.67	13.33
18~50岁	229	13	6	20	14	22	6	5		23	1	14	3	26	3	5	68
占比（%）	100.00	5.68	2.62	8.73	6.11	9.61	2.62	2.18		10.04	0.44	6.11	1.31	11.35	1.31	2.18	29.69
51岁以上	15					1	1	2		1		2				1	7
占比（%）	100.00					6.67	6.67	13.33		6.67		13.33				6.67	46.67
合计	259	13	6	21	14	24	8	6	0	27	1	17	3	32	3	7	77
占比（%）	100.00	5.02	2.32	8.11	5.41	9.27	3.09	2.32		10.42	0.39	6.56	1.16	12.36	1.16	2.70	29.73

附表3.11.4　最喜欢的文娱活动（四）

年龄	合计	听人讲故事	自己讲故事	听人讲笑话	自己讲笑话	听人唱山歌	自己唱山歌	看人演皮影	自己演皮影	看人划龙舟	自己参加划	听人讲相声	自己讲相声	看人演戏	自己唱戏	猜谜语	其他
18岁以下	15	1				1	1		1		2		1	1	3	4
占比（%）	100.00	6.67				6.67	6.67		6.67		13.33		6.67	6.67	20.00	26.67
18~50岁	229	9	5	19	11	12	4	9	1	27	3	9	3	21	1	13	82
占比（%）	100.00	3.93	2.18	8.30	4.80	5.24	1.75	3.93	0.44	11.79	1.31	3.93	1.31	9.17	0.44	5.68	35.81
51岁以上	15			1						1		1		4			8
占比（%）	100.00			6.67						6.67		6.67		26.67			53.33
合计	259	10	5	20	11	12	5	10	1	29	3	12	3	26	2	16	94
占比（%）	100.00	3.86	1.93	7.72	4.25	4.63	1.93	3.86	0.39	11.20	1.16	4.63	1.16	10.04	0.77	6.18	36.29

附表3.11.5　最喜欢的文娱活动（五）

年龄	合计	听人讲故事	自己讲故事	听人讲笑话	自己讲笑话	听人唱山歌	自己唱山歌	看人演皮影	自己演皮影	看人划龙舟	自己参加划	听人讲相声	自己讲相声	看人演戏	自己唱戏	猜谜语	其他
18岁以下	15	3		1						1	1	1		1		3	4
占比（%）	100.00	20.00		6.67						6.67	6.67	6.67		6.67		20.00	26.67
18~50岁	229	17	8	4	6	14	2	2	1	20	3	3		25	4	22	98
占比（%）	100.00	7.42	3.49	1.75	2.62	6.11	0.87	0.87	0.44	8.73	1.31	1.31		10.92	1.75	9.61	42.79
51岁以上	15	1				1						1		1		1	10
占比（%）	100.00	6.67				6.67						6.67		6.67		6.67	66.67
合计	259	21	8	5	6	14	3	2	1	21	4	5	0	27	4	26	112
占比（%）	100.00	8.11	3.09	1.93	2.32	5.41	1.16	0.77	0.39	8.11	1.54	1.93		10.42	1.54	10.04	43.24

附表3.12.1　参与最多的文娱活动（一）

年龄	合计	听人讲故事	自己讲故事	听人讲笑话	自己讲笑话	听人唱山歌	自己唱山歌	看人演皮影	自己演皮影	看人划龙舟	自己参加划	听人讲相声	自己讲相声	看人演戏	自己唱戏	猜谜语	其他
18岁以下	15	3	2	2	1		1		1		2		1				2
占比（%）	100.00	20.00	13.33	13.33	6.67		6.67		6.67		13.33		6.67				13.33
18~50岁	229	35	6	26	6	14	7			11		8		30	4	1	81
占比（%）	100.00	15.28	2.62	11.35	2.62	6.11	3.06			4.80		3.49		13.10	1.75	0.44	35.37
51岁以上	15	3		3		1								1			7
占比（%）	100.00	20.00		20.00		6.67								6.67			46.67
合计	259	41	8	31	7	15	7	1	0	12	0	10	0	32	4	1	90
占比（%）	100.00	15.83	3.09	11.97	2.70	5.79	2.70	0.39		4.63		3.86		12.36	1.54	0.39	34.75

附表3.12.2 参与最多的文娱活动（二）

年龄	合计	听人讲故事	自己讲故事	听人讲笑话	自己讲笑话	听人唱山歌	自己唱山歌	看人演皮影	自己演皮影	看人划龙舟	自己参加划	听人讲相声	自己讲相声	看人演戏	自己唱戏	猜谜语	其他
18岁以下	15			2	1	3				1				1	1	1	5
占比（%）	100.00			13.33	6.67	20.00				6.67				6.67	6.67	6.67	33.33
18~50岁	229	17	3	25	16	15	5	6		10		6		17	1	3	105
占比（%）	100.00	7.42	1.31	10.92	6.99	6.55	2.18	2.62		4.37		2.62		7.42	0.44	1.31	45.85
51岁以上	15	1		2	1	1				2		1					7
占比（%）	100.00	6.67		13.33	6.67	6.67				13.33		6.67					33.33
合计	259	18	3	29	18	19	5	6	0	13	0	7	0	18	2	4	117
占比（%）	100.00	6.95	1.16	11.20	6.95	7.34	1.93	2.32		5.02		2.70		6.95	0.77	1.54	45.17

附表3.12.3 参与最多的文娱活动（三）

年龄	合计	听人讲故事	自己讲故事	听人讲笑话	自己讲笑话	听人唱山歌	自己唱山歌	看人演皮影	自己演皮影	看人划龙舟	自己参加划	听人讲相声	自己讲相声	看人演戏	自己唱戏	猜谜语	其他
18岁以下	15			1	1	1	1					3		1			7
占比（%）	100.00			6.67	6.67	6.67	6.67					20.00		6.67			46.67
18~50岁	229	18	10	4	6	8	9	2		13	1	7		14	1	5	131
占比（%）	100.00	7.86	4.37	1.75	2.62	3.49	3.93	0.87		5.68	0.44	3.06		6.11	0.44	2.18	57.21
51岁以上	15	1				2	1			1				1	1	1	7
占比（%）	100.00	6.67				13.33	6.67			6.67				6.67	6.67	6.67	46.67
合计	259	19	10	5	7	11	11	2	0	14	1	10	0	16	2	6	145
占比（%）	100.00	7.34	3.86	1.93	2.70	4.25	4.25	0.77		5.41	0.39	3.86		6.18	0.77	2.32	55.98

附表3.12.4 参与最多的文娱活动（四）

年龄	合计	听人讲故事	自己讲故事	听人讲笑话	自己讲笑话	听人唱山歌	自己唱山歌	看人演皮影	自己演皮影	看人划龙舟	自己参加划	听人讲相声	自己讲相声	看人演戏	自己唱戏	猜谜语	其他
18岁以下	15			1										2	1	3	8
占比（%）	100.00			6.67										13.33	6.67	20.00	53.33
18~50岁	229	5	7	14	10	8	4	3	1	15	2	4	1	8	1	14	132
占比（%）	100.00	2.18	3.06	6.11	4.37	3.49	1.75	1.31	0.44	6.55	0.87	1.75	0.44	3.49	0.44	6.11	57.64
51岁以上	15			1	2							3		1			8
占比（%）	100.00			6.67	13.33							20.00		6.67			53.33
合计	259	5	7	16	12	8	4	3	1	15	2	7	1	11	2	17	148
占比（%）	100.00	1.93	2.70	6.18	4.63	3.09	1.54	1.16	0.39	5.79	0.77	2.70	0.39	4.25	0.77	6.56	57.14

附表3.12.5 参与最多的文娱活动（五）

年龄	合计	听人讲故事	自己讲故事	听人讲笑话	自己讲笑话	听人唱山歌	自己唱山歌	看人演皮影	自己演皮影	看人划龙舟	自己参加划	听人讲相声	自己讲相声	看人演戏	自己唱戏	猜谜语	其他
18岁以下	15	1		1	1					1	1			1		1	8
占比（%）	100.00	6.67		6.67	6.67					6.67	6.67			6.67		6.67	53.33
18~50岁	229	14	3	4	4	10	8			14	5	5	1	13	1	8	139
占比（%）	100.00	6.11	1.31	1.75	1.75	4.37	3.49			6.11	2.18	2.18	0.44	5.68	0.44	3.49	60.70
51岁以上	15	3			1					1	1		1	1		1	8
占比（%）	100.00	20.00			6.67					6.67	6.67			6.67		6.67	53.33
合计	259	18	3	5	6	10	8		0	16	6	5	1	15	1	10	155
占比（%）	100.00	6.95	1.16	1.93	2.32	3.86	3.09		0	6.18	2.32	1.93	0.39	5.79	0.39	3.86	59.85

附表3.13 文艺作品了解状况分析表（多选）

年龄	合计	盘古	女娲	梁祝	牛郎	白蛇	孟姜	巧妇	呆婿	兄弟	蛇郎	虎婆	红楼	阿Q	格林	千夜	潜伏	关东	亮剑	赤壁	建国
18岁以下	15	9	15	15	15	15	11	1	1	1	1	2	15	9	14	9	9	11	12	14	8
占比（%）	100.00	60.00	100.0	100.0	100.0	100.0	73.33	6.67	6.67	6.67	6.67	13.33	100.0	60.00	93.33	60.00	60.00	73.33	80.00	93.33	53.33
18~50岁	229	144	139	206	203	210	175	32	20	35	13	54	199	136	109	117	189	182	201	179	162
占比（%）	100.00	62.88	60.70	89.96	88.65	91.70	76.42	13.97	8.73	15.28	5.68	23.58	86.90	59.39	47.60	51.09	82.53	79.48	87.77	78.17	70.74
51岁以上	15	6	7	12	10	12	8	3	1	1	1	2	13	9	4	7	10	11	9	11	9
占比（%）	100.00	40.00	46.67	80.00	66.67	80.00	53.33	20.00	6.67	13.33	6.67	13.33	86.67	60.00	26.67	46.67	66.67	73.33	60.00	73.33	60.00
合计	259	159	161	233	228	237	194	36	22	38	15	58	227	154	127	133	208	204	222	204	179
占比（%）	100.00	61.39	62.16	89.96	88.03	91.51	74.90	13.90	8.49	14.67	5.79	22.39	87.64	59.46	49.03	51.35	80.31	78.76	85.71	78.76	69.11

附表3.14.1 传统文化了解状况分析表

年龄	合计	撒叶儿嗬				哭嫁				端午节				西兰卡普			
		很了解	听说过	不知道	未选	很了解	听说过	不知道	未选	很了解	听说过	不知道	未选	很了解	听说过	不知道	未选
18岁以下	15	3	2	6	4	3	7	1	4	12	2	0	1	1	2	5	7
占比（%）	100.00	20.00	13.33	40.00	26.67	20.00	46.67	6.67	26.67	80.00	13.33	0.00	6.67	6.67	13.33	33.33	46.67
18～50岁	229	27	64	77	61	55	112	24	38	191	27	1	10	8	32	112	77
占比（%）	100.00	11.79	27.95	33.62	26.64	24.02	48.91	10.48	16.59	83.41	11.79	0.44	4.37	3.49	13.97	48.91	33.62
51岁以上	15	2	1	5	7	5	6	1	3	11		1	3		5	3	7
占比（%）	100.00	13.33	6.67	33.33	46.67	33.33	40.00	6.67	20.00	73.33		6.67	20.00		33.33	20.00	46.67
合计	259	32	67	88	72	63	125	26	45	214	29	2	14	9	39	120	91
占比（%）	100.00	12.36	25.87	33.98	27.80	24.32	48.26	10.04	17.37	82.63	11.20	0.77	5.41	3.47	15.06	46.33	35.14

附表3.14.2 传统文化了解状况分析表

年龄	合计	吊脚楼				屈原传说				昭君传说				寇准传说			
		很了解	听说过	不知道	未选	很了解	听说过	不知道	未选	很了解	听说过	不知道	未选	很了解	听说过	不知道	未选
18岁以下	15	4	6	1	4	11	3		1	10	4		1	2	4	4	5
占比（%）	100.00	26.67	40.00	6.67	26.67	73.33	20.00		6.67	66.67	26.67		6.67	13.33	26.67	26.67	33.33
18～50岁	229	28	102	39	60	176	45	2	6	153	60	2	14	13	79	71	66
占比（%）	100.00	12.23	44.54	17.03	26.20	76.86	19.65	0.87	2.62	66.81	26.20	0.87	6.11	5.68	34.50	31.00	28.82
51岁以上	15	5	4	1	5	9	4	1	1	9	4	1	1	6	4	3	2
占比（%）	100.00	33.33	26.67	6.67	33.33	60.00	26.67	6.67	6.67	60.00	26.67	6.67	6.67	40.00	26.67	20.00	13.33
合计	259	37	112	41	69	196	52	3	8	172	68	3	16	21	87	78	73
占比（%）	100.00	14.29	43.24	15.83	26.64	75.68	20.08	1.16	3.09	66.41	26.25	1.16	6.18	8.11	33.59	30.12	28.19

附表3.15　传统文化态度、获得文化信息途径（多选）

年龄	合计	很感兴趣	未主动	无兴趣	途径（合计）	长辈	旁听	书籍	学校	广播	电视	网络	自编
18岁以下	15	7	8	0	15	12	10	11	7	5	13	14	
占比（%）	100.00	46.67	53.33		100.00	80.00	66.67	73.33	46.67	33.33	86.67	93.33	
18~50岁	229	92	126	11	229	151	127	187	74	75	191	168	4
占比（%）	100.00	40.17	55.02	4.80	100.00	65.94	55.46	81.66	32.31	32.75	83.41	73.36	1.75
51岁以上	15	7	4	4	15	11	11	12	4	6	13	7	1
占比（%）	100.00	46.67	26.67	26.67	100.00	73.33	73.33	80.00	26.67	40.00	86.67	46.67	6.67
合计	259	106	138	15	259	174	148	210	85	86	217	189	5
占比（%）	100.00	40.93	53.28	5.79	100.00	67.18	57.14	81.08	32.82	33.20	83.78	72.97	1.93

附表3.16.1　最重要的四个信息来源（一）

年龄	合计	长辈讲述	旁听	书籍	学校	广播	电视	网络	自编	未选
18岁以下	15	5		2	2		1	5		
占比（%）	100.00	33.33		13.33	13.33		6.67	33.33		
18~50岁	229	46	11	46	13	1	32	61		19
占比（%）	100.00	20.09	4.80	20.09	5.68	0.44	13.97	26.64		8.30
51岁以上	15	3	1	3			2	3		3
占比（%）	100.00	20.00	6.67	20.00			13.33	20.00		20.00
合计	259	54	12	51	15	1	35	69	0	22
占比（%）	100.00	20.85	4.63	19.69	5.79	0.39	13.51	26.64		8.49

附表3.16.2　最重要的四个信息来源（二）

年龄	合计	长辈讲述	旁听	书籍	学校	广播	电视	网络	自编	未选
18岁以下	15		1	5	1		3	4		1
占比（%）	100.00		6.67	33.33	6.67		20.00	26.67		6.67
18~50岁	229	6	19	65	13	15	46	35		30
占比（%）	100.00	2.62	8.30	28.38	5.68	6.55	20.09	15.28	0.00	13.10
51岁以上	15		2	3	1		5	1		3
占比（%）	100.00		13.33	20.00	6.67		33.33	6.67		20.00
合计	259	6	22	73	15	15	54	40	0	34
占比（%）	100.00	2.32	8.49	28.19	5.79	5.79	20.85	15.44		13.13

附表3.16.3　最重要的四个信息来源（三）

年龄	合计	长辈讲述	旁听	书籍	学校	广播	电视	网络	自编	未选
18岁以下	15	1	2	1	2		3	4		2
占比（%）	100.00	6.67	13.33	6.67	13.33		20.00	26.67		13.33
18~50岁	229	18	16	47	10	19	51	33		35
占比（%）	100.00	7.86	6.99	20.52	4.37	8.30	22.27	14.41	0.00	15.28
51岁以上	15	2		5	1	1	1		1	4
占比（%）	100.00	13.33		33.33	6.67	6.67	6.67		6.67	26.67
合计	259	21	18	53	13	20	55	37	1	41
占比（%）	100.00	8.11	6.95	20.46	5.02	7.72	21.24	14.29	0.39	15.83

附表3.16.4 最重要的四个信息来源（四）

年龄	合计	旁听	长辈讲述	书籍	学校	广播	电视	网络	自编	未选
18岁以下	15	1	2	4			5			3
占比（%）	100.00	6.67	13.33	26.67			33.33			20.00
18~50岁	229	37	26	21	18	11	35	31		50
占比（%）	100.00	16.16	11.35	9.17	7.86	4.80	15.28	13.54	0.00	21.83
51岁以上	15	1	2			1	4			7
占比（%）	100.00	6.67	13.33			6.67	26.67		0	46.67
合计	259	39	30	25	18	12	44	31	0	60
占比（%）	100.00	15.06	11.58	9.65	6.95	4.63	16.99	11.97		23.17

附表3.17 最喜欢的节日（多选）

年龄	合计	汉族传统节日	少数民族节日	国家纪念	西方节日
18岁以下	15	9	1	5	5
占比（%）	100.00	60.00	6.67	33.33	33.33
18~50岁	229	184	9	94	29
占比（%）	100.00	80.35	3.93	41.05	12.66
51岁以上	15	12	2	11	0
占比（%）	100.00	80.00	13.33	73.33	0
合计	259	205	12	110	34
占比（%）	100.00	79.15	4.63	42.47	13.13

附表3.18.1 汉族传统节日、国家纪念日

年龄	合计	团聚	过节气氛浓	联络情感	传统节日	继承发扬	喜庆	有假期	纪念屈原	参与	热闹开心	放松身心	具地方特色	出游	有意义	爱国体现	思想创新	汉族人	祖国生日	增加收入
18岁以下	15	3										2	1	1		1				2	1
占比(%)	100.00	20.00										13.33	6.67	6.67		6.67				13.33	6.67
18～50岁	229	60	14	16	11	2	6	19	6	3	26	11	14	8	21	5	1	1	2	1
占比(%)	100.00	26.20	6.11	6.99	4.80	0.87	2.62	8.30	2.62	1.31	11.35	4.80	6.11	3.49	9.17	2.18	0.44	0.44	0.87	0.44
51岁以上	15		1	1	2	1								2	1	1					
占比(%)	100.00		6.67	6.67	13.33	6.67								13.33	6.67	6.67					
合计	259	63	15	17	13	3	6	19	6	3	28	12	15	10	22	6	1	1	4	2
占比(%)	100.00	24.32	5.79	6.56	5.02	1.16	2.32	7.34	2.32	1.16	10.81	4.63	5.79	3.86	8.49	2.32	0.39	0.39	1.54	0.77

附表3.18.2 少数民族传统节日、西方节日

年龄	合计	体现传统文化	民族特色	有意义	浪漫	快乐开心	与外交流	开放	符合自己（性格、年龄）
18岁以下	15		1				1		1
占比(%)	100.00		6.67				6.67		6.67
18～50岁	229	3	1		1	3	1	1	1
占比(%)	100.00	1.31	0.44		0.44	1.31	0.44	0.44	0.44
51岁以上	15			1					
占比(%)	100.00			6.67					
合计	259	3	2	1	1	3	2	1	2
占比(%)	100.00	1.16	0.77	0.39	0.39	1.16	0.77	0.39	0.77

附表3.19 文化设施状况表

年 龄	合计	活动室	电影院	录像厅	电视台	广播	网吧	寺庙	教堂
18岁以下	15	12	14	8	13	9	14	2	3
占比（%）	100.00	80.00	93.33	53.33	86.67	60.00	93.33	13.33	20.00
18~50岁	229	172	188	60	198	119	185	40	18
占比（%）	100.00	75.11	82.10	26.20	86.46	51.97	80.79	17.47	7.86
51岁以上	15	6	10	3	12	10	11	2	
占比（%）	100.00	40.00	66.67	20.00	80.00	66.67	73.33	13.33	
合计	259	190	212	71	223	138	210	44	21
占比（%）	100.00	73.36	81.85	27.41	86.10	53.28	81.08	16.99	8.11

附表3.20.1 电器状况分析表

年龄	合计	收音机					电视机					VCD				
		无	1	2	2以上	未选	无	1	2	2以上	未选	无	1	2	2以上	未选
18岁以下	15	6	4			5		13	2			4	10	1		
占比（%）	100.00	40.00	26.67			33.33		86.67	13.33			26.67	66.67	6.67		
18~50岁	229	91	50	4	2	82	12	134	60	9	14	17	160	22	3	27
占比（%）	100.00	39.74	21.83	1.75	0.87	35.81	5.24	58.52	26.20	3.93	6.11	7.42	69.87	9.61	1.31	11.79
51岁以上	15	1	8	2		4		6	9			1	10	2		2
占比（%）	100.00	6.67	53.33	13.33		26.67		40.00	60.00			6.67	66.67	13.33		13.33
合计	259	98	62	6	2	91	12	153	71	9	14	22	180	25	3	29
占比（%）	100.00	37.84	23.94	2.32	0.77	35.14	4.63	59.07	27.41	3.47	5.41	8.49	69.50	9.65	1.16	11.20

附表3.20.2

年龄	合计	电脑 无	电脑 1	电脑 2	电脑 2以上	电脑 未选	手机 无	手机 1	手机 2	手机 2以上	手机 未选	照相机 无	照相机 1	照相机 2	照相机 2以上	照相机 未选	摄像机 无	摄像机 1	摄像机 2	摄像机 2以上	摄像机 未选
18岁以下	15	6	6	4		2	7	7	3	5	2	7	4			4	9	1			5
占比（%）	100.00	40.00	40.00	26.67		13.33	46.67	46.67	20.00	33.33	13.33	46.67	26.67			26.67	60.00	6.67			
18～50岁	229	38	126	24	2	39	12	42	68	94	13	57	114	8	2	48	122	26	1	1	79
占比（%）	100.00	16.59	55.02	10.48	0.87	17.03	5.24	18.34	29.69	41.05	5.68	24.89	49.78	3.49	0.87	20.96	53.28	11.35	0.44	0.44	34.50
51岁以上	15	4	7	3		1	4	5	6	3	1	4	8	2		1	4		1	1	10
占比（%）	100.00	26.67	46.67	20.00		6.67	26.67	33.33	40.00	20.00	6.67	26.67	53.33	13.33		6.67	26.67		6.67	6.67	
合计	259	48	139	27	3	42	12	54	77	102	14	68	126	10	2	53	135	27	2	1	94
占比（%）	100.00																				

附表3.21.1

年龄	合计	生态环境 很好	生态环境 较好	生态环境 一般	生态环境 差	生态环境 未选	交通状况 很好	交通状况 较好	交通状况 一般	交通状况 差	交通状况 未选	文化活动 很好	文化活动 较好	文化活动 一般	文化活动 差	文化活动 未选	文化设施 很好	文化设施 较好	文化设施 一般	文化设施 差	文化设施 未选
18岁以下	15	5	6	4			4	8	2	1		5	6	4			4	7	3	1	
占比（%）	100.00	33.33	40.00	26.67			26.67	53.33	13.33	6.67		33.33	40.00	26.67			26.67	46.67	20.00	6.67	
18～50岁	229	84	93	39	7	6	35	95	74	14	11	55	66	77	19	12	46	45	84	38	16
占比（%）	100.00	36.68	40.61	17.03	3.06	2.62	15.28	41.48	32.31	6.11	4.80	24.02	28.82	33.62	8.30	5.24	20.09	19.65	36.68	16.59	6.99
51岁以上	15	1	7	6	1		2	8	4	1		2	8	3	2		1	5	7	2	
占比（%）	100.00	6.67	46.67	40.00	6.67		13.33	53.33	26.67	6.67		13.33	53.33	20.00	13.33		6.67	33.33	46.67	13.33	
合计	259	90	106	49	8	6	41	111	80	16	11	62	80	84	21	12	51	57	94	41	16
占比（%）	100.00	34.75	40.93	18.92	3.09	2.32	15.83	42.86	30.89	6.18	4.25	23.94	30.89	32.43	8.11	4.63	19.69	22.01	36.29	15.83	6.18

附表3.21.2 社会生活评价状况分析表

年龄	合计	旅游开发				民族关系				经济收入			
		很好	较好	一般	差	未选	很好	较好	一般	差	未选	很好	较好	一般	差	未选
18岁以下	15	8	5	1	1		7	4	2		2	2	5	7	1	
占比（%）	100.00	53.33	33.33	6.67	6.67	0.00	46.67	26.67	13.33	0.00	13.33	13.33	33.33	46.67	6.67	
18～50岁	229	74	84	50	12	9	90	81	33	7	18	12	54	99	55	9
占比（%）	100.00	32.31	36.68	21.83	5.24	3.93	39.30	35.37	14.41	3.06	7.86	5.24	23.58	43.23	24.02	3.93
51岁以上	15	1	5	8	1		3	7	3	2			3	9	3	
占比（%）	100.00	6.67	33.33	53.33	6.67	0.00	20.00	46.67	20.00	13.33			20.00	60.00	20.00	
合计	259	83	94	59	14	9	100	92	38	9	20	14	62	115	59	9
占比（%）	100.00	32.05	36.29	22.78	5.41	3.47	38.61	35.52	14.67	3.47	7.72	5.41	23.94	44.40	22.78	3.47

附录四 巴东县民间文化状况调查分析表

调研的基本情况：

2009年5月中旬和2009年10~11月，我们对巴东县农村民间文化生活状况进行了调查，采取问卷调查和重点访谈结合的方式，本次共发出问卷180份，实际收回169份，有效问卷165份。有效问卷的基本情况如下。

附表4.1 性别、学历和民族状况分析表

年龄	性别合计	男	女	学历合计	大专以上	高中	初中	小学以下	民族合计	汉族	土家族	其他
18~50岁	152	68	84	152	98	38	15	1	152	69	63	20
占比（%）	100.00	44.74	55.26	100.00	64.47	25.00	9.87	0.66	100.00	45.39	41.45	13.16
51岁以上	13	10	3	13	7	5	1	0	13	7	5	1
占比（%）	100.00	76.92	23.08	100.00	53.85	38.46	7.69	0.00	100.00	53.85	38.46	7.69
合计	165	78	87	165	105	43	16	1	165	76	68	21
占比（%）	100.00	47.27	52.73	100.00	63.64	26.06	9.70	0.60	100.00	46.06	41.21	12.73

附表4.2 宗教、职业状况分析表

年龄	宗教信仰合计	佛教	道教	基督教	伊斯兰教	无和其他	职业合计	干部	农民和农民工	经商	教师	学生	其他
18~50岁	152	6	1	2	2	141	152	83	23	8	3	5	30
占比（%）	100.00	3.94	0.66	1.32	1.32	92.76	100.00	54.61	15.13	5.26	1.97	3.29	19.74
51岁以上	13	1	0	0	0	12	13	11	2	0	0	0	0
占比（%）	100.00	7.69	0	0	0	92.31	100.00	84.62	15.38	0	0	0	0
合计	165	7	1	2	2	153	165	94	25	8	3	5	30
占比（%）	100.00	4.24	0.61	1.21	1.21	92.73	100.00	56.97	15.15	4.85	1.82	3.03	18.18

附录 ·571·

附表4.3 每天工作时间、日常从事最多的三项活动

年龄	合计（小时）	8以上	7~8	5~6	3~4	3以内	合计（人次）	看电视	上网	做家务	走亲访友	打麻将、牌	看书	听广播	其他
18~50岁	152	77	49	14	8	4	461	124	117	80	32	30	56	10	12
占比（%）	100.00	50.66	32.24	9.21	5.26	2.63	100.00	26.90	25.38	17.35	6.94	6.51	12.16	2.17	2.60
51岁以上	13	7	5	1	0	0	33	10	7	5	3	1	5	0	2
占比（%）	100.00	53.85	38.46	7.69	0	0	100.00	30.30	21.21	15.15	9.09	3.03	15.15	0	6.06
合计	165	84	54	15	8	4	494	134	124	85	35	31	61	10	14
占比（%）	100.00	50.91	32.73	9.09	4.85	2.42	100.00	27.13	25.10	17.21	7.08	6.28	12.35	2.02	2.83

附表4.4 近三年内参加过的文娱活动（多选）

年龄	合计（小时）	跳巴山舞	跳摆手舞	扭花鼓打十字数	舞狮子舞龙灯	划龙舟	杂技花灯等	打牌打麻将	下棋	看电影	看电视	看书报	听广播	上网	唱卡拉OK	赶庙会	参加地方文化节
18~50岁	152	25	22	6	1	2	9	53	29	79	130	92	23	130	69	3	61
占比（%）	100.00	16.45	14.47	3.95	0.66	1.32	5.92	34.87	19.08	51.97	85.53	60.53	15.13	85.53	45.39	1.97	40.13
51岁以上	13	2	2	0	0	0	0	4	1	5	12	7	0	9	4	1	4
占比（%）	100.00	15.38	15.38	0	0	0	0	30.77	7.69	38.46	92.31	53.85	0	69.23	30.77	7.69	30.77
合计	165	27	24	6	1	2	9	57	30	84	142	99	23	139	73	4	65
占比（%）	100.00	16.36	14.55	3.64	0.61	1.21	5.45	34.55	18.18	50.91	86.06	60.00	13.94	84.24	44.24	2.42	39.39

附表4.5.1 最喜欢的文娱活动（一）

年龄	合计（小时）	跳巴山舞	跳摆手舞	扭花鼓打十字鼓	舞狮子舞龙灯	划龙舟	杂技花灯等	打牌打麻将	下棋	看电影	看电视	看书报	听广播	上网	唱卡拉OK	赶庙会	参加地方文化节	其他
18~50岁	152	20	7	0	1	0	0	11	4	16	28	12	0	34	6	0	1	12
占比（%）	100.00	13.16	4.61	0	0.66	0	0	7.24	2.63	10.53	18.42	7.89	0	22.37	3.95	0	0.66	7.89
51岁以上	13	0	1	0	0	0	0	2	0	3	4	0	0	1	0	0	0	2
占比（%）	100.00		7.69					15.38		23.08	30.77			7.69				15.38
合计	165	20	8	0	1	0	0	13	4	19	32	12	0	35	6	0	1	14
占比（%）	100.00	12.12	4.85	0	0.61	0	0	7.88	2.42	11.52	19.39	7.27	0	21.21	3.64	0	0.61	8.48

附表4.5.2 最喜欢的文娱活动（二）

年龄	合计（小时）	跳巴山舞	跳摆手舞	扭花鼓打十字鼓	舞狮子舞龙灯	划龙舟	杂技花灯等	打牌打麻将	下棋	看电影	看电视	看书报	听广播	上网	唱卡拉OK	赶庙会	参加地方文化节	其他
18~50岁	152	1	8	4	3	1	2	9	1	15	25	16	0	32	1	1	1	32
占比（%）	100.00	0.66	5.26	2.63	1.97	0.66	1.32	5.92	0.66	9.87	16.45	10.53	0.00	21.05	0.66	0.66	0.66	21.05
51岁以上	13										2	1		5		1		4
占比（%）	100.00										15.38	7.69		38.46		7.69		30.77
合计	165	1	8	4	3	1	2	9	1	15	27	17	0	37	1	2	1	36
占比（%）	100.00	0.61	4.85	2.42	1.82	0.61	1.21	5.45	0.61	9.09	16.36	10.30	0	22.42	0.61	1.21	0.61	21.82

附表4.5.3 最喜欢的文娱活动（三）

年龄	合计（小时）	跳巴山舞	跳摆手舞	扭花鼓打十字鼓	舞狮子舞龙灯	划龙舟	杂技花灯等	打牌打麻将	下棋	看电影	看电视	看书报	听广播	上网	唱卡拉OK	赶庙会	参加地方文化节	其他
18~50岁	152	1	5	4	1	0	3	5	5	9	23	22	2	21	10	0	3	38
占比（%）	100.00	0.66	3.29	2.63	0.66	0	1.97	3.29	3.29	5.92	15.13	14.47	1.32	13.82	6.58	0	1.97	25.00
51岁以上	13	1						1	1		3	3						5
占比（%）	100.00	7.69						7.69	7.69		23.08	23.08						38.46
合计	165	1	5	4	1	0	3	6	6	9	26	25	2	21	10	0	3	43
占比（%）	100.00	0.61	3.03	2.42	0.61	0	1.82	3.64	3.64	5.45	15.76	15.15	1.21	12.73	6.06	0	1.82	26.06

附表4.5.4 最喜欢的文娱活动（四）

年龄	合计（小时）	跳巴山舞	跳摆手舞	扭花鼓打十字鼓	舞狮子舞龙灯	划龙舟	杂技花灯等	打牌打麻将	下棋	看电影	看电视	看书报	听广播	上网	唱卡拉OK	赶庙会	参加地方文化节	其他
18~50岁	152	5	2	0	3	1	2	5	9	4	16	15	2	7	21	0	10	50
占比（%）	100.00	3.29	1.32	0	1.97	0.66	1.32	3.29	5.92	2.63	10.53	9.87	1.32	4.61	13.82	0	6.58	32.89
51岁以上	13	1						1		1		1		1	1		1	6
占比（%）	100.00	7.69						7.69		7.69		7.69		7.69	7.69		7.69	46.15
合计	165	6	2		3	1	2	6	9	5	16	16	2	8	22	0	11	56
占比（%）	100.00	3.64	1.21		1.82	0.61	1.21	3.64	5.45	3.03	9.70	9.70	1.21	4.85	13.33	0	6.67	33.94

附表4.5.5 最喜欢的文娱活动（五）

年龄	合计（小时）	跳巴山舞	跳摆手舞	扭花鼓打十字数	舞狮子舞龙灯	划龙舟	杂技花灯等	打牌打麻将	下棋	看电影	看电视	看书报	听广播	上网	唱卡拉OK	赶庙会	参加地方文化节	其他
18~50岁	152	4	3			4	1	9	5	6	9		7	6	15		20	63
占比（%）	100.00	2.63	1.97			2.63	0.66	5.92	3.29	3.95	5.92		4.61	3.95	9.87		13.16	41.45
51岁以上	13	1	1		1					1							1	8
占比（%）	100.00	7.69	7.69		7.69					7.69							7.69	61.54
合计	165	5	4	0	1	4	1	9	5	7	9	0	7	6	15	0	21	71
占比（%）	100.00	3.03	2.42		0.61	2.42	0.61	5.45	3.03	4.24	5.45		4.24	3.64	9.09		12.73	43.03

附表4.6.1 从事最多的文娱活动（一）

年龄	合计（小时）	跳巴山舞	跳摆手舞	扭花鼓打十字数	舞狮子舞龙灯	划龙舟	杂技花灯等	打牌打麻将	下棋	看电影	看电视	看书报	听广播	上网	唱卡拉OK	赶庙会	参加地方文化节	其他
18~50岁	152	10	4	0	1	2	2	5	3	8	20	4	0	37	6	0	2	48
占比（%）	100.00	6.58	2.63	0	0.66	1.32	1.32	3.29	1.97	5.26	13.16	2.63	0	24.34	3.95	0	1.32	31.58
51岁以上	13		1					1		1	3			1				6
占比（%）	100.00		7.69					7.69		7.69	23.08			7.69				46.15
合计	165	10	5	0	1	2	2	6	3	9	23	4	0	38	6	0	2	54
占比（%）	100.00	6.06	3.03		0.61	1.21	1.21	3.64	1.82	5.45	13.94	2.42		23.03	3.64		1.21	32.73

附表4.6.2 从事最多的文娱活动（二）

年龄	合计（小时）	跳巴山舞	跳摆手舞	扭花鼓打十字鼓	舞狮子舞龙灯	划龙舟	杂技花灯等	打牌打麻将	下棋	看电影	看电视	看书报	听广播	上网	唱卡拉OK	赶庙会	参加地方文化节	其他
18～50岁	152	3	6	5				6	1	9	16	12		23	2			69
占比（%）	100.00	1.97	3.95	3.29				3.95	0.66	5.92	10.53	7.89		15.13	1.32			45.39
51岁以上	13										2	2		3				6
占比（%）	100.00										15.38	15.38		23.08				46.15
合计	165	3	6	5		0	0	6	1	9	18	14	0	26	2	0	0	75
占比（%）	100.00	1.82	3.64	3.03				3.64	0.61	5.45	10.91	8.48		15.76	1.21			45.45

附表4.6.3 从事最多的文娱活动（三）

年龄	合计（小时）	跳巴山舞	跳摆手舞	扭花鼓打十字鼓	舞狮子舞龙灯	划龙舟	杂技花灯等	打牌打麻将	下棋	看电影	看电视	看书报	听广播	上网	唱卡拉OK	赶庙会	参加地方文化节	其他
18～50岁	152		1	2		4	2	1	8	8	14	14	2	4	10		9	73
占比（%）	100.00		0.66	1.32		2.63	1.32	0.66	5.26	5.26	9.21	9.21	1.32	2.63	6.58		5.92	48.03
51岁以上	13		1					1	1					1				9
占比（%）	100.00		7.69					7.69	7.69					7.69				69.23
合计	165		2	2		4	2	2	9	8	14	14	2	5	10		9	82
占比（%）	100.00		1.21	1.21		2.42	1.21	1.21	5.45	4.85	8.48	8.48	1.21	3.03	6.06		5.45	49.70

附表4.6.4 从事最多的文娱活动（四）

年龄	合计（小时）	跳巴山舞	跳摆手舞	扭花鼓打十字数	舞狮子舞龙灯	划龙舟	杂技花灯等	打牌打麻将	下棋	看电影	看电视	看书报	听广播	上网	唱卡拉OK	赶庙会	参加地方文化节	其他
18~50岁	152	4	1		2	1	3	7	3	4	11	11	1	8	8		11	84
占比（%）	100.00	2.63	0.66		1.32	0.66	1.97	4.61	1.97	2.63	7.24	7.24	0.66	5.26	5.26	0.00	7.24	55.26
51岁以上	13									2						1		10
占比（%）	100.00									15.38						7.69		76.92
合计	165	4	1		2	1	3	7	3	6	11	11	1	8	8	1	11	94
占比（%）	100.00	2.42	0.61		1.21	0.61	1.82	4.24	1.82	3.64	6.67	6.67	0.61	4.85	4.85	0.61	6.67	56.97

附表4.6.5 从事最多的文娱活动（五）

年龄	合计（小时）	跳巴山舞	跳摆手舞	扭花鼓打十字数	舞狮子舞龙灯	划龙舟	杂技花灯等	打牌打麻将	下棋	看电影	看电视	看书报	听广播	上网	唱卡拉OK	赶庙会	参加地方文化节	其他
18~50岁	152	4	2			1	3	6	5	7	4	11	6	3	10		10	91
占比（%）	100.00	2.63	1.32			0.66	1.97	3.95	3.29	4.61	2.63	7.24	3.95	1.97	6.58		6.58	59.87
51岁以上	13										1							12
占比（%）	100.00										7.69							92.31
合计	165	4	2			1	3	6	5	7	5	11	6	3	10		10	103
占比（%）	100.00	2.42	1.21			0.61	1.82	3.64	3.03	4.24	3.03	6.67	3.64	1.82	6.06		6.06	62.42

附表4.7 看电视时间（小时/每天）、电视作用（多选）

年龄	合计（小时）	1	2	3	4	5	6	7	8	9	10	11	12以上	合计（人次）	休闲娱乐	了解社会	不可缺少	可有可无	影响工学
18~50岁	152	28	42	37	23	13	4		1		2		2	258	79	111	56	8	4
占比（%）	100.00	18.42	27.63	24.34	15.13	8.55	2.63		0.66		1.32		1.32	100.00	30.62	43.02	21.71	3.10	1.55
51岁以上	13		7	4	1	1		0		0				25	8	9	6	1	1
占比（%）	100.00		53.85	30.77	7.69	7.69								100.00	32.00	36.00	24.00	4.00	4.00
合计	165	28	49	41	24	14	4	0	1	0	2	0	2	283	87	120	62	9	5
占比（%）	100.00	16.97	29.70	24.85	14.55	8.48	2.42		0.61		1.21		1.21	100.00	30.74	42.40	21.91	3.18	1.77

附表4.8 上网时间（小时/每周）

年龄	合计（小时）	1	2	3	4	5	6	7	8	9	10	11	12~20	21~30	31~40	41~50	51~60	61~70
18~50岁	152	11	15	17	13	15	11	3	6		7		23	17	7	1	5	1
占比（%）	100.00	7.24	9.87	11.18	8.55	9.87	7.24	1.97	3.95		4.61		15.13	11.18	4.61	0.66	3.29	0.66
51岁以上	13	2	2					2			1		5	1				
占比（%）	100.00	15.38	15.38					15.38			7.69		38.46	7.69				
合计	165	13	17	17	13	15	11	5	6		8		28	18	7	1	5	1
占比（%）	100.00	7.88	10.30	10.30	7.88	9.09	6.67	3.03	3.64		4.85		16.97	10.91	4.24	0.61	3.03	0.61

附表4.9 上网目的（多选）

年 龄	合计（人次）	交友聊天	工学需要	娱乐休闲	上网时髦
18~50岁	229	30	110	88	1
占比（%）	100.00	13.10	48.03	38.43	0.44
51岁以上	19		11	8	
占比（%）	100.00		57.89	42.11	
合计	248	30	121	96	1
占比（%）	100.00	12.10	48.79	38.71	0.40

附表4.10 婚礼、丧礼、端午节所举行的传统仪式变化状况分析表

调查年份	合计	婚礼哭嫁			丧礼跳丧			端午龙舟		
		一样	改变	不举行	一样	改变	不举行	一样	改变	不举行
18~50岁	152	13	51	88	36	86	30	29	44	79
占比（%）	100.00	8.55	33.55	57.89	23.68	56.58	19.74	19.08	28.95	51.97
51岁以上	13		5	8	3	7	3	1	5	7
占比（%）	100.00		38.46	61.54	23.08	53.85	23.08	7.69	38.46	53.85
合计	165	13	56	96	39	93	33	30	49	86
占比（%）	100.00	7.88	33.94	58.18	23.64	56.36	20.00	18.18	29.70	52.12

附表4.11 近三年参加过的文化活动（多选）

年 龄	合计	听人讲故事	自己讲故事	听人讲笑话	自己讲笑话	听人唱山歌	自己唱山歌	看人演皮影	自己演皮影	看人划龙舟	自己参加划	听人讲相声	自己讲相声	看人演戏	自己唱戏	猜谜语	其他
18~50岁	152	52	36	96	46	73	28	25	3	27	7	47	6	94	11	43	11
占比（%）	100.00	34.21	23.68	63.16	30.26	48.03	18.42	16.45	1.97	17.76	4.61	30.92	3.95	61.84	7.24	28.29	7.24
51岁以上	13	4		4	3	7	2			2		2		8			1
占比（%）	100.00	30.77		30.77	23.08	53.85	15.38			15.38		15.38		61.54			7.69
合计	165	57	37	101	50	81	31	26	3	30	7	50	6	104	12	44	12
占比（%）	100.00	34.55	22.42	61.21	30.30	49.09	18.79	15.76	1.82	18.18	4.24	30.30	3.64	63.03	7.27	26.67	7.27

附表4.12.1 最喜欢的文娱活动（一）

年 龄	合计	听人讲故事	自己讲故事	听人讲笑话	自己讲笑话	听人唱山歌	自己唱山歌	看人演皮影	自己演皮影	看人划龙舟	自己参加划	听人讲相声	自己讲相声	看人演戏	自己唱戏	猜谜语	其他
18~50岁	152	44	6	22	1	11	2	2		4		3		18	1		38
占比（%）	100.00	28.95	3.95	14.47	0.66	7.24	1.32	1.32		2.63		1.97		11.84	0.66		25.00
51岁以上	13	2		2		2								2			5
占比（%）	100.00	15.38		15.38		15.38								15.38			38.46
合计	165	46	6	24	1	13	2	2	0	4	0	3	0	20	1	0	43
占比（%）	100.00	27.88	3.64	14.55	0.61	7.88	1.21	1.21		2.42		1.82		12.12	0.61		26.06

附表4.12.2　最喜欢的文娱活动（二）

年龄	合计	听人讲故事	自己讲故事	听人讲笑话	自己讲笑话	听人唱山歌	自己唱山歌	看人演皮影	自己演皮影	看人划龙舟	自己参加划	听人讲相声	自己讲相声	看人演戏	自己唱戏	猜谜语	其他
18～50岁	152	13	10	32	8	9	5	3	3	1		2	1	8		3	54
占比（%）	100.00	8.55	6.58	21.05	5.26	5.92	3.29	1.97	1.97	0.66		1.32	0.66	5.26		1.97	35.53
51岁以上	13	1			1	1	1							1			8
占比（%）	100.00	7.69			7.69	7.69	7.69							7.69			61.54
合计	165	14	10	32	9	10	6	3	3	1	0	2	1	9	0	3	62
占比（%）	100.00	8.48	6.06	19.39	5.45	6.06	3.64	1.82	1.82	0.61		1.21	0.61	5.45		1.82	37.58

附表4.12.3　最喜欢的文娱活动（三）

年龄	合计	听人讲故事	自己讲故事	听人讲笑话	自己讲笑话	听人唱山歌	自己唱山歌	看人演皮影	自己演皮影	看人划龙舟	自己参加划	听人讲相声	自己讲相声	看人演戏	自己唱戏	猜谜语	其他
18～50岁	152	5	4	14	8	13	5	3		4	3	12		10	1	7	63
占比（%）	100.00	3.29	2.63	9.21	5.26	8.55	3.29	1.97		2.63	1.97	7.89		6.58	0.66	4.61	41.45
51岁以上	13			1	1							1		1			9
占比（%）	100.00			7.69	7.69							7.69		7.69			69.23
合计	165	5	4	15	9	13	5	3	0	4	3	13	0	11	1	7	72
占比（%）	100.00	3.03	2.42	9.09	5.45	7.88	3.03	1.82		2.42	1.82	7.88		6.67	0.61	4.24	43.64

附表4.12.4　最喜欢的文娱活动（四）

年龄	合计	听人讲故事	自己讲故事	听人讲笑话	自己讲笑话	听人唱山歌	自己唱山歌	看人演皮影	自己演皮影	看人划龙舟	自己参加划	听人讲相声	自己讲相声	看人演戏	自己唱戏	猜谜语	其他
18～50岁	152		8	3	6	5	7	12	3	4	3	7	1	17	1	6	69
占比（%）	100.00		5.26	1.97	3.95	3.29	4.61	7.89	1.97	2.63	1.97	4.61	0.66	11.18	0.66	3.95	45.39
51岁以上	13						1					1			1		10
占比（%）	100.00						7.69					7.69			7.69		76.92
合计	165	0	8	3	6	5	8	12	3	4	3	8	1	17	2	6	79
占比（%）	100.00		4.85	1.82	3.64	3.03	4.85	7.27	1.82	2.42	1.82	4.85	0.61	10.30	1.21	3.64	4.85

附表4.12.5　最喜欢的文娱活动（五）

年龄	合计	听人讲故事	自己讲故事	听人讲笑话	自己讲笑话	听人唱山歌	自己唱山歌	看人演皮影	自己演皮影	看人划龙舟	自己参加划	听人讲相声	自己讲相声	看人演戏	自己唱戏	猜谜语	其他
18～50岁	152	5	2	2	11	5	3		1	6		8	4	7	5	13	80
占比（%）	100.00	3.29	1.32	1.32	7.24	3.29	1.97		0.66	3.95		5.26	2.63	4.61	3.29	8.55	52.63
51岁以上	13				1	1	1			1							9
占比（%）	100.00				7.69	7.69	7.69			7.69							69.23
合计	165	5	2	2	12	6	4	0	1	7	0	8	4	7	5	13	89
占比（%）	100.00	3.03	1.21	1.21	7.27	3.64	2.42		0.61	4.24		4.85	2.42	4.24	3.03	7.88	53.94

附表4.13.1　参与最多的文娱活动（一）

年龄	合计	听人讲故事	自己讲故事	听人讲笑话	自己讲笑话	听人唱山歌	自己唱山歌	看人演皮影	自己演皮影	看人划龙舟	自己参加划	听人讲相声	自己讲相声	看人演戏	自己唱戏	猜谜语	其他
18~50岁	152	27	6	18	7	11	1	2				2		13		4	61
占比（%）	100.00	17.76	3.95	11.84	4.61	7.24	0.66	1.32				1.32		8.55		2.63	40.13
51岁以上	13	1		1		1		1						1			8
占比（%）	100.00	7.69		7.69		7.69		7.69						7.69			61.54
合计	165	28	6	19	8	12	1	2	0	0	0	2	0	14	0	4	69
占比（%）	100.00	16.97	3.64	11.52	4.85	7.27	0.61	1.21				1.21		8.48		2.42	41.82

附表4.13.2　参与最多的文娱活动（二）

年龄	合计	听人讲故事	自己讲故事	听人讲笑话	自己讲笑话	听人唱山歌	自己唱山歌	看人演皮影	自己演皮影	看人划龙舟	自己参加划	听人讲相声	自己讲相声	看人演戏	自己唱戏	猜谜语	其他
18~50岁	152	13	6	23	2	4	3	1	2			5	3	5		1	82
占比（%）	100.00	8.55	3.95	15.13	1.32	1.32	2.63	1.97	0.66	1.32		3.29	1.97	3.29		0.66	53.95
51岁以上	13					1	1					1					10
占比（%）	100.00					7.69	7.69					7.69					76.92
合计	165	13	6	23	2	3	5	3	1	2	0	6	3	5	0	1	92
占比（%）	100.00	7.88	3.64	13.94	1.21	1.82	3.03	1.82	0.61	1.21		3.64	1.82	3.03		0.61	55.76

附表4.13.3　参与最多的文娱活动（三）

年龄	合计	听人讲故事	自己讲故事	听人讲笑话	自己讲笑话	听人唱山歌	自己唱山歌	看人演皮影	自己演皮影	看人划龙舟	自己参加划	听人讲相声	自己讲相声	看人演戏	自己唱戏	猜谜语	其他
18~50岁	152	2	4	9	6	9	5	3	4	2	2	6		8	1	5	86
占比（%）	100.00	1.32	2.63	5.92	3.95	5.92	3.29	1.97	2.63	1.32	1.32	3.95		5.26	0.66	3.29	56.58
51岁以上	13			1										1		1	10
占比（%）	100.00			7.69										7.69		7.69	76.92
合计	165	2	4	10	6	9	5	3	4	2	2	6	0	9	1	6	96
占比（%）	100.00	1.21	2.42	6.06	3.64	5.45	3.03	1.82	2.42	1.21	1.21	3.64		5.45	0.61	3.64	58.18

附表4.13.4 参与最多的文娱活动（四）

年龄	合计	听人讲故事	自己讲故事	听人讲笑话	自己讲笑话	听人唱山歌	自己唱山歌	看人演皮影	自己演皮影	看人划龙舟	自己参划	听人讲相声	自己讲相声	看人演戏	自己唱戏	猜谜语	其他
18~50岁	152	2	4	1	9	5	2	3	3	2	2	7	3	9		4	96
占比（%）	100.00	1.32	2.63	0.66	5.92	3.29	1.32	1.97	1.97	1.32	1.32	4.61	1.97	5.92		2.63	63.16
51岁以上	13						1									1	11
占比（%）	100.00						7.69									7.69	84.62
合计	165	2	4	1	9	5	3	3	3	2	2	7	3	9	0	5	107
占比（%）	100.00	1.21	2.42	0.61	5.45	3.03	1.82	1.82	1.82	1.21	1.21	4.24	1.82	5.45		3.03	64.85

附表4.13.5 参与最多的文娱活动（五）

年龄	合计	听人讲故事	自己讲故事	听人讲笑话	自己讲笑话	听人唱山歌	自己唱山歌	看人演皮影	自己演皮影	看人划龙舟	自己参划	听人讲相声	自己讲相声	看人演戏	自己唱戏	猜谜语	其他
18~50岁	152	1	4		7	3	1	2	1		3	10		5	5	10	100
占比（%）	100.00	0.66	2.63		4.61	1.97	0.66	1.32	0.66		1.97	6.58		3.29	3.29	6.58	65.79
51岁以上	13	1		0						1							11
占比（%）	100.00	7.69								7.69							84.62
合计	165	2	4	0	7	3	1	2	1	1	3	10	0	5	5	10	111
占比（%）	100.00	1.21	2.42		4.24	1.82	0.61	1.21	0.61	0.61	1.82	6.06		3.03	3.03	6.06	67.27

附表4.14 文艺作品了解状况分析表（多选）

年龄	合计	盘古	女娲	梁祝	牛郎	白蛇	孟姜	巧妇	呆婿	兄弟	蛇郎	虎婆	红楼	阿Q	格林	千夜	潜伏	关东	亮剑	赤壁	建国
18～50岁	152	68	86	133	122	128	105	26	17	22	16	38	130	95	73	78	103	113	132	94	100
占比（%）	100.00	44.74	56.58	87.50	80.26	84.21	69.08	17.11	11.18	14.47	10.53	25.00	85.53	62.50	48.03	51.32	67.76	74.34	86.84	61.84	65.79
51岁以上	13	5	5	9	9	10	8					2	10	9	6	6	8	8	10	6	9
占比（%）	100.00	38.46	38.46	69.23	69.23	76.92	61.54					15.38	76.92	69.23	46.15	46.15	61.54	61.54	76.92	46.15	69.23
合计	165	73	91	142	131	138	113	26	17	22	16	40	140	104	79	84	111	121	142	100	109
占比（%）	100.00	44.24	55.15	86.06	79.39	83.64	68.48	15.76	10.30	13.33	9.70	24.24	84.85	63.03	47.88	50.91	67.27	73.33	86.06	60.61	66.06

附表4.15.1 传统文化了解状况分析表

年龄	合计	撒叶儿嗬			哭嫁			端午节			西兰卡普		
		很了解	听说过	不知道	未选	很了解	听说过	不知道	未选	很了解	听说过	不知道	未选
18～50岁	152	102	46	2	2	71	57	6	18	108	34		33
占比（%）	100.00	67.11	30.26	1.32	1.32	46.71	37.50	3.95	11.84	71.05	22.37		21.71
51岁以上	13	11	2			7	5		1	9	2		5
占比（%）	100.00	84.62	15.38			53.85	38.46		7.69	69.23	15.38	30.77	38.46
合计	165	113	48	2	2	78	62	6	19	117	36	0	38
占比（%）	100.00	68.48	29.09	1.21	1.21	47.27	37.58	3.64	11.52	70.91	21.82	22.42	23.03

附表4.15.2 传统文化了解状况分析表

年龄	合计	吊脚楼				屈原传说				昭君传说				寇准传说			
		很了解	听说过	不知道	未选	很了解	听说过	不知道	未选	很了解	听说过	不知道	未选	很了解	听说过	不知道	未选
18~50岁	152	78	56	2	16	73	59	2	18	63	65	7	17	76	52	12	12
占比(%)	100.00	51.32	36.84	1.32	10.53	48.03	38.82	1.32	11.84	41.45	42.76	4.61	11.18	50.00	34.21	7.89	7.89
51岁以上	13	6		5	2	8	2		3	6	2		5	9	2		2
占比(%)	100.00	46.15	0.00	38.46	15.38	61.54	15.38		23.08	46.15	15.38		38.46	69.23	15.38		15.38
合计	165	84	56	7	18	81	61	2	21	69	67	7	22	85	54	12	14
占比(%)	100.00	50.91	33.94	4.24	10.91	49.09	36.97	1.21	12.73	41.82	40.61	4.24	13.33	51.52	32.73	7.27	8.48

附表4.16 传统文化态度、获得文化信息途径（多选）

年龄	合计	很感兴趣	未主动	无兴趣	合计	长辈	旁听	书籍	学校	广播	电视	网络	自编
18~50岁	152	45	96	11	152	117	83	118	42	50	123	112	9
占比(%)	100.00	29.61	63.16	7.24	100.00	76.97	54.61	77.63	27.63	32.89	80.92	73.68	5.92
51岁以上	13	6	6	1	13	6	5	10	3	8	11	10	1
占比(%)	100.00	46.15	46.15	7.69	100.00	46.15	38.46	76.92	23.08	61.54	84.62	76.92	7.69
合计	165	51	102	12	165	123	88	128	45	58	134	122	10
占比(%)	100.00	30.91	61.82	7.27	100.00	74.55	53.33	77.58	27.27	35.15	81.21	73.94	6.06

附表4.17.1 最重要的四个信息来源（一）

年龄	合计	长辈讲述	旁听	书籍	学校	广播	电视	网络	自编	未选
18~50岁	152	47		48	5	4	11	20	1	16
占比(%)	100.00	30.92		31.58	3.29	2.63	7.24	13.16	0.66	10.53
51岁以上	13	3	1	4			2	1		2
占比(%)	100.00	23.08	7.69	30.77			15.38	7.69		15.38
合计	165	50	1	52	5	4	13	21	1	18
占比(%)	100.00	30.30	0.61	31.52	3.03	2.42	7.88	12.73	0.61	10.91

附表4.17.2 最重要的四个信息来源（二）

年龄	合计	长辈讲述	旁听	书籍	学校	广播	电视	网络	自编	未选
18~50岁	152	8	23	26	3	11	22	2	1	56
占比(%)	100.00	5.26	15.13	17.11	1.97	7.24	14.47	1.32	0.66	36.84
51岁以上	13		3			2	2	4		2
占比(%)	100.00		23.08			15.38	15.38	30.77		15.38
合计	165	8	26	26	3	13	24	6	1	58
占比(%)	100.00	4.85	15.76	15.76	1.82	7.88	14.55	3.64	0.61	35.15

附表4.17.3　最重要的四个信息来源（三）

年 龄	合计	长辈讲述	旁听	书籍	学校	广播	电视	网络	自编	未选
18~50岁	152	13	17	26	3	13	39	19		22
占比（%）	100.00	8.55	11.18	17.11	1.97	8.55	25.66	12.50		14.47
51岁以上	13				3		1	4	2	3
占比（%）	100.00				23.08		7.69	30.77	15.38	23.08
合计	165	13	17	26	6	13	40	23	2	25
占比（%）	100.00	7.88	10.30	15.76	3.64	7.88	24.24	13.94	1.21	15.15

附表4.17.4　最重要的四个信息来源（四）

年 龄	合计	长辈讲述	旁听	书籍	学校	广播	电视	网络	自编	未选
18~50岁	152	11	18	9	14	6	25	25	3	41
占比（%）	100.00	7.24	11.84	5.92	9.21	3.95	16.45	16.45	1.97	26.97
51岁以上	13	1		2	2	3	1		1	3
占比（%）	100.00	7.69		15.38	15.38	23.08	7.69		7.69	23.08
合计	165	12	18	11	16	9	26	25	4	44
占比（%）	100.00	7.27	10.91	6.67	9.70	5.45	15.76	15.15	2.42	26.67

附表4.18　最喜欢的节日（多选）

年 龄	合计	汉族传统节日	少数民族节日	国家纪念日	西方节日
18~50岁	152	107	21	81	28
占比（%）	100.00	70.39	13.82	53.29	18.42
51岁以上	13	8	5	8	
占比（%）	100.00	61.54	38.46	61.54	
合计	165	115	26	89	28
占比（%）	100.00	69.70	15.76	53.94	16.97

附表4.19.1　汉族传统节日、国家纪念日

年 龄	合计	团聚	过节气氛浓	联络情感	传统节日	继承发扬	喜庆	有假期	时间自由	参与	热闹开心	放松身心	具地方特色	出游	有意义	爱国体现	庄严
18~50岁	152	38	9	10	16	3	5	8	1	1	6	11	3	6	4	1	1
占比（%）	100.00	25.00	5.92	6.58	10.53	1.97	3.29	5.26	0.66	0.66	3.95	7.24	1.97	3.95	2.63	0.66	0.66
51岁以上	13	1			2							2					
占比（%）	100.00	7.69			15.38							15.38					
合计	165	39	9	10	18	3	5	8	1	1	6	13	3	6	4	1	1
占比（%）	100.00	23.64	5.45	6.06	10.91	1.82	3.03	4.85	0.61	0.61	3.64	7.88	1.82	3.64	2.42	0.61	0.61

附表4.19.2 少数民族传统节日、西方节日

年龄	合计	本族人	了解本族文化	快乐	民族特色	新奇	合计	浪漫	有趣	和朋友聚
18~50岁	152	1	3	1	2	1	152	6	3	1
占比（%）	100.00	0.66	1.97	0.66	1.32	0.66	100.00	3.95	1.97	0.66
51岁以上	13			1	1		13			
占比（%）	100.00			7.69	7.69		100.00			
合计	165	1	3	2	3	1	165	6	3	1
占比（%）	100.00	0.61	1.82	1.21	1.82	0.61	100.00	3.64	1.82	0.61

附表4.20 文化设施状况分析表（多选）

年龄	合计	活动室	电影院	录像厅	电视台	广播	网吧	寺庙	教堂
18~50岁	152	104	37	31	120	93	138	8	8
占比（%）	100.00	68.42	24.34	20.39	78.95	61.18	90.79	5.26	5.26
51岁以上	13	7	2	2	11	6	10	3	2
占比（%）	100.00	53.85	15.38	15.38	84.62	46.15	76.92	23.08	15.38
合计	165	111	39	33	131	99	148	11	10
占比（%）	100.00	67.27	23.64	20.00	79.39	60.00	89.70	6.67	6.06

附表4.21 电器状况分析表

年龄	合计	收音机					电视机					VCD				
		无	1	2	2以上	未选	无	1	2	2以上	未选	无	1	2	2以上	未选
18～50岁	152	49	36	0	1	66	21	76	42	8	5	21	85	12	5	29
占比（%）	100.00	32.24	23.68	0	0.66	43.42	13.82	50.00	27.63	5.26	3.29	13.82	55.92	7.89	3.29	19.08
51岁以上	13	4	2			7	1	5	5		2	3	5	2		3
占比（%）	100.00	30.77	15.38			53.85	7.69	38.46	38.46		15.38	23.08	38.46	15.38		23.08
合计	165	53	38	0	1	73	22	81	47	8	7	24	90	14	5	32
占比（%）	100.00	32.12	23.03	0	0.61	44.24	13.33	49.09	28.48	4.85	4.24	14.55	54.55	8.48	3.03	19.39

附表4.22

年龄	合计	电脑					手机					照相机					摄像机				
		无	1	2	2以上	未选	无	1	2	2以上	未选	无	1	2	2以上	未选	无	1	2	2以上	未选
18～50岁	152	27	85	15	11	14	13	39	30	64	6	18	82	12	4	36	37	35	2	2	78
占比（%）	100.00	17.76	55.92	9.87	7.24	9.21	8.55	25.66	19.74	42.11	3.95	11.84	53.95	7.89	2.63	23.68	24.34	23.03	1.32	1.32	51.32
51岁以上	13	1	7	3		2	1	3	4	3	2	1	5	2		5	2	1	1		9
占比（%）	100.00	7.69	53.85	23.08		15.38	7.69	23.08	30.77	23.08	15.38	7.69	38.46	15.38		38.46	15.38	7.69	7.69		69.23
合计	165	28	92	18	11	16	14	42	34	67	8	19	87	14	4	41	39	36	3		87
占比（%）	100.00	16.97	55.76	10.91	6.67	9.70	8.48	25.45	20.61	40.61	4.85	11.52	52.73	8.48	2.42	24.85	23.64	21.82	1.82		52.73

附表4.23 社会生活评价分析表

年龄	合计	旅游开发					民族关系					经济收入				
		很好	较好	一般	差	未选	很好	较好	一般	差	未选	很好	较好	一般	差	未选
18～50岁	152	47	49	50	2	4	58	54	30	1	9	18	31	60	32	11
占比（%）	100.00	30.92	32.24	32.89	1.32	2.63	38.16	35.53	19.74	0.66	5.92	11.84	20.39	39.47	21.05	7.24
51岁以上	13	4	5	1		3	4	3	3		3		1	7	2	3
占比（%）	100.00	30.77	38.46	7.69		23.08	30.77	23.08	23.08		23.08		7.69	53.85	15.38	23.08
合计	165	51	54	51	2	7	62	57	33	1	12	18	32	67	34	14
占比（%）	100.00	30.91	32.73	30.91	1.21	4.24	37.58	34.55	20.00	0.61	7.27	10.91	19.39	40.61	20.61	8.48

附表4.24

年龄	合计	生态环境					交通状况					文化活动					文化设施				
		很好	较好	一般	差	未选	很好	较好	一般	差	未选	很好	较好	一般	差	未选	很好	较好	一般	差	未选
18～50岁	152	29	48	50	10	15	11	37	59	30	15	21	44	62	13	12	13	35	54	36	14
占比（%）	100.00	19.08	31.58	32.89	6.58	9.87	7.24	24.34	38.82	19.74	9.87	13.82	28.95	40.79	8.55	7.89	8.55	23.03	35.53	23.68	9.21
51岁以上	13	3	3	6		1		2	8		3	1	2	8	2			1	9	2	1
占比（%）	100.00	23.08	23.08	46.15		7.69		15.38	61.54		23.08	7.69	15.38	61.54	15.38			7.69	69.23	15.38	7.69
合计	165	32	51	56	10	16	11	39	67	30	18	22	46	70	15	12	13	36	63	38	15
占比（%）	100.00	19.39	30.91	33.94	6.06	9.70	6.67	23.64	40.61	18.18	10.91	13.33	27.88	42.42	9.09	7.27	7.88	21.82	38.18	23.03	9.09

(K·2170)

ISBN 978-7-03-044976-4

定价：298.00元